U0137867

上海市「十二五」重点图书

本书由韬奋基金会资助出版

晚清以来人物年谱长编系列

邹嘉骊 ◎ 编著

邹韬奋年谱长编

上卷

上海交通大学出版社

SHANGHAI JIAO TONG UNIVERSITY PRESS

内容提要

　　邹韬奋（1895.11.5—1944.7.24），原名恩润，韬奋是其笔名。祖籍江西余江，出生于福建永安。他是一位伟大的爱国者、卓越的文化战士。早年曾就读于南洋公学，毕业于上海约翰大学。毕生从事新闻出版工作，主编《教育与职业月刊》、《生活》周刊，以后又创办《大众生活》周刊、《生活日报》、《生活日报星期增刊》、《抗战》3 日刊等，创办生活书店，倡导为读者服务，出版大批进步书刊。积极参加中国民权保障同盟、救国会等民主运动和抗日救亡活动组织，为著名"七君子"之一。出狱后，积极投身全面抗战，保障言论自由，组织民众运动的斗争。后受到国民党迫害，离开重庆，辗转于桂林、香港、广东、上海、苏中、苏北解放区，并希望能去延安，更好地为党和人民工作。但因病症严重，于1944 年 7 月 24 日不幸病逝。中共中央追认邹韬奋为中共正式党员，并在延安和重庆举行了隆重的追悼活动。他的一生是寻找真理，为中华民族的解放和民主政治奋斗一生。

　　本书按年谱长编体例编写，客观、完整和系统地记录谱主各个时期的生平历史。正谱包括家庭生活、求学经历、社会政治经济活动、学术思想发展、个人情操、友朋交谊等，谱后附录谱主逝世后的著作出版及纪念活动，并附有相关资料、参考文献等。全书取材宏富，考订细密，品评公允，是迄今为止最为翔实的关于谱主传记资料的荟萃，对于展现谱主丰富多彩的人生，对于研究现代政治史、文化史、教育史，都有重要的学术价值。

图书在版编目(CIP)数据

邹韬奋年谱长编：全 2 册 / 邹嘉骊编著．—上海：
上海交通大学出版社，2015
（晚清以来人物年谱长编系列）
ISBN 978 - 7 - 313 - 13811 - 8

Ⅰ．①邹…　Ⅱ．①邹…　Ⅲ．①邹韬奋(1895～1944)
—年谱　Ⅳ．①K825.42

中国版本图书馆 CIP 数据核字(2015)第 229871 号

邹韬奋年谱长编
（上下卷）

编　　　著：邹嘉骊				
出版发行：上海交通大学出版社		地　　址：上海市番禺路 951 号		
邮政编码：200030		电　　话：021 - 64071208		
出 版 人：韩建民				
印　　制：山东鸿君杰文化发展有限公司		经　　销：全国新华书店		
开　　本：787 mm×960 mm　1/16		总 印 张：87.5　插页：12		
总 字 数：1576 千字				
版　　次：2015 年 10 月第 1 版		印　　次：2015 年 10 月第 1 次印刷		
书　　号：ISBN 978 - 7 - 313 - 13811 - 8/K				
总定价(上、下卷)：350.00 元				

邹家华题写书名

韬奋像（1933年）

韬奋13岁

韬奋青年时期

To Mr. L. S. Lieu
From yours sincerely
H. F. Tsen

韬奋毕业照

韬奋摄于重庆（1941年）

韬奋在书房

韬奋与沈粹缜在苏州留园
（1925年7月）

结婚留影（1926年1月）

韬奋和夫人沈粹缜及长子邹嘉骅合影（1928年）

韬奋全家在万宜坊54号家门口合影
（1933年）

邹韬奋流亡国外，想念亲人。夫人沈粹缜
带了三个孩子拍下这张照片，设法寄去
（1934年）

儿女们于上海公园里留影。自右向左：邹竞蒙、邹家华、杜重远的女
儿杜毅、邹嘉骊（1935年）

三十年代韬奋全家合影（左起：长子嘉骅、夫人沈粹缜、韬奋、前排幼女嘉骊、次子嘉骝）

韬奋全家摄于重庆（1940年）

韬奋在福州和部分亲属合影

韬奋夫妇与亲友合影

韬奋与圣约翰大学同学合影（1921年）

中华职业教育社同人合影

韬奋和生活周刊社同人合影

韬奋出国时，胡愈之等送行（1933年7月）

韬奋出国时在船埠（1933年）

韬奋在德国柏林一位华侨家中作客（1934年） 韬奋在苏联克林姆林宫（1934年）

韬奋在苏联考察时与美国学生旅行团合影
（1934年）

韬奋回国时与家属等合影（1935年）

韬奋回国时在轮埠和亲友合影（1935年）

韬奋等七人出狱后与杜重远会见爱国老人马相伯（1937年）

韬奋与《世界知识》主编金仲华及其妹妹
金端苓在武汉合影

韬奋与沈钧儒等在武昌游湖（1938年）

韬奋在武汉与沈钧儒等合影（1938年）

韬奋与夫人参加在重庆举行的纪念鲁迅先生逝世三周年大会
（1939年10月）

韬奋等与叶挺将军合影

韬奋在看守所锻炼身体

韬奋与夫人在看守所木栅门前

韬奋与夫人在看守所合影

韬奋在苏州高等法院看守所

韬奋在狱中阅读写作

韬奋在看守所走廊上留影

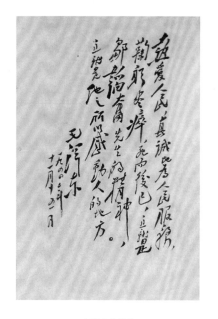

毛泽东题词

周恩来题词　　　　　　　　　　宋庆龄题词

新 版 前 言

    日子过得飞快,屈指算算,我离开工作单位已经二十多年。那时我还不到六十岁。按现在的说法,属于中年,还有点活力,可以找点事做。

    我思索,自己最需要的是想多知道一点父亲韬奋的事。于是自己定位,先要调查研究,辑录一本《韬奋著译系年目录》。沿着父亲的足迹,跑旧书店、图书馆,讨教一位位老同志,等等,做成一张张卡片整理成册。1984 年 7 月,交由学林出版社出版了。辑录的副产品是编了一本纪念集《忆韬奋》,有 40 多万字。1985 年 11 月,也是学林出版社出版。

    两本书出版,我的思想有了努力的目标。一步步走,先把手头的资料一张张剪贴起来。一个人操作,剪贴功夫倒是整齐到位,只是进展太慢。

    贵人来了。1985 年 10 月,韬奋诞辰 90 周年前夕,我国新闻出版界、文化教育界的老前辈十二人倡议成立中国韬奋基金会。得到邓颖超邓妈妈的首肯。第一次理事会就决定要编辑出版《韬奋全集》。

    从此,我不再是一个人操作,而是有组织作后盾。一个团体,有集体,有分工。剪贴资料除了我,韬奋纪念馆的青年同志都参加了。还分别从几个出版社邀请了多位资深编审,负责书稿编辑。努力了十年,1995 年 10 月,上海人民出版社赶在韬奋诞辰 100 周年前夕出版了。

    团队活动结束了,几位辛苦了十年的老编审,以高尚的精神,不计名利报酬,发挥专业优质工作水平,完成了这项文化积累的任务。

    书出版了,在我心中却留下一丝遗憾。问题出在我思想有障碍。事先统一在"全集"上,结果"全集"不全,真对不起不明真相的读者。原因是对有些文章有不同看法。没有人出面担当,是收还是不收。我争取了,没有成功。最后是权力起了作用,不收。

    为了未收进的原作不至散失,我想在《年谱》里留下伏笔,便于有大家有兴趣去查找。

    顺势而上,以全集作基础,有条件编一本《韬奋年谱》。这任务最后落在我肩上。

    怎么办?从来没有编过年谱类的书,更没有独立接受过这样的重任。一位善良的知交找我谈话。娓娓道来，给我鼓劲：行的，一个人，挑得起的，相信自己。好吧，上吧。这一上，1995—2005，又是一个十年。十年中有喜有悲。喜的是不断从阅读中得到《全集》外的信息。为了便于辨别，我在每条新条目前标一个〇。悲的是1997年相依70多年的妈妈走了，剩我一个人，上海的家没有了。那段近乎崩溃的年月是编年谱，读韬奋的文章度过的。文章使我振作，给我希望。时隔不长，1999年，我的二哥又意外的走了。手足之情怎么不悲痛?! 同样，是未完工的年谱编写，是韬奋文章的精神帮助我平复心中的悲痛。

1942年11月，韬奋在地下党的部署下进入苏中根据地。那是一个全新的天地。韬奋无时无刻都处在激动兴奋的心态下。他抱病考察、演说，宣传抗日形势，揭露国民党政府对进步文化的摧残迫害等罪行。他此行的目的地是革命圣地延安，终因病情转重，不得不派员护送他回到上海。那时是1943年3月。这段生活资料很少，只有追踪寻觅，在南通等地区，点点滴滴，积少成多，经过编排整理，填补了这段过去很少记载的历史。自然，有关条目的前面必定标有一个〇。

2005年10月，书稿终于完工出版了，是上海文艺出版社出版的。上中下三本一套，一百三十多万字。我把它抱在怀里，沉甸甸的。我把它当宝贝，社会反响却有点冷清。我理解这终究不是一本畅销书，我有思想准备。突然有一天，我接到一个电话，对方的声音有点苍老，语速也慢："我找邹嘉骊同志。我是解放日报陈虞孙啊!"陈虞孙，还是基金会第一届的理事呢! 我很快接口："我是邹嘉骊。"陈直言："书收到了。我生病，眼睛不好，不能看书。这套书不容易，祝贺你。"在冷清的氛围中听到前辈唯一的肯定，禁不住心动。

2012年，三联后人吉晓蓉领头组织编写三联后人回忆录，这套书因此受到关注，受到几位三联后人热情的反映，说他们编家史和父辈经历时，少不了要参阅《韬奋年谱》。这些话对我十年的努力是肯定和鼓励。

五年过去，听说上海交通大学出版社策划编一套系列年谱文库，我这套书也有同志提名推荐纳入。打听推荐人，原来是曾经的同事，只是研究的对象不一样。文艺出版社也支持，提前中断版权，给我有了自主权。书稿交给出版社后，加紧工作，赶在韬奋诞辰120周年纪念前出版。比起初版，新版增加了新内容。

岁月流逝，我也在编书过程中，从中年进入老年，甚至高龄。这篇前言是出版社提议的，勾起我的回忆，谢谢他们。不提议，不思考，不写成文字，会淡忘的。

邹嘉骊

2015年9月30日

编 者 的 话

邹嘉骊

　　多年来，沉浸在编撰《韬奋年谱》的工作中。我做了近三十年的文艺编辑，从来没有编过年谱，太陌生了。年谱怎么编？心里一点数都没有。为了需要，参阅过多本已经出版的年谱，只是参阅，无法照搬。停下不干吗？心愿要落空，二十多年积累的大量资料随着岁月埋没，成为一堆没有生命的物体，太对不起它了。父亲临终前，用颤抖的手写下的"不要怕"三个字在我脑中显现。当年，是激励我们不要怕民族敌人、黑暗势力、反动派，现在是激励我们不要怕困难，不要怕挫折，实践会教会我们真知。经过几年努力，对于如何制作年谱有点体会了。

　　首先，最重要的，是要建立丰富的资料库。这项工作，我从二十世纪八十年代，辑录《韬奋著译系年目录》开始，就着手了。这是一个长期积累的过程。几十年来，书籍报刊上发表的回忆文章，已经出版的有关年谱，都是我编撰《韬奋年谱》的资料源。1995年出版的《韬奋全集》，更为编撰年谱提供了丰富的史料。韬奋一生没有记过日记，要编排出他的一生，只有凭借丰富的资料，点点滴滴，辨别真伪，去芜存菁，整理、编写，排列出比较系统的材料，最大限度地为后人提供一份可靠的记录，让韬奋思想发展的脉络，由此而清晰、具体、生动、形象起来。

　　资料，有的已成书，只要认真阅读，选出有关内容，编成条目，输入框架；有的却是一团乱麻，需要一丝一丝梳理，去芜存菁，去伪存真，再编成条目，输入框架；有的事实细节不清，需要进一步调查核对，弄清楚了再输入框架；有的有信息，查不到原始出处，只能存缺。总之，这是一项细致琐碎的工作，需要较长的时间、耐力、踏实的作风，平和的心态，真像蚂蚁啃骨头，一点一点搬运筑巢似的，做成了，其乐无穷。浮躁，急功近利，恐怕很难做成。

　　《韬奋年谱》包括四部分要素：① 活动；② 篇目；③ 文章摘要；④ 相关的人

和事。

活动。取之于大量的文字资料。各篇文章中,有明确的时间、地点、活动内容,都专门摘出,编成条目,循编年次序排列。没有注明的,根据所提到的人或事,作出比较客观的推断。

篇目。比较好操作。前有《韬奋著译系年目录》作依据,后有《韬奋全集》作补充,再者,全集出版后又有新的发现。三部分整理归拢,组成现在的样子,就有了一个相对完整的篇目。

文章摘要。摘什么,怎么摘,这是很费神思的。

在阅读大量文字稿的过程中,我不断地受到感动,不断地激起心灵的震撼。原作者们很多是父亲的同辈人,是我的前辈,在我的成长过程中,得到过他们无私的关爱和照顾。他们在我眼前活动起来。他们的战斗经历,他们的高风亮节,他们的道德风范,他们的崇高人格,都应该流传后世。编活他们的生动形象,是这本年谱应该努力做到的。

习惯的做法是编者在前台,用他的文字来复述原作者的意思,来介绍原作者。这样做,文字是简练了,但是生动的事实,鲜活的时代风貌,活跃的战斗气围,变成了枯燥乏味的几条杠杠,阅读兴趣大打折扣。寓教于乐,变成了有教无乐。书编出来谁看?没有人看,束之高阁,岂不浪费人力、物力、财力?虚度年华,多可惜。再有,编者在前台,他是主体,他有莫大的解释权,他可以对原著作精辟深刻正确的解释,引导读者去了解原作者,认识了解当年那个时代的历史;也存在另一种可能,在复述原作者文章的时候,有意无意地用现代人的心态,现代人的语言,掺合进解释词中,曲解原作者的意思。原作者已是故人,他哪里有为自己辩解的余地?这是一种误导式的操作。以讹传讹,时间长了,甚至几代人的努力,都难以纠正。那是一种过失。

我尝试着把历史人物推到前台,尽量引用原作者的原文,保留当年各种人或事件发生时的原始状态,保留原作者的风采,让他们在前台,用他们自己的语言,向读者讲述当年的故事。这样操作,我的第一感觉,是条目增加了信息量。各种人物在舞台上,不是身后有牵线人,而是举手投足,他们自己活跃起来,是有生命的形象。不是死板的,是活泼的,不是枯燥的,是形象的,就有了吸引力,读者就会有阅读兴趣。我的主观愿望是把这本年谱编得让青年读者有兴趣读，而且能读得下去。

我的信心建立在原作者精辟的叙述中。比如韬奋，他的文章大众化，口语化，文笔浅显、犀利、幽默、生动，有很大的鼓动性，当今的青年至少能够读懂，容易理解和接受。又比如茅盾，他叙事条理清晰，时间、地点，明明白白，可贵的是他公正宽容的态度，令人信服。对当今文坛树立良好风气，不失为一面镜子。于伶回忆东江纵队秘密营救韬奋和一大批文化精英的文章，更是一篇绝好而详尽的补白。萨空了的《香港沦陷日记》，增加条目不多，但是他亲身经历，第一手材料，真实可信，是不可多得的一份补白。我感谢他送我这本书。我的标准，凡是为年谱增加一条信息，经查实，确有价值，我会一直铭记在心。1999年10月20日，我和刘仁寿老人在路上相遇，他知道我在编年谱，立即提供一条信息，说1936年，国民党中央委员、组织部副部长张冲化名黄毅，按照潘汉年给陈果夫信上约定的联络方法，在韬奋主编的《生活日报》上刊登启事。通过登报启事和潘汉年取得了联系。我回到单位，即刻翻出《生活日报》，一页一页寻找，在7月7日第二版的中缝，找到了这则启事。一个未确定的信息，变成了一条根据可靠，事实清楚的条目。我也许说得过分，真是高兴得心花怒放。还有……

年谱中一个压台的"史料"，是中共南方局周恩来等领导人，对进步文化事业和一批文化精英（包括韬奋在内）的具体指导和关爱，不单是个人的魅力，而且是以党的文件、电报体现出来。

我希望做到这本书里的历史人物，不是一张平面的黑白照片，单薄而苍白，而是鲜活的、立体的，以他真实丰富的音容笑貌，激情满怀地走近我们，和我们一起走向未来。

相关的人和事。有些资料因为难得，查找艰难，比较珍贵，为了不让它流失，就在本年谱里"存照"了。

我闭门造车造出这点体会。为了做年谱，多少年，我几乎就生活在狭小的生活圈子里。新的两点一线。这点体会，对于行家，或许认为是老生常谈，没有新鲜感，对于我却是难得的一笔宝贵财富。现在最大的问题是这样操作，行家们能否认可，读者们能否接受。热诚期盼听取各方的指点。

年谱按编年循序排列，共分三个板块。

第一板块：1895—1932年。包括韬奋的出生地，大家庭，童年，苦读生涯，初出茅庐，走上新闻出版之路。这时期，他事业初创，默默奋斗，还没有上舆论界的知名榜。他的名字和声望，是在风起云涌的抗日烽火中出现的。本版块，重点在编摘篇目和摘要。活动，多数从全集的文章里摘录出来，编成单独的条目，列在里面。本板块的特点，为研究韬奋的早期思想，提供了一份编年式的摘录和摘要。他的思想脉络是具体的，感性的，是能切身感受到的。

第二板块：1933—1937年。被迫流亡，寻找出路，站在抗日救亡的前沿，以笔为武器，高举抗日大旗，唤起民众的觉醒，为抵御反抗日本国的疯狂侵略摇旗呐喊，虽坐监（"七君子"事件）流亡，决不屈于强暴，绝不改变主张，带领他的一支小小的队伍，汇入抗日的洪流中，一往无前。

第三板块：1938—1944年。配合共产党，在国统区，对国民党蒋介石的投降、倒退、分裂作不懈的斗争，讲究策略，有理、有利、有节，仍遭到忌恨，迫害，数十处生活书店分支店被查封，愤而出走重庆，到香港另辟战场，太平洋战争爆发，东江纵队营救，隐居广东梅县江头村，遭国民党通缉，秘密护送至苏中苏北抗日根据地，病重，改名换姓，返回上海，环境险恶，轮番转换医院，诊治顽疾，终因不治病逝。贯穿其间的是一条鲜红的红绸带。正如1942年11月，他回答大众书店的一位同志时说："从武汉到重庆，直到我离开重庆到香港，其后，回到上海，转到解放区，我的一切工作和行动，都是在党和恩来同志指示下进行的。"

本板块的特点。此期间，韬奋已是"社会名流"，受到多方关注，对于他的活动，他的文章，都有一定的文字记载。挖掘当年的文字资料，搜集，整理，摘录，编写，就成了有价值的"活的史料"。"活的史料"多，是本板块的特点。可读性较前两个板块强。

这部书稿，最初由三位同志参与：邹嘉骊、陈挥、陈理达。按板块分工。

陈理达按约定要求，完成了第三板块的篇目输入，承担一定的组织联络工作，之后，因为主业，负责中国韬奋基金会上海常设机构的管理和业务工作，实在无法脱身，只得放弃，后续工作就由我来做了。

陈挥负责第二板块。用了不少工夫,编写出初稿,我们多次交换意见,他也修改过两遍。要年轻人迁就老年人的思路,很困难。他也是兼职的,也有主业和兼职的矛盾。不得已,现在第二板块也由我重新操作。对于他付出的辛勤劳动,应该给予肯定。

我原本两个任务:一,负责第一板块;二,三个板块做好后,我来统稿。现状不可能做到了,只得"一肩挑"。好在韬奋基金会给我配了一个助手,第二、第三板块的原文摘要,只需我用铅笔划出,她都能电脑输入,如期完成。她叫郭以欣。

再丰富的资料,总是有局限的,有些交叉回忆的细节,因年时太长,难以核对,只能取大事件存真,有的"并蓄",有的舍去。

编写这类图书,难免有疏漏和失误,衷心地期待行家们给我提出宝贵意见,更重要的是对事实的补充和纠正。引用的资料,我明白注明出处,以示尊重原作者,尊重原作者的劳动成果。

我是在中国韬奋基金会这个团队里编写这本年谱的,队里的青年同志们,在我困难的时候给我支持,在我苦闷烦恼的时候给我欢乐,使我在寂寞的工作中不感到孤单。谢谢他们。

《新文学史料》编辑部,答应在未成书前选登一部分,这对我是极大的鼓励。所以这样说,是我做了那么多年,一直是摸着石头过河,且学且做,且做且学,是否想在点子上,是否做在点子上,心里并没有十分把握。唯一自我肯定的一点,是一定在资料库里游走,一定要做到言之有据,绝不闭着眼睛胡编瞎造。要对历史负责,对读者负责。这样的编排是否合适,是否合理,有多大利弊,有什么更好的建议,期待行家们的指导。

2003 年 12 月 5 日

快乐的追踪——付印前的几句话

邹嘉骊

满心愉悦,我竟又能面对电脑荧屏,点击鼠标,像一个个音符点击在五线谱上,演奏出悦耳的乐曲。"又能面对"?是因为几乎"不能面对"。是的。今年年初,我生了一场有惊无险的急病,惊吓了太多亲人和朋友,几乎"不能面对"。坏事变好事,惊动太多,反而调动了自己的、亲人的、医务的等多方面的积极因素,终于安然度过险情,转危为安了。于是就有了"又能面对",自然是"满心愉悦"。

回到荧屏前,想想多年耕耘的《韬奋年谱》终于可以付印了,许多感人的事,许多感人的情涌上心头。

去年,《新文学史料》选登部分"年谱"时,我写了一篇《编者的话》,说到制作年谱最重要的"是要建立丰富的资料库"。如何丰富资料库?实践告诉我:一是要随时搜集,做到长期积累;一是不轻易放弃。

"年谱"中输入不少未收进《韬奋全集》的文章或史料。比如,一九三六年,日本当局如何向国民党当局施加压力,充当幕后黑手,相互勾结,共同制造震惊中外的"七君子"事件,压制抗日救亡运动;为营救"七君子",宋庆龄如何致函冯玉祥,冯玉祥又如何致电蒋介石等来往密电。一九三八年以后的部分,输入更多"活的史料"。如,国民党当局如何迫害韬奋,查封生活书店;太平洋战争爆发后,在周恩来的精心筹划下,地下党如何保护韬奋,避开国民党的通缉,隐居广东梅县江头村,以后又到了苏中根据地等。(为阅读方便,我在条目前加一个圈,注明全集未收,以示重点区别。)

韬奋去苏中根据地和最后病重的日子,他自己写的自传体著作《经历》、《抗战以来》、《患难余生记》没有这方面的文字记载,唯一可寻觅可依据的是散见各处的回忆文章。经过资料集中、整理、编辑,由星星点点,逐渐有了一个大概的面貌。很多老同志,包括我自己,正是通过这项工作,相对比较清晰完整地了解了韬奋这段鲜为人知的经历。

年谱编到后期,资料库里的材料用得差不多了。真的可以做扫尾工作了吗?我搜索记忆,还有两个心结埋藏在心头多年,牵挂着没有解开,必须作最后的追踪。

黄炎培先生是韬奋的前辈,是韬奋踏上社会,进入中华职业教育社,正式从事编辑工作的重要提携者之一。能反映两人交往的可靠资料是《黄炎培日记》。二十世纪七十年代,出版过一本《〈黄炎培日记〉摘录》,从一九三七年摘至一九四九年,作为内部参考出版。我认真阅读,对与韬奋有关的条目作了标记。当时心里盘算:韬奋与黄炎培相识于一九二二年,以后围绕《生活》周刊、《教育与职业》、生活书店、国民参政会、民主党派等,很多活动是共同进行的。他们的友谊从上海一直延续到重庆,日记里肯定会有记载,只是选用的角度不同,这本"摘录"不可能包容我所需要的内容。从哪里可以读到全本的《黄炎培日记》呢?当时忙于手头的编写工作,心里打了个结:放到最后罢。到后期,有了空余时间,追踪"日记"成了首要任务。我有机会就打听。慢慢地知道黄炎培有几个子女在北京。我在上海,我的二嫂朱中英在北京,是个活跃分子。托她帮我打听。很快打听到黄的儿子黄大能和他家里的电话。准确的信息由此而来。整套日记不在他那里,归中国社会科学院近代史研究所保存。我仿佛看到标的,开始有目的地瞄准。研究所最初的回音使我有点失望。他们的理由是所里有规定,这套日记连所里同仁都不借,所外就更不出借了。怎么办?放弃吗?既确认"日记"里必定有记录,就不能轻易就此放弃。我详细申述情况,并且保证摘录限定在规定范围内,一定经所领导审阅同意后再发表。对方静静地在倾听。他的耐心给了我希望。果然,"不出借"变成"研究请示后听回话"。多好的兆头!不久传来了"同意摘录"的答复,同时规定只能由我本人在所图书馆借阅。这已经是很大的支持了,其他规则都能遵守。我的心情,像听抒情小提琴曲似的,快乐无穷。

2004 年 10 月 13 日,我和二嫂朱中英踏进研究所图书馆。这是一次极愉快的合作。管理员茹静年轻,热情,执行制度严格,有借有还,每天我们准时到研究所,她已经把要借的"日记"提前放在桌上了,给了我们好心情。"日记"如线装书包装,一本本,蓝布封套,虽从书库里取出,却很少灰尘。我专事阅读,二嫂专事摘抄。三个人各行其是,配合却十分默契。短短八个工作日,除旧时摘抄的近四十条,这次新核对和摘抄的近百条,可谓解开了一个久悬的心结。《黄炎培日记》丰富了"年谱"的内容,帮助我们了解了他与韬奋交往的鲜为人知的新材料。

真心感谢中国社会科学院近代史研究所的领导。首先,是"同意摘录",继而,当我们把全部资料请茹静转交所领导审读时,心里还在忐忑不安,不知道能不能通过,不知道在北京要等多少天。意外地惊喜!第二天上午就有了令人满意的结果。我满载而归。每看到"年谱"里《黄炎培日记》的条目,就会想到要感谢中国社会科学院近代史研究所。

在资料库里滤出一本手工制作的图书。它引出一段动心的往事。

1995年年初,一天,一位带有浓重四川口音的同行,重庆出版社的唐慎翔女士来到我面前。我有怪癖,历来羞于见陌生人,对她却是例外。少年时代在重庆念小学,我的四川话讲得也很"溜",听她说话,像听到乡音,一下子拉近了我和她的距离。她讲了很多向生活书店老同志约稿的情况,重庆出版界的信息,问了很多我的情况。十多年过去了,至今还记得临别时她那火一样的话语:"嘉骊,你身体不好,编韬奋先生的年谱当然好,但是工程太大了,我愿意帮你,四川重庆那边我帮你找,好不,莫客气嘛!"初次见面就托人家办事多不好。我迟疑着。在她一再鼓动下,我出了一个艰难的题目:四十年代,生活书店在重庆出过一本读者信箱集,书名叫《激流中的水花》。就知道一个书名,其他情况一概不清楚。年代久远,半个多世纪以前的事了,又是在地域偏僻的西南角上出版的,日本帝国主义的侵略,把中国的版图分割成块块,图书的流通自然也极度不畅。寻找当年的资料,在上海很难收效,只有到原发地去,成功的概率会大一点。事隔不久,2月27日,收到唐慎翔寄来的韬奋为《激流中的水花》写的"弁言",多么难得,多么珍贵,赶在"全集"出版前收入全集第9卷。5月,唐慎翔又寄给我一本"书"。这是一本经过精心手工制作的"书"。复印的封面、内封、版权页、弁言、目次,按常规依次贴到位,正文书心却是32开大小一色空白。这本"书"提供了一个完整的信息:《激流中的水花》是全民抗战社编,《全民抗战》信箱外集,1940年4月重庆生活书店出版,发行人徐伯昕,编著者全民抗战社,收入53篇与读者来往的信件,唯一的遗憾是正文没有复印。再收到唐慎翔的信,得知她患了恶疾,治疗后住到深圳她儿子家休养去了。结果令人伤感,她带着遗憾走了。当我重新拿起这本"书"的时候,想起唐慎翔这位可亲可敬的同行,她是开路先锋,是垫基石。为了"年谱",也为了实现唐慎翔的遗愿,我都要追踪《激流中的水花》的正文。于是,又开始了一场不懈的追踪。

我目标明确,联系重庆图书馆历史文献中心。联系的过程虽长了些,终于得到对方的全力支持,寄来了复印的正文。

值得大大书写的是,当读完这53篇正文后,心跳加快,我的直感,这是韬奋的手笔,是被遗忘了六十多年的一组佚文。多么大的收获!我像听到了一组雄浑高昂的交响乐曲,兴奋不已。随即,冥冥中似乎有人在提醒我,不要冲动,不要冲动,要冷静,要冷静,严肃的事切忌武断。

我找了一位熟悉韬奋著作的老编审汪习麟同志。他参加过《韬奋全集》的编审工作,负责任,细致,严谨。他的读后感和我不谋而合。他来信中肯定"这些回信出于韬奋先生之手"。他对复信中的"称谓",语气,用辞,到信末所署日期的习惯写法作了细致分析。

输入新发现的53篇佚文,就会想到唐慎翔,实现了她的遗愿;想到重庆图书馆,他们的全力支持,使"年谱"增加了"活的史料"含量,提高了书稿质量。为此,我表示衷心的谢意。

还有一件值得书写报告的事,关于韬奋遗嘱原始版的发现。这件事的详情我已有专文在2004年7月20日的《光明日报》和同年9月《出版史料》第3期刊载。可以认为这也是与"年谱"有关的一条"长篇注释",为了方便阅读,我把它收编进集子了。

快乐的追踪接近尾声,再有拾遗补缺的工作,寄托给有志于研究韬奋的青年后代了。

编"年谱"的时候,我参阅了很多资料,也引用了不少,心里明白引用资料必须征得产权所有者同意。由于参阅资料太多,有的打过招呼,有的却没有。我编了一份参考书目,供查询。产权所有者可与中国韬奋基金会韬奋著作编辑部通讯联系。

今年11月5日,是韬奋诞辰一百一十周年,在这样的日子,我把这本"年谱"献给亲爱的父亲和他的读者们。这是女儿久藏于心头的一份愿望!

2005年5月31日

2008 年再版前的几句话

2005 年 10 月出版了《韬奋年谱》初版本。

按说这类书历来比较冷门，能出版印个几百本已属上好，足够了，万一好运，过个十年八年再印刷一次，那是上好上好的回报。而这本年谱出版才两年多再版是有其缘由的。因为初版本确实有多处不尽令人满意。经过沟通，出版社领导认为图书出版是一件严肃的事，必须严格要求，决定通过再版弥补初版本中的遗漏，附带将已发现的错别字改正过来。我很感动。这对社会上流传的"无错不成书"是个挑战，对提高书籍质量是个福音。

希望这次再版本出得大家满意。读者能买到一本相对完整的《韬奋年谱》，也是我此生最大的愿望之一。

邹嘉骊

2008 年 6 月

目　　录

1895 年(清光绪二十一年) 1 岁

2 月　日军攻占山东文登,进攻威海卫北洋舰队,北洋海军全军覆没。4 月,日军攻陷辽阳、鞍山。李鸿章与伊藤博文签订《马关条约》,中国承认朝鲜"完全独立",割让台湾及所有附属岛屿、辽东半岛,赔款二亿两。后中国以三千万两赎回辽东半岛。

5 月　康有为上清帝第三书,受清帝赞许。8 月,康有为创刊《万国公报》。次年被禁封,后改名《中外纪闻》。强学会成立于北京。12 月,上海强学分会成立。

11 月 5 日　(农历乙未年九月十九日戌时)生于福建省永安县。祖籍江西省余江县沙塘村(南槎迁居锦江沙塘世系)。祖父邹舒宇,号晓村,清咸丰拔贡,先后在福建永安、长乐、延平等地任官职;祖母李氏,字好意;父亲邹国珍,生于光绪丙子年(1876 年)七月初八日酉时,号庸倩(蓉清),做过清代候补盐课大使;母亲查氏,浙江海宁人,系福建太和县县丞、升用知县查济康之六女,生于光绪己卯年(1880 年)十月廿四日。韬奋原名恩润(字恩深),号荫书,韬奋是他的笔名。同母兄弟姐妹六人,三男三女,他居长。(《邹氏宗谱》卷之二七号,韬奋纪念馆藏,福州福建机电学校《1896—1986 九十周年校庆特辑》)

附记:2000 年 12 月 18 日接福建俞月亭文,并附有福建省连城县四堡乡人民政府《四堡乡志》编纂委员会辑录的一份资料,摘录于下,备考。

"根据福建汀州(今龙岩市连城县)四堡龙足乡(今雾阁村)《范阳邹氏族谱》和江西省余江县潢溪镇渡口村沙塘《邹氏族谱》世系资料考证核实汇辑而成。""据世系图谱可知:邹韬奋先生系唐尚书左仆射、银青光禄大夫邹勇夫的第 38 代裔孙;是宋代名宦、地方名贤邹括的第 32 代孙;为宋状元、枢密院参知政事邹应龙的第 28 代孙;中国四大雕版印刷基地之一四堡印刷业的创始人邹学圣的第 16 代孙。故其祖籍与永安邹氏同为福建连城四堡雾阁。号荫书,与四堡邹氏第 28 代字派相吻合。"(《四堡乡志》编纂委员会辑录:《邹韬奋先生世系图谱》)

"过去见过的所有关于韬奋先生的记载,都说他出生在福建永安的下渡村,而祖籍则是江西余江的沙塘,连韬奋先生的传记也是这么写的。怎么又出来个连城四堡呢?原来福建邹氏家族的原籍在河南光州固始县,唐光启元年,范阳邹氏第 51 代孙邹勇夫随王潮、王审知经江西南康入闽之临汀、漳浦,后为尚书左仆射,封银青光禄大夫,镇守归化,为八闽客家邹氏始祖。传至第 11 代孙邹应龙,为宋庆元二年丙辰进士,状元及第,历官二十四任,最终做到枢密参政。据《宋史》记载,绍定二年因避晏头陀兵乱,邹应龙率眷入长汀四堡鳌峰山定居,即今连城四堡乡,邹应龙便成为连城四堡邹氏始祖。四堡邹氏第二十一世邹廷元,乾隆间自丰城到余江售书,后定居于余江县潢溪乡渡口村沙塘。再传五代至邹晓村,咸丰十一年拔贡,初以七品京官分发福建省候补知县,先后任永安、长乐知县,官至延平知府,生十个儿子,其第五子邹国珍即邹韬奋的父亲,授直奉大夫,提举衔,任福建诏、浦盐课大使,民国后任财政部佥事,印花处科长,获三等嘉禾章。他在永安盐务部门任职时,全家寄寓在燕江畔下渡村,韬奋就是光绪二十一年乙未(公元 1895 年)十一月五日出生在这里。推算起来,当是入闽客家始祖邹勇夫的第 38 代孙,四堡邹氏始祖邹应龙的第 28 代孙。韬奋号荫书,据查四堡龙足乡(今雾阁村)《范阳邹氏族谱》和江西余江沙塘《邹氏族谱》,邹氏字派(字辈)第 28 字正好是'荫'。又据韬奋夫人沈粹缜生前曾告诉来访的永安宗亲,韬奋曾明确告诉她,余江邹氏是福建迁来的,是宋代邹应龙的后裔。据此,韬奋先生的祖籍在连城四堡的雾阁,当属无疑。"(俞月亭《四堡纪行》)

备考:1980 年 8 月 15 日,二嫂朱中英北京来函,称:"爸爸的出生地点,大姑(韬奋大妹邹恩敏)记得是福建闽侯,过去是包括在福州市里,现在专门有一个闽侯县,为了确切,就写出生地福建省闽侯县。"

1900 年(清光绪二十六年) 6 岁

是年上半年 义和团运动爆发。

6 月 八国联军攻占大沽炮台。7 月天津陷落,8 月,慈禧挟光绪帝离京西逃,八国联军攻陷北京。10 月,俄军占领盛京。

11 月 《亚泉杂志》在沪创刊,杜亚泉为主编。

是年 孙中山在香港创办《中国日报》。陈少白为社长兼总编辑。本年出版的《大清律例增修统纂集成》中的《大清律例》,有关于限制言论出版的条款。是中国最早的有关报纸的法律条文。《顺天时报》在北京创刊,日本人中岛真雄创办。《清议报》100 期《中国各报存佚表》一文,列举本年为止全部中文报刊名单,共 120 家。

是年 父亲去福州任候补,全家迁往。

是年 父亲亲自为韬奋"发蒙",教读《三字经》等。(全集①第 7 卷第 288 页)

---

① 全集,即《韬奋全集》,上海人民出版社 1995 年出版,共 14 册。本书中注明"全集未收",也指该书。

1904 年(清光绪三十年) 10 岁

1 月　清廷颁布《奏定学堂章程》,即癸卯学制。

2 月　日俄战争爆发。华兴会在长沙成立。

3 月　商务印书馆编辑之《东方杂志》在上海创刊。

8—9 月　英军攻陷拉萨,胁迫西藏地方政军订立《拉萨条约》。

11 月　蔡元培等在上海成立光复会。

是年　骆侠挺在广州创办中兴通讯社。为最早由中国人自办的通讯社。商务印书馆创办《东方杂志》。狄楚青等在沪创办《时报》。

是年　请来塾师,教读《孟子》等书籍。从此,他开始接受严格的经史子集的教育。(全集第 7 卷第 288 页)

1907 年(清光绪三十三年)　13 岁

2 月　上海小说林社创刊《小说林》月刊。

3 月　清政府颁布《学部奏定女子学堂章程》、《学部奏定女子师范学堂章程》,女子教育纳入国家教育体系。

是年　《中国女报》在上海创刊。秋瑾主办。半年后秋瑾在绍兴被捕遇难。《神州日报》在上海创刊。总理于右任,总主笔杨毓麟,为革命派在上海的重要机关报。

是年农历五月　母亲查氏病逝,时年二十九岁(注:虚岁,实足 27 岁)。(全集第 7 卷第 286 页)

1908 年(清光绪三十四年)　14 岁

2 月　席子佩等在上海成立中国图书公司。《预备立宪公会报》创刊,孟昭常、孟森等编辑。

3 月　英商上海电车公司开通第一条有轨电车路线。

8 月　清廷颁布《钦定宪法大纲》,定预备立宪期为九年。

11 月　光绪皇帝、慈禧太后先后病逝,溥仪继位,年号宣统。

是年　清朝政府公布《大清报律》。

是年农历九月　祖父在江西余江老家病逝。

11 月　邹韬奋随父亲同去余江奔丧,并扶母亲灵柩同往,并在老家居住四个月。

1909 年(清宣统元年)　15 岁

2 月　清廷命各省于年内成立谘议局,筹办各州县地方自治,次年开办资政院。10 月,各省谘议局正式成立,并召集议员开会。

5 月　学部奏准变通初等小学堂章程,将初等小学分为初等小学堂、四年毕业之简易科、三年毕业之简易科三种。

6 月　清政府成立游美学务处,办理利用美国退还的"庚子赔款"派遣学生留学美国事务。

8 月　清政府将清华园作为游美肄业馆的馆址。

9 月　学部奏准建立京师图书馆,缪荃孙为监督。

10 月　京张铁路通车。

是年　商务印书馆创刊《教育杂志》。

是年春　和比他小两岁的二十叔邹国珂,由安仁(注:现江西余江)坐帆船到南昌,换乘小轮到九江,船到马尾,改乘小火轮拖往南台,到福州。起初住后曹,以后住过西峰里、夹道坊。搬到夹道坊时请过一位先生做家教。同时在一块儿读书的有邹韬奋,他二弟、三弟、大妹、二妹,还有小叔邹国珂。(邹国珂《告韬奋侄的墓》)

1910 年（清宣统二年） 16 岁

3 月　汪精卫谋刺摄政王载沣,事泄被捕。

10 月　资政院通过请速开国会奏稿,并上奏。

是年　中国全国报界俱进会在南京成立,是第 1 个全国性报人团体。辛亥革命后改名中华民国报界俱进会。《民立报》在上海创刊,于右任创办。是同盟会的重要言论和联络机关。上海神州国光社创立,黄宾虹、邓实主持。商务印书馆创刊《小说月报》、《图书汇报》。

是年　与胞叔邹国珂一道考入福州工业学校(时称苍霞中学堂),寄宿学校。除国文外,还学英文、算学等科目。两人的中文都有些根底,英文和数学却从未学过。起初,他们总是把英文字母 p 和 q,u 和 n,m 和 w 混淆起来,课堂提问被老师批评。回到宿舍,两人抱头大哭,"誓雪此耻",采取我写你认,你写我认的方法,在纸片上写上字母,相互考问,直至完全记住。做算术题叔叔也常要问侄儿,韬奋总是耐心地回答:"自己好好想想,要用心读书,不要以为我是侄儿,就应该把答案告诉你。"叔叔认真动了脑筋,自己算出来,答案做对了,这时侄儿和小叔会高兴地拥抱起来。在校就读两年,韬奋的学习成绩总是名列前茅。他经常鼓励小叔,要他赶上和超过自己。(邹国珂《告韬奋侄的墓》,袁信之《1978 年 11 月 27、28 日访邹国珂谈话纪要》,福州福建机电学校《1896—1996 九十周年校庆特辑》)

1911 年(清宣统三年) 17 岁

4 月 黄兴等革命党人发动黄花岗起义,旋败。

5 月 清廷诏设责任内阁,奕劻为总理大臣。

5 月 英、德、法、美四国银行团与清政府签订《粤汉、川汉铁路借款合同》,引发粤汉、川汉铁路沿线各省爆发大规模保路风潮。

10 月 革命党人举行武昌起义。11 月清廷授袁世凯为内阁总理大臣。江浙等南方各省相继起义。上海光复。孙中山等抵沪,与各省代表商讨组织临时政府。

是年 上海《时事报》(1907 年创刊)和《舆论日报》(1908 年创刊)合并而成的《舆论时事报》改名《时事新报》。南京临时政府颁布《中华民国临时约法》,规定"人民有言论、著作、刊行及集会、结社之自由"。

6 月 29 日 在一手抄本封面作如下记述:《幼稚津梁》,"邹谷曾手辑 宣统元年十二月(注:1910 年 1 月 11 日—2 月 9 日)记于里门"。第二页记:"宣统元年十一月(注:1909 年 12 月)回里与十九叔父(注:名邹国琪)同在书房坐谈,偶于书箱中携出一本薄书,开卷阅之,为手抄文艺数篇,闲时录之,及诗数首,置之书群。南旋带闽,至今开阅,颇忆前游云。谷曾氏记于闽寓,辛亥六月四日(注:1911 年 6 月 29 日)。"(韬奋纪念馆提供)

10 月 辛亥革命爆发,邹韬奋就读的福州工业学校停课。(邹国珂《告韬奋侄的墓》、福州福建机电学校档案)

12 月 孙中山回国途经福州,韬奋参与人群热烈欢迎。(全集第 2 卷第 633 页)

1912 年(民国元年) 18 岁

1 月　孙中山在南京就任临时大总统,中华民国南京临时政府成立。2 月,清政府颁布退位诏。参议院选举袁世凯为临时大总统。3 月,南京临时政府公布《中华民国临时约法》,规定中华民国实行立法、行政、司法三权分立的政治体制。

1 月　陆费逵、戴克敦等在沪创立中华书局。

4 月　参议院议决临时政府迁往北京。

5 月　京师大学堂改名北京大学,严复为校长。

8 月　国民党在北京成立,举孙中山为理事长,实际党务由宋教仁负责。两天后,汤化龙等立宪党人组织民主党,后拥梁启超为领袖。次年,民主党与共和党合并,成立进步党。

11 月　沙俄策动外蒙古"独立",并签订《俄蒙协约》,北京政府声明概不承认。

是年　《真相画报》在上海创刊,《亚细亚日报》在北京创刊,是袁世凯政府御用机关报。史量才接办《申报》。汪孟邹在沪创立亚东图书馆。

是年　"我在民国元年的时候,在福州某校肄业,家人都不在那里,适遇革命起义,与满军正在剧战的时候,有一位父执全家暂时搬到一个乡村里去避难,就挈我同行。这个小小的乡村是他的一个男仆的家乡,有几百家人家,村的一面临河,一面临山。""不料那夜睡到一半,听见大锣大鼓的声音,从梦中惊醒,才知道河边上来了一班强盗,村人中凡是做男子的无一不手持兵器,开着门向外跑,喧声震天。我尤其受感触的,是看见那位男仆的儿子,年才十五岁,竟在睡眼朦胧中,跳了起来,赶紧在架抓得一枝枪,挺着胸,向外奔!数小时之后,强盗不敌,只得逃走,那些赳赳武夫的'勇士'才收拾兵器回家安睡。"(全集第 2 卷第 140 页《对付国仇靠什么?》)

邹韬奋在福州工业学校读完预科毕业,学业成绩优良。父亲送他到上海南洋公学(交通大学前身)外院,即附属小学,读高小三年级。(邹国珂《告韬奋侄的墓》、福州福建机电学校档案,福州《福建高级工业专门学校百年校庆纪念画册》,上海《南洋模范中学八十五周年纪念特刊》)

1913 年(民国二年)　19 岁

3 月　宋教仁在上海被袁世凯所派枪手刺杀,两天后不治身亡。

6 月　上海书业商会分别呈请教育、外交、工商部,拒绝参加中美版权同盟。

7 月　李烈钧在江西湖口举兵讨袁,二次革命爆发。

10 月　袁世凯胁迫国会选举其为正式大总统,袁世凯遂组建北洋政府。

11 月　袁世凯下令解散国民党,取消国民党籍议员资格。

是年　邹韬奋二弟邹恩泳和胞叔邹国珂,在南昌插入私立心远中学二年级肄业。(邹国珂《告韬奋侄的墓》)

　　"邹韬奋是心远中学的毕业生,当时他叫邹恩润。还有一个邹恩滋(泳),是他的兄弟。他 1913 年进心远,读 13 班。我同他们班上同学都是寄宿生,同住校内一年多,经常碰见。心远足球队是一个强队,邹韬奋是主力之一。平日队员在学校操场练球时,我们年小些的同学,常常争着为他们拣球和送球。邹韬奋对年小同学很和爱(蔼)。他的神态至今还留在我的记忆中。"(吴英傭《对邹韬奋在心远的回忆》,1987 年 9 月为心远校史编写组写,时年八十晋七。注:此条目与前一条目有异,无处查核,存此备考)

是年　入南洋公学(交通大学前身)附小第十届(插班四年级)学生,同年,升入南洋公学中院,即附属中学。(上海《南洋模范中学九十周年纪念特刊》)

1914 年(民国三年)　20 岁

1 月　袁世凯命令解散国会。

5 月　袁世凯公布《中华民国约法》。

7 月　孙中山在日本东京创立中华革命党,重结革命力量。

7 月　第一次世界大战爆发。

9 月　日本出兵山东,攫取德占山东的特权。

是年　袁世凯政府公布《报纸条例》和《出版法》。《留美学生季报》创刊。商务印书馆创刊《学生杂志》。

1 月　中学初年级的成绩:修身 100,国文 96.5,历史 98.5,数学 95,英文练习 98,博物 86,文法 100,乐歌 70,体操 92.5,总计 936(编者注:多算一分,总计应是 935 分),平均 93.6。第一名。(南洋公学《民国三年一月学期试验成绩册》,上海交通大学历史档案)

7 月　中学一年级的成绩:修身 100,国文 97.2,历史 97.5,数学 95.5,英文 98.2,代数 100,英文练习 98.2,博物 87,文法 99.5,乐歌 75,体操 93,总计 1 041.1,总平均 94.64。第一名。(南洋公学《民国三年七月学期试验成绩册》。上海交通大学历史档案)

韬奋利用课余时间,阅读大量课外读物,古籍西文,书报杂志,均加涉猎。阅读图书有《古文辞类纂》、《经史百家杂钞》、《韩昌黎全集》、《王阳明全集》、《曾文正全集》、《明儒学案》、《新民丛报》、《三明臣书牍》等。家贫,经济困难,他刻苦学习,争取每学期评上"优行生",得以减免学费完成学业。作文多次被学校选入校刊专集《南洋公学新国文》。(全集第 7 卷第 139 页)

是月　收入校刊作文七篇:

《斯宾塞谓修道之法在于尝人生最大之辛苦说》,老师评语:文事轩爽,能见其大。后路尤足为有为而为者痛下一针砭。

《班超遣甘英使大秦至条支临大海不渡而还论》,老师评语:笔力坚凝,语有根据,合作也。

《诸葛武侯谓我心如秤论》，老师评语：心明如镜，笔快如刀。具此识力，加以读书之功，便当前无古人。

《唐高崇文讨刘辟军士有食于旅舍折人匕箸者即斩以徇论》，老师评语：文气疏宕，词义精辟。少年得此，的是隽才。

《西国自活版兴而人群之进化以速论》，老师评语：笔意清超，能见其大，起处尤为得手。

《赵武灵王以易胡服而强魏孝文以慕华风而弱岂华风礼乐之果足以弱国欤试言其故》，老师评语：刊落肤词，独标真谛，是文之极有心得者。

《问王阳明先生不动声色而擒宸濠功业冠乎有明一代论者谓其生平学问之得力在于龙场贬谪之后其说如何》，老师评语：庖丁解牛，如土委地，所谓技进于道也。向见作者听讲，端容默坐，异于常人。阅此文，知其修养有得，喜极喜极！（《南洋公学新国文》卷一、三、四，全集第 1 卷第 1—14 页）

1915 年(民国四年)　21 岁

1月　日本向袁世凯提出旨在灭亡中国的"二十一条"。5月　袁世凯接受"二十一条"最后修正案,激起全国民众强烈反对。后,全国教育联合会决定将是日定为"国耻日"。

1月　留美学生任鸿隽等在美创刊《科学》杂志。

8月　杨度、严复等六人发起筹安会。

9月　陈独秀在上海创办《青年》杂志,次年第一期起改名《新青年》。新文化运动兴起。

12月　袁世凯宣布接受帝制,改国号"中华帝国",定一九一六年为"洪宪元年"。蔡锷等宣告云南独立,组织护国军讨袁;孙中山发表"讨袁宣言"。

1月　中学二年级的成绩:修身 90,国文 96,英文 78.25,文法 81.25,练习 82.5,几何 98.5,代数 97.5,地理 92,体操 94,生理 90,木工 95,图画 99.9,乐歌 70,总计 1 164.9,平均 89.6。第二名。(南洋公学《民国四年一月学期试验成绩》,上海交通大学历史档案)

3月10日　医学博士俞凤宾应南洋公学学会之请,赴该校作学生卫生宗旨之演说,韬奋作记录,整理成文《医学博士俞凤宾氏学生卫生宗旨谈》,并作按语,刊于商务印书馆版《学生杂志》8 月号、9 月号。(全集第 1 卷第 23—25 页)

4月27日　中国银行收到邹恩润救国储金一元,登记在第 147 册。(《申报》1915 年 5 月 2 日)

5月起　在商务印书馆《学生杂志》上发表文章。韬奋家境贫寒,除自己的求学费用必须自理外,还需负担弟妹们的读书费用。为此,他课余时间努力学习写作,依靠稿费救穷。(《韬奋著译系年目录》第 2 页,全集第 1 卷第 17—31 页)

5月20日　《不求轩困勉录》,署名交通部上海工业专门学校中院二年生邹恩润,载上海商务版《学生杂志》第 2 卷第 5 号。(全集第 1 卷第 17—22 页)

《不求轩困勉录》摘要:

"道义之交,盖具四德焉。四德为何?曰敬爱,曰虚心,曰不蓄疑,曰不嫉

炉。"（全集第 1 卷第 17—22 页）

7 月　中学二年级的成绩：修身 95，国文 95，英文 86.8，文法 85，英文练习 88.3，几何 99.25，代数 92.8，地理 85.5，体操 93，生理 86.5，木工 85，图画 100，乐歌 77，总计 1 169.15，平均 89.93。第二名。（南洋公学《民国四年七月学年试验成绩册》，上海交通大学历史档案）

8 月 20 日　《医学博士俞凤宾氏学生卫生宗旨谈》（未完），署名交通部上海工业专门学校二年生邹恩润，载上海商务版《学生杂志》第 2 卷第 8 号。（全集第 1 卷第 23—25 页）

9 月 20 日　《医学博士俞凤宾氏学生卫生宗旨谈》（续），署名交通部上海工业专门学校中院二年生邹恩润，载上海商务版《学生杂志》第 2 卷第 9 号。（全集第 1 卷第 26—31 页）

10 月 20 日　《强毅与刚愎》，署名交通部上海工业专门学校中院二年生邹恩润，载上海商务版《学生杂志》第 2 卷第 10 号。（全集第 1 卷第 31—34 页）

《强毅与刚愎》摘要：

> "吾侪青年，血气方刚，德性未定，强毅与刚愎二者最易混淆。而慢师侮友，种种过恶，大为进德修业之阻碍。深推厥源，皆此二念不分明有以致之。以毫厘之差，而酝酿千里之谬，洵可痛也。""强之为义，勉也。孟子曰：'强为善而已矣。'是其义也。毅之为义，果决也。《传》曰'致果为毅。'是其义也。于是乎强毅之道，可得而言矣。""刚之为义，坚也，断也。愎之为义，狠戾也，意气自用而不肯从人之言也。人而至于狠戾，至于意气自用而不肯从人之言，其人品已可知矣；况乃坚执断然其狠戾，况乃坚执断然其意气自用而不肯从人之言，其危害可胜言哉！""勇于改过迁善，而不以外力摇动沮丧其志者，强毅之士也。善于文过饰非，而犹讳莫如深，自欺欺人者，刚愎之小人也。强毅之士，则进德修业，日进无疆，个人之文章事业以成，而国家亦利赖焉。刚愎小人之结果，则适得其反。呜呼！凡吾青年志士，不可不深长思也。"（全集第 1 卷第 32—34 页）

是年　共发表文章四篇。

1916年（民国五年）　22岁

1月　云南成立都督府，"护国战争"爆发，南方多省反袁独立。

3月　袁世凯宣布取消帝制，恢复"中华民国"国号，复任大总统。

4月　孙中山偕廖仲恺、戴季陶由日本返沪。

6月　袁世凯病殁，黎元洪继任大总统，段祺瑞出任内阁总理兼陆军总长，皖系军阀控制北京政府。8月，国会复会。

12月　黎元洪任命蔡元培为北京大学校长。

是年　《晨钟报》在北京创刊。梁启超、汤化龙等主办，初期由李大钊主编。1918年改名《晨报》。上海《民国日报》（上海）创刊，中华革命党人创办。叶楚伧任总编辑。后为国民党机关报。吕子泉等四人在沪创设大东书局。

1月　中学三年级的成绩：修身90，国文96.5，英文89，英文练习94，代数89.6，几何96.6，物理78，西史90.8，法制97，法文94.2，图画99，体操95，总计1 109.7，平均92.47。第二名。（南洋公学《民国五年一月学期成绩册》，上海交通大学历史档案）

1月20日　《不求轩困勉录》，署名交通部上海工业专门学校中院二年生邹恩润，载上海商务版《学生杂志》第3卷第1号。（全集第1卷第37—44页）

《不求轩困勉录》摘要：

"人心一息之顷，不在天理，便在人欲，未有在天理人欲之间而中立者也。人不能无所思，则一息之顷之所思，不在天理，便在人欲，亦未有在天理人欲之间而中立者也。所思在天理，则诚于中，形于外，所行之事自合于天理，若莫之致而至者。所思在人欲，则生于心，害于事，所行之事，自合于人欲，若莫之为而为者。故人不可不慎其所思，而为学生者，最易误用其所思者也。学而不思，则悠悠荡荡，日即懒慢，既无惕然愧惧之念，亦无奋然勇决之志，故不可以不潜玩沉思。而为学生者，最易浮躁其气，不知所思者也。由前之说，则知思不兼容，苟思其所当思，思既有所专，则杂念自息。由后之说，则知思可兴奋，苟潜玩深思，必愧惭奋发，不能自已。然则吾侪青年有志之士，可原思哉！学生十思："（一）思国家。""（二）思父母。""（三）思师友。""（四）思先哲。"
"（五）思幸福。""（六）思光阴。""（七）思希望。""（八）思责任。""（九）思励
学。""（十）思敦品。"（全集第 1 卷第 37—43 页）

2 月 20 日 《专一静穆与修学之关系》，署名交通部上海工业专门学校中院三
年生邹恩润，载上海商务版《学生杂志》第 3 卷第 2 号。（全集第 1 卷第 44—47 页）

3 月 24 日 晚，南洋公学学会开常会，特延美国李佳白演说，韬奋译其大意成
文，投稿商务版《学生杂志》。（全集第 11 卷第 3 页）

5 月起 在交通部上海工业专门学校《学生杂志》上发表文章。

5 月 《我师录》（未完）《爱校心之培养》，载交通部上海工业专门学校《学生杂
志》第 1 卷第 3 期。（全集第 1 卷第 47—51 页、51—58 页）

《爱校心之培养》摘要：

"欲培养爱校心，必师友敬爱相得也。""欲培养爱校心，必学业笃实有恒
也。""欲培养爱校心，当知学校之所以恩惠我者何在也。""欲培养爱校心，当知
校誉之关系我者何如也。"（全集第 1 卷第 53—56 页）

6 月 20 日 《爱校与勤学》、译文《述李佳白先生演说辞》，署名交通部上海工
业专门学校中院三年生邹恩润，载上海商务版《学生杂志》第 3 卷第 6 号。（全集第 1
卷第 58—61 页，全集第 11 卷第 3—6 页）

7 月 20 日 《学生卫生丛谈》，署名交通部上海工业专门学校中院三年生邹恩
润，载上海商务版《学生杂志》第 3 卷第 7 号。（全集第 1 卷第 61—67 页）

《学生卫生丛谈》摘要：

"以吾所知，学生于卫生法所当留意者，约有五事，而运动不与焉。""一当
早起。""一当早寝。""一当清洁。""一当窒欲。""一当惩忿。""吾所言者，虽庸谈
显理，浅近无奇乎？实切实平易而易于实践者也。"（全集第 1 卷第 62—67 页）

8 月 20 日 《读司马光资治通鉴苻坚淝水之败书后》，署名交通部上海工业专
门学校中院三年生邹恩润，载上海商务版《学生杂志》第 3 卷第 8 号。（全集第 1 卷第
67—68 页）

10 月 31 日 近代民主革命家黄兴在沪病逝，韬奋随许多同学到福开森路黄
宅参加追悼会。（全集第 2 卷第 634 页）

12 月 《论学生专务考试之流弊》、《我师录》（续），载交通部上海工业专门学
校《学生杂志》第 1 卷第 4 期。（全集第 1 卷第 68—82 页、83—86 页）

《我师录》摘要：

"吾尝谓中国人欲在中国之社会有所尽其职务，而于中国文不免取讥大

雅,持笔重若万钧,则吾敢决其所成就之不大也。故窃谓学者在学校时,于校课余暇,常自翻阅中国古籍,积之以渐,持之以恒,既不妨正课,又可藉消遣。读书多,积理富,为文事之要诀。学者苟之纳吾所言而试为之,久之自觉胸际充然,下笔灵活,于读书多积理富之功,岂终不可几及哉!"(全集第1卷第86页)

12月15日 下午,在校听梁启超演讲并作记录,整理成文《梁任公先生在南洋公学演说词》。(全集第1卷第89页)

是年 继续在中院学习。共发表文章十一篇。

1917 年（民国六年） 23 岁

春　胡适在《新青年》发表《文学改良刍议》。次月，陈独秀在《新青年》发表《文学革命论》，两文均提倡"文学革命"。

7月　张勋、康有为等拥立溥仪，在京复辟。12天后失败。段祺瑞率军攻占北京，溥仪宣布退位，复辟结束。黎元洪辞大总统，冯国璋继任。复任国务总理的段祺瑞重新控制北京政府，拒绝恢复《临时约法》和国会。8月，南下国会议员在广州召开"国会非常会议"，成立护法军政府，选举孙中山为大元帅，护法运动开始。

8月　北京政府对德、奥宣战，参加第一次世界大战。

11月　俄国十月社会主义革命爆发。

是年　沈知方创设世界书局。英文《密勒氏评论报》在上海创刊。

4月5日　《梁任公先生在南洋公学演说词》(未完)，署名交通部上海工业专门学校学生邹恩润，载上海商务版《学生杂志》第4卷第4号。(全集第1卷第89—93页)

4月26日　《对于吾校二十周(年)纪念之感想》、《我小学时代之追述》、《我师录》(续)，载上海工业专门学校《学生杂志》第2卷第1期。(全集第1卷第93—100页、101—107页、107—111页)

《对于吾校二十周纪念之感想》摘要：

> "呜呼！恩润多感人也，因思吾校二十周纪念之盛而思吾敬爱之校风，而思吾敬爱之国家，而思吾敬爱之同志，万感毕集，彻宵不寐。乃黎明而起，搦管急书，热血在腔，随笔垒涌，不自知其言之不可，吾惟书吾所感想而已。吾言既尽，乃复虔虔馨香默祷曰：吾敬爱之工业专门学校万岁！吾敬爱之国家万岁！吾敬爱之学友万岁！"(全集第1卷第100页)

《我小学时代之追述》摘要：

> "在小学之中，最足令人愉快、最足令人艳羡、最足令人没齿不能忘者，则师弟之亲爱有如父兄伯叔子侄之相聚是也。余既别吾父而入校，心至悒悒，大有无尽心事郁郁谁语之概，是晚终宵不能寐。翌晨，汪师景云引余至学监室，

为吾购备一切书籍用具;旋引至教室,定坐位,嘱同学张君知先为吾照拂。汪师蔼然仁者,待余至周详慈爱,虽亲子侄不是过。余于是乐不思蜀,不以离家为苦矣。""时同级同学共二十人,沈师永瓅为吾级主任,授国文及历史。先生讲授能引人入胜,如随侍先生游名山大川而毫无烦苦。同学偶有过失,先生感之以诚,而未尝怒之以威。故吾级同学程度虽微有不齐,咸心悦诚服,乐从先生之教。余侍先生左右虽仅一年,自问自结发读书以来,受教之乐,无有逾于此时。""小学功课,以算学为较苦,非特吾一人之见,同学皆以为然。上课时,石板石笔之声硈然。不三分钟,教师持积分簿,握短铅笔,循坐位号而巡行,察看各人得数,对则笔一画于簿,积五笔而成正字。较正字之多寡,而计积分之优劣。不对则望望然去之,顾而之他。""教室中坐位有先后,教师察看算学得数,先先而后后。号数在先者,先遇教师,不足为虑。否则虽复视十过,亦徒觉其忙乱耳。""余入小学时,同学已上课月余,适于四年级中有一缺额,乃为插班生。入学试验,由沈师叔逵主其事。沈师爱人以心,而不爱人以形。质言之,即爱人以德,而不爱人以姑息。人徒见先生音容严厉,而不知其挚爱学生之心若慈母。余以距家远,假期皆寄居校中。先生虽在假中,间日必来校一视,故吾得闻先生之训言独较多,而妄自谓能知先生。先生仁爱学生之心至矣尽矣,而于余为尤甚。不才默感而敬识之,不敢忘! 不敢忘!"(全集第1卷第102—107页)

5月5日 《梁任公先生在南洋公学演说词》(续),署名交通部上海工业学校学生邹恩润,载上海商务版《学生杂志》第4卷第5号。(全集第1卷第112—117页)

是年秋 升入上院(大学)电机工程科(系)就读。(全集第7卷第153页)

8月22日 上海工业专门学校呈请交通部奖惩本校学生,收到交通部颁发批准指令,内有"中学生邹恩润、邹恩泳"等,部指令云:"敦品勤学,成绩优良,至深嘉慰,仰即传谕奖勉,以资激劝。"(《申报》1917年8月23日)

9月5日 《早婚与修学》,署名交通部上海工业专门学校学生邹恩润,载上海商务版《学生杂志》第4卷第9号。(全集第1卷第117—119页)

《早婚与修学》摘要:

"早婚者在修学时代无自谋能力,势必仍仰给于父兄,于是累上增累,力乃不支,虽其子弟敏慧绝伦,可望深造,而至是为财力所限,徒唤奈何,势非即行辍学,无以善后。此早婚所以与修学不两立,而修学之志终为早婚所害而不能达也。""以吾所见,学友早婚后苟校,其人忍耐精细、悟忆俱强前此为吾所深知者,今则就席未逾一二小时,即觉暴躁不堪,须立即起立环走于室中,或趋与他友杂谈；书中不难解之理，彼皆觉其难解，书中不难忆之事，彼皆觉其难忆。其疏忽之甚，乃至令人惊叹。久而甚至不悦学，应考无所有，不得不垂首丧气以去。故家况萧条，无力供给用费者不必论；即家素富有，能从容应付者，因智力退步，朽木难雕，势亦非至辍学不可。""早婚者因废学而失业，难于自立，与其妇相泣牛衣中，亦复何乐，徒自害害人而已。""然则在求学时代，早婚即所以自尽其修学前途，而于各方面皆无丝毫利益，昭然可见矣。故为父兄者而有爱子之心，慎勿当其子在求学时代，令其早婚；学者，学者而有自爱之心，慎勿当己身在求学时代，妄行早婚。"（全集第 1 卷第 117—119 页）

10 月 作文十二篇收入校刊：

《原孝》，老师评语：充类至尽，有功世教之文。

《仁者爱人有礼者敬人说》，老师评语：安章宅句，妥贴不颇，足觇功候。

《商鞅治秦定告奸者与斩敌首同赏匿奸者与降敌同罚之法论》，老师评语：精心结撰，深入显出，非积理富而用笔熟者，不能有此惬心贵当之作。

《王衍自为司徒置二弟于藩镇以为三窟论》，老师评语：中段最为精警，余亦畅茂条达。

《王猛之经国苻坚之管仲也论》，老师评语：笔用中锋，墨无旁渖。后幅推勘处，义尤允当。

《王沂公平生志不在温饱论》，老师评语：扼重志字，用笔亦坚卓可喜。

《惟不自用乃能用人论》，老师评语：推勘入细，名论不磨。

《管宁陶潜合论》，老师评语：中幅沉郁顿挫处，意境绝高。

《刘裕慕容超兵机得失论》，老师评语：以知彼知己四字立论，颇为切当。遒劲处尤觉精彩夺目。

《书臧洪报陈琳书后》，老师评语：笔用中锋，持论允当。

《问苻坚伐晋声势甚盛而卒至大败者其故何欤》，老师评语：抉出骄怯之弊病，精心结撰，不落凡庸。

《问于忠肃之狱薛敬轩先生时在内阁何以不力争时石亨专权先生何不即去位试据当日情事论之》，老师评语：雷霆走精锐，冰雪净聪明，可以移赠斯文。

以上十二篇收入苏州新书社、苏州振新书社版《南洋公学国文成绩》二集卷一至卷五、卷七。（全集第 1 卷第 120—137 页）

是年 共发表文章十八篇。

1918 年(民国七年)　24 岁

8 月　北京新国会("安福国会")开幕。

8 月　中华职业教育社在沪成立中华职业学校。

9 月　徐世昌被选为大总统。

11 月　第一次世界大战结束,"协约国"战胜。徐世昌和广州军政府会议分别发布停战令。

是年　邵飘萍在北京创办《京报》。北京大学新闻学研究会成立,蔡元培任会长,徐宝璜、邵飘萍任讲师。是中国第 1 个中国新闻教育和新闻学术研究团体。《每周评论》在北京创刊。陈独秀、李大钊、胡适等创办。北京段祺瑞政府颁布《报纸法》。

1 月　专门预科学期试验成绩册:修身 95,国文 89.9,解析几何 89,化学 85.5,英文 92,图画 77,金工 88,木工 78,总计 694.4,平均 86.80。第四名。(南洋公学《民国七年一月学期试验成绩册》,上海交通大学历史档案)

1 月 5 日　《激烈紫色射光之新功用》,署名交通部上海工业学校学生邹恩润,载上海商务版《学生杂志》第 5 卷第 1 号。(全集第 1 卷第 141—142 页)

4 月 5 日　《世界最强烈之探照灯》,署名交通部上海工业专门学校学生邹恩润,载上海商务版《学生杂志》第 5 卷第 4 号。(全集第 1 卷第 142—144 页)

7 月　专科一年级的成绩:修身 90,国文 95,英文 80,解析几何 98,化学 80.3,图形几何 97,金工 92,木工 95,总计 727.3,平均 90.91。第二名。(南洋公学《民国七年七月学年试验成绩册》,上海交通大学历史档案)

12 月　《在校修学杂感》,载交通部上海工业专门学校《学生杂志》第 2 卷第 3、4 期合刊。(全集第 1 卷第 144—147 页)

《在校修学杂感》摘要:

"先哲有言曰:'三人行,必有我师焉。'择其善者而从之,其不善者而改之。进修之道,盖莫要乎择善去恶矣,然善恶未明,心有所蔽,何择何去,犹豫莫决。于是省察克治,弗可偏废。而克治之勇,必由省察之明。斯义也,贤达以之养德浚智，则善其一生，以之针砭时俗，则转移风气。恩润愚昧，不足语此。顾尝于修学余暇，穆然深思；或遇良朋，有所稽访。窃附吕子呻吟之旨，以求相观而善之益。言不中伦，随感所之。好学君子，傥愿闻诸。""所感一 苏格拉底曰：'人之不德，由于无知。'学日进而德亦随之日进，此学所以可贵也。吾国往昔讲学，尤重气节。象山、阳明二先生之有功名教，盖以此也。""所感二 勤学为学者美德之一，而凡百事业所赖以成功者也。""勤学者，美德也。""曰必平其气，静其脑，运其思，一其心。读一书必穷一书之理，合卷默思，而有所悟，夫然后修学时间不为虚掷。思力敏捷，乃日虚灵，犹必休息以时；精神和悦，清心寡欲以固其元，起居清洁以养其体。是吾所谓勤学者哉！""所感三 昔贤诲人必令深思。""愚以为学者当于未听授之前，细阅未授之书，静心默思，求明其故。如是为之，必有心得，亦必有疑点。于是听授之时，可以教师所解释者与吾心疑点相质证，则真理易得，而结辖易解，下课之后，全义已明。夫精力与光阴，皆宜爱惜，皆宜用得其当，人尽知之。吾以谓学者爱惜精力与光阴，利用精力与光阴之道，无以逾此。""所感四 与善人居如入芝兰之室，久而不闻其香，即与之化矣。与不善人居，如入鲍鱼之肆，久而不闻其臭，亦与之化矣。""凡所述皆有事实可证，无虚造者。"（全集第 1 卷第 144—147 页）

是年冬 在律师陈霆锐家与毕云程相识。（毕云程《韬奋和生活书店》，收入《忆韬奋》第 290 页）

是年 继续在上院就读。共发表文章三篇。

1919 年(民国八年) 25 岁

1月　北京大学学生创办《新潮》、《国民》杂志。陈独秀在《新青年》撰文提出拥护德、赛两先生。

2月　南北议和会议在上海开幕。

3月　蔡元培说明北大对学术循思想自由原则,取兼容并包主义。

4月　《巴黎和约》规定把德国在山东权利让于日本。

5月　北京学生为反对巴黎和会允许日本继承德在山东权益,爆发五四运动。

6月　上海等地罢工、罢市。中国代表拒绝在"凡尔赛和约"签字。

7月　少年中国学会成立。

8月　中华职业教育社开办的中华职业学校开学。

10月　孙中山改组中华革命党为中国国民党,自任总理。其纲领为巩固共和、实行三民主义。11月,孙中山在广州重组军政府。

是年　中国最早出版的新闻学刊物、北京大学新闻学研究会主办的《新闻周刊》创刊。《湘江评论》在长沙创刊,毛泽东主编。《天津学生联合会报》在天津创刊,周恩来主编。

1月初　开始用"谷僧"笔名在上海《申报·自由谈》上发表文章。

1月5日　上海工业专门学校校长唐文治收到交通部三一一三号指令,同意学校嘉奖"敦品勤学、成绩优良"的学生,指令中有"中学生邹恩润、翁思益、邹恩泳"等。(《申报》1919年1月6日)

1月7日　《欧战中之妇女》,11日,《英国伪舰愚德记》,13日,《糖与筋力工作》,16日,《军用汽车厨房》,19日,《美军总司令潘兴将军幼年时代》(一),20日,《美军总司令潘兴将军幼年时代》(二),22日,《德人退走之诡计》,以上七篇署名谷僧,载《申报·自由谈》。(全集第1卷第151—162页)

2月　为筹学费,经同学介绍,去江苏省宜兴县蜀(鼎)山镇葛姓家中任家庭教师。三个学生名葛雪琴、葛怀诚、葛雅诚。葛怀诚著文回忆:

"1919年初,邹韬奋先生接受我祖父的聘请,从上海来宜兴鼎山镇家中教我兄弟三人读书。祖父是通过同乡葛英的介绍而认识韬奋先生的。那时,葛英和韬奋先生是上海交通大学(旧名南洋公学)电机系二年级的同学。""私塾的教学内容是四书五经,教学方法是背诵与体罚。韬奋先生完全不同,他在讲解时循循善诱,允许学生提问题,在布置作业时先解释题旨,与学生讨论一番。对完不成作业者不加体罚,相反,进行启发,诱导学生做好作业。他经常与学生谈心,并外出在田间散步。师生之间感情融洽,学生不再视书房为畏途,学业进步较快。""为适应今后进入学校求学(那时称学校为洋学堂),课程内容大加改革。语文课本改用梁启超的《饮冰室文集》。作文不再'言必道先皇',冥思苦想,而着重论证事实,力求行文流利舒畅,经修改之后,再当面讲解修改的理由,使学生印象深刻,容易进步。数月之后,学生做一篇几百个字的作文已不觉得吃力。此外,还添教算术、英语等课程。"(葛怀诚《我的老师邹韬奋》,《宜兴文史资料》1983 年第 4 辑第 92 页)

2 月 11 日　《美国纽约地道中之地道》,署名谷僧,载《申报·自由谈》。(全集第 1 卷第 163 页)

5 月 13 日　《商船避潜水艇袭击之烟雾》,署名谷僧,载《申报·自由谈》。(全集第 1 卷第 165 页)

是年夏　韬奋偕葛怀诚、葛雅诚回上海。葛怀诚考入圣约翰附属青年会初中一年级,葛雅诚考入交通大学附属小学,葛雪琴后来进入宜兴蜀山东坡中学。(葛怀诚《我的老师邹韬奋》,《宜兴文史资料》1983 年第 4 辑第 93 页)

7 月　暑假后回上海,参加《学生联合会日刊》的编辑工作。(毕云程《韬奋和生活书店》)

9 月　转学考入圣约翰大学文科三年级,主修西洋文学。(毕云程《韬奋和生活书店》,收入《忆韬奋》第 290 页)

为了"救穷",仍兼做家庭教师、学校图书管理员,还不断写稿,11 月起,时有文章在校刊《约翰声》上发表。(《韬奋著译系年目录》第 7 页、全集第 1 卷第 170 页)

10 月 12 日　《吉安婚俗奇谈》(一) ,15 日,《吉安婚俗奇谈》(二) ,18 日,《吉安婚俗奇谈》(三) ,署名谷僧,载《申报·自由谈》。(全集第 1 卷第 166—170 页)

《吉安婚俗奇谈(一) 》摘要:

"吾国闹新房之恶俗,盖为至野蛮鄙劣之举动,然未闻有如吉安之甚者,当闹新房之夜,无大小长幼之别,每呼一声,新娘即须向之下跪,受者可不回礼,闹新房者以此为乐,而新娘之腿苦矣。"(全集第 1 卷第 167 页)

11 月 24 日　译文《卫生刍言》(一),25 日,《卫生刍言》(二),26 日,《卫生刍言》(三),署名谷僧译述,载上海《申报·自由谈》。(全集第 11 卷第 23—28 页)

11 月 25 日　《青年奋斗之精神与国家前途之希望》，载《约翰声》第 30 卷第 8 号。(全集第 1 卷第 170—174 页。注：本文又刊载于《申报》1921 年 10 月 10 日)

《青年奋斗之精神与国家前途之希望》摘要：

> "所谓奋斗精神者，非以坚甲利兵与仇敌相见于疆场之谓也，盖以忠恳真挚之热诚，百折不回之毅力，与己身之腐败恶习奋斗，与社会之腐败恶习奋斗，与家庭之腐败恶习奋斗，不受前人种种腐败陈言所羁縻，不受现在种种腐败环境所诱惑，卓然自立，奋往前迈，夫然后青年奋斗精神凯旋之时，即国家前途希望如愿之日。"(全集第 1 卷第 171 页)

12 月 15 日　译文《社会改造原理》，署名陈霆锐、邹恩润合译，载《新中国》第 1 卷第 8 号。(全集第 11 卷第 9—22 页)

12 月 25 日　《吾国国民体育怎样可以增进》，载《约翰声》第 30 卷第 9 号。(全集第 1 卷第 175—179 页)

《吾国国民体育怎样可以增进》摘要：

> "我所谓造成一种喜欢运动和卫生的好风气，并不是希望普通国民个个都变成运动大家，这事固然办不到，就是办得到，亦没有什么好处。我的意思是要普通国民都应晓得普通卫生常识，养成一种活泼好动的习惯，注意锻炼自己的身体，如柔软体操，野外步行，以及网球之类，使身体各部均平发达，一洗从前萎靡不振的一种死样子；庶几精神健旺，思考动作都精锐敏捷，然后可与世界人类全体同臻文明之域。近年来吾国有识之士都似有点觉悟，很提倡运动，以图补救，这是一种极好气象。但是他们多注力于剧烈运动一方面，例如主持教务的人，因竞争虚誉起见，多致意于多出几个运动大家，而于普及运动，反不免略觉轻忽。我并不是绝端反对剧烈运动，不过觉得少数人的剧烈运动，和全体国民体育是没有什么关系的。所以我希望此后教育家和青年聚精会神于提倡普及运动。身离学校后的青年不可忘却他们宗旨，被那老朽及社会里头坏环境所陶铸软化，应该要把这喜欢运动和卫生的好风气传染到家庭，传染到亲戚朋友，渐渐儿就可做成一种习惯。我想吾国要图自强，振兴教育是免不掉的一桩大事。教育既兴，新人物自多。我并不是好作胡思乱想，放些空论，只要我们青年肯各人尽各人本份向前做去，这件事一定可以实现的。这个岂不是青年报国里头一桩大事吗？青年诸君，努力！努力！"(全集第 1 卷第 175—178 页)

是年　开始试译杜威著《民本主义与教育》一至四章，翌年发表时题名为《德谟克拉西与教育》，载 1920 年《新中国》杂志。

是年　共发表文章十八篇。

1920 年（民国九年）　26 岁

7 月　直皖战争爆发。直奉军进驻北京，共同控制北京政府。

8 月　陈望道译《共产党宣言》全译本在上海印刷。

是年　北方各省大旱，国内开展大规模赈灾活动，国际社会也给予援助。

是年　《觉悟》在天津创刊，周恩来主编《新青年》8 卷 1 号起改组，成为中共上海发起组的机关刊物。上海圣约翰大学创办报学系。为中国第 1 个大学新闻系。《劳动界》《劳动音》分别在上海、广州、北京创刊。为当地共产党发起组或共产主义小组面向工人的刊物。中共上海发起组创办的理论刊物《共产党》月刊创刊，李达主编。

1 月 15 日　译文《德谟克拉西与教育》，署名邹恩润译述，载《新中国》杂志第 2 卷第 1 号。

4 月 15 日　译文《德谟克拉西与教育》，署名邹恩润译述，载《新中国》杂志第 2 卷第 4 号。

7 月 5 日　署名怀磐在《申报》上发表《观鱼记》笔札一篇，文中谈到："余尝与余友邹子恩润讨论人生问题矣。邹子曰：人生斯世，鲜不具有'欲望'(DESIRE)，惟多'欲望'乃使'自我实现'(SELFREALIZATION)不克有发展之馀地，而人生真幸福因之斲丧殆尽。人能审'自我实现'则凡事必求适应乎'环境'(ENVIRONMENT)，人与'环境'相融合，则世间一切罪恶当可泯灭，奈之何其不能之。今有美人于是，人莫不爱瞻其情影，瞻之可也，脱一涉及欲念则非矣。欲念之生，'自我实现'缺乏之故耳。"作者怀磐听了后说："子言何与今世印度诗豪太谷儿(TAGORE)之观念相符合欤？"（《申报》1920 年 7 月 5 日）

7 月 15 日　译文《德谟克拉西与教育》，署名邹恩润译述，载《新中国》杂志第 2 卷第 7 号。

8 月 15 日　译文《德谟克拉西与教育》，署名邹恩润译述，载《新中国》杂志第 2 卷第 8 号。

（注：1928 年 3 月出版的《民本主义与教育》一书第一至第四章，与以上四篇内容相同，译文

稍异。全集收后译文本,以上四篇未收。)

1月26日 《邹恩润致东荪》,载《时事新报》通讯栏。(全集第1卷第183页)

《邹恩润致东荪》摘要:

"直译和意译各有长短,这个确是一个尚待讨论的问题。但《新中国》这篇文章里面,错字多至二十余字,句读也有错处,漏字也有,这是不免晦涩的大原因;为对于读者很抱歉的事。"(全集第1卷第183页)

2月 《本校的优点与希望》,载《约翰年刊》。(全集第1卷第183—189页)

《本校的优点与希望》摘要:

"做人有好也有坏,因为天地间没有绝对的美善,我们说某某有什么好处,这意思并不是说他没有一点坏处。我现在说本校的优点,意思也是如此。""我想说的第一优点是名誉制度。""名誉制度,是指凡遇考试时候,教师无需监察学生有无舞弊情事,由学生凭个人的良心署誓言于卷面,以明自负其责任。这个制度的最大好处,能使学生增加自治自尊的精神,换句话说,就是能使学生完成其人格。然而倘若没有应具的某限度之自治自尊的精神,实行这个制度,就不免弊窦丛生。转过来说,倘若实行了这个制度,的确能够得其圆满效用,而丝毫无弊,这种学生自治自尊的精神,可就令人钦敬。""倘若能把这个精神扩充出去,将来社会上热诚无私的教育家,科学家,政治家,医学家,实业家,以及其他种种社会改造家,都大多数出自本校,也是意中事。""我的一点诚意是觉得这个精神可贵,很恳挚的希望同学扩充这个精神,各尽所能,奋勇前进,去做到热诚无私的各种专家。""我们现在所采用的名誉制度,固然是一个很有价值的优点。但是比较美国有名大学,却还有望尘莫及之势。""这位教授谈及美国大学所行的名誉制度,说美国教授竟将题纸于考前发于学生。学生非将功课温好,不肯自己展阅题纸。这位教授亲眼看见一个学生,恐怕自己不及格,把教师发出的题纸放在身上袋里,始终不肯把题纸抽出偷看一下。末后他把他研究所得,向他的教授谈过一遍,问这教授以他所研究的程度,可以答他的题纸,不至失败否。这教授听后,对他说可不至失败,他然后才把题纸展阅应试。这样自治自尊的精神,诸君以为怎样! 我希望我们的名誉制度,将来也要做到这样地步。""现在这个制度的结果既然很好,我希望中级下级不久也采用他。于是大学全体都用这个制度,使这优点成为普遍的,而非局部的。""第二优点是时间制度。""我们目前所采用的时间制度,较美国大学普通所行的时间制度,有一个很大不同的地方:我们的时间制度,每周最多不得逾二十二小时,最少不得在十五小时以下,在这最多与最少的中间,可以随意增减,但是毕业年限仍旧不能因此缩短；美国大学普通所行的时间制度，就没有这些限制。故就美国大学普通所行的时间制度而论，大概有三样便利。第一：学生与教师商议后，可以自由选择若干时间的功课。智而且勤的人，可以依其能力，多选择时间，增加负担，以缩短其卒业年限。身体孱弱的人，可以减轻负担，延长年限，以维持健康。第二：各科成绩可以独立，不相影响，成绩好的科目，不至受成绩坏的科目所累，使并陷于降级的悲境；成绩坏的科目，亦不能为成绩好的科目所助，使存侥幸升级的妄念。第三：采行这制度以后，当开夏季讲习会时候，使学力不足的人，可于暑假时补其不足，学力丰富的人，亦可于暑假时预习，以缩短其卒业年限；因为这制度只问时间的学力，学生得以夏季讲习会中所得的时间的学力，抵消校中的时间的学力。""缩短卒业年限，并非以速得文凭为志。我觉得倘若果有过人的智能，让他先行卒业，他可多出时候去研究再高的学术，或早出其所学以济世，于人才经济方面，似乎不无小补。""从前有两样以上的科目不及格，就老实不客气请你留级。譬如有人于好几样科目都很好，因为有了两样以上的科目不及格，就要强他将所有功课完全再学习一遍；这于时间经济及精力经济，都讲不过去。现在我们采了时间制度，就把这个弊病除掉，岂非一种优点吗？""第三优点是清晨早操与旷野散步。""我觉得这事很关紧要，所以这里特别又把这个优点提出来谈谈。""我们要晓得清晨空气新鲜，在这新鲜空气里面，操了二十分钟，精神爽快，终日受用。""还有一层理论，我们应该晓得的，心理学上所谓'心纳不西'（Synapsc）是陶铸品性与增进学识的枢机，而这'心纳不西'很受体中血液之清浊及废料之有无所影响。要想血液清洁，废料排除，清晨早操是一种很好的方法。简明说起来，这事与品性及学识不无多少间接的关系，我所以堂哉皇哉算他是一种优点，我并且希望同学毕业后也把这个优点维持下去，不要钻在被窝里头，抓不起来。""希望同学诸君将来把这个好风气灌输到他们自己的小家庭里边去。""中国家庭，常有以赌博为消遣的毛病，我有时出去访朋友，常听见他们邻舍叉麻雀牌的声音，很为痛惜，那里及得到这事的清雅有益。"（全集第 1 卷第 183—188 页）

2 月 15 日　译文《社会改造原理》（续），署名陈霆锐、邹恩润合译，载《新中国》第 2 卷第 2 号。（全集第 11 卷第 31—42 页）

3 月 15 日　译文《社会改造原理》（续），署名陈霆锐、邹恩润合译，载《新中国》第 2 卷第 3 号。（全集第 11 卷第 42—54 页）

5 月 15 日　译文《社会改造原理》（续），署名陈霆锐、邹恩润合译，载《新中国》第 2 卷第 5 号。（全集第 11 卷第 54—83 页）

6月4日 《邹恩润致石岑》,载《时事新报》。(全集第1卷第189页)

《邹恩润致石岑》摘要:

"现在从事译述的事,颇有蓬蓬勃勃的气象,这是一件极好的事。但我近来看见译者往往把他人已经翻译的书,拿来重译。我以为这事于精力上太不讲经济之道。正当知识饥荒的时代,能把有价值的著作译饷国人,愈多愈好,应当分途并进,不宜彼此重复。有了重复,首译的人和继译的人的精力都不免不经济。现在国内对于有价值的译述,既需要甚切,欧美有价值的书又很多,有译述能力的人何不选择未经译过的书来译呢?我以为同志每要立意译某书的时候,当先留意杂志上或其他出版物内已否有此译述,然后此病可免。"(全集第1卷第189页)

暑假期间,韬奋继续任家教,携带葛家兄弟,寄寓上海北四川路青年会宿舍,为他们补习功课。(葛怀诚《我的老师邹韬奋》,《宜兴文史资料》1983年第4辑第93页)

8月31日 《我对于张俞舒三君〈致共学社诸君书〉底意见》,载《时事新报》。(全集第1卷第190—191页)

《我对于张俞舒三君〈致共学社诸君书〉底意见》摘要:

"我以为地名人名不可不把音译出来。因为译书本是预备未读过西文的人看,如果不把音译出来,要他们看西文名字,很觉得困难。懂得西文的人,自然以真写名字原文,觉得直截了当,反以译文底噜苏为可厌;但是一点不懂西文的人,看见就觉头痛。或者有人以为现在略懂西文的人已经很多,此层似不足虑。然而我们总不敢保个个阅者都一定略懂西文,所以此处不可不替普通读者设身处地想一想。不过译音底底下都附原字,必然做到,以便审查。但是我以为只要当一个名字第一次出现时候,须把原字写在下面的括弧里。第一次以后,便可直写译音,不必再注。因为第一次既晓得所译原文何字,便足审查之用,此后尽可省掉,免得累赘。"(全集第1卷第190页)

是月 译文《科学底基础》,署名邹恩润译,载《时事新报·学灯》8月13—23、28—30日至9月2、3、5、6、10、13—16日。(全集第11卷第84—137页)

9月上中旬 暑假期满,开学在即,韬奋又遇交不出学费的困境,毕云程得知,即携款到青年会宿舍找到韬奋。毕表示自己幼年家贫无力入校求学,对韬奋这样的艰苦求学深表钦佩,愿意解囊相助。(毕云程《韬奋和生活书店》,收入《忆韬奋》第290页)

9月20日 《提高知识程度》、《妇女解放》、《妇女觉悟的曙光》,载《约翰声》第31卷第6号。(全集第1卷第195—196页、196—197页、197页)

《提高知识程度》摘要:

"平民政治的趋势，要得着大多数平民有常识，不在乎少数出类拔萃的学者。然而没有出类拔萃的学者发纵指示，改风移俗，则许多人民都在混沌之中，从那里做起？所以我希望中国快点产生专门学者。所谓专门学者，并非增加'贵族的'阶级，摆点臭架子；乃是发展个性，就其性之所近，择一专业，极深研究，务得必到精粹。不为势利所诱，不为外界所迫，强毅坚忍，聚精会神，忠实于他的专业。然后以其所得，贡献于世。庶几专才愈多，社会进步愈速，有了实实在在的种子，然后才能想法生长，使大多数平民的知识亦从而提高。"（全集第 1 卷第 195—196 页）

《妇女解放》摘要：

"妇女解放的声浪一天高似一天，几乎令人听惯，而实际上究竟有何成绩，简直说不出来。我以为要想这件事前途弄得好，全恃女界自己成群结队起来，实实在在进行一番。进行的手续多端，最要紧的是现在那些躲在家中，过'千金小姐'生活的诸位女士，当极力向父母求得求学的权利。有了知识，有了自立技能，便可做堂堂的一个人，谁也不敢蔑视。这真全恃女界同胞自己觉悟啊！而且还有一层意思，大家不可误会。中国重男轻女，自古已然。因此前此女子简直没有教育可言。因此他们的天赋良能，也摧残埋没，几至无余。故照表面上看起来，似乎男女才能相差颇远，换句话说简直觉得女子的才能不及男子远甚。其实不然。是乃摧残埋没之过，并非本来如此。"（全集第 1 卷第 196 页）

10 月 20 日 《学问与人生》，载《约翰声》第 31 卷第 7 号。（全集第 1 卷第 198 页）

《学问与人生》摘要：

"青年在校挟书听讲，退则自修，此固专心致志与研究学问之期也。及其一旦毕业，入社会任事，无论所择何业，以吾所观察，大多数除料理处置其每日应为之职务外，往往束术高阁，遂无求进之心。""先进各国之教授讲师，常各出所学，扶其精微，每年以良善著作贡献社会而增人智慧者不知凡几。而吾国则无闻焉，即有之，亦凤毛麟角，不数数觏也。"（全集第 1 卷第 198 页）

是月 译文《穆勒底实验方法》，署名邹恩润译，载《时事新报·学灯》10 月 26、28—31 日至 11 月 3—6 日。（全集第 11 卷第 137—156 页）

11 月 20 日 《怀疑与夸大》，载《约翰声》第 31 卷第 8 号。（全集第 1 卷第 199—201 页）

《怀疑与夸大》摘要：

"'学而不思则罔，思而不学则殆。'斯语也吾人习焉，不察久矣。然惟其庸常，其中所含之真理，往往反湮没不彰，闻者亦漠然置之，不加思索也，其实

'思'之一字,实为凡百科学之母,凡百发明之源。吾侪试暝目澄念,追忆科学发明之迹,复以历史上事实相印证,必益坚其信心,而叹'思'之作用若是其不可测也。然思亦有其必不可缺之条件焉,非偶然所能骤致。""因思之发动恃乎怀疑,于是思潮愈高之时代,即怀疑愈甚之时代。思潮绝巅之时代,即怀疑极峰之时代。思潮之消长,与怀疑之程度,盖若辅车相依,不能分离。故当思潮绝盛之时,新理趋势,有如澎湃。一切旧制度,旧学说,旧风俗,以及其他等等,无一不在重新估值之列。适者生存,劣者淘汰。此诚社会上好现象,而吾侪沐浴馨香虔诚以欢迎者也。然以吾所观察,以为现今青年往往以怀疑与夸大相混淆。其结果足致无实在知识而徒增浮嚣之气。履霜坚冰,其来也渐,是以君子慎之。夫夸大与怀疑,其异点果安在耶?吾不欲多作想像,试以实例证之。设有友焉,语吾以某种理论或学术,吾于其所言不能尽信,非经自己考察实验或推理不敢下断语,是乃近乎怀疑。如吾先存成见,妄自尊大,一切抹煞,以无价值无讨论之余地而排斥之,乃近乎夸大。故在怀疑,并不遽下肯定或否定,必俟经过考虑,经过实验,然后决取舍焉。在夸大,则无论内容,先下否定(或依某种情形而下肯定)。怀疑则引人研究,启人思路;夸大则故步自封,滞其进境。怀疑为判评精神所自来;夸大则(言加也、言加也)之声音笑貌,拒人于千里之外焉。""吾国现在新文化新思潮之声浪可谓甚嚣尘上矣。吾常闻青年喧然曰,某无学问,某无知识,而自身知识何若,方针何在,方法何在,则反不复措意。凡遇理论或著作,辄未加研究,而先肆诋诽,切实研究之工夫反因此不无多少之漠视焉。'思而不学则殆',不学而又不思,其害更将若何,此真不可不深长思也。吾以此自省,并以谂吾同志。"(全集第1卷第199—201页)

12月20日 《批评的真精神》、《教育群众的责任在那里?》、《改造家庭之两大观念》,载《约翰声》第31卷第9号。(全集第1卷第201—202页、202—203页、204—207页)

《批评的真精神》摘要:

"什么是批评?简单说起来,批评就是鉴别一件事情(一物或一人)的优点或劣点。抉出优点的本旨,是要使得这人优点能够永久保存,并且使得别人知所观感。抉出劣点的本旨,是要使得这人劣点不至无改良的觉悟和机会,并且使得别人不至蹈其覆辙。总而言之,我们要知道批评是要顾着所批评的题目,鉴别他的优劣,不可于题外东拉西扯,溢出范围,作无谓的噜苏;并要知道批评的本旨无论在积极方面或在消极方面,都是心存好意,欲求存善去恶,不可藉为攻讦之工具,以泄私人的仇恨。明白了这个道理,才够得上说批评的真精神。""失了批评的真精神，便失了批评的真价值。何以故呢？有了批评的真精神，可使是非明白，没有批评的真精神，反使是非混淆。有了批评的真精神，可以长进研究者缜密心思和审慎态度，没有批评的真精神，反使谩骂者长其恶毒之心，增其凌人之焰。所以知批评的可贵，尤当知批评精神的可贵。"（全集第1 卷第 201—202 页）

《教育群众的责任在那里？》摘要：

"国民是国家的重要分子。分子的教育程度，就是国家强弱的标准。""照我的意思，有力量进学校的人，有机会求学的人，当然用不着我们费心。我们所当注意的，就是那些在下等社会未曾受过教育的人和许多没有能力和机会受相当教育的那般小孩子。倘若有知识的阶级——指中学的教师学生以及各种专门高等和大学的教师学生——都有这种自觉，肯出热烘烘的血忱和极恳挚的诚意，大约每一校无不立一个夜学，把极紧急的知识，极实用的技能——如卫生识字写信阅报等等——输与他们。由教师学生轮流担任，人才既无可虑；利用学校的课堂，单应晚间一二小时之用，经济又可无虑。最好能使教师教年长之失学者，学生教年幼之失学者（因为年长的人往往不愿受青年学生的教导），尤为便利。又使农业学校因此和农人不无多少的联络，商业学校因此和商人不无多少的联络，其利益更不可胜计。如此办法，曹家渡一镇（譬如说）便受了约翰大学无量的益处，徐家汇一镇便受了南洋大学无量的益处。推而至于全国各处，这种事业的结果，就大可惊异了！这真是改造中国社会的捷径而又基本的办法，所难的——最难的——就是难得有知识阶级里面的大多数人有这种彻底的自觉心和力行的毅力精神罢了。高谈主义很容易，如果要着实做去，便要缩颈胁肩逃掉。所以我劝有知识阶级的，常常念着教育群众的责任在那里？"（全集第 1 卷第 202—203 页）

《改造家庭之两大观念》摘要：

"自从欧战以后，全世界都有改造社会的问题发生。""要改造社会，一方面固然要顺世界潮流，一方面还要明白自己社会的毛病，然后对症下药才有结果。""说到家庭问题，在西洋是小家庭制度，在中国是大家庭制度。""如果要改造中国社会，改造家庭问题就是一件极紧要的事情。""照鄙人所观察，如果要改造家庭，一定要先改造家庭之两大观念，因为这两个观念是中国黑暗家庭的根源，不把根源断绝，要想改造，断然没有效力。什么是两大观念呢？""第一观念就是组织家庭是父母娶媳妇，不是自己娶妻子。""要改造家庭，先要改造这个观念，要改造这个观念，只要做父母的人明白自己的责任是把子女的智育德育体育发达。这层办到,有才有德的男子不怕没有好妻子;有才有德的女子不怕没有好丈夫。做子女的人要明白自己要报答父母的方法很多,不必把嫁娶的事归父母,因为徒然使父母增高家累反而受了种种痛苦。""第二个观念是组织家庭是替祖宗传后。""要改造家庭,必先改造替祖宗传后的观念,要改造这个观念,先要明白生子不是替一家一姓制造传后的货品,是替人类社会增加健全的分子。明白了这个道理,就要先把自己做成社会上健全的分子。如果除了成就自己之外没有余力,就绝后也不要紧。有功于世界人类的学者如斯宾塞、斯宾挪塞、霍布士、陆克福禄特尔、奈端,都是没有妻子儿子的。他们虽然没有替祖宗传后,却都是有益世界流芳百世的人!就是要替社会增加健全的分子,断然不可不先希望现在的自己,却去希望将来的孙子,不但把自己的家庭弄糟,反而害了子孙,害了社会。""我们可以断言以上所举的两大观念,""实在是黑暗家庭的根源。中国社会上不知有几千万的男子受着这种观念恶果所束缚,不能发展他们的天才。更不知有几千万女子婉转哀痛于黑暗家庭之下,令人痛心。现在我们既然晓得改造家庭是改造社会里头一件最要紧的事情,又晓得这两大观念是种种恶果的根源,有志改造家庭的人就应该极力改造这两大观念。有了健全的家庭,才有健全的社会。"(全集第1卷第204—207页)

是年 继续在圣约翰就读,并积极写稿,文章先后发表于《新中国》杂志、《约翰年刊》、《时事新报·学灯》等刊物,共发表文章六十二篇。

1921 年(民国十年)　27 岁

1月　文学研究会成立。6月,"创造社"成立。

5月　孙中山就任中华民国非常大总统。

7月　中国共产党第一次全国代表大会在上海召开,中国共产党成立。

是年　《劳动周刊》在上海创刊,为中国劳动组合书记部机关报。是中国共产党领导的第一张全国性工人报纸。胡政之在上海创办国闻通讯社。《先驱》在北京创刊。后迁上海。为中国社会主义青年团中央的第一个机关报。《向导》在上海创刊,蔡和森主编,是中共中央的第一个机关报。

1—3月　《改良家庭教育丛谈》、《非孝是什么意思?》,载《约翰声》第32卷第1、2号。(全集第1卷第211—213页、213—214页)

《改良家庭教育丛谈》摘要:

"家庭教育是人生一世的基础。有了基础,学校教育就事半功倍,格外容易收效,否则基础既坏,就是学校极好,要分其精力之一部分去矫正恶习,用在消极的方面,于是积极方面的力量当然减少,而况有许多恶习已经根深蒂固,就是在良好的学校,也难于更改!""我谈这个题目的时候,心中本有两层具体的事实,关于改良家庭教育的事实,和读者商榷","第一件就是儿童的衣服需改良。杜威博士的教育主义,最恨硬把成人的风俗习惯,拿来作模范,硬把小孩子合于这种模范。至于小孩子自身的本能及情境,则置之不顾。我敢说我国儿童衣服的形式,也患这个大毛病。""你看小孩子稍有一点儿大,就把长袍子与他穿起来,把马褂子与他穿起来,缚起腰带来,在冬天更穿得像老母鸡一样,把一个活泼泼地小孩子弄得上手铐脚镣一样! 总而言之,在父母的人心中总要急急把他的子女妆成具体而微的成人,才觉喜欢。""诸君不要以为衣服不过是形式上的事情,就在家庭教育中也不见得占什么紧要的位置,何必如此注重呢? 其实不然。精神固然要紧,然而如果形式太糟了,精神也要随之一同糟。请问身穿极笨滞的衣服,就有极活泼的精神,举动无处不受牵制,又从那里去表现出来?""把中国的绸缎绫罗——或布——照西洋儿童衣服形式造成给与儿童,也甚为美观,这是丝毫无庸怀疑的事。我希望国人都采用这个主张,并不耗费,也不麻烦,以后不再看见'老气横秋'、'像老母鸡'、'弯着背'、'走方步'的讨厌儿童!""第二件事是儿童的精神当改良,或说得格外清楚些,就是做父母的人千万不要糟蹋、摧残、抑制儿童本来的活泼的精神。""我们的习尚,最怕动,最喜欢静。成人癖气这种,还不够,还要把小孩型成这同样的模范!所以看见小孩子好动,心中最恨。如果他们'守口如瓶'、'文质彬彬',现出一种'将就木焉'的神气,亲戚朋友都要声声口口称赞这种小孩子实在老成,大堪造就。总而言之,他们处处把成人的性情标准去对付儿童,强迫儿童,量度儿童。衣服方面——形式方面——心中最好儿童能够'摇身一变',即能成个具体而微的成人;在情方面——精神方面——心中也同样地最好儿童也能够'摇身一变',即能成具体而微的成人,至于儿童自身方面,则置之脑后,毫不去理会他。这是父母方面不知不觉的心理作用,也就是家庭教育之莫大的障碍物。这种心理不断绝根源,我所说的两件事必无改良之希望。"(全集第1卷第211—213页)

《非孝是什么意思?》全文:

"我赞成非孝,也反对非孝!这话似乎滑稽:但我却有我的道理。""我国恶俗之所谓孝,简直不把儿女当一个人看待。生杀予夺,随便父母。照古礼,父母在,儿子不得有私财,此是把儿子的财产权利剥夺;把无违非孝,是非皆置之不顾,此是把儿子思想汩没;婚姻大事,全权都在父母手中,此是把儿子切肤关系自擅,无子女参与之余地;不但对父母当尽恶习所谓孝(此非言无孝,不过非正当之孝,现今之适当孝道当如何,非此文所能附及,当作专论言之),并且要对伯叔及其他不相干之人尽种种'非人的'礼法——或奴隶制度——及规矩——或奴隶行为,此外还有许多剥夺自由人格种种事情,不可胜数。总而言之,一味专制,不把儿子当作有人格。讲到这种地方,我敢大声疾呼,赞成非孝!""但我近来看见有许多自命新文化运动者(?),不管三七二十一,对于父母先持怨恨或敌视的态度。这实在是大错!实在是大错!就是对于朋友也应有相当的情谊,甚至对于常人也应有相当的敬意,对于父母当然也应有相当的自然情爱,其浓度尤当加甚。断然不当无论如何先存敌视态度,以为时髦。讲到这种地方,我又敢大声疾呼,反对非孝。""总之,现在的孝道,不当如往昔之盲目的尽孝,不论是非之孝道,不近人道之孝道,却为有理性的孝道,有真情的孝道,有是非的孝道。简而言之,我不主张废孝道,我主张改善孝道之质。"(全集第1卷第213—214页)

4 月　《愿全国为女子者思之》、《男女问题的根本观》，载《约翰声》第 32 卷第 3 号。（全集第 1 卷第 214—216 页、216—218 页）

《愿全国为女子者思之》摘要：

> "天下事之大病在不思，思则弊病立见，不思则虽极野蛮极无理性之事犹奉为金科玉律，心中不敢稍存异念。""女子何不思吾国社会何为专提倡奖励寡妇而从未见提倡奖励鳏夫者。吾每见吾国妇人之丧夫者——尤以所谓'幼孤孀'为甚——其自身及社会无不以为此人之终身幸福从此告终，无复有丝毫之希望——未尝不为之发指眦裂，以为天下惨无人道之事，莫此若也！然男子亡妻，不转瞬即可续弦，社会或其自身从未闻有以此为其终身绝望之根据者，同为人类，苟果为美德当相与共之，而何为如此之不平哉？""女子何不思严男女之界限何为专锢闭女子而从来未有锢闭男子者？如界限当严，则女子当深藏闺中者，男子亦应深藏闺中，不许其越家门一步！如以此为不当，则试问在男子方面则为不当，而在女子方面则为至当，则非男子非同是人类？女子非同是人类？不然，何为如此之不平哉？""吾恨丧尽良心之男子，尤痛不思之女子。愿全国为女子者思之！"（全集第 1 卷第 214—216 页）

6 月 24 日　下午，约翰大学举行一九二一级毕业礼，邹恩润等全体毕业生表演了中（勿作兴）、西（Stancling Room Only）剧，跳滑稽舞，诵读中西文级史，唱级歌、校歌，植树等，级长朱士嘉主持，校长卜舫济致词。（《申报》1921 年 6 月 25 日）

是月　《吾侪所以报答母校者》、《活泼》，载《约翰声》第 32 卷第 5 号。（全集第 1 卷第 218—219 页、219—221 页）

《吾侪所以报答母校者》摘要：

> "恩润离母校转瞬二阅月矣。于任事余暇，追惟前尘影事，有若梦境。在校时与同学朝夕相见，不自觉其群聚之乐，及出校任事，得偶晤同级故友，辄喜出望外，若获至宝者也。尝有一次在南京路下电车时，遇吾校旧同学某君，余忆彼殆为大学一二年级同学，然竟不能举其名矣。乃握手言欢，彼若不胜其欣慰者。余别后作而叹曰，校友同情之感觉，是如是夫！吾对于校友生无限之同情感触，吾对于母校，尤生无限之同情感触，因思吾侪所以报答母校安在？""吾每见同学于毕业后入社会任事者，其精神所注，无非一身一家之是谋。日积月累，其所志，其所思虑，其所经营，鲜有出此小范围而一超越坐井观天之小宇宙中者。一生碌碌，遂以终古。社会上不觉得其一分子之适当贡献者。大学造就人才之结果而仅如此者，不其可悲耶。""抑吾非谓吾人能枵腹不顾生计，不谋顾其身家，徒嚣然作大言，以普济社会为其鹄的也。吾国社会正患作大言

而无实际者之多。此固不可能，即能矣，于社会反足为病。吾意以为吾侪任事之时，一方面知其为一家之分子，一方面尤当知其为社会之分子，一方面忠于其本身事业，一方面尤当热心协助社会上之公益事业。其目光当深远，其度量当宏大，如此则各人所以贡献于社会者虽因其能力之不同而不能一致，然此种人愈多，则社会所得福利之总量必愈大。是乃可断言者。地位高者，能力大者，固易偿其志，而展其怀抱；地位及能力之寻常者，苟有是志，亦可在其份内竭其绵力，尽其一分子责任，即目前处于不可能之境遇，苟心目中有是鹄的，一旦有此地位与能力，亦不至流入贪官污吏，或贪酷残忍之资本家。夫然后吾校造就人才愈多，社会上效率亦愈精进，母校之功在是，吾侪所以报答母校者亦在是。不然则徒见'上等饭桶'之增多耳。报答云乎哉！"（全集第1卷第218—219页）

7月 "初出茅庐。""大学教育算是告了一个结束。""本来是要想入新闻界的，但是一时得不到什么机会，以前'走曲线'求学，现在又不得不'走曲线'就业了。""在毕业前一两个月，毕云程先生就对我说，穆藕初先生要请一位英文秘书，问我就不就。""便答应了下来。""到厚生纱厂办事没有几天工夫，穆先生创办上海纱布交易所，他自己任理事长，把我调到纱布交易所担任英文秘书。""我只觉得一天那样翻译着几张纱市的电讯，没有什么意义，尤其觉得这是用不着一个什么英文秘书来办的事情。空闲的时候太多，也是使我觉得不安的一件事。"

任职约半年不到，约翰同学、《申报》馆经理张竹平来找韬奋，"他说申报馆里暂时有不少英文函件需要人帮忙"，"说明只是私人的资格去帮他的忙，还不算是正式职员。我答应了，每天在下午六点后，离开了交易所的办公室，便匆匆跑到他那里去。""他的办公桌上七横八竖地堆着不少待复的英文函件。""他把答应的大意告诉我，由我就在打字机上翻成英文。""他办事那样认真的态度，实在给我一个很深刻的教训。你替他写的英文信，一定要把他的意思完全不漏地写出来，而且要用很有表示力的字句写出来，否则写好了他还是一定要你重新写过。只要有一句写得不能完全使他恰意，他也要你再写过一张。""有时你的信打到一半，他想出了新的意思，叫你重打过。最尴尬的是你的全信刚要打好，他忽然""想出了什么好意思，再叫你重新打过！""如果是驳复的话，总要使得接信的人不能再开口！""每夜这样工作了几小时，走出申报馆门口的时候，总是筋疲力尽，好像生了一场大病刚好似的。""这样干了三个星期，把堆积的英文信件清理之后，才告一段落。""我好像做了三星期的练习生，学得办事的认真态度，却是无价之宝"。"后来张先生拉我加入《时事新报》，这三星期的练习也是一种有力的媒介。"同时，韬奋还在上海青年会中学(今浦光中学)兼授英文教课,课时"分排在午饭后的一小时,不致妨碍到我在交易所的办公时间。"(全集第 7 卷第 165—170 页)

《圣美丽不宜移出于圣约翰之外的种种理由》、《与约翰老先生临别的赠言》、《编辑室之七情》、《介绍八位学友》,载《约翰年刊》。(全集第 1 卷第 221—226 页、226—229 页、230 页、231—235 页)

《与约翰老先生临别的赠言》摘要:

"我受了南洋先生教育多年,他要教我做工程师,而我的性情却喜欢研究文学和教育;所以后来就拜你老先生做老师,这是你老先生知道的。我和你老先生相处虽仅两年,然而师生情谊却是很深,所以我临走的时候,心中恋恋不舍,好像和数十年交情的挚友或深情似海的情人离别一样,怪不得心中觉得好难过似的。""我现在要说的是两三件小事,并不是大不了的事情。""正是因为你忙于大事,或者小事反而易于忽略,则让我把一点小事说出谈谈,也是一件值得的事情。""第一件是学生出校的时间问题。""依我们大学的章程,学生每月仅有一个星期六下午准许出校,其余则每日仅限于下午四时至七时准许出校;即有事在校长办公室签字后,虽准于晚间九时半到校,然出校非至下午四点钟打后不可,""我以为这种规则的动机实在是很好。""简单说起来,一则可免'放心'过甚,功课荒废,二则在上海诱惑极盛之地,可免子弟有'问花折柳',陷入深渊之危——因为不能在外过夜。但是我以为如有要事在办公室签字后,尽可允许学生在四时前出校——如遇四时前确有功课,当然不在此例,——否则每每有很不便的地方。譬如上海著名书店如伊文思之类都是于下午五时关门,我们学校离租界颇远,要一点多钟才能达到;我有时候因欲往伊文思看看有什么外国好书到,或有时听见有一大班书多,要去看看有什么好书好卖,一听见校钟打了四下,即立刻动足,一路匆匆忙忙到伊文思,累得全身都是热汗,等赶到他的门口,门已紧闭,一本书影子也看不见,心中非常怨恨,竟有时开口骂学校是监牢。""第二件是学生信件的送到问题。我们学校的信件向来是要先经过办公处,然后才送到学生之手的。""有快信或挂号信则由办公处之书记生写一纸条交与办公处之仆人。再由此仆人交与学生,然后再由此学生持此条赴办公处向书记生索取。""我以为凡遇有这种信件,办公处应即刻照送;如受信人在房间则送到房间,如在课堂中,则于十分钟下课时间送去;并且应将信件立刻送到,不必用什么纸条支取,因为收时自有学生签字为据,办公处的仆人对学生亦没有一个不认识的,断不至误请不是收信的本人签字;如此办法,审慎后和便利,两面俱到。""第三件是学生顾问的实际问题。""这本是一件极好的事。可惜实际上并不如此！校长公布各学生顾问之教授名单于告白板之后，所谓'顾问'和'受顾问者'仍然是丝毫没有联络，仍然是很隔膜，仍然是不相闻问；好像'顾问'的职务只要在告白板上宣布一下就算了事！""我以为每一个顾问同他所顾的学生，应当时常会聚晤谈，像做朋友一样，一方面可以养成社交的精神，一方面可以得'顾问'之实际的效果，并且是补救师生隔膜之唯一良法。""讲到我个人将来到社会上去任事的方面，有两个宗旨可以预先奉告你老先生，第一必选择性情所近和自己学识所宜的职务；第二既就一事，必聚精会神做去，一扫社会上因循苟且敷衍的恶习。因为倘若所择的职务不是性之所近及自己学识所宜的，于职务固然没有益处，反而把自己的天赋和所学的知识糟蹋；倘若已择定了职务，心不专一，这正是我国各界——以政界为甚——人浮于事而事不举的大根源，也是社会腐败的大根源，所以我立意和他奋斗，并愿我的同志都和他奋斗。"（全集第1卷第226—229页）

10月10日 在《申报》上发表《青年奋斗精神与国家前途希望》，署名邹恩润。

12月15日 《杜威的〈民治与教育〉》，载《时事新报·学灯》。（全集第1卷第235—240页）

《杜威的〈民治与教育〉》摘要：

"杜威先生的《民治与教育》一书，我已译毕，我现在把译本内我的《译余赘语》中一段摘抄在下面。此段可以算作此书之摘要。虽甚简略，不能包括原书要义；然得窥一斑，亦可唤起阅读原书之兴趣，这是我贡献这一小段之微意。（十二月十日恩润志于上海。）""全书分二十六章。贯穿全书的大题旨是民治与教育。就大概而论，自第一章至第六章所研究的是教育之普通的讨论，是可以存于任何一种社会里面的教育。""自第七章至第十七章是特别根据民治的社会之概念，作为标准，批评教育上的目的，表明兴趣，训练，经验，和思想之真义，和他们相互的关系；然后依此观察点，剖析教材和方法之本质，引伸教材和方法之原理""自十八章至二十三章是推究民治的标准之未能完全实现于今日，其中有什么作梗或限制的原因；寻出这个主要的原因是在一种不适当的观念，这种观念以为经验乃是包含许多各个独立的兴趣或领域，各有他自己的价值，材料，和方法，当彼此界限分明，互相牵制的时候，就构成所谓教育上的'均势'；寻出这个假定之根据，在实际方面是在阶级之区别疆界，阻碍圆满自由的社会交际和相互影响，在理论方面是在种种二元论，把心和物，心和身，心和物界，个人和他与别人之关系等等牵强划分，不相联贯。""自二十四章至二十六章是本书之结束。第二十四章简括上面讨论所含的逻辑的秩序，现出其中所含的哲学的争点,将上面所讨论的用批评的态度温习一番之后,把哲学界说为'普通化的教育学说',换句话说,教育乃是广义的教育学说。第二十五章是知识论,用哲学的名词,对于种种教育理想所含的知识学说,作简短的讨论;许多二元论虽各异其说,却有一个共同的趋势,他们都把经验牵强划分,阻滞一个人的经验,使他不得享受别人的经验之增富和补助,这当然是和民治的教育不能相容;与此相对照的知识乃是主张社会的继续性,彼此自由互易,使得一个经验能给与别的经验以指导和意义;在教育方面,这个意思就是在学校所获得的知识要和在结合的生活之媒介里面所进行的活动或作业联络起来。第二十六章是道德论,用哲学的名词,对于种种教育理想所含的道德学说,作简短的讨论,排拆内与外之区别,责任和兴趣之区别,智慧与品格之区别;学校里道德教育之最紧要的问题是知识和行为之关系,倘若功课上的学习没有影响其品性,就把道德当作教育之最大目的,也是枉然的;如要免去学问和道德之划分,须采取具有社会的目的并利用可作代表的社会的情境之材料之继续的活动或作业,使学习乃是这种继续的活动或作业之随伴物。"(全集第 1 卷第 235—240 页)

是年　毕业于圣约翰大学,获文学学士学位。(全集第 7 卷第 164 页)

共发表文章十一篇。

1922 年(民国十一年)   28 岁

1 月　香港海员大罢工。

2 月　中日两国在华盛顿签订《解决山东悬案条约》。

4 月　第一次直奉战争爆发。6 月,奉军战败撤回关外,宣布东三省"自治",直系军阀控制北京政府。

5 月　胡适、丁文江在北京创刊《努力周报》。

8 月　孙中山抵沪,决定联俄、联共,改组国民党。

11 月　大总统徐世昌颁布实施新学制,改学制模仿美国学制,将中小学学制改为六、三、三制。

3 月　《爱与人生》,载《约翰声》第 33 卷第 2 号。(全集第 1 卷第 243—246 页)

《爱与人生》摘要:

"天下极乐之根源莫如爱,天下极苦之根源亦莫如爱。然苟得爱之胜利,则虽极苦之中有极乐存焉。则谓爱亦极苦之根源,实表面之谈。谓爱为极乐之根源,乃真天地间万古不磨之真理也。其势力盖足支配芸芸众生,无有能越其界限者。得之则人生有价值,不得则人生无价值。知此则人生有乐趣,不知此则人生无乐趣。爱为人生之秘机,爱为人生之秘钥。"(全集第 1 卷第 243 页)

4 月　《妇女解放与女茶博士被禁合废娼运动》,载《约翰声》第 33 卷第 3 号。(全集第 1 卷第 246—251 页)

《妇女解放与女茶博士被禁合废娼运动》摘要:

"妇女解放,至少有两方面,一是经济上的解放,二是人格上的解放。""妇女经济上的解放,是经济社会发达的副产品。即使你不提倡这事,这事迟早总是要来的。经济社会不发达,那吗,你从早到晚,口干声嘶的呼唤妇女经济上的解放,也不见有多少效力。""我们研究妇女人格问题时,万不可把男子用一样眼光看待,把妇女又是一样眼光看待。体贴她柔弱,主张特别保护她,轻视她无能,故意愚弄她,前者虽是好心肠,后者不免恶意味。二者性质虽是不同,伤害妇女的人格却是一式一色的。""总而言之，要解决妇女人格问题，要先把妇女二字在社会上所组织而成的观念，改造一番。不仅男子不当看待妇女异于男子，妇女自家也不当自待有异于男子。""我没有到过广州市，不知道用女茶博士还是经济上的必要，还是营业上的政策。经济上的必要，是说雇用女茶博士是减省些。比方说男博士每月工资十二元，女茶博士每月只十元。营业上的政策，是用女茶博士来引诱闲人吃茶，好比上海新世界的女子招待。经济上的必要，与营业上的政策，都能辅助妇女经济上的独立。不过前者是大规模的，后者不过关于少数个人罢了。""广州女茶博士的被禁止，最要的前提是茶馆为不正当的地方，非妇女谋生活的场所。这种批判，根是贞洁问题。我想妇女解放之时，贞洁问题不可过于重视，反阻止了他的进行。我不是说妇女贞洁不是他的德行，乃是说贞洁究非神圣不可侵犯，像普通社会所想像的。""直接可贵，设若女茶博士在顾客中得一情人，原不成什么问题。她何妨即刻就嫁了他罢。设若女茶博士对个个皆是情郎，那吗她是变相的娼妓，成为又一社会问题了。""社交公开，自然是以男女平等为前提。人格的觉悟，最是紧要。不然，试问与挟妓有什么分别。""出远门做生意的人，受娼妓的害最大。我们若实地调查，也是一班坐号庄客相与娼妓的为最多。再吗是班当道的政客了。他们这些人，都是男尊女卑学堂的学生，都是风流客，都是不尊女子人格的人。我想这些人不死，娼妓制度也不会死的。""妇女运动不是慈善事业，贞洁问题不是解决这问题的要品。妇女运动是全恃当事人的自动，是经济上的解放，合人格上的改造。""经济社会快快儿发达，妇女问题当不难解决的。"（全集第 1 卷第 246—251 页）

5 月 25 日 《校内生活与校外生活的比较》（晚十一时作），载《约翰年刊》。（全集第 1 卷第 252—253 页）

《校内生活与校外生活的比较》摘要：

"我是本校的老学生，又在社会上做了一点事情，略把平日所感想的比较说出来，或者可供今年毕业诸同学的参考，可供在校诸同学的借镜。""在校的时候，同学朝夕相聚，觉得平常；出校之后，看见母校同学，格外欢喜，尤以同级的及素识的为甚。我在校时有几个挚友，出校后交谊更密；还有几个平常的同级朋友，出校后才与我做起好朋友来。""在校的时候，碰到级中有事开会，大家总不大愿意的；出校以后，遇着开同级会咧，同门聚餐会咧，同门恳亲会咧……大家都喜欢聚首，握手欢呼，喜气洋洋。我碰到这种会，无论怎样忙，没有一次不到的，起劲得很！""在校时看见同学本事的好坏，觉得与我无干；出校以后，有时听见蹩脚毕业生做事处处露出马脚，别人说起来，总是说某校毕业生，以个人的拆烂污，害得大家不舒服，实在觉得可恨。但是有时遇着出色人才，替母校争光，也觉得荣华。所以，我奉劝在校同学，在学业上不要拆烂污，毕业同学在事务上不要拆烂污，这实在有关全体的名誉，不是个人的私事。""在校的时候，环境极好——树荫蓊郁，绿草如茵；出校以后，出了办公室，就是人声混杂，甚嚣尘上的街道。从前司空见惯，不觉得美丽环境的享用，现在每一到校，就觉得心旷神怡，别有妙境。""在校时想毕业后的计划；出校后想讨娘子的计划。""在校时免不掉考试的烦扰；出校后一点没有，这是一件乐事。""在校时读书总难免有些外铄之心——为考试；在校外不读书则已，读起来，总有自得之乐——指好书，不是拆烂污的书。"（全集第1卷第252—253页）

寻找新饭碗，担任中华职业教育社编辑股主任。著文称"每星期三四小时的功课，这不能成为整个的'新饭碗'，所以我还不能不设法解决我的'新饭碗'问题。""新闻界方面一时既没有相当的机会给我尝试，我在中学校里教英文又有相当的好印象，于是觉得倘若教育界方面能有相当的机会做做看，也颇想再试试'走曲线'的就业策略。""我想起教育界的前辈黄任之（黄炎培）先生。""大着胆写一封信去试试看。事有凑巧，那时黄先生所主持的中华职业教育社正在物色一个中英文都有相当可取的编辑人材，我的'新饭碗'的机会居然到来了。""不久黄先生便根据他的考察研究，决定请我到中华职业教育社去担任编辑股主任。""以当时职教社的经济力量，只能请我担任半天的职务，因为只能出六十元的月薪，我的学费债务还未理清，这是不够我的需要的。他答应还有半天，另想办法。这时附属于江苏省教育会里面有个科学名词审查会"，"需要一个人编辑已审查过的各科名词。黄先生便介绍我替该会做半天的工作，由此略得补助"。"我辞去交易所的职务并不是为着编辑名词的事，却是为着另外半天的编辑丛书的事情较有意义。当时我在职教社所主持的事有两种：一种是职教社所出版的月刊，名叫《教育与职业》，还有一种便是编辑职业教育丛书。此外每半年编写一册关于中国职业教育的英文小册子，寄往各国教育机关作宣传之用。""在纱布交易所做英文秘书大概不到半年"。有一段时期，在海澜英文专门学校每周教两三小时的英文文学和英文地理，课时都排在办公时间以外的时间，有的安排在清早，有的安排在午后。这是零星的"外快"工作，算是帮朋友的忙。大概过了一年光景，"贴"科学名词告一段落，接受中华职业学校校长顾荫亭的聘请，每日上半天教英文，并兼该校的英文教务主任；下半天，仍在职教社主持编辑股的事务。（全集第7卷第172—176页）

6月29日　由沪赴当涂县，调查静仁职业学校学潮事。30日赶回南京，翌晨

在南京与各处代表会齐乘车北上，于次日清晨抵济南。(全集第 1 卷第 253 页)

7 月起 在《申报》发表有关教育大会的通讯、纪事，在《教育与职业》上发表职业教育的论文。

7 月 2—8 日 与黄炎培、沈肃文代表职业教育社赴济南，参议中华教育改进社年会。(全集第 1 卷第 253 页)

7 月 3 日 参加中华教育改进社年会开幕式。(《黄炎培日记》)担任招待组干事(《申报》1922 年 7 月 6 日)

7 月 4 日 上午十时，参加中华职业学校联合会在济南商埠商会开临时会，公推顾荫亭任临时主席，议决多件重要议案，蒋梦麟在会上作"西洋社会趋势与职业教育"的演讲。(全集第 1 卷第 255 页)

7 月 5 日 《济南教育大会纪事》(7 月 2 日自济南发)，载《申报》。(全集第 1 卷第 253 页)

7 月 7 日 《济南教育大会纪事——蒋梦麟之演讲 西洋社会趋势与职业教育》(7 月 4 日自济南发)，载《申报》。(全集第 1 卷第 255 页)

7 月 8 日 《济南教育大会纪事——大规模的全国职业教育运动》(7 月 5 日自济南发)，载《申报》。(全集第 1 卷第 256 页)

《济南教育大会纪事——大规模的全国职业教育运动》摘要：

"此次济南教育大会，中华职业教育社特提出关于全国之大规模运动，将意见详具说帖，分陈大总统、国务院及教育部。此说帖已于会议时通过，由蔡元培、黄炎培等及全国职业教育机关各代表亲笔签名，行将发表。"(全集第 1 卷第 256 页)

7 月 28 日 《申报》专栏《职业教育社征求社员之踊跃》提到邹恩润等认捐二百余圆。

8 月 25 日 兼任中华职业学校教务。(黄炎培《〈职业教育研究〉序》)

9 月 30 日 译述《农村学校与社会》(6 月 19 日作)，载《教育与职业》第 38 期。(全集第 11 卷第 159—164 页)

11 月 《美国的职业指导运动》(6 月 2 日作)，载《新教育》第 5 卷第 4 期。(全集第 1 卷第 258—270 页)

《美国的职业指导运动》摘要：

"什么是职业指导？简单说起来，职业指导是指种种方法，藉以助人怎样选择职业，怎样预备职业，怎样加入职业，并且怎样能在所做的职业上求进步。"(全集第 1 卷第 258 页)

12月30日　译述《初级中学之职业指导问题》(12月19日),载《教育与职业》第40期。(全集第11卷第164—168页)

是年　担任中华职业教育社编辑股主任,负责编撰"职业教育丛刊",编辑《教育与职业》月刊。(全集第7卷第173—174页)

1923 年(民国十二年)　29 岁

1 月　孙中山发表《孙文越飞联合宣言》,在沪通电讨伐陈炯明。

2 月　京汉铁路工人大罢工。

10 月　曹锟贿选,当选大总统。

11 月　孙中山发表《中国国民党改组宣言》。

是年　《新青年》季刊在广州创刊,成为中国共产党中央的理论刊物。《前锋》在广州创刊,瞿秋白主编。是中共中央机关刊物。邵飘萍著《实际应用新闻学》出版。

2 月 28 日　《职业教育之鹄的》,载《职业与教育》第 42 期。(全集第 1 卷第 273—274 页)

《职业教育之鹄的》摘要:

"无论何种事业,皆有其特殊之鹄的,从事者必先彻底明了其鹄的所在,信仰坚持,然后始能聚精会神,循此鹄的而勇迈前进。否则,散漫游移,决无功效可期。""若职业教育之主要鹄的,则在造成具有智慧之特别职业生产者。""若职业教育,则其最大注意点乃在预备青年毕业后须特所抉择之职业以自谋生计。""若职业教育则专备供给已经择定一定之职业,志在特此职业以为自立之计者。""明乎此,则知职业教育之鹄的乃在促进切于实用之职业训练,乃在促进毕业后特以自谋生计之职业训练,乃在促进审慎择定特别职业之训练。明此鹄的,则职业教育之教师学生皆当无时无地不注意实用二字。"(全集第 1 卷第 273—274 页)

是月　《中国之职业教育》,署名邹恩润、秦翰才,收入《申报》馆成立五十周年纪念特刊《最近之五十年》。(全集第 1 卷第 274—289 页)

《中国之职业教育》摘要:

"一　导言　职业教育之精义,在使受教育者各得一艺之长,藉以从事有益于社会之生产事业,俾获适当之生活";"二　旧式之徒弟制度";"三　清代之实业制度";"四　民国以来之职业教育";"五　最近职业教育之趋势";"六　结论"。(全集第 1 卷第 274—287 页)

3 月 1 日　中华职业学校开学,邹恩润任英文教员。(《申报》1923 年 3 月 1 日)

3 月 31 日　译文《职业测验》(3 月 3 日),署名邹恩润译,载《教育与职业》第 53 期。(注"系年目录"将年份误写成 1924 年,全集纠正,系 1923 年。)(全集第 11 卷第 255—257 页)

3 月　《职业教育研究》(职业教育丛刊第一种),署名邹恩润编译,由上海商务印书馆出版。(全集第 11 卷第 173—253 页)

《职业教育研究》目录:

第一章　职业教育之意义

第二章　职业教育之需要

第三章　职业教育及学校之分类

第四章　职业心理

第五章　教育指导

第六章　职业指导

第七章　职业指导

第八章　职业补习教育

第九章　科学的索究法与教育

第十章　科学的索究法与教育(续)

附录　美国实行振兴全国职业教育之大计划(全集第 11 卷第 175—247 页)

是月　《〈职业教育研究〉编译赘语》(1932 年 8 月 11 日作),收入商务版单行本。(全集第 11 卷第 173—174 页)

《〈职业教育研究〉编译赘语》摘要:

"本书内容多取材于先进国关于职业教育之名著,虽间采吾国社会状况,有所论列;然吾国职业教育尚在萌芽时代,可资参考之资料甚少;且统计之学问向非吾国所注意,关于统计之参考资料,尤属不易搜集。故书中关于统计之叙述,几全偏于美国社会状况,良非得已;然他山之石,可以攻玉,是在善读书者。"(全集第 11 卷第 173 页)

4 月 1 日　译文《伦理进化的三时期》,载《民铎》第 4 卷第 2 号。(全集第 11 卷第 257—269 页)

5 月 31 日　译文《英国徒弟制度之现况》,载《教育与职业》第 45 期。(全集第 11 卷第 270—272 页)

6 月 3 日　下午七时,中华教育改过社等在宁波同乡会设宴欢送郭秉文等参加万国教育大会,邹恩润参加。(《申报》1923 年 6 月 4 日)

7 月 10 日—24 日　中华职业学校与东献学合作,在暑期学校课程中加入职业教育一组内容,由黄炎培讲职业教育概论,朱经农、杨鄂联讲职业教育课程,廖世承、

邹恩润讲职业知能测试报告。(《申报》1923 年 7 月 8 日)办事部门也暂移南京,上午照常
办公,下午列席讲堂,傍晚游览名胜。午后,邹恩润讲职业知能测验之性质范围及历
史,此课程测验二门,于讲演毕后再行讨论。(《申报》1923 年 7 月 16 日)

7 月 18 日   在东南大学召开职业指导委员会第一次讨论会,朱经农、廖世承、
黄炎培、杨卫玉、邹恩润等出席,并规定每半年开常会一次,报告执行成绩及规定将
来扩充计划,先试行于江苏,逐渐推广于各省。(《申报》1923 年 7 月 20 日)

是月   中华职业教育社改组职业指导部,由刘湛恩任主任,邹恩润为副主任,
"免执行之责",廖世承、朱经农等为委员。(《申报》1923 年 7 月 8 日)

是月   《职业智能测验法》(职业教育丛刊第二种),署名邹恩润编译,由上海商
务印书馆出版。(全集第 11 卷第 275—343 页)

《职业智能测验法》目次:

第一编   绪论

第一章   科学的测验法与职业智能

第二章   职业智能测验法之历史

第三章   职业智能测验法之范围

第二编   口试测验法

第一章   口试测验法所根据之理由

第二章   口试测验所用问句之性质

第三章   口试测验所用问句之编制

第四章   口试测验所用问句之编制(续)

第五章   实施口试测验之方法

第三编   图画测验法

第一章   图画测验法所根据之理由

第二章   图画测验法之编制

第四编   实践测验法

第一章   实践测验法所根据之理由

第二章   实践测验之种类及其比较

第三章   实践测验之编制方法

第四章   实践测验之实施方法

第五编   结论

第一章   实行职业智能测验法所应须注意之点

第二章   职业智能测验法与训练职工问题

第三章　职业智能测验法与职业教育问题（全集第 11 卷第 277—342 页）

是月　《〈职业智能测验法〉自序》(4 月 5 日作)，收入商务版单行本。（全集第 11 卷第 275—276 页）

《〈职业智能测验法〉自序》摘要：

"追溯编译此书之原始，余当志谢东南大学陈鹤琴先生对于原书之介绍。去夏余随黄任之先生代表本社赴济南全国教育大会，遇陈先生于津浦车中，谈心理测验之最近趋势，先生示以是书。余以其与职业教育甚有关系也，乃发愿编译，介绍其原理与方法，冀引起国人对于职业智能测验之兴味，由此而殚精研思，用科学方法，解决甄别职业人材与训练职业人材之种种问题。"（全集第 11 卷第 275—276 页）

8 月 22 日　中华职业教育社职业指导委员会在清华大学召开第二次会议，到会者邹恩润、刘湛恩、朱经农、黄炎培、陆规亮、庄泽宣、杨卫玉等，详细讨论进行办法。（《申报》1923 年 9 月 20 日）

9 月 17 日　下午一时，中华职业教育社职业指导委员会在上海青年会举行第三次会议，刘湛恩、陆规亮、邹恩润、廖世承、杨卫玉等参加，并报告工作进展情况（《申报》，同上）

9 月 30 日　《职业指导之真谛》，载《教育与职业》第 48 期。（全集第 1 卷第 289—291 页）

《职业指导之真谛》摘要：

"职业指导盖包括教育指导而言，故其范围不但限于狭义的职业教育（高等专门以下之职业教育），即广义的职业教育亦不能独外；亦不限于职业教育，即普通教育亦不能漠然视之。""今请用极简赅之辞，抉出职业指导之真谛。""一　职业指导包括职业介绍，非即职业介绍。职业介绍乃根据个性观察、职业内容、职业智能观察，为人介绍相当之职业也。""为事择人，为人择事，使社会事业与个人才智，得其圆满发展之机会，乃其主要目的。""二　职业指导乃长时期继续进行之事业，非短时期之商榷。职业指导之实施时期，自职业陶冶时期，职业准备时期，专业训练时期，就业后补习时期，至确能自立经营，无须辅导时期，决非短时间两人晤谈之匆促商量所能塞责。""三　职业指导乃有实在根据之事业，非模糊猜度之判断。职业指导须根据职业之实际调查，教育之实际调查，学生个性之实际调查，学生家况之实际调查，综合各方之详密研究，暗示一积极计划，决非闭户造车可比。""四　职业指导乃处于辅导地位，非处于代决地位。职业指导乃由指导员供给青年自身所不能搜得之参考资料，供给青年自身所不能看到之实际状况,提醒青年自身所不及注意之关系,使青年根据所闻见与所考虑,作自由的选择与判断。若指导员代为决定,则往往不免近于武断,或反足阻窒青年之发展机会,不可不慎也。""五 职业指导非孤立的事业,乃合作的事业。职业指导员须与校内教职员合作,须与校外职业界联络,须与青年家长联络,须与各校立有系统之组织,共同研究,联络进行。"

"六 职业指导要有专门之研究与训练,不可敷衍塞责。职业指导之内容与方法所包括之原理甚广,如教育哲学、儿童心理学、实用心理学、教学法、训练法、管理法、课程编制、教育测验、心理测验、职业知能测验、社会学、统计学等等,无不与职业指导有密切之基本关系。故诚欲收职业指导之良效,须首先注意职业指导之专门研究与训练。否则滥竽充数,敷衍塞责,名则善矣,实效无望也。"(全集第 1 卷第 289—291 页)

11 月 30 日 《实施职业指导之资料》,载《教育与职业》第 50 期。(全集第 1 卷第 291—292 页)

12 月 30 日 译文《美国军队职业教育之特点》,载《教育与职业》第 51 期。(全集第 11 卷第 403—405 页)

12 月 《职业指导》(职业教育丛刊第三种),署名邹恩润编译,由上海商务印书馆出版。(全集第 11 卷第 347—402 页)

《职业指导》目次:

第六章　职业指导与教育指导（全集第 11 卷第 347—402 页）

是月　《〈职业指导〉序》(8 月 15 日作)，收入商务版单行本。(全集第 11 卷第347 页)

《〈职业指导〉序》摘要：

"职业指导在吾国为最新之教育运动；即在西洋教育先进国，其有系统有组织之办法，亦距今不过十年左右。初视其名，未审其实，以为是不过导人如何获得职业耳，其内容与方法殆简单粗浅，无足深究。孰知夷考其实，则举凡教育哲学，实用心理学，社会学，教育学，学校训练，课程编制，科学的索究法，统计学，无不与职业指导有密切之关系。且任职业指导之责者徒于学识方面有充足之预备，犹未可也，尚须具备高尚纯洁至诚感人之人格，诚恳切挚虚怀协助之态度，敏捷精干不畏繁苦之能力。苟无素养与专门训练而贸然以职业指导自任，其贻害有不可胜言者。""本社鉴于职业指导之重要，而复虑不正确之职业指导之可危也，乃编译是书，介绍内容与方法之大概，以引其端。"(全集第 11 卷第 347 页)

是年　发表有关职业教育的论文多篇，去多个省份举办职业指导运动周，与各地青年多有接触，对现实社会政治的黑暗与腐败有进一步了解。

是年　与福建叶复琼女士结婚。

"我的父亲和我的岳父在前清末季同在福建省的政界里混着，他们因自己的友谊深厚，便把儿女结成了'秦晋之好'，那时我虽在学校时代，五四运动的前奏还未开幕，对于这件事只有糊里糊涂的态度。后来经过五四的洗礼后，对这件事才提出抗议。""我的未婚妻叶女士是一位十足的'诗礼之家'的'闺女'，吟诗读礼，工于针黹，但却未进过学校。这虽不是没有教育的女子，但在当时的心理，没有进过学校已经是第一个不满意的事实，况且从来未见过面，未谈过话，全由'父母之命'而成的婚约，那又是第二个不满意的事实。""经我提出抗议之后，完全和五四运动的洗礼毫不相干的两方家长固然大不答应，就是我的未婚妻也秉着'诗礼之家'的训诲，表示情愿为着我而终身不嫁。""直到我离开学校加入职业界以后，这件事还是搁着。""每想到有个女子为着我而终身不嫁，于心似乎有些不忍，又想她只是个时代的牺牲者，我再坚持僵局，徒然增加她的牺牲而已，因此虽坚持了几年，终于自动地收回了我的抗议。""任事两三年后，还清了求学时的债务，多下了几百块钱，便完全为着自己的结婚，用得精光。我所堪以自慰的是我的婚事的费用完全由我自己担任，没有给任何方面以丝毫的牵累。家属不必说，就是亲友们，我也不收一文的礼。婚礼用的是茶点，这原也很平常，不过想起当时的'维新'心理，却也有可笑处。"(全集第 7 卷第 193 页)

1924 年(民国十三年)　　30 岁

1月　中国国民党第一次全国代表大会在广州召开,决定联俄、联共、扶助农工三大政策,国共两党第一次合作实现。6月,黄埔军校正式开学,蒋介石任校长。

9月　江浙军阀爆发齐卢战争。第二次直奉大战爆发。10月,直军冯玉祥倒戈,推翻曹锟贿选政府。

11月　中华民国临时执政府成立,段祺瑞为总执政。冯玉祥修正对清室优待条件,永远废除皇帝的专号。当天,溥仪迁出故宫。

是年　中国国民党中央党部在广州创办中央通讯社。1927年迁武汉。北京燕京大学设立新闻系。

3月10日　下午三时在上海青年会,中华职业教育社职业指导股主任邹恩润与澄衷中学、青年会中学议定两校实施职业教育指导办法,从4月14日起,实行一周的职业指导运动,用专家演讲和个人谈话方式开展。(《申报》1924年3月11日)

3月31日　《中国职业指导的现况》,载上海申报馆《教育与人生》周刊第24期。(全集第1卷第295—299页)

是月　山东济南正谊中学函请黄炎培、刘湛恩、邹恩润、杨卫玉于4月中到校演讲职业指导。(《申报》1924年3月20日)

4月7日　澄衷中学与青年会中学举行职业指导运动第一日,两校与职业指导委员会的黄炎培、刘湛恩、邹恩润等参加讨论,精神甚佳。(《申报》1924年4月8日)

4月16日　下午三时,南京教育界假座江苏教实联合会会议厅举行茶话会,招待日本教育参观团广岛高等师范教授武藤长平等二十多人,王伯秋、李惇宾、陆步青、邹恩润、林立三等参加。(《申报》1924年4月19日)

4月18日　中华职业教育社南京职业指导运动的第四天,下午三时至四时,请刘伯昌律师演讲政治法律学与职业关系;六时至七时,请邮务局毛茂生演讲邮务应有之学行及条件。演讲结束后,一中校长陆步青宴请职业教育社及演讲专家,黄炎培、廖世承、刘伯昌、茅唐臣、邹恩润、杨鄂联等参加,席间讨论了中等学生出路问题及择业方法。(《申报》1924年4月19日)

4月19日　早晨渡江，八时五十分黄炎培偕观澜(袁希涛)老、杨卫玉、邹恩润乘车北行，夜，杨卫玉、邹恩润到济南下车。(《黄炎培日记》)

4月30日　译文《个人在职业方面发展之步骤》，署名邹恩润译述，载《教育与职业》第54期。(全集第11卷第409—410页)

5月4日　邹恩润与夫人赴苏州怡园参加杨卫玉、彭望芳订婚礼，邹恩润报告"杨彭姻缘秘史，语语诙谐，全堂大笑"。(《申报》1924年5月6日)

5月5日　《哥伦比亚大学职业教育科之内容》，载《教育与人生》周刊第29期。(全集第1卷第300—303页)

6月30日　《职业的真乐》，载《教育与职业》第56期。(全集第1卷第304—306页)

《职业的真乐》摘要：

> "要想享得职业的真乐，先要明白职业的真谛。职业是一方面利己，一方面利人的行为。一个人生在世界，受了人群的许多利益，人人都应该各尽所长，对于社会有尽量的贡献。这是人人所以必须有一业以服务社会的原理。一个人果能尽其所长服务社会，社会对他自然有相当的酬报，所以于利人里面，利己的结果自然而然的同时顾到。""明白了这个原理，我们服务的时候，眼光与思想就不至限于专顾私利的方面。私利方面是大抵偏于物质上的享用居多。物质享用是有限的，有限便发生不满，不满便发生怨望，怨望便发生痛苦。有房子住，还想住洋房。有了车子坐，还想坐汽车。这样走去，所走的路都是苦路。如能把眼光放得大些，想到人寿几何，死了能否把许多物质带了去？何必那样贪多务得。更想到一人的真正价值，全在他一生对于社会能有多大贡献。这样一来，能多尽一分材力替社会多做一件好事，便多一分快乐。所尽的职务愈有效果，精神上的快乐也随之增高。这就是职业的真乐。这种真乐是求之在我，是别人抢不去的，是永久无穷的。""还有一个要点要明白。所谓尽量的贡献，不可发生误会。"(全集第1卷第304—306页)

7月24日　午后，邹恩润去黄炎培处。(《黄炎培日记》)

8月　《小学中的职业教育问题》，载《中华教育界》第14卷第2期。(全集第1卷第306—314页)

《小学中的职业教育问题》摘要：

> "在办理这种教育(注：指职业教育)，最重要的一点就是我们不要以为只要给与这种学生某种职业上的机械技能，能使谋生，就算完结，要把他们看作其余通常的国民一样。换句话说，不可仅把他们视为面包的奴隶；要给与他们

向前发展的基础。人人要有职业，职业不但是为谋生，并是尽量发展特长以服务社会。这是办职业教育的人最当注意的一个原则，能顺利升学的儿童，最后也要入职业界，不能一直升学的儿童不过为境遇或其他情形所限，提早入职业界，将来仍有发展的希望，并无贵贱之分；不过一取直径，一取曲径。""职业陶冶不是立刻要替学生谋得职业的准备，不过是把各种职业上应有的基本训练，使学生运用纯熟，使儿童将来可以应付实际的生活环境，替将来要学的职业知能立一个良好的基础。""小学教育决不是仅仅教儿童读书写字，仅仅教儿童记忆符号，堆积知识，是要使他们所学的就是他们能用到实际生活上面去的。如果小学生在学校里面能将数目字加得很快，到了家里，他的母亲买了几斤柴，几斗米，叫他算一算总数若干，他也算不清楚，这种算学的本领便与实际生活丝毫没有关系，如同从前老秀才，四书五经背得烂熟，叫他写一张条子，也写不清楚，彼此有什么区别？""小学里面实施职业陶冶的方法，固须特别注重课外作业，指导儿童自己合作组织经营，练习办事才能，使将来得应用这种勤劳习惯于职业，又因各种作业团体的服务，使儿童自觉道德的重要而注意实践，又使因互助服务而明了个人与团体的关系，无形中养成将来尽其特长以贡献于社会福利的精神，但是小学课程里面所用的材料，与实际生活及作业有关的，也可为职业陶冶的资料，宜两方面同时并重，然后易于获得职业陶冶的良果。""总之小学里面的职业陶冶本不必独设一科，只须在各科教授的时候，随时灌输，既省时间，且与人生各种生活联络贯穿起来，更亲切有味。"（全集第 1 卷第 308—314 页）

9 月 30 日　《初级中学应注重职业指导》，载《教育与职业》第 58 期。（全集第 1 卷第 314—315 页）

《初级中学应注重职业指导》摘要：

"惟初级中学之青年时代，实为其一生最当决定明确职业意向之时期。当此时期，青年在体格，性情，智力各方面之变化，皆极迅速，自信力之发达，尤为特甚。况新制初中注重个性区别，高中注重分科研习，个性区别固为职业指导之重要部分，而分科研习尤与青年将来职业有密切关系。故初级中学宜特别注重职业指导，除组织职业指导委员会外，应特设职业指导员，主持其事，用种种方法，唤起青年尽天赋以贡献社会之精神，使青年对于职业有正确之观念与态度，以立其基。同时设立职业概要课程，由指导员与青年讨论本地各种重要职业之内容，及其所需要之知能预备与品性等等。如此直接可唤起青年对于服务及择业之兴趣，使彼等对于校中功课与训育方面，能一变其因循苟且之态度,转被动为自动,间接亦可灌输青年以社会生活之大概,增加其社会常识。更由指导员利用自审表格,个人谈话,与心理测验等等,协助青年研究个性,考查知能,复与职业指导委员会合作,施以修学指导及择业指导。如此则青年时自警惕,所学有其适当之动机以为前导,所业经过详审之考虑,以慎初基。不特职业问题有正确之趋向,即与品学方面,亦于无形中启发其自动之精神焉。"

(全集第 1 卷第 314—315 页)

是年 继续担任中华职业教育社编辑股主任,仍有半天在海澜英文专科学校、中华职业学校教授英文。不断撰写和翻译有关职业教育指导的论文,发表在《教育与职业》、申报馆《教育与人生》、中华书局《中华教育界》等杂志。

1925 年(民国十四年) 31 岁

3 月　孙中山在北京逝世。

5 月　上海发生五卅惨案,全国掀起反帝爱国运动。

7 月　廖仲恺遇刺身亡。中华民国国民政府在广州成立,汪精卫任主席。10 月,国民革命军开始第二次东征,统一广东。

11 月　冯玉祥与奉军将领郭松龄联合倒奉。

是年　成舍我在北京创办《世界日报》。《热血日报》在上海创刊,瞿秋白主编,是中国共产党在"五卅"期间创办的第一张日报。中华职业教育社在上海创办了《生活》周刊。国民党中宣部在广州出版《政治周报》,毛泽东主编。

1 月 2 日　黄炎培请伯樵、剑楼、仰尧、翰才、恩润午餐。(《黄炎培日记》)

1 月上中旬　妻子叶复琼女士患伤寒症病逝,年二十有八,无出。

1 月 18 日　举行叶复琼追悼会,午后送葬万国公墓。(《黄炎培日记》)黄炎培撰《邹叶夫人传》(《申报》1925 年 1 月 18 日)

"我们结婚不到两年,她便以伤寒症去世了。""她死后的那几个月,我简直是发了狂,独自一人跑到她的停柩处,在灵前对她哭诉。"(全集第 7 卷第 194 页)

1 月 20 日　《职业心理学与职业指导》,载《教育杂志》第 17 卷第 1 号。(全集第 1 卷第 319—330 页)

《职业心理学与职业指导》摘要:

"一　导言　职业心理学是实用心理学最近发展的一个重要部分,他的目标是注重个性差异的研究。职业心理学里面尤以关于工业与商业的心理学发展较速,亦较为完备。""人类经济事业里面,与心理学有关系的问题,约可分为五类:(1)第一类问题是关于个人的能力。预备担任某种职务的人,究竟适宜与否,怎样利用科学的方法,于实际尝试以前,加以测验。(2)第二类问题是关于如何能使技能完全。这类问题包括普通教授法,对于职工加以心理生理各方面的特别训练,及如何始能唤起学习的精神与研究的兴味。(3)第三类问题是关于工作效率上种种事务,例如工作之安排,采用适当之工具与机械,利用增加办公室中效率之种种器械,以及其他等等,藉以减少疲乏,避免耗费,并在分量与质地两方面使出产品增进。(4)第四类问题乃于职工已有充分知能与相当设备之后,改良有关社交与道德之种种情形,使能继续维持最高度的效率。(5)第五类是关于广告与买卖术之心理的问题。以上五类问题,第一类固然与职业指导有直接关系,就是其余的四类也与职业指导有间接的关系。""二 择业问题 向来决定择业问题,有许多不同的原因,其中模仿作用最占势力。民族的习惯,社会的风俗,家族的沿传,与所遇的前辈榜样,都有很大的势力。""职业指导的问题所以是一件很复杂很困难的事,因为人类职业的种类与内容甚繁,须有种种不同的考察法。为指导起见,我们大概可把职业分为四大类:(1)偏于机械的职业";"(2)关于商务的职业";"(3)关于艺术的职业";"(4)偏于运用智力的专门职业"。"职业指导员除利用特殊的职业知能测验法外,也要使青年有机会对于各种职务发生兴趣。要达到这一层,可带青年参观厂店、报馆、医院、法庭以及其他正当的职业机关。此外也可利用影戏,叙述职业内容的书报,与职业界领袖或成功人物的演讲。""最后一层,我们要注意一个人并不是仅能适于一种唯一的职业。职业指导不过是从种种方面协助青年比较选择,并不是替青年呆定一种唯一的职业。就是职业知能测验也不过是一种有力的参考,它的功用是相对的,不是绝对的;所以我们于利用职业知能测验外,还要注意普通的要素。讲到普通方面,大概说起来,兴趣、普通智慧与德性,须受特别的注意与考虑。"

(全集第 1 卷第 319—330 页)

是月 《职业指导实验(第二辑)》(职业教育丛刊第四种),署名邹恩润编纂,由上海商务印书馆出版。(全集第 1 卷第 333—358 页)

《职业指导实验(第二辑)》第三编《择业的方法》摘要:

"不要以为我是要升学的,用不着想到职业,这便错了。要晓得小学毕业,中学毕业,大学毕业,就是留学回来,都是终久要有职业的;所以择业的问题,实在个个青年应该研究的。""从前的方法是偏于主观的,对于将来的结果是乱碰的。譬如从前的父兄替子弟择业,或青年替自己择业,很少对于职业本身加以分析的研究,性情相近与否也不问,只要看见亲友中有因某业得意的,就盲目的附和上去。碰中了的虽也有好的结果,碰不中的就是终身大憾,同买彩票差不多!我们现所提倡的方法是科学的方法。他的精神就在有客观的研究,对于进行程序与结果有缜密的计划。譬如要学某业,先把'我'暂时抽开,对于各业内容加一番客观的分析研究,然后再对于我所处的社会,所处的境遇,所有的特长,加一番外观的分析研究,有此种种研究以后,定一个目标,想出一个进行的程序,精神贯注,积极进行。""一　了解重要各业内容的大概。""二　注意各人的特长。""三　注意社会的需要。""四　须有试验的态度。""五　须有充分的准备。""以上是择业方法五层手续,必非一定须前后相继,有的时候也可同时并进。"(全集第 1 卷第 355—358 页)

是月　《〈职业指导实验〉(第二辑)弁言》(1924 年 7 月 8 日作),收入商务版单行本。(全集第 1 卷第 333 页)

《职业指导实验》(第二辑)弁言》摘要:

"编纂本书的目的,是要把本年在上海南京济南武昌等处实验所得,报告学界,极诚恳的希望教育界同志推行,同时并十二分的盼望教育家批评指教。本书共分三编:(1) 本社提倡职业指导的经过;(2) 职业指导的内容与实施方法;(3) 演讲。"(全集第 1 卷第 333 页)

2 月 30 日　《智力测验与教育指导》,载《教育与职业》第 62 期。(全集第 1 卷第 359—360 页)

4 月 30 日　《书记与办公室》,载《教育与职业》第 64 期。收入《书记之知能与任务》第一章和第二章,取题《书记之责任与希望》、《办公室之组织与管理》。(全集第 1 卷第 484—486 页、486—487 页)

5 月 11—17 日　邹韬奋在昆山县立中学讲职业原理及择业方法。(《申报》1925 年 5 月 12 日)

5 月 18 日　上午,参观上海胶州路上海贫儿教养院。同行者,章伯寅、杨卫玉、黄竹铭等。下午,赴江湾,参观上海模范游民工厂。(全集第 1 卷第 390 页)

5 月 19 日　乘早车赴苏州。同行者,有黄炎培(任之)、邱铭九等。参观江苏省立第二农业学校。下午,参观江苏私立女子职业中学校。著文中介绍:美术科主任兼刺绣教员沈粹缜女士,技艺绝精,为刺绣名家余沈寿之侄女。(全集第 1 卷第 391—392 页)

5 月 20 日　上午九时,参观团自苏赴锡,除原有团员外,又加入余彤甫、陈韶虞、金侠闻等。参观无锡实业学校。下午,参观江苏省立第三师范学校附属小学职业科(工科与商科)、无锡县立乙种商业学校。(全集第 1 卷第 393 页)

5 月 21 日　上午,参观江苏省立第三师范学校农村分校附属小学。午后,由无锡乘火车赴常州,参观常州贫儿院。(全集第 1 卷第 395 页)

5 月 22 日　上午,往武进县,参观县立乙种工业学校、县立乙种商业学校、县立女子职业学校。下午,参观镇江苦儿院。(全集第 1 卷第 398 页)

5月27日 参加中华职业教育社在南京举行的第八届年会。先期组织参观团,邀约与会同志,就上海、南京、镇江、常州、无锡、苏州等处,根据十种职业教育机关之分类,择要参观,以资研究。晚,假秀山公园开茶话会,欢迎社员。(全集第1卷第362页、390—401页)

5月29日 《年会之趣闻》,载《申报》第11版。(全集第1卷第361—362页)

5月31日 《选择工程职业之最新指导法》,载《教育与职业》第65期。(全集第1卷第363—367页)

是月 《关于职业指导的讨论》,载《中华教育界》第14卷第11期。(全集第1卷第367—389页)

《关于职业指导的讨论》第六节摘要:

"我现在所再要讨论的还有三点:一是职业指导与一切教育的关系;二是职业指导效果的评判;三是职业指导的实际困难与职业指导的努力。""职业指导之最易受人误会者,即有人看见了这个名词,总以为他的范围限于安插闲人,往往不想到其中含有许多逐渐向前要做的工夫;其实职业指导乃是一种长时间继续进行的程序;他的范围并不限于职业教育,简直与一切教育相终始。我的信仰是:不办教育则已,要办教育即不能不注意职业指导。""我以为一个人入职业界服务的预备有两个途径。第一个途径是由初级小学至大学毕业而告一段落,或再入大学二年毕业而告一段落,然后入社会服务。这一途径是走直线的,是一路紧接上去,好像走路是一口气走到底,中间没有歇息的。""这第二个途径是走曲线的,好像把长途分作几个可以歇气的地点,使人不至因长途而自阻。""职业教育所走的一条路与普通其他教育所走的一条路虽一为曲线,一为直线,而其最大目标都是要为社会造人材,都是要替个性谋尽量的发展;不过所持的大目标虽同,而因特殊情形的需要,所取的方法不同罢了。""总之,职业指导须实施于未受专门教育之前,继续进行于正在领受专门教育之际,且继续进行于已受教育之后,无论青年走上述的两条途径里面任何一条,都应这样,实与个人在教育方面发展的步骤相终始。"(全集第1卷第381—384页)

6月30日 《参观沪宁路线各地职业教育述评》,载《教育与职业》第66期。(全集第1卷第390—401页)

7月20日 《参观江苏职业教育后的感触与建议》,载《教育杂志》第17卷第7期。(全集第1卷第402—405页)

9月30日 《理想的职业教育目标》、《德国职业指导最近概况》,载《教育与职业》第68期。(全集第1卷第405—406页、407—416页)

《理想的职业教育目标》摘要：

"寻常学校系统，由幼稚园而小学，由小学而中学，由中学而大学，或更由大学而大学院。就办学方面言，办小学者之惟一目的，在预备学生升中学，办中学者之惟一目的，在预备学生升大学。就学生方面言，由小学毕业者，其惟一途径乃升中学，由中学毕业者，其惟一途径乃升大学。此种直线式的教育系统，乃特宜于在经济及天资种种方面有升学力量之青年，固有其特殊需要与功能，本未可妄加訾议。""然在青年方面，有因经济压迫而不能遽行升学者，则奈何？或因天资各有所限而不能勉臻深造者，则又奈何？""理想的职业教育目标，不仅须顾及横的方面，同时须顾及纵的方面。何谓纵的方面，即受经济困迫之青年，其中未尝无天资卓越，大有深造之材，则宜设法辅助，依其能力而导之升学深造，使成高深之专门人材，以益人群。""此目标之用意，在使人人在各方面得尽量发展其知能品性以自立而利群。换言之，即为大多数人群谋福利，人有恒言，理想为事实之母。吾人希望能本此理想的目标，与同志协力进行，百折不回，使之终有实现之一日。"（全集第 1 卷第 405—406 页）

10 月 10 日　在南京贡院，参观江苏地方物品第三次展览会、江苏职业教育手工成绩第二届展览会。载《申报》第 6 版。（《黄炎培日记》，全集第 1 卷第 417—418 页）

10 月 11 日　中华职业教育社创办《生活》周刊，王志莘任主编，每期出版四开一张，宗旨主要宣传职业教育和职业指导，系该社的机关刊物。社址，设在环龙路环龙别业。从第 1 卷第 2 期起，韬奋为之撰写文章。（《生活》周刊第 2 卷合订本）

同日　在南京贡院教实联合会，招集江苏初中职业指导研究会。中华职教社职业指导委员会委员亦参加商榷，并特约专家沈茀斋作实施职业指导报告。韬奋参加，著文《评述沈茀斋先生职业指导报告》。（全集第 1 卷第 422 页）

10 月 13 日　《参观物品成绩展览会纪》、《参观苏职教成绩展览会纪》，载《申报》第 6 版、第 7 版。（全集第 1 卷第 417 页、418 页）

《参观苏职教成绩展览会纪》摘要：

"机械出品，以中华职业学校机械科所送者较多，此外以绣品为最多，其成绩亦最佳，其中以江苏女子职业中学及武进女子职业学校所送者为最。苏州女子职业中学校开办虽仅六年，其美术科得刺绣名家沈粹缜女士之主持，指导进步尤速。"（全集第 1 卷第 418 页）

10 月 18 日　《女子之职业与丈夫》，载《生活》周刊第 1 卷第 2 期。（全集第 1 卷第 418—419 页）

《女子之职业与丈夫》摘要：

"在女子方面，恋爱与职业比较，恋爱为重乎，职业为重乎，此实一重要之问题。""女子能有丈夫而同时又能有其事业乎，抑既有丈夫而势必弃其事业乎，此又一重要之问题。""有人主张女子出嫁之后，绝对须继续其职业，在夫人之意，似可不必。苟此妇女于家务之外，尚有余暇以从事其所喜为之职业，固为美事。倘家务已用尽其时间与思想，则专心于此，亦属可佳。总之，此问题须视特殊情形而定也。"（全集第1卷第418—419页）

11月8日 《"彻底"》，载《生活》周刊第1卷第5期。（全集第4卷第693—696页）

《"彻底"》摘要：

"有服务之彻底精神者，无论何事，无论事之大小，凡经其手者，无不以'最完善'为其鹄的，竭尽心力而为之。""此种彻底精神之基础，在于乐吾所业，诚以天下事必为吾所乐为，始肯竭吾心力为之；否则貌合神离，其身虽在办公室，而一心以为有鸿鹄将至，于是对于所事，以能速了为大幸。其结果之成绩如何非所问。在其能力所及之范围内，能否将所事臻于完善，尤非所问。是则就其形式言之，不得不谓为服务，而就其精神言之，则仅有服务之名而无其实。然此若非青年自己觉悟，出于诚心以矫正之，则非他人所能协助；诚以精神乃自动之产物，非由外铄，不能以外力加以勉强。"（全集第4卷第695页）

11月29日 《危机》，载《生活》周刊第1卷第8期。（全集第1卷第420—422页）

《危机》摘要：

"青年初入职业界服务，其所常遇之现象有二：一为所任事务之较属平常；一为所受酬报之较属微薄。""初入职业界青年之危机，""盖在普通青年之心理，往往因此厌事务之平常，以为不足措意；嫌酬报之微薄，以为不值尽心，由此所发生之流弊，其上焉者对于职务只望奉行故事，每日其身虽在办公室，而心中实盼办公时间之速满，以得离此令人憎恶之办公室为大乐；其下焉者，苟且债事，信用全失。要之其心目中对于所料理之事务，全视为属于他人之事，一若其自身毫无关系也者；基本观念既误，则对于所事不免因循苟且，敷衍塞责，亦固其所，而夷考其症结所在，盖由于不明服务之主要用意。""吾人所以服务社会，其用意决非仅在易得多少物质上的酬报，遂无其他蕴义；则知吾人所以服务，乃各尽所能，为社会全体分任一部分之当尽义务，否则徒受社会之益而无以为报，乃虚生人世，毫无价值。故服务实为人人对于社会应有之天职，决非仅为料理他人之事，一若与自身毫无关系也者。又知社会之组织既复杂，不得不有种种差异之有益事业，以应其需要；既同为社会所必须，即同为互助之行为,其范围虽有大小之别,其性质实无贵贱之分。""吾人之服务动机既已正确,不必成绩已全始觉愉快,即在运用思想,规划筹谋之际,已乐在其中矣。诚能如此,则意虽不孳孳于酬报,而酬报之逐渐增厚,乃其一种自然的附带结果。""研究效率专家""有言曰:'为金钱而工作者愈穷,为事业而工作者愈富。'"(全集第 1 卷第 420—422 页)

11 月 30 日   《评述沈莆斋先生职业指导报告》,载《教育与职业》第 70 期。(全集第 1 卷第 422—425 页)

1926 年(民国十五年)　32 岁

年初　张作霖、吴佩孚联合攻打冯玉祥。4 月,冯玉祥战败,退往西北,直系、奉系军阀再度夺取北京政权。张作霖下令逮捕《京报》创办人邵飘萍,26 日,邵飘萍遭杀害。

2 月　上海良友图书印刷公司创刊《良友》画报,是旧中国出版时间最长的画报。

3 月　三一八惨案发生。

6 月　广州国民政府任命蒋介石为国民革命军总司令。7 月,广州国民政府发布《北伐宣言》,北伐军攻占株洲、长沙。

8 月　章锡琛在沪创办开明书店,夏丏尊、叶圣陶为总编辑。

10 月　革命军攻克武昌,11 月,攻占九江、南昌。

是年　由吴鼎昌、胡政之、张季鸾组成新记公司,接办天津《大公报》。

1 月 1 日　与苏州女子职业中学校美术科主任沈粹缜(1901·11·5—1997·1·12)在上海南京路永安公司楼上大东酒家举行婚礼。新居安在上海原法租界辣斐德路成裕里 18 号(今址复兴中路 221 弄 18 号)。

同日　译文《劳工之组织》,署名邹恩润译,载《教育与职业》第 71 期。(全集第 11 卷第 413—419 页)

2 月 1 日　《童工问题》、《工作与品性之关系》(署名心水),载《教育与职业》第 72 期。(全集第 1 卷第 429—436 页、436—438 页)

《工作与品性之关系》摘要:

"人类之天性,盖无不喜完善而恶残缺,故其初心决无愿舍最良成绩而安于次之自恕,以为一事姑如此敷衍,以后慎之可矣。或以为小事不妨如此敷衍,以后遇有大事慎之可矣。庸讵知此一念之误,即为迷途之基,盖一次开其端,即有二次三次以及无数次随其后。因小事苟且而养成习惯,品性既坏,欲望一旦遇有大事而遽能改善,胡可得者?吾人最初皆各有其自爱自尊之心,一次苟且,即一次减削自爱自尊之心。多次苟且,即多次减削自爱自尊之心。故最初以为忸怩莫能自容者，经若干次之妄自菲薄，竟若处之泰然，不以为非，所为习惯成自然矣，优良品性即由此摧残矣。故初入职业界任事之青年，最不可为此苟且一念所欺，而致身入歧途，且犹不自觉其失败之由也。苟于任事之初，即立志于所事必求得吾心力所能致之优良成绩，一丝不肯放过，则经若干次之训练，养成坚毅卓绝之品性，百折不回之精神，渐渐亦积成吾人心性之要素。对于所须料理之事，非若此不能自安，亦非一旦或暂时之外诱所能迷惑，此种品性之养成，岂非青年成功立业之第一基础，而为其一生受用不尽者乎！而其初基，乃由渐积而成，非一朝一夕之故也。""所谓虚浮，非徒指形貌虚浮或举止虚浮而已，尤重办事之不虚浮。办事之不虚浮者何？即吾人不担职务则已，既已担任某事，无论此事之大小，必切实为之，必不夹有丝毫敷衍之心，凡为吾力之所能及，必使此事之成绩达到最高可能之完善程度。所谓诚实之品性，诚为服务社会之第一要素，然诚实之意义，盖谓对于任何事务，皆以全副精神贯注之，表里如一，故其意义不仅指言语之可恃，不仅指金钱之不妄取，亦指对于所任之职务有审慎、准确、周到，在良心上得安然无愧之充满精神。故就社会服务言，作欺人之言，固为不诚实；妄窃人之金钱，固为不诚实；而既受人委托，乃不以全副精神求最高可能之完善结果，是为窃人之可贵时间，窃人之可贵效率，盖为不诚实之尤，为青年前途事业之大障碍。初任事之青年，其所任之职务性质，当然较属平常，前已言之，则此时卤莽疏忽，在用人者方面所受之损失尚不甚大，而青年因此自伤其品性，伏终身无所发展，或甚至于堕落之恶因，岂不可痛！呜呼，工作与品性之关系如此，初入职业界之青年安可不警惕醒觉，勿以不正确之观念而自贻伊戚乎？"（全集第 1 卷第 437—438 页）

3 月 1 日　《学师范者所应注意之一事》（署名心水）、《增进实业和平之仲裁法》，载《教育与职业》第 73 期。（全集第 1 卷第 439—440 页、441—446 页）

《学师范者所应注意之一事》摘要：

"常人言及教育，其心目中以为总不离课堂上之授课，岂知教育不限于授课。为教师者，如欲以教材授于学生为已尽教师之能事，则去教育家之本旨远矣。""教育之历程，吾人苟加以考察，则知其内容实包含种种重要之程序，其第一事似颇简单，而其实极为重要，""即教育上最为基本之工作，乃吾人身任教育之责者对于学生之学习。而世之研究教育及担任教务者，往往仅限其心思脑力于教授功课，至于所教之青年方面有何问题须待解决，有何情形须待研究，则所用时间极少，或等于零。""吾人当知教育之第一重要步骤，即在教师对于学生学习，且须对于各个学生作个别之研究，诚以各人有各人之问题，笼统之研究犹无济于事也。教育或职业指导之第一原理,皆在学习学生,探其兴趣及潜力所在,探其所知及其所能为,更探其志趣之方向。有此种种探讨以得其基础,然后始有设法辅助青年向前发展之根据。""其次步骤即须设法示以种种可以利用之机会,授以可以利用之知识技能,就学校中代表社会实际生活之种种设备与业务,开拓其兴趣,使彼可择之种类范围尽量广大,从此广大之范围内审慎抉择其所好之特殊事业。""所谓教育绝非将若干教材授与学生而已,必先对于学生细心学习,根据此种学习所得,进而研究其所需要,方足语以授课方面应为之工夫。""吾人应知职业指导问题之当由学校当局特加注意,绝非由外面加入教育范围内之事,并非存立于教育范围以外之事,乃即在教育范围以内应为之一部分重要事务,此非学师范者所应注意之一事耶?"(全集第 1 卷第 439—440 页)

4 月 1 日 《实业界之酬报问题》(署名心水)、《美国补习教育法令之研究》,载《教育与职业》第 74 期。(全集第 1 卷第 447—456 页、456—463 页)

4 月 21 日 《中华职教社对英庚款之意见》(署名邹恩润起草,增篇),载《申报》第 10 版。(全集第 1 卷第 463—464 页)

5 月 1 日 《办理平民职业教育所应根据之原则》(署名思退)、《一九二五年之美国职业教育》、译文《实施工商补习教育之一例》(署名心水),载《教育与职业》第 75 期。(全集第 1 卷 468—470 页、470—475 页,第 11 卷 420—426 页)

《办理平民职业教育所应根据之原则》摘要:

"吾人为大多数民众计而提倡平民教育,而今继此提倡平民职业教育,亦须时刻记念大多数民众之地位能力。勿渐趋徒唱高调之一途,庶几能收得实际之功效,此实为办理平民职业教育之基本观念。""根据此基本观念,以为可引伸五大原则如左。""(一)授于工艺技能所需资本宜小","(二)所授工作须能独立经营者","(三)所授技能须应社会之当前需要","(四)训练之时间宜短","(五)所授知能宜有教育的价值"。"以上五原则,乃经多数专家之审慎考虑而认为切当者。平民职业教育之声日高,大规模之发展似已匪遥,则此原则固大有研究之价值也。"(全集第 1 卷第 468—470 页)

5 月 5 日 《在江苏中等学校职业指导研究会成立会上的讲话概要》(增篇),摘自《申报》第 7 版《苏中等学校职业指导会成立》。(全集第 1 卷第 465 页)

《在江苏中等学校职业指导研究会成立会上的讲话概要》:"职业指导在中等学校占有重要位置,不但对于不能升学之学生应予以相当之指导,即有力升学之学生,中学后须入专科,亦与将来职业有密切联系,亦须在中学时代加以充分之研

究。"（全集第 1 卷第 465 页）

5 月 8 日　《在中华职教社第九届年会职业指导组会议上的讲话概要》（增篇），摘自《申报》第 7 版《中华职教社在杭开年会纪（二）》。（全集第 1 卷第 466 页）

同日　《大职业教育主义之说明》（增篇），摘自《申报》第 7 版。（全集第 1 卷第 466—467 页）

《大职业教育主义之说明》摘要：

"所谓职业教育乃以职业为目的，教育为手段，而皆与社会环境有联带关系。试举具体事例言之，则如办商校而不与商界有充分之联络与合作，不免处于必败之地，办工校而不与工界充分之联络与合作，亦不免处于必败之地，又如职业指导与小学中学大学皆有关系，苟不与全部教育界有充分之联络与合作，则不免处于必败之地，甚至政治不清明，教育无从致力，实业不发达，生计艰于发展，则参加改进政治运动，鼓励实业运动，亦所当为。""大职业教育主义非空言主义，乃实行主义，即宣传提倡当以大职业教育主义之眼光做去，而设施办法更当从精细切实方面进行。""大职业教育主义非垄断主义，乃合作主义，即非欲占其他范围内固有之事业取而代之，乃就彼此有关系之处，下充分之联络合作工夫。""大职业教育主义，非舍己之田而耘人之田，乃一面充实改进内部工作，而一面参加社会上有关系之事业或运动，俾获充分联络合作之实效。"（全集第 1 卷第 467 页）

7 月 1 日　《美国增高劳动教育程度之运动》（署名心水）、译文《职业分析之内容与效用》，载《教育与职业》第 76 期。（全集第 1 卷第 476—480 页，第 11 卷第 426—434 页）

是月　《职业心理学》（职业教育丛刊第八种），署名邹恩润编译，由上海商务印书馆出版。（全集第 11 卷第 437—548 页）

《职业心理学》目次：

《编者弁言》
第一章　个性差异之研究
第二章　个性差异之量度
第三章　形象学之内容
第四章　形象学之内容（续）
第五章　个人谈话之研究（初步手续）
第六章　从心理方面研究个人谈话
第七章　分等量表（Rating Scales）

第八章　补助个人谈话之测验

第九章　职业智能测验法

第十章　体力与耐力

第十一章　筋肉管束力与速率之测验

第十二章　感觉力之测验

第十三章　普通智力测验之内容

第十四章　普通智力测验之应用(全集第 11 卷第 437—543 页)

是月　《〈职业心理学〉弁言》(1925 年 1 月 21 日邹恩润识于中华职业教育社)，收入商务版同名单行本。(全集第 11 卷第 437 页)

《〈职业心理学〉弁言》摘要：

"大抵关于选用人材方面,在大规模之机关,需用之人数众多,则职业心理学之效用尤大。在职业指导方面,研究个性为最重要之一端,故职业心理学尤为实施指导者所不可不研究之基本知识。此书即应吾国教育新趋势中之一种需要也。""职业心理学既是一种最新的研究,他的日新月异,自是意中事。这一本书不过供吾国对于此事开端研究的参考,希望由此唤起国人的研究兴味,对于此事也有相当的贡献。"(全集第 11 卷第 437 页)

是月　《书记之知能与任务》(职业教育丛刊第九种),署名邹恩润著,秦翰才、潘文安校,由上海商务印书馆出版。(全集第 1 卷第 483—521 页)

《书记之知能与任务》目次：

《编者弁言》

第一章　书记之责任与希望

第二章　办公室之组织与管理

第三章　文牍之办理

第四章　文卷保管法

第五章　文牍之格式

第六章　文牍之格式(续)

第七章　开会预备及会场记录

第八章　书记应具之基本知能

第九章　书记服务之成功要素(全集第 1 卷第 483—521 页)

《〈书记之知能与任务〉弁言》(1925 年 4 月 13 日作),收入商务版同名单行本。(全集第 1 卷第 483 页)

《〈书记之知能与任务〉弁言》摘要：

"本书之编纂，乃根据吾国社会之需要，采用吾国关于书记职务方面种种资料；以普通办公室之应用为主，而兼及工商业与教育界各机关之需要。""本书可作课本：已入机关任事者，亦可作为自修之用。此外，尚可作为职业指导之一种参考材料。"（全集第 1 卷第 483 页）

8 月 1 日 译文《宜于中国之工业人材》（署名邹恩润译述，增篇）、《提倡女子职业教育之商榷》（署名思退），载《教育与职业》第 77 期。（全集第 11 卷第 549—557 页、第 1 卷第 523—525 页）

《提倡女子职业教育之商榷》摘要：

"讲到女子职业，有一个困难，非男子所有而为女子所独有的，这个困难倘若不能免除，女子职业永难发达。这个困难不是别的，就是男子可以不管家务而聚其全力于职业，女子则势不能抛弃家务而专做职业。换句话说，就是一个家庭常需女子的看管照料，离开家庭以从事于外面的业务，于事业及家庭两方面都不免发生种种阻碍。""提倡女子职业，有什么好法子？我以为我们要提倡一种无须离开家庭而可得从事的职业，这样一来，家事余暇可得利用，而又不必抛弃家务，或疲于家务及家庭外之事业。这种相当职业就是家庭工艺，或是家庭园艺。""此类女子职业教育而能扩充发展，直接可改进女子生活，间接还有几种好结果：（一）生活程度日高，男子对于家庭经济之担负，常有精疲力尽的苦况，女子若能于暇暑从事相当的家庭工艺或家庭园艺，于家庭经济方面不无小补。（二）一国之富庶与其国民生产力很有密切的关系，吾国女子之数姑认与男子相等，则以半数之女子增加多少生产力，于全国总量所加可惊，所以这件事不但关系个人，于国家社会都很有关系。"（全集第 1 卷第 523—525 页）

8 月 19 日 参加江苏职业学校联合会假上海职工教育馆开年会，著文《评述江厅长关于职业教育之演讲》。（全集第 1 卷第 544 页）

"1926 年 8 月我跨进中华职业学校读高级商科的时候，"韬奋"任英文教务主任"。"我们第一届高商班的英文，幸运地正是由韬奋同志讲课。他教的英文课本，不采用一般高中通用的教科书，而选用英文版的《民主在中国》，这在当时实属罕见。他既是在上英文课，又是在上政治课，对学生灌输了民主思想。还读一本《发明家的故事》，介绍爱迪生、瓦特等的生平事迹，内容生动，既能诱导同学们认真学英文的兴趣，又教育我们要有刻苦钻研科学的精神。此外还要随时选读《密勒氏评论报》、《星期六晚邮报》等国内外英文杂志上的精彩片断，从中帮助我们了解国际上的新鲜事物。又可以读到不少当时的英文新字"。（张志民《韬奋同志永远在我心

中》,《新民晚报》1990年11月9日)

9月1日 《职业学校分级之商榷》(署名粹缜)《介绍郑洪年君之职工教育谈》(署名心水),译文《大学校之职业指导举例》,载《教育与职业》第78期。(全集第1卷第525—526页、527—530页,第11卷第558—562页)

《职业学校分级之商榷》摘要:

"学生不能升学,大概有两种主要原因:一为经济力所限,一为智力所限。为智力所限的,他仅能够领受初步的职业知能,做初步的职务,虽欲上进,勉强不来;至于仅为经济所限的,他于某小段落结束时,暂搁学业,从事工作,俟有相当机会,或自蓄之经济能力,冉可继续求其次小段落的学业,不至因早退而无力就业,亦不至因久退而难于继续进行。"(全集第1卷第526页)

《介绍郑洪年君之职工教育谈》摘要:

"一国的基础是靠大多数民众造成的,平民职业教育所以是中国现在亟需的教育,就在要替大多数民众谋福利,而间接就是替国家求得较稳固的基础。至于办理平民职业教育,最重要的是要顾到他们全部生活想法,改进他们的全部生活,绝不是教几本书就算了事。从前农村教育所以鲜有成效,就是因为农校自农校,而并未计划如何改进农村生活。"(全集第1卷第528—529页)

是月 译文《职业指导员之训练》,载《中华教育界》第16卷第3期。(全集第11卷第562—570页)

10月1日 《根据习惯心理学之职业训练》、《美国青年职业介绍所之组织与办法》(署名心水)、《评述江厅长关于职业教育之演讲》(署名思退),载《教育与职业》第79期。(全集第1卷530—533页、534—543页、544—546页)

《根据习惯心理学之职业训练》摘要:

"职业训练乃藉重复的训练工夫,养成关于专业之正确的思想习惯与正确的作业习惯,故须以习惯心理学为其重要之根据。吾人试作进一步之研究,则知欲获得有效率之职业训练,有三种习惯宜特加注意:一为适应工作环境之习惯,二为善用进行方法之作业习惯,三为适于专业之思想习惯。"(全集第1卷第530—531页)

10月3日 长子嘉骅出生于上海辣斐德路成裕里18号(今址复兴中路221弄18号),(农历8月27日)。

10月24日 《〈我所望于《生活》周刊的几点管见〉附言》,载《生活》周刊第2卷第1期。(全集第1卷第546—547页)

《〈我所望于《生活》周刊的几点管见〉附言》摘要:

"本刊文字诚当力求浅显，然同时并当顾到雅达，使读者不但改进思想，并能获得以文会友之益。"（全集第 1 卷第 547 页）

10 月 31 日　《工作与品性之关系》（与 2 月 1 日《教育与职业》第 72 期同名篇重复，全集未收）、《〈商榷最低限度当读之国学书〉附言》，载《生活》周刊第 2 卷第 2 期。（全集第 1 卷第 548—550 页）

是月　《生活》周刊成立时的地址：上海陶尔斐斯路（现南昌路东段）48 弄弄口。（《韬奋画传》第 18 页）

"当时在辣斐德路一个小小的过街楼，排了三张办公桌就已觉得满满的，那就是我们的编辑部，也就是我们的总务部，也就是我们的发行部，也就是我们的广告部，也就是我们的会议厅！我们没有大宗的经费，也没有什么高楼大厦。我们有的是几个'患难同事'的心血和努力的精神！我们有的是突飞猛进的多数读者的同情和赞助！《生活》周刊就是在这种'心血'，'努力'，'同情'，和'赞助'所造成的摇篮里长大起来的。""我永远不能忘记在那小小的过街楼里，在几盏悬挂在办公桌上的电灯光下面，和徐孙两先生共同工作到午夜的景象。在那样寂静的夜里，就好像全世界上只有着我们这三个人；但同时念到我们的精神是和无数万的读者联系着，又好像我们是夹在无数万的好友丛中工作着！我们在办公的时候，也往往就是会议的时候；各人有什么新的意思，立刻就提出，就讨论，就议决，就实行！""我的工作当然偏重于编辑和著述方面。我不愿有一字或一句为我所不懂的，或为我所觉得不称心的，就随便付排。校样也由我一个人看，看校样时的聚精会神，就和在写作的时候一样，因为我的目的要使它没有一个错字；一个错字都没有，在实际上也许做不到，但是我总是要以此为鹄的，至少能使它的错字极少。每期校样要看三次。有的时候，简直不仅是校，竟是重新修正了一下。"（全集第 7 卷第 200—201 页）

是月　接办《生活》周刊。接办时，每期出版两千八百份左右，赠送的居多。"接办之后，变换内容，注重短小精悍的评论和'有趣味有价值'的材料。"从第 2 卷第 1 期起，开辟"信箱"专栏，亲自解答"读者所提出的种种问题"，亲切坦诚，成为《生活》周刊的一大特色。（《生活》周刊第 2 卷第 1 期封面，全集第 1 卷第 546—547 页，全集第 7 卷第 198 页）

11 月 1 日　《关于救济毕业生失业之一种建议》、《读毕业生就业指导会一部分统计感言》（署名思退），载《教育与职业》第 80 期。（全集第 1 卷第 550—552 页、553—554 页）

《关于救济毕业生失业之一种建议》摘要：

"救济此危象之方法,固有种种方面,然吾以为最重要者,宜竭力提倡任何事业或任何机关之录用人材,须公开考试,其录取之标准,不论资格,全以实际能力为凭"。"真有材能者多孤高自许,未必肯俯受考试。余以为此亦视社会风尚所趋耳,苟养成此种风气,人人视为寻常,无足惊异,则亦处之泰然矣。"(全集第 1 卷第 551—552 页)

11 月 7 日　《职业的真乐》(与 1924 年 6 月 30 日同名篇重复,全集未收)、《〈平民借债问题〉附言》,载《生活》周刊第 2 卷第 3 期。(全集第 1 卷第 555—556 页)

同日　《〈这山望见那山高〉附言》,载八开《生活》周刊第 2 卷第 3 期。(全集第 1 卷第 556—557 页)

《〈这山望见那山高〉附言》摘要:

"我有一次赴友人的宴会,听见一个商界中人与一个教育界中人谈话。在教育界的那位先生历数做教员的苦,羡慕商界的宽裕,说商界阔人坐汽车,进款大,有种种舒服的地方;那位在商界的先生却历数商界之冒险,得失无常,说你们只看见阔商人坐汽车,却没有看见汽车中人的愁眉苦脸,虽万分拮据,汽车不得不坐,否则债务就要逼死他了,因为别人看他不阔,更要逼得利害。""各业有各业的甘苦,我们一方面要就所业力求发展,一方面却须节制物质上的无穷奢望,求得恬淡自得的精神上的快乐,否则无异作茧自缚无泰然安适的时候。"(全集第 1 卷第 557 页)

11 月 14 日　《〈努力准备〉附言》,载八开《生活》周刊第 2 卷第 4 期。(全集第 1 卷第 558 页)

同日　《〈爱本刊的几句话〉附言》,载《生活》周刊第 2 卷第 4 期。(全集第 1 卷第 559—560 页)

《〈爱本刊的几句话〉附言》摘要:

"(一)减少广告地位,使登载的稿件可以加多,固然是好的,但目前投稿者虽多,每期可取的有价值的稿件,不过这许多,一俟佳构多时,当再设法扩充篇幅。(二)职业界名人之箴言,甚有益于青年"。"不过关于这类文字,有几点很重要:(1)所说的人确是职业界经验丰富资望隆重的人,(2)所说的确有心得,而非空谈道德的话,(3)各次所取的材料,内容不可重复,否则也容易令人生厌。因为有此种种关系,所以有则随时刊登,无则宁缺毋滥。至于任人投稿一层,记者可郑重声明,本刊无论何类文字,均任人投稿,不限名人一种而已。"(全集第 1 卷第 560 页)

11 月 21 日　《〈物质文明与精神生活〉按》、《〈泣声〉附言》、《〈怎样解决人生问题〉附言》、《〈精神上的连合〉附言》，载《生活》周刊第 2 卷第 5 期。(全集第 1 卷第 561—562 页、562—563 页、564 页、565—566 页)

《〈物质文明与精神生活〉按》摘要：

"吾人若徒以精神生活相号召，而鄙视物质文明，则势必流于空谈，而国家工商业之发达，人民生计之进展，必大受障碍，持此以与勇猛奋发之世界各国相抗，岂能幸存？""(一)弃精神生活而专重物质文明，或弃物质文明而空谈精神生活，其失惟均；(二)物质文明适所以加精神生活之愉快，非特不相背，且相辅而行；(三)物质文明须以实力为根据，绝非不事生产而专事奢华生活者所能藉口。""不能制造有实力根据之物质文明，徒受他国物质文明所束缚箝制而奄奄待毙，真可痛也。"(全集第 1 卷第 561—562 页)

《〈泣声〉附言》全文：

"本刊对于学徒生活，向甚注意。改良的方法，也曾经征求过，但是还没有得到什么结果。这个原因，大概主张公道的人只能说说而没有实权，有实权的人又不大肯主张公道。我们不得不希望那般学工商业的人，或现在吃学徒生活苦难的人，将来有了实权，从自身起以改良学徒生活自任；不要自己吃了'做媳妇'的苦处，一旦做了'婆婆'，又摆起架子，变本加厉，则这种生活的改良，或者不难有实现的一日罢。"(全集第 1 卷第 563 页)

《〈精神上的连合〉附言》摘要：

"本刊的作者，说到年纪，有过六七十岁的老伯伯，也有过十几岁的小弟弟。说到学识经验，有过名闻世界的大学问家，也有过小学校里面读书的小学生，工厂商店里的学徒。说到职业，那更说不清楚，可以说是各界都有。有时作者是读者，读者是作者。我们这个无形的团结，重精神的交通，而不重形式的联络，有的贡献他的学识经验，是在指导别人，同时他读了别人在本刊发表的好著作，受了益处，或者发问提出讨论，或者有问题提出解决，又是受指导的人了。'济济一堂'，热闹有趣得很！""凡是我们这个'团体'里面的同志，都应披肝沥胆，互助互励，极力脱离烦闷失败而趋向愉快成功的生活。我们都从此远处着眼，至于近处着手的地方，便在砥砺品性，增进能力与健康方面痛下切实功夫。"(全集第 1 卷第 565—566 页)

11 月 28 日　《〈服务与人生〉按》、《〈一根毛〉附言》，载《生活》周刊第 2 卷第 6 期。(全集第 1 卷第 566 页、567—570 页)

《〈一根毛〉附言》摘要：

"朱君对于职业界中人苟且心理，痛下针砭，切中弊病。吾人当知想取'空中鸟'本是好志向,不足为病,所最忌的是'空中鸟'尚未到手,已把'一根毛'丢掉,那就糟了。一个人留心发展的机会,本是应该,不过对于目前的职务,还是要忠诚从事,丝毫不苟。"(全集第1卷第567页)

12月5日 《发给七十五万人薪金之世界最大雇主》、《受经济压迫而想到节约的一位青年》(收入《最难解决的一个问题》),载八开《生活》周刊第2卷第7期。(全集第1卷第571页,全集第4卷第122—124页)

《受经济压迫而想到节约的一位青年》摘要:

"我从前极力主张青年在求学时代决不可成立家室,一方面免于求学用费之外,又以家室生计牵累父母,一方面可以专心学业,力求上进。据我最近的观察,青年们不但不可在求学时代成立家室,即在初毕业而入社会服务时代,亦不可遽行结婚,自阻其进步之路,须俟立足稳妥,略有储蓄,然后始可言及家室,否则不但不能享受家庭之乐,反累人以自累。"(全集第4卷第123页)

12月12日 《〈一根毛〉的反应》附言》,载《生活》周刊第2卷第8期。(全集第1卷第572—573页)

《〈一根毛〉的反应》附言》摘要:

"意思是要劝人不可以目前的成绩自满,以致不思进取,当思精益求精,向前奋进。这层意思本是极好。不过我们要明白朱君的本意,并非反对取得'空中鸟',却是反对未得'空中鸟'以前,就把'一根毛'先丢掉。""我们主张因为不满足而留心增加自己的学识经验,利用可以利用的机会,而同时对于现在所做的事,在职一日,必忠诚从事一日,丝毫不苟"。(全集第1卷第572—573页)

12月19日 《记顾荫亭先生新由欧洲观察之办事精神》(收入《事业与修养》,改题《外国人的办事精神》)、《〈刘半农所曲形尽相的学徒苦〉附言》、《最难解决的一个问题》(收入同名书)、《〈搜纳定阅本刊者对于本刊的一点意见〉附言》,载《生活》周刊第2卷第9期。(全集第4卷第692—693页,全集第1卷第574—575页,全集第4卷第82—85页,全集第1卷第575—576页)

《〈搜纳定阅本刊者对于本刊的一点意见〉附言》摘要:

"关于文字方面,本刊注意意思上有精采,不采用深奥的文字,以后当对此点更加注意。至于发行有时略迟,这是发行部的事,大概因为销路日多,发报的公役,有的手工略迟钝,或不免略迟的毛病,已转致发行部,以后更须加以严密的监督。至于编辑部则按时发稿,印刷所亦按时告竣,从未延误。"(全集第1卷第576页)

《最难解决的一个问题》摘要：

　　"莫君所提出之'无力升学'问题，诚然为'最难解决之问题'，即能解决亦决非一言一时所能办到。然愚劝君决勿以此自馁。就愚现身说法，中学大学之学业，亦全恃自己自赚自筹得来之费用，千辛万苦，始得卒业，至今回想往昔苦楚，犹觉鼻酸，然卒得渐渡难关，回念困苦，亦复可乐。愚自己既为苦学生出身，故对于莫君所处之境地，益觉十二分的表同情，苦学生涯，不外工读。愚当时所入学校，并非工读学校，乃一面在校求学，同时于课余在校外任事，当时身体则疲于奔命，精力则困于应付，至万不得已时，则只得辍学若干时，就一私塾教席，然后以所得继续求学若干时。迨入大学，则费用益不资，一面得校长委任，于晚间助理本校图书馆事务，一面于下午课后往校外兼任私人家塾教务，同时复须料理繁重之功课，而用费仍时有不敷之虞。回忆当时尚能有此竭力维持之可能者，一为区区品性学识，尚能取得当时认识我者之十分信任，凡请我担任教务者，皆为彼等家人或子弟学业之改进计，并非为救济我之贫穷计也。（愚提出此点，盖欲表明纯粹利己求人，希望极少，亦在乎自己之努力而已。）二为尚有此等机会可以利用，未至陷入绝境。三为幸有一二知己，当极危时，予我以一部分之相当经济援助。处此境地，因所兼任之事，当然短局，本学期不知下学期之情形，故'提心吊胆'，精神上极觉不安。""吾人欲入校作苦学计，亦须具有下列几个条件：（一）有一二特长能为人服务；（二）遇有相当之服务机会；（三）如服务所得尚不敷用，则有临时可恃之相当救援；（四）身体精神虽劳，而有涵养工夫，心神安泰，不至以内心过于焦灼而伤生。""事在人为，学在人求，机会在人能利用，固无事能限之也。莫君""勿因目前境遇而自馁矣。""能入校固是一种办法，苟不得上述之数条件，则业余自学（或如君所言，并就夜校补习亦有裨益），亦非必无希望，决勿以此悒郁，且学问之事亦非一朝一夕所能求速效，求者固当积极，然亦当知有其必需之时间功候，欲速不达，徒自焦灼，亦非所宜。即愚及所举数友之经历，亦在十年以上，苦学诚苦，惟知其当然是苦，无所用其怨尤，亦不必过于焦急，但存贮才以待机会之心，不堕落，不丧志，既种其因，迟早必有相当之果也。"（全集第 4 卷第 83—85 页）

12 月 26 日　《用书信向汽车大王借款年达四万万金圆》（八开本）、《〈寿〉附志》（增篇）、《〈英国一般工人与学徒之运动生活〉附言》（增篇）、《生活问题与入党问题》（收入《最难解决的一个问题》）、《〈"非常有益"与"大小""不限"〉附言》、《〈毕云程先生致本刊记者书〉附言》，载《生活》周刊第 2 卷第 10 期。（全集第 1 卷第 577—578 页、579—580 页、580—581 页，第 4 卷 106—109 页，第 1 卷第 581—582 页、583 页）

《生活问题与入党问题》摘要：

"总结以上所述，介绍的方法不外（一）利用介绍机关；（二）得亲友的补助；（三）书信自荐。就中国情形讲，事实上可用的方法不过如此。""入党问题，这是完全出于个人的自由意志，不过加谋君的'反对一切政党'的态度我却有点意思要贡献。我以为政党并不是绝对的坏东西，倘若一党的党纲及事业，的确是为国利民，便是一个好政党，倘若一切反对，岂不是不分是非吗？"（全集第 4 卷第 108—109 页）

《〈"非常有益"与"大小""不限"〉附言》摘要：

"（一）木刊所取之格言，务取与经验十分亲切，力避陈旧式老生常谈之弊病，且不限于古人，投稿者苟有心得，亦可发挥，惟此种心受用语，在警辟简练，不在长而且多。（二）篇幅与广告两点，""鄙意目前先从'质'方面努力，随后再从'量'方面努力。""（三）《生活》的目标在全社会，""出专号仅有特别兴趣于某一部分人，似太呆板，还是'间载'的好。至于小说（似以记事文为尤佳）笔记等等，自在采纳之列"。（全集第 1 卷第 582 页）

是月 备考："邹韬奋先生在上海创办《生活》周刊后，曾多次到江西南昌心远中学与在校师生联络，请母校师生帮助宣传和推销《生活》周刊。章瑞麟虽年近九旬，对此仍印象深刻。"（心远中学 1934 届校友、江西师范大学教授章瑞麟回忆，南昌二中校办公室 2001 年 5 月书面提供）

1927 年(民国十六年)　33 岁

1 月　国民政府定都武汉。3 月,国民革命军占领南京。4 月,南京国民政府成立。8 月,"宁汉合流",武汉国民政府并入南京国民政府。

2 月　英国交还汉口、九江租界。

4 月　蒋介石发动"四一二"反革命政变。5 月,许克祥在长沙发动"马日事变"。7 月,武汉国民政府宣布"分共",国共合作失败。

8 月　中国共产党发动南昌起义。

是年　中共中央理论刊物《布尔塞维克》在上海创刊,瞿秋白为编委会主任。戈公振著《中国报学史》出版,是中国出版的最早系统叙述中国报刊历史的著作。

1 月 1 日　《记顾荫亭先生所谈中西职业教育之最大异点》(署名心水)、《菲律宾职业教育之最近趋势》(署名思退)、译文《关于职业心理与生理的最新实验》,载《教育与职业》第 81 期。(全集第 1 卷 587—588 页、588—590 页,第 11 卷第 573—582 页)

1 月 2 日　《〈青年之成功〉附识》,载八开版《生活》周刊第 2 卷第 11 期。(全集第 1 卷第 590 页)

1 月 9 日　《板面孔不好滑头面孔也不好》(内容与 4 月 24 日《意中事》篇同。全集未收),载八开《生活》周刊第 2 卷第 12 期。

1 月 16 日　《〈什么是人们生活着所应该要求的〉附言》、《求学,做事,讨老婆,怎么好呢?》(收入《最难解决的一个问题》)、《〈我所希望于《生活》周刊的一点〉附言》,载《生活》周刊第 2 卷第 11 期。(全集第 1 卷 590—592 页,第 4 卷第 92—94 页,第 1 卷第 592—593 页)

《〈什么是人们生活着所应该要求的〉附言》摘要:

"与言君所举的五条,的确是人生最小限度的要求。不过说这五条是人生的五项极重要的要求则可,如说人生的价值仅限于这五条,则似乎太狭。何以呢? 一个人有可分为'为人'与'为己'两个部分。这五条是偏于'为己'的方面。我不是说'为己'不重要,倘若'己'都保不住,又那里有'为人'谋的'己'呢? 不过我总觉得'为己'是有限的;'为人'是无限的。譬如我们一人要穿的衣服有限,一个身体尽量能穿几件衣服? 一人要吃的东西也有限,一个肚子能装多少东西? 一人的居住也有限,一个人能住几间房间? 就是有妻子之担负,也是比较的有限。独至于'为人'方面的事业是无限的,'为人'方面的价值是无限的。能助百人的,有为百人服务的价值! 能助千万人的,有为千万人服务的价值。或换一种说法,能尽力于一乡一县一省的,他的人生价值大! 能尽力于一国或世界的,他的人生价值更大。孙中山先生最足感人的地方,就是他一生自己没有什么私产,而终其身诚诚恳恳,冒万险替中国全国人民谋解放,到死不懈。""他这种为千万人福利而奋斗的精神,实足与日月争光,千古不磨。质言之,他的伟大全在他的'为人'方面,而不在他的'为己'享用方面。或者有人说我们何能望人人做孙中山,我以为各人有各人的能力才具,当于'为己'之外,各尽其量以趋于所谓'为人'的一途,然后人生的价值才能更进一步。"(全集第1卷第591—592页)

《求学,做事,讨老婆,怎么好呢?》摘要:

"我请问青年诸君,我们为什么要求学? 做事是否便断绝求学的机会?""我们求学本以'做事'为归宿。现在有些青年往往以'求学'为可贵,'做事'为可贱,好像一个人一生一世只要求学不做事便得,无论何人,只要仔细想一想,没有不知道这是大大的误会。""我们要晓得人们事业的进展,本有两条路:一条是境遇比较顺利的人走的,就是一直升学,等到大学业或专门学业完成的时候,(其实学业那里有完成的时候,这里不过指毕业,告一段落罢了。)到社会上去做事。还有一条路是境遇比较差一点的人走的,就是因特别原因而不能一直升学,半途先做事,一面做事,一面增进自己的知识能力经验。""因不得已而提早做事,并非没有成功的希望,也并非没有求学的希望,更断断不至断送了终身,林君倘若明白这个道理,与林君处境相似的青年倘若明白这个道理,便不至悲观。一个人的心理作用最利害,过甚的悲观反是失败的根源,切须注意。"(全集第4卷第94—95页)

1月23日 《请看已用十二万万元于利人事业的煤油大王》、《〈一件终身大事〉附言》、《〈对于本刊内容的意见〉附言》,载《生活》周刊第2卷第12期。(全集第1卷第593—595页、595—597页、598—599页)

《〈一件终身大事〉附言》摘要:

"我曾经亲眼看见,有作有为的英俊青年,——有几位是正在求学时代的高材生——家长无缘无故替他娶亲,不久便在学业及身体方面大受影响。在家长虽出于爱子弟的好心,而实际则几等于摧残子弟。我又曾经亲眼看见好女子受时髦青年的诱惑，男子已有了妻子，戴上假面具，把好好的女子骗上手。""中国再嫁风俗尚未盛行，女子一次不慎，便须终身受罪，实在可惨。""我又曾经眼看见没有相当贮蓄或借债结婚的人，如坐针毡，如入监狱，其苦痛情形非局外人所能想见，所以我又十二分表同情于伯鸿先生的另一主张，就是：'无力维持生活，千万不可结婚。'"（全集第 1 卷第 597 页）

《〈对于本刊内容的意见〉附言》摘要：

"我们对于调查民间的生活风俗等等材料，并非废弃，不过特别审慎，要取有精采，特别有价值，特别有趣味的才登，不愿把'记帐式'的文字引起读者讨厌。""我们不是说这类事实不重要，不过不可多登大同小异关于这类的文字。""总之本刊对于这类文字，仍极欢迎，不过不希望多登'记帐式'的呆板材料，不希望刊登千篇一律的重复文字。"（全集第 1 卷第 598—599 页）

同日　《〈讽刺画〉附言》，载八开版《生活》周刊第 2 卷第 14 期。（全集第 1 卷第 599—600 页）

《〈讽刺画〉附言》摘要：

"本刊承读者诸君时常赐教，不胜感奋，现无日不在筹思精益求精之方法，务期进步无疆，成为读者诸君理想中之一良伴挚友，亦为本刊之无上荣幸！"（全集第 1 卷第 599—600 页）

1 月 30 日　《〈农民运动与暴动〉附言》，载《生活》周刊第 2 卷第 13 期。（全集第 1 卷第 600—602 页）

《〈农民运动与暴动〉附言》摘要：

"我听了杨君所报告的消息，觉得确有几点可以乐观的。""第一，我国虽称以农立国，但是农民生活可以说是苦极了。""现在听见湖南的农民能陆续的由被压迫的境地里面转身出来，确是可以乐观的。""第二，我国国民里面，农民约占四分之三。所以要改进国家，当然要极力想法改进这四分之三的国家基础。但是我国农民因为没有人提醒，没有人输以相当的知识，对于社会上的公众利弊，对于国家的政治利弊，简直不闻不问，漠然无动于衷，这确是一件无庸为讳的事实。所以他们对于万恶的军阀、暴虐的地主，以至贪官污吏与土豪劣绅的摧残苛刻，都只有饮泣吞声，无可如何，现在居然能晓得起来替地方上铲除害群之马，替地方上谋公共的幸福，这不但可为农民庆，如把这种精神引入正轨，传播全国，实为全国的福音，所以也是可以乐观的。""第三，我国的不振，一方面固然由于大多数国民对于地方上及国家大事，看得非常淡漠；同时也是因为有了一般蠹虫，蟊贼，——即所谓万恶的军阀，暴虐的地主，贪官污吏，土豪劣绅等等——，无时无地不施其摧残国命的手段，现在居然能使这班人走投无路，无以自存于社会，这种社会制裁力，真是可贵极了！"（全集第 1 卷第 601—602 页）

同日 《报告与本刊有关系的一个好消息》，载八开版《生活》周刊第 2 卷第 15 期。（全集第 1 卷第 602 页）

2 月 1 日 《工厂补习教育设施标准之研究》（署名心水）、《丹麦改良农村之基本方法》，载《教育与职业》第 82 期。（全集第 1 卷 603—606 页、606—607 页）

《工厂补习教育设施标准之研究》摘要：

"吾国而欲职业补习教育能有效果，尤宜就本国之特殊状况，先定设施标准。职业补习教育范围之内，因各种职业有所偏重，仍有种类可分。兹先就工业一类中之工厂补习教育设施标准，提出纲要，加以研究。""（一）工厂补习教育当以不妨碍工厂营业而能增高工作效率为主。""（二）工厂补习教育以用费省而受益者多为贵。""（三）工厂补习教育，当斟酌工厂之特殊情形，规定适当授课时间及每周上课时数（每周至少三小时，至多九小时）。""（四）工厂补习教育当审察工厂需要情形，教授相当课程，使于短时期间修完其概要，并将全部课程酌分阶段，使随时得有结果。""（五）工厂补习教育所定课程，当注重日常生活所需之知能及工作常识（如应用文字及职业算学等），并宜切合适用而与工作有关系者。""（六）工厂补习教育当并重知识及技能，尤应随时注意训练其品性。""（七）工厂补习教育当注重艺徒，兼及未受过教育之工人。""（八）未识字之工徒，先注重识字（四个月），然后以相当补习教育。""（九）施行工厂补习教育时，当在工厂职员中选择有相当人格，能了解补习教育之必要，而表同情于工徒者，兼任教师，但亦得另聘校外相当人员。""（十）工厂补习教育，除正课外，当予以其他增进知识之机会（如图书室演讲集会等）。"（全集第 1 卷第 603—606 页）

2 月 6 日 《现代一位大文豪对于成功的精辟见解》、《〈说不出的苦呀！〉附言》、《讨饭亦为心愿》（收入《最难解决的一个问题》），载《生活》周刊第 2 卷第 14 期。（全集第 1 卷第 608—609 页、609—611 页，第 4 卷第 117—121 页）

《〈说不出的苦呀！〉附言》摘要：

"吴君替'长工'呼吁的不平之声，也就是一般受'田主'苛待的'田户'所要呼号的不平之声。我们承认'劳工'是'神圣'的；但是以为对于'没有片刻休息'的'手不停，脚不坐，和牛马一般的工作'，却当大声疾呼，要求改革。"（全集第 1 卷第 610 页）

2 月 12 日　黄炎培邀杨卫玉、秦翰才、王志莘、邹恩润、刘湛恩等至功德林夜餐，决定赴外地考察。（《黄炎培日记》）

2 月 13 日　《介绍从不愁虑世界实业大王关于健适方面极有价值的谈话》、《如何处世——肆言动手》、《〈更有兴趣的要求〉附言》，载《生活》周刊第 2 卷第 15 期。（全集第 1 卷第 611—613 页、613 页、613—614 页）

《如何处世——肆言动手》全文：

"人不自重，而轻与人争，往往取辱。非但亲友等辈之间，即一切细人，亦不可轻易肆言动手，倘彼一时不逊，必受耻辱。纵使惩治，在彼无足轻重，在我已伤体面。"（全集第 1 卷第 613 页）

《〈更有兴趣的要求〉附言》摘要：

"凤城君的'更有兴趣的要求'，本是我们心里所要做的，而且还想做得更有趣的事。正在设法特约国外热心能文的同志；同时对于这方面可以利用的材料，也很注意搜求，多载些关于改良各地风俗和习惯的文章，也是我们所要做的。""至于伟人生活，本是本刊特别注意而且登得很多的材料。不过我们关于这类材料，仍是力求精警而避陈腐。"（全集第 1 卷第 614 页）

2 月 20 日　《本刊之又一特色》、《转到光明方面去》（收入《事业与修养》，原稿末尾注"译自 T. Bute 原著"应编入译述卷。）、《〈婚姻的先决问题〉按语》、《〈不知不觉中……完全改变了〉附言》、《"搭架子"与"触霉头"》（收入《悬想》）、《〈公共的服务信条〉附识》（八开版），载《生活》周刊第 2 卷第 16 期。（全集第 1 卷第 615 页，第 4 卷 696—697 页，第 1 卷 615—616 页，616—618 页，第 5 卷 294—295 页，第 1 卷 618—619 页）

《本刊之又一特色》摘要：

"本刊为便利读者阅读起见，向来所采用的文字都以一期能登完的短篇为原则。不过最近有几位爱读本刊者建议，以为短篇精警的文字固然重要；然最好能有一种按期继续登载的有趣味的长篇著述，使读者对于本刊有一种继续不断的趣味。我们觉得这个建议很有价值。特自下期起请邹恩润君译述《一位美国人嫁与一位中国人的自述》，按期在本刊继续登载。""其中可资讨论之点，并由邹君提出于所附的'译余闲谈'。"（全集第 1 卷第 615 页）

《〈不知不觉中……完全改变了〉附言》摘要：

"本刊蒙读者如此热烈欢迎，所以报答之道，即在无日不在力求改良进步，精益求精，做诸君永久的良友，共同努力，共同勉励，希望造成良好风气，达到我们理想的健全社会。""我以为求学的人要减轻关于此事的困难，有两点要十分注意。（一）如高小毕业的时候，自量中学后升学毫无把握，便当酌入职业学校或中学里面设有的专科(现在高中大概都须分科),学得比较专门一点,切于实用的学识技能,以备应世;不可贸然进到目的完全在升学的普通中学里面去。(二)一进了普通中学,而临时发生困难,想就在毕业后,暂出服务,也应该省察自己特长,把性之所近切于实用的几样学科,切实弄点好根底,免得将来样样都晓得一点,而样样都不行,都不能用。"(全集第1卷第617—618页)

《"搭架子"与"触霉头"》摘要:

"我们对于搭架子的人当然要奉劝他们说,世界上的学识经验是无穷的,世界上人的本领大了还有大的,平心静气想一想,实在没有什么架子可搭!做一个人,要人敬重呢?还是要人看不起?当然是要人敬重。搭起架子,无论什么人都要看他不起!这样说来,搭架子的人不但是天下最卑鄙龌龊的人,而且是天下至愚极蠢的一位'憨大'。我们这样劝,搭架子的人能听最好,如不肯听,我们当然也没有法子。所以我要转过来替触霉头的人想一个法子。我以为触霉头的人在这种地方要用一点反省的功夫。不可轻举妄动的对搭架子,对闲脾气,倘若如此,触了霉头,还不免还做一个憨大,因为总是硬他不过,就是发脾气不干,也还不能算胜利。""怎样反省呢?""唯一的方法,就是不必在意气上做功夫,且从心灵手敏上做功夫。做得有了效率,触霉头的机会便可减少,或竟至消灭。不过将来自己地位高了,或者自己做了老手了,却应当改良改良,不可'效尤',也搭起臭架子,害得别人触霉头;倘若如此,终究还是一个憨大!"(全集第5卷第294—295页)

2月26日 午前六时,王纠思(注:黄炎培夫人)、杨卫玉、王志莘、邹恩润等为黄炎培送行。(《黄炎培日记》)

2月27日 《〈我五十年中之得益处〉附言》、《〈除夕之夜〉附言》、《〈随便谈谈美国生活〉附言》,载《生活》周刊第2卷第17期。(全集第1卷第619—620页、620—621页、621页)

《〈除夕之夜附〉言》摘要:

"我觉得我国国民(尤其是乡民)有许多一年到底辛辛苦苦,遇到新年,无论男女老幼,都大乐一番。把什么事都丢在脑后,倒是一件很好的事情,这种风俗,传之既久,最好我们能够因势利导而利用他,藉以改良习俗。所以我一方面赞成伯英君建议改革所说的三种恶习,一方面更注意要设法造出新的有益的娱乐方法去代替他。""我希望关于革除恶习的消极方面,可以藉些地方行政当局的力量去禁止;关于引进正常娱乐的积极方面,要由地方上知识阶级的人,或相当的公团,联合起来提倡。例如在除夕或新年里相当的时期,就各村分开同乐会，编演新剧，装演电影及其他有益又有趣的事情。渐渐把乡民的心理移到轨道上去。这种事当然要各乡有声望有力量的人出来联合地方上相当团体筹办，不是一二人随随便便所能够做到的。"（全集第 1 卷第 620—621 页）

同日 《一位美国人嫁与一位中国人的自述》（附《译余闲谈》），载《生活》周刊第 2 卷第 17 期。署名邹恩润译。《生活》周刊自第 2 卷第 17 期起至 12 月 25 日第 3 卷第 8 期连载。1928 年 6 月生活周刊社出版单行本。（全集第 12 卷第 421—540 页）

《一位美国人嫁与一位中国人的自述》（附《译余闲谈》）摘要：

"民族的仇视，是世界生活不太平的导火线，真是一件大憾事，尤其是黄白两种。我们在国内大半都是糊里糊涂的，一出国门，这种感触便愈甚，在这段纪事中也很看得出。我敢说一句公道话：这两方面用不着彼此'恭维'，也用不着彼此'蔑视'；因为人类是'良莠不齐'的，各方有各方的好的，也有各方的坏的。""婚姻的两方当局，要彼此发源于'钦佩羡慕'，这是很重要的。我国旧俗的婚姻，是由父母一手包办的，固然说不到'钦佩羡慕'。""将来有了适宜的环境，要全由男女双方自己物色所'钦佩羡慕'的意中人（父母当然可作顾问，或在某年龄内，须得父母同意）。"（全集第 12 卷第 424 页）

3 月 1 日 《职业学校以不升学为原则之正确解释及进一步之商榷》、《市政机关宜设职业指导部之建议》（署名心水），载《教育与职业》第 83 期。（全集第 1 卷第 622—624 页、624—627 页）

《职业学校以不升学为原则之正确解释及进一步之商榷》摘要：

"职业学校以不升学为原则，最易引人误会之一点，即闻者疑为不赞成人之升学，或奖励不升学，故此语尤易不为一般有志青年所愿闻。其实职业学校以不升学为原则，并无此意，请得一申其正确之意义。""所谓以不升学为原则者，乃谓职业学校之设，盖有鉴于普通学校之专门预备升学者不适于一部分具有特殊情形之青年，为应此特殊需要计，须于相当段落，告一可以持以应世之暂时结束。例如职业教育除大学或专门学校得附设之专修科外，分为三段，第一段为容纳前期小学毕业之急于提前就业者，第二段为容纳后期小学毕业之急于提前毕业者，第三段为容纳初级中学毕业生之急于提前就业者。各段所授之知识技能及训育，皆注重实用，而非预备升学。此其宗旨决非不赞成升学，乃在适应一部分青年不能升学者之特殊需要，彼能升学者固有普通学校在，不必职业学校为之代谋也。""职业学校以不升学为原则，并非不赞成能升学者之升学，乃在补救一部分青年不能升学者之苦痛也。""受经济困迫之青年，其中未尝无天资卓越，大有可造之材，则宜设法辅助，依其能力而导之升学深造,使成高深之专门人材,以益人群。然则吾人不可拘泥或误会所谓职业学校以不升学为原则之解释,其重要可知矣。"(全集第1卷第622—624页)

3月6日 《〈欧洲各国一般国民的生活〉附言》、《〈小学教师想谋差使想当兵〉附言》、《〈"悬赏缉拿"的候补人〉附言》、《〈对名医叙述他的病因〉附言》、《〈微细之起点〉附言》、《陆费伯鸿先生也知道相法吗?》(署名心水)、《高不高?》(全集未收)、《译余闲谈》,载《生活》周刊第2卷第18期。(全集第1卷第627—628页、628—630页、630—632页、633—635页、635—636页、636—637页,第12卷第427页)

《〈欧洲各国一般国民的生活〉附言》摘要:

"我生平公余的时候,没有别的嗜好,遇星期日常喜看电影,但是往往遇着影戏馆里小窗口前许多人攘臂抢着买票,拥得要命,便'望望然去之',对于这种无秩序的习惯,十分愤懑。在火车站买票的时候,也往往有这种怪现象。不但无知识的这样,就是受过教育的人也是这样! 其实依先后列队前进,不但公平,不但舒服,不但秩序好,而且比挤作一团的你推我倒,也要来得快些,我以为这种习惯在家庭教育及小学校里讲公民训练的时候,就要好好教导。"(全集第1卷第628页)

《译余闲谈》摘要:

"我以为就大概说起来,东方的日常生活与西方的日常生活里面有一个很显著的异点:就是我们偏于'静默严肃',他们则偏于'焕发''快乐'。我说这话,并非崇拜西洋,觉得事实的确如此,我平常最怕参加生友的宴会,因为一个一个呆坐着像'城隍老爷',恭恭敬敬的问问尊姓台甫,实在觉得不舒服;有的时候参加外国师友的宴会,就是座有生客,但是因为他们很活泼,很会说笑,也就'如坐春风',觉得快乐,自己不知不觉的也加了进去快乐一番,这种异点,在家庭社会各方面,如果细细的默察,都能看出。""我生平也是喜交'欢欢喜喜''和和气气'的朋友,而远避'愁眉哭脸''心绪恶劣'之徒。我深信人生是应该愉快的,烦闷是不应该的事,是一种病象!""这样看来,我们要有愉快和乐的精神,不但是对于自己个人应负的责任,也是对于家庭及社会应负的责任。"(全集第12卷第427页)

3月13日 《我恨极了事事崇拜外国人的心理!》(署名思退)、《介绍康德所说的幻想之病》(署名心水)、《〈我们大不满意于本刊的地方〉附言》、《〈岑德章先生激赏本刊长篇纪事的来函〉附言》、《译余闲谈》,载《生活》周刊第2卷第19期。(全集第1卷637—638页、639页、640- 641页、641—642页,第12卷第429页)

《我恨极了事事崇拜外国人的心理》摘要:

"我前几天和几位朋友谈天,有一位朋友大发其'保存国粹'的宏论。他说:'现在有许多,无论什么事,都觉得外国人的好,中国人的坏。……我恨极了崇拜外国人的心理! 我们中国要弄得好,先要把这种奴隶性绝根。这位朋友是新从美国回来的,他提出了上面的'原则',就进而举出一两件外国人不足取法的事。'""我说你的话却有你的道理。我国受外国人的欺侮和国人盲目崇拜外国的可痛,我何尝不与你表同情;不过他们有的长处,我们也不妨采取。我的意思以为一概盲目的崇拜,固然不对;一概盲目的拒绝,也是不对。"(全集第 1 卷第 637—638 页)

《〈我们大不满意于本刊的地方〉附言》:"本刊对于内容方面,抱着十二分的热诚,务求'精益求精',做到读者诸君的一位极好的朋友。所以对于鼓励我们的同志固然十分感谢;而对于箴规我们的诤友,尤为欢迎。因为要时常改良,先要时常晓得自己的短处。""〔1〕从消极的方面说,我们在经济力与才力方面,只能在现在所有的篇幅范围,保持固有的优点,同时积极的再求精进。我们深信与其'多而松懈',不如'短小精悍'。〔2〕从积极方面说,我们这个小小的周刊所抱的宗旨是'寓教养于娱乐之中',所以定在星期六发行,乘诸君闲暇的时候,烧点'好吃的点心'奉敬,也贵在'简练''轻松';切忌'冗长''沉闷'"。(全集第 1 卷第 640—641 页)

《译余闲谈》摘要:

"旧俗由父母一手包办的婚姻,用不着说了;不过有自己物色机会的青年,还有一点要特别注意:就是,彼此没有看准,或是未曾决定可以合吾理想或条件以前,不要瞎要好,不要瞎亲密。""青年如不注意这一点,尽管瞎亲密,等到交情到了相当程度,两方面都情愿割断,那还可以;倘若出于偏面,就要闯出大祸。"(全集第 12 卷第 429 页)

3 月 20 日　《〈一年一变〉附言》、《介绍家庭娱乐方法的新建议》(署名心水)、《小疑问——算命择日》(署名灵觉)、《〈知道了女同学的通病〉附言》、《三万年前的巨兽》(全集未收),载《生活》周刊第 2 卷第 20 期。(全集第 1 卷第 642 页、643—644 页、644—645 页、645—646 页)

《小疑问——算命择日》全文:

"有许多人喜欢算命,算命所根据的是生的月日时辰;但同月日时辰生的,在一国内还不知有多少,在世界上更不知有多少。算出来的命是好的,到底是应归哪一位? 算出来的命是坏的,到底是应归哪一位? 还有许多人,无论贫富贵贱,遇有稍大事情,如婚姻迁居等事,总要择一个吉日;但是其中寿夭穷通,不齐的很多,效验在哪里?"(全集第 1 卷第 644—645 页)

3月24日　杨卫玉、邹恩润、王志莘、刘湛恩访黄炎培。(《黄炎培日记》)

3月27日　《本刊与民众》、《看看宇宙何等的伟大》(署名心水)、《本刊复过路山人书》,载《生活》周刊第2卷第21期。(全集第1卷第647—648页、648—651页、651—652页)

《本刊与民众》摘要:

"什么是民众?这虽没有一定的界说,我以为搜刮民膏摧残国势的军阀与贪官污吏不在内;兴波作浪,朝秦暮楚,惟个人私利是图的无耻政客不在内;虐待职工,不顾人道主义的惨酷资本家不在内;徒赖遗产,除衣食住及无谓消遣以外,对于人群丝毫无益的蠹虫也不在内。除此之外,一般有正当职业或正在准备加入正当职业的平民都在内;尤其是这般人里面受恶制度压迫特甚的部分。""生活本包括物质与精神两方面;物质不能满意,精神当然不能满意;但我们以为欲群策群力的向前奋斗,仍要养成兴致淋漓,对于奋斗有乐此不疲的精神,换句话说:一面要与恶环境奋斗,同时自己又须保存其浓厚兴趣,才能继续不断的向前干去,所以我们困苦奋斗之际,仍宜极力提倡愉快的精神。这种愉快的精神是积极的,不是消极的;是前进的,不是保守的。""说到全国大多数民众的利益,我们以为'力求政治的清明'与'实业的振兴',都是根本要策。""文字方面,本刊力避'佶屈聱牙'的贵族式的文字,采用'明显畅快'的平民式的文字。总之,本刊的动机完全以民众的福利为前提,今后仍本此旨,努力进行。""本刊向来的态度是尽量容纳读者的意见,不但读者通信栏专为此而设,即其他文字,凡来稿有价值有趣味而与此旨相合者,无论意见或有异同,无不公布以作公开的讨论,今后仍本此态度,容纳民众之意见,使本刊对于民众有相当的贡献。"(全集第1卷第647—648页)

《看看宇宙何等的伟大》摘要:

"我说了一大篇'大话',我心里不免发生了一个'大感想':就是我们看看我们这样的一个身体,似乎不小;但是生在这么大的一个中华民国里面;中华民国又在这么大的一个亚洲;亚洲又在这么大的一个地球上面;地球又在这么大的太阳系里面;太阳系的'硕大广汉','宜若无伦'了!但是在许多恒星所会集的'宇宙'中,又真是'渺乎沧海之一粟','宇宙'的伟大,已经不可思议!而近代天文大家还告诉我们说,他们相信在这个大得不可思议的'宇宙'以外,还有其他的许许多多宇宙,那真是不可思议里面的不可思议了!这样看来,我们真是小得不知到了什么地步!但是靠着我们小身体里面的小脑子,凭藉天文学的进步,居然能晓得能想到这么大的'不可思议里面的不可思议',也未尝不

可以自豪！"（全集第 1 卷第 651 页）

4 月 1 日　《最近三年间美国职业教育进步概述》，载《教育与职业》第 84 期。（全集第 1 卷第 652—655 页）

4 月 3 日　《群众的革命》、《深逾三万尺的海底奇境》（署名心水）、《苟延残喘里面居然也有阔人！》（署名灵觉）、《奇人奇事》（收入《人物评述》，改题《怪杰的生活》，全集未收。）、《〈薪水不够用怎么好！〉附言》，载《生活》周刊第 2 卷第 22 期。（全集第 1 卷第 656 页、656—659 页、660 页、660—662 页）

《群众的革命》全文：

"我国往古当权的是君相，国家好像是属于他们几个人的！群众则'不识不知，顺帝之则'。民国成立的时代，靠少数先知先觉的努力而成功，已经好了；但是当时热心改进国事的仍不过少数先知先觉的人，腐败的官僚和军阀的余孽，还得苟延残喘，甚至仍能作威作福；群众方面仍是对国事'莫知莫觉'，怀着'袖手旁观'的态度。现在不同了！现在的改进，不是少数人的事，是全国群众感觉国事糟到极步，生活苦到极步，群策群力的起来努力一番。这是群众的革命！把全国归于全体的国民，以后我国的政府便不是少数人营私图利的机关，是要代表群众的意思，维持并改进群众的利益！有了这种群众的觉悟与努力，我国前途才能有一线的曙光！群众万岁！中国万岁！"（全集第 1 卷第 656 页）

4 月 10 日　《孙中山先生民生主义的研究》（署名灵觉）、《大发明家告诉我们未来的奇怪世界》（署名心水）、《更有趣的海底怪物》（全集未收）、《〈极便宜的尽人可以享用的滋补品〉附言》、《译余闲谈》，载《生活》周刊第 2 卷第 23 期。（全集第 1 卷第 662 页、662—665 页、665—666 页，第 12 卷第 439—440 页）

《译余闲谈》摘要：

"在东方，女子嫁人不是嫁与丈夫一人，简直是嫁与一族！所以在青年自己对于对方虽然觉得'有了你……世界上无论什么东西都抵不上'，然因为'媳妇''翁姑'等等问题，便至决裂。在西方便认这种问题要把两方男女个人做主体，他们俩合得来就好，合不来就不好；决没有男女既能极合得来，而还要男女各个人与两方家族要合得来才算数。""麦葛莱女士的父母虽不见得情愿把'掌上珠'嫁与几万里外的中国人，然而因为女儿与梁君实在合得来，居然答应女儿的要求，比梁君家族极力拒绝把一个别人的爱女娶到本国来，直截爽快得多少！这是因为一方面以当局两人为本位；一方面却以家族为本位。""我常说做西洋女子容易，做中国女子难。""西洋女子只要能得丈夫欢心，便够了；中国女子除丈夫外，还要得翁姑的欢心，得妯娌的欢心，得阿伯阿叔的欢心，还有其他等等,甚至有时因得丈夫欢心而招致其他诸人的恶感!""简单说一句,这就是大家族制度与小家庭制度的区分。""我主张父母尚在健壮做事的时代,不妨让儿辈成立小家庭,不必拉在一起;不过父母年老的时候,则仅仅迎养父母,亦义所应为,且亦不至破坏小家庭的好处,不过其他如何阿伯阿叔阿婶以及妯娌等等拉杂的人物,绝对不可硬住在一起。还有一种较为折中的办法,就是在大家族中分成许多小家庭,虽然住在一起,有事时可以互助,而在经济上,管理上,房屋方面,仆役方面,都各人分开,不相混合。"(全集第12卷第439—440页)

4月17日 《什么是民生主义——孙中山先生民生主义的研究》(署名灵觉)、《你还没有用到的力量》(署名心水)、《〈打破医药买卖制的主张〉附言》,载《生活》周刊第2卷第24期。(全集第1卷第666—667页、667—668页、669页)

4月24日 《民生主义的办法——孙中山先生民生主义的研究》(署名灵觉)、《有趣的故事》、《有效率的乐观主义》(署名心水,收入《事业与修养》)、《听听中山先生的生活(一)先生的故乡》(署名因公,收入《人物评述·孙中山先生的生平》)、《十八岁时候的中山先生》、《〈意中事〉附言》,载《生活》周刊第2卷第25期。(全集第1卷第670—671页、671—672页,第4卷第706—707页、492—493页,第1卷第672—673页、673页)

《有效率的乐观主义》摘要:

"有许多人以为乐观主义的人不过是'嬉皮笑脸','随随便便','一切放任','撒撒烂污','得过且过','唯唯诺诺'。诸君切勿误信这种谬说。真正的乐观主义的人是用积极的精神向前奋斗的人,是战胜愁虑穷苦的人。这类的苦境,常人遇着,要'心胆俱碎','一蹶而不能复振'的;只有真正乐观主义的人才能努力奋斗,才敢努力奋斗! 所以讲到乐观主义还不够,要有'有效率的乐观主义'才行。"(全集第4卷第707页)

《〈意中事〉附言》摘要:

"本刊的材料,十分注意'有益',同时更十分注意'有趣味'。我们不赞成上海话所谓'板起面孔','搭其架子',大发其'老生常谈'的'教训',使人听了'讨厌'或是'打瞌睡';也不赞成上海话所谓'滑头面孔','瞎三话四'。我们希望每到星期六(本刊定星期六发行)用'一团和气'和诸位好朋友'促膝谈心',要能够增加生活上的快乐,解脱生活上的烦闷,同时所谈的东西,又是'进德修业'上极有价值的材料。"(全集第1卷第673页)

5月1日 《职业教育之所由来》、《军队职业训练之一例》(署名思退),载《教育与职业》第85期。77、78(全集第1卷第674—677页、678—689页)

《职业教育之所由来》摘要：

"人群生活进化，由混合而进于分工，其时即有职业。欲求分工生活之改良与发展，于是对于职业施以教育。""吾国提倡职业教育之第一原因，为无知识无职业之游民太多，不得不筹救济之方。""第二原因，为欲救济学校毕业，与中途辍学学生之失业，不得不提倡职业教育。""第三原因，为欲利用丰富的物产，与过剩的人工，以增进国家之生产力，不得不提倡职业教育。""第四原因，欲使青年热心社会服务，而先与以相当之充分准备，不得不提倡职业教育。""有人以为职业教育之实施不过授以机械的工作技能，借以糊口而已。实乃大谬不然。""授以机械的技能，而于精神训练，品性感情智慧种种方面不加注意，而遂能有以自立，有以贡献于社会，不亦慎乎。故谋生之生活内容，实包含精神与物质两方面。""职业之原理，在一方面利己，一方面利人。故个人为己谋生，同时尤需注重为群服务。""所谓为世界及国家增进生产力，亦非徒恃技能之训练所能奏效。"（职业教育）"对于个人之目的：使无业者有业，使有业者乐业。""吾国对于职业教育之目的，亦主张注意广义而为国家社会养成健全的分子，反对趋入狭义而致造成仅知糊口之机械。""职业教育之定义如下：职业教育乃用教育的方法，使人人获得生活上的供给与乐趣，同时尽其对于社会之义务。"（全集第 1 卷第 674—677 页）

同日 《民生主义中的吃饭问题》、《听听中山先生的生活（二）先生的家族》（署名因公，收入《人物评述·孙中山先生的生平》）、《平民总统也这样不自由》（署名思退）、《〈"半边人"的"半边人"〉附言》、《〈怪物〉附言》、《第 2 卷第 26 期短简》，载《生活》周刊第 2 卷第 26 期。（全集第 1 卷第 689—690 页，第 4 卷 492—493 页，第 1 卷第 691—692 页、693 页、693—694 页、695 页）

《〈"半边人"的"半边人"〉附言》摘要：

"我有一位极好的朋友，前七年他有一位妹子仅二十岁，嫁与一位青年，不到百日，这位青年便因伤寒症而逝世。他们几位好朋友都很敬重这位女士，都以为一个人决不应该为此而断绝一生的希望。但以习俗的压迫，竟守寡至今，受翁姑姑娌的薄待，饮泣吞声，莫由自拔！躯壳虽存，此生已矣！这是社会杀她！这是万恶的制度杀她！这是没有心肝自私自利的一般具有顽固成见的人杀她！"（全集第 1 卷第 693 页）

《〈怪物〉附言》摘要：

"我曾经细想小报之所以盛行，'闲时的消遣'确是大原因；其次的原因，就是小报里多说'俏皮话'，或不易听见的'秘密消息'，大足以'寻开心'。再次的便是极不好的原因了,这原因就是近于'诲盗诲淫'的材料,迎合一般卑下的心理。我觉得小报把第一第二两个原因作根据的,只要不陷于'诲盗诲淫''毁人名誉',作为游戏文字看,还不足病。至于把第三原因作根据的,那就无疑的应在'打倒'之列!"(全集第1卷第694页)

5月8日 《民生主义中的穿衣问题》(署名灵觉)、《听听中山先生的生活(三)幼年所受的刺激》(署名因公,收入《人物评述·孙中山先生的生平》)、《〈对于本刊最近内容的批评〉附言》、《本社同事给与我几个很深的印象》、《第2卷第27期短简》,载《生活》周刊第2卷第27期。(全集第1卷第695—697页,第4卷第492—494页,第1卷第697页、698—699页、700页)

《本社同事给与我几个很深的印象》摘要:

"我在本社,虽有一个时期帮着几位同事提倡'职业指导',但是我的事务可以说是专属于编辑方面。""我每天一坐上办公桌旁边椅上,便一直的'手不停挥',所以时间过得好像特别的快。""我现在把""几个很深的印象写出来,和诸位谈谈。我的第一印象,觉得我们几个同事,不但是同事而已,简直是几个好朋友——几个极知己的朋友;不但在事务上的接洽发生关系,并在精神上发生关系。""我的第二印象,觉得我们同事事事开诚布公,从来没有什么闲意见的事。""我的第三印象,觉得我们在一方面从来不闹意见,在别一方面却没有一个人不尽量的发表他的意见。""我的第四印象,觉得我们一群好朋友里面,虽然是'同心协力',彼此极信任彼此的人格,但是各人却有各人的特性:其中有的精明干练,有人疑他利害,其人待人极厚,且遇事又能虚心容纳众议;有的'满腹经纶',而又不至'像煞有介事',却能'一团和气';此外有的常想到'大计划''顾到全国';有的心思细密,服务勤慎,一天到晚未曾看见他离开办公室;有的'骨鲠在喉','梗直成性'……特性虽异,而尽心社务则同,殆所谓'君子和而不同'。""我的第五印象,觉得我们同事里面没有一个人懂得搭架子。""我的第六印象,觉得我们同事做事,没有一个不是诚诚恳恳,切切实实的去做,没有一个不负责任。""我们的事务也许因时势而有所变更,我们的同事也许因人事无定而有分离的时候;但是我却很诚恳的希望这几种精神永远不变,并希望我们能将这几种精神广播于社会。"(全集第1卷第698—699页)

5月15日 《与民生主义有密切关系的民族主义》(全集未收)、《民生主义的精髓》、《听听中山先生的生活(四)幼时的抱不平》(署名因公,收入《人物评述·孙中山先生的生平》)、《一位女书记的经验(上)》(署名思退)、《三十四岁时候的中山先生》(署名灵觉)、《译余闲谈》,载《生活》周刊第2卷第28期。(全集第1卷第700—

701 页,第 4 卷第 492 页,第 1 卷第 701—703 页、704 页,第 12 卷第 454—455 页)

《一位女书记的经验(上)》摘要:

"我国自从上海商报馆经理汤节之的女书记席上珍女士被骗自戕的惨剧宣布以后,有一般人便觉得女子在中国社会上服务的危险。其实职业界的领袖良莠不齐,女子的上当与否,也要看他自己的眼光和意志如何。骗人固然可恶,被骗的人而至于懵懂上钩,自身也未尝没有缺点被人所乘。我说这话,是希望女子在社会上做事,须自己心内有主张,能见机,能应变,不肯上人的当,那末便不至趋入歧途了。"(全集第 1 卷第 701 页)

《译余闲谈》摘要:

"麦葛莱女士初到上海,看见苏州河的狭隘,就以为异,我想当时倘若经过上海城内素负盛名的城隍庙街市,还要觉得可异。总之就大概说,我国地方上人不注意市政的改良,的确是一件无可讳的事实。孙中山先生说我国向来只有家族和宗族观念,缺乏国家观念,我以为这件事实也可作为一个佐证。公共的街路,和一切公共的设备,本在各人'家门'以外,便苟且敷衍,不思积极改良了,并不想到市政的改良和一般人的生活实有密切的关系。我记得不久以前,有四五百个美国大学旅行团的教授学生,往世界各处大都市'观光',到了上海,各团体商量招待。有人怕上海城里有许多不好看的街市地方,'苦心孤诣'的提出方法,弄几十辆汽车,把这一大班人装进去,派人陪着往城里中华路一带略可看得过去的地方兜一个圈子算数,想法不让他们自己往城内各地细细视察,以免'丢脸'!这样看来,市政的改良,不但有关国民平日的生活,简直有关国家的体面了。但是这种事又岂是'只有家族宗族观念'的国民所肯注意的!咳!"(全集第 12 卷第 454—455 页)

5 月 22 日 《民族主义中的人口问题》(署名灵觉)、《听听中山先生的生活(五)第一次的远离家乡》(署名因公,收入《人物评述·孙中山先生的生平》)、《四十七岁时候的中山先生》、《一位女书记的经验(中)》(署名思退)、《译余闲谈》,载《生活》周刊第 2 卷第 29 期。(全集第 1 卷第 705—706 页,第 4 卷第 492—495 页,第 1 卷第 706—707 页、707—709 页,第 12 卷第 457—458 页)

《译余闲谈》摘要:

"家庭生活是人类生活里面很重要的部分。家庭生活可分精神与物质两方面:精神方面要和和气气;物质方面要清清爽爽。讲到这两点,想到中国一般的家庭生活,真是苦多而乐少。中国的家庭还有许多是用大家族制度,尤甚的还夹了许多不相干的人物,精神上的苦痛,不消说了。讲到物质方面,又多龌龊杂乱,令人生厌。有的女子并不知道是什么叫做'家事学',有的女子是懒惰得很;有的少奶奶们忙是忙的,不过忙到邻居家里,专心致志于'龙凤白',家庭的整理布置,也就'无暇及此'了! 于是大多数男子觉得家里实在讨厌,有机会便往外边去'消遣';'打牌''花酒'便大畅其销路了! 这种怪现状,尤其在上海利害。有许多人,你看他衣服穿得多漂亮! 但是你试往他家里去看看,简直脏得像猪棚! 咳! 我们不要看不起家庭生活,家庭生活不改良,要影响到社会的生活。有人以为要改良家庭生活,宽裕的经济是不可少的。这话虽不无一部分的理由,但是我们要晓得洁净整齐与奢华不是一件事;家里东西虽未能精致,虽未能完备,但是揩得干净,排列得法,和龌龊杂乱,便大不同。反过来说:有的人家东西虽多完备,因为不顾清洁整理,也要一塌糊涂的。"(全集第12卷第457—458页)

5月29日 《政治力与经济力的压迫》(署名灵觉)、《听听中山先生的生活(六)在檀香山教会学校的时候》(署名因公,收入《人物评述·孙中山先生的生平》)、《中山先生在日本与宋女士结婚的摄影》、《一位女书记的经验(下)》(署名思退)、《〈捉到行里去〉附言》、《第2卷第30期短简》、《译余闲谈》,载《生活》周刊第2卷第30期。(全集第1卷第709—711页,第4卷第492—498页,第1卷第711页、711—713页、713—714页、715页,第12卷第460—461页)

《政治力与经济力的压迫》摘要:

"中国受外国政治力的压迫,将及百年;百年以前,满人据有我们的国家仍是很强盛的,这百年以来,中国便失去了很多领土。最初列强竟想瓜分中国,后来因怕各国争夺不均,要生冲突,于是改用方针,凭藉政治力来做经济力的后盾,来压迫我们。弄到中国各地都变成了列强的殖民地,一任他们侵蚀搜刮。做一国的殖民地,还只做一国的奴隶;我们做了各国的殖民地,还不止做一国的奴隶。所以中山先生很悲痛的说,我们中国只可以说是'次殖民地',就是我们中国所处地位的可耻,还要甚过高丽安南,还不配称为'殖民地';高丽安南做了一国的奴隶,还有他们一国的主人保护,我们做了各国的奴隶,只有被人鱼肉而已!"(全集第1卷第710页)

《〈捉到行里去〉附言》摘要:

"有了汽车,闯了祸便可扬长而去;拖着黄包车的苦人,车子被他闯坏了,还要大吃其亏,这是何等不平的怪现象。""外国人初到中国来,到了上海,看见许多无异'牛马'的车夫,没有不觉得是中国独有的可怪现象。可见此事与我们国家体面也有很大的关系。""有人说习顽凶狠的人力车夫也有极可恶的时候,这话也有一部分的实在情形。不过我们要晓得他们未受教育,一点知识没有,又处在'非人'的境遇,就是有坏的,也是他的恶环境造成的。我们那里能够把'君子'的行为来责备他们呢?但是仅仅原谅他们,于事实上还是无补的,要从积极方面设法拯救才行。"(全集第1卷第714页)

《译余闲谈》摘要:

"我以为要家庭生活有味些,要和几个'志同道合'的小家庭联络联络。联络的方法,轮流餐叙也是一种;不过设备要简,时间要短。譬如星期六或星期日的晚餐之类,费时一二小时,弄几样简单的佳肴便饭,各家夫妇聚拢来谈谈,或再加以简单的游戏亦可。总之时间与金钱都要弄得经济才好。我深信这种组织,家庭不可太多,太多则精神散漫,必致有始无终。不过如有家庭交游广的,加入几个家庭团体,轮流参加聚会亦可。""有几点要特别注意:(一)人数不可过多,(二)要由好朋友共同组织,(三)介绍与家庭的朋友,尤须注意对方的品性道德,以免招祸,所以人选要格外严格,(四)时间与费用要力求经济。"(全集第12卷第460—461页)

6月5日 《世界重要民族的大势和中国所处的地位——与民生有密切关系的民族主义之研究》(八开版,署名灵觉)、《听听中山先生的生活(七)读神被迫离乡》(署名因公,收入《人物评述·孙中山先生的生平》)、《五十二岁时的中山先生》、《最有益于全世界的八十岁老头子(上)》(署名心水,收入《人物评述》,改题《最有益于全世界的老头子》)、《第2卷第31期短简》、《译余闲谈》,载《生活》周刊第2卷第31期。(全集第1卷第715—717页,第4卷第492—499页,第1卷第717页,第4卷第623—629页,第1卷第718页,第12卷第464—465页)

《第2卷第31期短简》摘要:

"英文开始时必须有人教授,至自己能阅书时,购备完善之字典辞典,须自己看得懂书报,尽可自修也。如再能寻得一两位好朋友质疑问难,那就更好了。"(全集第1卷第718页)

《译余闲谈》摘要:

"我常说中西的人有好的,也有坏的,不能以一概论;中西习俗也彼此有好的地方,也彼此有坏的地方,也不能以一概论。不过我们习俗里面无益的虚套和不顾他人便利之处,却应该改革才是。即如麦葛莱女士所提出的,一日到晚随时可以随意访友,便是一件很不好的习惯。依西俗不宜于星期日或上午访友;最宜的时间为下午四时至六时。除有要事特约得对方同意外,平常都不肯无故去扰人的。""依西俗与友约谈,勿作无益的谈话,要事既毕,亟退,勿耽玩费时,误人他事;我们习惯,一坐了下来,好像屁股就生了根,噜哩噜苏的说了许多无关重要的话还不肯走,真是要命!弄到事情被他耽误了,只有自己触霉头的去赶!平常忙的人,一个星期里六日内一天忙到晚,到了星期日,上午也许要多睡一些,补补精神,下午也许要去公园或影戏院等处去散散心。但是一碰到不相干的亲友来乱谈一阵,很宝贵的星期日便白白的糟蹋掉!真是哑子吃黄连,说不出的苦!我这话是对一般人而言,至于有特别要事,或知心朋友的'促膝谈心',当然是例外。""也许中国风俗各处不同,也有是我们所不尽知的。不过有一件虚套却是很普通的。就是作客吃点心的往往不好意思吃完,总要留一点,有的还要留下一半。这神虚套实在无意识,徒然糟蹋东西罢了!我向来到人家吃点心,不吃则已,吃必吃得精光,不管风俗不风俗,倒也觉得爽爽快快。"(全集第12卷第464—465页)

6月12日 《怎样恢复我们的民族精神》(署名灵觉)、《听听中山先生的生活(八)革命先觉的青年》(署名因公,收入《人物评述·孙中山先生的生平》)、《最有益于全世界的八十岁老头子(中)》(署名心水,收入《人物评述》,改题《最有益于全世界的老头子》)、《〈比什么都甜蜜〉附言》、《第2卷第32期短简》、《译余闲谈》,载《生活》周刊第2卷第32期。(全集第1卷第718—720页,第4卷492—500页、623—629页,第1卷第720—721页、721页,第12卷第468页)

《译余闲谈》摘要:

"理想的夫妇,有一个重要的条件,就是能'共甘苦'。所谓共甘苦,不但是有乐共享,有苦同当,尤重要的是能有精神上的慰藉。""各人性情不能尽同,是天然的现象。欲强他人的性情尽同于己,大背恕道。夫妇之间,何莫不然;所以夫妇要永久和好,要注意'相谅'的美德。"(全集第12卷第468页)

6月19日 《怎样恢复民族地位》(署名灵觉)、《听听中山先生的生活(九)师生的情谊》(署名因公,收入《人物评述·孙中山先生的生平》)、《最有益于全世界的八十岁老头子(下)》(署名心水,收入《人物评述》,改题《最有益于全世界的老头子》)、《老头子的老地方将要大出其老风头》、《第2卷第33期短简》、《译余闲谈》,载《生活》周刊第2卷第33期。(全集第1卷第722—723页,第4卷492—500页、623—629页,第1卷第723页、724页,第12卷第471页)

《第2卷第33期短简》摘要:

"本刊对于文字体裁,向来没有限制,只要能合于本刊宗旨,内容有价值有趣味,无论何种体裁均可,不独新诗而已。"(全集第1卷第724页)

《译余闲谈》摘要:

　　"人生数十年乃至百年，时间总觉有限；尤其是像章卿和麦葛莱女士这样的深情极爱，至诚无比，我们那一个不希望他们天长地久。"（全集第 12 卷第 471 页）

6 月 26 日 《民权的意义与由来——与民生有密切关系的民权主义之研究》、《听听中山先生的生活(十)不怕失败》(署名因公，收入《人物评述·孙中山先生的生平》)、《胡适之先生最近回国后的言论(上)》(八开本注"上"，署名惭虚)、《〈拿点良心出来〉附言》、《译余闲谈》，载《生活》周刊第 2 卷第 34 期。（全集第 1 卷第 724—725 页，第 4 卷第 492—503 页，第 1 卷第 726—727 页、728—730 页，第 12 卷第 473 页）

《〈拿点良心出来〉附言》摘要：

　　"我有许多朋友和日本人接近的，他们都说日本人用的东西，总是要买本国货。我细心观察，到处可以看出。你看日本人所穿的西装，我觉他们所用的材料，无论是哔叽，或是呢绒，质地总不及西洋货的挺括细腻，穿在身上好像总没有西洋货的好看；但是我到处看到的日本人，穿西装的都仍用这种'蹩脚'的'国货'。这种心理真可以惊醒我们！""有一次我的亲戚某女士的教师是一位英国籍的'老小姐'，到上海找几位朋友，因为路途不熟，写信叫我招呼她。她临走的那天，我陪她买几样东西，她叫我带她到一个英国人开的大商店，全买英国货，讲到货品的好，美国货不见得不好，法国货不见得不好，她偏要英国货，什么缘故呢？这是因为她是英国人，要买英国货。这种心理真可以惊醒我们！""我有几个师友是美国人。我到他们家里去，所看见的东西，除了一二古董或字画是由他们好奇心而买的中国货外，其余日常应用的东西，可以说没有一样不是美国货。这种心理真足以惊醒我们！这样看来，这种心理是做国民应有的心理，并不是仇外而后才有的心理。""有人说中国有许多东西自己没有，怪不得要用洋货。这话似乎不错，而且很可以唤起改进国货的运动。不过我们国人对于这种心理的缺乏，仍无可讳。例如中国的丝绸何尝不好，何以有许多人喜穿哔叽及洋货的衣料""就自来火一项而论，已有国货可用，但是买自来火的人，是否注意所买的是中国货而不是外国货。""如人人买自来火都注意到这一点，仅仅这一种货品已经大大的比前发达。举此一例，其他可以类推。所以一面提倡振兴国货，同时也要竭力培植宣传爱用国货的心理：因为这两事很有密切的关系。"（全集第 1 卷第 729—730 页）

《译余闲谈》摘要：

　　"中国大多数的结婚，严格说起来，可以说是'讨媳妇'，不是'娶妻'，诚如麦葛莱女士所言。这件事和中国的家庭组织，当然有很大的关系。中国做父母的人，眼看他们儿子教育没有完全，并不十分觉得重要，最重要的是要替他们弄得一个媳妇，方才完了'一桩心事'。独不想做一个大丈夫，不能自食其力以自立于社会是极可耻的事；没有妻子并不是一件可耻的事。做父母的对于儿子'极可耻的事'，不觉得十分重要，独对于儿子'不是可耻的事'，急急忙忙的造成孽因，真是不懂！我主张做父母的人对于儿子的教育，应负责任；至于讨老婆的事，尽可让他们能有自养家室能力的时候，自己去办，做父母的至多只可立于指导或顾问的地位。"（全集第 12 卷第 473 页）

7月1日　《职业教育范围之研究》，载《教育与职业》第 86 期。（全集第 1 卷第 730—733 页）

《职业教育范围之研究》摘要：

"就大概言，求学盖有两途，一为直径，一为曲径。所谓直径，即由幼稚园而小学，由小学而中学，由中学而大学，或更由大学而大学院，继续不断的升学，俟完全毕业而后出而服务社会。""此种直线式的教育系统，乃特宜于在经济及天资种种方面有升学力量之青年，固有其特殊需要与功能。""然在青年方面，有因经济压迫而不能遽行升学者则奈何，或因天资各有所限而不能勉臻深造者则又奈何。""于是不得不有职业教育以济其穷，如预量小学肄业若干时或毕业后势不得不提早就业者，则小学课程既得于较高年级，增置职业准备之教育。此类青年即不至被人完全置之不顾。如预量初级中学毕业后势不得不提早就业者，则初级中学既得兼设相当职业科，此类青年亦不至完全被人置之不顾。如预量高级中学毕业后势不得不提早就业者，则高级中学既有职业科，此类青年亦不至完全被人置之不顾。再进而求有所精进，则虽未循寻常之学校阶段，然大学及专门学校既得酌设专修科，亦不至茫无所归。此即所谓曲径，异于继续不断升学之直径。"（全集第 1 卷第 730—731 页）

7月3日　《个人自由与国家自由——与民生有密切关系的民权主义之研究》、《听听中山先生的生活（十一）宽恕的德性》（署名因公，收入《人物评述·孙中山先生生平》）、《胡适之先生最近回国后的言论（下）》（署名惭虚，全集未收）、《〈一位诚恳赞助本刊的同志说的话〉附言》、《〈弄得不上不下〉附言》、《第 2 卷第 35 期短简》、《译余闲谈》，载《生活》周刊第 2 卷第 35 期。（全集第 1 卷第 734—735 页，第 4 卷第 492—504 页，第 1 卷第 735—736 页、736—737 页、737 页，第 12 卷第 476 页）

《〈弄得不上不下〉附言》摘要：

"至于我个人的意见，以为无论什么新政策，对于旧的或已有的事实，都要有一种公平的结束办法，决不当半途置之不理。现在江苏的教育当局都是贤明的专家，我尤其相信不会如此。不过为肄业诸先生计，应该联合起来，把实际的困难情形，呈诉于教育当局，请求一种公平的结束办法。"（全集第 1 卷第 737 页）

《译余闲谈》摘要：

"'士穷乃见节义'，章卿在美国的时候，处处要仰仗麦葛莱女士爱护；到了中国，女士便全仗章卿爱护了。""他们俩在美国的时候，我们已看见女士如何的苦心孤诣爱护章卿。在这段事实里面，女士的惊惶失措，章卿的披胆沥肝，真是至诚感人，可歌可泣。做男子的得到这种至诚无间的夫人，做女子的得到这种至诚无间的丈夫，真是'得一知己，虽死无恨'！我译到这里，真觉得天下惟真爱情的夫妇才有至乐，若'貌合神离'的夫妇，真是至苦极痛的境遇。"（全集第 12 卷第 476 页）

7 月 5 日　黄炎培到达大连，接得杨卫玉、邹恩润等信函。（《黄炎培日记》）

7 月 9 日　黄炎培讯秦翰才、杨卫玉、邹恩润、王志莘函。（《黄炎培日记》）

7 月 10 日　《什么是真平等？——与民生有密切关系的民权主义之研究》（署名灵觉）、《听听中山先生的生活（十二）终身求学的精神》（署名因公，收入《人物评述·孙中山先生的生平》）、《〈从医学上观察日本人的现代生活（一）〉附言》、《译余闲谈中的闲谈》（收入《一位美国人嫁与一位中国人的自述》）、《第 2 卷第 36 期短简》、《译余闲谈》，载《生活》周刊第 2 卷第 36 期。（全集第 1 卷第 738—739 页，第 4 卷第 492—505 页，第 1 卷第 739—741 页，第 12 卷第 480 页，第 1 卷第 741 页，第 12 卷第 479—480 页）

《译余闲谈》摘要：

"讲到中国做婆婆的人，表面似乎威严，其实也是很烦苦的。中国风俗以多子多孙算福气，女太太们有了媳妇孙子满前，大家便要说她是有福气；其实一个家族里人口一复杂，闲话便多，管家的便不大容易，此中的烦苦，却非常人所能知道。我看见有一个人家，媳妇好几个，孙子也不少，家境也不坏，我有许多朋友不知内容的，无不同声一致的说这位太太真好福气；但是据我所知，她们婆媳间差不多每三四个月要大闹一次，每月平均要小闹一次，这种气也就够受，如此以为福气，我情愿倒运！""我看见有许多英美人的师友家庭，他们的子女长大了各自成立独立的家庭，或独立的生活，虽时相往来，时相存问，但是总用不着再累老头子老太婆来管那样复杂情形的家，他们老夫妇还是双双的郊外闲步，在家得享清闲的福气，比之中国家族越大，越是一团糟，谁是福气，我倒要请明眼人区别一下。"（全集第 12 卷第 479—480 页）

7月12日 黄炎培讯杨卫玉、王志莘、邹恩润、秦翰才并家。(《黄炎培日记》)

7月17日 《欧美人争得了多少民权?——与民生有密切关系的民权主义之研究》(署名灵觉)、《听听中山先生的生活(十三)书与面包》(署名因公,收入《人物评述·孙中山先生的生平》)、《〈从医学上观察日本人的现代生活(二)〉附言》、《〈永久不会忘了的〉附言》(八开版)、《译余闲谈》,载《生活》周刊第2卷第37期。(全集第1卷第742—743页,第4卷第492—506页,第1卷第744—745页、746页,第12卷第483页)

《〈从医学上观察日本人的现代生活(二)〉附言》摘要:

"我有好几位朋友初到美国求学的时候,各人在用膳时候选取食物,盆里堆了许多,吃了好几盆,在旁的美国人都惊诧不置! 对他望望,后来他们觉得太难为情,渐渐减少,和美国人一样,其初常觉得饿,后来成了习惯,行所无事,身体反而比从前好起来。""共食的毛病,显明得很,但是国人总不注意改良。尤其在做客吃酒的时候,遇着喝汤,你一瓢,我一瓢。到了后来,这一碗里的'混合的唾液'不知道有多少,大家还是津津有味的喝下去,简直是不用脑子!"
(全集第1集第745页)

《译余闲谈》摘要:

"我们要晓得,人类的通性,偶然见面,或暂时相处,客客气气的,总还不至发生不相和睦的地方;至于一个家庭,人口一复杂,住在一起,慢慢儿总有发生许多不能预见的噜苏事实,弄得彼此都不舒服,不如分开来住;如要彼此照拂,尽可住得略为近些,可以保存原有的客客气气的精神,可以避免许多烦恼的事实。"(全集第12卷第483页)

7月24日 《最近全世界第一出风头的人》(署名心水,收入《人物评述》,改题《第一出风头的人》)、《日本也想出风头》、《奶奶问题》(八开版)、《〈过来人的话〉附言》、《第2卷第38期短简》,载《生活》周刊第2卷第38期。(全集第4卷第605—607页,第1卷第747页、747页、748—749页、749页)

7月31日 《第2卷第39期短简》、《译余闲谈》,载《生活》周刊第2卷第39期。(全集第1卷第754页,第12卷第490页)

《译余闲谈》摘要:

"中国大多数的大家族,往往包括许多'寄生虫',除了父母之外,还有许多不是一定要同住的人。有了这种情形,在感情方面,便有挑拨煽动之虞;在负担方面,便有做事的人愈苦,坐食的人愈不知耻的可痛状况。所以我要大声疾呼,'打倒'中国的大家族制度,否则大多数人的'生活',便要永久的'暗无天日'!"(全集第12卷第490页)

8 月 1 日　周恩来、贺龙、叶挺、朱德、刘伯承等率领部下,在南昌宣布起义,即八一起义。这是在共产党领导下,向国民党反动派打响的第一枪。

同日　《美国职业教育行政所根据之法令》、《国权与职业》(署名心水),载《教育与职业》第 87 期。(全集第 1 卷第 750—752 页、752—754 页)

《国权与职业》摘要:

　　"职业学校最困难的问题,莫过于毕业生出路问题。此问题之原因固然不止一端,但使青年怀材不得机会以发展所长,国权之损失,亦为一大原因。""职业界之恐慌,生计之枯窘,说者莫不归咎于中国工商业之衰落。但此仍是表面上的现象。吾人须知外人凭藉其所得于我国之不平等条约,入口货比我国国货税率特轻,国货利益因此锐减,往往不能与外货竞争,工商业从何兴起。外国都有保护税,对外国货之入口税特重,对于本国货税率较轻,藉以振兴本国实业,以裕民生。我国因关税自主权损失,适于各国相反。""一国重要职业以农工商为主要,农工商受国权损失之影响而日就衰落,则职业界之日趋萧条,亦固其所。""此外国营业各铁路、海关、邮政、盐务等等,其机关之多,用材之广,亦为我国事业中之大项。然其中主要位置,均为外人所把持。其中即有若干较低位置为中国人所得分其唾余者,然同一职务,外人之薪俸必较中国人超越二三倍。以之用中国人,即位置可增多二三倍。此种现象,为世界各国所未闻,独吾国则处之不以为怪,斯可异也。推其源由,一言以蔽之曰,国权之损失而已。""吾国之对外人,则任彼之取之无穷,用之不竭,一若吾国之利权,乃与外人共之也者。在外国设严律以自卫其本国之生计,则可美以自卫之名,在吾国则苟有非议,立加排外之罪,天下有强权而无公理,于斯益信。统一全国以期政治之修明,协力同心以博外交之胜利,是在吾国之努力已。"(全集第 1 卷第752—754 页)

8 月 7 日　《〈我要和胡适之先生叽哩咕噜〉附志》、《〈谈谈储蓄〉(上)附言》、《〈从医学上观察日本人的现代生活(四)〉附言》《关于奶奶问题的好文章》《译余闲谈中的闲谈》(收入《一位美国人嫁与一位中国人的自述》)、《译余闲谈》,载《生活》周刊第 2 卷第 40 期。(全集第 1 卷第 755—756 页、756—757 页、757—759 页、759 页,第 12卷第 492—493 页、492 页)

《译余闲谈》摘要:

　　"我们久过城市生活的人,最好每隔几时尝尝乡村生活的风味,所以旅行却是一种乐事。""我们似可在相当时候,约知友数人,或家里人,作'游园会',或'野游会',即西人所谓 picnic,远则一日,近则半日,同入青草如茵,高树蓊

郁,或山高水长,临流围坐的乐境里面去,一洗红尘俗扰,也是快事。"(全集第12卷第492页)

8月14日 《听留声机器的人要想一想》(署名秋月)、《社会上的奇奇怪怪》、《〈何以有两个徐世章〉附言》、《第2卷第41期短简——答乔嘉琳先生》、《译余闲谈》,载《生活》周刊第2卷第41期。(全集第1卷第759—760页、760—761页、761—762页、762页,第12卷第495页)

《译余闲谈》摘要:

"中国私家的好花园虽随处都有,而好公园实在绝无仅有,实在是我们愉快生活上一个大缺憾。较好的公园,在城市的地方,尤其特别需要。在成人需要,在许多城市的儿童尤其需要。因为城市的房屋比较的狭小,有树林草地的地方更不易得,必须有广大的青草如茵绿树成荫的地方,让那般儿童奔走游玩,欣赏天然之美,吸收新鲜的空气,养成活泼的精神。我每到上海法租界里的法国公园,未尝不羡慕那般外国儿童的福气,深觉这个公园虽有少数执有'派司'的中国人也可进去走走看看,但是我每想到这是由法国人布置的,不是由中国人经营的,觉得非常惭愧;又想起我国人自己不争气,一般人享不到这样愉快的生活,不但惭愧,而且愤恨。"(全集第12卷第495页)

8月21日 《能照相照过相想照相未照相的人都要听听(上)》(署名心水,收入《人物评述》,改题《伊斯德门》)、《上海爱时髦的女同胞》(收入《最难解决的一个问题》)、《享用光亮电灯的人要想一想》(署名秋月),载《生活》第2卷第42期。(全集第4卷第639—643页、350—351页,第1卷第763页)

《上海爱时髦的女同胞》摘要:

"我个人不反对欧化,但是我主张能有自造欧化的东西,才配欧化,如专替外国货做生意,不是欧化,简直是'奴化'。再进一步说,我们极希望国人赶紧想法自造欧化的国货。例如穿西装,的确比中装来得便当,我有一次穿着一件夏布长衫乘电车,下车的时候因为稍为挤一点,后面的踏着我的后衣角,我当然没有留意,一脚刚才离车,哇的一声,撕破一长条,心里实在觉得中国长衫的累赘!我从前也是常穿西装的,后来如刘念仁先生所说的'思量思量'一下,觉得一套一套替外货推广销路,心里实在不高兴,便常穿中国衣,但总常觉得中国衣的累赘。我因此心里常想望有什么新出的国货可以做西装穿。""中国留学生学工业的只会做大学教授,上上课堂教教书,很少学习造汽车的,造汽车的中国厂更没有,我事忙得不可开交时,就想坐汽车,但是我心里常想有什么国货的车坐坐,心里才舒服,所以总结说一句:我们希望国人赶紧想法自造欧

化的国货。"(全集第 4 卷第 351 页)

8 月 28 日　《能照相照过相想照相未照相的人都要听听(下)》(署名心水,收入《人物评述》,改题《伊斯德门》)、《社会上的奇奇怪怪——讨小老婆的人舒服吗?》、《本刊百期纪念特别征文》、《译余闲谈》,载《生活》周刊第 2 卷第 43 期。(全集第 4 卷第 639—643 页,第 1 卷第 763—765 页、765—766 页,第 12 卷第 501 页)

《译余闲谈》摘要:

"中国菜的味道的确比西菜好吃,就是久处中国的西人也这样说,不过他们一面说好,一面却说中国菜实在太多。""中国人请客,来了一碗又一碗,到了末后大家已经吃得'无可奈何',还有四大碗结结实实的菜同时拿上来! 给你看看! 往往其中还有一个很大的猪蹄子,这真是讨厌,真是大不经济,真要改良。"(全集第 12 卷第 501 页)

9 月 1 日　《美国中央职业教育局之组织与职权》、《采取农村合作制度而兴盛之模范国》(署名心水),载《教育与职业》第 88 期。(全集第 1 卷第 766—772 页、773—777 页)

9 月 4 日　《震动世界的一个小孩子》(署名心水)、《社会上的奇奇怪怪——稳婆可杀!》、《〈前尘影事——过渡时代的婚姻〉附言》、《〈这个问题很难解决〉附言》、《译余闲谈》,载《生活》周刊第 2 卷第 44 期。(全集第 1 卷第 777—779 页、779—780 页、780—781 页、782—783 页,第 12 卷第 503—504 页)

《译余闲谈》摘要:

"我所反对的大家族,是父母无和子女同居的必要时候,而且还夹了许多父母之外的家族中人在一起。我的意思绝对不是说和父母断绝关系,请勿误会。""近来很有人拿一两件结果好的旧式婚姻,拿一两件结果坏的新式婚姻,大有赞美旧式彼此婚前从不见面的男女婚姻!""姑不论婚姻大事,就是购买一件东西,你要想买一件称心的东西,你还是自己先要看看,先要审察审察呢? 还是一味让别人代庖,自己闭着眼睛不问? 托别人买东西,也许有时候偶然能称你的心;但是岂可作为一定的真理,预断别人代买的东西,件件都能称心吗?""恭敬祖宗,是当然的事;不过中国的顽固习俗把人人视为祖宗的唯一的'遗物'或是'专利品',就要贻害无穷! 其中理由很多,一时也讲不了,简单的讲:(一)养成'家奴',对于全国社会的事反而漠视。(二)养成一种大谬观念,以为没有本领不要紧,不能自立不要紧,对社会无所贡献更不要紧,最要紧的是养儿子;所以就是自作孽生了一个'大憨大',也想'娶媳抱孙',把自己作的孽发布于社会上去!(三)永远不能打破万恶的大家族制度,由此束缚个人的自由，摧残个人的幸福，替社会造成许多不健全的苦恼分子。我的话，或者有'老前辈'，或者有'遗老''遗少'们要视为'狂语'，但是我个人却深信不疑。我现在有了一个'小犬'，已决心等他大的时候，请他自己另组小家庭（如果他自己没有能力，就不要他组什么家庭）。那个时候的'老头子'的我，和'老太婆'的我的夫人，无论如何，不准有我们未来的大家族的存在。我希望有多数同志，共同把万恶的大家族制度弄到'驾归瑶池'！和它'永诀'！"（全集第12卷第503—504页）

9月11日 《美国白宫里的男女社交公开》（署名落霞）、《科学家奋斗所得的奇绩（上）》（署名心水，收入《人物评述》）、《〈人人切身的一个问题〉附言》，载《生活》周刊第2卷第45期。（全集第1卷第783—787页，第4卷第635—638页，第1卷第787—788页）

9月17日 黄炎培讯潘仰尧、杨卫玉、秦翰才、王志莘、邹恩润。（《黄炎培日记》）

9月18日 《〈前尘影事——风雅之士大不风雅〉附言》、《科学家奋斗所得的奇绩（下）》（署名心水，收入《人物评述》）、译文《外国人嘴里的中国新式婚姻（上）》（署名落霞）、《〈介绍读书互助会〉附言》、《如何使得你的皮肤美丽？》（署名秋月）、《〈不快〉附言》、《第2卷第46期短简》、《译余闲谈》，载《生活》周刊第2卷第46期。（全集第1卷第788—789页，第4卷第635—638页，第11卷第582—585页，第1卷第789—790页、790页、791—792页、792页，第12卷第509页）

《前尘影事——风雅之士大不风雅》摘要：

"我也深信因果律；但是因果并不是迷信，乃是宇宙间的一种自然律，就是科学里也用得着的。我们无论从事学问，或是做事，用一分力量，迟早总有一分结果，这就含有因果律。又如做坏事的人，譬方有一人不顾身体，出去浪嫖，以致身上生了杨梅疮，甚者成为残废，也逃不出因果律。这都是自然界的因果现象，不是说一定有城隍老爷用簿子记着的一类谰言。"（全集第1卷第788页）

《译余闲谈》摘要：

"若采用小家庭制度，有一子结婚，即另外组织小家庭，各人管各人的；做婆婆的仍不过管她自己和她老丈夫所有的小家庭，决不至复杂，而且只有格外省事，格外自由，格外舒服；分出的一个一个小家庭，也清清楚楚，各人没有闲话说，也没有不入耳的话听。我看见我的老师美国人卜舫济博士，他的几个儿子都结婚各成小家庭，他自己的家庭还是一个老头子和一个老太婆，要游历欧洲就老夫妇两人携手游历欧洲，要到那里去，就两个人携手同行，在家里也享着清福,那里有什么复杂家务攫心扰神,多么舒服! 多么自由! 多么省事! 而大家族里的婆婆必要'把持一切',真是'自讨苦吃',还要连累做媳妇的一同吃苦,彼此都过'苦生活',真是'罪无可逭'! 要改良中国社会,要改良中国家庭,非把这种流弊丛生的恶制度打倒不可! 而且就是为'婆婆'自身的真正幸福计,这种万恶的制度也有打倒的必要。"(全集第 12 卷第 509 页)

9 月 21 日 黄炎培讯杨卫玉、王志莘、刘湛恩、潘仰尧、秦翰才、竹铭、邹恩润。(《黄炎培日记》)

9 月 25 日 从第 2 卷第 47 期起设立"小言论"专栏,以文笔犀利、短小精悍见长,配以木刻、漫画、图片等,评述广大群众关心的国内外大事和社会现象。受到读者热烈欢迎。

同日 《大失所望》、《〈前尘影事——恨海风波〉按》、译文《外国人嘴里的中国新式婚姻(中)》(署名落霞)、《〈穿长衫人的苦痛〉附言》、《仍旧有些难为情!(上)》(署名春风)、《蒋前总司令的离婚问题》(署名秋月)、《〈一件痛心事〉附言》、《〈空场面〉附言》、《住了上海旅馆的经验》,载《生活》周刊第 2 卷第 47 期。(全集第 1 卷第 793 页、794—795 页,第 4 卷第 635—638 页,第 1 卷第 795—796 页、796—799 页、799 页、799—800 页、801—802 页、803 页)

《〈前尘影事——恨海风波〉按》全文:

"倘女士自己以金钱为重,情爱为轻,那可以说金钱杀人! 乃值得千刀万剐的母舅作祟,而一对情人竟不敢为'终身大事'而反抗,好像静听他人刺心挖脑一样,我以为直是顽旧不合潮流的礼教杀人! 我不是说我们不应该有礼教,但却极端反对这种只有杀人作用的礼教。"(全集第 1 卷第 794—795 页)

《〈穿长衫人的苦痛〉附言》摘要:

"我觉得'精神的救济',各个人可用个人的力量去勉励一番。(精神与物质有密切关系,这层已经不易。)一想到'物质的救济',非全国统一,政治上轨道,使农工商及其他实业有发展的可能,我们个人简直觉得'没有办法'!"(全集第 1 卷第 796 页)

《仍旧有些难为情!(上)》摘要:

"西方有一句名谚:'工作时则尽心工作,游戏时则尽心游戏。'这句话真是我们要获得舒适生活的人所宜牢记勿忘。中国职业界有许多地方,一天到晚没有规定好的休息时间,结果工作与游戏混在一起;工作方面没有充分的精神,游戏呢,也不过是偷懒,一点不爽快。""中国老式的书塾,读书的人一天坐到晚。你只想想看,一个人呆坐着许久时候,两只腿都要变呆了! 这真是'地狱生活'！区区就吃过这种苦头的。现在有新式的学校了，但是有许多青年还沿着'书塾'的遗毒，只晓得读死书，用功不得法的朋友，还是一天到晚埋首在书里，很少休息的时候，结果养成许多弯腰曲背面黄瘦身的残废国民！我这话不是劝青年撒烂污，是说有相当的用功，也要有相当的休息或游戏。尤要的是勿忘'工作时则尽心工作；游戏时则尽心游戏'。做青年的人要明白这个道理；做父母师长的人也要明白这个道理，不要把一天到晚'埋首伏案'作为好子弟的'审查标准'。""这种现象，简直不必到外国去看，就是到上海北四川路及霞飞路等处西人开的店铺，便看得出；再持与中国人开的店铺比较比较，便要叹一口气！这种'冗员'的恶现象，不但在中国的店铺里有，有许多其他机关里是常有的，我有一个外国朋友，看见中国人开的某家银行，里面有好几个行员坐在办公室旁大看其新闻纸，甚以为异，对我说这是中国地方特有的现象。""随处吐唾，不全属身体的不好，竟是龌龊的恶习惯，这事虽似平常，但是许多自命知识阶级或青年学生，还是常犯的，真是可惭可恨！"（全集第1卷第797—799页）

《〈一件痛心事〉附言》摘要：

"男人死了妻，遇了另一爱人，可以续娶；女子死了夫，遇了另一爱人，社会上便以为再嫁可耻，这个理由到底在那里？人不能免死，人死又不能无先后，以一人不幸先死，社会上便使其他一人终其身没有生趣，或遇知心人而不能自由。这种残酷制度，非推翻不可；这种残酷心理，非消灭不可。要提倡改良，尤在男子方面。欧美名人不以娶寡妇为可羞，如美国威尔逊总统就娶寡妇，社会上仍旧敬重他们。我希望我国社会也要养成这样解放妇女的好风气。"（全集第1卷第800页）

《〈空场面〉附言》全文：

"空场面诚然急当革除。我还有一种彻底的主张：我觉得做父母的人对子女的教育费要负责；至于儿子讨老婆，要让他自己有力量之后，自己去料理。"（全集第1卷第802页）

9月29日 黄炎培片讯邹恩润、徐伯昕，为万敬订《生活》周刊。（《黄炎培日记》）

10月2日 邹恩润讯九月二十五日发。（《黄炎培日记》）

"《生活》周刊销路日广，他的名誉也日益增长，先生以为不宜享大名，遂改用韬奋笔名，不再用邹恩润原名。他曾对我说，韬是韬光养晦的韬，奋是奋斗的奋。一面要韬光养晦，一面要奋斗，这就是他改名的意义。"（毕云程《邹韬奋先生五周年祭》，收入《忆韬奋》第194页）

同日 《久仰得很！》（首次用韬奋笔名）、译文《外国人嘴里的中国新式婚姻

（下）》（署名落霞）、《世界各国财富的比较》（署名秋月）、《仍旧有点难为情！（下）》（署名春风）、《〈大家庭〉附言》、《〈生活〉百期特刊导言》、《〈"大开心而特开心"！〉附言》、《译余闲谈》，载《生活》周刊第 2 卷第 48 期。（全集第 1 卷 803—804 页，第 4 卷第 635—638 页，第 1 卷第 804—805 页、806—807 页、808 页、809 页、809—810 页，第 12 卷第 513 页）

《久仰得很！》摘要：

"说谎话是恶习惯，是不名誉的事；这是大家都知道的，但是在中国社交方面，有一种'当面说谎话'而犹自以为'有礼貌'！""寻常遇着一位生人，无论是由自己问起'尊姓''大名'，或是由熟友介绍，第一次总要说一句'久仰得很'！这句话对于真有声望的人说，还说得过去；但通常无论第一次遇着阿猫阿狗，总要说'久仰得很'！嘴里尽管这样说，心里到底'仰'不'仰'，似乎一点不管。"（全集第 1 卷 803—804 页）

《仍旧有点难为情！（下）》摘要：

"我有一次星期日在一个很讲究的影戏院里面，这个影戏院虽很讲究，地方却不很大，所以声浪愈易震动。当时看的人中西都有。我后排却来了几位崇明口音的'同胞'，大开其'如雷'的声音，全厅的人都对他们望望，他们还是'望望随你望望，雷声我自为之'；真是使我惭愧得无可无不可！又有好几次在头等电车中遇到同样的情形，一面大吐其痰，一面大开其'天然留声机'！'雷声'和'挽言'并在一起，更使人不耐！这种人，我真要希望他们'少开尊口'或是'低开尊口'为是，我要忠告他们说：'社会上不仅是你一个人生活着，同时还有别人同在一起，这是无可如何的事，还要请你特别原谅！'"（全集第 1 卷第 807 页）

《〈大家庭〉附言》全文：

"晋贤老弟：我在'译余闲谈'中攻击中国的大家庭制度，已唤起许多人的注意；大多数受过大家族苦恼的人，有的用口头，有的用书信，都对我说他们读了拍案叫绝。但是还有极少数朋友不甚以为然，我请他们有理由尽管在本刊发表，我愿'严阵以待'，和他们'笔战'，他们还没有应战的，倘得吾弟'单刀匹马'做头阵，'幸何如之'？至于来信所说的，用了'苟能'两字，便不够一打！因为大家族就有十八九做不到来信中所举的几件'苟能'的事。"（全集第 1 卷第 808 页）

《译余闲谈》摘要：

"男孩女孩，到底那一个更可爱？我个人觉得女孩更可爱，男孩便差些。

男孩在十岁以内还天真烂漫的可爱,以后越大越顽皮;女孩子就是到十几岁,二十几岁,都有温良和柔娇媚取人怜爱处。这也许是我个人的偏见,我现在还没有女孩子,有了女孩子的人,何妨出来发表发表意见?"(全集第12卷第513页)

10月9日 《本刊特别郑重启事》、《一位女明星的婚姻问题》、《〈在美国亲见的一个小家庭〉附言》、《男女关系中的一个重要问题(上)》(署名心水)、《闲暇的伟力》(署名惭虚)、《结婚后的求乐方法》(署名秋月)、《〈实行舍去较多的月薪〉附言》、《第2卷第49期短简》、《译余闲谈》,载《生活》周刊第2卷第49期。(全集第1卷第811页、811—812页、812页、813—815页、815—817页、817—818页、819—820页、820页,第12卷第515页)

《本刊特别郑重启事》全文:

"书报杂志各有版权,不容妄行抄袭。本刊长篇著述,注明'禁止转载';短篇文字亦经屡次声明,倘承同业偶尔转载,请注明'转载《生活》周刊'字样。乃近查各大埠报纸刊物,仍有转载本刊文字而不注明转载字样。初以谊属同业,不过通函婉致忠告,竟层出不穷,令人齿冷,特此再行郑重声明,如仍不自顾名誉,再蹈前辙的,当陆续将该报名字或刊物名字,宣布于本刊,与众共弃。"(全集第1卷第811页)

《一位女明星的婚姻问题》摘要:

"我所感触的,是觉得妇女要获得自由,要不受人欺侮,要争气,最重要的是能经济独立,有自立的职业做后盾。否则完全处于'依赖'的地位,安得不'饮泣吞声'? 从那里来的勇气?"(全集第1卷第812页)

《闲暇的伟力》摘要:

"'闲暇'两个字,用再平常一点的话讲起来,就是'空的时间'。""一个人虽忙,每日只要能抽出一小时,如果用得其法,虽属常人也能精熟一种专门科学。每日一小时,积到十年,本属毫无知识的人,也要成为有学识的人。""尤其是年青的人,在本有工作之外,遇有闲暇时候,总须有一种'心之所好'的有益的事做。这种事和他原有的工作有无关系,都不要紧,最要紧的是真正'心之所好',有'乐此不疲'的态度。""'现今'的时间,是我们立志可以作任何事的'原料';用不着过于追想'已往',梦想'将来',最重要的是尽量的利用'现今'。"

(全集第1卷第815—817页)

《〈实行舍去较多的月薪〉附言》摘要:

"有选择的机会,诚然要顾到职业与理想的生活须能适合,不过现在人浮于事,没有选择机会的人也很多,我以为处在这种境遇的人当暂时忍让,在可能的范围内使生活愉快,同时再留心其他适宜的机会,切不可立即去掉,反陷于更困难的地位,因为这样鲁莽做去,于生活的改良也不相干。"(全集第1卷第819—820页)

《译余闲谈》摘要:

"我有一位朋友,现在是顶刮刮的一位簇簇新的新人物,但是他的夫人告诉我说,他们是从小订婚的,订婚在十几年前,那个时候她的'姑爷'未娶以前,听见她的脚缠得不小,恐怕做'新娘子'时候不好看,常常吵闹！可见盲目风俗的害人不浅！""有志改良生活的人,对于风俗当存'批评的态度',以'理'为根据,不宜盲从。但是这种事非有几分胆量不行。"(全集第12卷第515页)

10月16日　《崇拜英雄的女子心理》《男女关系中的一个重要问题(中)》(署名心水)、《宋美龄女士婚史的片断》、《集中的精力》(署名惭虚)、《中国将在飞行界博得国际荣誉的先声》(署名秋月)、《译余闲谈》,载《生活》周刊第2卷第50期。(全集第1卷第820—821页、821—823页、823—824页、824—825页、826页,第12卷第517—518页)

《崇拜英雄的女子心理》摘要:

"我以为英雄是可以崇拜的,但是不能说个个英雄都有资格做理想的丈夫。倘若只不过是'有势力的人',或是还'讨过几个小老婆'的,才貌双全的女子因'震于声势'而嫁他,似乎有点不值得。"(全集第1卷第821页)

《集中的精力》摘要:

"在这种需要集中注意集中精力的时代,凡是分散努力不能有所专注的人,绝无成功之望。""有许多失败的朋友,他们所做的事并不少,讲到量的方面,与成功的人比起来,并无逊色。但是他们却瞎做,不晓得利用机会,不晓得由失败里面获得教训;他的大毛病就是身手虽在那里做,精神上却没精打彩的,并未曾用他全副精力,专注于此,所以虽然做了,徒然白费工夫。""我们要知道,我们要寻得什么东西,心里先要存着要寻得这东西的观念,否则物且无有,何寻之有？环集于花上的昆虫,不止蜜蜂,但是采蜜以去的只有蜜蜂。""集中的精力,不但宜用于工作,就是研究学问,非集中精力,一定像走马灯一样;就是游戏,也非集中精力去玩,不能获到休养身心的良果。""你若教一个小孩子学走路,引诱他的眼睛望着一件特殊的东西,他便集中精力,望着这件东西走,特别稳妥,特别敏捷,你倘若在各方诱他叫他,他便分散注意力,上你的当,一失足便跌了下来。这件小事很可以说明集中精力的妙用。""试就艺术说,无论什么真正的艺术,明确的目标,是其中一个重要的特色。如果有一位画画的人,他把许多观念,同时都堆入一张帆布上画了起来,并无或轻或重之处,便是画成一张乱七八糟的画,决不能成为一个画家。真正的画家,却要利用种种的变异,把一个最主要的意思托现出来,好像其他许多景物,许多光线,许多颜色,都向着那个主要的意思为中心,共同把他表现出来。""人生也是如此,所以良好和融的生活,无论才能如何广阔,学识如何丰博,一生总须有一个做中心的大目标。在此目标之下,才能学识等等都好像是附属物,共同把他逐渐表现出来,陪衬出来。"(全集第1卷第824—825页)

《译余闲谈》摘要:

"所谓'祖宗的香火'要有人接下去,否则祖宗便要做饿鬼!人类的传种,非但无惭可击,本是一件好事,否则人类便要灭绝。""依现代的思潮,种子不但要传下去,并要使传下去的种子特别的好,所以才有所谓'优生学',成为一种科学。""世界各国,注重祖宗香火的,只有我国,难道在'鬼世界'里面全世界的鬼都是饿鬼,只有中国的鬼是饱鬼?诚然如此,譬如全世界都没有饭吃,只有中国人有饭吃,也要被人抢得一塌糊涂,大家吃不成!这种事情,真是'莫名其土地堂'!""讲到个人方面,还有一个大流弊,就是不希望自己而偏重希望子孙。我常听见人说:'我自己不行了,现在只望我的儿子将来能好好的做一番事业。'这种人真配得上'自暴自弃'的尊号。"(全集第12卷第517—518页)

10月23日 《日本妇女最近在社会上所占的位置》、《男女关系中的一个重要问题(下)》(署名心水)、《敏捷准确》(署名惭虚)、《可怜的统计》(署名秋月)、《译余闲谈》,载《生活》周刊第2卷第51期。(全集第1卷第827—828页、828—832页、832—833页、833页,第12卷第520页)

《译余闲谈》摘要:

"吾国的嫁妆,倒有许多希奇的事情。做起棉被的,十几床一来,叠得高高的,沿街'耀武扬威'由女家抬到男家;尤奇的是马桶也大大小小的十几个,简直好像把新娘子视为'大撒烂污'的朋友!新娘子的脚盆,也有大大小小的好几个,好像新娘子向不洗脚,嫁了人才大洗而特洗!这真是不通到'不知所云'!在比较开通的少数地方,这种怪现象还是时常可以看得见的;至于内地,那更是司空见惯,非有十几个马桶陪新娘子过去,简直好像说不过去!有人说这是'子孙桶',非同小可!我以为就是不用新法,一定要把儿子养到马桶里面去,也不是十几个儿子一时连着养出来,何必这样着急!"(全集第12卷第520页)

10月30日 《关于本刊很重要的一个好消息》、《一个狂人》、《日本新闻界的惊人事绩》(署名心水)、《译余闲谈》,载《生活》周刊第2卷第52期。(全集第1卷第

834 页、834—835 页、835—838 页，第 12 卷第 522—523 页）

《译余闲谈》摘要：

"我觉得家庭倘若真是由'爱'组成的，就是没有子女，也乐得一个干净，并没有什么大不了的事情；如果有了一两个子女，也未尝不能增加些家庭乐趣；但是如果成群结队，此哭彼叫，已经受不住，倘更加以经济的压迫，去之不能，育之不周，那真是地狱生活！""异国联婚，我是很赞成的。一则西洋女子体格好的，具有特别优良品性，对于我们的将来种族，也许有好影响；二则异国联婚多了之后，民族的仇视也许可以略减。"（全集第 12 卷第 522—523 页）

是月　《〈生活〉第一卷汇刊〉弁言一》（8 月 8 日作）、《抚今追昔》、《天真烂漫的憨笑》、《雄伟的气概》、《徘徊不忍去》、《赤膊的新郎》、《古堡》、《上海的人们！》、《天然的摩托卡》、《奇伟的建筑物》、《奇形怪状》、《千难万苦中何以自处？》、《这也是家庭生活》、《猴寺》、《行动自由随处可去的剃头店》，载《生活》第一卷汇刊。（全集第 1 卷第 838—839 页、840 页、840 页、841 页、841 页、842 页、842—843 页、843 页、844 页、844 页、845 页、845—846 页、846 页、847 页、847—848 页）

《〈〈生活〉第一卷汇刊〉弁言一》摘要：

"本刊期以生动的文字，有价值有兴趣的材料，建议改进生活途径的方法，同时注意提醒关于人生修养及安慰之种种要点，俾人人得到丰富而愉快的生活，由此养成健全的社会。其注意之点不但在'极有价值'，尤在'极有趣味'。"

（全集第 1 卷第 839 页）

11 月 6 日　《经验的表现》、《本刊发行方面的新纪元》、《做领袖的真本领在那里》（署名心水，收入《事业与修养》）、《何国医生最多？》（署名秋月）、《〈乡人称快〉附言》、《〈绣余偶录〉附言》（和第 2 卷 138 页同名同篇重复）、《〈帝国主义式的老前辈！〉附言》、《〈话固然不错〉附言》、《译余闲谈》，载《生活》周刊第 3 卷第 1 期。（全集第 1 卷 848 页、849 页，第 4 卷第 735—737 页，第 1 卷 849—850 页、850—851 页、851—852 页、852—853 页、853—854 页，第 12 卷第 525 页）

《经验的表现》摘要：

"经验似乎是抽象的，不是一望可见的。但是我近来冷眼默察，获得一种新发现，以为经验在外的表现，可以说是'态度镇静'，'举止安详'，'言语从容'。""听有经验的人说话，条理分明，使人娓娓不倦；听没有经验的人说话，常觉乱七八糟，不但讲的人着急，就是听的人也觉得性急，不愿多听。""经验是积累而成的，到了相当的火候，才有相当的表现，矫作不易，勉强不来。不过肯留心涵养的，也很有效。""有人以为这样说来，'老奸巨滑'岂不都是'经验专家'

吗? 我说你只要不存奸滑的心,不说奸滑的话,不做奸滑的事,经验多而更形稳重则有之,老奸巨滑决不至轮着你的身上来,尽管放心。"(全集第 1 卷第 848 页)

《本刊发行方面的新纪元》摘要:

"本刊以'极有兴趣极有价值'的材料,本改进生活的纯正宗旨,藉引人入胜的简洁文字,贡献于社会,奋勉精进,销数激增。邮政规例,凡宗旨正大的刊物,销数特广者,有享受特准立券的权利,本刊现已获得邮局特准立券特别优益寄送的权利,自三卷一期起实行。"(全集第 1 卷第 849 页)

《做领袖的真本领在那里?》摘要:

"无论机关的大小,总要有一个领袖。""'衣之提挈,必在领袖。'""用来'喻人之能提挈其下者'。这个'下'字,并不含有阶级的观念,是指做一种事业里一小部分事务的人,合了许多小部分的事务,聚起来便构成那种事业的全部的事务,做领袖的人就在于能够'总其成'。""可见做领袖的真正本领,不在空架子,全在有真实的令人心悦诚服的智能魄力眼光与手腕。这种种方面的养成,全靠在从小做起的时候,处处用心,时时留意,不是一蹴可几的。没有这样素养的人,就是立刻有人拿一把领袖的交椅给他坐上去,恐怕一交跌了下来,爬都爬不起!"(全集第 4 卷第 735—737 页)

《〈乡人称快〉附言》摘要:

"要仗义执言,发生实效,非有实力做后盾不可,个人如此,国家尤甚;外国飞机飞翔,屡提抗议而丝毫无效,没有实力做后盾,空话简直是好像石投大海。"(全集第 1 卷第 851 页)

《〈绣余偶录〉附言》全文:

"我以为这类事固可惨,但改进的途径,虽有多端,如婚姻制度之改良,社会观念之改变等等;但最重的还是女子自身先有独立的本领,那末可以独往独来,不必受依赖生活的牵掣,便容易自由多了!"(全集第 1 卷第 852 页)

《〈帝国主义式的老前辈!〉附言》摘要:

"我以为当联络同辈的同志,团结起来去从事改良,这样有了团体做后盾,先就把那种'充耳不闻'的死耳朵要张开一些! 至于个人方面,他们'开祠堂''依族规',至多把你赶出祠堂,将来不准你的神主送入祠堂罢了! 堂堂男子汉,只要有自立的本领,何处去不得? 祠堂不祠堂,神主不神主,怕他什么?"
(全集第 1 卷第 853 页)

《译余闲谈》摘要:

"麦葛莱女士之爱章卿，连对于他幼时所留下的东西，都觉得可爱，这真是可以称为'彻底的爱'。"(全集第 12 卷第 525 页)

11 月 13 日　《随遇而安》、《辟谣之孙夫人》(署名心水)、《〈小孩子的革命思潮〉附言》、《机会》(署名惭虚，收入《事业与修养》)、《〈大陆报〉上的胡适博士》(署名秋月)，载《生活》周刊第 3 卷第 2 期。(全集第 1 卷第 855 页、856—861 页、861 页，第 4 卷第 689—690 页，第 1 卷第 862 页)

《随遇而安》摘要：

"一个人要有进取的意志，有进取的勇气，有进取的准备；但是同时却要有随遇而安的工夫。""所以我们一面要进取，一面对于目前所处的地位，要能寻出乐趣来，譬如在职务上有一件事做得尽善尽美，便是乐趣；有一事对付得当，又是乐趣。在甲的时候，有这种乐趣；在乙的时候，也有这种乐趣；岂不是一辈子做有乐趣的人？这便是随遇而安的工夫，这样的随遇而安是积极的，不是消极的。彻底明白了此中真缔，真是受用无穷！"(全集第 1 卷第 855 页)

《机会》摘要：

"常常在嘴里埋怨没有机会的人，是懦弱者的态度。有的人能够利用机会，这里一点，那里一点，积少成多，比之许多粗略的人，在一生一世的里面，无意中把许多好机会错过，真有霄壤之别。留心利用机会的人，好像蜜蜂一样，从他所遇着的每朵花里，他总要采些蜜出来。这种人都是心敏手快，他所遇着的人，他每日所遇到的事情，都是增加他的有用知识或个人能力的材料。"(全集第 4 卷第 689 页)

11 月 16 日　下午三点十分赴上海极斯非而路"四十九 A"胡适寓所采访。(全集第 1 卷第 875 页)

11 月 20 日　《伤心事》、《举国若狂的选美热》(署名心水)、《热诚》(署名惭虚，收入《事业与修养》)、《何以跳了一章?》(全集未收)、《〈几位女同学对于一个重要问题的答案〉附言》、《第 3 卷第 3 期编者志谢》、《〈王云五先生家里的劳动者!〉附言》、《译余闲谈》，载《生活》周刊第 3 卷第 3 期。(全集第 1 卷第 862—863 页、863—865 页，第 4 卷第 687—688 页，第 1 卷第 866—868 页、869 页、870—871 页，第 12 卷第 529—530 页)

《热诚》摘要：

"什么是'热诚'？用上海话来说，就是'起劲'。与'起劲'处于相反地位的就是所谓'懒洋洋'，再说坏些，也可以说是'阴阳怪气'。我们遇着懒洋洋的或是阴阳怪气的朋友，要不要讨厌？既要讨厌，自己就该向热诚或起劲的一条路走。""艺术家的不朽作品，所以能成，也全恃他有勇往直前的爱美的热诚，非把他表现于大理石上或帆布上,也是不能让他安闲的。""热诚能发生新精力;热诚能启迪新智慧;热诚能增加新兴趣;热诚能战胜恶环境;热诚能给我们以最后的胜利!"(全集第4卷第687—688页)

《〈几位女同学对于一个重要问题的答案〉附言》摘要:

"'一见倾心'是很含有危险性的,我以为'一见倾心'之后,还要经过做朋友的一段时期,才可以正式说到'终身伴侣'的问题。若一见倾心之后,连名字都没有查清楚,就发生什么'死'啊,'这样痛苦'啊,'牺牲一身的快乐'啊,'削发为尼'啊,'学吃酒'啊……都是发憨的事情! 这是我要劝'爱他'的'她'千万不要卤莽,千万要自己珍重,保此有用之身,以待机会。""至于要达到'有情人都成眷属'的目的,我说只有慢慢儿用点功夫上去,慢慢儿自然可以成功,万万不可过于性急,大概做娘的人比较做爷的容易说话,不妨先与慈爱的娘谈谈,必能得到多少的同情。同时却要想法调查所爱的'他'到底是不是正人君子,到底是不是品学体育兼优的人,到底靠得住靠不住。如果真是'佳偶','她'与'他'的两方面总有可以出来说话或做'现成媒'的亲友,虽'家中很旧',成功的机会一定有的。"(全集第1卷第867—868页)

《译余闲谈》摘要:

"祭祖宗是'追远'的厚德,在原则上当然没有反对可言。不过我觉得形式未尝不可改良改良。""我常看见有人祭祖宗桌上排十双筷子,我说倘若到了十一位祖宗,岂不是有一位要用手来拿东西吃吗? 至于烧纸钱,烧锡箔,都是极端骗人的事。我们平常铜角子铜洋钿不能通用,要用真银或真金造的,就说有所谓阴间,就说阴间要用钱,我们又怎样晓得几张钱纸一烧就成了钱,锡箔一烧就成了金银? 简直大骗其祖宗,以自欺欺人罢了! 我以为要纪念纪念,何妨挂些照片,供些鲜花,岂不简便清洁?"(全集第12卷第529—530页)

11月27日 《忙》、《坚毅之酬报》(署名惭虚,收入《事业与修养》)、《〈我们对于西洋近代文明的态度(上)〉按》、《〈平凡(新诗)〉附言》、《第3卷第4期短简》,载《生活》周刊第3卷第4期。(全集第1卷第871—872页,第4卷第691—692页,第1卷第872页、873页、873—874页)

《忙》摘要:

"我有一次因公到武昌去,遇着《时报》主笔戈公振先生,回沪时又得同船。长江风景本佳,我们两人在船面上散步,谈得非常畅快。当时我们谈话里面有两点相同。一点是要壮游世界;一点是觉得事务太忙。"(全集第1卷第871页)

《坚毅之酬报》摘要:

"一个人做事，在动手以前，当然要详慎考虑；但是计划或方针已定之后，就要认定目标进行，不可再有迟疑不决的态度。这就是坚毅精神。""坚毅的仇敌是'反抗的环境'，但是我们要知道'反抗的环境'正是创造我们能力的机会。反抗的环境能使我们养成更强烈的抵御的力量；每战胜过困难一次，便造成我们用来抵御其次难关的更大的能力。""就是一天用一小时工夫求学问，用了十二年工夫，时间与在大学四年的专门求学的时间一样，所得的效益更要高出万万！"（全集第 4 卷第 691—692 页）

12 月 1 日　邹恩润至黄炎培处。（《黄炎培日记》）

12 月 2 日　与夫人沈粹缜至杨卫玉夫妇家会餐，同席者有黄炎培、穆藕初、王志莘、秦翰才、竹铭、潘仰尧、徐伯昕、孙梦旦等畅谈。（《黄炎培日记》）

12 月 4 日　《靠叫化子闹阔》、《访问胡适之先生记》（11 月 16 日晚十一时记）、《丹麦的脚踏车世界》（署名秋月）、《一位将要结婚朋友的难题》（收入《最难解决的一个问题》）、《译余闲谈》，载《生活》周刊第 3 卷第 5 期。（全集第 1 卷第 874—875 页、875—879 页、879—880 页，第 4 卷第 121 页，第 12 卷第 534 页）

《靠叫化子闹阔》摘要：

"我每在马路上经过，看见出丧，尤其是大出丧，便发生'靠叫化子闹阔'的毫无意思！更觉得这种无理取闹的恶劣习俗，何以相沿着不改！""若说是为着好看，就是有了红红绿绿的缎伞，亭子，牌子等等，拿的人和抬的人都是褴褛污浊不堪的叫化子，成群结队的走着'献丑'，我想就是死者真是有灵，也定要掩鼻而去！""若说表示有钱，只不过表示自己的家人有钱，未免太轻视了自己的家人。只不过有钱，有什么希罕？""我看见新式的出丧，只不过许多亲友静默步送，很足引人悲思，若聚了一大堆叫化子，锣鼓喧天，丝竹并奏，简直像'欢送会'与'庆祝早死'的气概！不但是极无谓的耗费，而且是极讨厌的事情，极可笑的事情。然而社会上的人，尤其是自命上等社会的人，还是沿着不改，真是令人不解。""有人说这种习俗，未尝不可救济'瘪三'先生的'瘪'。我以为救济叫化子先生的'叫'和瘪三先生的'瘪'，当有根本的办法，决不是请他们送送死人就可以解决的。况且请他们的人全是盲从的行为，心里本也没有这个意思。"（全集第 1 卷第 874—875 页）

《一位将要结婚朋友的难题》摘要：

"我们主张小家庭制度的目标，不是专对父母而言，我曾屡次说过，和父母同居还不难，最难的是大家族里夹着许多叔伯妯娌等酝酿暗潮的分子。"（全集第 4 卷第 121 页）

《译余闲谈》摘要：

"'容貌严肃'使人怕,'容貌可掬'使人悦。""我以为这种怡悦的音容,愉快的习性,不但是家庭生活的要素,也是社会生活的要素。"（全集第12卷第534页）

12月11日 《做老牛》、《革新潮流中之日本妇女》（署名心水）、《〈明月〉〈海棠〉》附言、《〈有趣味的游记——从上海到香港〉附言》,载《生活》周刊第3卷第6期。（全集第1卷第880—881页、881—885页、885页、885—886页）

《做老牛》摘要：

"我却主张此后做父母的人,对于子女教育费,当然要尽力担负,至于儿子成室,应该让他自己去办,不应该'做老牛'。""没有能力自己成室的子弟,就应该随他终身没有妻子,免得叫他于自身之外,再加上一重牵累,并且免得他害了别人的女子。""一个人不能自立是大耻,终身没有妻子实在算不了一回事！""那位同事虽然赞成我的主张,但是他说在乡下地方,各人四五岁就定婚,十岁定婚的已经很少,这样一来,娶亲的时期当然也要提早：所以迟娶的人简直无女可娶,倘若不做'老牛','小雄牛'就永远得不到'小雌牛'！""我以为这虽是实在的情形,但是将来总要慢慢的开化。我在目前至少希望城里可以减少几只'老牛'。"（全集第1卷第881页）

12月18日 《镀金》、《〈新闻记者的甜酸苦辣〉附言》、《〈吴稚晖与胡适之〉附言》、《译余闲谈》,载《生活》周刊第3卷第7期。（全集第1卷第886—887页、887—888页、889—890页,第12卷第538页）

《镀金》摘要：

"我的意思,镀金并不足为病,不过要看本来质地怎么样。如果本来质地很好,镀些金只有好些。如果本来是'朽木不可雕'的'朽木',就是把金镀上去,初看未尝不可骗骗人,但是终究要'拆穿西洋镜'的！"（全集第1卷第886页）

《译余闲谈》摘要：

"昔者圣人说：'朝闻道,夕死可矣。'我说人生朝得此爱,夕死可矣！反观世上的夫妻,有真爱情的,死心塌地互爱的有几人！多数不过是在形式上做了夫妻,不得不这样敷衍下去罢了！可以算是一生一世没有享过这种精神上的心灵的愉快！已经铸成大错而无可挽回的人不必说,一般还有自由选择的男女朋友,总要求得真爱才好,不然,宁愿终身抱独身主义的清爽舒服！不要去受那种说不出的精神上的无穷苦痛！"（全集第12卷第538页）

12月25日 《自动电话的功德无量》、《潘公弼先生在北京入狱记（一）》、《肩背代塌车》（署名秋月）、《〈痛恨！〉附言》、《〈我有一位女同乡〉附言》,载《生活》周刊

第 3 卷第 8 期。(全集第 1 卷第 890—891 页、892—895 页、896 页、896—897 页、898—899 页)

12 月 27 日　黄炎培与杨卫玉、秦翰才、竹铭、王志莘、邹恩润、潘仰尧、佐才、立颜共商职校事。(《黄炎培日记》)

是年　应《时事新报》董事长张竹平之邀,在该报馆担任秘书主任,兼主持该报副刊《人生》,与总经理潘公弼同室办公。潘有十几年的工作经验,全日在报馆办公,"和他相处一年,在学习方面得到不少的益处。"自称:"我常觉得我的这一年的'练习',比进什么大学的新闻科都来得切实,来得更有益处。"报馆需要全天工时,只得把职教社的半天移到晚上,天天做夜工,主持《生活》周刊。不久,因为《生活》周刊的突飞猛进,韬奋辞去了报馆的工作,全力投入周刊社。(全集第 7 卷 195 页,第 4 卷 390—391 页)

1928 年（民国十七年） 34 岁

1 月　外交部长王正廷颁布《关于重订新条约之宣言》，废除不平等条约运动由此开始。

2 月　国民党中央机关报《中央日报》在上海创刊。5 月，迁南京。

6 月　日本关东军制造皇姑屯事件，张作霖被炸身亡。

6 月　中央研究院在上海成立，蔡元培任第一任院长。

12 月　张学良通电宣布东北"遵守三民主义，服从国民政府，改旗易帜"。

1 月 1 日　《介绍研究职业教育行政之名著》，载《教育与职业》第 91 期。（全集第 2 卷第 3—4 页）

同日　《靠得住》、《潘公弼先生在北京入狱记（二）》、《轰动全欧的一件婚事》（署名秋月）、《不同的待遇》（收入《最难解决的一个问题》），载《生活》周刊第 3 卷第 9 期。（全集第 2 卷第 4—5 页、5—8 页、8 页，第 4 卷 356—358 页）

《不同的待遇》摘要：

"我上面说的话，决不是存心歌颂外国人，我的意思，外国人诚然太享我们的福，不过在事实方面他们却有多少'颜色'给我们看，而我们的国人往往自己不争气的地方太多。这是我要赤裸裸的无所忌讳的对外国人说的话。我的意思当然不是要允许外国人继续享我们的福，我的意思是说我们固然要大声疾呼废除不平等条约，废除不平等待遇，而同时对于国民的服务道德，服务能力，及丝毫不容假借的责任心，非痛下一番训练工夫不可。这当然是对同国人说的话，不是对外国人说的话。"（全集第 4 卷第 358 页）

同日　译作《一位英国女士与孙先生的婚姻》（附《译余闲谈》），载《生活》周刊自第 3 卷第 9 期至 1929 年 4 月 28 日第 4 卷第 22 期连载，署名邹恩润译述。1929 年 12 月生活周刊社出版单行本。（全集第 13 卷第 23—176 页）

1 月 4 日　在时事新报馆，潘公弼先生介绍鲁士毅先生与韬奋相识。（全集第 2 卷第 28 页）

1 月 8 日　《干！》、《吴稚晖先生的未来世界观》（署名心水）、《潘公弼先生在北京入狱记(三)》、《志同道合的新伉俪》(署名秋月),载《生活》周刊第 3 卷第 10 期。(全集第 2 卷第 9 页、10—12 页、12—15 页、16 页)

《干!》摘要:

"南方人说'做',北方人说'干'。我近来研究所得,觉得最好的莫如干,最不好的莫如不干。这个地方所指的事情,当然是指宗旨纯正的事情,不然做强盗也何尝用不着干。""天下事业的成功是没有底的,人生的寿数是有限的。无论那一种专业或那一种专学,决不是可由任何个人所能做到'后无来者'的。但是在某一专业或某一专学,我实际果然干了,能成功多少,便在这种专业或专学进步的成绩上面占一小段。继我努力的同志,便可继续这一小段后面再加上去。这逐渐加上去的小段,他的距离或长或短,换句话说,那一段所表示的成功或大或小,当然要看干的人的材智能力。但最紧的是要干,倘若常常畏首畏尾而不干,便决无造成那一段的希望。""要养成'干'的精神,先要十分信仰天下事果然干了,无论大小,迟早必有相当的反应或结果,决不会白费工夫的。""有了这个信仰,还要牢记两点:(一)不怕繁难,愈繁难愈要干,只有干能解决繁难,不干决不能丝毫摇动繁难。(二)不怕失败,能坚持到底干去,必能成功,就是成功前所经过的失败,也是给我们教训以促进最后成功的速率。就是我个人一生失败,这种教训也能促进继我者最后成功的速率。所以还是要奋勇的干去。若不干,固然遇不着失败,也绝对遇不着成功。"(全集第 2 卷第 9 页)

1 月 15 日　《自然晓得!》、《保安剃刀发明家》(署名落霞)、《潘公弼先生在北京入狱记(四)》、《沉痛语》、《大块头有了法子》(署名秋月),载第 3 卷第 11 期。(全集第 2 卷第 16—17 页、17—19 页、20—23 页、23 页、24 页)

《自然晓得!》摘要:

"老友王君说他在国内某大学肄业时候,有一位女同学各课考卷如得到九十分或九十五分,发出之后,一时总不肯收起,总要摊在桌上,让别人瞧瞧。他说这个人的见地未免太窄。""我觉得这种心理移到社会方面,就是自己所做的事还算不得什么,就觉得自己功劳大得了不得,有时摆在面上不够,还要挂在嘴上。""我以为这是很难为情的事情。其实你学识怎样,人家自然晓得;你办事成绩怎样,人家也自然晓得,目前如不晓得,久了必定晓得。一出了你自己嘴里的'吹',似乎反把固有的价值,降至零度!""所以我以为办事的人,尤其是初出办事的人,最好只管埋头做事,决不可有一点居功的意思,久之信用自著,事功自显。""夸大狂几是一种人类本能,我们听别人'吹',觉得替他'汗颜',自

己'吹'的时候往往不觉得，切须提防。"（全集第 2 卷第 17 页）

1 月 22 日 《用钱》、《潘公弼先生在北京入狱记（五）》、《在莫斯科的孙夫人》（署名秋月）、《潘先生所遇的患难朋友》、《〈他要我在《生活》上献丑〉附言》（八开版），载《生活》周刊第 3 卷第 12 期。（全集第 2 卷第 24—25 页、25—27 页、27 页、28 页、29—30 页）

《用钱》全文：

"我们中国自鸣高尚的'儒者'向来吹的是'仁义'，骂的是'利'。其实或多或少，哪一个人不要钱？不过要来路正当，用时不要做'洋盘'就是了！""有某君是我生平很佩服的一位朋友。他现在已成了一位名闻中外的青年法官。他的天资超卓，用功勤敏，固然常人不能望其项背，但是我想他倘若不是家里有钱，也很难'如愿以偿'。""他先在国内某大学读法律，已经成绩斐然。国内大学毕业后决计到美国去留学，他的夫人是一位旧式女子，哭着不肯让他去，说'你既然有了许多钱，一生吃着不尽，何必再要远涉海洋？'他居然毅然的出去。得了博士，又到德国留学，又到法国留学，又调查欧洲的法律界。全是自费，没有钱简直不必说起！但是这样用钱，把自己造成一个极有充分准备的专门人材，也就是替国家增加一个十分健全的分子，真是值得！真是值得！""所可恨的这种巧合很少很少。有许多只知守财不觉悟的守财奴；有许多英俊有志的又是穷措大。"（全集第 2 卷第 24—25 页）

1 月 24 日 与夫人沈粹缜同去黄炎培处。（《黄炎培日记》）

2 月 12 日 黄炎培至职教社，偕杨卫玉、邹恩润同去姚家晚餐。（《黄炎培日记》）

同日 《热情》、《黄方刚先生的海外良缘》（署名心水）、《吴稚晖先生清水煮白菜》（署名秋月）、《潘公弼先生在北京入狱记（六）》、《刑历说明》，载《生活》周刊第 3 卷第 13 期。（全集第 2 卷第 31 页、32—33 页、33—34 页、34—36 页、36—37 页）

2 月 19 日 《死出锋头》、《勇往直进的日本》（署名心水）、《张菊生先生亲笔赞赏本刊》（八开版）、《潘公弼先生在北京入狱记（七）》、《吓煞梁绍文先生》、《由报上得来的夫人》（署名秋月）、《〈近影〉附言》，载《生活》周刊第 3 卷第 14 期。（全集第 2 卷第 37—38 页、38—40 页、40 页、41—43 页、43—44 页、44—45 页、45 页）

《死出锋头》摘要：

"其实好名并不是坏事，不过我们要知道'实至名归'的名，是随着'实'而自然而然的来的，这种名才有价值。才能令人'心悦诚服'。若出于'死出锋头'的办法，只有令人作呕！""做人最好是只知从'实'的方面干去而不想到名；其次的也应该明白要得名也要从'实'处着力，千万不要'死出锋头'，因为'死

出锋头'的人只不过惹人讨厌,决得不到什么好名誉的。"(全集第 2 卷第 38 页)

2 月 21 日　傍晚八时,去新闸路福康里 B623 号陈布雷寓所采访。著文《陈布雷先生的生平》。(全集第 2 卷第 57 页)

2 月 26 日　《有办法! 有办法!》、《黄伯樵先生做媒不负责任》(署名落霞)、《残余的皇帝》(署名秋月)、《交不到女友的苦处!》(收入《最难解决的一个问题》),载《生活》周刊第 3 卷第 15 期。(全集第 2 卷第 46—47 页、47 页、48—49 页,第 4 卷第 153 页)

2 月 28 日　晨,黄炎培至职教社与邹恩润谈社务。(《黄炎培日记》)

3 月 4 日　《乱七八糟》、《〈游东杂感〉(下)附言》、《跟林德白飞游美国》(署名心水)、《美国哈定总统的身后》(署名秋月)、《谢谢钱新之先生》(八开版),载《生活》周刊第 3 卷第 16 期。(全集第 2 卷第 49—50 页、50—52 页、52—54 页、54—55 页、55—56 页)

3 月 11 日　《老而不老》、《陈布雷先生的生平》、《哥伦布的最新纪念》(署名秋月)、《〈旧式婚姻制度下的被牺牲者〉附言》(八开版)、《第 3 卷第 17 期短简》(八开版),载《生活》周刊第 3 卷第 17 期。(全集第 2 卷第 56 页、57—61 页、62 页、63 页、64 页)

《老而不老》摘要:

"一个人年岁大而老,是无可如何的事情:但是虽年老而精神要不老,否则便是'老朽'。""现在还有一班年青的人,未老而已老,或则'老气横秋',或则'暮气沉沉',那就更不应该!""老年人的好处在有经验,在持重,在镇定;少年人的好处在有勇气,在肯做,在向前。倘能把这两方面的好处合起来,老也好,少也好,都是大有作为的人物。"(全集第 2 卷第 56 页)

3 月 18 日　《由学生而晚而弟》、《〈国人谈政治之分析观〉附言》、《汽车大王又出新花样!》(署名心水)、《梦里掉枪花》(署名落霞)、《〈做到老学不了〉附言》、《离她》(收入《最难解决的一个问题》)、《第 3 卷第 18 期短简》(八开版),载《生活》周刊第 3 卷第 18 期。(全集第 2 卷第 65 页、66 页、67—68 页、68—69 页、70 页、71 页,第 4 卷第 265—267 页)

《由学生而晚而弟》摘要:

"某机关领袖某君告诉我,他手下有某甲是由他一手训练提拔起来的,最初某甲写信给他的时候,自称'学生'。后来某甲本领渐渐的大了,声名也渐渐的大了,写信给他的时候,便不自称学生而改称'晚'。在某甲看起来,'晚'似乎比'学生'大一点! 后来本领似乎更好了,声名也似乎更大了,写信给某君的时候,便不自称'晚'而称'弟'。在他看起来,写信称'弟'便是平辈的朋友,便做到'分庭抗礼',似乎更大一点!""我又亲眼看见某机关中有几个职员都有取领袖而代之的态度。有一位平日最似忠实的职员,向来写信给那位领袖,名字上总有一个'晚'字,到那时候写起来,便把名字上的小小的'晚'字省去! 这位朋友似乎还有点不好意思把'弟'字加上去!""在事实上受信的人不因改称而忽然变小,在改称的人也何尝因这样而真正加大了多少! 徒然令人齿冷罢了! 而且这种心理实在要不得! 实含有'忘恩负义'的意味! 我以为'饮水思源',是做人应该有的德性。"(全集第2卷第65页)

《离她》摘要:

"我们还要多方造成一种社会心理,对于'她'的方面,当明白'性情习惯见解等的差异',丝毫不是'她'自己的过失。换句话说,在'她'的道德上丝毫没有损失。由此希望发生的结果有两方面:一方面希望有相当的人爱'她'娶'她';一方面社会对于这种再嫁当视为正当的事,不但没有丝毫轻视的意思,而且与寻常婚嫁视同一样。"(全集第4卷第267页)

3月25日 《尴尬》、《记蔡孑民先生(上)》(署名心水,八开版题《万流仰镜的蔡孑民先生》)、《〈千万望她学点活泼的事〉附言》、《日本前首相的写字忙》(署名秋月)、《顾全家政与职业的美国妇女》(署名落霞)、《第3卷第19期短简》(八开版,3月28日),载《生活》周刊第3卷第19期。(全集第2卷第72页、73—75页、76—77页、77—78页、78—80页、80页)

《尴尬》摘要:

"生活的奢与俭虽不能有什么一定的标准,我以为能'量入为出',或能'量出为入',虽奢而不奢。""个人的尴尬事情是既不能'量入为出',又不能'量出为入'。国家的尴尬事情是生活程度日高而生产能力不能与之俱增。""徒然省俭还是消极的事情,要设法增加国民的生产力,才是积极的办法。"(全集第2卷第72—73页)

《〈生活〉周刊第3卷第19期短简》摘要:

"补习英文之方法,须视已有之程度若何为标准。如自己已有一二年之英文程度,阅字典已知拼音,则函授学校未尝无益。若毫无基础而用函授,似乎读音方面确有困难。"(全集第2卷第80页)

是月 译作《民本主义与教育》(〔美〕杜威著),编入《大学丛书》,由上海商务印书馆出版。(全集第12卷第3—417页)

附全集编者注:《民本主义与教育》第1—4章,曾以《德谟克拉西与教育》为译名,分别译载于《新中国》杂志第2卷1920年1月15日第1号、4月15日第4号、

7 月 15 日第 7 号及 8 月 15 日第 8 号。全书译毕于 1925 年前。译文与此译本前四章稍异,署名邹恩润译。这次编全集时从略。(全集第 12 卷第 4 页)

是月 《〈民本主义与教育〉译者序言》,收入商务印书馆版同名单行本。(全集第 12 卷第 8—9 页)

《〈民本主义与教育〉译者序言》摘要:

"现代教育家的思想,最有影响于中国的,当推杜威博士。惟关于杜威博士的教育学说,多散见于汉文译述的零篇演稿。本书最能有系统的概述他的教育学说的全部;足供我们彻底研究的参考资料。这是我发愿译述本书的动机。""至于译法方面,现在有人主张直译;有人主张意译。但是直译往往有晦涩的弊病;意译往往有与原意不符的弊病。""我的译稿并承知行先生详加校阅,这是我很感谢的。""现在请略说本书内容的大概。本书的要旨是要打破从前的阶级教育,归到民本主义的教育。第六章以前,大抵是就普通方面研究教育在社会方面的需要与功用;还没有明确的指定哪一种社会。第六章的末了才提出教育的适当界说:'教育即是继续不断的重新组织经验,要使经验的意义格外增加,要使个人指挥后来经验的能力格外增加。'到第七章才提出民本主义的社会所应有的教育条件。""到二十四章,才根据前面的讨论,讲到'教育哲学';以为哲学就是'广义的教育学说'。最后两章(二十五章和二十六章)是杜威哲学与教育学说最有密切关系的'知识论'与'道德论'。古代的知识论与道德论因受阶级制度的影响,所以论知识便有经验与理性,心与物,心与身,智力与感情,种种区别;论道德便有主内与主外,责任与兴趣,智慧与品性,种种区别。""在最后一章的末了,杜威提出对于实行的教育制度上的两大主张:(一)学校自身须是一种社会的生活,须有社会生活所应有的种种条件;(二)学校里的学业须与校外的生活连贯一气。""我译这本书的时候,有许多斟酌修改的地方,常得内子叶复琼女士的帮助商量。她替我誊录校对所费的工夫更不少。若非有她时常督促鼓励,恐怕这本书至今还不能完毕。这也是我要特别志谢的。"(全集第 12 卷第 8—9 页)

4 月 1 日 《孤独》、《为马振华女士自尽惨剧敬告青年与家长》(署名落霞)、《社会之花的女子出版家》(署名秋月)、《记蔡子民先生(中)》(署名心水)、《〈与胡适之先生的谈话〉附言》、《第 3 卷第 20 期短简》(八开版),载《生活》周刊第 3 卷第 20 期。(全集第 2 卷第 81—82 页、82—85 页、86 页、86—87 页、87—90 页、90 页)

《孤独》摘要:

"一个人须内心有所自主,如一人誉之而喜,一人毁之而忧,决做不成什么好事。""有某君说做人要做到不怕骂,才能有所成就。这句话虽有深意,当然也很有流弊。我以为先须自己深切的考虑,自己的主张是否正大?自己的工作是否正当?如自信问心无他,便当公而忘私,奋勇做到底,置成败利钝于不顾,做一个孤独的人而于心无所怨恕。倘若卑鄙污浊,效法'笑骂由他笑骂,好官我自为之'的无耻态度,那便'差之毫厘,谬以千里'!"(全集第2卷第81—82页)

4月8日 《阃令的功效》、《〈会计师秘诀〉附言》(八开版)、《打破错误的贞操观念》(署名落霞)、《礼尚往来苦了吴老先生》(署名孤峰)、《记蔡子民先生(下)》(署名心水),载《生活》周刊第3卷第21期。(全集第2卷第91页、92—94页、94—96页、96—97页、97—99页)

4月15日 《说话何必拼命》、《平民总统的平民交际忙》(署名心水)、《〈现代大思想家吴稚晖先生〉附言》,载《生活》周刊第3卷第22期。(全集第2卷第99—100页、100—103页、103页)

4月22日 《居然得到恋人!》、《男女同学的沪江大学》、《路德所退隐的华德堡》(署名秋月)、《法国波尔多城的水景》(署名孤峰)、《〈擅游心影(上)〉附言》,载《生活》周刊第3卷第23期。(全集第2卷第104页、105—110页、110页、111页、111—112页)

《男女同学的沪江大学》摘要:

"我主张做父母和师长的人对于高尚的男女交际,都负有提倡及指导的责任,绝对不应采取禁锢的主义。""我以为教育家对于男女青年不可奖励读死书,要时时注意他们在德育体育智育各方面都有平均的发展。中国女子尤其缺乏的是体育,所以你看我国的女子,差不多越生越小!号称二十几岁的女子,看上去都不过十几岁的矮子体格。如再不注意,二万万的女同胞将要变成二万万的矮同胞了!体格矮小之外,还有不活泼的毛病;所以倘若不想改良,不但要变成矮同胞,而且要变成呆同胞!"(全集第2卷第108—109页)

4月24日 黄炎培请邹恩润为他译英文。(《黄炎培日记》)

4月29日 《不要怕》、《裁缝伙计与大总统同一面孔》(署名秋月)、《电影明星何以也有苦处?》(署名落霞)、《王志莘先生兼任月下老人》(署名孤峰),载《生活》周刊第3卷第24期。(全集第2卷第112—113页、114页、114—117页、117—118页)

《不要怕》摘要:

"学国语或是学外国语,如果怕错,不敢说,便永远学不好!""岂但语言,无论做什么事,如果怕失败,不敢做,便永远没有成功的日子!""不要怕!不要

怕！充其义便是大无畏之精神！"（全集第 2 卷第 113 页）

5 月 3 日　日本在我国制造"济南惨案"，《生活》周刊自第 3 卷第 33 期至 52 期，用黑体大字刊登标题新闻："时刻勿忘暴日强占济南的奇耻"，连续刊登达两个半月，愤怒抗议日本帝国主义的侵略行径。

5 月 6 日　《激》、《暹逻的大石龙》（署名秋月），载《生活》周刊第 3 卷第 25 期。（全集第 2 卷第 118 页、119 页）

《激》摘要：

"我觉得一个人能受'激'而向上，非有血气有志气的人不办。再从别一方面想，不如意的环境，未尚不含有'激'的效用，我们当利用他的效用而向上。"

"个人如此，国家何莫不然。中国受别国的'激'，可谓至矣尽矣，若有一些血气，若有一些志气，应如何发奋有为，争一口气！"（全集第 2 卷第 118 页）

5 月 13 日　《职业修养不是隔靴搔痒》、《发明四角检字法的王云五先生（上）》（署名心水）、《满天飞的日子不远》（署名秋月）、《〈见所未见〉附言》，载《生活》周刊第 3 卷第 26 期。（全集第 2 卷第 119—120 页、121—123 页、124—125 页）

《职业修养不是隔靴搔痒》摘要：

"人生内容是多方面的，社会内容也是多方面的；但是职业是其中一个很大的要素，所以我们特别注意职业修养。""我觉得从这种亲切有味的事实，可以暗示许多职业修养上的原理：（一）一个人必须有个志愿或目标，然后易于着力，易取聚精会神的功效；（二）机会虽是不全由自己作主，但奋勉自修以求进步，是完全可以自主的事情；（三）对事业能胜任愉快，全靠平素的准备功夫。诸如此类的暗示个人修养与社会改造，便是本刊所采用的方法。"（全集第 2 卷第 119—120 页）

5 月 20 日　《旧势力的凶狠》、《〈济南惨剧后我们应该怎样？〉附言》、《美国的财政部》（署名秋月）、《〈游德的观察（上）〉附言》、《发明四角检字法的王云五先生（中）》（署名心水），载《生活》周刊第 3 卷第 27 期。（全集第 2 卷第 125—126 页、126—128 页、128 页、129 页、129—131 页）

《旧势力的凶狠》摘要：

"旧势力的凶狠真利害！有许多有为的新人材，往往'同流合污'，不能自拔，都是这种凶狠的旧势力所驱使，所压迫。但是要改造我国的社会，非拼命与这种遗毒奋斗，永无光明的日子。要奋斗，开路先锋当然不得不预备多少牺牲。所以我对于某君的牺牲，致我十二分的敬意，我希望新人材都要有这种牺牲的精神。否则中国的改进，便永无希望。"（全集第 2 卷第 126 页）

《济南惨剧后我们应该怎样?》摘要:

"自五月三日日本在济南发生暴行后,国人的惨痛达于极点,人人都有牺牲一切,以此身贡献于国家的心愿,但是倘若没有正确的了解与态度,便有无从着手之感。我在这几日无日不想如何牺牲一切,为国效死而不惜。""此次的奇耻大辱,是国命生死存亡的关键。我们国人要获得正当的生存与向上的发展,非对此事有正确的了解与态度,努力雪耻,否则国且无有,何有于生存,更何有于进展?"(全集第2卷第127—128页)

5月27日 《一致》、《中国人发明的最新印字机》(署名落霞)、《夫妇同做国会议员》(署名秋月)、《发明四角检字法的土云五先生(下)》(署名心水)、《〈绣余偶录〉附言》(和第3卷第1期同名同篇,重复。见第1卷851页。),载《生活》周刊第3卷第28期。(全集第2卷第132页、133—134页、134页、135—137页、138页)

《一致》摘要:

"国人要获得正当的生存与向上的发展,非先把个人生活所附丽的垂危的国命救好,便完全绝望。""解决这个先决问题的最大要素,是国人此后须有全体一致的精神,认清一个共同的目标,作一致的准备。""我国在勾结外人甘心卖国的残余军阀未灭以前,国家决无统一的希望,国家既不能统一,决无一致对外的可能,故为国命前途计,一致的共同目标是打倒军阀;现在军阀快要灭亡,等到军阀灭亡之后,我们全国一致的共同目标便是先要对付日本的侵略。认清了对付日本侵略者的共同目标,便应该下'十年生聚,十年教训'的一致准备功夫。等到准备已足,日本肯还我一切便罢,否则就与一战!"(全集第2卷132页)

6月2日 晚上至黄炎培处。(《黄炎培日记》)

6月3日 《军需与姨太太月费》、《对付国仇靠什么?》(署名心水)、《评〈济南事件与今后救国大计〉》、《写意得很的天文学家》(署名秋月),载《生活》周刊第3卷第29期。(全集第2卷第139页、140—143页、144页、145页)

《军需与姨太太月费》摘要:

"叶先生(注:叶如音,《时事新报》随军记者)所住的适为张(注:张宗昌,旧军阀)之十五姨太太的房间,在故纸堆中,觅得军需处函封十五姨太之月费包纸一张。堂堂军需处,竟以送姨太太月费为司职,丧心病狂一至于此,国政安得不糟!""再察其内容,一位姨太太每月零用费竟达五百元,听说这位土匪督办有二十九位姨太太,姑以五百为最多的数目,每月达一万四千五百元!每年达十七万四千元!这还不过是'零用钱',其他各费还不在内!""军阀的丧心病狂，一致于此！非使他们绝根灭种，国必不救！""山东灾民之苦痛，不堪设想，而军阀之如此之阔，国民从前竟任其所为，中国可谓无人！"（全集第 2 卷第 139 页）

《对付国仇靠什么？》摘要：

"强盗是不讲理的。要驱逐强盗，保我土地身家的命脉，非有实力不可。还有一点，倘不准备实力以抵抗强盗，等到强盗来了，便只有横被百般侮辱，万种惨酷，无可逃避。""日兵侵入全属中国领土的济南，惨杀官吏兵民，合于那一条国际法？但国际公愤何在？向来对我国最表示好感的美国，西报上也不过纷纷记载他采用旁观态度（Hands Off）。日本某通讯社对此事大作反宣传，发出许多诬蔑我国的话。上海的西报，无论英人或美人所办的，差不多一致相信他，用大标题助其恶焰，对我国报告则诬以毫无根据。总之我国自己没有实力，只有任人唾骂，任人宰割而已！夫复何言！""日本人只有六千万，中国人号称四万万，我们似乎多了许多，但是一加分析，很可伤心。我国人不识字的竟有百分之八十之多！就是在四万万民众里面，差不多有三万万二千万人是'目不识丁'的！""至于生活方面，这百分之八十的民众，都是过如牛如马的苦工，照他们看起来，恐怕有国无国，竟无多大的区别！我们只要在租界马路上看看那些修路的苦工，面目身体脏得几乎不见皮肤，衣服破烂污浊，不成个样子，至于身上因作苦工而造成的奇奇怪怪的形状，更不堪注目，其中有的老头子弯着背，嘴边挂着胡子，手上拿着铁铲，喘着做工；便知道这大部分民众的苦恼生活。""我们愿国民共同团结起来！振作！奋斗！准备驱逐强盗的实力！终有一日雪此奇耻大辱！"（全集第 2 卷第 140—143 页）

6 月 10 日　《这是现在的女子啊！》、《〈请看死中求生的几个国家〉按》、《中国人是世界上最好的丈夫！》（署名心水）、《赞助中国的罗素先生》（署名孤峰），载《生活》周刊第 3 卷第 30 期。（全集第 2 卷第 146—147 页、147 页、148—150 页、150—151 页）

《这是现在的女子啊！》摘要：

"有一天有一位四十几岁的朋友某君来看我，见我桌上有一份《时事新报》，他随手（翻）开来一看，刚巧看见那一页'运动与游艺'，上面刊着一大张并排坐着的女运动员相片，他用手指着那一大排雪白壮健而富有曲线美的腿，叹口气望我皱眉说道：'这是现在的女子啊！'我猜他的意思，简直以为中国的女子还是应该像从前那样呆板板的，身体简直没有生成功，所谓'弱不胜衣'，走起路来，好像腰背之间钉上一块木板！所以看见那样活泼壮健的女子，便要大惊小怪。我老实不客气的对他说，这是极好的现象，用不着你叹气，更用不着你皱眉。""这件事不但关系女子的一生幸福,家庭的美满姻缘,而且关系未来的国民体格。小学校里走出来的许多鹤颈露骨的小孩子,多是那些孱弱鸭步的母亲所生的!""由体格强健,发育平均,精神活泼出来的美,才是真美。我所以特别提出,希望全国的女同胞,此后对于运动,对于体格的强健,发育的平均,精神的活泼,要十二分的注意;这是有关我国民族的前途,不要视为轻微的事。"(全集第 2 卷第 146—147 页)

6 月上旬 译作《一位美国人嫁于一位中国人的自述》(附"译余闲谈"),由生活周刊社出版,署名邹恩润译述。(全集第 12 卷第 421—540 页)

《〈一位美国人嫁于一位中国人的自述〉弁言》(6 月 10 日记于生活周刊社),收入同名单行本。(全集第 12 卷第 421 页)

《〈一位美国人嫁于一位中国人的自述〉弁言》全文:

> "这本书译得完,我要谢谢《生活》周刊;这本书刊得出单行本,我要谢谢徐伯昕先生。""这本译述,原来是按期登在《生活》周刊上的,因为读者的谬许,并为顾全《生活》周刊的信用起见,没有一期敢脱落,所以我无论事情怎样忙,总在每星期日的上午把它赶紧交卷。有了这样的督促,竟有'欲罢不能'之势,否则就是译得完,也不能这样快,所以我要谢谢《生活》周刊。""译完了,登完了,有许多热心人士纷纷来信要求刊印单行本,但是我的事情一天忙到晚,那里有工夫去做整理,剪贴,定样,校对等等的手续?幸有徐伯昕先生十分热心,既帮同督促我下刊印单行本的决心,又替我担任上面所说的那许多麻烦的事,于是乎才能成为事实,所以我要很恳挚的谢谢徐先生。"(全集第 12 卷第 421 页)

6 月 17 日 《所谓孝子贤孙》、《德国人的御侮准备》(署名秋月)、《各有她的"心爱的人"》(署名心水),载《生活》周刊第 3 卷第 31 期。(全集第 2 卷第 151—152 页、152 页、153—154 页)

同日 自第 3 卷第 31 期起每期由一张改成一张半,价目照旧。(全集第 5 卷第 447 页)

《〈华北运动会女子部全体〉编者志》(全集未收)摘要:

> "此会五月十八及十九两日在北京汇文学校举行,为华北初次有女子参加运动会之纪念。"(《生活》周刊第 3 卷第 31 期)

6 月 24 日 《死得可庆!》、《胡适之先生劝人发痴!》(署名心水)、《〈拆穿东洋人的纸老虎〉附言》、《爱巢》(署名秋月)、《〈在欧美中日侨民生活比较〉附言》、《奇石》(署名孤峰)、《丑而冷的夫人居然也有好处!》(署名落霞)、《〈绍兴人的不卫生〉附言》、《〈黄警顽之交际忙〉附言》、《第 3 卷第 32 期编辑室电话》,载《生活》周刊第

3 卷第 32 期。(全集第 2 卷第 154 页、155—156 页、156—159 页、159—160 页、160—162 页、162 页、163 页、164 页、164—165 页、165—166 页)

《〈拆穿东洋人的纸老虎〉附言》摘要：

"根据最近出版的海关报告册(民国十五年份)，日本货输入中国，每年竟达三万万三千七百万两之多！其中日本棉货竟占十分之六！有人以为根据海关报告，中国原料输入日本的也有二万万一千二百万两之数，不知此种出口之原料以大豆为大宗，都是在东三省由日人经营的，号称由中国运出，其实获利的还是日本人：我国如此受人经济侵略，再不急起直追，振兴实业，只有穷死而已，充突内力于何有！"(全集第 2 卷第 158—159 页)

《丑而冷的夫人居然也有好处！》摘要：

"无论从事那一项职业的人，有那一个不想娶一位貌美情热的夫人？但是美国新闻学博士约翰逊却有特异的言论。他说新闻记者不宜有美丽的夫人，更不宜于有热情的夫人；做新闻记者的夫人莫宜于貌丑性冷，而其本能，亦只能烘面包，调羹汤，否则非所宜于新闻记者的夫人。""他的话虽出以滑稽的口吻，当然也含有一部分的真理，就是遇了这种丑而冷的夫人，使一个人'心不在焉'，便更能专心致志于他的事业，所以古人有的竟守独身主义，把事业视为妻子，至于新闻记者往往一夜忙到天亮，或须远行，更没有闲工夫来奉承如花美眷。""但是这也不能一概而论，有的容德才华俱备的贤内助，使丈夫的精神愉快，多方协助，反能促进丈夫事业的成功。""老实说，与其与貌丑性冷的人为伴侣，倒不如独身来得干净爽快。"(全集第 2 卷第 163 页)

7 月 1 日　《美国人触日本人的壁脚》、《不要再"鸭尿臭"了！》(署名心水)、《〈李石岑先生作狮子吼〉附言》、《〈忠恕〉附言》、《以一人影响世界》(署名秋月)、《繁华上海中的奇俭者》(署名落霞)、《〈在比利时住了七个月(上)〉附言》、《〈父母催婚甚急〉附言》、《〈乡邻女子年已十六〉附言》，载《生活》周刊第 3 卷第 33 期。(全集第 2 卷第 166—167 页、167—169 页、169—170 页、170—171 页、171 页、172—174 页、174—175 页、175—176 页、176—177 页)

《不要再"鸭尿臭"了！》摘要：

"革命军初到上海的时候，所谓'列强'，纷纷派兵到上海来，英军飞机并且任意在中国国土上瞎飞，竟置我国交涉员的屡次抗议于不顾，国人侧目愤恨，无可奈何，英军官邓坎在上海西报上布其宣言，说中国南北分裂，内战频仍，不成其为国家，不配说什么国家主权。""最近日内瓦传来消息，欧洲与中国未有不平等条约之某国外交领袖语某西报通讯员说：'列强不愿中国统一；他们不独嫉忌中国之和平,且恐中国统一强盛以后,取消彼等之固有特别权利,彼等当然要于事前力图阻挠;但中国苟能于此存亡之际,力破难关,军政协力,共济时艰,则彼等亦终须承认。'""总之在中国攫得特别权利的'列强',一方面藉口中国南北分裂而侵掠其主权;一方面恐怕中国真能统一而强盛,而取消他们所享有的特权。这次'矮子'在山东出其死力以阻挠北伐,尤其是上海人所谓'急来兮'的表现。但是我国本部现在总算统一了。""因我国本部的统一,国际空气已为一转。""我们不是说得了外国承认就在实际上有什么天上掉下来的好处,不过要修改条约,办理交涉,外国动不动便说中国没有统一的政府可以说话,则对外第一事是要有个统一的政府。""岂但对外,就是对内,非得到统一,建设何从着手?建设无从着手,国力何从充实?""国民九死一生所仅仅争得的大部统一,无数血泪忍痛换来的,藉以外御强权内修国政的统一,真当全国视为国命所关,爱重珍视,不许破坏。""西报上仍在那里造谣言,今天说某与某不和,明天说某与某争地盘,大有幸灾乐祸的神气;一方面国内还有许多没有心肝的无聊政客从中挑拨煽惑,掀波助浪。这种隐患,真可痛心。""我们切望全国上下时刻垂念目前救亡之急迫,国将不国,个人私利更何所附?有兵柄者绝对不可再生抢夺地盘之心,致蹈军伐之覆辙;全国国民尤当养成一致保存统一的心意;国命为个人生活所倚赖,力救国命,即所以自救。否则再有纠纷,贻全世界以齿冷,更是上海人所谓'鸭尿臭'!邓坎之徒,又将掀髯大笑!咳!不要再'鸭尿臭'了!"(全集第2卷第167—168页)

7月8日 《丢脸!》、《寻死路问题》(署名心水)、《〈回味〉附言》、《美人嘴里的美术》(署名落霞)、《欧洲最大的瀑布》(署名秋月)、《不知"情"是怎么样》(收入《悬想》)、《〈关于一周鸟瞰的几句话〉附言》,载《生活》周刊第3卷第34期。(全集第2卷第177—178页、178—181页、181页、181—183页、183页,第5卷第310—311页,第2卷第184页)

《丢脸!》摘要:

"日本大阪的《日日新闻》最近印行一种关于济南惨案的特刊,订成一册,里面插刊许多照片。一部分是暴日到济耀武扬威的海陆军,一部分是显出中国人的懦弱状态。他们把这样特刊向世界大发而特发,当然大丢中国人的脸,这是我们子子孙孙永不能忘的厚惠!中国人若再不排除私见,积极准备雪耻,力求一旦能伸眉吐气,有何面目与世界各国人相见?""我看这特刊里许多照片,最惨痛的是许多被拘的南军,手向后绑,赤着脚,哭着脸,由三五持枪暴戾的日兵在后押着走。这还说是处于强力威迫之下。尤其使我发指的是看见里面有一张照片,现着济南总商会会长孟庆宾穿着马褂,脱着小帽,笑容可掬的必恭必敬的,'鞠躬如也',和'刽子手'福田的联队长握手! 就是说怕死,难道不那样笑着脸,恭而敬之,就要吃手枪吗? 该刊日文当然故用揶揄的口气,在相旁表示中国人的代表欢迎日军。冤哉中国人! 何为而有此无耻之尤的'代表'!"(全集第 2 卷第 177—178 页)

《寻死路问题》摘要:

"这种青年那样轻生,当然是国家方面的一种损失。而且其中有一位是为不平,为社会污秽而死;有一位是志气好,不胜他人蔑视侮辱而死;有一位是悲怀国事而死:他们死的动机也很高尚,和草棚中的江北无知妇女,偶与丈夫口角即上吊轻生,固不能同日语,但是我们对于这样轻生的青年,'悯其行'则有之,'壮其志'则尚未。""我们赞成拼命的精神,不赞成轻生的举动。所谓拼命的精神,也就是拼死的态度。所谓拼死,不是就要死,是拼死命的干去,干到死而无可再干的时候,也就瞑目算了! 有了这种拼死的精神,横竖一个死,横竖预备死,横竖预备做到死就撒手算了,所谓患得患失,所谓同流合污,所谓怕难,所谓嫉妒,所谓忧虑,所谓常戚戚,可以一扫而空;反而可以养成独往独来,排万难行所无事,造成浩然之气,如孟子所谓'虽千万人吾往矣!'所谓'说大人则藐之',遇到国家大事,如效命疆场之类,必能'临危授命','舍生取义','杀身成仁'。何以故呢? 因为横竖一个死,横竖预备死,横竖预备做到死就撒手算了!""同志们! 我们处在今日忍受万种侮辱的国势,处在今日环顾百般污浊的社会,要悲观起来,天天可以寻死! 但是我们要本'拼命'的精神,尽我等能力所及,不顾一切,积极的干去,尽心力的向前奋斗,做到那里算那里,做到一口气做亡了,不能再做了,也就撒手算了! 不过在一口气未亡之前,总要用'拼死命的精神',尽力之所及,'鞠躬尽瘁,死而后已',不可作无谓的轻生。""同志们! 横竖一个死,横竖预备死,横竖预备做到死就撒手算了! 我们觉得以此为基础而造成的人生观,真是直截了当,可以养成大无畏的精神,可以给我们安心立命的根据。"(全集第 2 卷第 179—181 页)

7 月 15 日　　《蒋总司令哭灵》(全集未收)、《不要脸的家法》(署名心水)、《有趣味的候选总统(上)》(署名落霞,收入《人物评述》)、《华盛顿在美京的空坟》(署名秋月)、《吃瘪》(署名孤峰)、《本刊健康顾问部》(八开版)、《第 3 卷第 35 期编辑室电话》、《第 3 卷第 35 期短简》(八开版),载《生活》周刊第 3 卷第 35 期。(全集第 2 卷第185—188 页,第 4 卷第 544—550 页,第 2 卷 188—189 页、189 页、190 页、190—191 页、191 页)

7 月 22 日　　《听腐化分子的腐话》、《民穷财尽中的一线曙光》(署名心水)、《有趣味的候选总统(下)》(署名落霞,收入《人物评述》)、《胡佛的政敌史密斯》、《海外桃源》(署名秋月)、《请问那一种好看?》(署名孤峰)、《上当的一幕》(收入《悬想》)、《〈打倒雌老虎〉附言》、《第3卷第36期编辑室电话》,载《生活》周刊第3卷第36期。(全集第2卷第192—193页、193—195页,第4卷第544—550页,第2卷第195—196页、196页、196—197页,第5卷第307—309页,第2卷第198页、199页)

《听腐化分子的腐话》摘要:

"一个人思想的奇特,往往有出人意外,非亲耳听见,简直不能相信的。有一夜我在友人晚宴席上,无意中遇着一位素不相识的客人,口若悬河的发表他的宏论,我仔细一听,却听见他说:'中国那里配抵制日货! 就棉纱而论,中国只会做十二支纱,四十支以上的纱就只有购买日货。但是十二支纱只能织极粗的土布。像尔我穿的衣服就不行,势非赤裸裸就不可了! 至于女子,穿丝光纱的,已经有人觉得'阿木林','但是中国有否一个人能染丝光纱! 也非仰给于日本不行。至于中国的海陆军,那里值得日本一碰! 学生军更荒唐! 什么军事训练,要藉此闹闹躲避暑假大考罢了!'我听了以为说者必是大日本的大国民,仔细一看,却是一个中国国民的面孔! 照他的高见,中国人只有俯首预备做奴隶! 我当时气不过,插着说道:'就是说我国有许多东西缺乏,也应该努力自作准备,绝不可存心永远依赖别人;况且人人共愤的切身国耻,更当人人存着破釜沉舟的态度。'"上月二十六夜十一时,驻商埠日军无故挨户搜索,无论男女,日军均以手探其心口,跳者即行逮捕! 商民从梦中惊醒,什九恐慌,被逮不少! 此外报上又时载日军奸淫的暴行。我想那位腐化分子看了以为都算不了一回事!"(全集第2卷第192—193页)

《民穷财尽中的一线曙光》摘要:

"常现于我们眼帘最可痛的事有两件:一是全国百分之八十的国民,以劳工过活的国民,胼手胝足,污衣垢面,住处如猪栏,苦工如牛马,无所谓休息,无所谓兴趣,惴惴然但求一饱而不尽可恃,总而言之,是过'非人'的生活! 但是一般有志服务的青年,虽从学校毕了业,社会上不要说没有相当的事给他做,简直要给他一个'唉饭地'都靠不住,我们每日接阅许多青年写给本刊诉苦的信,每每为之'心酸'! 想见这一般号称国家中坚分子的有为青年,皇皇然不知所措,父母无力庇荫,社会冷若冰霜,呼吁无门,悲愤颓丧,实在难过!""最近在黑暗中有了一线曙光了,这一线曙光是'裁兵'和'财政统一'两盏'明灯'里射放出来的。""办事非钱不行,国家建设也非钱不行,就是裁兵,也要谋相当的处置,不是裁了就算了事。从前军阀抢劫时代,各人地盘内的钱,'呒啥客气'尽往'腰包'里瞎塞，作为讨小老婆，建洋房，赌铜钿的开支。现在情形当然大不同，最近南京政府会议（七月一日在南京举行），我们认为最重要的议案便是'统一财政案'，不但对于收入要拟定一种统一的办法，即对于支出，也要拟定一种统一的办法，这样一来，才可以实施全国的建设计划。""军阀未倒以前，南北未统一以前，全国民众一致的心意是打倒军阀，达到南北统一的目的。现在军阀倒了，南北统一了，我国便须积极建设，准备实力，以安国基而御外侮。"（全集第 2 卷第 193—195 页）

7 月 29 日　《"翩翩浊世之佳公子也！"》、《国民党与中华民族之惨痛》（署名太平）、《代表腐旧观念的一封信》（署名落霞）、《订婚之后才晓得》（署名秋月）、《〈碰来碰去都是两性问题〉附言》、《西北的三大精神》、《世界上最贵的土地》（署名清风）、《世界上最大的瀑布马力》（署名孤峰）、《吃力弗讨好》（署名云霄）、《男子是世界上最不可靠的人》（收入《悬想》）、《〈替朋友商榷婚事〉附言》，载《生活》周刊第 3 卷第 37 期。（全集第 2 卷第 199—200 页、201—202 页、203—205 页、205—206 页、206—207 页、207—208 页、208 页、208—209 页、209—210 页，第 5 卷第 320—322 页，第 2 卷第 210—211 页）

《"翩翩浊世之佳公子也！"》摘要：

"我以为一个人的衣饰容发却应该弄得整洁。这不但是有关卫生，也和礼貌大有关系。""西俗注重'好仪表'，我国素不注重，俗有'绣花枕'之诮，其实绣花枕的可鄙，是因为里面是草包，不是因为外面是绣花，如用绣花的缎子，包着一块宝玉，岂不更好？""世人又往往把'整洁'和'奢华'混为一谈，其实洁净挺括的布衣，比皱若菜干的绸衣令人可爱得多！""我们不要以为这是'小德出入可也'的小节，这种事情小则关系个人的精神，大则关系国家的体面"。（全集第 2 卷第 200 页）

《国民党与中华民族之惨痛》摘要：

"中华民族之血，碧染济南市街，大和帝国之歌，凯奏山东道上。拥数十万武装同志之中国国民革命军总司令以至总指挥军长，对于横冲直闯之区区福田一师长，竟瞠目束手，无如彼何！呜呼！两年以来国民革命军无敌不摧之光荣历史被污辱矣！此在国民党为身受宣告极刑之惨痛，亦即中华民族全体承受之奇耻大辱也。""此则今日之政府，应负完全责任，谋与全国人民共雪此耻也。""不仅雪耻而已，日本横厉无前之暴举，已引起久经沉默之各国瓜分中国问题。自此以往，我国政治如不能表示以最大速度最大效率，在进步线上衔枚疾趋，与日本竞进，势必致日本民族之进取高潮，向山东关东氾滥而来！其时虽有爱我者，必无代我捍卫之理。况国际间道德，原以谋本国福利为主，我不能自振,虽爱我者,彼亦只有各尽其力,各取所可取,以造成世界对于亚东大陆之均势新局耳！故我国今后能雪耻始能救亡……雪耻问题即是救亡问题,根本只在养成民族自立之真力量耳。""雪耻之道奈何？一言尽之曰：养成对外作战之能力！……故今后掌握国家统治权之国民党政府,能否悬一准备对外防御作战之大目的,以振起新精神,力图全国一致,进而实施准备作战之具体政策,实为国家与民族之永久生存问题。"(全集第 2 卷第 201—202 页)

《吃力弗讨好》摘要：

"我们的意思是注重无论做什么事都要用脑子想想,不用脑子的人不要想有进步,不要想能把事情做得好,不要想有成功的日子。"(全集第 2 卷第 210 页)

8 月 3 日 代表《时事新报》走访驻沪英总领事巴尔敦氏。著文《辫子一根》。(全集第 2 卷第 233 页)

8 月 5 日 《憨态可掬》、《捣乱得淋漓尽致》(署名心水)、《猜猜看她几岁了！》(署名清风)、《办事的精神》、《狂热中的清静》(署名秋月)、《几件快事》(署名落霞)、《不平等条约到底说些什么？》(署名灵觉)、《〈请宣示他们的真姓名〉附言》、《〈又大又阔〉附言》,载《生活》周刊第 3 卷第 38 期。(全集第 2 卷第 211—212 页、213—214 页、215 页、215—216 页、216—217 页、217—219 页、220—222 页、223 页、224—225 页)

《捣乱得淋漓尽致》摘要：

"此次天津尚未克复以前,在津日本首领向各国驻军建议,要把租界外二十里内作为防线,这样一来,把一大部分不是租界的区域也圈在里面,同时用各国联军共同名义警告南北两军,不许越此防线一步。这样视中国主权如无物,视中国全国如无人的举动,日本自己在青岛济南及胶济路一带,本已任所欲为,要怎么样便怎么样,丢中国人的脸至矣尽矣,在日本本不足奇,不过在津日军乘各国屡次开军事会议的时候,屡把这个建议提出,便是处心积虑,要连合各国丢中国人的脸,要各国学他的'好榜样'来蹂躏中国！""他一国的横暴行为,强占济南,惨杀吏民；于完全的中国领土内,要华兵立即退出济南二十里,即退出济南二十里,要入城即入城,已使中国人无面目对世界！""让日本再出其层出不穷凶狠无比的捣乱手段,在国际上再无穷无尽的丢我们的脸,那要问我们自己了！"(全集第 2 卷第 213—214 页)

《狂热中的清静》摘要：

"我们以为做人,尤其是做热闹中人,都应该有一个时候处于孤寂静默的环境中,获得澄思清虑的机会,庶几不至追逐潮流,消亡自身智慧；每日忙碌的人,亦宜有一点儿时间清心反省,或静默养神,于身心都有极大的益处,并有极

大的乐处。"（全集第 2 卷第 217 页）

《几件快事》摘要：

　　"钱这个东西倘有得用也就够了，原是'生不带来死不带去'的东西，何必那样死命的昧着天良的搜括？像张作霖那样家产弄到几千万，死后还不是一个身体装在一个棺材里！他的儿子张学良替他装阔，替他拨捐私产九百万元办学，我们试想老张不是自己经营开矿，或办其他的正当实业，用自己的资本，赚自己应得利息，他的钱从那里来？也无非出于一'括'！用昧着良心括来的民脂民膏，无论怎样捐，（况且还是死后别人代表他阔！）还是使人齿冷。""要有廉洁的政府，廉洁的社会，非先养成国民的清廉操守不可，否则外面似乎好听，里面还是一团糟！""别人的事，我们管不得许多，至少我们各个人先把自己做成不送贿不受贿的人，换句话说，他人如何我不问，我自己无论如何，必保守我的清廉操守。这样的人多了，少数的坏坯也就无容身之地了，积少成多，先从个人做起。"（全集第 2 卷第 219 页）

《不平等条约到底说些什么？》摘要：

　　"各国在华所订的条约，从'江宁条约'到'辛丑和约'都是出于威迫的；讲到它们的内容，纯以劫夺他人的土地主权为目的，根本便是不合法的。简单说起来，所谓不平等条约完全是片面的条约，订约的两造，一造为权利国，专享权利，不尽义务，一造为义务国，专尽义务，不享权利；这种条约是强国用威力及诈术向弱国取得的权利的结晶。各国对华的不平等条约重要内容如左："
"（一）领事裁判权"、"（二）协定关税"、"（三）赔款"、"（四）势力范围"。"现在各国还在那里挣扎，我们国民还要努力，尤其要人人明白所谓不平等条约的内容实在处处制我们的死命，这是中国国民要拼个死活的目标：要抵御外侮，同时还要积极整饬内政，从事建设准备实力。"（全集第 2 卷第 220—222 页）

8 月 12 日　《肉麻的模仿》、《感情》（署名心水）、《胡佛的妹子不要名》（署名秋月）、《〈苦学成名的一位律师〉附言》、《世界上最大的树》（署名孤峰）、《悬想》（署名静渊）、《不愿意跟一只猪猡》、《屈服呢？赖婚呢？》（后两篇收入《最难解决的一个问题》），载《生活》周刊第 3 卷第 39 期。（全集第 2 卷第 225—226 页、226—227 页、228—229 页、229—231 页、232 页、232—233 页、第 4 卷第 248—250 页、250—251 页）

　　《肉麻的模仿》摘要：

　　"本刊的排印格式，自信颇有'独出心裁'的地方，但是近来模仿我们的刊物，已看见不少，听见有一种刊物的'主人翁'竟跑到印《生活》的那家印刷所，说所印的格式要和《生活》'一色一样'！我们承社会的欢迎，正在深自庆幸，并不存什么'吃醋'的意思,不过最好大家想点新花样,若一味的'一色一样',觉得很无谓。""我们以为无论做人做事,宜动些脑子,加些思考,不苟同,不盲从,有自动的精神,有创作的心愿,总能有所树立,个人和社会才有进步的可能。"(全集第 2 卷第 226 页)

《感情》全文:

"我们待人,金钱的势力有限,威势的势力也有限,最能深入最能持久的是感情的势力,深切恳挚的感情,是使人心悦诚服的根源。""我们的亲属,或是我们的挚友,其中若有不幸而离开人世的,我们不自禁其鼻酸心痛,悲哀涕哭;听见有一个不相识的路人在门口被汽车轧死,我们至多悯惜而已,决不至流出眼泪来。亲属挚友是人,路人也是人,然而或悲或不悲,不过一则有感情,一则无感情而已。""友人某君在某机关居于领袖的地位,他对于其中的职员,除公事外,对于各人的私事,各人家庭状况之困难情形,个人疾病之苦痛情形等等,都很关切,时常查询慰问,有可以帮忙的地方无不热诚帮忙,所以许多同事视他不仅是公事上的一个领袖,也是精神上得着安慰的一个良友。""又有一个机关的领袖,他的学识经验都很使人佩服,但是我问起他机关里职员对于他的感想怎样,所得的答语是:'我们对于他敬则有之,不过感情一点儿没有!'我追求其故,才知道这位领袖于公事之外,对于同事私人的事情,从来没有一个字问起。你就是告了几天病假,来的时候,他把公事交给你就是了,问都不问,慰问更不必说! 依他那样的冷淡态度,你死了,他就移原来薪水另雇一人就是了,心里恐怕一点不觉得什么! 所以替他做事的人,也不过想我每月拿你多少钱,全看钱的面上替你做多少事,如此而已,至于个人的感情方面,直等于零!""上面那两个机关,在平日太平的时候,也许看不出什么差异,一旦有了特别的事故来,如受外界的诱惑或内部的意见而闹风潮的时候,结果便大不同了。""我还有一位朋友在上海某机关服务,他是常州人,不幸生了病,回乡去卧了一个多月,他那个机关里的领袖三番五次的写信慰问他,叫他尽管静养,不要性急,他说当时捧读这种情意殷切的信,真觉得感慰交并,精神上大为舒服,简直可以说于医药之外,也是促进他速愈的一个要素!""我们倘能平心静气从这类事实上体会,很可以看出待人的道理;我们平日待人的时候,很要在这种地方留神,也可以说是做人处世的一种道理。"(全集第 2 卷第 226—227 页)

《不愿意跟一只猪猡》摘要:

"未得本人同意所定的婚姻,既确认对方是无足取,决不可随随便便的勉强结婚,结了婚更难办! 既未结婚,在此情形之下,当然要毅然提出解约,决勿迁就。即在中国目前的情形，解约后再自选意中人出嫁的，已数见不鲜，并不像离婚后再嫁的困难。""人生向上全恃有奋斗的精神，什么'做尼姑'咧，'一死了事'咧，都是懦弱者所为，千万不可存此浅见。"（全集第 4 卷第 249—250 页）

8 月 15 日　至方先生、兰女士寓所采访，著文《赴某君国际婚姻茶话会志感》。（全集第 2 卷 242 页）

8 月 19 日　《辫子一根》、《因姚女士的死又想到寻死路问题》（署名心水）、《男的身体和女的身体》（署名秋月）、《〈中国女子的束胸〉附言》、《离不开》（署名静渊）、《又是一位有趣味的候选总统（一）》（署名落霞，收入《人物评述》）、《距海面七千尺的名路》（署名孤峰）、《恋爱已呈白热化》（收入《最难解决的一个问题》）、《救救我姊姊的性命》（收入《悬想》），载《生活》周刊第 3 卷第 40 期。（全集第 2 卷第 233—234 页、234—238 页、238—239 页、239 页、240 页，第 4 卷第 552—567 页，第 2 卷第 240 页，第 4 卷第 228—229 页，第 5 卷第 305—307 页）

《辫子一根》摘要：

"八月三日作者因事代表《时事新报》去访驻沪英总领事巴尔敦氏，到他寓所之后，开门的就是一位背后拖着一根粗而且长的辫子的仆人，当时这根辫子突现于我的眼帘，引起我很不快的感觉，因为他在那里管门，既是外国领事的寓所，来来往往的男女西人，当然很多，拖着那根辫子，似乎太坍中国人的台。""事后我自己默思那根辫子何以令人如此讨厌，觉得到了中国进步到现在的时代，还留着那样徒然累赘毫无用处的辫子，不是代表'毫无知识'，便是代表'牢不可破的顽固'。像逝世未久的辜鸿铭，他的学问虽有可取之处，但是他始终拖着那根辫子，怪不得他竟闭着眼睛主张君主，缠足，讨小老婆！其顽固的精神就在那根辫子上可以看出！""也许有人说'形式'何必如此注意，但是'形式'往往影响到'精神'，所以要振作'精神'，往往不得不一新'形式'，不仅辫子一端而已。"（全集第 2 卷第 233—234 页）

《因姚女士的死又想到寻死路问题》摘要：

"对于要寻死路的青年，要极诚恳的提出一个建议，就是你要寻死的时候，先去寻一位自己生平所敬仰的人，把你的问题和盘托出的和他（或她）痛谈一番，请他指教。师友中有这种人固好，否则社会上的人，只要是你所认识的，或是不认识的，都可以去找他一谈。我们深信有许多事经过这样一谈，经过这样智识经验丰富，思想正确，人生观正确的人的开导，至少可以提醒误解而收到悬崖勒马的功效。"（全集第 2 卷第 237—238 页）

8 月 26 日　《中国的黑奴问题》、《赴某君国际婚姻茶话会志感》（署名心水）、

《幽径村庐》(署名秋月)、《冯玉祥的快语》、《何老头子之多也!》(署名清风)、《又是一位有趣味的候选总统(二)》(署名落霞,收入《人物评述》)、《那一国?》(署名静渊)、《〈不动心〉附言》、《美法总统的薪俸》(署名孤峰)、《婚后》(收入《最难解决的一个问题》),载《生活》周刊第 3 卷第 41 期。(全集第 2 卷第 241—242 页、242—246 页、246—247 页、147 页、248 页,第 4 卷第 552—567 页,第 2 卷 248 页、249 页、250 页,第 4 卷 238—239 页)

《中国的黑奴问题》摘要:

"西友某女士到上海未久,有一天和我谈起上海的黄包车夫,她说她初到上海的时候,看见许多圆颅方趾的人类似'牛马',她初次坐在黄包车上,心里实在觉得非常的难过,情愿不要坐! 她想到那种曲着背脊,死命的跑,不知道怎样受得住! 据她所闻,那些黄包车夫做了三年必病,做了六年必死! 她又说据老于上海的外国人,都说那些黄包车夫都已习惯成自然,就是牛马了! 劝她坐的时候,当他们是牛马就是了,用不着什么不忍! 但是她说她还是不忍。"
"想到当此炎夏的时候,我们坐在车上的同胞'司空见惯',也许不觉得什么,若略一思考,看见那种汗流浃背,听着那种急喘哀音,所为者几个铜子,一碗薄粥,度此残生,作何感想! 外国人索性把他们看作牛马,我们忝居'同胞'之列的,又作何感想!""就上海一埠而论,沦为'牛马'的同胞有两万多人,这些都是对外表示'中国人生命不值钱'的'活广告'! 外国人有许多没有'瞻仰'过东方文化的,说起旅行,总喜欢到中国来游历一下,近来尤盛的是美国的大学旅行团,一来就是男女师生四五百人。但是我们想起他们拥到上海一次,便大惊小怪的多见一次许多实际生活等于牛马的中国国民,我们忝在'同胞'之列的,不知道心里怎样难过!""中国的黑奴! 中国的'林肯'在那里?"(全集第 2 卷第 241—242 页)

《〈不动心〉附言》摘要:

"'不动心'的确大有可以受用处;不过不动心的修养,不是要养成'冷血动物',是要养成可以自主的能力,不任感情盲目奔驰,以致自寻苦恼。"(全集第 2 卷第 249 页)

《婚后》摘要:

"夫妻间如在意志性情方面是'知己',彼此亲爱,则虽目前处境比较的苦窘,共同体谅,共同奋斗,于困苦中有其至乐之处,比那些'财主'三妻四妾,大家族里闹得乌烟瘴气,实判若霄壤。况且'天助自助者',只要夫妻能克勤克俭,留心机会,前途尽有光明的日子,享福的时候;决不是要一生一世'困苦'

的。"(全集第 4 卷第 239 页)

9 月 2 日　赴苏州,参加友人殷木强、俞孟箴的婚礼。著文《我的两位好朋友恋爱成功纪》。(全集第 2 卷第 279—282 页)

同日　《仗义执吠的狗》、《〈我们矮邻居的新闻事业〉附言》、《为解约事再答陈凤和女士并劝两方家长》、《海滨卧游》(署名秋月)、《又是一位有趣味的候选总统(三)》(署名落霞,收入《人物评述》)、《鼓励史密斯上进的傅利》(署名清风)、《但望我的儿子》(署名静渊)、《有趣味的研究》(署名云霄)、《〈由贵州拼命奋斗出来的一个女子〉附言》,载《生活》周刊第 3 卷第 42 期。(全集第 2 卷第 250—251 页、252 页、253—256 页、256—257 页,第 4 卷第 552—567 页,第 2 卷 257—258 页、259 页、259—260 页、261—262 页)

《仗义执吠的狗》摘要:

"老友张竹平先生住在上海辣斐德路,他告诉我说昨天上午(八月十五日)他家的门口出了一桩奇事。有一部汽车如飞的驶过,刚到他的门口,把一个走路的人轧伤,立刻'呜呼哀哉伏维尚飨',鲜血淋漓,僵卧于地,那个开车的人看见闯了祸,车也不停,正想'溜之乎也',张先生寓所隔壁某西人家里却养有两只警犬,看见一个人被那部汽车轧倒于地,红血喷涌,不管那部汽车开足马力,居然大抱不平,狂吠飞腾,奔向车前拦阻前进。那个开车的还想逃,那两只警犬竟'义愤填膺',同向车上开车的人奔扑阻挠,这个时候,那个开车的人手足竟不得自由,街上看的人也越集越多。结果他竟不免'捉将官里去'!""若有同属于一个民族的人,眼见穷凶极恶的强暴,占了我们的土地,杀了我们的吏民,还不能开诚布公,互泯私见,消灭意气之争,搁开个人权利,万众一心的振作精神,从事建设,积极御侮,那就对着这两只狗都不免惭愧!""骂人做狗,当然要'像煞有介事'的板面孔,至于人不如狗,则又如何?"(全集第 2 卷第 250—251 页)

《为解约事再答陈凤和女士并劝两方家长》摘要:

"'力谋社会改造'既是本刊的宗旨,而且本刊之对于读者实居于'良友'的地位,所贵乎'良友'者在能患难相救,所以本刊对于此事,自当主持正谊,尽力援助。""本刊并不是盲目的提倡解除婚姻,但对于强迫女子的无人道的婚约,为女界幸福起见,为社会风纪起见,不得不力主打倒。"(全集第 2 卷第 253—256 页)

9 月 9 日　《一位女友的剪发风潮》、《养儿子和恋爱》(署名心水)、《救了三个女子而不自居功的女子》(署名秋月)、《又是一位有趣味的候选总统(四)》(署名落霞,收入《人物评述》)、《小孩子倒霉!》(署名云霄)、《老王》(署名静渊)、《水中乐》

(署名清风)、《欧洲最美丽的瀑布》(署名孤峰)、《〈一洗尖嘴姑娘的臭名〉附言》、《〈短的好〉附言》,载《生活》周刊第3卷第43期。(全集第2卷第262—263页、263—266页、266—267页,第4卷第552—567页,第2卷267—271页、272页、272页、273页、273—274页、274—275页)

《养儿子和恋爱》摘要:

"中国家庭最重要的基本观念,不外三个字,就是'养儿子'。孟老夫子说过一句很作孽的话,便是'不孝有三,无后为大'。在当时他的这句话是专为吃老子苦头的'舜'辩护,但是后来居然成为'养儿子'的理论根据。""讨老婆的目的既重在'养儿子',出嫁的目的既重在替人'养儿子',所以婚姻的基础用不着什么'恋爱'。没有见过面谈过话做过好朋友的当然说不到'爱',这是什么人都不能不承认的;但是在中国大多数的婚姻,在'入洞房'以前,便是没有见过面谈过话做过好朋友的人,这种婚姻在西洋以'爱'为婚姻基础的人,听了简直要奇得不可思议。而在中国则行所无事,因为目的只在'养儿子',不见得未曾见面谈话做好朋友,便一定养不出儿子!于'养儿子'方面既无妨碍,何必一定先要见面谈话做好朋友呢?""西洋的婚姻是以'爱'为前提,至少在举行结婚的时候男女两方是彼此互爱的。惟其如此,所以婚姻要由自己选择,父母只能顾问或指导,不能作无理的压制;惟其如此,所以寻不到'恋人'的时候,情愿独身,女的情愿做'老小姐',父母用不着愁虑,也没有方法可以强代解决的;惟其如此,选择自然而然的落在子女自己手里;惟其如此,大家族无由成立。""就以'恋爱'为基础的立足点看,和不相识素不见面的人结为终身伴侣,是件不可思议的荒谬绝伦的野蛮风俗。"(全集第2卷第263—266页)

《救了三个女子而不自居功的女子》摘要:

"世上实际没有什么功而自以为功劳很大的不知有多少!有一点功而忍不住一定要自表的更不知有多少!其实自表自己的功劳,精神上并不愉快,有的时候还使旁人齿冷,至少替他觉得难为情,惟有不自居功的人,精神上最快乐。"(全集第2卷第266—267页)

9月16日 《"吾爱!"》、《唯唯诺诺的角色》(署名心水)、《我的两位好朋友恋爱成功记》(9月2日晚记于沪宁车中)、《又是一位有趣味的候选总统(五)》(署名落霞,收入《人物评述》)、《那一位住进去?》(署名孤峰)、《白高兴》(署名静渊)、《不忍对不住她》(收入《最难解决的一个问题》)、《〈能使做事者有书可读〉附言》(八开版),《生活》周刊第3卷第44期。(全集第2卷第275—276页、276—278、279—282页,第4卷552—567页,第2卷第283页、284页,第4卷第203—205页,第2卷284—285页)

《"吾爱！"》摘要：

"要用'吾爱'的时候，切莫忘的是要预想用者在受者的心目中是否够得上'吾爱'，是否到了'吾爱'的程度，否则奉敬一记'耳光'，不要见怪！""彼此如有相当的情形，彼此果'心心相印'，彼此由发生相互的真心恋爱而用得到'吾爱'的称呼，我们当然要'恭贺'的。不过除此以外，我们要明白无论男的，女的，做了朋友，便要看作自己的弟兄姊妹一样，要尊重彼此的人格，如这种'起码货'的修养工夫都没有，便不配加入男女社交公开的社会。倘对方不吾爱而我硬要把'吾爱'挨上去，便是不尊重对方的人格，甚至有出于卑鄙的胡闹行为，那更是罪不容诛，社会应加以严厉的制裁。"（全集第2卷第275—276页）

《唯唯诺诺的角色》摘要：

"各业领袖倘是贤明的，他所朝夕访求的人才，决不是唯唯诺诺的一派，因为唯唯诺诺于他是毫无所补的；你如果不管他的计划到底好坏，不用自己的脑子思考一番，便唯唯诺诺起来，那末他的计划倘若本来是好的，多了你的唯唯诺诺一下，并无丝毫的增益，他的计划倘若本来是不行的，受了你的唯唯诺诺一下，反而促他走入歧途，弄得一团糟！他所殷切访求的是肯用脑子能用脑子的人，因为这种人才能增加他的事功效能，才能替他分负责任。""在唯唯诺诺的反面，便是无论对于什么事情，要养成判断的能力；要用自己的脑子思考一番，依自己思考力所得的结果，下一断语；我以为是的还他一个是，我以为非的还他一个非，我以为应该这样办的，或以为应该那样办的，便自己打定一个主意或态度。""唯唯诺诺的反面并不是'盲目的反对'。社会有一种人在机关里，或在会场上，无论对于什么'计划'或'建议'，总是要保持一种'死作对头'的态度，不管对与不对，总是要反对的，这是所谓'捣乱分子'，虽与'唯唯诺诺'处于相反的绝端，也是要归在'没有脑子'的一类。"（全集第2卷第277—278页）

《我的两位好朋友恋爱成功纪》摘要：

"我的两位好朋友殷蕙田先生和俞孟箴女士现在恋爱成功了。""'自由婚姻'，也可以说是'以恋爱为基础的婚姻'，当然含有许多要素，但是我以为其中最大的要素要'自己选'。亲友可以介绍两方做朋友，家长可以指导，或帮同商榷；但是选择之权应完全属两方本人；由'心爱'而想到'缔婚'，要完全由两方本人'心坎中'出发。""'自由婚姻'固然要'自己选'；但是当此开始的时代，最易忽略的是'审慎的态度'，这是我们要一万分郑重提出，请大家注意的，例如上海近来出了好几桩'类似自由婚姻'的恶果，往往对方的家庭历史，个人学识品性能力都未曾十分弄清楚，即贸贸然表示恋爱，甚至贸贸然'同居'，一旦'弄槽',反贻'顽固派'攻击'真正自由婚姻'的口实！可为浩叹！""有人说'恋爱是无条件的'。我以为这句话是相对的,不是绝对的;如果是绝对的,便用不着'选',一位容德才华俱备的女子何不爱上一个'瘪三'！""现在有一般青年,已经有了'恋人',又没有勇气奋斗,竟屈伏家属的要求,和'不相干'的人结婚,贸然结婚之后,又想离婚去找原有的'恋人',弄得'治丝益棼'！这类'懦夫'实在不配享受'自由婚姻'的幸福。""还有一点也很可注意的,就是俞女士的经济已能独立,已能养得活她自己,所以一方面不怕家庭的压迫;一方面就是终身不嫁也不至仰人鼻息。如一面要倚赖家庭,一面又要替自己争自由,当然更加一层困难。"(全集第 2 卷第 279- 282 页)

9 月 23 日 《法螺专家》、《合不拢来》(署名心水)、《〈美国的女子〉附言》、《美丽能干的女秘书》(署名秋月)、《又是一位有趣味的候选总统(六) 》(署名落霞,收入《人物评述》)、《城隍老爷作孽！》(署名孤峰)、《讨大老婆》(署名静渊)、《极想脱离大家庭》(收入《悬想》)、《〈一个很知己的女友将出嫁了〉附言》,载《生活》周刊第 3 卷第 45 期。(全集第 2 卷第 285—286 页、286—288 页、288—290 页、290—291 页,第 4 卷第 552—567 页,第 2 卷第 291—292 页、292 页,第 5 卷第 303—305 页,第 2 卷第 293—294 页)

《法螺专家》摘要:

"有某君在政界里'瞎混',他的'官衔'在想阔未阔之间,而他的'嘴巴'却在大阔特阔的'法螺世界'。你若在宴席间遇着这位'法螺专家',常可以听见他不开口则已,一开口不是昨天和'王督办'谈天,便是刚才在'宋部长'家里出来,或是等一会儿还要赴'孔部长'的约会。他的妙处在并没有人问他,他却自己把准备好的'法螺'如数家珍的搬出来。""不知道他底蕴的人也许以为这总是一位'党国要人'！但是不数分钟旁人窃窃私问一下,便立刻知道他原是生了一副法螺嘴巴！他'苦心孤诣'所得的结果不过换得旁人几分钟的窃窃私问而已！""上面所说的""固然近乎心理学上所谓'变态',可以算是'夸大狂'的一种极端表现。但是常人也不免犯'夸大狂'的毛病,不过程度有深浅而已;大概学养愈深的人,这个毛病愈少,或可全无。"(全集第 2 卷第 285—286 页)

《合不拢来》摘要:

"记者前几年被朋友介绍入了某某学会,这个学会的会员在上海的也有五六十人,都是国内外大学毕业,在社会上有专业的人,总算比较的优秀分子了。那个会每月聚餐一次,说是以'联络情谊交换知识'为宗旨,我生平很喜欢交友,便欣然加入。当时公推的会长便是上面所说的那位周老朋友,公推的书记便轮到我。最初大家很起劲,后来人数渐渐的少了,到了最后一次,到会的人连会长及书记在内,共计只有三个! 这个号称'学会'既然'不会',也就无形消灭。当时我们并没有什么'意见',不过是大家最初起劲,后来便懒于到会就是了!""只有团体的形式,缺乏团体的精神","和团体生活有连带关系的是会议,因为团体的事情,往往要在会议里面讨论取决。""我国一般人——其实所谓有知识的上等人也在内——不能遵守会议的常规,更随处可见。""议场上已有一个人在那里说话,仍有许多人你一句我一句在那里高谈阔论。他们有了'高见',不肯等别人说完了立起来正式发表,却喜欢交头接耳的瞎说!""还有一种恶习惯便是不肯服从多数,不肯认输。就是有一个人意思被人驳倒了,他总不肯爽爽快快的认输,更无服从多数通过的议决案之诚意。好像在议场上发表了他的'高见',非通过不可,否则便觉得面上过不去。柔弱者即由此消极;桀骜者更因此捣乱。""既然合不拢来,无怪乎是'一盘散沙'!"(全集第 2 卷第 287—288 页)

《美丽能干的女秘书》摘要:

"秘书的职务,也是女子所宜的一种职业,我国近来也常有女秘书出现,原是一种好现象,其中'克尽厥职'而为女界争光者固不少,可是有一部分,她所共事的领袖往往容易和她发生恋爱,这也本非不可的事情,不过有的领袖已是'使君有妇',便不免发生许多纠纷,闹得社会侧目,这也许是风气初开,两方觉得新奇而易有流弊,等到将来风气大开,彼此司空见惯,也许可以'行所无事',成为很自然的局面,庶几彼此只有职务上及友谊上的关系,不至那样容易跑到瞎爱的路上去。""社会是由男女共同组织的,才觉得有生气;办公室里有男职员,也有女职员,另有一种欣欣向荣的气象。文明愈进步,这种现象愈普遍;愈野蛮的社会,愈是只有男子'专利'的现象。"(全集第 2 卷第 290—291 页)

《〈一个很知己的女友将出嫁了〉附言》摘要:

"我们以为丁君绝对不必'伤心极了'。依编者个人的经验,我对于很知己的女友,年长于我者我当她'姊姊',年幼于我者我当她'妹妹',一旦她出嫁,我反多了一个很知己的'姊丈'或'妹婿',更和她的小家庭有交情,还时常来往,用不着'离远她',更用不着'伤心'。我想丁君倘也采取这种态度,也许不至再伤心。""一个人怕孤寂,最怕精神无所归附:我们倘能就性之所近,鞠躬尽瘁于某种学问的研究,或某种业务的进行,一团高兴的做去,自觉得有安心立命怡然自得之乐趣;也许环境愈孤寂,用心愈专,久而久之,有了兴趣,此心有所安顿,便不觉其苦了。若徒然冥思幻想,必至愈趋'一点生趣也没有'的一条路上去。这是可以自己作主的事情,切望丁君猛醒。"(全集第 2 卷第 293—294 页)

9月30日　《自备的监牢》、《看到了好东西》(署名心水)、《甚嚣尘上中的闲情
逸致》(署名秋月)、《〈请大家来照照镜子〉附言》、《何必热烈》(署名静渊)、《美国的
"恋人"》(署名孤峰)、《饭桶》(收入《最难解决的一个问题》)、《〈女子的切身问题〉附
言》,载《生活》周刊第 3 卷第 46 期。(全集第 2 卷第 294—295 页、295—298 页、299—300
页、300—301 页、301 页、302 页,第 4 卷第 99—101 页,第 2 卷第 303—304 页)

《自备的监牢》摘要:

　　"试想一个人一天到晚有武装巡捕跟着,出了家门便钻进办公室,出了办
公室便钻进家门,正当娱乐的地方固然不敢到,友朋应酬也未便到,这种不自
由的苦处也就可想而知,说是'自备的监牢',倒也名符其实。""我们'穷措大',
有许多以未能'发财'为撼,其实我们要到那里就到那里,就是要走出去乘车,
也无须那样手忙脚乱,自由得多了! 想到这种地方,心气也许可以平些罢!"
"还有一点,绑匪之多,当然也是'民不聊生'的一种'铤而走险'的结果,所以大
多数平民生计没有弄好,少数'富家翁'实在也很难平安过他们的舒服日子。"

(全集第 2 卷第 294—295 页)

《看到了好东西》摘要:

　　"所谓'做人的态度',并不是无用的玄想,乃是可以用来对付种种人生问
题的工具,再简切的说一句,就是可以切实用来帮助我们'做人'。凡事有所准
备,便不至临事手忙脚乱,或心慌意乱,或无所适从。我们有了一种相当的正
确的'做人的态度',便好像已经'胸有成竹',也可以说是'心里有了主意',也
好像一只船有了舵,遇外界事变之来,自能应付裕如,此'心'不为所扰动。""我
常想天地间无论那一种事业,它的进展历程都是无限的。例如有了轿子又有
人力车,有了人力车又有汽车,有了汽车又有飞艇……将来不知道再有什么!
又如有了菜油灯又有火油灯,有了火油灯又有电灯,现在科学家又在想法发明
无线电灯……将来不知道再有什么! 所以我常把一种事业的进展历程比作一
条无限长的线,它的性质是'无涯'的。我们以'有涯'的生命,做任何一种这样
'无涯'的事业,只能依各人的能力,在这条线上推进一寸,或几寸,或几尺,推
到我们'瞑目'的时候,只好让继起的别人再向前推。这样想来,就是依着我们
各个人的能力,或大或小,或推得远些,或推得近些,总不能'包办'全线的结
果,这是很显明的。所以严格说起来,我们各个人择了任何一种事业向前做
去,只有利用自己的能力,所有的机会,尽心尽力向前干去,干到那里算那里,
也可以说好像向那条无限长的线推去,推到那里算那里。""我觉得我们做人,
只怕不尽人事,那末深夜静思,最觉得难过。倘若自信已经尽了我的心力,结

果如何，来者静以承受，便用不着依恋愁闷以自苦。我们遇着什么问题来，当然要尽心尽力想法解决，拼命的去干，倘有问题实在干不了，实在超出我的心力万万，也只得听其自然，白愁是无用的。不过未尽人事而'撒烂污'，也不能以此自护。""有了这样的'做人的态度'，总能获得常常愉快的生活，不然，前进无穷境，愁苦也无穷境，终身自讨苦吃！"（全集第 2 卷第 296—298 页）

《甚嚣尘上中的闲情逸致》摘要：

"'真正的休息'这几个字很有意思，一个人公务忙碌，一天到晚脑袋充满了设计筹划，倘得于若干短时间内到什么山明水秀的地方，另换一种全然不同的清新环境，把脑袋里的俗务暂时抛诸九霄云外，使身心全然处于休息的境地，固是人生的'一乐也'，而于身心健康方面，也有无限的好处。""这样'清福'似乎要事业做到有点'像样'之后，经济能力略过得去的时候，才能'如愿以偿'。""但是我们各就境地所许，也未尝得不到所谓'真正的休息'。例如公事忙了一天，把身体死洋洋的躺在沙发上，使全身筋肉松懈，全入休息状态，闭闭眼睛养养神，也可以说是'真正的休息'。做学生的平日读完这本书又要翻那本，身心颇形紧张，到了星期日，约二三素心人到郊野山林之处跑跑看看，嘻嘻哈哈的瞎谈一阵，暂把什么英文算学置诸脑后，也可以说是'真正的休息'。这种'真正的休息'的方式很多，在乎自己知道去享。""可是有一班人于余暇的时候，反去又什么劳神损身的麻雀，弄的达旦不寐，神昏颠倒，自以为是娱乐，其实去'真正的休息'不知几千万里。风闻公署机关的人员患这个毛病的不少，有的'女同志'也达旦在外和其他职员作方城之战，在风气初开的时代，害群之马势所难免，我们但望此风之速戢，勿为社会多增恶焰而已。"（全集第 2 卷第 299—300 页）

《美国的"恋人"》摘要：

"我国有的做老头子的对于女儿，做丈夫的对于妻子，往往因剪发而妄加干涉，也太不尊重个人的正当自由了。"（全集第 2 卷第 302 页）

《饭桶》摘要：

"自己无实在能力而徒然倚赖别人，他的'靠山'也可以说是'冰山'，一旦'冰山'倒，便须'坐以待毙'。况且喜用'饭桶'的经理，更易跑到倒的路上去，决不能持久的。所以'饭桶'的'金钱世界'是大靠不住的。'良知'是人所共具，'饭桶'自身精神上的苦痛，也决不能免的，更说不到真正的'舒服'。"（全集第 4 卷第 100 页）

10 月 7 日　《真的吗?》、《礼貌要整顿下才好!》（署名心水，收入《事业与修养》)、《两位有功人类生活的老头儿!》(署名秋月)、《美总统的儿子》(署名落霞)、《最近世界运动会中的女运动家》(署名孤峰)、《老而且厚的面皮微微的红了一下》(署名愚公)、《不要瞎想》(署名静渊)、《〈"我也赞成打倒雌老虎"者的无理取闹〉附言》、《〈这样的结婚办法对不对〉附言》,载《生活》周刊第3卷第47期。(全集第2卷第304—305页,第4卷第728—730页,第2卷第305—306页、307—310页、311页、311—312页、313页、313—314页、314—315页)

《礼貌要整顿一下才好!》摘要:

"咱们的同胞生在数千年的'礼仪之邦',当然是有礼貌的!""你看大多数仍旧喜用拜跪礼的结婚,跪了又跪,拜了又拜,跪啊! 拜啊! 弄得新郎新娘的两个腰,两双腿,酸痛得不亦乐乎! 至于虚耗于这种繁文缛节的宝贵时间更不算什么。这种把戏不是自以为有'礼貌'吗?""你看大多数请客上席的时候,并不由主人指定座位,却由客人来你拉我扯,好容易拉扯了半晌,才舒齐的坐下。这种现象不是自以为有'礼貌'吗?""不幸多了几位客人,由主人肃入饭厅的时候,或是一同向主人辞别而将要走出客厅门口的时候,又要大家不肯先走,也要你让我,我让你,让个不休,同时也就是嚷个不休! 这不是自以为有'礼貌'吗?""自命有礼教的家庭,后辈和前辈同走的时候,不敢并排走,要俯首垂臂,跟在屁股后面,做出奴隶的丑态! 这不是自以为有'礼貌'吗?""但是你到火车站去买票的时候,上电车的时候,往影戏园去买票子的时候,遇着人多的时候,老不客气,便要挤得你水泄不通,东推西轧,好像打仗一样! 这种可怜的怪现象,本是社会上人士所'司空见惯'的,似乎不值得提起,但是我们如想到这个毛病的并不限于没有知识的人,就是自命属于知识阶级的人,也常常被人看见在这种人山人海中乱碰乱钻,便觉得有大声呼喝的必要。"(全集第4卷第728—729页)

《老而且厚的面皮微微的红了一下》摘要:

"我有一天乘电车,正在买一张十分的车票,凑巧袋里只剩了铜元八枚,此外并小银角而无之。正在搔首踟蹰之际,(为的是筹计怎样兑破大洋,因当时身边尚有大洋二元),忽然座旁有一位年约四十左右,貌似中等商人的乘客,看见我碰到这样'尴尬'的情形,特发好心,探手从怀里摸出铜圆两枚,递到那位卖票朋友伸而未缩的手中。手是最灵活不过的,见了钱自然就缩回去了。我对于这位素不相识,慷慨解囊的先生,当然是满心感激,满口致谢。他却用那上海国语,很谦虚的答复我说:'这算什么事? 出门行路人,缺一少二,那是常有的。'""那位卖票先生,钱虽收足了,手虽缩回去了,可是我那权义相当应该取得的十分车票，还是没有交到。叮唥！叮唥！又过了几站，他忽然从别的将下车客人手里，取回一张六分票，用幽默的态度，静悄悄的塞入我的手里，我把纸一放，一眼瞧看'6'号码，可就大大的不愿意起来了。或者也许是因为那位萍水相逢，借我以钱的先生，坐在旁边，不由得使我要从直觉上把他们两个人比较一下，所以不免上起一点火来了。于是就老实不客气的正颜厉色向他说道：'这可不行！我的钱，给你不足数，你的手是不缩回去的，这是应该如此。你要晓得，这不足数的两个铜子，是这位先生借给我，从他手里递到你手里的，他是不应该出钱的人，反而要好心好意的，替人家垫足；你不应该收没钱的人，反而要不明不白的私吞钱！我且问你，你看你自己的行为，究竟像不像样？你对于无故借钱的这位先生，又觉得有什么感想？'"他听我这一番'大义责之'的话，竟无从答复。这个时候，我倒聚精会神的，拿他当做研究心理学的一个对象，一眼望定他的面孔。看他暗暗的把眼照着那位借钱的朋友身上一瞥，居然反应得很快，竟能把他那刺激性素称缺乏的老而且厚的面皮，微微的红了一下，于是勉勉强强的，以极不自然的态度，取了一张十分票给我；口里还说一声'他是好人'！"（全集第 2 卷第 311—312 页）

10 月 10 日　参加章乃器和胡子婴在上海静安寺路华安保险公司八楼大厅举行的婚礼。（全集第 2 卷第 346 页）

10 月 11 日　赴上海特别市公用局访负责人黄伯樵。著文《一个充满科学精神的办事机关》。（全集第 2 卷 356 页）

10 月 14 日　《旧礼教又开了一刀！》、《赤裸裸的狂想》（署名心水）、《〈悲恻动人的一位西方孝女〉附言》、《嘴不暇吃》（署名秋月）、《佩服两位女士与野蛮婚姻奋斗》、《人见绢枝娘子》（署名清风）、《原来是你的！》（署名静渊）、《〈一个受过初等教育的旧家庭女子〉附言》，载《生活》周刊第 3 卷第 48 期。（全集第 2 卷第 315—317 页、317—319 页、320—321 页、321—322 页、322—326 页、326 页、327 页、327—328 页）

《旧礼教又开了一刀！》摘要：

"守寡不守寡原是个人的自由，所可怜的是我国女子一任他人排布，好像她的身体是卖给丈夫全族的！我们试闭目默想全国无数的任人排布披麻戴孝的青年寡妇，是何惨状！""我上面所说的那位老朋友一面哀他的弟弟，一面对我说：'照我的意思，家人将来应该任弟媳妇自由再嫁，但是我若把这种话告诉他们，吃他们的耳光不打紧，他们万不答应的，说也无益！'我于愤懑之余，心里想难道非那般'旧礼教'的'保镖'赶紧死光，便免不掉这种惨无人道的事情吗！我们但馨香祝祷这班狗东西死得快！死得多！"（全集第 2 卷第 316 页）

《赤裸裸的狂想》摘要：

"一个人有大志本是一件极好的事情，所以我们说'大'本无妨。不过我们要明白，就原则上讲，职务的性质无贵贱，只有责任大小之区别，职务大者责任大，职务小者责任小。要负大责任，须有大修养，须有大阅历，不是一旦徒拥'大'的虚名，便能胜任大事的。为什么呢？因为无论何项事业，其所包括之工作有种种，于是分部办理。各部的领袖对各部内之工作必须'内行'者，始能服那一部办事者的心，始能对该部措置裕如；至于在各部之上的总其大成的总领袖，对于外部的工作也必须'内行'者，始能服各部领袖及全机关办事者的心，始能对全局措置裕如。总领袖之负大责任者，虽在善用人才，支配工作，而不必事事躬亲；但对于事事必须'内行'，所谓'内行'者，必须懂得透彻，最好自己也会做，然后才能洞悉利弊，对方未敢轻视，未敢跋扈，因为他们的'巧妙'都在你的脑子里，无所闪避，无从取巧；他们所负责任的内容，都比你小，你所负的责任里面都能把他们所负的包括在里面，无从欺瞒，无从规避。因为这个缘故，所以要做某项事业里的大事的人，也就是要负其中大责任的人，必须一步一步的从各部事事做起，也就是先能负得起其中的小责任，然后渐渐的才能负起其中的大责任而不至'屈瘪'。从这种地方可以看出，就是有大志，也要从近处着手，假以时日，加以功夫，决不能一蹴而几的。""总之，有许多人的毛病不在无大志，而在想揩便宜，想不劳而获，俗语说：'吃得苦中苦，方为人上人。'他们萦回脑际的始终只有第二句！所以虽志在'人上人'，而只做到'人下人'！"（全集第2卷第318—319页）

《佩服两位女士与野蛮婚姻奋斗》摘要：

"凡是没有征得本人同意的婚姻，都是野蛮婚姻。婚姻的最神圣的要素是'爱'，'爱'的含义虽很神秘，但至少要本人'心里喜欢'，譬如我爱这顶帽子，一定先要'心里喜欢'这顶帽子。若本人连'意'都没有'同'，'心里喜欢'于何有？'爱'于何有？没有'爱'而由他人凭藉腐败的习俗，凶横的威权，摧残个人的意志自由，强迫住在一起，这种横暴的逼迫行为，实际上等于强盗！强盗绝对不许受劫者有置喙的余地，这种强迫的婚姻也是不许本人有置喙的余地，所以殊途而同归于野蛮！"（全集第2卷第322—323页）

10月18—20日 《时事新报》同事朱雨轩病重，韬奋连日赴朱家探视。朱于20日晚9时35分病逝。著文《哭朱雨轩先生》。（全集第2卷第342页）

10月21日 《张宗昌的三跪九叩首》、《"吃"而且"拍"》（署名心水）、《他要向她开口吗？》（署名秋月）、《一个总答复》、《获得全世界网球锦标的妙龄女士》（署名孤峰)、《一见倾心》(署名静渊)、《〈能毫无举动上也〉附言》、《女教员问题》(收入《悬想》)，载《生活》周刊第 3 卷第 49 期。(全集第 2 卷第 329—330 页、330—332 页、332—333 页、333—338 页、339 页、339—340 页、340—341 页，第 5 卷第 295—297 页)

《"吃"而且"拍"》摘要：

"社会里面有一种最卑鄙的人，便是'吃'而且'拍'的脚色。""什么叫做'吃'，就是对于'吃得牢'的人，是他管得着或自以为管得着的人，或无力和他计较的人，总是摆他的臭架子，常有颐指气使之概！""试分析这种'吃'的心理，不外乎要使对方的人觉得他的'高大'，对他增加'敬意'；推他的本心，也不过要人对他'心悦诚服'。""但是他错了！一个人的'大'，一个人的'可敬'，一个人的'配悦配服'，要完全由别人的心目中做出发点的，不能由'自大'就可以达到目的的。""就职务上说，如果你的职权都比别人大，而你对于你的职权又是'内行'，别人所经手的事情是要和你接洽，是要受你监察，在实际上你就是和颜悦色，有相当的礼貌，决不因此而'小'。否则就是你的眼睛生在额上，甚至生在额骨头后面去，目中看不见人，也不见得就'大'了起来！总之'大'要从别人心目中出发，'自大者''不大'！""就本领上说，你不动声色的把本领用到你所应做的事务上去，别人自然而然的觉得你的可敬，别人自然而然的觉得你配悦配服。你若把本领放在面孔上，别人便'勿买帐'，就是表面上也许不得不对你敷衍，心里总是'勿高兴'！换句话说，你要别人'敬'，反因此使别人'厌'；你要别人'服'，反因此使别人'看不起'，何苦来！""说也奇怪，工于'吃'的人，也往往工于'拍'，所以这种人可以说是'吃'而且'拍'。什么叫做'拍'呢？这很简单，就是'谄媚'。'拍'的表现可分形态和语言两种。形态方面例如一鞠躬就要九十度，两手垂直步武'二爷腔'，言语方面例如一回答就把'是'字像联贯珠似的挂在嘴上。至于行为方面当然还有'拍'的妙用。""试分析这种'拍'的心理，不外乎要'讨好'。其实只有用真本领来服人是有永久的性质，靠'拍'来'讨好'的，虽可乘'谄媚'的普通心理，使受者最初也许被他欺了过去，终究要拆穿西洋镜的。""在社会上应人接物，当然要有礼貌，我们并不是说要装出桀骜不驯的神气，才算美德，不过'拍'的丑态，和'拍'的陋行，却为君子所不取。""无论做什么事，能实事求是的切实做去，使用你的机关觉得在事业方面少你不得，就是你要走，也要把你拉住，用不着'拍'！"(全集第 2 卷第 330—332 页)

《一个总答复》摘要：

"在我国现在新旧过渡的时代，女子教育比男子教育还差得远的时候，男女社交只有极小部分的公开，于是自己选择的机会很少，在对婚姻有觉悟的青年便感觉得种种困难。""我们现在要就目前的情形,对一般人(不限于章君)简单的贡献几点。""(一)由'家里谈到的女子',不必一味的盲目的拒绝,尽可提出自己所要求的条件,由自己加一番考虑,用一番工夫,如果合意,也未尝不可容纳的。""(二)或者有人以为就是能合得上条件,但要见见面谈谈,却是一件很不容易的事情,做朋友更说不上了。这也许是一部分的实情;不过未见得绝对没有法想。""我们要知道天下事往往供求能趋于相应的一途。像从前讨新娘子要讨小脚才满意,弄得女孩子的脚缠得越小越好,缠得不小只怕嫁不出去。后来盛行天然脚,有许多不幸缠了足,恐怕嫁不出去,也不得不大放而特放。有女儿的人不见得都肯关在家里   世荟着不想她出嫁。只要要求先'见见面谈谈'的人多了,做女子的人也就觉得'见见面谈谈'是好事,不是丑事,风气便渐渐的开起来了。""(三)我们对于一般青年还有一个忠告,就是如要婚姻由自己作主选定,必须等到自己已有稳定的职业及经济独立的能力,才想到娶妻。这个时候,父母亲友都比较容易的容纳你的意思。若靠家长挖腰包请你做现成的新郎,全权当然在他们手里。""(四)选人的时候,虽注意对方应该具有如何如何的条件,而同时对于自己也要用一番'自省'的工夫,到底配得上怎样的人物。""我们在许多信里面,看见有一封信别字连篇,而所要求的对方却是女文学家的资格,这便有点'不自量'的毛病。太不自量的欲望,徒然增加自己的烦恼,我们觉得很无谓。""(五)我们所收的许多信里面,有一部分是尚在求学时代的青年,对于选择终身伴侣的机会,已经愁虑得什么似的!依我们的愚见,在求学时代当专心一志的求学,不必想到这件事,等到学成之后,在社会上做了一点事,最好是在业务上有了一些成绩,再着手选择意中人,到了那个时候,转你念头的人也比较的多些,一切都比较的称心些。"(全集第 2 卷第 333—338 页)

10 月 28 日 《哭朱雨轩先生》、《手铐脚镣加上了终身》(署名心水)、《简单大喜》(署名秋月)、《〈直渡太平洋〉附言》、《七十四岁的女学生》(署名孤峰)、《她现在苗条了》(署名清风)、《美国国家的两个得宠儿子》(署名落霞)、《同病相怜》(署名静渊)、《〈一个胡涂县长的写真〉附言》,载《生活》周刊第 3 卷第 50 期。(全集第 2 卷第 341—342 页、342—344 页、345—346 页、346—348 页、348—349 页、349 页、350—351 页、352 页、352—354 页)

《哭朱雨轩先生》摘要:

"朱雨轩先生曾在上海国民大学专攻新闻学,民国十四年毕业,即入《时事新报》任编辑及外勤记者职务。他对于新闻记者的职务兴趣异常浓厚,以报上新闻之有无详略为一己愉快或苦闷之所关，他这样视公事胜于私事及其勤奋之精神，是我所亲眼目睹而敬佩叹服不置的。本月初旬起病后的数日内，他在病中还忧虑报上有什么特别事情发生，屡要看报，他的夫人以医生坚嘱不可看报，婉劝他不要看，他终念念不忘，后来由他的夫人略把报上的事情讲给他听，他才放心。他如此既非为名，又非为利，全出于高尚纯洁最使人感动的责任心。以他的英俊有为（今年才二十七岁），所用又适为所学，又为志趣兴味所钟，最近复有意于增进英语程度，就商于我，我为介绍到一位英国人莫许女士处补习，他竟于百忙中抽时用功，其好学求进之精神可想见，以如此前途无量之有为人才，竟短命以死，我安得不为国家人才痛哭！"（全集第 2 卷第 341 页）

《手铐脚镣加上了终身》摘要：

"总之我国的家族主义，父累子，子累孙，孙累曾孙，大家接连的累着，把个人糟蹋得萎靡不振，由青年而壮年，由壮年而老年，终身在受大家族牵累的时期中，所谓手铐脚镣加上了终身！西方的家庭组织，父不累子，子不累孙，孙不累曾孙，使个人各人有发展本能的自由，使个人因负担轻松而易趋乐观，易有成就，因此一方的社会是枯涸惨暗的，一方的社会是愉快焕发的。其实大家累，何如大家不累。所以我们主张小家庭主义，打破大家族主义。"（全集第 2 卷第 344 页）

《简单大喜》摘要：

"大喜有什么简单和麻烦的区别？有！你看我们中国有许多人大喜的时候，常有许多亲戚带了全家老幼大小来连吃三四天，嘴里说是来道喜，其实是他们大家老幼大小的肚子大喜！家里还可以暂停几天'伙食'，又是喜上加喜！所可怜的是大喜的人家大触霉头，还要分一部分工夫来招呼这一大班'饿鬼'！你说麻烦不麻烦？这还不过举出一例，其余麻烦的事还指不胜屈。其实婚姻是当时者两方个人的事，用不着那样惊动大众，更用不着引出那一大班饿鬼，更不应不力从简单，使大喜者大恼。""婚姻是当事个人的事情，多所麻烦，多所耗费，无谓之至！况且以后打破宗法社会的积习，婚姻要由自己办，有正当职业的人，不做贪官污吏腰缠万贯的人，时间和经济都很宝贵，更有提倡简单大喜的必要。"（全集第 2 卷第 345—346 页）

10 月 29 日 黄炎培到职教社与邹恩润长谈。（《黄炎培日记》）

11 月 4 日 《痛念亡友雨轩》、《一个充满科学精神的办事机关》（署名心水）、《"我们俩有了一种相互的了解"》（署名秋月）、《"老伯伯"和"谢谢"》附言、《在欢呼民众前的一副面孔》（署名孤峰）、《不免要说几句》、《什么缘故》（署名静渊）、《《第一次读《生活》附言》、《堂兄的表妹》(收入《悬想》),载《生活》周刊第3卷第51期。(全集第2卷第354—355页、356—361页、361—362页、362—363页、364页、365—369页、369页、370页,第5卷第319—320页)

《一个充满科学精神的办事机关》摘要:

"我们做事,最重要的不要说空话,先要咬紧牙根做点实际的成绩来给人看看,不求谅解,总有谅解的一天。"(全集第2卷365页)

《不免要说几句》摘要:

"我们以为女子爱我则娶,不爱我则任其解约(因为婚约成立时她本人原未同意),这是大丈夫男子汉光明磊落的事情,用不着别人的矜怜。""如以迁就婚约为'矜怜'的办法,也是我们所反对的,因为我们对此事的态度很简单明了,就是未得女子本人同意的婚约,如她不愿,不应该强她履行,这是我们主张焦点所在,请大家注意。"(全集第2卷第368—369页)

11月11日　《面孔虽然是黄的》、《大家族主义中的流泪问题》(署名心水)、《母子日浴》(署名秋月)、《新奇的蜜月》(署名孤峰)、《结婚岂是儿戏?》、《赶回来》(署名静渊)、《〈为了饭碗牺牲人格〉附言》、《〈无聊〉附言》,载《生活》周刊第3卷第52期。(全集第2卷第371—372页、372—376页、376—377页、377—378页、378—381页、381—382页、382—383页、383页)

《面孔虽然是黄的》摘要:

"我们做黄种人中的中国人,并不是我们自己选择来的,是从娘胎里钻了出来就是这样一副黄种的面孔,就是做了一种中国的国民,这是已定的不容我们选择的呆板板的事实。我们所能做所该做的事,只有根据这个事实努力的做去,如觉得黄种人有不及白种人的地方,就该尽力的使他们(也就是我们)进步,如觉得中国人不行,也就该尽力使中国进步。否则你就是讨厌黄种人,你的脸也不能因此变成白种;你就是讨厌中国,白种人的国家并不肯认你做他们的国民。所以不消说中国并非绝望,就是有绝望的形势,我们生为黄种中的中国人,也只有根据事实去奋斗的一条路,没有别条路走。明白了这一点,只有大家咬紧牙根,向前努力做去。用不着悲观,用不着失望,只有干!"(全集第2卷第371页)

《大家族主义中的流泪问题》摘要:

"我国人不要说儿子吃老子的白饭视为当然,而且带妻牵子一同吃的很多很多,此外如什么舅老爷,以及弟老爷,兄老爷,表老爷,外甥老爷。……坐在亲戚家里吃白饭而不以为耻的不知多少!我常听许多人说,中国人的家族重情谊,这实在是冠冕堂皇的话,平心静气一探其实,老老实实的可以说中国人的家族重'牵累'。所表示的'情谊',最完全而显著的恐怕就是死了人一同在纸面上一大堆的磕头流泪!"(全集第 2 卷第 375 页)

《结婚岂是儿戏?》摘要:

"文明的婚姻,当然要以恋爱为基础,这是我们所主张的。""我们以为除非男女两方都很情愿的离婚,那当然没有话说:如果仅由男的一方提出,强迫女的一方履行,那便须有很强烈的理由;倘若不过说我对她爱情淡了,我不喜欢她了,便想丢了她去找一个新的,这是我们所反对的。""我们以为你要反对野蛮式的婚姻,应该在议婚的时候就拼命的反对,其次应该在定婚的时候就拼命的反对。若是马马虎虎的结婚,和你所未同意的女子却同起榻来,生起子女来,这不是完全可由他人强迫的事,你便负了一部分责任,不能说毫无责任。你要反对,当初便不应和她同榻,才是彻底的办法,否则女子也是一个人,是有情感的,不是一件衣服,你高兴穿就穿,不高兴穿就丢!""我们的意思是:不愿受野蛮式婚姻压迫的人,在议婚时就要设法避免,在定婚时更要设法避免,若贸贸然结了婚,便负有相当的责任,即有不满意的地方,须先谋救济的方法,如嫌学识不够则宜设法补习,如嫌意见未合则宜设法调和,不宜轻易抛弃。要知离异不比解约,在中国目前的情形,离异的女子是很惨苦的,是要弄到一生无所归宿的,不可不审慎。"(全集第 2 卷第 378—381 页)

11 月 18 日　《喂! 阿二哥吃饭!》、《〈生活〉周刊究竟是谁的?》(收入《韬奋漫笔》)、《通四国文字的十三岁大学女生》(署名秋月)、《〈祭朱君雨轩〉附言》、《拯救土耳其于危亡中的凯末尔(上)》(署名落霞,收入《人物评述》)、《答复一封严厉责备的信》、《不但你》(署名静渊)、《〈不是军阀的儿子舅子〉附言》、《〈头大身短的丈夫〉附言》,载《生活》周刊第 4 卷第 1 期。(全集第 2 卷第 384—385 页,第 5 卷第 446—448 页,第 2 卷第 385—386 页、386—388 页,第 4 卷第 507—516 页,第 2 卷第 388—392 页、392 页、393—394 页、395 页)

《〈生活〉周刊究竟是谁的?》摘要:

"《生活》周刊承社会不弃,最近因销数激增,来登广告的也与日俱增,大有拥挤不堪的现象,编者有时碰到朋友,他劈头第一句就说:'好了! 《生活》周刊可以赚钱了!'这句话很引起我的感触,就是《生活》周刊替谁赚钱? 《生活》周刊赚钱何用? 再说得直截了当些,就是《生活》周刊究竟是谁的?""要回答这个问题,编者先要说明我们办这个周刊的方针和态度。""我们办这个周刊,心目中无所私于任何人,无所私于任何机关,我们心里念念不忘的,是要替社会造成一个人人的好朋友。你每逢星期日收到一份短小精悍的刊物,展阅一遍,好像听一位好朋友谈谈天,不但有趣味,而且有价值的谈天;你烦闷的时候,想想由这里面所看见的三言两语,也许可以平平你的心意,好像听一位好朋友的安慰;你有问题有待商榷的时候,握起笔来写几行寄给这个周刊,也许可以给你一些参考的意见,好像和一位好朋友商量商量。""我们办这个周刊不是替任何个人培植势力,不是替任何机关培植势力,是要藉此机会尽我们的心力为社会服务,求有裨益于社会上的一般人,尤其注意的是要从种种方面引起服务社会的心愿,服务所应具的精神及德性。""一个人光溜溜的到这个世界来,最后光溜溜的离开这个世界而去,彻底想起来,名利都是身外物,只有尽一人的心力,使社会上的人多得他工作的裨益,是人生最愉快的事情。讲到编者的个人,不想做什么大人物,不想做什么名人,但望竭其毕生的精力,奋勉淬砺,把这个小小的周刊,弄得精益求精,成为社会上人人的一个好朋友,时时在那里进步的一个好朋友。""我们深信天下无十全的东西,最要紧的是要有常常力求进步的心愿,本刊决不敢说自己已经办得好,决不敢自矜,而且我们常常觉得自己有许多缺点,所堪自信者,即此常常力求进步的心愿。所以有指教我们的,我们极愿虚心领受,务使本刊的缺点愈益减少,优点愈益加多,不过对于无诚意的断章取义的谩骂,我们只得行吾心之所安,不与计较。我们以为做人的态度应该如此,办出版物的态度也应该如此。""《生活》周刊是以读者的利益为中心,以社会的改进为鹄的,就是赚了钱,也还是要用诸社会,不是为任何个人牟利,也不是为任何机关牟利。""这样看来,《生活》周刊究竟是社会的。"(全集第5卷第446—448页)

《通四国文字的十三岁大学女生》摘要:

"我以为学校毕业的资格,不过是用来表示学力程度的标志,既经有了实在的学力,便不必拘拘于呆板的资格。所以我们主张凡是已有职务的人,如能由自修而有心得,国家应有一种考试制度,倘若自修到了大学相等程度的学力,就是本未进过学校,或大学没有进过,也应该给他大学毕业的同等待遇。遇有天才,更应当不拘常例,予以擢升。如此才能鼓励好学和爱护天才。"(全集第2卷第386页)

《答复一封严厉责备的信》摘要:

"本刊对于社会问题,不过本良心的主张,有所论列,以供社会参考,不是要强人与己同,如有就事实加以指正的,极愿虚心承受,决不存护短之意。贺君的严厉责备未尝不出于爱护本刊的好意,这是我们要谢谢他的,不过他字里行间，显然有不信任编者人格的意思。编者所敢老实奉告贺君的，就是我深信没有气骨的人不配主持有价值的刊物，区区既忝主本刊笔政，我的态度是头可杀而我的良心主张，我的言论自由，我的编辑主权，是断然不受任何方面任何个人所屈伏的。就是千万个秦润卿，千万倍于秦润卿的'要人'，也不能动我分毫，要具有'刀锯鼎镬非所敢避'的决心，才配主持有价值的刊物。编辑可不干，此志不肯屈。"（全集第 2 卷第 391—392 页）

11 月 20 日　参观尤志迈夫妇办的自由农场。著文《夫妇公司》。（全集第 2 卷第 422 页）

11 月 25 日　《一位不嫁的女书记官》（收入《小言论》第一集）、《贩报童子出身的胡佛当选了》（署名心水）、《天真烂漫的美》（署名清风）、《拯救土耳其于危亡中的凯末尔（中）》（署名落霞，收入《人物评述》）、《改造夫人》（收入《悬想》）、《健康的美》（署名孤峰）、《我看起来》（署名静渊）、《〈追想朱雨轩先生〉附言》、《〈伊语时泪如泉涌矣〉附言》，载《生活》周刊第 4 卷第 2 期。307—315（全集第 3 卷第 463 页，第 2 卷第 396—399 页、400 页，第 4 卷第 507—516 页，第 5 卷 345—349 页，第 2 卷第 401 页、401 页、402 页、403—405 页）

《一位不嫁的女书记官》摘要：

"嫁不嫁是个人自由的事情。一个女子自动的不嫁，用不着旁人反对；不过我以为'嫁'是'常道也'，'不嫁'不足为训，所以我们对于'不嫁'主义也不愿意提倡。我们所要特别唤起注意的，是这位女士有了专门的学识，有了独立经济能力，便不难有她的自由，嫁不嫁似乎不是我们所要注意的事情。"（全集第 3 卷第 464 页）

《天真烂漫的美》摘要：

"小孩子能健康活泼，美丽聪慧，固有一部分在乎先天，也有一部分倚赖优良的营养教导和优美的环境。惟其一部分在乎先天，所以身体和智力尚未充分发达的男女，不宜于担负生育的责任。惟其也有一部分倚赖优良的营养教导和优美的环境，所以没有充分经济能力的人最好少养几个，少害几个未来的国民！"（全集第 2 卷第 400 页）

《改造夫人》摘要：

"我私人的经验，另有一种很简单的审美途径。我无论事情如何忙碌，每逢星期天的下半天，总要去看好的影戏一次，美国的电影女明星，不但做得活灵活现，可歌可喜（我不喜悲剧，所以不用可歌可泣），而且十八九都异常美丽，体态美，容貌美，走美，笑美，我便得大大的欣赏一番，这也是欣赏美的机会，何

必据为己有才算数。"（全集第5卷第348页）

《〈伊语时泪如泉涌矣〉附言》摘要：

"吴君的爱人不幸受强暴所侮，其心实仍纯洁，吴君能不为吾国俗见所拘，仍爱心不变想娶她，这点实值得我们的敬佩。"（全集第2卷第404页）

12月初 应友人之约，在上海银行俱乐部宴聚。著文《醋味深重》。（全集第3卷第465—466页）

12月2日 《醋味深重》（收入《小言论》第一集）、《高兴》（署名心水，收入《事业与修养》）、《完美的背》（署名秋月）、《我们怜惜黄慧如女士（上）》、《拯救土耳其于未亡中的凯末尔（下）》（署名落霞，收入《人物评述》）、《〈伦敦的警察〉附言》、《心里如何》（署名静渊）、《〈介绍婚姻居然有点意思〉附言》、《〈本刊的长篇译述〉附言》，载《生活》周刊第4卷第3期。（全集第3卷第465页，第4卷第703页，第2卷第404—405页、406—409页，第4卷第507—516页，第2卷第409—410页、410页、411—412页、412页）

《高兴》摘要：

"这样的高兴精神，是最可宝贵的东西：我们倘能各人寻出自己所高兴学的所高兴做的事情，朝着这个方向往前做去，把所学的所做的事，好像和自己合而为一，这真是一生莫大的幸福。""做父母师长的人要常常留意考察子女学生的特长和特殊的兴趣，就此方面指导他们，培养他们；做青年的人要常常细心默察自己的特长和特殊的兴趣，就此方面去准备修养；就是成年，就是在社会上的人，也要常常注意自己的特长和特殊的兴趣，就此方面继续的准备修养，寻觅相当机会，尽量的发展，期收最大限度的效率。""'高兴'精神之所以可贵，因为它是从心坎中出发的，不是虚荣和金钱以及其他的享用所能勉强造成的。""还有一点，我们也要注意的，就是具有特别天才的人，如上面所说的颜回和爱迭生之流，他们的高兴精神也许开始就有，至于比较平常的人，往往要先用一番努力的工夫，做到相当的程度，才找得出兴趣来，所以努力也是不可少的，不过在努力的进程中，一面努力，一面逐渐的有进步，同时即于逐渐的进步中增加高兴的精神，也就是于努力之中有快乐，不像苏秦那样刺着股，流着淋漓的血，强做那样弗高兴的事情！"（全集第4卷第703—706页）

12月9日 《自己的未婚妻》、《不可一世的政治家八十八岁了》（署名清风）、《八百尺长两个脑子的动物！》（署名秋月）、《我们怜惜黄慧如女士（下）》、《理想中的异性知友》（收入《最难解决的一个问题》）、《平地起风波》（收入《悬想》），载《生活》周刊第4卷第4期。（全集第2卷第413—414页、414页、415—416页、416—419页，第4卷第159—160页，第5卷第322—323页）

《自己的未婚妻》摘要：

"我们觉得对于别人的言语行动，如果常能想想，倘把同样的言语行动施诸己身，或施诸自己所亲爱的人，心里安否，便可以增进德性于不自觉，便可避免许多坏心术的事情，至少可以少却许多不负责任的唱高调。"（全集第 2 卷第 413—414 页）

《平地起风波》摘要：

"在此科学发明的时代，无论什么事都要有理由有凭据才可以相信。瞎子只会说这样这样，那样那样，并说不出什么理由和凭据来，实不足信，至于有时凑得奇巧，也不过凑巧而已，也不足凭。譬如喝酒时，有人用拳握着瓜子猜其中的数目，你猜十趟，总有几趟猜中，瞎子的话有时偶中，也是这个道理，迷信的人只记被他猜中的人，有许多人被他猜不中的地方，便没有人留意。编者有一次也到一个上海很著名的一个瞎子处开玩笑，我的结婚年龄，养子年龄，都被他猜中，后来我有几位朋友听见了，也去算算，竟无一人被他猜中，可见是等于握拳瞎猜瓜子的数目，有时瞎碰得奇巧，有何足凭？我国人虽有许多相信命，但是即照命的说素，也说好良心好行为可以改命，若想把娶小老婆来改命，那末娶小老婆反是美德了，岂有此理！"（全集第 5 卷第 323 页）

12 月 16 日　上午，邹恩润、杨卫玉等至黄炎培处。（《黄炎培日记》）

同日　《以后谁娶黄女士的便是 hero》（收入《小言论》第一集）、《静》（署名心水，收入《事业与修养》）、《女国会议员》（署名秋月）、《〈为秦女士说几句话〉附言》、《夫妇公司》、《陆上游船》（署名孤峰）、《美总统儿子开始工作》（署名清风）、《两难》（收入《悬想》），载《生活》周刊第 4 卷第 5 期。（全集第 3 卷 466—467 页，第 4 卷第 709—710 页，第 2 卷第 419—420 页、420—421 页、422—426 页、426 页、427 页，第 5 卷第 318 页）

《静》摘要：

"'静'的精神之可贵，不但关系外表，脑子要冷静，然后思想才能够明澈缜密。有了这种冷静的脑子，用来研究学问，才不至受古人所愚，才不至受今人所欺，一以理智为分析判断之准绳；有了这种冷静的脑子，用来应人应事，才能应付得当，不受欺蒙；有了这种冷静的脑子，用来立身处世，才能不为外撼，不为物移，才能不至一人誉之而喜，一人毁之而忧，才做得到得意时不放肆，失意时不烦恼，因为有了这种冷静的脑子，胸中有主，然后不为外移。""我们所主张的'静'是积极的，不是消极的；是要向前做的，不是袖手好闲的。""我们是要以静为动之母，不是不动。"（全集第 4 卷第 710 页）

《两难》全文：

"做儿子对父母诚然应该孝,但是为父母而娶妻,这是我们根本上反对的。依宗法社会的害人观念,娶妻不但是为父母做的,而且是为祖宗做的,所以自己没有娶妻的资格不要紧,(此处所谓娶妻的资格,最起码的是在经济上有独立的能力,至于职业品学体格各方面都须有相当的程度。)而妻是绝对要娶的。依正当的合理办法,娶妻是娶者本人的事情,本人有娶妻的资格就娶,没有娶妻的资格就不该娶。孙君如有力量把父母接出来事奉,当然最好,如做不到,也只有雇用一两个得力的女仆去侍候他们,自己常常回乡去看看。至于娶妻与否,宜以自己有否上面所说的起码资格为考虑的标准。因为这是你自己终身的事情,不是六七十岁父母的事情。"(全集第5卷第319页)

12月下旬 到上海宁波同乡会参观潘良玉展览会。著文《潘良玉女士和她的画》。(全集第2卷第431页)

12月23日 《发了一夜的财》(收入《小言论》第一集)、《弗识相》(署名心水,收入《事业与修养》)、《中国的飞行家和他的新夫人》(署名秋月)、《得意洋洋》(署名静渊)、《六万人如无人》(署名清风)、《潘良玉女士和她的画》、《硬碰硬》(收入《最难解决的一个问题》)、《个人的自由》(收入《悬想》),载《生活》周刊第4卷第6期。(全集第3卷第468—469页,第4卷726—728页,第2卷第428—429页、429页、430页、430—431页,第4卷第113—114页,第5卷第317—318页)

《发了一夜的财》摘要:

"我们以为昧着良心干的钱当然要不得,就是用正当方法赚到的钱,除自给相当的生活及子女的教育费外,应多为社会设想,尽自己的力量多做一些有益于人群的事情,不要情愿加入'守财奴'的队里去!不然,发了一夜的财诚然没有什么意思,就是发了几十年的财,又有什么意思?"(全集第3卷第469页)

《弗识相》摘要:

"'弗识相'是上海的土语,意思是说不知轻重,或是不知分寸,也可以说是'瞎来来'。""有人生了一个弗识相的嘴巴,于是不免由嘴巴上发生种种弗识相的事情。有某君做人是很诚实的,从美国读了一个工程师的学位回来,可惜他生了一个弗识相的嘴巴,碰到几个同事买了几根香蕉放在桌上,香蕉只有五根,人却有六个,已经有点尴尬,他老先生一动手就狼吞虎咽的一口气吃下了三根!""这种小事,竟使得许多同事觉得他这个人'呒清头'都讨厌他,可怜他自己还丝毫不觉得。""弗识相的嘴巴,除了弗识相的吃之外,还有弗识相的说。尤其是在办公的时候,他明明看见你桌上堆满了待办的事件,却东拉西扯的说个不了,你又不好意思赶他,真是尴尬!""还有一种弗识相的嘴巴,是喜欢噜哩噜苏的讲自己过去的履历。这种毛病大概四五十岁乃至五六十岁的老头儿犯者最多。他可对你滔滔不绝,从他进秀才中举人一直说到同治光绪宣统而民国的他的已往的官历或阅历。他不想这是他个人的事情,别人听了并没有什么趣味!""不是交情很深的人,不是喜欢听你个人往事的人,千万不要对他喋喋曲诉自己的历史,这是一件取人讨厌的弗识相的事情! 等到你真正做了什么大人物,无论'自传'也好,别人替你'传'一下也好,不迟!""有时你和一位朋友好好的在那里谈天,有一个人进来不等你们的话说完,他就好像眼睛里只看见一个人似的,插进来说,似乎世界上只有他的一张嘴巴应享受无条件的'言论自由'! 这种弗识相的嘴巴应该用封条把它封起来才好!""还有弗识相的嘴巴,在人少的地方,语声震天! 在人多的地方,尤其是在演台上,却只有嗡嗡之声! 前者使人听了震动耳鼓,为之头痛;后者使人听了,替他着急,闷煞!""有人于弗识相的嘴巴之外,还加上一对弗识相的眼睛。俗语说:'别人的夫人都是好的。'所谓弗识相的眼睛,对于别人的妇女往往不转瞬的钉着看。眼睛生在面孔上,看看原是不打紧的,不过那种恶形恶状的不转瞬的钉着看,实在弗识相!"(全集第 4 卷第 726—728 页)

《硬碰硬》全文:

　　"无论什么幸福,都要有相当的代价,否则便是不公平的享受。即如要享小家庭的幸福,便先须有了相当的充分的经济力量。像李君的情形,如经济力量能分居,便不难享受小家庭的幸福,如经济上一时办不到,只得暂时同居,等到有力量时再分。在暂时同居的时候,李君能劝他的夫人肯把前辈不讲理的话置之不闻不问,那就更好,否则李君至少自己要这样装做聋子,置之不理,专心于职业,尽心力做到那里算那里,这么一来,李君自己精神上的苦痛也许可以减少些,等到经济力量充分时再实行分居的彻底办法。"(全集第 4 卷第 114 页)

12 月 30 日　《男权扫地》、《很有意味的一辆马车》(署名秋月)、《纠纠武女》(署名孤峰)、《〈单恋〉附言》、《〈组织互助会的进行办法〉附言》、《〈中美通婚的研究(上)〉附言》、《本刊介绍一位好朋友》,载《生活》周刊第 4 卷第 7 期。(全集第 2 卷第432—433 页、433—434 页、434—435 页、435—436 页、436—437 页、437—439 页、439 页)

《男权扫地》摘要:

　　"男权扫地不好,女权扫地也不好,最好是男女平权;讲到家庭组织,多夫不好,多妻也不好,最好是由真正恋爱而结合的一夫一妻。我们深信文明的进化一定是朝着这个方向走的。""怎样可以使得男女平权? 我们觉得最重要的是男女须有领受教育的同等机会。""要使女子获得自由,要能和男子平权,最

基本的方法还是要极力提倡女子教育的普及和提高。"（全集第2卷第433页）

《〈单恋〉附言》全文：

"我们对此事要贡献两点：（一）婚姻应基于双恋，不应仅基于单恋，所以非至由单恋弄到双恋的时候，在单恋者不应贸然求婚，应当尊重对方的自由；（二）还有一点更重要的，真正恋爱虽不应当重视金钱，但是要能维持愉快的小家庭,必须有相当的经济能力,否则就是有了小家庭,同时'牛衣对泣'的生活,远不如独身的轻松自由,所以我们反对没有充分经济能力的人贸然结婚。凌君既说还在'经济压迫底下',我们以为他应该先在自身事业方面努力,把恋爱的事情暂搁起来,因为这个先决问题没有解决,就是用功夫把单恋弄到双恋,居然结婚,也不过拉她同尝'经济压迫'的苦况,岂不是爱她反而害她?"（全集第2卷第436页）

是年 辞去各项兼职,专心主持生活周刊社工作。

"读者一天天多起来,国内外的来信也一天天多起来。我每天差不多要用全个半天来看信。这也是一件极有兴味的工作,因为这就好像天天和许多好友谈话,静心倾听许多读者好友的衷情。其中有一小部分的信是可以在周刊上公开发表和解答的,有大部分的信却有直接答复的必要。有的信虽不能发表,我也用全副精神答复;直接寄去的答复,最长的也有达数千字的。""时间却渐渐不够起来了,因此只得摆脱一切原有的兼职,日夜都做《生活》周刊的事情,做到深夜还舍不得走。我的妻有一次和我说笑话,她说:'我看你恨不得要把床铺搬到办公室里面去!'其实后来纵然'把床铺搬到办公室里面去'也是来不及的。"（全集第7卷第201页）

1929 年(民国十八年)　35 岁

3月　中国国民党第三次全国代表大会在南京召开,宣布"军政时期"结束,"训政时期"开始。6月,国民党三届二中全会规定训政期限为6年。

3月　国民政府下达讨桂令,蒋桂战争爆发。

是年　毛泽东、朱德领导的红军向赣南、闽西发展,以江西瑞金为中心建立了中央革命根据地。

《新民报》(南京)在南京创刊。陈铭德创办。后又在重庆、成都、北平、上海出版日版、晚刊,号称五社八版。中共中央机关刊物《红旗》在上海创刊。上海复旦大学新闻系创立。

1月初　本年继续主持《生活》周刊社工作。1月份起,同时兼主《时事新报》副刊《人生周刊》的事务。(全集第2卷第439页)

1月1日　《十年来之中国职业教育出版物》,载《教育与职业》第100期。(全集第2卷第443—447页)

1月6日　《不愿意的女同志》、《黑暗中的光明》(署名秋月)、《想念薛女士的这么多!》、《由慈悲而双恋》(署名孤峰)、《恐怕被她骂轻薄》(收入《悬想》)、《〈大学毕业生〉附言》、《〈可怜我这般的人生〉附言》,载《生活》周刊第4卷第8期。(全集第2卷第447—448页、449—450页、450—452页、453页,第5卷第314页,第2卷第454—455页、456—457页)

《不愿意的女同志》摘要:

"我们是赞成自由婚姻的,所以倘有男女彼此具有相当的条件,彼此经过审慎的观察考虑,有了彻底的了解,由挚友进而为情侣,为终身的伴侣,成为夫妇,这非但不是我们所反对,而且是我们所赞成的。不过在社交方面如有异性能成为知己的朋友,又是彼此具有相当条件的,彼此又经过审慎的观察考虑,有了彻底的了解,未尝不可由本人进行,似乎不必先有什么专部的名义。""岂但在一种组织里面,就是在一般社会里,我们以为不应把男女社交公开和婚姻混为一件事,自由婚姻固然有赖于男女社交公开,藉此增加他们选择的机会,但是男女社交不一定是专为婚姻而有的;这一点如不弄清楚,一遇有男女社交公开的机会,不管条件如何,瞎转念头,那就永无高尚纯洁的社交希望了。"(全集第 2 卷第 448 页)

《黑暗中的光明》摘要:

"这个发明家是一位全由自修而成的工程师,我们在学校里所学得的东西就是成绩很好,也不过是弄好一个基础,作为再进研究的准备,不是毕了业就把研究的精神随而俱备,常人常把这个意思看得很轻,所以虽受了什么高等教育,于社会的贡献还极有限;那些由自修而成的发明家,他虽缺乏学校里打好的基础,但是因为富于研究的精神,继续不断的努力,不但能把这个缺憾补救,而且能有惊人的成绩。再进一步想,幸而有了领受学校教育的人,倘又能具有这样的研究精神和努力,所成就的当然更大更多。这样看来,不幸未能即得领受学校教育的人用不着自馁,幸而得着领受学校教育的人更当奋勉,丝毫没有可以自满自大的余地!""现在外国的地下电车汽车已经算不了一回事,将来用了这样暗中光明的机械,也许因地面上不够住,竟在地下大住其地穴中的房屋,亦意中事,甚至地穴下还可另辟一个世界,也未可知。至于地下采矿的工作因此可以便利得多,更是余事了。我们不得不惊叹科学万能! 科学增进人类幸福的未可限量!"(全集第 2 卷第 449—450 页)

《想念薛女士的这么多!》摘要:

"未得那位女士的许可以前,她的真姓名和地址,编者在道德上有绝对代守秘密的责任,未便擅行奉告。""编者也是尊重投稿者的自由,她本叫我用她的一个英文的 Christian name,编者向来不赞成做中文文章署英文名字,故把那个英文名字译音,译成薛华丽三字,虽未全照她的嘱咐,但她不愿意把真姓名宣布的目的算已达到。""我们觉得要提倡高尚纯洁的社交,要提倡正常的自由婚姻,基本的方面还是要积极普及并提高教育,增加青年的知识和能力,以女子方面为尤要。""只要社会上有高尚纯洁的社交公开,'淑女'求得'如意郎君'的机会是不难的。""本刊原是以读者的一位好朋友自任的,编者受此感动,也愈以诚恳真切的良友自期,于此更发生一种很深的感触,觉得他们一方面固然渴求自由,同时却非常诚实虚心肯容纳相当的指导,做父母师长的人对他们倘能出以恳挚的同情和切实的正当的指导,不采无理性的横蛮手段,可免许多悲剧的发生,可玉成许多愉快的良好结果。""近来有许多人来信要在本刊登征婚或征求异性朋友的广告,我们以为字面上的介绍,似乎含有危险性,未敢卤莽开端,因为我们既无代为调查的能力,这种责任实在负不起。"(全集第 2 卷第

450—452 页）

《恐怕被她骂轻薄》全文：

"求婚是'很庄重'的事情，决不是'笑话'，更不是'轻薄'，而况又是'情投意合'，情谊已够得上，就是受了'拒绝'也没有什么'羞耻'，所以我们只有劝宋君明白这个意思，赶紧向她开口！"（全集第 5 卷第 314 页）

《〈大学毕业生〉附言》摘要：

"（一）社会上虽有人拿空牌子来吓人，但在实际上，仍恃实在的本领和经验，才能持久。（二）社会上有许多因积年经验而成功的人物，连小学教育还未受过的都有，他人岂以此而轻视他吗？断无是理。（三）我们做人，只有就自己心力所及做去，对于想象的危虑，决非自己所能为力的，尽可不管，切勿萦怀以自寻烦恼。例如公司营业的幸不幸，岂是涂君目前的力量所能左右，想他作甚？（四）一方面做事，一方面想法增进自己的知识，确是重要的事情，所以我们对于涂君夜科的建议，认为办理教育的人所应考虑的一个重要问题。"（全集第 2 卷第 455 页）

1 月 13 日　《柏林大学找不出这位博士》（收入《小言论》第一集）、《办私室》（署名心水，收入《事业与修养》）、《新闻记者是不戴帽子的皇帝》、《坐享》（署名秋月）、《过不惯帝王的生活》（署名清风）、《〈太没有道理了〉附言》、《柔情蜜意》（收入《最难解决的一个问题》）、《〈与薛女士商榷〉附言》，载《生活》周刊第 4 卷第 9 期。（全集第 3 卷第 469—470 页，第 4 卷第 731—733 页，第 2 卷第 457—459 页、459—460 页、461 页、461—462 页，第 4 卷第 235—238 页，第 2 卷第 462—463 页）

《柏林大学找不出这位博士》摘要：

"我并不轻视博士，而且很敬重博士，因为在我的好朋友里面有许多得着博士衔头的，实在是对于他们的专门学术很有研究很有心得的。但是我有时却不自禁的讨厌博士，因为在社会上常常遇着名不符实的博士，他自己把眼睛搁在额骨上，好像看不见人，我们看了他那副尊容，已经不要看！试探其实际，眼睛生在额骨上看不见人的人，肚子里偏是一把草，成了'茅塞博士'！如今好了！最近首都发生了一件奇事，出现了一个'冒牌博士'，不要说名不符实，连名都是假的！""有某君者往德国去学医，回国之后，对人说他得了德国柏林大学的医学博士，众人也就不加深察，听其'博'而'博'之，他不久便得了一个位置，每月有六百元的'博'薪，不幸遇着他的一位同乡，却是德国柏林大学医科的真博士，知道这位领'博'薪的是假博士，气愤填膺，到他那里去大闹，赤裸裸的抉发他的隐私。""天下虚伪的事情迟早总要拆穿的，所以俗语有句话说，'若欲人不知，先须己莫为'，作伪的人看透了这一点，也许要'废然知返欤'！""顾名思义，似乎可以把'舶来品'的 Doctor 译为'约士'，或'专士'，如今译为'博士'，'博士'在中国本是官名，在秦朝始有，据说是'掌通古今'的，这个名词使人见了，便以为是博古通今无所不能了，在真有学问的'博士'固然不至以此名词自满，而在浅见者流，便要弄出'柏林大学找不出这位博士'的怪剧了！""'名者实之宾也'，名过于实已经可耻，既无实而所谓名者又是冒牌的，更糟！"（全集第 3 卷第 469—470 页）

《办私室》摘要：

"诸君听惯了'办公室'这一个名词，忽然看见这个题目叫做'办私室'，也许疑为写错了字，或者是指洋房里面排着浴盆和抽水马桶的那个房间；其实既不是写错了字，也不是指那个与'方便'为缘的办私房间，是指虽称'办公'而实为'办私'的地方。""怎么叫做'办私'？开宗明义第一章即是安插私人。只要你做了一个什么'长'，局长也好，校长也好，或只是做了什么'理'，总理也好，协理也好，总之只要你做了一个独当一面有权用人的领袖，大领也好，小领也好，便得了无上机会去实行'举不避亲'的政策！舅老爷可任会计，姑老爷可任庶务，表老爷可任科长，侄少爷可任科员……真是人才济济，古人说'忠臣孝子出于一门'，这至少也可以说是'各种饭桶出于一门'！外面的真正的专门人才虽多，其奈不是'出于一门'何！""'办公室'到底是办公的地方，只有秉公办事始能令人心悦诚服，倘若硬把'办公室'一变而为'办私室'，便极容易引起暗潮，引起纠纷。""我又亲见某机关的领袖任事十余年，全取人才主义，从不用一私人，凡有什么难问题，或同事中有所争执的事情，他数言解决，众无怨言，因为大家都知道他是大公无私，全以当前的事实为评判的对象，自然使人易于谅解。这位领袖对于'办私'的机会虽不知道利用，但据他自己对我说，他因此对于'办公'方面却大为顺利。""我国办公事的人还有一种'办私'的好机会，就是滥用机关里的信封信笺，就在办公室里来写私人的信！""我有一位朋友在某机关里服务，他告诉我说他有一位同事差不多天天在办公室里用机关里的信封信笺大写其情书，他虽'挨弗着'拜读那些情意缠绵的情书内容，但偶尔把眼角斜过去偷瞧偷瞧，但见满纸'吾爱'！这也可以算是在办公室里极'办私'的能事了！谁家女郎，得到这样多情的如意郎君，所不堪闻问的是那间表面上号称'办公室'里的事务成绩！"（全集第 4 卷第 731—733 页）

《新闻记者是不戴帽子的皇帝》摘要：

"继续不断的努力和继续不断的研究，是事业成功之母，是可宝贵的精神；

有了这种精神的人对于他所做的事情才能有心得，才能使自己的学识经验一天比一天的进步，才能使他的事业发挥光大，与时俱进，不是那些因循敷衍，苟且偷安，得过且过的人所能梦见。""这种继续努力继续研究的精神，当然不但是服务新闻事业的人所应有，在社会上从事任何职业的人，要想对社会有所贡献，都应该有的。"（全集第 2 卷第 457—458 页）

《坐享》摘要：

"彻底说起来，社会上贫富不均，苦乐悬殊，以少数人坐享不劳而获的巨大遗产，原不是好制度；但在遗产制度未除以前，我们希望能用大部分的财力做社会上公益的事业，使大多数人受惠，不要尽传于自己的子孙。"（全集第 2 卷第 460 页）

《〈太没有道理了〉附言》全文：

"黄包车夫的生活确是可怜的，但是有时你因可怜而多给他几个钱，他又反而当你做'洋盘'，加了又加，骂你几句，这种事我也遇着过，一时心里也不免生气，但转念一想，这也是社会不能给他以较人道的工作和相当的教育，才弄到这样的田地，社会所应负的责任也就不少。"（全集第 2 卷第 461—462 页）

《柔情蜜意》摘要：

"什么叫做爱？这个问题详细研究起来，简直一下说不完，英文书有好几本关于'爱'的哲学，讲了许多话，还是讲不清楚，倘若简单讲起来，所谓'爱'者，'好也，慕也，犹言喜之也'，那么要讲到彼此相爱，至少要彼此'心里觉得喜欢'。依此说来，张君的贤伉俪一方面既能'柔情蜜意，体贴入微'，一方面又能觉得'我的唯一亲人就是她'，当然是有了'爱'的夫妇，这是无可疑的，这一点我们要向张君贤伉俪致贺。""全由'父母之命，媒妁之言'的'盲从'的婚姻，'够得上讲爱吗？'关于这一层，似乎要略加解释。美国有一位女明星，把选择丈夫比作选购衣服。衣服买得不合身，可以很容易的买过一件，衣服穿旧了，也很容易换过一件，丈夫的更易似乎没有这样容易，她这个比方当然有毛病。但是各人选购衣服当然要选购自己'心里觉得喜欢'的，选择终身伴侣当然也要选得自己'心里觉得喜欢'的，专就这一个相同之点讲，我们也许可把选择衣服来比选择配偶。我们以为全由别人替我们打主意代购的衣服，也许碰巧'称心'；不知选购方法的'阿木林'（上海人称呆子的名词）就是自己选购，也许上当。但是就原则上讲，要选'心里觉得喜欢'的衣服，虽不妨多请顾问，总是要由本人亲自去选择来得稳妥。我们不能因为有人全由别人代购的衣服碰巧不错，便以为别人代购的衣服一定可以称心的；也不能因为有了'阿木林'自选上当,不去教他如何选法,却硬说以后我们的衣服都应该由别人代购才是。讲到婚姻,也有这同样的道理。像张君的情形更好像由别人代他碰巧购到了一件称心的衣服,但不能因此便认'盲从'的婚姻是可取的。自由的婚姻当然也不免有不良的结果,但这是好像'阿木林'买衣服不得法而上当,我们不能因此便主张婚姻不应由本人作主的,却是要指导选择的正当方法。"(全集第4卷第237—238页)

1月20日 《同德国的跷脚老太婆赛走》(收入《小言论》第一集)、《尽我所有》(署名秋月,收入《事业与修养》)、《〈笑嘻嘻〉附言》、《名人与母校》(署名秋月)、《新女子最易上当的一件事》、《影戏迷做了女主笔》(署名孤峰)、《接吻和道德》(收入《悬想》)、《我们宁可做老处女》(收入《最难解决的一个问题》),载《生活》第4卷第10期。(全集第3卷第471—472页,第4卷第698—700页,第2卷第463—464页、464—465页、465—470页、470—471页,第5卷第309—310页,第4卷第125—127页)

《尽我所有》摘要:

"我们常看见有许多学英文的人,遇了用得着的时候,总怕开口,所以学校里有的请了外国人教英文,遇着师生聚会或宴会的时候,常有一堆学生躲来躲去,很不愿意和他同席,更不愿意和他多谈。这是什么缘故?也许是因为他觉得自己说得不好,怕出丑。其实你是外国人,西文是你的母音,我是中国人,本来不是说英语的,我懂得多少就说多少,能说得多好就说多好,如果说得差些,我总算'尽我所有'说了出来,有不行的地方,有机会再学就是了,并没有什么难为情!若本来自己不行,却扭扭捏捏遮遮掩掩,试分析自己此时的心理,岂不是要表示我原是不错,不过不高兴说就是了!自己没有而要装做有,这便是不知不觉中趋于'伪'的一条路上去!天下作伪是最苦恼的事情,老老实实是最愉快的事情;'尽我所有'便是老老实实的态度,有了这种态度,岂但说什么英语心里无所谓,做什么都有无畏的精神,说英语不过是一种较为浅显的例罢了。""有了这种态度,只要在自修的时候,'尽我所有'的能力用功,答的时候'尽我所有'的知识回答,既经'尽我所有',于心无愧,如再不免'吃汤团',所谓'吭啥话头',用文绉绉的话便是所谓'夫复何言',我害怕要吃,不害怕也要吃,怕他作甚!这样一来,心境上便成了所谓'君子坦荡荡',不至于做'小人常戚戚'了。""有了这种态度,只望着前途,只望着未来,不知道什么是困难,不知道什么是危险,不知道什么是烦闷,不知道什么是失望,但知道'尽我所有'的往前干,干到不能干无可干再说!""一个人本来不能包办一切,本来只能'尽我所有',此外多愁多虑多烦多恼,都是庸人自扰的事情!""我们决不能因'气馁'而能为国家增加丝毫的进步,也只有抱定'尽我所有'的态度,一人的力量能做多少即做多少,一团体的力量能做多少即做多少,一种刊物的力量能做多少即做多少,'尽我所有'的往前干! 干一分是一分! 干两分是两分! 前途怎样辽远,我们不管! '尽我所有'的向前猛进!"(全集第 4 卷第 698—700 页)

《名人与母校》摘要:

"听说外国的学校毕业生对于母校大概都非常的依恋忠诚,凡遇母校有事开会的时候,或有什么盛举的时候,总要到的,有的老了,还一定要带着子女或孙子孙女一同到校,皓须白发,随着大众欢欣鼓舞的张着喉咙唱校歌,刹那间恢复从前在校时的童心稚气! 这种现象,刺激我们最深的一点是学生和母校感情之真挚浓厚。""我国向来对于师友也是非常看重的,我们只要想到颜渊死,孔夫子那样痛哭一番,可见他们师生情谊之深厚。现在师生间之情谊似乎大不及前,至于毕业生与母校有真挚浓厚的感情,似乎也不多见。"(全集第 2 卷第 465 页)

《新女子最易上当的一件事》摘要:

"最近就许多女同志的来信内容说,我们觉得有一件事是新女子最易上当的,而且这种容易上当的事情,倘无相当觉悟,将随风气之开而愈益蔓延,受其害者将愈众。""交朋友是可以的,但须交益友。在女子方面,只要看所交的男友有不合理的生理上的要求,就是他百般言爱,但未有彻底了解而且正式结婚之前,遽有此要求,便是很危险的途径,应拿定主意,毅然拒绝。这一点如拿得定,就是发现对方靠不住,顾而之他,也不至于有何凄惨的结果。如对方是好人,由于一时的卤莽,经此拒绝,益可坚其德性,若以此为要挟,则可见对方品性之无可取,何可屈从?""人性之中原含有理性和兽性,理性胜过兽性的时候便是好人,兽性胜过理性的时候便是坏人。所以一个人除了自己的理性做主宰外,还有社会的制裁,甚至法律的制裁,使兽性不得纵肆。一个人就是好人,他的人性中既不免含有兽性,除他自己的理性外,如有社会及法律的制裁,当然更稳妥些,因为有时他的兽性也许要发作,便可因此而敛迹,使他的理性占得优势。一个女子的未婚夫也许真是好人,但在正式结婚之后,法律上保护妻子的规定更严,便多一层保障。若在未正式结婚以前即随便失身,便含有一种危机,因为解约究竟比离婚容易。换句话说,正式结了婚,便多一重保障,使男的方面的兽性因有所顾忌而不易猖狂。就是你所爱的男子是好人,他总是人,既是人,我们便不该徒唱高调,便应该知道他实含有兽性,既含有兽性,便须有相当的制裁才能永持他的理性,所以就是未婚夫是好人,在未正式结婚以前,女子也不应该随随便便的失身,否则总含有危机的。""关于责任的一点,可以分几方面说。第一方面是女子的自身。天下事责任和权利是相依的;要享某种权利,先要负得起某种责任。从前的旧式婚约是全由父母作主的,父母负选择的责任;现在由本人自由选择,本人对自己便应负责任。在未正式结婚以前勿贸贸然发生不应有的关系,无论对方是何如人,总是保障自身前途幸福的事,如对此事不能自负责任,万一发生不幸的事实,乃是自己害自己,'夫复何言'!"(全集第2卷第465—468页)

《我们宁可做老处女》摘要:

"我们以为有相当的爱人便嫁,没有相当的爱人便从缓,继续的留心物色,不必一定说必定要嫁,也不必一定说一定要做老处女。要办到这层,做女子的当然先要养成可以自立的能力,否则非嫁无以自存,便有无可如何之势了。""子女不可太多,有一两个已足,多了便没有办法,这一点在现在科学昌盛的时代,有很便当的节制生育方法,不是不能预防的。"(全集第4卷第125—126页)

1月27日 《不好意思声张的事情》、《人人可以有儿子》(署名心水)、《"真美善"的女作家》、《免得难为情》(署名清风)、《美的体格》(署名孤峰)、《也有困难》(署名落霞)、《〈社会对于黄女士何如此之惨酷〉附言》、《〈租妻问题〉附言》、《为薛女士事启事》,载《生活》周刊第4卷第11期。(全集第2卷472—473页、473—476页、476—480页、480—481页、481页、481—483页、484—485页、485页、486页)

《不好意思声张的事情》摘要:

"我国家庭中的妇女有一句通用的特别名词,而在《辞源》中寻不出的,叫做'私房'。""我有一位朋友的邻居妇女便遇着这样不幸的事情。她费了许多工夫积起来的'私房'约有六七百元之谱,放在银行怕银行有倒闭之虞,只得藏在家里;但是藏在家里又有种种不便,完全换作钞票罢,觉得一大堆纸,似乎靠不住,于是都换了光亮亮的大洋。但是六七百块的大洋,容易动人耳目,尤其是要防被丈夫看见,于是她决计藏在她所认识的前门邻居张家阿嫂处。不幸这位张家阿嫂是一个大靠不住的鸦片鬼,把她所藏的白银,都变了黑膏,不再藏在箱子里,却老实不客气的吸到肚子里去!后来被这位'私房'奶奶知道了,已来不及,屡次偷偷捏捏的去催讨,那个鸦片鬼总是'假痴假呆'的不理。""于是只得不敢声张,虽气得饭都吃不下,也只好像哑子吃黄连,说不出的苦!""从这件很寻常的小事,也可以见得偷偷捏捏不好意思声张的事情实在做不得!做了就是有冤枉,往往也无处伸冤!怪不得司马光先生说他生平没有做过一件不可告人的事情,是他一生最愉快的事情。"(全集第2卷第472—473页)

《人人可以有儿子》摘要：

　　"彻底说起来，我们要自量有为社会造健全分子的能力，才可以生儿子，否则何苦作孽！此处所谓能力，不但包括自身的健康，也包括相当的经济能力。有能力而生不出儿子的人，不妨各拿出自己的能力为社会多教养几个他人的子弟；没有能力而又没有儿子的人，更不必自寻烦恼，因为你就是有了儿子，也没有力量培养，还是尽力先把你自己弄好，先把你自己弄成有益于社会的堂堂的一个人。""我当然不是劝人绝对的不要生儿子，我的意思是劝那些没有儿子的人不要着急，没有相当能力的人不要多生儿子造孽，青年人更当以事业为重，不要把生儿子这件事放在心里，尽管等到有相当能力时再说；基本的观念是要认定生儿子是要为社会造成健全的分子，如无力做到这一层，不妨让有力的人去做，不一定要拉在自己身上，要先把自己弄成有用的人；如有力做到这一层，就是自己没有生什么儿子，也不妨出其力量替社会上多教养几个人材，等于教育自己的子女。至现在科学发达，要使不能生儿子的人能生儿子的方法似乎还没有，至于不生儿子或减少生育的方法，却已有了。""有人说，有许多所以急急于要儿子，因为要作养老的准备，我以为有力量的人不一定要靠自己的儿子来养老，他们当然有相当的养老准备；没有力量的人生了儿子没有培养儿子的能力，自苦苦人，已经够受，还希望前途不可必得的事，何苦来！"（全集第2卷第475页）

《〈社会对于黄女士何如此之惨酷〉附言》摘要：

　　"我们看见社会上许多人当她作'奇货'，千般万般的苦窘她，利用她，简直是看作藉此发财的良好机会，深痛社会的冷酷，这个孤苦零丁的不幸女子之大可哀怜。我们要知道她是一个一时错误的不幸的平凡女子，并不是什么抱负伟大阴鸷沈毅或老于世故的政治家外交家，那里经得起新闻记者的纷纷盘诘，社会上不负责任的多方集矢，怪不得她的神经错乱，弄得无以自容。这岂不是惨无人道的冷酷现象吗？况在待产的时期，生理上处于非常态的时期，这种烦扰窘苦更为惨酷！我以为黄女士应当绝对的拒绝见客，志华医院更当负责助她拒绝见客，因为医院对于病人本有这样的职权，否则她原欲在医院里静养，而医院却任她因受外界的纷扰压迫而发神经病，于责任上似乎也不能无憾。我以为不但要助她拒绝见客，就是不相干的信，也不要让她看，让她安心静养，她的前途应如何办才好，让她自己澄思详虑，最好更有贤明肯负责任的亲友助她从长计议，使她能够好好的做一个人。"（全集第2卷第484—485页）

2月1日　《菲律滨职业教育近况》，载《教育与职业》第101期。（全集第2卷第

486—491页）

2月3日 《一把眼泪一把鼻涕的贤夫人》、《饭桶教育》（署名心水）、《隔着大西洋说话》（署名秋月）、《伯爵夫人经营洗衣业》（署名孤峰）、《〈靠不住和靠得住〉附言》、《非仅妇女之问题》、《凄凉》（收入《最难解决的一个问题》），载《生活》周刊第4卷第12期。（全集第2卷第491—492页、493—495页、496—497页、497—498页、498—499页，第4卷第277—279页）

《一把眼泪一把鼻涕的贤夫人》摘要：

"最近有某君在国内结了婚才一个月，夫妇感情很好，就赴美留学，到美后忽与一个美国女子发生恋爱，写信回来，要求离婚，说那桩婚事系由父母作主，叫家里拿出二万元做对方的赡养费，国内的那位女子还不肯，一定要他本人，闹得天翻地覆，至今尚未解决。这件事使我回想到前段所说的那位'嫂嫂'的话，觉得也不能算是'无病呻吟'。""这位二万元送出去不蒙赏收的仁兄，如以父母作主的婚约为不满，便不应该结婚，结了婚感情又很好，竟见异思迁，以'新潮流'做幌子，不顾对方的死活，在良心上似乎说不过去。在目前我国女子尚未能自由再嫁的时候，男子方面随意离婚，实给女子以无限的苦痛。我们以为做男子的人宁可于未结婚之前十分审慎，不要轻易于结婚，结婚之后，便当负起相当的责任。"（全集第2卷第492页）

《饭桶教育》摘要：

"我要先对做师长的方面说几句话。古人说'师严道尊'，我以为所谓'师严'者，并不是说做教员的要摆出什么威风来，什么架子来，是说对于教学要严，在教学方面不可随随便便的敷衍学生。我深信只要做教员的自己有实学以引起学生的敬仰，在功课上虽有公正的严密态度，不会引起什么风潮的，否则害人子弟，害及国家社会，清夜扪心，何以自解？""其次我要敬告做家长的，要注意子弟获得实在的本领，所学的无论多少，总要可以应用，不要东托校长让他儿子升级，西求教员让他儿子及格，因为你如要他在社会上有所树立，是要真实本领的，不是一纸文凭可以始终骗得人的！""对于一般在校的青年，我要很至诚的承认我自己在社会任事十年以来，时刻感念我在校时的严师，因为我的一知半解，都是他们替我立好基础；想起那些撒烂污的教师，误去我一部分的光阴（我自己当然也有一部分的责任），心里非常难过。这种感想，你们将来出校到社会上去服务的时候，必可深刻的觉得。我只望你们将来仅有'感念'的部分，没有'难过'的部分！那不但你自己受益，就是国家社会都受了你的益！""最后我们以为就是已在社会上服务的人，要希望事业有进步，也要从

增加自己的能力方面用些功夫。"(全集第 2 卷第 495 页)

《凄凉》摘要:

"既是'伊未嫁之前,他早已另有所爱了',她的父母竟糊里糊涂的把女儿送过去受罪,这是糊涂的父母害了她们自己的女儿,害到这种地步,要想一个很好的办法,似乎很不容易。(此等处做父母有女儿的人便须学得教训。)我们以为这类事情的救济办法,全视女子本人的心意态度和决心而定。如果女子本人是一个彻底的新人物,有自立的能力,觉得与其勉处这种'凄凉之境',不如爽爽快快的离婚,虽对簿公庭而不觉得难过,那么尽可实行离婚,因为离了之后她便可觉得爽快;如果女子本人是个半新旧的人物,既有经济恐慌之虞,又以对簿公庭为耻,'情愿牺牲',那么就是勉强离了婚,她还是不能脱离'凄凉之境'的。""我们觉得这种事的解决须视女子本人的心意态度和决心如何,由别人帮忙则可,若由别人强作主张,似乎很难。"(全集第 4 卷第 278—279 页)

2 月 9 日　黄炎培再至职教社,偕杨卫玉、邹恩润观屋徐家塘。(《黄炎培日记》)

2 月 17 日　次子嘉骝出生于上海劳神父路玉振里 5 号(今合肥路 458 弄 5 号),此日为农历正月初八。

2 月 24 日　《吃了耳光不敢作声》、《名人的面孔》、《一个小巧妙》(收入《韬奋漫笔》)、《〈触目伤心〉附言》、《没有手的汽车夫》(署名孤峰)、《介绍费女士的几篇文章(上)》、《〈不必化钱有书读〉附言》、《〈最好〉附言》,载《生活》周刊第 4 卷第 13 期。(全集第 2 卷第 499—501 页、501—502 页,第 5 卷第 448—449 页,第 2 卷第 503 页、503—504 页、504—505 页、505—506 页、506—507 页)

《吃了耳光不敢作声》摘要:

"上海滩上无奇不有,这类事情就是沪语所谓'盯梢',原来'呒啥希奇',不过出于面貌清秀温文尔雅的青年,倒是一件'可胜浩叹'的事情!""我们又想想看,'吃耳光'是一件什么事情,何以'不敢作声',一点儿没有勇气? 无非是做了亏心事,先自丧了胆,把所有的勇气都消到了零度! 俗语说'理直气壮',因为要'气壮',非'理直'不行。往昔孟老夫子和他的弟子公孙丑讨论勇气,引曾子对子襄所说的孔子的话,有几句说'自反而缩,虽千万人,吾往矣!'此处所谓'缩'当然不是叫我们把身体缩起来,你尽管缩成一团,有谁来睬你? 此处所谓'缩'是'直'的意思,只要我自己问问自己是'理直',虽前面有千万人,我怕什么? 否则不消说什么千万人,就是几记耳光,已经弄得魂不附体!""这样看来,由这件上海滩上'呒啥希奇'的'盯梢'事情,试从反面想想,也可以省悟孟老夫子所以能'不动心'的大道理。他说他的秘诀在善养他的'浩然之气'。什么是

'浩然之气'？他说'其为气也，至大至刚，以直养而无害，则塞于天地之间。''至大'是无可限量，'至刚'是不可屈挠，要把这样的'正气'养起来，非'直'不可，即非事事能'自反而缩'不可。当大任的人最重要的是要能'不动心'；要能'不动心'，须善养'浩然之气'。"（全集第2卷第500—501页）

《名人的面孔》摘要：

"'名'这样东西，倒也很恶作剧，你真是有了'实'，虽无心去求，他却不轻易的丢开你；在这种情形之下，硬要使你的面孔出名，有的时候倒也无可如何。但是有一班人常常把自己的面孔（面孔当然只有一个，此处是照片上的面孔），送到报上去登，有的时候还辗转托熟人去设法务必登出，似乎未免多事！况且我们在报上所看见的这类面孔多得不可胜数，登的本人也许捧着报再三的端详细看，觉得自己的这副面孔好容易登上了报，总算忝在名人面孔之列，不虚生此一副尊容了，而旁观者到底注意了没有，还是一个疑问！"（全集第2卷第502页）

《〈触目伤心〉附言》全文：

"这是在下的老友陈铁雄先生在海外所感触的中国人受侮的苦痛，我以为这种事我们徒恨无用，一面要同心协力把自己的国家弄好，一面遇有应享的权利不要退缩，如铁雄之积极手段竟寒对方之胆，是其显例。不过没有强有力的国家做后盾，有的时候还是要'吃瘪'，国人对此种刺激，亟当猛醒，捐除私见，努力建国；在国内不要横行无忌，要替国家在国际上争点体面才好。"（全集第2卷第503页）

3月1日 译文《用于职业指导之"预先测验"及其价值》，载《教育与职业》第102期，署名思退译。（全集第13卷第3—12页）

3月3日 《贪官污吏的好成绩》、《〈读胡适之先生译的《米格尔》〉按》、《男性之美》（署名心水）、《健而美的赛丽女士和中国人贺年》（署名秋月）、《越冷越起劲》（署名孤峰）、《介绍费女士的几篇文章（下）》、《那知不能如愿》（收入《最难解决的一个问题》），载《生活》周刊第4卷第14期。（全集第2卷第507—509页、509页、510—512页、513页、514页、514—515页，第4卷第252—255页）

《贪官污吏的好成绩》摘要：

"官吏是一种公职，人类既是有群性的动物，不能不有社会，处于今日的世界，还不能不有国界，所以这种公职还是不可少的。但是'官吏'两字既属'公职'的一种，顾名思义，应该替公众谋些幸福才是，而按诸实际，则有实有名的贪官污吏及有实无名的贪官污吏，我们这两只不幸的耳朵里却常常有所闻。"

"有人说大规模的贪官污吏，有的数月，有的不到一年，起码几十万装到腰包里去，成绩还要好！你未免所见不广，用得着这样大惊小怪！""我因此想中国何尝穷！又想中国的法律制裁及国民的舆论制裁力真大！又想这般黑着心厚着脸见金不见人的那样忠于'公职'的大人先生，死的时候，不能多带一点款子到棺材里去，未免可惜！至于由此致国家于腐败，与人民以痛苦，原是我们贵国应有的事情，似乎用不着老百姓来噜苏！"（全集第 2 卷第 507—509 页）

《那知不能如愿》摘要：

"我们以为择偶约有两途：一是由本人择得，再由父母作顾问，共同观察商量而后决定；一是由父母亲友帮同物色介绍，同时要由本人视察考虑，由本人作最后的决定。我们以为在这过渡时代，男女社交尚不极端自由，本人选择配偶的机会太少，第二种途径也未尝不可采用，因为既由本人观察考虑，由本人作最后的决定，和老式的偏面主张，已经不同，似乎不必一概反对。""就是已由父母订婚，倘不问理由及对方的好坏，一概反对，也可不必，宜先将对方的品格学问打听明白，或提出相当可行的条件，使对方履行，非不得已时不必离异。若毫无条件，从未调查而反对，未免不近情理。""我们做事或思考，要从可能范围内前进，若明知事实上已不可能，便不必去瞎想，便当毅然决然的丢开，否则便是自寻苦恼。李女士已嫁了八年，就是现在能爽爽快快的离婚，以女士的自己的情形与中国目前社会的情形，能否找得一位'理想中的人物'？简直可以武断说是不可能。这一方面既然不可能，而女士的'他'又待她很好，我们以为女士不必想到什么'根本解决'，应当'成全'；而且只要女士心理上的'蒙蔽'揭开，并不能说是'忍痛'的成全，因为'他'待她既很好，并没有什么实际的'痛'要'忍'。至于'精神上的痛苦'，不外上面所说的'不合理想的人物'及'父母主婚'两点，只要女士把上面所说的意思，平心静气想一想，便可把精神上的痛苦除掉，欣然过她的愉快生活。""最后我们还有一点要奉告李女士的，是她的'他'经过她的八年的'脾气太太'，仍能'处处肯顺从我（即她）的心'，是一件很不容易的事情，人心是很容易变的，女士倘再不体谅'他'，一旦使'他'心灰，或因此失望而'乱来'起来，倒是一件不幸的事情，不可不慎；'况且有了几个小孩'，要小孩受得良好的家庭教育，先要有了仁爱和蔼的家庭，所以女士为爱儿计，也要力祛自己心理方面的'蒙蔽'，养成愉快和悦的精神。"（全集第 4 卷第 254—255 页）

同日　去大光明电影院看电影。有感于周围"不洁之癖"的种种恶习，著文《不洁之癖原来是精神文明！》。（全集第 2 卷第 516 页）

3月10日 《不洁之癖原来是精神文明!》、《外国的黄包车夫》(署名秋月)、《立法院擢升"倒老爷"》(署名心水)、《环游世界》(署名孤峰)、《雪峰上的旅馆》(署名清风)、《当他和他夫人接吻时》(收入《最难解决的一个问题》),载《生活》周刊第4卷第15期。(全集第2卷第515—517页、517—518页、518—520页、520—521页、521—522页,第4卷第255—258页)

《不洁之癖原来是精神文明!》摘要:

"'不洁之癖'当然有种种,大模大样随地随意吐吐痰,似乎是渺焉小者,但即此一端,已可见'不洁之癖'之根深蒂固。"(全集第2卷第517页)

《立法院擢升"倒老爷"》摘要:

"现有一班人不满意于自己的状况,尤其是入世未深进取心切的青年,动不动就消极,甚至想寻死路。""我们所处境遇无论怎样困难,只有奋斗,用拼死的精神去拼命的奋斗,奋斗到一息完结,瞑目,也就罢了,但一息尚存,仍须奋斗,高高兴兴的向前奋斗。""机会之来,我们自己也须有相当的能力去凑得上。""机会也许不是全由我们自己作得主的,但是准备能力以俟机会,却是我们自己所能自主的事情。如有志上进的人不脚踏实地的在这一点上用工夫,徒然怨天尤人,泄泄沓沓的虚度光阴,就是一旦有了机会,也只有落得个怨天尤人的结果! 历史上的名人,往往在失败的时候,惧谗畏讥的时候,反是他们咬紧牙根,于学养上大用工夫大有进步的时候,就是能彻底看透这一点。"(全集第2卷第519—520页)

《当他和他夫人去接吻时》摘要:

"我们以为一个人对于自己所做的事,须负责任,W君既知对方是他的未婚妻,'不知怎的'和她'发生了生理上的关系',对于自己的行为便负有相当的责任,非对方有什么失德,或有万不得已的情形,不应置对方的前途于不顾。""再进一步想,婚姻固然是人生一大事,但也不是可以概括人生的一切。譬如林肯总算是世界上一个令人敬仰的伟大人物,但他原有的恋人因种种原因嫁了别人,他后来虽另娶,感情并不怎样好,他竟用其全副精神于事业,做出一番轰轰烈烈的事业来,可见我们倘能用全副精神于学术或事业,在他方面所感的不满,也许可以减轻些。""有人喜做媒人,有人怕做媒人,当然不能用法律强制,而且我们不能断言这样做介绍的人都一定能一点儿不会做错,所以丁君说'在我这种制度而结合的夫妇,我想决不至有"始乱终弃""中途变节"等等事发生',丁君似乎把这种'介绍'看作万能了,实际不见得如此。""我们以为如有充分的理由和必要,未尝不可离婚,所以离婚的本身实不成问题,成问题的是离婚的原因。譬如有女子被她的丈夫虐待得惨无人道，她能提出证据，自愿依法离异，我们也要主张她永不准离异，应一世忍受着那样的苦楚吗？这当然是不合理的。"（全集第 4 卷第 257—258 页）

3 月 17 日　《门房代理校长》（收入《小言论》第一集）、《两位敢说话的硬汉》（署名心水）、《一九二八年一位最健美的女子》（署名秋月）、《一个袖珍共和国》（署名孤峰）、《〈由睡觉的电灯做起〉附言》、《"像人"》、《贞操》（收入《最难解决的一个问题》），载《生活》周刊第 4 卷第 16 期。（全集第 3 卷第 472—474 页，第 2 卷第 522—524 页、524—526 页、526—527 页、528 页、528—529 页，第 4 卷第 214—217 页）

《门房代理校长》摘要：

"我那位朋友去接手的时候，带了六位很认真的教员，不到一个月，校里原有的教员大贴布告，痛斥这是'文化侵略'，可是学生看见新教员教得好，并不受他们的煽惑。我那位朋友首先恢复考试，学生说只要教员能教我们懂得，考试也无妨。现在该校已渐渐的上轨道了。这样看来，办学的人不要只怪青年，自己先要拿点'颜色'出来。"（全集第 3 卷第 474 页）

《两位敢说话的硬汉》摘要：

"前清光绪年间有一位御史名叫安维俊（峻），四川（甘肃）人，他的老子原是一个做裁缝的，只有这一个独子，苦苦的供他读书，后来维俊（峻）点翰林，做御史，这位裁缝师傅就由他的儿子接到北京去做老太爷。但是维俊（峻）以为言官是要做敢说话的硬汉；要做敢说话的硬汉，最重要的是要轻装简从，牵累减少，所以他不把家眷带京，除迎养之老父外，只带了一个仆人。""到京之后，他实做他的敢说话的硬汉，不要钱，不畏强，无论你是什么皇亲国戚，达官贵人，倘有什么劣迹恶行给他听见了，他就老不客气的参你一折！弄得满城风雨，人人提防，军机处里几个老朽的军机大臣，一听见今早安维俊（峻）又有了什么奏折进去，便先发起抖来！""还有一个敢说话的硬汉也是清末的御史，名叫江春霖，福建兴化人。他要做敢说话的硬汉，生活也不得不力求简单，他在京时也没有家眷，住在一个破庙里，拿着一年只有一百六十两银子的俸，二十几担的粗米，恬淡自甘，但他也是不畏强御，有坏必参的。这位住在一所破庙里的一个穷书生，当时朝贵以及全国各省的督抚说起他来，无不谈虎色变，畏惧得什么似的。后来宣统时摄政王当国，他也因事参他一折，因此罢官。他虽做了十几年的官，出京的时候，所有的东西只有三件破旧的行李，拔起脚就走，回到家乡去当蒙馆教师"。"这两个是过去时代的人物，而且是君主时代的人物，和现代当然有不适合的地方。不过我们谈起他们，不禁发生这样的一种感触,就是一个人要能独往独来,保存正气,保存骨气,生活要愈简单愈好。我的意思并不是要劝人住什么破庙,也不是劝人不要带家眷,却是劝人不要外强中干的瞎闹阔,要在可能范围内使生活简单,然后遇着要做硬汉的时候才硬得起。"(全集第 2 卷第 522—524 页)

《贞操》摘要:

"贞操的合理的意义,不应该是男子强迫女子的偏面的观念,应该是实行一夫一妻制度里,在夫妇关系继续成立中,相互遵守的关于性的德义。""我们以为一夫一妻制虽不能说是绝对的好制度,但除人口女多男少,或女少男多的地方外,为社会秩序计,为个人幸福计,为种族繁荣计,一夫一妻制可谓比较的好制度。""一夫一妻制既有提倡的价值,合理的贞操便有存在的价值。""贞操既是关于性的德义,有意去败坏这种德义的才有责备之余地,才发生道德的问题,否则如有女子不幸为强暴所辱,或不幸为人用伪善手段所骗,她的心地原是光明的,原是无辜的,都不应加以失贞的恶名。""旧礼教中的惨无人道的贞操观念宜打倒,只有合于新道德的合理的贞操观念才有存在的价值。"(全集第 4 卷第 216—217 页)

3 月 24 日　老友刘湛恩定 3 月 29 日由上海"乘轮放洋",先赴美国,参加世界教育会议,嗣往美国各地及欧洲,宣传中国建设近况。韬奋和刘湛恩的友人假座上海大中华酒楼替他饯行,"预祝他为国努力,并带些有益国人的好东西回来。"(全集第 3 卷第 476 页)

同日　《几句刺耳的话》、《我们对于节育应有的态度》(署名心水)、《到棺材先生家里做客》(署名秋月)、《德国的"黑暗森林"》(署名清风)、《老头子转新念头》(署名孤峰)、《土耳其全国老幼同做小学生》(署名落霞)、《〈不断的奋斗〉附言》、《倾慕》(收入《最难解决的一个问题》)、《第 4 卷第 17 期更正》,载《生活》周刊第 4 卷第 17 期。(全集第 2 卷第 529—530 页、531—533 页、533—535 页、535—536 页、536 页、537—539 页、539—540 页、第 4 卷第 184—187 页,第 2 卷第 540—541 页)

《几句刺耳的话》摘要:

"我们的本领尽管好,事功尽管大,自己嘴里一有了一言半语自夸的话,便一文不值,便和这位大学教授做了同志。最好还是不要响,尽力埋头做去。"

(全集第 2 卷第 530 页)

《我们对于节育应有的态度》摘要:

"自遗传学昌盛以来,我们知道一人的体态,智慧,性情,都可以由祖宗遗传给后嗣的。于是为全民族前途的兴荣发达起见,我们希望优的蕃殖,劣的减少。换句话说，就是我们希望社会上的优秀分子多生几个子女，为全民族前途造福。""我的母亲就因生育过密，体气日弱，当时竟不知节育的方法，她二十九岁时生最后一胎之后（共生三男三女），不久就成痨逝世。"（全集第 2 卷第 531—532 页）

《倾慕》摘要：

　　"我们以为社会风气渐渐开通及男女教育同时并进之后，男女社交公开成为当然的趋势，在这种潮流之中，最重要的是彼此能尊重彼此的自由和志愿（这一点尤其重要的当然是有意求婚的男女，尤其是注重男子的方面），若因单恋（在谢君的情形当然不止单恋，但女方未允嫁他，也有相类的境地），而用种种不正当的手段强迫或引诱对方，便是卑鄙的行为。"（全集第 4 卷 186 页）

　　3 月 31 日　已故新闻记者朱雨轩的夫人吴静雅女士选请十友人为其小儿子（尚在襁褓中）的义父，韬奋中选。当日晚赴朱寓所。十位义父开了一个临时特别会议，提出两个"议案"，其一，受朱夫人之托，给义子题一个名字；其二，由各人各出若干元，凑集一笔款子存于银行，作二十年长期储蓄，俟这个义子到二十岁时取出，充作一部分正当的用费。著文《十个义父》。（全集第 2 卷第 566—567 页）

　　同日　《潘老太太与中医》（收入《小言论》第一集）、《〈中国文明何时可与欧美并驾齐驱？（上）〉附注》、《荷兰的日光工厂》（署名清风）、《由体育中得来》（署名秋月）、《胡佛夫人》（署名落霞，收入《人物评述》）、《法国外长白里安以未做水手为憾》（署名孤峰，收入《人物评述》，改题《白氏以未做水手为憾》）、《〈一幕私人的国际交涉〉附言》、《他老是不肯开口》（收入《最难解决的一个问题》），载《生活》周刊第 4 卷第 18 期。（全集第 3 卷第 474—476 页，第 2 卷第 541—543 页、543—544 页、544—546 页，第 4 卷第 550—552 页、585—587 页，第 2 卷第 546 页，第 4 卷第 193—194 页）

《潘老太太与中医》摘要：

　　"我国往往有人看了几本不求甚解的医书，就胆敢开方医病，在他们腕下冤死的人真是不可胜数，这便是所谓'庸医杀人'。但是我们不能因为痛恨'庸医'而遽断中医绝对没有好的，更不能因此遽断中国医术绝对无存在的价值。中医确应有积极改良的地方，却不应不分皂白的'禁止'。即如'旧医学校'，加以考查，绳以标准，然后分别决定存废则可，一概抹煞的'禁止'，则于理似有未当。""我个人偶有疾病虽向来请教西医，但平心而论，除了'杀人'的'庸医'之外，中西医却各有所长。"（全集第 3 卷第 474—475 页）

　　4 月 2 日　应江南制纸公司常务董事郑寿芝之邀，前往沪西曹家渡该公司制造厂参观。著文《芦苇与文化》。（全集第 2 卷第 577—578 页）

4月3日 下午5时,在一老友处得悉,有夏炎君和张其浚君在电报学上有一种空前的发明,能用最简单的机械,于最短时间内,把在甲地所写的字句或所摄的相片,由无线电或有线电传达到乙地,字迹和肖影都可以完全一样。马上打听到地址,于6时赶到上海西摩路(今陕西北路)230号采访两位发明家,8时始别。当晚11时著文《中国人在电报学上的空前大发明》。(全集第2卷第558—561页)

4月7日 《这位"跑腿"同志说得伤心》(收入《小言论》第一集)、《〈中国文明何时可与欧美并驾齐驱?(下)〉按》、《〈职业与学问〉附言》、《功成恬退的一位名将》(署名秋月,收入《人物评述》)、《想点新花样出来》(署名心水)、《学术界失了一位导师》(署名落霞)、《〈征帆回忆〉附注》、《〈依了谁好呢?〉附言》,载《生活》周刊第4卷第19期。(全集第3卷第476—478页,第2卷第547—548页、549—550页,第4卷第596页,第2卷第550—552页、552—555页、555—556页、556—558页)

《这位"跑腿"同志说得伤心》摘要:

"他(注:指老友刘湛恩)谈起在国内彼此横竖是自家人,把国事的混乱看得惯了,常是麻木不觉得怎样难堪,一出了国门,便相形见绌,处处受着重大的刺激,实在难过。""前年他到法国去的时候,有一位法国人看见他,问他是不是菲律宾人","他以菲律宾是美国的属地,心里很不高兴,回他一个'不'字。""'那么你是不是高丽人?'高丽更比不上菲律宾,他的答语当然又是一个'不'字。""'你一定是一个日本人'。刘至此乃告诉他说他是中华民国的一个国民。他不相信","他(注:那法国人)指着附近蹲着吸烟的一个华工,蓬发垢面,衣履肮脏,说这才是中国人!照这类法国人看起来,这就是中国人的代表!""刘君讲到这里,不免觉得难过起来,他说在外'跑腿'为国宣传,固是他所愿尽力的,但是要国内争气,不要再瞎闹,在外'跑腿'的人才开得口说得出话。他前年赴欧美,正是北伐的时候,许多外国人都说中国赤化了,说中国打了十几年所为何事,他就搬出'打倒军阀'、'打倒帝国主义'等等理由来拼命的说明,尚能自觉理直气壮;现在中国号称统一未久,倘若又有什么不幸的事发生,外人问起,做中国人的当然不能推说不知道,如说知道,又有什么理直气壮的理由可说?所以他未出国门,精神上已觉得十分痛苦。""他说不要到欧美,就是经过日本看看,已经使人气得要死,你看日本那样小的一个国度,弄得那样有条有理,我们中国为什么乱七八糟的一直弄不好!"(全集第3卷第476—477页)

《想点新花样出来》摘要:

"一个人只要肯用心思,想点新花样出来,无论极小的事情,看上去觉得很平常的事情,都有成功的可能。能这样想出新花样来,在个人方面固易成功,在社会方面也因他个人的成功而得到他的利益。""我国一般人似乎有一种通病,就是不大肯动动天君想点新花样出来,看见你有一点新花样,尤其是有些成功的新花样,他就来一色一样丝毫不改的学样,很少创作的精神。但是真正的成功决轮不到这样怠惰成性生了脑子不用的脚色。"(全集第 2 卷第 550—552 页)

《学术界失了一位导师》摘要:

"梁任公先生于一月十九日在北平逝世,我国学术界失了一位导师,这是一件很可悼惜与同情的事情。""我们以为做事的时候,要使做事与为学兼程并进;我们一方面做事,同时要设法增加自己的新知识,然后两方面始有进步。像梁先生,他就自少至老,好学不倦。他一方面尽管讲学办报,而一方面却无时不在那里努力学问,增富新知。""总之当时他以灌输新知改进社会自任,而他自己实无时不在迎吸新知与努力改进之中。晚年指示人以科学方法治国学的途径,一方面专心著述,同时也就是他温故知新的在那里用功。""当袁世凯利用所谓筹安会想做皇帝将成事实的时候,梁著一文,题曰《异哉所谓国体问题者》,极力反对,文已草成而尚未发印,袁氏已有所闻,托人贿梁二十万圆,以不印行此文为交换条件,被他毅然拒绝。随后袁又遣人以危词胁喝,梁慨然对他说:'我诚然是老于亡命的经验家,但宁愿乐于亡命,不愿苟活于此污恶的空气中。'来者语塞而退。这是何等不为利诱不为威屈的气骨!"(全集第 2 卷第552—554 页)

《〈依了谁好呢?〉附言》摘要:

"我们以为已由父母代订的婚姻,不一定都是不好的,本人宜先将对方的品性学识等等打听明白,再定取舍,非必要时不必离异,若从未调查而反对,未免不近情理。""华女士在第一着错了,她在第二着又错。她不过'心里常常想把这种婚约解除',未得实际的解决之前,就着手另去弄到一个'他',假使原有的婚约已解决,而后有现在的那个亲戚的'侄子',也许不至有今天的尴尬情形。""女士应详细恳切的把肚中为难的情形告诉那个亲戚的'侄子',认他做一个知己的好友。我想明理的男子不应因此弄出什么'不测的事'来。我们以为这样办法似乎至少是华女士应该尝试的第一步。"(全集第 2 卷第 557—558 页)

4 月 14 日　《死后如何?》(收入《小言论》第一集)、《中国人在电报学上的空前大发明》(署名心水)、《鞋匠师傅做了总统的顾问》(署名秋月)、《大骂学校的当代文豪》(署名落霞,收入《人物评述》)、《墨索里尼无可如何!》(署名清风)、《六十三岁不像老太婆》(署名孤峰)、《〈印度〉附注》、《十个义父》、《萦回脑际已有半年的问题》

(收入《最难解决的一个问题》)、《〈心慌意乱〉附言》、《第4卷第20期短简》,载《生活》周刊第4卷第20期。(全集第3卷第478—479页,第2卷第558—561页、562—563页,第4卷第612—614页,第2卷第563—564页、564—565页、566页、566—567页,第4卷第101—103页,第2卷第568—569页、569页)

《死后如何?》摘要:

"人寿几何,终须一死,那些只知括地皮,争权利,置国家安危于不顾的坏坏,活的时候使人怨愤,供人臭骂,死了之后使人快意,留人痛恨,何苦来? 何苦来?"(全集第3卷第479页)

《大骂学校的当代文豪》摘要:

"这不仅是在求学时代应该如此,一个人的一生是天天在进步的路上向前走的,所以就是在社会上做事的人,就是有了多少成功的人,一面做事,一面还是要修养的,还是要常常增高自己的知识的,不然,便要做时代的落伍者,就好像停了机的坏了的机器一样。"(全集第4卷第613页)

《萦回脑际已有半年的问题》摘要:

"在学校里的知识,不过是一个基础,入社会后还须加上一番经验阅历,所以就是大学毕业,并不能一入社会开始任事,就立刻可将大学里所学的东西,一齐都用得着,一遇不能立刻用得着,就说是白学的;要知道还有应用的机会在后面,不要性急,等你经验渐深,位置渐高,所经手的事渐渐重要,从前未用着的较深知识就渐渐的用得着了。"(全集第4卷第102页)

《〈心慌意乱〉附言》摘要:

"对方才十五岁,他的将来怎样,似乎很属茫然;我们以为须俟男子的学业已成就,将来的趋势已略有把握,才可和他订婚,如此才可以减少后悔的可能性。""这种关系一生重要的事情,王女士要赶紧对父母提出上面的理由,请他们把此事从缓进行,如他们不轻予允纳,要大哭大吵的劝他们听从;不听不止,同时可多托人从旁劝说,这决不是什么不孝的罪,幸勿自误。一方面我们希望做父母的人要自己明白上面所说的理由,顾到自己女儿将来的幸福,不可固执偏见,以致后悔无及。"(全集第2卷第569页)

4月21日 《猫欤? 狗欤?》(收入《小言论》第一集)、《〈兼差兼薪〉附言》、《保留美丽的母亲》(署名秋月)、《内外夹攻的牢骚》(署名心水)、《父风》(署名孤峰)、《替人记帐簿抄货单的当代文学家》(署名落霞,收入《人物评述》)、《芦苇与文化》、《集天下恶妇的大成》(收入《最难解决的一个问题》),载《生活》周刊第4卷第21期。(全集第3卷第480—481页,第2卷第570—571页、571—572页、572—575页、576页,第

4 卷第 609—612 页，第 2 卷第 577—578 页，第 4 卷第 258—261 页）

《猫欤？狗欤？》摘要：

　　"我以为做夫人的人倘只知道躲在家里，不知道参加正当的社会交际，或只知道骛外，而置家务于不顾，都是不免缺憾的。这两方面最好能有相当的支配，趋于任何极端都是不对的。"（全集第 3 卷第 481 页）

《内外夹攻的牢骚》摘要：

　　"对人的牢骚和对己的牢骚合并起来，成为内外夹攻的牢骚。这样内外夹攻的牢骚袭击我们而获胜的结果，便是使我们对人生悲观，对事业消极。""从机关及其当局方面的观察点说，他们当然应该要设法消灭不平之气；从国家卫护人民的观点说，执行者当然应该要设法给人民以均等的发展机会。""个人对于这样内外夹攻的牢骚之袭击应持怎样的态度？""我们所主张的是'有得做就做'的积极向前的态度，所反对的是'懒洋洋'的消极敷衍的态度。""我们主张'有得做就做'的积极向前的态度，就是注重在求其在我。倘若我们所处的求学境遇很苦，只有尽力利用可能的机会，寻着了出路就钻出来，高高兴兴的寻，高高兴兴的钻出来；倘若我们所处的做事境遇很不舒服，你给我做一天，我就用全副精神高高兴兴的做去，就是明天没得做，今天还是要高高兴兴的做一天，做到没得做时再说。"（全集第 2 卷第 573—575 页）

4 月 28 日　《募捐提倡做死人》（收入《小言论》第一集）、《过渡时代的分居问题》（署名心水）、《萧伯纳的夫人》（署名落霞，收入《人物评述》）、《压迫兴奋中的德意志》（署名秋月）、《凑巧》（署名清风）、《可敬的老司务》（收入《韬奋漫笔》）、《女性化的怕羞性》（收入《最难解决的一个问题》），载《生活》周刊第 4 卷第 22 期。（全集第 3 卷第 482—483 页，第 2 卷第 578—582 页，第 4 卷第 614—617 页，第 2 卷第 582—583 页、583—584 页，第 5 卷第 450—451 页，第 4 卷第 154—158 页）

《募捐提倡做死人》摘要：

　　"我们不忍责备当时这类无知的妇女，因为她们受不讲理性的邪说和环境所煽惑压迫，原也很可怜的。我们所觉得痛心的是这部书系吕坤在明朝万历十八年著述发行的，在现在已是三百年前的老古董，受过他的灾害的那些无辜的可怜虫，都早成了死人，化为灰土了，而生在二十世纪的'有心人'，仍闭着眼下狠心这样提倡做死人！用了许多精神来募捐提倡做死人！所尤可恨的是还有许多人好像有钱无处用，情愿拿出来助桀为恶，贻毒社会！"（全集第 3 卷第 483 页）

《过渡时代的分居问题》摘要：

　　"我个人向来是主张彻底的小家庭制度;所谓彻底者就是小家庭里面只包括父母及未婚嫁的子女,其余的统统宜分居。""有人以为父母对儿子有教养的义务而享不着侍奉的权利,毋乃不平? 其实彻底说起来也没有什么不平,因为做父母的教养了子女,儿子既婚而生有子女,对于他自己的子女也负有教养的责任,一代一代的这样下去,父不累子,子不累孙,孙不累曾孙,可知责任与世代相推移,也没有什么不公允。而且采用前一代不累后一代的方法,后一代只要顾到教养再后一代的负担,不必同时顾到奉养前一代的负担;采用前一代牵累后一代的方法,后一代除须顾到教养再后一代的负担外,同时又须顾到奉养前一代的负担,便同时有了双料的负担。前者代代负担轻;后者代代负担重。负担轻的人,个人方面易于发展,对社会的贡献可较大;负担重的人,个人方面易于颓唐,对社会的贡献亦较小,所以我向来是主张彻底的小家庭制度。""这样彻底的改革,要从我们自身做起,不应强迫不脱旧思想的父母执行;要从我们自身起不希望我们的子孙奉养我们,而不可遽因此突然不顾不脱旧思想的父母之养。""我们自己对于这种改革所以能够爽爽快快的赞同,是由于我们脑际先有了上段所说的新观念,心里自动的觉得应该这样做,而且因为有了这种新观念,自己对于维持自己的老年生活,也有了相当的准备(如储蓄之类),因此我们的儿子不奉养我们,不和我们同居,不但他们心里愉快,就是我们自己也觉得'实获我心',欣然的实行起来。""我有一个儿子很小,我已经和我的夫人约好,将来给他受充分的教育是我的责任,不过他自己能用自己的力量结了婚,就要请他另外住开,不许再和我同居,此事当然是很可以顺利实行的,因为我思想上本要如此办法。""讲到我们自己的父母方面,他们的年龄总在四十以上,甚至已到了五六十岁,就一般情形说,思想和年龄很有关系,他们老人家活了四五十年以上,他们的脑子已充满了旧思想,一时要改也改不掉,而且向来是希望儿子养老的,对于自身老年生活的维持往往也没有什么准备,一听见分居,便觉伤心,和我们的'欣然'态度大异。""那么怎么办呢? 难道绝对的要和父母同居吗? 我们的主张不是绝对的要和父母同居,是主张我们对于不脱旧思想的父母,在可能的范围内可与同居。什么是可能的范围? 再讲得明白些,就是'合得来则同居,合不来则分居'。""总之在此'过渡时代',虽不妨在可能的范围内尝试同居,但分居是原则,同居是不得已的例外。这就是我们对于'过渡时代的分居问题'应有的正当态度。"(全集第2卷第579—582页)

《可敬的老司务》摘要:

　　"我们以为做人的价值,一方面在能有自立的能力,勿为寄生虫以累人而贻害社会，一方面尤在能尽我忠诚为社会服务。老司务赵君之忠于职务的精神，其所含意味决不是仅仅限于七千圆的数量，也决不是仅仅限于一个钱庄的营业。我们要明白他直接是在一家钱庄里服务，间接即为全部社会服务，因为社会之兴荣在各业之协助，所以尽忠于各业者即所以尽忠于社会，因此赵君之'公而忘身'，这种忠诚对于社会有重要的意义，有很宝贵的性质。""我们无论从事何业，都不要忘记两个方面：一方面当然是藉以维持我们的生计，而一方面也就是藉此有所贡献于人群。""这样一来，我们每日所做的事，无论大小，才都有价值，我们才觉得值得辛苦；忠于所业，即忠于社会，因为就是忠于为社会服务，不是仅图私人的利益。"（全集第 5 卷第 450—451 页）

5 月 1 日　译文《职业知识对于大学生选业之关系》，载《教育与职业》第 104 期，署名思退译述。（全集第 13 卷第 13—21 页）

5 月 5 日　《一位女同志的粽子》（收入《小言论》第一集）、《无若有》（署名心水，收入《事业与修养》）、《阿木林纪念碑》（署名秋月）、《〈瞎猫碰着死老鼠〉附言》、《〈嫁后的同学们〉附言》、《〈恍如隔世的半页旧帐〉附表》、《攻击》、《两颊上好像涂了些红颜色》、《血统和遗传》（以上两篇收入《最难解决的一个问题》），载《生活》周刊第 4 卷第 23 期。（全集第 3 卷第 483—485 页，第 4 卷第 723—726 页，第 2 卷第 584—585 页、586—588 页、588—589 页、589—590 页、591 页，第 4 卷第 352—354、226—227 页）

《一位女同志的粽子》摘要：

　　"我们服务国家或社会，最重要的是'开诚布公'，'大公无私'的态度。有益于公，虽有似怨，不宜以私害公；无益于公，虽有私谊，亦不宜以私害公。这才是大丈夫应有的光明磊落的态度。"（全集第 3 卷第 485 页）

《〈瞎猫碰着死老鼠〉附言》摘要：

　　"生命是人人宝贵的，现在有了西医，而且还有人相信中医，这是事实问题，不是可以意气抹煞的，可见西医本身也还有应该精进的必要。所以我们一面希望中医改良，一面还希望西医精进。"（全集第 2 卷 588 页）

《两颊上好像涂了些红颜色》摘要：

　　"我们所要注意的一点是除为我们自己求方便外，也须处处为他人求方便，有的人情愿自己吃亏些去给别人方便，那当然是更难得，至少在不妨碍自己的地方更应当顾到别人的方便。""一个人如要硬到底，先要'理直气壮'，先要想一想自己是否有充分的理由，否则与其要'鸭尿臭'（上海人说丢脸的意思），不如一开头就不要硬。""傲慢实在是最蠢的行为。在傲慢的人，我们试分析他的心理，他也不过要想别人因此把他看得伟大，他不知道一个人的伟大不伟大,是要别人就他实际的贡献而鉴定的,不是可以在本人自己的面孔形式上所能招致的。他愈神气,别人愈觉得他的可鄙,这岂不是和他原来要人敬视他的目的恰恰相反吗?所取的手段和目的相反,岂不是最蠢的行为?""人生有涯,宇宙之广大,学问之渊深,都是无涯的,我们即有一二可以贡献于社会的地方,也是好像沧海之一粟,微乎其微,有什么可以傲慢的地方? 至于不过会穿几件洋装,说几句洋话,腋下夹几张外国报纸,更有什么可以傲慢的地方?""我们要常常记着,学养愈深的人,为人亦愈谦;傲慢自大就是浅薄的表示。"(全集第4卷第353—354页)

同日 译作《一个女子恋爱的时候》(附"译余闲谈"),载《生活》周刊第4卷第23期至1931年6月20日第6卷第26期连载,署名笑世意译。1931年12月上海生活周刊社出版单行本。(全集第13卷第179—410页)

5月12日 《半个脑子》(收入《小言论》第一集)《师友夹持》(署名心水)、《强盗一变而为小说家》(署名秋月)、《〈在海外悬念祖国的黄柳霜〉附言》、《看看她的肚皮》(署名孤峰)、《审美观念》(署名清风)、《诺贝尔奖金的创始者》(署名落霞,收入《人物评述》)、《〈拖泥带水的亏累〉附言》、《多恋主义的张女士》(收入《最难解决的一个问题》),载《生活》周刊第4卷第24期。(全集第3卷第485—487页,第2卷591—594页、594—595页、595—596页、596—597页、598页,第4卷第643—645页,第2卷第599—600页,第4卷第198—200页)

《师友夹持》摘要:

"更事少的人,经历少的人,磨练少的人,易受挫折所摧沮,易为困难所惊动,有了更事多的人,经历多的人,磨练久的人,觉得挫折可以再接再厉,困难可以攻守兼施,用不着灰心,用不着胆寒,在旁提醒,在旁开导,在旁鼓励,乃至在旁协助,便可不至趋入歧途,渐达康庄大道。""这种原理,不但限于事务的应付,就是学识的切磋,品性的砥砺,也有同样的原理。人类究是动物,各有优点,也各有其弱点,要增加优点而减少弱点,在乎修养,个人修养往往有时因为识见所限,思想所限,不能不特有贤师良友的夹持,辅助其所不足,提醒其所未悟,援助其所未能。所以昔贤往往不远千里寻师访友以自益。""此外多多阅读有益的书报,融化他人的学术修养和经历思想,亦可受其伟大人格及渊博学问之感召,藉以开拓心胸,砥砺品性,获得无数卓识,振作自己志气,在实际上也可以由此收到良师益友夹持的结果。与此良师益友之交游可并行不悖,遇着良师益友不易获得的地方,更是补救缺憾的良法。""我国有许多人一离学校而入职业界之后,便束书高阁,对于新出版的良好刊物更不问津,但将宝贵的光阴,消磨于酒食征逐之中,对于研究学术,毫无趣味,怪不得清明在躬之精神,几乎消灭无余,昏乱糊涂,同流合污,日趋于腐化而莫由自拔。"（全集第 2 卷第 592—593 页）

《〈在海外悬念祖国的黄柳霜〉附言》全文:

"报界先进戈公振先生自谓由欧美回国后,公私羁绊,无暇握管,此文乃应编者之请而为回国后第一次公布之文字,则此文之珍贵可知矣。愚常谓在海外之侨民,其爱国之真切恳挚,往往非国内同胞所及,盖身处异族之中,刺激独深,其吞声饮泣之凄况,往往非国内沌沌浑浑者所梦想得到也。黄女士以一身在海外之弱女子,如此念念不忘祖国,其所感者深矣,不知祖国能否毋负黄女士之期望耳。"（全集第 2 卷第 595—596 页）

5 月 19 日　《糊涂虫假认真》（收入《小言论》第一集）、《〈由梁任公的追悼会而联想到嚣俄的葬仪〉附言》、《精诚感动全印度的甘地》（署名落霞,收入《人物评述》）、《笑逐颜开的法国杜麦尔》（署名秋月,收入《人物评述》）、《〈亲历〉按》、《二十老而三十美》（署名孤峰）、《〈大学毕业生之出嫁者〉附言》、《日本炮的示威》、《自己不敢说》（收入《最难解决的一个问题》）,载《生活》周刊第 4 卷第 25 期。（全集第 3 卷第 487—488 页,第 2 卷第 600—602 页,第 4 卷第 521—524 页、542—544 页,第 2 卷第 602—603 页、603—605 页、605 页、606 页,第 4 卷第 221—224 页）

《糊涂虫假认真》摘要:

"依姓名表上抄下来的姓名,只要抄的时候战战兢兢,如临深渊,如履薄冰,不要抄错,似乎是一件很稳当的事情,谁料这样'触眉头',却遇着是一个隔年的表格! 在做'假'的人都以为是'深谋远虑','万无一失',不知天下只有真的事情是可以颠扑不破的,假的事情无论如何周密,总是必有一天要拆穿的。"

（全集第 3 卷第 488 页）

《日本炮的示威》摘要:

"汕头反日会近仍严检日货,不肯将前被扣日货发还,经日领交涉无效,四月二十三日日舰宇治号鸣炮三响示威,限二十四小时发还日货,否则派水兵登陆,是晚日货即发还。二十四日该会奉省党部令改组国货提倡会,已遵令改组。""你看我们的尊邻多么威风! 我国人要有扬眉吐气的日子吗? 非全国一心的生聚教训,非做到彼以'炮'来,我能以'炮'往,休作此想。虽然,我们的'炮'力未充分造成以前,只要全国国民能拿出良心来,彼能以'炮'限定二十四小时还日货,却不能以'炮'限定我们二十四小时买日货。""把反日会改作国货提倡会,去其名而存其实,我们非常的赞成:消极方面可寒敌胆,积极方面可

以间接促进国内实业。"（全集第 2 卷第 606 页）

5 月 26 日 《交几个患难中之朋友》、《如此起劲的几个老头儿》(署名心水)、《坚苦卓绝的甘地》(署名落霞，收入《人物评述》)、《不堪回首》(署名秋月)、《诱惑女子的魔鬼》(收入《最难解决的一个问题》)、《〈对夫人实在觉得抱歉〉戏注》、《〈留学生中的流落生(上)〉按》、《〈对文挥泪〉附言》、《〈半页旧帐的比法〉附言》、《第 4 卷第 26 期短简》，载《生活》周刊第 4 卷第 26 期。(全集第 2 卷第 607—608 页、609—611 页，第 4 卷第 524—527 页，第 2 卷第 612—613 页，第 4 卷第 180—182 页，第 2 卷第 613—614 页、615—616 页、617 页、618 页、619 页)

《交几个患难中之朋友》摘要：

"在下是一个苦学生出身，从中学起，一切用费，就靠自己于平日暑假以及平日课余，寻些私家教书及译著工作，勉强维持，后来进了大学，费用更大，支持更难，至今回想当时孤身奋斗的苦楚情形，有时还要对自己掉下泪来。且说我当时读完大学三年级的时候，暑假中又得一个私家教书的事情，教完了一个暑假，除开销外，仅剩下九十块钱，但应缴的半年膳宿费及购书费，至少非一百六七十元不办(这还是十年前的事情)，学校缴费的期限到了，第二天起，照章每天不缴便须罚大洋二元，而且费未缴清照章不得上课，我在缴费期满的前一天，所有的财富只有上面所说的九十位'袁世凯'，此外一筹莫展，所以这天下午，铺盖虽搬进了宿舍的房间里去，但只是一个人坐在房里发呆。""说也奇怪，当时竟有出乎意料之外的一位患难朋友，在当时我虽承他器重，但我们不过在一位彼此的老友(现在已做了著名的律师，在当时也是一个'穷汉')家里叙谈过四五次。那一天我正在宿舍中孤坐发呆的时候，他凑巧去看这位老友，询知我的苦况，知道为时已迫，立即乘了一部汽车，奔到我的房中来，询知我约缺七十块钱，就照数借给我，我当时送他出了房门，把房门关上之后，竟不知不觉的双泪涌流着哭了出来；受着他那样恳挚精神的感动，和自伤身世的情绪，交错混合，竟自己独自一人在房里哭了一顿。此外还有一位患难之交，他有一次因助我求学费用，把他夫人的首饰变换了一百二十元借我；又有一位患难之交，在学校里同学时代，分他多下的衣服给我穿，看见我蚊帐破旧得不足以御蚊了，跑回去弄一床帐子送我用，常常还要把零用'强借'给我。这种事情，都是出于他们的自动，我不曾一次'启齿'的。我毕业后当然赶紧把债务理清，但是物质还得清，而患难之交的情谊是此生永忘不掉的。我每想起他们，就奋勉要做好人，奋勉要做一个有多少贡献于社会的好人。""古人说：'得一知己，死可无恨。'一个人能得几个患难之交，真是一生莫大的幸事。此事似乎'可遇而不可求',但想到'同声相应,同气相求',在我们自己所能尽力者,尤在于学识品性各方面深自淬励,而后交得到好人;这种好友在我们卑微的时候易于获得,等到世人视为得意的时候,恐怕就不很容易交得到真正患难的朋友。"(全集第2卷第607—608页)

《如此起劲的几个老头儿》摘要:

"我国的青年或壮年,往往未老而先有了'老气',至于五六十岁以上的人,更坦然自命'老朽',或更利害一点自命'老朽昏庸',有许多事便弄不好;所以我们要提倡'老而不朽',青年壮年的人更不该有什么'老气'。大家要增进智慧,锻炼体格,打倒死样子,唤起活泼有为的精神来!"(全集第2卷第611页)

《诱惑女子的魔鬼》摘要:

"在此新旧过渡时代,闭塞的风气渐除,而新道德及适应新环境的'识力'还未充分培养起来,做家长之训育女儿,及女子之所以自卫,最须常常注意用甄别的眼光来辨明邪正,自己要拿定主意,预防受骗,非俟真确深知对方的品格靠得住,以及他家族的详细情形,不可随便亲近。"(全集第4卷第182页)

《〈对文挥泪〉附言》摘要:

"这当然是出于汪君的天性多情,但是译者须对原来的事实负忠实的责任,决不能变更事实,'将他们译成圆满的结果',就是这两文的译者,译到最后的时候,也唏嘘不胜,热泪盈眶,但只得据实译述,却不能对读者撒谎,这是要请汪君原谅的。"(全集第2卷第617页)

《第4卷第26期短简》全文:

"南昌李女士惠鉴:承以读者爱护本刊之旨,报告南昌某报转载本刊心水君文字,伪称由上海心水君投函云云,并承将该报寄示,盛意无任感谢。心水君系本刊编辑部同人之一,专任本刊撰述,决无一文两投之事,该报既不顾法律上之版权关系,复以谎语诬及心水君,舆论界有此现象,良可惋惜,除另函该报忠告外,以来信未有地址,特在本刊道谢。大名因恐有未便之处,故未写出。该报之名,以初次发现,未即披露,希望他们以后不要这样。"(全集第2卷第619页)

6月2日　《急来抱佛脚是要来不及的!》(收入《小言论》第一集)、《〈太过火一点儿了〉附言》、《甘地的救国方案》(署名落霞,收入《人物评述》)、《土耳其严厉对付捣乱的西报记者》(署名秋月)、《学生赚的一笔款子》(署名清风)、《抢回了丈夫》(署名孤峰)、《吃尽资格的苦》(收入《最难解决的一个问题》)),载《生活》周刊第4卷第27期。(全集第3卷第489—490页,第2卷第619—621页,第4卷第528—531页,第2卷第

621—622页、623—624页、624—626页,第4卷第103页)

《急来抱佛脚是要来不及的!》摘要:

"战是人类最不幸的事情,我们正为人类悲惨,何羡之有? 我们所要藉此提醒国人的,是我们诚然不赞同帝国主义的侵略政策,但我国处此群虎眈眈的国际间,至少要全国一致的注意准备实力,以固国防,而抵御他国之对我侵略。要准备实力,不得不力求内部之团结,政治及社会秩序之安定,经济力之蓄养,国民教育及爱国精神之训练与唤起,大家要念到民族前途之危殆,泯灭私见,互释猜嫌,各向此大目标而尽量努力。否则届时就是要严守中立,亦无力保持,只有任人宰割,听人鱼肉而已,虽尽量的贴标语,打通话,游行示威,何济于事? 现在全国一致的急起直追,尚恐无及,倘像一家不肖的子弟,明知群盗即将猖獗,弟兄们不但不做御盗的准备,却在自家门内攘臂擦掌,自家人闹得你死我活,精疲力尽,等到群盗临门,那时真不知死所了!"(全集第3卷第490页)

《〈太过火一点儿了〉附言》摘要:

"我很赞成陈庄两先生的意见,以为在求学的培养时代,应该专心求学,不要瞎转念头,尤其是在中学时代的男学生。至交友方面,尤其是异性的朋友,在二十岁以前的女子,做家长和教师的人要格外加以密切的卫护和指导,却不该无理的干涉。"(全集第2卷第621页)

《土耳其严厉对付捣乱的西报记者》摘要:

"惯于造谣惑众丑诋中华民国的英国报纸《字林西报》,虽经党政当局议有取缔办法,令全国海关及邮局扣留该报,不与递寄,又令外交部向美国公使交涉,将该报记者索克斯基驱逐出境(索克斯基实系犹太人,入美国籍)但这个无恶不作的记者何时出境,阒其无闻,而所谓《字林西报》者,仍毫无忌惮,肆其咆哮,视中国政府及国民如无物。至于每日出口的报纸,虽经本埠邮局拒绝收受,据说仍公开的一袋一袋装上三菱码头的日本船,寄到各外埠去。听说各外埠的邮务及海关人员仍代为递送如故,国民的民族思想及政治意识程度低微一至于此,夫复何言!!"(全集第2卷第622页)

《学生赚的一笔款子》摘要:

"国民教育是立国的基础,而在有志的青年得到国家之种种爱护,助其成材,亦是培养深挚的爱国心之根本。"(全集第2卷第623页)

《抢回了丈夫》摘要:

"身弱多病的人往往易怒,易愁,易于懒洋洋的事事不高兴,欣悦愉快和爱的性情也渐渐的消亡了。所以健适的体格和良好的性情是很有密切关系的。"

（全集第 2 卷第 625—626 页）

《吃尽资格的苦》摘要：

"社会是多方面的，一类的事实也有多方面的，像朱君所慨叹的社会上盲目的只重资格而不重'真才实学'，我们当然承认目前的中国确有一部分不免有这种不平的现象，就是编者个人闻见所及，也就不少。例如我国很著名的书业某机关，里面对于编辑员就很有这种趋势，中学不必说，你在国内大学毕业的，至多每月送你七八十元至一百二三十元，只要你挂了一块留学生的招牌，做的事情尽管一样，起码一百六十元。我有一位好朋友，可说是学贯中西，在那里面做了好几年，因为缺了一块留学招牌，做来做去还是一百二十元"。"社会上往往有同样的事情，叫留学生来做，给他一种特别好的待遇；叫国内大学毕业生来做，便给他一种差些的待遇；如叫连大学牌子都没有的人来做，又要给他一种更差些的待遇。他们并不以事为对象，却以空资格为对象，这当然是很不公平的待遇。""我们虽反对徒拥虚名的资格，而确有实际的资格却也未尝不可重视。倘若不是有名无实，则中学毕业者的学识能力，因研究的年数比较的多几年，当然应该比小学毕业者好些；大学毕业者的学识能力，因研究的年数比较的又多几年，当然应该比中学毕业者更好些；留学毕业者的学识能力，因国内外学校设备之比较的完善，教授程度之比较的高明，当然应该比国内毕业者更要好些。所以我们倘有了名实相符的一个条件，有的事情，确须留学生而非国内大学生所能胜任者（这当然是目前的情形，将来国内教育精进之后，便不至如此），尤其是高等专门的学术；有的事情，确须大学程度而非中学生所能胜任者；有的事情，确须中学生而非小学生所能胜任者。不过这种实际的资格，有的地方不一定要取得学校的牌子，或衔头，也可以由自修，由在社会上从小做起，边做边学，经过若干年后，有相当实际的经验阅历，因而造成专门的学识才能，获得实际的资格。""我的意思并不是仅仅小学毕业便可以引起别人的重视，是说不以小学毕业自封，能奋斗向上努力，得到相当的学识能力，做他所能做的事情，到了这个时候，决没有因为他从前不过是小学毕业而轻视他，而且还要特别的敬重他。"（全集第 4 卷第 104—106 页）

6 月 9 日　《令人敬仰崇拜的女接线生》（收入《小言论》第一集）、《什么事不可能》（署名心水，收入《事业与修养》）、《甘地的土布政策》（署名落霞，收入《人物评述》）、《聋子救国》（署名秋月，收入《人物评述》，改题《救国的聋子》）、《日常动作的健美机会》（署名孤峰）、《介绍一篇很重要的文章》、《〈女儿〉按》、《瞎想》、《嫁后断送了通信权》（收入《最难解决的一个问题》），载《生活》周刊第 4 卷第 28 期。（全集第 3

卷第491—492页,第4卷第715—717页、531—534页、589—590页,第2卷第626—627页、627页、628页、629—630页,第4卷第140—143页)

《令人敬仰崇拜的女接线生》摘要:

"天下最可鄙的是自私自利,天下最可敬的是为群为公。仁人烈士之所以引人歌泣,使人膜拜,都因他们不顾一身之私利而惟一群福利之是求,惨恻悲壮,至诚感人。基柏森女士虽仅志在援救一个医院中的生命,但处在她的境地,最大限量之贡献不过如此,而她的为群牺牲的精神,实与历史上的仁人烈士一致同归。"(全集第3卷第492页)

《什么事不可能》摘要:

"天下事只要人努力去干,什么事不可能?但是我们对此问题至少还有左列两个更为明确的要点。(一)事业愈大则困难愈甚,抵抗困难的时期也随之俱长。有的尽我们的一生尚不能目见其成者,我们若能尽其中一段的工夫,替后人开辟一段道路,或长或短,即是贡献。有所成功以备后人参考,固是贡献;即因尝试而失败,使后人有所借镜,亦是贡献。所以能向前努力者,无论成败,都有贡献。最无丝毫贡献者是不干,怕失败而不敢干,或半途遇着困难即不愿干。""(二)从不可能达到可能的境域,不是由这一点到那一点的那样简单,必须经过许多麻烦,经过许多失败,经过许多时间,经过许多筹划,经过许多手续,经过许多改进。若是性急朋友,老早丢了,那有成功的可能?所以昔贤告诉我们说'欲速则不达'。"(全集第4卷第717页)

《嫁后断送了通信权》摘要:

"男女间(指已成夫妇的)的'酸素作用'是很强烈的,无论何方,对异性朋友的形迹如果过于亲密,很容易引起另一方的嫉妒或怀疑。所以我们以为对于已结婚的异性朋友,最好和他或她的家庭一块儿做朋友。""倘若不愿彼此认识,却在暗中偷偷摸摸的不公开的进行,大概总不免另有什么别的目的。""倘若所写的信不过是朋友的通常问候,或讨论学术研究社会问题等等可以公开的信,当然对于对方的丈夫绝对不至发生什么'名誉上的关系';如系言情之作,那又当别论了。所以这种信件,夫妇间最好公开相示,勿以秘密而引起酸素作用。"(全集第4卷第142页)

《瞎想》全文:

"有某君是农业专家,近来非常悲观,有一天对我长叹一声说道:'做人有什么意思?到最后还不是剩两根骨头一堆灰!'我说这去想他作甚?不见得经你这样长吁短叹,将来你死后能把'两根骨头一堆灰'一变为两根玛瑙一对真珠。""有某君恨极了国事之腐败，人心之涣散，国际之丢脸，对我说他常想来世无论如何不再做中国人，决计投胎到西洋各国去。我说这去想他作甚？你今世'投胎'到中国来，何曾是你预先有过了什么'决计'？来世如何，茫无闻见，你现在又何从向谁先订好一个合同？死后是否可以投胎，你现在又何从和'阎王老爷'（假使有）接洽？不见得经你这样'常想'，能在现在把你的眼睛变蓝，头毛变黄，肤色变白。""有某君来信，说他现在某家公司当职员，尚称相得，不过很怕这公司倘若营业不好，关门大吉，他又要失业了，所以他常常忧虑。我说这去想他作甚？你只有尽心服务而已，至于公司的关门不关门，既不是你一个人所能作主，就是你废寝忘食专心致志的'忧虑'，要关还是要关，不关还是不关。""又有某君来信，说他自己虽有职业，所入甚微，想到他的父亲年岁已大，一旦不讳，全家之累就要丢在他的肩上，所以他时时非常的悲伤。我说这去想他作甚？你只有尽你的心力做去，能帮到那里就帮到那里。不见得经你这样'时时的非常悲伤'，你的尊大人就能'返老还童'，年岁一天一天的由大而小起来。""我们只有就现在所有的能力和机会尽量的做去；无用的瞎想，只不过徒耗精力于无用之处，当毅然决然的一概摒绝。"（全集第 2 卷第 629—630 页）

6 月 16 日 《积毒的心理》（收入《小言论》第一集）、《我们要想到》（署名心水）、《伍廷芳先生之后》（署名秋月）、《甘地给与我们的印象》（署名落霞）、《摩擦》（署名孤峰）、《拿得定注意》（收入《韬奋漫笔》）、《〈三件事〉附言》，载《生活》周刊第 4 卷第 29 期。（全集第 3 卷第 493—494 页，第 2 卷第 630—633 页、633—634 页、635—636 页、637—638 页，第 5 卷第 451—452 页，第 2 卷第 638—641 页）

《积毒的心理》摘要：

"这一对伉俪中的男子就是那位棒球大家鲁斯，女子是一个寡妇霍济逊夫人。""鲁斯精于棒球的运动，而这位霍济逊夫人也是个棒球迷，她的迷不是加入运动，是喜欢看，所以无论鲁斯在何处现他的好身手，这位芳心暗赏的霍济斯夫人总杂在看客里面凑热闹，后来他们俩有了机会做朋友，经过几年的友谊，最近彼此同意，便结为终身的伴侣，他们只要志同道合，性情相投，彼此爱慕，就正式结婚，寡妇不寡妇，并不在心里。""一个对照。友人中有林女士者，绰约多姿，擅长蟹文，不幸与稿砧意见不合，调和无效，终以两方同意而离异。""这位女士虽非寡妇，总算嫁过了一次。同时有某君，据说留学过东洋，现任某处什么厂长，家富有，本取过一个法国留学生，不幸她另有新恋，卷逃了三万多款子，他心灰意冷，不想追究，却想再娶一个。凑巧他所认识的朋友里面有一位姓汤的，这家的汤太太也认识上面所说的林女士，因常听见某君谈起，说他心目中所要选的新夫人,只要才貌好,就是寡妇也不在乎,这也可见他思想之新了,汤夫人就设法介绍某君与林晤面,最初只对他说是林小姐,未对他说明底蕴。晤面之结果,在林还嫌他有些难看,迟疑未决,在某君则大有'一见倾心'之慨,殷勤得什么似的"。"汤夫人看她那样倾倒,才把底蕴托出,不料他像浇了一背冷水,吞吞吐吐的说道:'原来如此! 那末我不愿正式结婚,恐被亲友所笑,就马马虎虎的租好房子同居何如?'林女士本来有点嫌他难看,如今见他表面上似乎新得不得了,而骨子里仍是腐得不得了,当然还了一鼻子灰给他吃,不过那位厂长老爷却白费了汽车费和大菜费,也许还加上几夜冤哉枉也的枕上遐想!""积毒的心理真个易洗得干净! 这位某君最初那样热烘烘的,诚伪姑不具论,但'有意'则似乎真确,乃以'原来如此!'就由'也不在乎'一变而为'也很在乎'! 他推说'恐被亲友所笑',就算这句推托是真的,自命有新思想的人,乃一些义勇没有,至'笑'也经不起,这种怯懦的'新思想家'真一文钱不值!"(全集第3卷第493—494页)

《我们要想到》摘要:

"我们要想到中山先生卑微困难的时候。""我们要想到中山先生是出身低微毫无凭藉做起的。""我们要想到中山先生的事业不是一蹴而就的,是从很小的地方慢慢做起来的。""我们要想到中山先生的渊博的学识是靠他终身好学不倦的自修工夫得来的,不是限于在学校的几年工夫。""我们要想到中山先生生前所受的世俗的轻视,甚至屈辱。""我们要想到中山先生一生简直不知什么叫做失败;他的意志坚强,经过多少风波,始终未尝挫折。""我初次看见中山先生系在民国元年,当时他刚辞临时总统职,周游各省,到福州时,该处官民欢迎甚盛,我当时才十几岁的一个小把戏,凑巧也在该处,杂在道旁人群中瞻望着,看见轿子十几顶,都是藤轿,无盖无围;中山先生坐的一顶藤轿在最后,上面有盖,四面也无围。"(全集第2卷第630—633页)

《甘地给与我们的印象》摘要:

"一个人的精神才力倘若只不过做到自顾而遂自足,为人的价值也就有限,故当常想于自顾之外,各就其精神才力对社会人群有多少贡献;吾力能有所贡献于自我之外的五人十人,我就尽量的这样努力贡献;吾力能有所贡献于自我之外的千人百人,我就尽量的这样努力贡献;吾力能有所贡献于自我之外的万人千万人乃至数万万人,我就尽量的这样努力贡献。一人若仅限于为己的经营,一身而已,乃至一家而已,若能扩充其心志为社会人群谋福利,则所及之人愈多,其所贡献的范围亦随之而俱广,即其为人的价值亦随之而俱增。"

（全集第 2 卷第 635 页）

《拿得定主意》摘要：

"大抵任事的人，范围愈大，愈不能有誉而无毁，有恩而无怨，但求尽其心力，为大多数人的福利，开诚布公的往前做去而已。能抱定'尽其在我'的态度，便常常能将此心放在太平地。"（全集第 5 卷第 451—452 页）

《〈三件事〉附言》摘要：

"（一）关于格式问题，我们也曾加以三番五次的考虑。最近又和本刊印刷所商量改成本子的办法。我们起先以为用十六开的版式，并不加封面，只要装订一下，也许不难办到。不料印刷所的意思，每期三五千份的出版物，装订还不怎样费事；每期五六万份的出版物，装订起来便很费事了，势非大增工人不行，成本既增，定价非加不可。我们向来每年五十二期，连邮费仅收费一元，三四年来，虽费用浩繁，总尽力挣扎，不愿增加一般读者的负担，所以听见要增定价，又把此事搁起来。"

"（二）沧波君现改任本刊特约撰述，《一周鸟瞰》已由灵觉君担任，关于这一栏，在江浙附近几省的读者，也许有许多和俞君有同感，但在南洋，菲律宾，以及欧美各国的华侨读者，却常常有信来说这栏很重要，大概因为他们就是定阅国内日报，每次收到一堆，看起来很费事，而且有时茫无头绪，所以欢迎这种简要的记述，久处甘肃新疆青海的林烈敷君最近到上海也和我谈起，据说那些地方的汉人不但欢迎本刊其他的文字，就是对于每期《一周鸟瞰》也有'望梅止渴'之慨，因为那些地方，就是定阅上海日报，不知何故总是不容易收到，而本刊却期期可以收到。我们因此竟有舍不得取消此栏的意思，所幸近来此栏的内容愈益简要，每期所占的地位已经很有限。"

"（三）我们觉得现在有一般人好像人生除了恋爱问题之外简直没有别的应该注意的事情！这实在是一种误会，所以我们近来对于这一方面的文字，倘非有特殊精彩议论或事实，不欲多载，不过'读者信箱'的文字，却须以读者的来信为根据。""我们现在每日收到的来信，平均总在百封以上，却有过半是为婚姻及恋爱问题的，我们只得分别邮复，非较有价值及有趣味的，不愿登入信箱栏。以后若有其他方面有趣味有价值的来信，无论是商榷问题或报告事实，我们都非常愿意发表，倘若不过枯燥乏味的讨论问题，'信箱'里却也不欢迎，因为怕人看了打瞌睡，对不住读者。"（全集第 2 卷第 640—641 页）

6 月中下旬　戈公振约韬奋参观其新屋淞云别墅，并畅叙。著文《迷》。（全集第 2 卷第 645—647 页）

6月23日 《猫捉老鼠的新闻记者》(收入《小言论》第一集)、《中国的军费与教育费》(署名孤峰)、《那样富也无可如何》(署名秋月)、《迷》(署名心水)、《愉快夫妇的愉快行为》(署名清风)、《又引起国际注意的安斯坦》(署名落霞,收入《人物评述》)、《相骂时候的耳朵》、《很可怜而没有胆量的女子》(收入《最难解决的一个问题》),载《生活》周刊第4卷第30期。(全集第3卷第495—496页,第2卷第641—643页、643—644页、645—647页、647页,第4卷第645—647页,第2卷第648页,第4卷第243—246页)

《猫捉老鼠的新闻记者》摘要:

"名人怕记者的麻烦,不但中国,就是外国也往往有。他们不但'捉'住名人搜新闻,也'捉'住摄影,如在名人办公室里,摄时还要他堂而皇之的坐在办公桌旁,拿着笔写字,装出正在办公的样子?""其实新闻记者不惮烦苦的对名人实行'猫捉老鼠'的手段,也是为社会的读者,社会是应该感谢的,不过我愚妄之见,觉得倘与国家或社会无重要关系的事情,似乎可以放松些。"(全集第3卷第496页)

《那样富也无可如何》摘要:

"我们提起这件事,决不是因为辛氏是巨富,特存什么幸灾乐祸的意思,我们是要表示法律应该不认得贫富,不认得阶级,是一律平等的。我们要做国民所求于政府的,最重要的是这件事;政府所当自策的,最重要的也是这件事。"
(全集第2卷第644页)

《迷》摘要:

"见其房间陈设之物,益叹先生报迷程度之深。他(注:指戈公振)房内满箱满架所置放的东西,除关于新闻事业之中西书籍外,都是许多形形式式大大小小的出版物。""一个人能寻着自己所爱好的事业,做到迷的程度,不但'好之',而且'乐之',这是何等愉快的事情!""我记得小时在上海南洋公学附属小学肄业,寄宿舍是用大房间,每个房间里有二十架左右的榻位,我的卧榻在窗口,对面一榻也在窗口,是高级同学周仁山君睡的。每睡到半夜,就听见榻前有手舞足蹈声,有伸展骨节声,有加紧呼吸声,初觉骇异,后来才知道这位同学原来有拳迷,无论怎样严冷的天气,常人把被窝盖得紧紧的,他却十分起劲的爬起来干一回。平常你和他谈谈天,谈到一半,也许他高兴起来,就在你面前伸手弯曲腿儿做坐马势,打一回拳术的玩意儿。凡事迷而后精,他迷到这样地步,拳术当然很精,当时的校长沈叔逵先生就请他兼任小学里的拳术教练员,免他的学费。""有兴趣而迷,迷而兴趣愈浓,这是自然的趋势。但是迷的对象

也很重要,倘若迷的对象错了,愈迷愈不得了。"(全集第 2 卷第 645—646 页)

《很可怜而没有胆量的女子》摘要:

"这封信简直是一字一泪,我们看完之后,不禁发生无限的悲感与同情。"

"胆量是发生于有自立的能力;有自立的能力便易有胆量,要依靠人,胆量便不得不小起来。"(全集第 4 卷第 244 页)

6 月 30 日　《阿猫阿狗的成绩》(收入《小言论》第一集)、《〈北游余影〉按》、《脚踏虚地》(署名心水)、《女教员》(署名秋月)、《经过不安的安斯坦》(署名落霞,收入《人物评述》)、《课堂里看戏》(署名清风)、《甜蜜的称呼》、《快跟牢前面一辆车子的女子》(收入《最难解决的一个问题》)、《〈抄袭问题〉按》,载《生活》周刊第 4 卷第 31 期。(全集第 3 卷第 497—498 页,第 2 卷第 649—650 页、650—652 页、652—654 页,第 4 卷第 647—650 页,第 2 卷第 654—655 页、655—656 页,第 4 卷第 135—137 页,第 2 卷第 656—658 页)

《阿猫阿狗的成绩》摘要:

"经济上的酬报不一定就可以用来测量工作,譬如有的人工作尽管好,而实际上所受的酬报未必能相称。但是受了重酬的人,在工作方面似乎应该要有些特别优越的成绩,才可以减少一些内疚。我因此偶然激动了好奇心,要问问八百两月薪的中学校长到底有何特异的成绩。我国有'圣人'之称的著名学者某君。""他说中国人做事,位置常常变动,今天不知道明天的事情,外国人做校长,一做就是十年八年,按着计划做去,毕业的学生也可以比较的多起来,所以无论阿猫阿狗去做,在比较的长时期内,多少总有些成绩。""自十六年七月市教育局成立迄今,局长已经更换了四次,为时仅仅两年,每人任期平均不到一年! 管子曾经说过:'一年之计,莫如树谷;十年之计,莫如树木;终身之计,莫如树人。'不到一年的时间连'树谷'都不行,要想'树人'的成绩,只有定做几个无锡惠山的泥佛佛! 在这种情形之下,就是有天大本领的人,也觉'英雄无用武之地',阿猫阿狗更不消说了。""这种可痛的现象,商界似乎少些,政界最利害,卷入政治漩涡的教育界也不'退班'。这种恶现象不除,事业大概难有真正进步的希望!"(全集第 3 卷第 497—498 页)

《脚踏虚地》摘要:

"脚踏虚地的人总有一天要坍下来的。立得愈高,伤得愈重;风头愈足,丑态愈显。""'名'这个东西真是恶作剧! 诱人爱好,而却绝对的不容人假借。所谓'绝对的不容人假借'者,就是要有实际才有真名随来,你有多少实际,他就给你多少真名,好像锱铢必较,毫厘不差,若是脚踏虚地的从事窃名,结果只是

'虚名',虚名必有一天要拆穿的,拆穿之后使你难受,反不如无名时的安静自得。明白了'名'的善于恶作剧,便不至轻易钻入他的圈套。"(全集第2卷第651—652页)

《快跟牢前面一辆女子的车子》摘要:

"我们以为女子交友,尤其是异性的友,倘非深知对方的品性及家族的详细情形,以勿亲近为稳妥;非经可靠的亲友介绍,以勿认识或谈话为稳妥。像张女士所举的例,简直是上海人所谓'钉梢'的无耻卑劣行为,宜严防,决勿上当。女士说'听他的说话还不轻薄',以为也许'真是一个高尚纯正,热心有道者',其实不然。他看见女士'面若严父',知道女士是正派的女子,不易用轻邪的手段引诱,便假正经的那样做,正是他手段之阴险,不可上他的当。我们深信'高尚纯正'的人决不肯做那样'钉梢'的无耻卑劣行为。"(全集第4卷第136页)

《〈抄袭问题〉附言》摘要:

"未得著作人的允许而转载,即等于抄袭。近来内地各处所办刊物,将本刊上文字整篇屡次擅自转载的很多,承各地爱护本刊的读者举以见示者日增,我们对于读者固不胜其感谢,而对于抄袭者尤深致其惋惜。""苟大家都随意抄来抄去,我国出版界还有什么生气?"(全集第2卷第657页)

7月7日 《奴性十足的舞弊本领》(收入《小言论》第一集)、《无所不专的专家》(署名心水,收入《事业与修养》)、《夜里九点钟后的德国外长》(署名落霞,收入《人物评述》)、《活泼的腰部》(署名孤峰)、《恫吓不灵》(署名秋月)、《〈有秩序的政争(上)〉按》、《美丽整洁的卧室》(署名清风)、《三个半英文好的人》、《另请一位大学毕业的》(收入《最难解决的一个问题》),载《生活》周刊第4卷第32期。(全集第3卷第498—500页,第4卷第720—723页、567—569页,第2卷第658—659页、659—660页、660页、661页、662页,第4卷第327—329页)

《奴性十足的舞弊本领》摘要:

"前两天在下有一位亲戚路经香港来沪,在香港上岸住了几天再上船,竟发现一件香港华捕优待本国同胞旅客的事情。据说你上岸的时候,如果没有多带什么行李,还不觉得有这种优待;如果你不幸多带了几件行李,巡捕藉口检查,把你的箱子开起来,一件一件衣服很仔细的翻开来,把许多原来很整齐紧凑放在箱内的衣物,乱七八糟的翻堆成山,一面且翻且堆,一面向你开口'讲价钱',如你'勿识相',他翻了一箱又一箱,给你一个好机会去耽误时间及享受重新收拾的麻烦!像我那位亲戚带了十七件行李,那认真办公的巡捕先生竟开口索五十块钱,后来翻了许久,叽里咕噜的拿了几块钱去,才把尚未翻乱的箱子免查。"许多中国人作旅客而多带了一些行李的都享得着同等的待遇,但是这种如狼如虎的巡捕,一遇着外国人,却一概不敢丝毫露出这种认真办公的手段。有某君带了一位外国夫人到香港上岸,靠他那位黄发碧眼的夫人挺胸而出,声明一切行李都是她的,便一概免受骚扰,某君自念忝为中华民国的国民,在那刹那间悲不自胜,简直没有面目注视他的夫人! 这样高明的舞弊本领已经使人佩服,而同时又充满了奴性的精神,更是可以使人痛心疾首!""我想到这一点,不仅为香港一隅的事情感喟,更感触到我国国民遇事马马虎虎的恶根性,实有自取其咎的地方。例如遇着这类勒索拷诈的行为,便情愿驯伏的挖腰包,以为多一事不如少一事,一时能免麻烦而赶紧过去就算了,何必斤斤计较。他们决不想到一个人无辜横受侮辱之为可耻;决不想到连合受虐的旅客向当地较高机关提出抗议;决不想到经他们这样抗议之后,后来的旅客受福无穷;决不想到维持公安的人反而扰乱公安之当严惩,免再贻毒社会;决不想到中国人之所以处处受人侮辱,原因固多,而各人但因循苟且的只顾自己一人暂时的省事,而并不想到社会方面所受的恶影响,也是一种很重要的助桀为恶的劣根性。"(全集第 3 卷 498—500 页)

《无所不专的专家》摘要:

"天下无万能的人,也很少一无所能的人(除非自己糟蹋掉),倘知各就自己天赋能力的大小及趋向,加以培植,加以修养,加以学力,加以经验,各自用得其当,就所专攻的学识经验以从事专业而贡献于社会,在己则能使固有之天才获最大限度的发展,在社会则能因此而获得最大限度的裨益,此专家之所以可贵。""中国'无所不专的专家'所以遍地皆是,阻碍真正事业的进步,他们本人不自量,无自知之明,及好出风头,固然是自己害自己,而社会却也不能辞其咎,因为一个人无论你专了什么,一旦成了什么名人,社会上人便当你是万能。这里请你做校董,那里请你做董事;你的文章尽管狗屁不通,有人争先恐后的请你做序文;你的字尽管写成鬼样子,有人争先恐后的请你题签;甚至包医花柳病的广告上,也要拉你写一个尊姓大名!""无所不能的人实在是一无所能,无所不专的专家实在是一无所专,即有一知半解,决难有深入的研究与心得,更说不到对社会有真正实际的贡献,不过把浮薄的虚声,大家骗来骗去罢了。""天下无万能的人,人贵有自知之明。为己身事业计,为社会进步计,这个观念都有认清楚的必要。"(全集第 4 卷第 720—723 页)

《恫吓不灵》摘要:

"慨溯距今二十九年前(一九〇〇年即前清光绪二十六年),万恶的慈禧西太后惑于乱臣载漪刚毅等的妖言,而有'义和团'之祸,致招八国联军,造成我国历史上不能磨灭的奇耻,和约成后,慈禧与光绪自西安回京,西人登城墙观者数百,各国公使暨夫人皆出现,不要脸的慈禧远远的向他们作揖,丑态必露!自此之后,慑于外人的威势,凡所要求,无不曲意徇从,养成全国上下对外婢颜奴膝的心理和行为,不必恫吓而已寒心丧胆!可耻孰甚!如今民族意识逐渐发达,这种奴隶的心性和丑态也许可以减少些。在个人方面为人之道,无礼的傲慢与鄙陋的谄媚都要不得;一国公民对于国际的行为则亦有然,只须立在理直气壮的范围内,便须具有非恫吓所能屈伏的勇气。我们国民要把三十年来一味媚外的遗毒洗干净,共同准备实力把将死的民族魂唤醒起来!"(全集第2卷第660页)

《三个半英文好的人》摘要:

"我国自近年民族意识渐渐有些醒悟以来,对于'洋化'很有讨厌的趋势,乃至对于外国文的研究也有鄙视的倾向。我觉得我们诚然不宜作盲目的媚外,但取人之长,舍人之短,以自增益,似乎又当别论,即如外国文一端,如作为加入'外人走狗'的准备则不可,作为研究学问的工具与洞悉世界大势的媒介,便不应一概抹煞的加以鄙视。"(全集第2卷第662页)

《另请一位大学毕业的》摘要:

"我们想到女士的嫁人,是嫁给对方的男子,不是嫁给对方的父母,是要和对方的男子偕老,不是和对方的父母偕老,所以我们以为倘若李君真是可取,程家儿子真是无可取,似乎应该舍程而取李。这样办法,似不免有对不住程家父母的地方,但'终身大事'不应贸贸然因此送掉,况且程家父母自己虽好,而儿子养得不好,也不能完全怪别人,在道德上也不该牺牲别人的女儿。""此种'终身大事',不可暗自一人盲目进行,当把上面所说的理由和父母婉商,请他们加入共同审慎考虑,审慎观察,审慎探问,审慎决定。"(全集第4卷第328—329页)

同日 一老友请新疆来沪的一位朋友在上海银行俱乐部午餐,邀韬奋作陪。著文《未曾奴化的新疆》。(全集第2卷第687页)

7月14日 《我们只得佩服文明国的法律》(收入《小言论》第一集)、《本刊的"心水"重要启事》(八开版)、《群众的力量》(署名心水)、《女科学家最近重要发明》(署名落霞)、《老子是另一回事》(署名秋月)、《吮吸全国的脂膏》(署名清风)、《〈有秩序的政争(下)〉按》、《兔曲》(署名孤峰)、《大学生的常识》、《〈慌慌张张偷写的一封信〉附言》、《〈狐臭〉按》，载《生活》周刊第 4 卷第 33 期。（全集第 3 卷第 500—502 页，第 2 卷第 663 页、663—665 页、666—668 页、668—669 页、669—670 页、671 页、671—672 页、672 页、673—675 页、676 页）

《我们只得佩服文明国的法律！》摘要：

　　"这种文明兵在我们不甚文明的国里是享有所谓'领事裁判权'的，所以由英军事法庭审判，七月六日交涉公署已接到英总领事转到英国驻沪司令官关于判决之通知，方知对拨拉司很文明的杀人罪仅判处监禁一年，对很文明的'裤子拉下'更不提及。""无故杀死一个中华民国的国民，就是闹得天翻地覆，也只是'监禁一年'，如果情愿在监里住二三十年，一个文明人可以随意杀死二三十个中华民国的国民，我们所得于国家之保护者是何等的稳固！大家何必再想什么发愤图强，何必再想什么万众一心的把国家弄好，尽不妨再自私自利，腐化的不妨再腐化，贪婪的不妨再贪婪，舞弊的不妨再舞弊，无恶不作的不妨再无恶不作，横竖有许多文明的待遇在后面等着，尽够享受。""我要痛哭流涕的告我全国同胞：向来只知有自己有家族而不知有国的国民，如今也许稍稍知道如不赶紧发愤图强，万众一心的把国弄好，就是自己，就是家族里的父母妻子兄弟姊妹儿女以及其他所亲爱的人，都有享受文明待遇的好机会！"（全集第 3 卷第 501—502 页）

《群众的力量》摘要：

　　"我们历史上杀身成仁舍生取义的烈士亦不少。但我国人似乎只有少数单独个人的消极的义气，而把许多个人合成群众，简直可以说是一点儿没有什么力量，所以那么大的一个国家，表面上看起来似乎有这许多人，合起来反而好像阒无其人！这也许是'各人自扫门前雪，莫管他家瓦上霜'的哲学的遗毒太深，所以你侵掠到他的家里，他知道怒不可遏；侵掠到他的国里，他却是优哉游哉，若无其事！"（全集第 2 卷第 665 页）

《〈慌慌张张偷写的一封信〉附言》摘要：

　　"无论什么旧道德，或是什么新文化，我们都要用理性和新时代的眼光，加一番思考，重新估定他的价值。如于思考估定之后，认为是合于理论及适于新时代之需要的，不管新旧，都应该提倡；如于思考估定之后，认为是不合于理性及不适于新时代之需要的，不管新旧，都应该排斥。盲目的从新和盲目的守旧都不对。""用'重新估定价值'的态度来研究这个问题，并不是劝人闭着眼睛，凡是旧的都是好的，新的都不是好的。""在旧道德中'忠君'是很注重的，现在有一班留着豚尾的'遗老'，还是牢牢的守着这个他们心目中所视为神圣不可侵犯的道德。""孙总理所要提倡的'忠'是适于新时代之需要的道德。现在一般人民视国事如秦越之相视,漠不关心,至一般贪官污吏更是只知有自己有家而不知有国,所以提倡忠于国于民忠于事是异常重要的,但和那班死死的留着豚尾的遗老心目中所谓忠,却是绝对不同的。""两年前两湖正在乱纷纷的时候,有人动辄把他们的父母拖出游街,甚至枪毙,这种禽兽所干不出的事情,有顽固派竟归咎于新文化的罪恶,实可为新文化呼冤。但是我们对于从前不视儿子有人格独立经济独立的谬说,如所谓'父母在不敢有其身,不敢私其财',所谓'有余则归之宗,不足则资之宗',却也要反对的。我们劝人做贤明的父母,劝青年做孝顺的子女;两方面要同时进行。如横暴的父母,对子女作无理的强迫(尤多见的是关于婚姻方面的无理的强迫),我们便主张子女有反抗的权利。在反面看,如父母贤明,而子女任意妄为,作无理的反抗,这也是我们所反对的。""我们所虑的是一班顽固派撇开孙总理的本意,却有意把'旧道德'三字做幌子,大煽动其吃人的礼教,如个人要供作大家族的牺牲品,女子上门守节,寡妇不许再嫁,以及其他种种荒谬残忍的主张。""我们做人要有相当的勇气。只要我们认为是合理的,便要拿出大无畏的精神来,不应该那样胆小得'慌慌张张'。"(全集第 2 卷第 674—675 页)

7月中下旬　在上海影戏院看孙中山国葬的电影。著文《看了孙总理国葬典礼影片》。(全集第 2 卷第 676 页)

7月21日　《看了孙总理国葬典礼影片》、《虽败犹荣》(署名心水)、《平民化的贵族生活》(署名秋月)、《照耀世界的五十周年纪念》(署名落霞,收入《人物评述》)、《改良过的一张请柬》(署名清风)、《腹部》(署名孤峰)、《一位簇簇新的朋友写的信》、《堂兄妹》、《以免未来的不幸》(后两篇收入《最难解决的一个问题》),载《生活》周刊第 4 卷第 34 期。(全集第 2 卷第 676—678 页、678—680 页、680—682 页,第 4 卷第 632—635 页,第 2 卷第 682—683 页、683—684 页、684—685 页,第 4 卷第 312 页、178 页)

《虽败犹荣》摘要:

"我们中国要想有扬眉吐气的日子,非使这一盘散沙的军民,养成比国那样的民气和胆识不可。比国的地方虽小,人民虽少,而能那样生死相依的一致对外,所以终能不受外力的侵略,不受外人的侮辱;我国的区域虽广,人口虽多,而却未打先逃,各顾各人自己的私利,但知自己打自己的同胞,不思同心协力的励精图治以对外,所以至今还受着帝国主义者的侵略,还处处受外人的侵辱而无可如何。"(全集第 2 卷第 680 页)

《平民化的贵族生活》摘要:

"现在常听见所谓'欧化'，尤其是什么'欧化的白话''欧化的文学'等等。有一般人迷信'欧化'，有一般人反对'欧化'。我们觉得盲目的反对和迷信是一样的不该：我们以为要先加一番甄别工夫，如有可作我国的取镜或比较可采用的，无所用其深闭固拒；若不论利害而一味的盲从，则亦无益而反有害。"

"我们反对少数人的贵族生活，但是我们不反对平民化的贵族生活；换句话说，我们希望人人享得着舒服的生活。"（全集第 2 卷第 680—682 页）

《堂兄妹》摘要：

"依我国法律，同姓不同宗的还可以结婚，同姓而又同宗的便不许结婚。杨君的'我们'既是'堂兄妹（同曾祖的）'，其为同宗无疑，则结婚是无疑的违法。既属违法的事情，无论杨君提出任何理由，除非我国法律关于这一点有所更改，在事实上是法律所许可的。至于杨君所提出的'换汤不换药'的办法，在法律上也是行不通的。这样看来，我们以为杨君的唯一途径，只有忍痛'割爱'。"（全集第 4 卷第 312 页）

7 月 28 日　《最后的保障》（收入《小言论》第一集，全集未收）、《〈封建制度到底什么意思〉按》、《未曾奴化的新疆》（署名心水）、《手创新国的大学教授（上）》（署名落霞，收入《人物评述》）、《〈金陵女大毕业生中的奇怪人物〉按》、《墨索里尼捣乱》（署名清风）、《介绍一本好书〈棘心〉》、《弱女哀音》（收入《最难解决的一个问题》），载《生活》周刊第 4 卷第 35 期。（全集第 2 卷第 686 页、686—688 页，第 4 卷第 516—521 页，第 2 卷第 689 页、690 页、691—693 页，第 4 卷第 246—248 页）

8 月 4 日　《中国人只配走后门吗?》、《〈在革命过渡时期中国人应有之觉悟与努力〉按》、《英国总选举中的家事》（署名秋月）、《手创新国的大学教授（下）》（署名落霞，收入《人物评述》）、《杂种问题的交涉》（署名清风）、《"誓死不用货"!》（收入《韬奋漫笔》）、《〈一片赤诚〉按》、《介绍好读物——梁实秋先生的〈论思想统一〉》、《〈投考大学之疑问〉附言》、《〈啼哭着告诉父母〉附言》，载《生活》周刊第 4 卷第 36 期。（全集第 2 卷第 694—695 页、696 页、696—697 页，第 4 卷第 516—521 页，第 2 卷第 698 页，第 5 卷第 452 页，第 2 卷第 699—700 页、700—701 页、701—702 页、703 页）

《中国人只配走后门吗?》摘要：

"我们固然反对没有道理的仇外举动，但却以为大家都须有礼貌；所以我们一方面固然要励精图治，整饬内政和国民的个人修养（这当然是根本），而一方面对于在咱们国土内对于咱们国民的'太好的礼貌'，却要毅然反对'唾面自干'和'犯而不校'的奴性。"（全集第 2 卷第 695 页）

《"誓死不用货!"》摘要：

"昨天有一位老朋友刚从北平到沪,据说北平宣武城门上面的墙原有几个如大圆桌面般的大字,写着'誓死不用日货',最近却把'日'字挖去,仅剩下'誓死不用货'几个字。难道我们中国的国民受了日本的隆情厚谊(?),感激涕零,连无论什么'货'(国货当然也在内)都要'誓死不用'了吗? 如有恶作剧的'洋人'把这个妙不可言的标语用摄影机摄了去,又是一件替中国体面增光不少的事情! 既然要如此表示'感激之意',何不索性把'不'字挖去,留下'誓死用日货',岂不更妙?"(全集第 5 卷第 452 页)

《〈投考大学之疑问〉附言》摘要:

"我以为用人才的人,不宜专讲空牌子,要注重实际的才能;你有做我所要请你做的事情的实际才能,我不管你是什么地方毕业的,不管你是大学毕业生也好,非大学毕业生也好,是留学生也好,非留学生也好,甚至是全由自修得来的也好,我不拿空牌子的有无来鉴定你,乃以实际的才能来鉴定你。这样一来,有牌子而兼有实际才能的人并不吃亏,只有空牌子而没有实际才能的人便不能利用他的空牌子来吓人,而没有牌子却有实际才能的人也不至埋没。这是鼓励社会崇尚实学不务虚名的最好方法。讲到办学,也应该采用这一样的注重实际的意思。你有实际的学力来投考,只要考得出,我不管你在什么学校读过,甚至全由自修得来的也可以;否则就是你拿出天大的母校牌子也没有用的。这是鼓励青年崇尚实学不务虚名的最好方法。"(全集第 2 卷第 702 页)

8 月 11 日 《无耻!》(收入《小言论》第一集)、《在欧洲最受崇敬的一位政治家》(署名落霞,收入《人物评述》)、《〈建设声中之"维新"错觉〉附言》、《英国新内阁的女部长》(署名秋月)、《德总统兴登堡做电影明星》(署名清风)、《硬性读物与软性读物》(收入《韬奋漫笔》)、《有负此生》(收入《最难解决的一个问题》)、《〈医治狐臭的又一法〉附言》,载《生活》周刊第 4 卷第 37 期。(全集第 3 卷第 502—503 页,第 4 卷第 587—589 页,第 2 卷第 704 页、704—706 页、706—707 页,第 5 卷第 453—454 页,第 4 卷第 279—282 页,第 2 卷第 707 页)

《无耻!》摘要:

"我们诚要开通风气,最低限度的基本道德,须能严格的尊重对方的意志自由;换句话说,即绝对的不得以一方面的意思强迫对方以必从。我们诚然赞成'男女平等,交际自由'。但所谓'平等'是两方都立于平等的地位,谁也不应压迫谁;所谓'自由',要以不侵犯他人的自由为范围。若有一方压迫另一方,是否平等? 受压迫者是否自由?""这种最低限度的基本道德,自命'新人物'者还丝毫没有,和土豪劣绅之任意压迫女性有何分别?"(全集第 3 卷第 502—

503 页）

《硬性读物与软性读物》摘要：

　　"硬性读物每偏于专门性；软性读物则每偏于普遍性。两者都是社会上不可少的精神滋养料，我们所希望的是：硬性读物能尽量的软一些，软性读物能纯正而导人趋于身心愉快德慧日增的境域。""本刊内容可以说是软性读物，希望能做到读者诸君的一位欣悦和爱的好朋友——但却不愿做'群居终日，言不及义'的损友，是要黾勉淬砺做一个纯洁清正，常在进步途上的益友。""在下常觉自慰的，是区区做了诸位的这个'好朋友'的'保姆'，是受有全权，得用独往独来公正无私的独立精神放手办去，稿件的选择取舍，绝对不受任何人的牵掣，本刊向采'尽我心力'的态度，日在努力求进之中，固决无自满之时，而这种'独往独来公正无私的精神'也是要继续保持下去的。以后我们还想常有'介绍好读物'的文字发表，但大概仍以有趣味有价值的软性读物为主，而且也要用上面所提出的'独往独来公正无私的精神'来介绍。换句话说，我们只认得'好读物'而不认得人；要使因我们介绍而去购阅的读者不至上当。不至失望。我们绝对不受任何私人或书业机关的嘱托，绝对不讲'情面'，绝对不避嫌怨，只以'读物'本身为唯一的对象，根据独立观察所得，全为读者着想，介绍我们认为确是好的，确是有趣味有价值的读物，我们深信只有这样严正的介绍，才有价值，才有信用。无可介绍的时候，我们就不介绍，因为我们向来不愿做勉强敷衍的文字以虚耗读者宝贵的时间。"（全集第 5 卷第 453—454 页）

《有负此生》摘要：

　　"在下自己就有一位朋友，他的母亲贪了一家五十万的家产，把一个十八岁的聪明伶俐的女儿嫁过去，对方也是一个独子，也是一个没有做丈夫资格的男子，三年无所出，婆婆多方责备，甚至因此加以虐待，这个无辜的女儿一直隐忍了三年，后受自己母亲的私下诘问，才呜咽哭诉实情。但以两方都是'诗礼世家'，礼教要紧，只得牺牲到底，现在这个'聪明伶俐的女儿'在名义上已嫁了七八年，仍时常受婆婆无理的埋怨（婆婆硬说她的无用，儿子已经老早医好了），抑忧悲怆，已患痨病到了第三期了！'吃人礼教'在这种地方的残杀威权，实可令人发指。""彭君的来信，知道他也白白的牺牲了一个女子竟有了十二年之久，觉得实在是一件惨无人道的事情！虽本刊内容向极审慎，关于生理文字，不欲轻易发表，俾免流弊，但此类礼教吃人的事实，却不得不破例发表，唤起社会的注意。""彭君个人的事情，既已作孽到此地步，当速就诚实可恃的西医诊治，更当打破其'不能公开设法'的错误观念，当知身体的缺憾，既是父母遗体如此,并非自己的罪过,即坦白告诉父母,设法医治,有何畏惧之有? 倘若这一点道理都不明白,这一点胆量都没有,更何以对得住'并无怨色'已被牺牲'十二年'的'妻'?""彭君如尽力医治,也许还有希望,如再不肯'公开设法',连这一线希望都被糟蹋尽净了。"(全集第 4 卷第 280—282 页)

8 月 18 日 《"人家要笑的"》(收入《小言论》第一集)、《〈厌世心理〉附言》、《〈幽寂〉按》、《西藏地理的权威者》(署名落霞,收入《人物评述》)、《两看的比较》(收入《韬奋漫笔》)、《社会的讥评》(收入《最难解决的一个问题》),载《生活》周刊第 4 卷第 38 期。(全集第 3 卷第 503—505 页,第 2 卷第 708 页、708—709 页,第 4 卷第 655—658 页,第 5 卷第 454—456 页,第 4 卷第 129—133 页)

《"人家要笑的"》摘要:

"爱是富有牺牲性的,某君的毛病在'不敢言爱',他倘能亲自用一番爱的工夫感动她的心,也许还有挽回的余地,这是我作此文时候还在希望着的。"

(全集第 3 卷第 505 页)

《两看的比较》摘要:

"书我所欲也,电影亦我所欲也,二者常可得兼,这倒是我自己的一件幸事。依区区的经验,看书和看电影很有可以比较的地方:""我们在看电影之前,往往先要看看报上各家影戏院的广告,但是有时广告上的戏目虽很动人,你真的跑去一看,却'吼啥好看',甚至'一塌糊涂',高兴而往,败兴而返,于是乎颇觉得报上的广告靠不住"。"于是我只有另辟途径,寻出比较可恃的两法:一是认定几个可看的'明星',是我所信任的某某几个明星主演的,大概总不至如何使我失望;二是有些欣赏程度大概相同而说话又靠得住的朋友先去看过,对我说很可以看看,我知道他尝试过了,便放心去看,大概也不至上当,因为要上当的已经被他捷足先上了,我便可以不必再蹈覆辙。(以上所说是指美国影片,国产电影至今引不起我的兴趣。)""讲到看书,也有相类的地方。有的时候,广告上所公布的书名未尝不引起我们购买之心,尤其是大摆大鼓的登大广告,某名人题签啊,某要人作序啊,说得天花乱坠,更易动人,你真的去买一本看看,也许内容大糟而特糟,你虽大呼晦气,但是腰包却已经挖过了。你要先看看各报上的书评吗? 往往就是坏的也都是好的,也令人无从捉摸,因为有许多是应酬书业机关或著作人的。""我国的著作大家好像个个都是大好老,大都是很能独立的著述,用不着请教人的,横竖倒霉的是读者,你买的时候他的大著总已印好出版,只要能出版发售,什么事他都可以不管了。至于翻译的作品,妙的更多,译者对于原书似乎可以不必有彻底的了解,对于这门学术似乎更不必有过深切的研究,只须拿起笔,翻开字典,逐句的呆译下去,看了就译,译了就印,印了就卖,卖了就令读者倒霉! 所以像我这样经不起白挖腰包任意挥霍的读者也只得用看电影的方法:认定几个比较可靠的著作者(倒不一定是名人),或常请教可靠的朋友介绍介绍。""当然,出了一个新脚色,无论是明星,或是译著家,有时我也要作初次的尝试,但如果尝试一次上了当,以后便不敢再请教。这样看来,以著述问世的人,不对读者负责似乎是仅害了读者,其实还是害了自己,因为他好像一与世人见面,就把自己嘴巴乱打了一阵,将来的信用一毁无余了。"(全集第 5 卷第 454—456 页)

8 月 25 日　《傻子太少》(收入《小言论》第一集)、《麦克唐诺为何如人》(署名落霞,收入《人物评述》)、《天才》(署名秋月)、《可恨又可笑的一团糟》、《坐食山空的溥仪》(署名清风)、《〈惘然〉附言》、《飘零》、《介绍好读物〈亲子应否别居问题〉》、《〈幸事〉附言》、《终身的伴侣和安慰者》(收入《最难解决的一个问题》)、《第 4 卷第 39 期短简》,载《生活》周刊第 4 卷第 39 期。(全集第 3 卷第 505—507 页,第 4 卷第 573—575 页,第 2 卷第 709—710 页、710—713 页、714—715 页、715—716 页、716—718 页、719—720 页、720—721 页,第 4 卷第 229—231 页,第 2 卷第 721 页)

《傻子太少》摘要:

"有某君谈起他有亲戚某甲最近乘沪宁车到沪,所乘的是三等车,上车时乘客拥挤,座位上都坐得满满的,他只得立着,后来立得腿酸腰痛,东张西望,无意中瞥见有乘客某乙自己坐着了一个座位,身边又放着一件行李,也占去了一个人的座位。某甲便请他把那件行李拿下来,让他坐坐。不料某乙竟不肯让,某甲和他大办交涉:'你买了一张票,我也买了一张票的……'某乙很顽强的怒斥他:'谁来管你买票不买票!'某甲更冒起了火,愈严厉的提出抗议,某乙却妙得很,把本来挂在胸前衣服里面的一个徽章,特为抽出来拖露于衣外,表示他是机关里的职员,也许还是一个什么官儿。可是某甲仍'弗识相',反大讲其理由,说什么'现在的政府是民治的政府,铁路既是国家的,便为国民所得共享……'某乙听了说得更妙,他正而经之的愤然驳他道:'我就是国家的,我的行李就是国家的。'理由多么充足! 法国的专制皇帝路易十四所说'朕即国家'的话,不能专美于前矣! 他的意思大概是说他既做了公务人员,国家的就是他的,他的就是国家的,所以他可以随意享用,乃至于他的行李也有享用火车上座位的特别权利!""老实说,我国敢于凌铄法律而专恣横行肆无忌惮者之所以多,就是一般国民中'傻子'太少而社会制裁力太薄弱的缘故。我国的那个'某乙'所以敢于无理'顽强',英国的那个'中年好人'所以不得不'面红耳热的逡巡自去',并不是她比他特别好,是因为她的国里'傻子'多而社会制裁力强;他的国里'傻子'少而几至于无,社会制裁力弱而几等于零。"(全集第3卷第505—507页)

《天才》摘要:

"天才是社会的至宝,倘若不加以相当的启迪和养育维护,也易于埋没,所以各国教育家对天才都很注意。就广义讲,我们除非是真正低能,各人都有多少天才,不过程度不同而已。做父兄师长的人要常常注意子弟的天才趋向,加以审慎的启导,勿令埋没;做青年乃至虽达成年的人,也常常要省察自己天才的趋向,加以集中的努力,勿令埋没。增进天才属于优生学的工夫,虽非个人所能一时左右,但使已有的潜伏的特长尽量发展,是在人人的可能范围里面。"

(全集第2卷第710页)

《飘零》摘要:

"女士之所求于社会者非慈善性质的布施,乃欲为社会作工以自给,并养'垂暮之年历尽风霜的老父母',我因此认为最重要者须速将眼疾医好,始能恢复职业;而鉴于女士处境之苦,我自己又不是医生,无从尽其义务,乃承吾友潘君之热诚介绍,作书介绍与汪于冈医师一诊,承汪医师详慎诊察之后,深觉其目疾程度已无重光希望,但为特别审慎计,又承他转介绍至眼科江辅瑞医师处诊察,江医师亦认为眼珠萎缩,最初为急性虹彩炎,为对此病无研究之中医所误,迁延至今,遂至万难复原之境域,断为无法医治,江先生致汪先生函,对此症有很详细的叙述,此处恕不赘及,我们得到汪医师来信报告之后,一方面深感他们的热诚,一方面又为黄女士深致惋惜。事已至此,我们除极力函慰黄女士,请她保护所余的一眼及留心不必十分费用眼力的职业机会外,竟无他法援助,实在觉得惭疚万分。""区区是个穷书生,仅恃此一枝秃笔,绞我脑汁,竭我思考,只能在精神上,知识上,思想上为社会竭尽棉薄,讲到实力,真是汗颜无地。我们以为社会上怠惰成性自甘暴弃的分子固不足恤,至于有志自立志趋纯洁的分子,则有加以积极援助的必要,是不得不希望于社会上具有实力者。""区区之意不仅为黄女士一事言,我国以好人而处苦境如黄女士者何可胜数?欲国民得安居乐业,枝枝节节的救济仍无大效,非政治速求修明,由政府用大刀阔斧的建设来作通盘筹算的拯救不可。""各国政府均以解决国民失业问题为己任,我国负有政治上责任者亦应时刻以此自惕。"(全集第2卷第717—718页)

《终身的伴侣和安慰者》摘要:

"我们固然十分赞成解放寡妇,但是我们主张婚姻当以爱为基础,如果有了爱,不管对方是不是寡妇:只要有了爱,不是寡妇,要她;是寡妇,也要她。"
"如果徐君对于旧式订婚的未婚妻向未同意,从未谋面,毫无感情,对于丁女士
是出于真诚的爱,我们赞成徐君设法解约而做丁女士的'终身的伴侣和安慰
者'。""此事当然要引起旧家庭的反抗,要能抵抗得住这个反抗而获得最后的
胜利,须视徐君自己有无自立的能力和奋斗决心与勇气,""我常说义务和权力
是并行的,如担当不起义务,便不要妄想白享权力。"(全集第 4 卷第 230—231 页)

9 月 1 日　《白忙了一顿》(收入《小言论》第一集)、《解决问题》(署名心水,收
入《该走那条路》,未收全集)、《麦克唐诺的女儿》(署名落霞,收入《人物评述》)、《忙
中的成绩》(署名秋月)、《风行一时的赤腿》(署名孤峰)、《官吏的颠顶》《分工合作》
(署名清风)、《一只猫儿》、《想念新闻学》、《实在不好意思出之于口》(以上两篇收入
《最难解决的一个问题》),载《生活》周刊第 4 卷第 40 期。(全集第 3 卷第 507—508 页,
第 4 卷第 575—577 页,第 2 卷第 722—723 页、723—724 页、724—726 页、726—728 页、728—729
页,第 4 卷第 95—97 页、270 页)

《想念新闻学》摘要:

"从事新闻事业的人大概可分为两大类,一类可称为新闻记者,一类可称
为新闻事业者。此处所谓新闻记者是广义的,不限于访员,包括主笔编辑及访
员。所谓新闻事业者则包括报馆的总经理以及营业方面各部的主任。""新闻
记者接触的范围是全社会的,是遍及各界的,所以除'新闻学科'外,最需要异
常丰富广博的常识。仅说常识二字似太浮泛,再要说得明确些,可把新闻记者
所需要的常识分为两部分:一部分是属于'自然科学',即物理,化学,动物,植
物,矿学等是。这一部分的常识,只要有优良高中中学毕业的程度便行。还有
一部分是属于'社会科学',即经济学,政治学,社会学等科学。经济学中特重
政治经济学,财政学等;政治学中特重法律,政治史,外交史等;社会学中特重
社会问题,社会政策,劳动问题,及心理学等。这第二部分的学识和全人类有
密切的关系,做新闻记者须有大学的程度才行。这样解释之后,刘君所提出的
'除了选新闻学科之外,应该选读那几个旁的学科为最合宜?'关于第一类的这
个问题大概可以明了了。""关于身心方面,和其他事业似无大异,不过特重耐
劳的体格,敏捷而细密的心思。'应多读什么刊物和书籍?'也可以根据上面所
说的两部分的常识为标准,当然要特重第二部分,尤宜注意国内外重要的书报
杂志。做主笔的主持论坛,不但须有学问,须能文章,并须精锐远大的眼光和
见解,须有浩大的胸襟。至于待遇,主笔月薪约自百元至五百元,编辑约自三
十元至三百元,访员约自三十元至三百元。""关于第二类人材所需要的学识大

概特重科学管理法,心理学,销售学,广告学,以及其他关于商业的常识,待遇数十元至数百元,无十分一定的标准。""这是有志从事新闻事业的人应走途径的大概。在我国目前的实际情形,有许多是靠自己天才由经验磨练出来的。"(全集第 4 卷第 96—97 页)

9月8日 《爱多尔》、《问题解决后的心境》(署名心水)、《理想中的人物》(署名秋月)、《杜威对于新中国的言论》(署名落霞)、《盲进》、《至性》、《霹雳》(收入《最难解决的一个问题》),载《生活》周刊第 4 卷第 41 期。(全集第 2 卷第 730—731 页、731—733 页、733—734 页、734—726 页、736—738 页、738—739 页,第 4 卷第 90—92 页)

《爱多尔》摘要:

"所谓偶像,就表面说,大家都知道是用土木或金属所制成的神佛的像。我国正在打毁庙里所供偶像以破除迷信,当然是偶像正在倒霉的时代,偶像两字已不是什么吉祥的名词,况在我国知识界里假学者的成绩太好,往往藉一知半解,窃盗虚声,把自己造成偶像来骗人的不在少数,提起偶像两字,更觉得讨厌。""不过就英文'爱多尔'一字的含义说,虽然是指受人崇奉的神像('An image used as an object of worship'),也可以用来表示所酷爱的人或事物('That on which the affections are strongly set')。""把偶像来比方'所信仰而崇拜'的人或事物,很能表示虔诚的热度。我们只要看城隍庙里城隍老爷香案前的几位乡下土老儿,双手合举,口中喃喃有词,跪着拼命大磕响头,便可知道他们在那刹那间除了城隍老爷,什么都没有。我们不是有取于乡下土老儿对于城隍老爷的迷信,我们可以效法他们那样'信仰而崇拜'的热度,移到我们所做的事业上面去。所以我以为不但法律家要有爱多尔,无论委身何种事业的人都应有他的爱多尔;换句话说,对于他的事业都应该有一种'信仰而崇拜'的情绪,否则决不能深入,决不能有真正的心得,决不能有继续不断的进步,决不能有真正的贡献。""'夸大狂'是人类最普通的现象,所以有一种人自己尽管是'空空如也',连什么'皮毛'都没有,但却对于什么都不肯佩服,只觉得自己应该受人佩服;他自己没有爱多尔,只觉得自己应是该做别人的爱多尔。于是訑訑之声音颜色常拒人于千里之外。"(全集第 2 卷第 730—731 页)

《理想中的人物》摘要:

"我以为古今完人,尤其是合于我们各个人理想中的完人,也许是绝无仅有,但我们若能兼取众长,合起来组织我们理想中的领导人物,在实际上必有很大的效益。"(全集第 2 卷第 734 页)

《杜威对于新中国的言论》摘要:

　　"孔子自有他的人格，自有他的学问，他一生最倒霉的是被人强拉去做什么'万世师表'，把他所说的一字一句，都以为是千万世应该呆照着做去而不许有所怀疑的。其实一时代有一时代的时势和潮流，在他那时代也许是特有价值，到了后来却不能不有更改的地方。无论圣到什么地步，尽管'前无古人'，却不应该要使'后无来者'。其实孔二先生自己也说'三人行，必有我师焉'，他何尝想包办万世的一切？你再看孟懿子问孝，他说一段话；孟武伯问孝，他又另说一段话；子游问孝，他又另说一段话；子夏问孝，他又另说一段话。他何尝想把他所说的话，不顾特殊情形如何，一味的叫人盲从？这都是瞎捧他的人的罪过，冤枉了他老先生，还害了许多后世的人！""我们要奉劝一般抱残守阙的顽固专家，要睁开眼睛看看清楚。"（全集第 2 卷第 736 页）

《霹雳》摘要：

　　"要明白，能入校求学可以算是第一条路；无力入校求学，不得已而全用自修的工夫，可以算是第二条路。第一条路当然是顺些，快些；第二条路当然是曲些，慢些。如遇着实在无法走第一条路，只有第二条路可走的人，我们当然不对他说他是无路可走了，当然要说第二条路也是可以走的；因为有曲的路慢的路走，总比不走的好，况且确有许多人因不得已而走曲路慢路也达到了他们的目的地。但是力量能够走第一条路的人，我们还是劝他走第一条路，并不劝他走第二条路，因为顺路快路当然比曲路慢路好些。""求学是有志求自立者最重要的基本方法，女子要得未来的幸福，或免未来的危险，无论嫁后用得着用不着，有了可以自立的学术，总可以加一重保障。"（全集第 4 卷第 91—92 页）

9 月 14 日　刘湛恩偕夫人刘王立明过访韬奋。著文《刚回国的"格索林"先生》。（全集第 2 卷第 759 页）

9 月 15 日　《也许是能力的表现》（收入《小言论》第一集）、《害到外国去了》（署名心水）、《一位知县老爷亲吃的苦头》、《〈表姊〉附言》、《〈侥幸中之大不幸〉附言》，载《生活》周刊第 4 卷第 42 期。（全集第 3 卷第 509—510 页，第 2 卷第 739—741 页、742—745 页、745—746 页、746—747 页）

《也许是能力的表现》摘要：

　　"我们不要以为外国离婚多而中国离婚少，便可以自豪，当知中国有许多女子虽极不满意于她们的丈夫，因无自立能力，也只得吞声饮泣得过且过罢了。""我临了又要申明的，离婚是不幸的婚姻一种不得已的解决方法，我的意思不是要提倡离婚，不过以为女子对她丈夫与其貌合神离而忍苦敷衍，不如有自立能力者之能爽爽快快的另自择人。""其实无论男女，要解放，都须以养成

自立能力为前提，不仅婚姻一事而已。"（全集第 3 卷第 510 页）

《害到外国去了》摘要：

"做家长的人希望子弟上进，肯拿出钱来使他们受教育，这本是一件很可嘉尚的事情，不过不顾到自己子弟的个性，不求实际的效益，但骛有名无实的虚荣，恐怕所得的结果都不过造成'一种不伦不类不上不下的无用的东西'。"

"关于天赋能力，有几点却也值得我们的注意：（一）无论什么学问，初学者因未得门径，未到够得上可以欣赏的时期，总难免觉得有多少困难，也许不能一下就能得到兴趣，须打过一层难关，才有成效可见。倘若一遇到这种小小的难关，就以为自己是不配学，或怀疑自己没有能力，那也是错误的。不过一面学，一面却须细心观察，细心体验，不要闭着眼睛蛮干——无论子弟或家长，都不应闭着眼睛蛮干。""仅能挑十斤的人，硬要挑二十斤，五十斤，乃至一百斤，弄得终日'愁眉丧脸，苦不堪言'，固然是一种惨剧；但是有十分天才的人只发展三四分乃至七八分，也是一件极可惜的事情。各人要就各人的天赋，在可能的范围内尽量的发展。能够这样，不但在个人方面是莫大的幸福，在社会方面也收到莫大的贡献——各尽所能的贡献。"（全集第 2 卷第 740—741 页）

9 月 22 日　《拉长》、《消极中的积极》（署名心水，收入《事业与修养》）、《狼狈》、《害人精》（收入《最难解决的一个问题》）、《第 4 卷第 43 期更正》，载《生活》周刊第 4 卷第 43 期。（全集第 2 卷第 747—749 页，第 4 卷第 700—702 页，第 2 卷第 749—753 页，第 4 卷第 208—210 页，第 2 卷第 753 页）

《消极中的积极》摘要：

"据在下近来体验所得，深觉我们倘体会'消极中的积极'之意味，一方面能给我们以大无畏的精神和勇往迈进的勇气，一方面能使我们永远不至自满，永远不至发生骄矜的观念。""我深信有了以消极为背景的人生观，然后对于事业才能彻底的积极干去。""有了这样的态度，便能常做坦荡荡的君子，不至常做长戚戚的小人；不但失望失败丝毫不足以攫吾心，就是立刻死了（奋斗到死，不是自寻短见的死），也不算什么一回事。""就是有些成就，以我们在'年寿上是有限制的''一个小我的人生'其所作为在人类千万年历史上的事功里，所占地位之微细或犹不及沧海之一粟，只有尽我有涯之生向着无穷尽的路上前进，做多少算多少，有何足以自傲之处？所以我说'消极中的积极'能使我们永远不至自满，永远不至发生骄矜的观念。"（全集第 4 卷第 700—702 页）

9 月 29 日　《偷偷捏捏的大学教授》（收入《小言论》第一集）、《〈人格的美〉附言》、《〈我们只有一百二十分的惭愧〉附言》、《乐在其中矣》、《刚回国的"格索林"先生》、《〈各尽所能〉附言》、《两头大如何》（收入《最难解决的一个问题》），载《生活》周刊第 4 卷第 44 期。（全集第 3 卷第 511—512 页，第 2 卷第 754—755 页、755—756 页、757—758 页、758—759 页、760 页，第 4 卷第 313—414 页）

《偷偷捏捏的大学教授》摘要：

"大学校里的化学教授似乎应该到化学实验室里去看看才是，怎么却跑到女生浴室的窗口去偷窥？这真有点使人莫测高深，怪不得秋星君说'可怪'。""学风的'风'字是'俗尚'的意思，上面所说的那件事当然是千载难逢的奇闻，倘若已成了'俗尚'文德教授便仍可以文质彬彬的上课堂，用不着那样慌慌张张的辞职而去了。所以我国的未死的顽固派绝不能掀髯得意，以为此等事可以助他们反对大学男女同学张目。""我对于这件事却另有一点意思，我以为私德和公务虽不必常牵在一起，但我们至少要牢守一个重要条件，就是'小德出入'而有妨碍公务之处，仍当毅然决然戒绝。例如这位文德教授既身任大学的教授，对于该大学的学风便绝对的应该负有维护的责任，如他在别的地方'偷窥'，其责任便远不及他在本大学里'偷窥'之重大；又例如新闻记者倘有官迷，尽管自己识相些走别条路，倘若利用'无冠帝王'的地位而运动做官，那便是对于他的事业（此处即新闻业）丧失了忠诚的精神。"（全集第 3 卷第 512 页）

10 月初　南开大学校长张伯苓从欧美回国，在上海举行演讲会，韬奋也在座。（全集第 2 卷第 767 页）

10 月 6 日　《不过给疯狗咬了一口》（收入《小言论》第一集）、《忘名》（署名心水）、《安斯坦画像记》（署名落霞，收入《人物评述》）、《你打算活到几岁？》（署名秋月）、《实际的干》（署名清风）、《一个害人的男子》（收入《最难解决的一个问题》）、《〈深刻的印象〉附言》、《第 4 卷第 45 期短简》，载《生活》周刊第 4 卷第 45 期。（全集第 3 卷第 512—514 页，第 2 卷第 761—763 页，第 4 卷第 650—652 页，第 2 卷第 763—764 页、765—766 页，第 4 卷第 276—277 页，第 2 卷第 766—767 页、767—768 页）

《不过被疯狗咬了一口》摘要：

"俗语说'物必自腐也而后虫生之'，又说'空穴来风'，孟老夫子也曾经阐发此义而郑重告人说道：'人必自侮而后人侮之，国必自伐而后人伐之'，例如日本发疯提出了二十一条件，当然也是窥见袁世凯先生发疯想做皇帝，才有挟而来，明明知道他不敢不答应。因袁世凯一人发了疯，无辜的中国也被咬了一大口，至今元气未曾恢复，不像那位'眉目传情'的小姐只要登报启事声明便算了事。"（全集第 3 卷第 514 页）

《忘名》摘要：

"好名原来不是一件什么坏的事情,有的时候也许是一种很有效的兴奋剂,督促着人们向正当的路上前进。所以我们对于好名的人,并不要劝他们一定要把好名心去掉,不过要劝他们彻底明白'名者,实之宾也',要'实至名归'的名才靠得住。""惟其有'实'做基础的'名',才有荣誉之可言;若是有名无'实'的'名',别人依你的'名'而要求你的'实',你既然是本无所谓'实',当然终有拆穿的时候,于是不但享不着什么荣誉,最后的结果,只有使你难堪得无地自容的'丑'。俗语谦词有所谓'献丑',不肯务'实'而急急于窃盗虚声的人,便是拼命替自己准备'献丑',这是何苦来!""我们并不劝好名的人不要好名,只希望好名的人能在'实'字上用功夫,既如上述;但是照我个人愚妄之见,一个人要享受胸次浩大的愉快心境,要不为'患得患失'的愁虑所围困,则热中好名远不如太上忘名。""我们试彻底想一想看,'名'除了能满足我们的虚荣心外,有多大的好处? 我常以为我们各人的价值是在能各就天赋的特长分途对人群作相当的贡献,作各尽所能的贡献,我有一分实际能力,干我一分能力所能干的事;我有十分实际能力,干我十分能力所能干的事。有了大名,不见得便把我所仅有的一分能力加到十分;没有大名,不见得便把我所原有的十分能力缩到一分。我但知尽我心力的干去,多么坦夷自在,何必常把与实际工作无甚关系的名来扰动吾心?""我们倘能问心无愧,尽我心力对社会有所贡献,此心便很太平,别人知道不知道,满不在乎! 有了这样的态度,便享得到胸怀浩大的愉快心境,便不至为'患得患失'的愁虑所围困,所以我说热中好名远不如太上忘名。"(全集第 2 卷第 761—763 页)

《一个害人的男子》摘要:

"惟言及男子之可靠不可靠,愚意以为似未可一概论。无论何种社会,都不免良莠不齐。女子有可靠的,有不可靠的;男子也有可靠的,也有不可靠的。如说女子都是可靠的,男子都是不可靠的,其谬误似与硬说男子都是可靠的,女子都是不可靠的一样。无论男女,既有可靠和不可靠之分,所以我们对于择友或选择终身的伴侣,都要睁开眼睛看看清楚,不要盲目的瞎撞,免致后悔无及。"(全集第 4 卷第 277 页)

10 月 13 日 《一封万分迫切求救的信》(收入《小言论》第一集)、《绝对靠得住的是谁?》(署名心水,收入《事业与修养》)、《新而旧的白里安》(署名落霞,收入《人物评述》)、《墨索里尼的内阁会议》(署名秋月,收入《人物评述》,改题《二十世纪的怪杰》,全集未收)、《〈仅见〉后的应接不暇》、《聪明在顽皮》(收入《最难解决的一个问题》),载《生活》周刊第 4 卷第 46 期。(全集第 3 卷第 514—516 页,第 4 卷第 718—720

页、582—585 页，第 2 卷第 768—769 页，第 4 卷第 366—368 页）

《一封万分迫切求救的信》摘要：

　　"我们试平心静气一察，即知作者原是一个品性优良的女子；她反对徒重资产门第而不注意对方本人，她虑到不能入学，她顾到'我们的前途'。她的大错不过是在'经济根本没有'之前而'不幸有了结晶'。"（"他也是经济尚未能独立的"，当然是同一错误。）"在她处在这样毫不谅解毫无同情的'旧式的'家庭里，因两性爱悦而受一时的冲动，我不但不忍责备她，并要'千万分的原谅'；我说她错，意不在此，是在她原可以比较顺利的向前奋斗，现在因此在事实上却加了一层困难。所以我常奉劝青年，在经济能力未能独立以前，且慢实行恋爱，尤其是且慢'结晶'。在做父母的方面，我以为平日对女儿要富于同情心和谅解心，使她就是自己看中了意中人，也胆敢明白详尽的告诉父母，信任父母肯和爱的指导她，若只不过'怒气冲冲'，'立刻置你于死地'，使她事事暗中卤莽进行，反得不到正确的指导，只有越弄越糟。"（全集第 3 卷第 515—516 页）

《绝对靠得住的是谁？》摘要：

　　"绝对靠得住的是谁？这个问题似乎很难得到一个绝对的答案。据心理学家郭任远先生的研究，他大概在人类里面寻不出绝对靠得住的是谁，所以他以为只有狗最靠得住。""我觉得狗虽不无用处，到底是畜类，不能和我们谈话，不能和我商量，超出某限度的时候也不能帮助我们解决困难，所以我虽也佩服狗的靠得住，却仍想试在人类里面找找看，究竟有无绝对靠得住的。""那么除了非我同类的狗之外，绝对可靠的究竟是谁？我以为绝对可靠的只有自己。你无论如何穷困，你自己总是伴着你自己；你无论如何倒霉，你自己总是不离你自己；就是你上断头台，像法国女杰罗兰夫人那样慷慨悲壮的上断头台，她自己的那个嘴巴还要替她说出几句慷慨悲壮的至理名言。""这样观察在我们似有受用处：既知绝对靠得住的只有自己，则对于自己的能力须加意训练，丝毫不可存倚赖或侥幸的念头，也不必存怨天尤人的念头，只一往直前的力求自强。""对别人发牢骚无用，要自己振作自强起来才有办法。"（全集第 4 卷第 718—720 页）

《〈仅见〉后的应接不暇》摘要：

　　"因挨了骂，便引起了特别注意，详问之后，才知道该校为基督教安息会所办，工读办法虽确如潮声君所述，很有可取之处，惟该校对非教徒不录，故须入教者始有入学之机会，否则即通融收录，学费亦较教徒为巨。我听了之后，很为失望，这简直是把求学为饵，来引诱人进教！我却要对该校进些忠告。""我虽进过教会学校,但我始终不能信教,因为我不能信'耶稣是上帝儿子'一类的呓语。从前也有几个外国先生劝我进教,我说你何以证给我看耶稣一定是上帝的儿子,他们说圣经上这样说。我说倘若我另印一部圣经,说上帝是我的儿子,你相信吗? 他们说只要你心里有信仰,便能信耶稣是上帝的儿子。可是我心里始终不能凭空生出什么信仰来。"(全集第2卷第768—769页)

10月20日 《虽死何憾?》(收入《小言论》第一集)、《大发明家的特别脑子》(署名落霞,收入《人物评述》)、《补胸》(署名孤峰)、《读工业馆统计》(署名秋月)、《太痛苦了》(收入《最难解决的一个问题》),载《生活》周刊第4卷第47期。(全集第3卷第516—517页,第4卷第629—632页,第2卷第769—770页、771—772页,第4卷第205—207页)

《虽死何憾?》摘要:

"以身殉者的种类固多:守财奴以身殉财,登徒子以身殉色,强盗偷窃以身殉赃物,贪官污吏以身殉贪婪。但是这种殉法,社会固受累无穷,个人在平旦清明时亦常受良知的督责而不免疚心,时在苦恼的境域里兜圈子,心境永无太平的时候。惟有抓着了一件自信为自己干得好的,为自己所愿干而有所贡献于国家社会的事情,聚精会神的干去,鞠躬尽瘁的干去,干到死才撒手,吃力也许吃力些,却是一人精神上最愉快的事情。一人如抓不到自己值得以身殉的事业,糊里糊涂的死去,写意也许写意些,却是人生一件最不幸的事情。所以我对于史氏之以身殉职,悼惜之余,只觉歆羡,以为如此死去,虽死何憾?"

(全集第3卷第516—517页)

《太痛苦了》摘要:

"两性恋爱不是可以包括人生的一切,所以我们有恋爱的机会固属幸事,一时未得到这样的机会,或甚至一时失望,还是可以做人的,还是可以用我们的精神才力于事业的。"(全集第4卷第207页)

10月27日 《几个特色》(收入《小言论》第一集)、《骨鲠》(署名秋月)、《极怕新闻记者的文学家》(署名落霞,收入《人物评述》)、《〈上了轨道〉按》、《〈法国女子中学的学生〉附言》、《〈欺骗的手段〉附言》、《苦海》(收入《最难解决的一个问题》),载《生活》周刊第4卷第48期。(全集第3卷第517—519页,第2卷第772—774页,第4卷第617—619页,第2卷第774—775页、775—777页、777—778页,第4卷第324—327页)

《骨鲠》摘要:

"'忠言逆耳利于行',我们既知道忠言是'逆耳'的,我们自己做直友的时候,存心尽管忠直,措辞尽管忠直,却应出以温和诚恳的态度,勿予对方以难

堪。"（全集第 2 卷第 774 页）

《苦海》摘要：

"胡女士遭遇如此不幸，我们固然深为惋惜，但能'从旧礼教的监牢里冲出来的'一个有志气的女子，却不免被'骗人害人的东西''骗到手'，虽女士自承'没有一点阅历和经验'，但正在求学时代，不思先使学业有相当的成就，贸贸然与未加深察的男子无条件的结合，这种卤莽的自陷的行为，在思想比较清楚的人，都应该知道自慎。我们希望为自己争自由谋幸福的女子，当以胡女士为前车之鉴，俾免再蹈覆辙。我们当知这种卤莽的自陷的行为不但影响个人的前途，且使顽固派有所藉口，对于女子教育前途以及女子应享的自由之发展，反增加了一层障碍。""胡女士现在既恢复健康，又有了觉悟，而且已重新求学，可谓不幸中之大幸，从此好好的求学，便是走上了光明大道。至于对方虽然同居过，如此结合，在法律上并不认为正式夫妇，所以对方并无'不承认脱离关系'的权利，在女士亦无'登报声明与他脱离关系'之必要。"（全集第 4 卷第 325—327 页）

11 月 3 日　《无论如何的抱歉》（收入《小言论》第一集）、《彻底忏悔》（署名心水）、《动机》（署名落霞，收入《人物评述》）、《大块头与小块头》（署名孤峰）、《遗恨》、《又想又不敢》（收入《最难解决的一个问题》），载《生活》周刊第 4 卷第 49 期。（全集第 3 卷第 519—521 页，第 2 卷第 779—781 页，第 4 卷第 570—571 页，第 2 卷第 781—782 页、782—785 页，第 4 卷第 302—305 页）

《无可如何的抱歉》摘要：

"女子要负男子所不能负的生育责任，确是她们在职业上的一种障碍，尤其是在生产的前后，为时虽不很久，但在此一两月间，替手难觅，搁置未便，较重要的职务更尴尬，确有使用人者感觉困难之处；至于正把能力经验训练得差不多的时候，一旦'于归'而去，也难免使人感觉许多不便。""为民族前途制造'人种'本是一种'合作'事业，诚然谁也不能埋怨谁；不幸身为男子，虽欲分生产之劳而不可得，只得偏劳女子，真是无可如何的抱歉。我常梦想，要解决这个问题，只得希望医科学术突飞猛进，最好能凭藉特殊的医术，做到使得生产好像大小便一样的便利，至少要使得在生产数小时或一二日后即可行所无事的到办公室办公；这种事只得希望医学专家努力研究。"（全集第 3 卷第 520—521 页）

《彻底忏悔》摘要：

"我作此文之动机，实因近来见有一班人听见谈起各国的发达状况，往往不屑注意,甚至嗤为媚外或洋化,我敢很直率的说几句不入耳的话:我们的祖宗和西洋各国的祖宗比较,只有优越,毫无愧色,所不幸的是生下了这一般不肖的子孙,和西洋各国的'哲嗣'比较,实在就看不出有什么可以自豪的地方。所以我以为国人对此要有彻底的忏悔,见有我国不及人家的地方,便须老老实实死心塌地的去学人家,不要像败家的子弟,不肯争气向上,只知道把祖若父的已往陈迹聊自慰藉。"(全集第2卷第779—781页)

《又想又不敢》摘要:

"性的问题不过是男女问题里面的一个要素,如因要解决一个要素而置其他要素(经济独立当然也是其中的一个)于不顾,则所得之乐往往不能抵过所受之苦。""要维持一个独立的小家庭,不得不有相当的经济独立能力,这既是事实上的需要,便不得不顾到。"(全集第4卷第303—304页)

11月10日 《多么为国增光的教育局长!》(收入《小言论》第一集)、《刚强如铁的史诺敦》(署名落霞,收入《人物评述》)、《〈残稿〉附言》、《宏愿》、《我最不满意的她》(收入《最难解决的一个问题》),载《生活》周刊第4卷第50期。(全集第3卷第521—522页,第4卷第591—593页,第2卷第786—787页、787—788页,第4卷第261—264页)

《我最不满意的她》摘要:

"我常以为做父母的最大责任在教育子女,在尽其力量使子女获得较完备的教育,给子女养成将来可以自立于社会上的能力。至于婚事,尽可处于顾问的地位,尽可俟他们学业有成或至少等他们自己已有参加考虑能力的时候,再顾到不迟""我并不是主张做父母的人——应该爱护子女最深切的人——对于子女的婚事取完全放任的态度,他们当然尽顾问或甚至帮同物色的责任,但是要全以子女本人的意志为主,以父母的帮同观察考虑为辅。"(全集第4卷第263页)

11月10—17日 之间,往访毕云程,无意中遇穆藕初先生。见穆先生"真是精神饱满,年龄愈大而丰腴红润反日增","细诘原委,才知道他的'美'也是由'健'而来的,原来他近来发明了'磕头运动'的健身法"。(全集第2卷第788—789页)

11月12日 友人王志莘、潘序伦发起设立"思源助学基金"和"昭北基金",聘定钱新之、陈光甫、张伯苓、王云五、江问渔五人为董事。是日,两君假功德林宴请各董事,亦邀韬奋"往妄参末议"。著文《再谈"宏愿"》。(全集第2卷第798页)

11月17日 《磕头运动》、《无能为力》(署名清风)、《免得误购后悔》、《挨骂》(收入《韬奋漫笔》)、《凶悍泼辣》(收入《最难解决的一个问题》),载《生活》周刊第

4 卷第 51 期。(全集第 2 卷第 788—790 页、790 页、791—794 页，第 5 卷第 456—457 页，第 4
卷第 114—117 页)

《磕头运动》摘要：

　　"上星期因事往访毕云程先生，在他那里无意中遇着穆藕初先生。""他真
是精神饱满，年龄愈大而丰腴红润反日增，我细诘原委，才知道他的'美'也是
由'健'而来的，原来他近来发明了'磕头运动'的健身法，据说你如学和尚拜忏
式的磕头，跪下之后把头碰到平放地上的双掌上，再起立而再拜，只要干十次，
包你发热出汗，他现在每日在房里要这样的磕三十个头，觉得于健身方面受益
不浅。""如把这'磕头运动'四个字抽出来就普通的一般情形讲，似很可以形容
'奔竞钻营'的精神。现在时髦的见面礼是握手，磕头原是落伍的举动，但是
'磕头运动'的精神却仍不死。你看有许多做官的，何尝不是由奔竞钻营得来
的？苞苴暮金，何尝不是公开的秘密？尤其是在政治未上轨道的时代，用人的
人往往不以学识经验为标准，只要你是他的亲戚，或是亲戚的亲戚，至少是亲
戚的朋友，只要奔得快，钻得深——这也许深合'运动'两字的意义——便到
手。没有几时靠山倒了，又不得不急急忙忙的另寻奔钻的途径。岂但政界，就
是许多实际采取滥用私人政策的机关也何莫不然？只要有一个亲戚做了什么
经理或什么长，便可拖入一大堆不相干的猫儿狗儿！至于于事业要靠真才来
发展，那是无足重轻的事情！"(全集第 2 卷第 788—790 页)

《免得误购后悔》摘要：

　　"不论何种刊物，总有它的特殊内容，就是'里面有的'是什么'东西'：读
刊物的人各有各的口胃，'所要寻的东西'当然也不能尽同。要'免得误购后
悔'——或至少可以免第二次的误购——本刊对于内容方面似乎也应有一种
'声明'，现在试就所想到的分列如后：（一）本刊的态度是好像每一星期乘读
者在星期日上午的余暇，代邀几位好友聚拢来随意谈谈，没有拘束，避免呆板，
力求轻松生动简练雅洁而饶有趣味，读者好像在十几分至二十分钟的短时间
内参加一种有趣味的谈话会，大家在谈笑风生的空气中欣欣然愉快一番。"
"（二）本刊虽是每星期一次的小小有趣味的谈话会，但却不愿'群居终日，言
不及义'，所以谈话的材料尽管有种种的变异，可是总以所明揭的宗旨为中
心。""（三）本刊谈话的材料是注重普通化的，特约撰述的作者固多专家，但他
们在本刊里所谈的话也是普通化的；因为本刊是供给一般人看的，专门学术的
问题只有各该门的专家才有兴趣，而且也不是这小小篇幅所能容的。""（四）本
刊的性质不但是普通化，而且是通俗化，是给一般人看的，不是备与深于世故

的老滑头或学问已经博得无所不知的人看。""（五）谈话最有趣而有益的是听听别人的有价值的阅历经验，尤其是坚苦卓绝可歌可泣的阅历经验。""我们所以多谈近人，多谈国际上的人物，不但取其新鲜，而且希望由此也许可以间接多知一些世界最近的大事。""（六）本刊近来每期里登有'健而美的体格'，截至现在所得的反应，有许多读者由无意中获得深刻的印象，纷纷来信询问或商榷健身的具体方法（男女读者都有），除特殊情形我们代为询问医师或运动家外，大概都介绍张士一先生著的《米勒氏十五分钟体操》（商务出版）以供参考。""（七）我们平常遇有朋友新从外国回来，总喜欢问问他们外国的社会政治情况，一则可以藉此略悉各国最近情形，也许可以由此稍明世界大事；二则也许可以供我国社会参考或比较。对于个人修养方面，亦可以扩大胸襟，放远眼光。""（八）本刊自视为读者的一个好友，所以有信来商榷问题的，我们感于读者的信任，总是尽所知道的答复（发表于'读者信箱'者不过是极小的一部分），有时还代为奔走于专家之门，代为征求意见，我们微诚所贡献的一点管见，不过尽其所知，作为读者自己许多朋友里面的一个朋友的意见，聊表参考而已。""主持一种刊物的人，胸中当然应该有若干目前所特殊注重的要点；所明揭的宗旨尽管不变，而在当前所特殊注重的若干要点也许在若干时后因时势要求与社会需要之变迁而有新陈代谢之必要。上面所说的便是本刊在目前所特殊注重的几个要点，如蒙宏达指教，我们当虚心考虑惟善是从。"（全集第2卷第791—794页）

《挨骂》摘要：

"我们遇着挨骂的机会，无须烦闷，无须着慌，无须胆怯。有的时候，尤其是在我国的社会里，只要你肯努力，只要你想有什么小小的贡献，便有了挨骂的机会，最好是你不要努力，最好是你不要想有什么小小的贡献——大贡献更不必说——那才得安闲无事！""话虽如此，但是如骂得不错的，我们却也应该虚怀容纳，因为我们深信天下无绝对完善的人，无绝对完善的事，最重要的是要常常虚心诚意的在那里努力求进步，如果被人骂得对，正是多一个改良的机会，也便是多一个进步的机会。""听到骂得有道理的话，诚宜猛自反省，从善如流；听到无理取闹的话，只得向往先贤坚苦卓绝的经验，藉以自壮胆力与进取的精神，仍是要努力向前干去，仍是要尽心力向前干去。"（全集第5卷第457页）

《凶悍泼辣》摘要：

"凡是大家族，十八九都是乱七八糟的，像这封信里所说的情形，也是'守礼教的人家'所干出的好事！""就章女士的来信看，已绝对不必作大家族同居的念头，因为再同居就等于再入地狱。如有家产可分，当然是最好能做到分家。依法律上的原则言，父母在世，倘非发动于父母，子女是不能要求分产的；不过有特殊情形时，却未尝不可要求，像那样'凶悍泼辣'的'继姑'，既有种种苛虐的行为，仍得依法提出要求的。分产的手续可先请族长出来说话，如办不到，只有依法起诉，不过要求分析祖产的起诉，一定要章女士的丈夫出面。""最好的办法还是说动'他'下决心要求分家。如'他'能有决心，仍可由女士的叔父从旁帮忙。"（全集第 4 卷第 116—117 页）

11 月 24 日　《夜大学》（收入《小言论》第一集）、《〈洁德〉附言》、《伦敦夜里》（署名清风）、《蒙古地理的权威者》（署名落霞，收入《人物评述》）、《一个喜信》、《出乎意料之外》（收入《最难解决的一个问题》），载《生活》周刊第 4 卷第 52 期。（全集第 3 卷第 523—524 页，第 2 卷第 794—795 页、796 页，第 4 卷第 652—655 页，第 2 卷第 792—797 页，第 4 卷第 210—213 页）

《夜大学》摘要：

"我很诚恳的希望上海几个成绩卓著的大学，联合起来，就一个适中地点的大学里，开一个这样的'夜大学'，采用'学分制'，忙一点的可以少读些，闲一点的可以多读些，尽可将四年的大学课程拉长，使好学的青年（就是好学的壮年老年也可以）能一面任事，一面更求深造，学费要特别便宜，以造就人材为宗旨，不要以赚钱为宗旨。我深信这样的'夜大学'一定异常'兴隆'，因为能应急切的需要。"（全集第 3 卷第 524 页）

《〈洁德〉附言》摘要：

"我以为对于性的问题即撇开什么道德观念，至少有两个条件是很重要的，就是要不害人，不害己，尤其是不害人的健康，不害己的健康。这两个条件无论在男性或女性都是很重要的。"（全集第 2 卷第 795 页）

12 月 1 日　《生活》周刊自第 5 卷第 1 期起以原来的一张半改成 16 开本的本子格式出版。每期销数由四万份增加至八万份。（全集第 2 卷第 799 页）

同日　《不堪设想的官化》（收入《小言论》第一集）、《悼殉国壮士李润青》（署名心水，收入《人物评述》）、《再谈"宏愿"》、《辛酸的回忆》、《第 5 卷第 1 期编后随笔》、《热吻后的烦恼》（收入《最难解决的一个问题》），载《生活》周刊第 5 卷第 1 期。（全集第 3 卷第 525—526 页，第 4 卷第 603—604 页，第 2 卷第 798 页、799—801 页、801 页，第 4 卷第 200—203 页）

《不堪设想的官化》摘要：

"近有一天在友人宴席间遇着上海银行界某君，听他谈起官化的乌烟瘴气，又引起我来说几句不中听的话。""这位某君也者，原是上海银行界里一个红人儿，最近被任为不久即可开幕的官商合办性质的某银行的总经理。这个银行本拟国立的，已有了什么筹备处，堂哉皇哉官办的银行筹备处难免有一个大优点，就是官化！官化的最大优点是安插冗员，养成婢颜奴膝一呼百诺吃饭拿钱不必做事的好风气。最近这个正在筹备中的银行招了若干商股，变成官商合办的性质。在招商股的时候，因为官的信用太好了，恐怕商人不信任而不肯投资，乃用拉夫手段把某君拉去做一个开台戏的跳加官"。"某君想不办则已，要办只得将官办的筹备处和要办的银行划开，他不管筹备处，只管依照银行的严格办法，另行组织起来。""有许多冗员来见他，做出做官的样子，俯首垂手弯背，有椅不敢坐，开口总理，闭口总理，无论何事，不管是非，总是唯唯诺诺连答几个'是'字。这在做惯了官，摆惯了臭架子的官僚，当然听了像上海人所谓'窝心'（适意也），不过这位不识抬举的某君却只重办事的真效率，听了那样娇滴滴的柔声反而觉得刺耳怪难过！看了那样百媚横生的姿态反而觉得触眼怪难受！还有许多人拿着要人的荐条，某君一概不看，有的竟说是部长叫他来见的，某君老实不客气的说这里用人是以办事能力为标准，部长和这里是没有关系的。他几日来天天要抽出大部分的时间来见客，都是要这样对付一班阔人背后的饭桶，简直好像和他们宣战！""有所不为而后有为。某君原有他自己的银行事业，对于那个银行的总经理可干可不干，所以不为官化毒气所包围，那个银行的前途有些希望，也许就在这一点。""由官化的人物主持的官化的机关，好像霉了的水果，没有不溃烂的。无论何事，由这种人办起来，公款是不妨滥支的，私人是不妨滥用的，至于办事的效率却是他脑袋里始终连影子都不曾有过的东西。"（全集第3卷第525—526页）

《辛酸的回忆》摘要：

"本刊创办的第一年，系由王志莘君主持，第二年因他银行事业忙得不了，便拉我做替身。我觉得宗旨不明确则无从努力，责任不专一则亦无从努力，乃明定宗旨，一切由我负全责，只要不离'宗旨'范围，不超所定预算，一概不受干涉。好像园主把花园交给一个花匠，付以全权。这个花匠生性耿介戆直，无所私于任何个人，无所私于任何团体，不知敷衍，不知迁就，但知根据明确规定的宗旨，为社会努力；但他深觉这样耿介戆直的花匠不是任何园主所能容的，所以这个花园之有今日，第一就不得不归功于园主对于花匠之信任专一，毫无牵掣。""努力于本刊事务的几位同事都是赤心忠良，视本刊如同自己的生命一样，日里事务忙得来不及，就夜以继日的干。我们人数虽不多，却好像一小队短小精悍甘苦与共的精兵。办事当然不得不吃饭,但如仅仅为吃饭而来,对于本身事业不感兴趣的人也就永远弄不好;所以努力于本刊的同事,以能忠于《生活》及《生活》的读者为第一义,否则虽有天大本领,不敢请教。""讲到这个花匠的自身,一无所长,却自信把人生看得很穿,依他的直觉,以为我们这样由十四种原素凑成而终须归化于大地的躯体,只有在寄存于此间的数年或数十年中,各就个性尽量为人群努力,使人多少得点益处,尚有一些意味,此外实一无可恋,何苦争名夺利攘权,扰个不休? 试问一旦'归化',究竟能带着什么去? 他在这个花园里努力,只不过觉得这个小小花园尚能应社会上一部分的需要,他在这里面做个小小花匠,觉得在他个性还算比较的近些,觉得还有兴趣,所以愿以全副精神竭尽棉薄;只望能在此茫茫的人生长途中,寻得一花一蕊,贡献给诸君;倘诸君觉得在有些趣味的材料中,随处得一点安慰,得一点愉快,得一点同情,得一点鼓励,便是他暗中在精神上所感到的无限的愉快。""至他个人,只愿终其身做一个无名小卒,但知尽其心力为本刊干去,干到没得干时——无论是'跷辫子',或是被'开除'——便滚;不过在未滚之前,总是要不顾一切的保持本刊公正独立为社会努力的精神,尽其心力往前干去。"(全集第2 卷第 799—801 页)

《第 5 卷第 1 期编后随笔》摘要:

　　"本刊在报头上面原有'有趣味有价值的周刊'几个字。现在仔细一想,'有趣味有价值'是我们所要努力的目标,我们并不敢说自己已经做到了有趣味有价值,如把这几个字排在额骨头上,似乎犯了自己称赞自己的嫌疑,所以从本卷起,把这一排字去掉。"(全集第 2 卷第 801 页)

《热吻后的烦扰》摘要:

　　"我看了徐君这封信,要说一句得罪徐君的话,就是他的行为太卤莽,太怯懦。怎么说太卤莽呢? 异性朋友就是心里蓄有选择终身伴侣的意思,但也应分清楚两个时期:一是方在选择的时期,一是已经决定的时期。在选择的时期内,备选的对象当然可以不止一个,就是只有一个,在选者此时如仍有不十分称心的地方,还可以静待其他比较的机会。不过有一点很重要的,就是尚未决定而在游移考虑的选择时期,不可过分亲热,如热吻狂吻之类的事情。""如果对方和你接吻的异性心里是把你这一吻作为订婚的开端,那么倘若你心里尚未十分决定要和对方(尤其是她)'白首偕老',我要劝你的嘴唇慢点伸出去!为什么呢? 因为这是决定时期可有的行为,不是选择时期可有的行为,在选择的时期,你不中意这一个,却中意了那一个,你换了中意的而远了不中意的,还不至伤及被远者的心。若既入了决定的时期,有了决定时期的行为,一旦弃其旧而新是谋,便要使被弃者伤心。""如今徐君不免仍存选择的态度,从前就不该卤莽做决定时期的行为,所以我说他太卤莽。""怎么说徐君太怯懦呢?我常说没有血气没有义勇的不配讲恋爱,尤其是在这样新旧思想冲突的时代,如要享受相当的自由幸福,必先具有相当的奋斗精神。徐君既自认和某女士(非未婚妻)有了'热烈的爱',那么在本年三月里他的家中忽然和他订婚,就应该拿出奋斗精神,乃竟胆小如鼠的'不敢回绝'。我觉得这实在是伧头的行为!""徐君的卤莽已经卤莽了,他的怯懦也已经怯懦了,我还要这样说了一大堆废话,无非要乘此机会提出来谈谈,希望未蹈徐君覆辙的人以后留神些。这些废话和所要解决的问题的'解决'上面,当然没有什么直接的关系。"(全集第4卷第201—202页)

12月8日 《中外注目中之嫣然一笑》(收入《小言论》第一集)、《李君遗书中的凄怆语》(署名心水)、《〈一个二十年前女学生的话〉按》、《〈代表中国丢脸的领事〉按》、《觉悟了的她》(收入《最难解决的一个问题》),载《生活》周刊第5卷第2期。(全集第3卷第526—528页,第2卷第802页、803—805页、805—807页,第4卷第231—233页)

《中外注目中之嫣然一笑》摘要:

"吾国驻美旧金山副领事高英,因他的贤内助廖承苏于七月间到美带了鸦片膏二千二百九十九罐,分装十一箱,被海关破露,递解回国讯办,廖虽力辩系朋友托带,但箱上都贴有领事馆字条,且在箱子被扣之后,高即电伍公使承认箱内有少数毒药,请求援助,冀求免查,大露马脚。""此中外注目之运烟辱国案已于十月十一日下午三时由首都地方法院判决,高英处徒刑七年,罚金六千六百六十六元,褫夺公权七年(内有一小部分系贿赂及伪造护照罪);廖承苏徒刑四年,罚金五千元。据当日到庭旁听的人说,高英听判后,面容颇露惨淡之色,廖承苏听判后则态度自若,并嫣然一笑,她那样镇定的工夫,倒也不很容易,如把这样大无畏的精神用于拼命为国争光的外交事件上,也许可以干一番轰轰烈烈引人肃然起敬的事业,可惜用于带着一大堆鸦片膏,于是乎糟糕!""这种运烟辱国的玩意儿,在她虽可以'嫣然一笑'置之,在忝属同国人的却有点'涕泗滂沱'——尤其是在海外的华侨更觉置身无地,因为别国人不管你姓高姓廖,说起来你总是中国人,各西报对此事的大字标题,赫然影片,总是说'中国的领事贩土'"。(全集第3卷第526—527页)

《〈一个二十年前女学生的话〉按》摘要:

"有一班家长前辈只知怨恨悲叹,甚至横蛮无理,倒行逆施,不知注意时代潮流而出以诚恳同情的默移婉导,使青年子女信任家长前辈之诚意与同情,做到敢于'凡事不妨……直说'。""讲到'一般浮薄男子',在唱着绝对自由恋爱高调的人看了,也许觉得不入耳。但是我们做人至少有一个很简单的原则,就是要'不害人';这就是唱高调的人,想起来也不能不承认的。最近上海某大学有一个教师诱得一个十九岁的女生和他发生恋爱,贸贸然发生了性的关系,被她的父亲知道了,把她关在家里,不准再求学。(这个教师自己来和我商量办法,所以知之甚详确。)这便是害人的行为,那里够得上说什么'爱'字?(按这个教师所在的大学原是野鸡大学之一,所以选校也是一件很重要的事情。)我们固然主张婚姻基于双方本人的恋爱,但却不敢表同情于这种害人的行为。"(全集第 2 卷第 804—805 页)

《〈代表中国丢脸的领事〉按》摘要:

"我觉得我国何幸而有这样丢脸的领事,外交当局及伍公使似应加以相当的注意吧。现在我再把周君所附来的那段'最不堪听的'绝妙辞令译成中文如下,让大家欣赏欣赏。'诸位石头(这是因为他把 students 学生读为 stones 石头),你们要服从你们的母亲……美国是中国的母亲,中国应该服从母亲告诉她的话,现在中国和俄国……因为我们的母亲说不要打,所以中国就不要打……有益于中国的样样东西都是她的母亲给她的……我住在美国四十年了,美国是这么好,所以我现在把中国都忘却了。'""忘却了中国的领事,我们叫他在外国干吗?"(全集第 2 卷第 806—807 页)

《觉悟了的她》摘要:

"照我们的意思,只要彼此有真正是情爱,就是所娶的是寡妇,或是已与他人离过婚的妇女,都是很正当的。至于虽不幸堕落过而现在确已觉悟的女子,你真正爱上了她而娶她,当然也是很正当的。不过这种事情,要做须由黄君出于本心去做,我们不愿强劝他一定要这样做。""在前一种人,当然把处女看得异常的重要,至于有无真正的情爱反在其次;后一种人总把真正的情爱看得重,处女非处女并不成问题。黄君如自问自己如娶了那位'觉悟了的她',心里仍不免有前一种人的心境在暗里捣鬼,则请不要勉强为之,徒然自种精神上无限苦痛的种子;如自问自己在心理上绝对不至为顽固观念所惑,则我们深愿有情人得成眷属。""如果真正有了'爱护她的勇气和能力',那么什么'冷嘲热讽的讥评'哪,'家长的严厉责备'哪,当然不足阻碍他的前进;如果经不住这些'讥评'和'责备',正足以证明他并没有'爱护她的勇气和能力',那就什么话都

不必说了！"（全集第 4 卷第 232—233 页）

12 月 15 日 《争气》（收入《小言论》第一集）、《才归山去的一只"老虎"》（署名落霞，收入《人物评述》）、《不造中的创造》（署名心水）、《介绍好读物〈妇女杂志〉》、《第 5 卷第 3 期编后随笔》、《一度之诱惑》（收入《最难解决的一个问题》）、《县长的随身姨太太》（收入《悬想》），载《生活》周刊第 5 卷第 3 期。（全集第 3 卷第 528—529 页，第 4 卷第 577—579 页，第 2 卷第 807—808 页、808 页、809 页，第 4 卷第 233—235 页，第 5 卷第 311—313 页）

《争气》摘要：

"最近在日本举行的具有国际性质而轰动一时的会议，除所谓太平洋国交讨论会外，还有一个万国工业代表会议，各国代表出席者达七百余人之多，我国亦有代表参与。该会闭幕之后，我国代表原有请他们到中国参观的计划，不料久住上海此次也去参加该会的一班碧眼儿大凿其壁脚，对他们说：'你们用不着去参加什么！你如只不过到上海去看看，上海租界是外国办的，不能代表中国的文化，要末到北京去看看，但是要乘中国和摇篮一样的火车却够难受，而且内战纷扰，就是能把你们摇到北京去，不知能否如期把你们摇回上海来！在上海看见的东西，在日本都有了。'经过这一番尖嘴挑拨之后，七百余位的各国代表愿到中国来的只有百余人，尚有数十人愿到东三省去看看的，还由日本派人随伴招待他们去看大日本在中国国土上经营的良好成绩。""这样凿中国壁脚的话，做中国的人听了当然是个个不高兴。但是不高兴尽管不高兴，而自己不争气，处处予人以轻蔑侮辱的口实，却也应该猛自反省。"（全集第 3 卷第 528—529 页）

《一度之诱惑》摘要：

"读王君所说的情形，深觉孙夫人实不愧为温柔和婉的贤妻，在孙君应知他是二十世纪一个文明世界的男子，应有理性，应有义气，应有心肝，而不应做野蛮时代的顽固残忍心理的保镖者。闺房隐事，最易造谣，原未可轻信，即退一万步认为确属事实，如此贤女不幸遭匪人一度之诱惑，在真知爱情为何物者犹当深加怜惜与爱护，而况她现在对于孙君真挚纯爱；孙君不知享受这样的蜜意深情，反而'悲愤抑郁'，甚至忍心想'提出离婚'，真是十三世纪的人（史家目十三世纪为"黑暗时代"），不该生在二十世纪！这种荒谬的态度，除打破他的谬误心理外，似无他法，王君既是他的'总角之交'，'极爱好'，实应负尽力开导婉劝唤醒之责。"（全集第 4 卷第 234—235 页）

12 月 15—22 日间 遇到王云五，王谈起自己的志愿，志在做一只牛。著文

《牛与漏斗》。(全集第 2 卷第 810 页)

12 月 22 日 《倒也没有什么希奇》(收入《小言论》第一集)、《牛与漏斗》(署名秋月)、《"老虎"精诚所赴的焦点》(署名落霞,收入《人物评述》)、《父女冲突之一幕》、《志悼》,载《生活》周刊第 5 卷第 4 期。(全集第 3 卷第 529—530 页,第 2 卷第 809—810 页,第 4 卷第 579—581 页,第 2 卷第 810 页、811 页)

《倒也没有什么希奇》摘要:

"人生有涯而人群的进步无穷,我们只望能把在我们手上做的事做得好;有一天给我们做的机会就一天不放松,就一天'要尽力做去'。"(全集第 3 卷第 530 页)

《牛与漏斗》摘要:

"在'牛'与'漏斗'两类人的中间,还有一类人像留声机。这种'衣冠留声机'(在下这个捏造的名词系脱胎于'衣冠禽兽'),你放入多少,他只知道照样的表现多少;你做什么,他只知道在表面上呆板板的模仿。凡事人云亦云,自己虽生了一副脑袋而不知或不肯运用自己思考力而想点新花样的,都可属于这一类。"(全集第 2 卷第 810 页)

12 月 29 日 《不足怪中的可怪》、《李润青后的韩光第》(署名心水)、《做了五十七年的主笔》(署名落霞)、《介绍好读物〈骂人的艺术〉》、《言论的责任》、《很惭愧》(收入《最难解决的一个问题》),载《生活》周刊第 5 卷第 5 期。(全集第 2 卷第 812—813 页、813—814 页、814—816 页、817—817 页、817—818 页,第 4 卷第 191—193 页)

《言论的责任》全文:

"韬奋在本刊上所发表的言论,署名韬奋者,由本人负完全责任。其他文字,除《读者信箱》向来声明由投函者负责外,亦由韬奋负连带责任。这种原则本是很普通的,很寻常的,原无声明之必要。但近来有人无端把自己索隐为文字中的人物——尤其是韬奋所发表的文字中居多——直接和创办本刊的同志噜苏,使他们怪麻烦;韬奋又生性戆直,不肯迁就,更使他们怪麻烦。老实说,不佞既负责办本刊,对于言论,当由自己完全负责,每次所发表的言论,并不经过任何人的审查或鉴定。创办本刊的同志有随时叫我滚蛋的可能,但却绝对没有叫我在言论上屈伏的可能。如不佞在言论中有过失,请直接向本人交涉,如有更正之充分理由及必要者,当依言论界的惯例照为更正,否则便请恕其不必多此一举。倘有违法之处,尽请依法起诉,如有应受的法律制裁,愿泰然承当,决不躲避。"(全集第 2 卷第 817—818 页)

《很惭愧》摘要:

"洪女士觉得她所提出的是'一件很惭愧的事情',其实选择终身伴侣是一件很光明正大的事情,用不着什么惭愧。她又觉得自己那么可怜,其实在选择的时代正是最有希望的时代,何必那样悲观?""(一)女士问:'为什么他有这种迷我的大力量呢?'其实她自己已替自己答复了,就是她所说的'脑筋同时告诉我他是世界上最漂亮的男子'。审美观点是人类所同具的,女士因此而'血脉跳动得很快',并不能算是'一件很惭愧的事情',不过选择终身伴侣的条件,除了貌之外,还要注意对方的品性志趣学识健康及经济自立之能力等等。老前辈对于子女的'终身大事'往往觉得'貌'是毫无关系的,我觉得一个人常常对着一个自己不愿意看的面孔及体态,也是一件很苦痛的事情,不过我们却要知道'貌'不过是几个条件里面的一个,不可一时为'貌'所迷而忽视其他重要的条件。""(二)女士称'十七八岁'为'小孩子',其实可以算'大孩子'了,对于这种事情应该'会懂'的,应该'会懂'而犹'装作不懂的样儿',也许是'落花有意,流水无情'。婚姻应基于双恋,如他并不恋女士,女士似不必急急的要勉强他,尽可宽以时日,继续的和他做朋友,看他的态度怎样。由单恋而慢慢的做到双恋则可,对方并不恋而勉强从速凑合,就是合成,也恐怕难得好结果。""(三)女士疑他是'没有男性,也没有女性的',换句话说,就是半男半女,这是也许可有的事情。倘若他真是因此'知难而退',正见他有'自知之明',女士更不必懊恼了。"(全集第4卷第192—193页)

是月 译作《一位英国女士与孙先生的婚姻》(附"译余闲谈"),由生活周刊社出版,署名邹恩润译述。本书曾于《生活》周刊1928年1月1日第3卷第9期至1929年4月28日第4卷第22期连载。(全集第13卷第23—176页)

是月 《〈一位英国女士与孙先生的婚姻〉译者附言》(1928年1月1日),收入单行本。(全集第13卷第25页)

《〈一位英国女士与孙先生的婚姻〉译者附言》摘要:

"我的朋友姚颂馨先生看见我把《一位美国人嫁了一位中国人的自述》译得津津有味,又听见许多读者看得津津有味,特为介绍这本书备我接着译出来。所以我在动笔译述以前,先要谢谢他。""原书材料很好,不过笔者不免存着种族的成见,有的地方说些不相干的话,我译述的时候,只撷取他的精华,酌删他的糟粕。这是要预先声明的。"(全集第13卷第25页)

1928年至1929年的两年间,《生活》周刊上用署名"晨曦"、"碧岸"的文章,共16篇。从发表时间、内容、用词习惯和风格判断,可以确定为韬奋所撰写。因未能找到可引证的文字,韬奋著作编辑部作为"附录篇目"收入《韬奋全集》第2卷第

821—836 页。

篇目如下：

1928 年

7 月 29 日 《在中国的全体外国人》，载《生活》周刊第 3 卷第 37 期，署名晨曦。

1929 年

3 月 10 日 《两岁的游泳家》，载《生活》周刊第 4 卷第 15 期，署名碧岸。

4 月 7 日 《挤出去》，载《生活》周刊第 4 卷第 19 期，署名碧岸。

4 月 21 日 《用不着在窗里偷看了》，载《生活》周刊第 4 卷第 21 期，署名碧岸。

4 月 28 日 《白宫中的小把戏》，载《生活》周刊第 4 卷第 21 期，署名碧岸。

5 月 5 日 《厚背粗腰奈何》，载《生活》周刊第 4 卷第 23 期，署名碧岸。

6 月 26 日 《女权膨胀》，载《生活》周刊第 4 卷第 31 期，署名碧岸。

7 月 7 日 《恐惧》，载《生活》周刊第 4 卷第 32 期，署名碧岸。

7 月 21 日 《心理学家的新报告》，载《生活》周刊第 4 卷第 34 期，署名碧岸。

7 月 28 日 《一千万圆以上的留美学费》，载《生活》周刊第 4 卷第 35 期，署名碧岸。

8 月 4 日 《苏俄的电影热》，载《生活》周刊第 4 卷第 36 期，署名晨曦。

8 月 18 日 《英国工党内阁的试金石》，载《生活》周刊第 4 卷第 38 期，署名碧岸。

8 月 25 日 《办事能力的比较》，载《生活》周刊第 4 卷第 39 期，署名碧岸。

10 月 6 日 《国旗可以瞎用吗?》，载《生活》周刊第 4 卷第 45 期，署名晨曦。

10 月 13 日 《美国男女教员之比较》，载《生活》周刊第 4 卷第 46 期，署名晨曦。

10 月 27 日 《要点》，载《生活》周刊第 4 卷第 48 期，署名晨曦。

1930 年(民国十九年)　36 岁

5 月　蒋介石与阎锡山、冯玉祥等爆发"中原大战"。

9 月　阎锡山、冯玉祥、李宗仁、汪精卫等人于北平组建国民政府。

11 月　阎锡山、冯玉祥宣布下野,北平国民政府垮台。

是年　中共中央机关报《红旗日报》在上海创刊。由《上海报》和《红旗》杂志合并组成。国民政府公布《出版法》。

1 月 5 日　《〈零墨〉妄评》、《老头儿说老话》(收入《小言论》第一集)、《女科学家说的几句话》(署名落霞,收入《人物评述》)、《〈无限制产儿的结果〉附言》、《两个铜板小账》(署名秋月)、《原谅》(署名清风)、《第 5 卷第 6 期编后随笔》、《叔嫂》(收入《最难解决的一个问题》),载《生活》周刊第 5 卷第 6 期。(全集第 3 卷第 3 页、531—532 页,第 4 卷第 665—667 页,第 3 卷第 4—6 页、6—7 页、7—8 页、8—9 页,第 4 卷第 305—307 页)

《老头儿说老话》摘要:

"高寿九十的马相伯先生在我国总可以够得上尊一声'老头儿'了,听说有一次某处开会纪念孙中山先生,请他老演说,读总理遗嘱的时候,全体起立,他仍旧坐着,说中山是我的老朋友,是我的老弟弟,可以恕我的。""在本年十二月十三日,有许多朋友替他庆祝九秩寿辰,这位老头儿说了几句老话倒也饶有趣味。他说他十七岁到上海的时候,一只鸡蛋只卖一个钱,拿出五个钱到小菜场去买菜,就可以过节;一担米只卖六七百文;道光二十九年闹着空前大饥荒,一担米卖到一千二百文,大家已经叫苦连天,诧为奇事!""马老先生还说了几句话,不是有趣味,却含有使人受着很大刺激的辣味。据说他初到上海的时候,所谓租界也者不过是洋泾浜一带,现在我们所看见的南京路在当时还是一片荒凉,垒垒坟地;所有的巡捕不过十六个。后来他就活着眼巴巴的看见租界的圈儿一年比一年的大起来,大到如今的田地。我以为他这几句老话至少含有两点意味:(一)我国的荒凉坟地给人家拿去了便变成如今的繁华市场;(二)我国人在此数十年中竟好像蒙在被窝里睡觉,让租界的圈儿尽管一年比一年的大起来。我们的民族意识这样的强烈,怪不得最近有一位旅沪外侨名玛立逊也者竟在《大陆报》上大提倡索性把上海租界南市吴淞以及近郊各地'一榻括之'收租价五万万两,统统送给外国人。可惜他竟未提倡把中华民国送掉,那岂不更为直截了当!"(全集第 3 卷第 531—532 页)

《女科学家说的几句话》摘要:

　　"这位女科学家(注:指居里夫人)昭示我们为学问而从事学问的精神,惟其有这样的精神,才能不顾利害得失而欣然从事继续不断的探讨研究;不知有所谓成功,更不知有所谓失败。"(全集第 4 卷第 667 页)

《〈无限制产儿的结果〉附言》摘要:

　　"这是一幅多么悲惨的图画! 此事的救济,在积极方面,社会经济的改进固为执政者所责无旁贷,但在消极方面,在个人能力所及的范围内,节育未尝不是一种缓冲的方法。""此文里所述的那位余家丈夫,自己不负责任的尽量让他的夫人继续不断的'分娩',使她过那样的惨景,反'不肯归来',真是一个残忍无比的'刽子手'! 像那些'孩子'虽害了他们的母亲,但他们是不由自主的钻了出来,其实不但不能分任其咎,连他们自己也受了无穷的害处。"(全集第 3 卷第 5—6 页)

《两个铜板小帐》全文:

　　"不幸做了人,往往有许多难受的事情。就是你有了钱出去买东西,遇着太讲商业道德的柜台里的先生们,给你看的那副尊容,倒也不大好过。近有一位朋友到上海某家浴堂里溦浴,也许是因为他的衣服穿得朴实些,堂倌们对他好像理而不理的态度,阴阳怪气到了极点。后来他勉强溦了一个浴出来穿衣算帐的时候,在一切开销照付之后,慨然另给六角大洋小帐,那个堂倌为之一震,心中暗暗纳罕,觉得'你这个赤老倒有点看你不出!'他在此刹那间竟手忙脚乱,亲热殷勤得什么似的。过了两天,某君又到原处去溦浴,那个堂倌看见'洋盘'又来了,(按沪谚称受人欺骗而自以为阔者曰洋盘)争先恐后来招呼,特别双料的亲热殷勤,后来算帐时,某君付清一切开销后,很郑重的另给两个铜板小帐,堂倌大诧,某君正正经经的说道:'这并不错,今天给你的是上次的小帐,上次给你的是今天的小帐!'""听说在二十年前张菊生先生主持商务印书馆时,因常发见伙友得罪顾客事,有一天他自己装做别人来买书,有位伙友很怠慢的说没有。明明有而说没有,这明明是存心懒惰,张乃特别客气的再问一遍,那伙友更不耐烦,厉声说没有。张老先生立刻请他'捆铺盖',从此之后,到商务买书的人可以少受一些闲气。商务开幕时资本仅三千六百元,而有今日

的规模,良非偶然。"(全集第3卷第6—7页)

1月上旬 沪江大学校长、老友刘湛恩来访,晤谈间,韬奋甚敬佩刘校长为积极提倡有志青年之努力自助,一洗寻常读书人轻视劳工的恶习,毅然将自己的头颅给"清寒好学"的一位学生作试验理发。著文《校长供开刀》。

1月12日 《校长供开刀》(收入《小言论》第一集)、《胆大妄为》(署名心水)、《劳而无功》(收入《韬奋漫笔》)、《〈大爱传〉附言》、《第5卷第7期编后随笔》、《〈一个邮差的伸诉〉按》、《真才与情面》(收入《最难解决的一个问题》)、《更正》,载《生活》周刊第5卷第7期。(全集第3卷第532—533页、9—11页,第5卷第458页,第3卷第12—13页、14页、15—16页,第4卷第97—99页)

《劳而无功》摘要:

"依区区冷眼观察世事及纵览历史所得的教训,深觉天地间既决没有'无因的果',也决没有'无因的因',你用了多少工夫,迟早总有这多少工夫的反应;也许时间有迟早,表现有明晦,范围有广狭,绝对不至白费工夫。就是自己觉得完全失败了,失败自身就给你学了乖,也不能算白费了工夫;而且依我的信念说,失败就是成功的前导——事业愈大愈是如此——所以就是失败,只要你肯从失败中得到经验再继续不断的干,必有达到目的或至少更能接近目的的时候。""由此信念而再进一步想,我最爱这几句话:'不问收获,只管耕种,不计成败,只知努力。'"(全集第5卷第458页)

《〈大爱传〉附言》摘要:

"我平常也很觉得我国棺材形式之凶得可怕。我死倒不怕,死后把我装入那样穷凶极恶式的棺材,此时想起倒要大不舒服。所以我觉得就是我国的棺材似乎也有改良的必要。"(全集第3卷第13页)

《第5卷第7期编后随笔》摘要:

"其实一个人只要不是骗来的偷来的,是经营不犯法律范围内的事业而努力赚来的,就是发了财也并不发生道德上的问题。""本刊并非任何个人私产,乃是公立的性质,每年度都有预算决算经过董事会的审核通过,各项帐目每半年都请潘序伦会计师审查盖章,就是有赢余也要用在以发展本刊自身的事业,要有收支的报告,绝对不是任何私人可以随意拿点放在腰包里去,也不是可以大家随意分来使用的。"(全集第3卷第14页)

1月19日 《某元老的流氓问题》、《因公惨死的中国科学家》(署名心水,收入《人物评述》)、《第5卷第8期小评坛》、《两种看法的参考材料》、《第5卷第8期编后随笔》(收入《韬奋漫笔》,取题《〈生活〉的洋房汽车》)、《第5卷第8期附启》,载

《生活》周刊第 5 卷第 8 期。(全集第 3 卷第 16—18 页,第 4 卷第 667—669 页,第 3 卷第 18—19 页、19—20 页,第 5 卷 459—460 页,第 3 卷第 20 页)

《〈生活〉的洋房汽车》摘要:

"编者个人有无洋房汽车,只要不是藉本刊作弊弄来的作孽的钱,原不成问题。美国的木匠,泥匠去做工时,来回都用自备的汽车,他们住的屋子,有地毡,有书房,如果像编者这样一个穷酸书呆子,居然也勉强能和美国的木匠泥匠比得来,那正是我国发达的好现象,正求之而不可得者,无庸讳言也。这都是个人的问题,恕不多谈,现在要问《生活》周刊社有没有洋房汽车? 为公而用。有了洋房可以给为本刊努力办事的同事以良好的工作环境,有了汽车可以使为本刊努力办事的同事有较速的效率,也是我们所希望的,但目前尚未足以语此。本刊现在完全经济独立,办公室也由本刊自己出钱租的,虽似乎有点像洋房,但办公室里人多地小,办公桌的中间走不过并排走的两个人,简直好像在牛角尖里周旋。至于汽车吗? 人还乘不着——除非公共汽车——《生活》却自第五卷第一期起每星期乘着汽车扬长驶到邮局。从前《生活》是钻在许多大麻袋里,乘着八九辆黄包车,摇摇摆摆的蜿蜒过市,途中印度阿三看见满满的高高的堆着不知什么,常常举着警棍和我们为难,所以为免麻烦及省时起见,自第五卷起已极力设法使《生活》每星期乘一次汽车,让它阔一下! 不过还是租来的。"(全集第 5 卷第 459—460 页)

《第 5 卷第 8 期附启》全文:

"本刊发行四年余以来,每期皆于星期五下午送到邮局付寄,除有一次因上海印刷工人全体罢工而不得不从众延期外,从来未曾延误过一次。自五卷第一期起,因数量更多,每次并用汽车运至邮局,每星期五下午三时即开车运出,决无一次之延误。本埠读者向来星期六即可收到,近来有迟至星期一甚至星期二三始到者,电话与函询纷至沓来,本刊屡询邮局,据云因年底寄件特多,故致延搁。此事我们虽极抱歉,但苦于无从负责,只得希望邮政当局特加注意,除再专函邮局商请极力改善外,特此布闻,尚希谅察。以后如再有迟误,仍请见告。"(全集第 3 卷第 20 页)

1 月 26 日　《矮弟弟也有刮目的时候》(收入《小言论》第一集)、《关于"夜大学"的好消息》、《不怕死的兴登堡》(署名落霞,收入《人物评述》)、《介绍好读物》、《第 5 卷第 9 期编后随笔》、《"叔嫂"问题的讨论》(收入《最难解决的一个问题》),载《生活》周刊第 5 卷第 9 期。(全集第 3 卷第 534—535 页、21—22 页,第 4 卷第 541—542 页,第 3 卷第 22—23 页、23—24 页,第 4 卷第 308—311 页)

《第5卷第9期编后随笔》摘要：

"就本刊最近的经济状况说，不过收支可以相抵，保持经济可以自立的地步。这个地步的保持，我们还是多方搏节，一点不敢放松，由大家苦干而得来的。不过销数愈多，在代销零销各方面的亏折也随之俱增，唯一的维持方法是希望因销数增多而广告也可有相当的增多，藉资挹注，否则销数愈多愈难于维持。""本刊的渐渐发展，可以说是赤手空拳起家的。怎么说呢？我和几位同事当然没有钱带来贴。就是本刊的自身也没有什么大项的款来做经费，所以我们始终是量入为出：最初规模极小，发展一点儿，收入可以多一点儿，就用来使本刊的事业扩充一点儿。这样用本刊自身努力所得以扩充本刊自身的事业，辛勤困苦诚所不免，但却有一个很大的优点，就是脚踏实地的向前发展，有多少实力做多少事务，因此乃有充分独立的精神。"（全集第3卷第23—24页）

2月6日 黄炎培偕寄梅、江问渔、邹恩润访顾(?)谈事。（《黄炎培日记》）

2月中旬 一天，送一友人到北火车站，乘九点零五分的京沪特快车。送站中有感，著文《民穷财尽中的阔现象》。（全集第3卷第535页）

2月16日 《民穷财尽中的阔现象》（收入《小言论》第一集）、《〈医生打病人的奇闻〉附言》、《第5卷第10期小评坛》、《关于惨死科学家的一封信》、《一对有义勇的贤伉俪》、《〈中国人管理法胜过外国人〉附言》、《〈亲等之计算法〉附言》、《曹先生并未作古》，载《生活》周刊第5卷第10期。（全集第3卷第535—536页、24—27页、27页、28—30页、31—32页、32—33页、33—34页、35页）

2月21—22日 上海市大光明电影院放映美国电影《不怕死》。影片中捏造诬蔑中国人绑票贩土怯懦种种丑态，尽量形容不怕死的美国人罗克处处制胜怕死的中国人。适戏剧家洪深先生在座看此片，义愤填膺，当场对观众作激昂慷慨的演说，表同情者纷纷退票。影院总经理竟指使其所雇用的西人经理将洪深先生揪入经理室殴击，并唤西捕将洪拖出影院拘到捕房管押（当夜释放）。韬奋因此对洪深不胜其佩仰，当日寻不着，翌日一清早就跑到洪深家里去慰问，并面致十二分的敬意。为此著文《大光明中大不光明》。（全集第3卷第540页）

2月23日 《五国海军会议与中国》（收入《小言论》第一集）、《第5卷第11期小评坛》、《野鸡丝厂》（收入《最难解决的一个问题》），载《生活》周刊第5卷第11期。（全集第3卷第537—538页、35—36页，第4卷第360—361页）

3月2日 《烈士倒霉》（收入《小言论》第一集）、《节约运动与物质建设》（署名心水）、《第5卷第12期小评坛》、《此恨绵绵》、《阳历之外的新历》（收入《最难解决的一个问题》),载《生活》周刊第 5 卷第 12 期。(全集第 3 卷第 538—539 页、36—38 页、38—39 页、39—42 页,第 4 卷第 364—366 页)

《烈士倒霉》摘要:

"依最近的事实说,就是做这样'次殖民地'里已经浩然死去的烈士也竟然免不掉倒霉,这更是何等痛心的现象!""例如在札兰诺尔为国拼命抵御俄军而阵亡的我国旅长韩光第君,其尸体本无下落,最近始悉防俄阵亡官兵均经俄军督伤华人掩埋于附近札兰诺尔煤矿矿坑之内,以每百二十人为一堆,韩君也被他们胡乱的堆埋在里面,经设法寻获,而俄人所把持的中东铁路竟不准拨车运送。札兰诺尔固属黑龙江省,不能不说是中华民国的国土,但是中华民国的烈士在中华民国的国土内,尸首胡乱的丢在坑里,寻了出来,还不得由在中华民国国土内的铁路上运送!""再讲到将近五周年的曾经轰动世界的五卅惨案,一月二十五日竟受上海公共租界工部局的抚恤金十五万元,由五卅烈士公墓董事会领收,死者家属每人二千元,伤者每人五百元,其中尚拨去七万余元弥补董事会建筑五卅烈士公墓时垫用之款。""无论如何,不得不说中华民国的烈士死后尸体的埋葬以及被难家属的救济,都还靠致死者之慈悲怜悯,恩赐抚恤,这总算是中华民国全国人的一件不要脸的盛举! 诸位烈士死若有知,我想只有聚首痛哭一顿!"(全集第 3 卷第 538—539 页)

《此恨绵绵》摘要:

"我个人对于人生的背景向来也是消极的,因为人生不免一死,无论如何亲爱的人总有撒手的一天。但我却主张'消极中的积极',也就是'当以出世的精神,做入世的事业',这样一来,反而觉得海阔天空,独往独来,毫无挂碍。"

(全集第 3 卷第 42 页)

3 月 9 日　《大光明中大不光明》(收入《小言论》第一集)、《洋顾问赤裸裸的批评》(署名心水)、《第 5 卷第 13 期小评坛》、《〈嗜好〉附言》、《〈八石四斗的空前纪录〉按》、《〈凭窗一望〉按语》,载《生活》周刊第 5 卷第 13 期。(全集第 3 卷第 539—541 页、42—44 页、44—45 页、46—47 页、48—49 页、49—50 页)

《大光明中大不光明》摘要:

"(一) 外人之捏造诬蔑,固属可恨,然以本国人而凭藉外势以侮辱欺凌本国人,更属无耻之尤,应为国人所同弃,鸣鼓猛攻,不稍宽假,庶几可使只要钱不要脸,至于协助外人侮辱自己民族,凭藉外势欺凌本国同胞的厚脸专家,亦不得不稍稍顾到只要钱不要脸的无耻勾当实可为而不可为,替民族精神略留生气。""(二) '明哲保身'教人怯懦畏惧,实养成今日不痛不痒的麻木国民,现

在我们要提倡为正谊公道及民族前途就是死也不怕的精神。"（全集第 3 卷第 540—541 页）

《洋顾问赤裸裸的批评》摘要：

"常语谓理想为事实之母，我以为批评也可以说是进步之母，最无进步希望的是讳疾忌医，不愿人批评，甚至不许人批评。""这位洋顾问考察所得的意见，益感觉中国实在未尝无可为，徒以攘权夺利者过于近视，过于性急，但知拼老命于鸡虫之争，疲精力于蛮触之斗，既无暇于开辟富藏，亦无暇于利用广土，而大多数民众之知识程度又极幼稚，无从表现其制裁之实力，或竟未养成其制裁之实力，遂致茫茫前途，不知所届！"（全集第 3 卷第 42—44 页）

《〈嗜好〉附言》全文：

"我还可以举一个例为陈先生张目，从前我国女子殉夫之风颇盛，这固然是吃人旧礼教所设的陷阱——所造成的杀人空气，但是从前女子没有受得堂堂做人的教育与能力，除了死死的守着一个丈夫之外，不容她有什么研究学问，服务社会，或交朋友的兴趣，她只有做'妻'的一条路，没有做'人'的兴趣，所以一旦丈夫死了，'妻'做不成——再做别人的'妻'又为'杀人空气'所不许——只得硬着头皮去见阎王老爷！"（全集第 3 卷第 47 页）

《〈八石四斗的空前纪录〉按》全文：

"我国一亩半田能收获至四石者，算是大丰年，平常不过二三石，像旧年许多地方竟一石不到，有的二三斗而已，无怪农民之艰苦也，国内如再打得起劲，兵祸连绵，非至全国米粮全仰给于舶来品不可！将来大家预备饿死而已！不知道还有什么可争！"（全集第 3 卷第 49 页）

《〈凭窗一望〉按语》摘要：

"提起家庭教育，尤其是儿童时代，我国对于督促儿童读书者尚不乏人，惟对于儿童游戏活动的鼓励与指导，对于儿童衣食住整洁之注意，则知者甚少。认字读书不过是儿童生活中的一小部分，而我国从前私塾里只知道压迫儿童在书房里一天到晚摇头摆身力竭声嘶的呐喊着，使儿童视书房如监牢，现在这种私塾，在内地仍是随处可见。就是表面上以新式学校做幌子的，往往也只会注意于读书，一般家庭也是如此。"（全集第 3 卷第 50 页）

3 月 16 日　《硬》（收入《小言论》第一集）、《明哲保身的遗毒》（署名心水）、《第 5 卷第 14 期小评坛》，载《生活》周刊第 5 卷第 14 期。（全集第 3 卷第 541—542 页、51—52 页、53—54 页）

《明哲保身的遗毒》摘要：

"做今日内忧外患的中国人,应该人人养成不怕死的精神,为主持正谊公道,为力争国家民族的荣誉生存,就是一死也心甘意愿。""我们要人人铲除明哲保身的遗毒;要把自己个人的生命看得轻,所属民族的荣存看得重;否则生不如死,何贵乎生?""历史上杀身成仁慷慨赴义的志士先烈,他们心性里最缺乏的成分是明哲保身的遗毒,最充分的是不怕死的精神——为主持正谊公道,为力争国家民族的荣誉生存不惜一死的精神。我国人受明哲保身的遗毒太多了,四万五千万国民里面具有这种不怕死的精神者能渐渐增加若干人,即中国起死回生的希望能渐渐增加若干程度。"(全集第 3 卷第 52 页)

3 月 23 日 《勉强以笑颜表示欢迎》(收入《小言论》第一集)、《悼中国名将梁忠甲》(署名心水,收入《人物评述》)、《第 5 卷第 15 期小评坛》、《读〈在晓庄〉》(3 月 7 日晚十时脱稿)、《鲠在喉腔里的话》(收入《最难解决的一个问题》)、《"巴黎罗浮宫名画之一"图解》,载《生活》周刊第 5 卷第 15 期。(全集第 3 卷第 542—543 页,第 4 卷第 601—602 页,第 3 卷第 54—55 页、55—58 页,第 4 卷第 354—356 页)

《勉强以笑颜表示欢迎》摘要:

"曾被我国驱逐出境的中东铁路俄前局长叶木沙诺夫因恃苏俄的武力为后盾,又荣任该路的副理事长了,虽张学良听到这个消息时为之大怒,曾面斥蔡运升,但大怒随你大怒,现在这位盛气而来的副理事长却已大踏步的到哈尔滨准备走马上任了。""欢迎本是愉快的事情,否则何'欢'之有?欢迎而以笑颜表示,更是'欢'之至,否则'笑'从何来?但是出之于'勉强',则'欢迎'之'欢'中实含着无限的惨苦,'笑颜'之'笑'中实含有无限的伤心泪!既惨苦而尚须勉强作欢声,既伤心而尚须勉强作笑颜,此时精神上的痛苦实比千刀万剐还要难受!"(全集第 3 卷第 542—543 页)

《鲠在喉腔里的话》摘要:

"外国影片之专门选用形貌极其丑陋的黄人——听说有许多是日本人——拖着辫子专干穷凶极恶卑鄙怯懦的事情,使不知中国实际情形的外国一般民众看了,便以全体的中华民族为对象,觉得全体中国人都是可鄙,只有那位能把一个一个中国人揶揄打死的罗克一类的白人是最可敬的!""要知道他不是专给中国人看的,是要运到全世界各国给不知中国全部情形的外国人看的,这不是侮辱中华民族全体吗?""如说我国人自己应该努力把黑暗方面的事情铲除,这当然是对的,如说罗克一类的外国人专拿中国一部分的黑暗方面来污辱中华民族是不错的,那是完全不对。""我们向前努力则可,妄自菲薄也可以不必。"(全集第 4 卷 355—356 页)

3 月 30 日 《匪首的思想》(收入《小言论》第一集)、《明显直率的叛逆行为》(署名心水)、《第 5 卷第 16 期小评坛》、《塔孚脱》(署名落霞,收入《人物评述》)、《女卖票》(收入《最难解决的一个问题》)、《〈商人道德和国民性〉附言》,载《生活》周刊第 5 卷第 16 期。(全集第 3 卷第 544—545 页、59—60 页、61 页,第 4 卷第 593—596 页,第 5 卷第 299—300 页,第 3 卷第 61—63 页)

《塔孚脱》摘要:

"大概说起来,学识可由书本上得到;经验则须由实际工作上获得,要日积月累的在工作中一步一步体验出来的;有许多地方就是你听了都还无用,非你自己去亲身经历一番不行,非如此磨练一番你便不能有什么心得,便不能增进你自己的真实能力。大事业要从小事务做起,尽管远处着眼,而不得不从近处着手,也就是这个道理。""普通一般人对于实力的充分准备往往并不注意,却时常想一步登天,想顷刻要爬到顶上去,甚至因此抑郁无聊,觉得事事不屑干不愿干,留着干远大的事业,不知道远而且大的事业是要由近而且小的事业做起的,因为非如此你便得不到充分的经验与学养,就是有大事业的机会给你干,你也绝对干不好。在事业上了轨道的社会,有秩序的社会,用人才者也是循着这个程序诱掖人才向上进的;在乱七八糟的社会,引用私人,不管实力,当然破坏良好的风气,而事业亦只有乱七八糟的结果,也决不能发达的,因为乱七八糟的人所干出的乱七八糟的事,当然只有乱七八糟的结果。"(全集第 4 卷第 594—595 页)

4 月 6 日 《希望胡先生勿忘蛋炒饭》、《身后如何?》(署名心水)、《第 5 卷第 17 期小评坛》、《〈新闻记述〉按》、《对不住之后》(3 月 12 日作)、《关于法律问题的一点商榷》,载《生活》周刊第 5 卷第 17 期。(全集第 3 卷第 64—65 页、65—67 页、67 页、68—69 页、69—72 页、72 页)

《对不住之后》摘要:

"有一天陶知行先生跑来看我,他三年来是在痴干'革命的乡村教育',大概有许多人知道的——'痴干'两字极宝贵,是我敬重陶先生的说法,因为我深信无论什么事业,非干到'痴'的程度,决干不好——他三句不离本行,劈头就对我说:'我们正在准备出一种周刊叫做《乡村教师》,我们要使这个周刊能普及于全国各乡村里去,请你在《生活》上介绍介绍。'陶先生诚然是我很敬重的一位朋友,他为中华民族尽瘁于乡村教育的创造精神和苦干精神尤为我所心折,但是我还是照我的老癖气,一点不迟疑的回答他道:'对不住!《生活》介绍读物全以一般读者看来觉得有趣味有价值的东西为标准,并且全由本刊自动的介绍，绝对不受任何机关或个人的嘱托。请你出版后寄给我拜读拜读。我对于师友以及不认识的朋友所赐寄的著作都极感谢，都欣然拜读，觉得适宜于《生活》上介绍的便自动的介绍，否则便不介绍.'陶先生听了不但不见怪，反而点头对我大表同情，使我对于这位有创作精神的教育家愈益增加我的敬重的心意。""我以至诚卫护《生活》的独立精神与信用，是用不顾一切的态度——不顾交情，不避嫌怨，不管个人的得失毁誉。这种'阿戆'癖气，像陶先生之肯原谅的朋友固极可铭感，但在实际上却也很招了不少嫌怨，有人竟因此对本刊及我个人下攻击令，但是我自问大公无私，还是要硬着头皮干，什么都不怕！我个人并没有什么靠山，我所有的不过是'破釜沉舟'的态度，要我干就要这样干，非如此我就不干。"（全集第 3 卷第 69—70 页）

4 月 13 日　《热烈后的静思默念》（收入《小言论》第一集）、《四天不断的舌战》（署名心水）、《第 5 卷第 18 期小评坛》、《有关中国女子人生观的一篇"悼启"》，载《生活》周刊第 5 卷第 18 期。（全集第 3 卷第 545—546 页、73—74 页、75—76 页、76—79 页）

《热烈后的静思默念》摘要：

"三月二十九日全国各处开会凭吊黄花岗七十二烈士，其热烈的概况，想国人此时脑际尚萦绕充盈而留着无限的悲慨。""我在热烈后不免这样的静思默念着：诸先烈甘受奇惨酷刑，所为者何事？决非要制造若干祸国殃民的新军阀新官僚，无非希望'大有补于全国同胞也'（林觉民烈士临死遗书中语），但是现在'全国同胞'却水益深而火益热，天灾兵匪，暴将贪官，真正达到了'生民涂炭'（庞雄烈士供词中语）的目的！'利禄熏心，血液已冷'（陈可钧烈士临死叱清吏语）已成普遍现象！至在'国事方殷，生民涂炭'（均庞烈士语）中，却先有了百万圆一座的官舍，四万圆一对的石狮子，四百两一张的办公桌，一万圆一件的女外套，二十五圆一双太太的袜子……这些都是'纯粹抱牺牲决心'的诸先烈所梦想不到的！造成这类好现象与容忍这类好现象的人，试哀念诸先烈之断头折臂，血肉横飞，安忍而不'痛切的自己引责'？"（全集第 3 卷第 545—546 页）

《有关中国女子人生观的一篇"悼启"》摘要：

"女子出嫁是应该嫁给丈夫的，但是依中国的旧礼教和恶风俗简直是嫁给全家族，于是便要忍受许多不必受的苦楚以侵蚀她的精神与身体。""'主持家政'似乎是出嫁的女子义不容辞的事情，但是有一点却要分清楚：做一个小家庭中的主母主持小家庭的家政，比较的简单，比较的没有气受；做一个大家庭里的'孝媳妇'主持家政，那便完全是另一件事"，"这简直不是替自己娶妻，是

替大家族弄一个奴隶来！"(全集第 3 卷第 77 页)

4 月 20 日 《穷光蛋的公道》(收入《小言论》第一集)、《第 5 卷第 19 期小评坛》、《政潮漩涡中的泰狄欧》(署名落霞)、《一封主持公道的信》(4 月 5 日作，收入《最难解决的一个问题》)，载《生活》周刊第 5 卷第 19 期。(全集第 3 卷第 547—548 页、80 页、81—82 页，第 4 卷第 329—333 页)

4 月 27 日 《姑作未来的乐观》(收入《小言论》第一集)、《无可努力中的努力》(署名心水)、《全国最注目的两健儿》、《英美女子在专业上的地位》(署名落霞)、《读〈旅顺实战记〉》，载《生活》周刊第 5 卷第 20 期。(全集第 3 卷第 548—549 页、83—84 页、85 页、86—87 页、88—91 页)

《姑作未来的乐观》摘要：

"济南惨案国人总还记得，当时山东的张宗昌抵抗革命军，日本忽派着舰队来，省长林宪祖总参议师景云总参谋长金寿良等恭恭敬敬的在衙门里大举宴会欢迎，这原是狼心狗肺的军阀和卑鄙龌龊的官僚干的好事，听说当时还是他们暗中请来阻挠北伐义师之北上的，那更是丧心病狂到极点了！不料最近日舰队又到我们国境里来自由行动，他们的水雷战队军舰十六艘竟于四月初旬自由巡视长江，还觉未能称心，并由该舰队司令官后藤少将电约赴青岛大连的第一舰队于十六日起同到我国舟山岛附近(属浙江定海县)春操两天，此次参加春操的日舰共有四五十艘之多，总算耀武扬威得够了！""观全国各地党部及民众团体之纷起反对，民气也未尝不激昂，但望勿作一时之兴奋，则受此重大刺激，忍辱负重，力图振作，国家前途未尝没有自强的希望，我所谓无可奈何中也许可以姑作未来的乐观者就是想到这一点。"(全集第 3 卷第 548—549 页)

《读〈旅顺实战记〉》摘要：

"旅顺是辽东半岛南端的一个险要的区域，旅顺口为黄海北岸的第一军港，港口二山交抱，门户天成，港内水大而深，可泊多数军舰。这样有裨于国防的天险，而我国自己不能保全，距今三十六年前(即一八九四年)日本垂涎朝鲜，我国出兵与日开战(即所谓甲午之战)，海陆军一败涂地，辽东半岛被据，旅顺当然是随着抢去，不料俄德法看得眼红，于翌年强日本归我辽东，我国于原定赔款二百兆两之外，因此须增偿日本三十兆两，旅顺算是跟着回来，但不由自己力量取回的东西那里算数？所以又于一八九八年被俄国'租'去。后来日俄因同在中国北方争雄，日见俄国积极经营旅顺口及大连湾为海军根据地，以当时中国之无可无不可，俄国势力竟侵入黑龙江省，存心吞并朝鲜的日本以卧榻之旁岂容他人鼾睡，乃于一九○四年向俄提出条件，谓彼此须担保中国及朝鲜的领土完全，同时建议俄在满洲及日在朝鲜所享权利须得保障。当时俄国那里看得起日本？对日本的噜苏完全不睬，日本乃用迅雷不及掩耳的手段，和俄开战，把中国的领土做他们的战场，俄大败，于是旅顺又自俄国之手而移到日本之手，中国只得眼巴巴望着他们抢来夺去！""这本书是亲历过日俄战役的日本步兵中尉樱井忠温著的，由我国黄郛氏译成中文，据黄氏《六版感言》中所说，当时日文原本已一百七十余版，英译本与德译本亦各数十版。现黄译本已绝版，市上无从购买，我得阅此书是从一位老友处借来的。此书中文译笔过于日本化，看起来不很顺适，我以内容重要，耐着性儿看完，下面所引各段虽加有引句符号，但译文有的地方因求阅看顺适起见，曾经我修改过，文责当然由我自负。又此书虽出版为时已久，但从历史的眼光看去，尤其是由我国人的立场看去，仍很重要，我现在要提出三个要点："" (一) 此役俄国兵众器精，远非日本所及，俄兵之魁梧奇伟，亦非矮小日兵所能望其项背，然俄终于大败者，实由傲慢，腐化，散漫，无死战决心所酿成。""(二) 反观日军之所以获胜，不外大畏重信在该书序文中所谓'不怕死不避死'的精神，及将校兵士亲爱和衷共同努力为国牺牲的精神，尤其是全国人民，乃至父母师友，乳儿老妪，均以兵士为国战死为荣，为己偷生为耻，蓄养于平日，勉励于临时。出征时乡党邻里争送'祈战死'与'勿生还'的旗帜。""(三) 日本军人心目中的中国人何若，请看此书写日军在辽东上岸时的一斑：'无数土民牵牛或车，喧噪扰攘，来集于所上陆地之附近，其状态有非口舌所能形容者。噫！人耶！兽耶！彼等具极污极秽之丑脸，而浑浑然一事不知，殆即所谓亡国之民欤！垂眼视之，实可怜而可哀也。彼等初则甚畏日本人，恐怖万状，瞠目呆立，不敢接近，甚至战震而逃匿者亦有之。或谓此现象也乃俄兵虐民之结果，是或可信之一说，盖俄兵到处掠货财，辱妇女，种种暴动狼行，无所不为故也。然我军上陆以来，秋毫无犯……后来皆箪食壶浆以迎我皇军矣。虽然，彼等皆系抱金钱主义之狗奴，具有一种由祖先传来之吝啬根性，所谓要钱不要命之怪性质是也。苟怀中能贮入一万金，虽令其屈于粪壶中亦无不可……'我忍痛引此一段以告国人者，即日本军人的中国人已等于'亡国之民'，济南日军之敢于惨杀我国人，在彼等乃视为惨杀'亡国之民'，去年九月间东京日本军警逮捕我国留学生，挥以耳光，挞以木棍，强脱女生衣服一丝不挂，极残酷侮辱之能事，在彼等亦视为对付'亡国之民'。我们即欲忍泪自认是有国未亡，但世界上未见有国之民而不得国家保障至如此之甚者，则又何以自解？"（全集第 3 卷第 88—91 页）

5 月 1 日 作《〈信箱外集之一——该走那条路〉弁言》。(全集第 3 卷第 92—93 页)《信箱外集之一——该走那条路》,生活周刊社 5 月初初版,寒松编。

《〈信箱外集之一——该走那条路〉弁言》摘要:

"《生活》周刊以读者的一位好朋友自任,也承读者把它当作一位好朋友看,所以常有读者把许多大大小小的问题写信来问它,或是和它商量。它呢?虽不是万能,也就尽它所知的回答他们。去年《生活》除发行方面的信件不计外,由这样由读者方面的来信竟有两万多封之多,虽不是封封都需要答复的(因为有一部分是投稿的信),但大部分都有答复的必要,因此编者一人实在干不了,就请了两位极可信任的同事专司笔述编者口授的大意及缮发经编者审定过的函稿。""编者乃乘去年阴历年底印刷工人停工的几天内,赶紧把这许多信翻阅整理一番。销除其中无遗留价值及雷同或重复者的一部分,又抽掉来函者郑重声明须绝对代守秘密,无论如何不愿公开的一部分,最后选得这一本《读者信箱外集》。"(全集第 3 卷第 92 页)

5 月 3 日 邹恩润为程沧波饯行,同席有黄炎培、潘公弼、张竹平、陆鼎揆等。(《黄炎培日记》)

5 月 4 日 《好县长》(收入《小言论》第一集,全集未收)、《刘老老最近的言论》(署名心水)、《第 5 卷第 21 期小评坛》、《英美的女教师》(署名落霞)、《可以不必做的文章》,载《生活》周刊第 5 卷第 21 期。(全集第 3 卷第 94—95 页、96—97 页、97—98 页、99—101 页)

《可以不必做的文章》摘要:

"上海的新闻事业比之欧美乃至东邻的新闻事业虽不免瞠乎其后,但在本国总可算是首屈一指,故上海报纸所发表的言论,常为全国人所注意,而国人对于上海报纸上言论之属望乃愈益殷切。不但如此,上海为中外人荟萃之地,中外意见之纠纷,国际问题之复杂,殊为他处所不及,故上海报纸所所发表的言论不但为本国人所注意,亦为外人之欲探悉中国人舆论之趋势者所注意。由此足见上海报纸在言论方面责任之重大,不应常以不关痛痒的文章敷衍篇幅。此种责任以销数特别发达的日报为尤重大,因此他所能达到的读者既多,其言论的效力当然更为宏大。但就实际情形观察,还是在营业上不甚发达的日报常能说出几句切中时弊的话,而营业比较发达的日报则反而令人失望。""我读完了这篇'寥寥数语'的'新评',虽加以'寻味',对于'英埃谈判'这个问题还是莫名其妙。""报纸的评论一方面是代表舆论的,一方面是指导民意的,至少也要给与读者对某问题获得多少知识或卓见,难道国内就没有需要评论

的具体问题,有关本国的国际方面也没有需要评论的具体问题,却拣一件内容
'无从知其原委'与'不得知'的别国问题来作使人难于'寻味'的'寥寥数语'!"
"我常觉得有许多人立于可为的地位,对于国家社会可有较大贡献的地位,却
辜负了那个地位,未免可惜,""我敢说这篇出于善意的批评可以算是'舆论的
舆论',想主持舆论的大主笔先生见了不至吹着胡子勃然大怒吧?"(全集第 3 卷
第 99—101 页)

5 月 11 日　《读鲁涤平辞职电》(全集未收)、《本届全教会议中的新旧人物》
(署名心水)、《韬奋重要声明》、《第 5 卷第 22 期小评坛》、《英美的女律师》(署名落
霞)、《无赖的暴徒与残酷的家长》、《外轮》(收入《最难解决的一个问题》),载《生活》
周刊第 5 卷第 22 期。(全集第 3 卷第 101—102 页、103 页、103—104 页、104—106 页、106—
108 页,第 4 卷第 358—360 页)

《韬奋重要声明》全文:

　　"最近屡闻朋友谈起有人疑'韬奋'为某名人或某巨公的假托,我现在要郑
重声明韬奋绝对不是名人或巨公,在未用全副精神办本刊之前,不过做了几年
英文教员,当了几年编辑,后来在新闻界做了一两年事情,现在只知用独立精
神与公正态度办本刊,绝对不受任何团体或个人的牵掣。'韬奋'两字不过是
专用于本刊上的笔名,我个人不配著名,也不愿著名。"(全集第 3 卷第 103 页)

《无赖的暴徒与残酷的家长》摘要:

　　"我们梦想不到在二十世纪的世界上,于杀人的强盗和撕票的绑匪之外,
还有这样惨无人道的无赖暴徒和这样惨无人道的残酷家长!""祁女士对于这
桩野蛮无比的婚约,在法律在情理都立于不败之地,奈何以'家庭……仍默守
旧礼教',即不敢反抗,当知一方面虽不幸做了忍心害理者的女儿,一方面还是
堂堂的要做一个'人',女儿并不是父母的私产,是一个'人',做'人'便有自卫
的权利,对于慈爱的父母固当孝顺,对于残忍的父母,不惜牺牲女儿终身的没
有心肝的父母,便须毅然反抗,自保其做'人'的人格。""以做过'沪大高材生'
的祁女士,以知道'痛诋旧式婚姻为女子之陷阱'的祁女士,乃竟不加考虑而遽
慑于残酷家长之凶焰而自戕其生,何其不思之甚,我恨不能起女士于地下而问
她一番!"(全集第 3 卷第 107—108 页)

5 月 18 日　《压倒》(收入《小言论》第一集)、《现代中国的模范军人》(署名心
水,收入《人物评述》)、《第 5 卷第 23 期小评坛》、《英美女子的几种专业》(署名落
霞)、《丧事呢? 还是喜事?》(5 月 2 日作),载《生活》周刊第 5 卷第 23 期。(全集第 3
卷第 550—551 页,第 4 卷第 599—601 页,第 3 卷第 108—109 页、109—111 页、111—113 页)

《压倒》摘要：

"只求'胜过'者不忌别人之优越或进步，但力求诸己，务求比别人更优越更进步；只求'压倒'者则但处心积虑希望别人之退步而自己可藉此懒惰。其实别人之退步与否，其权仍操之于他自己：他如能奋发向前精益求精，便自然能向前突飞猛进，我们虽处心积虑希望他退步，于他实际是丝毫无损的；他如庞然自大，半途自画，我们虽不望他退步，他也不得不自己跌到退步的境域里去。讲到我们自己方面，能否'胜过'要看能否进步，能否进步要看我们自己肯否努力，肯否继续不断的努力，决不在希望别人的退步；犹之乎要自己长寿全在自己肯设法增进健康，决不在乎默祷别人之短命早死。""我以为不仅在国际事业的竞争上面我们应特别注意这种力求诸己的努力精神，即退而想到国内的各种事业，这种精神也是非常重要的，倘若自己不想进步而一心一意的想把别人'压倒'别人未必倒而自己先往后退。我们当知只有力求诸己的努力始能立于不败之地，所以无论对外对内，都要存心只求'胜过'而不求'压倒'。"（全集第3卷第550—551页）

5月19日　黄炎培与江问渔、杨卫玉、邹恩润商量"生活"的问题。（《黄炎培日记》）

5月25日　《莫德惠勉任巨艰》（收入《小言论》第一集）、《小而大的问题》（署名心水）、《谈孙桂云女士》（收入《韬奋漫笔》）、《被捕的甘地》（署名落霞，收入《人物评述》）、《读〈治外法权〉》，载《生活》周刊第5卷第24期。（全集第3卷第551—552页、114—116页，第5卷第460—461页，第4卷第534—536页，第3卷第116—119页）

《小而大的问题》摘要：

"我们聚餐的时候，无论是吃中菜，或是吃西菜，（上海人称为"吃大菜"，不知道"大"在什么地方！）无论我们是怎样的饕餮，吃起酱油来总不见得像喝酒喝汤的那样尽管大量的往嘴里倒，用的分量总是比别的食品少，所以就普通想起来，酱油一类的东西就是成为问题，也是一个很小的问题，但是我们如果肯睁开眼睛望望统计，便知道并不能算为小问题，而且由这个问题还可以触类旁通到中国实业的大问题上面去。""外国人之用本国货，已成为他们的一种国民性，这是大家所知道的。我有一位朋友在邮务总局服务，据说邮务长是个英国人的时候，局内所用的东西都是要用英国货，换了一个美国人来便一起改用美国货，换了一个瑞典人来也如此，甚至连局里所用的汽车油都要特向他本国人所开的洋行去买。我以为我国人此后至少也要养成有国货可用的东西总是要用国货的习惯，否则尽管嘴里喊得震天价响，各种窟窿却越挖越大。""总之开展我国实业以裕民生不在空言，一方面为国民者当一改向来愚昧的心理，遇有非绝对需要的洋货，可省则省，凡是有本国货可以代替的东西，尤应用本国货，例如我国现在既有了国货调味品，舶来调味品便可绝对的不用，既有了国货火柴，买火柴时不妨张开眼睛看清楚，不必再买舶来品，诸如此类，不胜枚举；一方面政府尤须设法保障，勿使国货苦于桎梏，外货反受优待。"（全集第 3 卷第 114—115 页）

5 月 26 日　程沧波将旅游欧洲留学，黄炎培偕潘公弼、邹恩润假功德林约与长谈，自午前十一时至午后四时。（《黄炎培日记》）

5 月 31 日　上午十时，韬奋与潘公弼等赴码头送程沧波赴法转英。（全集第 3 卷第 134 页）

6 月 1 日　《张我华之殊深愧对》（收入《小言论》第一集）、《不负责任的名誉》（署名心水）、《远东运动大会》、《呼声最高中的白里安》（署名落霞）、《〈女教职员问题〉附言》、《读几篇教育革命的文章》（5 月 22 日作）、《藉明真相》（收入《最难解决的一个问题》），载《生活》周刊第 5 卷第 25 期。（全集第 3 卷 553—554 页、119—121 页、121—122 页、122—124 页、124—125 页、125—127 页，第 4 卷第 333—336 页）

《张我华之殊深愧对》摘要：

"愚妄之见，以为公家事业在各方面既应以材能为前提，有两点宜特别注意者：第一点是选用人材当采用公开的严格的考试制度，俾全国中确有相当的实际材能者均有自见的机会，免得阿猫所接近信任者不过限于阿猫的亲戚朋友，阿狗所接近信任者不过限于阿狗的亲戚朋友；还有一点是既经秉公录用的人材须有确切的保障，免得有'一旦迫令相率去职'或'无故更调'的玩意儿发生。"（全集第 3 卷第 554 页）

《藉明真相》摘要：

"我不认得董君，也不认得沈女士，不过以为婚姻是应以双方互爱为基础，像沈女士既明白表示不要董君，在董君只有想法以情感来感动她，如感动不来，也只有不要，不应请律师写信逼令她在五日内嫁给他（事实见沈女士原函），因为别的事情也许可用律师来'逼令'，婚姻这件事要绝对出于双方的自愿，若这样蛮干，我们认为王莲魂君所谓'此种婚姻何异强奸？'是一点不错的。乃董君藉律师'逼令'因沈女士不愿而无效，仍不肯放手，又藉'第一审'来'逼令'，沈女士仍不愿，而他仍不放，乃有'第二审'的'逼令'，沈女士仍不愿，而他仍不放。这样'逼令'而成的婚事，就是成功，在董君也许可由'何异强奸'而得着快意，在'仍不愿'的沈女士的肉体与灵魂却受着何等的蹂躏？法律不外乎人情,要强成这样怨耦的家庭,实在是不近人情的事情;法律作用不外乎维持社会的安宁,要强为社会增加一个这样怨耦的家庭,实在是破坏社会安宁的事情。若不幸已贸然结了婚,还可说是情形更为复杂,问题更难解决,如今不过由父母从小订的婚约,她既坚持不愿,正应该让她爽快解约,何必一定要'逼令'铸成大错呢?而且这样'逼令'而成的婚事,在沈女士方面固然是肉体与灵魂都受着极大的蹂躏,即在董君方面由这样'何异强奸'得来的妻子,能享到什么家庭的幸福?所以我以为为两方前途幸福计,沈女士既这样坚决的不愿,都应该乘在尚未结婚以前解约,免贻彼此终身的苦痛。"(全集第4卷第334—335页)

6月8日 《张翠凤女士和她的母亲》(收入《小言论》第一集)、《用人的三种制度》(署名心水)、《司徒光之一跳》、《张公权氏国外游历所得》,载《生活》周刊第5卷第26期。(全集第3卷第554—555页、127—129页、129—130页、130—133页)

《用人的三种制度》摘要:

"一人的精神材力无论如何奇伟卓越,总有限制,故事业的规模愈大而内容愈繁者,其成败兴衰的枢机愈在用人之得当与否。用人的制度大概有三种:有一种是分赃制度,有一种是保荐制度,还有一种是考试制度。所谓分赃制度,'一人成仙,鸡犬升天'的一句俗语很可以概括它的内容:即一人当权,便得任意安插私人,材能的适合与否,职务的需要与否,都非所计,只要是他的亲戚,或是亲戚的亲戚,舅老爷也好,兄老爷弟老爷也好,都有弹冠相庆的机会,就是实职无可安插,也可以随意派充有名无实的秘书之类的虚职,可以不必办事而每月坐享千元或数百元的薪水。在这种制度之下,私党的利益重,公家的利益轻,或完全置公家利益于不顾。""这种把公家职位作为报酬私人的物品,完全消灭为事择人的意旨,其不重公务的效率,不重个人的材能,养成奔竞钻营的恶劣风气,并不逊于包庇舅老爷兄老爷弟老爷等等老爷的分赃制度。其实这种制度不应称为'用人制度',只可称为'营私制度'。""其次要算保荐制度,保荐含有保荐人材的意味,诚然非分赃可比,但一位新长官登台,亲友保荐的函牍如雪片飞来,不见得都顾到什么材不材,还是情面的意味多,选材的意味少,结果也往往不免跑上腐化的一条路上去。""最后便是考试制度。""如此一方面可选用真才,一方面可使职务因安定而效率随之增加,同时并可减少奔竞钻营的恶劣风气。舅老爷兄老爷弟老爷果有真实本领,尽可按照规章公开应考,向来须由保荐进身的人果有真实本领,也尽可按照规章公开应考。所以考试是可算比较公平的用人制度,不但政治上,就是其他机关的录用人材——除特殊重要的领袖须由下级擢升或另行物色外——都应尽量的采用考试制

度。"（全集第 3 卷第 127—129 页）

6 月 14 日　女儿嘉骊出生于上海吕班路万宜坊 54 号（现重庆南路 205 弄 54号）此日为农历五月十八日。

《生活》周刊社附设书报代办部。刊登广告称："我们增加知识，固不以阅读书报为限，但养成阅读书报的习惯，实为增加知识的一种重要途径。""我们鉴于阅读书报与增加知识有密切的关系，又鉴于内地及海外读者之感觉困难，故毅然附设这个书报代办部"。同时公布"简则"，自 1930 年 9 月 1 日起执行。（6 月 15 日《生活》周刊第 5 卷合订本第 27 期前页）

6 月 15 日　《梅博士的贡献》、《记送沧波赴英》（6 月 2 日晚作），载《生活》周刊第 5 卷 27 期。（全集第 3 卷第 133—134 页、134—135 页）

6 月 22 日　《程时煃君的无妄之灾》、《〈教员学生最好一律取消〉附言》、《张伯苓氏之沉痛演说》、《过意不去》（收入《最难解决的一个问题》），载《生活》周刊第 5 卷第 28 期。（全集第 3 卷第 136—137 页、137—138 页、139—140 页，第 4 卷第 127—128 页）

《张伯苓氏之沉痛演说》摘要：

"近有友人对记者谈起有人觉得本刊上所评述的中外时事或要闻，外国好的事实太多而中国好的事实太少！揣度他们的意思，最好多说几句外国坏，多说几句中国好。我说我们做中国人的人谁不愿中国好，但请问在事实方面有多少好事可说？政治方面给与我们看的事实是什么？教育方面给与我们看的事实是什么？公私财政方面给与我们看的事实是什么？国内治安方面给与我们看的事实是什么？我们固然反对自馁，但是我们也反对不顾事实，只管闭着眼睛骗自己。喜欢骗着自己来安慰自己，这即是不长进的病根所在。我们主张要睁开眼睛看清事实——事实是实在的，不是可以由你闭着眼睛或捏造而得以消灭的——必须看清事实，不要存心骗自己而聊以自慰，然后才有'自承不是，埋首奋斗'的可能。""我们不要再喊着什么四千年的文明，请看现在以人为牛马，各处盗匪横行杀人不眨眼，乃至西北人食人的事实；不要再喊着纸和印刷是我们最早发明的，请看现在书报所用的纸，印刷所用的机器是那一国来的事实；不要再喊着火药也是我们最早发明的，请看现在我国所用的军械是从那一国来的，乃至不恤民艰，拼命把金子往外买军火的事实；不要再喊着罗盘针也是我们最早发明的，请看现在我们到外国去乃至在国内来来往往所乘的是那一国轮船的事实。我们自己这样的不争气，不要脸，听见有人举别国的事实来比较比较，还觉得不愿听，古人说哀莫大于心死，这真是心死的特征！别国当然也有别国的缺点，他们的缺点我们也常有批评，我们当然用不着学他们

的缺点,但我们中国和别国比较比较看,是否应该'彻底觉悟','埋首奋斗','切实努力'?"(全集第3卷第140页)

《过意不去》全文:

"交女朋友原是一件很耗费的事情——这是就实际情形说,应该如此与否是另一问题——不但在我国有如此现象,在男女交际最以自由著称的美国尤其有这种现象,请了女朋友出来,还要备车子亲自送她到她家里去,一切由男子挖腰包,车费当然也是由他挖出来的。这种行径的心理,说得好些是表示友谊上的殷勤,说得差些可说是献媚,说得再不堪些也可说是引人上钩的钓饵。至于属于那一种,当然要看你所交的朋友是那一类人——是诚实的朋友呢,还是有真心的求爱的人?还是只不过想引诱来玩玩,并无意保护你的将来,只不过把你看作满足他的兽欲的工具?如你的朋友是属于第一类人,你不致有危险;如属于第二类人,你也不至有危险;如属于第三类人,你便有很大的危险,避免之不暇,更何有于'报答他的盛意'?年龄幼小,经验幼稚的女子对于这种地方更要留意。法律规定二十岁以下的女子须受父母的保护,即有关终身的婚姻,在此年龄以下的女子也必须征得父母同意而后始能成立,这也无非是寓着特殊周密保护的意旨,女子自己更应该负有保护自己的责任。"(全集第4卷第128页)

6月29日 《始终抱乐观》(收入《小言论》第一集)、《眼光向外转》(署名心水,全集未收)、《挺身当炮口的程德全》(署名落霞)、《关于梅博士的问题》(收入《最难解决的一个问题》),载《生活》周刊第5卷第29期。(全集第3卷第556—557页、141—143页,第4卷第374—377页)

《始终抱乐观》摘要:

"做今日的中国人,除极少数特殊阶级外,言个人则宛转呻吟于经济困苦的压迫,言国家则痛心疾首于内乱外患的摧残,满目疮痍,随地荆棘,比较的有经验阅历的成人所感到的烦闷苦痛固不必说,甚至未成年的小学生,在他国则更是欣悦欢乐的时代,在我国则亦往往难逃悲哀的笼罩,例如本年的五三国耻纪念,受切肤之痛的济南同胞尤为激昂,那天各界下半旗致哀,在济南演武厅开纪念会时,有男女小学生十余人亦上台作沉痛的演说,可见中国人在孩童时代就在悲观的空气中过日子,就在悲观的空气中生长起来。""愁苦伤感的时候难于强为欢笑,此乃人之常情,我们处于可悲的境地而欲强为乐观,且欲以乐观与人共勉,似乎非属自欺欺人,即为徒唱高调。但我们若能有彻底的见解,则亦未尝不能藉理性以抑制感情。何谓彻底的见解?就管见所及,以为言个人则当深明只有尽其在我运用理智以应付困难,尚有进境之可能,徒然愁眉哭脸咨磋叹惜,则惟有坐待困难之克服,绝无克服困难之可能;且当深明下一分工夫迟早必有一分结果,乃自然之因果律。言国家则无论前途有望无望,我们既不由自主的做了中国人,只有向前进的一条路走,只有各就各人的地位与能力向前进的一条路走,失败尚非所计,悲戚更何容心?"(全集第 3 卷第 556—557 页)

7 月 6 日　周刊社迁至华龙路(今雁荡路)80 号中华职业教育社新址办公。(《生活》周刊第 5 卷第 30 期卷首)

同日　《吕焕炎被刺中的凶手》(收入《小言论》第一集)、《现有教育制度的罪恶》(署名心水)、《失败后的奋发图强》(收入《韬奋漫笔》)、《读〈政治学大纲〉》(6 月 13 日晚作)、《男女同事后的纠纷》(收入《最难解决的一个问题》),载《生活》周刊第 5 卷第 30 期。(全集第 3 卷第 557—558 页、143—145 页,第 5 卷第 461—462 页,第 3 卷第 145—148 页,第 4 卷第 143—146 页)

《现有教育制度的罪恶》摘要:

"中国的穷是大家知道的,但是中国现有的教育却是养成善于养尊处优而没有实际工作和生产能力的惰民——也就是所谓高等游民。这也不能徒怪莘莘学子,现有的教育制度不合中国的经济能力,不合中国的社会需要,根本不对。因此徒然造成许多只能消费而不能生产的高等游民,由许多的高等游民再造成更多的高等游民,递相制造,若不再想法从根本上改革一下,恐怕要把大中华民国变成'高等游民国'。"(全集第 3 卷第 145 页)

《失败后的奋发图强》摘要:

"体育固重要,但同时当与智育德育相辅而行,不宜因一事而抹煞其他方面。(其实体育应有补于智育德育而不应反有妨碍。)记者尝见有些学校里的所谓运动员也者(例如从前南洋大学的足球员),平日可以任意不上课,可以任意违犯校规,校长优容,教员侧目,好像是学生中的贵族阶级,这样的提倡体育,非徒无益,而又害之。"(全集第 5 卷第 462 页)

《男女同事后的纠纷》摘要:

"我以为女士所述的那个西崽儿子之缠绕不休,与其谓为男女同事后的纠纷,不如谓为不幸碰到了一个流氓。这个流氓固然是因为男女同事才有认识女士的机会,但是这种没有人格的无赖之徒,好像疯狗咬人,对于任何人——尤其是胆子比较小的女子——都可以施用他的无赖手段,固不必限于曾经同事过的人。他对于女士绝说不上朋友,所以女士对他绝不是应该用对待朋友的办法,是要用对付流氓的办法,在这种地方,如果一个国家的警察办得好,便应该由警察随时随地出来拘拿流氓以保护良民,现在女士所处的地方是上海租界,租界里的巡捕诚然办得不见得好,但女士仍可备一随身警笛,再遇有这个流氓胆敢吵挠勒索,尽可吹笛鸣捕拘拿,这是求法律保障的正当途径,在女士方面即'露脸'亦毫无不名誉或有何侮辱之处。""(一)女士家虽不在上海,但在上海如有可恃之亲戚或朋友者,最好早上赴办公处下午回家均请一人——最好为男子,中年以上而具有膂力者尤佳——陪伴,使此流氓有所畏忌,久后知无可逞,必可断绝;(二)如遇有其他相类或较佳的职业机会,或可考虑他迁,同时将寓所更换,使此流氓不知所在,惟职业机会不易,改业一层也许少可能性;(三)平时力避走到偏僻人少的地方,免受流氓窘迫而一时无援,此层想较易做到,在热闹之区,巡捕或警察林立的地方,可免危险。以上所悬拟的三点,可并行不背,如能设法同时实行第一及第三法,则第二法不行亦可。"(全集第4卷第145—146页)

7月13日　《敬告工商部当局》(收入《小言论》第一集)、《教育革命的彻底主张》(署名心水)、《辅助甘地的几位女杰》(署名落霞,收入《人物评述》)、《中国人用科学方法办的好工厂》、《理智和情感冲突的苦痛》(收入《最难解决的一个问题》),载《生活》周刊第5卷第31期。(全集第3卷第559—560页、149—151页,第4卷第538—540页,第3卷第151—154页,第4卷第175—178页)

《教育革命的彻底主张》摘要:

"从前的教育不过为少数人骗得功名利禄的敲门砖,今后的教育当顾到全民族的全体人民的幸福,一方面要藉教育提高国民经济力,一方面要藉教育训练民众具有接受全民政治的能力。""除基本教育或竟从基本教育的后期起,根本废除现在教师讲演式的学校,全改为由教师作指导的机关,也可以说根本废除现在形式的学校,仅有大规模的图书馆及试验室,学生愿研究者须在图书馆或试验室中教师指导之下自修。"(全集第3卷第149—150页)

《中国人用科学方法办的好工厂》摘要:

"我们常痛心于中国的事业落伍,痛心的动机并非徒作消极的怨恨,实含有积极改善的希望。""此文的题目一开首就大书特书'中国人',中国人而能用科学方法办好工厂,我安得而不欣然执笔记出来和读者诸君谈谈?""西谚谓'名誉为第二生命',我深信'信用是刊物的第二生命',故我对于《生活》的信用必用不顾一切的不避嫌怨的全力保全它,绝对不许因任何人任何事而损及它。""对于事业的介绍也只注意有无值得介绍的实际事实,至少要使别人去看时也认为确有这样的实际事实，不是替人作广告式的瞎吹。""闲话少说，言归正传，我所要谈的中国人用科学方法办的好工厂到底是什么工厂？是项康元君在上海华德路所办的专制罐头的康元厂。""这个厂的优点在什么地方？第一点当然是它在管理及工作方面利用科学方法，使出产的效率增加，工人的时间缩短。""第二点我要说的是该厂对于工人的优待，设备的整洁。""第三点是该厂对于教育训练的注意。""此外项君在谈话中尚有数言值得一记者，他深以原料中仍不免多取给于外货为恨。例如应用最多之马口铁铁皮即须取给于美国""所用之大石板须取给于德国。""项君又谓有国货可用之原料无不尽力采用，惟亦殊感困难，例如油墨有国货，但少量样器尚好，定货一多则因陋就简，品质大劣，曾因此毁了大宗产品，大吃其亏，故现在不得不参用日美油墨，这种缺点，我们很希望尽力于国货事业者加以特别的注意。""尚有两个希望：（一）工作八小时制为世界劳动之呼声，""我们希望康元厂因利用科学方法而效率日增，将来更可以由九小时而为八小时乃至六小时，为全国倡；（二）烘干室热气逼人，虽装有通气电风扇，""每三小时轮换一班，仍嫌其长，记者以为就该厂工友言，在夏季似以该部事为较苦，希望再能将每班时间缩短。"（全集第3卷第151—154页）

《理智和情感冲突的苦痛》摘要：

"我们根本主张婚姻应以双方互爱为基础，反对机械式的强迫婚姻。依此原则而言，那位'小朋友'如认为十五岁时未得本人同意仅由父母代定的婚约为不合己意，他的钟情于去微女士并不算错，和先自恋爱一女而又移爱他女者不同，不过他如真爱去微女士，应先设法如何安顿十五岁订约的未婚妻，说得直截了当些，就是应先设法和未得自己同意的未婚妻解约。如果他没有这个勇气与能力，就不该贸然向去微女士表示那样深切的爱，使女士处于两难的地位。""我认为在那位'小朋友'没有与前女解约的决心与实行之前，女士不妨仍认他做朋友，仍和他通讯，在他尽管说爱，在女士则尽管暂时把自己立在朋友的范围里面说话；等到他有了与前女解约的决心与实行之后，如女士确认为他的爱是真诚的，他的品性是可靠的，而自己又是很爱他的，不妨'接受他的诚意'。总之此事须视男子方面有无发动的决心，在女士方面态度既定，只须静以待之，进退裕如，不必'精神不宁'。"（全集第4卷第177—178页）

7 月 16 日 上午，赴上海特区地方法院旁听黄白英案。著文《黄白英案旁听志感》。（全集第3卷第160页）

7 月 20 日 《几死毒手的白英女士》（收入《小言论》第一集）、《考试严限资格之不可解》(署名心水)、《勇于改革的讣闻》(收入《韬奋漫笔》)、《飞行界的最新女英豪》(署名落霞,收入《人物评述》)、《〈汉皋旅次〉韬奋附言》、《复赵尊岳先生的几句话》(7月6日作),载《生活》周刊第5卷第32期。(全集第3卷第560—561页、155—156页,第5卷第462—463页,第4卷第607—609页,第3卷第157—159页、159—160页)

· 《几死毒手的白英女士》摘要:

"社会有光明的方面,随处也难免有黑暗的方面,所以尤其重要的当然是在个人方面也要养成辨别善恶抵抗诱惑的自卫能力。以后教育愈兴,则自由之享受亦愈益较前扩大,倘仅知享受自由而未能养成辨别善恶抵抗诱惑的自卫能力,则自由乃适成其为陷阱。"(全集第3卷第561页)

《考试严限资格之不可解》摘要:

"教育部近来整顿学校,不遗余力,其积极的精神颇能引起我们的相当敬意,惟对于考试严限资格——一纸文凭——殊不可解。""我们对于教育部以一纸文凭为投考不可少的资格,根本上就极端反对。反对的理由是既经有考试以甄别真实的学识技能,投考者无论是由学校中得来的,或因家境困难,或因年长失学,由自己下苦工自修得来的,只要经得起你的严格考试,你便应该勿忘教育是以造就真实人材为要旨,何必一定要拿一纸毕业文凭来挡人前途?一纸文凭的空资格而可恃,何必再须考试?既有考试以分别真实虚伪,何必再以文凭难人?""教育当局之整顿私立学校,强迫他们依规程立案,我们很表赞同,教育当局严摈未立案私校的学生以督促私校之改善,固亦有其苦心,惟当知从前不幸投身私立学校的学生,其中不无可取之材,只须经得起投考时的严格考试,为人材计,,何必绝他的前途?所以我们以为教育部对于不配立案的私立学校索性勒令停闭,才是正当办法,若一概抹煞以往无辜学生,剥夺他们的投考权,似乎不足'以昭公允'。"(全集第3卷第155—156页)

《〈汉皋旅次〉韬奋附言》摘要:

"名誉心未尝不可成为督促上进心的一种要素,但是骛名如上海人所谓死出风头者,在个人往往落得有名无实自欺欺人的结果,而社会上的青年乃至一般人之歆羡其表面上的虚声者,亦易酿成虚浮浅薄的风气,不肯埋首做切实功夫,不耐埋首研真切学问,但以窃得虚名,铺张虚场面为得计,其害尤大。摇笔弄舌者对于社会的贡献之不切实,我在上文已说过,而犹有缺憾中之缺憾者,即办刊物最易钓名沽誉,最易为个人做死出风头之工具。我的愿望是要终其身做一个无名小卒,故力避出风头主义,但愿《生活》读者知道有笔名韬奋其人者肯负全责为《生活》努力,肯不顾一切不避嫌怨保持《生活》的公正独立的精神，绝对不受任何私人任何团体的利用或唆使，直到韬奋死后，并不知道此所谓韬奋者究竟姓甚名谁，究为何许人，则我愿望已达，而罪戾可以减少，心神可以安泰。我近来常觉得各依个性所近，以出世的精神，遁世的心愿，不计成败不患得失不顾毁誉而埋首尽其心力死干能干的入世事业，工作的本身即含有至乐，此外不必存心求得'酬报'，兹因梁先生之诚恳鼓励，敢略道所怀，也可以说是我个人自己对于人生的态度。"（全集第 3 卷 158—159 页）

7 月 27 日　《浙教厅的研究部》（收入《小言论》第一集）、《黄白英案旁听志感》（署名心水）、《终身事业》（署名落霞）《庄女士行述中的两段》（7 月 13 日晚作）《道听涂说》（收入《韬奋漫笔》)、《〈读伍朝拱主张征收西装税函后〉附言》，载《生活》周刊第 5 卷第 33 期。（全集第 3 卷第 562—563 页、160—163 页、163—165 页、165—166 页，第 5 卷第 463—467 页，第 3 卷第 167—169 页）

《浙教厅的研究部》摘要：

"学校教育不过是替我们一生的教育上树立一点继续向前进修的基础，倘若入社会服务后不能利用这种基础而继续不断的向前进修，便是把这一点已树立的基础糟蹋掉。常人以为学成而后服务，好像服务之后便用不着修学，不知学无止境，事非呆定，服务与修学应如车之双轮，同时并进，不但不相碍而适足以相成。"（全集第 3 卷第 562—563 页）

《道听途说》全文：

"最近有一个星期日的下午，我在本埠南京路上走，经过一个十字街角的报摊，看见一个穿纺绸长衫的仁兄，倒也衣冠楚楚，大模大样的，手上拿着几份报，正和那位报贩谈得起劲，我听他说各报的来历和营业状况，熟极而流，如数家珍，我自己是办报的人，当然很注意，所以便被他吸住也立着听他的宏论，后来他讲到了《生活》周刊，指着报摊上那一厚叠《生活》笑着说道：'这家报斜气！'（上海话了不得的意思）我就禁不住从旁插嘴问道：'为什么斜气？'他很正经的回答道：'经售这家报的报贩头已靠此发了财，讨起小老婆。这家报的老板更大大的发了财，现在已造起大洋房了。'我问他：'老板是谁？'他绝不怀疑而又十分迅捷的回答道：'是个广东人。'我忍着笑赶紧走开，一路笑到家里。"

"本社的新社址的确是租用一个似乎可以称为大洋房的一小部分，这所洋房是由董事会设法借到五万元造的，分十年由租金摊还，而《生活》周刊仍是每月出租金租用一小部分，因为本刊现在是经济自立，靠自己的正当收入，维持自己的生存。我们的正当收入在目前约有三途：一是广告，二是发行，三是丛书。收入的用途目前亦约有三条：（一）维持本刊的成本，极力勿使读者的负担加重,例如最近虽金价暴涨,纸价倐增,百物昂贵,维持艰难,本刊仍保全原有的文字篇幅,只从广告方面力某挹注,不愿遽增报价;(二)优待著作家,稿费较前增至五倍(编者自己文字向不另取稿费);(三)优待忠实勤奋为本刊办事的职员职工。本刊目前的经济状况只能够靠自己的正当收入维持自己的生存。我在本刊服务的愉快,也因为我明白知道本刊的正当收入是用到本刊的事业上去,不是替什么资本家装私人的腰包。"(全集第5卷第463—464页)

8 月 3 日 《留学热中的冷静观》(收入《小言论》第一集)、《葫芦岛的研究》(署名心水,全集未收)、《征求一位同志》(7 月 19 日作)、《和男同事在一块儿》(收入《最难解决的一个问题》)、《第 5 卷第 34 期附启》(7 月 22 日作),载《生活》周刊第 5 卷第 34 期。(全集第 3 卷第 563—565 页、169—172 页,第 4 卷第 146—150 页,第 3 卷第 172—173 页)

《留学热中的冷静观》摘要:

"我们试默察一般人的心理,大概可以说做子弟的人不入学校则已,既入学校,其心理上总以未留学或不得留学认为未能登峰造极为憾;做父兄的不培植子弟则已,既培植子弟,其心理上总以未使或不能使子弟留学认为未能登峰造极为憾。他们之所以'为憾'者,其注意点多不在什么真才实学,却在未能得一衔头或资格。这种心理,我们不能怪做子弟的,也不能怪做父兄的,因为社会所崇拜的是虚衔头空资格,真才实学原属无关重要,非如此便无以应社会的需要,便无以增进自己在社会上的地位!""我的朋友里面具有真才实学而为留学生的不可胜数,我敬之重之,故我个人更无轻视留学的成见,且认为在相当条件之下,我国在目前并有留学之需要,不过愚见以为徒重虚衔头空资格而忽略实际才能,实为一种病态心理;依这种心理,曾经留学的虽饭桶也应该位尊多金,未曾留学的虽有优越才能也应该屈居下位。这样一来,固然冤抑了许多确有真本领而没有虚衔头空资格的人才,也减损了许多确有真本领的留学生的价值。这种恶劣风气之酿成,实在是社会上握有用人之权而自己没有脑袋或虽有脑袋等于没有的一班人的罪恶。结果大家崇拜虚衔头空资格,有无真才实学可以不问;大家所努力者也只是取得虚衔头空资格,无须顾到真才实学。"(全集第 3 卷第 564 页)

《征求一位同志》摘要:

"最近我又生了三天病,又不得不在病榻上勉强作文阅稿,征求一位同志相助之心乃愈切。""为本刊业务前途计及我个人工作效率计,有许多朋友都劝我要求得一位得力的同志帮忙,我于是决意草此文,把我所要求的条件及办法老老实实的说出来，作公开的征求。""我此刻心目中所最注重的至少有四个条件：（一）撰述评论的人最最重要的品性是要能严格的大公无私，在言论方面尽管仁者见仁，智者见智，但动机要绝对的纯洁，要绝对不肯夹杂私的爱憎私的利害在里面，要绝对能秉着自己的良知说话，不受任何私人或团体的指使威吓利诱，或迁就私人的情面而作违心的言论。""（二）锐敏的观察与卓越的识见，再说得简单些，就是思想须能深入，遇着一件事或是一个问题，不要人云亦云，总要运用自己的脑子深入的想他一下，这种功夫实含有分析，组织，及创造等要素的能力。""（三）文笔畅达，这一条件是从事撰述评论的人所不可少，是很显明的。""（四）至少须精通一种外国文。主持评论的人有八个字很重要，就是'搜集材料，贮蓄思想'。所谓贮蓄思想，是平时无论如何忙，要能静想，想些抽象的好意思，蓄在胸中，好像'贮蓄'一样，遇事触机而发为言论，便较有精彩。与贮蓄思想有密切关系的便是'搜集材料'，多阅平时出版的中外书报，所以至少须精通一种外国文。""还有几点我要提出者：（一）我向来主张用人当注重真才实学而不必问资格——指学校毕业的资格。我此次征求同志，绝对不问资格，倘有如我上面所提出的条件，虽连小学毕业的资格都没有，我仍要竭诚聘请，否则虽有极好听的衔头，决不请教；（二）以实际材能为标准，绝对不讲情面。所以虽素昧生平，只要能在投稿上及试用上表示实际材能，无不扫榻以待。熟友的保荐信以及'吹嘘'等等，一概用不着，如不在实际能力上表现而另外致函商量，恕我一概不复，俾两方省却许多麻烦；""此次征求，心里很少希望——不是不希望，是觉得这个希望恐怕很难达到。""因为有我所要求的能力的人大概都要去做他们的大事业——做名人，做伟人——像办《生活》这样的小事情也许不值得他们之一顾，为他们所不屑做；愿意加入者也许没有我所要求的能力。换句话说，有的能干而也许不愿干，有的愿干而也许不能干，要'能'与'愿'合得起来，实在是一件很难的事情，所以我觉得我这样公开的征求不过是姑且尝试，未必能获得满意的结果。"（全集第 3 卷第 170—172 页）

《和男同事在一块儿》摘要：

"已经订了婚的女子不是不应该有异性的朋友，最重要的是要留意所交的异性朋友是否正派的人——是否品性端正的人，所以又梅女士所提出的'怎好随随便便不加考虑的和异性做朋友？'实在是可以令人敬佩的卓见，实在是合理的卓见，并不是什么'思想顽固'。""我这样的态度，在一班利用男女社交公开为假面具而实行其陷害压迫女性，不恤牺牲他人一生而取快自己一时的淫欲者，也许要大骂我思想落伍。但是我只能本着我的良心根据理性说话，我非但不反对男女社交公开,而且积极提倡男女社交公开,但是我却坚决反对藉男女社交公开为幌子而实行其自私害人的伤心害理的暴行。""做朋友要绝对出于双方的自愿,绝对不应有所压迫。就是你有诚意为自己求终身伴侣,也须尊重对方的意志自由,倘若她不愿意,你便不应加以压迫。""现在有一班自私自利的鄙夫暴徒,一若女性不肯任人随意轧姘头,便是不明白男女社交公开的新潮流,便是顽固,便是思想落伍,他们为达到新潮流计,便有强迫执行的权力! 我不知道这种无耻的压迫女性的行为,和'野蛮'二字相去几何,而在今日则得冠以男女社交公开的美名,这种无耻之徒实在是男女社交公开的大敌,我们非大声疾呼的痛击不可。""两个基本条件:(一)须顾到对方的一生幸福;(二)须尊重对方的意志自由。不能严格遵守这两个基本条件者,不配谈什么男女社交公开。以后女子教育愈发达,女子在社会服务的机会也愈多,男女社交公开的机会也愈多,这是一定的当然趋势——可以说是一种值得欢迎的良好趋势。"(全集第4卷第147—150页)

8月10日 《赵铁桥盖棺论定》(收入《小言论》第一集)、《民众厌乱心理中的政治领袖》(署名心水)、《特区法院之女书记官》、《读〈日本全史〉》(7月26日作)、《有位助教》(收入《最难解决的一个问题》),载《生活》周刊第5卷第35期。(全集第3卷第565—566页、174—175页、176—177页、177—180页,第4卷第150—153页)

《民众厌乱心理中的政治领袖》摘要:

"所谓合格的政治领袖——无须强迫而能令全国民众诚心拥护以救此垂危国家的政治领袖——至少须有下列几个最基本的条件。""一是有能。所谓有能者,含有自知之明与知人之明两个方面。天下决无万能的人,我们也决不希望做领袖者生着三头六臂,不过他除自知利用所长而外,须能用人——不是能用胁肩谄笑,逢君之恶的小人,是能用各具专门学识经验而正直真诚的全国英俊贤良。""二是公忠。有能是工具,公忠是动机;动机倘若不正,即有工具亦徒然增长罪恶,制造祸乱。""三是廉洁。动机所表现于外之最显著者为自我牺牲,为率其救国随从而共同牺牲——非来抢钱,非来享福,是来为拯救同胞而吃苦的。吃苦之最起码的表现是廉洁。倘若亲戚故旧盘踞要津而大搜尽括,共同分赃,贪婪之风随处洋溢,则民众侧目,志士痛心,外表上虽力持冠冕堂皇,骨子里实剥蚀腐朽,虽崇楼广厦,未有不倒。"(全集第3卷第174—175页)

《有位助教》摘要:

"我以为做男子的除夫人外未尝不可有女友,做女子的除丈夫外也未尝不可有男友,最重要的是所择的朋友须正派人,即品性端正的人。""依我的愚见,女士似可直截爽快的和盘向那位助教托出，老实说他的学识品性女士都敬重的，所以要做研究学问的朋友未尝不可，但是讲到终身大事，女士已心许一人，固知他的意思只在做研究学问的朋友（他的真意如何不管，在女士此时对他只得这样说），不过鉴于一般男女做了朋友往往'难免不归结到婚姻问题上去'，所以老实预先说个明白，以免他将来失望云云。""记者个人向来喜欢直截爽口的开诚布公的推开天窗说亮话，我以为隐瞒隔膜可以发生许多误会与恶果，开诚布公直截爽快可以消灭许多误会与恶果。这样一来，女士的'更进一层'的忧虑应该可以化为乌有，而同时并不必和他绝交——假使女士认他是值得做一个朋友的话。""还有一点要注意，妒忌心和猜疑心是人类所难免的——至少是现在人类所还难免的——女士所'已心许'的那'一人'究竟怎样，我们不得而知，为避免无谓的妒忌和猜疑起见，女士就是要用上面所说的开诚布公交友的办法，最好也先与那'一人'商量商量，看他的态度怎样。倘使他是一个很能谅解的男子，当然无问题；倘使他连此都不以为然，而在女士因'心许'而必要保持着他的话，那只有连开诚布公做朋友的一层也抛弃了。"（全集第 4 卷第 151—152 页）

8 月 17 日　《租界电话出卖问题的测验》（收入《小言论》第一集）、《公安局的难差使》（署名心水）、《长沙惨祸中的逃力比较》（全集未收）、《一个可靠的会计函授学校》（8 月 2 日作）、《男女同学等三问题》（收入《最难解决的一个问题》），载《生活》周刊第 5 卷第 36 期。（全集第 3 卷第 566—567 页、180—182 页、182—184 页，第 4 卷第 370—374 页）

《一个可靠的会计函授学校》摘要：

"记者向来主张用人须注重实际材能，惟其用人须注重实际材能，故极力主张服务与修学须兼程并进。""在已有较深之根底者，也许可以全恃自修，供给这种人的需要，最重要的是内容丰富的图书馆与设备完全的试验室。其根底之较浅者则于自修之外，不得不常有质疑问难的机会，我以为供给这种有志者的需要，以可靠的夜校或可靠的函授学校为最适宜。""我很郑重的提出'可靠的'三个字，至少含有两种重要的意思：一种是要防上野鸡学校的当，所谓野鸡学校，即以骗钱为宗旨，这种学校之有名无实，不待辩而自明；还有一种是宗旨虽非骗钱，而主持者并非该项学术的专家，并非对于该项学术有丰富的学识经验——他的动机也许不坏，他的毛病便在不自量力——误入这类学校者之得不到实际的益处，也是很显明的必然的趋势。"（全集第 3 卷第 183—184 页）

8 月 24 日　《劳苦民众中的一桩丧事》（收入《小言论》第一集）、《病根》（署名心水,全集未收)、《信用》(收入《韬奋漫笔》)、《一顿教训》(8 月 10 日作)、《自立与独身》(收入《最难解决的一个问题》),载《生活》周刊第 5 卷第 37 期。(全集第 3 卷第 568—569 页,第 5 卷第 464—465 页,第 3 卷第 185—189 页,第 4 卷第 218—220 页)

《劳苦民众中的一桩丧事》摘要:

"在北方所称为洋车夫,即南方所称的黄包车夫,其平日的生活,劳役甚于牛马,待遇苛于奴隶,每遇严冬炎夏,则蹒跚于暴风之中,呼喘于酷暑之下,尤处人世奇惨的境域,故黄包车夫实为劳苦民众中之尤凄惨者。同是圆颅方趾的人类而处身同国者,目击这样号称人类而实无异于牛马的同胞,司空见惯,固可熟视无睹,苟略 思索,当必认为莫大的耻辱而局促不安,惭愧无以自容。但劳苦民众尽管劳苦,而军阀为个人权利而混战,官僚为个人权利而搜刮,仍各行其事,荒纵极欲,为杀人放火者造机会! 在此种形势之下,全国人民忧伤憔悴,固不知死所,即彼罪孽深重的少数特殊阶级之燕巢幕上,终亦不知死所而后已。"(全集第 3 卷第 568—569 页)

《信用》摘要:

"一个人的信用可丧失于一朝一夕一事一语,但培养信用却在平日之日积月累,而不能以一蹴几,故欲凭空一旦取人信用是不可能的事情。明乎此点,则欲求人之信用而不注意于平日自己之言行者实为莫大之愚妄。其次则信用须由'实行'获得,而非可藉'空言'窃取。嘴里尽管说得天花乱坠,像煞有介事,最初一次至多不过引人注意,然闻者注意之后即随之以事实上的推察,一次空言,令人怀疑,二次三次空言,则注意且不能唤起,更何有于信用? 明乎此点,则欲求人之信用而仅以空言搪塞或敷衍者亦为莫大之愚妄。综述上意,信用之养成须经过相当的时期与确凿的事实。苟在所经过的时期与事实方面果有以取信于人,则人之予以信任乃自然的倾向,无所用其作态或自己挂在嘴巴上吹着,因为信用之为物必经过时期与事实之证明,不是摆在面孔上或挂在嘴巴上的东西。""人民对于执政当局的信用也有一样的途径。为政者在所经过的时期中与所经过的事实中,果能廉洁奉公,为国尽瘁,确无贪婪之行为,果无亲戚私党把持盘踞作威作福搜刮脂膏奢侈恣肆的迹象,使爱者痛心,仇人快意,则虽默而不言,人民的信用自在,否则虽言者谆谆,听者藐藐,所说的话都是白说的。""敌人不足畏,自己和自己的左右最可畏。信用是要由自己在经过的时期与经过的事实中造成的,有公开的事实与人以相见,敌人虽悍,无所施其技。"(全集第 5 卷第 464—465 页)

《一顿教训》摘要:

　　"我用'助手'的名词,确有语病,因为现在一般人所最注重的是争名义,争地位,而不重实际工作,一听见'助手'两字,即认为是处于较低的地位,受其助者是处于较高的地位。我用此两字时,心目中只有职务范围异同的观念,并无名义地位高低的观念。不过因为我偶然先在本刊做了几年工作,现在觉得自己干不了,要替本刊求得一位同志相助,故有'助手'之言,他的本领不一定要比我坏。如以普通所谓'助手'是有屈身份的,那末这个名词与我初意相背,现既承作者指教,我极愿自动的把这个名词取消,只不过征求一位同事而已,只要他合于我所代为本刊提出的条件,能为本刊尽力,关于名义方面,我可以随便,请到之后,如他对本刊果能负责,就叫我做他的'助手',我也欣然为之,决不计较。""读者诸君听我这几句话也许要疑为是意气的话,其实这是字字由衷之言,是根据于我向来对于人生态度出发的由衷之言。我常觉得我们匆匆数十年的生命,我们所经手的事,若干年后,或长些或短些,总须'办交代'的,何事看不穿? 我可以干的就干干,有人比我干得好的,只须于社会事业的效率及进步有裨,我何妨让避贤路? 所以我对于本刊,在仍许我干的时期内,我当然仍要严格的负责,但如有贤能肯出来负全责把本刊办得好,我极愿荐贤自代,决无丝毫恋栈的念头。在事实上《生活》在社会上的声誉愈隆,我自觉不配主持本刊之心愈甚,每于努力之余,辄作引退之思,曾屡以此意与本刊创办人剀切言之。我非资产阶级,我是工读苦学生出身,现在不工作即须饿死,但我除编辑外,还能做教书匠(我原是一个教书匠),在两方面都不过吃一口苦饭,所以可以随便。就主张言,我愿提倡力求实际工作而不必拘拘于名义与地位之争;就我个人言,去就且无所容心,名义更非所挂意,苟有贤达愿为本刊努力,'余虽为之执鞭,所欣慕焉'。""我所提出的四个条件是我认为撰述评论——而且是限于像《生活》一类刊物的评论——的人所应具的最低限度的条件。可见就是这些条件俱备,也不过配做一个编辑,和什么干'大事业'的'名人''伟人'原不相干,而我在该文中犹以此为言者,实有慨于现在'名人''伟人'之易于冒充,而深痛于不度德不量力,不肯就自己能力做些切实工作,却以棚空场面装空架子为得意者之滔滔皆是。所以我在该文中所称之'名人''伟人'实含讽刺之意,并不含有丝毫心悦诚服的意味,与作者之猜疑韬奋有意自命'名人''伟人'而加以鄙薄的意思相类,倘作者再细绎原文,想不难看出。""为本刊提出征求人才条件的人固然并不包含他自己一定俱备这些条件的意思,但依你韬奋自问,究竟你自己有没有这四个条件呢? 我的回答是:关于第一条的'大公无私',只须立志做去,不避嫌怨不计得失的做去,用不着什么特殊本领,是人人应该会的,我自信这个条件我能为本刊作严格的遵守。其他三条件我虽有些许浅薄的程度,但决不能满意,所以不敢说俱备。我现在只觉得脑子不够用,知识不够用,时间不够用,常自痛恨自己之不能胜任,在未有相当的人来负全责之前,我只有虚心研究,诚意努力,勉强支撑着以待贤者。""我以为无论何种事业,能干的还要愿干,否则难有责任心;愿干的还要能干,否则难有效率。"(全集第3卷第187—189页)

《自立与独身》摘要:

"自立与独身似可不必混为一谈,可分作两件事考虑。独身诚然需有自立的能力,这两方面诚然不是没有关系,但即不独身而亦具有自立的能力,仍是自己幸福的源泉,自由的保障。""独身主义一层,我以为这是属于个人的问题,不能以一概论。有的人在心理上及生理上把婚姻看得极淡,觉得可有可无,很自然的独身,这于个人的心理生理尚可无害,但这是例外的,平常不大有;若因有所感触或有所困难而勉强的独身,那对于个人的心理生理实有害处。总之嫁娶是常轨,独身是例外。我以为独身不必看作什么主义,心理上生理上觉得需要而又得到相当伴侣时就嫁,否则可以从缓,再候物色,""这是纯属个人问题,我当然不能代女士决定,不过希望要顺乎自然而不要勉强。"(全集第4卷第219页)

8月31日 《除去非党员案缓议》(收入《小言论》第一集)、《社会革命的两条路》(署名心水)、《考试县长中的一幕怪剧》、《特别征文》、《教育革命的应声》(8月16日作),载《生活》周刊第5卷第38期。(全集第3卷第569—570页、189—191页、191—192页、192—193页、193—196页)

《教育革命的应声》摘要:

"现在有人焚毁学校杀戮学者,以为这是打倒知识阶级,记者以为'实现人民受教育之机会均等',使知识普及于一般民众,才真是打倒知识阶级,因为大家都有了求知识的机会,都有了知识,便无知识阶级之可言了。"(全集第3卷第196页)

9月7日 《暴行军人的爱妾撒娇》(收入《小言论》第一集)、《一番指教》(8月25日作)、《理想中的一个伴侣》(收入《最难解决的一个问题》),载《生活》周刊第5卷第39期。(全集第3卷第571—572页、197—201页,第4卷第182—184页)

《一番指教》摘要:

"记者之对于本刊,若谓我为本刊物色人才采审慎态度,不肯马虎了事,似乎近于怀疑——必须经过事实的证明(例如投稿)始肯相信——尚有几许类似,而'妒忌'两字则绝对牛头不对马嘴,因为妒忌是不愿人家来参加他的事情,例如丈夫不愿人家也来做他的爱妻的丈夫,若记者则正为本刊征求同志来帮忙,倘存妒忌,何必为此? 又妒忌不愿人家有才能,若记者则正为本刊寻求人才,倘存妒忌,何必为此? 作者又说:'以为只有自己是靠得住的',记者倘真有'这种武断的私见',又何必征求什么同志呢? 记者那篇里有那一句表示'只有自己是靠得住的'呢?""其实平日投稿于本刊者多为记者所敬佩的师友,或出自动,或出请求,记者仍师之友之,难道一投稿即受记者的考试而屈了身份?'具体办法'中的'投稿'诚寓有选择的意思,但交朋友也要选择,不见得因要选择而便含有你尊我卑的意味;乃至英国大学盛行的导师制,学生且可选择教师,不见得学生要选择教师便比教师尊起来,教师被选择便比学生卑起来。""素昧生平的人,要知彼此的品性,除彼此尝试共事若干时外,有何其他更好的办法,如蒙宏达指示,固愿承教。""记者主张注重真才,勿重资格,常以徒托空言为憾,今得机会为本刊征求人才,依所主张付诸实行,正以实事求是言行相顾自勉","承作者教以'要随时留意,虚己自谦',金玉之言,敢不拜嘉? 惟如谓对问题不敢直述其主张与批评为虚己自谦,如谓代本刊征求人才不敢审慎而有所选择,必须来者不拒始为虚己自谦,则责任所在,绝不愿马虎,任何罪名,均所甘受。"(全集第 3 卷第 199—201 页)

《理想中的一个伴侣》摘要:

"我们要知道各人性情不同,有的人生成一副赤板的面孔,见着朋友也就是这么一副赤板的面孔;有的人生成一副可爱可亲的笑容,见着朋友也常是这么一副可爱可亲的笑容。若以主观的成见来根据笑容作为爱我的表示,往往要钻入牛角尖里去。""我们主张'爱侣'之成应出于双恋——即出于两方自己愿意。若仅有一方愿意,愿意者不应勉强,至多可藉友谊的继续,用诚意感动对方而引起她的愿意,倘此层无效,便当废然思返,泰然搁置,不必苛责对方,亦不必自己烦恼。""姚君的那位女同学不和姚君断绝,也许是不愿做'爱侣'而愿做普通的朋友,所以姚君的'不睬'态度,我认为未免度量褊狭,实在可以不必。"(全集第 4 卷第 183—184 页)

9 月 14 日　《评几家书局的笔墨官司》、《无乐观悲观之可言》(署名心水,收入《事业与修养》)、《法学博士的来路纠纷》、《脑际中所亟谋解决者》(8 月 31 日作,全集未收)、《北平的女招待》(收入《悬想》)、《紧裹肉体的服装》(全集未收),载《生活》周刊第 5 卷第 40 期。(全集第 3 卷第 202—203 页,第 4 卷第 707—709 页,第 3 卷第 203—204 页,第 5 卷第 297—298 页)

《无乐观悲观之可言》摘要：

"闭眼政策和掩耳政策既均不能消灭不能乐观的事实，所余下的似乎只有悲观了，但是悲观难道就能消灭不能乐观的事实吗？悲观之不能消灭乃至减少不能乐观的事实，与闭眼政策和掩耳政策无异，所以我们诚然够不上乐观，也用不着悲观。""我们对江苏悲观，也许可跑到浙江去做浙江人；对浙江悲观，也许可跑到安徽去做安徽人；但是如对中国悲观，终究还是要做中国人，不能随我们的意思丢了中国去做美国人，英国人，所以我们既不由自主的生而为中国人，对中国只有一条路走，就是尽我们的力量往前干，随你乐观也好，悲观也好，觉得前途有望也好，无望也好，你只有向前十的一条路走，没有别条路走。我每想到这一点，就觉得无乐观悲观之可言，只有各尽我们的力量往前干。觉得国内事事落后，你既跳不出这一国的圈子——因为逃到天边地脚还是个中国人——只有尽力使她不落后；觉得外国压迫得厉害，你既跳不出这一国的圈子，也只有尽力使她充实抵御的能力。成败利钝都说不到，只有往前尽力干去，干得一分是一分，干得两分是两分，暂时干不好，还得继续不断的干。除了这样尽力往前干的一条路外，并没有别条路走。既然只有向前的一条路走，不悲观要走，悲观也要走，不过悲观使你走不动，反不如不悲观的向前进，走进一步是一步，走进两步是两步，鼓着勇气继续向前！扎硬寨，打死仗！"（全集第4卷第708—709页）

9月21日　《勇敢的中国人》（收入《小言论》第一集）、《一位文坛老将的学习机会》（署名心水）、《心急送命》、《我和家姊》（收入《最难解决的一个问题》），载《生活》周刊第5卷第41期。（全集第3卷第572—574页、204—206页、207页，第4卷第133—135页）

《勇敢的中国人》摘要：

"据巴黎传来消息，中华留法航空研究会主席翁照恒君于七月廿四日飞行至五百米突时，因发动机出了毛病，机身下堕，撞断高度电流电线三根，全机跌碎，当时即由法国陆军救护车将翁君送入凡尔赛医院，幸伤势甚轻，得免于死。此事发生后，法报竞载其事，争誉翁君为勇敢的中国人。按五百米突合我国长度在一千五百尺以上，由如许高度下堕，复撞断高度电流电线，其可危状况不言而喻，终得死里逃生，非翁君临危时精神之镇定，平时技术之灵巧，于不慌不乱中应付得当，殆无生望，故法报争誉翁君为勇敢的中国人，非誉他的失败，乃誉他的不畏失败，有能力应付失败。失败非即勇敢，因为天地间极怯懦的人，极无用的人，也常和失败为伴侣，只有不畏失败，有能力应付失败，虽失败而犹能留下坚毅不屈的精神为后人赞叹惊愕,才含有勇敢的意味。""在我国人之所应自勉者,决不可因人之偶誉而遂自满,况即就航空事业而论,我们在国际上也只有努力而没有什么可以自豪的特殊优越的成绩。"(全集第 3 卷第 572—573 页)

《一位文坛老将的学习机会》摘要:

"机会似乎是一种可遇而不可求的东西,但机会实随处而是,要你自己有志愿有能力去利用它。"(全集第 3 卷第 206 页)

《我和家姊》摘要:

"女性在体力上比较的仍处于柔弱易欺的地位,所以这班怕强欺弱的流氓坏子愈要乘机暴戾,肆无忌惮。这种情形在较偏僻的街道上及公园里都易于发现。不但在中国,就是在外国也不能免,不过无耻忘形的态度及程度常因社会上警政的优劣与一般国民教育程度的深浅而不无差异罢了。不过在外国他们都知道这是流氓的行为,为警察所不许,为社会所不齿,在我国则这班无耻之徒竟恬然敢以新人物自命,如朱女士所称他们竟厚颜援引'男女平等'云云,即其一例。殊不知'平等'云者,其意义虽广,至少须含有任何方面绝对不应不顾对方意志而加以无理的压迫,今以压迫女性的行为而谓为'平等','平'在何处?此种极浅近的道理尚毫无所知,竟厚颜自命新人物,非恶劣不堪的流氓而何?"(全集第 4 卷第 134 页)

9 月 28 日 《辞去遥摄的大学校长》(收入《小言论》第一集)、《李仲公氏负责的表示》(署名心水)、《中国境内中外航业的比较》、《〈一点一滴的干去〉附言》,载《生活》周刊第 5 卷第 42 期。(全集第 3 卷第 574—575 页、207—209 页、209—210 页、211—212 页)

《辞去遥摄的大学校长》摘要:

"忙于一件事业的人,用心专一而精神集注,假以时日,多少必有所成;分心于许多事业的人,思虑泛浮而精神涣散,虽是多能,终必有名无实。个人的思考精力——尤其是不无一二特长的人——如此虚掷固极可惜,而耽误事业,妨碍贤路,其罪尤大。"(全集第 3 卷第 575 页)

10 月 5 日 《半死活的中俄会议》(收入《小言论》第一集,全集未收)、《牺牲岂独杨雪玖?》、《〈关于教育部的汽车问题〉韬奋按》、《〈读《医生与民众》后〉附言》,载《生活》周刊第 5 卷第 43 期。(全集第 3 卷第 213—214 页、214—216 页、217—218 页)

《牺牲岂独杨雪玖?》摘要:

"当此新旧思想递嬗混乱之际,我以为也有两个简单的标准可以遵循,即当不害人不害己。在不得已的情形之下，牺牲自己以成全他人犹可；若连累别人为自己牺牲，则无论用何种好听的新名词以自掩饰，未见其可。"（全集第3卷第213页）

《〈关于教育部的汽车问题〉韬奋按》摘要：

"我们发表音青君的那篇文字，自问动机是纯粹出于好意。我们对于时人所谓'节约运动'向来主张'节约运动应从上而下'（可参看本刊第五卷第十二期《节约运动与物质建议》一文），该文之发表意在唤起当局者之注意与改革，这是一点。还有一点是觉得常人对私的方面也许还能善于'节约'，对公的方面则往往善于不'节约'，所谓慷他人之慨者是也，故不但对于政府机关，并欲藉此唤起服务于社会机关者之注意与改革。在此两点用意之中，我们所特别注重的是：为公办事，用人要注意效率，用钱要注意经济。所谓用人要注意效率者，当然不是说只管盲目的省钱而不要用人；所谓用钱要注意经济者，当然不是说只管盲目的省钱而不讲效率——不讲效率便不配称为经济。"（全集第3卷第216页）

《〈读《医生与民众》后〉附言》摘要：

"医生既是一种职业，我们当然不能希望他枵腹从公，不过希望他在可能范围内少赚一些，救救贫穷而又善于生病的苦人儿。像我们专靠薪水吃饭的人，一旦不幸生了病——无论是自己或是家人——在经济上便须罗掘俱穷，大起恐慌，所感的苦痛真是一言难尽。"（全集第3卷第218页）

10月9日　下午三时，赴大华饭店参加国货时装展览会。著文《看了国货时装展览会》。（全集第3卷第225页）

10月12日　《李杏花女士胜利之所由来》（收入《小言论》第一集）、《苏省中小学校长之义愤》、《复朱经农先生的一封信》（9月25日作）、《较近出版有精彩的两种定期刊物》、《风化是什么东西？》（收入《最难解决的一个问题》），载《生活》周刊第5卷第44期。（全集第3卷第575—576页、218—219页、219—221页、221—222页，第4卷第368—370页）

《较近出版有精彩的两种定期刊物》摘要：

"办刊物似乎是一件很容易的事情，只要凑得上几篇不管噜苏不噜苏的拖泥带水的文章，呆照现成可以学样的格式交给印刷所去印它一下，便赫然出了一种新刊物。但是若稍稍为读者方面着想——稍稍为读者的时间与目力乃至经济方面着想，同时也就是为刊物的本身价值着想——似乎应该注意到一种刊物应有一种刊物自己的特色，也就是所谓独辟蹊径，不肯落入窠臼，自开一

条新路来走，尤当注意于内容之有精彩，使读者看了一遍，多少有所得，不觉得是白看。"（全集第 3 卷第 221 页）

《风化是什么东西》摘要：

"所谓'风化'就是良好风俗之有教育效用者。什么是'风俗'？风俗是一种已成习惯的'社会标准'。社会标准就是社会生活的规则。社会生活所以需要规则和标准，一因个人的行为要赖社会标准来控制，二因社会秩序要赖社会标准来维持。""但风俗往往因时代潮流而可改革以应新环境的需要，所以不是一成不变的。顽固者流闭聪塞明，思想落伍，拼命守着不合时代潮流的风俗，不许改革，自以为是维持风俗，便要闹出种种现状，反成了社会进步的障碍物。改革有何标准？便在乎根据理性问个'为什么'。这也就是朱君在这封信里所表示而为我们所敬佩的态度。"（全集第 4 卷第 369—370 页）

10 月 19 日　《一千五百万元的诱惑力如何?》（收入《小言论》第一集）《梁胡讨论的讨论》（署名心水）《蔡先生的近著》（收入《韬奋漫笔》）《看了国货时装展览会》（10 月 9 日晚作）《无从寻到正路》（收入《最难解决的一个问题》），载《生活》周刊第 5 卷第 45 期。（全集第 3 卷第 577—578 页、222—224 页，第 5 卷第 466—467 页，第 3 卷第 224—226 页，第 4 卷第 348—350 页）

《梁胡讨论的讨论》摘要：

"我觉得梁胡两先生所举的内容实在是一个大问题——拯救中国——的几个方面，谁也取消不了谁的。现在五魔猖獗，固然任所欲为，没有人去阻止它们，消灭它们；就是口呼打倒帝国主义的又何尝真在那里干那么一回事？结果，五魔逍遥自在，外敌也逍遥自在。我们处身这样百孔千疮外患内忧交迫的国家，怕听空谈，只要能真的干去，去五魔，拒外敌，都是相成而不相背的好事情。"（全集第 3 卷第 224 页）

《看了国货时装展览会》摘要：

"国货时装表演在我国也许可算是创举，其方式系由男子或女子若干人，穿着时装，从容缓步鱼贯而出，在观众前面走过一遍，同时还有音乐作陪衬，当日为增加兴趣起见，还于时装表演的前后夹有茶舞游艺等事。我以为穿时装表演的男女最重要的须选请健而美的体格，（此处所谓美，乃指全身体格言，不仅指面部）才能增加美感。"（全集第 3 卷第 225 页）

《无从寻到正路》摘要：

"目前的中国在事实上确有许多悲观的印象，这是共见的事实，无庸为讳的，但我向来主张我们不做人则已，既已做人，不管悲观也好，乐观也好，只有尽其心力向前干的一条路走。我深信这种'尽其心力向前干'的态度能使我们常常拿得定主意而努力向前进,不至从事无裨实际的忧愁。""人生的一条路是很长的,走一段是一段,有一段走的时候,便应该挺胸拔脚兴奋的向前走。走完了这一段而没得走的时候则奈何——例如真到了'最近的将来'而'无力升学'则奈何? 也只有'尽其心力向前干'! 怎样干法? 在乎各'尽其心力',当然不能有一个呆板的公式:有的能靠自己的信用得到亲友的协助;有的能够寻得半工半读的机会;有的能够靠自己的本领考取免费或减费的学校;有的能够一部分靠亲友的协助,一部分靠自己课余的工作。倘都不能如愿则又奈何? 仍只有'尽其心力向前干'! 怎样干法? 多方寻觅工作的机会。这件事当然也有若干附带的条件,最重要的是一方面自己须有相当的服务能力,一方面社会有相当的服务机会。""我国外受帝国主义的压迫,内受天灾人祸的摧残,诚然是百业萧条,生计穷困,但谓为难走的路则可,谓为'没头的路'则殊非事实。既非绝对都是死路,便未尝没有奋斗的可能,我们便应就可能范围内尽其心力向前干去。惟其环境困难才用得着奋斗,有现成的好环境便用不着奋斗,因为奋斗的意义原是应付困难的环境,解决困难的问题。在困难的环境中只有能奋斗者才能生存,不能奋斗者便受淘汰,所以我说我们只有尽其心力向前干的一条路走。"(全集第 4 卷第 348—349 页)

10 月 26 日 《冒险》(收入《小言论》第一集)《雪内耻》《读〈中国报学史〉》(10 月 5 日晚 11 时作)《恩爱中的波浪》(收入《最难解决的一个问题》),载《生活》周刊第 5 卷第 46 期。202—205(全集第 3 卷第 578—579 页、226—227 页、227—228 页,第 4 卷第 240—243 页)

《冒险》摘要:

"所谓冒险,于鲁莽似同而实异。鲁莽者无所谓目标,无所谓计划,故盲人骑瞎马,糊里糊涂的向前瞎撞,即鲁莽的写真。冒险则不然,先有明确的目标,与熟筹的计划,按着计划朝着目标向前猛进。所谓'险'者,即猛进途中所谓的困难,小困难即小险,大困难即大险,冒险云者,即为实行计划求达目标计而用大无畏精神以战胜困难之谓。有目标,有计划,遇险而屹然不惧者,实已确然明知此目标此计划之需要战胜此困难,只有力谋应付之筹谋,决无惊慌退缩之心意。故有持久性的大无畏精神并非一时感情上的冲动作用,乃理智上的真知灼见的结果。"(全集第 3 卷第 579 页)

《恩爱中的波浪》摘要:

"张女士说这是'难题',的确是一个难题。这一类难题之解决方法,须视当局者——在女的一方面——个人的能力性情学识志趣等等而殊异,决不能有一种呆板一律方式。大概说起来,不外硬法与软法两种。硬法是以法律解决,那是存心情愿决裂的办法;再说得直率些,这是存心情愿附有条件脱离夫妇关系的办法。软法,是用和平的方法达到恢复爱情的目的。张女士的目的既在'俾我俩的感情复原,家庭仍得安乐如昔',则须在软法方面用工夫,已属无疑的趋向。软法的具体方案在乎临机应变的行为,很难有方程式可举,其主旨在感之以精诚,动之以情意;遇他心意比较的清明和易时,则乘机婉劝,甚至垂涕以道;遇他火气突来时,暂避其锋,勿与作一时计较,甚至仍处以和爱,使他自愧;对于他的照顾体贴,仍有加无已,人非木石,也许不能无动。有某君夫妇情爱素笃,后来做丈夫的受劣友诱惑,忽然大发嫖兴,深夜才回家,甚至东方既白才回,他的夫人情愿自己挨寒忍寂,专诚坐候到他回来,仍以至诚和爱来待他,他竟受着感动,痛改前非。这不过是软法的一个例子,当然不是说个个人都当依法呆板的炮制。这种软法在女的方面当然不免有所牺牲,但是天下决没有毫无代价的好结果,昔人所谓将欲取之,必先与之,即此之谓,不过这当然要出于当局者的自愿;有的人以硬法为爽快而心安,有的人以软法为稳健而心安,只得由本人各依其能力性情学识志趣而各行其心之所安,然后可以减少苦痛。故此类问题由他人参加商榷则可,而却非他人所能代决,必须当局者依自己所愿而加以自决。"(全集第 4 卷第 241—243 页)

11 月 2 日　《欲盖弥彰的兽行》(收入《小言论》第一集)、《请问〈申报〉》、《敬慰萧女士》(收入《小言论》第一集)、《只对他人"有厚望焉"!》(署名心水)、《再复朱经农先生的一封信》(10 月 17 日晚 12 时作)、《〈平民化的公立医院〉附言》,载《生活》周刊第 5 卷第 47 期。(全集第 3 卷第 580—581 页、229 页、581—582 页、230—231 页、232—234 页)

《欲盖弥彰的兽行》摘要:

"我国萧信庵女士应荷属安汶岛华侨培德学校之聘,中途被荷商渣华公司轮上荷人大二副强污,本刊以此事不仅关萧女士个人之辱,实为我中华民族全体之羞,曾一再有所论列,十月廿一日报载上海该公司经理强辞掩饰,谓大副确向萧女士接吻一次,否认非礼行为,并谓二副无关,本案曾经望加锡法庭侦查,但对大副等为不起诉处分云云。荷人对此兽行之欲盖弥彰,徒引起我们的愈甚的愤慨。""依高尚的中国人看起来,这是兽类的兽行,确凿无疑。萧女士与此兽类既无宿怨,以女士平日之尽瘁教育,品性纯洁,绝对不肯自辱其名而对此兽类有何其他用意,故我们对萧女士的泣诉认为字字真实,对那两只兽的兽行认为铁案如山,无可掩饰。""雍容雅度的外交当局是不尽可靠的,欲荷属法庭主持公道更是做梦,然则我们民众对此事有何对付方法?日有,而且只有一条路,就是一致团结起来与包庇兽类的渣华公司断绝交易,实行华侨联合会通电所谓'自今日起,勿搭乘渣华公司轮船,勿配寄渣华公司商品,勿起落渣华公司客货,勿承登渣华公司广告,勿刊载渣华公司轮船进出口消息,使荷人认识华人非兽,使全世界人类认识华人是人',必如此才能使包庇兽类者感到切肤之痛。"(全集第3卷第580—581页)

《敬慰萧女士》全文:

"我们在女士的那篇《弱女孤行途遇危险记》里知道女士于颠沛危殆之际,犹念念不忘在堂的老母,又知女士以一弱女而有家庭经济的负担,负有奉养老母的责任,已使我们肃然起敬,敬女士为一贤孝女子。及读南京市立中区实验学校通电,又悉女士专攻教育,曾在该校服务三年,治事极负责任,师生咸极信仰,又使我们肃然起敬,敬女士为一贤能女子。读女士遇险记,有'吾国素重贞节,受此大辱,悲痛殊深,生在人间,有何乐趣?自杀之念复盘旋于脑海中矣',窃以为所见之不广,当知此种强暴行为,受害者无异被毒蛇咬了一口,或被疯狗伤了一处,与受害者的道德是毫无关系的,故女士的道德仍是纯洁而无丝毫的缺憾,女士仍是一位贤孝而又贤能的女子,女士仍当自爱其身,为中国的教育前途努力。至于我国社会上的人,尤该知道女士因身为中国国民而遭此侮辱,做中国人的人对女士都该觉得歉疚。"(全集第3卷第581—582页)

《只对他人"有厚望焉"!》摘要:

"社会是由许多个人组成的,要'社会改良'是要由社会里面的各个人先自己改造一下,尤其是受有教育而具有眼光的青年壮年要把这个责任担负起来。我们要改造别人,一半的权还在别人身上,我们要改造自己,全权都在自己。例如赵君恨'人心不古',他自己的心尽可先'古起来';恨'私事为重,公事为轻',他自己尽可先'重'其'公'而'轻'其'私'。如今他不对自己'有厚望焉',却往死路上一溜,只对他人'有厚望焉',倘若有志的青年壮年都这样溜之大吉,试问叫谁去'急起直追'?""诚有改造社会的志愿,须具有战胜恶环境的精神。若经不起刺激而自戕,何异为敌张目而自居俘虏?"(全集第3卷第231页)

《再复朱经农先生的一封信》摘要:

"平心而论,我们并不承认考试是万能,但严密周详的考试总比看看文凭更能测验'平时的成绩'。平日对于某种学问没有相当工夫的人,对于某种学问的严密周详的考试,决不能临时能像变戏法似的无中生有,做出好成绩来。"

"其实一个人学识程度和修业年限并不一定成正比例。我们知道到美国入大学院去读博士学位的，大概有三年就行，但同时在美国住了三年回来的博士，有的学问很切实，不愧博其所博，有的却落个草包博士。草包博士也都有过大学院里不折不扣的三年修业年限！""自然科学要靠实验，不便于自修，这确是实在的情形，我们也决不希望人'全凭书本学习自然科学'，但是说除了进学校就绝对不能实验，也不确。""他们倘若经不起这样力求实际的考试，便是能力够不上，能力够不上没有话说，因文凭资格够不上而不管他的能力如何，便是不平的事情。""学校中能培养合群生活的习惯，这当然也是我们所承认的，但是'学校便是社会的雏形'，不幸从前未能入校或未能续学的人，不得不先入社会就业，一面服务一面自修，也在人群中活动，并非荒岛上的鲁滨逊，未必就一定得不到合群生活的素养，未必就一定不'了解待人接物的道理'，这种由困知勉学打出来的有志的青年，对于人情世故也许要比终日关在与社会隔阂的学校里还要好些。""我们并不'因为发现了许多假文凭，就主张连文凭都不要'，是因为教育当局呆板板的硬要文凭，不管你的'实际程度'怎样，埋没了许多具有'同等学力'的人，所以代有冤无处伸的人出来说几句公道话。"（全集第 3 卷第 232—234 页）

11 月 3 日　《生活》周刊特约撰稿人李公朴由美国取道欧洲回国，是日下午一时乘白山丸日轮到达上海。韬奋代表周刊，相约上海职业指导所潘仰尧、国立工业学校吴天倪同赴码头欢迎。著文《记欢迎李公朴君回国》。（全集第 3 卷第 246 页）

11 月 4 日　生活周刊社设宴招待李公朴夫妇。（《黄炎培日记》）

11 月 9 日　《尊意云何?》（收入《小言论》第一集）、《读〈远生遗著〉》（10 月 23 日晚 12 时作）、《别开生面的大学生》（收入《最难解决的一个问题》），载《生活》周刊第 5 卷第 48 期。（全集第 3 卷第 582—583 页、236—239 页，第 4 卷第 296—299 页）

《尊意云何?》摘要：

"中国之能否为一等国，决不因此小丑的'视'法而有丝毫的差异。然则其枢纽何在？在全中国的人民。全中国的人民有使中国成为一等国的决心与志气，中国即可成一等国；全中国的人民如愿忍受此小丑之侮辱而不思振作，则小丑洋洋得意的机会正多！"（全集第 3 卷第 583 页）

《读〈远生遗著〉》摘要：

"距今十五年前记者还在上海南洋公学中院做学生，每天跑进阅报室的时候，心里最盼望的便是《时报》上又登出了远生的北京通讯。他的通讯之所以能特别吸引人，不是幸致的，是由于他的思想上的理解力，分析力，和文字上的组织力,能把新闻材料方面杂乱无章的谈话或议论,编成很有条理的文字,每于新闻中拾掇个人琐事,诙谐杂出,令人失笑,而绝无枯燥乏味的弊病。每遇有大事发生,他总是多方访求得许多珍闻,贡献给看报的读者,当他替《时报》作特约通讯的时代,实在是《时报》最有声有色的时代。我国新闻界出了一位这样的天才,仅自民国元年至四年的短时期中给他为社会效力的机会——这时期内是他对新闻业最有精彩的贡献——竟于民国四年被人误会而在旧金山惨遭暗杀,年才三十二岁,真为我国人才痛惜。但他究竟有此一段最努力而最有精彩的贡献,使后人有所追念,使他的天才不至完全虚掷,则尚是不幸中的幸事。""袁世凯想做皇帝时,极想利用远生在新闻界的信誉替他帮忙,他到了紧要关头,为争人格计,逃出北京,随即赴美游历,不料仍有人疑他袒袁,竟把他暗杀掉。其实要利用自己或他人信誉而干不正当事情的人都未免太蠢。信誉的根源是平日令人敬重的行为所构成,行为一旦破产,信誉的根源立绝,信誉也随之破产,平素敬重的人可一变而为鄙视,那得利用?故利用人者其心诚不可问,任人利用者尤愚不可及。"(全集第3卷第236—239页)

《别开生面的大学生》摘要:

"我以为痴情未尝不是天地间极可宝贵的一件东西,不过最当注意的是要看准对象——要看准对方的确配得领受你的痴情。换句话说,要有两痴,你对他痴,他也对你痴,然后你的痴情才值得,否则你的痴情便不值得,便不应再痴下去。""幸而这位未婚妻还未嫁过去,否则嫁着这种易于变心的男子,将来的苦痛和危险更有不可胜言者;现在幸而尚在未婚时代,我以为以解约为比较最妥的办法。在女士诚然觉得此事之不幸,但我以为那个男子这种'二三其德'的心性在未婚之前发现了出来,比在已婚之后才发现的,还可算是不幸中之大幸。""当然,人是感情的动物,尤其是女子,更富于感情,以这位女子辛勤爱护用着痴情的对象,一旦遇着这样不幸的情形,怨愤烦恼,人之常情,惟既已发现此不幸事,当勉抑感情,稍用理性加以考虑。以女性之品学兼优,已有充分自立的能力,与其勉强嫁给一个没有心肝的薄幸男子,将来受种种活罪,反不如不嫁之为自由。况且以女士的贤慧,不患得不到贤侣,并不必跑到不嫁的路上去。"(全集第4卷第297—298页)

《生活》周刊第5卷第48期794页,以生活周刊社名义刊登新书预告:《甘地自述》,韬奋编译。"以明畅犀利的笔锋,传可歌可泣的事实,全书正在编印中,一俟出版,再行布告。"以后未见出版。

11月16日 《自觉与自贱》、《文明国的文明行为》(以上两篇收入《小言论》第一集)、《悲惨壮烈的台番》(收入《小言论》第一集,全集未收)、《谁的责任?》(署名心水)、《记袁观澜先生》(11 月 1 日晚 11 时半作)、《堕落与痛苦》(收入《最难解决的一个问题》),载《生活》周刊第 5 卷第 49 期。(全集第 3 卷第 583—584 页、584—585 页、239—241 页、241—243 页,第 4 卷第 299—302 页)

《自觉与自贱》摘要:

"自觉心是进步之母,自贱心是堕落之源,故自觉心不可无,自贱心不可有。""我国驻外的公使馆领事馆,有的连牌子都不愿挂,国旗都不愿悬,""有此事实之发现,已足引起国人的注意。""这种心理,实含有自己看不起自己的祖国,自己不愿做中国人的意味。""这是发生了自觉心以后的自贱心。""深恐这种变态心理不仅限于所谓外交官也者。""所谓自觉心,简言之,即自觉何有长处,便当极力保存而发扬光大;自觉有何短处,便当极力避免而更奋发有为。自觉心所以能成为进步之母者,即在乎此。若自觉有所短而存自贱的心理,便是自甘永居卑劣的地位,所得结果是颓废,不是进步。""我们所该努力的方向是要靠我们自己群策群力把不满意的地方使它变成满意,否则你尽管不愿做中国人,终究是中国人。不愿挂中国牌子不愿悬中国国旗的中国公使或领事,不见得就因此一跃而为其他什么特别出风头国家的大公使或大领事;不见得就因此可以获得别人的特殊尊重。想穿了这一点,我们自觉之后,只用得着自奋,用不着自贱。我们当光明磊落泰然坦然的做中国人,尽我们心力做肯求进步的中国人。无所用其自大,亦无所用其自贱。"(全集第 3 卷第 583—584 页)

《文明国的文明行为》全文:

"荷商渣华公司芝巴德轮大副二副污辱我国萧信庵女士一案,记者曾于本刊第四十七期《欲盖弥彰的兽行》一文痛斥上海该公司经理强辞掩饰之无耻。最近消息,该公司亦知中国舆论之非尽麻木,中国民众之非尽冷血,有与该公司断绝经济往来的决心,不得不稍戢其凶焰,将其大副二副免职,船主及医生降调,便想就此马虎了结,并由买办何锦镛恭备菲酌,请各团体各报馆吃一顿,华侨联合会特于本月四日通告各界勿受其愚,通告中并补述该公司经理恬不知耻的几句话,说萧女士年已三十,满面麻点,似无被污资格,可见文明的荷兰国里凡是女子面上无麻点而又年在三十以下者都有受外国人随意强奸的资格! 这种文明的行为实非高尚的中国人所能了解,高尚的中国人里面也产生不出那样强奸外国女乘客的大副二副。""闲话少说,记者愚见以为华侨联合会及热心主持正义的各团体当研究并提出对方应执行之最低具体条件。华侨联合会最初宣言,有'在芝巴德之兽类大二副未严厉处刑,荷兰政府未正式向我民族道歉,萧女士未得到相当赔偿以前,绝不停止(抵制渣华轮船公司所有船只)',所谓'严厉',所谓'相当',都须依法酌理加以具体的规定,庶几目标明了,群力奔赴,易于坚持到底而达到所期望的目的。"(全集第3卷第584—585页)

《谁的责任?》摘要:

"上海闸北共和路华康路口福昌军衣厂于十一月二日下午因工人误投香烟火于堆积的棉花中,致着火燃烧,蔓延不可收拾,该厂有女工百余人,男工二十余人,烧死者达四五十人,灼伤者七八十人,情状之惨,令人酸鼻。当从瓦砾场中翻寻尸体时,被难家属哭临火场,争欲认寻,一尸既出,认者麇集,夫哭其妻,女哭其母,悲号痛哭之声,惨不忍闻,尸体中之尤令人恻然者,有一妇人右手尚紧抱一小孩,小孩的手仍紧抱着他母亲的头颈,满身焦黑,紧握不放。有一三岁女孩尸体,头颅有碗盖着,该碗系平时用作哺食者,尸母见碗一恸昏晕。""此次惨祸,负直接责任者实该厂当局,负严惩该厂当局而谋善后,则上海市政府实责无旁贷。对此死伤近百的工人,抱无穷的惭疚者,不但是罪无可逭的该厂当局,并及平日有荒职责的上海市政府,尤其是有直接关系的公安局、工务局与社会局。""该厂建筑之不宜于为工厂,为识者所共见,平时用棉花翻制军衣,所存花衣棉料为量甚巨,既无太平门,又无消防具,该厂股东及经理心目中只有自己的赢利,毫无工人的安全,不言而喻。尤令人发指者,据逃出的工人所言,火起后,该厂管理者不但不设法令各女工逃命,反将门户暂时关闭,若恐货物有所走漏者,及火炽时,烟雾弥漫,火焰塞门,男女工人虽欲逃出而不可能,双目既为烟迷,全身复为火灼,该厂管理者之毫无人心,实属罪不容诛!""经此惨祸之后,除应积极筹谋目前灾民的善后外,我们尤望市政当局对于全市工厂中关于工人安全的设备,须有相当的规定与监察。"(全集第3卷第239—241页)

11月23日 《戒慎恐惧的局面》、《痛快》、《饭桶领事应即撤回》(以上三篇收入《小言论》第一集)、《中国航业的曙光》(署名心水)、《记欢迎李公朴君回国》(11月8日作)、《〈女士与夫人〉按》,载《生活》周刊第5卷第50期。(全集第3卷第585—586页、586—587页、587—588页、244—246页、246—247页、248—249页)

《戒慎恐惧的局面》摘要:有作为的个人对于成败的态度应该是得意时勿放纵,失意时勿颓丧;有作为的团体,乃至有作为的民族,也都应该这样。(全集第3卷第585页)

《痛快》全文:

"荷属南洋孟嘉锡中山公学校长冯汉悦君因宣传我国国民党党义,被荷当局宣判监禁一个月,旋又突命打手印,下驱逐令,押送上船,不容置辩,忍辱出境,据说荷当局至不许我华侨学生以'努力前进'为文题,不许我华侨学校悬挂中山先生遗像,其思想幼稚固可笑,其蛮横无理尤可恨。又据冯君到沪后所谈,荷当局之对待欧美各国与日本,均与荷人一律,唯华人与马来土人,则皆奴视之,然日本之得荷国尊重,为时未几,尝闻数年前,荷人之待日人与我人相仿佛。某次,有一日人入口,荷属当局说他患有神经病,日领事交涉既不得效力,于是致电本国,凡以后之荷人至日本者,日本当局即将他们逐一检查,对每一荷人必猛击其头颅,而以听筒倾听,荷人如或质问,则检查之日医必傲然曰:'我国并无神经病的日人前来荷属,荷医竟断为神经病,是足见荷人本身之有神经病,以是荷人来日,必须逐一加以详细检验,云云,荷人大惧,乃致电本国,于是荷当道始知日人之不可欺,一反从前态度,且畏之如蛇蝎。日人的这种举动可谓痛快之至,荷属当局那样的'贱骨头',非如此简直不能使他觉悟。我国诚要保护侨民,非国内力谋真正的统一,努力充我实力,练得一大批强有力的海陆军,遇着不讲理的'贱骨头',就打他一番,实无其他根本办法。"(全集第 3 卷第 586—587 页)

《饭桶领事应即撤回》全文:

　　"在南洋孟嘉锡有我国领事名王德萊者,当萧女士被污事发生后,该处华侨相率请王提出交涉,王先竟一味推诿,谓萧女士之被污恐有别情,众大哗,包围不去,王始令萧女士自己起诉。此次冯君被逐事,他初假装不知道,后被该处党中同志请愿,仍不敢抗议,只敢询问监禁理由,被荷兰当局奚一顿不敢作声而回! 交涉成败是另一问题,但像王老爷这样不敢开口,而又死要做他的领事,可谓超等饭桶,我国外部应即将他撤回,勿令这个饭桶再在国外丢脸。"(全集第 3 卷第 587—588 页)

《中国航业的曙光》摘要:

　　"记者以为落伍固不幸,犹非大患,若既以落伍而犹不思向前追赶,则愈落愈后,乃为大患。在国际国内均处于落伍地位的中国航业,而记者今以曙光为言,毋乃近于呓语?但记者所谓曙光,非谓现状已跳出了落伍的圈子,乃谓渐有向前追赶的新趋势,倘能实事求是的继续向前追赶,则前此落伍,今后未尝没有并驾齐驱的希望。""例如军事结束之后,华轮行将全部复业,便是一种可喜的好现象。""其次在航业方面足以引起我们殷切的希望者,为久以腐败闻于世的招商局渐有整顿的倾向,虽将来事实如何,此时似尚难言,但当局者已有努力的表示,即此倾向,已是进展的开端。""现在潮流所趋,似人人喜做官而不喜做事,以敷衍为已足,以自私为当然,对公无计划,无诚意,无决心,无毅力,愈善于做官者乃愈精于误事。其实如能竭力为国家切切实实的办一件——一件已够——有益于国有益于民的事业,其流芳遗泽,比之尸位素餐而做大官者,其孰得孰失,孰荣孰辱,明眼人自能辨之。""记者此语实不仅为李氏一人勖,亦不仅为航业一端言,以为以中国福利为前提而分工于各种建设事业,皆须有计划,有诚意,有决心,有毅力,切切实实的负起责任努力做去。"(全集第3卷第244—246页)

11月30日 《励志社的祝捷盛宴》、《人力车夫所受的剥削》、《厦门当局祖荷之荒谬》(以上三篇收入《小言论》第一集)、《三复朱经农先生的一封信》(11月15日作)、《我的姊姊》(收入《最难解决的一个问题》),载《生活》周刊第5卷第51期。(全集第3卷第588—589页、589—590页、590页、249—251页,第4卷第321—324页)

《励志社的祝捷盛宴》摘要:

"记者愚妄之见,以为中国目前所处地位既未脱离中山先生所谓'次殖民地',而民生惨苦,随处而是,以救国为己任的当局与国民党党员,以救国为己任的全国知识分子,在中国一日未达到中山先生弥留时所惨呼的话,便一日要觉得'一刻难安',否则徒给有识者以哀伤悲痛的感触,决难引起欢欣鼓舞的心绪。"(全集第3卷第589页)

《厦门当局祖荷之荒谬》全文:

"凡是做中国人的人,对于萧女士被荷兽污辱一案,倘尚略有心肝,未至全无面皮,想都不免要表示同情与援助。但本月十七日由厦传来消息,据说厦门警备司令林国赓呈请闽省政府取缔援萧委员会抵制渣华轮,若所传果确,我们不禁要捧着孙先生的《民族主义》放声痛哭。孙先生在《民族主义》里很郑重的告诉我们:'大家联合起来,成一个大国族团体,结成了国族团体,有了四万万人的大力量,共同去奋斗,无论我们民族是处于什么地位,都可以恢复起来。'我们抵御任何外侮,都应有这样的一致团结的力量。我国外部近接驻华荷使电请取缔抵制荷轮,答以'萧案如能公平处理,愤激自可平息',我们以为这是最合理的态度。今厦门当局果敢倒行逆施,实为全民族的公敌,全国舆论界与民众应起而鸣鼓严攻,务使奸胆寒落,勿遗民族之羞。"(全集第3卷第590页)

《三复朱经农先生的一封信》摘要:

"我并不否认学校可以养成合群生活的习惯,也不否认学校对于这种训练是比较的经济。但我却不承认除了学校之外,在社会服务与自修兼程并进的人就一定得不到合群生活的习惯。先生一则曰'一定要人们进学校',再则曰

'看重学校生活'，愚意并非劝人不要进学校，更不是不看重学校生活，乃有慨于无数无力入学或无力续学而不得不提早就业，同时却仍能勇于自修的青年，虽有相当升学的程度，乃徒以缺少一纸文凭，遂致断绝升学考试的机会，不得不替他们呼冤。"（全集第 3 卷第 251 页）

《我的姊姊》摘要：

"我读了这封恳切真挚的信，对于施君姊姊的遭际固不胜其惋惜，对于天性笃厚多情多义的施君尤有极深的感动。""我真觉得这是天地间最可宝贵的最纯洁的一点精诚，故持笔答复此信时，先要对施君致极诚恳的敬意与同情。""在中国目前的社会情形之下，在中国目前的法律拘束之下，在中国目前的一般女子未能有充分自立能力的情形之下，对于有关终身大事的婚姻，全靠事前的审慎周密，若既已结婚之后不幸发生问题，欲得称心满意的解决办法，实在不是一件容易的事情——倘若不是一件不可能的事情。施君姊姊的婚事既到了这个田地，我认为要办得到一种称心满意的解决办法，实在不易想得出。""关于前一半，愚意骗婚固属缺憾，但就女士的地位与能力言，他既与前妻离婚，对女士未有遗弃的事实，只须他能善待女士，心中所悬标准不必过高，过高徒增精神上的愈益痛苦。关于后一半，将来家庭生计之是否能继续维持，要看对方男子得业机会的结果如何，此时殊难作肯定的断言，此事既在未来，目前徒愁无益，施女士倘能在事前间接助他得业，固未尝不可有所进行，否则只得处之泰然，不必徒作无益的愁虑。""对方骗婚原有应得的罪名，但隔了许久才起诉，有默认之嫌，在法律上是否能得胜利，殊无把握，此外女子如欲离婚，依法须有相当的充分理由，如有虐待的事实证据，重大侮辱，遗弃，或三年远出毫无音信等等，否则任意离婚为法律所不许。""如施女士对男友心仍未死，不妨设法一探其心意，否则心中怀一单方面的痴想，更易增加对于现在丈夫的恶感，更增精神上的苦痛。"（全集第 4 卷第 323—324 页）

12 月初　从友人王以敬医师处得悉《生活》周刊医学顾问俞凤宾先生患肾病其剧，于一天午膳后抽身去俞寓所慰问，俞正在安睡，"并闻气喘不宜谈话，乃未敢惊扰"，详询其子俞的病状后归。（全集第 3 卷第 261 页）

12 月 7 日　《对蒋张避名致敬的问题》、《全国图书馆之激增》(以上两篇收入《小言论》第一集)、《生活五周(年)纪念特刊预告》(11 月 22 日作)、《〈又上当之后〉附言》，载《生活》周刊第 5 卷第 52 期。（全集第 3 卷第 591—592 页、592—593 页、252—255 页、255 页）

《对蒋张避名致敬的问题》摘要：

"对首都新闻记者近奉某机关通知,谓蒋总司令为全国之重要人物,奠定国基,讨伐叛逆,尤为劳苦功高,张副总司令则拥护中央,底于统一,亦复功在党国,均应致敬,以后报纸上凡需刊及蒋张二氏之名者,应书'蒋总司令'及'张副总司令',不得直书'蒋中正'及'张学良'字样云云。就我们做国民的地位看去,蒋氏之'奠定国基,讨伐叛逆',张氏之'拥护中央,底于统一',使已经焦头烂额的苦百姓不必再继续至伤脏腐心,国民对于他们两位之'均应致敬',似乎应该是出于自己情愿的。但是记者却颇疑于'避名'是否'致敬'的条件,今后我们国民之所希望于蒋张两氏及他们两位之所应贡献于党国者,是否可恃'避名'而彰著。""军事结束以来,蒋氏对于励精图治的种种宣言,实没有一句不合于全国国民胃口的话,张氏维持国内和平统一以御外侮的谈论,也是全国国民所喜听的话。记者以为蒋张两氏今后对于党国之实际贡献全在尽心竭力使所发出的支票兑现;全国国民诚欲'致敬',应该注意督促协助他们两位使所发出的支票兑现;蒋张左右诚欲'致敬',亦应该尽忠竭智辅助他们两位使所发出的支票兑现。"(全集第3卷第591—592页)

《全国图书馆之激增》摘要:

"知识增进不限于读书,而读书实为增进知识之一重要途径。""友人李公朴君出国两年,我最近问他何所得,他说不过学得读书的习惯,懂得如何读书,我觉得此语很有意味。我国往昔把人民分为士农工商,读书好像是士的专利,农工商就好像无须读书。现在的世界潮流是无论你往那条路走,都有读书的必要。但晚近我国虽有新式的学校,大家好像仅把读书的事看作校内的事情,毕了业做了事便从不想看书,他们对于新出的好书报是永远风马牛不相及的,所以往往年未老而思想已老,身未朽而思想已朽,因为他们口粮虽未绝,脑粮已绝!现在图书馆竟能激增,这种毛病也许已减少了一部分,这是值得表而出之的一件事。"(全集第3卷第593页)

《〈生活〉五周(年)纪念特刊预告》摘要:

"本刊经了四五年的挣扎奋斗,现在的同事人数较前加了八倍,(本刊承国内外读者的信任,商榷问题的通信最近每日已达二百封左右,除由记者主持外,并有三位忠实而勤奋的同事专司襄助的职务,仍忙得不可开交,但这种职务是我们所觉得异常愉快的。)房租较前加了三倍,稿费较前加了五倍至八倍,我对于努力服务的同事,每半年或每年增善他们的待遇,故同事薪俸依成绩较前加了二三倍至四五倍。""上面各项支出的数量少者较前增加二三倍,多者增加七八倍,而本刊自发刊以来,仅于由单张改成订本时,万不得已很不愿意的由每年一元订价增至一元二角,连四分之一倍还不到,我们都是穷光蛋,绝对没有什么老本拿来垫贴,又绝对不愿受任何津贴,所恃者是靠我们广告的信用与效力,逐渐在广告方面增加了收入。""记者个人不愿做守财奴,也不愿我所爱护的生活周刊社做守财奴。我为本刊竭尽愚忠,其中使我精神上最感愉快的一点,是我知道本刊在营业方面的正当收入一直到现在都是完全用在本刊的事业上面,不是替任何资本家增加造洋房讨姨太太的资金。我们替本刊赚到的钱,就替本刊用去。替本刊用去的途径大概有三条:第一在读者方面,我们竭精殚思使本刊在内容方面时有进步,而又不愿多增读者的担负。""第二条路是优待著作家(编者自己的文字并不另取稿费,所以并未曾优待到自己头上来);第三条路是优待为本刊努力的同事。""我们情愿在经济自立上挣扎,我们情愿只用自己苦赚来的正当收入,因为如此才能保持我们言论上及纪事上的大公无私的独立精神,才能绝对不受任何私人任何团体的牵掣。曾有有经济力量的某君,示意如本刊需要的话,肯无条件的资助本刊,我立刻毅然决然的婉谢他的好意。记者将来瞑了目,或是滚了蛋,我所留与我的继任者,就只有这种大公无私的独立精神,并没有什么积蓄的钱;能保持这种精神的便可仍得读者的信任,否则读者所给与的信任亦随时可以收回,不能任人藉为营私的工具。这是记者要乘此机会倾杯一述本刊对于营业方面的态度。"(全集第 3 卷第 252—255 页)

12 月 13 日　《"真金不怕火"》、《民穷财尽中的阔人做寿》(以上两篇收入《小言论》第一集)、《我们的立场》(11 月 28 日作)、《激昂》、《送入火坑》(以上两篇收入《最难解决的一个问题》),载《生活》周刊第 6 卷第 1 期。(全集第 3 卷第 594—595 页、595—596 页、256—257 页,第 4 卷第 338—340 页、273—275 页)

《民穷财尽中的阔人做寿》摘要:

"十一月二十九日《申报》载:'皖省府主席陈调元,昨为其母寿辰之期,昨今两日,在沪西极司非而路本宅陈设礼堂,遍扎彩色栏杆,门外亦扎有五色松柏电灯牌楼。昨日自朝至暮,沪上各机关长官,暨党政军界各要人各团体等均亲往祝蝦,并有梅兰芳及大舞台全体名角堂会……晚间盛筵遍张,歌声盈耳,为沪上近所罕有之盛况也。'又另一报告,陈宅花园中建有临时剧场,内装热气管以御寒,此次庆祝所耗在十万金以上,闻仅厂屋一项代价已须五六千元,由某财厅长独任云。呜呼!在此民穷财尽,哀鸿遍野的中国,身居高级官吏,何得有此丧心病狂的举动!""哀痛全国各处灾难人民之啼饥号寒,急待赈救,试读陕民最近乞赈之电,'路旁白骨,村中绝户','流亡载道,死丧枕藉','惨情苦况,亘古罕闻',苟有人心,能无悲恻;""一方面却看到一掷巨万闹阔的青天白日下的高级官吏,不知他的钱是那里来的,本人不以为耻,社会不加制裁,且有'党政军界各要人各团体等'趋跄恐后的凑热闹! 呜呼! 哀莫大于心死,中山先生在天之灵而有知,哀此民生,复见此奢侈荒谬的公仆,其唏嘘悲愤之情状必有非吾人所忍言者!"(全集第3卷第595—596页)

《我们的立场》摘要:

"本刊创办以来的经历颇简单,最初一年的宗旨似未十分确定,记者承乏本刊自第二年起,接手后即确定宗旨为'暗示人生修养,唤起服务精神,力谋社会改造',方向较定,努力亦较专,至第四年起,经济与管理方面均完全自立,幸得创办者之绝对信任,记者乃得以公正独立的精神,独往独来的态度,不受任何个人任何团体的牵掣,尽心竭力放手办去,复得诸同事之夙夜匪懈,诸文友之热诚赞助,才有今日的一点基础,依最近的趋势,材料内容尤以时事为中心,希望用新闻学的眼光,为中国造成一种言论公正评述精当的周刊。现请再就本刊的实际情形,略加申述。""(一)本刊是没有党派关系的,这并不含有轻视什么党派的意思,不过直述本刊并没有和任何党派发生关系的一件事实。我们是立于现代中国的一个平民地位,对于能爱护中国民族而肯赤心忠诚为中国民族谋幸福者,我们都抱着热诚赞助的态度。(二)我们不愿唱高调,也不愿随波逐流,我们只根据理性,根据正义,根据合于现代的正确思潮,常站在社会的前一步,引着社会向着进步的路上走。所以我们希望我们的思想是与社会进步时代进步而俱进。(三)我们希望能藉本刊批评讨论各种较重要而有意味的问题所采用的方法——含有分析的眼光,研究的态度,组织的能力,创造的思想——为中国国民养成分析,研究,组织,与创造的种种能力;希望他们对于任何问题都能具有分析的眼光,研究的态度,组织的能力,创造的思想,不盲从,不武断,具是非心,有辨别力。(四)民族兴盛与社会改进是要靠多方面各就其境地能力而分工努力促成的;本刊不过是许多努力的无数单位中的一个,好像大海汪洋中的一个细流,所以本刊从来不存包办一切的态度,只想竭尽我们的棉薄,在振兴中国民族改进中国社会的许许多多努力中,希望能贡献我们一个小单位或一个细流的责任。""我们只得尽其心力向前干,干的一分是一分,不愿妄自菲薄,亦不愿妄自尊大。我们深信一人所能自效于社会国家者只能各尽其所能竭力做去,故无所用其菲薄;但人生有涯,事业无尽,沧海一粟,所成几何,故亦深知无可自大。"(全集第3卷第256—257页)

《激昂》摘要:

"处今日之中国，内忧外患，交迫而来，除极少数搜刮民脂民膏的享福阶级外，若再不知感觉激昂悲愤者，必是麻木不仁的活死人。""我们以为环境尽管恶劣，我们仍须抱着一息尚存此志不懈的态度向前进攻，所谓扎硬寨，打死战。我们要想坚持这种态度，不为薄弱的意志所动摇，须有相当的信仰，然后才能于狂风骇浪中不失舵，于千苦万难中不灰心。就我个人愚见所及，以为有两种信仰特别的重要：第一种所当深信不疑的，是'忧民忧国'的事情不是短时期中所能一蹴而几的，我们所见愈远愈大，则忍耐坚毅的精神亦须与之俱远俱大。""第二种信仰是：用出世的精神来干入世的事业，没有干不好的；再说得直截了当些，用不怕死的精神来干自己对群众所能干的事业，没有干不好的，因为死都不怕，便很容易做得到富贵不能淫，威武不能屈，贫贱不能移的性格；便很容易不怕吃苦，不怕困难，不怕阻碍，不怕失败，奋勇正直往前而不知什么叫做自私自利，什么叫做烦闷无聊。""我更希望李君能利用这种'出世的精神'或'不怕死的精神'，向学术方面或社会服务方面进攻，不止一刀杀一人，将来却能尽量利用自己的特长救济数十百人，或千百万人。我不希望中国多出荆轲、聂政，却万分诚恳梦寐不忘的希望中国多出几个排除万难的林肯，多出几个坚苦卓绝的甘地！""我们倘能有以上所述的两种信仰，便可有极坚强的忍耐坚毅的能力，便可有极坚强的排除万难与坚苦卓绝的精神，无论什么'不生不死'的局面，不足减其一毫的勇气，不足损其一毫的奋斗精神，'讨厌'与'厌世'都是屈伏于艰苦的表示，屈伏于困难的表示，天下最无可救药的是自愿屈伏。"（全集第 4 卷第 339—340 页）

《送入火坑》摘要：

"女士现在仅存的一些积蓄真所谓'血本'，殊应特别谨慎，讲到这种事业（编者注：指办农场），当然是一件好事，办得好当然是一种很好的生产事业。不过记者非农业专家，对此关于农业的专门具体问题，未敢妄出意见，倘女士有意商量，我们可代为设法介绍专家，由女士的'胞弟'或她自己一同去详谈一番。此事还有一点也很重要，就是女士那位'胞弟'的性情人格。因为我曾看见有人被亲戚邀同经营商业，邀而不忠实，弄得受邀者大吃其亏。这种话，女士的'胞弟'听了切勿火冒，我并不是说他也是此道中人，不过怜惜女士身世之悲苦，代作过虑之言而已。""总之，女士已受有中等教育，求自立尚不甚难，务望从容计议，千万不可向悲观方面钻，这是记者要很诚挚的贡献给女士的一点微意。"（全集第 4 卷第 275 页）

12 月 20 日　《学潮之谜》、《日对我之惊慌》（以上两篇收入《小言论》第一集）、

《民法婚姻章的研究》(署名心水)、《志悼本刊医学顾问俞凤宾先生》(12 月 8 日作)、《〈前瞻与后顾〉附言》,载《生活》周刊第 6 卷第 2 期。(全集第 3 卷第 596—597 页、598—599 页、258—259 页、260—262 页、262—265 页)

《日对我之惊慌》摘要:

"我国幸告和平统一之后,不过得到建设的起码基础,在建设方面尚说不到有何切实的成绩,已使日本骇汗相告,其惊慌失措之情状,实已昭然若揭。我们对此种现象实可谓一则以喜,一则以惧。所谓一则以喜者,侵略中国者之窘态,即表示中国有不易再被侵略的缘故,也就是中国的进步。妒为畏的初步,畏为敬的初步,从前中国不在日本的眼里,现在知道妒,知道畏,便是中国的进步有以使他妒,使他畏,我之所谓可喜者,不在乎他的或妒或畏,而在乎我们有以使他妒使他畏的所在。""但是他既妒而且畏,则所以防我制我暗算我者必更周密狠辣,而我之所以御之者必须有更坚固的全国的团结与努力,全国各方面对于此点有无彻底的觉悟与深刻的认识,能否不再作茧自缚而徒令敌人之窃笑于其旁,这是很可惧的一点。""这种情形不限于日本,凡曾对中国侵略的各国都有此趋势。从前他们都视中国为可以任意侵略的国家,自中国近年有了较大的觉悟与努力,尤其是从孙中山先生提起不平等条约之流毒而唤起全国的特殊注意以来,列国已觉中国之未易再被侵略,故只竭力保全其已抢得的权利。我们要恢复国权,非有更大的团结与努力不可。"(全集第 3 卷第 598—599 页)

《志悼本刊医学顾问俞凤宾先生》摘要:

"我之认识先生系在南洋大学时代,当时先生任该校校医,我方在该校附属中学(当时称中院)做学生,一次他在校对全体同学演讲卫生,我把他的演辞笔记下来,投登某杂志,出版之后,不知他在什么地方偶尔看见,那篇粗陋的文字居然承他表示异常佩服的意思,请我到他那里去畅谈一番,蒙他奖借备至,我当时就看出他的虚怀若谷和重视国文的态度。""我在中学毕业之后(距今约十三四年前),有一次因患沙眼,急于要治好,就住在他家里疗治了一个月左右。他每天终日忙着出外诊病,晚间便到我房间里谈谈。在这时期里我更看出他虚怀若谷和重视国文的态度。他买了许多关于研究国学的木版书籍,常于晚间独自一人在他的一个小小书房里展阅,每遇买到了一部好书,便欣欣然拿到我房间里来给我看,那种眉飞色舞的神情和他那样好学的精神,至今思之,犹若历历在目。我承他谬加信任,他晚间写信的时候,往往就我商榷字句,必求妥贴而后已,他那种虚心也很令人起敬。"(全集第 3 卷第 260—261 页)

12 月 27 日　《再论学潮之谜》、《浙省政府改组中的考察费》、《查验入上海的外国人》(以上三篇收入《小言论》第一集)、《关于民法上结婚的研究》(署名心水)、《〈满目惨淡的欧洲〉按》、《读〈锥指集〉》(12 月 14 日作)、《关于我国参加比国博览会的几句话》、《为江氏抱不平》(收入《悬想》)、《〈旅长太太缓刑三年〉按》，载《生活》周刊第 6 卷第 3 期。(全集第 3 卷第 599—600 页、600—601 页、601—602 页、265—267 页、268—270 页、271—272 页，第 5 卷第 343—345 页，第 3 卷第 272—273 页)

《查验入上海的外国人》全文：

"外国对于进口的别国人查验得很严厉，尤其是美国、加拿大、日本及南洋等处，对于我们中国人尤其苛刻，而他们到中国来，向来是任意所之，有许多外国人视达上海等于本国一样，怪不得他们目无中国，也由我们向来存着开门揖盗的态度。最近听说上海市公安局依市政府训令，将于吴淞设立查验局，凡外人进口时必须呈验护照，遇有不良分子即须挡驾，以后目无中国的外国人不能再像从前之趾高气扬大踏步进来如入无人之境了。这真是新中国应有的气象，上海市政府有此眼光与计划，实值得我们的赞扬，我们但望此种计划之能早日实现。"(全集第 3 卷第 601—602 页)

《为江氏抱不平》全文：

"我们对董俞律师素昧生平，毫无恩怨，我们所以发表这封信的用意，完全是出于援助弱者及为社会主持公道的动机。我们很同情于原信作者'既要离婚，就应当多出抚恤金，因为她是所谓残废之人了，没有生产力了'的建议。"

(全集第 5 卷第 345 页)

是年　职教社任命韬奋为《生活》周刊社社长兼主编，继续主持社务工作。(《生活书店史稿》第 411 页)

1931 年(民国二十年)　37 岁

9 月 18 日　九一八事变爆发。

11 月　中国共产党在瑞金成立中华苏维埃共和国临时中央政府。

是年　中国新闻学研究会在上海成立。红色中华通讯社在江西瑞金创建。是中华苏维埃共和国临时中央政府机关通讯社。《红色中华》报在江西瑞金创刊。是中华苏维埃共和国中央工农民主政府机关报。红色中华通讯社编印《参考消息》。1937 年曾改名《今日新闻》。1957 年改为 4 开 4 版报纸。曾是全国发行量最大的内部发行的日刊。中央革命军事委员会的机关报《红星报》(中国)在中央苏区创刊,邓小平、陆定一先后负责编辑。

1 月 17 日　《万象更新中的决心》、《张难先之难能》、《关于民法上离婚的研究》(署名心水)、《写给陈布雷先生的一封信》(1930 年 12 月 28 日作)、《〈大夏大学来函〉按》、《〈中大易长风潮及其内幕〉附言》,载《生活》周刊第 6 卷第 4 期。(全集第 3 卷第 277—278 页、278—279 页、279—281 页、281—283 页、284—285 页、286—289 页)

《万象更新中的决心》摘要:

"决心之所以可贵,因决心为实行之母,而实行之能否坚持到底,百折不回,则有恃乎毅力。个人对于一己事业的决心,其持续恃自己之奋斗进修与师友之启迪夹辅;有关国利民福之大计,其进行与实现能否不违背最初之决心,则有赖于国民舆论之严正的监督。能化少数人的决心而为全国国民的决心,则公论所在,民气随之,才不至受少数奸佞的欺弄。我国国民是否已有此意识,是否已有此程度,实为今后国家凡百建设成败的枢机。""事业之能积极进行恃有决心;积极进行之能到底恃有毅力。记者敬于岁首以此数语掬诚贡献给全国同胞。"(全集第 3 卷第 277—278 页)

《张难先之难能》摘要:

"在民不聊生的中国,所有的阔官僚都是尤君所称之'饭桶',因为他们能用新式方法来闹阔,无所不知其消费,而所作为则与生产更绝对无关。且自居于此类之'饭桶'者不但不以为耻,而且昂然自以为得意,这种十全道地的'饭桶'，社会一遇着他忘形的时候就应痛加棒头之喝，使他稍敛狐尾，少作一点孽。""我们承认人类是应该享福的，但要求全人类——至少我们的全民族或大多数国民——都能享福。以少数人剥削多数人牺牲多数人而享福，这是人群蟊贼，民族罪人，应该群起铲除，不许存在。"（全集第 3 卷第 279 页）

《写给陈布雷先生的一封信》摘要：

"惟有一事，愚意认为教育当局有再加以审慎考虑之必要，即'考试与文凭'一问题，如教育当局认此事为不成问题，则应有圆满剀切的解释，以平无数有志上进而困于纸面资格者的冤债；如认此无数刻苦进修而为教部一纸命令压迫以致流离失学者之应得相当公平的援助，则应毅然有所修改，不应熟视无睹，静默了事。""愚意讨论问题当对事实注意，不应离开事实而作无裨实际的空论，否则越论越不相干，反与本问题的解决愈弄愈远。我们反对没有文凭的人不论真实能力如何均须一概剥夺应考的机会，这并不是主张在校学生可以不注意平日成绩，毕业时可糊里糊涂的出校，毕业文凭可一概废除；也不是主张自修比入校好，或在任何阶段都有同样的效果；更不是不看重学校生活——这种种问题也许是值得研究的，但和我们所注意的当前事实不相干；我们所注意的当前事实，是许多人没有机会入校，不得不勉力自修，而有志于自修后应考相当程度学校的苦人儿；许多不得不早离学校以谋生计，而有志于获得若干经验及蓄得若干财力之后应考相当程度学校的苦人儿；以及许多不幸在教部未严厉取缔私立学校以前误入现在未得立案的学校，而实际由自己努力得到的学问，并不应所入学校之未尽善以致无应考能力的苦人儿——这许多人如果考后没有能力获取，考者当然没有话说；'陈力就列，不能者止'，亦无所谓不平；若因少了一纸文凭，连应考的机会都强被剥夺，那便是一件极不公平的事情。我常接到关于此种不平的诉苦来信，见他们声泪俱下，悲愤填膺，读后每觉不顾事实而一味以无充分理由的命令强迫人者之罪恶为不小！所以愚见以为有文凭呈验者固未尝不可由主考者作为参考之用，否则在学校以外求得的学问也应予以应考的机会——在考试方法上尽管严厉详密，但不准人与考实在没有道理。"（全集第 3 卷第 282—283 页）

《〈大夏大学来函〉按》摘要：

"本刊向来的态度是主持公道，毫无偏私，尤不许被任何团体或个人作'诬蔑'之利用。关于含有向社会呼吁以伸冤抑的来信，其中事实亦由记者审查投函者是否可靠，如不认识投函者，遇必要时亦经过相当的探查手续，始酌定发表与否。即如林士游君的来信，来信信封的确是印有大夏大学的字样，至于写这种性质的信件不肯用真姓名以免得罪母校当局，也是意中事，不过记者在发表之前，确先将此信交给大夏教授某君阅看，他认为有此事实，才付刊。（这位教授是记者认为可以信任的一位朋友，但该信既由记者主持付刊，有何问题，当由记者负全责，故不愿公布他的姓名）现在大夏既有信来更正，我们当然应该登出来。"（全集第 3 卷第 284—285 页）

1 月 24 日　通过《生活》周刊登载按语，寻找何敬之（注：即艾寒松）。（全集第 3 卷第 291 页）

同日　《注重同等学力的考试规程》、《平民住宅与阔人洋房》（以上两篇收入《小言论》第一集）、《霞飞》（署名心水，收入《人物评述》）、《〈写给本刊编者〉按》、《〈为拯救周桂英女士事〉附言》、《不解》（收入《悬想》），载《生活》周刊第 6 卷第 5 期。（全集第 3 卷第 602—603 页、603—604 页，第 4 卷第 597—599 页，第 3 卷第 289—291 页、292—293 页，第 5 卷第 337—339 页）

《注重同等学力的考试规程》摘要：

"中国创办新教育三四十年以来，博士车载斗量，学士满街都是，一方面常嚷人浮于事，一方面时闻才难之叹，无非空街头的饭桶多，能办事的实才少，所以我们此后应竭力提倡'本领'，应竭力提倡'人材'；使求学者深明虚有其表的空架子之不足重，重在求得'本领'而造成'人材'；使求事者深明东钻西求的讲情面之不可恃，只恃确有'本领'而有所贡献的'人材'。"（全集第 3 卷第 603 页）

《平民住宅与阔人洋房》摘要：

"在最近复将添筑平民住屋一千间，预定每间建筑经费二百元，并设公共礼堂及民众教育馆，藉便发扬党义，宣传文化，不久即将兴工。市府当局能努力于这种下层工作，脚踏实地的做去，实非空嘴说白话，高唱民生者所能望其项背，我们以为各地市府及行政当局应视为模范，勿让上海市府专美。""其实我国的显贵，尤其是狗彘不食的军阀，谁不在租界里购置五六万元十几万元的大洋房？这已成司空见惯毫无足奇的现象了。""我们试想，拿十万元一所的阔人洋房，化为二百元一间的平民住宅，岂不是一个住宅便可化为五百所住宅？但在事实上却由一个'公仆'或是'劣仆'占去了五百个十足不扣的'主人'的住宅！我们要望中国的兴盛繁荣，不得不希望前者的数量日益减少，后者的数量日益加多。"（全集第 3 卷第 603—604 页）

《〈写给本刊编者〉按》全文：

"这是作者三个月前写给记者的一封六七千言长信中的一段。我们于字里行间可以窥见他的清晰的思想与正确的观念。我当时接读此信后，因他来函末了注明通讯地址系江湾复旦大学，我就写一封挂号信去约他晤谈，久无回音，又写一封挂号信去，又不得复；后来又托一位复旦里的朋友代为探询，据说遍查教授与学生姓名簿中，无何敬之（编者注：即艾寒松）其人者。嘤鸣之思，至今不释，倘作者有缘看到此期本刊，请以最近行踪见告，或作者的师友能以他的最近地址见示，不胜欣幸。"（全集第 3 卷第 291 页）

《不解》摘要：

"我们对于此事（创设婚姻介绍栏）所以不想办者，因觉此种责任太重，我们既自问无力担负得起，就不应贸然担负，所以就是屡次有人要在《生活》登征求女友或征婚姻广告，我们都一概婉谢；因为此类广告的结果我们虽不必负法律上的责任，万一有'勿开心'的事发生，我们在良心上实觉难过，所以索性一概不登。"（全集第 5 卷第 338—339 页）

1 月 31 日　《教育部的压迫手段》（收入《小言论》第一集，改题《教育部的军阀手段》）、《孔部长与女同事》（收入《小言论》第一集）、《对于编译上科学管理法的疑问》（署名心水）、《偶然的传种职务》（收入《最难解决的一个问题》），载《生活》周刊第 6 卷第 6 期。（全集第 3 卷第 604—605 页、606—607 页、294—295 页，第 4 卷第 282—285 页）

《偶然的传种职务》摘要：

"这是个人的问题，所谓'个人的问题'，并不是说与社会没有关系，是说这种问题须依各个人自己的性格思想能力而解决，没有一个大家可以通用的公式。像这类问题，解决的途径似乎只有两条路，一条是彻底的路，一条是迁就的路；情愿走那条路，这是要个人依其心之所安而决定的，旁人贡其意见以供参考则可，决不能代作最后之决定，所以我劈头就已说过，这是个人的问题。像张君在精神上感到这样的痛苦，在只管唱高调的朋友，一定要劝张君直截了当的离婚——至于无辜被离的女子方面有何痛苦，是只管唱高调的朋友所不愿顾到的。""我不反对双方都不感痛苦的离婚，像西洋女子多有自立能力，又易于再嫁，合则留不合则散，离婚当然可以不算一回事。""在女子能力幼稚的地方，离了婚的女子特别痛苦，对于离婚便须特别审慎，不应唱高调而任意牺牲。这里面当然也还有区别，有的女子是穷凶极恶的雌老虎，使你寝食不安，天翻地覆，那就非离不可；有的虽旧式女子，也没有什么知识，但却是旧式的贤妻良母，如张君所谓能'操理家务，抚养小孩'，对丈夫知体贴爱护者，那便应该别作考虑，不应一意孤行（这都是指旧式婚姻已成事实后的情形）。这不过是我个人的意见，也有人觉得用不着顾虑到对方的牺牲苦痛，只须顾到自己的幸福,于是只有彻底离婚才能使他满意,他当然也有他的一番理由,所以我说这是个人的问题,只得各行其心之所安,不能有一定呆板的公式。""所谓第二条迁就的路,就是在不离婚的范围内想法子。""关于不离婚范围内想法子,张君自己已提出三种,就是(一)讨妾,(二)征求女友,(三)追求。第一法,固无论是张君所'素来反对的',照我所亲见的许多讨妾的朋友,家里总是闹得乌烟瘴气,焦头烂额,所以我也决不愿奉劝。第二法之不能得到好结果,张君已自言之,而且交女友也不过'友'而已,若要用满足张君所谓'食色天性'中的一'性',也是害人的事情,我更不愿奉劝。第三法所谓'追求',也先要问清目的,倘若目的在上海人所谓'轧姘头',我当然不好意思自荐做'诸葛亮'。""张君如能常念他的夫人之'劬劳',又念'屡次生产'也非她一人之事,处处加以体谅爱惜,设法使她好好保养身体,虽不能达到怎样的美色,'色衰肤老'总可以使她渐渐的变成色光肤润,张君想也不必做十全的'假道学',同时设法研究一种学问或尽心一种事业以寄其身心,或更加以相当的娱乐,如看看好电影,加入运动游戏以赏心悦目舒散精神,境惟心造,未尝不可将'怅惘若失'一变而为'欣欣向荣'。我就张君所谓'可能'的范围内,竭我心力,只想得出这一些玩意儿,抱歉得很。"(全集第4卷第283—285页)

2月7日 《教部新颁的救济办法》、《考试以后如何?》(以上两篇收入《小言论》第一集)、《外交部情报司的说明与本刊的答复》、《求爱》(收入《最难解决的一个问题》)、《悬想》(收入《悬想》),载《生活》周刊第6卷第7期。(全集第3卷第607—608页、608—609页、296—297页,第4卷第164—167页,第5卷第275—277页)

《考试以后如何?》摘要:

"现在无数青年之最感苦痛者在求学求业问题之难解决,求学是第一难关,求业是第二难关,第二难关实较第一难关为尤难,诚以我国内战连年,百业破产,其最有幸运者亦不过勉维现状,而学校中每年新产出之人货却继续不断的源源而来,旧事业既不过勉维现状,其中据着旧位置者既不能速死,新货从何处得到销路? 益以公私各机关——尤以政治机关为甚——用人多以内亲外戚为标准,非以人材为前提,即有一二新机关之设立,即有若干新人员之增添,亦非毫无关系者所能插入,故求业之青年望着社会实如铜墙铁壁,无从得到出路,往往不得不跑入他们本来所不愿跑的歧途上去。这种现象,据记者平日所得各方青年的来信与近来时常接触的不少有志而窘迫无可为计的青年,深觉形势之严重实隐伏国家社会无穷的祸机。""此种严重形势之救济方法,一在建设事业之积极进行,二在能予青年以表现能力的机会,三在用人制度须根本改

造。"（全集第 3 卷第 608—609 页）

《求爱》摘要：

"陈女士思想明晰，观念正确，主张稳妥，我读完这封信后，非常佩服，原信中凡遇重要之处，记者均加上了密圈，俾能引起特别注意。女士所说的都是我所表示赞同的，我现在所要奉告女士的最重要的一点，便是要有坚强的意志与毅力来把自己的主张坚持到底，千万不可半途软化，以致一失足成千古恨，自招一生无穷的苦楚。为女士终身前途幸福计，这一点是最最重要的，所以我劈头就把它提出来，请女士加以特殊的注意，以下所说的几层都是根据这一点做出发点，就是把这一点做中心。""第一层我要说的是以后教育更普及，女子受教育的愈多，职业愈公开，女子在社会服务的也愈多，男女社交公开乃成为自然的趋势，在此趋势之中我们要竭力提倡男女朋友应绝对尊重彼此的人格与意志。""因男女社交之公开，'求爱'乃能多得机会，这也是一种自然的趋势，""在这个'求爱'的趋势中，我们也要竭力提倡男女两方应绝对尊重彼此的人格与意志。再说得明白些，婚姻要基于双恋，就是他爱她，她也爱他；倘若只凭单恋就用不正当手段来压迫不愿意的一方，这是最卑鄙的行为，社会应加以唾弃，亲友应加以鄙贱，舆论应加以攻击，使这种用压迫手段以摧残他人人格与意志的人无以自存于社会，由此养成男女都知绝对尊重彼此人格与意志的良好风气。""第二层，选择婚姻有种种重要的条件，而良心好，身体好，当然也是重要条件中所不可少的重要条件。""某医生明明知道陈女士不愿意，却先在各处宣布于元旦后将与她订婚，这种造谣欺诈阴险卑鄙龌龊的手段，其心术之可诛实等于强奸，其良心可谓一团漆黑，就是这种欺伪的品性言，女士如果上他的当，前途万分可危！""第三层，他用'自杀'的话来恐吓女士，女士千万不可被他吓倒。""女士于法于理，都可以完全不负丝毫的责任，凡是明白事理的人决不至'骂'女士，至于不明白事理者说的话，可以完全置之不理。"（全集第 4 卷第165—167 页）

《悬想》摘要：

"能给各人以相当的机会，使各人得尽量发展其特性所长以自助助人，这便是社会上的一种好现象。能自省察自己特性所长，依此方向努力进修，努力学习，如炼金，如琢玉，尽量发展其特性所长以自助助人，这是人生一件最愉快的事情，我以为父兄对于子弟所当特别注意的是子弟的特性所长，师长对于学生所当特别注意的是学生的特性所长，我们各个人对于自己所当特别注意的也莫大于自己特性所长。我常以为人人应该立志作最大的贡献，我所谓'最大的贡献’，不是说人人要做世俗所谓大人物，我以为各人能就各人自己特性所长作尽量努力的贡献，便是他的最大的贡献，这样看法，不以事业的种类为对象，是以本人的特性所长为对象。”“论到甘苦，各业有各业的甘苦，只有特性所长与某业相近的人，对此业才能觉到其甘，同时能战胜其苦，或竟觉虽苦犹甘，好像对于心爱恋人，虽自己有所牺牲而心里情愿，不但不怨，并且觉得快乐，仍旧死心塌地的爱她。”“也许有人说志固立了，一时得不到相当机会，奈何？这确是事实上可有或常有的情形。我以为倘因经济关系，只得先就他业，用心服务，也可得到应人接物及办事的阅历经验，同时仍继续于公余就自己特性所长进修，时常留心可以利用自己特性所长的机会，就我闻见及经验所诏示，一人果有特长，果能努力准备，机会不至永远辜负有心人的。”（全集第5卷第275—277页）

2月14日 《扩充升学预试范围的建议》、《已升且学者奈何?》（以上两篇收入《小言论》第一集）、《对于批评应有的态度》（署名心水）、《〈求学与任职合而为一〉按》、《关于〈孔部长与女同事〉按》、《〈开辟生路〉按》、《误会》（收入《悬想》），载《生活》周刊第6卷第8期。（全集第3卷第609—610页、611—612页、297—299页、299—301页、301—302页、302—304页，第5卷第339—341页）

《扩充升学预试范围的建议》摘要：

“记者建议此次升学预试在程度上应扩充范围，在资格上尽可不加限制，即由自修而有应考实力者，亦当予以与考的机会，这才是最公平的办法。”（全集第3卷第610页）

《已升且学者奈何?》摘要：

“故愚妄之见，以为已经‘入学试验及格’而已升且学者，应准他们仍留校照常求学，俟在校中学年考试及格，经教部复核其成绩，认为合格者，即应准其继续肄业。倘届时教部必欲令他们参加七月间之升学考试，其实效亦不过等于‘复核’，我们认为不必多此一举；如必欲执行，亦应于此时先允许他们仍得继续在原校求学，预试时尤应按其已有程度，不应以高中毕业程度为限，因为培养人材固不宜于揠苗助长，亦不宜于有意屈抑。”（全集第3卷第612页）

《对于批评应有的态度》摘要：

“对于批评应有的态度，可分为两方面研究，一方面是批评者，一方面是受批评者。”“就批评者方面言，有两点最为重要，一为动机要纯洁，二为是非要清楚。”“动机要纯洁，实为批评者宜注意的第一要点。”“批评与谩骂不同，谩骂者可不顾是非，批评者则须顾到是非之分明；谩骂徒养成刻薄浮躁之风，而真正合理的批评则可使人养成冷静的头脑，缜密的心思，与辨明是非的能力。故是非要清楚，实为批评者宜注意的第二要点。""受其批评者如觉得其动机出于诚意，而所言复能搔着痒处者，则自当虚怀容纳，愈益奋励；即觉其动机不纯，苟其所言不无可取或不无可以节取之处，仍不必以人废言，但求其有裨于我之趋善改过，则亦有益而无损。倘发觉批评者全属无理取闹，则值得解释者不妨酌加说明以释群疑，不值得解释者尽可置之，听社会之公评。""无理取闹者决不能以一手掩尽天下目，自问无所愧怍者尽可处之坦然，不足计较。""若处于为党国服务之职位者，则对于民间批评，在原理上亦有相通者在，而态度方面尤当注意者，则为在野之言论为民意之反映，虽无斧钺之权，实为众志所归，在当道者往往以有权在手，便可任意摧残，以为何求不得，不知'防民之口，甚于防川'，宜利导而不宜强压。当局者宜细察批评者所言内容之为正确与否。苟认为正确，则当局应在事实上予以改正的表示；苟认为错误，则当局应以文字予以解释，或辩驳，在党治之下，党报与党的宣传机关，即负有这样的责任。真理愈辩而愈明，民间即有所误会，其消除方法，莫善于说明，说明能启其思想，开其茅塞，而坚其信仰之心；莫愚于用武力压迫，或以盛气相凌，消极方面徒使全国暮气沉沉，民意无从表现，政轨何以遵循，积极方面反为真正反动者制造民间悒郁愤怨之心理，以为混乱之导火线，则又何苦？"（全集第 3 卷第 297—299 页）

《〈开辟生路〉按》摘要：

"办学固不妨主张严厉，但要严厉得合理，身负教育重任的人，尤应以慈爱为怀，不应存着意气用事的态度。在资本主义化的学校不得不收费，这是现成的事实，黎校长根据校章催缴学费，我们当然不能说他有何不是，但是遇着一个穷苦好学的学生，既由负责任者当面允许通融展期，他千辛万苦弄到了学费，并非不肯缴费，却'恳请准于纳费'，竟藉口'缴费时期已过，不再收受'，这便是意气用事，这便是蛮不讲理的压迫手段，实非办教育者所应有的行为。""记者亦系苦学生出身，在学校时代亦曾因经济关系而辍学任事，后来虽入校，仍一直过着工读生活，故对柳君之苦况尤不禁一掬同情之泪。愚意学生因无力续学而不得不暂时离校工作，后来以工作血汗之资仍来续学时，学校应准其插入原班肄业（即离校时之一级，例如三年级离校，将来回校时仍从三年级读起），如此在法在理均无缺憾，而交大对此种情形必须以'自请退学论罚'，亦是很不合理的'校章'，我也认为有修正的必要。"（全集第 3 卷第 303—304 页）

《误会》摘要：

"我们得到车君这封信,非常快慰,我们要为周鶼萍女士道喜,同时要向车君致敬。""天下光明正大的事情没有不可以公开的,尤其没有不可以告诉朋友的,本刊自居于读者的一位精神上的朋友,本刊的读者也可以算是彼此精神上的朋友,周女士把担心的事告诉我们,车君把安慰的说明告诉我们,这种光明正大的事情我们把它公布出来,只愈见他们贤伉俪情爱之笃。我们做朋友的人无不为之一喜,千万请车君勿以'在报上发表'而有所介意,这是我们极诚恳的要奉告车君的一点微意。""人生疾病是一件很不幸而往往是出于不能自主的事情,惟其在这不幸的意外事故之苦境,尤需要亲爱者之护卫,像某律师以妻患肺病提出作为离婚的理由,是最荒谬的理由,像车君对周女士病中能如此辛勤护卫,乃是极可敬的行为。而周女士'每来信说思我(指车君)和小孩',这种一缕情丝,万里神往,亦至可宝贵,我们敬祝他们贤伉俪俩永远快乐和好。"（全集第5卷第341页）

2月21日 《读全国教育最近统计》、《始识中国文明》(以上两篇收入《小言论》第一集)、《〈即可实现的夜商学院〉按》、《〈褚民谊先生来函〉按》、《〈诧异〉附言》、《嫉妒》(收入《悬想》)、《久在喉咙里》(收入《最难解决的一个问题》),载《生活》周刊第6卷第9期。(全集第3卷第612—613页、613—614页、304—305页、306—307页、307—308页,第5卷第324—326页,第4卷第224—225页)

《读全国教育最近统计》摘要:

"在个人方面,我以为当选择其自信可以做得最出色者为之,勿专歆动于他人之已成事功,瞎凑热闹,而反湮没自己之所特长;就自己所最能胜任的一条路走,才能自辟蹊径,精研深攻,敏锐猛进,所向无敌,即有激烈之竞争,亦操必胜之左券。"(全集第3卷第613页)

《始识中国文明》全文:

"外国影片上遇有奸淫凶恶的脚色,往往喜用中国人——或冒充的中国人——来扮演,最多也不过轮着中国人做做'仆欧',就是赫然以中国电影女明星闻于世的黄柳霜,在范朋克所主演的《月宫宝盒》里,也不过派她做做赤身裸体跷着臀部大磕其头的女奴!本月初旬这位范朋克到北平游览,对我国故都之巍峨宫殿,精美雕刻,赞不绝口,自云未到中国前,仅凭刊物上及日本电影雇员之蒙蔽,对中国真相极不明了,今日身临中国,睹此故宫,始识中国文明,如以美国与中国较,不啻初生小儿;至武英殿参观时,见夏商周三代之钟鼎彝器已镶有金丝,又谓足证中国在数千年前即熟于化炼之术,觉利用科学方法,中国实为最早;嗣见宫内各种丝织龙袍,又谓在中国已知穿丝织品时,西洋尚只知猎取兽皮作衣料耳，言下对中国文明表示十分钦佩之意。恭维的话最易悦耳，最易使人高兴，这位范朋克能这样前倨后恭的极尽恭维的能事，也许国人听了要觉得骨骼为舒，心神为畅。记者敢警告国人曰，中国的已往文明是历史上的事实，是任何人所不能抹煞的；范氏前此之未识，不能损其毫末，现在之始识，亦不能增其毫末，故彼之前倨，我们不以为惧，彼之后恭，我们亦不以为喜，昔贤所谓'不患莫己知，患无可知也'，我们国民要抱着这种精神，努力前进。我们在历史上的文明，是我们的祖宗先人造的，我们这一大堆不肖的子孙，现在所造的是什么成绩，我们要平心静气的问一问自己；我们现在在电影上被人看作只有'仆欧'可做，我们的同胞在国外乃至在国内的'次殖民地'上饱受外人的侮辱压迫，我们的国家有无力量出来保护，我们要平心静气的问一问自己。我不是喜说煞风景的话，我以为我们的古文明已是历史上的事实，不怕人埋没，我们要注意当前的努力，要记着'不患莫己知，患无可知也'。"（全集第3卷第613—614页）

《〈即可实现的夜商学院〉按》全文：

"我们看了这封信，劈头第一点要说的，是对于刘先生的热心毅力，不得不诚心诚意的表示其十二分的敬佩。'格索林'之称，刘先生真可当之而无愧！""我近来愈益深切的觉得，我们虽常听见教育名家（杜威博士即其一）高唱什么'教育即生活，生活即教育'云云；倘照寻常办法，总使学生和社会生活隔离着专在校里闭门做书虫，一旦离学校而入社会服务，好像到了一个别一个世界里去，这实使教育与生活不相干，实含有绝大的无益的消耗。所以我对于现有的教育制度根本不免怀疑，以为要使死教育变成活教育，必设法使且学且做，且做且学；做与学，学与做，打成一片。由这个观点看去，夜大学的价值实在正式呆板的只教人一味做书虫的大学之上，因为这种夜大学是协助已在社会服务的青年壮年增进学识，是将做与学，学与做打成一片的一种地方。所以半工半读虽似乎是一件不幸的事情，但由这个观点看去，也未尝不是不幸中的幸事。""关于'规章'方面，能兼顾到'同等程度''相当程度'，这是很合理的态度，至于'得称商学士'及'不称学士'云云，大概是碍于教育部注重文凭部令的缘故，其实我们只要求得实学就是了，'士'不'士'管他干吗？"（全集第3卷第305页）

《嫉妒》摘要：

"刘君朋友陈君的困难问题大概可归为嫉妒与经济两个方面。""愚意如陈君果有'他遇'之破绽给她看出，固难'辩论'得清楚，倘果为莫须有之冤枉，则诚恳开导，略待时日，女子心肠究竟柔软，且此种嫉妒系出于过于舍不得丈夫，对他实无恶意,不难获得谅解,消其误会,达到'挽转她的心'的目的。""第二方面的问题,就是经济问题。在现今的经济制度与社会组织未彻底改造之前,欲享愉快之家庭幸福,不得不有相当经济自立能力,这是无可讳的事实,陈君在'入不敷出'的境况中而结了婚,又不得他夫人的谅解,'流泪'固所难免,但事已至此,悔亦无及,愚意似只有两途可供陈君参考:(一)倘经诚恳开导后,可以'挽转她的心',陈君目前仍得暂时出外就事,惟设法于每年多回去数次,减少他夫人的苦闷程度,允许她的夫人一俟经济够得上时即可搬出同住;(二)如他的夫人急不及待,那只有言明搬出之后采取绝端紧缩政策,如她能下共甘苦的决心,则极力撙节,一切由他夫人自理,县城与乡下想也不至相差甚大,或可即行设法搬出同住。凡解决问题,方法愈具体,则所须知的实际情形也愈详细,方可作为规划之根据。兹就刘君来信所言之情形,所能代为想到的方法仅此。"(全集第5卷第325—326页)

《久在喉咙里》摘要:

"婚姻应以双恋为基础,原不必以国界为限,例如我国亦有人娶外国女子者,我以为此类事无所用其提倡,亦无所用其反对。""我对于国际婚姻,以为无所用其提倡,亦无所用其反对,只须两方本人有彻底了解,出于双恋,则无论本国或国际,都是个人的问题,应由个人自己选择。"(全集第4卷第225页)

2月25日 华北慈善联合会干事长查良钊会见韬奋,亲谈陕灾惨状及办赈救济情形。著文《记查良钊君谈陕灾事》。(全集第3卷第321页)

2月28日 《壮哉移民西北的先锋队》、《实业部筹划创办五大工厂》(以上两篇收入《小言论》第一集)、《误解与谅解》(署名心水)、《最近到美的爱因斯坦》(署名落霞)、《几句不愿说的话》(2月15日作)、《深切的同感》(收入《最难解决的一个问题》)、《〈一条捷径〉附言》,载《生活》周刊第6卷第10期。(全集第3卷第615—616页、616—617页、308—310页、310—313页、313—315页,第4卷第285—288页,第3卷第316—317页)

《壮哉移民西北的先锋队》摘要:

"我国有两种不可思议的现象,就是自己有广土而不知利用,自己有富藏而不知开发。试一观我国人口分布之繁密程度,江苏每方哩平均人口达八百七十五人,浙江每方哩六百零一人,而满洲每方哩只有六十一人,西藏和新疆每方哩都只有四人,蒙古则每方哩只有两人。结果致全国七分之六的人口密集于三分之一的地方,挤得不可开交,挤得越厉害,生计愈穷蹙,而广地沃土的东北西北,却眼巴巴的望着外人随意侵略,尤其厉害的当然要推素以亲善为口头宗旨的东邻。""好了！在这两种不可思议的现象中,晴天霹雳,忽有有志青年发起移民西北之宏图,我们敬竭其至诚馨香祝祷此先锋队之前程胜利,为国光荣。""此事之重要,敬先贡其管见如下:(一)诸君此种壮举,不仅为己身寻出路,实为国家充实边境为国人开辟生路之先锋队,于国家民族实负有甚大的责任,当排除万难百折不回的干到底;(二)诸君此行,宜有严密的组织,武装的设备,一团同志即亦一队精兵,甘苦共尝,患难互卫,涣散则弱,团结则厚;(三)所得经验或结果,随时向国人公布,俾获闻风兴起,引起国人作大规模之移民。"(全集第 3 卷第 615—616 页)

《几句不愿说的话》摘要:

"近来常承热心读者把别人诬蔑本刊以及记者个人的文字或谈话见告,非常感谢。我深信止谤莫如自修,本不想有所声辩,惟承读者好意,殷殷垂询,难于遍复,敬略陈事实,以明真相。""我不想富,不想贵,本来是穷苦的无名小卒,死去时也只愿是个穷苦的无名小卒,有得为本刊干时,便尽我心力公正无私不避嫌怨的干,干到没得干或不许干时,我坦然欣然滚蛋就是了。第四件,我好管闲事,喜欢说老实话,又缺少涵养工夫,下笔时每不能自敛锋芒,故私怨虽无,而因公招怨不少,近来更发觉因退稿一事而又不免招怨。我时常为本刊搜求有精彩的好材料,诚心诚意拉有思想的朋友为本刊做文章,这是许多朋友所知道的,好材料正恐求之不可得,决无任意割爱之理。但我取稿向采严格态度,虽对我所敬佩的师友亦然;取稿凭质不凭名,虽有大名鼎鼎的文稿赐下,倘拜读之后觉得太专门,太枯燥,或太冗长,不适于本刊之用者,也不客气的婉谢,或说明未拟刊布的理由以求曲恕,虽蒙贤明者原谅,而心胸褊狭者便大不高兴,最近甚至有一位颇负盛名的经济学者,因此到处造谣,诬本刊为另有什么组织,决不用外人投稿云云,其实本刊全由韬奋一个人负全责主持,绝无其他什么组织,其选稿目光如何是另一问题,但本刊既不幸由我这样学识浅陋的人主持,我职责所在,对于发刊的稿件自不得不负责任,当然须以读者的利益为中心,须以文字内容有精彩为前提,不应以情面而敷衍。但因此开罪于人者实已不少。我既不忍以我所爱护的《生活》为敷衍情面的牺牲品,只得听人诬蔑,诬蔑果有大效,至多使《生活》'疾终正寝'罢了,没有什么大不了的事。若我以《生活》篇幅敷衍情面,则《生活》不难成为上海人所谓'垃圾马车',虽生犹死,不如'疾终正寝'来得爽快。我因为对此点看得很透,所以决意:与其敷衍,不如不办;如其要办,决不敷衍。我以后还是要坚持一向的严格态度办下去,能坚持到几时即坚持到几时。我在本刊并无靠山,合则留不合则去,创办者随时可以叫我卷铺盖。但我在职一日,必努力一日,宁愿卷铺盖,决不肯昧着天良敷衍。""我生平最恨忸忸怩怩吞吞吐吐的行为,喜欢想什么说什么,凡我师友,类能知之,我现在既如此赤裸裸的说了一顿,以后倘再有关于此类的诬蔑,信否由人,我不愿再噜苏;倘再承读者见告,俾我得增广见闻,固所心感,但请恕我不再作无谓的辩明,一切听诸社会公评,或俟诸将来之水落石出,至于记者之个人得失荣辱去留更不成问题,此篇之不惮喋喋,仍着眼为《生活》说几句话。"(全集第3卷第313—315页)

《深切的同感》摘要:

"老实说,我对于现在的婚姻制度,根本上就认为将来一定有取消或大大的变换之一日,在目前这种婚姻制度不过是人类文化过渡时代用来保障弱者的一种东西——此处的弱者是指未有充分自立能力与环境的女子;所谓自立能力与环境,不仅指物质方面的供给,并包括思想或精神方面有自立的能力。现在虽常嚷着男女平等云云,其实在自立能力方面,男女未达平等,乃现成的事实,无可为讳。在这种状况之下,倘若你要时可随意娶一女子,不要时便随意离她,把她抛弃,她在生活上及精神上势必陷入苦痛的惨景,故法律特加以保障,非有法律上所规定的种种理由,不许轻易离异。有了这种法律上的规定,女子当然也不易随意与男子离异。但就实际言,男子离后仍易于续娶,仍有以自存,较之女子离后往往陷入绝境者究竟不同,故可以说现在的婚姻制度偏于为女子取得保障,将来女子的自立能力——物质与思想两方面——愈益提高普及之后,婚姻制度必不至再像目前的呆板,到了那个时候,合则留不合则去,男女两方面都很自由,不必有任何方面要委屈勉受精神上的痛苦。我以为这样的情形才更合理。""总之在现在这种呆板的婚姻制度之下,既经结了婚,无论你是新式也好,旧式也好,出于自愿也好,出于被迫也好,只要结了婚,便受法律的拘束,非有法律上规定的充分理由,不能随意脱身。不但受法律的拘束,有的同时也受精神上的拘束,例如张君程君之欲离而不忍离便是明证,换句话说,在目前的婚姻制度之下,上了这个圈套,如因不满意而要想得圆满的解决办法,使有关系的各方面都不感痛苦的解决办法,我认为事实上办不到。"(全集第4卷第287—288页)

3月5日 晚上,黄炎培问候邹恩润病情,八点半离去。《黄炎培日记》)

3月7日 《为洪深君被拘事感言》、《英雄末路犹恋虚荣》(收入《小言论》第一集)、《无形的考试》(署名心水)、《〈生活〉周刊第6卷第11期〈编余随笔〉》(收入《韬奋漫笔》,取题《预支死亡埋葬费》)、《拉倒》(收入《最难解决的一个问题》),载《生活》周刊第 6 卷第 11 期。(全集第 3 卷第 317—318 页、617—618 页、319—320 页,第 5 卷第 467—468 页,第 4 卷第 167—173 页)

《为洪深君被拘事感言》摘要:

"一个人的名字在社会上能有相当的号召力,必因此人在社会上具有相当的信用,故既允借人以名义,至少应负的责任,是以其个人已得于社会的信用,保证取其名义者之亦可信用。这样说来,以名义借人者,不但对自己负有责任,对社会亦负有责任,""'信用'之可贵即靠有可以令人信用之实质,若徒窃其名而无其实,一旦暴露,信用立即扫地,不但不能利用曾有信用者之名义而挽回'扫地',也许并牵累此曾有信用者之名义而一同下水。'信用'之为物,是别人觉得你有信用而给你的,不是你所固有的;一旦觉得你的信用靠不住,便可随时收回对于你的信用。我们倘明白'信用'有这样的特质,便不至滥用'信用'。"(全集第 3 卷第 318 页)

《无形的考试》摘要:

"我们一方面要彻底明了人不是万能的,一方面要彻底明了世上的事业是无穷尽的,我们倘以有限的精神才力而昏骛于不甚相当的多种事务,捉襟见肘,疲于奔命,不如就自己性之所近力之所及,聚精会神的干一件可以干的事业,加以充分工夫,持以恒心毅力,滴水不辍,可以断崖,精诚所至,金石为开,这一本考试卷子必有可观。""无形的考试——尤其是定了范围有了目标以后——少则数十年,多则终身尽瘁于此,这样长久的考试期间,不但需要充分的奋斗能力,并且需要充分的忍耐工夫。在此长时间内,没有充分的奋斗能力,固然不能振作有为,虽能奋斗而没有忍耐的决心,则一遇挫折,即急流勇退,或虽至二次三次至多次的前进,而终于发生灰心悲观消极颓废等等病症,还是要考得一塌糊涂,甚至有人索性自杀——这就是逃考。考卷要好是要做的,逃考当然做不出好卷子来。"(全集第 3 卷第 319—320 页)

3 月 13 日 黄炎培偕邹恩润商量"生活"前途。(《黄炎培日记》)

3 月 14 日 《胡氏辞职声中之另一观察》、《赤膊甘地与西装甘地》(以上两篇收入《小言论》第一集)、《辛克莱路易斯》(署名落霞,收入《人物评述》)、《记查良钊君谈陕灾事》(2 月 28 日作)、《不甘为环境支配》(收入《最难解决的一个问题》)、《〈大有不得不从之势〉按》,载《生活》周刊第 6 卷第 12 期。(全集第 3 卷第 618—620 页、620—621 页,第 4 卷第 619—621 页,第 3 卷 321—322 页,第 4 卷第 85—89 页,第 3 卷第 323—324 页)

《不甘为环境支配》摘要:

"在未讨论女士所提出问题之前,尚有一点非常重要的意思,要十分郑重提出奉告女士及女士处相类的环境而亦'不甘为环境支配'者。区区认为最最重要的要点是:果有志战胜环境者,必须具有相当的忍耐力与自卫力。我们所需要的忍耐力与自卫力,与所处环境的困难程度实为正比例;环境愈难的,战胜环境所需要的忍耐力与自卫力亦愈大。""所谓'不甘为环境支配'者,质言之,即欲战胜环境,再质言之,即欲解决困难环境所给与的困难问题。如没有解决难问题所需要的忍耐力,即不能解决所欲解决的难问题;既不能解决所欲解决的难问题,即不能战胜环境。所以果有志战胜环境者必须具有相当的忍耐力,否则必为环境所屈伏。""困难的问题,我们只可许它引起我们的考虑,而不可许它引起我们的愁虑,如此则环境虽逼得厉害,我们的身心虽因力谋对付困难而不免疲乏,但精神镇定,内心宽泰,不致因此内伤,勿忘俗语所谓'留得青山在,不怕没柴烧',便是对付困难环境时的自卫力。""女士之失聪,倘未成不治之程度,宜婉商家长速就良医疗治;倘已成不治,而所患程度已深以致全失听官效用者,只得就不必需要听官方面的学识着想。""如不必亟亟于谋生,则仅欲满其知识欲者,以女士文字程度言之,多阅有益之书报,从事自修,想已不难。如有准备自食其力之必要,则完全失聪者,只宜对事而不宜于对人;因为对人往往需要谈话接洽,诸多不便,对事则只须做事,有的可以用不着耳朵的。""华文打字只须能照函稿打好,即可应用,""初级簿记员,只须登记整理工夫,亦不必用着耳朵,""第一困难是家庭方面的赞助。愚意以女士之贤淑好学,做父母多少总有爱子女之心,不妨恳切婉求,时间如较短,所费又无多,或不难如愿以偿。如再能请亲友中为父亲所信任者善为婉劝,当更有望。关于第二点,如入相当函授,质疑问难,不无机会,至于朋友切磋,须有志投意合而又可常相过从者或可获益,如用通函,则亦不胜琐屑之繁。说到介绍朋友,责任颇重,本刊除非极熟悉而深知底细的朋友,不敢贸然介绍。"(全集第4卷第86—89页)

3月19日 清晨,黄炎培偕夫人王纠思上船,开始黄海环游,杨卫玉、邹恩润送行。(《黄炎培日记》)

3月21日 《先锋如何?》(收入《小言论》第一集)、《柏德罗斯基》(署名落霞,收入《人物评述》)、《第6卷第13期编余随笔》(收入《韬奋漫笔》,取题《工作与健康》,与5卷469重复)、《人生意义》(收入《最难解决的一个问题》)、《〈为张殿固夫人设计〉按》,载《生活》周刊第6卷第13期。(全集第3卷第621—622页,第4卷第621—623页,第3卷第324—325页,第4卷第341—344页,第3卷第325—326页)

《第 6 卷第 13 期编余随笔》全文：

　　"记者生平有一件聊可自慰的小事情，便是差不多一年到底没有一天被病魔困倒，但在最近过去的一个星期里居然替自己造了一个新纪录——接连生了七天的病。虽日在'热昏国'中过日子，因职务一时难于觅人代理，只得尽力对'热昏国'的恶魔作'非武力抵抗'，遇着热昏程度较低时，还只得挣扎着硬干。但在这样挣扎着硬干的时候，却感觉有一点和平日大异，便是对于工作可谓丝毫不发生兴趣，只有勉尽义务的意思。俗语说'做一日和尚撞一日钟'，我这个不幸陷入'热昏国'的和尚虽仍勉强拉绳撞钟，心里实在觉得没有趣味，不过既做了和尚，不得不硬着头皮撞几下。我于此乃愈益深感生理与心理的关系。仅就工作言，则愈益感觉工作的兴趣乃至效率，与生理方面的健康实有极密切的关系。做不适个性的工作固然不能发生兴趣，但常在'热昏国'里钻出钻进的人，即身体常在不健康状态中的人，恐怕对于任何工作都难发生兴趣，因为他的个性就只适于生病！""病中承几位好友来慰问，老友仰弇谈起现在培植子女之不易，他的女公子现在高中肄业，校中要她买一本物理，一本洋书的价钱就不客气的要付二十七块大洋！ 他说他这样一个'穷爷'，也只得硬着头皮设法照付。我说我们这样无产阶级中人，饭吃不起，医生请不起，书也买不起，从前孔二先生集中国思想之大成，我们在今日但有集'不起'之大成而已！"

（全集第 3 卷第 324—325 页）

《人生意义》摘要：

　　"X 君认生死无意义，诚然，但不能因为'生死既无意义'，便断定'那末人生还有什么意义？'愚意'生'与'死'尽管无意义，但在既'生'与未'死'之中间的一段生活的过程，未尝不可由各人努力造出意义来。""X 君又因宇宙之大，而人生之短而致疑于人生没有意义。宇宙之大，而人生之短，这诚然是一件事实，这个事实如看得透，对于我们的修养上且有大益，因为能知天地之长而吾所历者短，知地之大而吾所居者小，知事之多而吾所成者实微乎其微，则对于个人之名利得失便看得不算一回事，对于骄矜自满的毛病也可以不至有。不过因生命之短而即断为人生无意义，我却不以为然，因为人生价值在各人所自造者何如：苟有益于世，虽短不能抹煞其价值；苟不但无益而且有害于世，则'老而不死之为贼'，多活几年只有愈糟！""我觉得做人是不得已的事情，我们并不是在未生之前自己预定好计划，由自己高兴来生在世上的，现在既不由自主的生了出来，只得做人。既然只得做，消极比积极苦痛，懒惰比奋斗苦痛，害人比救人助人苦痛，所以只想择其比较在精神上可以减少苦痛的方面做去，如此而已。这是我个人直觉的不得已在这里做人的赤裸裸的简单态度。X君所提出的'又怎样呢?''那又怎样呢?'我只觉得无论'怎样',既不愿立刻自尽,只得这样做去,想不出更好的办法。""最后 X 君认世界上各事是无是非的,愚意亦不以为然。愚意以为是非是有的,不过在现实的世事方面未必尽能适合于应是之是与应非之非而已。""是非之本质既存在,能否看透真是非之所在,则在乎各人在思想上的程度而异,我们所希望者,则在具有明澈思想者能感化或提醒一般糊涂虫而逐渐增加现实情形之更能合理。""世界文化的进步,就在乎能由不合理的是非而逐渐走到合理的是非之路上去。我们所应努力者,也在竭力减少铲除不合理的是非,竭力增加培成合理的是非。"(全集第 4 卷第 343—344 页)

3月28日 《生活》周刊特约撰稿人徐玉文女士自日本学成归来,于 27 日乘"上海"丸船到沪,28 日赴《生活》周刊社与韬奋第一次见面,晤谈甚欢。著文《欢迎徐玉文女士回国》。(全集第 3 卷第 336 页)

同日 《清寒教育基金的功效》、《程天放君的大胆评论》、《有历史价值的一个房间》(署名落霞)、《第 6 卷第 14 期编余随笔》(收入《韬奋漫笔》,取题《倾轧中伤》)、《我们的读书合作》(收入《悬想》)、《男同学之罪过》(收入《最难解决的一个问题》),载《生活》周刊第 6 卷第 14 期。(全集第 3 卷第 326—327 页、328—329 页、329—330 页,第 5 卷第 468—469 页、277—279 页,第 4 卷第 293—296 页)

《第 6 卷第 14 期编余随笔·倾轧中伤》摘要:

"试用冷静的眼光分析社会的心理,其中具有热肠侠义,见善如己出,但知鼓励辅赞之不暇者,虽不乏其人,然亦有自己懒走,最好别人也不要走;自己走得慢,最好别人走得更慢;自己干不好,最好别人干得更不好。否则眼见你的事业有法维持,甚至有法发展,往往妒火中烧,非立刻看见你摧残消灭,心中实在不甘!他们并不想要自己的事业能维持,能发展,全靠自己努力,决不是靠着中伤别人而能达到维持自己发展自己事业的目的。"(全集第 5 卷第 468 页)

《男同学之罪过》摘要:

"我不愿归咎于天真烂漫的无知青年,却要尽我心力提起办教育的人与做家长的人的注意,以为他们平日对于青年应有亲切的相当的训育与指导。做师长家长的人平日对青年固不应做不合理的压迫,但也不应作不合理的放任。""现在做家长的人决不想你们老头儿有你们老头儿的时代,你们青年子女有他们青年的时代,却不管三七二十一,对于他们的婚姻仍存着一手包办的死成见,不知道自己应处于顾问与指导的地位,不知道应开诚布公的老老实实的对子女说——尤其是女儿——你有心中人，尽管对我说，我不但不反对，而且要帮你观察，帮你考虑，帮你解决困难，我若看出了对方有何毛病，也要老实的告诉你，提醒你，有了这样诚恳贤明的父母，做女儿的人便敢于无话不说，没有心事不可以不和盘托出，而做父母的人对于女儿之处世待人交友应有若何的分际，更应有详尽确切的开导，动以至情，密切卫护，在女儿方面决不至讳莫如深，暗中乱撞，何至于'大腹便便，开除归去'，然后才'有一番责备'！""总之以×女士之贤而好学，决无自甘堕落之心，一时为热情所激而未念及因此竟致妨碍求学与前途幸福，我们但有惋惜之心而不忍有所苛责，惟以缺乏贤师长贤家长之指导而趋入歧途，而赍恨以没，实为最可痛惜。""最后记者还有一些愚见，欲乘此机会竭诚为青年男女——尤其是男子——乃至一般人告者，即在此新旧过渡时代，我们不愿作道德上的空谈，但至少应严守一个极简单而基本的原则，即不害人不害己，或至少要不害人。我以为这个极简单而基本的原则，应用很广，即男女关系的问题亦可应用这个原则。试仍以此信中所述的事实为说明的例证，曾某之爱×女士，我们姑认他是出于诚意，但和她切磋学问可也，得她同意而和她恋爱亦可也，但要爱护她终身的幸福，便须倾注心意保全她终身的幸福，即有意想要她做终身伴侣，也应当向可以无碍于她的终身幸福的途径上进行，如今却不顾一切，使她'大腹便便'，害她不能求学，害她受家中'一番责备'，害她'精神上之损失'，害她上吊自尽，'我虽不杀伯仁，伯仁由我而死'，曾某清夜扪心自问，何以对此忠诚待他的×女士？苟曾某尚有丝毫人心，思念及此，必不禁放声号哭，无以自容？"（全集第 4 卷第 294—296 页）

4 月 4 日　《自助助人的贷款助学》、《真假电影》（收入《小言论》第一集）、《〈四川真相〉按》、《关于"拉倒"》（收入《最难解决的一个问题》），载《生活》周刊第 6 卷第 15 期。（全集第 3 卷第 330—332 页、662—623 页、332—334 页，第 4 卷第 173—175 页）

4 月 5 日　周日，友人尤怀皋君在沪创办自由农场。韬奋应召与尤君夫妇茶叙，作半日畅谈。（《编余随笔》，4 月 18 日《生活》周刊第 6 卷第 17 期。全集漏编）

4 月 11 日　《"密斯"与帝国主义》、《日新月异的奇妙世界》（收入《小言论》第一集）、《办事上需要的几个条件》（收入《事业与修养》）、《甘地与印督相见记》（署名落霞，收入《人物评述》）、《欢迎徐玉文女士回国》、《〈年刊与讣闻〉按》、《力促其成》（收入《悬想》），载《生活》周刊第 6 卷第 16 期。（全集第 3 卷第 334—335 页、623—624 页，第 4 卷第 733—735 页、536—538 页，第 3 卷第 336—337 页、337—341 页，第 5 卷第 326—327 页）

《"密斯"与帝国主义》摘要：

"北平大学女子学院院长刘半农氏近通知学生家属,严禁该院女生在外跳舞,并在该校张贴布告,略谓北平舞场,良莠不齐,青年学子不应涉足其间,凡该院学生有违背者,一经查出,立即开除学籍,以儆效尤等语,刘氏并禁止女生互以'密斯'(Miss)称呼,谓怪难听,应改为'姑娘'。最近又闻刘氏对此事有所声明,对跳舞则谓并不反对家庭宴会间的跳舞,对'密斯'则谓自有'姑娘'可用,何必用帝国主义者的名词。""高尚纯洁的跳舞,不但能使我们在体格方面增进健康活泼,而且能使我们获得艺术的陶冶,心灵的慰藉,跳舞在美育上的功用并不下于诗歌音乐绘画雕刻,故在原则上我以为我们不但不应反对跳舞,而且应该提倡跳舞。但是现在一般所谓'舞场'也者,在实际上多为'狂蜂浪蝶'之渊薮,刘氏为女生幸福计,禁止涉足其间,我们诚应谅其苦心。不过他说'密斯'怪难听,已觉不免主观成见,又把'密斯'与帝国主义拖在一起,更未免小题大做了。记者的愚见,并不是要拥护'密斯',也不是要争'姑娘'是否不如'密斯',或'密斯'是否胜于'姑娘',但觉学院院长对学生的训育与学识方面应注意的重要问题尽多,此种不成问题的事情大可不必劳他来努力'禁止',至因'帝国主义'而殃及'密斯',在'密斯'固蒙不白之冤,而我们之能否抵制'帝国主义',全视自己实力如何,和'密斯'之用否更不相干,以此相提并论,实所大惑不解。""回转来想到'密斯'和'姑娘',我以为只要能藉教育培成贤能的女子,无论'密斯'或'姑娘',都能引起我们的敬意而不至于觉得'怪难听'。"(全集第3卷第334—335页)

《日新月异的奇妙世界》摘要:

"上海最近演过一张很有趣而能激人思想的影片,原名'Just Imagine'译名《五十年后之新世界》,一切车辆都没有,只见满天飞的拥挤着的飞机。警察只得在半空坐在一辆飞机中指挥,在室中一个小机件里可见门口打门者的全像,在墙上好像一个镜框中可见异处亲友的声音笑貌及举动,可以彼此对谈。诸如此类的日常生活之科学化与理想化,在现今的科学上都有了根据,不过在应用上尚未完全与普遍罢了。""世界上最有益于人类者殆莫过于科学发明家;而科学发明家之最足令人感动与兴起者,则在他们的创造及勇进的精神——不知世间有所谓不可能。科学上所已发明而能供应世用的事绩,多为前人所认为不可能者,科学家并不为'不可能,所摧沮,天天在那里干着似乎不可能的事情,常常在那里发表本不可能忽而一变而为可能的事情!"(全集第3卷第623—624页)

《办事上需要的几个条件》摘要:

"假定一个人对于他所办的事,已具有相当的知识技能,他在职务方面能否胜任,至少还要看有无两个最低限度的条件:第一是肯切实的负责,第二是有细密的精神。""肯切实负责的人,实为办事上最渴望而不易得的同志,因为只有这种人能使你放心,能分担你的责任。""细密的对方便是粗忽,或是鲁莽。""以上两点是我们所可认为办事的最低条件,这都是可以用意志的力量和训练的功夫养成的。在'最低'之上,如要再作进一步的要求,愚意以为还有一个条件,便是自动的精神和创造的能力,能就所负的责任范围及所做的细密工作上,想出更好的计划,定出更好的办法,精益求精,与时俱进,此则具有超卓思想的异材,发展事业的柱石,不仅能不负所托而已。"(全集第 4 卷第 733—735 页)

《力促其成》摘要:

"愚意以为除非在二十世纪而却顶着十五世纪死脑袋的人,对于寡妇可以自由改嫁的理由,应该都已明白,用不着多费口舌。不过积重难返的顽固心理仍流毒于社会,却是当前的事实,救济之道,一方面在'明白事理'者之提倡合理的行为,只须合理,便须鼓起勇气与不合理的顽固环境反抗,一方面在提高普及女子教育,使她们彻底明白一个人无论男女是有独立的人格,不是别人的附属品,在精神上铲除畏怯的心理,同时增加她们自立的能力与随着自立能力而俱来的社交能力及机会,在实力上有执行自己主张的本领。"(全集第 5 卷第 327 页)

4 月 18 日　《驻华日军又逞暴行》、《所望于西陲学术考察团者》(以上两篇收入《小言论》第一集)、《从针头发明出来》(署名落霞)、《〈生活〉周刊第 6 卷第 17 期〈编余随笔〉》(全集漏编)、《有意义的人生》(收入《最难解决的一个问题》)、《羞涩》(收入《悬想》),载《生活》周刊第 6 卷第 17 期。(全集第 3 卷第 624—625 页、626—627 页、341—343 页,第 4 卷第 344—347 页,第 5 卷第 315—316 页)

《驻华日军又逞暴行》摘要:

"三月二十九日驻沈日军中有八十人在沈西十里码头野操,适华警追捕胡匪,日兵藉口妨碍他们演习,将我国警察包围,任意殴辱,并赶至分所包围,强掳枪弹而去,其行为之野蛮横暴,胜过胡匪万倍!""当时我国警察官吏被压迫,非常镇静,所谓'非常镇静'者,一任殴辱掠夺而已!""后经多方交涉,始将所抢枪弹勉强交还,对受伤华警则不负责。""这好像一个人的家里容纳了几个强盗,今天打你几个耳光,事后对你道个歉;明天踢你半死,事后再对你道个歉;后天随便送你一条命(像我国的同胞倪照美最近便在汉被日海军实习打靶好生生的打死），事后再对你道个歉……我敬挥泪大声疾呼忠告尚未死尽的全国同胞：'非等到我们有力量把强盗驱逐出门，决无"达到完全胜利目的"的日子！'"（全集第3卷第625页）

《〈生活〉周刊第6卷第17期〈编余随笔〉》全文：

"友人尤怀皋君在沪创办自由农场。所产牛乳，成绩由工部局卫生处列入A等，与西人所办之A等牛奶棚相颉颃，西人当局对华人所办事业每事苛求，而尤君能以实质供实验，彼等亦终为所服。本月五日为星期日，记者承尤君夫妇召往茶叙，作半日畅谈，有数事足记者。""尤君的夫人戴梦琴女士亦《生活》的热心读者，据说她于二年前，在一次大病之后，身体虚弱，终难复元，每日疲乏无力，不愿走路，只能勉坐，终日思睡，萎靡不振达于极点，后见《生活》屡登《健而美的体格》，对运动发生信仰，乃每日早晨费十分钟实行柔软体操，数星期后即见效验，二三年来继续不断，现则体格健康，全身愉快，记者见戴女士却具有健而美的体格，初不料就是受本刊《健而美的体格》的影响，闻之欣然。尤君言戴女士对运动十分认真，每晨在镜前运动，自视其动作，务使正确，不许敷衍，并穿特备运动时用之游泳衣。我说惟其认真有恒，故有真果。女士又言从前身体虚弱时，终日烦闷悲观，自实行运动使身体健适以来，精神上亦由烦闷悲观而变为愉快乐观。""尤君又谈及我国生物学专家秉农山君在美求学时，有一次因日本要求二十一条，愤而辍学，由康乃耳大学跑往纽约，在华侨中办战报以鼓吹与日拼命，办了半年，贴去自己所有生活费八九百美金，后来返校续学，一贫如洗，只吃清水下面包者半年。秉虽为前清举人，却能立志深研科学，在美研究十一年，性之孝，在美每星期必写一信慰问老母，最后两年母已死，家人瞒谓未死，秉仍每星期作一信寄母如故。现秉君由中华教育基金董事会聘请主持生物研究所，月薪四百圆，秉谓有三百圆已足赡家，乃月抽百圆助两学生求学。其热诚与天性之笃厚均足令人起敬。尤君曾与秉君在康乃耳同学四年，故对其生平知之特详。"

《有意义的人生》摘要：

"我们所当注意者在'怎样生'而不在'何以生'；注意'怎样生'才切实际受用，如专从'何以生'方面发空论，唱高调，尽管连篇累牍，辩论无穷，我们但觉其隔靴搔痒而已。换句话说，我们不必在空论方面争辩人生原来有无意义，宜从实际方面研究怎样在当前使人生有意义；我们的人生意义不是从娘胎里带来的，是由我们自己造出来的。"（全集第4卷第347页）

《羞涩》摘要：

　　"沧海客之'心神不定'，我以为可以不必，因为她的'双亲'既'表示极赞成'，她自己又'表示答应'了，决不至有什么意外问题。不轻易'答应'的女子，也不轻易的失信，这是可以断言的。如果沧海客君因'富于情感'而不能耐的话，尽可写无数量的'切实的信'去，一次不复两次，两次不复三次，三次不复四次……她的那一颗芳心终要给你打动的，因为她已经'表示答应'了，而沧海客君又有这一枝妙笔，一定可以成功的，敢为预贺。"（全集第 5 卷第 316 页）

　　4 月 25 日　《交通部孝敬英国吗?》、《辞官救灾的朱庆澜氏》（以上两篇收入《小言论》第一集）、《第 6 卷第 18 期〈编余随笔〉》、《盲同志》（收入《最难解决的一个问题》），载《生活》周刊第 6 卷第 18 期。（全集第 3 卷第 627—628 页、628—629 页、343—345 页，第 4 卷第 361—364 页）

　　《交通部孝敬英国吗?》摘要：

　　"每慨我国新的事业，几于事事仰赖外人，今以有关全国国民日常应用的邮票，有我国自己国营的印刷机关承印，即就此一点论，未尝不是中国人聊可自慰的一种荣誉，凡非帝国主义者的走狗而确为中国人者，应如何竭力维护？乃交通部竟纵任前邮务司长兼邮务总办林实，无端于去年三月以巨价改向英商德纳罗公司订印，至本月初方将此事通知财部印刷局，新合同所载印价总数共达华币一千九百五十余万圆之巨，不顾本国人生死，俯首帖耳拱手奉送洋大人晒纳！此种倒行逆施的行为，除丧心病狂外，寻不出别的话说。""既忝具圆颅方趾而自号曰人，应有人性，人性中应有理性，我们试平心静气研究此事之理由何在。说对本国的国营事业应该任意摧残，没有理由；说应摧残本国国营事业而孝敬英国，更没有理由。说对本国人的生计要置之死地而后快，没有理由；说要陷害本国人而帮英国解决一些失业问题，更没有理由。说本国人技术拙劣，但印了十七年的邮票，未出毛病，以此推托，没有理由；说国货贵而英货便宜，但新合同所定印价较前突增数倍，更没有理由。然而主持其事者何以愿做碧眼儿的孝子顺孙，其中必有理由！倘若这是林实一人的狂妄，交通当局应力谋补救，否则显然狼狈为奸，其中必有理由！"（全集第 3 卷第 627—628 页）

　　《辞官救灾的朱庆澜氏》摘要：

　　"人生匆匆数十年，寝时一榻，死后一棺，昔人所谓'如朝露耳'。其价值则在受其益者若干人，受其益者的人数愈多，则其价值亦随之而俱增，各就各人地位与能力而尽量谋其所以助人救人之方策，即所以各增其为人的价值。"（全集第 3 卷第 629 页）

　　《盲同志》摘要：

"我们幸有着两只眼睛的人,不甚知道瞎子的苦处,大概都是'想不到盲人问题'。""我们对于陆君之'不幸盲目',不胜其惋惜与同情。但展阅此信,足见陆君竭精殚思于救济全国的'盲同志',仁风侠义,流露于字里行间,尤以他自身陷入此不幸的境地,犹能如此为同病者努力谋幸福,这种不知有己的救人济人的仁侠精神,实引起我们无限的敬意,足为我们的楷模。""记者尚有一言为陆君慰者,即能在极困苦艰难的环境中作极困苦艰难的奋斗,这种精神最足感人,也许可以说在这种奋斗中未尝不可得到精神上的至乐。记者十年前在大学毕业后参加毕业礼的一天,夹在许多戴着方帽穿着宽袍的同学列队入大礼堂行礼正在走着的时候,在刹那间自念平日工读自给之辛酸苦况,在他人欢容笑语中,不禁俯仰身世,泫然下泪,可是自觉在此涌泪中实亦含有不能告语的至乐甘味。但转首一望,在同时毕业的同学中却有一位瞎子,也戴着方帽,穿着宽袍,用手附着别一同学的肩上走。这位同学在校里求学到中途,不幸盲目,仍自愿继续听讲,孜孜研学。校长及教授们哀其志,怜其遇,复敬其学业之优越,许其续学,其最后成绩竟获毕业。我当时觉得那天许多毕业同学中最令我钦佩感动的是这位'盲同志'! 何以故? 因为'能在极困苦艰难的环境中作极困苦艰难的奋斗,这种精神最足感人'。记者现在愿以此意奉慰陆君。"(全集第4卷第363页)

5月2日 《杀头示众之用意何居?》、《失业狂潮中的怪现象》(收入《小言论》第一集)、《发明药沫灭火机的薛震祥君》(署名落霞,收入《人物评述》)、《〈常局长风流案之前前后后〉附言》、《〈生活〉周刊第6卷第19期〈编余随笔〉》、《〈官架十足〉附言》、《丑态百出》(收入《最难解决的一个问题》),载《生活》周刊第6卷第19期。(全集第3卷第345—346页、629—630页,第4卷第670—672页,第3卷第346、347页、348—350页,第4卷第137—138页)

《失业狂潮中的怪现象》摘要:

"他国之失业在国内生产过剩,一筹莫展,我国则病在生产落后,坐耗他国所产,苟肯自努力,教育家努力造吃饭的本领——有本领吃饭的青年——政治家努力造有饭大家吃的治安环境,实业家努力造大家有饭吃的机会,非无解决之可能。若办教育者但知敷衍,主持政治者但知贪婪,办实业者但知自肥,则造孽愈深,遭劫将愈甚。"(全集第3卷第630页)

《第6卷第19期〈编余随笔〉》摘要:

"属于专门性质的文字,诚然只有专研该项专门学的人才感得到趣味,在一般读者往往不终篇而厌倦欲睡。但若以专家酌抽其专门知识而作饶有趣味的普通化的文字,对于一般社会便有很大的贡献。法律为专门学,但吴君此稿,虽非专研法学者亦能欣赏,便是一例。记者编辑本刊,时刻不忘'启迪理智能力,增富知识见闻'。我觉得各种专家除在专学范围内各有其高深的贡献外,对于一般社会亦有其普通贡献的机会。"(全集第3卷第347页)

《丑态百出》摘要:

　　"在中国目前新旧过渡的时代,每有人自以为是新派而实在是荒谬绝伦派! 依这种荒谬绝伦派的观念,以为做新女子的人便须随便给他们接吻,甚至随便和他们干无耻的勾当,否则他们便讥为思想落伍。他们是顶着一个'新'字招牌来发挥他们的兽性,这是畜生干的,不是人干的!""男女社交公开,诚然是文明进化的社会里应有的现象,但做朋友必须彼此知道尊重彼此的人格与意志,如果有异性两人由长期朋友而交谊日厚以达于恋爱的境域,彼此皆未婚娶而各出于自愿以成终身伴侣之约,'接吻'也须是心灵融合的神圣表现,并无所谓丑态。倘若仅属泛泛之交的同事,便'擅自走入她的房里……拼命要求和她接吻一次',这却是兽性的表现,是畜生的行为,我们应该群起唾弃。"(全集第4卷第138页)

5月9日　《清华学生与张继之舌战》、《蚊虫苍蝇后的老虎》(收入《小言论》第一集)、《能与为》(署名心水,收入《事业与修养》)、《创制味精的吴蕴初君(上)》(署名落霞,收入《人物评述》)、《肉麻以后》(收入《最难解决的一个问题》),载《生活》周刊第6卷第20期。(全集第3卷第351—352页、631—632页,第4卷第713—715页、678—683页、195—197页)

　　《清华学生与张继之舌战》摘要:

　　"反抗与服从虽是两极端或至少是相反的东西,但反抗与服从可成美德,亦可成劣根性,重要之区别就在是否合理。有理由的反抗和有理由的服从都是美德;无理由的反抗和无理由的服从都是劣根性。我国人之不守时间,久成一种通病,没有受过教育的人还可说是无知无识,聊以解嘲,受过教育的人连这种千该万该改革的恶习惯尚未能改革,教育改造社会便是一句空话!""无理由的服从便是奴性,合理的服从是美德,奴性的服从却是最要不得的劣根性,是我们绝对不要我们国民有的东西。我们一方面要提倡合理的服从,一方面也要提倡合理的反抗。"(全集第3卷第351—352页)

　　《蚊虫苍蝇后的老虎》摘要:

　　"'苍蝇''蚊虫''老虎'各国未尝没有,不过他们的人民程度比较的高,制裁力比较的厉害,犯了法只有铁窗风味可尝,我国官吏则犯法尽管犯法,仍有

租界里的洋房可住,娇美的姨太太可拥,我们但望以后有些不同。"(全集第 3 卷第 632 页)

《能与为》摘要:

"一种事业所以能有特殊超卓的成绩,全恃从事者能以满腔热诚全副精力赴之。若因循苟且,敷衍暇逸,即有能力,无所表现,虽有能为之能,等于不能,虽有可能,永为不可能。这种毛病,不在相当知识之无有,实在良好品性之缺乏——尤其是服务的精神与忠于所业的态度。还有一个大病根,便是畏难。这种人仅见他人之成功,而不知他人之成功实经过无数次之失败,实尝过无数次之艰苦。常人但见成功之际之愉快,不见苦斗时代之紧张;但闻目前的欢声,岂知已往的慨叹?任何事业的成功史中必有一段伤心史,诚以艰苦困难实为成功必经的阶段,尤以创业者为甚,虽已有'能',在创业时期中必须靠自己打出一条生路来,艰苦困难即此一条生路中必经之途径,一旦相遇,除迎头搏击外无他法,若畏缩退避,即等于自绝其前进。"(全集第 4 卷第 714 页)

《肉麻以后》摘要:

"有一点很重要,我也屡次在本栏提起,就是'选择时期'和'决定时期'要分清楚,在'选择时期'不因遽有'决定时期'的行为;既在'决定时期'也不应复有'选择时期的行为'——除非临时发现对方有很大的缺憾,为终身前途幸福计而不得不力谋补救的事情,那是例外,又当根据特殊的具体情形而另作考虑。""恋爱虽可算是人生的一件大事(较远的将来如何姑不论),但决不能概括人生的一切,即打破情网之后,未尝不可摆脱一切,专心于学业,工作,或事业,贡其身心于人群,或将来有机会时更可寻得相当的伴侣,何必就因人生中的一件事而把全部人生送掉呢!"(全集第 4 卷第 196—197 页)

5 月 16 日 《料理后事》、《蒋作宾口中的苏俄现状》(以上两篇收入《小言论》第一集)、《呆气》(署名心水,收入《事业与修养》)、《创制味精的吴蕴初君(中)》(署名落霞,收入《人物评述》)、《属意敝人》、《未免过于卤莽》(后两篇收入《最难解决的一个问题》)),载《生活》周刊第 6 卷第 21 期。(全集第 3 卷第 632—633 页、633—634 页,第 4 卷第 711—713 页、678—683 页、314—318 页、160—162 页)

《料理后事》摘要:

"最近有几位朋友新从日本考察归来,据谈日本简直已替中国料理后事,闻之令人毛骨悚然,我们中国倘若不愿'疾终正寝',全国上下应有一致的觉悟。""在民国十七年,他们只想中国一旦有事他们如何进兵济南,现在更进一步,竟想中国一旦有事他们如何进兵到江苏的北部,故在江苏北部以上的军用地图,以及何处驻军,何处屯粮,都已安排妥贴,仅候时期一到下刀就是了! 听说日本各军官的桌上没有一处没有一本极精密的中国地图。""一个人的身体如果健康,尽管有人在暗中替他料理后事,并不足虑;所虑者是已经元气斫伤无余,奄奄一息,尚不肯安心静养,四肢五官脏腑仍互相厮杀,非弄到同归于尽不止! 那才是恰合已为料理后事者的希望! 故记者以为我国全国上下应有彻底的觉悟,应具有世界的眼光,勿彼此闭着眼睛终日钻在牛角尖里,专作鸡虫之争,何殊自寻短见? 一旦大祸临头,噬脐无及,愿在未做亡国奴之前,为全国上下涕泣道之。"(全集第 3 卷第 632—633 页)

《蒋作宾口中的苏俄现状》摘要:

"中国目前所最急需的有三件东西,一是统一,二是生产,三是国防。统一为生产与国防之先决问题,现在统一尚未达到真正的境域,仍恃全国国民之努力促成,此外便须注全力于生产。"(全集第 3 卷第 634 页)

《呆气》摘要:

"我们寻常大概都知道敬重'勇气'和敬重'正气'。""愚意以为非有几分呆气,勇气鼓不起来,正气亦将消散;因为'虽千万人,吾往矣!'非有几分呆气的人决不肯干;'以直养而无害',亦非有几分呆气的人也不肯干。试想富贵不能淫,威武不能屈,贫贱不能移,不是呆气的十足表现吗?""研究任何学问,欲求造诣深邃者,也不可不有几分呆气。""大概研究学问非研究到了呆气的境域,钻得不深,求得不切,只有皮毛可得,彼科学家思创造一物,发明一理,当其在未创造未发明之前,人莫不讥为梦想,甚乃狂易,认为徒耗光阴,结果辽远,而彼科学家独能不顾讥笑,埋头研究,甚至废寝忘食,甘之如饴,非有几分呆气为后盾,岂能坚持得下去?""委身革命事业以拯救同胞为己任者,也不可不有几分呆气。彼革命志士,思为国家谋幸福,为人民除痛苦,而当其未达到谋幸福除痛苦之前,无一兵一卒之力,无弹丸凭藉之地,在他人见之,未尝非纸上谈兵,痴人说梦,认为必不可以实现,然卒以彼大革命家之规谋计划,冒万险,排万难,忍人之所不能忍,为人之所不敢为,刀斧不足以惧其心,穷困不足以移其志,置身家性命于度外,而登高一呼,万方响应,翕然从风,固为万流景仰,但在流离颠沛之际,非有几分呆气为后盾,岂能坚持得下去?""此外欲能忠于职务,亦非具有几分呆气不可","至于交友,也以具有几分呆气的朋友为靠得住。""朋友穷了,仍不忘其友谊,此事非有较高程度之呆气者不办!""我们寻常的心理,大概无不喜闻他人之誉我聪明,且亦时欲表现其聪明;又无不厌闻他人之称我为呆子,而并不愿自认为呆子。初不料呆气也有那么大的好处!"(全集第

4 卷第 711—713 页)

《属意鄙人》摘要:

"我们不赞成'逃脱',那位'良家女'如年在二十足岁以上,依法婚姻有自主权,倘若她果有嫁给郭君做正式夫妇的决心,应该具有勇气光明磊落的和那位'东翁'设法脱离关系,然后光明磊落的和郭君举行正式婚礼。""如果那个'第五妾'原来和那位'东翁'很要好,而郭君用'勾诱'手段分拆他们的结合,则郭君对于他,照常情说,诚不免内疚。倘若是那位'第五妾'自己感觉精神上的痛苦而求援于郭君,郭君自信能负得起卫护她一生幸福的责任,不是因她目前'年少貌美'而取悦一时,那末'本乎拯救弱女一念,行其心之所安',固不能与'诱拐同论',在记者认为非但无损于道德,而且含有义勇。""最后有一点我却要请郭君注意的,就是郭君在决定实行之前,请先自问有无实行此事的能力与勇气。我在上面所说的话是平心静气,用超越传统观念的公正眼光看去的。在不免受传统观念的拘束而胸中先具有偏见的人听了也许不免摇头,而且我颇信社会中有此反感的人们也许不少。""最先爆发的当然是'东翁'要请他卷铺盖,使他陷于失业的困境。这种困境,郭君自己有无能力应付? 在现今社会组织之下,欲享到愉快的家庭生活,不得不有相当的经济自立能力,这是事实,无庸讳言的。郭君即得和'良家女''有情人得成眷属',但拖她同受失业之苦,也不是办法。""所谓'能力'是指物质方面而言,所谓'勇气'是指精神方面而言。这种事情大概必不免受'一般社会'的反感,我在上面已经说过,所以就是物质方面已无问题,没有勇气的人也不敢反抗'一般社会'的逆流。""我们自己是合理的事情,原不畏反抗'一般社会'的逆流,但要反抗,必须具有相当的能力与勇气,然后才有胜利的希望。""权力与义务常须并行,要享到相当的权利,必须负得起相当的义务。"(全集第 4 卷第 316—318 页)

《未免过于卤莽》摘要:

"记者要乘此机会提出一点,就是男女为友乃至求爱,须绝对尊重对方的自由意志与人格——尤其是男对于女,因为近来发现男子强迫女子的事情不少。我好几次在公园中看见几个形似男学生样子的青年追逐着几个不愿和他们谈话的女学生,我细听他们追着时嘴里还叽里咕噜的说:'在现在文明的时代,男女做做朋友算什么?'我未尝不以青年误解所谓'文明'为可痛;文明时代男女固然可做朋友,但不可出于强迫,强迫便是野蛮的行为。""我以为我们如果真要提倡男女社交公开,真要提倡婚姻自择,必须积极养成'绝对尊重对方的自由意志与人格'的习惯,否则表面上尽管高唱提倡'妇女解放',实际上无

异把妇女从旧束缚中解救出来，推入新设的陷阱中去！"(全集第 4 卷第 161—162 页)

5 月 23 日　《中国看报人民的数量》、《甘地拒绝建立铜像》(以上两篇收入《小言论》第一集)、《创制味精的吴蕴初君(下)》(署名落霞，收入《人物评述》)、《饶有佳趣》、《难于应付》(后两篇收入《最难解决的一个问题》)，载《生活》周刊第 6 卷第 22 期。(全集第 3 卷第 634—636 页、636—637 页，第 4 卷第 678—683 页、187—189 页、189—191 页)

《中国看报人民的数量》摘要：

"号称有四万万人口的中国，全国受高等教育者仅有一万九千余人，受中等教育者仅有二十三万余人，受小学教育者仅有七百余万人，文盲仍占百分之八十，以如此的'众人'，安望他们能知注意'众人之事'？故积极推广教育，实为巩固国基的唯一途径。只要'众人'能共同注意'众人之事'，什么贪官污吏，什么土豪劣绅，什么军阀政客，都不得不销声匿迹，抱头鼠窜。"(全集第 3 卷第 635—636 页)

《饶有佳趣》摘要：

"我们主张男女可以做朋友，但须双方出于自愿为第一条件。倘若你要交一位女朋友，对方自愿和你做朋友，那没有问题；倘若对方不愿和你做朋友，你便该一点不勉强她，在自己方面也不必有什么无谓的灰心与烦闷；至于要做如何亲密的朋友，那更须出于双方的自愿，丝毫不应该勉强。"(全集第 4 卷第 188 页)

《难于应付》摘要：

"婚姻不是慈善事业，也不是应酬品，倘若自己觉得不愿意，只须未曾和对方表示过接受他的爱，绝对没有必须答应的责任，而且不应该随便答应以贻终身莫大的遗恨。"(全集第 4 卷第 191 页)

5 月 27 日　《〈迟疑不决〉弁言》(记于生活周刊社)，载 1931 年《读者信箱外集第二辑》。(全集第 3 卷第 352 页)

《〈迟疑不决〉弁言》摘要：

"现在这一本《读者信箱外集第二辑》，其宗旨和编法，也和第一辑一样，是由十九年一年中两三万封的来信里面，除已刊布于《生活》者外，选择其较有遗留以供展览或参考价值者汇集而成，不过力避与第一辑内容有所重复罢了。""本社平日承国内外读者通信询问或商榷问题者，一天一天的多起来，现在专司襄助办理此类函件的同事，就有五六人之多，这是我们为社会服务的机会，所以我们无不竭诚尽心答复,知无不言,言无不尽,有所不知者,亦在可能范围内代为辗转请教于专家。所愧同人能力有限,所足以供参考者还不多。"(全集第 3 卷第 352 页)

5 月 30 日 《主席老师与洋奴教育》、《考试声中的希望》(以上两篇收入《小言论》第一集)、《创制中国电风扇的杨济川君(上)》(署名落霞,收入《人物评述》)、《〈民会教育组审查会的唯一提案〉附言》、《究竟谁卤莽》(收入《最难解决的一个问题》)、《〈发愤〉附言》,载《生活》周刊第 6 卷第 23 期。(全集第 3 卷第 637—638 页、638—639 页,第 4 卷第 673—678 页,第 3 卷第 353—355 页,第 4 卷第 162—163 页,第 3 卷第 355—356 页)

《主席老师与洋奴教育》摘要:

"关于'裸体写生'是属于'艺术'上的专门问题,记者完全门外汉,未敢自作聪明;至于本国文字之当'通',自是不成问题;不过说到'读外国书'便是'洋奴教育',愚见以为要看你怎样用法,未可一概抹煞。假使生于孤陋寡闻的翠亨村的中山先生不知'读外国书',他的学识恐怕不能那样渊博惊人。日本的商业学校以雄战中国商场为对象,有以华文为必修外国语者,请中国人教授,每周至六小时之多,其目的决不在养成华奴。学了洋话去做洋奴是一件事;在学术落伍的中国,视'读外国书'为增进专门学术的工具又是一件事,不宜混为一谈。"(全集第 3 卷第 638 页)

《考试声中的希望》摘要:

"记者虽不认考试为万全的办法,但却认为比较公平的制度,惟自'考试''考试'之声洋洋盈耳之后,屡闻有人怀疑,说现在用人以亲友私人为前提,考不考与有事没有事做没有关系,考了还是白考的。""愚妄之见以为欲保持国人对于考试的信仰心,考后须有任用办法,用后须有保障办法。用人制度不改,考试制度无用。"(全集第 3 卷第 639 页)

《究竟谁卤莽》摘要:

"总之记者以为无论交友或求爱,所最须注意的是要绝对尊重对方的自愿而不可含有丝毫的强迫。竹敏君又提起'轻于尝试','轻'的毛病固然应该力避,但'尝试'只须有诚意而不含有强迫的行为,只须于情理于法律无所犯,不一定都是坏事。"(全集第 4 卷第 163 页)

《〈发愤〉附言》摘要:

"我初意也很踌躇,既而想明知危殆而不言,等于自欺以欺国人,故如骨鲠在喉,终于一吐,但我觉得我们却不必悲观,我们只有各尽其心力分头干去,就

是亡了国还是要干，未亡国之前更只有干之一法，悲观何用？印度不幸亡了
国，但是甘地和他的同志不是拼命干着吗？朝鲜亡了，但朝鲜的救国志士不是
继续拼命的在那里干着吗？想到这一点，我们只有干到死，无所用其悲观，悲
观是无用的；来得及要干，来不及也要干！'一息尚存，此志不懈'，'成败利钝，
非所逆睹'。""袁君等之义愤，溢于言表，此种热血青年，即将来国家之精英，但
在目前要四个学生就能救国，当然没有这样容易，在袁君等的地位，仍只有各
尽心力于'读书不忘救国，救国不忘读书'，否则立刻急死亦无用，与其目前急
死，不如将来为国家向外效命疆场而死。负直接救国责任的当然是执政当局
和全国中已具有实力的人，我们但望他们念国难之急于眉睫，从速团结一致以
安内御外（全集编者注：作者对"安内御外"一词，有自己的见解，与当时蒋介
石提出的"攘外必先安内"的政策有别。下同。），否则国家前途，实非我们所忍
想象。不过我们想到就是亡国还是要干，亦无所用其悲观。"（全集第 3 卷第
356 页）

6 月 6 日　《人民不许》、《华北运动成绩进步之可喜》（以上两篇收入《小言论》
第一集）、《创制中国电风扇的杨济川君（中）》（署名落霞，收入《人物评述》）、《盲干》
（收入《最难解决的一个问题》）、《〈怕得是教育上的问题〉按》，载《生活》周刊第 6 卷
第 24 期。（全集第 3 卷第 640—641 页、641—642 页，第 4 卷 673—678 页、267—270 页，第 3 卷
第 357—358 页）

《人民不许》摘要：

　　"我们于此尤可得一大教训，即外患不足畏，本国人不顾外患而但知自相
残杀，实为极惨痛的自戕手段。我国全国国民的一致心理，无不殷切盼望中山
先生弥留时惨呼之'和平奋斗救中国'能成事实，而不至再见同室操戈其豆相
煎之可耻现象，今以领导国民救国的国民党而先自不能团结一致，其为可痛，
何可胜言！我们歆羡德国的党人与人民，蒿目时艰，感喟无已，但望国人之知
所取法而已。"（全集第 3 卷第 641 页）

《华北运动成绩进步之可喜》摘要：

　　"常人每以为运动仅及体格上健康之增进，而不甚注意于运动实与精神息
息相关。试观参加比赛的运动员，对于所与赛的技术，必先有集中注意的练
习，虚怀细密的研究；比赛之际，尤须具有无畏的精神，坚毅的意志，与镇定的
脑筋，凡此种种，都与精神方面的修养有极密切的关系，决非徒恃死板板的气
力所能奏效。至于团体比赛，凡为团体中之一员者，非彼此戮力同心，分工合
作，决无取胜之可能，则团结力之养成，更为明显。""关于社会风气方面，数万

人之踊跃参观,决非漠然而来,淡然而去,必能增加他们对于运动的常识,培养他们对于运动的兴趣,而为推广的先声。不但优胜者本人得精神上的安慰与愉快,师长之于学生,家长之于子弟,皆觉与有荣焉。以实例为提倡,胜于空口说白话者多矣。"(全集第3卷第642页)

《〈怕得是教育上的问题〉按》摘要:

"现代体育的重要目的,第一在锻炼身心的健康,第二在训练尊重纪律的习惯,第三在养成公正理解的态度,第四在增加团结互助的精神。""所提及的'全校的健康比赛',愚意以为倘能规定体格各部分的健康标准,延请医生及健康专家组织评判委员会,根据检验结果而加以奖励,实在是一件极有价值的事情。"(全集第3卷第358页)

6月12日 晚,穆藕初假座觉林宴请,同席者有黄炎培、杜重远、陈彬龢、邹恩润、江问渔、杨卫玉等,共商东北青年团结事。《黄炎培日记》)

6月13日 《民意所在》(全集未收)、《荣誉中的自觉》(以上两篇收入《小言论》第一集)、《创制中国电风扇的杨济川君(下)》(署名落霞,收入《人物评述》)、《记一件新奇的事情(一)》、《得意后的失望》(收入《悬想》)、《一时情感》(收入《最难解决的一个问题》),载《生活》周刊第6卷第25期。(全集第3卷第642—643页,第4卷第673—678页,第3卷第359—361页,第5卷第279—281页,第4卷第291—293页)

《得意后的失望》摘要:

"我们对于无限的希望,作不断的进攻则可,'发生痛苦的感觉'则不可;进攻的时候,当以愉快的态度和舒适的精神进行,时间上和工作上尽管不免紧张,而在精神方面及心理方面却须常常保持坦荡荡的气象,绝对要避免常戚戚的境域。""学识要紧,健康也要紧,两者相较,健康实更要紧。有了健康,不怕无增进学识的可能,也不至有了学识而不能应实用的弊病。像吕君日间要办公,晚间有三数时的自修,我以为已够,只须持以恒心,循序渐进,学识上之日有进步,可以无疑,若更要侵略到晚间睡眠的时间,我认为很不妥当。""就寻常的体格说,每晚至少要有八小时的充足睡眠,一时'侵略'了这种很重要的休养时间,也许不至立刻觉得不良的影响,勉支多时,不免损及健康。'早起有益于卫生'固不错,但迟睡和克扣不可少的睡眠时间却是有害的,这一点不可不注意。""我以为做教师的应于授完若干课时,酌抽上课的时间在教室内和学生讨论,任他们提出疑问或意见,作比较详尽的研究。我以为教师应养成学生的思考力和判断力,不应用注入式的死法硬把材料灌到学生的脑筋里去,便算了事。在大学里尤其要鼓励提倡这种讨论研究的精神和兴趣。"(全集第5卷第

281 页）

《一时情感》摘要：

"无论何种社会，难免良莠不齐，此不独中国为然，即在社交公开方面有比较长久历史与习惯的欧美各国，亦莫不然，故重要之点在有明确的判断力和坚定的自卫力。有明确的判断力，便不至妄交劣友；有坚定的自卫力，便不至受人诱惑。""女士再三痛恨于'卑鄙龌龊的男子'，其实高尚纯洁的男子非绝迹于世界，'卑鄙龌龊的男子'在世界上亦随处有之，要在能够辨明其为'卑鄙龌龊'而毅然决然的勿与亲近，勿'上了他的当'。"（全集第 4 卷第 292 页）

6 月 20 日　《学潮中的负责者》、《宗族主义和国族主义》（以上两篇收入《小言论》第一集）、《对林白来华应有的观感》、《巴斯德（上）》（署名落霞，收入《人物评述》）、《〈健身健国的途径〉按》、《记一件新奇的事情（二）》、《异性接触》（收入《最难解决的一个问题》），载《生活》周刊第 6 卷第 26 期。（全集第 3 卷第 644—645 页、645—646 页、361—363 页、363 页，第 4 卷第 658—664 页，第 3 卷 364—367 页，第 4 卷第 139—140 页）

《异性接触》摘要：

"护士是安慰病人与减轻病人痛苦的天使，仁慈忠诚的护士，其有功于社会，实不下于仁慈忠诚的医生，龚女士的事业和志趣都值得我们的敬重。既在社会服务，即不免要和异性接触，诚如女士所言，所以本刊屡次说明在男女社交公开的社会里应积极提倡'绝对尊重对方的自由意志与人格'的习惯；无论为友或求爱，'须以双方出于自愿为第一条件'。倘若以新招牌为幌子而实行其压迫异性的暴虐手段，社会应加以严厉的制裁，舆论应加以严厉的攻击，勿令魑魅魍魉逍遥横行于光天化日之下，而犹敢恬然以合于新潮流云云以自掩其丑。""任何职业界都难免良莠不齐，只要自己有坚毅的意志，明澈的眼光，勿受诱惑，便可自卫，否则避不胜避。假使表示坚决态度之后，对方仍纠缠不清，尚可根据实际环境，加以相当制裁；如系院外人，可嘱阍人不准他入内；如系院内人，可与主持该院的当局商量警告的办法。"（全集第 4 卷第 139—140 页）

6 月 24 日　"星期三那天，稿子还在排印，被王伯群知道了，当天派了商务印书馆的一位交际博士和另一位曾与先生在'南洋'同学的来到生活周刊社，同时携来十万元巨款，进行贿赂。""来者传言：王部长最近拨下巨款，对上海各大小报馆都有补助，因为《生活》是部长最爱好的刊物，所以补助的经费特别多些。先生知道了他们的来意，脸就沉下来，告诉他们：《生活》是一个自立更生的刊物，经费虽有困难，但不受任何方面的津贴；一个小刊物也用不着偌大的巨款。""结果严词拒绝。来者又调换口气说：要把带来的这笔现金投资给《生活》，作为股本。先生又以与当时股份有限公司的章程不合,再加拒绝;并对来者说:王部长既然这样慷慨,不如替他捐助给仁济堂——水灾救济机关,救救几百万嗷嗷待哺的灾民吧!""他们当然是不同意这个建议的,结果没趣的溜走了。"(陈象恭《忆韬奋先生》,收入《忆韬奋》第 230 页)

6 月 27 日 《身后的一万万圆》、《引狼入室》、《最切实的贡献》(署名心水)、《巴斯德(中)》(署名落霞,收入《人物评述》)、《记一件新奇的事情(三)》、《送往迎来》(收入《一个女子恋爱的时候》)、《抱主拜堂》(收入《悬想》)、《情海风波》(收入《最难解决的一个问题》)、《久惹是非之王保婚礼》(全集未收),载《生活》周刊第 6 卷第 27 期。(全集第 3 卷第 367—368 页、368—369 页、370—371 页,第 4 卷第 658—664 页,第 3 卷第 372—375 页,第 13 卷第 410—412 页,第 5 卷第 327—329 页,第 4 卷第 318—320 页)

《最切实的贡献》摘要:

"最近记者有机会和一位以振兴中国瓷业为己任的杜重远君晤谈,对于他的最切实的贡献既致其无限的敬佩,而益信我在上面所述的个人直觉为不诬。""记者不否认生活含有精神和物质两方面,但在大多数人无以为生的时代,物质实重于精神,清谈无补于实际,这是事实上的需要,不是徒唱高调所能抹煞的;我也承认仅仅饱食暖衣固然不能算尽了做人的能事,但啼饥号寒,日坐愁城,其它便都无从说起。所以我认为在生产与自然科学及实用科学上有实际工作与成绩,实对目前中国有最切实的贡献,并恳切希望有天性近于研究自然科学与实用科学的人,勿糊涂湮没,当尽量利用以益国家社会。"(全集第 3 卷第 370—371 页)

《送往迎来》摘要:

"这篇文字的题目虽有'恋爱'两字(注:指作者编译的纪实小说《一个女子恋爱的时候》),其实也可以当作社会小说读,因为在这里可以看出社会情形的种种方面,有欺诈险巇的可畏境域,也有忠诚好义的可喜境域,要在处世者有卓然自立的意志,毅然果决的判断,必能避免荆棘陷阱而步入康庄大道。贞丽以一孤苦零丁的无力女子,邬烈佛诱惑于前,丁恩挟制于后,其处境不可谓不险,但是她无论所遇如何困难,而百折不回,毫不自馁,有如执舵在手,目标在前,虽狂风怒涛,莫奈彼何,这种精神,岂以爱潮中人为限?以此精神对付事业,事业不足为;以此精神对付困难,困难不足抗。"(全集第 13 卷第 410—412 页)

《情海风波》摘要:

"在此新旧递嬗最激烈的过渡时代,所谓道德观念,固然难尽同,有的人还视'抱主拜堂'为'可风末世';有的人甚至主张自由性交或杂交为不背道德。

但愚意以为无论新旧，至少有两个前提应该注意：第一，不要害人；第二，不要用欺诈或强迫手段以达自私自利的目的。我想既称为'道德'，无论新旧，总不该害人，也不该欺诈强迫。"（全集第 4 卷第 319 页）

7 月 4 日　《哀监察院》（收入《小言论》第二集）、《我们何以安慰郭女士？》、《巴斯德（下）》（署名落霞，收入《人物评述》）、《记一件新奇的事情（四）》，载《生活》周刊第 6 卷第 28 期。（全集第 5 集第 20—21 页，第 3 卷 375—376 页，第 4 卷第 658—664 页，第 3 卷第 377—378 页）

《我们何以安慰郭女士？》摘要：

"郭女士于本月二十四日会同纪念五三烈士筹委会发掘旧交涉署后园，寻觅蔡烈士遗骸，直至二十五日午后五时始发现人骨甚多，郭女士泣下如雨，掘出各骨均焦黑，系日军烧后埋葬者，并有衣服，炸弹皮，皮带，剃刀，行军地图等（地图上有通泰安通东昌路程），证明系五三殉难烈士无疑。二十六日继续发掘，烧毁之骨与衣服等又发现不少，血迹殷然，犹可辨认，烧焦之肉炭亦发现不少，郭女士泣下沾襟，发掘工人亦多感泣。""郭女士为寻觅蔡烈士事，奔走数年，备极劳瘁，我们对于郭女士的精诚，敬致其十分敬意，回念蔡烈士临难时，暴军喝令跪下，而蔡烈士宁受杀害而始终不屈，中国人未能阻止残暴兽行，乃全国永远不能忘之奇耻大辱，烈士之慷慨就义，女士之忍泪奔波，应愈增国人之羞愤与振作雪耻的心志。""闻五三烈士被烧骨骸寻获后，该处日人极为惊骇，驻济日领西田已有详电向日政府报告一切。作贼心虚，原无足怪。我们在正义上诚可告无愧于天下，但在自己疆土之内无力保护同胞而一任暴军兽行之任意摧残，不能不有沉痛的反省。禁止暴行非有实力不可，从今以后，全国上下须戮力同心为国家贮蓄御暴的实力，始可告慰五三烈士在天之灵，始可以安慰郭女士。"（全集第 3 卷第 376 页）

7 月 5 日　杜重远假座功德林宴请，同席者有黄炎培、江问渔、杨卫玉、潘仰尧、邹恩润、李公朴、王志莘、毕云程、陈彬龢。商量在此时局下如何克尽责任。（《黄炎培日记》）

7 月 6 日　晚上，公家邀请昨日诸人为杜重远、李公朴饯行，继续商量昨天的议题。（《黄炎培日记》）

7 月 7 日　晚上，十人再会餐功德林，成立华社，通过简章八条。（《黄炎培日记》）

7 月 11 日　《国人应奋起一致对外》、《附议〈反对今日之鸦片政策〉》（以上两篇收入《小言论》第二集）、《共读一封可歌可泣的信》、《中国在国际的地位》（收入《悬想》），载《生活》周刊第 6 卷第 29 期。（全集第 5 集第 21—22 页、23—24 页，第 3 卷第

379—381 页,第 5 卷第 421—425 页)

《国人应奋起一致对外》摘要:

　　"东北长春附近之万宝山固明明为中国的领土,最近朝鲜农民二百余人移往该地,强掘水田,日军警用武力压迫华农,时加枪击,本月五日旅韩侨胞又惨遭屠杀,国人万勿视为一隅一时之事,日对我国之有计划的侵略,其背景已如上述,此次横蛮与惨酷,实为积极侵略中国之小波澜,国人应奋起一致对外,由一致对外而巩固国内,由巩固国内而充实御外的能力,全国一心,同御外侮;有无觉悟,全在我们自己;能否救此垂危的国家,亦全在我们自己。"(全集第 5 卷第22 页)

《附议〈反对今日之鸦片政策〉》摘要:

　　"《时事新报》于本月四日及五日登出马寅初先生的《反对今日之鸦片政策》一文,对鸦片公卖作极沉痛的反对,记者认为是近今最最重要的一篇文字。马先生虽以学者而从政,仍能如此不失其学者所应有的风骨,记者和他虽无一日之雅,于执笔对此文表示附议之际,愿先对马先生表示我至诚的敬意。""马先生所言可谓针针见血,应为全国国民所'附议'。'贩运之辈,目的全在谋利,违法害人,在所不顾,买通官吏,厚相贿赂,以致法令失败,此年来最显著之情形也'(亦马先生文中语),烟贩与贪官污吏之'目的全在谋利,违法害人,在所不顾',政府正应设法禁止,今乃取而代之,不惜以全民族生命为牺牲,'民生''民族'之谓何? 扪心自问,何以自解?"(全集第 5 卷第 23—24 页)

《共读一封可歌可泣的信》摘要:

　　"我以为林烈士写此遗书的时候,他自顶至踵一毛一发都充满了'博爱'的精神,都和'博爱'相融化,我们读此遗书,除顶礼膜拜外,得不着别的观念。但徒然顶礼膜拜何益? 我们必须勿忘林烈士这种'至高尚纯洁的'精神,共同勖勉,把此精神培养扩充,使烈士的躯体虽死而他的精神不死。还有两点,我们要注意:(一)现在有一班青年,一碰就想死,一有困难就想死,我们要知道像烈士之死,是奋斗杀贼被执而死,非不奋斗而自杀;(二)这种牺牲为群的博爱精神,公而忘私的高尚纯洁精神,不仅为破坏的工作所需要,即建设的工作亦极所需要,大家能不自私自利,各以此种精神分途奋斗,则国事不足为。"(全集第 3 卷第 381 页)

《中国在国际的地位》全文:

　　"现在有一班人不喜欢谈到我国失却体面的事情,我们谁愿中国失体面? 但既失了体面,不让大家知道,共同来设法挽救,'失却的体面'难道便会自己跑回来吗？这种讳疾忌医的心理不拔除，实是不求进步的一种重大的原因。我们要时常把眼光向外望望，如不能在国际上争气，尽管在国内恣肆横行，得意洋洋，像煞有介事，都是极可怜可恨的状况。""我们倘能常把眼光向外望望，看见别人以国家的威力来压迫我们，侮辱我们，我们便不应该在国内自己对自己人妒忌，倾轧，捣乱，闹意见，营私利，应当众志成城，建立强有力的国家来抵抗外侮。彼以群来，我们也须以群往，始能抵抗得住，决不是少数个人摩拳擦掌所能争得气出的。"（全集第 5 卷第 424—425 页）

7 月 14 日　中午，华社功德林会餐，石延汉列席。（《黄炎培日记》）

7 月 15 日　上午杜重远离沪。（《黄炎培日记》）

7 月 18 日　《忸怩作态何为?》、《热血民众的唯一武器》（以上两篇收入《小言论》第二集）、《今后全国应集注的三大工作（上）》（署名心水）、《苦痛中的挣扎》、《很不对的》、《余等婚事》（后两篇收入《悬想》），载《生活》周刊第 6 卷第 30 期。（全集第 5 卷第 24—25 页、25—26 页，第 3 卷 382—383 页、384—386 页，第 5 卷 349—351 页、351—352 页）

《忸怩作态何为?》摘要：

"我国万宝山农民之被日警开枪射击，及旅韩侨胞之惨遭屠杀，随手拈来的事实，都为日本有计划的积极侵略之表现的铁证"，"明明勒令韩人压迫我国农民，夺其生计，不惜以机关枪扫射而强夺，而犹忸怩作态曰'起因于压迫满洲鲜人'！明明发踪指使其统治下的韩民残杀邻邦的无辜外侨，而犹忸怩作态曰：'日本政府对于今次事件，并无国际公法上之责任！'压迫究作何解？公法究作何解？要做强盗就做强盗罢了，忸怩作态何为?"（全集第 5 卷第 24—25 页）

《热血民众的唯一武器》摘要：

"强盗临门，无理可讲，我们应如何奋起自卫，这是全国同胞所应穷思极虑的生死问题。万宝山的农民非中国国民吗？但以中国国民在中国领土而受日本军警之开枪扫射，奇惨极痛而无可如何。旅韩侨胞非中国国民吗？但以身处邻邦之无辜侨胞，曳至街中屠杀，奇惨极痛而无可如何。谁无父母妻子？谁无兄弟戚友？惨呼哀号，锥心泣血，固为尚未身临其境的同胞所即能感觉，但若再不奋起拯救，实为国家既亡或实等于亡的个个人民所必难逃避的榜样"，"我们为民族生存计，不得不奋起拯救此垂危的国家；时机急迫至此，尤不得不急速奋起拯救此垂危的国家。"（全集第 5 卷第 25—26 页）

《今后全国应集注的三大工作（上）》摘要：

"个人为小我，民族为大我，民族若无自卫的能力，则皮之不存，毛将焉附，小我随处受人蹂躏,乃自然的趋势,当然的结果。民族自卫能力何由来? 全靠组成民族的小我团结一致,本牺牲小我的精神,作拯救大我的奋斗。我们中华民族之受人荼毒,可谓至矣尽矣,倘再无彻底的觉悟,坚决的努力,前途危难,不堪设想。共同奋斗共同努力的途径怎样? 依记者愚妄之见,以为今后全国应集注三大工作,具体方法与实施各随各人地位与能力分工合作,兼程并进,而万流归海,须以能够促成这三大工作为归宿。什么三大工作? 一曰健全民族的体格,二曰唤起民族的精神,三曰发展民族的经济。""健全民族的体格:体格健全,在个人方面为凡百事业之母,这是常人所明白的原理,但我们鉴于外患的逼迫,我们应看准对象,以舍身保国为职志,则对于此事,愈应认真切实的做去,勿望我健我身,非仅为我计,亦为拼命卫国的基本准备,由此以健全民族的体格为观点,我既为民族中的一分子,我认真切实执行此事,同时就我地位尽我能力助人共行此事,乃我对于民族应尽的一部分天职。""除此大规模的体格锻炼的组织外,学校家庭乃至个人,亦随时随地可以实行,学校里有的已有了晨操,惟教者不认真,学者仅敷衍,若能晓以大义,严其训练,有如机器之加油,另有一番振作精神,寓卧薪尝胆于发愤锻炼之中,较之懒洋洋的但思逃课,结果迥异。家庭中苟能父兄子弟共勉,亦易实行。个人则每日抽出十五分钟至半小时左右时间,或在任事以前的清晨,或在公事已毕的晚间,均切实易行,更易自主。"(全集第3卷第382—383页)

《苦痛中的挣扎》摘要:

"'事非经过不知难',有人听见本刊有蒸蒸日上之势,也许以为本刊的进行一定是很顺利的了,但是我们在为社会服务方面虽得到多少精神上的愉快,而在对付黑暗的环境方面也常在精神上感觉很大的痛苦,尤其有人往往把'发达'和'发财'混在一起,以为事业既'发达',在经济上必已'发财',致本刊感受不少的麻烦。""本刊较前发达,我们不讳言;本刊收入较前增加,我们也不讳言。不过我们有一点要略为说明的,就是'水涨船高',我们在事业上的正当支出随着正当收入而作同样的增加。""本刊为什么要事业发达? 无非要想竭其棉薄,为社会多争得一线光明,若同流合污而图苟存,不如直截爽快的疾终正寝。很多爱护本刊的朋友,说本刊发达到现在的规模很不容易,应力加维护,勿令冒险,勿多管闲事。他们的盛意隆情,我当表示十分的感谢,但我同时以为《生活》的生存价值在能尽其心力为社会多争些正义,多加些光明,若必同流合污以图苟存,则社会何贵有此《生活》?《生活》亦虽生犹死,何贵乎生存? 故我但知凭理性为南针,以正义为灯塔,以为不但我个人应抛弃'患得患失'的心

理，即本刊亦应抛弃'患得患失'的态度。"（全集第 3 卷第 384—386 页）

7 月 25 日　《全民族的生死关头》、《再论热血民众的唯一武器》（以上两篇收入《小言论》第二集）、《今后全国应集注的三大工作(中)》（署名心水）、《全身各部平均发育的操练》（署名落霞）、《读〈最近三十年中国政治史〉》、《本刊重要声明》、《荒谬》（收入《最难解决的一个问题》），载《生活》周刊第 6 卷第 31 期。（全集第 5 卷第 27—28 页、28—29 页，第 3 卷第 386—388 页、388—390 页、390—393 页、393—394 页，第 4 卷第 288—290 页）

《全民族的生死关头》摘要：

"日本之能否'征服世界'，非我们所知道，但'征服满蒙'为'征服支那'的第一步，则由田中固已明目张胆言之，故我们如不能救满蒙，即不能拯救中华民族；不能拯救东北的三千万同胞，即不能拯救全民族的四万万同胞！我们切不可再醉生梦死了，应视此为全民族的生死关头。""谁无子孙？试想象倘若自己子孙不免为亡国奴隶，箠楚惨杀蹂躏，一任他国亡我者之称心快意，莫敢谁何，其惨象为何如，则今日有何私人权利不可牺牲？岂特'有限之牺牲'，即无限之牺牲，亦当赴汤蹈火，义无反顾。""不仅未来子孙的惨象为可悲痛而已，及吾之身，或亦难免，倘若不信，今日处于日本威严之下的东北同胞，即为现成榜样。"（全集第 5 卷第 27—28 页）

《再论热血民众的唯一武器》摘要：

"我们一方面要有彻底的觉悟，一方面尤须有积极工作的勇猛实施，因为拯救民族是要靠实际的工作，不是仅靠感情上的兴奋所能有效的。实际工作不外根本和救急两方面。""从根本方面着想，我们以为全国上下应有深切而沉痛的忏悔，从此团结一致，尽心力于健全民族的体格，唤起民族的精神，发展民族的经济，下十年生聚教训的切实功夫。在救急方面，除严厉督促外交当局外，在民众方面只有一条路走，就是抵制日货。""抵制日货不但有消极的反抗作用，并含有提倡国货和鼓励本国生产的积极作用。"（全集第 5 卷第 28—29 页）

《今后全国应集注的三大工作(中)》摘要：

"在此内忧外患交迫的中国，我们立于国民的地位，欲拯救我们的民族，以记者之愚，以为在根本方面，今后全国应集注三大工作：一是健全民族的体格，二是唤起民族的精神，三是发展民族的经济。"（全集第 3 卷第 386—388 页）

《荒谬》摘要：

"现在有一班尚在求学时代的青年，好像竟把恋爱一件事视为可以概括人生的一切，聚精会神抛弃一切以追求，追求而失恋，则抛弃一切而颓荒。这种情形非大学青年所宜有,更非中学青年所宜有。""常见有不少中学生的文卷叙述自己失恋的苦痛,以中学生时代的宝贵光阴,不用于锻炼体格,增进学识,修养品性,以备造成有用之材而为此亟待建设的国家社会的未来中坚分子,乃耗其精神智力,神昏颠倒于失恋之中,此岂徒个人的损失,抑亦民族的隐忧。"(全集第 4 卷第 290 页)

8月1日 《女性从宽录取》、《南开培植寒士的新事业》(以上两篇收入《小言论》第二集)、《今后全国应集注的三大工作(下)》(署名心水)、《健身操练的准备》(署名落霞)、《读〈上海租界略史〉》、《〈同志陈君警吾〉附言》、《〈予个人每年所担邮费〉附言》,载《生活》周刊第 6 卷第 32 期。(全集第 5 卷第 29—30 页、31—32 页,第 3 卷第 394—396 页、396—398 页、398—399 页、399—403 页、403—404 页)

《南开培植寒士的新事业》摘要:

"无论何事,都有治本治标两途,且在实行方面说,只得就各人所处的地位及可能范围内努力。所以我们一方面主张非根本改造得不到彻底的普遍的功效,一方面对于各就地位及可能范围内为社会福利作得寸进寸的努力,也愿表示同情。"(全集第 5 卷第 31 页)

《今后全国应集注的三大工作(下)》摘要:

"我们主张在根本上应根据中山先生的实业计划,用国家资本作大规模的经济建设,同时国民须用严正态度监督政府共同努力。""在实业家方面,于国家资本的实业计划未实行之前,亦应有彻底的觉悟,竭力使实业的利益社会化,为拯救大多数苦同胞而办实业,勿为制造少数资本家个人享用而办实业。总之,教育的实施,个人的努力,实业的经营,均以发展民族经济为最大的目标,为大多数民众谋幸福,非为一己或少数人作剥削的工夫。""民族的力求独立,和民族经济的独立有极密切的关系,故甘地以全力赴之,我们要求得民族的独立,也非积极发展民族的经济不可,非积极顾到大多数民众的生活不可。"

(全集第 3 卷第 394—396 页)

《〈同志陈君警吾〉附言》摘要:

"在目前实际上的状况如何? 有若干有知识的就藉知识来做贪官污吏;又有若干有知识的就藉知识来做祸国殃民的勾当;又有若干有知识的就藉知识来做这一班国家罪人的走狗。我们试闭目一思二十年来祸国殃民的旧官僚新官僚谁非出身于所谓知识阶级,便知此语之决非无的放矢。他们自己固无恶不作,但同时还有一班知识阶级的败类替他们摇旗呐喊,助桀为恶,其他国民方面亦失其制裁力,于是推波助澜,肆无忌惮,遂成黑暗世界,光明境域愈缩愈小。在此洪水滔滔，欲以一二人之力挽狂澜于既倒，诚觉不易，但倘能以思想之吸引，意气之相投，培成陈君所谓'立场既同，态度既同'的同志，人数由少而多，分布各地，我们这一团同志不但自己决不干贪官污吏，决不干祸国殃民的勾当，并且立定志愿，不和那班祸国殃民者妥协，再进而作积极的工作，和那班祸国殃民者博战，则人数众多之后，正气弥满全国，奸佞贪污，遇之将如冰雪之遇灸火，必有'力量'可以表现。这便是《生活》所梦想能够获得的同志，所梦想能够一天一天增加的同志。这样的同志愈多，我们'集中''力量'对于民族国家的贡献也愈大。""同时亦不得不顾到身体的健康，必须有健康的身体，然后才能继续的奋斗，否则功亏一篑，岂不大可痛惜？我们个人生死，似不甚重要，惟从服务国家社会方面着想，像陈君这样的一位志士，一旦夭折，在他个人迟早终有一死，在国家社会方面实受了一个很大的损失，昔人所谓'为国自重'，我们希望同志们常常念着。"（全集第 3 卷第 401—403 页）

8 月 8 日　《什么"幸福之连索"！》、《人见绢枝逝世》（以上两篇收入《小言论》第二集）、《关于上肢的运动》（署名落霞）、《悼丁而汉君》，载《生活》周刊第 6 卷第 33 期。（全集第 5 卷第 32—33 页、33—34 页，第 3 卷第 404—406 页、406 页）

《什么"幸福之连索"！》摘要：

"这几天不知发作了什么病态心理，'幸福之连索'的信竟闹得满国风雨——不仅满城风雨——说什么在二十四小时内即须抄录九份寄与心中欲望其得到幸福之好友九人，照做便有二万万四千万美国金洋钱大财的希望，否则便有房屋坍倒儿子死掉的危险！大家竟盲从着大抄特抄，大寄特寄，一般民智程度之大糟而特糕，于此可见一斑，这是最可伤心的一点。"（全集第 5 卷第 32—33 页）

《人见娟枝逝世》摘要：

"日本军阀及政客对于我国之侵略野心，为我们不共戴天之深仇，但我们对于同文同种不怀帝国主义之日本平民，对于他们在不侵犯邻邦的范围内为本国增光荣对世界有贡献的事业，也愿表示其同情，我们以此为观察点，对于日本第一女运动家曾握世界运动纪录的人见娟枝女士之最近逝世，愿致其深挚的悼惜。"（全集第 5 卷第 33 页）

8 月 15 日　《天灾人祸》、《甘地又来了》（以上两篇收入《小言论》第二集）、《关于下肢和颈部的运动》（署名落霞）、《〈对王保应作进一步批评〉附言》，载《生活》周刊第 6 卷第 34 期。（全集第 5 卷第 34—35 页、36—37 页，第 3 卷第 409—410 页、411—416 页）

《天灾人祸》摘要：

"这几年来,我国对外可谓绝对没有实力保护本国的国民和侨民,不然万宝山的农民何至白白地被别国军警随意用机关枪扫射?朝鲜的华侨又何至白白地整百整千的被人随意杀害?但对外仍头到极点,在内的武人们却兴高采烈的'胡来了一阵'又一阵,反正'胡来'之后,成则可以大搜大刮,败则可以通电下野,此意不仅指石氏一人而言,凡不顾国势衰微与民生困苦都已到了极点,而以'又胡来了一阵'为快意的,都是国民的公敌,中国的罪人。""天灾是从天而降的,似与人祸不甚相关,但天灾是可以藉人力以减杀它的暴虐,或预防它的猖狂的,因人祸之相连,无暇建设,天灾乃得愈肆其狂暴。""据赈务委员会委员长许世英氏最近的电呈,南北各省洪水为灾,统计灾区十有六省,灾民在五万以上。遍读各处乞赈通电,最惨之语,有'老弱待毙以呻吟,妇孺声嘶而泣血';最切之语,有'省一席宴客之资,即救灾区一家之命;移一日烟酒所费,亦可延饥民一日之生'。我们睹此惨状,一面固愤慨于人祸之作俑,以为此后应注意于根本之救济;一面祸既临头,愿唤起幸而未入灾境的国人之同情心,披发缨冠,剑及履及,各节其衣食日用之资(尤其是奢侈费),共负拯饥援溺之责,尤当念大难当前,危机四伏,救人即所以救己,安国即所以保身。"(全集第5卷第34—35页)

《〈对王保应作进一步的批评〉附言》摘要:

"我向来以为评论应根据事实,倘我得到可以评论值得评论的事实,我便评论;倘我得不到可以评论值得评论的事实,我便不评论,决不因为怕挨骂而摇动这个标准。我自问对于王、保的婚事,始终没有违背这个标准。""最后还有两点愿略加申诉:(一)有人不满意本刊发表王氏前函,其实凡属更正或声辩的来信,只须有相当理由,无论来自何方,为公平计,均应发表,此为办报者应负的责任,并非意存偏袒。(二)在做贼心虚而自己丧尽人格者,诚有以为只须出几个臭钱,便可无人不入其彀中,以为天下都是要钱不要脸的没有骨气的人,但是钱的效用亦有时而穷。有人疑我受贿,真是笑话,记者之为人,凡知我的师友,无不知之,即读者亦可就记者所发言论是否根据事实而下判断,并可就我言论上作继续的监视,不必我自己多所置辩,俗语谓'若要人不知,除非己莫为',苟有亏心之事,必有拆穿之日,终必为社会所唾弃。"(全集第3卷第412—416页)

8月19日 晚上,华社聚餐,出席者有黄炎培、毕云程、陈彬龢、杨卫玉、潘仰尧、邹恩润,还有艾君。(《黄炎培日记》)

8月22日 《浸在水中的数万民众》、《各尽心力》(以上两篇收入《小言论》第二集）、《论领袖欲》（署名心水，收入《事业与修养》）、《关于胸背和腰腹的运动》（署名落霞）、《〈汉市水灾之由来〉按》、《〈关于丁而汉君的复信〉按》、《中国家制》（收入《最难解决的一个问题》），载《生活》周刊第 6 卷第 35 期。（全集第 5 卷第 37—38 页、38—39 页，第 4 卷第 737—739 页，第 3 卷第 416—418 页、418—420 页、420—421 页，第 4 卷第 109—113 页）

《浸在水中的数万民众》摘要：

"我国此次水灾，难民达五千万人以上，汉口形势尤为惨酷，截至记者执笔时，汉口来讯，长江水标已突破五十三英尺，数万灾民所视为唯一避难而蚁集的铁道线路，亦已没于水底，已绝对无可避难之处，妇孺老幼皆浸在水中，苦饥与水，一片哀号痛哭之声，惨不忍闻，惊心动魄，何以逾此！我国大川以长江黄河为最，此次长江流域，受祸尤剧，虽属天灾，但江道上游，久未疏浚，遂致泥沙淤塞，河床渐高，一遇较久时间的大雨，即行暴涨，如能于平时开凿疏浚，俾得畅流无阻，何至遽成惨祸？又此次长江及其支流泛滥奔腾，大小各堤溃决者以数百计，如能于平时有较精密的工程及随时修葺的切实功夫，使防御力量巩固，亦何至临时陆续溃决，无以为计？此种人事与天灾的因果关系，应给国人以重大的教训。"（全集第 5 卷第 37—38 页）

《论领袖欲》摘要：

"常闻时论劝人勿存领袖欲，但实际上，无论信仰何种主义，无论何种事业，总不免有领袖，且记者以为所谓总不免有领袖，不但在事业上的情形如此，且为事业之发展计，亦应如此，因为我们心目中对于领袖的认识，不是把他个人的地位和别人所处的地位看得有何贵贱高下之分，不过是他所负的责任特别重，他的工作特别重要，也许特别繁苦，他所应具的才识学问经验人格魄力眼光等等要比别人特别的严格，然后才能负得起他的重大责任，干得下他的繁苦工作。所以记者不主张无条件的蔑视领袖，作一概抹煞之论，但也不愿无条件的提倡领袖欲，我所要提出的要点是：我们欢迎坚苦卓绝，为群众谋福利而牺牲自我的领袖；我们要打倒养尊处优自私自利，剥削群众利益而自供个人享用的领袖。前者的领袖不怕要做者多，愈多则群众的福利愈有进步；后者的领袖惟求其少，不少则群众的福利愈被摧残。""我们要奉劝现在以领袖自居的要人贵人们，你们尽管嘴巴上喊着那么多好名词，说得天花乱坠，且慢吹，请你们先把自己平日穷奢极欲的享用以及尊亲贵戚平日穷奢极欲的享用和一般平民比一比！"（全集第 4 卷第 737—739 页）

《〈汉市水灾之由来〉按》摘要：

"我们承公达君于患难中赐寄此文,无限悲感,此文付排时闻江水于十三十四两日续涨甚猛,汉市水势汹涌,我国官厅计无所出,惟有拱手旁观,灾民飘流水中,与死尸为伍,奇惨绝哀,无以逾此!"(全集第3卷第419页)

《中国家制》摘要:

"天下无绝对尽美尽善的制度,不过两害取其轻而已。大家族制度中婆媳妯娌之常常倾轧吵闹,或至少彼此暗斗,强者暴戾恣睢,弱者吞声饮泣,为各人所常见的显著事实,无可讳言。遇着这种情形,除分居外无其他彻底办法;预防这种情形,除分居外亦无其他彻底办法。""小家庭当然也有小家庭的缺点,不过和大家族比较,仍是利胜于弊。""我们所最不赞成的大家族,尤其是不仅父母子媳,甚至于已成室的弟兄姑嫂乃至伯叔妯娌以及更不相干的许多附属物,一塌刮子拖泥带水赖在一起,视为美德!""至于需要抚养的父母,有同居之必要时,当然不应置之不顾。不过遇着性情特别,不能相安,同居反累他们老人家常常生气时,还是设法分居的好。""不过住居相近,彼此减少发生意见的机会,而同时互助互慰的便利又得因此增加,诚为比较的更进一步的家制。"
(全集第4卷第110—113页)

8月29日 《自动赈灾之踊跃》、《汉难中的日本军民》(以上两篇收入《小言论》第二集)、《切实研究的明确对象》(署名心水)、《读〈东省刮目论〉》、《〈西医道德〉附言》,载《生活》周刊第6卷第36期。(全集第5卷第39—40页、41—42页,第3卷第421—423页、423—425页、426—428页)

《自动赈灾之踊跃》摘要:

"我国此次水灾为祸之惨酷,为百年来所罕见,灾区所展,约占一百五十万方里,灾民总计,不下一万万人,其中生命处于最危险境域者,约三千万人,尤危迫待救者约一千万人。在灾难中之生死挣扎,为民族之惨象;在灾难后之安置生存,关全国之安危。故国民对此次灾难而犹淡然漠视,袖手旁观者,其心目中实无民族与国家,而能各尽心力以尽瘁于拯救者,即所以救我民族,救我国家。民族衰微,个人何所附丽? 国家混乱,国民何所逃避? 明呼此,则此次赈灾所含的意义实异常严重,与寻常慈善事业决不能相提并论。""就政府方面说,为救灾而举行公债,抽调军舰,及进行与美国商榷小麦借款等等,已在发动,我们惟望其迅赴事机,切念灾民倒悬待解之刻不容缓。就国民方面说,沪上各界近日对于自动赈灾之踊跃,更足见中国人心未死,仁侠犹存,在物质方面的数量虽尚有限,在精神方面的警醒尤可注意。所谓精神方面的警醒者,一扫个人但知短视的自私自利,而对公众安危能作深切的注意与同情。""个人的坚苦卓绝排除万难的大无畏的精神，患难中尤足见其真正精神之程度；民族的团结奋斗排除万难的大无畏的精神，患难中亦足见其真正的精神程度。我们但望此种团结互助的精神之能扩充，能普遍。"（全集第 5 卷第 39—40 页）

《汉难中的日本军民》摘要：

"我想诸君还记得不久以前（八月十五日事）上海的日本海军陆战队竟敢在中国领土内的黄浦江上，公然以暴力抢掠被反日会查获的日货，并逮捕我国检查员，滥施殴打，其行为之横暴，手段之卑鄙，实可痛恨，为我中国人民所不能忘。但我们就事论事，对于日本军士的这样横暴卑鄙的行为，固深觉其穷凶极恶，而对于最近日本军民在汉口灾难中之奋斗精神，尤其是在该处的日本海军陆战队和洪水搏战至最后一刹那的苦斗，不能不发生异常深刻的印象。""俗语谓'不以人废言'，我们如'不以人废事'，则这种勇敢奋斗至最后一刹那的沈毅精神，应能给与我们以一种兴奋剂。或谓日本人虽作殊死战，汉口日租界亦终为洪水所侵入。我以为无论处于何种艰难的地位，能不畏艰难而勇敢奋斗至无可奋斗而后已，这种精神之可贵，殊非一时的成败所能磨灭。其实我国原有这种精神，所谓'愚公移山'，所谓'鞠躬尽瘁，死而后已'，都是比此更进一层精神的表示，在乎我们之提携培养而已。"（全集第 5 卷第 41—42 页）

《切实研究的明确对象》摘要：

"我以为专家至少须有切实研究的明确对象；我们如有志对社会有特殊的切实贡献，先须寻得我们各人所要切实研究的明确对象，然后对准这个对象作继续不断的万流归海的切实研究工夫。""我们曾见不少由外国回来的毕业生，一旦坐拥皋比，做起教授，留学甲国的所知和所讲的就不外乎甲国的问题，甲国的材料，甲国的统计，甲国的事实，留学乙国的便同样的只有关于乙国的一套把戏，他们脑子里独缺中国的影子！""我们以为各种研究应以解决中国的特殊问题作出发点——作切实研究的明确对象。我不是说外国的学说，外国的情形，不该研究，但研究的时候，必须以中国的待决问题为观察点，否则这种人在中国实在是吃白饭，说空话。""一方面我们要时常注意我们各人自己所要研究的明确对象，一方面还要时常省察我们自己的能力。我的能力可望解决一国中的某一问题，或仅可望解决一省一县或一业中的某一问题，我便依能力所及而定对象范围的广狭，庶能实事求是，可以得到切实的结果。"（全集第 3 卷第 421—423 页）

9 月 5 日　《人类同情的流露》、《主因》（以上两篇收入《小言论》第二集）、《关于赈款的建议〉附言》，载《生活》周刊第 6 卷第 37 期。（全集第 5 卷第 42—43 页、43—44

页,第 3 卷第 428—429 页)

《人类同情的流露》摘要:

"此种'一滴血一滴汗'之五十圆赠赈,虽为数无多,但在至苦中不忘救人,且不忘救异国人,其至诚的精神实非任何数量所能计算,故'事务员'为之感动,'所长'为之感动,'所长之友人'为之感动,'政府'为之感动,乃至'各方面'均为之感动,正合我国所谓'精诚所至,金石为开',记者深信我国全国同胞闻此尤有更深的感动,尤应自问我们自己对于灾难中的同胞是否已各尽其心力而可以问心无愧。""本埠有报贩刘一鸣君把他三天卖报的钱连本带利共大洋一圆小洋四角铜圆二十六枚一并送到急赈会助赈,并附一函,""这也是实在令人不禁肃然起敬的行为,凡是自审处境均较上述之日本劳动者及本国报贩为优的人,而犹不知闻风兴起者,大概不是人类中所应有的了。几占全国四分之一的同胞陷入极凄惨的境域,就靠其余四分之三的同胞拼命援手,一致努力的拯救他们。"(全集第 5 卷第 42—43 页)

《主因》摘要:

"飓风狂雨,为势虽猛,但圩堤原备抵御之用,乃如此接二连三的溃决,则圩堤之为圩堤,亦可想见。""如此重要之圩堤,区区竹篱将石拖松,潮水便得涌入遂崩,则平日工程之因循苟且,实为显然的事实!""江都县长陈南轩氏于该县邵伯决堤后电省政府叶主席自请处分,亦谓'此次事变','年久失修,疏于防范,实为主因'。苏省府主席叶楚伧氏亦因运堤溃决,专电国府自劾,'恳请严重惩处,以儆泄沓'。平时未对'主因'严重注意,事后虽纷纷电请处分,于已死的数十百万的无辜灾民何补?中央党部江苏同乡水灾救济会近发表哀告书,谓'沿运河二十五县人民,每年缴纳治运亩捐约百余万之巨,初不料脂膏虽入官吏之囊,而性命犹不能保也',这也是说到'主因'的几句极沉痛的话。称为天灾,毋宁称为人灾之更为恰当!"(全集第 5 卷第 44 页)

9 月 12 日 《谈朱子桥先生》、《无国力为后盾之华侨》(以上两篇收入《小言论》第二集)、《读邮务工会力争邮局组织法通电》(署名心水)、《艰危震撼中的白鲁宁》(署名落霞,收入《人物评述》)、《〈目睹〉附言》,载《生活》周刊第 6 卷第 38 期。(全集第 5 卷第 44—46 页、46—47 页,第 3 卷第 429—431 页,第 4 卷第 571—573 页,第 3 卷第 432—434 页)

《无国力为后盾之华侨》摘要:

"近数星期华侨在墨境所开各商店被墨当局没收,或强迫抛弃,损失美金数千万圆,每日离境华侨数百人,在数千人退出混乱中,有若干人失踪,其形势之严重与我国侨胞之受人凌辱,丝毫得不到国家的保障,已为极显明而凄惨的事实。墨人所持理由,则谓当此种经济衰落之时,墨人多失业,华侨既在墨国占有优势,致墨人失业者无法消纳云云,此而可成理由,则我国经济未尝不衰落,失业者未尝不多,亦大可将各国外侨'斥逐'！美国电讯谓'墨人为经济竞争,故非将无国力为后盾之华侨排斥出境不可','无国力为后盾'实为此事之根本原因,而应为我国全国国民所时刻不可忘的教训。"（全集第 5 卷第 46—47 页）

《读邮务工会力争邮局组织法通电》摘要:

"我国的机关,无论公私——尤以公的方面为甚——对于用人方法向来有一个很大的弊病,就是不以适当的人材与事业的效率为前提,只要是当局者自己的亲戚私党,不论阿猫阿狗,奴才废料,都可以弹冠相庆,源源不绝的请进来！海关邮政的大权,向操诸碧眼儿之手,自属一件憾事,但他们对于用人方面,录取重考试,升擢录取后服务的成绩和年数,一扫我国委亲任戚的传统恶习,实不无可取,亦毋庸为讳的确切事实。我们所希望者,事权固当收回来,而这种传统恶习却万万不可让它死灰复燃才是,否则一手收将回来,一手却把这种事业毁了,徒然贻笑外人,以中国人始终无组织力无管理力为诟病。""人生大抵不能无婚姻,既有婚姻即难免有亲戚,昔人有'内举不避亲'之语,亲戚不一定都是奴才废料,或许也有人材,但必经过法定手续,然后可免流弊,例如邮局用人向由考试,升擢向由'邮政资深熟练人员充任',必如此然后可以自恃其材能成绩进身,而非恃私亲私戚的关系窃位。""公职非媚细君之具,裙带竟为捷径之方,'维护邮政'诸君之力争组织法,防微杜渐,为国家多留几处干净土,卓识高见,大可钦敬。""滥用人必滥黜人;非滥用无须滥黜,非滥黜无从滥用。滥用则奖励奔竞钻营之习,不以学识经验为重;滥黜则养成五日京兆之心,不以忠事尽职为贵。每一机关当局更易,则一切人员如水之奔溃,此种劣根性不彻底铲除,任何事业均无上轨道之希望。履霜坚冰,其来也渐,固不仅'维护邮政'诸君所当共勉。"（全集第 3 卷第 429—431 页）

9 月 19 日　《自认为正当之处置》、《呼吁和平的实效几何?》（以上两篇收入《小言论》第二集）、《研究与盲从》（署名心水）、《〈关于西医道德的补充〉附言》、《〈天衣电机织绸厂全体工人来函〉按》、《〈永安纺织公司第一厂全体男女工友来函〉按》,载《生活》周刊第 6 卷第 39 期。（全集第 5 卷第 47—48 页、48—49 页,第 3 卷第 434—436 页、436—438 页、438—439 页、439—440 页）

《自认为正当之处置》摘要:

"据日方宣传,谓有日本参谋部部员陆军上尉中村丽太郎于六月上旬由哈尔滨赴兴安区旅行,于六月二十七日左右到达洮索铁路终点葛根庙附近之苏鄂公旗被害,且断定为我国驻军所害。经我国东北负责机关详查后,认为毫无证据。日本军人乃气焰冲天,主张实行武力解决。""满、蒙为何国的国土?这种地方受人侵略,'谋国民国防思想之普及'者应属中国才是,而日人却口口声声'国防',好像是中国人侵略到他们的日本国里去了!可谓滑天下之大稽。""揣测日人之意,须不必调查而即——承认实无证据而为有证据,或虽有调查,不管事实如何,亦——承认实无证据而为有证据,才合于所谓'迅速表示诚意',所以他们'自认为正当之处置'是无往而不'正当'的!说到这里,我们想到五三惨案中蔡烈士被日军惨杀之有凭有据,朝鲜惨案中无辜华侨被日人所指使之韩民惨杀至百余人之多亦有凭有据,较之中村事件之捕风捉影者何如,但延宕至今,日本表示过什么'诚意'?""中村事件,就局部言,应不难解决。调查结果如为莫须有,我们当然不能硬打自己的嘴巴;如调查属实,我们当然根据事实,负起依法办理的责任。但此事背景之所以复杂,却在醉翁之意不在酒,在藉题侵略东北,即《大阪每日新闻》所明白记载日陆军及参谋部'主张乘机巩固帝国既得权益'。故中国若无'正当之处置'实力,或急速准备此实力,以阻止日本之'自认为正当之处置',则非到东北完全奉送给日本,一桩'事件'未了,一桩'事件'又来,日人'自认为正当之处置'也将要'正当'到底的。所以我们应从根本上着想。"(全集第5卷第47—48页)

《研究与盲从》摘要:

"研究之所以重要,因为必须有充分的研究,而后不至作无意识的盲从;欲望人不作无意识的盲从,不但不可闭塞人的聪明,压迫人的思想,反而应该鼓励他作平心静气的仔细研究。""盲从好像戴有色眼镜看东西;研究好像用显微镜细察;深闭固拒,闭塞聪明,则等于闭着眼睛不看!有眼睛不看,或不许看,便等于瞎子!瞎子更易于盲从,这是很显然的事实。"(全集第3卷第435—436页)

《〈关于西医道德的补充〉附言》摘要:

"(一)记者以为批评当就事论事,应以事为对象,不当以人为对象。就是坏人,如有好事,我们应当对此好事加以鼓励;就是好人,如有坏事,我们也应当对此坏事加以匡正。"(全集第3卷第437页)

9月20日 营口、安东、长春均被日军占领。朱子桥等招待就餐一品香,成立抗日救国研究会,到三十六人,假宁波同乡会为机关,议至六时始散。(《黄炎培日记》)

9 月 26 日　在《生活》周刊第 6 卷第 40 期上,发表书评《读〈莫斯科印象记〉》,评论胡愈之著《莫斯科印象记》。

同日　《应彻底明了国难的真相》、《唯一可能的民众实力》、《一致的严厉监督》、《对全国学生贡献的一点意见》(以上四篇收入《小言论》第二集)、《〈北极阁上的新别墅〉按》、《读〈莫斯科印象记〉》,载《生活》周刊第 6 卷第 40 期。(全集第 5 卷第 49—50 页、51—52 页、52—53 页、53—54 页,第 3 卷第 440—441 页、442—446 页)

《应彻底明了国难的真相》摘要:

"日本之侵略东北,其野心决不仅在东北,所谓大陆政策,实以全中国为其征服对象,具有五千年文明历史的中华民族,男女老幼,均为其心目中未来的亡国奴隶,此其意旨,在日本并不讳言,实久已明目张胆形诸文字与宣传。""日人所宣布者如彼,西人所视察者如此,而事实上所表现者又为铁一般的证明,则今日日本在东北无端占我土地,焚我官署兵营,解我军械,逮捕我官吏,惨杀我无辜,凡此种种亡国奴所受至惨极痛的悲剧,若我们无彻底觉悟与坚决奋斗的抗御,则为我们人人及身所必须遭遇,妻女任人奸淫掳掠,自身任人奴役蹂躏,子子孙孙陷入非人的地狱深渊,皆非意想而为可能的事实! 据哈尔滨电讯所述,十九日长春傅营长阵亡,全家老幼十七口均遇害,五岁的一个儿子也被破腹惨死。此为何种惨象! 此种兽性兽行,今日施之于东北者,他日即可施之于中国全部。故全国同胞对此国难,人人应视为与己身有切肤之痛,以决死的精神,团结起来作积极的挣扎与苦斗。"(全集第 5 卷第 50 页)

《唯一可能的民众实力》摘要:

"在我们手无政权又无军权的民众,对此暴日,所仅有的唯一的可以使仇敌感觉痛苦的,只有彻底的坚决的经济绝交的办法。中国倡言抵制日货已有过八次,而并无多大的效果,也许有人竟视此事为迂阔而无裨实际,其实非抵制日货之无多大的效果,实不彻底不坚决的抵制所致的泡影。""日货进口到我国来,吮吸我们脂膏而去的,仅就棉布一项而论,一年已达二万万圆,在我国国内所设的日本厂所产的棉布棉纱,每年亦达二万万圆。仅就此两项而言,每年吮吸我们的脂膏即达四万万圆,等于我们全国的人口,其他海味等等尚不计。老实说,欧美人不愿做日人的顾客,日本的工商就全靠我们的惠顾,只要我们全国能拼命的实行彻底的坚决的抵制,在短期内他们即感到痛苦。我们亡国灭种之祸已在眉睫,死而有益于同胞,犹不惜一死,仅仅不穿日货,不吃日货,不用日货,并不至即死,仇敌虽强,无法强我必买,赤手民众所仅有的实力而犹放弃,则奴性已成,更有何望?"(全集第 5 卷第 51—52 页)

《一致的严厉监督》摘要：

"记者现在所要说的，是一般民众对内在此紧急时期所尤须坚持的态度。这个态度便是督促全国上下一致团结对外。无论何人，无论何派，到了这个危急存亡的时候，如再图私利，闲私见，而有妨碍一致团结对外的举动，我们全体国民应群起反抗。以我们手无政权又无军权的一般民众，要收到反抗的实效，惟有采用不合作主义。军官不用命，商人不借款，铁路不开车，轮船不起碇，学界团结起来做反对之演讲宣传，言论界奋发起来作严正的责备；各抱坚决的意志，虽刀锯鼎镬，甘之如饴，如此固死；亡国亦死：共同以不怕死的精神，不合作的武器，作一致的严厉监督。只须能万众一心，什么坏蛋都孤掌难鸣，抱头鼠窜而逃。倘对外不能作彻底的坚决的经济绝交，对内不能抱定团结一致对外的精神，作一致的严厉监督，这样的民族便失却生存于世界上的资格了。故我们对此两端，须各就地位各就能力作积极之提倡与宣传。"（全集第5卷第52—53页）

《对全国学生贡献的一点意见》全文：

"自暴日残害我国的事实发生以后，全国愤慨，而尤以富于感情激于热血的全国青年学生，悲愤填膺，哀痛欲绝，人人有为国效死之意志，而茫然不知所以自效之方法。记者承男女各校学生诸君或以快函或约面晤而研究此事者，纷至沓来。记者日夜彷徨，悲痛国事之凄惨，而回视这许多高尚纯洁为国家将来干城的青年，辄于热泪盈眶中寄其一线希望。记者不自揣谫陋，敬贡几点愚见如下，聊备参考：（一）各校学生速组织抗日救国会，推举干事，与各校联络组一总会，议定分工合作的计划与程序。（二）择定一日，全沪学生（外埠亦可各处集合全体学生）以极哀痛严肃的态度，聚在一个相当场所，全体俯首静默虔诚为国难志哀，志哀后全体举手宣誓对外必实行彻底的坚决的经济绝交，绝对不再用日货，并尽心随时随处劝家族劝他人下同一决心。如此大规模的悲壮举动，对振作意志及唤醒民气为效殊大。（三）零星散漫的出外演讲，印象不深，不如择定一日，全沪学生作总动员，出外宣传，由总会规定分区担任的办法，推选善于演讲者开口，不善演讲者亦当共出维持秩序及襄助一切。（四）无紧张工作而徒增惰性的罢课，我不赞成。（五）勿消极，即有决死之心，亦可等到最后需要加入战线时临危授命。（六）救国的基本工作决非朝夕间所能急致，除上述的目前的紧急工作外，青年诸君应以极沉痛的精神与决心，力求实学，锻炼体格，养成纯洁人格，注意国事及敌国情形之研究，为国家增加有人格有实学有健全体格有远大眼光的人才，即为国家增加基本的实力。"（全集第5

卷第 53—54 页）

《〈北极阁上的新别墅〉按》全文：

"在天灾人祸内外交迫的国难中，最近沪上哄传宋子文在京又有新别墅之经营，特函托驻京记者云霄君调查真相，此文即其回答。承他力疾从公，贤劳可感，附此志谢。"（全集第 3 卷第 441 页）

《读〈莫斯科印象记〉》摘要：

"这书是今年八月份出版的，著者胡愈之君，发行者新生命书局，实价八角。胡君于今年一二月间亲在莫斯科观察一星期，此书便是他在该处所得的'印象'，全书虽有一五一页，但以著者亲切有味的叙述，通畅流利的文笔，令人非终卷不能自休，看完后觉得没有这么多的页数似的。""记者最后的感想，觉得制度重要，人尤重要；能自治的人才能实行自治的制度。苏联对于国民教育训练之积极，实尤为基本的基本。处于倡导地位的干部人才（尤其是廉洁公忠坚苦卓绝的人格）也极重要，否则制度与计划都不过成为纸上空谈或落得有名无实的结果而已。"（全集第 3 卷第 442—446 页）

10 月初　9 月下旬韬奋读胡愈之著《莫斯科印象记》，对"著者亲切有味的叙述，通畅流利的文笔，令人非终卷不能自休"，写了一篇书评介绍，随即约定，和毕云程专程到商务印书馆编译所访问胡愈之。韬奋向胡提出"九一八"事变前后国内外形势的种种问题，畅谈三小时，当即约胡为《生活》周刊写稿。胡著文称："我没有立即答应他们，只说让我考虑一下再说。"时隔不久，10 日，《生活》周刊第 6 卷第 42 期，即刊登了胡为它写的第一篇文章《一年来的国际》。"是鼓吹联苏抗日的文章"。胡"以为邹未必敢登，但是后来这篇文章一字不改地登在《生活》周刊的《国庆专刊》上了"。从此，两人结成知交，无论是政治问题，还是事业上的问题，韬奋都倾心地和胡交谈。他不仅请胡按期为《生活》周刊写国际问题的文章，还请胡参加周刊的聚餐会。聚餐会每周一次。经常被邀参加聚餐会的，最初是李公朴、毕云程、陈彬龢、吴颂皋、韬奋、韬奋的助手艾寒松。后来还有东北来的杜重远。胡称"在聚餐会上我只是听人家谈得多，我自己少发表意见。但觉得韬奋这个人是热情的、爱国的，他确实想把他办的刊物作为武器，为中国人民作些好事。他对国民党政府已经不再存希望，对苏联和共产党则有好感。"（毕云程《韬奋和生活书店》，收入《忆韬奋》第293 页，胡愈之《关于生活书店》（1968 年 8 月 2 日）、收入《我的回忆》第 152 页，徐伯昕《生活书店是怎样接受南方局的领导》、收入《南方局党史资料·文化工作》第 268 页）

10 月 3 日　《无可掩饰的极端无耻》、《除自救外无办法》、《自救之准备》、《当前的重要关头》（以上三篇收入《小言论》第二集）、《读〈苏俄视察记〉》、《我们如何能救国?》(收入《最难解决的一个问题》),载《生活》周刊第6卷第41期。(全集第3卷第446—447页,第5卷第54—55页、55—56页、56—57页,第3卷第447—449页,第4卷第336—338页)

《无可掩饰的极端无耻》摘要:

"东北当局抵御外侮的方策有吗? 有! 叫做'不抵抗主义',其实这种'不抵抗主义'就是'极端无耻主义',倘国民不加以深刻的观察和沉痛的驳击,则今后为国公仆负有守土之责者,贪生怕死,见敌即逃,不知人世间尚有羞耻事,仍得大言不惭,冠冕堂皇,嚣然号于国人曰'不抵抗主义'! 天下主义多矣,如此极端无耻而亦得傲然自命曰'主义',实为千古奇闻!""现在中国的怕死当局却把'非武力抵抗主义'一变而为'不抵抗主义',不自知其无耻,犹沾沾自喜,以为不愧为甘地而自豪,是真无耻之尤! 握有政权军权的当局,在未亡国以前,倘仅以'非武力抵抗'为能事,已属无耻,今仍索性倡言什么'不抵抗主义',是否无耻之尤?""记者非欲唱高调,说我国军队必能战胜日军,但当日军侵入我们国土之后,有守土之责者至少应以死御,即死御而犹无济于事,以战死谢国人,较之拱手缴械以让暴敌之长驱直入,横行无忌,使我中华民族贻羞当世者仍有霄壤之别。向敌宣战是一事,敌来死御又是一事。有守土之责者但知缴械逃遁,犹恬然以'主义'自掩其丑,极端无耻者言之不以为怪,国人听了也不以为怪,则中华民族之受毒将无由自拔,故不可不辨。"(全集第3卷第446—447页)

《除自救外无办法》摘要:

"国际联盟为帝国主义的列强所把持,无弱小民族伸冤之余地,早为彰明较著的事实,而我国上下一若全以国联消息为欣喜悲哀之枢机者,不求自救而但以依赖他人为唯一希望,此种劣根性即民族之致命伤!""我们看到国联第一次通知中日两国的通告,有'使两国立即撤兵,并使两国人民之生命财产不受妨害'的话。以日兵侵入中国的国土,屠杀中国的人民,掠夺中国的财产,而谓须'两国立即撤兵',须'使两国人民之生命财产不受妨害',这是什么话!""仰人鼻息,随人喜怒,而毫无自救办法,试看日人占辽吉后,即以兵力强行赶筑吉会铁路,以充实其吞灭我国的步骤,即蹂躏我国的暴军暂行撤退,而实权攫去净尽,于实际的解决有何把握?""外交形式虽非不可利用,但自己毫无自救的努力而以依赖外援为侥幸,决无希望可言。"(全集第5卷第54—55页)

《自救之准备》摘要:

"我们要彻底明白,他国舆论之痛斥日军暴行为强盗是一事,我国懦弱无能,毫无御暴能力之可耻又是一事。他人之痛斥强盗,未必同时即为敬我懦弱无能之表示。故我们应沉痛知道自己之可耻,而作努力自救之准备。我们目前固切齿痛恨暴日在东北之横行,但他们处心积虑侵略东北,在实际上做准备工夫者近三十年,我们在此三十年中曾经有何自救的准备? 到了强盗升堂入室,白刃加颈,始纷纷有义勇队敢死队征兵制等等的呼声,可见平日对外侮并无丝毫的准备;国内政争,拼死不悟,必至暴日用武力强占了东北,才纷纷派代表决定国内和平,可见平日对外侮并无丝毫的准备。他人以数十年的实际准备来侵略,我们只有临时抱佛脚的急就章来谋应付,试问有何把握? 前事不忘,后事之师,我们八九十年来原无自存的能力,仅恃列国均势关系而得苟延残喘,在此八九十年有何准备? 所以时至今日,仍是一个毫无战斗力以自卫的国家。"(全集第 5 卷第 55—56 页)

《当前的重要关头》摘要:

"欲根本图谋民族的生存,非基本的准备不为功;对于目前的重要关头,就民众方面言,记者以为除一面应实行彻底的坚决的经济绝交,一面应严厉监督全国团结一致对外(详上期本刊),尚有一重要工作,即严厉督察懦弱无能的外交,不容外交当局再以敷衍苟且的结果来欺骗民众。如当局为日本暴力所软化,将东北的军警经济交通各权——画诺奉送,而赢得虚壳子以欺骗民众,则虽日本作形式上的撤兵,而东北实已完全奉送,为日本巩固吞灭中国的大本营;我们一时无力制止强盗之掠夺,应卧薪尝胆,力图恢复,不应谦恭谄笑,亲口承认强盗之合法,应毅然与敌断绝国交,全国以死相拒。"(全集第 5 卷第 57 页)

《我们如何能救国?》摘要:

"中国是个穷国,这是大家所听得不要听了,但是同时中国是个最浪费的国,这一点似乎还缺乏深刻的觉悟和痛悔。生产尽管落后,而享用却极力讲究,全是败家子的风气! 此中当然还有分别:一般平民在衣食住行各方面在实际上已经苦得不堪,无'毁'之可言,而上中阶级则纵奢极欲,大官显贵提倡于上,一般官吏风从于下,乃至国脉所倚靠之青年学子,亦有大部分奢侈浪漫,一到中学,别的未学,先学穿漂亮的来路货西装,玩跳舞场,一切力求形式上的'摩登'化,勤奋俭朴刻苦的精神殆视为不识时务的勾当,而不知新兴的民族如德意志,如苏联,其全国上下之勤奋俭朴刻苦的精神适与我们成一对照! 此种风气倘不根本打倒,则如痨病鬼之更放纵于声色,其危孰甚?"(全集第 4 卷第 338 页)

10 月 4 日　华社功德林会餐,到者黄炎培、李公朴、江问渔、杨卫玉、陈彬龢、

王志莘、毕云程、邹恩润。(《黄炎培日记》)

10月10日 《国庆与国哀》、《历史的教训》、《努力的焦点》(以上三篇收入《小言论》第二集)、《伤心惨目》、《第6卷第42期〈编余赘语〉》、《〈主张对日开战的理由〉附言》,载《生活》周刊第6卷第42期。(全集第5卷第57—58页、59—60页、60—61页,第3卷第449—451页、451—452页、453—455页)

《国庆与国哀》摘要:

"据东北逃难来沪友人所述,辽吉在暴日铁蹄下之我国人民,民家出入惟日兵所欲为,身命杀戮惟日兵所欲为,强奸妇女惟日兵所欲为,取携自由惟日兵所欲为,不仅日兵,即一切日本浪人都可狐假虎威,无恶不作,受其凌辱者,除俯首帖耳,饮泣吞声,或不胜羞愤,牺牲一身外,含冤赍恨,哭诉无门,中国虽未全亡,而亡国其惨,东北数千万同胞固以含泪承受,林烈士所谓'无地无时不可以死',所谓'吾眼睁睁看汝死,或使汝眼睁睁看我死',无异为今日东北之写真。我们念及双十,不禁联想到二十年前此日武汉之义举,不禁联想到慷慨捐躯为国牺牲的无数烈士,同时更不禁联想到殉难诸烈士当时所痛心疾首奋不顾身欲为同胞铲除之危害,至今日则如水之益深,火之益热,所谓'同志者在'徒见其挂羊头卖狗肉,钩心斗角于私斗,丧权辱国为惯技,一任暴敌之横冲直撞,劫掠惨杀,不以为耻,除'不抵抗'外无办法,除'镇静'外无筹谋。痛念先烈之赤血热泪,环顾国家之黑暗凄惨,逢此双十,悲感丛集,实国民抱头痛哭之日,国哀而已,何庆之有?""但是徒然哀痛,一味悲观,则亦非有志气的民族所应为,因为国庆或国哀,皆为我们所自取。""记者抚今追昔,虽不胜其悲怆,但却不愿消极,并切望全国同胞不愿消极。我们必须深信种瓜得瓜种豆得豆的因果律。今日国庆所以成为国哀,是由于我们以往的不努力;今后国哀之能否变为国庆,亦视我们将来能否努力为转移,关于这一点,我们应勿忘历史给与我们的教训。"(全集第5卷第58页)

《努力的焦点》摘要:

"由历史的教训,我们可以断言国哀之可哀不在外而在内,不在仇敌之强暴而在我们自己之不觉悟,不努力。我说这样的话,决不是说暴敌之有何可以使我们宽恕之处,是说我们徒然愤恨暴敌,诅咒暴敌,于御敌雪耻决无丝毫之神补,欲收御侮救国的实效,非我们自己有彻底的觉悟,下努力的决心不可。""我们国人从来未有彻底的觉悟,乃事实所昭示。即就日本之图我而言,自甲午之战起,距今已三十余年;民四二十一条之要求,距今亦十六年;济南惨案今亦三年余了。每次受一重大刺激,虽未尝没有一度之兴奋,但一度之短期兴奋外，仍复沉沉入睡，武人政客之你争我夺如故，一般国民之麻木如故，政治上经济上军事上教育上科学上均未因外患之急迫而有何积极的进步。我们现在应深切明白一向以亡国或亡国奴为口头禅，视为嘴上瞎吹的滥调儿，如今死路越走越近，如不猛醒回头，辽吉一带同胞所受的亡国惨祸，所过的亡国奴生活，即全民族人人所必经历的惨境，故所谓国哀，必全国上下深切觉其可哀，深切觉其自身有切肤之痛之可哀，然后始有努力之可能。""不过仅有散漫的意识，一时的感情，决不能持久，决不能有实效，所以既有彻底的觉悟，复有努力的决心，尤须有通盘的筹算的计划和坚毅奋迈的执行。如政府不能应民众的这种希望，那么这种误国的当局应为民众所不容，民众当群起而谋所以自救，否则国哀永无变为国庆的可能。"（全集第 5 卷第 60—61 页）

《伤心惨目》摘要：

"东北大学文理学院学生赵新民向记者述该校所遭及日军奸污女生之情形颇详，足以代表日军暴行之一般。赵谓当十八日夜间，日军开始动其残暴行为时，全校同学均集于宿舍，惊惧与愤慨之念，交织于胸中，未几闻喊杀之声与枪声由商埠渐逼渐近，突见日军及便衣浪人二三百名，由校外蜂拥而入，枪弹乱发，用刺刀木把挥打各生，驱使即刻离校，稍一迟回，即遭杀伤。女生宿舍系在另一院，同时亦被侵入，侮辱威吓，较男生尤甚。当时逃出之某女同学曾目睹日军兽行一幕：有附中一年级生陈女士者，年才十五岁，因访大学部女生某女士未归，即与某女士同处一室，日军闯入，艳陈之貌，强行奸污，某女生年长于陈，且擅运动，膂力甚强，睹状情急，持窗台花盆猛击日军，日军被击大怒，即用刺刀刺女士之腹，登时肠出流血而毙，类此之事，到处皆有。言毕怆然泣下，听者无不切齿。（九，廿五，天津通讯）""呜呼！全国同胞！永远勿忘东北同胞的哭声惨呼！"（全集第 3 卷第 449—451 页）

《第 6 卷第 42 期〈编余赘语〉》摘要：

"（一）读者诸君看见这一期的双十特刊，或许有人觉得广告太多了，记者对于此点请略说几句请诸君原谅的话：这一期特刊文字较平常约增多一倍，并加有画报六页，而价目则完全照旧，这是本刊同人以能为读者多尽心力为愉快，认为是分内事，但同人所有的不过是精神时间和心血脑汁，没有经济可以赔贴，故仍不得不多登些广告，藉为一部分之挹注。""讲到广告这一件事，平日却有一件常常发生的小趣事，就是记者常和一位同事抢夺文字的地位。他是本刊的营业部主任。我把广告的责任完全交给他，并叫他常常留意我们的预算：我向来主张我们应把本刊收入尽量用到本刊自身的事业上面去，但同时却须量入为出,否则弄到'无米之炊','将伯谁呼'? 因此他常常顾到经济的关系而怕我把文字侵略到他的广告地位,而我因文字上常有难于恰可而止,时常侵略他的广告地位,于是我们俩常常办交涉,但他总是让我的,不过侵略得太厉害或次数太多时,他就把预算上的收支提醒我,有时我也只得自愿'吃瘪'。"(全集第 3 卷第 451—452 页)

《〈主张对日开战的理由〉附言》摘要:

"这次我国惨受暴日的侵凌,凡属血气男儿有谁不愿来和这个强盗拼个死活?""现在中国仍有政府,仍有军队,而一任暴日长驱直入,拱手退让,确为天地间最无耻的事情,决不能援廿地所谓非武力抵抗云云所能遮着!""辱而死,战而死,同一死也,我们宁愿战而死。这一点当然无疑义,如驻长春之吉林军三连与暴日兽兵剧战一昼夜,弹尽大呼中华民国万岁而自杀,无一降者,我们全国血性男儿应挥泪痛哭,为此殉身国难的烈士遥致敬礼。"(全集第 3 卷第454 页)

10 月 17 日 《宁死不屈的保护国权》、《宁死不屈的抗日运动》、《宁死不屈的准备应战》、《决死之心和怯懦自杀之区别》(以上四篇收入《小言论》第二集),载《生活》周刊第 6 卷第 43 期。(全集第 5 卷第 62—63 页、63—64 页、64—65 页、65—66 页)

《宁死不屈的保护国权》摘要:

"我们可以断言在日本所肯做到的不外两途,一则永远占领,名实俱归;一则取实避名,空壳子暂时奉还。前者为日本军阀派的欲望,后者为日本外交派所主张,而其共同目的皆以亡我东北为前提。蹂躏东北之刽子手本庄近在沈大和旅馆召集来华日军官会议,在席间演说,谓'我们对满经营数年之目的今始达到,而国联会员国及其他有实力国家竟令我们退兵,我们应存头颅可断兵不能撤决心',可见日本军阀派之野心和凶横。""记者以为我们在目前既未能即'断'本庄等的'头颅',与其答应亡国条件,不如任强盗据其赃物,作为全国抗日运动的痛心目标,绝对不与妥协,宁死不屈。"(全集第 5 卷第 62—63 页)

《宁死不屈的抗日运动》摘要:

"人人有求生存的权利,国家民族亦有求生存的权利,在大同世界未达到以前,个人的生存常不得不附丽于国家民族的生存。故我们对于暴日危我国家民族生命的暴行,必须反抗,必须抵死反抗,实为我们人人做人类中一员所应有的权利,所必须死争的权利。我们民众抗日运动的唯一有效武器是彻底的坚决的经济绝交。""经济绝交途径不一,仅就抵死不买日货而言,由仇国收入中夺回此巨款,已足致其死命。这可以说是经济开战,个个中华民国国民无论男女老幼，都有做赴难战斗员之一之可能，因为不买日货是人人能力内必定可以做到的事情，只要人人能做到，必有胜利的可能，全在乎我们全体国民能彻底，能坚决。""日本不是不知我们对他经济开展之可畏，所以纷纷以军舰陆战队来威胁，向我国政府提出严厉抗议，强迫我国取消抗日运动，以'最不幸之重大结果'相恫吓。""我们全国国民应下最后的决心，即白刃加颈，头可断而仇货不买，军舰陆战队其如我何？"(全集第 5 卷第 63—64 页)

《宁死不屈的准备应战》摘要：

"暴日之谋我已二三十年，而我国只耗精神财力于内战，国防可谓无丝毫准备，至今日而始言准备应战，实在是一件极痛心的事情。""以我国目前军备之远不如人，谓为可由开战而胜，我苦于说不出理由，并且虽听见不少人举出的理由，也都不能认为可靠。然我犹主张宁死不屈的准备应战者，以为不战而死，不如战而死，全国死战偕亡，胜于忆忆偏偏做亡国奴；况且真能全国死战抗敌，或许于一部分之牺牲外，尚得死里求生。同时我国在外交方面应极力打破孤立的局面，观察全局，联络中山先生所谓'以平等待我之民族'，在互利而不辱国的条件之下，向前奋斗。"(全集第 5 卷第 65 页)

《决死之心和怯懦自杀之区别》摘要：

"保护国权，须全国人人有决死之心；抗日运动，须全国人人有决死之心；准备应战亦须全国人人有决死之心；故人人有决死之心，实为救国的首要条件。悲愤国难自杀之动机纯洁可敬，我们虽不忍有所非议，但我们切盼青年明白决死之心和怯懦自杀截然不同。""要想救国就不该怕困难，因为怕难就是怯懦，试问人人都来做'易'的事情，叫谁来干'难'的事情？而且觉悟的分子愈多，国家民族复兴的希望愈大，不惜一死报国的人就是最有觉悟的分子，最能自我牺牲的分子，敌人方深恨我们有这样的分子而思一网打尽，日军入东北后之仇视青年学生，即其明证，我们反纷纷自杀，岂不是自伤元气而助敌张目？故我们应以决死之心用到积极的路上去，不应向消极的路上跑，至少须等到与仇人肉搏时拼命。"(全集第 5 卷第 66 页)

10 月 22 日　《请国人严重注意　亡国条件的惨酷内容　尤其是立可沦亡全国的第二条》，载《生活》周刊紧急号外。(全集第 3 卷第 455—457 页)

《请国人严重注意　亡国条件的惨酷内容　尤其是立可沦亡全国的第二条》摘要：

"呜呼！除第一第三无关紧要的两条为日本有意杂入以混乱我们的耳目心思外，其余三点都是亡国条件，第二条尤其是沦亡全国国民为日本顺民永远不得翻身的惨酷条件，而我国政府大有甘之如拱手签押于卖国卖民族卖全国国民的卖身契之倾向！我们一方面仍望号称革命的政府不至于如此昏聩，一方面哀痛于形势之急迫，结果之悲惨，不得不大声疾呼，唤起全国同胞的注意，以死力争。""尤其惨酷的是第二条，承认了这条，以后中国教科书里有了抗日救国的意味，报纸刊物乃至演说有了批评日本的言词，抵制日货乃至振兴国货的文字言词，日本都可根据条件提出抗议，加以压迫。他可以干涉我们的教育，我们的言论，我们的爱国运动，乃至我们的经济。""第二条则以全国全民族为范围，立刻沦为朝鲜第二，永远不得翻身，其为惨酷，何以复加？欧战时，奥国对塞尔维亚的酷虐条件有干涉塞国教科书内容一条，塞虽小国，终以死拒，现在中国竟俯首帖耳自愿做日本的顺民吗？""我们愿倾其热泪，竭其至诚，求全国同胞，加以严重的注意，对政府加以严厉的监督，如政府甘心亡国，我们不能坐视偕亡，当起而自救。"（全集第 3 卷第 456—457 页）

10 月 24 日 《姗姗其来迟的和平统一会议》、《战与不战的问题》、《应有牺牲的决心和奋斗的计划》（以上三篇收入《小言论》第二集），载《生活》周刊第 6 卷第 44 期。（全集第 5 卷第 66—68 页、68—69 页、69—71 页）

《姗姗其来迟的和平统一会议》摘要：

"我们深信必须国内团结一致，然后始有抵抗外侮之可能，否则一切都无从说起。在民众方面，原无不能团结一致的阻碍物，不过在政治上以党国自任的大人先生们如何，我们很痛心的觉得还要加上一个问号。暴日以暴力强占辽吉两省各重要区域，今日杀入此城，明日炸到那城，雷厉风行，倏忽万变，其速率和我们国内所谓和平统一会议之姗姗来迟，适成反比例。他们尽管快，我们却尽管慢！慢的原因，据传闻所得，无非条件条件之声盈耳，支配个人位置之消息纷至沓来，在民众方面之感觉，似衮衮诸公除个人私人的地盘权利外，心目中无所谓中国民族之前途，更顾念不到暴日之正在磨刀霍霍切我咽喉而致我国家民族的死命。""当暴日占据辽吉之第三日，张继氏在北平市党部演说，有'党不能负救国之责，应自己取消自己，党员应该自杀，将国事交还国民'之语，可谓沉痛已极。当此国难临头一发千钧之际，所谓和平统一会议，应撇开私人问题，'放下屠刀'，于沉痛觉悟之中一心一德商定对付暴日以救危亡的策略。衮衮诸公何去何从，国民应于此会之进行和结果作严厉的监察。中国为中国人全体的中国，非少数私人的中国，'能负救国之责'的党及政治上的人物始值得国民的信任与拥护，否则即为国民所唾弃，自掘坟墓，决难幸存。"（全集第 5 卷第 66—68 页）

《战与不战的问题》摘要：

"我们主张准备应战，不是说在战事本身上即可打胜仗，是以国家对外只有两条路，不是外交，便是备战，现在对日外交既只是死路一条，我们要坚决不承认亡国条件，只有准备应战是死里求生的一条可走的路。"（全集第5卷第69页）

《应有牺牲的决心和奋斗的计划》摘要：

"暴日强盗行为之凶横，已为国际上所共存，我们只须看各国舆论及国际空气已可明了，国内则经济恐慌几达不可收拾的境域，军阀骄慢，与文治派互相水火，国民思想左倾日甚，对军阀及资本家反感日深，其国内之不安现象，危机四伏，原为日本最倒霉的时代，但我国所以仍未能有一战胜利的把握者，实因我国自己一向太不争气，历年也在最倒霉的时代，毫无抵抗外侮的准备可言，但如今我们即不能希望在战事上打胜仗，苟有全国死拒决心，日本亦不能得最后的胜利。我们既绝对不能承认亡国条件，则绝交为必然之结果，绝交后日必出兵威吓，首必占据沿海各要隘，亦为必然之趋势，我们不得不有牺牲之决心；但中国海线甚长，由北方至汕头，日方至少需五十万人至一百万人始能防守，人少则易遭中国兵之袭击，人多则军费浩大，同时因对华商业停顿，经济益困，而工厂却不能停工，停工则工人生活无着，更起恐慌，不停则又无法维持，到那时候暴日对我必有吞不下吐不出之苦况；且以事势扩大，国际利益牵涉既多，届时各国是否能坐视暴日之任所欲为，尚是问题。""中国对日武器第一为经济绝交，但非国家绝交则经济绝交不能彻底。第二为地大人众，日本一时吞并不了；地占不了，人杀不尽；只须我们能坚持，至死不屈，不逾三月至六月，彼决不得不屈服，乃得根本解决一切悬案，不必待三年或五年而后可达目的。此时国人不必自馁，应有牺牲的决心和奋斗的计划。全国团结一致，努力向前，义无反顾，与暴日抵抗到底，切勿于此时因循苟且，贸然画押于卖国卖身契！"（全集第5卷第69—71页）

10 月 26 日　杜重远、杨治平从辽沈到上海。（《黄炎培日记》）

10 月 27 日　晚七点，华社功德林会餐，十人齐到。（《黄炎培日记》）

10 月 30 日　华社聚餐，到者黄炎培、江问渔、杨卫玉、潘仰尧、邹恩润、毕云程、陈彬龢、李公朴、杨治平、杜重远，王志莘未到。商量具体办法，分组委员会。（《黄炎培日记》）

10 月 31 日　《日内瓦的巨剧》、《前途如何?》、《夜长梦多的三星期》（以上三篇收入《小言论》第二集）、《日本强筑吉会路之重要性》（署名落霞），载《生活》周刊第

6卷第45期。(全集第5卷第71—72页、72—73页、74—75页,第3卷第457—459页)

《日内瓦的巨剧》摘要:

"国联的戏虽做得热闹,我们中国且慢乐观!国联此次为日本举动过于强暴,实在使国联的面子下不去,所以不得不挣扎起来板一下面孔,其最大限度不过使日军暂时退到铁路区域,以装饰《联盟约章》第十一条中所谓'保持各国间的和平',白里安对此点表示国联已算'尽其责任',可为佐证;至于何方受了蹂躏和冤抑,原非国联所愿与闻。这好像一个人家被强盗抢杀了一顿,这强盗还要赖在里面不走,左右邻居聚拢来,所要求的只不过请求这个强盗好好的出去,而强盗则三番五次拖着厚脸偏要赖在里面,这班素以不许打架相约的邻居实在觉得脸上不好看,只费尽心力求他顾顾面子出去一下,就算了事,至于他所犯的强盗罪,他对于所干的抢杀勾当所应负的责任,那是另一件事。国联的活剧无论如何'巨',最大限度的可能结果只是这样,这是我们要认识清楚的。"(全集第5卷第72页)

《前途如何?》摘要:

"屠杀辽吉的刽子手本庄繁曾作'头颅可断兵不能撤'的豪语,到了十一月十六日,他的'头颅'要不要,此时固难预言,但在我国却须先有毅然的决心,即日本届时胆敢仍置国联议决案于不理,我国应以拥护联盟约章及恢复国土的两大光明名义出兵取本庄繁的'头颅'。在此种国际同情之下如再无破釜沉舟背城借一之计,实为世界上最劣等最无耻的民族,没有再生存的价值!"(全集第5卷第73页)

《夜长梦多的三星期》摘要:

"在十一月十六日以前夜长梦多之三星期内,我们最须严厉监督者,是我国政府必须始终拿定日本无条件撤兵,丝毫不可受暴日威迫利诱而有所苟且迁就。""日本即撤兵,不过退到他们所自称的南满路附属地,他的暴力仍随时可于几分钟内肆其凶焰。强盗仍在家里,未曾出门,如家里的弟兄们仍尽管吵嘴打架,闹个不休,仍须任人宰割,走上一条死路的!愿死与否,请自择!""国人勿再梦想《联盟约章》第十六条的规定,以为日本如仍顽抗,到了十一月十六日仍不撤兵,列国便要对日实行经济制裁。""故我国除准备自己抵抗,除准备自救外,没有第二条路走。"(全集第5卷第74—75页)

是月 《小言论》第一集由生活周刊社出版。(初版收文132篇,全集收录127篇)

《预告读者的几句话》(《〈小言论〉第一集弁言》,9月5日作),收入《小言论》单行本。(全集第3卷第463页)

《预告读者的几句话》全文：

　　"（一）读者诸君在这本书里寻不到什么专门学术，也寻不到什么高深主义，不过寻得一个很平凡的朋友作很平凡的谈话而已。我恐怕诸君失望，所以首先老实声明。""（二）《生活》最近注重'启迪理智能力，增富知识见闻'。这本书的希望也不外乎此；但深愧力拙望奢，倘能由此引起诸君运用思考，增加研究兴趣，区区心愿已算达到了。""（三）这本书的内容是从十七年底到廿年上半年末了两年半间的《生活》周刊'小言论'里选编的，共二百廿四篇；各文的事实和管见多有时间性关系。故于每篇文末均附注最初发表时的年月日，俾便参考。"（全集第 3 卷第 463 页）

11 月 7 日　《人民已经团结一致的表现》、《谁的卖国主意？》（以上两篇收入《小言论》第二集），载《生活》周刊第 6 卷第 46 期。（全集第 5 卷第 76—77 页、77—78 页）

《人民已经团结一致的表现》摘要：

　　"常听人说中国人民好像一盘散沙，但我们看到最近我国国民于东北国难发生之后，一致对日经济绝交的情形与已有的结果，我们敢说人民已有了团结一致的表现。""友人中有两位的胡子好像日本人的样子，他们最近都有过这样的经验，有一次到汽车行里去坐汽车，汽车行中人不许租用，他们提出抗议，汽车夫即在旁嚷着说：'阿拉勿要租给日本人！'还有一位朋友最近一晚因事坐着一辆租用的汽车经过静安寺路，当时已过十一点钟，电车已无，途中有两个日本巡捕头要想揿上来揩油附乘一段路，汽车夫严拒急驶而去，回过头来向我的那位朋友大发议论，说'如果是中国巡捕，轧轧勿要紧（轧即挤的意思），日本小鬼，阿拉勿可以，这样大的国家受日本小鬼的欺侮，这是欧洲所没有的！'这位汽车夫先生的高论固很有趣，而尤其可以注意的，是他的行为乃出于本心，并没有什么人在旁指示他干的。""我们所深觉愤慨的是人民方面虽有了团结一致的表现，而在政治上对安内御外负有重大责任者，反给人以把持权位不顾民族前途的印象。一般人民对于权位，本无所惜，不过必须以为国为民做出发点，平日在政治上的行为及措施，予人以共见，认为确是自我牺牲，赤诚为国，并非为亲戚私党争权夺利，伤国病民，不但不反对，而且不胜欢迎，否则人民虽于威迫之下侧目重足，亦自有其公意所在。"（全集第 5 卷第 76—77 页）

《谁的卖国主意？》摘要：

　　"强筑吉会路是否有条约根据，本刊本期曾有一文发表，明眼人自能共见。况所谓'条约'云云，不出于我国贪官污吏之卖国秘约，即属于威迫签字之亡国条约，均为我国国民所不能承认。合办即奉送，鲍君以如此日人'不致再有不安'，可谓体贴备至！但中国未全亡，日仍难'安'，鲍君其如之何？鲍君私人的狂吠，原无指斥的价值，惟鲍君既系陈友仁氏秘书，并自己牵到陈氏和广东国民政府，国民却应加以严重的注意。""我们所欲郑重申说者，中国为全中国人的中国，若以少数人暗把中国出卖，这是全国国民所当共起反抗而至死不能承认的。"（全集第 5 卷第 78 页）

11 月 14 日　《为民族争光的马将军》、《一党专政与一党专利》(全集未收)、《敬告义勇军诸君》(以上三篇收入《小言论》第二集)、《〈不爱江山爱美人〉按》，载《生活》周刊第 6 卷第 47 期。(全集第 5 卷第 79—80 页、81—82 页、第 3 卷第 647—648 页)

《为民族争光的马将军》摘要：

"这种保卫国土，宁死不屈的精神，实为中华民族前途生路之所系，使世界知道我国军人非尽无耻，为民族争回不少光荣。这样忠勇的卫国军人，固非枉死于内战的傀儡军人可比，亦非他国以侵略别人国土的暴虐军人可比，全国国民对于这种以卫护民族保全国土而不畏自我牺牲的模范军人，实应与以一致的感谢表示与鼓励。记者此文之作，自信能代表全国同胞对于马将军及其忠勇部下无限敬意的心理。"（全集第 5 卷第 80 页）

《敬告义勇军诸君》摘要：

"最近京沪均有义勇军检阅之盛举，参加者均为前途最有希望的大中学青年。此次惨痛国难，热血最汹涌者为全国可敬爱的青年，加入义勇军最踊跃者亦为全国可敬爱的青年，记者愿竭其愚诚为诸君致敬意，但有一语愿为诸君告者，即须力求实际的训练，而勿仅具表面衣饰上的形式。""总之军事训练重在有严格的纪律与秩序，刻苦耐劳，实事求是，不然，虽个个穿上一套时髦新装，束上一根美观皮带，而于滔滔皆是的浮躁浪漫奢华的习气一无铲除的影响，则精神已失，形式何用？我国社会点缀品多矣，何必再加上一种？因嘱望之殷切，故不自觉其言之逾分，惟善人能受尽言，想义勇军诸君不致以记者为狂悖。"（全集第 5 卷第 81—82 页）

《〈不爱江山爱美人〉按》摘要：

"我们承越民君由北平寄来的这份《火把》，上面写着'燕大抗日会宣传股燕大学生会周刊部合出不定期刊'，又写着'二十年十月十九日第十期'，凡对国族危亡具有赤诚与肝胆者，对于这种的'长官'当然不免悲愤，越民君之冒险见寄，亦必为此悲愤情感所驱使，但记者以为'观众'对此等事，尚知道'大哗'，可见人心并未死尽，这未死尽的人心，就是民族也许尚有生望的一线曙光，我们应使全国未死尽人心的人组织起来，扩充起来，共同奋斗，共同制裁已死尽

人心的人之行为。"(全集第 3 卷第 647—648 页)

11 月 18 日　晚八时,华社功德林会餐,到者黄炎培、江问渔、杜重远、毕云程、杨卫玉、潘仰尧、邹恩润、王志莘、陈彬龢。(《黄炎培日记》)

11 月 21 日　东北军马占山在黑龙江抗日卫国,韬奋及时加以报导,介绍马占山,刊登相片,号召全国同胞捐款资助。自 11 月 15 日始,生活周刊社收转的读者捐款,分批寄出达十二万九千多元。(《生活》周刊第 6 卷第 48 期)

同日　《我们何以尊崇马将军?》、《国际间的丑态毕露》(以上两篇收入《小言论》第二集)、《为民族争光的马占山将军》、《本社致马将军电并按》,载《生活》周刊第 6 卷第 48 期。(全集第 5 卷第 82—83 页、84—85 页,第 3 卷第 648—649 页、649 页)

《我们何以尊崇马将军?》摘要:

"至少含有下列两个应加注意的特点。""(一)牺牲自我以保族卫国的精神,也就是自私自利的劣根性之反面。辽吉两省之沦亡,全国无不痛恨于将吏以无抵抗自掩其丑之为无耻已极,但据东北归来友人所谈,东北将吏,大概都是三妻四妾,腰缠万贯,各人平日搜括所得,存于大连等处外国银行者累累,自私自利的准备早已办得妥帖万分,其脑袋中原无一丝一毫国家民族的影子存在,更何保族卫国之足云?闻自东北国难发生以来,上海丧尽良心的富家翁纷纷把存在中国银行的存款移入外国银行,每日多者数百万少者数十万,最近总数已达四五千万圆之巨,金融恐慌,实此类亡国奴根性之作祟,这班人的脑袋里除了孔方兄外,什么国家民族,什么民众安宁,乃至他们自己的历代子孙之是否将陷为亡国奴,都不在意中,所津津有味与孜孜不倦者,盲目的自私自利而已!乃至国难当前仍闹着党见而难有合作希望者,归根到底亦不外不能自我牺牲而但知自私自利的劣根性暗中作怪而已。中国不至遽亡者,幸而这种劣根性尚未普及;我们要希望中国能在重围中打出一条生路,全在先把这种劣根性根本铲除。马将军亲临前敌,身先士卒,将士受其感化,故亦不知自有其身,""此种为民族牺牲自我的精神,实为保族救亡之至宝,而有待于扩充与普遍。""(二)正义所在,生死不渝的精神。马将军通电有谓'明知江省联络断绝,呼援不应,仅以一隅之兵力,焉能抵日人一国之大军?……占山受国家倚畀之深,人民寄托之重,目睹辽吉沦胥,江省危如累卵,与其坐失国土,委诸父老于不顾,毋宁牺牲一切,奋斗到底'。又马将军对哈慰劳团代表说:'本人有一定宗旨……一口气尚在,决不将国土拱手让人,军队完了,到黑东荒练民团再干……'这种只知有国家民族而置个人生死祸福成败于不顾的大无畏精神,倘能全国一致如此,谁能动我分毫?"(全集第 5 卷第 82—83 页)

《国际间的丑态毕露》摘要：

"明明搜括侵占沈阳，还要拉个袁金铠；明明搜括侵占吉林，还要拉个熙洽；明明要搜括侵占黑省，偏要拉个张海鹏。""本庄繁于十三日第二次通告马占山将军，说因电报错误，上一次通告未说清楚，特声明他的意思不但要进军昂昂溪，并要直攻齐齐哈尔"，"土肥原又由天津硬拉溥仪去做傀儡皇帝。凡此种种，无异对国际当面说鬼话，做鬼脸，国际明知其当面说谎，却仍与敷衍委蛇。尤其是美国的阴阳怪气，史汀生一面说日大使出渊交到的日牒'甚为和缓'，一面又不肯发表，说此文发表要妨害'和平解决'，《纽约晚邮报》索性说'日本为一强国，我人愿与之亲善者'！我们鉴于国际的丑态毕露，应愈益觉悟公理正义是一套假话，我国如不思自己努力，坐待列强宰割而已。努力之道维何？在民众方面应准备毁家纾难，人人抱定宁为玉碎不为瓦全的决心，与暴日死拼，为民族争最后之生存，同时督促政府对日扩大作战；在政府方面应即集其精锐，严阵应战，一方面迅速出兵山海关，与马将军夹攻暴敌，分其军力，藉解黑省死守健儿之孤困。"（全集第5卷第84—85页）

《为民族争光的马占山将军》摘要：

"闻马将军生平最善骑马，能双手同时持两枝手枪开放，随意射击空中飞鸟，无不准者。据十五日哈尔滨电讯，'汤池蘑菇溪间战事激烈，战至十五早二时，日军以骑兵一队，向我拴马等处冲进，投手榴弹炸毁马匹，我骑兵为卫护队出战壕应战，马占山之卫队团首先冲锋，骑兵淦沙两团进取大包围势，敌军仓皇溃退，为我军俘获缴械者二百余，我军所俘日军已解回黑垣看管。'马将军特精骑术，故其所训练之骑兵乃能有此功绩，愈可见天下事功之非凭藉侥幸所能遽致。"（全集第3卷第648—649页）

11月28日 《政府广播革命种子！》、《国联无再研究之必要》、《辟邵力子氏的狡辩》（以上三篇收入《小言论》第二集）、《〈虽败犹荣〉之通信》（11月20日敬复）、《第6卷第49期短简》，载《生活》周刊第6卷第49期。（全集第5卷第85—86页、86—87页、88—89页，第3卷第650—651页、651—652页）

《政府广播革命种子！》摘要：

"我们不幸生着两只眼睛，更不幸而每天不得不看报；因为看报之后，对于内政外交的种种消息，非廉耻丧尽心肝灭绝，不能不难过。试就内政而言，我们觉得除'不负责'与'无是非'的六个大字外，实在苦于寻不出别的什么东西！""我们一般原无政党组织和未有抢夺政权准备的平民，原拥护中山先生所主张用和平的政治的方法来实行社会主义，只须切实的做，无不欢迎，奈除随处发现'贪污''无能'而外,没有看见中山先生理想有丝毫实现的踪影;甚至在国难临头的危急时候,国民所听到的只是什么党的纠纷云云,和国难的补救是一万八千里的不相干!贵人大老们深居简出,民间已经普遍的愤懑痛恨也许无从知道,记者敢大胆警告当局,政府如此积极的广播革命种子,所恃者不过几枝枪杆子,'民不畏死,奈何以死惧之',民众为自卫及卫护民族计,随时有爆发的机会,起来拼命!"(全集第 5 卷第 85—86 页)

《国联无再研究之必要》摘要:

　　"最近国联所自诩得意的办法是派调查团。关于这种调查团,我国代表最初就建议,但日本宣言此事有碍独立国(指日本)的尊严,列国便不敢主张,到现在日本已以暴力占完东三省,可以从容掩没暴迹以招待调查团,一由日代表建议,白里安便'深为嘉许,','予以赞同',各代表除我方外,均随声附和,此中把戏,将来结果,固为明眼人所共见,而日本更擅定调查范围,谓'此等调查员对于既往之军事行动,概不批评','该团除调查违背条约(?)事,亦应调查反日之杯葛行为,及中国各处之反日活动',这无异强盗杀了人,不许调查者调查强盗行为,反须调查被杀者之惨呼与挣扎!""更丑得无从掩的,是国联极力避免'休战'的名词,据说开会时'曾偶用"休战"名词,旋以其含义纠缠,立即拒用之',芳泽亦郑重声明'东三省之军事行动,并非战争'。既非战争,便是和平,日本暴军和我国唯一卫国贤将马将军之血战,是战争还是和平,谓为列国代表所不知,谓为日本所不知,天地间无此蠢货,谓为已知而犹如此装腔作调,如此无丝毫诚意的集团,我国还要无条件的置其掌握之中吗?所以记者以为以后国联实无再研究之必要了。"(全集第 5 卷第 87 页)

12 月 5 日　《谁都没有责备请愿学生的资格》、《金钱和奴性》(以上两篇收入《小言论》第二集),载《生活》周刊第 6 卷第 50 期。(全集第 5 卷第 89—90 页、90—91 页)

《谁都没有责备请愿学生的资格》摘要:

　　"各校学生因国事日危,悲愤愈甚,纷纷入京请愿者万余人,沪上诸同学在车站待车时,受当局多方留难,复经长时间的饥寒困苦,已艰难备尝,十一月二十六日赴国府请愿后,鹄立于雨雪之中过夜,一任风雨饥寒之肆虐者一昼夜,甚有病苦不支而倒地者,全体一心,至死不去,其悲壮哀痛牺牲义勇的精神,苟属尚有几希人性者,对此万余纯洁忠诚大公无我的男女青年,必不能自禁其肃然起敬,油然兴其无限的悲感和同情。记者之作此言,非谓青年请愿便尽其救国的能事,但深痛于应负当前责任者之未能尽其职责,反使不该遽负当前责任者之不得不投袂奋起,此其过咎不在青年,乃在身居高位而麻木颟顸,致国事如累卵之危;使青年学子虽欲'安心求学'而不可得。蒋主席因近日各地青年学生爱国情绪至为热烈,特手书训词以勖勉之,有'各尽其职,勿越法纪',及'学生之职,在于求学','军人之职,在于从军'等语,愚意目今军人之诚能守职卫国,我们所见的只有一位马占山将军,其余的只听见什么不抵抗或旁观主义,一天一天的熟视国土奉送而并不'从军',在此种状况之下,欲勉强叫学生'在于求学',如何可能? 故记者承认'学生之职,在于求学',但军人不能保卫国土,反而奉送国土,官吏不能整顿国政,反而腐化国政,使青年不能得到可以'安心求学'的环境,这是谁的责任?""不能努力造成学生可以'安心求学'的环境,都没有责备请愿学生的资格。青年人冒风雪忍饥寒,成年人不自惭自己之不努力,不自愧自己袖手旁观而并无办法,只知道说几句风凉话,调几句老调儿,记者实在未敢恭维。"(全集第5卷第89—90页)

《金钱和奴性》摘要:

"金钱不但和吝性接着不断的吻,并且也和奴性结不解缘。自东北国难发生以来,上海丧尽良心的富家翁纷纷把存在中国银行的存款移入外国银行,""最近听说总数已达八千万圆,金融恐慌愈益加甚。""我们知道银行的营业,假如收进存款千万圆,不得不放出七八百万圆,留着二三百万圆作准备金,如国人不加信任,忙于提款,放出的定期款子势难立即收回,这样周转不灵,并非银行的信用不好,实是国民拆台的行为所致。""国存共存,国亡共苦,我们当同心协力拯救国难,共起鄙弃自私自利的奴性行为。""我们勿作梦想,以为只要有钱,即国亡后尚可作亡国富奴(当然不便称翁),则请试看前曾存款于大连银行之军阀土豪,以及台湾亡后,其巨富林姓所受之牵掣与压迫苦况,便知'亡国富奴'之难堪而不可为。"(全集第5卷第91页)

12月12日 《日军阀的匪字妙用》、《革命政府和军阀政府的分界》(以上两篇收入《小言论》第二集)、《〈抵制日货危机的讨论〉附言》,载《生活》周刊第6卷第51期。(全集第5卷第92—93页、93—94页,第3卷第652—653页)

《日军阀的匪字妙用》摘要:

"在自己国土内和敌人商量划分所谓中立区之滑稽荒谬,言者已多,最近我国政府因民众反对之激昂,已有坚决否认之表示,但还有一点易于忽略者,即日本对国联决议草案除不许调查员报告未撤兵外,更坚持'日本为护日侨生命财产起见,对于匪贼及不逞分子活动,实行之军事行动,不在此例'。""日军阀心目中所谓'匪贼及不逞之徒',凡为中华民国的义民均属之,除袁金铠、赵欣伯、熙洽等卖国奴,在日本认为顺民外,马占山将军乃至全中国抗日救国的

仁人义士,在他们都可归在'匪贼'里面,至少亦应加上'不逞之徒'的徽号。且
日本因曾在国联当众扬言中国是'兵匪不分'的,所以此后中国的将士一有卫
国保民对日抵抗的行为,在日本均可得国际的保障而以剿匪为词。""且就实际
言,此次暴日侵我东北,义匪盖三省、小白龙等屡以小队偏锋扰其后方,为国家
民族尽其义举,使日军疲于奔命,其功殊伟,在日人视为'匪贼及不逞之徒',在
我国的民族立场,义匪既非以抢掠为务,而以卫国保族抗敌为职志,即为义
军。""中国虽为国联会员,国联直不以中国为国家,我国除自决外尚有其他生
路吗?"(全集第 5 卷第 92—93 页)

《革命政府和军阀政府的分界》摘要:

　　"革命政府和军阀政府的分界,据记者愚见,最低限度有两点:(一)革命
政府不欺骗民众,军阀政府所钩心斗角者惟欺骗民众之是务;因此革命政府的
外交便是力谋对外,军阀政府的外交只是钩心斗角于对内;(二)革命政府办
外交是以全民族的祸福为考虑的焦点,军阀政府办外交是以个人的权位及其
左右亲戚嬖佞的权利为考虑的焦点。"(全集第 5 卷第 93—94 页)

《〈抵制日货危机的讨论〉附言》摘要:

　　"我们认为抗日会所拟的办法,其流弊实等于'无条件''无限制',不过为
奸商及贪污者多开方便之门而已;我们虽不愿即认为'蓄意破坏抵货运动',但
在实际上难免徒然落得'破坏抵货运动'的结果,这才真是'致遗后患于将来,
而动摇中国国本',所以我们很诚恳的希望抗日会诸君加以严重的注意和考
虑。"(全集第 3 卷第 655 页)

12 月 19 日　晚,华社聚餐,到者李公朴、邹恩润、毕云程、杨卫玉、陈彬龢、王
志莘及其子。(《黄炎培日记》)

　　同日　《国难与学潮》、《动静两个方面》(以上两篇收入《小言论》第二集)、《〈北
大中大在京示威真相〉附言》、《关于勒令停刊的传闻》(收入《韬奋漫笔》),载《生活》
周刊第 6 卷第 52 期。(全集第 5 卷第 95—96 页、96—98 页,第 3 卷第 656—659 页,第 5 卷第
470—472 页)

　　《国难与学潮》摘要:

　　"学生举动不免有如当局所常道之所谓'越轨行动',本月九日上海各校学
生在市政府所演之一幕,似尤为当局所不满,我们也认为是不幸的事件,但我
们不当专说青年方面之'越轨行动',同时须注意引起此种'越轨行动'之更越
轨的行动。北大学生代表许洪均及中大学生代表蒋绵孙如有正当罪名证据,
应由司法机关公开依法办理,乃据沪上各报所载,竟由市党部勾结公安局唆使

暴徒攒殴掳架,故上海各大学教授抗日会斥谓'以本市党政机关出此绑匪行为,实属卑鄙恶毒,达于极点',深可惋惜。以如此之'越轨行动'引起青年之拼死命以救出其同志,青年虽不免'越轨',我们衡情酌理,应该更严厉的责备那一方面?""此文将印时,得京电讯,北平学生示威团殴辱蔡元培、陈铭枢,两氏以善意出见而学生无理至此,此种举动则亦徒使亲厚痛心,仇人快意,失却社会同情,学生爱国运动决不能离却社会群众而孤立的,我们希望大多数纯洁分子勿为极少数另有作用分子而自毁。"(全集第5卷第95—96页)

《动静两个方面》摘要:

"每闻有人不管国事如何,只一味的劝人埋头读书,我未敢赞同;也有人不管实际问题怎样,只一味的盲动乱动,我也未敢赞同。我承认学生是在培养的时代,培养时代的宝贵光阴不应虚掷;我们更应牢记救国的基本工夫在把各人养成专门的人材,作长时期的奋斗,若各人只窃得一些皮毛,对任何专门问题平日都无切实的专精的研究,将来一遇到专门的困难问题待决,便瞠目挢舌,莫知为计。这是静的方面的工夫。但我不赞成不顾一切的埋头读书,我以为如在无须动的时候,一面研学,一面仍须亲切注意国事的进展,如认为有必须动的时候,便须团结同志起来轰轰烈烈动他一下。有人说学生爱国运动是没有多大效果的,我以为只要目标看得准,时期看得准,效果也不小。例如当政府有对辱国条件妥协倾向的时候,全国愤慨,青年学子起为先锋,民气藉以兴奋,政府即不能无所顾忌。但政府果能顺从民意,努力自救,则学生方面亦可暂观成效,蓄力待时。此即所谓能动能静,能静能动。"(全集第5卷第96—97页)

《〈北大中大在京示威真相〉附言》摘要:

"此次北大学生激于国事危迫,虽示威标语中有'打倒卖国政府'之愤语,但以手无寸铁之青年学子,其行虽激,其心可原,政府至多维持秩序可矣,果如来函诸君所述,对付青年等于匪盗,实属遗憾,较之美政府对'狂喊打倒胡佛'者之处置,有惭色了。愚意青年爱国运动宜出以开导,不宜加以压迫。例如大队青年在外,而卫戍司令部硬扣代表,试问有血性的青年肯抛弃同伴而散吗?诸如此类的举动徒将小事激成大事而已,可谓笨拙之至。"(全集第3卷第659页)

《关于勒令停刊的传闻》摘要:

"本刊业务日繁,总务部营业部各方面的同事虽由二三人逐渐增至二三十人,但在社内的编辑撰述方面,至今只有我一个人做独脚戏,此外则全恃社外的投稿,我自己既未加入任何党派,自己至今亦未有任何党派的组织,而本刊又系由我一个人负全责主持,丝毫不受任何机关任何个人的牵掣,所以我敢说本刊是绝对没有任何党派为背景的。不过在投稿者里面，有的是我只见文字而不认识他们本人，他们究竟有无党派，我当然无从知道，但是我只取专家对于专门问题研究的文字，他们从未在本刊上宣传什么党派的主义。""我之言此，并非表示对于任何党派作一概抹煞的轻视，不过本刊确未和任何党派有何关系，是一件事实，我把事实提出来报告罢了。"（全集第 5 卷第 470—472 页）

12 月 26 日　《嘴里手里》、《教育家的重大责任》（以上两篇收入《小言论》第二集）、《〈何禧足贺?〉附言》、《关于"后方顾问"一事的声明》，载《生活》周刊"二十年年假临时增刊"。（全集第 5 卷第 98—99 页、99—100 页，第 3 卷第 659—661 页、661—662 页）

《嘴里手里》摘要：

"国民所希望于政府当局者，扼要的说起来，实在也很简单，不过要求衮衮诸公嘴里手里能够统一就是了。嘴里说，手里做，我们民众所要求的是他们嘴里说了出来，就是他们手里肯去做的。嘴里如何，是人所共闻的；手里如何，是人所共见的；共见的和共闻的能相符，便是信任心之所由来。如果他们的嘴里和手里不能统一，那就尽管口口声声怪老百姓不信任政府，也是无用的，因为不是不信任，实在是无可信任。从前政府之未能得到民众信任，毛病不在嘴里，都在手里。""欲使嘴和手统一，最要之点在有切实的相当准备。记者执笔草此文时，闻东京陆军省传出消息，在东三省之日军，对于攻锦最后准备业已完毕，遵照参谋部计划，同时前进。并闻沈阳日当局已警告锦州华军司令荣臻引军入关，否则决以武力逐之。事机危迫，由嘴里到手里，已急不可待，他人之谋我，'最后准备业已完毕'，我国为自卫计，'最后准备'如何?"（全集第 5 卷第 98—99 页）

《教育家的重大责任》摘要：

"我对于青年学生的爱国运动，始终认为是民族前途的好现象，因为此事足以表示下世代的主人翁对于国事之热诚，政事既为众人的事，众人肯共同监督政事，政治即有在轨道上前进的希望。不过在当前有个最大的危机伏在爱国青年运动里面，为教育家所当注意而匡正扶掖者，即经此次激烈爱国运动以后，有两个可能的大病：一是动后的颓废，一是动后的骄慢。青年既为民族的元气，安内御外的后备军，我们为爱护青年及民族前途计，心所谓危，不敢不告。""我们应承认青年学生是在培养的时期，即未成器的时期，换句话说，是在培养使之成材的过程中，非即到了可以出来担负国事或其他重大事业的时代。不过在政治已上轨道的国家，国事有成年人负全责，青年得享其埋头读书的清福，在中国国势危殆政治黑暗成年人不能尽其职责的变态中，青年人的责任愈重,遇着危险的当儿,不得不起来闹一下,使醉生梦死的当局知所警惕,使麻木不仁的社会知所奋勉;其功效原仅在监督方面,唤起方面,原为一时救急行动,有如病人临危之打强心针,原未能即起而代执政权,实际负起治国责任,明乎此点,则青年一方面仍须时刻注意国事之进展,同时勿忘自身能力之有限,而尚有待于刻苦研究,各就天性所长作专门切实之准备。若徒怨怼于爱国运动所得结果之无几,意志薄弱者或于失望之余而趋入自暴自弃之一途,甚且妇人醇酒,跳舞浪漫,则思想错误,自误误国,莫此为甚。另一方面或以集团的力量,误认为一己的功勋,从此不守规律,蔑视秩序,骄慢放肆,自种恶根,亦可痛惜,姑无论我们为群众福利努力,分所应尔,无功之可言,且青年苟有志为群自效,尤须养成坚苦卓绝自我牺牲的精神,一扫骄慢纵肆自阻进步的障碍。"
(全集第 5 卷第 99—100 页)

《〈何禧足贺?〉附言》摘要:

"诸先生的卓见,都不胜敬佩。不过承诸位先生对于本刊的信任,都附有将所省的款子交本刊作救国基金的建议,我们对于这种公益的事业,原属义不容辞,惟代收款项,表面上似颇简单,其实工作上如收款登记核算分类总结付排校对等等,也很繁复,本刊同事除忙于原有之出版职务,已日无宁晷外,自承各地读者托为代收赈款及最近自己发起筹款捐助马将军二事以来,各同事已经忙得回不过气来,每期公布,纸张所费,亦已捉襟见肘,为责任计,忍苦进行,故目前只限于代收两种款项,一为赈款,一为援助马将军捐款,其他因时间精神关系,暂不代收。并非怕负责任,正因为对于接受担任之事,必须认真负责,不肯马虎,所以不肯轻于然诺,我们对于诸先生之推重与信任,固异常感奋,但这一点苦衷,却要请求原谅的。"(全集第 3 卷第 660—661 页)

《关于"后方顾问"一事的声明》全文:

"青年自动赴东北援马抗日团团长张君因韬奋未允担任该团'后方顾问'一事,遂广发印刷品表示不满,对于我在日报上所登声明启事中'毫无所知'四字驳斥尤力,其实虽承张君来谈过关于该团的宗旨,惟声明启事中所谓'毫无所知',系专指承他请我担任后方顾问一事(观该项启事中此四字之上文,即甚明了),此一事(指承他请我做'后方顾问'一事),张君并未和我说过,亦未接到关于此事的通告,所以在事实上我对此一事(指承他请我做'后方顾问'一事),的确'毫无所知',并非曾经允许担任而又否认。承张君第一次来谈时,我虽对于他所说的宗旨表同情,但已老实声明我很惭愧的想不出好方法。我自问对于此事既没有顾问的能力,后来看见日报上登出'后方顾问'新闻之后,如含糊默认,便等于存心敷衍,不负责任,自欺欺人,何以对得住张君,更何以对得住许多热心加入的青年?许多青年朋友听见有我加入为'后方顾问',倘承他们的信任,也许以为不至没有方法达到张君所揭橥的宗旨,贸贸然纷纷加入,而在实际我对于青年自动赴东北援马一事并想不出好方法,也就是没有做顾问的能力,如不老实声明,岂不是存心欺骗了许多青年朋友?因为这个缘故,为责任计,所以不得不作公开的声明。""各人只能各尽所能。张君赤手空拳领导数百青年由沪步行出发援马,这是张君的能力。本刊自国难发生以来,亦尽其力之所不及,在研究及宣传方面努力,并蒙读者信任,凑集援助马将军捐款十余万圆,固自惭贡献微薄,但张君斥我仅能尽瘁于本刊而未能担任他的'后方顾问'为不愿闻问国事,亦非所愿承。""记者承张君不弃,深愧不能有所贡献,对此事本不愿多所喋喋,惟张君既广发印刷品攻击,承蒙许多热心朋友纷纷函询究竟,难以遍复,故不得不略述原委,尚希谅察为幸。""附录所登日报启事原文":"昨见报载青年援马团所请后方顾问曾列鄙名,按此事鄙人毫无所知。鄙人现负全责主持《生活》周刊业务,全副精神尽瘁于此,日夜栗六,犹虞陨越,实无精神时间再参加其他任何机关或团体之事务。诚以凡事不担任则已,既已担任,必须负责,不愿于无力顾问之事而徒拥虚名也。特此声明,诸希谅察。"

(全集第 3 卷第 661—662 页)

是月　译作《一个女子恋爱的时候》(附"译余闲谈")由生活周刊社出版。署名笑世意译。(全集第 13 卷第 179—412 页)

是年　继续主持生活周刊社工作。

1932 年(民国二十一年) 38 岁

1 月 28 日　日军进攻上海,一二八抗战爆发。

3 月　日本关东军策划的伪满洲国建立,以溥仪为执政。国民政府立即宣言否认东北伪政府。

5 月　《淞沪停战协定》签订。

是年　中国左翼新闻记者联盟在上海成立。国民党军事系统出版的重要报纸《扫荡报》在南昌创刊。国民党中央宣传部公布《宣传品审查标准》。

1 月 9 日　《逃失锦州》、《生死存亡的最大关键》(以上两篇收入《小言论》第二集)、《我们最近的思想和态度》、《〈一篇短文所引起的郑重说明〉附言》,载《生活》周刊第 7 卷第 1 期。(全集第 5 卷第 101—102 页、102—103 页,第 4 卷第 3—5 页,5—9 页)

《逃失锦州》摘要:

"十一月四日日军以重兵压迫江桥站,原期兵不血刃,即可吓走黑军,不料遇着忠勇无匹的马将军和他的将士,以孤悬塞外数旅之众,与强敌对抗首尾逾两星期之久,骄恣无比的日军竟再三再四败绩溃逃,电传寰宇,腾笑万国。最后日倾全军向我总攻,巨炮飞机,掩护猛扑,我方孤军应敌,前亡后继,浴血抵御,肉搏兼夜,弹尽力竭,始于十九日挥泪退守克山。马将军振臂一呼,奋不顾身,而黑垣终至不守,在表面上似乎'战亦无益'(见下述电文中语),但此役之奋斗,一可表示中华民族非劣等民族,非无耻民族,亦即尚有生存于世界资格的民族;一可愈益暴露暴日暴行于全世界,愈益显示日本强盗行为之无耻于全世界。""至黑军之最后退守,我们国民犹加深谅者,以经过拼死血战弹尽力竭而始出此,与自顾狗命,闻敌先逃,以国土让人者迥异。""我们若以上述数义而想到最近东北当局于一月二日之逃失锦州,无异揖让奉送国土,不得不深深地感觉无限的耻辱与惨痛。"(全集第 5 卷第 101 页)

《生死存亡的最大关键》摘要:

"生死存亡的最大关键在乎对敌是否肯妥协;换句话说,在暴日侵略未止之前,我国上下对暴日是否能坚持永不妥协的态度与行为。""我们全国国民若永不妥协，随时随地随事作反抗的行为，万众一心，至死不变，即自问最无能力者，亦可于经济绝交方面竭其心力，则日人虽欲狂噬，亦必不能安然下咽。"（全集第 5 卷第 102—103 页）

《我们最近的思想和态度》摘要：

"'我们最近的思想和态度'，可以说是记者和几位朋友研究所得的结论。""本刊最近已成为新闻评述性质的周报，故有所论述，多以当前事实为对象。但于就事论事之中，亦有其核心标准。此种核心标准，简言之可曰'正义'，但正义之解释亦复言人人殊：帝国主义者所认为正义，与被压迫的弱小民族所认的正义不同；资本家所认为正义，与被剥削的农工群众所认的正义迥异；军阀官僚土豪劣绅所认为正义，与被蹂躏的平民所认的正义亦非一物，故有明定界说之必要。我们所信守的正义，是反对少数特殊阶级剥削大多数劳苦民众的不平行为；换言之，即无论何种政策与行为，必须顾到大多数民众的福利，而不得为少数人假借作特殊享用的工具。""我们从此观察点，深刻认识剥削大多数民众以供少数特殊阶级享用的资本主义的社会制度终必崩溃（通常所谓资本主义当然指私人资本主义）；为大多数民众谋福利的社会主义的社会制度终必成立。一方崩溃，一方成立，在时间上的迟早，则视努力的程度以为衡。""对于经济和教育有左例的建议：（一）关于经济方面，以生产工具公有为社会制度之最后基本原则；以国营实业为达到生产工具公有之基本方法。（二）关于教育方面，以劳动教育为全体国民教育之基本原则；以智力及社会需要为升学专门之基本标准。""我们不满意于现在中国教育完全建筑在资本制度之上，惟有少数有钱的人得享受教育的利益，最大多数的民众因没有钱，都被摈于学校教育之外，而且教育都趋于贵族化，做了学生就不劳动。社会主义的教育则不以有无资产为有无求学机会之标准；全国儿童，不问贫富，都须受义务的劳动教育，养成劳动能力；至专门教育之深造，则亦不问资产而予以平等的求学机会，随各人天赋智力的高下及社会需要的缓急而使各得其最大限度的发展。""经济是全民众的物质上的命脉，教育是全民众的精神上的命脉，能顾到全民众这两方面需要的政治，便是全民众所愿要的政治。""本刊愿本此信心，就民众的立场，对政府，对社会，都以其客观的无所偏私的态度，作诚恳的批评或建议；论事论人，一以正义为依归；正义所在，全力奔赴，生死不渝。"（全集第 4 卷第 3—5 页）

《〈一篇短文所引起的郑重说明〉附言》摘要：

"我请乘此机会略谈我对于'爱国'的见解。我们在世界大同未实现以前，为免除奴隶生存而力图自由平等的人的生存,所以不得不把国家视为'全国人用来团结图存的一种工具',上面已经说过。我觉得无论国之可爱与否,既不由自主的生在这一国里,无可爱的国也只得设法把他造成可爱,藉以达到团结图存的目的。所以虽有人说现在的国家不过是资本家军阀官僚土豪劣绅压迫劳苦民众的武器,这样的国家有何可爱,但我却以为正因为这个缘故,我们应努力把国家从少数压迫阶级手中夺回来还给全国民众,使国家为全国民众的生存而存在,非为少数压迫阶级的生存而存在,这样一来,国家便从无可爱而变为可爱,因为他成为'全国人用来团结图存的工具',而非被少数人作为剥削民众而为自己达到享受特殊权利的工具。"(全集第4卷第9页)

1月14日 《援助东北义勇军之实际办法》(全集未收),全文:

"暴日侵我东北为亡我国家灭我民族之开始军政当局坐视国土沦亡毫无抵抗而东北民众组织之义勇军血战抗日义声远震惟以经济支绌恐难持久现有极可亲信之东北同志来沪求援我国人能将款项接济东北作战义军即可继续奋斗使暴日疲于奔命不能安据东北实为救我国族之急策所捐款项已有迅速妥法送交前方惟以事关重要所有计划一时不便公开同人等愿以人格为担保竭诚呼吁全国同胞之前敬求尽力输将迳交生活周刊社代收转解由该社于收款后制给正式收据俟相当时期再将全部内容公布 戈公振、王志莘、李公朴、邹韬奋、陈彬龢、毕新生、潘序伦同启"(《申报》第七版、《生活》周刊第7卷第3期第66页)

1月16日 《大演空城计》、《两件轰动一时的举动》(以上两篇收入《小言论》第二集),载《生活》周刊第7卷第2期。(全集第5卷第103—105页、105—106页)

《大演空城计》摘要:

"国势危殆至此,最可危者尤在直接应负卫国御侮的责任,而实际却均在大演空城计!据号称统一后的新政府行政院院长孙科氏对首都报界谈话中所说:依现今制度,行政院对中执会负责,而中执会以关于政治方针的最后决定权付诸中政会,故实际上等于行政院对中政会负责,然中政会的常务委员为蒋、汪、胡,今蒋、汪、胡不在京,中政会不能组织,故行政院无所秉承,因而外交方针不能决定云云。这岂不是当此国难危迫千钧一发的当儿,整个的中央政府正在那儿大演空城计吗?""政府颟顸无能,无异行尸走肉,民众天天在这里做后盾,其如前面不动,后盾无所用其力量何?说句老实话,外交当局也在那儿大演空城计罢了。""从前诸葛亮大演空城计可以吓退司马懿,现在军政诸公继续不断的大演空城计足以亡国灭种,如除演空城计外,无力演他种戏,便应

该老实下台，因为这个舞台是和全国全民族有生死关系，不能供少数人尽作儿戏的。"（全集第 5 卷第 104—105 页）

1 月中旬　国民党派胡宗南"约请"韬奋谈话，施加压力，双方辩论达四个小时。"主要是辩论抗日问题和《生活》周刊的主张问题。"最后又谈到抗日问题，胡宗南要求韬奋"拥护政府抗日"。韬奋回答：我们"只拥护抗日'政府'。不论从哪一天起，只要'政府'公开抗日，我们便一定拥护。在'政府'没有公开抗日之前，我们便没有办法拥护。这是民意。违反了这种民意，《生活》周刊便站不住，对于'政府'也没有什么帮助。"（毕云程《邹韬奋先生五周年祭》，《忆韬奋》第 196 页）

1 月 23 日　《奉送锦州的一段秘密》、《激昂悲壮的东北义勇军》（以上两篇收入《小言论》第二集）、《援助东北义勇军之实际办法》（署名戈公振、王志莘、李公朴、陈彬龢、毕新生、潘序伦、邹韬奋同启，《申报》1 月 14 日第二张第七版，全集未收），载《生活》周刊第 7 卷第 3 期。（全集第 5 卷第 106—107 页、108 页）

《奉送锦州的一段秘密》摘要：

"我们对于这种过去事实的痛定思痛，至少应得到一最大的教训，就是只有国民的心志和力量才真在卫国保族上着想，欲求但知自私自利的军阀官僚们卫国保族，等于缘木求鱼，是绝对无望的。军阀官僚们的精神是全注于对内而并无丝毫对外的意志；所谓对内是一面勾心斗角于私人地盘之争，一面尽其欺骗民众的能事。当东北军无抵抗退出锦州的时候，平津各西报均载日军未到华军先退的新闻，张氏即遍令平津各报勿载此消息，一面宣传日军攻击锦州时，我军曾与激战，终以力不能支而退，实际则东北正式军队并未对日军发一弹，支与不支，有何可说？"（全集第 5 卷第 107 页）

《激昂悲壮的东北义勇军》全文：

"东北当局所宣传之'我军曾与激战'云云，却也是事实，不过此'军'是东北民众自己组织的义勇军，自动抗敌，非怯懦无耻的'军人'（?）所能掠美而已。自去年十二月二十九日盘山失陷起，东北义勇军即奋起抗敌，直至于今，再接再厉，百折不挠，截至记者执笔草此文时，东北义勇军诸义士于冰天雪窖肉搏血战中力争中华民族的人格与生机者已达三星期之久，尚在继续作万死一生的挣扎，此种前仆后继视死如归感天地泣鬼神的牺牲与奋斗，实足唤起垂死的民族精神，振作麻木的国民意志，并表示民众武力和军阀的私人武力实有天渊之别。""全国军阀官僚们但知争夺私利，谁顾国难？我们实在可以说不必对他们再望这个，望那个，只有国民自己想法造成实力来救国自救，才能寻出一条生路。像东北义勇军便是民众实力的一种表现。东北民众能效爱尔兰新芬党以野战法对付英国的办法，便可使暴日疲于奔命，穷于应付，永远不得安枕。我国只须能勉持一年半载，暴敌必束手待毙。故愿否任东北沦亡，其权实在我国民之手。血战义士，效命疆场，后方同胞，更应竭其心力，予以实际的援助。除对敌之外，我们应同时用手枪炸弹对付卖国汉奸，送其狗命，双方并进，为效必大。"（全集第 5 卷第 108 页）

1 月 28 日　深夜，上海发生"一·二八"事变，日本军队向上海闸北进攻。十九路军不顾南京政府不抵抗、退出闸北区的命令，英勇顽强抵抗。《生活》周刊及时报道战况，积极支持十九路军的英勇抗敌，征募军需用品和日用品，在沪西创设"生活伤兵医院"，为抗日的负伤战士治疗。国民党政府同日本帝国主义签订了出卖主权的《淞沪停战协定》。（邹嘉骊　汪习麟《韬奋年表》，收入全集第 14 卷第 640 页）

1 月 30 日　《本庄繁奏语中最可注意的几句话》、《甚嚣尘上的绝交问题》（以上两篇收入《小言论》第二集）、《救国之力》（收入《悬想》）、《〈拟请生活周刊社在上海创办日报之理由及简略组织法说明〉按》、《短讯》（署名编者，全集未收），载《生活》周刊第 7 卷第 4 期。（全集第 5 卷第 109—110 页、110—111 页、405—408 页，第 4 卷第 10—12 页）

《本庄繁奏语中最可注意的几句话》摘要：

"日关东军司令本庄繁等最近电奏日皇的一篇文字，有两点最可注意：一是表示对于我国东北义勇军之畏惧；一是对于我国政府及内地抗日运动之蔑视。""日人对于我国民间的抵抗力尚不无畏意，对于政府，不但丝毫无所畏，且视为替他们压迫消灭我国民间抵抗的唯一良好工具。此电奏中所谓'利用本国无知军阀威迫消灭之'，即属此意。沪上最近日炮舰蚁集，要求我国当局取缔抗日运动，取消民众抗日机关，亦属此意。""闻东北义勇军虽因此又受一重大打击，尚未屈伏，此真民非亡国之民，官乃亡国之官，地盘应保，国亡不恤！他们这种自私自利的心理，已被日人看得透彻无遗，所以操纵自如，可以随意牵着鼻子走。"（全集第 5 卷第 109—110 页）

《甚嚣尘上的绝交问题》摘要：

"就国际惯例，正式宣布绝交之后，两国当先召还己国公使，将己国使馆关门，将己国的侨民委托第三国照料，于是两国间之直接政治关系，完全断绝。宣布绝交，虽不必即与宣战有必然的绝对连带关系，但绝交即为两国交战之先声，固为国际的常例。日本对我之横暴酷虐，在任何自立的国家，早已绝交，故应否绝交，不成问题，不过绝交之后，日本更多一扩大掠夺范围的强有力的藉口，我国政府有无应战的准备与决心，是个先决问题。""辽、吉、锦州前后以不抵抗而奉送,中央政府亦左视不援,乃至天津事件,青岛事件,无一处不表现我国当局之揖让的精神,以如此毫无抵抗的准备与决心的政府,一面又以与日绝交的话来嚣然号于民众之前,这简直是欺骗民众的行为,我们国民犹聚讼纷纭的讨论应与不应,岂非隔靴搔痒,白费劲儿?"(全集第 5 卷第 110—111 页)

《救国之力》摘要:

"记者以为要救中国并非没有办法,但法在有人来干,而来干救国事业必须有一个刻苦牺牲以赤心忠胆为大多数民众拼命奋斗与实事求是的集团。依我意思中的这个集团,其干部须有若干专家对中国最重要的各问题有切实的研究和具体的主张,同时须有一种保障民众福利及保障为民众福利而实施的种种主张之武力。没有前者,等于无途径而欲达到目的地;没有后者,等于书生空谈。这两部分能联合起来为大多数农工民众立在一条战线上努力的干,便构成许先生所谓'救国之力'。这个集团的最大前提的目标是为大多数民众的福利而奋斗,非为少数私人或一团中人自己的权利享用而出来争权夺利的。""除具有上述的'救国之力'外,还要具有革命的性格,所谓革命的性格是要能在事实上表示刻苦牺牲,绝不藉政权来作个人或一团中人特殊享用的工具。无论何人往苏联去游历,无论对于他们的主义及政策或赞或否的人,无不感动于他们干部中坚若干人物之为民众刻苦牺牲的精神。""这种为民众福利而刻苦牺牲的集团,自愿居于吃苦的地位——不是无意义的吃苦,是为大多数民众福利而奋斗的自愿的吃苦——成为吃苦的集团,和夺得政权便一人成仙,鸡犬登天,不但自己纵奢极欲,还带着亲戚私党搜刮民脂民膏以自肥的集团,当然不同。我以为必须具有这样的革命的性格和上述的革命的能力(即'救国之力')的一个集团,才能救中国,这个集团须先有实际的充分准备与联络,才有组织之价值;否则徒作形式上的组织,于实际上并无效果可言。这个集团成熟的迟早,和中国获救的迟早,有密切的关系。国人诚有意于救国保族,须各就能力及地位,对于所谓革命的性格与革命的能力,作切实的充分的准备。""本刊只不过由记者一人和若干同事共同努力主持,常和几位志同道合的社外朋友讨论各种问题,此外则常蒙海内外热心读者通信商榷种种问题,实际情形如此,至今尚未有什么组织。""记者在上面已经说过,集团力量在乎实际的充分准备与联络,而不在乎徒作形式上的组织,所以记者仍拟就其绵力所及,先于研究及宣传方面尽其心力。""记者以为东北义勇军之血战抗日,对于民族前途亦含有极重大的意义也。"(全集第 5 卷第 407—408 页)

2 月 5 日 《痛告全市同胞》、《几个紧急建议》、《沪案与整个的国难问题》,载

《生活》周刊紧急临时增刊、第2号、第3号。(全集第4卷第12页、13页、16页)

《痛告全市同胞》全文:

"记者正在开始执笔草此文时,得确息南京日舰亦向我方开炮,两方正在激战中,日人此次为有计划之毁我国家民族,已暴露无遗。国果亡,族果灭,则国人之福利,家族之安宁,何所希冀?时间急迫,交通阻滞,记者此语已来不及遍告全国同胞,敬竭诚先举数点痛告于上海全市同胞之前。""(一)忠勇军士为民族人格及生存在前方牺牲生命,所为者非他们自身,实我们全体同胞,故我们应有财者输财,有力者努力,慰劳我前方义军,协助我前方义军。(关于慰劳义军,本社已联络数团体在实行中,希望各方纷起实行。)""(二)我国抵抗能多坚持一日,在国际上的信誉及同情即随之而有若干之增进。能坚持愈久,国际形势终必发生激变;国际形势对我之能否有利,全视我们自己抵抗力量之厚薄久暂以为衡。我们的救国义军既忠勇奋发以赴国难,我们国民应全体动员以作后盾,庶几军心增壮,战力增烈。商界罢市已为一种表示,各界均应速有秘密之有力组织,各尽能力所及,分途并进。""(三)天下绝对没有无代价的利益。我们要想救国保族,必须下决心不怕牺牲,不怕牺牲而后不至并全国全族而牺牲,人人怕牺牲则非至葬送全国全民族于死地或沦为奴隶不止,我们各个人诚有机会牺牲自己而保存国族,虽死无憾,况且在不必即死的以内努力,若再麻木不仁,隔岸观火,则自降于劣等民族,灭亡乃其应得之结果了!""(四)时势虽极危急,我们只有向前奋斗,至死不懈,不必恐慌,亦无所用其悲观;我们要深切明白只须我们能奋斗,能奋斗至死不懈,我们最后的胜利实在我们手中,任何强暴不能加以丝毫的改变。我们应利用这种空前的患难,唤醒我们垂死的民族灵魂,携手迈进,前仆后继,拯救我们的国族,复兴我们的国族。"(全集第4卷第12—13页)

《几个紧急建议》摘要:

"'我军此次抵抗日军,咸抱决死之心,故激战至今,颇占优势,今日日军势不能支,故日本领事恳求沪上各国领事要求我方停战……惟本军此次抵抗暴日,纯系为保卫国土计,故誓不屈服撤退,余以休战之先决条件,须日军全部撤退。'""这是我们抗日救国模范军人蔡廷锴军长最近对新闻记者说的话。""记者以为就上海而论,如日人再喋喋'恳求'英、美领事向我提出休战,我国政府与人民必须一致坚持三个条件,丝毫不应退让。""(一)日军在上海肇祸,为上海安宁计,日军必须完全离开上海,不许有一兵一舰一机之存留。""(二)暴日对我上海市民生命以及公私财产之摧残,在我牺牲极大,我们必须责令日本赔偿,在调查详细数目未完竣以前,日本在华之公私财产须交我国暂为保管。日本刮我脂膏,吸我血液,在东北以南满铁路为大本营,在东南以纱厂为大本营,我们尤须注意占领在沪的日本纱厂。""（三）上述休战条件,因日人信用完全破产,须由英、美领事切实担保。或谓国联中列国决议案日本尚且置之不理,英、美领事担保有何用处? 我以为日如对英、美担保食言,徒使日本在国际上加深一层恶感,于我有利无损,故仍不妨把这条提出。"（全集第 4 卷第 13—16 页）

《沪案与整个的国难问题》摘要:

　　"沪案之所由起,是由于日人藉口我国国民的抗日救国运动;而抗日救国运动之根源,决不是发生于上海一隅,乃是发生于日本以暴力侵占我东北国土,这是人人所能明了的铁一般的事实。所以要根本解决沪案,非与整个的中日问题连同解决不可。""上海幸得忠勇奋发的十九路军竭力抵抗强暴之侵略,复以地处中外观瞻所集中的区域。我军之义勇悲壮,震动中外,暴日之残虐苛毒,亦无法掩饰,对峙旬日,敌不得逞,实我国难中惟一抗敌得以坚持的机会与处所,即负有力谋国难全部问题获得相当解决的责任。倘上海而亦苟安敷衍,马虎作局部的草率解决,则国难全部问题更无相当解决的希望。所以要根本解决国难问题,依原则和事实两方面说,都非将沪案和整个的国难问题共同解决不可。""各国调兵到沪,声明以保护租界为惟一宗旨,这在外国人方面固无足怪,但我国人却不应限其眼光于租界,而应以全国全民族的安危为前提。"

（全集第 4 卷第 17—18 页）

2 月 6 日　《创巨痛深中的曙光》（收入《小言论》第二集）,载《生活》周刊第 7 卷第 5 期。（全集第 5 卷第 111—113 页）

《创巨痛深中的曙光》摘要:

　　"（一）十九军忠勇抗敌的重大意义""最近日本暴军之摧残闸北,原亦打算至多三小时必可全部占领,即其他旅沪西人所揣度,亦多谓至多八小时中国必完全屈伏。但经我国十九路军于上月二十八日晚间十一时起抗敌以来,截至记者草此文时,固已七日八夜,而我国忠勇战士仍再接再厉,一反常人之所预期,此在对内方面足以一扫国人自暴自弃安自菲薄之劣根性,在对外方面,使暴日恍然于中国之未易侮,所谓'国家情感',并非日本人的专利品,且使其他各国亦尚能明了中国民族之并非'习惯于溃败与耻辱'。""（二）临死高呼中华民国万岁的军士""有友人亲自前线归来,目击受弹致命的我国军士于临死时高呼'中华民国万岁!'闻之鼻酸。全国民众苟能时刻勿望此为全国同胞而牺牲的忠勇战士的临死呼声,则于凄然哀痛肃然起敬中,必能永灭其自私自利的欲念,而能同心协力于各个牺牲自我以谋国家民族之拯救与复兴。""这句惨呼,尤有一种极重要的意义,即我国二十年来继续不断的内战,多盲目为个人地盘个人权利而战,谁念及所谓中华民国者! 这一次十九路义军之战,乃为国家民族而战,为全国同胞人格生存而战。""(三)热烈慰劳卫国军士的民众,自十九路军奋起抗敌后,民众方面对于卫国军士的慰劳犒师,其热烈的情绪与诚挚的心意,亦甚能表现民族精神之猛进。青年男女投效后方服务者纷至沓来,毁产购置运输卡车及其他用品以资前线需要者亦数见不鲜,记者亲见修理汽车的机匠吴新如君慷慨开驶卡车冒险赴前线,亲见某女士挥泪加入看护。人心不死,民族亦永不死。昔人谓'哀莫大于心死',我们可以说'希望莫大于心不死'。我们团结此不死之心,百折不挠,任何暴力,均非所俱。"(全集第 5 卷第 111—113 页)

2 月 13 日 《奋斗精神的表现》(收入《小言论》第二集)、《第 7 卷第 6 期漫笔》,载《生活》周刊第 7 卷第 6 期。(全集第 5 卷第 113—114 页,第 4 卷第 18—20 页)

《奋斗精神的表现》摘要:

"记者有位朋友和驻沪法国高级军官某君友善,当沪难发生,日军横暴无比,华军拼死抵抗的时候,这位法国高级军官为中国抱绝对的悲观,他断言中国至多在二十小时内必须对日军作无条件的屈伏。后来二十小时过了,这位朋友问他再有何高见,他乃不得不对具有抵抗决心和实力的中国人表示十分诧异和敬佩的意思。这位素来看不起中国的法国高级军官所以有此'不得不'的表示,是因为我们在事实上有了奋斗精神的表现。""我们能在事实上有了奋斗精神的表现,素来蔑视我们的人不得不改变他的态度,乃至心目中不把我们当作人类的敌人也不得不改变他的心理。"(全集第 5 卷第 113—114 页)

《第 7 卷第 6 期漫笔》摘要:

"日人在闸北一带残杀我国无辜平民妇孺之惨无人道,中外报纸,满纸纷载,固为我国之至惨极痛,永不能忘,亦为人类之污点秽迹,万世难磨。""我们此次之战是出于悲惨哀痛的态度,我国兵书有'两军相对,哀者胜矣'之语,这也许是我们忠勇战士的抗敌精神所由来。我们国民应本此哀痛精神救我国家,拯我民族。"(全集第 4 卷第 18—20 页)

2 月 20 日 《最要不得的两种心理》(收入《小言论》第二集)、《第 7 卷第 7 期漫笔》、《上海血战抗日记》(署名记者),载《生活》周刊第 7 卷第 7 期、临时特刊。(全集第 5 卷第 114—116 页,第 4 卷第 20—21 页、22—29 页)

《最要不得的两种心理》摘要:

　　"我们回溯种种，痛定思痛，应深切觉悟怯懦决不能求全，反而招侮，要求全只有奋勇抵抗的一条路走。我们从今以后，应下决心一扫怯懦的劣根性。""有一点我们却要留心提防的，从怯懦心理的圈套里跳了出来，我们要跑上沉着奋斗百折不挠的路上去，而不可陷入骄慢心理的另一个圈套里面去。怯懦是自绝之路，骄慢也是自绝之路。骄慢之所由来，以得胜之后为易犯，以得人赞誉之后为尤易犯。""这是我们所当注意的当前的教训。""我们要认清民族的解放工作，须恃沉着奋斗百折不挠的长期努力。十九路军英勇抗敌，屡奏奇功，固足以唤起垂死之国魂，振作萎靡之民气，但我们倘若仅能随胜利而振奋，万一受暂时之挫折，即嗒然若丧，颓废自弃，则民族前途仍难自拔。我们必须不计成败利钝，不知怯懦，不知骄慢，但知沉痛奋发。同心协力，为救国卫族而作继续不断的向前奋斗，有如河流归海，虽千回百折必达到目的地而后已。"（全集第 5 卷第 115—116 页）

《上海血战抗日记》摘要：

　　"自一月廿八日暴日侵攻上海以后，交通阻滞，上海报纸为外埠及海外读者所不易寓目，我国十九路军血战抗日之忠勇悲壮行资，必为多数外埠及海外读者所亟欲知悉，事后虽可翻阅旧报而或苦于繁多，故本刊特撮述其概要，俾于短时间内得悉其经过大概，为读者诸君节省一些时间与精神。即本埠读者得此，亦可作为参考材料。记者握管时，此次战事尚未告一段落，故先叙述自一月廿八晚至二月十五日约半个月间之情形，以后当续编以告。""事前"；"第一夜的激战"；"第二日之继续激战"；"英美领事调停无效"；"战云复起"；"三国对中日所提条件"；"日海军轰击吴淞"；"我空军首次战功"；"日军变更战略"；"蕴藻浜之血战"；"我军继续歼敌"；"日援军到齐大战即将爆发"。（全集第 4 卷第 22—29 页）

2 月 27 日　《敌之所望与我之所忌》（收入《小言论》第二集）、《第 7 卷第 8 期漫笔》，载《生活》周刊第 7 卷第 8 期。（全集第 5 卷第 116—117 页、第 4 卷第 29—30 页）

《敌之所望与我之所忌》摘要：

　　"正在上海肆其暴虐的日陆军第九师团长植田谦吉于本月十九日招待西报新闻记者，宣言'此次本军行动，既非对中政府，又非对中国社会及人民，完全系单独对十九路军'。二十日路透社东京电讯，据说'为避免误会起见，日政府已训令国联日总代表佐藤说明日兵之哀的美敦书非致中国政府，乃仅于十九路军有关'。暴日对此点所以不惮烦的再三声明，其用意之恶毒，实欲用其挑拨手段，使英勇卫国的十九路军与中国政府脱离关系，与中国社会人民脱离关系,而陷于孤立的地位,换句话说,就是要打破我国全体人民一致对日的阵线。对于各国,日本又想藉此掩饰其所谓'局部问题'的痴梦,把上海战祸和我国国难问题分作两事。由前作用,暴敌希望我国仍无一致对日的态度与决心,仍同床异梦,各争私见;由后作用,暴敌希望我国对于沪案敷衍了结,苟安目前。敌之所望即我之所忌,我们应有彻底的认识与坚决的意志。"(全集第5卷第116—117页)

《第7卷第8期漫笔》摘要:

"我们民众对于救国保族的军士,固敬之爱之,维护唯恐不力;但对于叛国害族的蟊贼,我们应当群起而攻之,亦惟力是视。"(全集第4卷第30页)

3月初 和戈公振、毕云程、杜重远、李公朴等发起筹办《生活日报》;5日,在《生活》周刊第7卷第9期上发表《创办〈生活日报〉之建议》,号召读者集资认股办报。(全集第4卷第32—35页)

3月4日 承好几位热心读者慷慨捐助,梵皇渡青年会中学慷慨借出两大座洋房作院址,生活周刊社伤兵医院布置完竣,开始收容伤兵,养护疗治。上午,韬奋由院长王以敬陪同视察,到各病室慰问受伤军士。著文《本社伤兵医院视察记》。(全集第4卷第48—50页)

3月5日 《外报对我之新论调》、《准备长期的奋斗》(以上两篇收入《小言论》第二集)、《〈历史上的循环如何?〉按》、《创办〈生活日报〉之建议》、《第7卷第9期漫笔》、《上海血战抗日记(全集第二号)》(署名记者),载《生活》周刊第7卷第9期。(全集第5卷第117—118页、119—120页,第4卷第30—31页、32—35页、35页、36—42页)

《外报对我之新论调》摘要:

"我们为救国保族计,在目前只有一个共同奔赴的单纯目标,即须严守一致对付暴日的阵线。政府倘图苟且妥协,即为破坏此一致的阵线;政客从中挑拨造谣,亦为破坏此一致的阵线。无论那一方面,凡是破坏一致抗日的阵线的,都是全国全民族的罪人,卫国的军人和卫国的民众应联合起来,对此两方都加以严密的注意和必要的制裁,然后始能始终保全'能自卫的国家之威信'和忠勇军士血战抗敌所获的荣誉。"(全集第5卷第119页)

《准备长期的奋斗》摘要:

"亚洲的中日问题,有如欧洲德法问题,恐怕非数十年乃至百年内所能完全解决,缠绕不清的日子多得很,所以此次战事在表面上的结束也许一年半载可以暂告一段落,而实际问题的彻底解决,仍有待于长期的奋斗;蔡军长和他的忠勇将士此次血战抗敌,义声震动遐迩,不过为我们全国'为中华民族及中

华民国生存而战'开一先声，我们全国民众还要赶上去作继续不断的努力。十
九路军的将士'要打到最后一人和最后一弹'，我们全国民众也要准备奋斗到
一息尚存，此志不懈。我们遇军事上打胜仗，固然要奋发的继续向前，就是打
了败仗，我们也要奋发的继续向前，因为我们要'为中华民族及中华民国生存
而战'，必须准备作长期的奋斗，只有向前的一条路走，无所用其彷徨，亦无所
用其回顾。""准备长期的奋斗，不但对外须有这样的态度和精神，对内也要有
这样的态度和精神。如希望十九路军打了胜仗，国内一切问题都能随此解决，
那是痴心妄想；政治问题，经济问题，社会问题，都还要我们继续奋斗去力谋解
决，都要用'打到最后一人和最后一弹'的精神去力谋解决。"（全集第 5 卷第
119—120 页）

《〈历史上的循环如何？〉按》摘要：

"十九路军未奋起抗日之前，日本人援引来讥刺中国"，"把一九三二年的
中国看作与一八九五年的中国一样，欣然称为'历史的循环'，但自一二八上海
卫国军人血战抗日之后，历史上的循环如何？于此益可见腼然以不抵抗主义
误国的军人与当局，实为国家民族的莫大的罪人；而十九路军抗日救国英勇血
战所含义之重大益显。我们此番应下最大决心，振作兴起，全国从此踏上努力
奋斗的路上前进，不让以'历史的循环'为快意的仇雠再有快意的机会。"（全集
第 4 卷第 31 页）

《创办〈生活日报〉之建议》摘要：

"本刊承国内外同胞之信任，屡以创办《生活日报》为嘱，自本刊第七卷第
四期发表董浚敏先生等关于此事之建议后，热心同志赞助督促之来信，纷至沓
来。记者与本社同人于感愧之余，甚思奋勉有以自效。爰集富有办报学识经
验之友人数位，作数次审慎之讨论与研究，兹敬综述所见，作具体建议之纲
要。""（一）组织　本报取名《生活日报》，为责任专一效率增高及事业持久计，
由生活周刊社请定'信托人'六位，负全责组织'干部'，全权主持关于本报之全
部业务。现除记者已允加入负责外，并已征得办报富有学识经验及品性可信
信用素著之同志五人同意，共同负责主持一切。""（二）特色　本报注重为大
多数民众谋福利，不以赢利为最后目的，故在取材方面，除重要的新闻应有尽
有外，特别注意：（1）农工疾苦，（2）妇女运动，（3）青年修养，（4）华侨状况，
（5）为大多数民众谋福利之经济建设及教育建设。同时不但对内有政策，对
外亦有政策，故在世界各大城市均特约通讯员及特约电讯。社论由专家执笔，
新闻均重加编写。本报并为辅助教育普及起见，用最浅显之文笔，描写复杂之

事实,凡深僻之字句及古典,均力求避免。""(三)张数　以日出一大张为原则。我国报纸定价太贵,与生活程度不相适合,本报旨在力求普及于一般平民,更不得不极力设法减轻读者负担,故应以日出一张为原则,以期成本大大减轻,售价特别低廉。其实编法新颖精审,有一大张,重要消息并不致有所遗漏。""(四)广告　广告价格,以性质分类,如奢侈品则取费较日用品为高,婚丧则取费较谋事为高。拒绝大广告,提倡小广告。凡不忠实或有伤风化之广告,虽出重金,亦不为之登载。""(五)销数　本报既不特别注重广告,无须在页数加多方面努力,应改变方向,在销数上着眼。""同时我们深觉我国报纸销数太少,从人口比例上言之,实难于代表民意,故本报希望第一年有销数五万,以后每年增加五万。以五年为期,销至二十五万:此为我们五年内努力奋斗之初步鹄的。""(六)资本　最低资本,定为三十万圆。每股定为五圆,除由本社出资三千圆外,其余由本社向国人募集,凡系中华国籍而赞成本报办法者,皆得随意认股。办报最初尤须有相当时期之奋斗与努力,如三年后认为本报办法不能赞同者,得随意退股。""(七)会计　本报经济独立,会计公开。""(八)开办费""我们计划,一俟集款达五万圆,即先定购印机,着手筹备,积极进行,希望六七个月后可以见报。""(九)经常费　如本报能销五万份,则收支即可适合。收入方面每月估计约三万九千七百五十圆,支出照现在各报之最低数估计,每月约三万七千六百五十圆。""倘此计划果能实现,同人愿以纯洁的意志,沉着的毅力,热烈的精神,刻苦的奋斗,为中国产生一个为民族振兴及民众福利而努力的舆论机关。"(全集第4卷第32—35页)

《上海血战抗日记(全集第二号)》摘要:

　　"自我国十九路军于一月廿八晚在沪血战抗日以来,西人在事前认为数小时即须屈服,迄今已逾一月。""关于最初两星期之大概情形,记者在上期《临时特刊》中已略述梗概。此篇所述,乃自二月十六日至二十九日半月间的经过。关于上海战区地势,上期已登过一张略图,惟因战事进行中,形势逐渐扩大,有补充必要,故本期又另登一张'上海战区图'请读者参看。""上海战区的重要部分大概可分为三处,即闸北,吴淞,与江湾。""和议破裂经过";"开衅三星期后的又一最后通牒";"我军政当局之巧妙驳复";"十九路军将领决以铁血答复日牒";"大战开始我军胜利";"庙行镇之空前血战";"战事重心移聚江湾庙行间";"战事重心移八字桥";"议和呼声又起";"日用飞机助战之凶狠"。(全集第4卷第36—42页)

3月10日　黄炎培偕江问渔、杜重远、邹恩润至申报馆共陈彬龢五人长谈。

《黄炎培日记》）

3 月 12 日　《愤懑哀痛中的民意》、《〈马占山的究竟〉按》、《本社伤兵医院视察记》、《漫笔》（收入《韬奋漫笔》，取题《编辑先生的逻辑》）、《上海血战抗日记（全集第三号）》（署名记者），载《生活》周刊第 7 卷第 10 期。（全集第 4 卷第 43—45 页、45—48 页、48—50 页，第 5 卷第 475 页，第 4 卷第 50—56 页）

《愤懑哀痛中的民意》摘要：

"我们做国民的不知道什么叫做'广东派'，什么叫做'蒋派'，只知道中华民族和中华民国，凡能在事实上救我们的民族和国家的都是我们国民所要拥护的人物或集团，否则虽是架子十足，宣言堂皇，在我们国民看来，都是不共戴天的仇敌！""如今的中央政府则嘴巴上尽量抵抗，行为上尽量不抵抗，这种欺骗民众的勾当，是我们国民所最痛心疾首的一件事！'嘴巴上尽量抵抗'的表现，最说得好听的是蒋介石氏之'北上收回失地'及'置身最前线'，以及为国效死的无数宣言与谈话。现在为国牺牲惨死的只有十九路军的忠勇军士，及无辜冤死的妇孺平民，满口自命为国效死的死在那里？不但自己不肯死，对于援军尚且多方捣鬼，阴阳怪气。说交通不便吗？沪军苦战三十余日，无论如何绕道，何至但闻其声而不见其人？今天说什么援军来了，明天说什么援军来了，除良心曾有一次昙花之一现，派了八十七及八十八两师（尚未全来）一部分少数人之外，在总退却之前，就永无一丝一毫之应援"。"当军事会议开会讨论派援兵时，大多数赞成派援，蒋介石与何应钦两氏反对最力，谓不宜使战事扩大，他们并未想到我们尽管缩小，自趋绝路，日本却自由扩大，到处横行。""汪精卫氏虽在二中全会演词中说政府已派了许多援军，实际上我们所见的是什么？全是一套欺骗民众的话！至于上海海军当局拒绝借用高射炮，以须有中央命令为托辞，而中央则假痴装聋，亦为民众所共见的明确事实。""自一·二八祸变发生以来，记者即主张应一致对外，勿以对内分散对外的力量，但最低条件，须政府能与民众站在一条战线上，共同努力于御侮救国，否则我们民众惟有以竭丧偕亡之心，团结起来自救危亡。"（全集第 4 卷第 43—45 页）

《〈马占山的究竟〉按》摘要：

"记者个人的意见，对马氏实无曲加原恕之可能。诚然，论人论事应用分析的眼光，马氏从前之血战抗日，为民族争人格争光荣是一件事，现在之厚颜事仇不知羞耻可谓又是一件事，我们尽可分别以观，似不必以他的后事而抹煞他的前事。但我们要知道正是因他从前之誉满全球，世界人把他个人的行为和中华民族的整个的名誉与光荣连在一起，如今由高峰上跌入涸坑里去，其出丑更大大的加深,他个人的得失不足惜,民族受其出丑的影响却非同小可,所以记者说他'个人虽生犹死,为事尚小;贻羞民族,为憾实大'。""也许有许多曾经赞助过马氏的人觉得不免灰心。记者却以为不必。无论何人,能为民族争人格争光荣的时候,我们就尽我心力去赞助他;无论何人,一旦人格破产害国辱族的时候,我们就加以严厉的制裁;这样正见是非之所在,公道之所在。未来既是无定的,我们只能就现在作最善之努力。"(全集第4卷第48页)

《上海血战抗日记(全集第三号)》摘要:

"自3月1日至3月7日":"援绝总退却";"我军将领先后通电";"翁旅孤军继续抗敌";"日军进攻我二道防线";"日军继续进攻";"随军事进展而强硬之日本外交";"两军最近阵线";"专在通电上做工夫之二中全会"。(全集第4卷第50—56页)

3月19日 《对于国联调查团的感想》、《可得聊以解嘲吗?》、《谁荒谬?》(以上三篇收入《小言论》第二集)、《关于胚胎中的〈生活日报〉消息》(增篇),载《生活》周刊第7卷第11期。(全集第5卷第120—121页、121—122页、122—123页,第4卷第56—57页)

《对于国联调查团的感想》全文:

"自本月十四日国联调查团到沪以来,关于该团的新闻,各报都登得特别热闹,并都发表了欢迎词。日兵是处于盗的地位,中国是处于被盗的地位,俗语有所谓'作贼心虚',心虚的人总怕有人盘诘或搜查,我们既心地坦白,尽可听人调查,这是我们对于国联调查团尽可欢迎的最大理由。不过中日事件是非之所在,实为极明显的事实,而日本在国际上之言行不相顾,当面撒谎,尤为国联诸国所深悉。此种例证,随意检举,当前即是。例如日本对国际屡次声明尊重中国土地及行政完整,而在事实上则以暴力强占我国东北;对国联,尤其是美国,郑重声明绝无占领锦州野心,乃至各国驻锦武官证明中国军队并无反攻行为之后,在事实上竟实行占领;沪上祸变,日领声明市府复牒完全满意,同日数小时后日军在事实上竟进攻闸北;托词保护侨民财产,在事实上却进攻日本侨民财产更毫无关系之内地如昆山、太仓等等,甚至以飞机往苏州、常熟掷弹;声言华军退二十基罗米达即不追击,在事实上则任意继续进攻;满蒙伪国在事实上明明为日本一手造出的傀儡,而却宣言与日本政府及官吏无涉。以如此明显的事实,倘国联调查团而犹不能作公正的报告,便是助桀为恶,和日本站在一条战线上,和世界的公理正义宣战。国联调查团诸君是否不至为经过东京时'宫女陪宴'所迷惑而蔽塞其聪明,只得俟诸未来事实的证明。"(全

集第 5 卷第 120—121 页）

《可得聊以解嘲吗?》全文:

"近来颇有人说,在此国防毫无准备全国经济破产的当儿,日本恃其武力来侵略,无论什么人上台,都没有好办法的。临时抱佛脚,交不出好卷子,这在事实上也许是无可否认的。但何以至临时才抱佛脚,甚至虽到了临时而尚不肯真心诚意来抱一抱佛脚,这是谁的责任,我们却要问一问。政府中人动辄以国弱不能抵抗自恕,试问数年来所干何事,何以使国防一无准备至此,这是谁的责任,我们却要问一问。国民此时诚不能说国势混乱糟糕至此而犹能对敌必操胜算,但国事混乱糟糕至此,掌执政权的国民党政府是否应负责任,我们却要问一问。平日大撒烂污,临难则以撒烂污所得的现状来难国民,这是最无耻的不负责任的心理!""我们国民此次为卫国保族的十九路军努力于军需上之后方工作,愈益痛心疾首于政府对国防之毫无准备。我们此次最吃亏者为战斗机与大炮及高射炮之缺乏,但五年来政府举行了十余万万圆的公债,经常收入尚不在内,苟稍稍减少私人之争权夺利,而略略注意于国防设备,何至临时狼狈至此!""马占山血战力竭而退守海伦(现在变节是另一事,此仅论当时事实),当时民众虽极愤慨,但对马却毫无怨言,为什么? 因为当时国民确知道他已竭诚努力到了极点。最近十九路军将士忠勇抗敌,死守三十余日,终于援绝退却,民众也极愤慨,但对十九路军毫无怨言,为什么? 也因为当时国民确知道他们已竭诚努力到了极点。至于平日撒烂污的政府,临难虽极力多方自恕,欲得国民谅解,当然很难,不是国民不知谅解,因为只要看国民对于从前的马占山和现在的十九路军,便是确证;乃是政府无以得国民谅解。"(全集第 5 卷第 121—122 页)

《谁荒谬?》摘要:

"《正义报》平日言论如何,记者向未知道,但就电讯所述,该报所以被勒令停刊,是因为'言论荒谬';'言论'所以被视为'荒谬',是因为劝'中央政府幸勿误国殃民'。劝'中央政府幸勿误国殃民'而为'言论荒谬',则劝中央政府实行误国殃民,当为言论公正! 谁是'荒谬',记者不必下断语,任何人都可心照不宣——除了'亟应严加取缔,以正视听'的摧残言论及民意的当道。我们痛念尚在暴敌铁蹄之下的东北三千万同胞,及最近淞沪惨死流离的民众,是否'误国殃民',大可'心照不宣'!"(全集第 5 卷第 123 页)

3 月 23 日　晚,功德林会餐,商量政治与教育政策。黄炎培、江问渔、杨卫玉、邹恩润等六人参加。(《黄炎培日记》)

3 月 25 日　中午,华社聚餐。黄炎培、江问渔、杨卫玉、邹恩润、姚惠泉、陈彬龢、毕云程等八人参加。访史量才长谈:生活日报、政治路线。(《黄炎培日记》)

3 月 26 日　《评中国银行二十年度营业报告》(收入《小言论》第二集)、《〈生活日报〉计划之具体化》、《关于援助东北义勇军捐款之声明》(署名戈公振、王志莘、李公朴、陈彬龢、毕新生、潘序伦、邹韬奋同启,增篇),载《生活》周刊第 7 卷第 12 期。(全集第 5 卷第 123—124 页,第 4 卷第 57—59 页、59 页)

是月　在史量才寓所有一次长达三小时的谈话。除史量才外,参加者还有黄炎培、邹韬奋和马荫良。谈话范围极广,国际国内形势,中国新闻界情况,中国新闻工作者的努力方向,大家认识一致。"最动人的是韬奋最后的一段话,他说:'《生活日报》是一支轻骑兵,《申报》是大部队;将来《生活日报》打前哨战,《申报》打阵地战,互相配合,为共同的政治目的奋斗。'这时,史量才第一次同意《申报》同事兼任其他新闻单位工作,也是他生平唯一的一次,给我印象极深。于是韬奋在 1932 年 4 月 2 日在《生活》周刊公布《生活日报》干部姓名。"(马荫良《怀念戈公振兄》[1990 年 6 月 20 日扶病写,时年八十又七],收入《戈公振年谱》第 129 页)

4 月 2 日　《与努力成正比例的效果》(收入《小言论》第二集)、《正在积极筹备中的〈生活日报〉》,载《生活》周刊第 7 卷第 13 期。(全集第 5 卷第 124—127 页,第 4 卷第 60—63 页)

《与努力成正比例的效果》摘要:

"迷信的因果报应的说法,在今日科学昌明时代,诚不足道,但效果必与努力成正比例,有一分努力,必多一分效果,这种自然的因果律,实为颠扑不破的真理,我们试冷眼静观,在在可以寻得事实上的佐证。最近如十九路军忠勇抗敌一个月零四日,不幸因援绝力尽而有总退却之举,但其所下的努力仍有其相当的效果,实有彰明较著的事实为铁证,而足以引起我们深长思者在。记者觉得这一点最值得我们的注意,因为我们对这一点诚有彻底的明了与坚决的信仰,便不至发生侥幸的心理,也不至发生失望的心理,只知道向努力的一条路上走——除了这一条路,没有别的生路。"(全集第 5 卷第 125—127 页)

《正在积极筹备中的〈生活日报〉》摘要:

"负责主持本报干部的七人姓名,除记者外,其余六人为杜重远、李公朴、毕新生、戈公振、陈彬龢和吴颂皋诸先生。"(全集第 4 卷第 60 页)·

编者注:一些研究资料称胡愈之也是这次筹备《生活日报》的发起人之一。胡本人著文称:"我当时不在上海,并不在发起人之列。""大约六七月间我回到上海,去看韬奋,他告诉我发起《生活日报》这件事,说他和几个朋友发起民众办报,要作为毕生事业，大家都表示决心不当官，决不加入国民党。""只过了几天，韬奋找我去，说吴颂皋接到汪精卫（当时国民党行政院长）电报，到南京去做官了。这件事当然使韬奋大为吃惊，他知道自己看错了人。我也提醒他陈彬龢此人也不可靠。""我和韬奋接连谈心，我觉得韬奋的态度是诚恳的，他没有个人打算，真正想为人民做些事，记得我和他说，马占山黑龙江抗日，十九路军淞沪抗日都遭失败，并不能挽救中国面临危亡。中国只有走苏联道路，来一次彻底革命才有希望。这些谈话，后来有杜重远、毕云程参加。""至于吴颂皋、陈彬龢，韬奋以后再没有同他们来往（吴颂皋在抗战时投靠汪精卫伪政府，是大汉奸）。韬奋从此时起思想有很大转变。他抽空读了一些关于苏联和社会主义、共产主义的书。为鲁迅所推荐的《革命文豪高尔基》，就是在这一时期韬奋挤时间翻译成的。"（胡愈之《关于生活书店》，收入《我的回忆》第 153—154 页）

4 月 9 日 《候补傀儡的名望家》、《中国究竟想不想翻身？》（以上两篇收入《小言论》第二集）、《读〈苏俄的真相〉》、《〈生活日报〉几时出版？》，载《生活》周刊第 7 卷第 14 期。（全集第 5 卷第 127—128、129—130 页，第 4 卷第 63—65 页、65—66 页）

《候补傀儡的名望家》摘要：

"我们曾经听见各种专门学术各有其受人推崇的专家，不料'名望'而亦成'家'，更不料有人觉得所谓'名望家'尚有被人牵着鼻子把祖国国土拱手奉送和无恶不作的妙用！""这种手腕，日本人最擅长。他们利用东北汉奸赵欣伯，在事前千方百计把他造成东京明治大学的法学博士，便是先把他造成所谓'名望家'，然后牵着他的鼻子走。""他虽在东京明治大学报了名，从未上过一次课，民国十五年，明治大学校长横田氏向教授会建议给他以法学博士学位，""谓赵得博士头衔后，在中国可在政界青云直上，可大为日本利用，众始默认。如今在日人心目中固已踌躇满志，自以为尽量利用了他们所一手造成的一个'名望家'。""最近日人之极力利用马占山"，"他们很得意的声明：'马占山为中国人一致崇拜之英雄，此次即选为军政部长。'记者正在握笔草此文时，又适接到一位读者由沈阳寄来的一本'建国庆祝纪念'册子，是由东北日人指挥下的'自治指导部'所出版的，里面有各位汉奸的厚脸，关于'马占山氏略历'，劈头就说'由于北满大兴之一战，一跃而为救国英雄，称为东洋拿破仑之马占山，现已任新国家黑龙江省省长矣'，日人得意洋洋的气概，活跃纸上，以为又大大的利用了一个'名望家'。""日本人并未曾想到法学博士是一事（姑不论是未曾上过一次课的法学博士），卖国又是一事；曾经'救国'是一事，后来腼颜事仇又是一事。'名望'之可称'家'，姑置不论，即算有了'名望'，即算'名望'是为人所推崇的东西,一旦藉'名望'而作恶,其遭人厌恶,受人鄙弃,较之未尝有过'名望'者更加上千万倍。"(全集第5卷第127—128页)

《中国究竟想不想翻身?》摘要:

"奉送东三省,是数年来政治黑暗,尤其是内争不息所促成的恶果,要铲除这个恶果以拯救垂危的国家民族,国人应放大眼光,从今以后积极准备国防,勿酿内战,则三五年内东北所激成的世界大战——至少为日美俄大战——正是我们有比较的充分准备以完全恢复国权的机会。倘若再醉生梦死的惟私人权利是务,则大难临头,任人宰割,其结果必完全一如今日毫无准备抗御暴日的现象。中国究竟想不想翻身?我们全国国民要时刻不忘的问一问!"(全集第5卷第129页)

4月16日 《与众共弃之汉奸》、《滕烈士之身后凄凉》、《招待孝脱上尉的母亲》(以上三篇收入《小言论》第二集)、《〈中国经济的实际研究〉按》(增篇)、《〈苏联的五年计划〉按》(增篇)、《独立自由的〈生活日报〉》、《一件美国寄来的印刷品》,载《生活》周刊第7卷第15期。(全集第5卷第130—131页、131—132页,第4卷第67页、68—70页、70—71页)

《与众共弃之汉奸》摘要:

"上海各团体救国联合会因闸北有汉奸胡立夫、汪度、常玉清、程希之、姚五、李飞等,勾结敌人,组织所谓'闸北地方市民维持会'向市民勒收规费,为虎作伥,特通告全市民众,斥谓'此等汉奸匪惟干犯法纪,实与我全民众为敌……人人得而诛之,上贻其祖宗历代之羞,下贻其子孙永世之辱,我全市民众,对于此等奸贼,不应视为普通案犯,仅以旁观态度,听军警之缉拿,无论识与不识,均应严密注意,随时采用适当有效之处置,以惩奸恶……遇有此等奸贼行为,应即大义灭亲,父不以为子,兄不以为弟,妻不以为夫,立时宣示其罪恶,而与众共弃之,民族存亡,胥系于此'。"(全集第5卷第130—131页)

《滕烈士之身后凄凉》全文:

"汉奸之所以令人痛心疾首,与众共弃,其罪恶在卖群自私;在相反方面,有不顾一身而为群众效死者,其可钦敬亦可超越寻常,群众之所以报之者应何如,乃愈值得我们的郑重注意。""吴淞炮台滕参谋长以身殉国,遗有老母寡妻孤儿,身后凄凉,令人酸鼻。据滕夫人杨佩瑶女士所泣告,谓滕烈士名久寿,号祺之,贵州江都县人,年三十三岁,在吴淞要塞司令邓振铨部下,任职三年,二月四日上午十时左右日舰轰击吴淞炮台,弹中左膀,随身护兵请暂退避,烈士愤然叱道:'我辈军人负有保国卫民之责,速还炮杀敌,退者立斩。'话犹未毕,不幸右腋又中敌弹，轰去右手，炸片洞穿胸腹，炮台虽得保存，而烈士竟粉身以殉。家有老母八十一岁，寡妻三十岁，长孤十八个月，遗腹次子将届两月，一家孤寡，后顾茫茫。我国此次抗日之战，踌躇赴援而保实力以自图将来私人权利者，比比皆是，国民无丝毫力量治其罪而置于死刑，奋勇御侮以身先士卒而一瞑不视者，其身后惨状，乃一至于此，倘社会再无同情之表示与实力之拯援，是何异于奖恶贬善，灭绝是非？记者以为滕烈士之惨状，仅为此次以身殉国者之一例，我们应督促政府对于此次阵亡军士均应有特优的抚恤办法。以我国岁耗收入百分之八十以上以养二百余万为私人争权夺利的工具，今能以身赴国难者仅为少数的少数，应受特优抚恤，所谓'天公地道'政府实责无旁贷。"（全集第 5 卷第 131—132 页）

《独立自由的〈生活日报〉》摘要：

　　"正在收受股款积极筹备中的《生活日报》，承读者诸君之热烈赞助，或赐书指教，或寄语鼓励，盛情厚意，铭感无已，愧奋之余，真不知将来应如何努力，始能图报于万一，此时所敢奉慰诸同志者，我们所惨淡经营的《生活日报》必为独立自由的舆论机关；所谓独立自由，即永有其为民族为民众的福利而奋斗的独立的精神和自由的意志。""我们这样的忠实态度，将来公开的言论上必表现出来而无从掩饰的，所以我们此时无须多所喋喋，但最近有友人告诉记者，据说有人造谣，诬本报已归入所谓上海报界托辣斯的势力圈里去；又有人造谣，说某某资本家加入了五万圆的资本。语意之间，无非要诬陷《生活日报》已受着什么托辣斯或资本家的操纵。这种谣言如出于有意的诬陷，记者不愿有一字的解释；倘若是出于误会，记者要郑重的声明这是绝无根据的谣言，与事实完全不符。""我们在未宣布本报公司章程以前，就承不少读者殷勤指教，说须设法避免有任何大股东的操纵，勿因此失却独立自由的特质。我们所以决定采用'股份两合公司'的办法，就是要避免这个弊病。所谓'股份两合'，即由本社任'无限责任股东'，其余投资赞助者都是'有限责任股东'。""有好几位读者问起本报既为本社所创办，记者所任的职务乃'敬陪末座'（详见第十三期本刊），似以记者所负责任太轻为不满。其实职务的分配虽属分工，而本报的'全权'既由'干部'负责，记者复为'干部'的一分子，即对本报亦负有'全权'的责任。干部中其他各位同事，都是记者经过审慎的选择，由于道义的结合，切实负责为本报努力而来的。他们既由记者负责敦请而来，记者也就负有联带的责任。况本报公司章程中载明记者为'无限责任股东'的代表人，其所负的责任尤大。这样说来，记者对于本报所负的责任并不轻，且以承蒙读者诸君

谬加信任之殷切，付托之重大，也不愿减轻自己的责任。"（全集第4卷第68—70页）

《一件美国寄来的印刷品》摘要：

"我们看了上面所述美国民众渐有自动抵制日货之组织，乃在'上海的战事发生后'，即在中国人有了抵抗强暴能力的表现之后；又看了王钟麒先生自法来函所述欧洲在我国十九路军奋勇抗日以后舆论态度为之一变的情形，乃至'不相识之法人'因此事向王君握手道贺之热烈表示，做中国人的应得到一种永远勿忘的深切沉痛的教训，即必须能自己努力，必须能自助，而后始能引起别人的同情和协助。否则强暴固为人所厌恶，而怯懦不抵抗不知耻的民族也为人所鄙弃。这一点我们要看清楚，才知下决心向前奋斗。"（全集第4卷第71页）

4月18日 黄炎培与邹恩润、吴颂皋谈话。（《黄炎培日记》）

4月19日 黄炎培与邹恩润、吴颂皋、毕云程谈话。（《黄炎培日记》）

4月23日 《一群可怜虫》、《马占山反正》（以上两篇收入《小言论》第二集）、《艰难缔造中的〈生活日报〉》、《〈国难期中的海军当局〉按》，载《生活》周刊第7卷第16期。（全集第5卷第133—134页、134—135页，第4卷第72—73页、74—75页）

《一群可怜虫》摘要：

"我国之已露脸和未露脸的汉奸，在最初亦何尝不思侥幸借仇敌的庇护而飞黄腾达，揽权夺利以骄侪辈，而实际则无以异于芝加哥大杀牲场里正向着杀戮用的机器前面一步一步的走入死路的牛羊！牛羊本身受戮，仅及其本身，卖国汉奸则并永贻其惨祸于后代的子孙，直牛羊之不若！西谚有所谓'不自由，毋宁死！'诚以不自由之惨苦，较死为尤难受，而一个民族亦必须有决死以争自由之心，自由乃为有望。无论是自愿做汉奸，或是被迫做汉奸，其为民族千万世的罪人则一。"（全集第5卷第133—134页）

《马占山反正》摘要：

"使全国大失所望的马占山现在通电反正了。当他在嫩江之役，正在血战抗日为民族争人格的时候，本刊曾竭其绵力，应本刊之提倡而慷慨输将者遍及国内外，后来眼巴巴的看他降敌事仇以自辱其身而辱及整个的民族，我们自己觉得上当而又累无数热心同胞上当，中心歉疚，莫可名状。但愚意我们仍不可因此灰心，故在本刊本卷第十期里论及此事，说过这样的几句话：'无论何人，能为民族争人格争光荣的时候，我们就尽我心力去赞助他；无论何人，一旦人格破产害国辱族的时候，我们就加以严厉的制裁；这样正见是非之所在，公道之所在。'如今马占山反正了，我们还是可以用这同样的态度来对待他。他以全世界称为中国'全国英雄'（'National hero'）的资格，忽而降敌事仇，贻羞民族，罪不容诛，原是一件极惨痛的事情，但能中途反正，总比黑心到底为可嘉，倘能从此努力抗敌，实际做到他通电中所谓'此后不斩楼兰，誓不生还'，我们民众也应当许他将功赎罪。他往日之降敌事仇，传播世界，固贻民族以莫大的耻辱，但此后如能轰轰烈烈再干一番抗敌救国的事业，也未尝不可传播世界，一新耳目，所以他的功罪还须看他以后的实际行为如何为断。"（全集第 5 卷第 134—135 页）

《艰难缔造中的〈生活日报〉》摘要：

"讲到艰难缔造，想起《生活》周刊最初却也是艰苦备尝的。当时助理的同事只有一二人（因为二人中尚有兼职的，只得称一二人），记者要握笔作文，要做收发，要看信复信，有一次因包封寄发本刊来不及，我也只得搁着笔加入帮着做包封的工作，有一次因要韦廉士医生的广告加些价格，要用英文和该公司的'大班'办交涉，我不得不搁笔亲自出马，记得当时该公司在本刊上所登的广告地位等于现在每期二百圆的广告地位，每期却只出十只大洋，我出了九牛二虎之力，和那位'大班'辩论了好半天，他才允每期加一两块钱，还得像煞有介事的签了好几张英文合同。当时本刊信用未著，只有这个公司肯登这样多地位的广告。当天大雨倾盆，我出该公司时已傍晚，回来时满身淋漓，自顾失笑，虽所获无几，但总算'凯旋'，于疲劳中颇感乐趣，如今回首前尘，有如梦境。但是本刊从极小规模做起，本身事业的扩充，全视本身收入为标准，经济自立，不必求人，却未尝不是一个特点。现在创办日报，情形略有不同，开始即须有相当的规模，否则便办不起来。不过我们仍须注意紧缩政策，力求经济。"（全集第 4 卷第 73 页）

《〈国难期中的海军当局〉按》摘要：

"我们不愿攻击任何私人，但如何君所言果确，则事关国家民族，个个中华民国国民都有顾问的责任，所以把这封信公开出来，虽痛于'往者不可谏'，仍希望'来者尤可追'。依我们所知道，当立法院开会讨论与日绝交问题的时候，海军部长陈绍宽出席说明海军状况，谓中国海军仅可打三分钟！以月费七十万圆养着这样丝毫无补国防的海军，已是国民极痛心的事情，但实力毫无还是另一问题，而存心媚敌，更是无可恕的丧心病狂的行为。我们到如今才知道一国之所以要有海军，非但与国防无关，而且是用来对敌'维持友谊起见'！"（全集第 4 卷第 75 页）

4 月 30 日　《滥用与搜括》(收入《小言论》第二集)、《〈生活日报〉的背后是什么?》、《〈郑孝胥的手笔〉按》,载《生活》周刊第 7 卷第 17 期。(全集第 5 卷第 135 页,第 4 卷第 76—77 页、78 页)

《滥用与搜括》摘要:

"中国的老百姓不能算吝啬,只要看五年来不过占民国成立以来四分之一的时间,而公债所搜括者却达二十年中四分之三的部分,倘若搜括来确为'民生之建设'而用,虽暂时'痛苦'而无憾,毛病不在'用'而在'滥用'。""最近萧德义士(即孝脱)为我国争正义而牺牲,政府赠赙萧母十万元以作养老之费,我们固认为是应该用的(当然,我们还希望政府对于本国的无数萧德的身后也应该有切实的抚恤办法);但像把'考察实业专使'来应酬卸任的孔祥熙氏,这一类'赠款'式的'白相'费却是滥用的。""我们不知道这与从前张孝若的考察实业专使,徐树铮的考察实业专使有何区别? 那是军阀时代,现在不知道是什么时代了! 私人的'游历'和'养身体'而亦累及民脂民膏所造成的国帑,是否滥用,我们实无法换用别一种说法! 尤其是在年今日民穷财尽的时代,记者绝无意重视孔氏的这一件事,因为他这一件事不过是'滥用'的一个例子,而且是'随便赠人'中之小焉者,我们所反对的是诸如此类的滥用,因为'滥用'乃不得不'搜括','竭力搜括'以应付'滥用',而民生遂愈陷入苦境。"(全集第 5 卷第 136—137 页)

《〈生活日报〉的背后是什么?》摘要:

"有人听见有什么新刊物出现,尤其周刊或日报之类,往往要问有什么背景没有。""真有背景的报纸,说他是有背景,这是实至名归,原是很公平的;所可愤懑者,是明知你没有什么背景,却昧着天良硬造谣言说你有什么背景。愚意以为'事实最雄辩',听了这种谣言而竟不免怀疑的人,要消除这种怀疑并不难,只须把上面所说的两点——经费来源和主持者的表现——在事实上弄个明白,谣言便无所施其技。""本刊最近承热心读者的督促与赞助,发愤创办《生活日报》,自信动机纯洁,态度坦白,但颇闻有人故作蜚语,意图中伤,世道险峨,可为慨叹。记者一方面固深信'真金不怕火',我们若经不住摧残,尽管任其没落,毫不足惜,所以仍是勇气百倍,向前尽其心力干去,同时却也不妨提出来谈谈,藉明是非之所在。""本刊自记者全权主持以来,事业的维持和进展,全恃自己在营业上(即发行、广告及出版书籍各方面)所得的收入,绝对不受任何团体或私人的津贴""记者全权主持本刊五年以来,言论与天下以共见,虽所见自愧浅薄,但无不以民众利益及正义公道为前提""本报的经费是由热心同志投股凑集而来的","主持《生活日报》的记者也就是主持《生活》周刊的记者，干部的姓名也已公布，事事公开，不辩自明。""《生活日报》的后面是什么？是民众，因为他是民众所扶持的，因为他下决心为民众而努力。"(全集第 4 卷第76—77 页)

《〈郑孝胥的手笔〉按》全文：

"这三个字确是郑孝胥的手笔，记者和他直接不认识，当时还是承一位热心好友费了许多工夫弄到的。自郑助逆后，屡有读者建议更换，我们最初以为郑的助逆行为固可恨，但他的书法似可无须并为一谈，况且并未有他的署名，故未即更换，近来责备的信愈多，我们感于读者爱护本刊之诚厚，特将最近得到的白珊先生的这封信发表出来，决意更换一个手笔，记者虽不是什么'伟人'，也不是什么书法名家，但求人不如求己，免得无谓的麻烦，就自己涂上本期开始用的这几个字。"(全集第 4 卷第 78 页)

是月　《最难解决的一个问题——信箱汇集之一》由生活书店出版。(全集第 4 卷第 81—377 页)

《〈最难解决的一个问题〉弁言》(4 月 28 日记于生活周刊社)，收入同名单行本。(全集第 4 卷第 81 页)

5 月初　顾维钧代表国民政府招待国联调查团，在沧洲饭店约见各报记者茶叙，韬奋有机会一见。著文《中国小猫冒险出关》。(全集第 5 卷第 139 页)

5 月 7 日　《国民党与中华民国》、《中国小猫冒险出关》(以上两篇收入《小言论》第二集)、《〈生活日报〉与〈生活〉周刊》、《〈关于《国难期中的海军当局》的来函〉按》，载《生活》周刊第 7 卷第 18 期。(全集第 5 卷第 137—138 页、138—139 页，第 4 卷第379—381 页、381—382 页)

《国民党与中华民国》摘要：

"平心而论，国民党的前身是同盟会，推倒前清而成立民国，是由于孙中山先生所领导的同盟会之努力，就此义而谓'如果没有国民党，就断断没有中华民国'，未尝不可通，我们对于诸先烈为此事而牺牲之慷慨义烈，尤不能忘。但是有一要点很值得我们注意的，就是诸先烈之舍身取义，决不是为党而牺牲，乃为藉党的主义与工作之有益于全国同胞而牺牲，倘党所'做出来'的中华民国不过是挂上一块招牌，而在实际则全国民众所受的痛苦无异于未挂新招牌之前，或甚至更较前痛苦，则诸先烈在天之灵而有知，必痛苦流涕于后继者之不肖，对全国同胞正觉其歉疚于无穷，决不忍以'所做出来的'傲然自得。这样说来，国民党之应否'打倒'或受国民的拥护，其枢纽应以国民党在实际上的工作是否有益于中华民国为转移,是否有益于大多数民众为转移,而不应以'中华民国是国民党所做出来的'为标准。倘若国民党的实际工作诚在救我民族,自为全国民众所信仰,我们民众不但不愿打倒,且愿竭诚拥护;倘若国民党的实际工作不过是挂羊头卖狗肉,我们民众不能承认打倒国民党就是连中华民国都打倒。总而言之,我们民众所要问的是实际工作——有益于大多数民众的实际工作。""就民众的立场说,训政也好,宪政也好,所要求者是实际的工作与效果。有名无实的训政和有名无实的宪政都不是我们所要的。"(全集第5卷第137—138页)

《中国小猫冒险出关》摘要:

"巴黎和议时各国外交家的态度,屡称我国代表顾维钧氏为'中国小猫',当时顾氏为力争山东问题,在会场中屡有激昂辩论,克氏颇为心折,而既自居'老虎',竟以'小猫'喻顾,殆仍不失其自负的心理","这只'中国小猫',记者向未见过,不久以前,他在沪代表国府招待国联调查团,曾在沧州饭店约各报记者茶叙,我始得机会和他一见,对于他的外交政见,我们虽未能尽表赞同,但是他的态度镇定从容,思想有条不紊,言辞清晰明了,我们都觉得他确是我国外交人才中不易多得的一只'小猫'。""他这次为国冒险出关,虽受日本及其所嗾使的伪国加以种种恫吓,而仍能从容谈笑,视若无睹,虽为分所应尔,但在国人方面却应加以相当的敬意,为挺身努力国事者劝而为颟顸怯懦者戒。""日人所嗾使的东北叛徒,拒顾谬举之无所不用其极,可谓丑态毕露,初则仅言'拒其入境',继则竟言'下令通缉',而日人复在报上大造其'不安全'的空气,谓'安全二字是相对的而非绝对的,观于日本财政界要人之数遭暗杀,则日本虽与调查团周密之保护,难保团中之任何一分子,绝对无不测事件之发生',以对方之素来无赖,无所不为,不知名誉为何物,此种危词耸听,虽属意存恫吓,而实际危险实非不可能的事情,在此种情况之下,顾氏犹能毅然就道,从容应付,置个人生死于度外,至今尚在艰窘危境中,实足以引起我们的敬重和系念,同时也更使我们感觉强暴所给予我们的痛苦。"(全集第5卷第138—139页)

《〈生活日报〉与〈生活〉周刊》摘要:

"《生活日报》与《生活》周刊究竟有何异同?何以我们于原有周刊之外又想办日报?""本刊旨在'启迪理智能力,增富知识见闻',而内容则重在评述国内外时事,讨论有关政治经济社会各方面一般的问题,介绍国内外的现状与大势,故其体例有评论、专论、国内外通讯等等。要'启迪理智能力,增富知识见闻',方法原有多端,而我们取材所以特重时事评述,问题研究,与国内外现状及大势者，很想藉此一扫国民向来只顾一身一家而漠视整个民族群众福利的心理，引起他们注意时事及研究问题的兴趣，扩大胸怀与放远眼光的感觉。""日报和周刊大异的一点，便是日报须有迅速真确而编辑得法的新闻材料。周刊所根据的事实当然也须真确，然日报对新闻方面，于真确之外，尚须迅速，其编辑方面与周刊之仅汇集整篇文字，当然也不同。""新闻之迅速真确，固靠办者之努力，就是编辑方法，我们也主张须于每事之前因后果，作有系统有组织的叙述，尤其是关于国内及国际的重要问题或事故，编者须有历史的眼光，平日的研究，明其原委，抉其关系，藉此灌输一般国民以有条理的真确知识，因为无论何事之发生，决不是临时从天上掉下来的，必有其所由来，亦必有其所趋向。所以西方新闻学者尝谓新闻事业不仅在报告，尤在指导。""《生活日报》和《生活》周刊虽同在新闻事业的范围内，实各有其特点与贡献，实可相辅相成而不至于互相妨碍或冲突的。"（全集第 4 卷第 379—380 页）

5 月 10 日　《〈深刻的印象〉〈游日鸟瞰〉弁言》（记于生活周刊社），收入同名单行本。（全集第 4 卷第 383 页）

5 月 14 日　《丧权辱国中的喜气洋溢》、《溥仪失却好机会》（以上两篇收入《小言论》第二集）、《再谈〈生活日报〉与〈生活〉周刊》、《〈一个建议〉按》、《仇人做夫妻》（收入《悬想》），载《生活》周刊第 7 卷第 19 期。（全集第 5 卷第 140—141 页、141—142 页，第 4 卷第 383 页、383—385 页、385—387 页，第 5 卷第 342—343 页）

《丧权辱国中的喜气洋溢》摘要：

"外人喜气洋溢不足怪，日人喜气洋溢更不足怪，至于我国始终高唱决不签丧权辱国条约的官吏亦喜气洋溢，这是最可痛心的一个现象！""就《协定》本文而言，以本国国土而承诺敌军作无限期的驻扎，以在本国国土内的本国军队而承诺须受敌军限制其行动，仅就此两点说来，无论如何巧为曲辩，何以免于丧权辱国的罪名，日军之允完全撤退，谓须俟所谓'常态'之'恢复'，而如何始为'常态'之'恢复'，须完全由彼自主。故自从中日两方代表签字《协定》之后，日军从事建筑营房，准备长期驻扎，反趋积极！关于我军行动，虽有我方代表临时声明'并不含有任何限制'，但试问在《协定》本文明明载着在'常态恢复'与'未经决定办法'以前，我军必须留驻现在地位，所谓'常态恢复'及'决定办法'究在何时，'办法'之内容必须如何始能得日方满意，如此而犹谓为'并不含有任何限制'，除自己骗自己外，究作何解？""以平常无时不在撒烂污中的政府，有此《协定》，固犹恃十九路军一时死抗的余威，观日军当局再三忧虑南市浦东有驻军，其胆寒可想，但协定内容之仍不免于丧权辱国，则为铁一般的事

实。全国上下必知此之为可耻,而后始有雪耻的时候。"(全集第5卷第140—141页)

《溥仪失却好机会》摘要:

"据西报所载溥仪被土肥原派兵数人在天津寓所挟走旅顺时,限立刻跟着滚,虽妻子家人吞声饮泣,不获追随,其惨状可想,马占山致调查团电文,曾谓'溥仪尝于途中屡次以药自杀,均为监视之日人所发觉而阻止,求死不得'。又谓'本庄繁来长监视溥仪就职,预令溥仪必须恭往车站迎迓'。闻调查团于本月三日晤溥仪时,六日人立溥侧,溥除述驹井并预撰之欢迎词外,未敢添一语,李顿等乃信溥为真傀儡。其实傀儡可耻,自愿为傀儡尤可耻,溥仪处'求死不得',含垢忍辱无复生趣的境遇中,诚能于调查团晤见之时,放胆痛述,置生死于度外,一方面可以更暴露日军之丑于世界,一方面即不获生,亦得死所。常语谓死有重于泰山,有轻于鸿毛,溥仪即以药自杀于途中,日人仍得捏造事实以自饰,死得不明不白,何异于鸿毛?对调查团激昂慷慨而死,为众目所共睹,必足以寒敌胆而为自己争回人格,死实重于泰山,乃不此之务,而忾忾觊觊扭扭捏捏恭读驹井所预做的欢迎词,我们乃不得不慨叹于求生固不易,欲求死得其所亦大非易事。"(全集第5卷第142页)

《仇人做夫妻》全文摘要:

"我觉得张先生未免有所误会,我们反对日本对我国的侵略,反对以残酷手段及不公正态度对待我国的日本人,并不反对能以和善及公正态度对待我们的日本人。换句话说,我们是反对他们的侵略政策,只要他们不侵略,能以平等自由相待,便不是我们的仇人。倘若张夫人也参加或赞同日本虐待我国的行为,那张先生把她视为'仇人',还有理由;如今依这封信看起来,张夫人实是一位贤妇,张先生须立刻消除误会,好好的待她才是。至于家里所用的日用器具,以后抱定宗旨不再买'仇货'就是了,不必'时常无故捣毁'它。"(全集第5卷第343页)

5月21日 《逐个击灭战略》、《独裁与双裁》(以上两篇收入《小言论》第二集)、《公私经济的界限》(收入《韬奋漫笔》)、《江北人三字》(收入《悬想》),载《生活》周刊第7卷第20期。(全集第5卷第142—144页、144—145页、472—475页、425—427页)

《逐个击灭战略》摘要:

"日于上海获得《停战协定》后,即调陆军第十四师团往东三省,对付关外义勇救国自卫各军,且紧接在榆关备战,其尽量发挥逐个击灭战略,已有事实上的佐证。""行政院长汪精卫氏于本月九日在举行五九国耻纪念会时,提起国难，说'无论在那一处地方，如日本来攻击，我们便抵抗；如日本停止攻击，我们便罢手'，他认为这是'这一次政府的政策'。我们以为如果日本仅仅'停止攻击'，'我们便罢手'，固然不失其为政策；但是如果日本于占据了我们国土之后才'停止攻击'，我们也'便罢手'吗？这样说来，日本现在已占据了东北的国土，在日本只须我们服服贴贴的放手，他巴不得要'停止攻击'，实现为日本人而设的'和平安乐之地'（侵我东北祸首日前陆相南次郎的话），'我们便罢手'吗？这样的'政策'，徒然使暴敌获得良好的机会，再接再厉的尽量发挥其逐个击灭的战略。""我们以为政府应把'政策'痛改一下，全国民众亦应尽其'人力物力'以助前仆后继为国效死的将士。"（全集第 5 卷第 143—144 页）

《独裁与双裁》摘要：

　　""独裁'这个名词，我们是常听见的，此外我们仅听见有所谓'双簧'，'双裁'似乎还是一个新创的名词，这个新名词的'版权'似乎应归于孙科氏。""大家都知道现在是汪蒋合作时代，孙氏所谓'双裁'，大概是指汪蒋而言；所谓'独裁'，大概是指蒋氏独揽大权时代而言。'裁'字的意义，本是裁剪衣料制衣，故制衣者有裁缝之称；又有断决之意，如所谓'裁夺'，意即加以量度而断决其可否。依前一种意义而论，做'裁缝'的只要不辜负请他制衣的人的委托，不偷料，不专偷顾客的衣服给他的家里少数人用，我想无论他'独裁'也好，'双裁'也好，顾客固无所用其反对。如以政府比裁缝店，人民比顾客，则孙氏固亦可算做过裁缝店里的一个伙计，我们人民所注意的是他到底做过几件好衣服给顾客穿，穿得满意而去，此外便不必问，也无须问。""就第二义言，即所谓'裁'者是'加以量度而断决其可否'，只要是把大多数民众的利益为'量度'及'断决'的标准，不是为自己私人的狐群狗党乃至狐亲狗戚的权利为'量度'及'断决'的标准，有实际的成绩给民众看，'独裁'固无须'反对'，'双裁'固亦未尝不可'承认也'！所以记者以为现在'裁缝店'之所以一团糟，在乎'裁'之内容使人失望，'独'或'双'倒没有多大的关系，如果换汤不换药，'多裁'也是不了，因为'顾客'们还是一样的吃亏！"（全集第 5 卷第 144—145 页）

《公私经济的界限》摘要：

　　"记者看了这两段话，初觉既是出于误会，本想径函答复，略作解释，继而觉得该文字含有两点颇重要，似有提出申论的价值：一是公私经济的界限；还有一个附带的问题，即我们是否值得以个人私利为对象而向前努力？""该文一方面叙述本刊的发达，同时即接着断言记者'筑洋房，拥艳妻，出入以汽车代步，举止豪阔'，是直好像本刊的公款收入就是记者私人腰包的丰满，公私经济是可以没有界限的。其实本刊的收入须用于本刊自身的事业上面,与记者私人的腰包并未发生联带关系。就事实言,记者在未接办本刊的五六年前,半天在一个中学校里教英文,半天在一个教育机关里编译丛书,现在所得的月薪,比较五年前当教书匠时代的每月收入比较一下,还少十只大洋(本刊除月薪外并无分花红的办法)。记者是否因本刊的发达而在个人经济上发了财,是不辩自明的事实,讲到我个人数年来的负担,有大家族十余口的牵累,有小家庭六七口的牵累,还须帮助一个弟弟求学,家里一有病人,我就好像热锅上的蚂蚁,幸而自己曾于公余译了两三本书,有些版税拿来贴补贴补,否则早已索我于枯鱼之肆。讲到'妻',确有一个,'艳'不'艳',我自己无须多辩,不过这个'妻'我已娶了七年,我'主办'本刊迄今不到六年,就是'艳'也不是靠着本刊的发达才'艳'起来的,这也是不辩自明的事实。讲到'筑洋房'吗?我所租的是单幢两层楼的屋子,和一个也有家眷的亲戚同住,他们住在三层楼,我和'艳妻'以及两男一女,五口子就住在二层楼的一间卧室里,'豪阔'到那里去?至于'代步',我只有常常对不住我的两腿。我常对我的'艳妻'说,我不过是家里的一个帐房先生,每次领得薪水到家,涓滴归公,她当着我的面前就支配给我看,这样若干,那样若干,常常不够,看去已十分省俭,我又无法叫她紧缩,官署可以裁员,我又未便把那个儿子或家中人裁出去,只得说等到有版税拿时再说,所以我的'艳妻'常拿'版税'两字和我开玩笑,因为我两手空空,一来就拿'版税'做盾牌。这种种属于个人的事情,我原不愿说来糟蹋本刊的篇幅,不愿说而又说了一些出来,是要说明公私经济应有严格的界限。本社平常对此点异常注意,凡与社中公事无涉的信件,记者向来不用社中的信笺信封,不耗费社中一分邮票,即其一例,不但记者如此,本社各同事都如此。我们的帐目,每半年必经过会计师的严密查核,公私经济绝不容有丝毫的含混。愚意公私经济须严分界限,这是任何事业的基本条件,本社同人不过尽其分所应尔罢了。至于所谓'大红特红之时代名人',记者的工作专注于本社事业的范围,绝不藉本刊为个人有所活动,'红'与不'红','名'与不'名',非所愿问。""我们如为社会公共福利而努力于一种事业,把它看作社会的事业,而非个人的事业,便觉值得奋勉;若不过为个人私利而孜孜,便感觉人生之毫无价值,所以我们应力倡舍己为群的意志与精神。"(全集第5卷第473—475页)

5月25日 邹韬奋与上海多界知名人士史量才、俞寰澄、钱新之等通申津、京(宁)、汉、平各界,发起组织"废止内战大同盟",并公布《废止内战大同盟章程》。

5月28日 《掌颊罚跪的市长》、《木头大起劲》、《"应不准行"中之邮政罢工》

（以上三篇收入《小言论》第二集）、《苏俄的儿童》（署名落霞）、《〈生活日报〉办得成功吗?》、《荷起枪杆》（收入《悬想》）、《〈为伍连德铸铁像〉附言》、《〈忍痛开市之后〉附言》，载《生活》周刊第 7 卷第 21 期。（全集第 5 卷第 145—146 页、146—147 页、147—148 页，第 4 卷第 387—390 页、390—391 页，第 5 卷第 408—410 页，第 4 卷第 391—392 页、392—393 页）

《掌颊罚跪的市长》摘要：

"身居伪国务总理地位的郑孝胥，曾因替溥仪争禁卫军事，被伪国务院总务厅长驹井掌颊，以后便遇事嗫口，以日人干的总务厅长，便可随意掌颊本院的国务总理，其专横可见。""国联调查团原要见见马占山，终因日方阻挠而打消，但马的代表确已在哈见过李顿等，日方事后闻讯，迁怒于伪市长鲍观澄，将鲍传到特务机关部，掌颊二十，罚跪一小时。我们从前听说沿南满路的我国平民往往被日军警随意掌颊罚跪，饮泣吞声，无可如何，今亡国官员亦得享此同等待遇，所异者平民所受者为冤枉，谓非出于自愿，尚能'激怒'，而伪官员则官愈高而脸愈不要，大有耶稣所谓被人掌了此颊，再以彼颊就之之慨，所以尽管掌颊，尽管掌颊而且罚跪，国务总理还是干得，市长还是干得!"（全集第 5 卷第 145—146 页）

《木头大起劲》摘要：

"有英人木头者（H. G. W. Woodhead），他断定'中国是习惯于溃败与耻辱的民族'（见本刊本卷第五期《小言论》），惯在《大美晚报》专做偏袒日本及外侨中之'死硬'派以攻击侮辱中国的文字，当我国十九路军英勇抗日之时，他力为日本辩护，力劝中国自己从早退却以全颜面! 自日人以种种鬼蜮伎俩，勾结在沪少数外侨，阴谋促成圆桌会议以设立所谓自由市以来，这块木头更大起劲，怂恿不遗余力，最近竟以上海英侨协会会长名义，大发通告给各国在沪商会，谓欲保障上海租界安全，须速开圆桌会议，""总之是要使上海更殖民地化，乃至'上海周围'都牵入而殖民地化就是了。这块木头处处以最近中日战事做这种无理要求的根据，他何尝不知这次是日本利用租界作根据地以进攻我国土（租界原也属我国土），我军始终未攻入租界，试问谁破坏租界安全? 木头虽木，绝非不明白这样浅近的道理，他无非咬定'中国是习惯于溃败与耻辱的民族'，所以可以无理由的加以尽量的压迫与侮辱。这块木头屡在《大美晚报》上极力赞许日本在侵沪时要求上海周围二十基罗米突不得驻华军，我十九路军即为此事血战三十余日，木头如有勇气，尽管大胆挑衅!"（全集第 5 卷第 146—147 页）

《〈生活日报〉办得成功吗?》摘要:

"记者曾经襄助潘公弼先生办过一年《时事新报》,在这一年中对办报上的各方面都有相当的接触,深知此中的甘苦,但我以为苦则有之,倘能努力,亦非不可能的事情。不过我们所有的是汗和血,大量的资本是拿不出的,故实际能否开办,须视八月底以前能否收满十五万圆(全部资本的半数)为断,否则只有作罢,将已收的股款本利归还。截至记者执笔草此文时止,新华银行收到的股款不过七八万圆,就经济方面说,殊觉毫无把握。热心赞助本刊的读者多为一般平民大众,心有余而力不足,而记者筹款的本领又等于零,只得听其自然的趋势,到八月底再作最后的决定。""就第二义说,办得好不好,要看能否努力的办,坐着不办,当然无从好起。记者除联络同志组织干部外,并在积极物色超卓人才。""愚意就报纸本身而言,要办得好,最重要的在言论之精警与消息之灵确,但这两件事都靠联络人才,共同努力,并非不可能的事情。"(全集第4卷第390—391页)

《荷起枪杆》摘要:

"当忠勇奋发的十九路军抗战日军于淞沪的时候,每日听到暴军残虐及战斗机轰炸我方英勇战士,及无辜平民的时候,发冲眦裂,寝食全忘,悲愤填膺,中心如焚,当此之时,苟能领率十万精兵,或百架斗机,一战而败暴敌,再战而复失土,其为快慰,岂有伦比?但手无寸铁,坐视摧残,愧怍之念,无时或已,每自叹笔杆儿之远不及枪杆儿,此念萦怀,至今未释,及接作者此信,方知荷起枪杆的武装同志之烦闷,并不下于手执笔杆自恨无用如记者的。然而我仔细一想,这并不是枪杆无用,却是因为醉生梦死的军阀或军阀的走狗为数之多,而忠心耿耿有志为社会民众努力之武装同志如作者之为数太少。故读此信至'在这种焦头烂额的状况中,要想由一个或少数的细胞来恢复体康,是很不容易的',不禁慨叹,认为症结所在,被作者一语道破。但记者由此所得的结论,却与作者大异。作者因此觉得'意志也一天一天消沉下去',记者却以为我们的意志更应坚强起来,联络同志,共同奋斗,在黑暗中携手向前迈进,寻出一条光明的大道来。说'难'吗?不难的事人人会干,用不着我们来干,正是因为'难',所以需要我们来干,所以我们要干。觉同志太少吗?同志果多,我们自甘退后,于民族前途,并无损失,自无关系。正是因为同志之少,所以在一方面我们自己应各竭其心力,不应妄自菲薄,同时还须尽量联络同志,使同志因团结而增加力量。作者说'要想由一个或少数的细胞来恢复体康,是很不容易的',固属至言,但试问补救之方还是应该由此'少数'特别努力而后才有希望呢？还是连这'少数'都'一天一天消沉下去'而后反有希望呢？分析至此，我们只有各竭心力向前干去，一息尚存，此志不懈，干到死而不能再干，才撒手，而且还希望其余的同志继续向前迈进。天下事只怕不干，能干便无止境。""作者既荷起了枪杆，在武装同志中便可尽量引导他们向光明的路上跑，不必灰心；倘有人利用武装同志作私人争权夺利的工具，便应竭力阻止；如阻止无效而后绝对的不干，俟机再起，未尝不是一种办法。这是要依实际情形，各人能力，临机应变的措置。在问题未发生前，记者主张能干即干，可干即干，不必多所顾虑。"（全集第 5 卷第 409—410 页）

6 月 4 日　《万家堕泪哭忠魂》（收入《小言论》第二集）、《苏俄的妇女（上）》（署名落霞）、《读〈一个内乱的分析〉》、《〈勇于剿民〉附言》、《〈国产如私有?〉附言》，载《生活》周刊第 7 卷第 22 期。（全集第 5 卷第 148—150 页，第 4 卷第 373—396 页、397—399 页、399—400 页、401—402 页）

《万家堕泪哭忠魂》摘要：

"五月二十八日，淞沪抗日阵亡将士追悼大会在苏州举行，军民数万人参加公祭，蔡廷锴氏频频回顾各阵亡将士遗像，潸然挥泪，开会至全体肃立奏哀乐时，蔡氏尤悲恸欲绝，泣不可抑，全场呜咽凄怆，与祭人员及民众亦多为之凄然下泪者，许世英氏所赠挽词，有'万家堕泪哭忠魂'，可谓实际的写真。大会标语有两句话为全国民众所不能忘者，一为'抗日阵亡将士是为全民族求解放而牺牲'，一为'踏着烈士的血前进'。前一句可以说明抗日阵亡将士何以感人之深，因为天下最令人感动歌泣的，莫过于为同胞奋斗而置自己生死祸福于不顾的牺牲行为。后一句可以说明我们后死者应如何继续先烈遗志而向前努力干去，否则更无以对我'为民族求解放而牺牲'的先烈。""顾子仁先生最近自欧美回国，谈起日本在九一八事变将发生时，极力对外人宣传，说西洋人对中国人看得不彻底，只有日本人最懂得中国人的特性，断定中国人所有的特性不外两种，一是怕死，二是要钱，怕死的人只要有武力作凶狠的压迫就行，要钱的人只要于痛打之后给以小利即可驯伏自愿为奴，所以他们预料只要用武力乱打一阵，继以小利为钓饵，在两三个月内就可以使东北的中国人服服贴贴的完全屈伏，就可以使局势完全安定，劝外人只要听他们一手摆布，共享太平，不必加以干涉。于此可见日本军阀不但不以中国为国，简直不以中国人为人！沪难发生时，盐泽宣言四小时可以完全占据闸北，亦无非以中国人怕死为前提；后来利用闸北等处汉奸之丑态百出，亦无非以中国人要钱为得计。在他们的心理方面，南北措施，可谓是一鼻孔出气。我国未打先逃以忍辱不抵抗为无上妙计的军阀官僚以及认仇作父的东北汉奸闻北汉奸,在日人看来固然都可证实他们的'观察',但是血战抗日于嫩江的马部将士,血战抗日于淞沪的十九路军将士,奋勇杀敌前仆后继的东北义勇军,以及下决心与暴敌死抗到底的全国大多数民众,便出乎他们自诩的'观察'之外了。""和淞沪抗日将士具有同一精神的东北义勇军,其可敬的行为尚有为外间民众所未深知者,试述其一二事:迭挫日军的辽西义勇军,其中有首领曹广大、胡忠厚被汉奸勾结日军捕去,于绑赴法场枪决时,犹能沿街大声演讲,提醒国人,共起驱除帝国主义的日本,市人闻者多掩面痛哭。曹广大的妻不忍偷生,更不愿为日本奴隶,当时即剖腹自尽,随她的丈夫一同离此残暴的世界。这种悲壮激昂不怕死的中国人的精神,诚非日人所能梦见!""奋勇抗敌不计成败尚在东北帝国主义铁蹄之下挣扎的义勇军,即正在'踏着烈士的血前进',也就是继续抗日阵亡将士的精神与遗志向前迈进。'万家堕泪哭忠魂'的同胞们,也都应各竭心力'为全民族求解放'而作继续不断的奋斗。抗日阵亡先烈对民族的最大贡献,是他们所留给我们的不知生死不计成败,'为全民族求解放'的不屈不挠的向前努力与奋斗的精神。他们有此精神的表现,才使全世界恍然于中华民族绝非帝国主义者所想象之'习惯于溃败与耻辱的民族';才使全国民众一扫其萎靡不振自暴自弃的恶根性;才使全国军人,虽平日对外怯懦无耻达于极点的领袖,公祭之时亦不得不纷派代表,腼颜称颂,恍然于卫国军人之深得全国民众之崇仰,确非平日专以自私自利为目的,争夺地盘为能事者所能比拟其万一,庶几由此可以稍稍增进军人的人格。故抗日阵亡将士的牺牲诚大,而他们所表现的精神,对外对内的影响却亦无限。我们应承继这种精神,作继续不断的迈进;光明的前途,是要靠我们自己去努力奋斗得来的。"(全集第5卷148—150页)

《读〈一个内乱的分析〉》摘要:

"近来常听见废止内战运动的声浪,内战而能废止,当然是人人赞成的一件事情,但内战之所由生,必有其原因,不去其因而但渴望其废止,这好像不去病因而但渴望不生病,恐怕不但难于恢复健康,且将病入膏肓!""最后记者对于吴先生这本著作,有一点小小的批评,就是他把'革命'这个可敬可爱的名词送给秦末一班为自己争富贵功名,以自私自利为出发点的'首领'及其徒党,我觉得很可惜。我以为必须真心诚意为大多数被压迫的民众奋斗而置个人得失生死祸福于度外的行为才配得上'革命'这个名称,若不过以自私自利为目的——无论是个人或集团——结果不过少数人之'弹冠相庆'而已,那里配称'革命'!关于当时几个'首领'的心理,吴先生也曾经提及,他说:'他们两人

（指沛公与项羽）初次看到秦始皇的时候，都未免有点羡慕。沛公的反应是"大丈夫当如此也！"项羽的反应是"彼可取而代也！"可见他们的权力禄位思想早已蓄在胸中。后来沛公先到关中，看见秦宫室，帷帐狗马，妇女以千数，便引起他享乐的心理来……'只为个人的'权力禄位'着想，只顾到个人的'享乐'，拥护他们的也都以此为鹄的，怎配称为'革命'？"（全集第 4 卷第 397—399 页）

6 月 5 日 晚，黄炎培在功德林招待张君理。江问渔、杨卫玉、邹恩润等参加。《黄炎培日记》

6 月 11 日 《加重惩治贪污刑罚》、《苏俄第二次五年计划》（以上两篇收入《小言论》第二集）、《苏俄的妇女（下）》（署名落霞）、《下半年度的一点新计划》、《生活的剧变》（收入《悬想》），载《生活》周刊第 7 卷第 23 期。（全集第 5 卷第 150—152 页、152—153 页，第 4 卷第 402—405 页、405—406 页，第 5 卷第 329—332 页）

《加重惩治贪污刑罚》摘要：

"依现行之《中华民国刑法》第四章渎职罪第一百二十八条所规定，公务员犯上述第一条罪，仅处五年以下有期徒刑，得并科五千圆以下罚金；犯上述第二条罪，仅处二年以下有期徒刑，得并科三千圆以下罚金，则惩治贪污条例草案中所定，不是请吃卫生丸，便是永尝铁窗风味者，似颇有'雷厉'之慨，我们国民常痛心疾首于贪官污吏之触目皆是，倘能有机会看见有几颗卫生丸一试功效，或铁窗里有几位权贵点缀点缀，为民众稍稍除害，当然不胜欢迎，但'雷厉'是否能'风行'，倒是一个问题，倘不过像苏州人所谓'躲在门背后盘辫子'，法制委员会诸公还是白转念头，徒然糟蹋纸墨罢了！""讲到'雷厉'的惩治贪污条文，在民国十五年九月二十二日国府所颁《党员背誓罪条例》第四条就有所谓'党员舞弊侵吞库款满一千圆者处死刑，并没收其财产'，但据我们所尚能忆及的，有曾任中山先生的秘书黄某在湖北建设厅任内舞弊侵吞数十万圆，被当地长官告发，又有在上海党政报学各界一时炙手可热的陈某，因对上海抗日会所收救国基金帐目不清，传闻亦有数十万圆之侵吞，曾一度被中央某要人所扣留，均得逍遥法外，糊里糊涂的过去，不要说和《党员背誓罪条例》绝对不相干，就是和普通《中华民国刑法》也风马牛不相及！如今又来一个《惩治贪官污吏条例》，是否又'躲在门背后盘辫子'不可知，我们不愿多说煞风景的话，但望贪官污吏不在暗中失笑，那就万幸了！"（全集第 5 卷第 151—152 页）

《下半年度的一点新计划》全文：

"将于七月二日出版的第七卷第二十六期的本刊，是本刊下半年开始的第一期，我们打算从该期起实行一点新计划，第一件是隔期加四页影写版印的画报(有一页广告),第二件是扩充篇幅,登载一种长篇的名著小说。""这两件事,我们早就想做,但是因为我们只愿量力充实内容以求对读者多一些贡献,却不愿同时加价以增重读者的负担,所以虽一直想做,时时在规划中,直到最近才决定实行。我们向来抱定宗旨,本刊的收入是要用在本刊的事业上面,最近因销数更形猛进,力量略为较前充实一些,所以便勉把蓄意已久的一点计划实行起来,增加画报,扩充篇幅,价格照旧。画报暂时仅能隔期一次,也是为力量所限,将来的目的是要做到每期都有。长篇名著小说也有了准备。画报内容正在积极准备中,现在并将征求照片简章附录在后面,倘蒙国内外摄影专家赐予赞助,俾得增光篇幅,不胜欣幸。"(全集第 4 卷第 405—406 页)

《生活的剧变》摘要:

"女士的身世,我们觉得无限的同情,但飞来灾祸,事已至此,在女士个人方面虽不免悲伤,但徒悲无益,须于详慎考虑之后,拿定主意想定计划做人。关于经济方面,须就实际情形在可能范围内筹谋。关于精神方面欲求人生兴趣之恢复,我以为须力谋社交机会及社会服务机会之获得,其主要途径大概不外两种:一为入校求学,一为加入相当的职业界,或先求学而后就业,或不再入学而即就业,宜就个人志趣及机会酌定,总之要藉此避免孤守凄楚寂寞的家庭,加入意志相投的伴侣知友的快乐群中去。""由此推想到女子的人生观,似有更重要的意味。爱人永诀,无论男女,在心理上都不免有极惨痛的一个时期,但在男子尽管惨痛,并不因此而遂觉其一生从此葬送,在女子则独有'未亡人'或'待亡人'之感,即好像从此一生完结。我们各有其独立的人生价值,各有其为人群服务的责任,因无分男女性别才是,为什么做女子的便为着一人之不幸死亡而必从此葬送自己一生的前途?这种不合理的女子人生观如不打破,妇女解放永是空谈!""这种人生观之根本改变,不但女子自身负有责任,社会制度方面亦负有很大的责任。其最重要的是女子教育的普及与提高,女子经济自立能力之增加,社交机会之增广,职业机会之开放,都足以改变女子在社会上的环境与地位,由此影响到她对于人生的兴趣,而不致再局促于狭隘的人生观中过凄惨孤寂的非人生活。"(全集第 5 卷第 331—332 页)

6 月 18 日 《中大教潮中的一段纠纷》(收入《小言论》第二集)、《拾零》、《〈有志学习航空者注意〉附言》,载《生活》周刊第 7 卷第 24 期。(全集第 5 卷第 153—155 页,第 4 卷第 407 页、408 页)

《中大教潮中的一段纠纷》摘要:

"国立中央大学教授们因薪水积欠多月,由教授会议决于六月六日全体总请假,继为顾全学生学业计,容纳学生代表请求,特于七日起忍痛复课,一面续为学校当局交涉。罢教所遗的损失,直接受其影响者为莘莘学子,在不知责任为何事的学校当局,大可觉得无关痛痒,所以诸教授之毅然忍痛复课,其维持教育之苦衷,深得我们的同情。""'朱前校长'和'刘代校务'平日之为人如何,记者愧无所知,但依此《宣言》中所申述,既是'会计组有册可稽',且暗中克扣水灾捐款,收赈机关是否看见过有此一笔款项,都属公开的事实,则就事论事,我们不得不下断语曰:不顾全校同人死活而先窃巨款下腰包,这显然是自私自利的趁火打劫的行为;忍心克扣'急于救火'的水灾捐款以饱私囊,这更是全不知人世间有羞耻的穿窬行为。我们对于朱刘等个人不屑责,但这种风气实可谓是全国黑暗方面的缩影,此种劣根性如无铲除净尽之日,即为民族日趋堕落深渊的征象,虽无外患,亦将永无翻身的日子!""凡有关一种事业,推而至于有关全国安危的领袖及其集团,必先具有为全体幸福而宁愿自我牺牲的精神,始足以引起心悦诚服的信仰,造成共同努力的决心,维持继续奋斗的勇气,否则必致腐烂崩溃,完全灭绝而后止。""就常理说,大学校应该是养成领袖的处所,但我们所需要的将来领袖,既无需自私自利趁火打劫的领袖,更无需克扣灾款行同穿窬的领袖,是要养成公而忘私自我牺牲以利大众的领袖,但今日'掌司国家之教育者'所示的模范与所留的观感为何如?"(全集第 5 卷第 153—155 页)

6 月 25 日　《日趋严重的国难形势》(收入《小言论》第二集)、《读〈经济侵略下之中国〉》,载《生活》周刊第 7 卷第 25 期。(全集第 5 卷第 156—158 页,第 4 卷第 409—411 页)

《日趋严重的国难形势》摘要:

"据此行某君所目击,日军阀是有并吞东省继侵关内的野心,实已见诸事实,且欲大举以扩大其暴行。山海关外面的八里,原仍属于河北省的临榆县,但山海关上已高悬日本所卵翼的伪国的国旗。不但如此,关内三里地方的北宁路车站上也悬着伪国旗,甚至有伪国的警察。至于北宁路两旁更是密布着日军,打靶横行,无所不可。除是瞎子,这不是很明显的已经侵略到关内来了吗? 何柱国困守山海关,在关外的华军只有三十人,自关内至秦皇岛,东一堆,西一撮,听说实无丝毫抵抗的力量,日军要何时探取囊中物,即何时可以随意动手。锦州以东全利用伪国的兵,锦州以西则日军密布,如无犬养毅被刺而增内部纠纷,已打算入关一鼓而取平津,现则一俟日本本国政潮安定,仍欲实行其磨刀霍霍所准备侵略关内大计划。日军阀积极造成所谓'满洲国'以作傀儡而扰乱国际耳目,其计已售,听说将有进一步的辣手段,即在东北征兵二十五万,以十八岁以上及三十八岁以下的男子充之,由日人任军官训练统率,资以利器,一俟有了头绪,即叫傀儡溥仪将'满洲国'让给日皇的一位老弟,然后拥着溥仪以恢复'大清国'名义,进兵关内,问鼎中原,而日军则躲在后面牵线,任所欲为,实行其先征服满洲而后征服支那,沦我全族为奴的计划。为奴的况味如何,东北的同胞固已惨痛备尝,即沪上同胞,在战区中之惨亡侮辱,亦痛定思痛。虽在所谓协定之后,最近身居市长地位的吴铁城氏,带卫兵四人途经狄思威路,被日海军陆军队迫令追回,也只得垂头丧气,忍辱而退;在沪大肆业的前外次李锦纶的儿偕女同学四人乘车赴校,途经军工路,因车中有一女生吐痰不慎,略有唾沫落于日海军陆战队兵士身上,日军即大怒,迫令全体学生下车向该兵行三鞠躬礼,踌躇未行,即以枪柄殴辱,并被拘捕,诸如此类的事情,到正式为奴时都是家常便饭,总之父母妻子兄弟姊妹眼巴巴望着任人侮辱蹂躏就是了!(按吴事系根据西报所载,吴曾来函否认。特为附志)""帝国主义者之终必自掘坟墓,趋于没落,这是我们所深信不疑的倾向,但他们没落的时期之远近,我们所遭牺牲之大小久暂,却全视我们被压迫者的反抗力量的奋勇坚决或畏缩苟且为转移。""撮其要端,就抗敌方面说,不外军事和经济两事为最重要。军事与政治当局当然有直接的关系,与全盘政治的布置改革筹谋亦有密切的联带关系,政府如能干肯干,民众没有话说,否则应有自取而干之的决心与办法。讲到经济方面,民众更是不论地位与能力,人人可以参加一分的力量,即下决心坚持抵制仇货到底。父勉其子,兄勉其弟,师友互相勉,民众诚有这样的意志与决心,虽有奸商,无利可图,亦必匿迹。在民众方面人人可以救国抗敌的途径,只有这一件事是无论地位能力如何而均可尽力,且为敌人所最畏的一种最有效力的武器。"(全集第5卷第156—157页)

7月1日 将书报代办部改组为生活书店,正式挂牌成立生活书店,地点设在华龙路(今南昌路)环龙别业(今南昌别业)二号生活周刊社原址。"除发行出版本社各卷汇订本及单行本,原有之生活书报代办部,寄售国内各种有价值之书报杂志,及代外埠读者代购代定各种正当书报等,亦归生活书店办理。"胡愈之著文称:"我向他(注:指韬奋)建议,把《生活》周刊改组为生活书店,除出刊物外,还可以出书。内部办成生产合作社。""这个计划是我起草的,经过全体职工讨论修改通过。""当时国民党法律,合作社组织是非法的,不许注册登记,因此合作社制度只是在内部施行,而对外则仍然作为股份有限公司注册。"(《生活》周刊第7卷第28期第482页,《生活书店史稿》第414页、416页,胡愈之《关于生活书店》,收入《我的回忆》第155页)

7月初　生活出版合作社成立，"经全体社员大会选举邹韬奋、徐伯昕、杜重远、王志莘和毕云程五人为理事，并由第一次理事会选举邹韬奋为总经理，徐伯昕为经理，毕云程为常务理事。"（毕云程《韬奋和生活书店》，《忆韬奋》第294页）

7月2日　《劲儿多好!》（收入《小言论》第二集）、《我们最近的趋向》、《〈《回顾》译者写给编者的一封信〉按》、《勇敢乎?》（收入《悬想》），载《生活》周刊第7卷第26期。（全集第5卷第158—160页，第4卷第411—412页、413—414页，第5卷第357—361页）

《劲儿多好!》摘要：

"老百姓对于抗御外敌的战事，虽破家荡产，不但无所怨怼，而且起劲万分，在闸北抗日激战之时，记者就有好几位朋友仅以身免，家产荡然，见面时多含泪申述，只须于民族有裨，个人牺牲不足道。沪上人民于千苦万难中对于十九路军输将慰劳之踊跃，至今犹历历如在目前。东北民众义勇军之视死如归，前仆后继，亦为显著的事实。但直接负卫国保土责任的军人，独对于民众所疾首痛心的为私人争权夺利的内战，劲儿再好没有，而对于民众所梦寐不忘的对外抗敌，却漠然无动于衷。我们试一探此中的奥妙，便知道军阀们也有不得已的苦衷，因为他们所最重的是个人的地盘权利，遇着和他们的个人地盘权利有存亡关系的内战，当然要出死力相拼，决不是什么'电劝''电恳'所能动其分毫。民众为着自身利益而反抗军阀混战，反抗帝国主义的压榨，除非把政权和武力放在民众手中，或放在确能为民众奋斗的集团手中，绝对没有其他便宜的道路走。"（全集第5卷第160页）

《我们最近的趋向》摘要：

"经此半年中的'且做且学，且学且做'，在我们的立场信仰和态度方面，不无可补充的地方，现请约分四点，申述如下：（一）本刊虽未加入任何政治集团的组织，但我们却有我们自己的立场：凡遇有评述或建议，必以劳苦民众的福利为前提，也就是以劳苦民众的立场为出发点。（二）我们认为中国乃至全世界的乱源，都可归结于有榨取的阶级和被榨取的阶级，有压迫的阶级和被压迫的阶级，要消灭这种不幸的现象，只有社会主义的一条路走，而绝非行将没落的资本主义和西洋的虚伪民主政治的老把戏所能挽救。""中国无出路则已，如有出路，必要走上社会主义的这条路。""（三）欲达到社会主义的境域，倘能在不违背原有目标的范围内，得减少无谓的牺牲，这当然是我们所希望的，但在事实上是否能够避免激烈的途径而达到原有的目的，这是要看事实的推移，因为榨取的或压迫的阶级总是不到黄河心不死，非挣扎到最后一口气是不肯放手的。""（四）在中华民族独立运动的进行中，一方面固不可不注意于本国政治社会的根本解决，同时对于反帝国主义的工作尤丝毫不容放松——尤其是对于进攻最猛侵略最急的日帝国主义者——我们认为中华民族求生路，这两方面有兼程并进的必要。"（全集第 4 卷第 411—412 页）

7月9日 《死路一条！》、《二万人投考的风波》（以上两篇收入《小言论》第二集）、《漫笔》（收入《韬奋漫笔》，取题《无孔不入》）、《对于简易离婚的疑问》（收入《悬想》）、《〈盛德与慷慨〉按》，载《生活》周刊第 7 卷第 27 期。（全集第 5 卷第 160—162 页、162—163 页、490—492 页、361—364 页，第 4 卷第 415—416 页）

《死路一条！》摘要：

"不久以前，湖北省府主席及各省委发起大做佛事，祈祷升平（详见本刊七卷第二十七期《武昌电讯》）；后来又听见湖南省唐代主席兼教育厅长亲往城隍庙祈祷甘霖；最近越闹越像样，听说中央委员及在野名流戴传贤等为国家多难，灾患洊臻，发起在北平雍和宫起建金光明道场，以祈息灾弭乱，转移劫运，现正在筹款进行中，据他们的'募捐启'中所述，除说了一大篇鬼话之外，还说'变乱日益加剧，水灾洊至，日寇侵陵，同人等怵于国难当前，生灵涂炭……发起金光明道场，以祈转移劫运，造福国家'；又说'雍和宫道场，不特为消一时之灾，并足以树百年之大计，应请政府拨款提倡，各界人士救国救民，具有同心，敬祈踊跃输助，俾法会得以观成，民国前途，实利赖之。'这是死路一条！'各界人士'如尚有丝毫'救国救民'的'同心'，对此丧心病狂荒谬绝伦的'百年大计'，不但一文钱不该'踊跃输助'，应群起而攻之，为'民国前途'除此妖孽！"

"所谓'变乱日益加剧'，所谓'水灾洊至'，所谓'日寇侵陵'，所谓'国难当前'，所谓'生灵涂炭'，诚然都是千真万确的事实，国事一糟至此，身居党国要人者应负何等责任，姑不置论，但'水灾''日寇'乃至'生灵涂炭'，是否靠念经拜忏所得消弭，在如今科学昌明时代，虽三岁童子，可以回答，而身居党国要人以至号称在野名流竟欲藉道场以谋侵蚀国帑，记者以为诚欲'转移劫运，造福国家'，宜先将此辈妖孽明正典刑，庶几'不特为此消一时之灾，并足以树百年之大计'！""诸公尽管一厢情愿，我们民众却不能跟着你们这班妖孽同奔这死路一条。"（全集第 5 卷第 160—162 页）

《二万人投考的风波》摘要：

"湘省第一纺纱厂近以添设织布的工作，于月前布告招考男艺徒二百名，女艺徒一百名，录取者每月每人仅津贴伙食六圆，零用二圆，乃各处失业民众来省报名投考者竟达二万人以上，人数既极拥挤，遂分作数日测验，以其中多中学生,合格者多至七千七百余人,而定额只有三百,于是采乱碰办法,于六月二十九日用抽签撮取,并由警备司令部及保安团武装到场维持秩序。""依我国的土地及富藏而言,生活于这里面的民众原没有理由要处于这样悲惨凄凉的境地,但不应如此而终于如此者,在我们做民众的自己纵任军阀官僚之横行,土豪劣绅之剥削,只知饮泣吞声于压迫剥削的现状之下,绝无进步的生产技术与进步的生产组织之可言,内部的结构如此,当然没有实力以抵抗帝国主义者之加上一层锁链,抽筋胁骨,吮血吸膏,遭殃奇惨者独为劳苦大众。在这种状况之下,有觉悟的分子应如何和劳苦大众立在一条战线上,打出一条生路,这是当前一个最重要的问题。现在走投无路濒于死境的劳苦大众一天天的突增,已为共见的铁一般的事实。但这种悲惨凄凉的现象决不是枝枝节节的办法所能根本解决的。国家民族的整个问题不解决,个人出路亦无法得到彻底的解决,这是我们应有的觉悟。"(全集第 5 卷第 162—163 页)

《无孔不入》摘要:

"日帝国主义者在我国东北的军警侦探便衣队之无孔不入,可谓淋漓尽致。据我国参加国联调查之代表团诸君所传述,他们住在旅馆里,左右前后无时无地没有这种便衣侦探监视着,有时两人或几个人在房间里谈话,忽有不认识的不速之客跑进来夹在中间坐着旁听;有人出外回到自己的房间里,忽见已有一位不相识的日本人在里面堂而皇之的坐着!他们不但对中国人如此,对于西洋人也麻烦得不了。"(全集第 5 卷第 490—491 页)

《对于简易离婚的疑问》摘要:

"在现在的社会制度之下,老头儿所以能娶得到'少艾',大多数的'少艾'无非受他的势利所引诱——假定这'少艾'并非真心爱这个老头儿的话。如男女均能经济自立,均受相等教育,在社会上亦有平等的地位,那末老头儿便没有钓饵可用,结果老头儿只有老太婆要他,'少艾'只肯嫁给她所真要爱的青年。""当然,我们不能武断说'少艾'绝对没有爱上老头儿的,但总是少数中的少数。""我常感觉有许多罪恶是制度造出来的,我们要改造一般的人性,须注意根本改造制度。"(全集第 5 卷第 363—364 页)

7 月 16 日　《学潮中的小题大做》、《论功行赏》(以上两篇收入《小言论》第二集)、《政治和社会的连锁性》(署名心水)、《漫笔》(收入《韬奋漫笔》,取题《R 女同志》)、《〈报告一些事实〉附言》,载《生活》周刊第 7 卷第 28 期。(全集第 5 卷第 163—164 页、165—166 页,第 4 卷第 416—419 页,第 5 卷第 479—480 页,第 4 卷第 420—421 页)

《学潮中的小题大做》摘要:

"一国的教育和一国的政治经济有密切的关系,记者认为政治经济未得根本解决,教育实在没有单独获得根本解决的可能。""记者有位学电机科的朋友,也在中大担任教授,我深信他是绝无党派作用而言行笃实的一位学者,最近写给我的一封信里有这样的几句话:'限学生于三日内离校,同时警备司令部于二十九日及三十日检查学生宿舍,不论那天是否打殴,只要平日在校有点小名(如主席团等),或为同学所推举(护校运动委员),或被举而声明不干者,一律用绑票式加以逮捕。(其实多数真正打手早已溜之大吉!)尤可痛者,一女生名胡济邦亦被举为护校运动委员,曾声明不负责任,而警备司令部亦派人于三十日午夜入女生宿舍,持电筒破窗而进(打殴并未有女生参加),翻箱倒筐,取了照片而去,次晨女生多号哭而出,谓再住下去,必演成都女学之故事!(记者按,据传五月中旬成都驻军连夜持械入成都公学女生部强奸,三女生被污,学校当局不敢声张,反令学生严守秘密!)'爱护教育的人以有学潮为憾,以学潮扩大为憾,依这种事实,教育当局简直好像欣逢学潮而得报什么不共戴天的深仇似的,真不可思议!""中大问题症结原不过如此,何必那样小题大做,对学生——乃至'号哭而出'的女学生——耀武扬威呢?"(全集第5卷第163—164页)

《论功行赏》摘要:

"暴日对于侵略我国东北及蹂躏淞沪最得力的日本官吏将士均有论功行赏之举,这种功绩是由于惨杀我国民众士兵,毁坏我国民众财产而获得的,所以我们每看到由日本传来关于这种消息的电讯,未尝不痛心疾首,愤慨无穷。""这样勇敢的战,丁纪徐的升官发财,以及陈济棠的论功行赏,确有充分的理由!怎样说呢?日本政府之大赏侵华的官吏将士,为的是替日本残杀了中国的军队,惨毙了中国的人民,毁坏了中国的军力,现在丁纪徐等所领导的空军也残杀了中国的军队,也惨毙了中国的人民,也毁坏了中国的军力,日本还没有机会击沉中国的兵舰,视中国空军犹有愧色,怎么可以不赏!"(全集第5卷第165—166页)

《R女同志》全文:

"有位朋友张文理先生说起去年他游历到苏联莫斯科时,遇见中央党部秘书罗璧泽克女士(Robitsek),她是一位最初参加革命的女健将,和他谈起革命过程中困苦奋斗的情形颇详。他问她当俄国革命后饥荒穷苦得那样厉害的时候,同志们何以尚能团结奋斗,她说由于领袖们之刻苦奋斗,感人至深,并随举一个例子,说列宁的夫人在革命未成功前,尚有袜穿,后来革命成功,列宁拿到政权,列宁夫人所穿的袜反而破烂不堪,同志们看见他俩夫妇之刻苦,多为感动下泪，那忍不一心一德，共为革命前途努力。又据说列宁在奔走革命时，身上穿的一件破旧的大衣，革命成功后，他还是一直穿着这件破旧的大衣，直到他死的时候，没有换过一件新的。现在这件破旧的大衣还存在莫斯科博物馆里面陈列着，张先生到莫斯科时还曾亲自看见。这位罗璧泽克女士，听说就是胡愈之先生所著《莫斯科印象记》里面所提及的'R 女同志'。""记者以为这种轶事不仅含有'俭'的意义，若仅说'俭'，我国老式的守财奴亦未尝不知道'俭'，注意之点在能自我牺牲而为劳苦大众谋福利。"（全集第 5 卷第 479—480 页）

《〈报告一些事实〉附言》摘要：

"我们以第三者的地位，对此事平心静气加以研究，一方面固觉少数学生之动手殴打的越轨行动，就寻常情形而论，诚无可恕，但在当局应查明此少数者之为谁而加以相当的惩罚，不应以少数人的越轨行动而令未参加暴行的多数人共同负责，方为公平；一方面亦觉教育当局平日对于'以身作则'方面似未多注意，政府对于'整饬学风'有雷厉风行的勇气，何以对于'整饬官风'——此处尤其是应该'以身作则'的最高教育当局及国立校长——竟不免有官官相护装聋做哑的模样，颇令人不解。就此次不幸事件的情形看来，段氏似是代表朱氏挨打，而朱氏之受该校教授及同学攻击最重要的一事，在当全校经费穷困已极教授多月薪金无着的时候，竟挪用水灾赈款及校款共三万余圆，作为发给他自己和少数人至今年一月份的全薪，而各教授在去年九十月薪内所扣水灾捐款独未缴送国府收赈机关。这是事实问题，我们以为政府应彻查内容，公开办理，如朱确为被诬，应为伸雪，否则亦应依法办理。""朱氏对此事之谈话，亦仅声明此捐款当时为虚扣并无现款（其实在当时系虚扣，该校教授会在宣言中并不否认），而对于后来有了现款被他拿去作自己和少数人的全薪，并不将此现款使'虚'的赈款变'实'，朱氏并不否认。""身居'以身作则'而为青年模范的人，最须铲除但知自私自利的恶根性，此等重要关头如不注意，尽管如何雷厉风行的整饬学风，学风还是弄不好。校款尽管奇绌，教授薪水尽管拖欠，乃至救灾急于救火的捐款尽管任其'虚'着，而本人的全薪却丝毫不能随便，这种私而忘公的精神如灌输到青年的脑袋里去，实为教育上的致命伤，也可以说是为民族前途多种下一种恶因。""记者对此点之特殊注意，决非斤斤于朱氏的一件事实，尤非以朱氏一人为对象，而实欲藉此唤起社会对于这种私而忘公的风气之当猛烈的铲除，因为我们深感到'党国'之所以糟到今日的田地，自居领袖地位的人之但知自己私利而置大众利益于不顾，也是一个很重大的原因。"（全集第 4 卷第 420—421 页）

7 月 23 日 《牛兰夫妇绝食事件》、《冯玉祥与缎鞋》(以上两篇收入《小言论》第二集)、《备战中的苏联》(署名落霞)《漫笔》(收入《韬奋漫笔》,取题《白白地送掉一条命》)、《胡适先生确当否》、《改弦》(以上两篇收入《悬想》),载《生活》周刊第7卷第 29 期。(全集第 5 卷第 166—167 页、167—168 页,第 4 卷第 421—424 页,第 5 卷第489—490 页、364—365 页、366—368 页)

《牛兰夫妇绝食事件》摘要:

"关于牛兰夫妇绝食的事件发生以来,多绝食一天,即多引起我国社会和世界的注意的程度深刻一层","他们的体格总算'结滚',整整饿了十六天,虽双目深陷,消瘦萎顿,已脱人形,还得苟延残喘,本月十七日已由宋庆龄女士具保送入首都鼓楼医院医治","牛兰和他的妻子汪得利因有危害民国嫌疑,于民国二十年六月十五日在上海四川路南京路两处先后被捕,到现在被拘留在一年以上,据司法行政部长罗文干氏上行政院呈文所述迟缓原因,初解上海高等分院,继被淞沪警备司令部提去讯办,虽经被告提起抗告,即被最高法院驳回,后来军政部又认为军事机关对此案无管辖权,把他们解送江宁地方法院……或东或西,或此或彼,解得团团转,我们不知道司法当局最初何以不依法确定有管辖权的法院爽爽快快审办此案,而好像猫衔老鼠似的东奔西拉,致贻司法手续迁缓之讥?"(全集第 5 卷第 166—167 页)

《冯玉祥与缎鞋》摘要:

"我们承认廉洁劳苦,是革命精神的一个当然具有的部分,但仅仅廉洁,仅仅劳苦,却绝不能就尽了革命的能事。像木偶一般,虽无所耗费,于人何益;像奴隶制度下的劳苦工役,于己于人群何益(享受剥削所得的主人们当然在外)?所以必须有共同的主义信仰,共同的奋斗目标,积极的进行计划,然后廉洁劳苦始有意义,在这种立场之下,劝导人人共趋于廉洁劳苦之途始有意义。上面所谈的一类滑稽剧,固然是徒使左右多制一套衣服,不过养成虚伪的习惯,但即使不伪,若徒禁小兵穿缎鞋,而不能禁军官之克扣军饷,结果不过使军官更易于多多克扣,顺利剥削,而无数小兵徒作'瘟生'而已!""所以在剥削制度之下,即有心劝人修养,亦苦于无从说起,因为忠实勤苦等等美德用于为大众谋福利上,和用于为少数人增加搜括,增加私利上,性质迥异。"(全集第 5 卷第168 页)

《白白地送掉一条命》摘要:

"这位青年朋友白白地送掉一条命,不知道有无别的苦衷,仅就遗书内容看来,他似乎还有向上的意志,因性子太急,求速之心太甚,来不及向前努力而完全停止了——永远停止了——努力的工作，这是很可惋惜的。他似乎不愿使父母白费十七年的教育，但自杀正是使父母白费十七年的教育；他似乎以世故不懂学问不好为憾，但这都不是一死反而能懂能好的！他所采用的手段恰恰和他的目的相反。"（全集第 5 卷第 490 页）

《胡适先生确当否？》摘要：

"胡先生仅提出'勇敢'两字，原有些滑头意味，因为'勇敢'本身原无善恶之分，慈母不顾其身而救她的爱子是'勇敢'，强盗临着杀头大唱三娘教子也是'勇敢'，'勇敢'是一事，是否合理，是否道德，又是一事。""最后记者要对闻先生声明的一点，就是执笔评人论事的人，最重要的是公正的态度，'挚友'不'挚友'并无关系，胡先生虽是记者所认识的一位朋友，但我绝对没有偏袒他的意思。"（全集第 5 卷第 365 页）

7 月 30 日　《誓死周旋》、《朱子老碰着一鼻子灰》（以上两篇收入《小言论》第二集）、《再谈"改弦"》（收入《悬想》），载《生活》周刊第 7 卷第 30 期。（全集第 5 卷第 169—170 页、170—171 页、368—370 页）

《誓死周旋》摘要：

"据南京电讯所传，谓'中央已认定热河之存亡，即整个国家之存亡，决不令热河寸土失陷敌人之手，纵日方胆敢扩大远东纠纷，向我全国进攻，我亦只有用全国之力量，与之誓死周旋，为争国家民族之生存，决不惜任何牺牲'。这态度再对没有的了，所憾者早就该有，何以至今才有！沈阳将失时就该有，已失后更该有；锦州将失时就该有，已失后更该有；东北其他各地临危时就该有，相继沦亡后更该有，何以直到热河被侵，平津震撼，然后才有！但到了现在还有，我们民族于万分失望之余，犹不自禁其泪承于睫，引领企望政府不致再发不兑现的支票。"（全集第 5 卷第 169 页）

《朱子老碰着一鼻子灰》摘要：

"废止内战而可由于向内战者以语言文字哀求收效，中国早已太平了！军阀政客们彼此钩心斗角于地盘权利之争的内战，每次战祸发生，总有若干士绅出来向内战者哀求，结果如何，苟非健忘，当能追忆。这次朱子老之空奔空流（指汗流浃背），实意中事。我们认为非政治上有一番全盘的根本的改造，这个'空'字无法避免。"（全集第 5 卷第 171 页）

《再谈"改弦"》摘要：

"愚意同一'改弦'，有是有非，要评论其是非，亦须对各人的特殊事实加以分析的研究；同一离婚，亦有是有非，要评论其是非，亦须对各人的特殊事实加以分析的研究。弃妻或弃夫固是憾事,但亦有是有非,要加以评论,亦须视所弃者为如何之妻,或所弃者为如何之夫,及弃者自己动机何在,亦须分别研究。'夺人之妻''夺人之夫'固为不道德的行为,但所注意者在'夺'字,如有男子娶已离婚的女子,或有女子嫁已离婚的男子,而这种离婚并非由于娶者或嫁者下了'夺'的工夫所造成的,也仍是很正当的行为。记者上面所说的话,不过对詹詹女士这封信略作补充的意思,不足称为批评。"(全集第5卷第370页)

8月6日 《敬悼殉难的邮局长》、《难为了这位女博士》(以上两篇收入《小言论》第二集)、《新时代所不要的几件残物》(署名心水)、《德意志举国若狂的运动公园》(署名落霞)、《漫笔》(收入《韬奋漫笔》,取题《"新"的误解》)、《〈"打滚"医生的接生费〉按》,载《生活》周刊第7卷第31期。(全集第5卷第171—172页、173—174页,第4卷第424—426页、426—428页,第5卷第476页,第4卷第428—430页)

《敬悼殉难的邮局长》摘要:

"七月三十一日南京来讯,据说:'吉林额穆邮局长杨化东于五月十九日在局办公,突来日军夺其所写报告书,杨拒不与,其头及肩即被日军砍伤,旋即带往敦化,于五月二十七日被枪决。日人为卸责计,称杨之报告书系寄与救国军司令部王德林之函件,但吉、黑管理局则已证明确系寄与该局报告当地邮务情形之函件,且证明杨与王毫无关系。日军惨无人道,肆意残杀,东北人民久陷水火,此特其一端耳。'""自去年九一八国难发生以后,我国民族性有一大缺憾暴露无遗者,即在军人方面,除马占山所部及十九路军外(尚有最后加入的一小部分的第五军),只有逃之夭夭的本领,这在他们却有个很冠冕堂皇的名词,叫做不抵抗主义。和这种主义心领神会的不仅善逃的军人,无数的汉奸,无论是出于官吏,或是出于民间,都是他们的忠实同志。这种奴性的精神,是民族的致命伤,比任何毒素都来得厉害!古人说'哀莫大于心死,而身死次之',这种奴性便是'心死'的十足表现。故为争正义而临危授命,所死者一身,所保全者为民族所赖以继续生存的奋斗精神,苟活偷生,当抵抗而不抵抗,虽可保全狗命一条,但无形中为中华民族提倡鲜廉寡耻的风气,制造无数颜之厚矣的顺民,把自己造成民族的罪人。就这一点说,东北义勇军抗拒日帝国主义之视死如归,固是为民族而牺牲,即如上面所举为公殉难的邮局长,亦功在民族,为我们所应顶礼膜拜,哀念不忘的。'"当此我国民众外受帝国主义之生吞活剥,内受军阀官僚之压迫榨取,水深火热,救死不瞻,我们目睹惨状,不忍不说,但谏诤直率,动辄得咎,殆亦常在不知死所之中"。(全集第5卷第171—172页)

《难为了这位女博士》摘要:

"听说前我国驻比公使国际禁烟代表王景岐氏有个女儿在比京大学肄业，毕业论文为中国禁烟问题，上月初在该校礼堂对论文作公开谈辩，亦即最后试验，她能否'博'一下，这番谈辩当然很有关系，当时考官五人，其中有一位即前年远东鸦片调查团委员之一，谈辩了许久，听众中有一人起来责问，说他在一九一四年在中国亲见遍地罂粟，有违中英一九零七年条约。王女士侃侃而谈：说当时大部分原已肃清，所见或为中国一小隅的，事实深望勿以一隅例全部，这位责问者居然为之折服。结果考官公议授女士以最优等的博士学位。""在王女士选博士论文时，这不选，那不选，不幸偏偏选着这个最难替中国'侃侃而谈'的题目，到了最后试验的当儿，有如箭在弦上，不得不发，否则便'博'不了，这固然是她不得不'侃侃而谈'的理由；但喜欢祖国之获得称扬，不愿祖国之受人轻视，也是一种很自然的心理。所苦者，讲到禁烟问题，'遍地罂粟'的祖国实况偏偏和她的这种心理相反，在她虽因那五位考官之莫名其妙。那些听众之凭空折服，获得最优等的博士头衔而归，我们若不将实况改换过来，要想永久以一手掩尽天下人耳目，这却是很不可能的事情。我们对自己的国家本乐于歌功颂德，但若无功可歌，无德可颂，于凄惨环境中强颜欢笑，实所未能，且于实际亦究竟有何裨益？王女士的最优等的博士论文固出于发扬国辉之善意，而记者所欲申述的，是我们国家在国际上的荣誉在有事实上的表现。个人喜誉恶毁，不在钳人的嘴，而在自修，推到一个国家，也是这样。"（全集第 5 卷第 173—174 页）

《新时代所不要的几件残物》摘要：

"旧时代渐渐的过去，新时代渐渐的到来，但在此新旧时代递嬗之际，旧时代中有不少的残物似乎仍在活跃着，仍根深蒂固的潜伏在各人的脑袋里，有待于我们的铲除，尤其是新时代的中坚分子——英俊有为的青年——有打'防疫针'的必要，免得传染着这样的病症，传播着这样的病症，使旧时代的骷髅从新抬头，新时代的精神无由实现。这些残物中有三种最厉害的微菌。""第一是对于个人富有的崇拜 我国有句俗话，叫做'钱能通神'，一个人若是发了财，他就是做过乌龟王八，也有人来趋奉承欢，歌功颂德。""第二是对于个人荣达的热中 昔人所谓'衣锦还乡'，这是对个人荣达热中的强有力的暗示。""第三是对于个人幸福的追求'朱门酒肉臭，路有冻死骨'，这是充分的自私自利的表现，也是但知个人幸福追求所遗留的成绩。追求幸福，是人类的当然欲望，原不含有何种的恶劣性，但个人既不能离群而生活，既成为社会中的一分子，不顾到群众的共同福利而但知个人一己福利的追求，则为群中的蠹贼，一群的罪人。""我们要加速新时代的实现,必须铲除这三种旧时代残余的毒物,必须铲除这三种毒物所附丽的制度。"(全集第 4 卷第 424—426 页)

《〈"打滚"医生的接生费〉附言》摘要:

"资本主义制度下的医院或医生,也和这种剥削制度下的其他事业具有同样的罪恶。在这种制度之下的医院或医生,并非以医好疾病痛苦为唯一对象,却以增多'利润'为最重要的目的。越是名医,取资越贵,资本色彩越浓,只有富人够得上请教他,他也只备富人用,穷人尽管病得如何危险,他只有病而没有钱,休想名医之一盼,因为名医之重要对象既不在病而在钱,穷措大只有病而没有钱,名医和他若风马牛之不相及,乃极合逻辑,无足为异。""这是制度的问题,制度上未有根本的改革,这种现象是无法避免的,而这种局部制度的改革,和政治制度经济制度的全盘改革又有相联的关系,不是枝枝节节的办法所能有效的。"(全集第 4 卷 429—430 页)

8 月 12 日 《邹韬奋致潘序伦信》(全集未收),(上海档案馆《档案与史学》1995 年 2 月第 1 期,庄志龄、陈正卿选编)

《邹韬奋致潘序伦信》全文:

"序伦我兄大鉴:昨晚畅谈无任快慰,关于生活日报股份本定股份两合公司之章程,现既拟改为有限公司,特行奉上,乞为依法修改。日昨讨论,照弟所忆及,似可综为三点,敬再述之,以供参考:(一)股权限制,(二)总经理任用须由董事部大多数通过,免职须由全体通过,(三)股票过户须得董事部全体同意。除此三点外,吾兄如有其他意见,敬请酌加为感。专此布达。　敬颂
时祺　弟韬奋　八月十二日"

8 月 13 日 黄炎培为"生活"事偕韬奋访钱新之。(《黄炎培日记》)

同日 《中国给日本的哀的美敦书》、《日舰护送日货》(以上两篇收入《小言论》第二集)、《漫笔》(收入《韬奋漫笔》,取题《偷窃无线电报》)、《〈热烈民众与民族英雄〉按》,载《生活》周刊第 7 卷第 32 期。(全集第 5 卷第 174—175 页、175—176 页、486—487 页,第 4 卷第 430—433 页)

《中国给日本的哀的美敦书》摘要:

"中国一向好像注定了只有单方面专尝我们亲善无比的东邻接一连二送来的哀的美敦书的分儿,那有给日本以哀的美敦书的梦想,但本月五日天津和北平的电讯,都传辽宁救国军杜芳洲通告自居土皇帝的本庄繁,限他于四十八小时内交还锦州,否则进攻,这不明明是中国给日本的哀的美敦书吗?但是能发出肯发出这样激昂慷慨的哀的美敦书,不是什么东北军事长官,也不是什么

军政当局，是真正的民众武力东北义勇军！我们立于中华民族的立场，不得不卑视贱视腼颜生存怠傲自大而对外屈伏的民族罪人，不得不顶礼膜拜这种前仆后继，视死如归，以赤诚，以碧血为民族生存艰苦奋斗的东北义勇军。""由义勇军发出的哀的美敦书，这只须看本月初旬以来义勇军在南满线同时大举，弄得向在东北趾高气扬的倭朋友们屁滚尿流，面无人色，便是铁一般的佐证。"（全集第 5 卷第 174 页）

《日舰护送日货》摘要：

"自上海出现了'血魂除奸团'，对于丧心病狂见利忘义的奸商，于严厉警告之余，不是附上'非寻常之礼物'一罐，便是'附子弹二粒'或是'手榴弹一枚'，人心大快，万姓腾欢！""日商大着其慌，纷纷密议，决由日海军派军舰四艘护送新到日货开往长江各埠起卸。""日军舰可用以护送劣货，但不知有何法用军舰来强迫个个中国人购买劣货？""军阀的心理大概都以为只要有暴力在手，可以任意作无理的压迫，什么都可不在眼里！他们曾经以为用暴力可在三个月内安定东北，坐享其成，现在如何？他们又曾经以为用暴力可在四小时内占据淞沪，肆意经营，现在如何？但他们仍迷信暴力万能，仍以为对中国也只须有暴力压迫，一切不成问题，现在究竟有无问题，又是彰明较著的事实。"（全集第 5 卷第 175—176 页）

《〈热烈民众与民族英雄〉按》摘要：

"（一）为民族生存而忠勇奋斗的公仆——无论是武的或是文的——在我们民众方面固有不能自禁其崇敬铭感的诚意，但在他们立于公仆的地位，却也是分所应尔"，"在我国则自东北国难发生以来，竟出了不少大做汉奸的文吏和不战先逃的武官，乃至以无耻偷生者为常例，忠勇抗敌者为例外，故民众对于马占山及十九路军的领袖愈觉其珍贵，在民众方面觉得珍贵是应该的，但细想此事的背景，即使得民众感觉愈益珍贵的背景，实是一个很可痛心的现象。（二）民众对于能为民族忠勇奋斗的公仆，有这样自动的热烈表示，可见民众绝对不是不辨是非的。""民众岂但有是非，而且并不以成败为功过的标准。""只须果然在事实上能为民族福利而忠勇奋斗的，就是败了，民众还是原谅他，民众对于死抗个把月而终不得不总退却的蔡将军仍敬礼有加，铭感无已，便是一个很好的佐证。（三）民众之所以热烈的欢迎蔡将军，原因很单纯，就是因为他能抗日，肯抗日，而抗日是全国民众一致的意志。他如果也是在嘴巴上唱着'长期抵抗'的高调，而在实际则步步屈伏，引起国民的愤慨，决不能引起民众自动的热烈欢迎。""张学良和马占山都是东北的将官，而且马占山在名义上还是他的部属,但是我们对于张氏的不抵抗痛击不遗余力,而对于马占山之血战抗日则竭力推崇,并由全社同事自动的总动员替他经理捐款的事务。后来他曾有一度的屈伏,我们就加以严厉的责备;最近他又抗日,我们又加以相当的恕谅,只要他在事实上能表示积极的抗敌。""这里面可谓绝无袒护谁或毁谤谁的爱憎成见,或有何其他的作用,也是一以对方实际行动是否合于民意为标准。(四)我们最后的感想是很凄惨的,就是每看到蔡将军以及其将领受国人的崇敬的时候,即不免哀念在血战中殉难的无数的将士,和他们所遗下的无数的孤儿寡妇和老父慈母。古人说'一将成功万骨枯',这确是很凄惨的回想。我们希望蔡将军等也能不忘这种凄惨的回想,务使十九路军永为民族生存及保障而奋斗的民众的武力,勿为任何私人的工具,必如此然后对得起那无数惨亡的同志。"(全集第 4 卷第 432—433 页)

8 月 16 日　黄炎培为《生活》周刊事在觉林会餐,到者有蔡元培、钱新之等。(《黄炎培日记》)

8 月 18 日　黄炎培得悉《生活》周刊将由禁止邮递而发封,中央党部公文已到市政府。(《黄炎培日记》)

8 月 20 日　陈希豪将赴美,黄炎培于觉林为其饯行,同席者邹韬奋、陈彬龢、杨卫玉、方刚。(《黄炎培日记》)

同日　《公意的表现》、《名犬与名人》(以上两篇收入《小言论》第二集)、《漫笔》(收入《韬奋漫笔》,取题《功效》)、《〈闷葫芦〉附言》、《笔杆与枪杆》(收入《悬想》),载《生活》周刊第 7 卷第 33 期。(全集第 5 卷第 177—178 页、178—179 页、477—478 页,第 4 卷第 434—435 页,第 5 卷第 411—412 页)

《公意的表现》全文:

"我们总还记得十九路军在沪血战抗日因援绝而总退却的时候,民众哀痛愤懑的空气中,忽有认贼作父的汉奸胡立夫、常玉清、汪度、姚子度等,勾结日人,组织所谓'上海北市地方人民维持会',搜括勒索,助敌为恶,民众恨之刺骨,而他们凭藉日军阀的恶势力,横行无忌,丝毫未曾想到军阀的恶势力不是永远可靠的,最近这里面的'汉奸领袖''胡立夫会长'忽于十五日被市公安局侦缉队活捉得来,当即送上手铐一双,请'会长'先生享用,并由沪北各路商界联合会连忙呈请立即枪决,以便他于享受卫生丸后,步武要人撒了烂污出洋办法,到地府去考察一番。""事有凑巧,同时有血魂除奸团团员十六岁爱国少年恽蕙芳因访悉民国路茂昌洋货店于沪战碧血未干,东北风云正急之际,重视腰包容量,暗中大贩日货,亲往奉送手榴弹一枚,被公安局拘去,第二特院已判徒刑二月，缓刑二年，复被公共租界捕房移解第一特院起诉，上海数百团体特为他开会营救，决定由同业公会各市民分会分别征求商铺盖章保释，听说有商铺数百家愿环请保释。(此文阅校时，恽君已被保释。)""这样看来，做胡立夫的和做恽蕙芳的，各人所得的社会反应之迥异，都是他们自招的结果。胡立夫所得的手铐一双，万人唾骂，是由他自己无恶不作上来的；恽蕙芳所得的同情一掬，各方敬礼，也是由他自己忠勇为国上来的。在胡固志不在手铐与唾骂，在恽行其心之所安，亦非为同情与敬礼才有所动作，但公意的表现却使各得其所，不论他们自己的意志何在，只问事实的真相如何，公意之所以有力量者在此，公意之所以可畏者亦在此。"(全集第 5 卷第 177—178 页)

《名犬与名人》摘要：

"据本月十日美国洛杉矶电讯，电影界名犬，为一般影迷所素知，奏技奇妙的犬星琳丁丁当日死于好莱坞，美国报纸为报告此名犬的死耗，曾载有半页的新闻。""把人和犬来相提并论，常人总觉得人为万物之灵，犬那里够得上资格！只要听有人常为特别表示谦逊的意思，把自己亲生的儿子称为'小犬'，骂人骂得发急的时候，常有'狗东西！'的急声脱口而出，便可见人类对犬类所自负的一种'自大心理'。但如把这位名犬琳丁丁先生和在我国报纸上所常见的一般名人比较比较，除极少数洁身自好者外，所谓名人是否能对之无愧，似乎可加上一个疑问的符号。"(全集第 5 卷第 178—179 页)

《功效》摘要：

"不努力前进而徒然忍耐地等着，那是希望不劳而获，或是惰性的表现，固无成功的可能；虽知努力前进而急躁得不能忍耐，好像今天结婚，明天就要生子，那不是心灰意冷，便是要中途自尽，甚至急死，成功虽在后面等候着他，他却不能等候到成功的到来。这两面实有联带关系，为常人所最易忽略的。前贤勉人'只问耕耘，不问收获'，并不是劝人不必有精密的计划而但向前横冲直撞，盲动一阵，却是劝人要努力前进，不必急急于近功速效。""记者对于所谓功效，还有一点更彻底的意见。""我们聚精会神于一种事业，做一年有一年间的贡献，做十年有十年间的贡献，这种贡献便是功效，做一日就一日有功效，不一定要等到最后的一阶段或是最后的一点，才算有功效。有了这样的信心，便有向前的勇气，绝对没有灰心的时候，记者常自想，有一日给我机会在本社努力工作，我即努力一日，一旦滚蛋，只须已往所做的工作问心无愧，尽了我的心力，便是我对于社会的区区贡献，虽滚蛋而仍可欣然，不觉得已往的工作是白做的。这样看来，人人都随时随地有获得相当功效的机会，功效之大小远近也许未必尽同,其为尽我心力所获得的功效则一。诚然,我们对于一种事业常有理想中的一个最后目标,但努力前进的过程即是愈益接近目标的途径,走一段即近一段,所走过的便是'收获',便是'功效'。我们只怕不走,只怕一开步就想一步跨到。"(全集第5卷第477—478页)

《〈闷葫芦〉附言》全文:

"最近承热心读者赐函询问《生活日报》进行状况者日多,盛意惓惓,我们十分感谢。此事仍在努力进行中,到八月底大概有招足十五万圆的希望,关于计划方面也有进一步的精密考虑,俟八月底告一段落后,当在本刊上作较详细的报告。现在所收的股款,均由新华银行负责保管,一文钱未动,何来'破产'?实行开办时,一切计划均须由股东创立会中正式通过(当于八月后先在本刊上公布,以供研究),在创立会未通过计划以前,股款绝对不能任意动用。现在固仍在努力进行中,大概可成事实,即万一不能开办,亦须由本社负责将已缴的股款依官利计算,本利归还,亦无所谓'破产'。我们承蒙热心同志的付托,无论如何,绝对不肯自失信用。""同行中还有人说我们是要和日报的老大哥——'申''新'两报——竞争,竞争只须出于光明磊落的态度本不是什么坏事,但我们无意和什么老大哥竞争,只注意另辟蹊径,希望能把自己的理想办法实现出来,既不欲叠床架屋,亦不愿损人益己。我们打算走我们自己所要开辟的新路,并不是要抢走别人已走的旧路。"(全集第4卷第434—435页)

《笔杆与枪杆》摘要:

"愚意以为如把笔杆和枪杆分开来讲,这两件家伙实各有其效用,最要紧的是要看用的人为着什么目的用。倘为大多数公众的福利努力而用,都有效用;倘为一己的或少数人的私利而用,都没有效用。这是因为无论笔杆或枪杆,它的最后胜利非有大多数的民众公意为后盾不可,否则虽花言巧语,欺骗一时,作威作福,显赫俄顷,终必破产而后已。如把笔杆和枪杆合起来比较比较,究竟'孰为有力',倒也不是一句简单的话可以答复。某名流说'文人只配替武人写告示'。这是一种见解;拿破仑说一枝笔可抵三千枝毛瑟枪,这又是一种见解。拿翁心目中的那枝笔,当然和某名流心目中的那枝笔迥然不同。几年前国民革命军进达长江流域,飞腾澎湃,所向无敌,一面固靠有黄埔军官学校出来的革命生力军,一面也靠有孙中山先生的三民主义作信仰和宣传工作的根据,这里面如徒有枪杆儿,决无以唤起民众的共同努力;如徒有笔杆儿,也难有这样迅速的声势。在这种情况之下,笔杆和枪杆的力量可以说是几于相等。再作进一步的研究,近代有力量的革命事业,并非仅恃乌合之众揭竿而起所能办到,必须有理论上的正确根据与信仰为之基础,就这一点说来,说枪杆不及笔杆之更为有力,似乎也不为过。""当然,靠着枪杆可以无恶不作,靠着笔杆也未尝不可以无恶不作。无恶不作的笔杆儿,远之如剧秦美新之无耻,近之如郑孝胥之作歌献媚暴敌,下之如诲淫诲盗的文字,也是那枝笔杆儿在作怪。无恶不作的笔杆儿所得的最后结果,当然是和无恶不作的枪杆儿一样的自掘坟墓。""这样看来,不但在分开来讲的时候,笔杆和枪杆的各有效用须视用的人为着什么目的而用;就是在合起来比较的时候,究竟'孰为有力',也要看用的人为着什么目的而用。"(全集第 5 卷第 411—412 页)

8 月 21 日　黄炎培《致蒋介石书》脱稿,出示杨卫玉、邹韬奋、江问渔等阅。(《黄炎培日记》)

8 月 27 日　《暗送秋波》、《老实博士大触霉头》(以上两篇收入《小言论》第二集)、《马可尼(上)》(署名落霞)、《第 7 卷第 34 期漫笔》、《未讨论过的一个问题》(收入《悬想》),载《生活》周刊第 7 卷第 34 期。(全集第 5 卷第 180—181 页、181—182 页,第 4 卷第 435—437 页、438 页,第 5 卷第 353—357 页)

《暗送秋波》摘要:

"汤原欲以'抗日'两字敷衍舆论,可见对于民众意志本有几分畏惧,但一想到'家财',便什么都顾不得了! 在七月底的时候,我们就得到天津传来的消息,说汤氏派副官三人,上校少校各一人,带护兵二十名,分载卡车八辆,运他所有的贵重物品,运藏天津意界汤氏的住宅。我们一方面惊于汤主席贵重物品之多,一方面也还不愿以小人之腹度君子之心,希望他也许是表示对日有抵抗的决心,因为贵重物品既已运出,应可狠狠的打一阵,但如今看他因为有'家财'三分之二在沈阳便扣押义军,觉得他的目标还是在'贵重物品',而不在抗日。因为这个缘故,所以他不得不以六十多岁的老翁,暗向日人大送其秋波!""其实这个秋波是白送的。近几天不是又盛传日军又在大举进犯热河吗?"(全集第 5 卷第 180 页)

《老实博士大触霉头》全文:

"日本有位山川博士,因东京市长发起该市教育家恳谈会,聘请几位学者讲演时局问题,山川博士也是被请之一。当时他在关于满洲问题的演讲中,颇对日陆军省所取对满行动作不满意的讲词,谓此次满洲事变,陆军省宣称满案之发端系因中国军队炸毁南满铁路所引起,而实际则全无其事,已由种种方面证实云云,陆军当局得悉该博士的谈话后,大为震怒,要叫该博士作详细解释。这样明显的事实,给这位老实博士说了出来,日军阀便'大为震怒',可见军阀的奇癖是自己作了恶,还不许别人说出真相,甚而还想有人替他称赏几句,所谓要叫该博士'作详细解释',其意无他,改老实批评为存心献媚而已。在这种军阀威势压迫之下,山川博士除大触其霉头外,当然没有第二条路!""日军阀的这种奇癖不但对国内的坦白无私的老实博士作穷形尽相的表现,而且还要在国际上大出其丑。美国国务卿史汀生近在他那篇很著名的演说里面(八月八日他在纽约外交讨论会里发表)说到日本侵略我国东北事件,直称日本为'侵略者'(aggressor),日军阀虽在实际上有铁一般的'侵略'的行为,却对这'侵略者'三个字大表示其不高兴! 结果由日本驻美大使亲访史汀生请他'解释',表示抗议。明明抢夺了别人的东西——国土——却厌恶强盗的名称,怪不得我国对于贼伯伯有个雅号,叫做'梁上君子',因为他虽作'梁上'生涯,究竟叫做君子! 创造这个名词的仁兄,必定对于'军阀心理学'是很有研究的。"

(全集第5卷第181—182页)

《第7卷第34期漫笔》全文:

"获得社会信用的刊物,就表面上看起来,好像只要拿出这个刊物的名称,信用便随在后面,其实它的名称所以能引起信用,并非'名称'的本身有何神奇的力量,全靠它的精神确能和从前一贯。倘若虽仍用旧名,而内容已掉了枪花,名存而实亡,读者非愚呆,谁再愿给与原来的信用? 刊物的信用既失,刊物的本身当然只有'料理后事'的一条路走。明白了这一点,便知道任何党派要想利用现成的已有信用的刊物,在事实上除无异于摧残了这个已有信用的现成刊物外,绝对得不到什么别的利益。"(全集第4卷第438页)

9月3日 《感谢状》、《匪的公道》(以上两篇收入《小言论》第二集)、《马可尼(下)》(署名落霞)、《第7卷第35期漫笔》、《主笔与军长》(收入《悬想》)、《〈辟谣〉附言》,载《生活》周刊第7卷第35期。(全集第5卷第182—184页、184—185页,第4卷第438—440页、440页,第5卷第413—415页,第4卷第441—442页)

《感谢状》全文:

"'九一八'是什么日子? 是我国东北被日本军阀以暴力开始强占的最惨痛的纪念日。据路透社东京电讯所传,日本拟在本月这一天正式承认他们所一手造成的傀儡,所谓'满洲国'! 恶作剧至此,给与我们中国人的刺激,可谓至矣尽矣,但由沈阳传出的消息,日本为庆祝占据东北,已在筹备于九一八举行大规模纪念,并迫我东北民众在那一天向关东军部呈递'感谢状'! 沦入奴籍,还须诚惶诚恐的呈递'感谢状',天下至惨极痛的事还有过于这样的吗?"

"日军阀这样的疯狂的演着极端的滑稽剧,凡属中华民族的一分子,想来没有

不发指眦裂,切齿痛恨的。但记者仔细思量,觉得我们确有应该感谢日军阀的
地方,而且应该下决心力图报答,理由如下:(一)中国领土号称四万万方英
里,蒙古、西藏已不翼而飞,东三省又被日本强占,所余下的只有原有的一半
了,即此一半领土内,尚有各国的'势力范围',受种种不平等条约的支配。但
在一群醉生梦死的不肖子孙,仍以地大物博自诩! 经日军阀这样磨刀霍霍的
穷凶极恶。虽再欲醉生梦死而不可得。(二)《非战公约》及《九国公约》等等
的纸上把戏,国际联盟以及其他什么'和平机关'的玩意儿,经日军阀之摧残蹂
躏,不留余地,我们应能深刻觉悟除自己努力图存外,决不再作其他侥幸妄想。
(三)甘地的不抵抗主义原为不合作的抵抗主义,这种方法是否适宜于今日的
中国是另一问题,但居然成为我国无耻军人的遮羞的新名词,这种病入膏肓的
毒根,非经此次暴敌猖獗,我们民众完全蒙在鼓里,经此一试,丑态毕露,虽对
外大家丢脸万分,终胜于养痈之更贻大患。(四)马将军及十九路军之血战抗
日,震动寰宇,盘根错节,乃见利器,一方面在精神上予全民族以自信力,一方
面使贪生怕死只图私利者受民众一致的唾弃。(五)东北义军再接再厉,视死
如归,粮食利器,没有一件及得到暴敌,但相持一年,日军阀虽以六七万大军相
追,至今无可如何,日军甚至自谓不畏官军而畏民军,可见惟有民众的武力始
能卫护民众的利益。我们因日军阀的狂暴获得这许多好处,报答之道即在能
根据上面所说的至惨极痛中得着的种种教训,采用有效的抗敌救国的方策。
既知苟安之不可能,国际倚赖之决无可恃,惟有民众共起奋斗之为唯一生路,
能详定有效的计划与步骤,负责领导民众向这方面努力猛进的政府才有存在
的价值,否则不必怕民众之推倒,日军阀的'感谢状'恐怕要继续不断的送过来
请衮衮诸公陪着坐待牺牲的民众填注'呈递'!(全集第 5 卷第 182—184 页)
《匪的公道》摘要:

　　"由香港传来消息,据说蒋光鼐游罗浮遇匪,不特未被劫,匪且愿任护卫,
表示爱护抗日英雄。""蒋光鼐氏的抗日,为的是全民族的生存问题;小至一地
方的工程人员是为着地方人民的公共福利。遇着这样为公众而努力的人,匪
也不愿掠劫,我们不禁慨叹于这样主持公道的匪先生之足以引人起敬,世上虽
不以匪自居而言行实不及匪者之应愧死!""民众对于军阀的厌恶与痛恨,可谓
普遍已极,但并不把一切军人都不分青红皂白的看作可杀的军阀。像蒋光鼐
氏曾经一度在事实上有了忠勇抗日的行为,不但民众讴歌,匪亦加敬。做人只
要问自己怎样,不必问别人,更不必怨天尤人。一个民族的安危荣枯,也只要
问自己怎样,不必问别人,也更不必怨天尤人。"(全集第 5 卷第 184—185 页)

《第7卷第35期漫笔》摘要：

"记者原是一个性急朋友，从前有事往往急得坐立不安，一夜睡不着。最近在惊风骇浪中过生活，却处之坦然，心神镇定，老友新生大以为异，我说这不难，生在这样含垢忍辱的中国，满目凄凉，过活原是不得已的事情，至多奉送一条生得不耐烦的命，有什么大不了的事情？这么一想，愁虑便烟消云散，还我坦荡胸怀，不为物累。"（全集第4卷第440页）

《主笔与军长》摘要：

"我若得荣任军长，为民族生存的前途起见，我应欣然'得令'，谢谢俞先生给我努力的机会。换句话说，我当然愿意干。不过愿意不愿意干是一事，能不能干又是一事。倘若虽为我所愿干而实我所不能干的事，结果是舍其所能而就其所不能，即湮没其所能而败事自败，徒然落得个损公害己而已矣。""读者也许要觉得俞先生的这道委任状既然是'空言呐喊'，记者居然这样像煞有介事的三推三让起来，未免糟蹋时间，徒耗笔墨。我的意思却是要借此机会唤起我们对于'愿'与'能'的注意，并不是对于这件莫须有的事情'空言呐喊'。我们只看当今所谓要人也者，十八九都是万能的人，今天主持内政部，明天可一跳而主持铁道，过了几天又可一跳而主持交通，好像什么都可干得，结果是什么都干不好，便知道'愿'和'能'脱离关系，国家社会无形中所受损失之重大。所以愚意以为我们要救此垂危的民族，诚应于严密组织的集团之下，具有共同的信仰，向着共同的目标，顾着全盘的计划，百折不挠坚毅奋勇的向前进，但信仰尽管共同，目标尽管共同，计划尽管全盘，而各人的努力却须依所'能'而分工，不是可以包办一切，人人自视为万能的。'能'做军长的让他做军长；只'能'做主笔的，也只许他做主笔。诚然，有的事情是可学而'能'的，而且有的事情可且做且学，做的时候就是学的时候。但是还要看个性是否相近，而且学的时候不'能'就当大任。对于军事的学识经验一点没有，一旦要'自择'军长而为之，非偾事不可，不特军长而已，凡事皆然，以做惯军长的人，一旦要他丢掉枪杆，拿起笔杆，也未必即能胜任。""所以我们如要各尽心力对民族有所贡献，第一须自己明了个性所最近的是什么，第二须有相当的准备。在这样强权胜于公理的时代，做主笔的往往要预备枪决或亡命，只有军长可以硬一下，捏着一枝秃笔的记者：当然望军长而垂涎，但想到我自己的个性和自恨平日对枪杆儿并未摸着门径，也只有尽我所'能'努力干去，俞先生所谓'盖不得已耳'，我除心领谢谢外，没有话说。""此外还有一点要附带申述的，便是仅仅各人顾到各人个性和相当的准备，在现状下未必即有出路，因为一般人的出路和国家全盘政治经济的出路是息息相关的。在国家全盘政治经济未有出路以前，一般人的出路是无法得到根本的解决。""我们要明白这是全盘的问题，要全盘的解决，要用集体的力量来作大规模的解决，不是一二或少数一盘散沙的无组织的私人所能于急促间解决的。"（全集第 5 卷第 413—415 页）

《辟谣》附言全文：

"陈先生的惓惓厚意，我们十分感谢。记者个人和本刊都和国家主义派毫无关系，这是事实，在本刊第六卷第五十二期《关于勒令停刊的传闻》一文，及第七卷第七期《一篇短文所引起的郑重声明》一函的答复，都有很切实的声明，即就本刊平日的言论内容主张看起来，亦可知道本刊是和国家主义派毫无关系的。（我们的态度和主张，在本刊第七卷第二十六期《我们最近的趋向》一文，尤有显明的表示。）必须在信仰上思想上主张上彼此是相同的，始可称为一派；以在信仰上思想上主张上均不相同的人或刊物，而强诬之为同派，这与事实完全不符，异常明显，不值一辩。国家主义派的是非得失，非我们所欲置论，不过记者个人及本刊在事实上既未参加，在信仰上思想上主张上既彼此不同，所以我们固不愿掠美，亦不愿分谤。参加秘密会议请求援助复刊云云，均非事实。（本刊目前并未停刊，有何复刊之可言？）以后关于此类毫无根据的记载，实有更正不胜其更正之苦，请读者注意本刊的言论内容，便可明了真相，亦即等于有力的更正。其实本刊全以大多数民众的立场，与任何党派都没有关系，这是在信仰思想及主张上可以看得出的。"（全集第 4 卷第 441—442 页）

9 月 10 日　《大呼不好的张宗昌》、《有吉所要带去的礼物》（以上两篇收入《小言论》第二集）、《第 7 卷第 36 期漫笔》、《心灵深处》（收入《悬想》）、《邹韬奋启事》，载《生活》周刊第 7 卷第 36 期。（全集第 5 卷第 185—186 页、186—187 页，第 4 卷第 442 页，第 5 卷第 332—336 页，第 4 卷第 443 页）

《大呼不好的张宗昌》摘要：

"倘若不论好坏，只要有所专精而都可称为专家的话，张氏大可荣膺娶妾专家的衔头。他在权势煊赫的时候，自己究竟有多少姨太太算不清楚，后来倒霉逃到日本的时候，还继续的讨姨太太，最近还新娶一个姑娘，可谓努力之至！据说他的许多姨太太虽在他倒霉后已逐渐散去，身后遗妾尚有十六房。豢养这许多姨太太的经费当然要在民脂民膏上榨取而来的。""张氏于本月三日晚六时偕随员三人由济南乘平浦车返平，石友三及张旧属数十人到站送行，张在车上对记者团大谈时局，至六点三十五分，欢送者下车，张下车一一握手，此时人丛中突有一人持盒枪指张，大众惊散，张大呼不好，将头避开，即沿站台向东跑,刺客紧追,共中四弹而死,被捕刺客郑继成自称为叔报仇,虽死无怨。杀人不眨眼的军阀,末路东逃西窜欲自保一命而不可得,大呼不好而无可奈何,未死的军阀们大可借镜借镜。""记者对于张氏的死,最觉得感触的是我国民众对于万恶的军阀们只能听其自趋灭亡,而绝对没有直接制裁的力量。等到他们自到末路的时候,国家民族所受的灾祸已非巧历所能计算了。像张氏这样的人,在真正革命政治之下,那有再敢腼然'大谈时局'之余地?"(全集第5卷第185—186页)

《有吉所要带去的礼物》摘要:

"在中日这样的目前现象之下,彼此还派有专使,雍容揖让,原只可算是一种滑稽剧,但新任日本驻华公使有吉明氏的表示却更滑稽,他到上海的时候,仍以恢复中日亲善及共存共荣为言,我们固于苦笑不得中深深的欣赏到所谓'亲善',所谓'存'和'荣'的滋味儿"。"掠夺了我们的国土,加上一个新名词以作掩饰,这个把戏什么人都知道得不必再有什么'谅解'了,但他还口口声声要'求获'我国政府的'谅解',这不是明明把我国当局视为道地十足的'阿土生'而何!这已不能不算是不胜侮辱之至,而他竟十二万分有把握的断言'必能携带相当礼物'而归,在嘴巴上空嚷着'收复失地''长期抵抗'的我国,听了觉得如何?""其实有吉自以为客气得多了,八月二十五日本内田外相在众议院答复质问,甚至声言:'为达到满洲问题之解决计,纵令国家化为焦土,亦必不让一步',在这样的强悍态度与决心之下,能不能'求获'我国政府的'谅解'还成问题吗?""敌方的态度和决心是这样,我国政府若无'收复失地'和'长期抵抗'的切实计划和实行决心(即不仅在嘴巴上空嚷),有吉氏所要的'礼物'有何法不送去?"(全集第5卷第186—187页)

《第7卷第36期漫笔》摘要:

"常语有所谓'患难之交',必遇患难而后乃见真交情。本刊最近总算在患难之中,已经可以把朋友分做三种:一种是真心爱护,因见我们在患难中而同情愈深的;一种是幸灾乐祸,平日的酸素作用,潜伏着的嫉妒的下意识,至此原形毕露;还有一种是下井落石,以得见置之死地而后快的。我们所觉得自慰而深感公道自在人心的,是第一种朋友最占多数,第二种朋友很少,第三种朋友可说是少数中的少数。我们只觉得异常的惭感,因为深深的感到社会待我们太厚,我们所贡献的太少,太不足道,虽则我们是在竭尽我们的心力做去,不顾艰危的做去。"(全集第4卷442页)

《心灵深处》摘要:

　　"我们读完了莲莲女士的这封信,深觉得她是一位情爱专一而真挚的女子,和这样的一位女子结婚,我们正为那位'离国赴法'的'他''道贺',而'他'却不知道对女士'温存体贴',反使她精神上感觉到那样的苦痛,实在使人听了为之怅惘无已,叹为憾事。""第一种看法是我们觉得'他'和莲莲女士的感情也许不如她所想象的那样破裂得严重,也许是莲莲女士神经过敏,把爱河中的微波惊为狂澜。""我敢于作这样的猜度,尤其是因为他们俩原是幸福的婚姻,而且是刚在新婚之后。爱情虽是很能变化的东西,但无论怎样变,不会变得这样快。倘若我的这样的猜度不无几分是处,我们希望莲莲女士不必遽尔心灰意冷,当善自宽慰,多多和'他'通信,就'他'的复信中也可以考察考察'他'的态度究竟怎样。""第二种看法是'他'假使果如莲莲女士所愁虑,把女士'做一位名义上形式上的妻子',遇着这样没有良心不知好歹的薄幸男子,那只有两条路可走,不是下离婚的决心,便只得'随遇而安',在这两条路之间,无中立之余地。""倘若我是女子,我宁取第一条路——即下决心离婚——倘若叫我替别个女子打算(即非我自己),我只说请各人就其心之所安而自加选择。""最后记者还有几句话要竭诚奉告莲莲女士:婚姻固为人生的一大要事,但是决不能概括人生的一切,我们应放大眼光,扩大胸怀,堂堂的做一个人,莲莲女士为着这一件并未绝望的人生局部的事而'体重日日在减轻','精神已一天比一天萎靡',我们觉得太不值得,希望莲莲女士容纳我们的诚恳安慰,一变她对于人生的态度。"(全集第 5 卷第 334—336 页)

《邹韬奋启事》全文:

　　"关于《生活日报》之筹备原由生活周刊社委托韬奋为代表人主持一切现以法律规定社团不能担任无限责任股东故改由韬奋个人担任查股款刻已认满十五万圆故决定依照原定计划进行俟十月十日后正式筹办并已承戈公振先生允任本报筹备处主任(戈先生十一月底可由日内瓦回国)关于股本方面因有热心赞助本报之印刷所愿合作办理印刷事务无须独立创办印刷部故将原定之三十万圆股本改为十五万圆尚有一小部分认而未缴者请尽于一月内径交新华银行代收为荷(通讯处环龙路环龙别业二号。)"(《申报》1932 年 9 月 11 日第 5 版,第 4 卷第 443 页)

9 月 17 日　《做阴寿式的国耻纪念》、《家仇与公仇》(以上两篇收入《小言论》第二集)、《漫笔》(收入《韬奋漫笔》,取题《"把它玩弄一下"》)、《李石岑与童蕴珍之情变》(收入《悬想》),载《生活》周刊第 7 卷第 37 期。(全集第 5 卷第 187—189 页、189—190 页、492—493 页、370—375 页)

《做阴寿式的国耻纪念》摘要：

"读者诸君看到本期的《生活》时，最惨痛的'九一八'的国耻纪念日已到了目前，大家必都在痛心疾首悲愤痛慨的空气中，尤其是和帝国主义势不两立的劳苦大众。""记者沉思默念，以为国耻可痛，仅仅做阴寿式的国耻纪念尤可痛。我国风俗有所谓做阴寿式，想诸君都知道。替祖宗做阴寿的人家，并不希望死人复活，且于'寿'字的解释也不求甚解，不过做给亲戚朋友看看，在形式上表示对已死的祖宗并未淡漠，究竟淡漠与否，还是另一问题！关于我国和日本有关系的国耻纪念日，就其尤著名而较近的说，'五九'不够有'五卅'，'五卅'不够有'五三'，'五三'不够有'九一八'，'九一八'不够有'一·二八'。除'九一八'的纪念是第一次遇着，其他的几个五几五几，都成了老相知，到了日期照例纪念，纪念之后，政治依然，社会依然，什么都依然！和做阴寿的人家，阴寿尽管做，死人还是死人，有什么两样！""记者的意思当然不是说国耻不该纪念，如把国耻忘却，更无雪耻的时候。不过认为徒做阴寿式的国耻纪念，实伏有莫大的危机。不徒做阴寿式的国耻纪念则又奈何，请参看社友伏生先生在本刊七卷三十七期一文中的建议。"（全集第5卷第187—188页）

《家仇与公仇》摘要：

"以'绿林大学毕业生'自命的无恶不作的军阀张宗昌被刺之后，全国人都说该死，连停柩于济南安徽乡祠内，都要引起安徽旅沪同乡会的抗议，民意所在，可谓彰著，不过不能制裁军阀于作恶之时，仅能泄怨于军阀自趋末路之后，这仍是民众力量薄弱的征象，国事之所以糟，这也是一个很大的原因。况且即在这个军阀已到日暮途穷的时候，倘无郑继成其人发愤一击，他还得逍遥法外，来去有人迎送，开口大谈时局，观于张氏被刺后，全国人心为之一快，可见国人皆曰可杀，国人皆曰可杀而独有郑继成一人出来动手（暗杀时虽有助手，但主动的是他），郑继成之不可及者在此。""有人说郑继成替他叔父报仇，不过是家族主义的遗型，固有相当的理由。他自己一方面承认'为国除害'，一方面也并不否认'替叔报仇'。但他'为国除害'不在他的叔父被张冤杀之前，而在他的叔父被张冤杀之后，可见他虽知张为殃民祸国的军阀，而所以能下决心'为国除害'，还是以'替叔报仇'做重要的出发点。不过记者作这样的分析，并不因此觉得郑继成之不应得我们的同情，因为他虽是'替叔报仇'，同时也'为国除害'，杀了一个国人皆曰可杀的军阀。所以我们主张此事由法庭经过审判手续之后，如法庭认为有罪，应由政府加以特赦。"（全集第5卷第189—190页）

《李石岑与童蕴珍之情变》摘要：

　　"李自知已婚的人'不能恋爱任何女性'，因为重婚为法律所不许，'只谈恋爱不谈婚姻'又非一般女子所愿为（是否应为，是另一问题，此处无暇置论），在他又不愿'酿成生命危险'而和原妻'决心摆脱'。""他于是在'超现实的独辟蹊径'方面找出路（这个出路的本身的是非，也是另一问题，此处亦无暇置论，不过举出事实而已）即'做个永远的好朋友'，也可以说是'只谈恋爱不谈婚姻'。""要实行这种'超现实的独辟蹊径'的行为，必须是'超现实的独辟蹊径'的女子，在这种女子，不怕'遗弃'，不必要求'赡养'，确能'只谈恋爱不谈婚姻'。像童女士虽嘴上尽管说'只谈恋爱不谈婚姻'，但看她的行为，仍不脱寻常窠白的心理，即尚须'顾到现实依着习俗'，在这种情况之下，李君便陷入了十分纠纷的境域了；依常例以相绳，他当然逃不掉相当的责任，因为不是'超现实的独辟蹊径'的女子经他这样一来，她的一生前途便从此绝望，既得不到'终身所仰望'的'良人'，又难于再嫁得一个'如意郎君'，当然陷入一种很困难的地位。"

（全集第 5 卷第 374—375 页）

　　9 月 24 日　《对照下的惨状》（收入《小言论》第二集）、《出在中国的女小说家》（署名落霞）、《第 7 卷第 38 期漫笔》、《恋爱的责任问题》（收入《悬想》）、《复泄机先生》（9 月 20 日作）、《复国民除奸团》（9 月 21 日作），载《生活》周刊第 7 卷第 38 期。（全集第 5 卷第 190—192 页，第 4 卷第 443—445 页、445—447 页，第 5 卷第 375—379 页，第 4 卷第 447 页、448 页）

《对照下的惨状》摘要：

　　"惨状每因对照而愈显露其惨酷，'路有冻死骨'可谓惨酷了，但加上'朱门酒肉臭'，乃愈使人觉得惨状之更为无可再忍。国难到了这样的地步，除了'惨'字，原没有别的可说，但如把最近公开的事实作两方的对照，其难受更非人世间任何说法所能形容。""以上所举的几个最近事实的对照，都是各中外日报上公开登载过的，不是小百姓有意造谣，不过略把几件对照下的惨状汇集在一处，以便国人看得较为清楚一些罢了。有人以为以中国积弱的国家，势不能不忍辱含垢，未可作孤注之一掷。记者以为当前国难除作九死一生的拼死斗争外，决非无计划的忍辱含垢所能幸存，东北义勇军之打出一粒弹算尽一分心的拼死抗敌斗争，才是我们全国拼死斗争的模范，暴日至今在东北之得不偿失，就是我们的这班东北健儿的鲜血的成绩。我们尽管逐步退让，他们尽可逐步侵略，到了这个地步，绝对没有我们畏首畏尾计较得失的余地了。"（全集第 5 卷第 190—192 页）

《第 7 卷第 38 期漫笔》摘要：

"记者向来不善于筹款,且不愿有友人代为强拉,此次认股的结果,全由于很自然的自动的赞助,在生活经济这样竭蹶的时候,这里面实含有赞助者的无限的热诚和厚意,在记者只有力求无一文之虚掷,竭其愚诚,以社会大众的福利为鹄的,向前努力干去,务期不负热心赞助诸君的嘱望。""本报的总编辑已请定戈公振先生担任。""《生活日报》既决定筹办,我们当然希望它能早日和读者相见,但在事实上因定购印机,途中运输须四五个月才能到,我们虽在积极筹办,尽量设法提早,恐怕须到明年二三月间,才能和诸君行相见礼。""依法须于决定筹办的通告宣布后的三个月内开创立会,通过公司章程。我们自当依照法定程序进行,届时当另有通告奉闻。""记者慨然承受热心读者的付托而主持本报,其意旨很单纯,无非要竭其至诚在新闻事业上为中华民族复兴的前途尽其力所能及的一部分的小贡献。自此事发表后,深知其实际动机纯洁的人,固予以充分的同情,但仍有极少数以恶意揣测的人,时流露其诬蔑毁谤之辞。记者固知无论创办何种事业,招致嫉妒或存心破坏是在所不免的,幸而'事实最雄辩',我们的坦白无私,自有公开的'事实'作铁证,我们只知依着纯洁的意旨,坚强的毅力,牺牲的精神,排万难地向前干去。"(全集第4卷第446—447页)

《恋爱的责任问题》摘要:

"我以为两性间以不害人不害己为最高标准;其次虽不幸而害己,却不可害人;倘既害己而又害人,那是最不应该干的事情。所谓'恋爱的责任'似乎也可以作如是观,责任的轻重全视对象而异,全视对象受害与否为转移。""童女士之受了'李哲学家'的害处是很明显的,所以李君确应负有责任。""记者以为症结全在'男女尚未真正平等'一句话。""倘若男女果已真正平等了,'离弃'也何尝不可成为双方的事情,何必一定是单方的事情?处于真正平等地位的甲乙两人,甲不愿再和乙在一起,乙一定也不满意,一定也不愿和甲再在一起,何为仍要挨在一起受精神上的痛苦呢?只有在'男女尚未真正平等'的社会里,'离弃'才专偏在男的方面,好像被'离弃'的只有女子。而且在事实上也并非完全如此,记者就亲见一位亲戚(男的)被他的夫人所'离弃',因为他的夫人另有了爱人而一定要对他提出离婚,我见他们爱情已破裂至无可再圆的地步(破裂的责任却完全是出于女的主动),老实劝这位男的爽快承受那位女的'离弃'。事后他因为一切都没有倚赖女的必要,也就不觉得有怎样的'痛苦'。其实精神上或爱情上既不幸而破裂,不'离'的痛苦实较'离'的痛苦为尤甚——倘若是男女确能真正平等的话。"(全集第5卷第376—379页)

10月1日 《不胜钦佩之至》、《为贱民绝食的甘地》(以上两篇收入《小言论》

第二集）、《漫笔》（收入《韬奋漫笔》，取题《硬吞香蕉皮》）、《发现了错误》（收入《悬想》），载《生活》周刊第 7 卷第 39 期。（全集第 5 卷第 192—194 页、194—195 页、480—481 页、379—382 页）

《不胜钦佩之至》摘要：

"最近在中华民国的国土内，有一阵有声有色的激战，参战的分子里面没有碧眼黄发的西洋朋友，也没有肚里疙瘩多的东洋矮子，却是同属于中央政府军事委员会的军事长官，都是道地十足的国货，""他们两方面自己都宣言是'万不得已之苦衷'，照报上所宣布的看起来，似乎不外饷银多少和地盘大小的关系，在老百姓看来只觉他们有所争夺而已，不感到什么兴趣，不过看到他们这里'进攻'，那里'败退'；这边'退走'，那边'反攻'，那种参战的精神，不得不表示不胜钦佩之至！尤其是把武人们对于外敌侵略的冷淡态度，和对内战争的热烈态度比较一下，更不胜其钦佩之至！"（全集第 5 卷第 192—193 页）

《硬吞香蕉皮》摘要：

"重远先生偶然谈起从前吴俊升（做过黑龙江省督办）吃香蕉皮的一桩笑话，当时东北对于外来的香蕉是不多见的，所以有许多人简直没有尝过，有一次吴氏到了沈阳，应几位官场朋友的请客，赴日本站松梅轩晚宴，席上有香蕉，他破题儿第一遭遇见，不费思索的随便拿了一根连皮吃下去，等一会儿，看见同座的客人却是先把皮剥掉然后吃，他知道自己吃法错了，但却不愿意认错，赶紧自打圆场，装着十二分正经的面孔说道：'诸位文人，无事不文质彬彬的，我向来吃香蕉就是连皮吃下去的！'一时传为笑柄。其实错了就老实自己承认，倒是精神安泰的事情；文过饰非是最苦痛的勾当。世上像吴氏这样硬吞香蕉皮还振振有词的虽不多见，但明知错了不肯认错，还要心劳日拙的想出种种方法来替自己掩饰，甚至把规劝他的人恨得切齿不忘，这种心理似乎是很为普遍。这种人穷则独害其身，达则兼害天下！因为他所能接近的全是胁肩谄笑的奸佞小人，所最不能容的是强谏力争的正人君子。"（全集第 5 卷第 480—481 页）

10 月 8 日 《无庆可祝的国庆日》（收入《小言论》第二集）、《平等机会的教育》、《漫笔》（收入《韬奋漫笔》，取题《不相干的帽子》）、《性道德问题的论战》（收入《悬想》）、《复国民除奸团》，载《生活》周刊第 7 卷第 40 期。（全集第 5 卷第 195—197 页，第 4 卷第 448—451 页，第 5 卷 482—484 页、382—485 页）

《无庆可祝的国庆日》摘要：

"刚过了惨痛屈辱的'九一八'国耻纪念日，转瞬间无庆可祝的双十国庆纪念日又到了目前。遇着忍辱含垢的国耻纪念，固是我们相对惨然的日子；遇着有名无实的国庆纪念,又是我们相对惨然的日子。任你东钻西窜,总脱不了惨然!我们中华民族难道就听任这样循环不绝的日在惨然之中吗?还是要转转毅然决然自拔的念头,跳出这个惨然的圈子?""我们与其作无谓的嗟叹与悲伤,不如睁开眼睛看看也在狼狈之中的敌人实况,和我们自己所应奋斗打出的生路。此处所谓敌人,当然是指侵略我国尤其露骨尤其凶狠的日帝国主义者。""日资本帝国主义虽仍在那里竭力支撑残局,却处处显出矛盾和破绽,正向在没落的路途狂奔;资本帝国主义之终必崩溃,乃必然的趋势。说穿了,我们所要对付的敌人是这么一个终必没落的家伙,更能增加我们的勇气,倘若我们确有奋斗的决心和准备的话。""记者特提出'奋斗的决心和准备',认为这一点是值得我们特殊的注意,因为资本帝国主义之终必崩溃是一事,而中国如何自己打出一条生路又是一事。倘若我们没有奋斗的决心和准备,也许帝国主义尚未崩溃,而我们自己先已崩溃!""国耻固惨,国庆亦惨,但即'牛衣对泣',于事何济?故记者除在积极方面略贡愚见外,并约了几位素喜研究问题的朋友,在本期特刊里做了几篇关于积极方面的文章,藉供国人的参考。"(全集第5卷第195—197页)

《平等机会的教育》摘要:

"教育的定义,简单的说起来,可以说是帮助人经营社会生活的一种手段。社会生活随着不同的社会而差异,所以教育的内容也随着不同的社会而变换。换句话说,教育不是能凭空生长,独立存在的,却是要受制于政治的和经济的制度,而为某种政治的经济的社会之副产物,某种政治的经济的社会形态之反映。倘非一国的政治经济有办法,教育自身实在没有彻底解决的可能。本文关于教育上的建议,是指在政治经济已上轨道后,按照中国实际需要所应实施的方策。我们所希望造成的社会里,生产以社会的必要为目标,消费以满足各人的需要为原则;就是生产不以买卖赚钱为目的,消费以人人满足为理想;也就是大家劳动,大家消费,没有榨取和被榨取的阶级,而为共动共乐的社会。""在这种共动共乐的社会里,教育上至少要注意这三个原则。""第一,教育制度是统一的。""在平等的社会里面""教育制度是统一的,无所谓什么双轨制以限制人受教育的机会,教育是人人都得一样的享受,是人人都当一样的享受。""第二,教育不是少数有钱的人的专有品。""在平等的社会里,入学者不必纳费,应由政府负责。""第三,教育既是给予特殊劳动力的一种手段,便应该是和劳动相联系的。""在平等的社会里,大家都须劳动,大家即就劳动上所需要的知能,加以研求,故所谓学问是大家共享的,和劳动是彼此相联系的。和劳动分家的教育是贵族化的教育，是拥护支配阶级的教育，不是平等的社会里所需要的。""从前的教育不过为少数人骗得功名利禄的敲门砖，今后的教育当顾到全民族的全体人民的幸福，一方面要藉教育提高全体国民的生产力，一方面要藉教育训练全体民众具有接收真正全民政治的能力。"（全集第 4 卷第 448—451 页）

《不相干的帽子》摘要：

"记者办理本刊向采独立的精神，个人也从未戴过任何党派的帽子。但是近来竟有人不顾事实，硬把和我不相干的帽子戴到我的头上来。有的说是'国家主义派'，读者某君由广州寄来一份当地的某报，里面说'你只要看东北事变发生后，《生活》周刊对于抗日救国的文章做得那样的热烈，便知道它的国家主义派的色彩是怎样的浓厚！'原来提倡了抗日救国，便是'国家主义派'的证据！""不久有一位朋友从首都来，很惊慌的告诉我说，有人说我加入了什么'左倾作家'，我听了肉麻得冷了半截！我配称什么'作家'！'左倾作家'又是多么时髦的名词！一右就右到'国家主义派'，一左就左到'左倾作家'，可谓'左'之'右'之，任意所之！如说反对私人资本主义，提倡社会主义，便是'左'，那末中山先生在《民生主义》里讲'平均地权'，讲'节制资本'，讲'民生主义就是社会主义'，何尝不'左'？其实我不管什么叫'左'，什么叫'右'，只知道就大多数民众的立场，有所主张，有所建议，有所批评而已。""最近又有一位读者报告给我一个更离奇的消息，说有人诬陷我在组织什么'劳动社会党'，又说'简称宣劳'，并说中央已密令严查。这种传闻之说，记者当然未敢轻信，甚至疑为捕风捉影之谈。这种冠冕堂皇的名称，我梦都没有梦见过，居然还有什么'简称'！我实在自愧没有这样的力量，也没有这样的资格。""有一天有一位朋友给我看，某报载张君劢等在北平组织国家社会党，说我'已口头答应加入'。那位记者不知在那里听见，可惜我自己这个一点不聋的耳朵却从未听见过！""我们在小说里常看见有所谓'三头六臂'，就是有三个头颅，也难于同时戴上这许多帽子，况且区区所受诸母胎者就只一个独一无二的头颅，大有应接不暇之势，实觉辜负了热心戴帽在鄙人头上者的一番盛意！""根据自己的信仰而加入合于自己理想的政治集团，原是光明磊落的事情，这其中不必即含有什么侮辱的意义。不过我确未加入任何政治集团，既是一桩事实，也用不着说谎。我现在只以中华民族一分子的资格主持本刊，尽其微薄的能力，为民族前途努力，想不致便犯了什么非砍脑袋不可的罪名吧。""要十分客气万分殷勤硬把不相干的帽子戴到区区这个头上来，当然不是我个人值得这样的优待，大不该的是以我的浅陋，竟蒙读者不弃，最初每期二三千份的《生活》，现在居然每期达十余万份(这里面实含着不少同事的辛苦和不少为本刊撰述的朋友的脑汁,决不是我一人的努力),虽夹在外国每期数百万份的刊物里还是好像小巫之见大巫,毫不足道,而在国内似乎已不免有人看不过,乘着患难的时候,大做下井落石的工夫,非替它《生活》送终不可,而在他们看来,送终的最巧妙的方法莫过于硬把我这个不识相的家伙推入一个染缸里去染得一身的颜色,最好是染得出红色,因为这样便稳有吃卫生丸的资格,再不然,黄色也好,这样一来,不幸为我所主持的刊物,便非有色彩不可,便可使它关门大吉了。我的态度是一息尚存,还是要干,干到不能再干算数,决不屈服。我认为挫折磨难是锻炼意志增加能力的好机会,讲到这一点,我还要对千方百计诬陷我者表示无限的谢意!"(全集第 5 卷第 482—484 页)

10 月 14 日　国民党政府市公安局复市党部封禁《生活》周刊,奉令依照出版法办理。(全集第 4 卷第 462 页)

同日　"《生活》周刊始为政府停邮,今知将被封闭,商量后事。"(《黄炎培日记》)

10 月 15 日　《监察委员的公骚》、《国联给中国的特惠》(以上两篇收入《小言论》第二集)、《漫笔》(收入《韬奋漫笔》,取题《神经病》)、《从言论到实际》(收入《悬想》)),载《生活》周刊第 7 卷第 41 期。(全集第 5 卷第 197—199 页、199—200 页、493—494 页、418—421 页)

《监察委员的公骚》摘要:

"诸君瞥见这个题目,也许觉得'公骚'这个名词费解,其实说穿了也没有什么,大家都知道什么叫发牢骚,最近久无声息的监察院,居然由全体监委共同发起了一大顿牢骚,这种全体的牢骚,似可称为'公骚'。""当监察院成立之初,于老老对社会宣言不但要打倒蚊虫苍蝇,并且还要打些老虎,颇见雄心勃勃的气概,后来他到处碰壁,宣言现在时代只有枪弹有效,知道他的老兴已装到冰箱里去,故记者曾有《哀监察院》一文之作(见本刊第六卷第二十八期),谓'老百姓只觉监察院不过等于"呐喊院",实深惋惜',现在听到监院全体监委的公骚,才知道就是提高嗓子'呐喊',也还是没有人睬——呈文里所谓'无人过问'——可见由'监察院'演化而为'呐喊院'还没有演化得够,又由'呐喊院'演化而为'公骚院'了!""这是有关全盘政治的问题,不仅是添设一二机关的问题,政治能有轨道可循,各方都能尊重法律,然后设立惩戒机关,才能执行它的职权,监察院有了这样能够执行职权的惩戒机关,才能获得实际的效果,否则仍如于老老所谓'只有枪弹有效',那么'监察院'固不免要成为'公骚院',就是'惩戒机关'也何尝不可成为'公骚机关'呢!"(全集第 5 卷第 197—199 页)

《国联给中国的特惠》摘要：

"自东北国难发生以来，我国所唯一仰望的救星国际联盟，它的千呼万呼的调查报告书总算公布了。该报告书所加于中国的罪名是'抵货'与'排外'；所建议的解决办法是不仅东三省应由国际共管，全中国都应由国际共管，社友伏生先生曾在本刊有过很深刻而明了的分析，想读者都已知道，无须记者多说。全中国应由国际共管，这是我国对国联千乞万求，国联于哀矜中所慨然赐给我们的特惠！""中国所得诸各帝国主义的'特惠'，除俯受国际共管外，还可绝对自由地购食鸦片。""这种'特惠'，我想凡是做中国人没有不想到'璧谢'的，因为他们把'华人'和他们的'殖民地'的奴隶放在同等优遇的地位，这当然要引起我们的反感，怪不得胡代表说是'殊可抗议'。不过我们不愿做所谓'殖民地'的奴隶，却不是'抗议'所能了事，我们先须问中华民国的国土内是否仍有无数军阀强迫人民大种罂粟？是否无时无刻不在加工制造瘾君子？是否有实无名的公卖成为公开的秘密？倘若我们无法答个'否'字，我们是否已把自己造成道地十足的'殖民地'的奴隶？这样的自作孽，享受'特惠'之日方长，'抗议'未免多事了！"（全集第 5 卷第 199—200 页）

《从言论到实际》摘要：

"记者的愚见，以为中国所需要的'团结'决不是和反革命势力妥协的团结，是需要站在生产者的主要部队（工农大众）的立场而奋斗的团体。有志加入这种'团结'以改造中国自任的青年，必须以能克服特权阶级的意识与其享用的生活而为工农大众的利益奋斗为必要的条件，必须能把中国大多数被压迫被榨取的劳苦大众的问题解决，把目前一切残酷不合理的制度改变，使各人都过着合理的生活，然后中国问题才能求得真正的解决。负荷这种重大的责任，诚非胡先生所谓'一个大的团结'不可，但这个'大的团结'必须以劳苦大众的利益为立场，决不能'拥有各种社会阶级的同情'。所谓'国中的优秀人才'，亦必须抛弃特权阶级的意识与享受，不畏艰苦的同往这条路上迈进——为工农大众的利益而奋斗。这种'社会重心'的出现和中华民族的前途当然有极密切的关系——但非有'大的团结'做中心不可，不是任何个人所能办得了的。"（全集第 5 卷第 420—421 页）

10 月 19 日 黄炎培至韬奋万宜坊寓所，商谈对策。《黄炎培日记》）

10 月 22 日 读者热烈响应集资办《生活日报》，短短几个月，集得资金十六万元，后因受国民党政府压迫，中途作罢；在《生活》周刊第 7 卷第 42 期发表《〈生活日报〉宣告停办发还股款启事》，将所收股款和利息，全部发还给二千余股东。

同日 《鸦片公卖民意测验》、《忧虑国事自杀》(以上两篇收入《小言论》第二集)、《漫笔》(收入《韬奋漫笔》,取题《为什么要保全〈生活〉》)、《错误的眼光》(收入《悬想》)、《〈生活日报〉停办通告》(增篇)、《〈生活日报〉宣告停办发还股款启事》,载《生活》周刊第 7 卷第 42 期。(全集第 5 卷第 200—201 页、201—202 页、484—485 页、282—286 页,第 4 卷第 452—453 页、453 页)

《鸦片公卖民意测验》摘要:

"中华国民拒毒会鉴于日来各省纷传鸦片公卖,特举行民意测验,以觇向背,所出的测验问题共有十一个。记者不幸忝为这个偌大'烟国'的一个'民',对于这个抽烟大问题也颇有一些'意'要表示一下。""劈头第一个最使人看了伤心的问题是:'鸦片公卖是否有违背总理拒毒遗训?''总理'明明说过:'对鸦片之宣战,绝对不可妥协,更不可放弃,苟负责之政府机关,为自身之私便及眼前之利益,倘对鸦片下旗息战,不问久暂,均属卖国行为。'这是何等的严厉!凡是自命为他的信徒的倘有丝毫违背他的严训,便是'卖国行为',都在可诛之列!我们所觉得伤心的是'总理'的音容宛在,而遗训等于白说的岂独拒毒一事为然?""在此惨况之下,所谓'民'者却只有俯首表示满意的分儿,否则尽管追想'总理'的遗训,深痛实际和他老人家的意旨背道而驰,都不免在反动之列,但是讲到拒毒会所出的这第一个测验问题,我们做'民'的'意'之所在,无论怎样愿意表示十二万分道地的满意,实在不忍把'总理'说得那样明白的'拒毒遗训'和'鸦片公卖'认为一物,不免冒犯,奈何奈何!"(全集第 5 卷第 200—201 页)

《忧虑国事自杀》摘要:

"海军部下关鱼雷营副营长曾国暹君因忧虑国事,于本月八日用手枪自杀。""自国难发生以来,我国海军除能对敌舰鸣炮致敬及恭宴日海军官联欢外,未闻有何稍稍可以掩丑的举动,曾君身居海军界,所受刺激必较常人为尤甚,但无耻者长生,有志者夭折,岂非反使国家受极大的打击?所以仅仅有志不够,有志而尚须具有奋斗的精神。共图民族的复兴,前途困难之多与所须抵抗力之大,实为意中事,所以我们必须准备和困难抵抗,必须存心和失败斗争,必须努力与忍耐兼备。"(全集第 5 卷第 201—202 页)

《为什么要保全〈生活〉》全文摘要:

"自从平津各报纷载本社被封和记者被通缉的消息以后,承蒙许多读者纷纷赐函慰问,有的更告诉我们不少离奇的消息,或说听见记者已逃往法国去了,或说听见记者已吃了卫生丸,在北平的亲戚甚至打电报来问记者的安危,也就是要知道记者究竟装进了棺材没有。以记者这样常自愧恨毫无实际贡献于社会的一个小卒，竟承蒙厚我诸君的悬系，万分惭感，自觉实在不值得这样的优遇。我个人的安危毫不足道，不过却绞尽脑汁，筹思如何能在可能范围内保全这个六年来由许多同事的辛苦和许多读者的爱护而培养到了今朝的《生活》。但是记者又想到我们为什么要保全《生活》？为它的资产吗？《生活》从最小规模到现在，都是全靠自己从发行，广告，及丛书方面的收入支持，绝对量入为出，仅求收支相抵，实无资产可言（这是有历年会计师审核的账册可稽的）。为记者个人物质上的得失吗？我苦干了六年，在物质方面和六年七年前坐冷板凳的时候并无差异。既非为保全本刊的资产，又非为保全个人的得失，究竟要保全什么？所要保全的是本刊在言论上的独立精神——本刊的生命所靠托的唯一的要素。倘本刊在言论上的独立精神无法维持，那末生不如死，不如听其关门大吉，无丝毫保全的价值，在记者亦不再作丝毫的留恋。""附带还有几句话：倘若不得不到听其关门大吉的时候，关于常年定户的定费，我们当然要负责归还，丝毫不容含混的。我们平日责人严，责己当更严，这是分内应负的责任。记者光明磊落的来主持本刊，到了滚的时候也还是要光明磊落的滚，才对得住热诚赞助本刊的许多读者。"（全集第 5 卷第 484—485 页）

《错误的眼光》摘要：

"记者还有一点感触的，便是教育的资产化阶级化和商业化的问题。""例如试就资产化的一点说，现在的教育制度完全建筑在资本主义的基础上面，有钱的人就是笨如猪猡都可以入校求学，没有钱的人就是特别聪明也只得被摈于学校之外，这显然是不平等不合理的现象，但这是全盘制度的问题，要铲除这种不平等不合理的现象，非设法把全盘制度改变不可，否则要想一二学校独异，入学以智力或志愿为唯一标准，完全免费，在事实上无法办到。""其次请言阶级化，阶级和资产当然有相当的联带关系；有钱的人往往就是有势的人，有势的人往往就是更有钱的人。所以资产化的教育当然同时是阶级化。像王女士倘若不是'家产中落，其父又业商失败'，也不致'为生活压迫，万不得已才来鬻歌谋生'；换句话说，因为缺了孔方兄做伴侣，便由'钱'的'中落'而连带陷入'势'的中落，致受'不平等之待遇'，'愤恨交并'。关于傅校长将'王佩荥开除校籍'一事，我们试作进一层的研究，还与学校的商业化有很大的关系。商业化的学校靠学生的学费为收入的大宗，学生人数愈多，这一方面的收入也愈多，所以商业化的学校当局对于招徕学生的技术方面不得不下切实的工夫。凡有碍于学生的招徕，便是有碍于学费的收入，这是命根所在，绝对不肯轻轻放过的，王女士'身为歌女'，在傅校长'认为有玷校誉'；其实不仅傅校长一人有这样的'错误的眼光'，'与之嘲笑'的'同侪'也具有同样的心理；其实不仅傅校长和他的'同侪'而已，陈先生固已说出，'本来中国人的脑子里存着封建思想太深'，也具有和傅校长同样的'错误的眼光'的人恐怕不在少数。"资产阶级化商业化的教育的制度是应在打倒之列，这是无疑问的。""记者所希望的，是这个局部的突发的事实应能引起我们对于全盘的社会制度（教育制度也包括在内，是全盘的社会制度之一部分）的深刻的观察，看出傅校长的'错误的眼光'的背后实伏有很复杂的不合理的社会制度的因素。这个局部的突发的不平等不合埋的事实，应能引起我们改造整个的不平等不合理的社会制度的努力。这是记者于表同情于陈先生的卓见之外所欲补充的一点管见。"（全集第5卷第284—286页）

《〈生活日报〉停办通告》全文：

"本报之筹办动机纯正毫无背景最近以股款业已认足正在积极进行以副建议及赞助诸君之厚望乃报犹未出已有宵小蒙蔽当局肆意诬陷窃以公正言论非有相当之法律保障难以自存不佞尤不愿以二千余人辛勤凑集之资作无代价之孤注一掷故特决定停办凡已缴股款诸君请凭收据径向新华银行领还股款（照银行活期存款计息）在外埠者请将收据挂号径寄该行当将股款汇奉此事承蒙热心诸君殷勤赞助不胜铭感乃事与愿违终归泡影至深歉疚尚希谅察为幸

邹韬奋谨启"（《申报》10月20日第5版，第4卷第452—453页）

《〈生活日报〉宣告停办发还股款启事》全文：

"《生活日报》系应《生活》周刊读者之建议发起招股承蒙各界热心赞助踊跃参加股款本已足额曾经登报通告开始筹备惟近月来《生活》周刊遭受压迫日在挣扎奋斗之中就目前形势言周刊存亡未卜朝夕在此环境之下日报即令勉强出版亦难为民众喉舌韬奋受二千余股东付托之重不愿冒昧将事为此决定停办所有股款自十一月一日起（因计息需时）统由新华银行凭股款收据分别发还并照该行活期存款给息（本埠届期请持收据径往该行领取外埠请将收据挂号径寄该行当由该行将款汇奉）至于筹备时期开支费用当由无限责任股东设法弥补特此奉闻诸希谅察   邹韬奋谨启"。（全集第4卷第453页）

10月25日 《〈迷途的羔羊〉弁言》（记于艰苦危难中的生活周刊社），收入同名单行本。（全集第4卷第454页）

《〈迷途的羔羊〉弁言》摘要：

"《生活》周刊因篇幅有限，而读者来往商榷的信很多，不及一一发表，故每隔若干时有《信箱外集》的编辑。""我们每次编辑《信箱外集》的时候,最注意的一点,是内容力避和以前的重复,编一辑时也对这一点有同样的注意。在这辑里,关于法律上及医学上的知识较以前的多,其他如求学婚姻职业等等问题,也是以前未曾有过相类的才选登出来。"（全集第 4 卷第 454 页）

10 月 29 日　《为军阀诸公铸铁像的研究》、《玩什么把戏》（以上两篇收入《小言论》第二集)、《与胡佛竞选的罗斯福》（署名落霞)、《第 7 卷第 43 期漫笔》、《〈开玩笑〉附言》,载《生活》周刊第 7 卷第 43 期。（全集第 5 卷第 203—204 页、204—205 页,第 4 卷第 454—457 页、458—459 页、459—461 页）

《为军阀诸公铸铁像的研究》摘要:

"中华民国的附骨之疽,外为帝国主义的侵略,内为军阀官僚的蹂躏,内外夹攻,勾结横行,不知死所的是我们老百姓,所以我们听见有使得军阀诸公'愧怍'的'方策',没有不举手赞成的。不过对铸铁像的建议仍有下列的疑点。""（一）内战为'万恶军阀'作恶的一端,此外如勒种鸦片,公卖鸦片,苛捐杂税,尽量贪污,暴力压迫,吸尽脂膏,置民死地,以及其他种种举不胜举的惨酷黑暗的暴行,其罪孽并不逊于内战,今若专为从事内战的军阀铸铁像,未免使其他'万恶军阀'抱向隅之憾。而且小军阀的后面还有大军阀牵线,如铸小不铸大,铸从犯而不铸正犯,都欠公平。""（二）倘对祸国殃民的'万恶军阀'一视同仁,每位军阀都很公平的替他铸个铁像,显扬显扬,不但当此国防工业重要时期,没有许多铁的产量可供虚耗,而且'各重要处所'亦不敷诸公许多铁像'植立'之用。坟墓累累,占地过多,已不经济,今于死人坟墓之外,又加上许多等于死人的生人的铁像,殊为经济学所不许。""（三）而且'万恶军阀'的'人心'是丧尽了的,面皮比牛皮还长得厚,恐怕虽铁像林立,在他们仍是顾盼自雄,甚至把铁像当铜像看,那末铁是白费了,地皮也是白占了,水深火热中的老百姓还是在十八层以下的地狱里!"（全集第 5 卷第 203—204 页）

《玩什么把戏!》摘要:

"记者前因有'要人'及在野名流为国家多难,灾患洊臻,发起在北平雍和宫起建金光明道场,'以祈转移劫运,造福国家'（发起人戴传贤的'募捐启'中语)","近几天有所谓'时轮金刚法会'者在北平大播大鼓的闹得天花乱坠,新旧所谓'要人'者亦趋跄恐后的入坛参礼,恭敬无比（听说伍朝枢适在北平,独不赴法轮会,倘果确,值得称许),又有不少妖孽在光天化日下蠢动了!""关于这个'法会',九月间在上海就有大幅广告登出,上海滩上所谓名人者亦有不少署名。""该'法会'最近在北方各报所登启示又有一种新颖的说法,说'年来天灾人祸,迭出不穷,民生涂炭,流亡遍地,同人等以人力无可挽回,冀佛力或可垂救',‘佛’是不会说话的,‘人’是难以诿责的,现在拉着不会说话的‘佛’来负全责,‘人’大可如释重负了! 怪不得有人说现在出兵收复失地已绝望,只有希望在天之灵的中山先生招集黄花岗七十二烈士的忠魂,调集历来死难的义军出关去干一下! 有鬼来帮忙,我们只要坐享其成,岂不大大的合算吗?"(全集第5卷第204—205页)

《第7卷第43期漫笔》摘要:

"最后将要成议了(注:指办《生活日报》),《生活》周刊又不幸遭受种种压迫,不无影响十日报的进行。依法律而言,日报与周刊尽可各自独立办理,不必混为一事,但我们创办日报既非志在赚钱,不过欲为社会增一民众喉舌,在舆论毫无法律保障的环境之下,报的效用等于零,还有什么办头? 在记者尤不愿以民众辛勤凑集之资,作无代价之孤注一掷,所以再四思量之后,只得辜负赞助诸君嘱望的厚意而决定停办。""我们常深信‘事实最雄辩’,但很可诧异的是有些人并不顾事实而胡说八道,《生活日报》的股款是由二千余股东凑集而成的,这在代收股款的新华银行明明有存根可查,并曾经两次制成统计在本刊上发表,但却有人故意散布谣言,说这个日报是有什么政党出了大宗款项叫记者办的。""《生活》周刊遭难之后,更有一种离奇的谣言,说记者已准备带着十五万元的《生活日报》股款溜到外国去。在这种人看来,天地间最重要的就只要刮到几个臭钱,至于所谓人格,所谓信用,都一概不值得一顾!""现在幸蒙新华银行的厚谊,代把股款本息负责归还与认股诸君,记者如释重负,不过如要溜到外国去,已无股款可供卷逃,只得另行设法了!"(全集第4卷第458—459页)

11月初 韬奋在自己的袖珍日记本上记录两则国民党中央迫害《生活》周刊的文字。1984年以《袖珍日记录国民党中央密令》(增篇)为题收入香港版《韬奋手迹》。原件存韬奋纪念馆。(全集第4卷第461—462页)

《袖珍日记录国民党中央密令》全文:

"第一次接中央密令饬新闻检查员会同公安局停邮","第二次接中央密令(电报)云生活改变寄递方法立派干员会同公安局守候各码头及各报贩停止送买","惟无封闭字样","十月十四日公安局复市党部封禁生活周刊奉令依照出版法办理"。(全集第4卷第461—462页)

11月5日 《梁作友的下场》、《思想犯罪》(以上两篇收入《小言论》第二集)、《当代革命文豪高尔基(一)》(署名落霞)、《漫笔》(收入《韬奋漫笔》,取题《牺牲的决心》)、《〈呻吟〉附言》,载《生活》周刊第7卷第44期。(全集第5卷第205—206页、

207—208 页,第 4 卷第 462—466 页,第 5 卷第 485—486 页,第 4 卷第 466—470 页)

《梁作友的下场》摘要:

"当东北祸变初发生的时候,所谓'收回失地'之声洋洋盈耳,在国民听来,未尝不好像初听见梁作友先生的三千万圆巨款之动听而感奋无地,现在'收回失地'一变而为'长期抵抗',对敌能'抵抗',且能'长期',较之梁先生的三千万圆仍无逊色,所可惜的是东洋矮朋友对这些把戏一概勿买帐,只怕十九路军之'短期抵抗',日军部听说马占山将军依然健在而惶恐万状,看见苏炳文将军的态度强硬而再三恳求,究竟是什么道理呢? 说穿了一个钱不值,十九路军以及苏、马等等,都是切切实实不折不扣的干给矮朋友看,和梁作友先生异趣;若所谓'收回失地',以及'长期抵抗'云云,在事实上的表现便无以异于梁作友第二了! 矮朋友有恃而无恐者在此。"(全集第 5 卷第 206 页)

《思想犯罪》摘要:

"自诩为万物之灵的圆颅方趾的人类,所以异于禽兽的,至少是特富于思想,似乎是一个很重要的特点;舍禽兽而比较人类,人的智愚差异,思想当然也是很重要的特点。这样说起来,思想原是可以珍贵的东西,方培养之不暇,何为目为'犯罪'而'被处分'呢? 这里面的缘故,在如今最时髦的罪名是'左倾'。如果你服从'中庸'之道,看见'朱门酒肉臭,路有冻死骨'一类的不平的事实,只当你未曾生了两只眼睛,或虽无法把眼遮蔽而不幸看见了,只认为那'朱门'里面的那些'吃人'的人是几生修到,而那'路'上的那些'曲死'是罪有应得,除此以外,一点不动天君,那是最合于明哲保身的三昧,什么毛病都不会出! 否则这是'左倾'思想的发源地,便不免'犯罪',便不免'被处分'了! 压迫'左倾'思想的人们,只注意于'左倾'思想,而不注意于'左倾'思想的发源地,不知这种发源地一日存在,由这里发源的'左倾'思想即无法消灭;这种发源地愈凄惨愈扩大,'左倾'思想亦必随着激进而广播。""在我国历史上,压迫思想的模范人物殆莫善于焚书坑儒的秦始皇。他自以为这样便可稳得'关中之固,金城千里,子孙帝王万世之业也',但终因'父老苦秦苛法久矣',瞬息亡于斩木揭竿之手,很可以做不顾事实但知制造'思想犯罪'者的参考材料。"(全集第 5 卷第 207—208 页)

《牺牲的决心》全文:

"淞沪抗日血战中以孤军苦守吴淞威名震动海内外的翁照垣将军在他所著的《淞沪血战回忆录》一文里提起当时守吴淞的情形,有这几句话:'总指挥的命令是"死守吴淞"。这几个字已经深入在当时各个战士的脑筋里……守吴淞只是一个决心,一个"牺牲的决心而已"。'我读到'牺牲的决心'这五个字,反复念了好几遍。""古人说死有重于泰山,有轻于鸿毛。其实牺牲也有重于泰山,也有轻于鸿毛的,其枢机全在乎看准了应当牺牲的时候,即须毅然决然的牺牲,无所用其畏怯,无所用其踌躇。什么是应当牺牲的时候?即不牺牲也等于牺牲,甚至较牺牲的损失为尤大(不限于物质的损失);准备牺牲反而有不致牺牲的可能,即有表面上的牺牲;而实际实非牺牲;这便是当机立断应当牺牲义无反顾的时候。例如当十九路军之忠勇抗日,在当时明明知道前有劲敌,后无援军,但如效法不抵抗的军阀把兵让出,将闸北拱手奉送,似乎不牺牲了,但将民族的人格名誉破坏尤余,是否不牺牲等于牺牲,而且较牺牲的损失为尤大?后来筋疲力尽援绝而后退,似乎牺牲了,但唤起民族精神,震动世界观听,实际是否和牺牲适得其反?""现在实际是对日帝国主义屈伏,老是处处不抵抗,却觑然于'抵抗'两字上面加着'长期'两字以自欺欺人,亦不外乎没有'牺牲的决心'而已,假惺惺何为?"(全集第5卷第485—486页)

《〈呻吟〉附言》摘要:

"此次《生活日报》的停办,实经过很仔细的考虑,现在既将办法公布,且已执行,不便多所变更。二则因为记者深感言论的效力有其限度,其自身亦不能有超限度的生存,例如公开的代表民意的言论,在一方面必须有相当法律的保障,在一方面必须有具有制裁实力的民众的拥护,两者倘均缺乏,尽可朝出版而夕封闭。""记者学识浅陋,绝不敢自比拉斯基教授,但在中国法律敌不过枪尖,民众又苦无实力,却是无可讳言的事实,在这种状况之下,除了麻木不仁的言论或胁肩谄笑的文章,都难以自存,报的效用等于零,多一报少一报和民族前途民生福利实在没有多大关系。这种状况何时能改变,一时既没有什么把握,把巨款遥遥无期的搁在银行里,心里实在觉得不安。""我并不是怕牺牲。像《生活》周刊现就准备着牺牲。当然我决非有意要它牺牲;如能保全报格——即保全言论上的独立精神,不受无理的干涉和利用——我当然要用尽心力保全这个具有七年历史获得多数读者同情与爱护的刊物;如须丧失报格始能保全,则宁听受暴力的封闭。""《生活日报》的十五万圆股本却是由二千多人的民众辛勤凑成的,其中有许多是做工的同胞和做学徒的小弟弟将省下的血汗钱凭着一腔热血凑集送来的,当我接着他们的来信的时候,看着往往感动得不自禁的掉下泪来。""我并非不知道准备牺牲,但我不怕牺牲我自己,不怕牺牲我一手所经营得来的物质,却不忍牺牲许多勤苦民众付托给我的血汗钱——尤其是这样的牺牲对于民众的福利并不能获得什么具体的结果。"(全集

第 4 卷第 468—470 页)

11 月 12 日　《中山先生诞辰的感想》、《李顿深虑中国青年》(以上两篇收入《小言论》第二集)、《当代革命文豪高尔基(二)》(署名落霞)、《漫笔》(收入《韬奋漫笔》,取题《笑之总动员》)、《〈因公被害〉按》,载《生活》周刊第 7 卷第 45 期。(全集第 5 卷第 208—209 页、209—210 页,第 4 卷第 470—474 页,第 5 卷第 487—488 页,第 4 卷第 475—476 页)

《中山先生诞辰的感想》摘要:

"遇着'致力国民革命凡四十年'的孙先生的诞辰,照例是应该庆祝的,不过假使他老人家在天而果有灵的话,在云端下瞰这样一个外患内忧民生涂炭的中华民国,无疑的要破笑为涕,只有挥泪痛哭一番! 所以与其说这是他的信徒庆祝的日子,不如说这是他的信徒——倘若是真正忠实的信徒——悲痛忏悔的日子! 沉痛自责的日子! 没有脸面对此伟大领袖的日子! 在捧读'总理遗嘱'之后,俯首静默三分钟之中,应汗颜无地,深愧无以对此伟大领袖的付托和他所念念不忘的四万万同胞!"(全集第 5 卷第 208 页)

11 月 19 日　《翁文灏坚辞教长》、《民心背离中的胡佛》(以上两篇收入《小言论》第三集)、《当代革命文豪高尔基(三)》(署名落霞)、《读〈图书评论〉》、《需要一条出路》(收入《悬想》,载《生活》周刊第 7 卷第 46 期。)(全集第 5 卷第 521—522 页、522—523 页,第 4 卷第 477—481 页、481—482 页,第 5 卷第 386—389 页)

《翁文灏坚辞教长》摘要:

"新任命的教育部长翁文灏坚辞不就,据他打给友人的电报,说个人昧于教育行政,盲人瞎马,决难胜任,已电政府,请另简贤能。""我们知道翁先生是一位学识湛深的地质学专家,他所主持的地质调查所的成绩斐然,久为国人所推崇。以这样一位高尚纯洁的学者,决非专以做官逢迎为能事的政客所能望其项背,叫他做教长,我们未尝不可开个欢迎会,但是想到我国的真正的专家既若凤毛麟角,弥足珍贵,便把他拉去做官,他的官未必做得好,而专门学术上却遭了一个大损失,这般一想,记者虽绝对没有和他抢做教长的资格,却很不欢迎他离开地质调查所而踏入教育部里面去。""我国不但阔官僚像无一不自视为万能,而社会上的所谓名人,也往往有人把他看作万能。其实万能必一无所能;或原来不无一二专能,亦因强作万能而并失其原有之一二专能,这不仅是个人的损失,实亦社会的损失,自爱爱人者对于此点似都应加以相当的注意。"(全集第 5 卷第 521—522 页)

《需要一条出路》摘要:

"第一点可以说是修养和救国的问题,'修养'这个名词的本身无从讨论,要讨论的是它的内容和方向。如果修养只不过从个人做出发点,只打算'独善其身'了事,甚至养成一般'犯而不校''唾面自干'的奴性,那是民族堕落的源泉,反修成民族的罪人! 如果修养是从社会做出发点,那末就是革命的事业也需要革命的修养。""严密的组织,精密的理论,准确的信仰,具体的策略,纪律的行动,都是修养或造成革命力量的要素,因为必须有了这种才能发生出革命的力量来。救国事业当然不是靠着几个个人的修养便可解决,星翁先生的朋友的意见是对的,因为环境不改造,制度不变更,社会的恶制度和恶环境就是罪恶的渊薮,就是罪恶的制造场。""第二点是我们要找寻出路。""中华民族有出路,我们才有出路;中华民族没有出路,我们也就没有出路可言。所以此处所谓出路,也可以说是中华民族的出路。""中华民族要走上她的正当的途径,不得不铲除障碍;要铲除障碍,无疑的是需要一个大的改革。但是改革不是盲动所能侥幸成功的,必须有充分的准备,具备种种客观的条件,然后真实的力量才能产生。中华民族如不亡,这样的一个大的转变是必要到来的。在青年们如未即有机会直接参加,至少可先从事于积极的准备,所谓准备,并非说不管现实而只埋头读死书,乃在为大众的福利而研究,而努力,同时对于现实即不得不予以深切的注意。为个人利害而研究学问,检讨问题,是充满了自私自利的意味而且也得不到出路,无疑的是要没落的;为大众福利而研究学问,检讨问题,乃至谈一段话,作一篇文,以及其他种种活动,都以此为鹄的,方向既有所专注,心神自有所集中,随时随地都可含有推进新时代车轮的可能性。有力量的组织不是从天上掉下来的,还是由人造出来的,所以还须靠人的努力。"(全集第5卷第388—389页)

11月26日 《招商局收归国营》、《趣剧》(以上两篇收入《小言论》第三集)、《当代革命文豪高尔基(四)》(署名落霞)、《漫笔》(收入《韬奋漫笔》,取题《"名者实之宾也"》)、《移风易俗》(收入《悬想》),载《生活》周刊第7卷第47期。(全集第5卷第523—525页、525—526页,第4卷第483—487页,第5卷第478—479页、398—401页)

《招商局收归国营》摘要:

"国营的最重要的目的是要将所得利益归全国民众共享。现在的铁路算是'国营'的了,头等车亏本而三四等车赚钱,加起价来却是三四等活该倒霉,至于乘三四等车挤得好像装猪仔一样,那是民众的当然权利,也可以算是'共享'的一种! 阔人要看风景,花车少不得! 火车既有花车,将来轮船大可特设花舱,俾得相映成趣!""'国营'两字怪好听,但是我们要注意怎样的'国'? 怎

样的'菅'？"（全集第 5 卷第 524—525 页）

《"名者实之宾也"》摘要：

"最近我国有两位艺术家——刘海粟和徐悲鸿——在报上大打笔墨官司，颇引起我国艺坛上不少的波动。""记者对于艺术是完全门外汉，未敢多所饶舌，据朋友里面知道刘、徐两位艺术家的本领的人谈起，对于他们的艺术上的特长都表示相当的敬佩。记者以为最害人的还是广告上的宣传，捧场的人也不能不负几分责任。""'名'这个东西，大概是人人喜欢的，常语说'三代以下唯恐不好名'，这也许是鼓励人上进的一种兴奋剂。但因为是人人所喜欢的，所以最易招忌，尤其是含有独占意味时最易引起反感，所以真心爱护人的人，不愿作过分的捧场。'名者实之宾也'，实至名归，出于自然，捧亦无用。在爱护自己的人也不愿有人替他作过分的捧场，这不但是避免麻烦，而以过分宣传，易于引导（尽管是出于无意的）青年不重真实苦功而专想取巧盗名，专想出风头，更是莫大的罪孽。即讲到精神上真正的愉快，亦以实过于名或有实无名为至乐，而且名过于实或有名无实为至苦。"（全集第 5 卷第 478—479 页）

《移风易俗》摘要：

"自本刊遭难以来，朋友中出于爱护《生活》和记者个人的好意，以类于居易先生的意思相勉者颇不乏其人，就是劝专谈社会问题，不谈政治问题，一面避免和政治当局发生冲突，一面得继续为社会服务。记者对于这几位朋友当然不胜感谢，不过愚见所及，以为有几点值得我们的注意：（一）专门科学的刊物，尤其关于自然科学的刊物，尚可闭着眼睛不问政治，专管它的极小范围中的学理及实验工作，倘属一般性质的刊物，一般民众的读物，既以改造社会全体为对象，不应闭着眼睛不问政治，因为社会问题的根本解决须把政治经济教化防卫等等方面打成一片，不能隔离而彼此独立的。试问民生问题是否能脱离政治而解决？教育问题是否能脱离政治而解决？工农似与政治无关，但工农的发展和保障是否息息和政治相关？从前往往有人斤斤争论政治和社会事业孰重孰先，其实都是不合现实之谈。我们现在应觉悟社会是整个的，政治经济教化防卫等等是有联锁关系的，要使社会问题获得根本的解决，须通盘筹划，兼程并进，不能斩腰断胫，求得一部分的繁荣。（二）如承认这一点是对的话，一般性质的民众读物专谈政治固不必，有意避免政治而不谈，亦为大大的错误。（三）居易先生认移风易俗为本，而政治问题为标，其实在人民救死惟恐不赡的政治现象之下，根本无易风移俗之可言。例如现在青年的个人问题之最严重者为求学与就业问题，在如此国民经济状况之下，大多数且无费入学,何法劝他们安心修学?(外患内忧之扰乱心绪尚姑置不论。)劝又何益?大多数且无业可就,何法劝他们讲究服务道德?劝又何益?大多数劳苦民众日在准备饿死的境域,弱者自杀,强者铤而走险,都是环境逼成的惨剧,在此种状况之下,试问风从何处移开,俗从何处易起?其实只有改变生活状况,社会环境,才有改变行为的可能,否则所谓'人心非不可改',徒属虚愿而已。但要改变生活状况,社会环境,非从政治下手,依整个的计划,大刀阔斧的积极实行,有何其他生路?(四)当然,我们所谓政治,决不是指政治舞台上掉一批官僚,另来一批官僚,就算政治问题解决了,上面已经说过,政治问题是要经济教化防卫等等方面打成一片的,所以必须在政治上能有整个的切实计划,解决这种种问题而求其实现,才算是从事解决政治问题。(五)忝立负言责的地位,既已认清对象,至少应贡其所见,以供国人参考,如为偷生苟存计而作违心之论,以欺骗民众,这就根本要不得,实非我们所愿为。(六)我国国事之所以糟,就是由于民众不敢与闻国事,不敢批评国事,人人守"明哲保身"的遗训,'独善其身'的所谓好人愈多,公众的事业愈不堪问,我们正需要提倡民众注意政治的'风''俗',人人注意现实的政治之进展情况,利害得失,注意的人多了,研究的人多了,中华民族也许可以获得根本改造的希望;政治有办法,然后一切办法才有实行的可能,否则都不过是纸上谈兵,痴人说梦,一大串的空想而已。"(全集第 5 卷第 399—401 页)

11 月 30 日 《〈游踪〉弁言》(记于生活周刊社),收入同名单行本。(全集第 4 卷第 488 页)

《〈游踪〉弁言》摘要:

"在交通比较发达的国家,一般人多以旅行为乐事,在中国则有'在家千日好,出外半朝难'之概,所以对国内的游历观察,常是一件困难的事情,惟其如此,所以关于国内各处风俗人情山川名胜的记述,尤其值得我们的注意。"

是月 《人物评述》、《事业与修养》两书由生活书店出版。(全集第 4 卷第 491—678 页、687—737 页)

《〈人物评述〉弁言》(10 月 25 日记于正在艰苦危难中的生活周刊社),收入同名单行本。(全集第 4 卷第 491 页)

《〈人物评述〉弁言》摘要:

"我素觉中外古今难有完人——倘若不是绝对没有——往往各有所长,亦各有所短,其为人物的大小,即在其长短的性质和程度何如为断。这样说来,他们有整个的模范给我们,固所欣幸;仅有局部的模范给我们,亦大可欢迎;全在我们能去短取长,作为修养上是淬砺奋发的借镜。古人说'青出于蓝',果能尽量取各人之长以集于一身,而同时尽去其短,也许还可超出各个独立分开的模范,而自成其为完人,不必以前人自限。"(全集第 4 卷第 491 页)

《〈事业与修养〉弁言》(10 月 25 日记于正在艰苦危难中的生活周刊社),收入同名单行本。(全集第 4 卷第 687 页)

《〈事业与修养〉弁言》摘要:

"常常听见有人慨叹中国没有办法。其实何尝没有办法? 虽有办法而没有人去办,'法'又何能自'办'? 虽有办法而用不相当的人去办,原来好好的'法',一变而为自私自利的工具,贪污剥削的招牌,挂羊头卖狗肉者天下滔滔皆是也,虽'办'何益? 不但无益而反足害尽苍生! 所以事业要办得好,固在有严密的组织,同时也在乎有充分修养的人物。中华民族的将来希望在青年,而青年欲求有所贡献于我们的民族,进而有所贡献于世界的全人类,必先对这一点加以严重的注意。"(全集第 4 卷第 687 页)

12 月 3 日　《卧着拿薪水》、《临死不忘义军的徐君》(以上两篇收入《小言论》第三集)、《高尔基与革命(上)》(署名落霞)、《漫笔》(收入《韬奋漫笔》,取题《四 P 要诀》)、《人的问题还是政体的问题?》(收入《悬想》),载《生活》周刊第 7 卷第 48 期。(全集第 5 卷第 526—527 页、528—529 页,第 4 卷第 741—745 页,第 5 卷第 488—489 页、401—404 页)

《人的问题还是政体的问题》摘要:

"就表面上看,'贤人政治'似乎是一个很好听的名词,因为当然没有人欢迎恶人来干政治的,如有'贤人'来干,岂不是一件最可欣幸的事情吗? 为什么还是说'思想落伍'呢? 这是因为'贤人'这个名词的实际含义各有不同。在不平等的社会制度里面,所谓'贤人'只不过是少数人'贤'其所'贤',只不过为少数人做走狗,做傀儡,和大多数民众的切身需要是不生关系的;在平等的社会制度里面,没有压迫和被压迫阶级的社会里面,为大多数的民众真意所推出的贤人,为大多数民众的福利而努力的,那总是真为众意所归的贤人,这种贤人决不是在不平等的社会里面的特权阶级——榨取多数人以供奉少数人——所肯容许推出的。譬如在封建制度之下,皇帝所认为'贤人'的最主要的条件是能忠,他造出这样忠于一人的伦理观念,其作用全是自私自利的,不过要藉此保障他个人的地位和权利,怕人发生觊觎之心或'彼可取而代也'的念头。""又譬如在资本主义制度之下,在资产阶级看来,凡能保障他们的特权,及可供他们操纵奔走以增加他们的私利的,都是他们的'贤人'。在政权操诸资产阶级的国家,虽有以民主政治为幌子的,其实各政党后面都各有其资产阶级做后台老板,他们所能容许推举出来的'贤人',都不过是最能有益于他们少数人利益的人物,否则便没有登台的希望,这也不足为异,因为在资本主义社会制度之下的所谓'贤人',原不过是这样的'贤'法。所以社会制度如不经过根本的改革,所谓'贤人政治'的'贤'字都另有特殊意义——不过为少数人谋利益的傀儡,和大多数民众的福利是不相干的。'思想'所以不免'落伍'者在此。""诚然,要根本改革不平等的社会制度,最初还是要靠有'人'来领导着进行的,但绝不是仅仅有了'人'而即能自然而然的生出力量来,还是要有严密的组织,具体的方案,适应当前社会大众的实际需要,获得社会力的拥护而迈进的。"(全集第5卷第403—404页)

12月10日 《致戈公振》(全集未收),全文:

"公振吾兄大鉴:曾于十一月十七日奉上挂号信一件,谅已先此收到。大著《途中的中国代表团》一文已在四十八期内发表,照片亦同时在此期画报刊布(编者注:"照片"指刊载于《生活画报》第十二号《国联调查团西行追记》八帧和《海外风光》三帧),尤为增色。承吾兄在百忙中为本刊撰稿,感激无已。尊处稿费有七卷十二期《白里安的回忆》一文,计洋十元,三十期内《到东北调查后》一文,计洋十二元,四十八期内《途中的中国代表团》一文,计洋二十五元,尚有四十八期画报内照片八帧,计洋二十四元,及五十期内照片二帧,计洋十元,共计八十一元,正已于十二月十日专送至霞飞路马浪路中国牙科医院司徒博先生代收转交府上矣。本刊按期照寄,谅可收到,如有遗误,请便中示知,以便补奉。近日国联大会正在进行,想吾兄必甚忙碌,会务告竣后,行止如何,极以为念,如有意,再作海外之游,本刊可请吾兄担任特约撰述,按月需送薪金若干,以资补贴,均可加以考虑。前闻吾兄谈及,原有再出国考察之志,故顺便言及,尊意如何,乞便中示及为感。《生活》周刊虽有一时风声,异常紧急,日日有各方面传来之恶消息,或云封闭,或云通缉弟个人,甚至有以绑票手段对付弟以为恫吓者,故当时有数友劝弟离沪暂避,弟均未为所动,静以待变,现则开禁尚无希望,封闭亦未执行,空气似已和缓,弟得做一日仍努力一日,故《生活》周刊内容仍在日求精进中。倘蒙吾兄多多赐稿及各种相片,增光篇幅,幸何如之。专此布达。敬颂 旅绥 弟韬奋敬上 十二月十日。"(上海韬奋纪念馆提供)

同日 《无名英雄墓的创建》、《国府迁回南京》(以上两篇收入《小言论》第三集)、《高尔基与革命(中)》(署名落霞)、《漫笔》(收入《韬奋漫笔》,取题《关于新年的梦》)、《不可不辨》(收入《悬想》),载《生活》周刊第 7 卷第 49 期。(全集第 5 卷第 529—530 页、530—531 页,第 4 卷第 745 页、495—496 页,第 5 卷第 429 页)

《无名英雄墓的创建》摘要:

"为民族大众的生存而奋斗,死抗帝国主义的侵略而不自顾其身的无名英雄,诚值得我们的顶礼膜拜,永志哀思,所以我们对于无名英雄墓的创建,很愿乐观厥成。当日帝国主义的暴军掠夺东北入寇淞沪的时候,实际奋起抗敌的,在东北仅有马将军(后来才有李杜、丁超、苏炳文等健将),在淞沪仅有十九路军(最后加入一小部分的第五军),而当时负有守土抗敌的军事长官固不止此,都明哲保身的不知滚到那里去了! 所以这座墓的建设,除'募捐启'中所举的两点效用外——供护侠骨忠魂与永留深刻印象——还有一个很大的效用,就是愧死只知对国民耀武扬威,只知在嘴巴上说得天花乱坠的军阀们!""我国的'无名英雄'抗的诚然是帝国主义了,而实际所保的是什么? 保了同胞大众呢?还是保了军阀官僚们的地盘饭碗? 这个答案是应由后死的同胞负责回答的,因为死者不能复生,要使死者不致白死冤死,全靠后死者的努力,这却不是仅仅创建一座墓所能了事的了!"(全集第 5 卷第 529—530 页)

《国府迁回南京》摘要:

"距今三十二年前(即庚子,公历一九〇〇年,义和团之乱,八国联军直破京津,前清西太后挟着光绪奔到西安逃难,壬寅(一九〇二年)见无逃难必要,才一同回銮,换句话说,也就不过是逃难逃回来罢了。这是中国历史上一件很可痛心的故事。淞沪抗日战争发生,日舰威逼首都,政府于仓卒间'乃徙洛阳',并宣言长期抵抗,在洛阳'长期抵抗'了足足十个月,最近'以适应环境,东返首都',已于十二月一日迁回南京,宣言'持续长期抵抗之策略',并举行异常隆重的'回京典礼',由全体官员迎主席入城,至国府礼堂受贺,极一时之盛。这次政府的'徙'来'徙'去,和庚子祸乱之'逃'来'逃'去,其受帝国主义暴军之协迫虽同,而不可相提并论者,因庚子祸乱,当道者自言是逃难,前清西太后在行在时还下诏罪己,这次却大大的不同,因为'乃徙'时是为着'长期抵抗','东返'时又是为着'长期抵抗'! 可见只要有'长期抵抗'的决心,'徙'也这样,'返'也是这样;这样看来,'抵'不'抵'和'抗'不'抗',在实际上和一'徙'一'返'有什么直接的关系,却令人越想越糊涂了!"(全集第 5 卷第 530—531 页)

《关于新年的梦》摘要:

"这次他们要求的梦却限定两个范围做一下:(一)'梦想中的未来中国是怎样的?'(二)'个人的生活中有什么梦想?'指定范围做梦,却是一件不容易的差使!""记者个人对于第一部分的梦,其大势所趋,想读者已可猜想得出。简单说起来,我们所梦想的未来中国,是个共劳共享的平等的社会。所谓'共劳',是人人都须为全体民众所需要的生产作一部分的劳动;不许有不劳而获的人;不许有一部分榨取另一部分劳力结果的人。所谓'共享',是人人在物质方面及精神方面都有平等的享受机会;不许有劳而不获的人。物质方面指衣食住行及卫护等等(包括医药卫生),精神方面指教育及文化上的种种享乐。政府不是来统治人民的,却是为全体大众计划,执行,及卫护全国共同生产及公平支配的总机关。在这个梦里,除只看见共劳共享的快乐的平等景象外,没有帝国主义者,没有军阀,没有官僚,没有资本家,没有男盗,没有女娼,当然更没有乞丐,连现在众所认为好东西的慈善机关及储蓄银行等等都不需要。因为用不着受人哀怜与施与,也用不着储蓄以备后患。""讲到区区所梦见的个人生活,当然是梦见我自己无忧无虑欢欣鼓舞的做这样共劳共享的社会中的一分子,在全国生产大计划中担任我所能做的一部分的工作。在那个梦境里,我不怕有业时尚有内顾不了和后顾不了之忧,我不见有愁眉哭脸的无告同胞使我如坐针毡,精神上感觉无限的痛苦,却可在无忧无虑欢欣鼓舞中尽我能力对大众作尽量的贡献。"(全集第5卷第495—496页)

《不可不辨》摘要:

"毕先生来信里面似替'真正专家反以不事宣传而其名不彰'愤愤不平,这从爱护人才者的方面说,当然是十分的好意,不过从'真正专家'的方面说,只须顾到自己的工作是否能有益于大众,至于自己的'名'之'彰''不''彰',大可不必置意。我们做一件事,能使受益的人数愈多,我们的心中便愈感到秘密的愉快(即不必发表于外的),至于受益于我们的人是否知道谁做的,这和我们已做的工作没有增减的关系,和我们所感到的秘密的愉快也没有增减的关系,那末虽'名不彰',有何不舒服之有? 当然,我们要明白这一点,最重要的前提是我们本要存心为大众而工作,非为一己而工作,只须在实际上于大众有益,属于一己的'名'之有无且不在意,'彰''不''彰'更可不成问题了。昔人谓'君子疾没世而名不称焉'。这种从个人主义作出发点的营营扰扰自苦的'君子',大可不必做!""诚然,俗语有所谓'实至名归',在对大众力求有所贡献而并不以个人之'名'为意的人,往往'名'从后面自己跟来,虽欲谢绝而无从,但这样的'名',至少不是由自己有意东钻西吹得来的,离'实'愈近,苦痛愈少,作孽于社会者亦愈轻。这样的'名'之来不来,'彰''不''彰',只须在只知对社会大众服务者对此并无所容心,毫不加计较,在他便是'秘密的愉快'之源泉,因为天下最痛苦的事莫过于个人的患得患失的心理。愚意艺术家也须具有这样的浩然忘我的精神，然后才能聚精会神于他的'艺术本身'，不致疲神耗力于无谓的骛外的方面。"（全集第 5 卷第 431—432 页）

12 月 13 日　《〈生活文选〉弁言》，收入同名单行本。（全集第 4 卷第 749 页）

《〈生活文选〉弁言》摘要：

　　"我们希望这书可供中学或高小学生的参考，就是一班有志自修的青年，也许可把这书当作一位公余晤对的良友。"（全集第 4 卷第 749 页）

12 月 17 日　《追悼殉难四童军》、《人间地狱》（以上两篇收入《小言论》第三集）、《高尔基与革命（下）》（署名落霞）、《第 7 卷第 50 期漫笔》、《忍不住的苦闷》（收入《悬想》），载《生活》周刊第 7 卷第 50 期。（全集第 5 卷第 532—533 页、533—534 页，第 4 卷第 750—752 页、753—754 页，第 5 卷第 390—394 页）

《追悼殉难四童军》摘要：

　　"当暴日踩躏淞沪，忠勇的十九路军及一小部分的第五军血战抵抗的时候，有中国童子军第五十团团员罗云祥、鲍正武、毛征祥、应文达四君，因眼看着无数同胞被暴敌无辜残杀，乃根据童子军第二条——随时随地，扶助他人，服务公众——的训词，随着战地服务团奔往战地辅助红十字会，救了不少受难的同胞的生命，乃竟遭暴敌掳掠惨杀，以身殉难。上海童子军理事会特于本月十一日在市商会举行追悼典礼，并举行殉难四团员纪念碑揭幕典礼。四君年龄最幼者十六岁，最长者不过二十一岁，都是英俊有为的青年，为我们这个正在挣扎奋斗的民族效力之日正长，遽遭非命，曷胜悼惜！但舍身救同胞于危难，为民族抵抗帝国主义的残暴而牺牲，这是有意义的死！这是值得永远纪念的死！""记者于追悼四君之余，还有一点要和全国有志青年提出，加以郑重的解释者，即我们所以'扶念忠烈，益惭后死'者，其注意要点绝不在'死'字，而在乎他们四位所以死的意义。每见爱国青年，动辄想到死路，报纸传述，屡见不鲜，即在记者执笔作此文的前一日，即有一位十六岁青年学生严世英服毒自杀于旅舍，遗书有'东北失陷，国事蜩螗，愤慨异常，生不如死'等语，这就只想到一个'死'字，以为只要一'死'，便足以风世，而不知道无意义的死，和死一只猫一只狗没有什么两样！或者有人说他为忧国而死，何谓'无意义'？其实所谓'有意义'，不仅指动机，尤重行为，像四君的死，所以有意义，不是他们躲在房间里自裁所造成的，乃在舍身救济危难中的同胞和抵抗帝国主义的残暴的行为上表现出来。"（全集第 5 卷第 532—533 页）

《第 7 卷第 50 期漫笔》摘要：

"记者廿年前在南洋公学附属小学肄业时的一位严师,现在高年退隐遨游山林间的沈心工先生,最近畅游庐山、泰山后回到上海,倾谈游踪,令人神往,尤其有趣的是他此次无意中遇着一位独得秘传的中医,把他多年拖延屡医不净的痔病完全医好,而且只在十分钟内毫无痛苦的医好!""记者幸而用不着这位医生,也绝对无意和他作广告,不过深信沈老先生决不欺人,故引为谈资,尤深感于我国每多类此神速奇异的医生,徒以各秘其术,不肯轻于传授,更无供学医者作公开的科学研究的机会,以致湮没不彰,人亡术亦随之同亡者,比比皆是,从人类大众的幸福方面着想,实是一件极可痛惜的事情。这大概也是资本主义社会制度的遗毒,若人人能无须私藏而亦无虑于本人及家庭生活之无保障,尽可尽各人所能以公诸社会,这种现象便不会有了。"(全集第4卷第753—754页)

《忍受不住的苦闷》摘要:

"能知道苦闷的人,当然是在社会中比较有觉悟的分子,以比较有觉悟的分子——有革命意识的分子——徒以受了从个人做出发点的人生观的流毒,自杀的自杀,腐化的腐化,无意中减少社会向前推进的力量,这是何等痛心的现象!要免除这种歧途而保持继续向前努力的勇气,最重要的是要把个人和社会看清楚,要明白个人和社会的关系,换句话说,要铲除从个人作出发点的人生观,确立从社会作出发点的人生观。""我们要知道社会是动的,是向前进的,必须适合大众需要的新时代是必要到来的,我们的努力不过能加快它的速率,提早实现的时期,并不能凭空造出乌托邦来。社会才有力量,个人自己本来没有什么力量,能看准社会的潮流而向着正确的方向努力,然后个人才能发生力量;但是这种努力决不是从个人作出发点,却是从社会作出发点;而社会制度的改革又每待乎比较长期的斗争,此'期'的'长'度究竟如何长,这是和努力者的工作和数量成正比例的。我们只须不违反社会大势向前进的正确方向,做此长期斗争中之一战斗员,便尽可尽我力量努力做去,无所用其失望,亦无所用其躁急。有我理想中的集团可得参加,力量自然更大,倘一时未有机会参加,也未尝不可暂在自己工作上努力。我是做教员吗?我便把正确的思想灌输给儿童青年,决不把反革命开倒车的思想来毒害他们。我是做报馆主笔吗?我便要把正确的思想提出和读者商榷,决不作反革命开倒车者的代言人。我总尽我的力量干去就是了。只要方向看得对,我努力一分,必有一分效果,也许是一时看不见的效果。就是世界上的革命家,他们也不过看准社会前进的路线,联合同志往前走,而且即不知终身能否一定走得到而还是要向前走着。我们只要走的路对,万一未走到而先不由自主的送进了棺材——决非自杀——那也不在乎,横竖大队人马组成的社会还仍在那里向前进。我自问只要未曾做过它的前进的障碍物,并且还尽我所能在催促前进的工作上不无尽其力之所能及的贡献,那就是半途不幸送进了棺材,也可含笑瞑目了。像上面所说的走第一条和第二条路的人,他们拆烂污的程度也许略有差异,而都是把个人看得重看得大,把社会看得轻看得小,死的生的都不但不在催促新时代实现上有所努力,而且都做了社会前进的障碍物,做了社会的罪人!""既经明白我们既不能以个人的力量演回乾转坤的魔术,好像个人的英雄主义的幻梦,那就除了看准社会前进的正确方向,随时随地抓住机会朝准这个方向作尽量的努力外,关于时间的久暂(即何时能达到所希望的境域),不必问,问亦无益(因为非个人的力量所能预定),这样便不致因苦闷而妨碍工作的进行了。"(全集第5 卷第 391—394 页)

12 月 18 日 宋庆龄、蔡元培、杨杏佛、黎照寰、林语堂等发表宣言,发起组织中国民权保障同盟。(陈漱渝《中国民权保障同盟》第 20 页)

12 月 29 日 下午四时,宋庆龄、蔡元培等发起组织的中国民权保障同盟,假座上海南京路华安大厦(今华侨饭店)八楼举行中外记者招待会。宋庆龄因病未赴会。到会的有蔡元培、杨杏佛、鲁迅、史量才、郁达夫、胡愈之、林语堂、邹韬奋、王造时、伊罗生、史沫特莱、陈彬龢、钱华、顾执中、陆诒、吴汉祺、王启煦、张志韩等。蔡元培代宋庆龄宣读对新闻界的书面讲话。(陆诒《中国民权保障同盟的斗争》,收入《文史杂忆》,上海文史资料选辑第 75 辑第 122 页,陈漱渝《中国民权保障同盟》第 21 页,全集第 5 卷第13 页、536 页)

"我尤其不得不感谢职教社的,是《生活》周刊经我接办了以后,不但由我全权主持,而且随我个人思想的进展而进展,职教社一点也不加以干涉。""《生活》周刊对于社会如果不无一些贡献的话,我不敢居功,我应该归功于职教社当局的诸先生。""《生活》周刊初期的内容偏重于个人的修养问题,这还不出于教育的范围;同时并注意于职业修养的商讨,这也还算不出于职业指导或职业教育的范围。""也许是由于我的个性的倾向和一般读者的要求,《生活》周刊渐渐转变为主持正义的舆论机关,对于黑暗势力不免要迎头痛击;虽则我们自始就不注重于个人,只重于严厉评论已公开的事实,但是事实是人做出来的,而且往往是有势力的人做出来的;因严厉评论事实而开罪和事实有关的个人,这是难于避免的。""《生活》周刊既一天天和社会的现实发生着密切的联系,社会的改造到了现阶段又决不能从个人主义做出发点;如和整个社会的改造脱离关系而斤斤较量个人的问题,这条路是走不通的。""《生活》周刊应着时代的要求了,渐渐注意于社会的问题和政治的问题,渐渐由个人出发点而转到集体的出发点了。我个人是在且做且学,且学且做,做到这里,学到这里,除在前进的书报上求锁钥外,无时不皇皇然请益于师友,商讨于同志,后半期的《生活》周刊的新的进展也渐渐开始了。研究社会问题和政治问题,多少是含着冲锋性的,职教社显然也无须卷入这种漩涡里面去,我的不安更加甚了。幸而职教社诸先生深知这个周刊在社会上确有它的效用,不妨让它分道扬镳向前干去,允许它独立,由生活周刊社的同人组成合作社,继续努力。在这种地方,我们不得不敬佩职教社诸先生眼光的远大,识见的超卓,态度的光明。""回想我和几位'患难同事'开始为文化事业努力到现在,我们的确只是以有机会为社会干些有意义的事为快慰,从没有想要从这里面取得什么个人的私利。我所以要顺便提出这一点,是因为社会上有些人的观念,看到什么事业办得似乎有些像样,便想到办的人一定发了什么财!有些人甚至看得眼红,或更有其他不可告人的卑鄙心理,硬说你已成了'资本家',或诬蔑你括了多少钱!""我和一班共同努力于文化事业的朋友们,苦干了十几年,大家还是靠薪水糊口养家。我们并不觉得什么不满意,我们的兴趣都在文化事业的本身。像我这样苦干了十几年,所以能得到许多朋友们不顾艰难地共同努力,所以能够始终得到许多共同努力的朋友们的信任,最大的原因还是因为我始终未曾为着自己打算,始终未曾梦想替自己括一些什么。不但我这样,凡是和我共同努力于文化事业的朋友们都是这样的。"(全集第 7 卷第 202—204 页)

"大约 1932 年底或次年初,蒋介石把黄炎培叫到南京。黄当时是史量才所办的《申报》的董事长。""而《生活》周刊是中华职业教育社的机关刊物,也和黄炎培有关。""蒋介石申斥了黄炎培一顿,要《申报》和《生活》周刊改变态度,拥护国民党,否则就要查封。"黄"回上海后,《申报》再不登批评国民党的文章(国民党反动派仍不满足。到 1934 年《申报》总经理史量才被军统特务暗杀了)。"关于《生活》周刊,"经过大家商讨,为了不使黄炎培为难,《生活》周刊决定与中华职业教育社割断从属关系,成为一个独立的刊物。"由韬奋"自己负责办下去。当时就在报上登载《生活》周刊社脱离中华职业教育社的关系的启事。"(胡愈之《关于生活书店》,收入《我的回忆》第 21 页、154 页)

"先生为了顾全中华职业教育社的安全起见,向黄任之先生提出建议,将《生活》周刊和它的由代办部发展起来的生活书店一并独立起来,改组为生活出版合作社,对外仍保持原有名称,与中华职业教育社脱离关系,以避免政治上的牵累。""经黄先生与职教社诸先生一致同意，双方签订脱离契约，以资信守。"(毕云程《邹韬奋先生五周年祭》，收入《忆韬奋》第 197 页)

"我和韬奋学长是上海圣约翰大学的同班同学，我们同在 1921 年夏毕业于圣约翰。就在那年秋季我去美国留学三年，回国不久即在上海执行会计师业务。那时我们两人都与黄炎培老师所创办的中华职业教育社发生了关系，我们同时担任了职教社的理事。韬奋兄编撰的《生活》周刊最初即作为职教社各种期刊的一种。《周刊》的文笔非常犀利，论及国家大事，不时触及时弊，随时有可能遭到政治势力的压制。韬奋兄为了使《周刊》不致波及职教社，就把《周刊》与职教社的关系分割开来，作为他个人出版发行的刊物。""此后我承韬奋兄继续聘我为《生活》周刊的行销业务担任常年义务查账工作。"(潘序伦《缅怀邹韬奋学长兄逝世四十周年》，1984 年 1 月 1 日手记，时年九十有一)

"山雨欲来风满楼，面临环生险象，韬奋商得黄任老同意，来个金蝉脱壳，《生活》周刊对外宣告脱离职教社而独立，实际上我社仍积极支持，如后来《生活》周刊遭到禁止发售，职教社通过法捕房薛耕莘进行疏通，总算在法租界报摊上未遭严格取缔。"(姚惠泉《缅怀伟大爱国者韬奋同志》，1984 年 4 月 13 日为纪念韬奋逝世四十周年作)

12 月 31 日　晚上聚餐会。到者有黄炎培、江问渔、杜重远、杨卫玉、邹恩润、潘仰尧、毕云程、李公朴、王志莘、陈彬龢、姚惠泉、刘湛恩、西谷、克诚、侯诚、朱经农。(《黄炎培日记》)

是年　继续主持生活周刊社工作。

1933 年（民国二十二年） 39 岁

1月　日本进犯山海关，中国守军奋起抵抗，长城抗战开始。

2月　日军进攻热河，3月进犯长城一线。5月下旬，二十九军被迫放弃长城各口。中日双方签订《塘沽协定》，规定日军撤归长城一线，中国军队撤至长城以南地区，划冀东为非武装区，由中国警察维持治安。华北门户自此洞开。

9月　国民党对中国共产党中央根据地发动第五次"围剿"。

11月　第十九路军发动"福建事变"，建立中华共和国人民革命政府，旋失败。

是年　国民党第四届中执委第54次常务会议通过《重要都市新闻检查办法》。

1月1日　《梦想的中国》、《梦想的个人生活》，载《东方杂志》第30卷第1号（新年特大号）。（全集第5卷第3—4页）

《梦想的中国》摘要：

"我所梦想的未来中国是个共劳共享的平等的社会，所谓'共劳'，是人人都须为全体民众所需要的生产作一部分的劳动；不许有不劳而获的人；不许有一部分榨取另一部分劳力结果的人。所谓'共享'，是人人在物质方面及精神方面都有平等的享受机会，不许有劳而不获的人。""政府不是来统治人民的，却是为全体大众计划，执行及卫护全国共同生产及公平支配的总机关。在这个梦里，除只看见共劳共享的快乐的平等景象外，没有帝国主义者，没有军阀，没有官僚，没有资本家，没有男盗，没有女娼，当然更没有乞丐，连现在众所认为好东西的慈善机关及储蓄银行等等都不需要，因为用不着受人哀怜与施与，也用不着储蓄以备后患。"（全集第5卷第3页）

1月7日　《一年一度的新年》、《民权保障同盟》、《木炭代汽油的发明》（以上三篇收入《小言论》第三集）、《漫笔》（收入《韬奋漫笔》，取题《怎样看书》）、《人生究竟》（收入《悬想》），载《生活》周刊第8卷第1期。（全集第5卷第534—536页，536—537页、538—539页、496—498页、394—398页）

《一年一度的新年》摘要：

"常人总喜欢在这新年里结束旧帐，开拓新机，怀着种种新的希望。不过这也要看什么人。""例如我国关中一带的苦百姓，被当道逼缴'烟款'的时候，带着手镣脚铐在大老爷堂上被杖责得惨呼痛号，未过年缴不出'烟款'要挨打，过了年缴不出'烟款'还是要挨打。又例如甘肃一带的老百姓吃树皮草根，十六七岁的大姑娘还没有裤子穿。未过年这班老百姓吃的是树皮草根，过了年这班老百姓吃的还不过是树皮草根。未过年这班大姑娘的裤子发生问题，过了年这班大姑娘的裤子还是不免要发生问题。总之过年这回事在他们是'有若无'的，没有旧帐可以结束，没有新途可以开拓，当然没有什么新希望可给他们怀着。此不过随手拈来，略举数例，此外大多数劳苦民众未过年是救死惟恐不赡，过了年还是救死惟恐不赡的，更不胜枚举。至于东北受不抵抗主义的恩赐，热血义民因反抗日帝国主义而死于非命的；闸北，吴淞，江湾，浏河，太仓一带，抵抗日帝国主义而牺牲的忠勇军士和无辜良民；较近在抚顺附近之千金堡，栗子沟，平顶山三村，暴日军队因探悉有大刀义勇军三人至平顶山探路，即将三村男女老幼三千余人，用机关枪扫射惨杀；凡此种种在未过年以前，都已送了生命，都来不及过年了。""要过个比较的心安意得的年，似乎是一个微乎其微的问题，但是也和民族的整个出路脱不了关系。民族的整个出路，在政治上的领导者能以大众的意旨为意旨，能以大众的力量为力量。"（全集第5卷第534—535页）

《民权保障同盟》摘要：

"据该同盟《宣言》所述，目的有三：（一）为国内政治犯之释放，与非法的拘禁酷刑及杀戮之废除而奋斗，并愿首先致力于大多数无名与不为社会注意之狱囚；（二）予国内政治犯以法律及其他之援助，并调查监狱状况，刊布关于国内压迫民权之事实以唤起社会之公意；（三）协助为结社集会自由，言论自由，出版自由，诸民权努力之一切奋斗。""我们从历史上看来，便知民权之获得保障，决不是出于统治者的恩赐，乃全由民众努力奋斗争取得来的。""不过依统治者的程度之高下，这种努力奋斗争取亦可有途径之分别。一种是用比较和平的方法，一种则为流血革命。前者为比较开明的统治者所容纳，后者则为冥顽不灵者所终必自招，所谓自掘坟墓者是。且就历史上的事实看，总是到前法用到山穷水尽，无路可走时，第二法不待敦请而自己要应着环境的需要而强作不速之客。""为中国计，我们当然希望该同盟的成功——希望之能否成为事实，那要看对象如何了。"（全集第5卷第536—537页）

《怎样看书》摘要：

"我们感觉到知识上的饥荒吗？只有下决心自动的努力于自修，永续的研究下去。一天如至少能勉强抽出时间看一小时的书,普通每小时能看二十页,一年便可看完三四百页一本的书二十几本,四五年便是百余本了,倘能勉强抽出两小时,那就要加倍了。记者最近正在编译《革命文豪高尔基》一书","最令我感动的是高尔基艰苦备尝中的无孔不钻的看书热。""不过看书也要辨别什么书,有的书不但不能使人的思想进步,反而使人思想落伍!""在这个言论思想自由的空调尽管唱得响彻云霄的年头儿,看书也有犯罪的可能,常语谓'书中自有颜如玉',如今'书中'大可引出'铁窗风味'来!什么时候没有这种蛮不讲理的举动,便是什么时候望见了社会的曙光。"(全集第5卷第497—498页)

《人生究竟》摘要:

"在实际上个人和社会是分不开的,他的动机,他的行动,都是在社会环境中实际生活里所养成的。于此也许可以提出一个问题,就是:个人为社会而生存呢?还是社会为个人而生存?""个人要求生存,这是人类的本能,无可否认的事实,但依实际生活的经验,个人生存必于社会生存中求之,所以为社会求生存,就是为个人求生存,个人既脱离不了社会而做鲁滨逊,在实际上个人和社会即无法分开,既无法分开,个人生存和社会生存原是打成一片的,同时生存,说不出谁为着谁。不过个人不能不恃社会之生存而生存,社会却不因有一二个人或一部分个人的死亡而消灭";"只有社会能给个人以力量,离开社会(假设有的话)的单独个人便无力量可言:所以可以说社会是超越个人的。'从个人做出发点的人生观',往往把自己看得比社会大,甚至幻想他是可以超社会而生活的,不知道只有在社会中活动的个人才有他的相当的力量,必须看准社会大势的正确趋向而努力的,才有相当的效果可得,那些'自杀的自杀,腐化的腐化'就是对于这一点看不清楚;倘他能了解'从社会做出发点的人生观',便明白只有社会有力量,单独的个人是没有力量的,只有在社会中积极活动的个人才有力量可言,自杀和腐化都是和'在社会中积极活动'断绝关系的行为,决不是了解'从社会做出发点的人生观'的人所愿做的。""社会虽是超越个人的,但个人在社会的活动,对社会当然也有相当的影响。个人在社会里的贡献,一方面固靠社会各种联系的关系给他以力量,一方面也靠他自己学识经验眼光等等。倘若有人真是用他的能力来为大众谋福利,并非为他自己或其私党谋私利,而他的这种能力确比我大,我的能力确只配做他的'垫脚石'——由这个'垫脚石'走上社会大众幸福之路,不是做他个人私利的工具——那我也肯欣然充当这样的一块'垫脚石',而且只怕没得做!"(全集第5卷第396—398页)

1月9日　致杨杏佛信,告知年费已交事。原信内容如下:"杏佛先生大鉴 接奉一月五日　来示　敬悉一切　本年会费三元遵　嘱奉上　即请察收并　赐收 据为荷　专复　敬颂　公绥　韬奋敬上　一月九日　附洋三元"。(上海韬奋纪念馆 提供)

1月10日　《〈伏生国际论文集〉序》,收入3月出版的单行本。《〈徒然小说集〉 序》,收入4月出版的单行本。(全集第5卷第4—5页、第5—6页)

《〈伏生国际论文集〉序》摘要:

"伏生先生(注:指胡愈之)是我生平最佩服的一位朋友,他对于国际问题 的研究,最善于用冷静的脑子,作客观的缜密的分析,这是在读者诸君自会感 到的,我所尤觉得佩服的是无论怎样复杂的问题,一到了他的笔端,便能提纲 挈领,左右逢源,说得你不懂也要懂,而且不但懂,还要不由自主的感觉到兴味 盎然。""一国中的人民能了解政治是怎样处理的愈多,政治当然更容易上轨 道,或上了轨道而不至于脱轨。处于现在电气化的世界,交通便利,距离好像 于无形中缩短了,一国政治的出路往往和国际形势脱不了关系,世界大势的了 解和本国政治的了解便息息相关,具有同样的重要性。"(全集第5卷第5页)

1月14日　《中国又多一处王道乐土》、《又一王道乐土的消息》(以上两篇收 入《小言论》第三集)、《〈人生的认识〉按》(全集未收)、《第8卷第2期漫笔》、《不能 两全》(收入《悬想》),载《生活》周刊第8卷第2期。(全集第5卷539—540页、540— 541页、7页、287—290页)

《中国又多一处王道乐土》摘要:

"中国承蒙日帝国主义的军阀的恩赐,又多一处'王道乐土'了!""山海关 失陷之后,城内外大火,燃烧三日三夜,尸骸遍地,血腥狼藉,呻吟待死者不可 胜数,日军藉口扫清战场,挨户搜查,浪人流氓,从而助虐,诬犯嫌疑,任意惨 杀,对青年学生,仇视尤甚,死于非命者前仆后继,青年妇女,任被强奸轮奸,莫 敢谁何。这种惨酷的遭遇,一部分同胞及身先受,实为全民族先尝苦楚,先被 侮辱,时间虽有先后,祸难终将遍及,我们要为全民族的生死存亡祸福,团结全 民族的力量,起而抗敌。""问题全在手握国家大政者能否放大眼光,速决大计, 勿为个人保实力,但为民族辟生路。"(全集第5卷第539—540页)

《又一王道乐土的消息》摘要:

"有友人某君新自东北来沪,一群朋友见着他,便围着殷殷询问关于已被 日本在前年九一八攫去的那块'王道乐土'的近况,他报告了许多事实,我现在 要撮举一二转告读者。""据说在这块'王道乐土'里的中国人的生命财产,无时无刻不在日人任意支配中,即无时无刻不在危殆中,只要他觉得你有些微反日的嫌疑,尽管毫无证据可言,可以随随便便的结果了你的生命,由此含冤而死者无数。日人则叱咤风云,华人则朝不保夕,常常死得莫名其妙。""有一个乡女进城,有几个日兵问她是哪一国人,她脱口而出的说是中国人,被他们痛打耳光,这个乡女吓怕了,想起他们是日本兵,便改口说是日本人,不料他们打得更厉害了,说你哪配做日本人!这个乡女最后只得说'不是人',他们才哄笑一阵,饶她一命。这是中国人在'王道乐土'中所受的侮辱的一斑——也许就是'王道'的待遇吧!""这位朋友说,在沈阳的西侨舆论,固不直日人的暴行,但有的西报社评却认为日人固然野蛮,但对付中国民族却只配用这种野蛮的手段;并谓日人的暴行,任何西方国民均不能忍受,而中国人却能忍受,所以该受!我们听了这样的论调,作何感想?"(全集第5卷第540—541页)

《〈人生的认识〉按》全文:

"新生先生以债务债权的关系作譬喻,来说明不平等社会的实况,颇为有趣,但我却要补充一些意思:就是这种说法不过是就一时的现状说,我以为不平等的社会制度根本改造之后,因技术一天一天的进步,科学代替人力的地方愈多愈巧,人人都可以渐渐的少作工,多享福,果能平等,享用尽管十二万分的舒服,谁也无需还什么'债务'!人生不是为还债而来的,享福只须在平等制度之下,不能算欠债,也更无还债之可言。罪不在享福,乃在不平等的享福。"

(《生活》周刊第8卷第2期)

《不能两全》摘要:

"教育和职业不能两全","这个问题的解决,似乎不外两个方式:一是彻底的解决,那只有到'社会制度根本改造'以后才有可能性;一是迁就环境的暂时的办法,那只有就各个人的可能范围内,分别求得比较认为最大限度的结果。关于第一种方式,很显然的,不平等的经济制度之打破,不平等的教育制度之推翻,不平等的社会制度之铲除,而代以平等的经济,教育,社会制度,这都是和这个社会的改造发生密切的关联,势不能由一二或少数私人所能于急促间完成的。除此彻底的方式之外,只有第二种的方式可供酌采了,能勉强入校求学的入校求学——或由家人相助筹划,或由本人寻得工读机会——无从勉强入校求学而又不能把耗费白米的嘴巴暂搁不用,只有寻业。能寻得合于本人心意兴趣的业,固属幸事;否则只得暂时栖止,同时注意于自己能力的逐渐增进与较佳的相当机会之利用。如并此而不可能,即虽肯如此刻苦努力而在社会方面仍是报以'此路不通',这种现象如仅占社会中极小部分,仅闻嗟叹愤慨不平之声，等到陷入此境者日多，则社会中所蕴蓄的无可忍耐的不平的意识愈广且锐，那便是种下革命种子，客观各条件具备之后，旧社会之崩溃有如摧枯拉朽，新社会之勃兴便似怒涛狂澜之沛然莫之能御了。在这种状况之下，求学与就业的难问题，便不是少数人的问题，也不是少数人所能求到彻底解决的问题，乃是社会的问题，须从总解决中求得附属问题的解决了。"（全集第 5 卷第 288—289 页）

1 月 17 日　下午 4 时，中国民权保障同盟上海分会在上海亚尔培路 331 号（今陕西南路 147 号）中央研究院召开成立大会，蔡元培主持，韬奋担任会议记录，与宋庆龄、蔡元培、杨杏佛、林语堂、伊罗生、陈彬龢、胡愈之、鲁迅等九人被选为执行委员。会议通过了分会章程和拟发表的宣言。在酝酿成立团体的过程中，进行过一连串个别邀请的活动。宋庆龄邀请蔡元培、杨杏佛，蔡元培、杨杏佛邀请鲁迅，鲁迅邀请胡愈之，胡愈之邀请邹韬奋……当时，周建人在上海商务印书馆工作，胡愈之有事通过周建人与鲁迅联系。一天，鲁迅托周建人邀请胡愈之去中央研究分院开会，叫胡愈之再邀请邹韬奋参加。这是邹韬奋第一次参加一个正式的"组织"。据邹韬奋后来回忆："当时民权保障同盟总会在上海，开会时总是和上海分会开联席会议。每次参加者有蔡先生、孙夫人、她的英文秘书史默得莱女士，鲁迅、林语堂、杨杏佛、胡愈之诸先生，我也忝陪末座。"（《申报》1933 年 1 月 18 日，胡愈之《我的回忆》第 24 页，全集第 10 卷第 831 页，《中国民权保障同盟》26 页，全集第 5 卷第 12 页）

1 月 21 日　《不便发表下的管见》、《幸免心理所得的反应》（以上两篇收入《小言论》第三集）、《学校与商场》（收入《悬想》），载《生活》周刊第 8 卷第 3 期。（全集第 5 卷第 542—543 页、543—544 页、290—293 页）

《不便发表下的管见》摘要：

"我们这班'阿斗'所惴惴不安者，自九一八以来，'镇静'迄今，沈阳失后继以锦州，锦州失后继以黑龙江，黑龙江失后继以山海关，山海关失后九门口又在岌岌可危之中了，恐将'继'着下去的还有热河和平津，依照田中政策，'继'的地方尚多，'继'的日期正长。讲抵抗，则马占山、苏炳文以及淞沪十九路军之自动抗敌，局部应战，或以援绝弹尽而忍痛退却，或以援兵过迟而力竭声嘶，责任何在，至今未明。此次榆关之战，最初仍奉令不准开枪，直至军士见敌迈进而愤激不能再自抑制，始自动开枪还击。此种事实，各报均有详载，早成公开秘密，记者非有意于国难方殷，犹作诘难之辞，惟惩前毖后，前事不忘，后事之师，倘所谓'军机'，所谓'内容'，在事实上的表现，仍不外乎但求幸免的心理，缺乏整个的计划，虽有少数忠勇奋发的将官军士在前敌作殊死战，为民族争回几分人格,但无主宰,无联络,无增援,徒成为敌人所'各个击破'的各个'孤军'而已。他人以整个计划,全国力量,侵略我土地,断绝我民族生路,而我们却只头痛医头,脚痛医脚,甚至忌疾讳莫如深,对内勇于对外,这是何等惨痛的现象!"(全集第5卷第542—543页)

《幸免心理所得的反应》摘要:

"我国应付国难的方针有吗?有!在文电上所宣布的,当然是说得天花乱坠,在事实上所表现的是怯懦,怯懦的背景是始终抱着幸免的心理。这种心理的具体表现是以平日高唱打倒帝国主义的中国,竟始终死心塌地专想依赖帝国主义的集团——国联——就是后来明知国联决无靠的希望,所谓'要人'也者,也还是口口声声说国联必能替我国主持公道。其先国联还唱着'空城计',挂羊头卖狗肉,据最近的形势,索性在'城楼上'下令欢迎'司马懿',索性把'羊头'抛掉,老老实实的公开'卖狗肉'了。""中国向国联乞怜,国联并未把中国看在眼里,已极明显。""日本不但要国联默认她掠夺东北的行为,而且还要承认她的行为正当——即须承认伪组织非出于日本之首创。此外要求'直接交涉',在她是自以为看透了中国只有望屈服的一条路上跑的,所以斤斤于'直接交涉',有恃无恐。国联之必始终迁就日本,这是摆在眼前的,我国自己作何打算呢?"(全集第5卷第543—544页)

《学校与商场》摘要:

"资本主义社会制度下的事物,无往而不商品化,在这样的经济结构上的上层建筑之一的教育,当然也免不了商品化的弊病。商品化的结果,最显著的有两种现象:一种是非有孔方兄的随伴,休想受教育;还有一种是因为畸形社会制度之内在的矛盾,受了教育也往往得不到出路。""我们倘注意在人类文化历程上的教育之历史,便知道教育的最初起源实为帮助生活,其作用只是用以维持生活的手段,人人既须生活,即人人须受教育,受教育原不是一件希罕或特殊高贵的事情,到了教育'商品化'之后,教育乃成为和孔方兄发生特殊关系的人所独占。""在资本主义社会制度下的'教育的生产'和同一制度下的'商品生产'有类似的地方,都是盲目的大量生产,都跑到'生产过剩'的路上去。""在这种状况之下的青年,受不到教育的固不免烦闷,因为不得入路;受到了教育的也不免烦闷,因为不得出路。这是畸形教育的社会制度破绽的现象。""教育不能离开政治经济而独立存在的,是要受制于经济的关系(同时也就是政治制度的关系),而为某种经济的社会的副产物,某种经济的社会的形态之反映,'要把现代的教育制度根本改革一下'诚然重要,但决不是请几个所谓专家改改学制或课程所能解决的,乃是整个的社会制度问题中之一部分,要和社会制度连带解决的,不是教育一个部门所能单独解决的。"(全集第 5 卷第 292—293 页)

1 月 22 日　《社会新闻》第 2 卷第 8 期,署名"傭"者著文恶意攻击民权保障同盟是利用在野各党派,是一群"灰色动物",诬蔑韬奋是国家主义方面的人。(《中国民权保障同盟》179 页)

1 月 28 日　《为国捐躯的安营长及士兵》、《自援式的逃命》(以上两篇收入《小言论》第三集)、《〈欧游杂感(下)〉按》、《读〈淞沪血战回忆录〉》、《〈变了什么花样?〉附言》,载《生活》周刊第 8 卷第 4 期。(全集第 5 卷第 544—545 页、546—547 页、8—9 页、9—10 页、11—16 页)

《为国捐躯的安营长及士兵》摘要:

"榆关抗敌血战,以南门之战为犹激烈,守南门的安德馨营长,奋勇杀敌,苦战一昼夜,负伤临阵,敌冲进时,率众三百人与敌肉搏,全营殉难。""据安营长的阿兄德明谈,说他的弟弟于国难严重时期,即将家眷送往故乡,以备尽忠于国,后又致函家中,谓外侮日亟,我已准备为国守土,置生死于度外,家中诸事可请大哥(即安德明)负责照管云云。""又据上海回教同人接北方电报告安氏抗敌经过,谓于日军寻衅时,曾对他的士兵说:'我安某一日在山海关,日人一日决不能过去,日人欲过去,只有在我们的尸骨上过去。'""于此可见安营长为国殉难,早具决心。""这种为民族争生存而奋斗的牺牲精神,我们后死者应该含泪承受,踏着先烈的血迹前进!""我们所沉痛悲愤者,倘我国果有整个的抗敌计划,通盘的联络布置,以安营长及其部属的忠勇奋发,所得结果,必不仅此。此次榆关抗战,将官因奉令不准使事态扩大,有碍交涉(?),不准开枪还击,敌部爬城进攻,只掷砖石,后敌猛攻前进,才于愤激中开枪抗御,此中戎机,已有出入。又据北来通讯,当敌方援兵涌入,炮火最烈之时,我方守兵不但无法换班进膳,即补充子弹,亦不可能,可见布置单薄,原无充分准备。在这种艰苦困难的环境中,而士兵犹能百折不回,死守不去,从容就义,尤令人闻之泣下,而所以致诸将士于如此环境中效死者,其责任何在,我们愿于愤慨哀痛之于,提出一问!"(全集第 5 卷第 544—545 页)

《自援式的逃命》摘要:

"在此国难日迫,听说北平有大学校的学生向学校当局要求提前放假,停止考试,作'自援式的逃命',很引起各方面的愤慨责难。""这种怯懦的自私的表现,我们诚无法为这班青年辩护,但是,记者却不因此而就走到绝对的悲观方面去,至少有两个理由:(一)这种行为不是可以代表全部分青年的心理。"

"据一月十四日《申报》北平电讯,燕京大学即有一部分学生于当日赴热河参加抗日工作,又谓该校女生亦将赴热,参加救护工作,现正为前方将士缝制棉衣;又二十三日该报北平电讯,说'清华制造烟幕弹成功,定明晨全体参加工作'。可见他们也不尽是'逃命'专家!""(二)怕死是人类本能,淞沪抗日血战中,日军降兵有叩头求饶一命的,说中国人一定比外国人怕死,殊不尽然。只须有真能有计划有决心有真诚信仰而为民族奋斗努力领导的中心力量,必定有多数人自愿抛却身家性命一同向着前程迈进的。国民革命军北伐时代,不顾九死一生的革命活动,不是青年肩负的吗?同是中国的青年,何前勇而后懦?无他,领导的中心力量有勇懦而已。"(全集第5卷第546—547页)

《读〈淞沪血战回忆录〉》摘要:

"淞沪抗日血战,为八十年来为民族解放而奋斗的最光荣之一战,记述的书虽有过好几本,但内容精警,文笔流畅,这书要算是首屈一指了。全书的精彩,要让读者自己去领会,记者现在仅想介绍两点:第一是该书尤其令人难忘的几句话;第二是当时忠勇战士视死如归的一斑。"(全集第5卷第9—10页)

《〈变了什么花样?〉附言》摘要:

"《生活》除公开发表的'立场'和主张外,并未曾'变了什么花样'。""这是记者第一次参加一个正式的'组织'(注:指中国民权保障同盟),但是这个'组织'和任何政党的性质不同,乃以一般的民权为努力的对象,参加的人并不致因此失却他原有的立场和主张,也就是不致于'变了什么花样'。这个组织的重要发起人是宋庆龄女士和蔡孑民先生,虽他们都是国民党的党员,但他们却不是以党的立场来发起这个组织。""此种组织至少可在可能范围内揭发不依法律手续而用秘密手段摧残民权的行为,由此唤起当道及社会的注意。""关于'协助……言论自由出版自由之一切奋斗',亦列在该'同盟'目的之一,我们在'言论''出版'方面努力的人倘仍置身事外,袖手旁观,似乎亦有些说不过去"。"此事既与'言论自由'及'出版自由'有关,和本刊的事业也有相当的关系,所以记者参加,也还不脱离以本刊事业为中心的意思。""记者虽认为此事不无尝试的价值(究竟将来能尝试出什么成绩来,尚不可知),并不存什么奢望"。"我们就事论事,对于应该严厉制裁的事情,不妨严厉的责备;对于应该积极鼓励的事情,也不妨竭诚赞许,就此事的发起动机及为公道而努力的精神而论,我们对于此事的发起人为着此事表示佩服,似乎不能算为逾分的事情。""记者深信中国要得救,要走上轨道,决不是任何个人所能负得起这个使命的,必须有一个组织严密,计划周详,真心为民族前途大众福利而努力奋斗的集团,领导全国民众共同奋斗,才能负得起这个重大的使命。我对此点深信不疑,同时默观静察,感觉到一般人痛心疾首于党派的心理之深刻,不禁发生无限的感喟。但是这种心理既有事实上的背景,凭空要希望这种心理的改变是不可能的,必须在事实上有了改变,然后才能引起民众的信任心。""已有的政党如不注意这一点,终必没落;未来的或正在酝酿的政党如不注意这一点,也必蹈覆辙,这是决然无疑的。"(全集第 5 卷第 12—16 页)

是月　《小言论》第二集由生活书店上海初版。收入邹韬奋发表在《生活》周刊上的"小言论"139 篇(注：全集少收一篇《一党专政与一党专利》),卷首刊有弁言《本书付印时的几句话》(1932 年 12 月 7 日作)(全集第 5 卷第 19—210 页)

《本书付印时的几句话》摘要：

"由寒松先生汇集自六卷廿七期至七卷四十五期,即自廿年六月至廿一年十一月间的'小言论',略加选择删除,复经作者略加审阅,再删去数篇,成此第二辑。""(一)……作者自己和自己作前后的比较,自觉思想上的方向日趋坚定,读者于前后各文中或亦可以看出一二,为是为非,师友间颇有不同的意见,倘蒙读者不吝指教,不胜感幸。""(二)自九一八,尤其是一二八以后的拙作,对于抗日救国的文字特多,这是认为民族自救乃目前的要图,决无意于提倡狭隘的国家主义。作者相信在现阶段内的我国革命,须考量国中的特殊情形,应暂以中国民族为本位;但相信革命的最后目标,是世界各民族平等自由的结合,而决不是狭隘的民族主义。"(全集第 5 卷第 19—20 页)

2 月 1 日　下午,和宋庆龄、蔡元培、林语堂等以民权保障同盟临时中央执行委员会名义,在华安大厦八楼举行记者招待会,就顾祝同非法枪杀《江声日报》经理刘煜生的事件,要求新闻界发表宣言,敦促南京政府严办顾祝同。上海各报记者四十余人出席。蔡元培主持会议,并宣读民权保障同盟宣言。"宣言向国民党政府提出三项要求：一,迅将顾祝同及其他有关系负责人员免职,并依法惩办。二,公布顾祝同所认为'宣传共产'的《江声日报》副刊所刊载诸文。三,切实保障民权,务使以后不致再有此种同类之事发生。宋庆龄作了即席发言,主张由上海报界领导全国新闻界罢工一日,以示坚决抗议。蔡元培建议报界应对刘案发表宣言,俾彰真理。史量才表示,这一案件跟报界有切身利害关系,他愿提请日报公会进行讨论。邹韬奋等也主张全国报界对顾祝同的暴行应一致表示抗议。"(《申报》1933 年 2 月 2 日,陈漱渝《中国民权保障同盟》第 42 页)

2 月 3 日　《生活》周刊作者蔡文星 1 月 11 日病逝,其姊蔡慕晖到周刊社晤谈,韬奋"详悉文星女士的生平",著文《悼念蔡文星女士》。(全集第 5 卷第 212—214 页)

2 月 4 日 《〈江声日报〉经理刘煜生被枪决案》、《新闻记者》(以上两篇收入《小言论》第三集)、《第 8 卷第 5 期漫笔》、《有什么可笑?》(收入《悬想》,"可笑"改"好笑"),载《生活》周刊第 8 卷第 5 期。(全集第 5 卷第 547—548 页、548—549 页、211 页、427—429 页)

《〈江声日报〉经理刘煜生被枪决案》摘要:

"镇江《江声日报》经理兼主笔刘煜生君于一月廿一日被江苏省政府当局枪决一案","各方面对此事已加以严重的注意。此事是非所在,不仅是刘君一人的冤死问题,也不仅是《江声日报》一个报馆的存亡问题,也不仅是新闻界的言论自由问题,是和中山先生所揭橥的'民权'问题有直接的联系"。"听说刘君的罪状为'宣传共产'","'最显著'的证据乃在该报副刊'铁犁'中所登的几篇文字"。"'仅描写社会生活状况之作品,此类文字,京沪各报,时有揭登'。退一步说,即假定刘君果有共产嫌疑,但如牛兰、陈独秀各案尚且移送法院审查办理,刘君何为独被糊里糊涂的枪决?""此案就法律的手续和罪名的内容言,政府都有彻底根究以昭示于全国民众的必要。民众的信任是要用守法的事实来获得的。遇着这种事实的问题,结果如何,又是政府能否获得民众信任的一种试金石了。"(全集第 5 卷第 547—548 页)

《新闻记者》摘要:

"'以一区区报馆主笔竟敢与一国君主谈论国事'一句话,却颇足以代表一般所谓统治者的心理。他们以为只须新闻记者能受操纵,能驯伏如绵羊,便可水波不兴,清风徐来,多么舒服。其实新闻纸上的议论,不过是社会心理的一种反映,它的力量就在乎能代表当前大众的意志和要求。社会何以有如此这般的心理?大众何以有如此这般的意志和要求?这后面的原因如不寻觅出来,作根本的解决,尽管把全国的言论都变成千篇一律的应声虫,'水波不兴'的下面必将有狂澜怒涛奔临,'清风徐来'的后面必将有暴风疾雨到来!""报纸的权威并非出于主笔自身的魔术,乃全在能代表大众的意志和要求,脱离大众立场而图私利的报纸,即等于自杀报纸所以能得到权威的唯一生命,那便不打而自倒了。"(全集第 5 卷第 549 页)

《第 8 卷第 5 期漫笔》摘要:

"最近有位朋友自北平到沪,他曾亲耳听见张学良谈起国事之糟,就糟在'好人在房间里叹气,坏人在舞台上唱戏'","他这两句话却说得饶有意味。我们虽不敢说'在舞台上'的都是'坏人',也不敢说'在房间里'的都是'好人',但是现在'舞台上'的'戏''唱'得大糟特糟,在'房间里'的叹声,遍地皆是,甚至虽欲叹口气而亦受着压迫,伸不长脖子,扩不大胸部,这却是公开的事实,无可讳言的。""最理想的境域,当然是'舞台上'的'戏''唱'得好,在民众方面只要预备着高亮的嗓子喝采,用不着愁眉苦脸的叹气。但是气之叹不叹,全在戏之唱得好不好,若'舞台上'只有引起倒采的嗓音台步,却只怪人不拉长喉咙叫好,虽叫的人尽管不惜力竭声嘶汗流浃背的死叫着,听众也只有嗤之以鼻,谁来睬他呢?"(全集第 5 卷第 211 页)

《有什么可笑?》摘要:

"我们听见甘肃的同胞'吃树皮草根',固觉酸鼻,即听见甘肃的十六七岁的同胞'没有裤子穿',只要设身处地想到我们自己的妻女姊妹或所亲爱的女友假使处在这种窘况之中,我们的心里除感觉有如刀割外,必定没有心绪顾到'笑',也不觉得有什么'幽默'可言了。"(全集第 5 卷第 429 页)

2月9日　致戈公振信(时在日内瓦,全集未收),全文:

"公振吾兄大鉴:曾于一月三十日奉上挂号信一件,谅已先此收到。久未奉来书,时深系念。顷读赐书,敬悉吾兄已决定赴柏林,并往莫斯科观察经济情形,甚慰。关于本刊横遭扣禁,承蒙殷殷慰藉,感激无已。本刊现仍照常出版,不过外埠不能有大宗邮递。但在各地代销处,凡可由火车或轮船运往者,均在可能范围内设法运往,以应需要。初时老蒋疑弟有党派关系,现虽已明了确无背景,但以详悉本刊销数之多,影响之大,故有派人参加敝刊干涉言论自由之企图,或将本刊收买为己有。曾托人示意此事,吾人当然坚持拒绝。宁为玉碎,不愿瓦全。因此邮递开禁尚无把握。惟邮局方面改用封皮已可寄一小部分。关于销数方面,因各地检查有宽有紧,在长江一带比较严紧,华北华南一带则由火车或轮船运输者,为数甚多,且有不少热心读者托本埠亲友代转,故尚无多大影响。惟经济方面则大受影响,因火车轮船运费较邮费增加多多,直接定户完全无法接受。现内部极力紧缩,弟个人自动减薪五十元。书店内所获赢余,亦可贴补若干,故仍可收支相抵,绝无恐慌之虞。本刊在不丧及报格范围内,能生存一日必努力干一日,不急不懈,以报爱护本刊者之厚意。吾兄为本刊最热诚之同志,故略述近况以慰远念。再《生活日报》决定停办后,已收之股款十余万元,均由新华银行按照活期存款本息一并发还,不少分文,故各方对此事印象极佳,此点亦堪以告慰。""尊处各期《生活》周刊,虽按期寄奉,恐途中或有遗失,零星不全,难窥全豹,故特另邮奉赠七卷下册合订本一册,到请察收为荷。吾兄现在海外,见闻必广,尚希多多赐稿及各种相片,增光篇幅,不胜盼祷。""尊处稿费连照片共计八十一元已于十二月十日专送至司徒博先生代收转交府上,已详于十二月十日挂号信内,谅蒙鉴及。由日报公会许心一先生转下照片共计两帧,均敬收无误。特以附闻。专复。敬颂　旅祺　　弟韬奋　二月九日。"(上海韬奋纪念馆提供、戈宝权《邹韬奋和戈公振》,收入《忆韬奋》325—326页)

2月11日　《三层奴隶》、《萧伯纳妙人妙语》(以上两篇收入《小言论》第三集)、《漫笔》(收入《韬奋漫笔》,取题《大众的力量》)、《整个民族的抵抗问题》(收入《悬想》),载《生活》周刊第8卷第6期。(全集第5卷第550—551页、551—552页、498—499页、415—418页)

《三层奴隶》摘要:

"大家听见溥仪做了三层奴隶,以为是很可怜的了,其实无论在哪个殖民地里,凡属外受帝国主义摧残,内受军阀官僚土豪劣绅等等压迫的人民,究竟做了第几层的奴隶,倒也是一个很可研究的问题。就压迫的力量而论,帝国主义者当然是首屈一指,要推它坐第一把交椅,因为它不但能用飞机大炮直接置殖民地的民众于死地,同时还能叱咤风云似的,颐指气使着殖民地的军阀官僚们镇压殖民地的民众,动辄可以把他们捉将官里去,带上极重的脚镣,冤沉海底,哭诉无门。像某处有抗×会的青年学生,据某君最近的调查,饱享这样优遇的就不在少数。第二把交椅当然舍军阀官僚们莫属,尤其是对外不抵抗对内最善抵抗的军阀大人们,他们最显著的本领是随时可以任意奉送卫生丸一枚,干了就算了,谁能动他们的毫末?第三等座位不得不让上上仰军阀官僚的鼻息,下吮劳苦大众的膏血的土豪劣绅等等老爷先生们了。所以在这种殖民地里最下层的最大多数的民众,实际上也就做了不折不扣十足道地的三层奴隶。做到了三层奴隶,如只知道'每于无人时辄自堕泪',那是注定了只有终身在奴隶圈里苟延残喘,永无重见天日的时候!因为奴隶的解放,决不是'堕泪'的一类行为所能有丝毫希望的。"(全集第5卷第550—551页)

《萧伯纳妙人妙语》摘要:

"正在周游世界的英国文豪萧伯纳,近在孟买发出惊人言论,谓英国鉴于印度民族运动之不可抵抗,势将放弃印度云云。""印度这块殖民地终非英国所能久据,那却是当前的明显的趋势。甘地对于印度的拯救,虽在政治及经济上都没有什么彻底的计划可言,但他数十年来领导印度反抗帝国主义的民族运动,暴露帝国主义的侵略行为,对于印度民族不能不说是伟大的贡献。只要印度民族的反抗精神一日不息,帝国主义者即一日不得安枕而卧;只要印度民族的反抗行动云起泉涌,百折不回,印度民族的光明前途即操在他们自己的掌握，即终非任何暴力所能摧残。""我们因论到印度民族的独立解放运动，就连想到和我们自己有切身关系的中国民族的独立解放运动。""中国民族的大众却充满了与帝国主义者——尤其是日帝国主义者——拼命斗争的意志，东北义勇军及前敌应战的下级士兵不畏艰苦视死如归的精神，便是一部分强有力的表现。""我们当前的重要问题，是如何使这种民族革命的精神组织化，实力化，如何获得有力的中心领导，由此联合全民族的大众力量，作大规模的持久性的反帝斗争，不达到民族解放，不达到民族自由平等的目的不止。"（全集第5 卷第 551—552 页）

《大众的力量》摘要：

"北平有一部分大学生在国难急迫中作'自援式的逃命'，颇引起国人的悲观论调，记者""举出两个理由，认为不能即将此事作为对于全部分青年悲观的根据，第一个理由是这种行为不是可以代表全部分青年的心理，第二个理由是只要有领导的中心力量，必定有多数人自愿效死的"。"据说南开大学张伯苓先生曾召集学生询问有人愿意赴前敌工作的没有，签名愿往者纷至沓来。后来张先生说到前线去是要冒飞机炸弹的危险的，仅仅签字不够，并须声明如在前线送了性命，也是出于自愿，不必学校负责，他们又纷纷声明，毫不怯退。试问这种忠勇奋发的青年，岂是一部分的'自援式的逃命'青年所能湮没？记者有个妹子在北平协和医院研究制药科，并主持某医院的制药部，最近也有信来，说她们医院里的姊妹同事们这几天制了不少的冻疮药膏及创伤药膏，一罐一罐整百整千的往前线输送，后方工作忙得不可开交。她并说她们都常在忧虑前方兵力太单薄，挡不住暴敌，但大家却无不奋发忘倦的从事后方工作，尽她们的心力干着。这在她们也是何等的积极精神！""一旦'丘八'一变而为抗御帝国主义的侵略，以铁血卫护民族生命的前敌士兵，他们和她们就废寝忘食的怀念他们，馨香祝祷的希望他们胜利，乐此不疲的替他们干着后方工作。这表示什么？这表示大众的意志，大众的欲望，大众的需要，大众的……""脱离大众的任何集团，都没有力量可言，只有能代表大众的集团才有力量。中山先生曾经说过'唤起民众，共同奋斗'，可见他对于民众的力量有深切的认识。但要'唤起民众'，决不是可以用宣言通电所能办到的，必须有合于民众所急切需要的实际行动，才能'唤起民众，共同奋斗'。"（全集第 5 卷第 498—499 页）

《整个民族的抵抗问题》摘要：

"现在我们所焦急的，也可以说犹成为问题的，是要团结民众力量以从事整个民族的抵抗，什么集团在事实上能把这个重大的领导使命肩负起来？""记者以为我们一方面必须'埋头去做团结民族力量的工作',一方面仍不应抛弃'武力抵抗',即仍须主张外侮来侵时军人必须尽其全力与敌人斗争,决无顾虑怯退之余地。这并不是要'硬撑场面',第一,我们要明白即不奢望打得最高的胜仗,只须把败仗拖长,原是一个月打败仗的,能勉强拖至三个月,原是三个月打败仗的,能勉强拖至六个月,即足以促进日帝国主义国内的崩溃。第二,我们要知道日军阀之横行无忌,未尝不是沈阳一役之不抵抗主义,给他们撮着便宜货,所以得寸进尺,愈闹愈高兴,我们现在必须以死拼的精神和他们斗争,使他们知道掠夺不是一件容易的事"。"第三,我们已往的零零碎碎的武力抵抗,实际上固然不见有什么效力,但我们不以此为满意而欲进求有整个布置的抵敌则可,若并此零零碎碎各自为战的武力抵抗而亦无之,则民族斗争的精神更等于零了!""第四,这种百折不回义无反顾的武力抵抗,也是'团结民众'的方法中的一个。民众只肯尽心力赞助能对帝国主义的侵略作奋勇斗争的军人,不抵抗主义及坐视不援的军人们所得于民众的反应如何,这有事实摆在当前,无须我们细说了。""我们对于能够应民众的要求,和民众站在一条战线上,领导军士为民族奋勇抵抗侵略的领袖们,却也应加以相当的敬礼,而不应一概抹煞的。"(全集第5卷第417—418页)

2月18日 《萧伯纳的幽默》、《丢脸的问题》(以上两篇收入《小言论》第三集)、《悼念蔡文星女士》(2月4日晚作,收入蔡文星著《衔微日记》)、《剩余的孩子》(收入《悬想》),载《生活》周刊第8卷第7期。(全集第5卷第552—554页、554—555页、212—214页、300—303页)

《剩余的孩子》摘要:

"世界的经济恐慌和失业问题,非社会制度有根本的改造,无从得到彻底的解决;中国的经济恐慌和失业问题,非社会制度有根本的改造,也无从得到彻底的解决。这个问题不能得到相当的解决,社会是永远得不到安宁的。"(全集第5卷第303页)

2月25日 《誓死抗暴与民众》(收入《小言论》第三集)、《沉浸在"呕气""愤怒"里面》,载《生活》周刊第8卷第8期。(全集第5卷第555—557页、215—218页)

《誓死抗暴与民众》摘要:

"最近代理行政院长宋子文氏偕同张学良氏亲抵热河激励将士抗日,并在欢迎会作激昂演说,说他代表中央政府向众声明'决不放弃东北,决不放弃热河,敌人纵占据南京,但必无人肯签屈伏条约'。宋氏并在'致前敌将士词'里面说了这些话:'到现在,我们全国人都彻底的晓得,强盗临门,惟一的生路就是武力自卫。'我们该把自己的血来洗刷去"满洲国"三字奇耻大辱。'诸君的热血要凝结作光荣我民族的灯塔，向天下永放光辉；诸君的浩气要激动全世界弱小民族，使一齐抵抗强权，获得自由平等。'你们的牺牲是有全国作后盾的。你们打到天边，全国人民亦追随你们到天边；你们打到海底，全国人民亦追随你们到海底：总而言之，我们全国人现在是整个的生死同命。'""宋氏以代理行政院长的地位，公开作上面的宣言，表示'到现在'政府已下了抗日的决心，自前年九一八以来，国难已经过了十七八个月，这是当局第一次作最激昂最明显的表示，而且由宋氏亲身到前线作此第一次最激昂最明显的表示，这种态度转变之所由来，实值得我们的严重的注意。前年九一八沈阳事变初发生时，军事当局采取不抵抗主义，不但行所无事，而且嚣嚣然对众宣布，绝不讳言。""但内则全国舆论的严厉责难，关外则浴血苦战的义勇军之再接再厉，虽在重重压迫下的民众意志，仍澎湃磅礴的表现他的力量。""此次当局态度的倏然转变，并不是因为'到现在'才'彻底的晓得强盗临门'，因为'强盗'光临已久了；也不是因为'满洲国''到现在'才给我们以'奇耻大辱'，因为'满洲国'由日帝国主义一手造成，也早有成绩了；也不是因为国联绝望，因为国联之无能为力，不但全国民众不必'到现在'才'彻底的晓得'，就是衮衮诸公也早在文电谈话中公然表示过了。所以此次当局态度的倏然转变，可以证明民众力量的伟大——虽在重重压迫中的民众力量仍然有这样的伟大！""要使反抗日帝国主义的斗争不致再蹈苟安妥协的覆辙，必须继续的发挥民众的伟大力量。我们现在所大感不解的，是当局一面表示有意抗日，一面对于民众的抗日运动，却压迫摧残，不遗余力。姑举最显著的例子说说吧。据民权保障同盟总干事杨杏佛赴平视察监狱的结果，说起'最近数月，在抗日会捕去之学生，有已判决入反省院，亦有尚在看守所者……均带有极重之脚镣，其拘禁均根据《危害民国紧急治罪法》，未经正式法庭审判'。民众因反抗日帝国主义而犯'危害民国'的大罪，叫他们带着极重的脚镣'反省'些什么！我们承认反抗帝国主义——尤其是日帝国主义——的斗争，诚然'我们全国人现在是整个的生死同命'，但这'生死同命'的斗争，必须'全国人'共同起来挣扎奋斗的。倘若民众仅仅为着抗日问题而开会讨论，就犯了什么'紧急治罪法'，试问如何'一致奋起，作有力之声援'？'全国'何从起来作'后盾'？""中国民族要求自由平等，反帝工作是绝对无可逃避的，但必须团结全民族的大众力量，有长时间的整个的百折不回的不怕牺牲的斗争计划。日帝国主义的走狗只是若干狂妄的军阀，我们如以全民族的大众力量对他们周旋，最后的胜利无疑的是属于我们的。"（全集第5

卷第555—557页）

《沉浸在"呕气""愤怒"里面》摘要：

"潘先生和'大批的中国同学'在那样'呕气'和'愤怒'的环境中积极为祖国抵御外侮的精神，我们读了这封信，觉得历历如在目前。我们一方面要对潘先生等致敬意，致极诚恳的慰劳，一方面异常痛心地感觉到我国自己不争气，一出国门更随时随地都'沉浸在''呕气''愤怒'里面。""潘先生所建议的三种'反攻的计划'，意思未尝不好，但这些事情要不得不顾到营业的电影界和时在闹饥荒（教育经费荒）的教育界来干，恐怕这个'运动'就'动'不起来，因为这全是须由政府主持和领导的事情。""我国政府里面主持宣传的机关，恐怕因为对内方面太忙了——尤其是对付本国的新闻事业——也许忙不过来'反攻'这种仅仅民众方面认为是'呕气''愤怒'的事情吧！"（全集第5卷第218页）

3月4日 《中美海军的相提并论》、《阅报被处重刑》（以上两篇收入《小言论》第三集）、《〈遂行结婚的实际〉按》，载《生活》周刊第8卷第9期。（全集第5卷第558—559页、559—560页、219—222页）

《阅报被处重刑》摘要：

"最近在台湾中部有陈锡传君，以贩卖杏仁茶叶花生为业，素极热心祖国时事，又喜看中国报纸，看后又让给他人传阅。日前不知从何处购得天津《大公报》，因所载消息与日报完全不同，看后急交朋友传阅，不料事被日警发觉，陈君被拘，被非法拷问毒打，追究所阅报纸的来源，并动员日警进行全岛总搜查。故连日来台民更加动摇，人心均抱极端战争恐怖。""帝国主义者对于本国的劳苦大众和殖民地的民众的蹂躏压迫，无所不至，惨酷情形，已成惯例，不过我们听到台湾惨苦民众对于祖国的怀念，不免增加一种更深刻的惭愧和感喟。""我们纵观历史上演进的各时代的事实，不外乎压迫者和被压迫者的斗争，而最后的胜利，总是压迫者的没落和被压迫者的抬头。各时代有各时代的不同形式的压迫者和被压迫者，在压迫者总是以为'子孙帝王万世之业也'，而实际是压迫越甚，自掘坟墓的速率也随着增加，等到拨云雾而见青天的时候，黑暗方面总是消灭，光明方面总是要放射光辉！现在日暮途穷的帝国主义对于本国的劳苦大众和殖民地的民众的压迫摧残，未尝不洋洋得意，而中心歆羡，奋起步武他们后尘的统治者，也随处可见。但我们却须看清客观环境的必然趋势，在光明方面积极努力，对黑暗作毫无妥协余地的斗争。我们追溯史迹，环顾周围，无暇为陈君一人哀，只有共同努力向前进，于黑暗中打出光明来！"（全集第5卷第559—560页）

3 月 11 日 《滑稽剧中的惨痛教训》(收入《小言论》第三集)、《漫笔》(收入《韬奋漫笔》,取题《萧伯纳的幽默》)、《〈戏问〉附言》、《〈关于痔医真相的信〉按》,载《生活》周刊第 8 卷第 10 期。(全集第 5 卷第 560—562 页、499—501 页、222—224 页、225—226 页)

《滑稽剧中的惨痛教训》摘要:

"做现代的中国人至少有一种特殊的权力,那就是睁着眼饱看以国事为儿戏的一幕过了又一幕的滑稽剧!""令人看了欲哭无泪,令人惨痛! 最近又有奉送热河的一幕滑稽剧刚刚在很热闹的演着。何以说是'滑稽'呢?""打算不抵抗而逃,这原也是一件虽不光明正大而总算是这么一回事,但心里早就准备三十六着的第一着"。"逃就逃,说的话算狗屁,也滑稽不到那里去,他却逃得十分有声有色,竟把原要用来运输供给翁照垣将军所率炮队的粮食与炮弹用的汽车二百四十辆,及后援会的汽车十余辆扣留,席卷所住行宫里的宝物财产,带着艳妾,由卫队二千余人,蜂拥出城,浩浩荡荡的大队逃去! 途中老百姓扶老携幼,哭声遍地,有要攀援上车的,都被车上兵士用皮鞭猛打下来!""以号称十五万国军守热河,日兵一百二十八名长驱直入承德,甚至不够分配接收各官置机关,这也不得不算是一个新纪录!""我们在这滑稽剧中所得的惨痛教训,即愈益深刻的感到只有能代表民众的武力才真能抗敌,把国事交给军阀和他们的附属品干,无论你存何希望,终是给你一个幻灭的结果。""无论帝国主义者和军阀的势力,都不过在加紧的自掘坟墓,被他们'置之死地'的大众,为客观的条件所逼迫,必要起来和他们算帐。大众努力的程度,和他们解放的迟早是成正比例的,中途的挫折和困难,不但不应引起颓废或悲观,反应增强努力的勇气,增加猛进的速率。"(全集第 5 卷第 560—562 页)

《〈戏问〉附言》摘要:

"为社会改革而努力的人,大目标尽可相同,而具体的事业却须各就所能地分工做去。主持'思想言论'是新闻记者的事情;'踏上那政治舞台'是政治家的事情。为甲种社会制度而努力的有新闻记者或政治家;为乙种社会制度而努力的也有新闻记者或政治家。""新闻记者——尤其是委身言论方面的新闻记者——应看清客观的环境,消极方面尽量暴露社会的矛盾黑暗,积极方面指明社会走得通的出路。倘若他所指明的社会出路是正确的,是走得通的,明白的人多了,加入向前走的人多了,便发生伟大的社会的力量,便易于达到目的地。""美国总统的后台老板——也就是'拥护'他'上台'的'人家'——同属美国华尔街银行家及工农业资本家,无论他嘴上说得怎样天花乱坠,终究还是以资产阶级的利益为前提的,因为他的'人家'是资产阶级,他所代表的利益是资产阶级,'拥护'他的是资产阶级,你怎能希望他替大众干出什么奇迹来呢?你又怎能希望他会言行一致呢?"(全集第 5 卷第 223—224 页)

3 月 18 日　下午四时,中国民权保障同盟上海分会执委会在八仙桥青年会九楼召集会员大会,到会有宋庆龄、杨杏佛、鲁迅、周建人、郁达夫、吴迈、洪深、王造时等四十多人。蔡元培因病、林语堂因事未能出席。会议由陈彬龢代主持。根据会章规定,中央执委不得同时兼任分会委员,而前次大会选出的九名执委,内有宋庆龄、蔡元培、杨杏佛、林语堂、伊罗生、邹韬奋、胡愈之等七人系兼任的,为此,七人辞去上海分会执委职务,另在会员中改选沈钧儒、郁达大、洪深、王造时、吴边、钱华、宁明予等七人为执委。(《申报》3 月 19 日第 11 版,《中国民权保障同盟》第 30 页,陆诒《中国民权保障同盟的斗争》,收入《文史杂忆》上海文史资料选辑第 75 辑第 125 页)

同日　《逃军和孤军》、《惩汤呼声中的推究》(以上两篇收入《小言论》第三集)、《漫笔》(收入《韬奋漫笔》,取题《两性间的思想问题》)、《〈民众捐款购置飞机与国防〉附言》,载《生活》周刊第 8 卷第 11 期。(全集第 5 卷第 563—564 页、501—503 页、227—230 页)

《逃军和孤军》摘要:

"最可令人急死气死的是当此国难一天紧迫一天,中国所有的军只有两种,不是逃军便是屡见不一见的孤军。""抱'不抵抗主义'的军都属于'逃军',这自从所谓'九一八'的一幕惨剧开演以来(所谓惨剧当然是就民众的立场说,在'逃军'方面只是滑稽剧而已),'逃军'的成绩,可谓发挥光大到了尖锐化的程度,大家都看得眼花缭乱。""对内的军就从未听见'孤'过,一对起外来,不抵抗的有'逃军',肯抵抗的又往往做了'孤军'!""马占山、苏炳文等都算是轰轰烈烈地抵抗了一个时候,但都因为做了'孤军',弹尽援绝,痛哭流涕地退却。十九路军及一小部分的第五军在淞沪抗日血战,为中华民族争得不少荣誉和光辉,这是中华民族与帝国主义争斗上不能磨灭的一页光荣史,但是也做了孤军,苦战整月,终陷于无兵调守浏河,腹背受攻,椎胸饮泣而总退却。""在此次热河的抗日斗争里面,比较的有声有色的,截止记者执笔时,还只见有孙(编者注:孙殿英)部,但他在赤峰作战,据他自己通电所说,并未奉到总部命令,系因受了朱子桥将军之托,率兵两团,赶到赤峰应援。可见这确是'孤'得可以!""最近听说孙部因粮尽援绝,暂退多伦了。""我们老百姓屡次恭听当局宣言对抗日军事早已有了整个计划,惟事关军机,不便宣布。但在'整个计划'中,何'逃军'与'孤军'之多?这却是一个不可解的谜!"(全集第 5 卷第 563—564 页)

《惩汤呼声中的推究》摘要：

"嘴里说了许多冠冕堂皇的硬话，双腿具有溜之大吉的大本领，老实不客气扣留军用汽车以搬运私财的汤玉麟，在本月三日实行'逃'的政策之后，四日的路透社北平电讯，就有'当局（指北平）已下令缉捕汤玉麟，如果就逮，必将枪决'的消息。""惩汤似乎是一件不成问题的事情，不过我们不要弄错了，以为这仅是汤个人的罪孽，其实他不过是一般军阀们的'代表'，他所演的各幕活剧，都是一般军阀们的'代表作'，而且谁做了他的模范，谁容许了他放手干去，这都成了问题。倘若'换汤不换药'，这一碗奇臭不可向迩的'汤'就是去了，只要仍是军阀们做政治的中心，这种奇臭不可向迩的'汤'，仍要东一碗西一碗请中国的大国民尝个痛快！""热河之失，固然是'深堪痛恨'，但沈阳之失，锦州之失是什么？老汤搬运私财固是踉跄已极，但中国的军阀们谁不是积满了私财？老汤的'逃'固然是太不高明，但身负军事重责，一向安居后方逍遥的，试问有多少，不过逃的形式不同罢了。老汤用鸦片毒害热河，大发其财，诚属重要罪状，但是军阀们不干鸦片害人的生意而从中发财的有谁？诚然，'割须毁容，化装难民'，在日暮途穷中的老汤固把滑稽剧演得淋漓尽致，但这也不过军阀末路的暴露而已。可是如果一定要袖手旁观地恭候军阀们自己一个一个踱方步的暴露出来，恐怕这个有名无实的'中华民国'就受不了！"（全集第 5 卷第 564—565 页）

《〈民众捐款购置飞机与国防〉附言》摘要：

"最近并有热心读者提议本刊应发起向读者募捐购置'生活号'飞机，以益国防，我们应怀疑于现状下民众捐款购置飞机是否真能有裨于国防，所以只得复函婉谢。当马占山将军及十九路军真在抗日的时候，我们也和许多读者共同努力于捐款助军在后方工作，我们对于国防的重视，自信并不后人，不过对于现在民众捐款购置飞机是否真能有裨于国防，既有疑问，不愿盲从。""我们民众对于国防经费的负担，原不在日本人之下——倘若我们的军费确是用在国防上的话。""军阀大人们只有'内战'是有'防'可言的，至于'国防'，就只有'无备'！""中国就没有了飞机吗？这方面有数百架，那方面也有数百架，这是报上公开记载过的，每遇'内战'，都显过好身手""可是在十九路军在淞沪血战抗日的时候，这些飞机到哪里去了？此次热河之战，这些飞机又在何处睡觉？已有的飞机和国防都不相干，加上若干，又能加上什么国防？""我国果欲整顿国防，须先整顿二百万有名无实的陆军及'纸糊的'海军，即有空军的必要，亦非先有不作'内战'而妨碍'国防'的担保不可。"（全集第 5 卷第 229—230 页）

3 月 20 日　《致杨杏佛》全文：

"杏佛先生大鉴：久未晤叙，念念。上次中国民权保障同盟上海分会开会，韬因患病致未出席为歉。兹阅报载，悉上海分会须重行组织改选职员，兹特将中国民权保障同盟上海分会之收据簿一册，及已收之会费六元一并奉上，即请 察收交新职员为荷。专此敬颂 大安 韬奋敬上 三月廿日 亲复二二，三，廿一。"（全集未收，上海宋庆龄故居提供）

3月25日 《卖身契约的签字问题》、《照八个月镜子》（以上两篇收入《小言论》第三集）、《漫笔》（收入《韬奋漫笔》，取题《两性关系的各方面》）、《〈梁漱溟与胡适之〉附言》，载《生活》周刊第8卷第12期。（全集第5卷第565—566页、567—568页、503—504页、230—232页）

《卖身契约的签字问题》摘要：

"三月十六日政府通讯机关的中央社发表一个通讯，大意谓'外部发言人称，罗外长北上，纯为与蒋商洽一种外交之新途径，此种新途径不但非软化的妥协的，且为积极的强硬的，俟罗外长回京与中央会商后，即可决定'云云"。"在这个'强硬的'消息揭布的前一天，罗外长在北平就表示'决不签字于卖身契约上'，我们不知道所谓'积极的'而又是'强硬的'，是否就指'决不签字于卖身契约上'而言，如果是的话，不愿'卖身'的老百姓一方面似应感激涕零，一方面却于思前虑后之中，未免越想越觉得汗毛站班起来！为什么呢？一则因为早已签字的'卖身契约'有尽量维持现状的形势；二则因为现在的'卖身'只须'实际'可矣，契约上的签字不签字乃是'形式'问题，在实际上反而没有多大关系。""东三省在力劝民众'镇静'之下，三千万同胞已很简易地被人把'身''卖'了，最近热河托福于'誓于国土共存亡'的'封疆大吏'，三百五十万同胞又已很简易地被人把'身''卖'了，这是'实际'，'卖身契约'上的签字不签字，在那位'主人'方面是满不在乎的，他们这样的'积极的强硬的'，和我们嘴上喊的似乎有点不同吧！"（全集第5卷第565—566页）

《两性关系的各方面》摘要：

"世上的两性间的关系，大概不外乎这几种方式：一个方式是心灵的安慰和性的安慰能融合为一；一个方式是只有心灵的安慰；还有一个便只有生理的满足，讲不到什么安慰不安慰。""第一种方式的两性关系是最理想的，最幸福的。有了这种关系的两性，不但是他们本身的新生命，而且也是他们共同为人群而努力的兴奋剂，也是他们为着这种努力而排除万难勇往无前的源泉，也是他们在黑暗中携着手向着前面曙光挣扎奋斗的明灯。"（全集第5卷第503—504页）

《〈梁漱溟与胡适之〉附言》摘要：

"我们指明帝国主义和它的走狗军阀是中国的'症结'所在,绝不是'把全副责任都推在洋鬼子身上……了事',乃在指明大众革命的对象,看清向前努力的途径,正所以要增加努力的效率。试问帝国主义的压迫和操纵不'革'去,帝国主义的走狗——军阀——能否采用或许用胡先生所谓'集合全国的人才智力,充分采用世界的科学知识与方法,一步一步的作自觉的改革'? 当然,事情原没有那样简单,我们并不是说帝国主义驱出了,军阀打倒了,中国的政治经济问题便立即一了百了的解决,去了建设的障碍物,当然还须按照计划努力于建设的工作。我们相信果有以大众为中心的革命政府建立起来,驱除帝国主义和它的走狗军阀以及它们的种种附属品,并非不可能的。""我们要明白,中国的自救要'走那条路',不是'应如'或'抑应'的问题,是客观的现实使我们不得不走上一条走得通的路。""梁先生的话也不过说到了一部分,例如帝国主义与军阀固为贫穷的大原因,但是和社会制度——尤其是生产与分配制度——也有很密切的关系。'扰乱皆军阀之所为'的'皆'字也有语病,因为军阀是帝国主义的走狗,仅就此点言,已够不上'皆'字了,而且还有形成它的种种畸形制度。"(全集第 5 卷第 232 页)

3 月 30 日 宋庆龄主持召开中国民权保障同盟临时执委会会议,讨论营救被国民党当局逮捕的罗登贤、廖承志、陈赓、余文化、陈藻英等五人的办法。中国民权保障同盟还为此发表宣言指出:对罗登贤等人的逮捕全属非法,应立刻释放。宣言强调:"在此国难期间,欲言御侮。国人必有反帝国主义之自由,不应对于努力此项工作者反愈加压迫,致伤元气。吾人应速自觉悟,奋起力争,而要求罗、余及一切政治犯之释放,尤为第一要图。"(尚民轩、陈民、刘家泉、赵楚云编著《宋庆龄年谱》第 84 页)

4 月 1 日 《大刀吓敌声中的空军幻影》(收入《小言论》第三集)、《第 8 卷第 13 期漫笔》、《〈拿着笔杆〉附言》,载《生活》周刊第 8 卷第 13 期。(全集第 5 卷第 568—570 页、233—234 页、234—237 页)

《大刀吓敌声中的空军幻影》摘要:

"去年广东两陈之战,也有飞机出来造成击沉本国军舰的伟绩。去年山东和四川的内战,也都有飞机出来参战,这都是'对内'的,飞机都有它的战斗力,都显过它的神通。一讲到'对外',在十九路军淞沪抗日之战,就只有一个美国人在空中与日本飞机抗战而送了一条命,弄得我们追悼慰唁,闹做一团,至于我们自己的飞机参战,只有民众的梦想中偶尔有之!""最近宋哲元氏所领导的二十九军在喜峰口血战,只听见大刀吓得敌人胆寒,听说已活活的砍死了三千人,但我们的空军就一丝影儿不见! 说没有吗? 何以在'对内'的时候就会无中生有？说有吗？何以一遇'对外'，便只有敌人的飞机在天空横行无忌呢？"
"三月十四日，我们在《申报》上看到一个很令人兴奋的南京专电，大标题是'空军昨晨出动'，小标题是'尚有多架，今晨继续出发'。""看了这个专电，以为中国'对外'居然有此破天荒的'出动'，不禁欢欣鼓舞，距跃三百，但至今仅仅'专电'而已，始终不见下文！靠以杀敌的还只是大刀队的肉搏！""且慢灰心，到了三月二十日，我们又在有人疑它说谎的《申报》上看到一个好消息，也是由南京来的专电，标题是'空军请缨北上'，""何以在十三晨已'翱翔而去'，'相继旋绕'，而且在十四日'尚有多架继续飞行'，到了二十日，还有'请缨'的必要，即此'请缨'，截止记者执笔草此文时，又已过了足足七天，也还不见下文，所听到的仍只'大刀队'云云，大概还仍在努力'请缨'之中吧！凡此种种麻烦，不能怪别的，就只得怪是'对外'，因为这种种都是在'对内'时所瞻仰不到的。""我们似记得去年山东韩、刘的内战恰在'九一八'国难纪念日爆发，去年广东和四川的内战，也都是在'国难日深一日'的情况中，这在事实上又如何解释呢？"
（全集第5卷第569—570页）

《第8卷第13期漫笔》摘要：

"他（注：指杜重远）已定于三月廿五日在上海和侯女士结婚（此文发表时他们已'择吉开张'了），在事前他请几位朋友商量'大典'办法，我也冒病赴会。我们以为个人结婚何必累及许多朋友送礼麻烦，但不收礼而只请客宴会，要人白吃，亦非恕道，故决定到了结婚的日期，发出公告，使收到公告卡片的朋友们知道有这回事就是了，卡片到时，日子已过，不劳送礼，亦不劳赴宴。比较接近的朋友如在事先知道，自动参加观礼，那便没有感觉麻烦的问题了。此事在社会方面的意义是：结婚的人无须准备大请客，泛泛之交的，甚至不甚相识的，无须接受形同'敲竹杠'的无谓帖子。""印卡片公告还不免'劳神伤财'，将来更简单的制度有了以后，也许只须在法定的机关里'注册'一下就算完事。注册时的重要条件是要出示医生的证明书，证明男女两方在生理上都没有毛病。"
（全集第5卷第233—234页）

《〈拿着笔杆〉附言》摘要：

"革命事业的最后手段当然要靠枪杆，但却不能仅靠或全靠枪杆而轻视了笔杆。任何时代的革命事业，最初枪杆总是握在统治者的手里，握在革命者的手里就只有笔杆。况且革命事业如果真能成功，尤靠大众对正确的理论有深切的了解与信仰，在这方面的努力，'笔杆'在研究和宣传上的职责，只有驾枪杆而上之。到了这方面果有充分的基础，加上客观条件的具备，枪杆一拨就见功效，否则打倒了一批军阀，又来一批军阀，枪杆只能作孽，不能造福。""在各国革命史上都可以看出一点，那就是'组织'这样东西不是今天说一声组织，明天就有效力的，其中准备的工夫，奋斗的经过，常于十几年或二三十年后才有功效可言。而且这种'组织'也不是靠一二人一举手一动足之力所能干起来的，也不是随便由'乌合'之众乱七八糟聚拢来所能成事的。"（全集第 5 卷第 236—237 页）

4 月 6 日 《致戈公振信》，全文：

"公振吾兄大鉴：接奉三月十二日来片，敬悉。兄已于三月五日抵俄京，甚慰。闻一月后须赴外省考察，必多好材料，此间盼望佳著，甚为殷切，尚希多多赐教，以光篇幅，不胜盼祷。如有好照片，亦请尽量惠赐，以备画报内刊登也。弟曾于二月九日奉上挂号信一件，三月十五日又奉上平信一件，谅已陆续收到矣。每月预送稿费一百元，交府上应用，已于本月一日第一次送百元交司徒博先生代收转交府上。本刊按期照寄，想可如期收到，敬请不吝赐教为幸。专复。敬颂 旅祺 韬奋敬上 四月六日。"（全集未收，上海韬奋纪念馆提供）

4 月 8 日 《盛极一时的妥协空气》、《廖案的印象》（以上两篇收入《小言论》第三集）、《漫笔》（收入《韬奋漫笔》，取题《不肯妥协的精神》）、《〈彷徨瞎想〉附言》，载《生活》周刊第 8 卷第 14 期。（全集第 5 卷第 571—572 页、572—573 页、508—509 页、237—240 页）

《不肯妥协的精神》摘要：

"记者近在编译《革命文豪高尔基》一书，看到列宁对于党内信仰摇动的分子之坚决的不肯迁就不肯妥协的精神，受着很深的感动。""理论彻底，策略准确，然后以排除万难坚定不移的勇气和精神向前干去，必有成功的一日；即最初同志尽少，这种坚如金硬如铁的同志，一个可抵十个百个，内在的力量是异常伟大的。这是我所得到的最深刻的感想。""但是坚定不移的态度，必须出于理论上的彻底看清，策略上的彻底看准，然后才能在惊风骇浪中，拿定着舵，虽千转百折，仍朝着正确的方向前进，才终有达到彼岸的时候。否则自己糊涂，还要强人也糊涂，这便是刚愎自用，结果反足以偾事，此即所谓差以毫厘，谬以千里了。"（全集第 5 卷第 508—509 页）

《〈彷徨瞎想〉附言》摘要：

"'生产落后'，固为中国的大病，但要疗治这个病，技术和组织（指社会制度）两方面占同样的重要位置，而且就先后言，组织方面如无根本办法，虽有技术，无法使生产能普及利益于一般民众；况且在军阀与买办阶级和帝国主义勾结在一起剥削大众的情况之下,欲发展民族工业也是一件不可能的事情。""在现社会状况下,男女两方受着经济上的种种束缚——尤其是在经济上不能自立而不得不出嫁以求生活的女子(这当然是社会环境束缚她们,她们自己不能任咎),真正出于两方自由意志的恋爱,可以说是不可能的,因为'人为的'桎梏太多太厉害了。""此事和传统思想及社会制度的根本改造,都有连带的关系,不是少数个人在目前就能获得局部的满意的解决。"(全集第5卷第239—240页)

4月15日 《张学良如此这般的背后》(收入《小言论》第三集)、《漫笔》(收入《韬奋漫笔》,取题《托儿所》)、《〈恋爱和贞操〉按》、《〈青岛漫游的感想〉按》、《〈看到喜剧〉按》、《〈文士与枪杆〉按》,载《生活》周刊第8卷第15期。(全集第5卷第573—576页、507页、240—244页、244—246页、246页、247—248页)

《张学良如此这般的背后》摘要:

"我们并不重在攻击张氏个人,对于张氏个人的攻击是没有多大效用的,我们所要特别注意的是容许张氏如此这般的整个的政治结构。这种政治结构倘若不经彻底的改造,就是杀了一个张学良,还有无数变相的张学良!"(全集第5卷第575页)

《托儿所》摘要:

"在社会主义化的社会里,无论男女,都成为社会化的分子,读书有公共的图书馆,游戏休息有公共的俱乐部,吃有公共的食堂……在这种环境中,各人在经济上在思想上都完全独立,各人都各有其为社会服务的工作,就是小家庭也渐渐地没有存在的价值了。男的不再需要女的做'家奴',女的不再需要男的做'财奴',大家都做社会上的独立的自由的一员。"(全集第5卷第507—508页)

4月22日 《致戈公振》全文:

"公振吾兄大鉴:曾于四月五日奉上一函,谅已先此收到。顷奉三月念四日示,敬悉一切。承赐之画报一册,亦已收到,无任感谢。该画报已交画报部采用矣。读赐书,敬悉我兄近日忙于参观,并允俟稍有暇时,即可为本刊撰稿,赞助盛意,至深感谢。此间,盼望吾兄佳著甚为殷切,尚希早日惠赐,以光篇幅,不胜盼祷。照片亦甚需要,以备画报内发表也。此间赴俄考察团系南京实业部所主持,出发时间及何许人,尚未揭布也。上月已遵嘱预送稿费百元,交司徒先生转交府上。前信曾奉闻。谅蒙鉴察,本月底仍当照办,勿念。国内人士对苏联现状极为留心,倘兄采得充分材料,除目前通讯外,将来尚可整理著成专书,由生活书店出版也。专复。敬颂 旅祺 弟韬奋 四月廿二日。"(全集未收,上海韬奋纪念馆提供,戈宝权《邹韬奋和戈公振》,收入《忆韬奋》327页)

同日　《我军安然退出！》、《娟与非娟的问题》（以上两篇收入《小言论》第三集）、《漫笔》（收入《韬奋漫笔》，取题《苏联的出版事业》）、《〈思想的犯罪问题〉附言》，载《生活》周刊第 8 卷第 16 期。（全集第 5 卷第 576—577 页、577—578 页、510—511 页、249—252 页）

《我军安然退出！》摘要：

　　"记者提笔草此文的时候，正是中外各报用大字标题纷传我国'放弃秦皇岛'的消息，有一个标题是'敌陆战队在秦皇岛登陆，我军安然退出'！""和此次伟举有连带关系，看了令人怪难过的新闻是'居民惨遭奸杀，财物被掠一空'，因为他们不知道'退出'，更不知道'安全退出'，可见注定了要受灾殃的终是老百姓才有资格！""这似乎也不足怪，""本月十二日各报都载着军事委员长蒋介石氏在南昌对各将领的演词，明白畅快地说：'在匪未剿清之先，绝对不能言抗日，违者即予最严厉处罚！'""在民众方面听了充满同情和悲愤的却另有消息，那便是曾在喜峰口以大刀队杀敌轰动中外的宋军，仍浴血苦战，陷敌环攻中。""死守滦阳身中三弹的宋军营长杜国邦君，那天在平救治无效逝世，'身后萧条，家属哭极哀，该营现仅存十九人，余悉殉国，据宋军方面言，近五日该军在滦阳城一带，与敌死拼，平均每日伤亡七百余，连前伤亡共达九千，恤金阙如，无以对死者，'""记者以为'无以对死者'，尤在一面有'与敌死拼'的惨剧，一面又有'安全退出'的伟举，身负主持国事责任的当局究竟打着什么主意？究竟是否有办法？依行政院长汪精卫氏最近到沪的谈话，则谓'言战则有丧师失地之虞，言和则有丧权辱国之虞，言不和不战，两俱可虞，所以现时置身南京政府中人……无疑投身火坑一样'，左也'虞'，右也'虞'，这也'虞'，那也'虞'，在这样无责任无办法的状态中，衮衮诸公确是'涌身跳入火坑'了，人民是否应该竭诚奉陪呢？"（全集第 5 卷第 576—577 页）

《娟与非娟的问题》摘要：

　　"现在姑舍'男盗'而论'女娟'，简单说来，为着生计而卖身者都是娟，自愿为娟的女子如凤毛麟角，为娟十八九是出于强迫的，也就是非出于自愿的，但在表面上却不得不服服贴贴地表示愿意，不得不尽力献殷勤。我们如肯用分析的眼光仔细观察社会上一般妇女的生活，便知道她们被压迫在'旧秩序'之下，经济不能完全自立，意志不能完全自由，而为着不得不求生，虽无女娟之名，""但依她们实际的生活，和她们的不得已的'苦衷'，在实质上她们不得不迁就或屈伏于她们所不得不倚靠而心里却实在不愿意的男子。明明不愿意而却不得不，可见这不能归咎于任何妇女的个人，只得归咎于她们所不幸投身的

社会制度。若不从这种根本处努力,而只空嚷着妇女解放,那便等于尽吹肥皂泡!"(全集第5卷第578页)

《〈思想的犯罪问题〉附言》摘要:

"思想,尤其是社会的思潮,决不是凭空由天上掉下来的,必有它的根源,倘根源依然,但知用暴力压迫思想,思想的尖锐化和广播的速率,只有和压迫的强烈成正比例。倘若暴力真能消灭思想,法国大革命前的路易十六,俄国大革命前的尼古拉第二,都不至有身首异处的时候了。思想而发生犯罪问题(倘若是为大众谋利益的思想),即为黑暗时代的特征;用暴力压迫思想的统治者,实为自掘坟墓的至愚极蠢的行为。""洁非先生的'哥哥'之被捕,当局是否得着他犯罪行为的确据,我们不得而知,倘若没有犯罪行为的确据,竟作超过二十四小时以上的拘留,显然是违法的行为。依洁非先生的这封信里所说的情形看来,他的'哥哥'并没有犯罪的行为,至多是'常读一些关于现代思想的书籍',便陷入这样冤酷的惨境,害得家破人亡,真令人慨叹人间何世!""在此无理可讲无法可说的黑暗时代,我们对于洁非先生拯救他的'哥哥'的计划,愧无善法可以贡献,无办法中的尝试,洁非先生或者可把他的'哥哥'的冤抑详情,函告宋庆龄、蔡孑民诸先生所主持的中国民权保障同盟(地址可写上海亚尔培路中央研究院内)请求设法援救,因为该同盟宣言中所揭示的第一个目的就是:'为国内政治犯之释放与非法的拘禁酷刑及杀戮之废除而奋斗,本同盟愿首先致力于大多数无名与不为社会注意之狱囚。'我所以称为'无办法中的尝试',因为该同盟也只是一个讲理讲法的机关,是否讲得通,又是另一问题。在洁非先生亦只得姑尽其心力罢了。这当然是就这个特殊事件的救急方面说,至于要根本消灭这样的惨象,只有引该同盟宣言中所谓:'我辈深知对此种状态欲为有效与充分之改革,惟有努力改造生产此种状态之环境。'"(全集第5卷第250—251页)

4月29日 《废话》、《麻木》(以上两篇收入《小言论》第三集)、《漫笔》(收入《韬奋漫笔》,取题《江朱事件》)、《〈关于〈恋爱和贞操〉的读后感〉按》,载《生活》周刊第8卷第17期。(全集第5卷第578—579页、580—581页、505—506页、252—254页)

《废话》摘要:

"'对日抵抗决心,始终一贯','抗日大计已早经决定',这已成为要人们的口头禅了,这一类好像呕出心血说的话,在充满着苦衷的要人们总常怪'阿斗'们不知体谅,殊不知这个症结所在实际不是'阿斗'们的过于愚蠢,却在今天放弃一地,明天又放弃一地的事实摆在面前,胜败原是兵家常事,本不能即作为是非的标准,也不能作为决心是否始终一贯和大计是否早经决定的测量器,不过在'准备反攻'和'防务巩固'等等话头闹得震天价响的当儿,事实上的表现却是'新阵地'源源而来(所谓'新阵地'者,即每放弃一地之后,退到后面一地的好名称),非'安全退出',便是打什么'退兵战'!(这些都是最近报上战讯专电中新出现的新战术名词。)"所谓'决心',所谓'大计',非废话又是什么呢?话的废不废,最好的证明是拿事实来做证据。我们只须把报上所遇见的要人们的话和事实比较一下,便知道废话之多得可观!""说废话的人也许沾沾自喜,以为得计,其实废话和空头支票是难兄难弟;空头支票所能发生的结果是信用破产,废话所能发生的结果也并不达到说话人所希望的目的——欺骗得过——唯一的结果也只是信用破产。俗语所谓'心劳日拙',实可用以奉赠最爱说废话的要人先生们。"(全集第5卷第579页)

《麻木》摘要:

"不久以前有个北方来的朋友谈起华北情形,据说山海关未失以前,我国在该处站岗的兵士和日本也在该处站岗的守备兵相近,常被日兵无故打耳光开玩笑,我方兵士因奉上官命令,不准还手,以免事态扩大,只得立正着饱吃耳光,打得面红耳热,无可如何!""外表上似乎'镇静'已极,一点儿没有'浮嚣'习气,而心里实在难过到极点,后来安德馨营长所率的一营虽未奉抵抗命令,亦愤不欲生,全营殉难,不复返顾,也就是因为平日所受侮辱的积愤所致。像这样虽无故吃耳光而仍须立正不敢动手,这只是麻木,不能称为镇静——不过在不准还手以免事态扩大的长官们看来,也许是道地十足的镇静,求之不可得的镇静!""这样的镇静——麻木——却是一道民族的催命符!"(全集第5卷第580—581页)

《江朱事件》摘要:

"我以为两性关系,只有完全出于双方本人自由选择,认为彼此都合于彼此心中最崇拜的人,才有双方的真正幸福之可言;倘若牵于人为的束缚,无论是经济的,或是制度的,或是传统思想的,都只有苦痛。此处所谓'自由选择',尤其注重的是社会的环境须使两性不受经济制度,及传统的思想所束缚,而彼此都能自由的选择。在这种情况下,只有心意完全投洽的结合起来,貌合神离的便无勉强缠在一起的必要。因为勉强缠在一起,两方都感到痛苦。有许多女子情愿忍苦迁就,有的是为着经济不能完全自立,有的经济虽能自立,又为传统的思想所包围(例如因社会上传统思想的残余势力,仍感到'弃妇'之为可耻,再嫁之不易等等),也就是失却自由选择的可能性。我们根本赞成上面所解释的'自由选择',惟在现社会制度里,女子尤其缺少'自由选择'的可能,确是个待决的问题,如能消除这个困难,像江朱的事件,便是极寻常的一件事了。"(全集第5卷第506页)

5月6日 《苦命是注定了的吗?》(收入《小言论》第三集)、《〈先后媲美〉按》、《〈韬奋启事〉关于〈革命文豪高尔基〉出版单行本事告读者》,载《生活》周刊第8卷第18期。(全集第5卷第581—583页、255—258页、258—259页)

《苦命是注定了的吗?》摘要:

"他(编者注:指国民党行政院长汪精卫)最近又发表了一篇'极详细之解释',说得好像一把鼻涕一把眼泪哭诉着的样子,断定'中国是苦命的中国,中国人是苦命的中国人,苦命是注定了的,我们安排吃苦,不要随便叫苦。'""独我国的革命——照直到现在为止的事实看来——不但和苦命结了不解之缘,而且愈革命愈苦命起来,革命好像是为着增加苦命而来的! 我们常茫然不知道这种现象的责任应由谁来负? 应由未参与政治的大多数苦命的劳苦大众来负吗? 他们既未参与政治,政治上如何定策,如何执行,他们都好像蒙在鼓里,何从负起? 应由主持政治的当道负吗? 他们却常常嚷着'国民应与政府共同负责'! 现在我们才恍然明白了,原来中国的'苦命是注定了的',那就谁都没有责任了! 国事弄得糟到如此,原来并不是由于任何主持政治者'弄得'不好,全是由于中国的'苦命是注定了的'!""苦不见得一定没有人愿吃,所要问的是为什么吃苦? 吃了苦又怎样? 这些问题弄清楚了之后,就是要老百姓'安排吃苦,不要随便叫苦',都可不成问题。否则像东三省和热河的民众,苦是吃够了,命也苦得够,结果是尽其脂膏奉养不抵抗的将军安然出洋考察。苦命的民众得不到丝毫的保障,穷奢极欲误国害民的人物却得到了十全的保障。热河的民众,苦也是吃够了,命也苦得够了,但最近监察院还在急叫着,弹劾汤玉麟,""请问老百姓要再怎样'安排吃苦'呢? '吃苦'的代价又是什么呢? 无辜的老百姓就活该'吃苦',而且要吃得'不要随便叫苦',吸尽脂膏的军阀官僚们就'注定了'享福的吗? 现在华北的民众是否不致和东三省及热河的民众'注定了'一样的苦命,乃至全国的民众是否不致和华北的民众'注定了'一样的苦命,这就很难说了。所以做今日的中国民众,并不怕吃苦,所怕的是没有吃苦的路——这当然是指生路,不是死路。""在严重检查和包办新闻的局面之下,不但'苦命是注定了的'新闻记者无可如何,就是'涌身跳入火坑'的行政院长,亦只有在嘴上说说'老话',实际上还不是被军阀玩弄于股掌之上而无可如何吗?""我们诚然承认汪院长所谓'中国是苦命的中国,中国人是苦命的中国人'，不过说'苦命是注定了的'，又无条件的要'我们安排吃苦，不要随便叫苦'，我们似乎不得不转转念头想一想了。"（全集第 5 卷第 581—583 页）

《〈先后媲美〉按》摘要：

"我现在还要补充一下，不但是死了的朋友的妻，就是活着的朋友的妻，倘若是已离了婚的，她已离婚的丈夫（其实不能再称为丈夫了）的朋友也可以娶她，各人有各人自己的人格，乃有人把嫁过了的女子就视为她的丈夫的所有物，一生一世属于她的丈夫的所有物，直至她的丈夫死后还是属于她的丈夫的，不承认——有意地或无意地——她自己是堂堂的一个有独立人格的人：这是最错误的，最侮辱女子的心理。由这种心理作出发点，才有什么丈夫'泉下有知，将何以瞑目'的说法，有许多寡妇没有改嫁的勇气，大部分都是由于这种错误心理的作祟。我认为这是妇女解放根本要打破的错误观念。"（全集第 5 卷第 258 页）

5 月 8 日　黄炎培到职教社。访邹恩润长谈。（《黄炎培日记》）

5 月 9 日　鲁迅致邹韬奋信，称韬奋编译的《革命文豪高尔基》"是给中国青年的很好的赠品"。（《鲁迅全集》第 12 卷第 175 页）

5 月 10 日　《鲁迅日记》摘录："得邹韬奋信。"（《鲁迅全集》第 15 卷第 79 页）

5 月 11 日　《致舒新城》全文：

"承　允惠借之剪报乞　于交来人带下为感　　此呈　新城先生　大鉴　　弟韬奋上　五月十一日　　送呈静安寺路中华书局编译所　　舒新城先生　　如舒先生不在局，请　吴先生代付，因已在电话中与舒先生接洽也。"（全集未收，《中华书局现代名人书信手迹》第 190 页）

5 月 13 日　《大员与鼠偷》、《择吉安置遗教》（以上两篇收入《小言论》第三集）、《〈人格的结合〉按》，载《生活》周刊第 8 卷第 19 期。（全集第 5 卷第 584—585 页、585—586 页、259—261 页）

5 月 17 日　《鲁迅日记》摘录："得邹韬奋信并还书。"（《鲁迅全集》第 15 卷第 80 页）

鲁迅得知韬奋已编译成《革命文豪高尔基》，将收藏的《高尔基画像集》借给韬奋供插图选用。韬奋用毕后即归还。（《鲁迅全集》第 15 卷第 82 页）

5 月 19 日　《对鲁迅先生志感》，收入 7 月出版的《革命文豪高尔基》。（全集第 13 卷第 720—721 页）

《对鲁迅先生志感》摘要：

"我接到鲁迅先生的这封信后，就写信去表示欢迎。现在这本书里的插图,除上述的三张外,其余的相片和漫画,都是承鲁迅先生借用的,并承他费了工夫把作者的姓名译出来,为本书增光不少,敬在此对鲁迅先生志感。"(全集第13卷第720—721页)

5月20日 《争辩的焦点》、《高友唐拒绝行贿》(以上两篇收入《小言论》第三集)、《漫笔》(收入《韬奋漫笔》,取题《两地书》),载《生活》周刊第8卷第20期。(全集第5卷第586—588页、588—589页、512—513页)

《争辩的焦点》摘要:

"不久以前,敌军退出滦东,报上便纷纷载着这里某某'克复'了某地,那里又有某某'克复'了某地的消息,好像一天到晚闹着的无非凯旋! 最近敌军又大不客气的卷土重来,我军又由'凯旋'而节节'安全退出',以便'扼守新阵地',尤其可以注意的,是西报上载日华当局两方所传出的消息,有个很大的争辩的焦点,那就是日方宣言华军是经他们由滦东赶走出来的,而华方却力辩是自己退走出来的;好像虽然同一'走'也,'退'着'走'比'赶'着'走',便光荣了不知多少!""依我们看来,赶走还含有与敌抵抗的意味,退走便和不抗而逃的情形差不多,护卫国土的军队如以不抵抗而安然退出为金科玉律,那当然要以越逃得快使敌人赶无可赶为无上尊荣,否则这种争辩的焦点,徒然暴露现在甚嚣尘上的抵抗声中等等真相而已。""其实军阀原只能在国内'侵占防地',要靠他们抗御外敌本是一件'莫名其妙的事情';国难真要救的话,非另寻出路不可。"

(全集第5卷第587—588页)

《两地书》摘要:

"我最近用了每晚十时后的三个深夜,把最新出版的一本《两地书》好像一口气地看完。(《鲁迅与景宋的通讯》,上海青光书局印行。)这是他们俩由师生而恋爱,由恋爱而'成眷属'的四五年间的你来我往的一百三十五封的信。""我们在这里面看得到他们流露于字里行间的深挚的情谊和幽默的情趣,就是不认识他们俩的人,看了也感觉到他们俩的个性活露纸上。许女士写给鲁迅先生的信,其先称'先生',既而称'先生吾师',既而称'师',既而称'My Dear Teacher'',最后索性称'Dear',她的这颗心是随着这称呼的进步而一天一天进步的献给她的他了。有一次许女士在信里说了一句'夹入我一个小鬼从中捣乱',鲁迅的回信就说'……其实是空言,恐怕于"小鬼"也无甚益处'。随后她就索性在信末署名的地方,把'许广平'三字上的'你的学生'的字样,改为'小鬼'! 书里关于诸如此类的幽默,很天真而自然的幽默,令人看着发笑的地方还不少。""这还是关于个人的方面,此外关于他们在社会里所遭着的黑暗或

荒谬的情形,亦有深刻的描写——而且也常常写得令人看了哭笑不得"。(全集第5卷第512页)

5月23日　由民权保障同盟副会长蔡元培领衔,联合文艺界文化界人士三十八人,联名致电南京政府行政院长汪精卫,司法部长罗文干,营救丁玲、潘梓年。电报全文:南京国民政府行政院汪院长、司法部行政部罗部长钧鉴:比闻著作家丁玲、潘梓年,突被上海市公安局逮捕,虽真相未明,然丁、潘二人,在著作界素著声望,于我国文化事业,不无微劳。元培等谊切同人,敢为呼吁,尚恳揆法衡情,量予释放。或移交法院,从宽办理,亦国家远怀佑文之德也。蔡元培、杨铨、陈彬龢、胡愈之、洪深、邹韬奋、林语堂、叶圣陶、郁达夫、陈望道、柳亚子、俞颂华、黄幼雄、傅东华、樊仲云、夏丏尊、黎烈文、江公怀、李公朴、胡秋原、沈从文、王鲁彦、赵家璧、蔡慕晖、彭芳草、马国亮、梁得所、叶灵凤、徐翔穆、杨村人、沈起予、戴望舒、邵洵美、钱君匋、穆时英、顾均正、杜衡、施蛰存等同叩。(陈漱渝《中国民权保障同盟》第70页)

同日　《致戈公振》全文:

"公振吾兄大鉴:接奉四月二十一日来示,并照片四帧及另邮赐下之苏联画报一册与关于蒙古事一书,暨苏炳文、马占山等照片,均敬收到,无任感谢。照片均佳,已交画报部采用,并承允将续有好照片赐下,不胜欣快。国人对于苏联现状均甚注意,尚希就观察所及,多多赐稿,以光本刊篇幅,尤所深盼。敝处曾于四月五日及廿五日迭奉二函,未识收到否,念念。预送府上之稿费已送去二次(四五两月者)均由司徒博先生转交,勿念。顺以奉闻。并颂　旅祺弟韬奋　五月廿三日。"(全集未收,上海韬奋纪念馆提供)

5月27日　《由抵抗而失败了吗?》(收入《小言论》第三集)、《〈"恋爱"和"抗日救国"的"机会"〉附言》,载《生活》周刊第8卷第21期。(全集第5卷第589—591页、262—267页)

《由抵抗而失败了吗?》摘要:

"自九一八以来,除少数并未奉命而人自为战的孤军外,中国在事实上并未抵抗,失败则有之,说是中国由抵抗而失败,实厚冤了中华民族!""最近我国当局即在口头上也很坦白的有所表示。""声明'总不违中央意旨',一方面宣言'不妥协或求和',一方面宣言'谋一双方所共谅解之和平办法',措辞奥妙,固令人陷入五里雾中,但有句很显明而直截了当的话,那就是'和外剿共,始为救时救党上策',此处所谓'和外'是什么意思,在这种状况下的'和外'是什么政策,这比'不妥协或求和'而又能'谅解'的话,明确得多了!""各公共团体及报馆均奉到命令,以后对日不准用'敌'字,对'满洲国'不准用'逆'字,这大概也是'和外'的苦衷吧!""中华民族的出路须在坚决反帝的行动中求得——是行动,不是靠标语,也不是靠冠冕堂皇的谈话或通电。现在的政府在事实上能否领导广大民众在这方面作积极的斗争,自有事实证明,但民族的反帝运动是终要起来的,现在的失败并非由抵抗而失败,我们用不着失望。"(全集第5卷第589—591页)

《〈"恋爱"和"抗日救国"的"机会"〉附言》摘要:

"朱先生的来信,对于最近本刊信箱里有一部分讨论恋爱问题表示不满,希望把'用在恋爱上的脑筋用到抗日救国上面去。'""朱先生这封信是代表着一部分读者的感想。""本刊的'信箱'栏,是公开的园地,留给读者们自由讨论他们所关切的任何问题,只须有公开的价值,我们并不加以怎样的限制。最近四五期中,因为许多读者们读了克士先生《恋爱和贞操》一文,都感到有发表意见的必要,所以来了许多通信,我们顺从读者们的意思,把这些信件择优发表,并请克士先生答复。""我们并不是故意在这国难深重的时期提倡恋爱。而且克士先生所发表的文字,说明恋爱只是一种简单的欲望,绝不是怎样神秘的东西,目的正在于纠正公子小姐们把恋爱当作精神游戏的那种错误观念。只有把恋爱当作精神游戏,才使青年们陷入于卿卿我我哥哥妹妹的颓废生活中,而离开了对外部的现实世界的斗争。""克士先生辟正这些精神的恋爱观念,直接地引导青年以进于现实斗争的途径,间接地便是鼓起民族意识的一种方法。这至少比'念经救国','跳舞救国','考古救国'更有意义得多。""我们不多'说话',并不因为我们已忘了'抗日'。本刊不全谈'抗日',而亦谈及'恋爱'也不是因为本刊把'恋爱'看作比'抗日'更重要。""自九一八以后,直到了今日,帝国主义的武力的,政治的,经济的宰制,可以说已经大部分告了完成。帝国主义的依附者已经把半个中国,双手捧献给我们的敌人,剩下的半个,也在重重的压迫下呻吟着。横在我们前面的,已不是先安内后攘外,或先攘外后安内的问题,而是唤起广大的民众运动以推翻帝国主义及其依附者的问题。就目前的情形,这广大的民众运动,是必须到来的。""这广大的民众行动,必须有广大的准备与训练。这准备与训练,不仅是组织方面的,而且也是意识方面的。不是从意识上把民族的弱点,革命的障碍,完全扫清,民众行动依然不会得到最后的成功。这思想和意识的准备,是本刊目前努力的方针。本刊愿意更实际的,更进一步的,为这广大的民众行动宣劳。"(全集第5卷第263—267页)

6月2日 《致戈公振》全文:

"公振吾兄大鉴：接奉四月廿九日来示，并承赐照片五张，讽刺画一件，及画片一张，均敬收到，无任感谢。此种照片确甚珍贵，已交画报部采用矣。关于苏俄政治及社会近况等等，均为国人所注目，尚希就见闻所及，撰稿惠赐，以光篇幅，不胜盼切。屡蒙赐寄照片，固极感谢，但每次来示，均未见附有大著，又深为失望也。特再布恳。并颂 旅祺 弟韬奋 六月二日。"（全集未收，上海韬奋纪念馆提供）

6 月 3 日 《幽默文字》（收入《小言论》第三集）、《漫笔》（收入《韬奋漫笔》，取题《一夫一妻制》），载《生活》周刊第 8 卷第 22 期。（全集第 5 卷第 591—594 页、514—515 页）

6 月 6 日 《鲁迅日记》："得邹韬奋信，即复。"（《鲁迅全集》第 15 卷第 84 页）

6 月 10 日 《惨痛之又一幕》（收入《小言论》第三集）、《漫笔》（收入《韬奋漫笔》，取题《呻吟的哀音》）、《〈胡适之先生是帝国主义的代言人吗?〉附言》，载《生活》周刊第 8 卷第 23 期。（全集第 5 卷第 594—596 页、516—517 页、267—271 页）

《惨痛之又一幕》摘要：

"协定（编者注：指在塘沽签订的《中日停战协定》）成立之后，日本方面踌躇满志的气概，随处活跃，说得尤其畅酣的是参加此次谈判的日方主席冈村，他的胜利的话说得越得意，反映我们的屈辱也愈深刻，愈惨痛。""在种种惨痛的现象中，尤其惨痛的是我国当局还对全国民众宣传这些都不过'仅属军事，不涉政治，于政府向来所持根本方策，不生影响，'""又宣传这些都'无害于中国之领土主权'！（汪电中语。）关内五千方哩面积已作敌人的缓冲地带（表面上改称为'非武装地带'），本国军队不许越雷池一步，还得堂皇冠冕的号召于全国民众之前曰：'无害于中国之领土主权'，我们就不知道所谓'领土主权'根本作何解释！""怪不得电讯上说什么'双方代表出会议室时，均喜色满面'，又说'在专车食堂中共举香槟，和气蔼蔼'，'互祝成功'。当局还再三喋喋解释此次的'成功'是'在不丧权不辱国原则之下'（见《申报》6 月 2 日所载汪精卫氏谈话）干的，大概希望民众也来'喜色满面'，'和气蔼蔼'一下吧！这是惨痛中的尤其惨痛！"（全集第 5 卷第 594—596 页）

《〈胡适之先生是帝国主义的代言人吗?〉附言》摘要：

"胡适之先生的抗日主张，现在已引起多方面的反感了。""唐先生的辩护，只说胡适之先生的主张是一种负责的主张，因为中国不能战，又不能和，所以不应战，又不应和。这所谓负责，是代帝国主义及其依附者负责，这是对的。但要说对民众负责，那是不对的。因为不战不和的结果，我们已看得很分明，就是暗中把大片领土出卖。而领土的出卖,在出卖者固然得到好处,等待五十年不迟。但被卖的人民,却在帝国主义的铁蹄下呻吟着叫苦,莫说五十年,就是五年也不及等待。这样还能算是对民众负责吗?"(全集第5卷第270—271页)

6月15日 黄炎培偕邹韬奋商量"生活"问题。(《黄炎培日记》)

6月17日 《荒谬绝伦的毕业会考》(收入《小言论》第三集),载《生活》周刊第8卷第24期。(全集第5卷第596—599页)

《荒谬绝伦的毕业会考》摘要:

"我们不幸生在这样一个乌烟瘴气的时代,看到层出不穷的倒行逆施的万般能事! 一幕又一幕的淋漓尽致的丑态继续不断的演着! 对外作战就只有'安然退出',得到了无数的'新阵地';打自己人,什么大炮飞机,都不怕没有,御外侮就只听见大刀队显其神通;'长期抵抗'更好了,能对外于不求和不妥协中获得'不丧权不辱国'的'谅解'……真所谓信手拈来,都成妙谛! 现在讲到教育的德政,便也不算寂寞,因为要整顿教育,又有摧残青年身心的荒谬绝伦的毕业会考。对强权在手颐指气使的日帝国主义者,当道只有'暂时躺在街心',现在对付手无寸铁的中小学的青年,当道自然可以无所顾忌的用压迫手段来执行这荒谬绝伦的毕业会考!""据教育当局表面的掩饰,说'以各省公私立中小学毕业生程度至不一致,多数学校虽于入学及编级试验,尚能严格举行,但平时教学,每不甚认真,贻误学生,实非浅鲜,故通令严格举行会考,毋得玩忽,以重教育。'""公私立中小学都是经政府设立或认为合格而准许设立的,平时教学不认真,教育当局当然应负责任,使'平时''不甚认真'变为'认真'才对,青年既入政府所设立或准许设立的学校就学,对教学方面'平时'的'认真'不'认真',并无责任可言,现在教育当局不从负责整顿学校着手,专以荒谬的办法和学生作对,简直不知责任为何物,这不是荒谬到了极点吗!""不过毕业会考却也有它的效用,至少:第一,封建遗毒的科举制度是以利禄奔走天下士的,现在有了这科举式的毕业会考,好像生死予夺的大权都握在当局的手里,封建遗毒的关系无形中成立,易于牵着鼻子走! 第二,可由此操纵思想,也可以说,可由此汩没青年的新颖思想,自由思想,麻木他们原有的思考力和判断力,培成卑鄙下劣唯命是从的十足奴性!"(全集第5卷第596—598页)"

6月18日 中国民权保障同盟总干事杨杏佛被国民党特务暗杀;20日,和胡愈之不顾现场有特务侦察监视,同去胶州路万国殡仪馆送殓。韬奋著文称"我和胡愈之先生以杨先生为公而死,殊可钦敬,相约同时偕灵前致敬,表示哀诚。"杨杏佛被害,传说韬奋也被列入"黑名单",韬奋与胡愈之、杜重远、毕云程、徐伯昕密商,按当时形势估计，《生活》周刊一定会被封闭，韬奋一定有被捕或被杀的危险。听从劝告，决定出国考察避难。（胡愈之《关于生活书店》，收入《我的回忆》第 156 页，第 10 卷第 831 页）

6 月 24 日　九时，黄炎培访邹韬奋。（《黄炎培日记》）

同日　《听到胡博士的高谈》、《青年体格的检查》（以上两篇收入《小言论》第三集），载《生活》周刊第 8 卷第 25 期。（全集第 5 卷第 599—600 页、600—601 页）

《听到胡博士的高谈》摘要：

> "日本人奉为'中国思想界之泰斗'的胡适之先生，最近因赴美讲演和出席太平洋国际学会，途经上海，对新闻记者发表谈话，极力赞美华北停战协定"，"胡先生向来也是我所佩服的一位学者"，"但是听到他近来对国事发表的伟论，实无法'佩服'，只觉得汗毛站班！只就上面这短短一段他最近所发表的高谈，也不得不感到这位'思想界之泰斗'的'思想'实在有不可思议的奇异！""他一方面很直率的承认现在对于'东北问题'是'暂时搁置'，一方面特于'默认伪国之嫌'的上面加着'虽略似'的字样，这真是革命文学的莫大的妙用！尤其可异的是认为我们的不抵抗，是可以帮助日本的文治派及和平派得以抬头，又可以帮助世界的和平运动得与日本相接触。这样说来，热血抗战的十九路军，马占山、苏炳文各军，以及自动参战的少数军队，都是莫大的罪人，因为他们既阻碍了日本文治派及和平派的抬头，又阻碍了世界的和平运动得与日本相接触！我们所不解的，是从沈阳到热河的奉送，都是在不抵抗中'求和平'，日本的文治派及和平派何以不抬起头来？世界的和平运动何以又不和日本相接触？在胡博士所'均属赞成'的'上海停战'实现之后，何以我们也没有眼福看到胡博士所幻想的'抬头'和'接触'的这么一回好事？""日帝国主义者的一贯政策是'征服支那，先征服满蒙'，我们很有充分时间'等候''抬头'和'接触'的实现！怪不得现在不是对外而是尽量对内的时代了！"（全集第 5 卷第 599—600 页）

同日　《〈锦绣河山〉弁言》（6 月 24 日记于生活周刊社），收入 7 月生活书店上海版单行本。（全集第 5 卷第 272 页）

是月　《悬想——信箱汇集之二》，由上海生活书店出版。（全集第 5 卷第 275—429 页）

《致戈公振信》，原信摘要：

> "公振兄：日前迭奉函片，谅邀青览。兹弟等计划在生活书店发行《时事问题丛刊》，每月出版三册。另附编例一份，至希教正。因新俄建设颇为国人所注目，兹拟恳兄于游踪所及，将彼邦情况，信笔写成一万五千字至二万字，俾

资国人之借镜。旅途或少闲暇，但一二万字之短稿，或不难抽出二三天时间写成。俾于最近期间，列入丛刊发表。倘蒙俯允，固不仅弟等个人之幸矣。"（署名邹韬奋、胡愈之，全集未收，戈宝权《回忆我的叔父戈公振》第 137 页，洪惟杰《戈公振年谱》第 75—76 页）

7月1日 《本刊今后编辑上的改革》、《华北的和平》（收入《小言论》第三集），载《生活》周刊第 8 卷第 26 期。（全集第 5 卷第 433—434 页、601—602 页）

《本刊今后编辑上的改革》摘要：

> "最主要的是今后代表本刊社评的'小言论'，改由本社编辑部里的言论部同人共同负责，不再由任何个人署名，这样改变的理由，至少有下述的两点：（一）一个报上的社评原有两种办法：一种是由一人或几个人轮流作署名的文字；还有一种是近来各国报界尤多采行的办法，那就是每次社评，先由言论部同人会议，提出题目共同讨论，最后取讨论的结果，公推一人执笔写出来，作为言论部共同负责的言论。第二种的办法含有集思广益的功用，当然比第一种好——倘若言论部的人材能有相当的充实。本刊是由很微薄的开始，一步一步发展出来的，七八年来关于社评——栏，只由记者做独脚戏。本刊发展到了今天，在思想方面有更求充实的必要，在编辑部的人材方面也渐渐的比前充实，所以待本期起，采用上面所说的第二种办法，尝试尝试看。记者仍在这共同负责的言论部里尽其一分子的职责。（二）我在本刊的'小言论'栏做了七八年的独脚戏，这种办法当然有种种的缺点。第一是人非钢筋铁骨，虽不必就想到'跷辫子'，但在长时期里偶然生几次病，并不是不可能的事情。我在已往七八年里，所作的'小言论'虽很惭愧，但很侥幸的从来未曾有过一次'脱班'，可是已有一次在病榻上眼花头晕中握着笔晃头晃脑写成的。这并不是说只有我才会写，却是因为本刊为着经济自立计，不得不量入为出，延揽有心，借重无力，匆促间临时'拉夫'也不是很容易的事情，所以区区幸而一息尚存，仍不得不硬着头皮瞎干一下。这种在病榻上原该写遗嘱而却轮着写社评的时候，究竟不多，所以缺点还不能算什么，更大的缺点是这样一来，加上编辑的事务，我这个人就好像做了拘囚，时间上固难得到充分的看书或研究的机会，要想偶尔在国内或国外游历考察，也势难抽身。在未担任本刊笔政以前，我在国内还跑过近十省的地方，自从关闭在'小言论'里之后，大有寸步难离之概。所以为我个人充实学识经验计，也就是为服务于本刊增加效率计，这件事都有改弦更张的必要。"（全集第 5 卷第 433—434 页）

《华北的和平》摘要：

"自驻平政务整理委员会委员长黄郛氏代表'中央意旨'，明白宣言'和外'（指对占据东北四省的日本）是'救时救党'的一种'上策'之后，极力在'对日决不妥协或求和'的立场上'谋一种双方所共谅解之和平办法'；继之有'国际学者'胡适之先生对华北和平表示五体投地，高唱藉此可以保全华北富源，不妨等候五十年收复失地。""依最近华北的和平现象看来，我们的友邦似乎还不能下些'谅解'的工夫，偏偏不留情地不让我们舒舒服服地等候五十年！""最显著的是伪军问题日趋僵势，协定签字迄今，有了'双方所共同谅解之和平办法'以后，伪军仗着那个友邦的撑腰，反而日益膨胀，在'非武装区域'里渐形成了一种新的伪政权，大概接收'非武装区域'也不得不援用'等候五十年'的原理了！""日军在北平热闹街市上的横冲直撞，耀武扬威，我国当局对他们已像老鼠见着猫一样，无时不在栗栗危惧之中，据最近《大陆报》所载的消息，北平军委会代委员长何应钦氏曾因几个日本兵受了炮仗的虚惊，立开紧急军事会议，派代表敬谨道歉。呜呼！华北的和平！"（全集第5卷第601—602页）

7月2日 晚上，黄炎培招待邹韬奋、艾寒松、徐伯昕、伶仪、王志莘、毕云程、江问渔、杨卫玉共谈。（《黄炎培日记》）

7月3日 晚上，黄炎培偕伶仪到觉林为邹韬奋饯行，出席者有江问渔、杨卫玉、王志莘。（《黄炎培日记》）

7月初 《革命文豪高尔基》生活书店上海初版，署名韬奋编译。（全集第13卷第417—718页）

《〈革命文豪高尔基〉编译后记》（5月9日记于上海寓所），文末附《鲁迅先生志感》，收入单行本。（全集第13卷第719—721页）

《编译后记》摘要：

"受着热心读者来信的督促，便鼓着勇气，根据康恩教授所著的这本书，于百忙中编译成这本《革命文豪高尔基》。""我从去年十一月一日起动笔编译，利用的时间在早晨赴《生活》周刊办公以前的一些时间，和晚间看书余下的一些时间，至今年四月底脱稿，其间因自己生了几天病，既须勉强到社办公，晨晚不得不停止工作两星期，此外还因为其他临时的事务，零碎合起来又搁了两三星期，大概编译的经过时间将近五个月。本来只打算写十五万字，后来因有许多有趣味的事实舍不得割弃，越写越长，写到了二十万字左右。译笔方面虽力求畅达，但为学力所限，自视仍觉腼然，没有时间仔细推敲，倘有错误，希望读者不吝指教，俾得于有重版机会时修正。""这篇《编译后记》付排后，接到鲁迅先生寄到下面的一封信：'韬奋先生：今天在《生活》周刊广告上，知道先生已做成《高尔基》,这实在是给中国青年的很好的赠品。我以为如果能有插图,就更加有趣味。我有一本《高尔基画像集》,从他壮年至老年的像都有,也有漫画,倘要用,我可以奉借制版。制定后,用的是那几张,我可以将作者的姓名译出来。此上 即请著安。 鲁迅上。五月九日。'"

"关于这本书的插图,我原已搜集了三张相片,一张是高尔基和史太林合影,一张是高尔基在他的文学生活四十周年纪念时所摄的肖影,还有一张是他最近和他的两个孙女儿合摄的一影。我接到鲁迅先生的这封信后,就写信去表示欢迎。现在这本书里的插图,除上述的三张外,其余的相片和漫画,都是承鲁迅先生借用的,并承他费了工夫把作者的姓名译出来,为本书增光不少,敬在此对鲁迅先生志感。 一九三三,五,十九,韬奋再记。"(全集第13卷第719—721页)

7月5日 寄赠《革命文豪高尔基》一书予鲁迅。在扉页上亲笔题:"鲁迅先生教正 韬奋敬赠 二十二·七·五。"(方行《韬奋和鲁迅的革命友谊》,载《出版史料》1991年第1期)

7月7日 《鲁迅日记》:"邹韬奋寄赠《革命文豪高尔基》一本。"(《鲁迅全集》第15卷第89页)

7月8日 生活出版合作社举行第一次社员大会。会上通过胡愈之起草的合作社章程。其中规定三条原则——经营集体化、管理民主化、盈利归全体。会上选举邹韬奋、徐伯昕、王志莘、杜重远、毕云程为理事,(理事)互选韬奋为理事会主席,毕云程为常务理事,徐伯昕为经理等。(《生活书店史稿》第416页)

同日 《二十五位监委的涕泣》、《限制文法科招生》(以上两篇收入《小言论》第三集)、《漫笔》(收入《韬奋漫笔》,取题《统治者的笨拙》),载《生活》周刊第8卷第27期。(全集第5卷第602—603页、604—605页、517页)

《二十五位监委的涕泣》摘要:

"我们从水深火热中的老百姓的立场看去,对于这二十五位哭丧着脸的监委老爷们的'涕泣',似乎应该很诚恳地表示谢意才对,但我们仔细拜读诸位监委老爷们'涕泣陈之'的内容之后,所得的感想是恐怕监委诸公不过一把鼻涕一把眼泪白哭了一顿罢了!""我们为什么恐怕诸位监委老爷们将要白哭了一顿呢?这要看办法怎样。据该呈文里所指出的'修明内政之途径',说是'(一)须全国军人彻底觉悟,一致表示保土安民,不干内政;(二)须各方团结,集中全党力量,共赴国难;(三)须确定改革内政方针,切实施行。'这三个'须'字恐怕就不是监委诸公一哭所能办到的吧。"(全集第5卷第603页)

《统治者的笨拙》摘要：

"十九世纪末叶的俄国，在青年里所潜伏着的革命种子已有随处爆发的紧张形势，而当时统治者的横暴残酷，也处处推促革命狂潮的奔临。""俄国革命便由统治者在这样压迫青年自掘坟墓中酝酿起来。""统治者对于革命的男女青年的摧残蹂躏，也一样的惨酷，不但惨酷而已，而且还要用极卑鄙恶劣的手段，造作种种蜚语，横加侮辱，以自掩饰其罪恶。这种手段当然是极端笨拙愚蠢的，因为略明事理及知道事实的人决不会受其欺骗；在统治者自身，徒然暴露其心慌意乱，倒行逆施，增加大众的愤怒和痛恨罢了。"（全集第 5 卷第 517 页）

7 月 11 日　《致戈公振》（全集未收）全文：

"公振吾兄大鉴：接奉六月四日来示，并承赐通讯稿第一段，蒙古邮票十三枚，德国留学生欢迎马占山将军照片一张，及另邮寄下蒙古文书六种，讽刺插图，均敬收到。弟对吾兄之俄国通讯稿件，久在殷切盼望中。今承惠赐，欣快无似。续稿尚希早日赐下，以便继续刊登。蒙古邮票确甚珍贵，已与照片一并交画报部矣。承嘱转交胡愈之兄一函，亦已交去。吾兄在百忙中为本刊执笔，赞助盛意，公私均极铭感。本刊虽仍为当局所留难，惟信用尤著，销数方面亦无影响，因爱护本刊之人甚多，故虽不能公开邮递，仍可在暗中购买，此点殊足以告慰爱护本刊之热心同志也。近来国内变相之法西斯主义（实则拥蒋独裁而已）颇为猖獗。著名女作家丁玲女士已被绑去遇害，杨杏佛因任民权保障同盟总干事（此同盟为宋庆龄、蔡元培等所发起，弟亦参与）援丁甚力，致遭暗杀。总之，凡在言论或政治上有相当力量而不愿作走狗者，均在严厉制裁之列。据许多友人报告，愈之兄及弟亦名列 Black list（注：意为"黑名单"），亦甚危险。故有爱护弟之友人，均极力劝弟出国暂避。为本刊事业计，亦应藉此暂离，以和缓对方对《生活》之紧张。弟以主持本刊七八年，心力疲瘁，亦愿赴国外考察，换换空气，并增见闻，故现已决定于本月十四日乘意轮起程，先至意大利，勾留二星期，即赴日内瓦及巴黎等处，约耽搁一二星期，再赴伦敦，拟入该地之政治经济学院，略事研究，然后赴德赴俄游历。对于本刊职务，仅暂时请假，仍遥为负责。在弟出国后，内部情形，营业方面有徐伯昕兄主持；总务方面则由艾寒松兄主持；编辑方面由愈之与寒松两兄共同主持，并约社外同志好友数人撰稿。愈之兄日间虽不在本刊办公，惟实际上已加入本社。渠之思想，甚为透澈，为弟素所敬佩。得渠臂助，殊为幸事也。俟弟行后，本刊当更取掩护办法维持之，此为内部之布置情形。本社经济方面无问题，且现已改为合作社办法，职员即股东，股东即职员。王志莘、毕云程及杜重远三兄亦已加入为社员,现已被选为理事,详情当由寒松兄另函详告。吾兄亦为本社之热心老同志,将来仰仗之处甚多,希望兄归国后亦加入为社员,不胜欢迎。弟出国费用先向本社暂借三千元,作半年之用,该款俟归国后分期归还。本定出国期限一年,入伦敦经济政治研究学院,选一二种与新闻学较有关系之科目听听,余时,游历欧洲各国,惟如往俄国或须再居半年,所苦者,费用方面颇紧,弟新著《革命文豪高尔基》一书销数甚佳,版税等等或可凑足三千元仍恐不敷用,只得冒几分险出国再说者。弟欲赴俄国考察,曹树铭先生在俄,更多熟人,亦一快事。但不知赴俄有否特别便利之办法,公使馆方面能设法予以特殊便利否。留俄约定半年,一切请与树铭兄一谈,详细指教为感。赐书请迳寄英国邱祖铭先生转交。附邱君通讯处一纸,即请察存为荷。此后赐稿,请迳寄本社寒松兄收可也。专复。布谢。并颂 旅祺 弟韬奋敬上 七月十一日。   附致树铭兄一函,请代转交为感。"(上海韬奋纪念馆提供,戈宝权《邹韬奋和戈公振》,收入《忆韬奋》第327、328页)

7月14日 乘意轮佛尔第号离沪,第一次流亡出国。胡愈之、李公朴、徐伯昕、毕云程、夫人沈粹缜等人到轮埠送行。"上午十时登轮,下午一时许开驶。所乘的这艘佛尔第号,是意邮轮船公司走华意航线三艘轮船中的一艘,有一万八千七百六十五吨,为航行印度洋吨数最大的一只船。"韬奋住"经济二等舱"。"四个人一个房间,布置颇洁净,但究竟狭隘,油漆气味和郁热令人不耐,所以除夜里钻进去睡觉外,白天终日不是在吸烟室里写文看书或谈话,便是在吸烟室两旁外的甲板上走走,甲板上有藤椅可躺,不必出租钱。""每日晨餐一次,午晚大菜两次,下午5时许还有茶点一次。""同桌四人,第一次同桌后,以后即每次照旧。"(全集第5卷第627—628页)

7月15日 《又一次的庆祝成功》(未署名,收入《小言论》第三集)、《〈偏袒〉附言》(署名编者)、《萍踪寄语(一)开端》,载《生活》周刊第8卷第28期。(全集第5卷第605—606页、435—437页、616—618页)

《又一次的庆祝成功》摘要:

"这次在大连的庆祝成功和上次在塘沽的庆祝成功,有其相同之点,有其不同之点,还有虽异而实同之点。""上次的协定,当局最初极力声明此种协定仅属口头上的谅解,并没有文字,更没有签字,这次的协定,据中央社六日传出的'政息',也很郑重的声明:'并无会议形式,故谈话大要仅有记录,并不签字。'可见我们中国人所最可欣幸的是'不丧权不辱国'的协定尽管接二连三的层出不穷,都可于'不签字'中庆祝成功!""上次的协定成功的时候,双方代表都喜色满面,和气蔼蔼,共举香槟,互祝成功。这次'三'方代表的'喜色'怎样,电讯上虽未曾说明,但电讯上称为'圆满散会',而且也互举香槟之杯,可见香槟是大家于'圆满'中喝了的,喝香槟大概不能哭丧着脸干的。'"这次和上次最大的不同之点,是上次参加庆祝成功的只有中国代表和那个'友邦'的代表,这次却加入一位报纸满称着'汉奸'或于他的贵姓下面加了一个'逆'字的李际春。听说这位和中国代表开平等会议的'逆'代表很阔绰,据上海各报十日北平电讯,他此次赴大连出席会议时,携有政务厅长军务厅长总参议等约八九十人,声势炫赫。这是这次的庆祝成功比上次的庆祝成功更为有声有色的一件事。'"上次协定庆祝成功之后,日军依然不退,伪军依然猖獗;这次协定庆祝成功,据说可以'接收战区','点编伪军',这似乎是不同的了,但伪军改称'保安队','李逆'有任滦东警备司令之说,而他们却是日方认为'友军'的,似异而实同,这在日方诚然是又可庆祝成功的了,'阿Q'就只有跟着喝香槟的份儿了!"

(全集第 5 卷第 605—606 页)

《萍踪寄语(一)开端》摘要:

　　"我想可以和诸友谈谈此次出国的动机和计划的大概。我滥竽本刊的业务七八年,常自愧恨自己学识经验的浅薄,对社会没有什么贡献,愈干便愈觉得自己的知识荒,所以此次赴欧很自然而简单的第一个目的,便是要藉此机会增广一些识见。俗语说'百闻不如一见',我正是要想'见''见'看。其次是想象我自己代表了读者诸友的耳朵眼睛去,因为我要尽我的心力,把在国外所见到的,或所感想的,陆续地写出来,在本刊上向诸友报告。'"至于在国外的计划,因经济关系,很不能如我的意。我大概在英国住的时候多些,因为颇想在伦敦政治经济学院及该处著名的图书馆,费些时间研究研究,此外并想酌游德法意苏联等国"。"我此次赴欧考察的内容,当特别注意各国新闻事业的实际状况和趋势。此外关于政治经济及社会各方面,也想加以注意。'"记者此次离国,实带着苦闷和憧憬而去。漫漫长夜,不甘同流合污的谁都感到苦闷。'"黑暗势力的劲敌是大众的意志,决不是铲除几个个人就能高枕而卧的。最伟大的莫过于大众意志的力量,只须朝这方向努力,不会感到孤独,因为深信大众必有光明的前途,个人的得失存亡是不足道的。'"这两天和我谈得很多的是雷宾南先生,昨天下午我们坐在甲板上的藤椅里,接连足足谈了三小时。他是留英的老前辈,不久以前还到欧洲去考察过一次,并且是同盟会的老会员,在辛亥革命也很努力地参加过。他认为辛亥革命,从今看来,不能算民族革命,仍只是以个人为中心的换个朝代(Dynasty)的玩意儿,所得到的唯一的结果,只有一事,就是把武人放在文人的上面横行一切罢了。""我说各国革命,煽动军队未尝不是手段的一种,惟须有壁垒森严确能为主义而努力奋斗的中心势力控制着,然后才能发能收,不致陷入'尾大不掉',只见自私自利的军阀挂羊头卖狗肉,肆无忌惮地暴戾恣睢,悍然视大众意志如无物,这当然和中坚分子及严密的组织有很大关系。"(全集第5卷第617—618页、631页)

7月16日 "下午一点钟到香港"。"我们的船预定泊五小时,六点钟开。""记者到后就和同行的张君及同房的周王诸君共同上岸,船泊九龙,经渡轮才于数分钟后达香港。""张君到过香港三次,我们就请他做向导。""我们的第一件事是要兑换港币备用。""香港是个山岛,我们久听见的是上山的电车,这天便去乘到山上去。""乘车到了山上后,气候温和,空气极佳,大家立刻感到呼吸后身体上的舒适,好像正在浴后全身轻松了许多。山上有宏丽讲究的旅馆,我所看见在该旅馆大门出出进进的都是碧眼儿,我国的豪绅和军阀官僚们在山上东一座洋房,西一座别墅的亦所在皆是。这和马路旁的人行道上夜里睡满了的人们比较,当然是别一世界。""香港全岛面积约三十方哩,做英帝国主义的殖民地已有九十年的历史了。全岛人口约八十五万人,华人约占八十万人,英人约占一万四千人,以八十万的华人,却受统治于一万四千的英人的势力之下!""我们跑了不少的路,看了不少的地方,五点半回到船上"。"午后在我们的甲板一边角上,用厚木板隔成了一个游泳池,里面用厚帆布作壁和底,好像一个长方形的大水袋,池长二十几尺,宽十几尺,深约七八尺,用大龙头灌入海水。"(全集第5卷第632—635页)

7月18日 "昨天风浪略大,我还能勉强用膳,惟终日躺在甲板的藤椅上,今天上午风浪更大,几乎作呕,胸部也颇难过,吃了一粒晕船药,膳食的吃量减半,午后好些,后天要到新加坡了,有人说明天也许还有大浪,我不得不赶写这篇通讯,以便到新加坡时付寄。我会晕船,这真是一个大缺憾,因此我不觉得海行的快乐,希望早些登岸。""同行中有一两位朋友是知道我干什么的,所以偶由辗转听到而特来和我晤叙的本刊读者,截至我提笔作这篇通讯时,竟出于我意料之外的有十余人之多。我们互道来历后,便很痛快的畅谈,立刻成了亲密的好友,这是我最愉快的一件事情。""临行时只带了当时最近出版的一份第八卷第二十八期,他们欣然索去传观,看到最后还给我时,纸角都卷了起来。""本刊本身没有什么固有的力量,如诸同志认为不无价值,便是由于始终不背叛大众的意志罢了。倘认为不无一点力量,这仍是大众的力量。"(全集第5卷第635—637页)

7月19日 "船上有位黄伯权君,也是本刊的一位热心读者,无意中知道了记者也在船上,特来和我作一番长谈"。"黄君初见记者时,表示惊异,据说惊异我比他想象中的年青,很殷勤地劝我在外多住几时,多多吸收新印象,多多研究新事物。他此次是由香港登轮赴新加坡的,我问他香港的工商业现状,他说和上海患一样的毛病,即内地乡村破产,资金集中香港,同时因城市的工商业不景气,金融停滞,同陷困境。""关于南洋侨胞的近况,船上有位本刊的读者 C 君在南洋十几年,谈得声泪俱下,因他还要到南洋去服务,为避免他也许要因我发表他的谈话而受到牵累,所以把他的姓名省却,把一定的地址也省却"。"他说南洋群岛的统治者——尤其是荷兰——在文化及思想等等方面的压迫侨胞,苛刻达于极点,学校中教授青年不许提起'提倡国货',因为他们认为提倡国货即等于抵制外货;连'尽国民的天职'的话语都不许有,因为他们认为中国人而能'尽国民的天职',便是排外! 什么抗日,什么国难,那更提都不必提了。在九一八后,有某岛某市的青年若干人(记者按:原有一定数目,现为掩护发言人起见省去)暗中在侨胞里面作国难及对日经济抵制的宣传,被当道全部捕去,虽未有证据,也拘囚起来,虽经当地中国商会及殷实商人力保,都不准,当道的答复很简单,只说这是中日问题,要关到中日问题解决之后,才许开审。""说也可笑,后来到了一二八,十九路军在淞沪抗日血战的捷报传播遐迩,该市的中外新闻纸上连登着四天的十九路军的捷电,荷当道对他们素所轻视的中国人居然忽然改变态度,刮目相待,立即把所拘囚的中国青年由狱里提出审判,除两人仍被判决驱逐出境外,其余都判决无罪开释。谁知道抗日义军的威名竟间接能使海外若干青年得免无辜缧绁之苦!""某君谈完海外侨胞种种受人凌辱的苦况后,与记者相对唏嘘者久之。"(全集第 5 卷第 637—639 页)

7 月 20 日　到达新加坡。上午 7 时靠岸,验过护照,9 时半上岸。"共九人,雇了两辆汽车,先到华侨银行参观,然后出发畅游全市。我们先看博物院,有热带的飞禽走兽的标本,""有往昔土人和毒蛇猛兽斗争的种种器械,每物上都有卡片印着英文的说明,""关于土人的习惯风俗,亦有颇多的陈列,这样的博物院很能增加我们研究历史的兴趣。""新加坡除沿海边的几条市街外,郊野的风景很美丽,平坦整洁的马路,两旁娇红艳绿,花草极盛,在绿荫中时时涌现着玲珑宏丽的洋房,我们坐在车里驶过时,左顾右盼,赏心悦目,好像'羽化而登仙'了似的!""尤美的还有植物园,面积广阔,路径平坦而曲折,汽车可直通无阻,这里面的鲜花奇草,更是目不暇接,树荫蓊郁,翠绿欲滴,有一处小猴随处跳跃"。"午时我们仍回到华侨银行,略事休息后,团体拆散,各人随意游览,因佛尔第号下午五点才开。"在天南酒楼向一位《生活》的热心读者了解当地侨胞生计的近况,"提出《生活》周刊,说他自己也常看,侨胞看的很多","他说侨胞们觉得《生活》上所说的话是侨胞心里所要说的"。"他对国事愤慨极了,切齿握拳,声色俱厉,说侨胞们以一片赤诚对祖国主持国事的人,

现在所干的是什么,做了什么成绩来给民众看!嘴巴上说的多好听!××主义,×
×宪法!结果造成若干搜刮无遗的暴发户!""李君很坦然地说他自己不过小学毕
业,没有什么学问,但是非之心和侨胞的公意,他是很明白的。我安慰他说:自命
'学问'愈深的人,自私自利的观念也愈厉害,巧取豪夺的技巧也愈高明,献媚于帝
国主义与军阀官僚而犹自鸣得意,自己反觍然认为'负责'的,都是'学问'号称渊博
的人们!今后中国的一线希望,就系在天真朴实敢作敢为的大众。""大众的伟大力
量是终要起来的,我们只须认清途径向前努力就是了。"下午,应邀参观了《星洲日
报》,受到该报经理林霭民和总编辑傅无闷的热诚招待,和他们进行了交谈。后承
林君亲自陪乘汽车送到船上。(全集第 5 卷第 643—646 页)

7 月 22 日　《萍踪寄语(二)前尘影事》,载《生活》周刊第 8 卷第 29 期。(全集第
5 卷第 619—622 页)

7 月 23 日　"昨天起开始渡过印度洋,风浪大起来了,船身好像一蹲一纵地向
前迈进,坐在吸烟室里就好像天翻地覆似的,忍不住,跑到甲板上躺在藤椅里不
敢动,一上一下地好像腾云驾雾,头部脑部都在作怪,昨天全日只吃了面包半块,做
了一天的废人,苦不堪言。今天上午风浪仍大,中午好了一些,我勉强吃了一部分
的中餐,下午吸烟室里仍不能坐,写此文的时候,是靠在甲板上的藤椅里,把皮包放
在腿上当桌子用,在狂涛怒浪中缓缓地写着,因明日到哥伦坡待寄,而且听说地中
海的风浪还要大,也许到那时,通讯不得不暂搁一下。""同行中有一位李君自己带
有一个帆布的靠椅,预备在甲板上自己用的,椅上用墨写明了他的中西文的姓名以
作标志。前天下午,他好端端地舒舒服服躺在上面,忽然来个大块头外国老太婆,
一定要把他赶开,说这椅子是她的。李君把椅上写明的姓名给她看,她不肯服,说
他偷了她的椅子,有意写上自己的姓名!于是引起几个中国人的公愤,我们里面有
位甲君(代用的)尤其愤激,说:'中国人都是做贼的吗?这样的欺负中国人,我们
都不必在国外做人了!这还了得!'我看他那一副握拳擦掌切齿怒目的神气,好像
就要打人似的。还有一位乙君持极端相反的意见,他说:'中国人出门就准备着吃
亏的。'又说:'自己不行(指中国),有何话说!'他主张不必认真计较。""他们都仓
皇地跑进来告诉我,我说老太婆如不讲理,可将情形告诉船上的管事人(Steward),
倘若她自己也带了一张椅子,因找不到而误认的话,便可叫管事人替她找出来,便
明白了。后来果然找到了她自己的椅子,对李君道歉,而且觉得很难为情。""中国
人到国外易于被人凌辱,却是一件无可为讳的事实,理由很简单,无非是国内军阀
官僚们闹得太不像样,国际上处处给人轻视,不但大事吃亏,就是关于在国外的个
人的琐屑小事,也不免受到影响。""在国外每遇着侨胞谈话,他们深痛于祖国的不

振作,在外随时随地受着他族的凌辱蹂躏,呼吁无门,所表示的民族意识也特别的强"。"各殖民地的民族革命,也是促成帝国主义加速崩溃的一件事,不过一个民族中的帝国主义的附属物不铲除,为虎作伥者肆无忌惮,民族解放又何从说起呢? 这却成为一个先决问题了。"(全集第 5 卷第 646—649 页)

7 月 24 日　"上午 9 时半到锡兰岛(Ceylon)西南端的哥伦坡(Colombo),停泊到当晚十一点钟开行。""由李君(也是一位热心读者)替我们雇了两辆汽车,陪伴我们环游全市三小时。先看珍珠宝石陈列所,继而看了一个佛寺","墙上画满了一大幅一大幅关于释迦牟尼从产生后成佛的历史。"还了解了当地华侨的生活状况和民风民俗。(全集第 5 卷第 649—650 页)

7 月 26 日　"风浪大作,大受晕船之苦。"(全集第 5 卷第 652 页)

7 月 27 日　"上午五时左右到孟买,大雨,虽头昏脑晕,仍欲上岸一游",八点离船,"海关就设在码头上","在海关上看了一阵",雇出租车浏览了市容。"午时船离孟买","船开行后,风浪来势就异常凶猛,勉强坐在甲板上,好像在小学校里玩着'跷跷板'一样,身体或上或下或左或右的晃着"。(全集第 5 卷第 654 页)

7 月 28 日　"风浪更大","在卧室里闷得忍受不住,勉强到甲板上去坐着","突然一个巨浪飞来,甲板上急流汹涌,倘若不是急急抓住船旁一根绳索,也许已和波涛为伍"。"从此以后,整整地三天三夜闷卧在房间里","脑子就时时要破裂似的","直至七月三十日的下午才渐渐逃出了难境"。"朋友里面颇有人赞美海行之乐,我却一点不能欣赏,就是风平浪静,在船上一住二十三天,也单调得可厌(法国船或英国船要三十几天,德国船要四十几天)。将来回国时,如西比利亚铁路走得通,我决由陆路回来(由莫斯科到上海只须两星期),印度洋和阿拉伯海不想再领教了。"(全集第 5 卷第 654—655 页)

7 月 29 日　《萍踪寄语(三)以往和现在》(起程前二日写于上海),载《生活》周刊第 8 卷第 30 期。(全集第 5 卷第 622—625 页)

8 月 3 日　"下午六点钟到苏彝士城,仅停一小时,不靠岸","十几个阿拉伯人爬上来兜售报纸画片及其他杂物,搭客都拥聚在甲板上购买,我也买了两打关于开罗名胜及苏彝士河的景物相片,寄给本刊。""夜里经过苏彝士河的情形,却给我以悠然意远的印象。此时一轮明月高悬,蔚蓝的青天净洁得没有丝毫的渣滓,清风吹来,爽人心脾","只见船的两边一望无际的沙漠,右为亚洲,左为非洲","在甲板上凭栏静眺,直看到十二点钟,才进到卧室里去睡觉,在睡梦中还好像明月清风,随我左右"。(全集第 5 卷第 659 页)

8 月 4 日　"晨走完了苏彝士河而达到波塞,有半天的停泊"。上岸后,"参观

了一个回教教堂","五个人共乘着一辆马车,做了一番马路巡阅使"。(全集第5卷第660—661页)

8月5日 《萍踪寄语(四)首途》(7月15日上午写于佛尔第轮上,准备十六日到香港付邮),载《生活》周刊第8卷第31期。(全集第5卷625—628页)

8月6日 "下午四点钟佛尔第号到意大利的东南海港布林的西(Brindisi),这算是记者和欧洲的最初的晤面。""船停仅两小时,记者和几位同行的朋友却也上岸跑了不少的路"。(全集第5卷第664—665页)

8月7日 "下午到世界名城之一的威尼司(Venice)。""记者原也有游历意大利重要各地的意思,便和他们结作旅伴","我们这五个人便临时成了一个小小的旅行团"。"这个小小的旅行团也可以说是一小部分的'《生活》读者旅行团'了。""有伴旅行,比单独一人旅行,至少可多两种优点:一是费用可以比较地经济;二是兴味也可以比较地浓厚。"(全集第5卷第664—665页)

8月9日 "午时由威尼司上火车,下午五时三十七分才到了古香古色的佛罗伦司(Florence),为中部意大利最负盛名的一个城市。""现在该处所遗存的无数的艺术作品,和现在与历史发生联系的纪念建筑物,其丰富为世界少见,于是佛罗伦司也成为吸引世界游客的一个最有趣味的名城。"(全集第5卷第668页)

8月10日 "午时离佛罗伦司,乘火车向罗马进发,直到夜里十一点半才到目的地"。"我们在佛罗伦司参观时都是按地图奔跑的,在火车上又立了数小时,都弄得筋疲力尽,""到罗马后,决议第二天的上半天放假,俾得恢复元气后下半天再开始奔跑。""夜由佛国伦司到罗马已十一点半了"。(全集第5卷第668—671页)

8月11—12日 在罗马游览。"费了半天的功夫",去看了"意大利法西斯十周年纪念展览会","一无所得"。"原来他们只不过按年把该国法西斯一党发展中的杀人照片、'烈士'照片、所用的刺刀旗帜等等,陈列出来,尤多的当然是他们的老祖宗墨索利尼的大大小小各种各式的照片。""罗马的胜迹不少","斗兽场颇近,是走去看的,这残垣破壁的罗马斗兽场","的确古色绚烂,不过想到从前把俘虏放入,一任狮子乱咬,坐而围观者相顾而乐,残忍之至! 此外最雄伟的是圣彼得教堂,近三百尺高,里面全用大理石造成,雕刻极美"。(全集第5卷第673—674页)

8月12日 《萍踪寄语(五)到香港以前》(7月15日下午写于佛尔第轮上,到香港时付邮),载《生活》周刊第8卷第32期。(全集第5卷第629—631页)

8月13日 "晨八点钟由罗马乘火车往意大利南方的名城那不勒斯,直坐到下午三点钟才到"。(全集第5卷第674页)

同日 鲁迅向远在广西桂林的一位中学教师董永舒热情推荐《革命文豪高尔

基》，并为他代购了一本。鲁迅在信中说："高尔基的传记，我以为写得还好，并且不枯燥，所以寄上一本。"（《鲁迅书信集》上卷第 399 页）

8 月 14 日　"那不勒斯城的本身不过尔尔，它的著名是附近该城的古迹名胜，尤著的是由地下挖出的二千年前被火山湮没的磅贝意古城（Pompeii）和湮没这个古城的有名火山佛苏维哀斯（Mount Vesuvius）。我们因时间及经济关系，火山仅在远处望望（近四千尺高）。磅贝意古城，我们却费了差不多一个整天的工夫，乘了火车到该处地去看了一番。"（全集第 5 卷第 675 页）

8 月 15 日　"晨离开那不勒斯，当晚九点左右到意大利西部的比萨（Pisa），该处最令人留恋的是科学家加列利奥（Galileo）研究'吸力定律'（Laws of Gravitation）所在的斜塔（Leaning Tower）"。"我们都跑上最高的一层，可望见全城"。"此外还看了许多排列着的十三世纪遗下的石造的古棺和棺外的许多古雕刻。"（全集第 5 卷第 676 页）

8 月 16 日　"下午离开比萨到发现新大陆的哥伦布产生所在地热那亚"，"略作游览，并瞻仰哥伦布的石像，即赴在意大利人口最多（八十六万余人）的米兰"。（全集第 5 卷第 676 页）

8 月 17 日　"下午十二点离开意大利的米兰（Milan），两点钟到了瑞士的齐亚索（Chiasso），便算进了'世界公园'的境地。"（全集第 5 卷第 680 页）

8 月 18 日　"上午九时左右依计划离佛露哀伦，乘船渡湖。""当天十二点三刻就乘船到了绿泽冷城"，"略事游览，即于下午四点钟乘火车往瑞士沮利克邦（Zurich）的最大的一个城市（也名沮利克，人口二十余万人），一小时左右即到"。"该处有沮利克湖，我们到后仅能于晚间在湖滨略为赏鉴"。（全集第 5 卷第 682 页）

8 月 19 日　《萍踪寄语（六）到香港以后》（7 月 18 日下午，佛尔第船上，自新加坡寄），载《生活》周刊第 8 卷第 33 期。（全集第 5 卷第 632—635 页）

同日　"早晨，我们这五个人的小小旅行团便分散"，"记者便独自一人，于上午十点零四分"，"乘火车向瑞士的首都百伦（Berne）进发，下午一点三十五分才到，在车站时，因向站上职员询问赴百伦的月台，他劝我再等一小时有快车可乘，我正欲在沿途看看村庄情形，故仍乘着慢车走。离了团体，一个人独行之后，前后左右都是黄发碧眼儿了"。"到瑞士的首都百伦"，"下午，租定了一个旅馆后，决意在离开瑞士之前，要把关于游历意大利所得的印象和感想的通讯写完，免得文债积得太多"。（全集第 5 卷第 682—683 页）

8 月 20 日　"上午七点钟起身后继续写，才把《表面和里面——罗马和那不勒斯》一文写完付寄。""我已看了好几个地方，很想找一个在当地久居的朋友谈谈，俾得和我所观察的参证参证"。"九点后姑照所问得的中国公使馆地址","一跑跑了三小时,走了不少的山径,才找到挂着公使馆招牌的屋子"。"秘书先生,他是一位在瑞士已有十三四年的苏州人,满口苏白","我们一谈却谈了两小时之久,所得材料颇足供参考"。(全集第5卷第683页)

8月21日 "下午乘两点二十分火车赴日内瓦,四点五十分到","所游的胜景以日内瓦湖为最美"。"瑞士人对中国人的态度,在表面上,比起别国来还算好,但是心里如何,有一件事实可以表示大概:有位朋友自德国到意大利,经过瑞士,在火车上遇到一位瑞士商人,和他谈起天来。他问中国和日本的问题现在怎样了?还在打吗?某君说在表面上是不打了。他说日本既已得到了满洲,当然用不着再打了。某君说中国并未答应日本。他笑着说日本在实际上既得到,中国不抵抗,何必得到中国口头上的答应?他又接着说:日本人口繁盛,势不得不如此。某君说中国人也不少,如以此为理由而掠夺他国土地,于理讲得去吗?他回答说:像日本那样的民族应该让他们繁盛扩充起来,像中国这样的民族,越少越好,至于理由恕我不便奉告了。""某君听了大气,和他大辩了一番,结果不欢而散。""这个瑞士人的心理至少有两个要素:一是崇拜强权;二是老实把中国看作劣等民族,活该受人侮辱蹂躏!""据记者出国后所听到国外侨胞的诉说,尽可说是欧洲一般人的普通心理,不过不便在嘴上明说罢了。我常于深夜独自静默着哀痛,聪明才智并不逊于他国人的中国人,何以就独忍受这样的侮辱和蹂躏!"(全集第5卷第683页、685页)

8月23日 "夜里由日内瓦到巴黎"。至9月6日整整两个星期内,"一面自己补习法文","一面冷静观察,并辗转设法多和久住法国的朋友详谈,所得的印象和感想颇多"。(全集第5卷第687页)

8月26日 《萍踪寄语(七)在船上的〈生活〉同志》(7月19日上午写于佛尔第船上,自新加坡寄),载《生活》周刊第8卷第34期。116(全集第5卷第636—639页)

8月30日 《鲁迅日记》摘录:

"上午往生活书店付译稿,并买《表》十五本,共泉四元二角。"(《鲁迅全集》第15卷第242页)

9月2日 《〈革命文豪高尔基〉再版附言》(写于巴黎旅次)。(全集第5卷第437—438页)

《〈革命文豪高尔基〉再版附言》摘要:

"这本书于今年七月初版发行,但不到三个月便售罄了,我刚到巴黎便接到书店方面转来的通知信说是要再版了。我自己觉得很惭愧,因为这本书是在百忙中译成的,自知错误的地方很多。出版后承读者纷纷赐函谬加赞许,也

许是书中主人翁的故事得着大众热烈的同情与欢迎吧！但这却愈增加我的愧恧。"(全集第 5 卷第 437 页)

9 月 2 日　《萍踪寄语(八)到新加坡》(7 月 21 日上午写于佛尔第船上,由哥伦坡发),载《生活》周刊第 8 卷第 34 期。(全集第 5 卷第 640—642 页)

9 月 7 日　《〈韬奋漫笔〉弁言》(记于巴黎),收入 11 月出版的同名单行本,共 51 篇,另,弁言 1 篇。(全集第 5 卷第 445 页)。

《〈韬奋漫笔〉弁言》全文：

"昨天(9 月 6 日)作者接到徐伯昕先生自我离国赴欧后第一次从国内发出的来信,他在这信里说起社里打算编印《韬奋漫笔》,叫我写'韬奋漫笔'几个字寄回去做封面锌版,并说如果能做一段弁言更好。""在国外旅行,未曾带有毛笔,就用自来水笔写了四个字寄给他。""这些'漫笔',是作者在《生活》周刊上陆续发表过的零星杂感,每于编后有余幅时匆促间提笔写成,在我自己看来,原无出单行本的价值,现在伯昕先生既有些建议,我想零篇短简中虽说不出什么大道理来,多少可以表现作者对于所提到的问题的态度和主张,也许可以供读者诸君在思考上的一种补充或参考的材料。所以很愿意于旅况匆匆中写这几句话,聊述'缘起',并求诸君指正。"(全集第 5 卷第 445 页)

9 月 8 日　在巴黎,"得友人的介绍,到销路最大的四家报馆的一家——《晨报》——去仔细地参观了一番。先和该报政治部的东方部主任(专研究中国、日本等东方各国问题,能英语),略谈该报组织的情形,继由印刷部主任陪同参观全部印刷机"。"觉他们的组织和我国的报纸大同小异,所不同者是规模比较的宏大,效率比较的增高而已"。(全集第 5 卷第 699—700 页)

9 月 9 日　韬奋七月出国后,国民党特务丁默村主持的《社会新闻》,狂吠韬奋出国费用系由援助马占山抗战的捐款中"克扣"而来。《生活》周刊社将最近致马占山的两封信和马占山的亲笔来信,证明收到捐款无误,公诸报章,粉碎反动派的诬蔑诽谤。(艾寒松《痛悼韬奋先生并控诉国民党反动派的罪行》,收入《忆韬奋》第 46 页,《生活》周刊第 8 卷第 36 期)

同日　《萍踪寄语(九)侨胞的愤慨》(7 月 21 日下午写于佛尔第船上。自哥伦坡发),载《生活》周刊第 8 卷第 36 期。(全集第 5 卷第 642—646 页)

9 月 14 日　鲁迅对 7 月 17 日《申报·自由谈》上林翼之的《读高尔基》一文,发表了《关于翻译(下)》(9 月 11 日作),文中为韬奋编译的《革命文豪高尔基》作辩解,指出："我们另外还有一种相反的脾气：首饰要'足赤',人物要'完人'。""先前有一篇短文批评邹韬奋先生所著的《高尔基》的短文,除掉指出几个缺点之外,也没别的话。"鲁迅认为"除批评者所指摘的缺点之外,另有许多记载作者的勇敢的奋斗,胥吏的卑劣的阴谋,是很有益于青年作家的"。他"希望刻苦的批评家来做剜烂苹果的工作,这正如'拾荒'一样,是很辛苦的,但也必要,而且大家有益的。"不要"一有缺点,有时就全部都不要了"。(鲁迅《准风月谈》第 89 页)

9 月 15 日　在当日写的一文中撰述:"资本主义的国家原含有种种内在的矛盾,它的破绽,随处可以看见,但是平心而论,它也有它的优点,不是生产落后文化落后的殖民地化的国家所能望其项背的。例如记者现在所谈到的法国,第一事使人感到的便是利用科学于交通上的效率。在法国凡是在五千户以上的城市,都可以电车达到;在数小时内可使全国军队集中;巴黎的报纸在本日的午后即可布满全国;本国的信件,无论何处,当天可以达到;巴黎本市的快信,一小时内可以达到,巴黎的交通工具,除汽车电车及公共汽车外,地道车的办法,据说被公认为全世界地道车中的第一。""除交通便利外,关于一般市民享用的设备,有随处可遇的公园,无论如何小地方,都有花草和种种石像雕刻的点缀,使它具有园林之胜,马路的广阔坦平,更不必说,像上海的大马路,在巴黎随处都是。此外如市办的浴室,清洁价廉"。"当然,如作深一点的观察,资本主义的社会里常会拿这样的小惠来和缓一般人民对于骨子里还是剥削制度的感觉和痛恨,但比之连小惠都说不上的社会,当然又不同了。""其次是他们社会组织比较地严密。""这种严密的办法,其结果究竟有利有害,也还要看用者为何类人。在极力挣扎维持现有的不合理的社会的统治者,反而可藉这样严密的统治方法来苟延他们的残喘。""这是用者的不当,社会的严密组织的本身不是无可取的。"(全集第 5 卷第 693—696 页)

9 月 16 日　《萍踪寄语(一〇)船上的民族意识》(7 月 23 日写于佛尔第号船上,自哥伦坡发),载《生活》周刊第 8 卷第 37 期。(全集第 5 卷第 646—649 页)

9 月 23 日　《萍踪寄语(一一)到哥伦坡》(7 月 25 日上午佛尔第号船上,由孟买发),载《生活》周刊第 8 卷第 38 期。(全集第 5 卷第 649—652 页)

9 月 24 日　对法国的教育和中国留学生作了专门论述,认为法国的"高等学校和大学,更不必说,没钱的人不能问津"。"在旧社会制度下,高等教育的资本主义化,固然是显著的事实,而且这样下去,在受此种教育者的本身,也一天一天的增加恐慌,也可以说是日趋没落,日向穷途末路上跑,因为在现社会里这种'商品'的生产过剩,到了后来连贱卖都卖不出去!""得着'硕士'衔头而无事可做,只得做汽车夫的已不乏其人","素以在欧美各国中犹得'繁荣'自傲的法兰西,也渐有捉襟见肘的窘态了"。(全集第 5 卷 702—705 页)

9 月 25 日　"原想到农村里去看看,刚巧从前在意大利码头上走散的张心一君由德来法调查农村经济。""约同秦国献君同到凡尔赛附近的一带农村里去跑了一个整天。""先在凡尔赛农业研究院(L' institut des recherches agronomiques)里参观了一番。""其次参观的是国立格立农(Grignon)试验场,和附近的格立农国立农业专门学校(Ecole Nationale d' agriculture)。""我们跑来跑去,看了所谓'村政府'——农村小学——之后,天渐渐黑暗起来了,继之以大雨,我们三个人在草原上,森林间,逃难似的大踏步跑着。""最后由秦君引到一个他从前认识的农家里,一对老夫妇,一个十六七岁的儿子,他们'旧雨重逢',倒也谈笑甚欢"。"我们坐了一会,雨已停,便仍踏着湿的道路,于夜色苍茫中跑了许多时候,才乘火车回到巴黎。"(全集第 5 卷第 708—711 页)

9 月 29 日　到法国后,对于飘泊异国他乡的中国浙江青田人的情形"更比较地详细。这班可怜虫的含辛茹苦的能力,颇足以代表中国人的特性的特征"!"法国人想到中国人,便以这班穷苦龌龊过着非人生活的中国人做代表! 有人怪这班鸠形鹄面的青田小贩侮辱国体,但是我们平心而论,若国内不是有层出不穷的军阀官僚继续勇猛的干着'侮辱国体'的勾当,使民不聊生,情愿千辛万苦逃到海外,受尽他人的蹂躏侮辱,这班小百姓也何乐而为此呢?""不懂话(指当地的外国语),不识字,不知道警察所的规章,动辄被外国的警察驱逐毒打,他们受着痛苦,还莫名其妙! 当然更说不到有谁出来说话,有谁出来保护! 呜呼中国人! 这是犬马不如的我们的中国人啊!"(全集第 5 卷第 711—713 页)

9 月 30 日　《萍踪寄语(一二)惊涛骇浪后》(7 月 31 日上午写于佛尔第号船上,8 月 3 日到苏彝士付寄),载《生活》周刊第 8 卷第 39 期。(全集第 5 卷第 652—655 页)

同日　"上午 10 点钟由巴黎动身,当日下午 4 点 55 分到英国伦敦。""此次由法到英,上岸后却须到海关受一番盘查。""有个海关工作人员""问我来英国干什么,我说我是新闻记者,现在欧洲旅行考察。他很郑重地问:'你不是来找事做的吗?'我开玩笑地答他:'我是来用钱,不是来赚钱的!'他听了笑起来,问我钱在哪里,我刚巧在衣袋里有一张汇票,便很省便地随手取出给他看一看,他没有话说",在护照上盖了个戳子就放行了。后来"仔细看一下,才知道戳子上面还郑重注明:'准许上岸的条件,拿此护照的人在英国境内不得就任何职业,无论有薪的,或是无薪的。'总之他们总怕外国人来和他们抢饭吃就是了——这大概也是他们在失业恐慌尖锐化的一种表现"。(全集第 5 卷第 715—717 页)

王礼锡"赶到车站来接。"(全集第 9 卷第 196 页)

经常到伦敦大学政治研究院听讲,到伦敦博物馆里的图书馆研读马列主义著作及其他社会科学书籍。后来韬奋在回忆这段日子时说:"我离开英国的时候,除了几个很知己的英国朋友外,最使我留恋不舍的,要算是英国博物馆里的图书馆。……马克思和列宁在伦敦时都曾用着大部分时间在这里研究。我最喜欢的是这图书馆里阅览室的建筑和布置,以及取书的方法的便利。"

10 月 7 日 《萍踪寄语(一三)海上零拾》(7 月 31 日上午写于佛尔第号船上,8 月 3 日到苏彝士付寄),载《生活》周刊第 8 卷第 40 期。(全集第 5 卷第 655—658 页)

10 月 14 日 《萍踪寄语(一四)月下中流——经苏彝士河》(8 月 5 日上午写于佛尔第号船上),载《生活》周刊第 8 卷第 41 期。(全集第 658—661 页)

10 月 21 日 《萍踪寄语(一五)海程结束》(8 月 6 日上午,写于佛尔第号船上,7 日到威尼司付邮),载《生活》周刊第 8 卷第 42 期。(全集第 661—664 页)

10 月 28 日 《萍踪寄语(一六)威尼司》(8 月 11 日上午在罗马记),载《生活》周刊第 8 卷第 43 期。(全集第 5 卷第 664—667 页)

10 月 30 日 夜里参观泰晤士报馆。(全集第 5 卷第 721 页)

10 月底 蔡元培连发两电,要求国民党中央解禁《生活》周刊,均被拒绝。11 月 3 日,国民党中央宣传委员会主任邵元冲复电:"蔡子民先生赐鉴:世电奉悉。《生活》周刊选载反动言论,如听其××,(原注:原电为'溯鼓',传译有误。)混淆是非,影响颇巨,故中央不得不予以查禁之处分。两承电示,深钦仁怀。但当兹扶植正当言论、纠绳谬诐词之际,非俟该报恳切自动表示悛悔之决心,力端言论之趋向,遽予宽假,似有困难。详情容驾返京时面陈。谨先电复,诸其鉴谅。弟邵元冲叩。江。印。"(高平叔《蔡元培年谱》第 113 页)

11 月 4 日 《萍踪寄语(一七)佛罗伦司》(8 月 12 日夜记于罗马),载《生活》周刊第 8 卷第 44 期。(全集第 5 卷第 668—670 页)

11 月 5 日 在伦敦一个多月里,"大概上半天都用于阅览英国的十多种重要的日报和几种重要的杂志,下半天多用于参观,或就所欲查询的问题和所约的专家谈话,晚间或看有关系所查询问题的书籍,或赴各种演讲会(去听不是去讲),或约报馆主笔谈话,或参观报馆夜间全部工作。每天从床铺上爬起来,就这样眼忙耳忙嘴忙,忙个整天"。(全集第 5 卷第 714—715 页)

11 月 8 日 晚上撰文述:"伦敦一般居民的住宅,除贫民窟的区域外,都设备得很清洁讲究,在马路上就望得见华美的窗帷。但在这华美窗帷的后面究竟怎样,却也不能一概而论"。房东就是"一个天天在孤独劳苦中挣扎地生活着的六十六岁的老太婆!她的丈夫原做小学教员,三十年前就因发神经病,一直关在疯人院里,她有两个儿子,一个女儿,大儿子二十岁的时候就送命于世界大战,第二个儿子也因在大战中受了毒气,拖着病也于前两年死去了,女儿嫁给一个做钟表店伙计的男子,勉强过得去"。"这个屋子她租了二十年,房屋依然,而前后判若两个世界,她还得做二房东以勉强维持自己的生活租了六个房客,因租税的繁重,收入仅仅足以勉强糊口,每天要扫打,要替房客整理房间,要替各个房客预备汤水及早餐,整天地看见她忙得什么似的。""我曾问她为什么不和女儿同住,免得这样孤寂劳苦。她说如果她有钱,尽可和女儿同住","如今穷得要依靠女婿生活,徒然破坏女儿夫妇间的快乐,所以不愿"。"记者并不是说这一家'华美窗帷的后面'情形便足以概括一般的情况,不过在社会里的这一类的苦况,很足以引起特殊的注意,尤其是在经济恐慌和失业问题闹得一天紧张一天以后。"(全集第 5 卷 718—720 页)

11 月 11 日　《萍踪寄语(一八)表面和里面——罗马和那不勒斯》(8 月 20 日脱稿于伯尔尼),载《生活》周刊第 8 卷第 45 期。(全集第 5 卷第 671—675 页)

同日　早晨,"'房东太太'捧着早餐走进记者房间以后,一面布置杯盘,一面她的眼眶里却盈满了晶莹着的热泪,颤抖着呜咽着对记者说道:'今天是休战纪念日("Armistice Day"),在十一点钟的时候,全体人民都举行两分钟的静默,脱帽示敬——对为大战所牺牲的勇士们示敬。'""记者被她提醒以后,匆匆地吃完早餐,略翻阅一部分的当天报纸,便向外跑,要看看'全体人民''两分钟静默'的情况"。"一个妇女捧着一盘的薄绸制成的红花","迎笑着请我买一朵"。"在这一天,英国全国的街上这样售出的红花达四千万朵。这些红花,在许多孤儿寡妇老父慈母看来,实象征他们的亲爱者无辜为帝国主义所牺牲者的鲜血!我的那个头发尽白的'房东太太',对着这朵红花就不知道要陪了多少眼泪!要唤起了多少哀思。"(全集第 5 卷第 721—722 页)

11 月 18 日　《萍踪寄语(一九)离意大利后的杂感》(8 月 22 日记于日内瓦),载《生活》周刊第 8 卷第 46 期。(全集第 5 卷第 676—679 页)

11 月 19 日　"记者自到伦敦以来,每日除观察,谈话,或听讲外,便以阅读八九种报纸为常课,自觉得益不少,兴趣也非常地浓厚。第一可注意的是各报有各报的特点,极少雷同。他们不但在言论上因各报的立场不同而内容互异,即在消息上也因为各报的注意点不同而取材也迥然各异;有的消息,简直尽可以这报有,那报没有,就是遇着异常重大的国事或国际问题,问题尽管相类,而彼此所载的详略或注意点,也不一样。""言论和消息,各有特殊的注重,以造成各报的个性,这原可算是报纸的一种优点。""报纸各有各的特点,不作表面上的摹仿,以及设备上的科学化,这都是值得我们注意的,此外便是于新闻里面常常注意插图的加入,以引起读者的特殊兴趣。"(全集第 5 卷第 725—727 页)

11 月 25 日 《萍踪寄语(二○)世界公园的瑞士》(8 月 25 日记于巴黎),载《生活》周刊第 8 卷第 47 期。(全集第 5 卷第 680—683 页)

11 月 27 日 "上午十点三十分钟,由伦敦乘火车赴孟却斯特,下午两点十分钟到。""住在一个小旅馆里","旅馆虽小,却非常清洁,楼梯和地上都铺着花绒地毯。里面除一个老板和一个老板娘外,就只有两个青年女侍者"。记者"带了伦敦西友的介绍信,承该报副主笔""殷勤招待,作详细的参观和谈话"。(全集第 5 卷第 734 页、737 页)

11 月 30 日 "上午十一点三十分钟由孟却斯特乘火车动身,下午两点十分钟到利物浦。""朋友涂长望君(《生活》的读者)到车站来照拂,并承他陪伴了两天,诚挚可感。""此次出国最感愉快的是藉着《生活》的媒介,遇着许多有志的青年朋友,涂君也是其一。""下午四时左右,"前往利物浦大学,"该校因卢斯佩教授对中国非常表同情,每讨论到远东问题,总是帮中国,所以造成风气,他所主持的地理学院的男女生近百人,都是对中国特具好感的"。"在利物浦除参观了利物浦大学(建筑学最著名),大规模的船坞有许多轮船都闲空着,利物浦的贫民窟。""此外在建筑上比较特别的是利物浦的'浮码头'","还有个尚在继续建造中的大建筑物是利物浦大教堂。"(全集第 5 卷第 740—742 页)

是月 《韬奋漫笔》由生活书店出版。

12 月 1 日 "《生活》的读者,最近因肺病进了医院"。"下午买了一些水果,约同涂君和特由伦敦赶来利物浦陪我同赴爱尔兰的张似旅君,到医院去看他。""听见他说医生说已可无碍,身重加了两磅,不过还须疗养,也非常替他欢喜。""夜里十点钟","和张君乘轮赴爱尔兰的首都"。(全集第 5 卷第 744 页、745 页)

12 月 2 日 早晨八时到爱尔兰首都都柏林。在都柏林"耽搁了四个整天"。"一部分时间观览有历史意味的胜迹,一部分时间和几家报馆的主笔及各政党的主要人物谈话,最后还去访问了爱尔兰自由邦(Irish Free State)总统凡勒拉(Eamon De Valera)。""有一家报馆的主笔","访了四次才看到"。"寻访政党要人谈话的麻烦","跑了好几处才寻到","由该机关用汽车把我们两个人载着弯了许多圈子,才到了他们的秘密处所"。"又如寻访共产党的机关,东查西问,到贫民窟里钻了许久,居然也寻到了"。"此次所要调查的,是他们所受的压迫已减至何种程度和他们要获得完全自由平等的前途趋势怎样"。(全集第 5 卷第 745—746 页)

同日 《萍踪寄语(二一)出了世界公园》(8 月 28 日下午记于巴黎),载《生活》周刊第 8 卷第 48 期。(全集第 5 卷第 684—686 页)

12 月 5 日 下午 5 时半,拜访了爱尔兰自由邦总统凡勒拉。"记者先对他致谢上次他在日内瓦国联会议任主席时对中国表示的好意,继说对爱尔兰民族解放斗争精神的敬慕,所以见他感到异常的愉快。""我接着说我们不敢多费他的时间,只想简要的替《生活》周刊提出几个问题来问他。他说谈话内容必须在《生活》上发表的话,务必先给他看过。""下面几段的谈话,已由记者回伦敦后先把要点译成英文,寄给他看,经他回信同意的。""我们谈约半小时后退出。""临行承他应记者要求,叫他的女秘书捡出他的最近肖像赠给本刊。"晚上 8 时乘轮船离开都柏林。(全集第5 卷第 748—750 页)

12 月 6 日　"上午六点钟到利物浦"。"我独自一人先由利物浦乘八点三十分钟的火车回伦敦"。"当日下午一点半钟到伦敦。""在这归途中,陆陆续续看完了一本英文的凡勒拉传记"。(全集第 5 卷第 751 页)

12 月 9 日　《萍踪寄语(二二)巴黎的特征》(9 月 6 日晚记于巴黎)、《〈萍踪寄语〉附言》,载《生活》周刊第 8 卷第 49 期。(全集第 5 卷第 687—690 页、438 页)

《〈萍踪寄语〉附言》全文:

"记者正要写这篇文字以前,第一次接到寒松先生从国内的来信(八月八日自上海发),提起记者离国后,有人在报纸上造出种种谣言:有的说我是卷了马占山将军的抗日捐款而逃的;有的说我和××一样,拿了当局津贴走的;有的说《生活》是已屈伏了的。关于马占山将军的捐款,曾经潘序伦会计师查帐,印征信录分发,并在报上公布过(其实凡是我经手的款项,都有收据帐册及会计师的查核为凭);至于我是否拿了当局的津贴走,《生活》是否屈伏,有本刊现在和将来的言论及态度为证,明眼人自能知之。事实胜雄辩,如属误会,事实具在;如属有意诬陷,那记者就无须多说了。承许多朋友替我愤懑,我很感谢,但寒松先生说得好,'横直有事实来答辩',我倒觉得坦然。"(全集第 5 卷第438 页)

12 月上中旬间　陈铭枢、蔡廷锴等在福建组织人民政府,号召反蒋抗日。胡愈之执笔在《生活》周刊上发表《让民众起来吧!》的短文,国民党上海市党部以借此文"同情"福建人民政府为由,下令查禁《生活》周刊。(胡愈之《关于生活书店》,收入《我的回忆》第 157 页)

12 月 16 日　《最后的几句话》(署名同人),《生活》周刊发表文章,向广大读者告别,称"到本期为止,刚出满了第八卷。但是环境的压迫,已到了最高度,再不容许我们有续出第九卷的可能。""现在,我们所预料的最后一天,果然到来了。上海代销本刊的派报公会已经奉到禁售本刊的公文。我们探得可靠的消息,当地官厅已接到查封本刊的命令。""本刊主编韬奋先生远在海外,虽然还没有知道这个消息,但是他在出国前已具了'保全人格报格,不为不义屈'的决心,所以我们特把他以前所写下的那篇《与读者诸君告别》,登在这最后的一期。""我们相信,本刊和诸君告别,只是一时的告别,而不是永久的告别;只是文字上的告别,而不是精神上意识上的告别。""我们可以断定本刊和读者必有再度相见之一日,此时的分别,自然只有增加本刊读者的勇气决心与希望,而不会给予悲观与沮丧。"(《生活》周刊第8卷第50期)

同日 《与读者诸君告别》(1932年10月作),载《生活》周刊第8卷第50期。(全集第5卷第439—441页)

《与读者诸君告别》摘要:

"本刊自东北国难发生以来,愈痛于帝国主义的侵凌与军阀官僚的误国,悲怆愤慨,大声疾呼,希望能为垂危的中华民族唤起注意与努力,不料竟以此而大招政府当局的疑忌,横加压迫,愈逼愈厉,本刊在以往三个月里无日不在惊风骇浪中挣扎奋斗,记者持笔草此文时,已得到即将封闭本社的确息,我们寻遍了《出版法》的规例,不知犯了哪一条,政府封闭本社,也不知根据了哪一条,但是本刊在政府威权之下,已无继续出版之可能,本刊为正义而奋斗,已到了最后的一步,预计本期和读者诸君相见的时候,本社已被封闭,可以说是与诸君告别的一期。《小言论》是每期文稿里最后付印的一篇,特乘此最后的机会,和我所朝夕萦怀的国内外精神之交的诸好友略述所感,藉作告别的纪念。""本刊七月横遭禁止全国邮递,继被全国查禁,最后竟被封闭。在此遭难的三个月里面,颇承不少热心的朋友自动地向当道解释。我们所得的罪名是'言论反动,毁谤党国',其实我们对问题或国事有所评论,全以多数的民众为立场,公开的事实为根据,不知道有何'反动',也不知道有何'毁谤',代向当道解释的朋友多针对此两点有所剖白,除这种解释之外,记者所始终认为绝对不容侵犯的是本刊在言论上的独立精神,也就是所谓报格。倘须屈服于干涉言论的附带条件,无论出于何种方式,记者为自己人格计,为本刊报格计,都抱有宁为玉碎不为瓦全的决心。""本刊同人自痛遭无理压迫以来,所始终自勉者:一为必挣扎奋斗至最后一步;二为宁为保全人格报格而决不为不义屈。现在所受压迫已至封闭地步,已无继续进行之可能,我们为保全人格报格计,只有听其封闭,决无迁就屈伏之余地。""记者一方面从苦痛中得到这样的深刻教训,一方面却绝对不因此而消极。""此后不但不消极,且当本其赤诚,坚其意志,积极在实际方面力求对民族前途有切实的贡献。""记者个人固应勿忘上面所说的教训而应从实际方面努力,同时并以至诚希望诸君也把对于本刊言论的同情移到实际方面的努力,共同奋斗,共谋中华民族的独立与解放。"(原编者附言:"本篇为韬奋先生于去年 10 月间所作。当时本刊已准备被封,直延至目前,文中所述,已成事实,故照原稿登出。虽文内所述时间,业已不符,不加改正,以存其真。")(全集第 5 卷第 439—441 页)

同日　《萍踪寄语(二三)性的关系的解放》(9 月 10 日记于巴黎),载《生活》周刊第 8 卷第 50 期。(全集第 5 卷第 690—693 页)

《萍踪寄语(二四)瑕瑜互见的法国》(9 月 15 日夜记于巴黎),收入《萍踪寄语》初集。1934 年 6 月生活书店上海版。(全集第 5 卷第 693—696 页)

《萍踪寄语(二五)巴黎报界》(9 月 19 日记于巴黎),载 1934 年 5 月 19 日《新生》周刊第 1 卷第 15 期。收入《萍踪寄语》初集,改题《操纵于资产集团的巴黎报界》。1934 年 6 月生活书店上海版。(全集第 5 卷第 696—699 页)

《萍踪寄语(二六)再谈巴黎报界》(9 月 19 日夜记于巴黎),载《新生》周刊第 1 卷第 18 期(1934 年 6 月 9 日出版)。(全集第 5 卷第 699—702 页)

《萍踪寄语(二七)法国教育与中国留学生》(9 月 24 日记于巴黎),收入《萍踪寄语》初集。(全集第 5 卷第 702—705 页)

《萍踪寄语(二八)法国的大学教授》(9 月 27 日记于巴黎),收入《萍踪寄语》初集。(全集第 5 卷第 705—708 页)

《萍踪寄语(二九)法国的农村》(9 月 29 日记于巴黎),收入《萍踪寄语》初集。(全集第 5 卷第 708—711 页)

《萍踪寄语(三〇)在法国的青田人》(9 月 29 日记于巴黎),收入《萍踪寄语》初集时篇名除"国"字。(全集第 5 卷第 711—714 页)

《萍踪寄语(三一)由巴黎到伦敦》(11 月 5 日记于伦敦),收入《萍踪寄语》初集。(全集第 5 卷第 714—717 页)

《萍踪寄语(三二)华美窗帷的后面》(11 月 8 日记于伦敦),收入《萍踪寄语》初集。(全集第 5 卷第 718—721 页)

《萍踪寄语(三三)英伦的休战纪念日》(11 月 12 日记于伦敦),收入《萍踪寄语》初集。(全集第 5 卷第 721—724 页)

《萍踪寄语(三四)伦敦的新闻事业》(11 月 19 日记于伦敦),收入《萍踪寄语》初集,改题《世界新闻事业的一个中心》。(全集第 5 卷第 724—727 页)

《萍踪寄语(三五)英报背景和对华态度》(12 月 9 日记于伦敦),收入《萍踪寄语》初集。(全集第 5 卷第 727—730 页)

《萍踪寄语(三六)谈〈泰晤士报〉》(12 月 19 日记于伦敦),收入《萍踪寄语》初

集。(全集第 5 卷第 730—733 页)

《萍踪寄语(三七)〈孟却斯特导报〉的创造者》(12 月 24 日记于伦敦),收入《萍踪寄语》初集。(全集第 5 卷第 734—737 页)

《萍踪寄语(三八)孟却斯特》(12 月 24 日记于伦敦),收入《萍踪寄语》初集,1956 年 1 月《韬奋文集》第二卷,"孟却斯特"改"曼彻斯特"。(全集第 5 卷第 737—740 页)

是月 《小言论》第三集由生活书店上海初版,共收入邹韬奋在《生活》周刊上发表的"小言论"56 篇。(全集第 5 卷第 521—606 页)

1934 年(民国二十三年)　40 岁

2 月　蒋介石在南昌发起新生活运动,亲任会长,陈立夫等任总干事。

3 月　溥仪在长春称帝,改"满洲国"为"满洲帝国",年号"康德"。

10 月　中共中央和红军总部从瑞金出发开始长征。

是年　国民党政府制定《检查新闻办法大纲》。《世界知识》在上海创刊。胡愈之、金仲华编辑。

1 月 2 日　记者炳然在英国伦敦拜访韬奋,谈到失眠,"韬奋报告他的三夜失眠史。他说:'我的最大的小孩是男孩,今年七岁了,很聪明,虽然仅仅七岁,已经可以写"小文章",最近,我接得家信,说他病了,而且病得很厉害,因此我便三夜不能入睡,当我午夜焦思的时候,我便想起我曾因他有一次不知为什么事得罪了他的母亲,弄得他的母亲哭了,轻轻的打他两掌,虽然只是轻轻的,可是他立刻陷入一种恐怖状态,甚且整个的身体在战栗,我想到他的病,便联想到我曾打他,想到我曾打他,便想到他的战栗,便想到我的残忍,在这种情形下,无论如何是不能入睡的,后来我得到了平安的回电,才得恢复睡眠。今后,我决定不再触动他一指。'"记者接着叙述:"我们又开始谈话,彼此的态度都是极度的坦白,至于谈话的内容,有的不便发表,我只将韬奋最后的结论介绍在这里:'我们的思想是一致的,为了要实现它,有的要走直线,有的要走曲线,在工作效率上这是必要的,放心! 我一定尽我力量之所能,完成我们的任务。'"(炳然《访韬奋》,载《新生》周刊 1934 年 2 月 17 日第 1 卷第 2 期)

1 月 4 日　《萍踪寄语(三九)利物浦》(记于伦敦),收入《萍踪寄语》初集,1934 年 6 月生活书店上海版。(全集第 5 卷第 740—744 页)

1 月 15 日　《萍踪寄语(四〇)继续努力解放的爱尔兰》(记于伦敦),收入《萍踪寄语》初集。(全集第 5 卷第 744—747 页)

《萍踪寄语(四〇)继续努力解放的爱尔兰》摘要:

　　"我们想起爱尔兰,每要连带想到这个老大民族七百年来继续不断地努力于民族解放的斗争,尤其是在已往的两个世纪里,这部斗争史是用殷红热血写成的,是无数战士粉身碎骨造成的! 这斗争现在还未完成,虽则是离了一个旧的阶段,踏上了一个新的阶段;他们仍在英勇地继续努力于民族解放的斗争。我们不幸生在受帝国主义践踏的中国的人们,对他们不禁汹涌着同情,兴奋和惭愧的情绪。”(全集第 5 卷第 744 页)

1 月 17 日 《萍踪寄语(四一)凡勒拉访问记》(记于伦敦),收入《萍踪寄语》初集。(全集第 5 卷第 747—751 页)

1 月 20 日 《萍踪寄语(四二)从爱尔兰归途中》(记于伦敦),收入《萍踪寄语》初集。(全集第 5 卷第 751—754 页)

1 月 23 日 《萍踪寄语(四三)“巴立门的母亲”》(记于伦敦),收入《萍踪寄语》初集。(全集第 5 卷第 754—757 页)

《萍踪寄语(四三)“巴立门的母亲”》摘要:

“英国在政治上向有‘巴立门的母亲’(“Mother of Parliament”)的尊称。现在这位‘母亲’倘若不是‘风烛残年’,她老人家的光辉却已大不如前了。”“所谓‘巴立门’,我们都知道就是英国的国会,包括上议院和下议院。记者到英国后,也去夹在新闻记者席上旁听,听听这班代议制度里的议员老爷们的长篇累赘的滔滔辩论。”这种‘绅士式的战争’制度,在大战以前,也就是在一九一四年以前,都是靠两大政党——保守党和自由党——的运用,即所谓‘两党制度’(“two—party system”)。”……一个在朝便成了政府,一个在野便成了反对党(“Opposition”);这样一升一降,循环干着。这两党制度所以能顺利进行着,有个很大的前提,那便是彼此对于现存的社会制度及政治制度的根本性质,有大量共同的立场。有了这样的共同的立场,甲政党接替乙政党组织政府,或改选一个新的国会,所移动的才不过比较属于枝节的政策,才不致大大地把前任所通过或所执行的法令根本推翻,否则这甲乙两党便无法循环上下着轮流执政。再说得具体些,英国的保守和自由两党循环上下闹了许多年的把戏,他们虽似乎处于敌对的地位,但根本上都是拥护资产阶级利益的政党,关于这一点,便是他们的大量共同的立场。这两大队‘绅士们’,无论他们在会场上的‘绅士式的战争’干得怎样有声有色,要想他们能从这‘战争’中对现存的社会制度及政治制度弄出什么根本的改革来,那是绝对无望的。其实这所谓‘代议制度的民主政治’(“Parliamentary Democracy”)所以能运用灵活法,根本大前提便是:在这制度里有左右政局势力的最大多数人,对于当前的政治和经济的根本组织,须有实际的同意。”(全集第 5 卷第 754—756 页)

1 月 25 日 《萍踪寄语(四四)如此救济!》、《萍踪寄语(四五)纸上自由》(以上

两篇记于伦敦),收入《萍踪寄语》初集。(全集第 5 卷第 757—760 页、760—763 页)

《萍踪寄语(四五)纸上自由》摘要:

"英国和法国的'民主政治'倘若比专制的国家有不同的地方,最大的特点可以说人民的确已得到'纸上自由'了。这所谓'纸上自由',也可以说是'嘴巴上的自由'。""尽管听任你在文字上大发挥,尽管听任你在嘴巴上大发挥,但在行动上,这资本主义的社会制度好像铜墙铁壁似的,都不许你越雷池一步!""这当然是处身军阀官僚横行的国家里面的人民所垂涎三尺的权利,因为在这样的人民,只有受压迫剥削的份儿,连呻吟呼冤都是犯罪的行为!""但是进一步讲,终究还仅是'纸上自由'!"(全集第 5 卷第 760—761 页)

1 月 31 日　《萍踪寄语(四六)大规模的贫民窟》(记于伦敦),收入《萍踪寄语》初集。(全集第 5 卷第 763—766 页)

2 月 1 日　《萍踪寄语(四七)独立观念中的叫花子》(记于伦敦),收入《萍踪寄语》初集。(全集第 5 卷第 766—769 页)

2 月 2 日　《萍踪寄语(四八)家属观念和妇女地位》(记于伦敦),收入《萍踪寄语》初集。1956 年《韬奋文集》第二卷"家属观念"改"家属关系"。(全集第 5 卷第 769—773 页)

《萍踪寄语(四八)家属观念和妇女地位》摘要:

"资本主义社会里面,因个人主义之高度的发展,家属的关系也比较地疏浅。""在他们家属关系里面,也可随处察觉独立观念的成分。例如记者在伦敦所住的屋子的房东太太,那样老,那样辛苦,那样孤寂,但是她仍不愿去倚靠她的已出嫁的女儿。""这种独立观念,就某种意义说,不能不算是一种'美德'——至少在力求自食其力而不肯累人一点上很可贵。但是在另一方面看,各人只在个人主义里兜圈子,不曾顾到社会的集团的利益,听任剥削制度的社会存在着,势必致于虽有独立观念而无法维持的时候,虽欲做工而无工可做的时候;平日辛勤做工,到老做不动时还须拖着命做,那些有剥削工具握在掌握的人,却可以不劳而获地享受不尽。""其次可附带谈谈英国妇女的地位。自世界大战后,英国妇女在职业界的地位似乎增高了不少,有女议员,有女律师,有女教授,乃至有过女阁员,但是这仅是在最上层的少数的人物,我们如移转注意到一般劳动妇女的情形,便可见她们还大多数在挣扎的生活中。据英国鼎鼎大名的女议员爱斯特(Lady Astor)在最近演辞中所说,美国妇女做工赚工资的有六百万人,其中已结婚的约一百万人。有许多妇女加入工作,似乎是好现象,但如仔细一研究,便知有两大原因:一是由于资本家利用"贱工""

("Cheap labor"),妇女们的工资可以特别低;一是由于近几年来一般失业的日渐尖锐化——尤其是已往的三年以来——妇女不得不出来找工作做,以勉强支持家计。"(全集第5卷第771页)

2月4日 《萍踪寄语(四九)英国教育的特点》(记于伦敦),收入《萍踪寄语》初集。(全集第5卷第774—778页)

《萍踪寄(四九)英国教育的特点》摘要:

"所谓'双轨制'的教育制度——一部分是有钱的人受的教育,一部分是穷人受的教育"。"当然,在他们还有很好听的名词,一种说是'为领袖而设的学校'('School for the leaders');还有一种说是'为大众而设的学校'('School for the masses')"。"这两大类学校的分道扬镳,不是以智能为标准,全以家世及财力为标准。所谓'领袖'教育,是养成维持现制度的统治阶级,或统治阶级的工具;所谓'大众'教育,是养成供剥削的被统治阶级。""普及教育原是一件好事,但是资本主义国家对于普及教育却有她的目的,第一是要得到工业上的效率,机器日益进步,运用机器的人,必须有相当的教育程度,才能得到好的效率,做资本家的良好工具;第二是国防,毫无教育其蠢如豕的国民,不知爱国,不能替资本家向国外去抢市场,或替资本家保守已抢得的市场,必须有相当的教育程度,才能了解'爱国'(此处所谓爱国,当然不是指爱劳动者的国,是指爱资本家的国,换句话说,做资本家的工具而已)。这所谓'相当',是恰到可以受资产阶级利用为限度,过此则非所许,所以在教育制度上也自然地表现着不平等的现象。""英国大学每学科每星期上学不过一二小时,使学生有充分自己研究和从容自由思考的时间。""所行的导师制,记者曾特为此事到牛津(Oxford)去了一整天。""每个导师指定照顾学生几个或十几个,常常定期和学生作单独或几个聚会的谈话"。"学生关于选择科目,研究材料等等问题,都从这种谈话的机会和导师接触,得到种种指导。这种导师制的最大的优点,是于教室听讲之外,师生间多接触和交换意见的机会。""英国大学生除和导师有谈话接触的机会外,同学间还有时常轮流请吃茶点谈话的风气。""这种吃茶,注重的当然不在茶而在谈话。中国俗语有所谓'听君一席话,胜读十年书',多和有学识经验的人谈话,确能获得不少益处"。(全集第5卷第774—777页)

2月5日 《萍踪寄语(五○)英国的华侨》(记于伦敦),收入《萍踪寄语》初集。(全集第5卷第778—782页)

《萍踪寄语(五○)英国的华侨》摘要:

"在海外自辟生路的侨胞的冒险的精神,苦斗的能力,不能不算为可以惊人的。中国每年入超,全靠华侨汇款回国有些调剂"。"华侨对祖国经济上的关系,不可谓不重大。但是祖国当局者视华侨在若有若无之间,毫无协助的实际办法,最近的趋势是日在没落之中"。"在十年前,旅英的华侨至少在一万人以上(听说在世界大战时达一万五千人),但是最近已减到三千人左右了。在英的华侨,大多数在轮船上做水手或火夫,这种苦工作,在经济繁荣时代的英国人多不愿干,所以肯吃苦的'支那人'要得到这样的机会并不难。自世界经济恐慌以后,英国船业受着很大的打击,首先被裁的当然要轮到'支那人';而且就是可以维持的部分,雇主们也用英国人来代替'支那人'。所以这硕果仅存的三千中,失业者已有三分之二了。""记者到东伦敦去观光时,也到侨胞麇集的区域去看看,差不多都是广东人,最显著的是中国药材铺,中国杂货店,里面有种种中国的土货,做的当然都是中国人的生意,所以生意的规模永远不会宏大的。"(全集第 5 卷第 779—780 页)

2 月 7 日　《萍踪寄语(五一)英伦杂碎》(记于伦敦),收入《萍踪寄语》初集。(全集第 5 卷第 782—785 页)

《萍踪寄语(五一)英伦杂碎》摘要:

"英国人对于有色人种,有成见的仍然不少。往往门窗上明明贴着'招租',或在报上'招租'的广告里明明说有屋出租,看见是中国人要来租,也许假说已经租了出去。""在巴黎的街道上和菜馆里,常看得见非洲的黑人和安南人。在伦敦的街道上和菜馆里常看得见菲洲的黑人和印度人。他们自己的感想如何,我不知道,但我替他们设身处地想想,实在替他们觉得难过,因为总要连带想到'亡国奴'这名词上面去。但转念到我们自己,尤其是转念到我们东北的三千万同胞,愧怍愤懑的情绪更不能自禁地汹涌着上来!"(全集第 5 卷第 785 页)

2 月 20 日(注:原文 4 月 20 日)　下午 5 点去法国众议院旁听了 40 分钟。(全集第 5 卷第 794 页)

2 月 22 日　"上午九点十五分由巴黎动身,十二点便到了比京布鲁塞尔。""记者到比国的时候,正值他们一'丧'一'庆'的当儿。我们到的那一天,是爬山跌死的比王亚尔培大出丧的日子,也就是他们的国丧;第二天是比国新王利阿波尔第三宣誓登位的日子,也就是他们的国庆。在这两天,满街人山人海,比京附近各城的人都特为跑来看热闹,我就好像看了'比国人民展览会'。""有一个清晨,我和老友寄寒伉俪同在这样的一个道旁散步,就两次遇着这样变相的乞丐,手里拿着几根铅笔,伸着手向你要钱。""记者在比虽仅前后四天,除到鲁文(Louvain)半天外,承寄寒贤伉俪差不多天天陪伴着游览,所看的地方不少,比较重要的是他们博物馆的设备,国家虽小,对于民众教育的努力并不小。""特地去看了他们的殖民地博物馆","在比京也有所谓'无名英雄墓',即在世界大战中阵亡兵士的坟墓"。(全集第5卷第797—801页)

2月23日 "午后,和寄寒伉俪偕往滑铁卢一游,整整费了一个半天的工夫。滑铁卢是一个居民只有四千人左右的小村,在比京布鲁塞尔之南十一英里,由布鲁塞尔去,乘一小时的电车可达。"小村"设有一个陈列馆,陈列关于该次战争的遗物(注:1815年6月的英法战争)。""除这个陈列馆外还有一个纪念此次战事的人造狮子山(Mout du Lion)。""我们三个人都鼓着勇气爬到最高顶去远望了一番,这附近的四围便是大军博战之地,便是叱咤风云一世之雄的拿破仑大吃败仗的所在!"(全集第5卷第802—803页)

2月24日 "上午费了半天工夫去参观比国一个文化中心的鲁文,有'比利时的牛津'(The Oxford of Belgium)之称,由比京乘火车去,不及一小时即到。"参观了罗文大学。"该校以医工较著名","记者到后,承他(注:前《大晚报》记者张若谷,也在该校肄业)引导参观。鲁文街上极少车辆,清静安逸,与布鲁塞尔迥异。著名建筑有五百年历史的市政厅,宏丽的教堂,及大规模的图书馆等"。(全集第5卷第803页)

2月26日 "静悄悄地一人离开了比京布鲁塞尔,乘着十二点五十分的火车,往荷京海牙进发。""当天下午三点三刻到海牙。""我因在荷兰没有什么熟友,便提着两个小衣箱,叫一辆汽车,直驶中国使馆,一坐入汽车,第一印象便是整洁,向汽车的玻璃窗外面看看,第一印象也是整洁。""在我所经过的几个国家里,在整洁上能和荷京相比的,似乎只有瑞士。我一入了这两国的国境,精神便为之一爽,眼光便为之一亮,这种整洁的印象,是在别处所未曾得到的"。和中国驻荷公使金问泗君畅谈了许久,"这次在海外晤叙,觉他毫无官僚习气,好像在学校里遇着的一位同学,一见如故"。"又承他介绍他的荷籍秘书谈了一会,大都是关于荷兰的情形,当晚即在使馆吃晚饭。"(全集第5卷第807—808页)

2月27日 "早晨,我独自一人依着《指南》到荷兰最著名的海滨希文宁根(Scheveningen)去跑了半天,所得的印象,也是无处不整洁。""匆匆遄回海牙,在一个菜馆里胡乱地吃些东西当午餐,在下午又依着《指南》看了几处名胜,其中最为我们所久闻大名的当然是海牙国际法庭。""海牙是荷兰的政治首都,安斯特丹姆可算是荷兰的商业首都。""晚间十点钟和荷兰的政治首都告别,当夜十一点钟由火车到了荷兰的商业首都。在这天夜里未动身前,又承金问泗公使坚约吃晚饭,在座的有王宠惠君(现在海牙国际法庭任法官),冯执正君(安斯特丹姆中国领事,适因事在海牙),金夫人和冯夫人等。""在荷兰的海牙和安斯特丹姆的街道上所见的,最使我感到兴趣的是脚踏车之多。""荷兰女子的旧式装饰很特别,旧式的房屋也颇有趣,这都只能在仅存的渔村中才看得见。"到达阿姆斯特丹,逗留了几天,调查了华侨的生活和荷兰的经济状况,参观了荷兰的殖民地博物馆等。(全集第 5 卷第 813—814 页)

2 月 28 日　"我还在安斯特丹姆的那天,正是该地法庭开审中国人假币案的事件,有中国水手身藏假造的荷币(五圆一块的银圆)不少,拿到赌场上去赌博,输则出伪币,赢则只要钞票,遂被发觉,搜出身上伪币被拘。""德国汉堡同时也发觉中国人偷运大宗伪造的马克。听说这类伪币是素讲'王道'的某国浪人在上海秘密造成的,不过由我国海外的穷侨民代为偷运推广,得些余沥而已,但中国的名誉又多受一度的'洗礼'了!"(全集第 5 卷第 818—819 页)

3 月 1 日　"安斯特丹姆附近有两个地方看得见,一个名马垦(Marken),一个名和伦丹姆(Uolendam),都是十三世纪传下来的渔村生活。""我为省时起见,只选看了一处,便是和伦丹姆。""下午偕冯君夫妇和徐家骥君同往,同乘冯君的汽车,一点多钟才到"。"虽在乡村,整洁一如城市,马路的一边是一望无际的碧绿的田野,一边是长满着青草的高几十尺的土墩,冯君在车里告诉我说,这也是一种海堤,堤的外面便是南海,我们走过的这条田旁马路,便在海平线七八尺以下,我们好像是在海的下面溜过去!""荷兰以殖民地广大闻于世,所以我也去看看他们在'商业首都'所建立的殖民地博物馆"。"做现在的中国人,在国外所遇着令人呕气的事真不少! 记者在安斯特丹姆的那几天,电影院里正演着德国乌发电影公司(Ufa)所摄的侮辱中国人的影片"。"这影片是以哈尔滨为背景,描写德国将官军士如何勇敢打俄国共产党,中国人如何怕死,如何龌龊,以及中国的军官如何贪污卑鄙等等丑态。尤可恶的是该公司联合在荷德的一二汉奸,引诱在荷的华侨(即青田小贩之类的人物)二百人左右,到德国去参加表演。""哀哉中国! 任人摧残糟蹋而已!"(全集第 5 卷第 814—818 页)

3 月 2 日　"上午十点廿七分离开荷兰的首都安斯特丹姆,当夜九点三刻到柏林。""一连坐着十一小时左右的火车,这在欧洲旅行中算是比较地长久的旅程了。""有个女子上车进来,坐在和我的座位适成对角的近门的那个座位上。""旅行的人最喜欢和各地人民有谈话的机会,我看她的态度很倜傥,便问她懂不懂英语,她欢然笑着说懂,于是才开始谈话。""这个德女年龄二十五岁了,父早死,母再嫁,她中学毕业已八年了,这八年来就在柏林一个化妆品公司里任事,已升到一部的主任"。

"这位 E 女士定婚已四年了,她的未婚夫 S 君原是一个无线电公司的经理,每月有五百马克经常的收入"。"不料 S 君在定婚之后,正是世界经济恐慌的狂潮开始的时候,各业大概都受着影响,他的公司也在这'狂潮'中倒闭了,他便失了业,一失业就失了四年,迄今虽千方百计,仍是不免失业,因此定了四年的婚,直至如今还未能结婚。""后来我们谈到学习德文的事情,我说在欧洲旅行,只懂英语,随处碰壁,很不舒服,所以我颇想在德的时候,分一些工夫出来学习一些德语。她听了自告奋勇,说她在晚间可腾出工夫教我。我说你有了那样多疑的未婚夫,此事不很妥当罢。她说不要紧。我说倘你能实践两个条件,我可到你那里学些德语。""我说第一须征求 S 君同意,倘若他觉得有一些勉强,即作罢论;第二是每次教我的时候,最好须请她的未婚夫也来陪伴着。关于第二点,我说并不是我们自己不信任自己,实因为多疑的人往往无理可讲,我不愿增加他们的纠纷,所以要这样做。她都答应了。""记述游德的印象,劈头就写了许多关于一个德女的事情,不是记者特别重视这件小事,一则不过为记述顺序之便,二则因为从这小女子的口角里,无意中可看出德国民间一部分的实际情形。"(全集第 5 卷第 819—823 页)

德国的新闻业也很发达。据德国新闻学研究院的调查,1932 年时全德国的日报有 4 703 家之多。当时德国的报纸都成了纳粹政府宣传部的附属机关。德国的新闻业协会,原来是由各报公举主席的,希特勒上台后,即'收为国有',废除了原有的主席,由宣传部新闻科派人充任主席,每晚开会,由各报派代表出席,静听政府中人演说!要从事新闻业的须经政府认为'无碍'后,加入该会,略一不如其意,即被开除出会,即等于永远打破饭碗,从此不许从事新闻工作。这样,"新闻记者都变成了道地的应声虫留声机!"只要是稍稍不合统治阶级口味的,报纸上就一点不许泄漏,更不要说评论了。韬奋认为,这是"不折不扣的愚民政策"!他在参观德国新闻学研究院时,和该院院长兼教授徒费法特博士就新闻学上的几个问题进行了讨论,其中有一个是言论自由问题。徒费法特博士认为在原则上他是赞成言论自由的,不过在革命过程时期,此自由不得不有限制,等到革命成功之后,再可开放。韬奋则特别强调:"这就要所谓'革命'是否真正革命,倘若自己在口头上叫着'革命',在实际上是反革命,反而要压迫真正革命的言论——真正为大众谋利益的言论——那便是自掘坟墓的行为了。"(全集第 5 卷第 850—856 页)

3 月 4 日 "我到柏林的第三天,便去找她"。"我和她讲好每星期一三五夜里来一次,每次从八点到十点。路上来往要费去两点钟","回到寓所时,常在夜里十二点钟以后了"。"我每星期有三夜在 E 女士家里读德文时,S 君也常在客室里写自荐信,有时练习书法,这原是我所要求的第二条件","他在实际上既是和 E 女士同居了,此事却也很便当地办到,在我也很欣幸地减少了不少的责任。""S 君虽是个多疑的人,但对我却很好,每在我来读德文的夜里,他在忙着写自荐信之余,还忙着泡茶,拿糖饼,殷勤招待我;每在星期日他和 E 女士同样地十分的殷勤约我同游,到了不少他们的亲戚和朋友的家里吃茶点聚谈,使我看到听到不少关于他们各家的情形。""我将离开柏林的前一夜,还到 E 女士和 S 君处辞行,E 女士很大胆地当着 S 君的面前不自禁地哭了许久,我倒着了慌,不知如何是好,我说你们两个都是我的好朋友,这样反而使我不好过,她才勉强收泪。"(全集第 5 卷第 823—827 页)

3 月 31 日　"乌斯太音算是在德国规模最宏大的出版及印刷机关,该公司的房子分两处"。"记者偕同友人张博士也分两次去参观。""先去看该公司的老屋"。(全集第 5 卷第 851 页)

4 月 3 日　"到腾迫河福去参观乌斯太音的大印刷所。上次去参观该公司的老屋,整整费了两小时的时间;这次去参观该公司的大印刷所,整整费去了四个小时半的时间。""看完了这样大规模的出版机关,心里暗作妄想,如中国有一天真实行了社会主义,或至少真向着了社会主义的大道上走,由大众化的国家办理这类大规模的文化事业,区区小子,得在这样的一个机关里竭其微力,尽我全部的生命在这里面,那真是此生的大快事,大幸事。这样大众化的事业,比之操在资本家的手里,以牟利为前提的事业,又大大地不同了。""记者曾到德国新闻学研究院去参观,和该院院长兼教授徒费法特博士(Dr. Emil Dovifat)谈过两次。我曾提出新闻学上几个问题和他讨论,其中有一个是言论自由问题,他认为言论自由,在原则上他是赞成的,不过在革命过程时期,此自由不得不有所限制,等到革命成功之后,再可开放。我说这就要看所谓'革命'是否真正革命,倘若自己在口头上叫着'革命',在实际上是反革命,反而要压迫真正革命的言论——真正为大众谋利益的言论——那就是自掘坟墓的行为了(纳粹不但自命'革命',其宣传部长并宣言纳粹所行的是'实际的社会主义')。"(全集第 5 卷第 855—856 页)

4 月 5 日　《致戈公振》,收入《韬奋手迹》。(全集第 5 卷第 609 页)

《致戈公振》摘要:

"公振我兄:由英转到手书,敬悉一切。弟于二月下旬赴比赴荷,三月三日抵柏林,现定于明日起赴 Leipzig,memich,Frankfurt 等处略作勾留,四月十六日左右可回转伦敦。俄国之行既在暑假中,须于七月初始能成行,恐不获机会面聆教益,憾何如之!""《新生》确为《生活》后身,乞兄为之撰文。表面上由杜重远兄负责,一切均仍旧贯,编辑仍由艾兄(编者注:艾寒松)负责,发行仍由徐兄(编者注:徐伯昕)负责也。兄回国后,仍乞帮忙为感。""兄回国后,对

俄事必有佳著出版,弟甚望能由生活书店发行,倘蒙赞同,乞于回国后,与徐兄面商一切。"(全集第 5 卷第 609 页)

4 月 6 日 "下午乘一点三十六分火车离开柏林,两点到莱城(Leipzig),承友人周景俞君到站照拂。周君担任莱城东方学院中国文讲师,在德十年,专研哲学"。"我们相见后,除交换关于德国的感想外,大谈哲学问题。""当天下午,记者就和周君同往参观战胜拿破仑纪念碑。"(全集第 5 卷第 857 页)

4 月 7 日 "上午参观德国图书馆(Deutsche Bucherei)和大理院(Reichsgericht)。""中午承周君和他的未婚夫人韩女士(奥国人)请在一个有四百年历史的'地下菜馆(Auerbachskeller)'吃午餐。""午餐后韩女士请我们同到她的大学女生寄宿舍里喝她自备的咖啡。""下午五时许周君带我去看一位'中国迷'的莱城大学东方学院教授吉士(Prof. Dr. Eduard Erkes)。""他是个德国人,研究中国国学已二十年。"(全集第 5 卷第 858—859 页)

4 月 8 日 "记者于下午乘着一点十四分的火车离开了'老鸡'的名城,于未到门兴(Munchen)以前,顺途先弯到一个小城名叫爱郎根(Erlangen)的,去看看同船同舱出国而又同游意大利的朋友周洪熙君。当日下午六点十一分到爱郎根。"曾"同乘着一两小时的火车,到附近一个小名城 Nurnberg 去游览了一天。""该城约有三十万人口,是中世纪留下来的未经改变的古城,古的城池,古的城堡,古的教堂,古的房屋,古的街道"。(全集第 5 卷第 860 页)

4 月 13 日 "上午乘九点廿八分车,十二点五十分到门兴。""门兴是巴伐利亚邦(Bavaria)的首都,纳粹的发源地"。"该处的德国博物馆(Deutsches Museum)是世界上最大的工业博物馆"。(全集第 5 卷第 861—862 页)

4 月 15 日 "上午乘八点十八分车离门兴,下午三点十分到德国西部之佛城(Frankfurt a Main)。承丁文渊君照拂,偕同参观了两个报馆,一个是国际闻名的老资格的《佛城日报》(Frankfurter Zeitung)";"一个是纳粹的本地党报"。"此外还看了歌德的故居",并和佛城中国学院的"女高足德国李格尔女士晤谈"。(全集第 5 卷第 862 页)

4 月 17 日 "晚乘十二点十五分车离佛城"。(全集第 5 卷第 863 页)

4 月 18 日 "下午四点四十二分到伦敦"。(全集第 5 卷第 863 页)

4 月 20 日 "这次再到巴黎,补看了好几个地方"。"一处是众议院"。"下午五点钟前十分到那里,五点钟起开始开会,五点四十分即闭会"。"简直是四十分钟继续不断的大吵闹"。"据久在法国的朋友说,众议院里这样哄做一团的情形是常事,有时大闹不停,议长无可如何,只得暂时退席以避之,因为议长走了,会议便等

于暂停,大家得随意离席,暂作鸟兽散,闹的人也就闹无可闹!"(全集第 5 卷第 794 页)

5 月 3 日　《萍踪寄语(五二)再到巴黎》(记于伦敦),收入《萍踪寄语》二集,1934 年 9 月生活书店上海版。(全集第 5 卷第 792—796 页)

《萍踪寄语(五二)再到巴黎》摘要:

"在伦敦和巴黎都各有一个蜡人馆,在伦敦的称为杜索夫人的展览会(Madame Tussand's Exhibition),在巴黎的称为格雷温博物馆(Musee Grevin)。""在伦敦的蜡人馆里","里面有个'鸦片窟'布置着一个拖辫子的中国人服侍两个英国水兵吃鸦片"。"在这样富有民众教育意味的机关,替中国人丢脸也就够了!""在巴黎的蜡人馆里,关于中国的只有一幕所谓'中日之战',是日本人打长城的布景,其中中国长城上竟阒无一人,不知道他们是否认为这是'一面抵抗,一面交涉'的象征?""我从另一方面想,我们自己倘能设立一个蜡人馆,却很有民众教育的价值,至少可将历来为革命而牺牲的许多烈士,尤其是辛亥革命之后,慷慨起义,临危舍命的种种惨状,把他们好好的布置起来,使人常常想到许多烈士的惨痛牺牲,现在所换得的是什么?""关于巴黎的'玻璃房子'以前不过听人谈起,还没有工夫去看,这次再到巴黎,也抽暇去参观一下。""她——可怜的她——此时眼中所看到的是法郎,心里所想的是法郎,无所不可的都是为着法郎! 到了这样情况之下,什么美的观念都没有了,我和那位朋友坐了不到五分钟,连酒都没有喝,就匆匆地离开了这个'人间地狱'。"(全集第 5 卷第 795—796 页)

5 月 11 日　《萍踪寄语(五三)游比杂谈之一》,载 1934 年 7 月 14 日、21 日《新生》周刊第 1 卷第 23 期、24 期,收入《萍踪寄语》二集。(全集第 5 卷第 797—801 页)

5 月 14 日　《萍踪寄语(五四)游比杂谈之二》,载 1934 年 7 月 28 日《新生》周刊第 1 卷第 25 期,收入《萍踪寄语》二集。(全集第 5 卷第 802—806 页)

《萍踪寄语(五四)游比杂谈之二》摘要:

"比国人对中国的态度,讲到政治的方面,比国外交向来是亲法的,惟法马首是瞻,法在外交上对中国的态度既不佳,比也可想而知,例如中日事件发生后,比政府的态度即偏袒日本。讲到一般民众方面,可以说大多数对中国完全莫名其妙,大概看到青田小贩,便认为这是中国人的代表。对于中国女子的印象,每以为仍是小脚,穿着他们在博物馆里所见的那种小脚鞋。"(全集第 5 卷第 806 页)

5 月 25 日　《萍踪寄语(五五)唯一女性统治的国家》(写于伦敦),载 1934 年 8 月 4 日《新生》周刊第 1 卷第 26 期、27 期,收入《萍踪寄语》二集。(全集第 5 卷第

807—812 页)

《萍踪寄语(五五)唯一女性统治的国家》摘要：

"荷兰虽采立宪君主制度,但荷女皇的政权很大,和英王之徒拥虚名,政权全由内阁负责者又不同。荷兰政府的立法权由女皇和国会连带负责(国会称 States—General,分上下两议院,上议院的议员是由最富的公民中选出来的)。行政权则绝对归女皇,在女皇之下虽有一个'参政院'('Road von State',英译为'State Council'),遇有关于立法及大部分的行政问题,女皇即开会咨询,但全体参政员(共十四人)均由女皇委任,而该院主席(President)又由女皇担任,实际终属咨询(Consultation)性质,实权仍操于女皇之手。"(全集第5卷第810—811 页)

5 月 27 日 《萍踪寄语(五六)荷兰的商业首都》(写于伦敦),载 1934 年 8 月 18 日《新生》周刊第 1 卷第 28 期、29 期,收入《萍踪寄语》二集。(全集第5卷第813—819 页)

6 月 1 日 《萍踪寄语(五七)一个从未和中国人谈话过的德国女子》(写于伦敦),载 1934 年 9 月 1 日《新生》周刊第 1 卷第 30 期,收入《萍踪寄语》二集。(全集第 5 卷第 819—827 页)

6 月 2 日 《萍踪寄语(五八)所谓领袖政治》(写于伦敦),载 1934 年 9 月 8 日《新生》周刊第 1 卷第 31 期,收入《萍踪寄语》二集。(全集第5卷第827—831 页)

《萍踪寄语(五八)所谓领袖政治》摘要:

"无论什么性质的集团或机关,只须是有'群'的形式,在职务上的需要,当然有领袖的必要;就是我们寻常组织一个旅行团,如人数较多,为种种事务上的便利和需要计,我们也常公推一个适于做团长的人,代表大家的公意和需要,主持一切。他的最重要的任务是要能把这一团人所要解决的事情解决掉,倘无法解决而又装腔作势,尽管吹牛,谁来睬他! 倘若这个团长仅勾结几个坏蛋,为少数人的私利,摧残大多数团员的福利,用残酷手段压迫大多数团员,还要以'领袖'自居,认为'领袖'是天生的,你们这般团员活该像奴隶似的受统治,这又成了什么话呢?""我在柏林的时候,屡次听见有中国友人看见德国有一班人大棒他们的领袖希特勒,便慨乎言之地说中国人就缺乏这种'美德'(?),说中国人就不肯拥护领袖,并肯定地断言中国之没有救药,病根就在这里。关于这一点,我却有些不同的感想,我觉得中国人最重视领袖——不过我们所重视的领袖是真能在行动上事实上表现他能为大众牺牲努力的领袖"。"中国人所要重视的领袖是在行动上事实上有办法为大众努力的领袖,不是挂着空招牌摆着空架子的领袖。如有人自以为是中国的领袖而怪中国人民不知或不肯拥护他,我要请他问一问自己有了什么,做了什么,足以引起中国人民的信仰和敬重!"(全集第 5 卷第 828—831 页)

6 月 3 日　《萍踪寄语(五九)褐色恐怖》(写于伦敦),载 1934 年 9 月 22 日《新生》周刊第 1 卷第 33 期,收入《萍踪寄语》二集。(全集第 831—835 页)

《萍踪寄语(五九)褐色恐怖》摘要:

"德国现在政治的特点,第一是领袖制度,其精神所在是中国古语所谓'民可使由之,不可使知之';认为人类中有生而为领袖的,有生而为被统治的,只须由头等领袖指挥一切,次等三等……领袖襄助他,统治大众。""第二特点便是残酷无比的'褐色恐怖'(Brown Terror)。这种情形,在德国仅能略有所闻,因为他们也知道无人道的惨酷行为不是一件荣誉的事情,所以力守秘密"。"寻常所谓'拘留所'是待审之处,在此处则活该受罪,无审之必要!""事实上就是把整千整百的被认为有政治嫌疑的人,或不自知怎样得罪党老爷的人,不由分辩地拘往聚在一处"。"这里面最惨的是鞭挞,打得死去活来的鞭挞。打时用的鞭是牛皮做的,中间镶着一条钢"。"从前做过社会民主党或共产党的职员的,拘入后不问有何理由,普通的规矩是先须赤身打一顿。""打得昏倒过去了,有医生打针救回来,醒后再打。""挨了种种的拷打酷刑,还有代守秘密的责任,万一幸而得以生还,固然是应该三缄其口,就是在拘留所里,也须守口如瓶。""这类行为是出于'秘密警察'和 S. A. 及 S. S. 一班人物,是国家法律所不能制裁的,而且是不许外人知道的,可称为'秘密的恐怖'(Secret Terror),此外还有所谓'合法的恐怖'(Legal Terror)。""历史上的大革命,虽都难免有一段恐怖时期,但像这样无人道的残酷情形,尤其是在文化比较进步的近代,却绝无仅有。况且说不上什么革命,实际干脆是反革命,这种残酷的恐怖就简直是向文明人类挑战了。"(全集第 5 卷第 831—835 页)

6 月 5 日　《萍踪寄语(六○)种族的成见和梦想》(写于伦敦),载 1934 年 9 月 15 日《新生》周刊第 1 卷第 32 期,收入《萍踪寄语》二集。(全集第 5 卷第 835—840 页)

《萍踪寄语(六○)种族的成见和梦想》摘要:

"德国的'纳粹(Nazi)'和意大利的'法西斯',虽同是狭义的国家主义,即志在跑上帝国主义老路的侵略的国家主义(这是他们的共同的),但德国的'纳粹'却有一个很大的异点,那便是更加上了很浓厚的种族的成见和由这种族成见所引出的很滑稽的梦想。""希特勒既认为'只有'亚利安人是替世界创造文化,替世界保存'美'的种族,他所积极提倡的有两件事:一件是保全日尔曼种族的血统，""即不许德人和有色人种或塞米族的犹太人结婚，因为他以为万分宝贵的日尔曼人的血一与'劣等人民'混合起来，也要使优种变成劣种的；还有一件是提倡唯一优种的亚利安人征服全世界，因为他认为必须如此，世界的文化才有进步。""德国一般人民，我觉得都很可爱，所以我对于日尔曼种族只有敬重的态度，但国社党那样排斥其他种族的态度，我认为是成见；征服一切其他种族的念头，更是梦想。"

6月6日 《萍踪寄语(六一)经济的难关——失业问题》(写于伦敦)，载1934年9月29日、10月6日《新生》周刊第1卷第34期、35期，收入《萍踪寄语》二集。(全集第5卷第840—845页)

同日 《萍踪寄语(六二)纳粹统治下的教育主张》(写于伦敦)，载1934年10月13日《新生》周刊第1卷第36期，收入《萍踪寄语》二集。(全集第5卷第845—848页)

《萍踪寄语(六二)纳粹统治下的教育主张》摘要：

"资本主义制度的国家，关于教育方面有个共同点，便是所谓'双轨制度'，有一班国民受了义务教育之后，便须入职业学校受短期的职业技能训练而藉谋糊口的；有一班国民便得一级一级地升学，养成上层阶级的材料：这两方面全以经济的背景为标准。"(全集第5卷第845页)

6月7日 《萍踪寄语(六三)德国新闻业的今昔》(写于伦敦)，载1934年10月20日、27日、11月3日《新生》周刊第1卷第37期、38期、39期，收入《萍踪寄语》二集。(全集第5卷第849—856页)

《萍踪寄语(六三)德国新闻业的今昔》摘要：

"据德国新闻学研究院(Deutsches. lnstitut fur Zeitungskunde)的调查，在一九三二年时全德国的日报有四千七百零三家之多。""乌斯太音算是在德国规模最宏大的出版及印刷机关"。"现在德国的报纸已全成了纳粹政府宣传部的附属机关。德国原有新闻业协会，由各报公举主席的，希特勒上台后，即'收为国有'，废除原有主席，由宣传部新闻科派人充主席，每晚开会，由各报派代表出席，静听政府中人演说！要从事新闻业的须经政府认为'无碍'后，加入该会，略一不如其意，即被开除出会，即等于永远打破饭碗，从此不许在新闻业上做事。新闻记者——无论是主笔或访员——都变成了道地十足的应声虫留声机！""只要是稍稍不合于统治阶级口味的，报上一些不许泄漏，评论更不必说"。"结果有许多人觉得本国报没有什么看头，要找些真消息的，只有向外国报上去看看。""一般人民不是都有能力看外国报的，于是便等于愚民政策——

不折不扣的愚民政策。"(全集第 5 卷第 850—856 页)

6 月 8 日 《萍踪寄语(六四)南德巡礼》(写于伦敦),载 1934 年 11 月 10 日、17 日、24 日《新生》周刊第 1 卷第 40 期、41 期、42 期,收入《萍踪寄语》二集。(全集第 5 卷第 857—863 页)

是月 《〈萍踪寄语〉初集》由生活书店上海初版,收入通讯 51 篇,"弁言"1 篇。(全集第 5 卷第 613—782 页)

《〈萍踪寄语〉初集弁言》(2 月 7 日晚十二时记于伦敦),收入同名单行本。(全集第 5 卷第 613—616 页)

《〈萍踪寄语〉初集弁言》摘要:

"记者自去年七月十四日离国赴欧以来,转瞬已经半年了。记者此次除自己存着学习的态度到欧洲来,还想常就自己观感所及,尽力写些通讯,藉《生活》周刊报告给国人"。"不幸《生活》周刊于去年十二月间'迫于环境,无法出版',《萍踪寄语》仅登出一小部分,暂时搁置,现在先把以英国为段落的编成初集出版,就正于国内外的读者和朋友们。""这些'寄语'虽然是'拉杂写来'的零篇短简,但是记者在观察研究的时候,在持笔叙述的时候,心目中却常常涌现着两个问题:第一是世界的大势怎样? 第二是中华民族的出路怎样? 中国是世界的一部分,我们要研究中华民族的出路怎样,不得不注意中国所在的这个世界的大势怎样。这两方面显然是有很密切的关系。""中国有句俗语叫做'油干灯草尽',资本主义进展到了第三期,它的渐渐地崩溃,在目前'油'虽还未'干','灯草'虽还未'尽',但这样下去,是朝着'油干灯草尽'的路线走去,这是很显然的趋势,这是可注意的一点。"(全集第 5 卷第 613—615 页)

7 月 8 日 黄炎培讯邹恩润。(《黄炎培日记》)

7 月 14 日 "由伦敦动身赴俄。""下午一点钟,友人孟云峤君陪我上船,船名西比尔(Sibir)。""上船的时候,已看见三五成群的男女搭客在船上闲谈着(搭客中的中国人就只记者一个)。""我们大多数坐的是三等舱"。"这船本说下午两点钟开,直等到四点一刻才开。""在这凭靠着船旁的搭客里面,有五六十个男女青年围着聚拢来,齐声大唱其'国际歌',同时岸上也有若干送别的青年用足劲高声唱和着。""说来惭愧,我一向虽在国内报上偶尔看到有'国际歌'的字样,其内容究竟怎样,一点不知道,只知道在有些人看来是'大逆不道'的东西,在此时倾耳静听其中的辞句(他们唱的是英文),才知道其要旨原来不过是勉励世界上的被蹂躏被摧残的人们共同起来努力奋斗,解除束缚,积极自救。""利用机会和他们谈话,才知道他们都是从美国来的,有五十人左右是美国全国学生同盟(National Students' league)的会员,这次赴苏联,是由该会发起"。"这个全国学生同盟是美国各处大学生所组织,是不属于任何党的超然的组织,美国各大学里多有他们的支部,其目的在辅助学生解决种种困难问题,并辅助工人运动,例如工人为力争改善待遇而罢工等事,该会协助的力量不少。他们说,他们的办法是对于当前的实际问题,尤其是他们所特别注意的学生界和劳动界的实际问题,作种种抗争和奋斗,以唤起学生和工人对于现制度的认识,使他们由困难中深刻地认识现制度的缺憾。""同房间的旅伴有一个是美国人,当过律师多年;一个是英国人,向在法国一个天文台里任事;还有一个是美国失业队里的化学工程师。这个失业的化学工程师年龄在三十左右,我和他还谈得来,前两位便都是五十岁以上的人物了,我和他们略为交谈后,觉得在思想上格格不相入,使我感觉到年龄相差太远,思想上也往往彼此隔阂,所以一时代是一时代的人物,很难勉强凑合,虽然也有老前辈思想并不落伍的,那是极少数例外。我们所要自勉的是要使思想随着时代的进步而一同进步,不要听任思想随着年龄的老大而也老朽起来。"(全集第6卷第12—19页)

7月15日 "下午四点钟,便跑到最高的那层甲板上去访问船长,承他在船长室晤谈。他听得懂英语,但只会讲德语,我幸而懂一点'洋泾浜'德语,彼此还算勉强谈得来。""我所首先询问的是船长的权限,和全船职工和他的关系。""他是由船局委任的,全船事权由船长负全责。在航行期中,全船职工对船长命令须绝对服从;倘职工对船长有不合的意见,得于船到列宁格拉后,向船局提出,该局另有委员会任考察裁判之责。船上除船长外,有一委员会,由全体职工选举组织,主持水手们的教育事宜,每晚上课一小时,由船长和船员担任演讲;课程内容分政治经济,技术,和其他基本科目如算学等。彼此在职务上界限分明,此外则大家亲热如朋友,并无上下之分。""这天夜里我约了由加拿大回俄的那位俄女,同到船尾上的'红角'("Red Corner")去和水手们谈话。所谓'红角'者,即水手们的休息室,里面有书报,有乐器等等。"(全集第6卷第21—23页)

7月16日 从今日起,"每日下午茶点后,有两小时的讨论会。第一日先由旅伴塞尔逊博士(Dr. Howard Selsam)演讲'法西斯'的内容,继由大家讨论。"塞尔逊"是社会主义的信仰者,学识湛深,慨爽坦白"。他"根据社会主义者的眼光,对资本帝国主义用作最后挣扎的工具的'法西斯',作客观的分析研究"。(全集第6卷第24页)

7月17日 "下午继续讨论,并由旅伴中熟悉各国'法西斯'真相者,作相当的报告。""我也被主席再三约请讲些关于中国的情形。法西斯既是资本帝国主义最后挣扎的工具,中国显然地因受各帝国主义的重重束缚,民族资本主义无从抬头,有的只是各帝国主义在半殖民地的中国吸血敲髓的帝国资本主义,那末我们究竟要藉这'工具'来'挣扎'些什么? 究竟为谁'挣扎'? 稍稍思考,未有不哑然失笑的。我在这讨论会里,特提出法西斯所需要的几个基本条件,对中国是否具备有这些条件,作客观的分析研究。""在头等舱搭客里面有一个是英国的移民局官吏(Immigration officer),在例假中也往苏联去看热闹,但同时却仍不忘却他的'爪牙'的重要任务。""这个'爪牙'也夹在听众中旁听,认为中国人而敢反对资本帝国主义,这是无疑地一个'危险分子',乘我不备,把他随带的照相机替我拍了进去。""晚饭后,塞尔逊和美国全国学生同盟的领袖戈登特来找我,邀我到一个没有别人在内的房间里谈话","经他们说明之后,才恍然"。他们"曾邀集几个负责的人和船长共同开会商量,因为他们恐怕经这'爪牙'对英国警署报告之后,我也许不能再回英国;他们决定的办法是等船到了列宁格拉,由船长报告海关,把这个'爪牙'的摄影底片没收,船长已允照办,此外则不把我的全部名字让'爪牙'知道,叮嘱我自己也留意。""我对此事留下了两个印象:一个是帝国主义爪牙使用嗅觉的无微不至;一个是'一群孩子们'的热烈诚挚的友谊——以共鸣的思想作出发点的热烈诚挚的友谊。""除了兴趣浓厚的讨论会外","十七日夜里开了一个兴趣浓厚的同乐会"。
(全集第 6 卷第 24—26 页)

7 月 18 日　"在将到列宁格拉的前一天,该会的领袖戈登君忽来和我商量,劝我加入他们的旅行团。""他说他们的目的也偏重在观察,不过上半天在暑期大学听讲一二小时,下午便全部分用来参观,而且因团体的关系,不但在经济上可以省些,在参观方面也有为个人所得不到的种种便利。于是我便答应加入他们的团体"。
(全集第 6 卷第 28 页)

"有一天在这讨论会里讲到美国的革命问题,在这问题里又提起美国的黑人解放问题。""真'出乎意表之外的',在搭客中有一个来自美国的黑种教授——在美国南方一个专为黑人而设的黑大学里的黑教授——名叫奈逊博士(Dr. Nathan)者,起来替资本社会制度辩护,说在美的黑人并未受如许苦楚,对于现在的地位已满意,白人的种族成见乃天生的,和经济制度无关! 被大家驳得体无完肤"。"有革命性的白种青年替'可怜黑'鸣不平,而黑种人中的'黑博士'却觉得不在乎! 这似乎很奇怪,其实也不足怪。在帝国主义压迫下的黑人,能被允许做博士,做教授,生活阔绰(这位'黑博士'衣服穿得很讲究,挥金如土),非装满着一脑袋的奴化教育,养成了十足道地的奴性,那够资格? 他虽还不免'一团漆黑',实际上已脱离了他所属的民族的大众,做了帝国主义的狗爪子!""十八日夜是我们在船上的最后的一夜,那夜的晚餐席上,大家格外地兴奋,先在掌声雷动中通过一个议案,用全体名义致函船长对全船职工表示这次殷勤招待的谢意。其次便轮流三呼厨子的名,厨房助手的名,男女侍者的名,每呼一次,被呼者即由厨房里跑出来,笑容满面地立正举行军礼向大家答谢。"(全集第6卷第26—27页)

7月19日 "晨五点即到列宁格拉。我们九点上岸,这时全船的人都聚在甲板上,水手和女侍者们一面帮我们照料衣箱,一面又忙着和我们握手道别,真是忙极了。""这种印象,是我自从坐过轮船以来所未曾见过的。这五天海上生活在我心坎上所引起的留恋的情绪,我永远不能忘却。""经海关检查行李之后,于十一点半同苏联旅行社的公共汽车往欧洲旅馆。""本打算在列宁格拉作几天的勾留,对这十月革命重要策源地的圣彼得堡的后身,作较详的观察,但因为莫斯科暑期大学的开学期已迫,我所临时加入的这个旅行团已定于当晚即乘火车往莫斯科,我也不得不一致行动"。"在列宁格拉实际只有一个下午几小时的耽搁""那天下午有两种参观可自由参加:一种是乘特备的汽车游一游各重要街道;一种是只去看看赫密特吉博物馆(Hermitage)"。"塞尔逊和其他几位朋友都劝我参加后者,说赫密特吉是苏联首屈一指的艺术博物馆,值得先去一看,我便答应了他们。""赫密特吉博物馆不但是苏联第一丰富的博物馆,也是世界上最丰富的博物馆的一个。其中所收藏的关于埃及,希腊,罗马,以及西方东方六千年来的古物,不可胜数,所收藏的名画,只有巴黎的罗佛宫可与分庭抗礼。"撰文中"略述失却摄影机的经过情形"。"夜里十一点钟偕同旅行团自列宁格拉乘火车向莫斯科进发。"(全集第6卷第32—37页)

7月20日 "早晨八点钟车到莫斯科,我们在六点半就醒了,希、伯尔和奈逊大辩论;前两位是信仰社会主义的,很替受压迫的黑人抱不平,把黑人的解放问题和美国的革命问题连在一起研究;后者却是满意于美国的现制度,反替死硬派的白种人辩护、开脱,同时替黑人表示种种的满足,大家闹做一团。伯尔才十八岁,年少气盛,火气直往上冲,几至动手打起来,经我力劝始罢。""我说辩论真理或问题,最小限度也有两个先决条件:① 有探求真理的诚意;② 对所辩论的真理或问题有相当的基本知识。""一脑子装满了帝国主义麻醉民众的奴化教育,对于新社会科学的书一本没有看过","既无所知,又不肯学"!"这种人正是高尔基所谓'只有坟墓能解决他'!""这个'黑白辩论会'刚结束,大家欢呼莫斯科到了!""我们一同往暑期大学"。"午膳后即偕同乘特备的公共汽车环游全城三小时,先作一'鸟瞰'。""最使我们注目的,是随处都可看见仍在继续建造中的道路,仍在继续建筑中的房屋,仍在继续布置中的公园和草地。""我们的车在经过真理报馆前面的时候,看见正从该报馆里出发的四人一排的长队,有男的,有女的,有二三百人之多,步伐整齐,精神抖擞,边走边唱歌,我们询问招待员,才知道这这些都是该报馆的工人,于工余集队到运动场去的。""我们在这天遇着好几起。""我心里想：这些在别国都是贫民窟的人物，这里是别有天地啊！"（全集第 6 卷第 44—48 页）

7 月 21 日　"到戈公振先生的旅馆里畅谈了许多时候"。"我在莫斯科和他作数次长谈，深感觉到他的猛烈进步"。（全集第 6 卷第 56 页、286 页）

"这个暑期大学的科目设有艺术与文学（Art and Literature）、社会学、政治经济学（Political Economy）、教育学及俄文等。教授虽都是俄人，但都以英语教授"。"我们上午上课，下午全用来参观。""到了晚上，有时有公开的演讲会，有时有讨论会，有时有跳舞会，有时我们三五成群地到校外各处去做'巡阅使'，或到充满着人群的公园里凑热闹"。"我们这四星期的暑校生活可算是很紧张的了。"（全集第 6 卷第 50—51 页）

"在这暑校里虽没有资本家，但直接或间接，有意识地或无意识地，做资产阶级的走狗——所谓'死硬'派——倒也有好几个。""有时触霉头，和这类'死硬'坐在一起，于是每发生两种结果。有的其初以为我是日本人，假殷勤地和我敷衍，后来知道我是中国人——他们所谓'才纳闷'——便假痴假呆地不理我；我的唯一办法也只有不睬他，虽则心里无法觉得好过！有的'死硬'虽也和我谈话，但专门提着关于中国的倒霉的事情，例如说'中国国民教育程度真低得不堪，文盲仍占着十之八九吧！''中国的交通真一塌糊涂，现在用了电报没有！''中国究竟何时得到和平？何时有过和平？何以总在你打我，我打你？''中国的革命恐怕绝非短时期内有希望的吧！'……""我的唯一对付的方法，便是对他提出帝国主义国里种种倒霉的现象：所遇着的这类'死硬'是从美国来的，我便问他失业的情形怎样，强盗的发达如何，妓女的数量有进步没有……我有种种事实为证，他听了也没奈我何。""其实中国的受人轻视，要除此侮辱，还是要靠我们中国人自己努力，自拔于'受人轻视'的境域。"（全集第 6 卷第 53—54 页）

同日　"在暑校存在的几星期内办有一种壁报，由全体学生所公举的新闻委员会主持，记者也被公举在这里面。"（全集第 6 卷第 56 页）

7 月 23 日　"开始参观，第一次去看的是中央文化休养公园（Central Park of Culture and Rest）。""这个公园沿着莫斯科河，面积达八百英亩之广，里面有森林、有种种运动游戏的场所，有游泳沙滩，有休养所（他们通称为 Rest Home，里面有夏季冬季日浴的设备，有音乐合奏会堂，有阅读室，有卧室，并有医生和看护），有儿童村等等。""一天决看不完的"。"这一天看得特别详细的是儿童村。"（全集第 6 卷第 57—58 页）

7 月 24 日　"下午偕同学们往红场看十余万男女青年所举行的'运动大检阅'

(Sports Parade)。""这天是苏联的'青年日',全国各城市都举行这样大规模的'运动大检阅'。""这天参加'检阅'的男女青年有十余万人,下午六点钟在红场会齐受检阅。下午三点后,在街上随处可见健壮的男女青年列队挺胸紧步随着军乐队向前进发。"后"又偕塞尔逊,司各脱(也是暑校的美国同学),和一位俄国女友敏娜,同往中央文化休养公园"。"和敏娜详谈苏联的教育制度和婚姻制度。"(全集第6卷第60—61页)

7月25日 "看了两个机关:一个是教育实验所(Pedagogical Laboratory),一个是夜间疗养院(Evening Sanatorium)。""在实验所内看了不少教材的分析研究及编制方法,并和该所主任谈了许久关于教育实验的情形。该所实验范围为初等教育及中等教育,要点在:(一)革命后学童人数剧增,一时难得许多师资,有此实验所,将实验结果认为优良者,即实行于一般的学校,此为在质的方面增进师资之一法;(二)注重教材及教授法,在学童方面能唤起亲切浓厚的兴趣;(三)注重启发学童的科学的创造力。""所谓夜间疗养院,也是苏联在医药设备上一个重要的特色。这种夜间疗养院是专备那些仅在初期的病者,或仅有疾病的嫌疑者,并未达到必须停止工作而用全部时间与医院里的程度,但身体上却感到有些不舒服。""重要的意义是在:(一)劳动者和他们的子女都有免费疗养的机会;(二)预防的效用;(三)在不妨碍工作之中获得健康的增进。""我想在美国的疗养院设备好的乃至更好得多的一定有,但是非钱莫入!劳工大众当然更休想!"(全集第6卷第64—65页)

7月26日 "参观的莫斯科火车站托儿所。""两年前由苏联政府决定,每个车站均须有一托儿所,以便妇女们在买火车票的时候(因人多常须列在长队中等候,所谓'尾巴'),或是初到一地,下火车后须先往寻访亲友等,可把婴孩交给该托儿所看护。全国已设的这类托儿所已有一百五十处,这天所参观的是最先开办的。"(全集第6卷第69页)

同日 在莫斯科,萧三和韬奋"坐在花园的长椅上。刚刚说了几句话,就遇到一个尴尬的中国人走近来,'不善意'"的钉梢、盘问。时正是苏联作家大会期间,萧三"邀请韬奋也参加这个大会"。韬奋说:"'我很快就回国去的,⋯⋯假如参加了苏联作家大会,那么回国就会不方便,更不说再写什么文章了。现在我只是一个普通的旅行者,没有作为苏联的宾客,这样人们就不会怀疑我了⋯⋯这点请你原谅⋯⋯在这里说话,都有些不方便哩。'说到这里",他"指着那个走不很远的中国人"。"最后,他想起来了,急急从番布袋里取出一部厚厚的书——《革命文豪高尔基》来",交给萧三:"'请将我编的这本书,转给高尔基先生⋯⋯。'"书中"已经用英文和中文题好了'敬赠高尔基先生——邹韬奋'几个字"。(萧三《韬奋同志——文化界的劳动英雄》,

收入《忆韬奋》第 70 页）

同日　《致高尔基》,收入《韬奋手迹》,1984 年 5 月香港三联书店版。(全集第 5 卷第 787—788 页)

《致高尔基》摘要:

"亲爱的高尔基同志:我是来自中国的您的一位敬慕者,在这个国家里, 为了群众的利益正进行着一次真正的革命。""在过去的八年当中,我担任《生 活》周刊的主编,这个刊物的目的,是在中国鼓吹社会主义,同情中国的苏维埃 运动,但是它必须在各种伪装的方法之下进行自己的工作,因为它是在'白色 恐怖'最厉害的上海出版的。""我高兴地告诉您,我曾经用中文写了一本您的 传记,这本书在去年七月间出版,并在中国受到普遍欢迎。革命的青年一代人 都非常关心您的生平和作品。""我想您不可能阅读这本书,但我相信您会高兴 看一看这本书,把它作为一个从遥远的国家来的您的真诚的敬慕者送给您的 一份礼品保存着。""我只希望能和您有一次短短的会见。""最后,我请求您原 谅我用英文写这封信。我非常抱歉,我不懂俄文,而中文信又是外国人很难理 解的。""我希望您的秘书会把这封信为您翻译出来。　　邹恩润谨启。"(全集 第 5 卷第 787—788 页)

7 月 26—27 日　"收到一位在莫斯科访问的中国进步作家邹韬奋(邹恩润)的 来信,他说他在一年前用中文写成的高尔基传,在中国很受欢迎:'革命的青年一 代都非常关心您的生平和作品。'邹韬奋请求高尔基接见他。"(戈宝权《韬奋是怎样编 译〈革命文豪高尔基〉的》,《书林》1987 年第 7 期。引自莫斯科《高尔基文献档案》第 8 卷第 27、 28 页)

7 月 27 日　"下午去参观,认为在苏联所看的博物馆,这是最科学化最整洁最 能唤起我们兴趣的一个。""这个博物馆成立于前年(一九三三),为公布卫护妇孺法 律十五周年纪念而设的。重要目的有二:(1)灌输关于卫护妇孺的知识于一般 民众;(2)协助此种卫护人材的训练。""馆屋是一所新建的洋房,分上下两层,第一 层是关于妇女材料的陈列,第二层是关于儿童材料的陈列。""在这第一层的布置和 陈列,好像一部很有趣的《妇女解放史》。""在这第二层的布置和陈列,好像一部很 有趣的《婴孩养育研究法》,专研究如何保养教育自产生后至三岁的孩子。"这"不是 '纸上谈兵',却是已在实施的事实的记述"。(全集第 6 卷第 84 页)

7 月 28 日　"下午参观莫斯科郊外的一个幼稚园,是一个橡皮厂所附设的"。 该园"在一个森林里面,蓊郁翠绿,成为天然环境。屋分上下两层,屋外有一大园围 着"。"下层有浴室、藏衣室、换衣处等;上层有大会堂、卧室、作业室等。""浴室里装有白瓷面盆,装得很低,恰够儿童们立着可以自用,因为无论在托儿所还是幼稚园,凡是儿童自己可以干得来的事情,总是让他们自己去干,看护或教师至多在旁指导或看着,决不越俎代庖的,这是要从小就养成他们的自立的精神。""莫斯科暑期大学常于夜里请人演说,七月廿八日夜里请到的是一位道地十足的老农夫(名叫 George g. Mc Dowell)。""这位老农夫是十二年前由美国'移植'到俄国的,他原是美国人"。"他在苏联十年来,尤其是第一个五年计划的集体农场积极进行以来,他在这运动中努力奋斗,于艰苦困难中,打出新天地,在农业的改进上有过特殊的贡献,现在已被视为农业专家之一了。""夜里十二点钟已打过了,主席宣告散会,大家散后,还有二三十男女围着这个老农问这样,问那样。"(全集第6卷第86—94页)

7月29日 "到莫斯科仅剩下的一个妓女治疗院去参观。这种机关虽号称治疗院,其实除为妓女医治花柳病外,同时还授以相当的教育和工作的技能,使她们成为能自立的有用的公民。""妇女进院后,即靠自己的工作,供给自己的膳宿费,养成自食其力的精神。""学习两个月后,即由该院送往告工厂工作","进工厂工作两年后,才得脱离该院"。"他们对付这个问题的态度是注重在消灭妓女制度(prostitution),并非和妓女(prostitute)个人为难。"(全集第6卷第96—97页)

7月31日 "下午参观的是红区。""我们这一群同学去的有一百四五十人之多,简直是'大队人马',把那'区政府'喧嚷得大不安宁!""所得的又一深刻的印象是,便是广大群众直接参加社会公共事务的热烈。""大家都觉得这也是社会主义建设的一部分工作,是为着社会大众的幸福而努力,值得注入心血去干,所谓'荣誉'者固在此,没有薪水而仍然有人一团高兴参加者也在此:换句话说,这和资本主义国家的官僚机关做走狗的大大地不同!""我们在那个办公室里像审案子似的,这边诘问刚完,那边诘问又起,直弄到整整三小时"。"这好像是个法庭上正在审案子,也好像是个课堂上正在讨论什么题目。那热烈的'空气'是始终紧张着。"(全集第6卷第98—101页)

8月1日 "参观莫斯科的佛列格机械厂(Freager Plant)。""我们同去参观该厂的暑校同学约六十人,到时已在下午三点钟"。"我们一队每到一部分工场的时候,都三五成群地围站着各机旁观看。最使我注意的仍是上面提过的一点,那便是这些很起劲地运用着机器的男女工人,个个都有着健康的容态,没有疲顿的样子。""该厂附设有幼稚园,工人补习学校,工人升学预备科,这天都来不及看到。""他们还有技术宣传部,研究并宣传外国与该厂工作上有关的最近发明等等。他们自工程师技师至工人,都是一面工作,一面继续不断地研究,使经验和学识兼程并进,时时在进步的途程前进。""这也是他们很注重的一点。""我们参观到一个工场,里面挂着一面红绸制的大旗,据说是该部门全体工人在'社会主义竞赛'成绩最佳的优胜旗,是他们为社会主义建设特别努力——增加生产——的最高荣誉;""倘有他部门的生产力追过他们,这面优胜旗便要改挂他处。"(全集第 6 卷第 102—106 页)

8 月 3 日　"下午随着三十几个在莫斯科暑期大学读教育科的男女同学","到一个郊外很远的一个机械工厂,参观该厂所设的'教育实验所'(Pedagogical Laboratory)"。"这个工厂学校专为该厂训练'熟练工人'(skilled worker)"。"凡青年男女要进该校学习的,必先在'实验所'里作详细的谈话,经过职业智能测验,填注表格。""入校学习一个月后,须到实验所填注一个特备的表格,详答关于学习方面的种种问题或困难。三个月后各人须作一篇文章,更详细地叙述自己在本校的一切情形,提出心得或困难,以及对于本校的种种感想。同时更由指导者和教师再作一番研究。"(全集第 6 卷第 122—124 页)

8 月 4 日　"下午参观莫斯科佛兰正斯基区(Frunzensky)的工人城。""我们先看到主持该区七万人口的卫生和医药的大规模的诊治院。"该院"内外各科都各有专部,有专家医生和若干看护妇分别照料。""在这个工人城里,新建了许多高楼大厦的工人住宅。""这工人城里面还有个很大的公园,里面有专为儿童设备的一个部分,关于玩具方面最有趣的是小规模的火车,居然也铺设小轨道,儿童攒集在里面,可以来来往往地开驶着。""把自己在职务上的努力和社会主义的建设联在一起,把自己视为这个大军的一员战士,那工作就更有意义,就是吃苦,就是牺牲,都是值得的。"(全集第 6 卷第 126—130 页)

8 月 7 日　"民事注册局,在俄文的缩写是 ZAGS,译音可称'煞格斯',是专司登记生、死、结婚和离婚的。""下午我们果然到一个'煞格斯'里去,是有三四十个男女老幼一大班地同去。""我们满想着来看结婚的,但是第一件看到的却是离婚的登记! 独自一人坐在那里等候登记的是一个中年的妇女","由女书记问了几句话,验看护照后,在印好的簿子上填一下,由这个妇女签字在上面,手续便算完结,第二天她的丈夫便可以收到一个通告,说他是个独身了!""没有孩子的离婚,当然更简单"。"当时这个手续大概不到五分钟工夫,便一了百了!""第二幕的角儿是一对青年男女,女廿三岁,男廿六岁,都是第一次结婚。""这天是他们的'吉期',衣服都穿得特别整洁,看见我们许多人围着看","他们俩都不自禁地相顾而笑"。"第三幕的角色也是一对青年男女,女廿六岁,男廿七岁,也都是第一次结婚。""他们手续办完后,我们也对他们拍掌道贺,他们也道谢而去。""在大笑的声音刚才平静下来的当儿,忽听见由这办公室的后面一个房间里传出好几个婴儿的哭声","经询问之后,才知道后面的房间是登记婴孩的产生,正有几个母亲带着婴孩来登记。""我们出民事注册局后，还顺路去看了特殊的一个托儿所，是妇孺卫护院（Institute of Protection for Mothers and Children）所附设的，专看护一岁至三岁肺部较弱的孩子。""苏联对于儿童的卫护可谓无微不至，这种专门看护肺弱的小孩托儿所也是一个例子。"（全集第 6 卷第 137—141 页）

8 月 8 日　"参观的发动机制造厂（Dynamo plant）——这厂在莫斯科，是苏联制造电力发动机最大的一个工厂。""该厂产品以电力发动机为主要，专供电车、汽车、地道车和电力铁道之用。""他们最初也只能模仿美国的形式，请美国工程师指导，现在已由模仿而创造，完全有自立的能力，无需依傍别人了。""在苏联参观工厂，最令人兴奋的是努力追求自立的精神"。（全集第 6 卷第 146—148 页）

8 月 9 日　"下午参观布尔穴俘公社（Bclshavo Communne）——使罪犯重新做好人的一个公社。""我们到后先看到的是一个制造雪鞋和网球拍的工厂。""其次看到的是公社的大食堂，分做两大厅，一个是寻常的社员用的，一个是新社员（即新到的罪犯）用的，每日在这大食堂里用膳的达四千人。""随后我们看了几处社员的住宅。这住宅也是特建的，和我以前谈过的工人住宅的情形差不多，也是好几层的钢骨水泥的洋房，有着充分的阳光和空气。""这个公社有它自己的'七年学校'（初等教育）"。"这公社完全是自治的组织。由全体社员大会公举各种委员会，主持各部的事务"。"罪犯初来时，须经过身体和神经检验，如有缺憾，即加以疗治。尝试约两个月，对该处生活情形熟悉后，每月得三次请假回莫斯科城内去勾留一天一夜；一年以后，每年得回家一个月的例假；三年后得加入工会为会员，完全恢复公民资格。"（全集第 6 卷第 149—151 页）

同日　谒列宁墓。"由莫斯科的郊外回到城内，顺便弯到红场，去看列宁的墓，因为这墓在下午五时后才放开给大众看。""在归途中，萦回于我的脑际的，还是刚才看到的那玻璃棺里的'闭着眼在睡觉'的那位人物。在苏联的建设得着了成功的今日，我们也许很容易想到他的成功，但我在此时却想到他在失败时期对于艰苦困难的战斗和克服，却想到他百折不回屡败不屈的精神。""说列宁能继续不断地奋斗，这固是事实；但我们如不再作进一步的研究，这种说法仍近于肤浅。尤其重要的是他的革命行动——百折不回的斗争——是根据于他对于主义的彻底的了解和信仰；他拿住了这个舵，无论遇着什么惊风骇浪，别人也许要吓得惊惶失措，在他却只望清彼岸，更加努力向前迈进。他在无论如何困难、艰苦和失败的时候，他的信仰从来没有丝毫动摇过——我认为这是他所以不受失败沮丧的最大原因。""还有一点也很重要：列宁一生的政治活动，始终不是立于'个人领袖'（"individualleader"）地位，却总是代表着比任何人都更伟大的一个以勤劳大众为中坚的大‘运动’（"movement"）；这运动在他未产生以前就存在，在他死后还继续着下去的。"（全集第 6 卷第 153—156 页）

8 月 10 日　参观舒西努集体农场。"该场一九三三年的生产量，比前一年增高百分子三十。在未经集体组织以前，每农户年收入只五百罗布，现达三千罗布左右。大规模的种植和合作的利益，显然可见。"（全集第 6 卷第 157—158 页）

8 月 11 日　"参观了两个博物馆。第一是革命博物馆，从十七世纪的农民暴动的事迹陈列起，直至一九一七年十月革命的成功止，无异一部详明扼要的俄国革命史。""很可注意的是列宁和他的以身殉革命的阿兄亚历山大，兄弟两人竟为俄国革命动向剧变的两时期的结束和开展的人物。亚历山大所参加的‘人民党’，用恐怖政策行刺俄皇。""列宁的阿兄就是参加行刺新皇的计谋被捕处死。""列宁认为这个方法不对；他认为这个斗争不是由少数英雄对付若干个人的斗争，是一个阶层和另一个阶层的斗争。在前一时期的事迹里，我们只看见若干英雄的个人的牺牲行为；在后一时期的事迹里，我们所看见的是领袖、党，和勤劳大众打成一片的伟大运动。我觉得这是俄国革命史上最重要的一个转变，也是在参观这个革命博物馆的时候所感到的最深刻的一个印象。""其次要谈谈那天所参观的反宗教博物馆。最先陈列的是用图画及模型说明各宗教瞎造人类史的荒谬，其次说明各宗教的惨酷情形及欺骗的方法——尤其重要的是骗钱！用种种欺骗的方法骗来的钱，养着无数主教、牧师、教士等等，替地主、资本家及贵族等等麻醉一般人民，维持少数特权者的统治权，消除被压迫者的反抗意识。"（全集第 6 卷第 163—164 页）

8 月 12 日　"参观红伟橡皮厂所附设的托儿所、工人住宅，及该厂所在的一区诊治院。""之后，又参观了几处工人的住宅。""又到一个工人居住的公寓"。"苏联的工人住宅是一天一天地在那里讲究起来"。晚间观看电影《列宁的三歌》（Three Songs of Lenin）。"这电影分三部分"，"第一首是关于苏联东方妇女的解放，第一部分的电影内容也是关于这件事"。"第二部分是关于列宁逝世时的情形。""第三部分是关于社会主义的建设"。"这电影穿插着尤其有精彩，尤其令人感动的，是每幕的前后，或每段的前后，在瞑目僵卧着的列宁之外，还穿插着列宁生时对千千万万的大众作慷慨激昂的鼓动革命的演说（是有声电影，所以如亲闻其声）。""使我最感动的是他们口口声声提到‘我们的农场’，‘我们的工场’，‘我们的国家’；他们知道这农场，这工厂，这国家，都已是勤劳大众所有，不是在少数人的手里了。这样，才能动员大众共同努力，共同向前途迈进！"（全集第 6 卷第 69 页、168—173 页）

8 月 13 日　"参观《真理报》在莫斯科的最新建筑。""这报馆的办公处及编辑部占着七层的高大洋房，而印刷工场的规模，尤为宏大。""我们先走进印刷工场，但却好像走进了什么别墅的大花厅!""至于机械方面的各种设备,都是采用全世界最新最进步的。""谈到新闻业,我们很自然地要连想到言论自由的问题;换句话说,在目前的苏联是否有言论的自由?""这个问题的回答有两个立场:从勤劳大众——以工人和农民为联合的中坚——看去,可以说有;从剥削阶级的余孽及其种种寄生虫——例如牧师教士,帝俄时代做过秘密侦探及压迫革命的警察官僚,以及反革命的知识分子等——看去,可以说没有。""在苏联的各日报上还有一个特色,便是积极提倡和鼓励'工人通讯员'"。"据说这样的'工人通讯员'已在两百万人以上,这是多么广大的一个民众发表意见的机关!"(全集第6卷第173—178页)

8月14日 "莫斯科的暑期大学于八月十四日结束,当夜暑校全体学生和莫斯科各校学生代表共约四五百人,在暑校大食堂举行大宴会,后来又在大礼堂里举行跳舞会","到十二点后,才尽欢而散"。(全集第6卷第179页)

8月15日 "离开莫斯科,开始作苏联南方之游。"(全集第6卷第179页)

8月16日 昨天"下午七点钟由莫斯科乘火车",今天"中午才到乌克兰的旧都卡可夫(Kharkov)。""记者为时间所限,在卡可夫城仅作两天的勾留,看了一个集体农场,一个水电力发动机制造厂"。(全集第6卷第180—182页)

8月17日 "上午参观卡科夫的水电力发动机制造厂(Tnrbine Gonerator Plant)。""下午一点钟,由卡可夫乘火车,当晚十点到尼帕尔帕杜夫斯克(Dniepropetrosk)。""我们到尼帕尔新镇时,已近午夜,匆匆进旅馆用晚餐,听说旅馆离堤坝很近,约二十分钟步行可到,我们餐后还不肯就睡,和几位朋友先跑到那里去看它一看。果然景象宏伟,堤旁有无数铁塔,上面有无数巨大电灯,辉煌如昼,反映在许多水闸中急流奔放的瀑布,声势伟壮,美丽无匹!"(全集第6卷第186—187页)

8月18日 "早晨八点起身,早膳后先跑到露台上张望,才看见这新镇是簇簇新的,道路新,房屋新;马路两旁有树荫,有宽洁的行人道,工人住宅和各商店都是钢骨的白色房屋。""这地方原是一个荒凉的区域,但自有了水电厂之后,新镇勃兴,形成别有天地的一个新村"。"九点半左右,我们乘着三辆大汽车由旅馆出发。""到了水电厂,这个厂守卫特别森严,门口就有红军兵士持枪卫护"。"这水电力厂的内部,房屋高敞,装有九个规模异常宏大的水电力发动机","现尚在扩充"。"该处所出的电力,最远地方可达三百公里","直接得享用到这电力的面积有五百万居民之多。""除居民住宅及各机关和市政等等之外,同时解决了大规模的工厂、集体农场,和交通上的电力供给。""最后我们参观电力厂的总管理室"。"在这里主持的是一位青年副站长,他是一位水电工程师,看上去不到三十岁,便负着这重大的责任。""当夜即乘火车向克里米亚进发"。(全集第6卷第187—189页)

8 月 19 日　"晨到克里米亚西南尖端的名城塞伐斯托普(Sevastopol)，和碧绿汪洋的黑海作破题儿第一遭的见面礼。""即乘车往博物馆参观克里米亚战争油画及战争遗迹。""下午我们去参观希腊古城，和希腊罗马所遗留的古物博物馆。""我们回时途中还看了一个著名的地方叫 Blalaklava。据说这是该处土语，译意为'渔网'，是在海湾中的一个捕鱼的区域，水面平静如镜，两面青山高耸，沿岸有无数讲究的洋房，在从前是许多贵族富豪的别墅，现在也都成为工人的休养院了。"(全集第 6 卷第 189—192 页)

8 月 20 日　"晨由塞伐斯托普乘汽车经五十五英里的山路，乘了足足四小时的汽车，才到雅尔他。""在途中时，大家挤坐在一起，东张西望，赏心悦目，不觉得疲倦，也许是忘却了疲倦"，"中午到了雅尔他的时候，汽车停了下来，大家才叫着坐得腰酸脚软！""一下了车，精神又为之一振，因为空气的清新，风景的美丽，阳光的和煦，清风的爽朗，我们竟好像到了瑞士！""旅伴中有不少对着这些游泳沙滩跃跃欲试的男女朋友们，二三成群的，分往一试身手。""我在雅尔他三天，被这班朋友的劲儿所鼓励，几于每天于参观余隙，都随他们到海去游泳一些时候。""在雅尔他的海滨游泳当然是一件愉快的事情，但是我的目的不在游泳而在参观。"(全集第 6 卷第 192—193 页)

8 月 21 日　"第一次所参观的是列伐低亚(Livadia)。这是帝俄罗曼诺夫皇朝最末了的一个皇帝尼古拉第二在最美丽的雅尔他遗留下来的一个最美丽的别墅，现在却成为工农大众的一个最好的疗养院了"，"可容一千五百人。""傍晚，从雅尔他的海边码头乘特备的小汽船，行驶一小时，才到先锋营所在的那个乡间，到时已万家灯火，我们竟作夜游。""我们到后先被引到一个小草场上，约有二十几位的'先锋'代表，列队出来欢迎我们"。"随后他们便转向整队而去。我们随着指导员到一个露天大舞台上去"。"看座上已坐有四五百的孩子们，一致起立鼓掌欢呼。""有许多歌唱节目并由全体'先锋'参加合唱。""也有讲笑话的节目"，还有一幕短剧。(全集第 6 卷第 194—200 页)

8 月 22 日　"上午又参观了一个性质特异的疗养院，叫做爱希拉达疗养院(Eshilada Sanitorium)，是专为患骨痨的儿童设的。"有病人 270 名。其中 90% 是工人的子女。为了不使病孩荒废学业，"该院有专门医生十一人，教师十六人。""在这疗养院里，同时设有幼稚园到小学的课程，由医生和教师合作：医生认为可以授以相当的知识而无碍于健康增进的时候，便由教师酌授功课。""这不像个病院，却像个乐园！""下午在雅尔他的附近农村又看到一个集体农场，叫做狄卡特集体农场(Dikat Collective Farm)，狄卡特是一个小小的农村，人口仅有三百五十人，全是鞑靼人(Tatars)。""该村除三个托儿所外,还有一个小学前期学校","一个小小的教堂,因牧师逃之夭夭,已由全村大会公议,改为农场产品的仓库,里面堆满着各种农产品。""每个农家有他们自己的围着住宅的小园,各人由农场分给二十五颗小树种在这小园里,此外他们当然还随他们自己爱好,种些水果蔬菜或花草等等。由这小园里出产的东西,是归他们自己所有的,有多时也可在公共市场上出售。"(全集第6卷第201—207页)

8月23日 "上午九点半离雅尔他"。乘船经黑海,于二十四日到乌克兰名城之一的奥得萨(Odessa)。(全集第6卷第208页)

8月24日 "上午十点半到乌克兰的名城奥得萨(Odessa)。""我们的目的是要在乌克兰的新都基夫(Kiev)多看一些,奥德萨是顺便经过的地方,所以只勾留一天。上半天由苏联旅行社的招待员领导着参观该城的名迹,最引起我们注意的是军舰潘梯恩卿(Potyemkin)起事时被残杀二三千人的码头。这码头有两百层石阶,规模宏大。"下午"我们所注意的是在好几处的店口,看见一二百人或二三百人列成的'尾巴'(queue)","后来到一处看见的是许多人挤着买面包"。"下午两点钟离奥得萨,乘火车出发"(全集第6卷第208—210页)

8月25日 "上午十点廿分钟到乌克兰的新都基夫。""我们到后最先看到的便是几个宏伟精美的教堂,不过时代不同,这些教堂虽巍然存在,仅是备人游览,牧师一个没有,信徒影儿不见"。(全集第6卷第210—211页)

8月26日 "下午在基夫看到的是国营农场,名叫阿哲尼基资(Ordjenikidze),是一个专种蔬菜的农场"。"场长出来招待。他是一个四五十岁的老农夫,曾经进农业学校有过相当的学理上的研究,再加上他已有的实际的经验"。"国营农场和集体农场在工作上并没有什么差异,也是注重集体化机械化。不同之点是在管理的组织方面,国营农场的场长是由政府或政府的附属机关所委任的,农夫成为政府所雇用的工人;在集体农场,管理部或执行委员会是由全体农民公举,农夫虽也是领受工资的工人,同时也是集体农场所有者的一分子。"(全集第6卷第212—213页)

8月27日 "下午参观基夫最大的一个工厂,名叫青年团十周年纪念第四鞋厂,专供给当把丝(Donbas)矿区的工人用的。这工厂是四层的大屋,四面都装满大玻璃窗,屋的周围有着很广大的草地,鲜花丛树,赏心悦目,在四层楼上还可遥见该厂为工人设的大运动厂。""我们进厂之后,先看到的是该厂所附设的工厂学校"。"学生在这学校学习两年后,即为正式工人。""参观各层的工场,所见的工人都是很健康的。""工人的大食堂布置得清洁讲究,宽敞高大","每次可坐四百二十人"。"我们这天也在这里面喝了一杯咖啡。""我们将走时,在一个工场的外面大走廊上,看见数十成群的男女工人在那里议论纷纷,好像开着什么会议,问明之后,才知道是'突击队'乘休息时间,在那里讨论他们的工作计划已做到什么地步,还有多少未做到,以及如何加速度完成等等的考虑。这是工人们出于自动精神的努力。"(全集第 6 卷第 214—215 页)

8 月 29 日　"上午十一点半离基夫,足足乘了廿四小时的火车"。(全集第 6 卷第 216 页)

8 月 30 日　"中午才到莫斯科。""到了欧罗巴旅馆,这是我们此后受着全联学生总会招待一星期中的住所。""一切费用全由全联学生总会担任"。"这次回到莫斯科,竟夹在美国学生同盟的几十朋友里面,同样地享受着全联学生总会的招待了!""该同盟的会员在莫斯科再耽搁一星期,以便看戏(九月一日至十日是莫斯科的'剧季''Theatre Festival',即各著名的戏院继续排演着名剧),并参观学校。"(全集第 6 卷第 216—219 页)

8 月 31 日　"上午我们到莫斯科最大建筑之一的全联工会总部(帝俄时代遗下的'贵人俱乐部')去参加全联学生总会为我们开的举欢迎会"。下午参观伯纳夫教育专门学校。"该校的宗旨是在培养成中学的师资,设有各门专科,如欧洲文学、俄文、物理、化学等等的师范科。我们因时间有限,只参观他们的物理科和生物学科。""之后,到该校附近专为该校学生的儿女设立的托儿所。""又到该校附近的地方去看他们一个学生寄宿舍。""一个相连的寄宿舍。""在寄宿舍大食堂和该校的男女学生共用晚餐"。"我提出三个问题和他们谈谈:一是学生的训育问题,例如在寄宿舍里的纪律问题,据说苏联学校的训育问题是由教师和学生的自治团体合作解决,尤其是先锋团或青年党员同盟;这些青年党员在纪律上以身作则,藉团体的制裁,和同学共同维持纪律;如学生中有伤害公众福利的行为,即不能逃开公众的制裁。""其次一个问题,是青年受更高的教育后,对于位置的欲望是否随之俱增。""该校的一位研究生","对于我上面所提出的问题的答案是:在目前的苏联,各种人才都很需要,谁的能力更近于何种职务,便选学何种职务干去。""还有一个问题是:既有'学生托儿所',在宿舍里又可夫妇同室,而在二千余学生中只有百分之十至十五结婚,什么缘故? 据说大家仍觉得早结婚多少和专心学习有碍,所以仍有不少愿在毕业后结婚。""这天凑巧是'国际青年日',晚餐后即同全体学生在大会堂里举行的纪念会,参加者两千多人"。"我们刚踏进会场,即承他们全体掌声雷动,表示热烈的欢迎,使我感觉到这是青年的世界! 继由全体起立唱国际歌,主席报告国际大势,特重各国法西斯运动的分析,和社会主义国家所处国际环境的危机,勉励大众为社会主义前途作努力的奋斗。""闭会后,全体到该校大厅举行跳舞会。""我

们这班'孩子们'也全体加入。宾主都非常起劲,舞到十一点钟,才尽欢而散。"(全集第6卷第220—233页)

9月1日 "午后参观铁道专门学校(Railway Institute)"。"该校校长认为,好的工程师不但是在技术上好,同时也须在组织工人大众上好,所以该校对于组织的研究也很重视;工程师对于政治经济(political economy)和辩证法唯物论亦须有相当的了解,才能合于革命时代所需要的良好工程师,故该校于四千小时的课程中,有五百小时授政治经济和辩证法唯物论。""苏联的专门教育非常注重实习,这是一致的趋势。像这个铁道专校,在五年的修业期中,须有五十星期的时期在全国各铁路上实习。"(全集第6卷第233—235页)

9月2日 "上午十一点参观实验模范职业学校(Experimental and Model Polytecnicum)。""有职业中学和专门学校两部。""职业中学旨在养成工业上所需要的中等程度的化学技师和机械技师,四年毕业。入学者须具有'七年学校'的程度。""专门学校部旨在养成工程师,五年毕业,入学者须有'十年学校'的程度。""我参观了二三十个的化学实验室和机械实验室,五花八门,目不暇接,但觉各种器械的设备都异常充分。""下午参观音乐专门学校(Musical Institute)。该校分四部分:(1)儿童部,(2)工人升学预备科,(3)中学部,(4)专门部。""音乐特重天才,而天才在乎发现,苏联对于音乐的普遍的提倡和对于音乐天才的注重提拔,也是一个很可注意的特色。""每隔几时即举行全国小学生的音乐能力比赛,一遇天才,即被选拔,加以特殊卫护和培养。各工厂,各学校,都有音乐研究组,任人选习,倘有天才,亦即有露头角的自表机会,被选拔到专研音乐的最高学府,以资深造。""我们去参观的这天,正有若干投考的青年在音乐厅里受试验。我们被请去旁听。""因时间不早,而且晚上有他约,""听完这位青年作曲家演奏之后,即告辞先退,承该校当局约我们于九月五日上午十点半再往该校,当由儿童部里几位特别天才生演奏几曲给我们听听。我们当然很高兴地答应了。"(全集第6卷第236—239页)

9月3日 "上午十一点参观莫斯科大学。"该校"宗旨专注重于下列六科的科学的研究工作,养成这各科的高深研究的专门人才,俾能主持实验室和科学研究所的职务。六科如下:(1)机械学,(2)数学,(3)物理学,(4)化学,(5)地理土壤学(Geographical Soil),(6)历史学。入学资格各具有'十年学校'的程度。该校已有一百八十年的历史,但积极整顿,实事求是,却是革命后的成绩。""现有教员四百九十五人,其中仅一百三十人为教授"。"学生共为四千人"。"从一方面看,可说是新社会已获得从前的专家的合作;从另一方面看,苏联的党的组织非常严密,收纳党员非常严格,对于从前的知识分子尤为谨慎,工人要做党员的,试察期限只须经过几个月,知识分子要做党员的,试察期限须经几年(听说要五年)。""该校教授的资格,据说须得博士学位之后,由本校教授会的特别委员会根据其造诣选举,选举成立后,还须经本校董事会和教育部的核准,手续非常隆重。""我们参观了好几个大规模的物理和化学实验室,并和几个苏联的学生谈话。"(全集第 6 卷第 241—243 页)

9 月 4 日　"下午参观航空职业中学(Aviation Technicum)"。该校"旨在养成两种中等程度的技师:一是飞机制造技师,一是把所制造的各部分装成飞机的技师"。"校长在办公室里略和我们谈话,并回答我们的若干问句。大概因为这种学校和军事方面较有密切的关系,所以他的答语多出以审慎的态度。""谈话以后,校长和几位职员陪着我们到几个课堂和实验室参观。""后来我们被请到一个电影室,看他们放映'飞机和空气中的各角度来的风力抵抗的情形'。""已经夜了,我们和该校学生一同在大餐室里吃晚饭","晚餐后,他们还在大会堂开游艺会招待我们。""还全体在另一大厅上跳舞","参加的学生有多少,约略估量,不下两千人!"(全集第6 卷第 243—246 页)

9 月 5 日　"上午,我们按时结伴去了。""在那台上现着一位小小的天才音乐家,我说'小小',因为他只有八岁。""每完一曲,掌声雷动。""第二幕是三个十三四岁的孩子坐在一排奏着大环娥玲(violinchello)。""乐声悠扬令人神往,容态也都秀美可爱。""第三幕是一个十四岁的女孩奏钢琴,奏的是她自己作的歌曲。美慧天成,已是一位小小的作曲家了!""第四幕是一个十二岁的孩子拉环娥玲。""他最后奏的一曲,熟极而流,千变万化,使人忽觉山崩海倒,万马奔腾,忽觉抑扬怨切,如诉如怨。""我们饱听而归,在途中的电车里还是感觉到异常兴奋"。"看了音乐学校里那样注重天才的培养,在全国各处那样注重音乐天才的发现和提拔,便知道新社会是在集团的活动中尽量发展个性的特长,而且也只有在没有人剥削人的制度的社会里,大家的个性才能够获得尽量发展以贡献于社会的平等机会。"(全集第 6 卷第239—241 页)

"看到的纺织专门学校,算是记者在莫斯科最后参观的一个学校","是苏联最大的纺织专门学校"。该校"科目分得很细,计有二十个专科,如丝织、织布、漂白、染色等等。""在四千八百小时的课程中,有三百六十小时用于研究'政治经济'和辩证法唯物论。研究自然科学和工程的人,对于社会科学的近代思潮和要旨,亦需要须有相当的认识,这是苏联教育上很普遍的一个要点。除专科课程外,还设有各种文化部门的研究组,如音乐、文学等等,养成青年享受文化欣赏的能力"。"这也是苏联教育上很普遍的又一要点。""另一要点,就是理论和实践的一致。""所以在全部分的时间里,须有百分之三十五用在工厂的实习。我们在这个学校里所得到的深刻的印象,便是该校附属工厂,设备和独立的实际的纺织工厂无异,各部门都有,使学生处在真实的环境中,于实习之中还能有相当的生产。""我们也参观了他们的寄宿舍,也是男女住在一个宿舍里,仅房间分开,夫妇也可住在一个房间里"。"该校有两个学生托儿所,因时间不早,未及参观。""我又想到苏联教育上很普遍的一个要点:社会主义的竞赛。""这个纺织专门学校就有在社会主义竞赛中获得特优成绩的四百五十个突击队员","叫做'乌达尼克'(Udarnik),是最荣誉的一种头衔"。"做着'乌达尼克'的男女学生,不仅是在学业成绩上优秀,即在其他方面,例如对于校内外的公益的业务,帮助落后的同学提高他们的程度,都是立于模范的地位。""学校里就靠有这一大群——四百五十个——的'乌达尼克'做全体学生的中心力量,提着大家向前努力。""在该校参观到一时半,即同在该校大食堂和该校学生一同午餐。""我们在这次'学校周'里,常在各校和许多男女学生聚餐,也是一件很愉快的事情,因为我们在聚餐的时候,好像和他们开谈话会,无所不谈。""我们这桌的'乌达尼克'是一位十七八岁的女子","她很坦白而热诚地参加我们的谈话,回答我们的许多问句。""那种热心,周到,勇于服务,和勤于助人的性格,使我感觉到这是新环境中养成的新女性的表现,使我领略到所谓'乌达尼克'的精神。"(全集第6卷第246—250页)

9月6日 "傍晚,受全联学生总会招待的美国全国学生同盟的朋友们一车一车地到火车站去了;他们都忙着回美国去","我在旅馆门口忙着和他们握手道别"。"团体既散,我也只得搬出来。我打算脱离这个团体后,再在莫斯科勾留十天,作个人的单独观察。照例这十天要搬到苏联旅行社所附属的旅馆去住,因为旅客只许用金币。幸而我有一位苏联女友克娜拉的照顾,介绍我到她的最知己的女友西娜家里去住。""在这十天里面,承她差不多天天陪我出去看了不少的大大小小的各种商店","靠她翻译,探询了不少关于苏联商业组织的情形"。(全集第6卷第253—254页)

9月10日 黄炎培收到邹恩润自苏俄寄给他的信。(《黄炎培日记》)

9月15日 "晚十点钟离莫斯科","戈公振送行"。(全集第6卷第272页,洪惟杰《戈公振年谱》第82页)

9月16日 "上午十点钟回到列宁格拉,在该处耽搁了三天。第一天参观冬宫"。"所深深感触的,是十月革命的前后,沙皇的残暴军队和各帝国主义武力干涉的实力,都比革命所仅有的武力优越,但最后胜利终属革命方面,这是因为被压迫被剥削的大众在一个英勇斗争的领导力量之下作殊死战,也就是因为有一个英勇斗争的与大众立在一条战线的党领导着大众作殊死战,所以沙皇和各帝国主义终于莫奈他们何! 出冬宫后,参观圣爱塞克教堂(St. Issac Cathedral),备极华丽,是

世界第二最伟大的教堂"。(全集第 6 卷第 272—273 页)

9 月 17 日　"上午参观列宁格拉最著名的一个托儿所,一个工厂"。"下午看了两个地方都是俄国的革命史上很有趣味的遗迹。一个是托立达宫(Taurida Palace),即杜马(Duma 国会)开会的所在,会场非常宏伟。"另一个是斯莫尼宫。"列宁和他的党人在此领导斗争,是俄国社会革命的一个重大转机。""这屋里三层楼第九十五号房间,便是列宁在当时于万难中苦心焦虑指挥革命进行的所在"。"房里的设备异常简单:一个大房间隔成两个小房间,""前一间是办公室","后一小间只有两张小铁床","听说当时列宁和他的夫人即住宿在这里"。(全集第 6 卷第 273—274 页)

9 月 18 日　"参观彼得和保罗堡垒(Peter and Paul Fortress),给我的印象也很深。这是一个摧残革命人物的最惨酷的牢狱。""这牢狱四面都是厚墙围着,里面有十六七个囚室,每个囚室也是用很厚的墙壁围着,室里高处有一个几寸宽的小窗,门是用厚铁板造的。""在这小囚室里,一丝一毫的声音都听不见。无事可做的犯人囚居在里面,天天呆坐着,结果只有两条路,不是死,便是发狂!""有几个囚室里,现在有特造的男女囚犯的模型,穿着污秽破烂不堪的衣服,有的坐着发怔,有的伏在案上痛哭,有的侧卧在床上待毙,伤心惨目,不忍卒视!""当时的秘密警察随时用绑票手段抓人,有许多死在狱里,家人还蒙在鼓里! 妻子还盼望着丈夫,父母还盼望着子女! 有的到临刑时,得与家人诀别,在狱里另有一个地方专备此用,中间隔着两层的铁栏杆,仅能略远的望见,还不能接近。""列宁的为革命而死的阿兄,就曾在这种惨景中和他的慈母诀别。""革命的怒潮终于不能抑制,大众的潜力终能得到最后的胜利而解除他们的锁镣,这是历史给予我们以无量勇气的铁一般的事实!""在列宁格拉的旅馆里,遇着最近到过日本和东三省的两位美国大学生,据说日本当局曾在那暑假里,用特别廉价的办法,招待五百个美国大学生游历东三省(先到日本),看他们的'王道'成绩。我问这两位美国大学生的感想,他们表示佩服日本'干'的精神,说日本是'可惊的民族'("wonderful people"),同时谈到他们在沈阳街上看见日兵检查中国的平民,略为回答得慢一些,即被打嘴巴,任意用脚乱踢,中国平民战栗恐惧,低头侧目,唯命是听,一点不敢作声! 我听了心如刀割,东北同胞的惨痛,可以想见!""晚十点钟离列宁格拉,乘俄轮甲经斯基回伦敦,途中在北海遇着两天的大风浪,晕了两天的船,再加上机器出了毛病,在德国的奇尔船坞修理了一天,原来五天的路程,走了九天才到。"船上"多数的乘客多是比较冷静的英国'绅士'","和前次去时的船上热烈同情的空气,完全不同,我大半的时间用在看几本书。"(全集第 6 卷第 274—275 页)

9月27日 "下午六点到伦敦"。（全集第6卷第275页）

是月 《萍踪寄语》二集由生活书店(上海)初版。（全集第5卷791—869页）

《〈萍踪寄语〉二集弁言》(6月9日夜记于伦敦)，收入单行本。（全集第5卷第791—792页）

《〈萍踪寄语〉二集弁言》摘要：

"今年二月间,记者由英动身,经过法国,比国,荷国,而达到德国,在这三个月的旅程中,只留意材料的搜集,到了英国以后才组织起来追记的,这本《萍踪寄语》二集便是这样写成的。""记者常恨自己学识的浅薄,出国后,尤觉好书不胜其看,良师益友不胜其谈,事物不胜其观察,直像饿鬼看见了盛宴佳肴,来不及狼吞虎咽似的;而知识无限,浩如烟海,愈深刻地感觉到自己学识的浅薄,也愈迫切地觉得时间的不够用。"（全集第5卷第791页）

《萍踪寄语(六五)游德余谈》,载1934年12月1日、8日、15日《新生》周刊第1卷第43期、44期、45期,收入《萍踪寄语》二集。（全集第5卷第863—870页）

《萍踪寄语(六五)游德余谈》摘要：

"资本主义制度发达的国家,他们的人民,就大概说,当然比殖民地及半殖民地的人民生活程度,不知好多少倍,非我们的生活所能比拟;但就他们自己而论,特权享用的阶级和被剥削的阶级,生活程度仍然相差很远。以伦敦的繁华,而有'东伦敦'的贫民窟,以巴黎的繁华,而有圣登尼(St. Denis)一带的贫民区域;而这类贫民窟和贫民区域里面的人物又都是属于劳动阶级——工人们。在这样的实际状况之下,我们如不为表面的繁华所蒙蔽,作进一步的观察和思考,就好像只见有一班人在那里兴高采烈地视为当然地吮吸着另一班人的血!""柏林怎样? 也不能例外。柏林的住宅区,西部南部和西南部是资本家贵族和小资产阶级麇集的地方;东北和北部是无产阶级麇集的地方。我们只要在北半圈的'环城电车'上向北部远望,即可看见一望无际的矮小的木棚,和所见的资产阶级的广宫大厦,成尖锐化的矛盾现象。我曾化了大半天的工夫,到那些无产阶级区去奔走了许多地方。所谓近代化的文明的享用,都没有他们的份儿。那些栉比相连的木棚棚,虽比我们江北同胞的草棚棚高明些(大都有窗,里面也比较地干净),但是狭窄矮小,拥挤不堪,在他们所谓'文明人'看来,也就很不堪的了。""极有趣的是在纳粹未上台以前,各阶级所住区域的人,对国会选举竞争所投的票,也显然地阶级化。资产阶级区所投的票大都是属于右派的政党,小资产阶级区所投的票大都是属于社会民主党,无产阶级区所投的票大都是属于共产党。现在不同了,现在纳粹的重要口号是'全体的(?)

利益’!"(全集第 5 卷第 865—866 页)

《萍踪寄语(六六)初登西比尔》(11 月 14 日写于伦敦),载 1935 年 1 月 26 日《新生》周刊第 2 卷第 1 期,收入《萍踪寄语》三集,(全集第 6 卷第 12—16 页)

《萍踪寄语(六七)船上的一群孩子们》(11 月 6 日写于伦敦),收入《萍踪寄语》三集。1935 年 6 月生活书店上海版。(全集第 6 卷第 16—19 页)

《萍踪寄语(六八)船上生活的一斑》(12 月 10 日写于伦敦),载 1935 年 2 月 9 日《新生》周刊第 2 卷第 3 期,收入《萍踪寄语》三集。(全集第 6 卷第 19—23 页)

《萍踪寄语(六九)两个会》(12 月 11 日写于伦敦),收入《萍踪寄语》三集。(全集第 6 卷第 24—28 页)

《萍踪寄语(七〇)初到列宁格拉》(12 月 18 日写于伦敦),载 1935 年 3 月 9 日《新生》周刊第 2 卷第 7 期,收入《萍踪寄语》三集。(全集第 6 卷第 28—31 页)

《萍踪寄语(七一)上岸后的第一天》(12 月 20 日写于伦敦),载 1935 年 3 月 16 日《新生》周刊第 2 卷第 8 期,收入《萍踪寄语》三集。(全集第 6 卷第 32—35 页)

《萍踪寄语(七二)小布尔乔亚的末路》(12 月 22 日写于伦敦),载 1935 年 3 月 23 日《新生》周刊第 2 卷第 9 期,原题《萍踪寄语　神出鬼没的扒手》,收入《萍踪寄语》三集。(全集第 6 卷第 36—39 页)

《萍踪寄语(七三)谈苏联旅行社》(12 月 24 日写于伦敦),载 1935 年 3 月 30 日《新生》周刊第 2 卷第 10 期,收入《萍踪寄语》三集。(全集第 6 卷第 40—43 页)

《萍踪寄语(七四)莫斯科的鸟瞰》(12 月 28 日写于伦敦),收入《萍踪寄语》三集。(全集第 6 卷第 43—48 页)

《萍踪寄语(七四)莫斯科的鸟瞰》摘要:

"我们的公共汽车所经过的是树荫夹道的广阔平滑的柏油马路,这在西欧其他各国似乎是不足希罕的。但我们如想到西欧各国的好马路只见于布尔乔亚所居住来往的区域,非整千整万的劳动者所居住来往的贫民窟所能梦见;又想到十月革命后的路政和帝俄时代的天渊之别的大差异:所得的观感便不同了。在帝俄时代,莫斯科劳动者所荟萃的区域只有狭隘肮脏的烂泥路,行人道当然是没有;只于城市的中心区域有寥寥几条号称时髦的马路,那只是专备贵族们,地主们,和资本家们所用的,非大多数劳动者所敢问津,所以在当时并不觉得不够!而且街道多弯曲杂乱,改造艰难,因为要改造便须受有势力的地主们的竹杠和阻挠。在革命后,这种竹杠和阻挠都一扫而光了,街道依新计划而开直推广者不少。据统计所示,一九三一年中新筑的马路达六十五万余方米达;一九三二年中新筑的马路在一百万方米达以上。在建筑道路的工人里面,也用'社会主义的竞赛',加速度地替他们自己的首都建筑更多的更好的道路。他们希望在第二个五年计划终了时,莫斯科的街道部光滑得像镜子一样。"(全集第 6 卷第 45 页)

《萍踪寄语(七五)莫斯科暑期大学》(12 月 29 日写于伦敦),载 1935 年 4 月 6 日《新生》周刊第 2 卷第 11 期,收入《萍踪寄语》三集。(全集第 6 卷第 48—52 页)

《萍踪寄语(七六)暑期大学的学生生活》(12 月 30 日写于伦敦),收入《萍踪寄语》三集。(全集第 6 卷第 52—57 页)

《萍踪寄语(七六)暑期大学的学生生活》摘要:

"在课堂以外的生活,比较有趣的——或可说比较有意思的——要算是大食堂里的生活,因为几百人在这样的大食堂里面,虽然是在一两小时内陆陆续续来来往往,但却是认识朋友的一个很好的地方;因为十几人在同桌上用膳的时候,可藉谈话的机会,不认识的可变成认识的,已认识的也可因交换意见而得到进一步的相知。我觉得我们中国人吃饭的时候,多是正正经经的吃饭,把饭菜——尤其是饭——塞下去,或是装下去,当作一件正经的事情干,可一味不作声地专门吃饭!西人用膳的时候,除非独自一人,没有不注重谈话的,好像他们除了吃的工作外,同时还有一件决不可少的工作便是谈话。而且在这样吃饭时的谈话,在他们简直成为一种自然而然的艺术。我当然不是说我们中国人吃饭时就绝对不说话,有的时候你大有机会听到声震屋瓦吵得别桌不能安宁的健将,但是比较之下,我们中国人闷着肚子专门以装饭下肚子为唯一工作的实不乏其人(这当然是指吃饭的时候,不是指一般时候)。在西人简直好像谈话也列在菜肴一起,此在暑校的大食堂里,便获得认识不少朋友的好机会。"(全集第 6 卷第 52—54 页)

1935 年(民国二十四年)　41 岁

1 月　十教授发表《中国本位的文化建设宣言》,由此引起"中国本位文化"与"全盘西化"大论战。

7 月　国民政府军事委员会华北军分会代理委员长何应钦复函日本华北驻屯军司令官梅津美治郎,承认其提出之取消国民党在河北和平津的党部,撤退驻河北的东北军、中央军和宪兵,撤换河北省主席于学忠和平津两市市长,取缔反日团体和反日协定。世称何、梅二人往来的备忘录和复函为"何梅协定"。

7 月　电影《风云儿女》在上海放映,影片中的《义勇军进行曲》受到极大欢迎,被到处传唱。

9 月　日本策划包括河北、山东、山西、察哈尔、绥远的华北"五省自治运动"。

10 月　中国工农红军第一方面军到达陕北吴起镇,完成长征。

11 月　国民党政府实施"币制改革",统一全国币制。

12 月　一二九运动爆发。

是年　南京国民党政府法院通过《修正出版法》。南京中央政治学校成立新闻系。

1 月 2 日　《萍踪寄语(七七)中央文化休养公园》(写于伦敦),收入《萍踪寄语》三集,1935 年 6 月生活书店上海版。(全集第 6 卷第 57—61 页)

《萍踪寄语(七七)中央文化休养公园》摘要:

"八百英亩的公园不能算小,但因为游的平民实在多,所以仍然使你感觉到拥挤。在园里的宽阔的马路上来来往往的固然是摩肩接踵。在各种运动游戏——例如各种球类游戏——的场所也满山满谷;还有一个露天(Open air)戏院,也挤满了人,我们只能在远处听听笑声由那里传播出来。一面鼓励人努力工作,一面也积极作娱乐上的种种设备,使人于努力工作之余也有相当娱乐的机会,这是我此时以及后来在苏联所得到的另一印象。"(全集第 6 卷 61 页)

1 月 4 日　《萍踪寄语(七八)运动大检阅》(写于伦敦),收入《萍踪寄语》三集。(全集第 6 卷第 61—64 页)

《萍踪寄语(七八)运动大检阅》摘要：

"'为工作和防卫而准备'，这是苏联现阶段中积极提倡体育的最主要的目的：造成健康的青年，使他们能负起建设新社会所须努力的工作，并能负起防卫这新社会所须执行的责任。"(全集第6卷第62页)

1月7日 《萍踪寄语(七九)夜间疗养院》(写于伦敦)，载1935年4月20日《新生》周刊第2卷第13期，收入《萍踪寄语》三集。(全集第6卷第64—67页)

《萍踪寄语(七九)夜间疗养院》摘要：

"所谓夜间疗养院，也是苏联在医药设备上一个重要的特色。这种夜间疗养院是专备那些仅在初期的病者，或仅有疾病的嫌疑者，并未达到必须停止工作而用全部时间于医院里的程度，但在身体上却感到有些不舒服。倘若在初期的时候不注意，也许由小病而大病，而成难于治愈的大病。夜间疗养院就是用来补这个缺憾的，因为这样的病人可于日里的工作完毕之后，到夜间疗养院去，换去自己的衣服，穿上医院特备的舒适的外衣，洗个医院特为布置的澡，吃着医院特为规定的适宜的膳食，经过相当的休息或游戏，安睡在他所适宜的合于卫生的环境里面(或须睡在露天的空气中，或须睡在开着窗的房间里，依情形而定)，有看护照料，有医生诊视，并给与他所需要的药品。到了第二天早晨，他们仍然可以照常去工作。在这种情形之下，工作并不致于妨碍他的健康；而这样的工人反可不必搁置他的工作而同时却能增进他的健康。""我看了这个夜间疗养院后，觉得就疗养院的设备而言，似乎没有什么特别可以惊人之处，重要的意义是在：(一)劳动者和他们的子女都有免费疗养的机会；(二)预防的效用；(三)在不妨碍工作之中获得健康的增进。第一点尤其重要！我们只要想到占着资本主义老大哥地位的英国的伦敦，有失业的工人的妻子已生了肺炎，因没有钱请医生而延误送命，而在莫斯科的劳动者和他们的家属在仅有疾病嫌疑的时候，就可免费入疗养院疗养，便可感觉到这点的重要了。"(全集第6卷第65—67页)

1月12日 《萍踪寄语(八〇)托儿所》(写于伦敦)，载1935年4月27日《新生》周刊第2卷第14期，收入《萍踪寄语》三集。(全集第6卷第68—72页)

《萍踪寄语(八〇)托儿所》摘要：

"我们听到'托儿所'这个名称，也许觉得意义颇简单，只是保育婴孩的地方罢了；但在苏联，'托儿所'这机关却和新社会的建设有很密切的关系。这伟大的建设工作要能成功，必须全国大众，不但男子，并且女子，都要来参加。就女子自身的真正解放方面说，她们也必须从'家庭的奴隶'圈子里面逃出来，共同努力于新社会建设的工作。而在这两方面,托儿所都是一个要素;因为托儿所的第一目的是使女子在工作或求学的时候,不致受着看护孩子的牵累。此外就下一代说,还有一个很重要的目的,那就是要养成'健康强壮的一代,有钢的脑经,铁的筋肉'(列宁语)。"(全集第 6 卷第 68 页)

1 月 14 日　《萍踪寄语(八一)托儿所的办法》(写于伦敦),载 1935 年 5 月 11 日《新生》周刊第 2 卷第 16 期,收入《萍踪寄语》三集。(全集第 6 卷第 72—76 页)

《萍踪寄语(八一)托儿所的办法》摘要:

"托儿所的重要目的","一方面使妇女得自由参加社会工作或求学,一方面使由专家养成健康聪明的下代社会分子。这两方面和新社会的建设都有很密切的关系,那是很显然的。""关于含有教育意味的工作,特别注意使儿童在早年对周围的世界就具有一团高兴的(或欣然的,乐观的),集体的(或合群的),唯物观的态度。其次也注意于养成具有活动能力和独立精神的儿童,习惯于工作,同时也知尊重他人的工作。""关于托儿所的设立,当然有一点最重要的是替劳动民众作大规模的实施,不是只顾到少数人的利益的。"(全集第 6 卷第 75—76 页)

1 月 17 日　《萍踪寄语(八二)堕胎院》(写于伦敦),收入《萍踪寄语》三集。(全集第 6 卷第 77—81 页)

《萍踪寄语(八二)堕胎院》摘要:

"我们知道堕胎是各国——除苏联外——法律所严禁的,堕胎的妇女和帮助堕胎的医生都是有罪的。苏联对于堕胎这件事的本身也不认为是好事;如有人认为苏联在现状下准许堕胎便等于鼓励堕胎,这是一个很大的误会。社会主义的建设完全成功之后,堕胎可以成为一件不必要的事情,但在过渡期间,不得不努力使堕胎的危险减至最小限度,可是要办到这一层,决不是用法律硬禁所能收到功效的。这是有各国的事实做佐证的。""因为不求根本方法,但用法律强制,反使堕胎秘密化。只知牟利草菅人命的医生反得尽量作恶,徒然增加妇女生命的危险。有的虽不在致死之列,但因秘密中实行,设备不良,以致得到其他疾病或成残废者,更不可胜数。""苏联有鉴于此,自 1920 年起即认堕胎为合法行为"。"这法令的重要目的是在保护妇女生命的安全及禁止不良医生的秘密的害人行为。凡是妇女要堕胎的,其手续很简单,只须到她所住的本区的'妇女卫生商榷处'去接洽,如该处认为必要,即转送相当的医院或堕胎院执行"。"在苏联一方面不勉强妇女们不愿的生育,一方面仍用教导的方法使一般人明白堕胎的害处,除利用刊物和讨论会外,并利用电影对全国各处宣传,同时在'商榷处'由医生指导性的卫生的时候,并注意指导节制生育的方法。更基本的当然是在社会主义建设的积极进行,例如提高人民的生活标准,建造良好和足够的住宅,以及托儿所网之更为扩充密布等等。"(全集第6卷第77—81页)

1月20日 《萍踪寄语(八三)妇孺卫护博物馆》(写于伦敦),收入《萍踪寄语》三集。(全集第6卷第81—85页)

《萍踪寄语(八三)妇孺卫护博物馆》摘要:

"我的心坎里尤其有说不出的感慨:有一条大道让人可以努力,这决不是开倒车的国家里所能梦想的事情;在那样开倒车的国家里,有许多有志气有作为的男女青年,就不知把全副精神用在什么地方,甚至就没有机会给他们努力,倘若他们不自暴自弃地同流合污地随着一班混蛋开着倒车,掘着坟墓,他们真要干,就不得不先排除障碍,打开一条可以干的'大道'来!"(全集第6卷第85页)

1月22日 《萍踪寄语(八四)幼稚园》(写于伦敦),收入《萍踪寄语》三集。(全集第6卷第85—89页)

《萍踪寄语(八四)幼稚园》摘要:

"新社会的建设,关于政治的和经济的种种方面,苏联女子的努力参加和所表示的成绩,和男子立于平等的地位,因此在数年来为着实际的需要——使妇女们得抽身参加社会的事业——不但托儿所的数量大增,幼稚园的数量也大增。原定计划,在一九三二年(即第一次五年计划的末了)须使五十万儿童受到'学校以前的教育',而因实际需要及积极进行的结果,一九三一年受到这样教育的儿童的实际数目达三百万,一九三二年达五百万,最近达七百万,其中有一百万以上的儿童在幼稚园里面。培养新社会的下代分子——使这新社会能有更灿烂巩固的未来的中坚——这是如何重大的工作,他们从事这工作的人,都是用十二分的热诚来干的,所以有这样空前的猛进。"(全集第6卷第85—86页)

1月25日 黄炎培托生活书店送寄100元转韬奋。(《黄炎培日记》)

同日 《萍踪寄语(八五)一个农夫的演说》(写于伦敦),收入《萍踪寄语》三集。(全集第6卷第89—94页)

《萍踪寄语(八五)一个农夫的演说》摘要:

"他所讲的内容,简单说来,大概可分三点:第一点是谈他十年前初到俄国的时候,俄国农夫只有种种迷信,不知科学为何物。""第二点是关于训练人材的艰难,因为大规模的农业改进计划,需要大量的农业人材,而农夫原有的知识程度却太幼稚,欲使于短时期内习于机械的运用,很不容易。""第三点是对农村里所潜伏的反革命势力的搏斗。"(全集第 6 卷第 90 页)

1 月 27 日　《萍踪寄语(八六)妓女治疗院》(写于伦敦),收入《萍踪寄语》三集。(全集第 6 卷第 94—98 页)

《萍踪寄语(八六)妓女治疗院》摘要:

"妓女制度和不合理的社会制度是有连带的关系。在不合理的社会制度未改变以前,尽管禁娼哪,放禁哪,闹个震天价响,都是所谓隔靴搔痒,搔不着痒处。在西欧的'文明的'国家里,对付这个问题的唯一方法是倚靠宗教和警察。""我们到了苏联之后,尤其是首都莫斯科,对于他们如何解决妓女问题的办法,当然也是很感兴趣的一件事。""俄国革命后,由帝俄所遗留下来的宝贝,妓女和花柳病也算是两件重要的东西!""讲到办法方面,就广义说,像妇女在经济上的解放,在社会地位上的解放,新式的婚姻制度,广播的宣传的和教育的工作,和这个问题的解决都有关系;就狭义或更直接的方面说,专为收容妓女而设的治疗院,所谓 Prophylactorium,收到很好的功效。"(全集第 6 卷第 94—95 页)

1 月 29 日　《萍踪寄语(八七)莫斯科的一个区政府》(写于伦敦),收入《萍踪寄语》三集。(全集第 6 卷第 98—102 页)

2 月 2 日　黄炎培讯邹韬奋。(《黄炎培日记》)

同日　《萍踪寄语(八八)佛勒格机械厂》(写于伦敦),收入《萍踪寄语》三集。(全集第 6 卷第 102—106 页)

2 月 3 日　《萍踪寄语(八九)工资、工作时间和生产力》(写于伦敦),收入《萍踪寄语》三集。(全集第 6 卷第 106—109 页)

《萍踪寄语(八九)工资、工作时间和生产力》摘要:

"在资本主义的国家里有工资的存在,在社会主义制度建设期间的国家里也有工资的存在,这两方面有什么根本的不同呢? 苏维埃的经济学家认为这两方面确有根本的不同。他认为在资本主义之下,所谓'工资劳动者'(wage-worker)是本身没有生产工具而不得不把劳动力出卖给占有生产工具的人们;在苏联,国家是全体工人的组织,生产工具是为全体工人所公有,所以工人所受的工资所含的意义也有根本上的差异。可是在形式上这两方面还有个易于混淆的疑点:那便是在别的国家里,工人所得的工资并非包括他的劳动的全部,而在苏联工人所得的工资也仅能包括他的劳动的一部分。但在性质上却有很大的不同,因为在苏联,工人劳动的'未付的'部分并不归入别一阶级的手中,成为私人的'利润',却是由工人的国家用来发展有益勤劳大众的种种建设,终究的利益还是属于全体工人。""决定工资的要素也有根本上的不同。在资本主义制度之下,决定工资的要素是:用最小限度的工资使工人的劳动力能不断地从事工作,因此使'剩余价值'能不断地创造出来。而且如果劳动的供给有得多余,即失业的工人多,不怕没得补充,那末资本家连这'最小限度'都无意维持,因为他的唯一目的只在榨取'利润'。在苏联是由工人阶级统制工业,是为全体勤劳大众谋福利的,所以时在努力图谋工资的增加,使工人的生活和文化的水准逐渐提高;这种提高的工作是由代表工人阶级的机关——包括政府中的专部和工会——根据工人需要和全国经济做标准而努力进行的。""决定工资的要素,也须包括全国经济的考虑,这是因为工资所以有增加的可能,也要靠生产力的增加。倘若工资增加而生产力却仍旧,那末全国经济便要陷入危境;而全国经济的发展却是工人的福利所倚靠。因此苏联的经济,从开始就十分注意生产力的增加。""生产力增加,不但'名义工资'和'实质工资'随之俱增,而且工作时间也随之逐渐减少,现在已成为全世界中最短的工作时间了。""工资随生产力的增加而增加,工作时间却随生产力的增加而减少。"(全集第6卷第107—109页)

2月6日 《致王泰来、曦光函》(全集未收)全文:

"泰来、曦光兄:""刚接到你除夕的很诚恳的一封信,我要谢谢你的好意。""关于曦光兄的报告亦已看过。我觉得所要求的各项都很正当,而竟成僵局,殊为憾事。我鞭长莫及,深以为恨,只望回到国内后,能征得大多数的公意,尽可能的整顿整顿。""曦光兄末段关于'不高兴的影响',对我有些小误会。我并不是说事实,即并不是说已有同事不高兴的事实,只不过依常理推想及心理上的不满而可引起之不高兴,这是就一般的抽象的说。店里向无只字告我关于这方面的事。最近艾先生有一信来,只表示灰心,亦未述及具体事实,我看了已在担心有什么事故发生,今晨接阅你们的信才知道果不出所料。""辞退的同○○业之后,请泰兄即写几字告我,拜托拜托。""我大概三月底或四月初离英,在美有一个多月耽搁,在日本或再有些耽搁。到沪之期约在六月间。关于游俄寄语正在赶写,全书约须十二三万字,已草毕六万余字,余稿仍在赶写。因国内欲知苏联详情者甚多,故写得特详。观察美日后,想再为书店写一书。""关于读书会之意甚佳,我回后也要参加,也许还可协助你们研究。""我离兄等如此遥远,无法慰藉,十分愧憾。""匆匆奉复,即颂　　时安。　　　　韬上　二

月六日上午""有信尽可寄原址，如我离开，房东知照转。"（韬奋纪念馆提供）

2 月 7 日　《萍踪寄语（九〇）社会化的工资》（写于伦敦），收入《萍踪寄语》三集。（全集第 6 卷第 109—112 页）

《萍踪寄语（九〇）社会化的工资》摘要：

"在苏联工人所得的工资不仅是金钱的工资，还有所谓'社会化的工资'"。"社会化的工资所包含的最重要的一个要素是'社会保险'（Social insurance）。社会保险包括医治费；因疾病、损伤、防疫隔离、怀孕、产儿或须看护家中病人等等而暂停工作的时期内照付的工资；死亡和婴孩养育的救济费；失业救济；残废保险金；因生利者之死亡或失踪而付给他的倚靠者的费用等等；此外还有养老金。这种社会保险，在别国虽也有实行的，但苏联的社会保险却有他的特点。第一是凡受社会保险利益的人，其本人完全无须缴纳保险费；这种保险费全由工厂或机关拿出来的，并不像别国要从工人的工资中扣除。第二是关于这种保险费的管理，是由受保险的工人自己选出的代表主持，和别国之由雇主与雇佣双方的代表，或于双方之外再加上政府官吏来管理，也不相同。""除'社会保险'外，屋租的办法也是'社会化的工资'的一个要素。""其次，货品的分配与消费，对工人特别廉价，也是增加他们的'实质工资'的要素。""此外如'工人城'的建筑，大规模的工厂厨房的设立，社会化的餐馆的增加，以及免费教育的积极推行（大学教育不但免费，每月还有津贴），幼稚园、托儿所等等的组织，关于文化享用（如电影、戏院、公园等等）的优待，这都是构成'社会化的工资'的一部分。"（全集第 6 卷第 109—112 页）

2 月 11 日　《萍踪寄语（九一）苏联工业的管理机构》（写于伦敦），收入《萍踪寄语》三集。（全集第 6 卷第 113—117 页）

《萍踪寄语（九一）苏联工业的管理机构》摘要：

"在苏联的工业管理机构里也用着'托辣斯'这个名词，我们初听很易引起诧异。""因为我们知道在资本主义社会制度里面，所谓托辣斯，是大资本家用大规模的独占方法，以消灭小资本家而获得更大利润的玩意儿。但是在苏联，不消说的，所谓托辣斯，并不是该业的占有者，不过是国家的信托者，依国家所定的计划，主持管理罢了；在营业上所得赢余，除提出若干做该业基金，若干做职工的红利，若干做改善工作环境的费用外，其余的都归到国库里面去。简单说一句，这些托辣斯不是替任何私人发大财，是为全国的经济增加效率，是为全体人民谋便利的。社会主义的社会制度，在技术上原不讳言取法资本主义的社会制度里面所已有的，但在效用的结果上却有很大的差异，上面所说的托

辣斯,不过是其中的一个例子罢了。"(全集第 6 卷第 114—115 页)

2 月 12 日 《萍踪寄语(九二)苏联的工会》(写于伦敦),收入《萍踪寄语》三集。(全集第 6 卷第 118—122 页)

《萍踪寄语(九二)苏联的工会》摘要:

"苏联工会的重要使命有两个。第一是动员劳动大众,增强他们对于生产的主动的参加,对于经济问题的解决作主动的参加;同时也就是教导劳动大众成为全国经济的领导者。第二是保障工人的利益,以防管理者方面或许有官僚化流弊的发生。""苏联工会的组织不是以行业为根据,是以工业的部门为根据,因为前者不适用于社会主义的有计划而相呼应的全国经济计划。凡是赚工资或薪水而工作的人们,都可加入一个工会。""不过选举权被剥夺的人——例如牧师和曾在帝俄时代当过警察暗探等——和不工作的人不得加入工会。加入工会的得享到种种的优待;在苏联得到一张工会会员证(或称工会卡片),真有'意想不到的效力',其效用比在任何国家都大。例如到浴堂、戏院、铁路、轮船、博物馆、运动场,以及其他处所,有的可减少百分之二十五至六十的价钱,有的得完全免费。此外在合作社购买需用品,也有种种折扣的便宜。所以在别的国家里剥夺了选举权,只限于选举权的损失;在苏联被剥夺选举权的人们,在生活上处处吃亏,简直等于剥夺了生活权,维持生活异常艰难。那些不工作的朋友当然也吃到一样的苦头!""苏联工会和别国工会有个很大的异点,那便是除了保障工人利益之外,还有一个很重要的使命是积极增加生产力;这件事的要点,当然是在他们所努力增加的是社会的大众利益,是增加勤劳大众的享用,不是替任何私人牟利的勾当,不是替资本家装腰包。工会因为要注重这方面的努力,所以积极倡导生产方面的'社会主义的竞赛'和'突击队'的进行。这和上面所说的'要点'当然也有密切的关系。工人所以肯奋发蹈厉,主动地规定超过原定的计划标准,个人和个人间竞赛,各组和各组间竞赛,各厂和各厂间竞赛,这固由工会的倡导,但也要工人们自己知道这是共同努力于社会主义的建设。"(全集第 6 卷第 118—120 页)

2 月 13 日 《萍踪寄语(九三)一个工厂的教育实验所》(写于伦敦),收入《萍踪寄语》三集。(全集第 6 卷第 122—126 页)

《萍踪寄语(九三)一个工厂的教育实验所》摘要:

"苏联教育最重要的目的是创造主动的工人来参加社会主义社会的建设。在这里面,经济的建设占着极重要的位置;而工业的建设又在经济建设的里面占着极重要的位置。因为要采用最进步的技术,于是要训练千万的工人,使能运用最进步的机械,了解最进步的方法,成为一个很重要而又很困难的问题,尤其因为这些新增的工人大多数来自乡村,不但从来未用过机械,而且缺乏一般的教育。在这种情形之下,一方面须努力于增高一般的教育水准,一方面须努力于利用最经济的方法实行劳工教育以增进技能。"(全集第 6 卷第 125 页)

2 月 16 日　《萍踪寄语(九四)工人城》(写于伦敦),收入《萍踪寄语》三集。(全集第 6 卷第 126—130 页)

《萍踪寄语(九四)工人城》摘要:

"苏联的医业,也随着政治经济的革命而经过一番革命。""简要地述其要点如下:(一)在未革命前,医生——尤其是专科的医生或名医——只有少数有钱的人才请得起,大多数的农工便休想;革命后全国的医药机关均逐渐实行大规模的有系统的设立,集中管辖于卫生人民委员部,把医药的利益,普及于一般的勤劳大众,除极少数的特殊例外,已做到完全免费。""(二)苏联的医业特重预防,所以医药机关和公共卫生机关在全部系统之下打成一片。""(三)医生几全属国家的公务员,领受国家的薪俸,为民众服务,不再受病人的医金。""那些在社会主义下养成的医生更因没有金钱关系的作祟,视医治有效是替社会增加健康和工作力,服务只有格外的勤奋;同时因在国立机关服务,设备上特别完备,而又得到各医生同人的共同研究与切磋,在医术上也只有更易进步。其实除金钱有它的引诱力外,还有专业上的自尊心,求优胜和荣誉的欲望,获得人类同伴好感的愉快;至于能解除病者的苦痛,更可在精神上增加无限的舒适;尤其重要而有力的动机,是把自己在职务上的努力和社会主义的建设联在一起,把自己视为这个大军的一员战士,那工作就更有意义,就是吃苦,就是牺牲,都是值得的! 这不仅是医生,在苏联的千千万万所勤劳大众,所以能咬紧牙根,不知艰苦,向前猛进,都是本着这个意识而鼓起勇气,振作精神,勇往直前,作继续不断的努力奋斗!"(全集第 6 卷第 129—130 页)

2 月 18 日　《萍踪寄语(九五)结婚和离婚》(写于伦敦),收入《萍踪寄语》三集。(全集第 6 卷第 131—134 页)

《萍踪寄语(九五)结婚和离婚》摘要:

"关于两性间的关系,在苏联认为这是属于个人的事情,所以并不加以琐屑的干涉,但对有关于儿童的幸福和保障方面却加以郑重的注意。这一个要点可说是苏联婚姻律的骨干。""此外还有一个要点,便是在婚姻律上,男女处于完全平等的地位。""关于离婚的事情","只要男女的任何一方——即不必双方同意——到民事注册局去声明一下,也不必说出什么理由,该局即于登记后发一通告通知对方,说自某日起就算离婚,一切完事!""离婚无须理由,而且任何一方可单独提出,即算了事。这在别种社会里的人听见,也许都不免引起诧异。这个法律的重要前提,当然要妇女在经济上有完全自立的能力和机会,不必倚靠男子。""我觉得这种男女平等的法律精神,最重要的是须有男女真能平等的实际环境。在男女真能平等的社会里,这种平等法律才真能使男女两方都得到平等的利益。"(全集第 6 卷 133—134 页)

2 月 19 日　《萍踪寄语(九六)家属间的关系》(写于伦敦),收入《萍踪寄语》三集。(全集第 6 卷第 134—137 页)

《萍踪寄语(九六)家属间的关系》摘要:

"依苏联的法律,夫妇间的关系是完全属于平等的地位;因为社会的制度使男女在实际上都真能有平等的经济自立的能力和机会,所以这平等的地位不是法律上的空条文,而是生活上的实际的情形。""关于家属间的关系,就经济上研究,有两点可注意:(1)受供给的方面以是否不能工作自给为根据;(2)供给者方面以是否在经济力量上办得到为标准。"(全集第 6 卷第 134—137 页)

2 月 20 日　《萍踪寄语(九七)民事注册局》(写于伦敦),收入《萍踪寄语》三集。(全集第 6 卷第 137—141 页)

2 月 22 日　《萍踪寄语(九八)性的关系的转变》(写于伦敦),收入《萍踪寄语》三集。(全集第 6 卷第 141—146 页)

《萍踪寄语(九八)性的关系的转变》摘要:

"关于性的关系,在十月革命后的所谓'战时共产主义时代'(从一九一七年到一九二一年,在这时期,革命政府竭尽全力于抵抗帝国主义的武力干涉,扫除国内的反革命势力),诚然有过一个很混乱的阶段;当时一般青年对于帝俄时代压迫的反应,益以对于'自由恋爱'的误解,以为男女每次的性的关系即算为一个结束,即可另和其他异性接近,视为纯为生理的作用,比作口渴时喝一杯水的行为,成为所谓'杯水学说'('glass of water theory'),简直成了杂乱的现象,三年内战停止之后,此风仍未消灭,往往以有为的青年而为性病所摧残,列宁乃积极矫正,他说'……这个"杯水学说"已使有些青年发狂,十分发狂。这说法已破坏了很多男女青年……口渴自然是要求解除的。但是在常态情况之下的一个常态的人,是否肯躺身于路上垃圾堆上去喝污沟里的污水?甚至从一个杯沿积有许多人遗下的油腻的杯里喝水?喝水还真是一件个人的事情。恋爱却有关于两个人的,而且还有第三者——一个新的生命——也许要产生出来。那便含有社会方面的利益,含有对于社会的义务……我的这个批评,意思并非要提倡禁欲主义。我们的主义不是要做到禁欲主义,却是要达到生活的愉快和生活力的充满,而这种生活的愉快和生活力的充满,有一部分也是由于爱的成功而获得的。但依我看来,我们现在所常见的纵欲现象,不但不能造成这种生活的愉快和生活力的充满,反而要减损……'同时党里的其他领袖,有几个是女子,也对此事大声疾呼,提醒青年,同时教导他们:男子对女子的态度须把她们看作新社会里的平等的同志,共同保护健康以努力于社会的建设;女子对于自己在新社会里的平等地位也须努力保障,勿容许男子对于性的放纵,要以自尊获得他们的敬视。'"尤其重要的是五年计划的实行,使全国的青年都用全副精神于新社会的建设,意志和精神都有专注:自然而然的把性的生活看得淡一些,自然而然的心思并不注重在这方面,因为有更重大的事业需要他们共同努力。现在在别的国家里,你随处可以看到性的诱惑,在电影、在书报、在戏剧、在广告,以及其他种种方面;在苏联你已找不到这些。他们在这种种方面(商业性的广告根本就没有)所表现的都是关于新社会建设的材料。性的问题已没有人谈,已没有人讨论,已没有人注意,因为这在苏联已不成为问题了。"(全集第 6 卷第 144—146 页)

是月 经胡愈之介绍,张仲实进入生活书店,起初一年主持编辑原来由胡愈之主编的《世界知识》,8 月韬奋回国后参与《大众生活》的编辑工作。(张仲实《我的编译生活》,《出版史料》1983 年 12 月第二辑)

《萍踪寄语(九九)发动机制造厂》(3 月 5 日写于伦敦),收入《萍踪寄语》三集。(全集第 6 卷第 146—148 页)

《萍踪寄语(九九)发动机制造厂》摘要:

"在苏联参观工厂,最令人兴奋的是努力求自立的精神。""其次使我获得很深印象的,是工程师和工人对于工作的态度——兴味浓厚和情绪热烈的态度,你参观时可随时和他们谈话,在谈话中你便可以看出他们欣然告诉你一切,回答你一切的高兴和殷勤的心情。其实这也不是偶然的;苏联的政权是以勤劳大众为中心,他们的工厂也是以勤劳大众为中心;他们的建设,他们的奋斗,不是少数人的事情,是吸收着勤劳大众共同来参加的。这是最伟大的力量之所从来!这不但是工厂,全苏联是这样!"(全集第 6 卷第 148 页)

3 月 4 日 《萍踪寄语(一○○)布尔穴俘公社——罪犯创造的新村》(写于伦敦),收入《萍踪寄语》三集。(全集第 6 卷第 149—153 页)

《萍踪寄语(一○○)布尔穴俘公社——罪犯创造的新村》摘要:

"到苏联考察的人们,对于他们的处置罪犯的方法——这是指不涉他们认为反革命或破坏社会财产的罪犯——也觉得是一件很有意义的革新工作,认为'有许多方面是在全世界中最人道的、最科学的、最有良效的'。他们处置罪犯的制度,目的不在惩罚或报复;最重要的目的是要把犯人救出来,使能重新做好人,不是替社会除去这个人,是替社会救回这个人;其次的目的乃在犯人还在试验期内,保障社会,使社会勿受到他的牵累。""这种制度,并不养成怀恨社会的以犯罪为业的人(所谓'professional criminal');却在努力创造新人。"(全集第 6 卷第 152—153 页)

3 月 11 日　《萍踪寄语(一○一)谒列宁墓》(写于伦敦),收入《萍踪寄语》三集。(全集第 6 卷第 153—156 页)

《萍踪寄语(一○一)谒列宁墓》摘要:

"说列宁能继续不断地奋斗,这固是事实;但我们如不再作进一步的研究,这种说法仍近于肤浅。尤其重要的是他的革命的行动——百折不回的斗争——是根据于他对于主义的彻底的了解和信仰;他拿住了这个舵,无论遇着什么惊风骇浪,别人也许要吓得惊惶失措,在他却只望清彼岸,更加努力向前迈进。他在无论如何困难、艰苦和失败的时候,他的信仰从来没有丝毫动摇过——我认为这是他所以不受失败沮丧的最大原因。""列宁一生的政治活动,始终不是立于'个人的领袖'('individualleader')地位,却总是代表着比任何个人都更伟大的一个以勤劳大众为中坚的大'运动'('movement');这运动在他未产生以前就存在,在他死后还继续着下去。"(全集第 6 卷 155—156 页)

同日　《萍踪寄语(一○二)舒西努集体农场》(写于伦敦),收入《萍踪寄语》三集。(全集第 6 卷第 156—159 页)

《萍踪寄语(一○二)舒西努集体农场》摘要:

"集体农场的普遍化,是苏联社会主义建设事业中的一种异常重要的成绩。"(全集第 6 卷第 156 页)

3 月 15 日　《萍踪寄语(一○三)集体农场的重要性》(写于伦敦),收入《萍踪寄语》三集。(全集第 6 卷第 160—162 页)

《萍踪寄语(一○三)集体农场的重要性》摘要:

"苏联第一次五年计划的成功,在工业方面是重工业基础的确立,在农业方面是集体农场的普遍化。集体农场的普遍化,和社会主义建设的巩固,有异常的密切关系。""依经验所示,无论国家的计划机关对于工业,对于批发的商业,或其他已集中于国家管理的部门,有很好的全盘计划,倘若农业仍然保存着'小布尔乔亚'的性质,千百万的农户各为自己直接的私利打算,而对于全国大众的利益置之不顾,那末全国的计划经济便无从实现,所谓社会主义建设也等于泡影! 所以我们如仅说集体农场的目的只是由落后的农业技术进到增加生产的农业技术,还不够","我们所尤须注意的,是它在社会主义建设上的重要性——它是把社会革命真正推广到农村去的重要的媒介"。(全集第 6 卷第 160—161 页)

3 月 19 日 《萍踪寄语(一〇四)两个博物馆》(写于伦敦),收入《萍踪寄语》三集。(全集第 6 卷第 163—167 页)

《萍踪寄语(一〇四)两个博物馆》摘要:

"'宗教是人民的鸦片',鸦片的麻醉力是奇大无比的。苏联革命政府确立后,俄国的富农还尽量利用宗教来和社会主义的建设作最后的斗争——反对集体农场,反对消除富农阶级的政策,反对工业化等等。关于反对社会主义建设的'宗教的'斗争,他们有许多方法。其中尤其有趣的,是藉'上帝'的名义对各乡村大发其通告:这些通告都是由'上帝'写给农民的,警告他们说集体农场是'反耶稣的事业',凡是赞助这件事的人们,都必定要受到入地狱的责罚! 又说'上帝'为着集体农场的运动,已经大怒,世界的末日,随时可以到来! 凡是要希望得救的人们,须立刻离开集体农场。""苏联对宗教不用强力禁止人民信仰,但一方面用教育,一方面揭穿宗教黑幕,同时剥夺牧师的公民权(如选举及生产者所得享的种种权利),宗教大有'永久沦入地狱'的模样了!"(全集第 6 卷第 165—166 页)

3 月 20 日 《萍踪寄语(一〇五)诊治院和工人住宅》(写于伦敦),收入《萍踪寄语》三集。(全集第 6 卷第 167—170 页)

《萍踪寄语(一〇五)诊治院和工人住宅》摘要:

"所谓诊治院,专为设计预防及临时诊治之用,病人并不住院的;遇有病症须住院医治的,即另送到医院里去;遇有病症须较长时间疗养的,即另送到相当的疗养院里去。""苏联的工人住宅是一天一天地在那里讲究起来,而西欧的劳动者的住宅虽有一个时期并非没有过这类的享受,但就目前的趋势看去,却是一天一天地增剧着'基督教的国家里的道德'! 我觉得由西欧往苏联去视察的人们,应该不要忘却这两方面趋势的比较。"(全集第 6 卷第 167—170 页)

3 月 21 日 《萍踪寄语(一〇六)列宁的三歌》(写于伦敦),收入《萍踪寄语》三集。(全集第 6 卷第 170—173 页)

《萍踪寄语(一〇六)列宁的三歌》摘要:

"《列宁的三歌》不但伟大,而且精美:取景的美丽,光线和摄影技术的精

工,虽以好来坞在这两点上最胜利的片子,都比不上!"(全集第 6 卷第 170 页)

3 月 22 日 《萍踪寄语(一〇七)〈真理报〉的最新设备》(写于伦敦),收入《萍踪寄语》三集。(全集第 6 卷第 173—176 页)

3 月 23 日 《萍踪寄语(一〇八)言论自由的问题》(写于伦敦),收入《萍踪寄语》三集。(全集第 6 卷第 176—179 页)

《萍踪寄语(一〇八)言论自由的问题》摘要:

"目前的苏联是否有言论的自由?""这个问题的回答有两个立场:从勤劳大众——以工人和农民为联合的中坚——看去,可以说有;从剥削阶级的余孽及其种种寄生虫——例如牧师教士,帝俄时代做过秘密侦探及压迫革命的警察官僚,以及反革命的知识分子等——看去,可以说没有。""在资本主义的国家和资本帝国主义所侵略的殖民地,只有少数人享到自由言论的权利,因为强有力的言论机关都在这少数人的掌握中,或至少是在这少数人威迫之下;在无产阶级专政的国家里,却有多数人享到言论自由的权利,因为强有力的言论机关都在这多数人为中坚的政权统辖之下。这两方面不同之点便是一方面是少数,一方面是多数。虽这两方面都不能说是'完全',但'多数'已比'少数'进一步,却是无疑的事实。""关于言论自由,就各国的现实情形说,大概不外三种现象:一种是在法西斯的国家,其作用是替日暮途穷的资本主义制度挣扎,实际只替少数特权的阶层说话,在大多数人方面看来固然是绝对没有言论自由,即替少数特权阶层作传声筒的人们也说不上有什么言论自由。一种是在号称民治主义的国家,尤著的是英法两国,这些是多党政治,大规模的言论机关当然也在少数特权阶层中人的掌握,但在某范围内还许一小部分替大多数人发表的言论有出版的可能,在表面上,似乎稍为宽容,但只是程度上的差别,并不是性质上的不同。还有一种便是政权已在勤劳大众自己的手中,言论自由为大多数人所享有,而因为尚未达到没有阶级的社会,仍有少数人不能享得言论自由的权利;而且所谓言论自由,也有它的相当的范围,不是无限制的,关于这一点,记者在上面已有过大略的说明了。"(全集第 6 卷第 176—179 页)

3 月 26 日 《萍踪寄语(一〇九)苏联的南方》(写于伦敦),收入《萍踪寄语》三集。(全集第 6 卷第 179—182 页)

3 月 28 日 《萍踪寄语(一一〇)卡可夫的农场和工厂》(写于伦敦),载 1935 年 6 月 1 日《新生》周刊第 2 卷第 19 期,收入《萍踪寄语》三集。(全集第 6 卷第 182—185 页)

3 月 29 日 《萍踪寄语(一一一)尼帕尔水电厂》(写于伦敦),收入《萍踪寄语》

三集。(全集第 6 卷第 185—189 页)

《萍踪寄语(一一一)尼帕尔水电厂》摘要:

"苏联尼帕尔水电厂(Dnieprostroi Hydro—electric Station)和所属的堤坝,吸引世界的注意力,简直和埃及的金字塔吸引旅行埃及者的注意力仿佛。而它的意义当然和后者截然不同;它的意义是在利用最进步的机械和技术,以人力克服天然,为勤劳大众谋利益,促进社会主义的建设。"(全集第 6 卷第 186 页)

3 月 30 日　《萍踪寄语(一一二)开放给大众的休养胜地——克里米亚》(写于伦敦),收入《萍踪寄语》三集。(全集第 6 卷第 189—193 页)

《萍踪寄语(一一二)开放给大众的休养胜地——克里米亚》摘要:

"克里米亚是欧洲著名胜景之一,而在从前的俄帝国已是全俄最美丽的区域,所以那时的贵族和富有的布尔乔亚便作为他们独占着享福的地方,在南方沿海,由他们建筑了不少宏丽的别墅和官邸,不是勤劳大众所能梦想踏到的区域——这是距今不远的十八年前的现象——但是在革命之后,却成了开放给大众的全苏联的休养胜地! 从前为少数剥削者所占有的无数别墅和官邸,现在都成为勤劳大众的疗养院和休养院了! 这是多么痛快的一件事啊!"(全集第 6 卷第 190 页)

4 月 2 日　《萍踪寄语(一一三)雅尔他》(写于伦敦),收入《萍踪寄语》三集。(全集第 6 卷第 193—197 页)

《萍踪寄语(一一三)雅尔他》摘要:

"雅尔他则为克里米亚半岛上最美丽的区域。这最美丽的雅尔他,后面有四千尺的高山为屏障,前面是半圆式的凹进,被黑海包围着,差不多没有一所屋子没有花园,青山碧海,全城浸在青翠的环境中,沿着海滨便是无数的游泳沙滩。"(全集第 6 卷第 193 页)

4 月 3 日　《萍踪寄语(一一四)先锋营》(写于伦敦),收入《萍踪寄语》三集。(全集第 6 卷第 198—201 页)

《萍踪寄语(一一四)先锋营》摘要:

"俄国的革命,遗下了许多惊人的成绩,而青年运动(Youth Movement)也是其中最重要的一件事;在苏联,一个全新的下一代正在蓬蓬勃勃地生长着。所谓'全新',是环境新,观念新,体格新,习惯新……由此'全新'的种种,造出世界上的'新'人! 你在苏联和十一二岁的学童谈谈,他能告诉你英国怎样在剥削印度,各帝国主义怎样在剥削中国! 你问他到教堂里去吗? 他能直截爽快地答道:'不,因为没有上帝!'有位美国朋友问一个这样的儿童:'你知道美

国吗?'他答道:'知道,那里有资本家和被压迫的黑人!'"(全集第 6 卷第 198 页)

4 月 4 日 《萍踪寄语(一一五)儿童疗养院》(写于伦敦),收入《萍踪寄语》三集。(全集第 6 卷第 201—205 页)

《萍踪寄语(一一五)儿童疗养院》摘要:

"在雅尔他一地,疗养院就有四十个左右之多,此外还有休养院(rest home),其数量也差不多相等。为大众恢复健康和假期休养的大规模的设备,由此可见一斑。"(全集第 6 卷第 201 页)

4 月 5 日 《萍踪寄语(一一六)狄卡特集体农场》(写于伦敦),载 1935 年 6 月 8 日《新生》周刊第 2 卷第 20 期,收入《萍踪寄语》三集。(全集第 6 卷第 205—208 页)

4 月 8 日 《萍踪寄语(一一七)经奥得萨到基夫》(写于伦敦),收入《萍踪寄语》三集。(全集第 6 卷第 208—212 页)

《萍踪寄语(一一七)经奥得萨到基夫》摘要:

"基夫是乌克兰最美丽的一个城市,全城分上下两部分,上部分占着尼帕尔河(Dnieper)岸上的蓊郁森林的高墩上面,宏大的公园固然青翠欲滴,即各街道的两旁也树荫密布,景致宜人。"(全集第 6 卷第 211 页)

4 月 9 日 《萍踪寄语(一一八)基夫的农场和工厂》(写于伦敦),收入《萍踪寄语》三集。(全集第 6 卷第 212—215 页)

4 月 11 日 《萍踪寄语(一一九)回到莫斯科》(写于伦敦),收入《萍踪寄语》三集。(全集第 6 卷第 216—220 页)

《萍踪寄语(一一九)回到莫斯科》摘要:

"总之在办事的效率上,西欧确有不少应为苏联所宜注意学习的。列宁原也说过,社会主义的建设须尽量利用资本主义国家已有的技术,在他们原也正在注意学习中啊。"(全集第 6 卷第 218 页)

4 月 13 日 《萍踪寄语(一二〇)苏联的教育制度与其特点》(写于伦敦),收入《萍踪寄语》三集。(全集第 6 卷第 220—227 页)

《萍踪寄语(一二〇)苏联的教育制度与其特点》摘要:

"苏联教育的特点:(一)教育的大众化。""(二)教育和金钱势力脱离关系。""(三)大家凭智力都有升学的希望。""(四)教育的'技术化'(Polytechnisation)。""(五)有明确的目标和应用的环境鼓励学生勇猛上进。""还有几点可简单附述如下:一是理论和实践联系,学校和有关系的工厂或农场力求密切联合的关系;二是各专校均加授新社会科学要义和唯物辩证法,虽为工程师,对于新社会科学亦须有相当的了解;三是采用'社会主义的竞赛',

提高学业的质的程度,突击队队员的荣誉,不仅在追上胜我者,同时亦在帮助提高落后者达到水平线;四是自托儿所至大学,一律男女同学。"(全集第 6 卷第223—227 页)

4 月 14 日　《萍踪寄语(一二一)伯纳夫教育专门学校》(写于伦敦),收入《萍踪寄语》三集。(全集第 6 卷第 227—233 页)

4 月 15 日　《萍踪寄语(一二二)铁道专门学校和职业学校》(写于伦敦),收入《萍踪寄语》三集。(全集第 6 卷第 233—238 页)

《萍踪寄语(一二二)铁道专门学校和职业学校》摘要:

"在没有剥削制度存在的社会里,所谓国家经济力的增高,不是替任何私人装腰包,其最后的利益却是公诸社会的;国家经济力逐渐增加,人民所得的利益也随着逐渐增加。"(全集第 6 卷第 237 页)

4 月 16 日　《萍踪寄语(一二三)音乐专门学校》(写于伦敦),收入《萍踪寄语》三集。(全集第 6 卷第 238—241 页)

《萍踪寄语(一二三)音乐专门学校》摘要:

"合理的新社会里面是不容个人主义的存生,但往往有人把个人主义和个性混做一团,因此发生误会,以为新社会是不要发展个性的;如看了音乐学校里那样注重天才的培养,在全国各处那样注重音乐天才的发现和提拔,便知道新社会是在集团的活动中尽量发展个性的特长,而且也只有在没有人剥削人的制度的社会里,大家的个性才能够获得尽量发展以贡献于社会的平等机会。"(全集第 6 卷第 241 页)

4 月 17 日　《萍踪寄语(一二四)莫斯科大学和航空职业中学》(写于伦敦),收入《萍踪寄语》三集。(全集第 6 卷第 241—246 页)

4 月 18 日　《萍踪寄语(一二五)纺织专门学校》(写于伦敦),收入《萍踪寄语》三集。(全集第 6 卷第 246—250 页)

4 月 19 日　《萍踪寄语(一二六)苏联的电影和戏剧》(写于伦敦),收入《萍踪寄语》三集。(全集第 6 卷第 250—253 页)

《萍踪寄语(一二六)苏联的电影和戏剧》摘要:

"记者在苏联时,和朋友们同去看电影,前后约有七八次,所得的印象,和所看到的别国的电影,截然不同。最满意的当然推《列宁的三歌》"。"此外所看见的,就表演和摄影的技术上说,有的很好,有的差些,严格的说,除少数特别好的片子外,表演和摄影的技术还不及美国的影片。不过就故事内容的意义方面说,那苏联的影片可以说是卓然有它的特色了。他们影片中的主角不是胜利的盗魁,不是奢华的寄生虫,不是为着个人发财的成功人,不是诱惑女性的青年或市侩,却总是社会的领袖——建筑艰难的铁道,医治艰难的病症,铲除社会的公敌,提高全社会的幸福的水准,无论工作范围的广狭,总以为社会大众谋幸福为第一义。发奋蹈厉,艰苦备尝,为的是这件事;赴汤蹈火,不惜牺牲自我的生命,为的也是这件事。最后的结局,注重点不在故事中的'英雄',或是明星,却在所含的主义,革命,新的社会秩序,使观众感觉到这是人类历史上新纪元的一种描述!""就政治和经济的眼光看去,苏联的戏剧至少有下面的几个特点:""第一是观众的'社会成分'的改变。""由少数人的专利一变而为大多数人的娱乐和文化的机关。在那样富丽堂皇的大戏院(Bolshoi)你可以在许多座位的椅背上看见有光辉夺目的小铜牌钉着,上面注明这是为某厂'乌达尼克'特备的座位,……""'乌达尼克'并不是贵族或富翁,这是有特别良好成绩的工厂工人或学校学生。""一般的观众,高帽子白硬领和燕尾服的男装,和两臂后背袒露着的女装,你都看不见,所看见的是大多数的勤劳大众。""第二是戏院数量的迅速增加。这是随着第一点而来的自然的趋势,因为戏院既为大多数勤劳大众光顾的场所,非迅速增加,不够容纳。""第三是儿童戏院的发达。""所谓儿童戏院,并非由儿童表演,是由成人的演员专演合于儿童看的戏,目的是按着七八岁到十四五岁的各阶段的心理,注重教育,美术,和娱乐的效用。""第四是少数民族戏院的设立。在革命前,有几个民族已有他们的戏院,但受帝俄的严酷监视,毫无声色;有些民族如鞑靼、土耳其、土抗门(Turkomans)等,连戏院都没有。革命后,前者积极改造,后者积极创设。"(全集第6卷第250—253页)

4月21日 《萍踪寄语(一二七)不赚钱的商业》(写于伦敦),收入《萍踪寄语》三集。(全集第6卷第253—258页)

《萍踪寄语(一二七)不赚钱的商业》摘要:

"所谓社会主义化的商业——也就是不赚钱的商业——它的重要特点是在没有私人利用资本从中取利;它的目的全在使得消费者用最可能的廉价,享受到最可能的更多更好的货物。""苏联商业在管理上和别国的异点,是在无论在国内制造或由外国输入的货物,不是为国家所有,便是为合作社所有;都在政府的管辖或指导之下。但是这件事情却经过十年的继续不断的努力,而且也不是由政府下一道命令,强迫私人商家不许营业的;是由于政府积极扩充国营商业,积极协助合作社的商业,私人商家虽不受法律禁止,因无利可图,渐渐归于自然的淘汰。""最近已减到几于零了。换句话说,除工业和农业外,商业也已达到社会主义化的成功境域了。从这里我们可以看出：私人商业的废除和合作社及国营商业的发展适成正比例。""苏联政府和商业机关所努力的,是要把货物的分配尽量简单化,由此尽量减低'非生产的费用',由此把不必要的消耗的人力和经济力都得尽量用到生产的方面去。"(全集第 6 卷第 254—258 页)

同日 《萍踪寄语(一二八)衣食住行怎样?》(写于伦敦),收入《萍踪寄语》三集。(全集第 6 卷第 259—264 页)

《萍踪寄语(一二八)衣食住行怎样?》摘要:

"我未到苏联的前几个月,还听到过苏联的朋友谈起,说在苏联一般人所穿的衣服很蹩脚,领带是绝无仅有的。自己到了苏联后,所见的情形已不同了。""苏联大众的衣饰一天一天的进步,是由共同努力得来的,是方兴未艾的。""食的方面,我到学校和他们学生共餐的时候,看见他们有汤,有正菜,有布丁,有面包牛油,和在西欧所见的食物,寻不出异点。""老友公振曾请我到新开的咖啡馆去吃点心,那各式各样的糕饼,和在西欧所见的一样讲究。据公振说,在一年前,你如要买饼干,只有到'托格辛'里去! 现在不但饼干随处可买得到,即这样讲究的糕饼,也随处可买得到了。""关于住的方面,工人住宅区是苏联在建筑中可以自负的一件事"。"有一件事和其他国家绝对不同的,那便是住宅要依住者的工作和实际的需要而分配的;即使你有钱即使你有多大权力,也不能任你为自己建造华屋大厦"。"关于行的方面,电车在热闹区域,尤其是上下工的时间,仍然是很拥挤的。""苏联现在还有金钱的存在,而且要依工作的性质而有差异的工资或薪金,但是在苏联,金钱已不是万能的了。比较重要的还是工作。有工作的人,在合作社不公开的商店购买需用品,可得到特别优待"。"至于没有工作的人,即假定你有闲钱用,一切东西都贵得几十倍,简直使你活不了!""苏联在现状下虽在工资和薪金上还不能无差异,而却不致养成如西欧所有的中等阶级。"(全集第 6 卷第 259—264 页)

4 月 22 日 《萍踪寄语(一二九)几位苏联的青年朋友》(写于伦敦),收入《萍踪寄语》三集。(全集第 6 卷第 265—272 页)

4 月 24 日 《萍踪寄语(一三〇)再经列宁格拉回伦敦》(写于伦敦),收入《萍踪寄语》三集。(全集第 6 卷第 272—276 页)

同日 《萍踪寄语(一三一)关于苏联的一般的概念》(写于伦敦),收入《萍踪寄语》三集。(全集第 6 卷第 276—280 页)

《萍踪寄语(一三一)关于苏联的一般的概念》摘要:

"(1) 目前的苏联社会的结构并不是共产主义的社会,只是社会主义的社会的开端,共产主义社会的境域是'各尽所能,各取所需',现在苏联的社会离此理想尚远,这是他们自己也老实这样承认的。""(2) 社会主义的重要目的,一方面不许私人占有生产工具以剥削勤劳大众;同时要使得凡是愿意工作的人们,决不至于再有衣食住缺乏的忧虑——本人和他们的家属。反过来说,也就是不工作的人不能得到衣食!""(3) 苏联自己老实承认是无产阶级独裁的国家,这和西欧的实际为资产阶级独裁而偏要自谓是为全民谋利益的把戏,性质完全不同。因此,在苏联的领袖,党,和勤劳大众,是联络成一片的,也可说是'三位一体'。党之所以成功,是因为能领导全党为着勤劳大众的利益而奋斗。领袖领导党,党领导大众。""(4) 大众的意识、愿望,往往是潜伏着的,真能代表大众的党,在能适应这种潜伏着的意识、愿望,立在大众一条战线上向前努力奋斗。从这个意义上讲,党是领导大众的中心力量。""就靠有这样一个中心力量的党领导着。""(5) 苏联的党员人数,仅占全体人口中百分之一至二。这少数分子是具有阶级使命的意识和自我牺牲决心的人们。""党员在统治集团中占着很重要的地位,但同时却是大众的公仆。遇有任何重要事故或需要发生,为大众的利益而不得不去干的事情,无论何地,无论何事,党员对党的命令须绝对服从。于大众有益的最艰难最吃苦的事情,便由党员去干。""(6) 苏联的党的组织和政治的组织,最重要的原则是所谓民主集权制(democratic centralism)。""(7) 苏联的工农商业固不属于任何私人所有,但细究它们的性质,也不是很简单而直接地为政府所有。""(8) 苏联是'工人的国家',政权是以工人为中心的。这是因为工人在经济的背景上负有历史的使命,以无产阶级专政为过渡,达到没有阶级的社会;到了没有阶级的社会实现之后,也无所谓'工人的国家'了。""(9) 观察苏联的人们,要明白苏联的新社会不是乌托邦,是从现实中做出发点而英勇斗争出来的;是一亿六千五百万的大众靠着自己的奋斗迈进,解除了压迫和剥削的锁链,铲除了人剥削人的制度,根据他们所信仰的根本原则,继续向着自由平等的人的生活大道走。他们已成功部分的事绩是铁一般的事实,任何人不能一手抹煞(例如一般人的物质和精神的生活水准一天一天地在那里提高);而由旧社会的现实中遗下的缺点,还有些未除尽的,诚然也是事实(例如机关办事效率之有待于更为增进),但在新社会制度中,这些由旧社会遗下的缺点之逐渐消除,却是显然的趋势。我们研究苏联,须注意苏联所从产生的以往的现实,然后才不致忘却把新社会从这现实中所成功的事绩,以及消除以前缺点的趋势,作为估量这新社会制度的标准。"(全集第 6 卷第 276—280 页)

4 月 29 日　《〈致戈宝权〉之一》，收入《韬奋手迹》第 19 页。（全集第 6 卷第 3—4 页）

《〈致戈宝权〉之一》摘要：

"最近以日夜赶写游俄之作，以致迟迟未复，深以为歉，乞　兄有以谅之。日昨始完全脱稿，共达十八万余字，全稿已寄出。倘有出版可能，将来尚须请教。""弟已订于五月十一日由伦敦乘德轮赴美，在美约有一个半月勾留，经日本约有二三星期勾留，即回上海，到沪之期约在七月底八月初矣。""令叔已动身否？如未动身，请将此信转呈一阅，附此道候。""弟近日忙于买书与阅看关于美国之书籍，故仍苦忙。""关于苏联情形，Co-operative Pubishing Society for Foreign Workers 常出有英文小册，倘　兄遇有新出者，请常代购寄，以备参考，需费若干，当随时邮奉。""此外并望　兄多多为《新生》通讯，公私均感。"（戈宝权《我和生活、读书、新知三家书店》，《出版史料》1982 年第 1 辑第 52 页，《韬奋手迹》第 19 页，第 6 卷第 3—4 页）

5 月 11 日　"由伦敦乘德船欧罗巴号赴美"。"同船的中国人，只记者一个。""和我在餐厅里同桌的有三个人。""那位老工程师多少是一位功成身退的工程师，这所谓'成功'当然是从他个人着想；他已有了相当的盈余，在英美两国都有他所开的工程公司，他自己已不必多管事，只须随意看看，过他舒适的晚景；那位青年工程师却是个初出茅庐的脚色，在经济上对旧制度无所依恋。""那位经商的希腊人，还够不上做资本家，多少还只是小商人的地位，他只是唯唯诺诺，不加可否，意思是只守中立的态度；其实中立的态度就等于参加不合理的社会制度的挣扎，在形式上尽管好像中立，实际上还是等于'助桀为恶'。时代的巨轮一天一天更猛烈地向前推进着，只有革命和反革命的两条战线，没有什么中立的余地了。""三个人的态度，很可代表现社会中的三种人的态度。""我们要铲除剥削多数人而造成少数人享用的不平等制度，树立共劳共享的平等制度"。（全集第 7 卷第 301—304 页）

5 月 16 日　"五六天的大西洋的海程很快的过去，下午三点钟便驶进了纽约的哈得孙河（Hudson），渐渐地靠近纽约的码头。""驶进纽约，最初印入眼帘的是自由神像（Statute of Liberty）和四五十幢好像成群结队似的矗立着的摩天高屋（Skyscraper）。""许多摩天高屋确实是很奇突的现象，从欧洲来，尤其是从守旧著名屋宇陈旧的伦敦来，使人感到伦敦无所不小，纽约无所不大的印象。""纽约的繁华是有名的，而最繁华的街道要推百老汇路（Broad Way）。有人说只有两件东西造成百老汇路，一是戏院，二是'霓虹'（neon）光。""也许有人还听到纽约的'大腿戏'，这在他们称为 Burlesque，沿着百老汇路附近有几处。在这里面，你可以看到在不合理的社会制度里性的诱惑之尽量的被人作为剥削的一种工具。""女子被人当作商品出卖,这是一般人所司空见惯熟视无睹的现实。在惊慕纽约繁华世界的人们,也许还认为这是纽约的一个特色,我看后所得的印象,是好像处身屠场,和我以后在芝加哥所看见的杀猪宰羊的屠场,竟不觉得有什么两样。""在另一方面看,纽约却是美国革命运动进行最猛烈的区域,在南方的反动区域的反动分子,倘若听见你是从纽约来的,往往对你要另存戒心!"(全集第 7 卷第 304—308 页)

6 月 22 日 《新生》周刊于 5 月 4 日出版的第 2 卷第 15 期上发表《闲话皇帝》一文,驻上海日本领事以"侮辱天皇,妨害邦交"为口实,向国民党政府提出严重抗议,无理要求封闭《新生》周刊,惩办编者和作者。《新生》周刊出至第 22 期终究被国民党政府查禁。(《新生》周刊第 2 卷合订本)

6 月间 "从纽约向美国南部旅行,目的在视察美国南部的农产区域和黑农被压迫的实际状况。""顺路先到美京华盛顿去看看。"(全集第 7 卷第 451—452 页)

"华盛顿是一个建筑美丽的城市。""在任何世界的名都,除了一个正在努力建筑共劳共享的新社会的国家外,都是所谓'两个世界的城市'("two-world-city"),一方面有着奢侈豪华的世界,一方面有着穷苦愁惨的世界,华盛顿当然也不能例外。""在美国旅行,为经济起见,在好多地方不必住旅馆,有许多人家遇有空房省下来","过路的旅客可以在那里歇夜,开销比旅馆省得多。我到华盛顿的那个夜里,就找了一家住下。第二天便开始游览。""这城市是由东南向着西北发展,东南和西南是倒霉的区域,东北和西北是豪华的区域,尤其是西北。倒霉的区域当然是贫民窟所在,尤其是黑人的贫民窟。""华盛顿有几个伟大的建筑物,拥有巍峨圆顶的国会"。"国会东边有国会图书馆"。"其次看到美国总统所住的白宫","华盛顿纪念塔","林肯纪念堂(Lincoln Memorial)","离林肯纪念堂一英里余,有亚林吞国墓(Arlington National Cemetery)"。"幸运地得到一个有自备汽车的朋友招呼。""并且看了离华盛顿十六英里远的普陀麦克河(Potomac)东岸的佛农山(Mount Vernon)——华盛顿的故居和终老的地方。""略为谈到这些在表面上看去很宏丽堂皇的名城一角外,再略谈这名城里面向为一般旅客所忽略的另一角。""这另一角是我费了两整天工夫亲往华盛顿的'另一世界'的贫民窟里视察调查得到的。他们住的是整批的狭隘肮脏的'板屋',穿的是捉襟见肘的破衣,那原是贫民窟的本色;不过尤其可算是特色的便是这贫民窟的'中坚'——占全人口四分之一的黑人——所受到的种种'异遇'!""在这十几万的黑人里面,每十个人中间就有四个人是失业的,其余有业的,无论所受的教育程度怎样,都只有最低微的工资可赚。他们无论做什么,除在黑区外,任何公共的地方,各旅馆、菜馆、戏院等等,都不许进去。白种人做汽车夫的街车，也不肯载黑客。白人开的旅馆不但不许黑人进去，连黑人偶来访，也不许乘电梯。""有一位黑色学者佛雷西博士(Dr. E. Franklin Frazier)，因该旅馆不许他乘电梯，而会场却在十层楼上，提出抗议，该会主持人虽和该旅馆办交涉终于无效，不得不把会场移到二层楼，以便让黑色学者们可以步行上来。""谈到这里，我们却也无暇为黑人哀！'狗和华人不许入内'的牌子挂过了多少时候，中国人还不是一样地糊里糊涂地活着！在上海，中国人不许和碧眼儿在同一电梯上下的地方还少吗？不许中国人参加的地方没有吗？""华盛顿，在一般黑人看来，还认为是'天堂'，因为再向南还有更惨苦的'异遇'，华盛顿不过是这个地狱的大门罢了。""在华盛顿只勾留了一星期，便乘火车向南，往原定的目的地柏明汉(Birmingham)奔驰。"(全集第 7 卷第 451—455 页)

　　"我在纽约将动身南下的时候，就有几位前进的美国朋友很诚恳地再三叮嘱我，叫我在南方旅行的时候要特别谨慎，非认为信得过的朋友，千万不要表示什么态度，尤其是表同情于美国革新运动的态度。""我到南方所看到的情形，才更领略到这些好友的忠告是具有充分理由的。""到这样一个多所顾忌的生疏的地方，要想得些正确的材料，非有极可靠的朋友在当地指导不可。""这位 M 女士的热心赞助，并承她介绍给一位在该地主持劳工运动负着更重要责任的 R 君，和他的'同志妻'D 女士。他们都是精神焕发，热烈诚恳，对社会工作具有极浓兴趣的可爱青年。我把纽约那位朋友的介绍信给 R 看，他看后就含笑着轻轻地撕得粉碎，对我说这种信放在身边很危险，被侦探搜到了不得了。""几次痛谈之后，他们把我当作自己人看待，无话不说，才知道 R 君和 D 女士都才出狱几天，原来他俩为着帮助被压迫的黑工组织起来，被大老板所雇用的暗探抓去，像绑票似地塞入汽车，风驰电掣地弄到郊外偏僻之处，毒打一顿，再交付警察所关一个月。""我对这几位美国青年朋友所最敬佩的，是他们吃了许多苦头，对于工作却丝毫不放松，丝毫没有消极的意思，仍是那样兴会淋漓，乐此不疲地向前干着。我永远不能忘却他们的这样的精神，我真愿意做他们里面的一员！""有一次他们和几个黑工同志开会，我也被邀请旁听，我坐的位置近窗口，R 君忽想到我的座位不妥，即叫我另坐一处，说也许外面有暗探注意到我，致我受到牵累。""简单地说，黑人只能住在他们的贫民窟区域，那是不消说的。即在电车上，黑人也另有一小节座位分开，有牌子写明'色'字，另一大节的座位便有牌子写明'白'字。""使人看了真觉难过。"(全集第 7 卷第 456—459 页)

　　"如果你不到许多贫民窟去看看，只看看柏明汉的热闹区域和讲究的住宅区，你一定要把它描写成很美的一个城市。""亲到黑人的贫民窟里去跑了许多时候，他们住的当然都是单层的破烂的木板屋，栉比的连着。我曾跑到其中一家号称最好的'公寓'去视察一番,托词要租个房间。"女房东"领我进去看,把她认为最好的房间租给我。我一看了后,除破床跛椅而外,窗上只有窗框而没有窗,窗外就是街道。我说这样没有窗门的房间,东西可以随时不翼而飞,如何是好! 她再三声明,只要我肯租,她可以日夜坐在窗口替我看守!""尤所感触的是这里那里常可看到几个建筑比较讲究的教堂,有时还看见有黑牧师在里面领导着黑信徒们做礼拜,拉长喉咙高唱圣诗。教堂也有黑白之分,专备白人用的教堂,黑人是不许进去的。""美国南方的资产阶层把剥削黑人视作他们的'生命线',谁敢出来帮助黑人鸣不平,或是设法辅助他们组织起来,来争取他们的自由权利,都要被认为大逆不道,有随时随地被拘捕入狱或遭私家所雇的侦探绑去毒打的机会。""我听从 K 君的建议,更向南行,到塞尔马去看看变相的农奴。"(全集第 7 卷第 461—462 页)

"我将由柏明汉动身赴塞尔马的时候,美国好友 R 君很替我担心。""听我说到南方来调查黑农的状况,表示很热烈的同情和欢迎,但是同时又感到南方地主们的无法无天,恐怕对于调查这种事情的人于他们不利,也许要发生拘捕毒打的暴行,很替我挂虑。""他和 M 女士及 D 女士商量一番之后,决定让我赴塞尔马一行,不过再三叮咛我要守口如瓶,十分谨慎。这几位极可敬爱的男女青年都是在行动上努力于革新运动的工作,他们受到南方统治阶级的嫉恨是必然的"。(全集第 7 卷第467 页)

"我到塞尔马的时候,已经万家灯火了,在柏明汉没有住成青年会寄宿舍,到这里却住成了青年会寄宿舍。当夜我只到附近的一两条街市跑跑","这个小镇的热闹街市就不过这一两条。"第二天"有几个像侦探模样的人物来和我攀谈,我已成竹在胸,当然不致上他们的老当。我抬出来的第一面盾牌便是表示我是一个道地十足的基督徒,开口耶稣,闭口上帝,他们倒也拿我无可奈何;谈了好些时候,我东拉西扯,他们终于不得要领而去。"当天"跑了不少住宅区,玲珑精美的住宅隐约显露于蓊郁的树阴花草间,使我想到这是一万多黑人的膏血堆砌成功的,使我想到这鸟语花香幽静楼阁的反面,是掩蔽着无数的骷髅,抑制着无数的哀号!"(全集第 7 卷第464—467 页)

"美国现在仍然有着变相的农奴。""这种变相的农奴除了自己和家人的劳力以外,一无所有。地主把二三十亩的田叫他和他的家人来种棉花——美国南方是产棉区。由地主在田里的隙地搭一个极粗劣狭隘的板屋给他全家住,供给他农具和耕驴。""地主所用的方法,是强迫这黑农和他的家人用替他们所置办的极粗劣的衣服和粮食,以及其他家常需用的东西。到了收成的时候,由地主随便结帐,结果总是除了应'分享'的部分完全抵消外,还欠地主许多债。这种债一年一年地累积上去,是无法偿清的,在债务未偿清以前是无法自由的,不但他自己要终身胼手胝足替地主做苦工,他的全家,上自老祖母,下至小子女,都同样地要替地主做苦工,在南方的地主们数起他所有的变相的农奴,不是以人数,却是以家数。""我除到了附近的乡村步行视察外,还雇了一辆汽车到塞尔马郊外的农村去看了好些时候,看见东一个大田中间有一个板屋,西一个大田间有一个板屋;这板屋就只是一个破旧的平房,黑奴几代同堂都塞在里面。""他们平日工作是没有一定的时间的,从天亮起,一直到天黑为止!""他们乘车的时候也有,我在乡间亲眼看见地主把运货的塌车运输黑奴,一大堆地挤着蹲在里面,和运猪猡一样!""在塞尔马耽搁了四天。""乘长途汽车回到柏明汉需要四小时路程,早晨七点钟动身,上午十一点钟才到。""几位朋友的殷勤挽留,在柏明汉又住了两天,和他们又畅谈了许多时候。"(全集第 7 卷第 465—468 页)

"承 R 君和两位女士介绍几位前进的工人谈话,我们一见如故,坦白倾谈,使我不禁暗叹他们知识水准的可佩,更使我万分佩服这几位热心革新运动的青年的工作成绩。""我所谈起的 R 君、D 女士和 M 女士,他们虽利用那位同情者会计师的事务所做聚集同志开会的地方,每次开会时间却只半小时,因为怕久了要被侦探知道。倘若所商量的事情还未解决,他们也要再调换一个地方去另开一个会,开会的时间仍是这样短的。""他们曾邀我旁听过好几次这样的干部会议。""在这种会议里面,空气却大大的不同,虽大多数是黑同志,但是大家像弟兄姐妹似的,见时热烈的搀手,谈时愉快的表现,和会外的情形简直好像是两个世界。"(全集第 7 卷第 473—475 页)

"我生平最愉快的一件事,便是无意中得到机会和这位青年组织者(他的年龄不过二十几岁),并且得到机会旁听他和他的朋友们在那样严重形势之下开着的秘密干部会议,这是我此生永远不能忘却的万分惊奇的经历,尤其是因为我自己直到现在是一个未曾加入任何政治党派的工作者,向来做的是明张旗鼓的公开工作,从未尝过秘密工作的滋味,这次竟无意中在纽约得到一位热心的美国朋友的介绍信,无意中到美国南方看到这样紧张的'地下'工作,虽则只是他们所干的一个小小的部分,已经够我兴奋了! 我知道世界上这样努力于人类公共福利的工作者已在渐渐的多起来。这是未来的光明灿烂的世界所放出的一线曙光! 我要馨香膜拜迎接这一线的曙光! 尤其使我感喟不置的,是这班朋友对于中国民族解放运动都具有万分的热忱。"(全集第 7 卷第 476—477 页)

"说来令人难于相信,R 君和他的同志们竟在那样艰危的环境中,在'五一'那一天,开个公开的全体大会!""他们在事前已有很秘密的规划和很周到的布置,到了那一天工人们在工余回家的当儿,先有一部分人到本城公共体育场去比赛足球。""随着有许多工人在很短的时间内陆续溜进去,去看足球赛!""等到'人马'到齐,倏忽间变成数千人的露天大会的方式。领袖们的'短小精悍'的演词当然是充分准备好的。""于是一个轰轰烈烈的'五一'劳动节大会竟得如愿开成了。首尾只开了二十分钟","等到侦探们'惊悉',大批警察乘着机器脚踏车狂奔而来的时候,群众已散得精光。支配阶级的爪牙们已到了英雄无用武的境地"。(全集第7卷第477页)

"离开柏明汉时,最难舍的是几位美国男女青年的深挚的友谊。""临走时,他们都紧握着我的手,许久许久不放,再三叮咛郑重而别。十几天相聚的友谊,竟使我感觉到是几十年患难交似的。为着环境的关系,他们当然都不能到车站来送别,所以我是一个人到火车站去的。"(全集第7卷第488—489页)

6月底 "经华盛顿回到纽约。""在华盛顿因为要调查侨胞的生活,又耽搁了两天。""和华盛顿相别的时候,不及对于柏明汉的那样依恋不舍,虽则华盛顿比柏明汉美丽得多。这无他,因为在柏明汉所遇着的几位美国男女的深挚的友谊使我舍不得离开他们。我由华盛顿回到纽约的途中,坐在火车里,种种念头又涌现在脑际。最使我想到的当然是这次在美国南方所看到听到的关于'变相的黑奴'的生活。""他们在表面上虽称美国为他们的祖国,但是他们的民族实在是整个的处于沦亡的地位,他们在实际上实在无异做了亡国奴。""他们在法律上、经济上、文化上,以及一切的社会生活,都不能和美国的白种人立于平等的地位。在美国南方贯穿十几州的所谓'黑带';黑色人口只有比白种人口多,但是因为等于做了亡国奴,人口虽多,还是过着那样惨苦的生活。可见领土和主权不是自己的时候,人数虽多还是无用的。""看见的黑人的惨苦生活,又不禁联想到在中国的黄包车夫的生活。老实说,人形而牛马其实的黄包车夫生活,比美国南方的'变相的黑奴'的生活,实在没有两样!""都是把人当牛马用!"(全集第7卷第488—493页)

"回到纽约后,又耽搁了一星期。""在这一星期里面却特别忙,第一件事是谈话忙。我在莫斯科暑期学校里所认识的美国男女青年,有好几位是在纽约,他们纷纷相传安生(编者注:韬奋化名)由南方回来了,今天有几位约吃晚饭聚谈,明天有几位约吃早餐聚谈,热闹得什么似的。他们不但自己参加,不但邀我所已认识的朋友参加,并且约些我不认识的朋友同来叙谈。""他们有机会到苏联去看看,在那里看到了另一个世界,在事实上给与他们一个很大的刺激。""他们回国以后,大多数都加入美国最前进的政党努力,至少都成了一个同情者。""使我觉得惊异的是这'一群孩子们'里面,有好几个是住在纽约的公园路(Park Avenue),这是美国百万富翁的住宅区。换句话说,他们的父亲是百万富翁,而子女却是努力于改革社会制度的斗士! 其中有一位 S 女士,常以她的父亲在公园路的宏丽邸宅里的大客厅供同志们开会议的使用。""有一夜他们借她的客厅开大会招待古巴的学生,我也被邀去参加。""在这个会里面,黑种人有一个,黄种人也只有一个,其余的都是白种人,但是在那样的空气中,种族的成见是丝毫也不存在的了。""许多美国的青年男女听到这位古巴学生代表报告到美帝国主义压迫古巴榨取古巴最激昂的地方,掌声屡次如山崩海裂似的爆发起来! 他们这个时候的心目中只有侵略者和被侵略者的观念,没有什么美国和古巴的界限。""他们的思想转变之后,便把爱国和爱侵略分开来。""我是从被压迫的'弱大民族'来的,比这位从被压迫的弱小民族的古巴来的学生代表,实在惭愧得多,而同情于这位古巴学生代表的心理也特别深刻","当他报告完毕的时候,最先跑过去和他握手慰劳的,我也是其中的一个;S 女士建议大家随意捐些款项帮助古巴的学生救国运动,大家都很慷慨地捐输,我的行囊虽窘迫,但也勉力捐了几块金洋。"(全集第 7 卷第 495—498 页)

是月　《萍踪寄语》三集由生活书店出版。(全集第 6 卷第 7—280 页)

《〈萍踪寄语〉三集弁言》(4 月 25 日夜十二时半记于伦敦),收入《萍踪寄语》第三集,1935 年 6 月生活书店上海版。(全集第 6 卷第 7—11 页)

《〈萍踪寄语〉三集弁言》摘要:

　　"这第三集的《萍踪寄语》是从一九三四年的十一月中旬到一九三五年的四月下旬这五个多月里赶成的。""在欧洲的生活费那么贵,我觉得如果一天关着门埋头写文章,是一件太不经济的事情,应该要利用这昂贵的时间多多观察实际的社会活动,或一部分利用丰富的图书馆多看些好书,所以我只在夜里抽出时间赶着写。在最近一两星期里,白天也要赶着写,匆匆写完了十八万字,才算勉强交卷。""我记得在《萍踪寄语》初集的《弁言》里曾提起两个问题:第一个是世界的大势怎样? 第二个是中华民族的出路怎样?""现在的世界,除苏联外,很显然的现象是生产力的进步已和生产工具私有的社会制度不相容。""生产力的进步不但不能利用来供给一般人的生活需要,而且要使一部分的工厂停工,一部分的机械搁起,一部分的劳动力废弃,使少数占有生产工具的集团能维持他们的利润! 结果,我们在欧洲的所谓'列强'的国家里面所见的社会现象:一方面是少数人的穷奢极欲,生活异常阔绰;一方面是多数人的日趋贫乏,在饥饿线上滚!""在这种情形之下,只有两条路走:一条路是用更严酷的手段,替旧制度作最后的挣扎,以压制生产力进步所引起的社会革命,保持少数人所享受的利润,连向来用以欺骗民众的国会制度都索性掉在脑后了,即虚名尚在,实权也集中在代表少数人利益的个人独裁者的手中。这便是在欧风行一时的所谓法西斯运动之所由来。""这运动在国内是用高压手段维持少数人的榨取制度,在国际便是加速第二次世界大战的到来。这是自然的趋势,因为资本主义的发展,和抢夺国外市场,抢夺殖民地的原料,剥削殖民地的劳动力,是脱不了关系的;因此各帝国主义的冲突是资本主义本身的矛盾所产生的,不是偶然无故发生的。""要彻底解决这种'不相容'的问题,只有根本改造束缚这生产力的社会组织,代以为大众福利尽量利用进步生产力的社会组织。要能够为大众福利尽量利用进步的生产力,生产的动机必须为供给大众的需要,而不是为少数人谋利润:要办到这一层,生产工具必须社会化,即必须为社会所公有——这是上面所谓'两条路'中的第二条路。""这斗争中的最后的胜利谁属,要看谁能根本解决上面所提出的'不相容'的问题。""第一条路也许因大多数人在意识上或力量上还未有充分的准备,得使没落的旧社会多苟延残喘几时,但最后的胜利必在能根本解放生产力的方面,这是决然无疑的。""我们的民族是受帝国主义压迫和剥削的民族。这个事实,想来谁都不能否认的。所以我们的出路,最重要的当然在努力于民族解放的斗争,这也是无疑义的。但是如果上面对于世界大势的分析不是错误的话,我觉得至少有两点值得我们的特殊注意。第一点是这种斗争的中心力量在那里?""中心力量须在和帝国主义的利益根本不两立的中国的勤劳大众的组织。这样的中心力量才有努力斗争的决心和勇气,因为他们所失的就只不过一条锁链!""第二点是帝国主义自身的矛盾日益尖锐化,一方面对于殖民地和半殖民地的压迫剥削固然要愈益加厉,一方面也是有斗争决心和勇气的被压迫被剥削的民族所可利用的机会。""如这民族能积极斗争,使帝国主义不得高枕而卧,无法麻醉本国的大众,由此促进世界人剥削人的制度的崩溃,不但获得民族自身的解放,同时也是有功于全人类福利的增进:这是我们对于民族的责任,同时也是对于世界的责任。我们看清了世界的大势,分清了敌和友,应该要把这两种责任担当起来!"(全集第6卷第7—11页)

7月初 徐永煐经朋友介绍,在纽约和韬奋相识。"他要我提供一些在美国访问和参观的意见。我直接间接的介绍几个工会和美国共产党的朋友给他。""韬奋所表现的虚心诚恳学习的作风,特别是他对于进步的强烈要求,使得几位美国共产党的同志,敢于介绍他到美国南方黑人区域的美共地下支部的秘密会议去旁听。""韬奋从美国南部回到纽约后,我们又会面聚谈。他告诉我美国南部黑人所受的歧视、侮辱与杀戮以及穷苦白人所受的欺骗、剥削与压迫。""在这种环境下,黑人和白人的共产主义者,不避艰险,进行秘密的组织与活动。"他说:"他在国内的时候,只是一个爱国主义者,只要求中华民族的解放与强盛。他在游历了苏联之后,觉得社会主义很好。到了英国,觉得资本主义或者有些不妥。到了美国北部纽约等城市参观一些工厂学校,又觉得资本主义还是不错。这时的结论是,只要中国人发奋,好好的干,社会主义与资本主义都是出路;不好好的干,社会主义、资本主义都没有办法。可是,这次在美国南部看到了露骨的贫困、凶残、压迫以及共产主义者的艰苦工作,坚决奋斗,他才深刻的体认到资本主义的本质。""中华民族的彻底解放,只有在社会主义的无产阶级政党的共产党领导之下,才能获致。而且也必定朝着社会主义的方向走去。""韬奋和我讨论了一下如何加入共产党的问题。"(徐永煐《韬奋的共产主义思想》,《世界知识》1949 年 7 月 8 日第 20 卷第 4 期,收入《忆韬奋》第 191 页)

7 月 6 日　"离开了纽约。""和保柏一同乘汽车由纽约出发。""我们的路线由纽约向北,由热闹的街市而渐入旷野的公路。""保柏虽是富家子弟,但是使我诧异的是他比我会打算盘得多,每夜停下来的时候,他总是要寻得最便宜的房间住下,而且要两个人单榻的房间。不但住房间而已,一切的事情都会打算盘。""和他一同旅行,不但得到他的许多指示,而且还省了不少的费用。""第一夜在纽约州的首都爱尔奔尼(Albany)歇息。""第二日便由这里折而向西,望着奈哥拉大瀑布(Niagara Falls)所在地的柏佛罗(Buffalo)开驶。"(全集第 7 卷第 502—503 页)

7 月 7 日　"当夜八点钟到达世界著名的奈哥拉大瀑布。引起我们兴趣的是我们的汽车还在离开瀑布好几里,就听到瀑布的吼声。到了那个地方,我们急急把汽车安顿之后,虽已上了灯火,仍赶到瀑布前面去欣赏一番。游览的人数十成群,在那山崩海裂似的澎湃声前惊叹着。""第二天又游览了半天。""看到当天这个报上的评论,居然提到中国的民权保障同盟!""那里面有这样的几句话:'就是在中国,据记者知道,也还有个民权保障同盟,我们希望加拿大对于民权的保障,不要后于中国才是。'"(全集第 7 卷第 503—505 页)

7 月 9 日　"上午十一点钟离开圣汤墨斯,仍沿着伊利湖向西南进行,傍晚到狄初爱特。到这个地方的目的,是要看看福特的汽车厂。""据说那天给我们看到的,其中有两个部门,平常是不大肯给来宾们看到的:一个是熔铁工场,一个是翻砂工场。""这两个工场里面的工人工作特别的苦;炉火逼人,不可向迩,而工人在炎热逼迫下,头面和全身都流着像豆一样大的汗,有的身上烧焦,甚至溃烂,还包着纱布,埋头苦干。有许多眼白都变成红色,眼泪总是横溢在眼眶里,同时还要用极紧张的速率工作着。这两部分的工人几乎全部是黑人,过的简直是非人的生活。""我们看完了工场之后,还到经理办公处去'巡阅'一番,那里面不但光线充足,空气新鲜,而且都装有最新式的冷气管,走进去使人觉得十分阴凉,不知道是在夏季,和刚才所看见的工场情形,尤其是熔铁工场和翻砂工场,简直好像有着天堂地狱之别!"
(全集第7卷第506—508页)

7月10日 "下午两点钟离开狄初爱特,沿着密歇根州的南部,朝西向着伊利诺爱州(Illinois)的芝加哥开驶。"(全集第7卷第509页)

7月11日 "上午五点钟,才到了我们的目的地——芝加哥。""停车的时候,天刚刚亮。我们找着一个小旅馆,先由我定下一个房间,把零物放置之后,即匆匆出门访友。保柏是美国最前进政党的青年党员,他先要到党部去看看。我也陪他一同去,因为调查劳工的情形,这往往是一个最好的地方。"(全集第7卷第509页)

7月12日 "连日看了美国最大的瀑布,最大的工厂,到芝加哥后又看了美国最大的报纸,它的大名也许是诸君所耳熟的,就是《芝加哥论坛报》(*Chicago Tribune*)。""这个报的附属事业很广大。它在加拿大有三千方英里的森林,备造纸用。""我们去参观该报馆的时候,他们先请看一小时的电影,就是表演由森林而木头,由木头而报纸的种种制造过程。""芝加哥除了一个最大的报外,还有一个最大的屠场。""据说这屠场也是世界上最大的一个。"(全集第7卷第511—512页)

7月中旬 "在美国旅行到芝加哥时,突然在芝加哥最著名的《论坛报》上看到长电,详载'《新生》事件'的发生及杜先生含冤入狱的情形,初则为之惊愕,继则为之神伤,珠泪夺眶而出,恨不能立生双翼飞至狱中,抱着杜先生向他极力安慰一番。""杜先生的爱国文字狱加速了我的归程。"立刻跑到电报局打了一个电报慰问狱中的杜重远,并决定马上回国,继续进行抗日斗争。还致函在纽约的中国共产党人,向他们告别。(全集第10卷第833页)

7月13日 "下午三点钟","离开了芝加哥后,沿着威斯康辛州(Wisconsin)的东部向北进发"。(全集第7卷第513页)

7月14日 "下午八点钟才到明尼阿波利斯。""保柏原有介绍信,可住在参加农民运动的同志的家里去,并劝我和他一同去住。我这次西游,对于美国农民运动的调查,原是我此行的程序里一个重要的项目,能得到机会和参加农民运动的人接触,倒是一件很好的事情,所以便欣然接受了保柏的建议。""我藉此能够碰到美国农民运动的几个最前进的健将和领袖,由此获得不少关于这方面的可贵的材料。"
(全集第7卷第513页)

7月15日 "上午跑到联合农民同盟的办公处去看看。在那里固然碰着麦夏尔和她的共同努力着的几个同志","尤其使我们惊喜的是我们竟在那里无意中碰着纪因"!"我们不但碰着了他,还承他介绍了从纽约同来的好友赛意。原来联合农民同盟正在筹备开一个大会,有数千个的信封待写。""我和保柏也留下来加入他们的工作,各人很起劲地大写其信封。""我有机会替这种新运动做一点事情是很愉快的。""随着保柏在那里尽了一整天的义务。""夜里回到寓所,知道柯勒尔先生回来了。纪因和赛意也来访问我们了。""除了我和纪因外,他们都是党同志。柯勒尔有五六十岁了,头发斑白,诚恳而热烈。""他殷殷问了关于中国民族解放运动的情形。""他还指示我和纪因西行的途径,并替我们写了好几封得力的介绍信。""夜里,我们几个人和柯勒尔谈到深夜,参加的除保柏和我外,有纪因、赛意、柯勒尔夫人和她的爱女。"(全集第 7 卷第 515—516 页)

7 月 16 日　"下午两点钟离开这个地方,不得不和这一群可敬可爱的朋友们告别了。""和纪因及赛意离开了明尼爱普利斯,于当日下午八点钟到南得可塔州东北角一个小镇","再到离开这个小镇约二英里的一个小村里面去,访问一个农家姓乌华斯特的(Walstad)"。(全集第 7 卷第 517 页、530 页)

7 月 17 日　"隔壁村里有两个女大学生,是由东部来到农村里帮助农民运动工作的。""她们原来是同胞姐妹","年龄都在二十左右"。"一个还在大学求学,一个已毕了业在纽约新闻界任事。她们都出身富有之家,同时加入了最前进的政治组织,对于农民运动有着非常的热忱。""有她们来,我们这一群突然增加了更愉快的空气。她们当天下午还要到附近各村去散发印刷品,我们三人也加入她们的那辆非常讲究的汽车去帮了半天的忙。""这两个女青年对于中国的民族解放运动也有着浓厚的兴趣和深刻的注意,向我探问了许多话,那种热忱是很可佩的。""当晚八点后离开这个小农村,行到十二点,在一处'木屋'里歇息一夜。"(全集第 7 卷第 533 页)

7 月 19 日　"八点钟,我们又上征程了,直开到夜里十点钟,又到同州的另一个小村","是柯勒尔介绍我们去访的第二个农家"。"我们到的时候已经不早了,主人……很殷勤地出来招待我们,和他的妻子和唯一的女儿陪我们同用晚餐以后,又同在木屋的门外,围坐在地下谈到深夜才睡。"(全集第 7 卷第 533—534 页)

7 月 20 日　"第二天因为要赶路,黎明即起,看他起来亲手在牛旁捏新鲜牛奶给我们喝。""他用着自己的汽车陪我们去看了好几个畜牧场,并带我们去另一个农家里去吃中饭,参观他的家庭,那人家有三个成年女儿,她们和轰默的女儿都成了前进政党的青年党员,对于我们都格外有着同情的态度。""下午五点钟和他们握别,当夜十一点钟开到外屋明州西北部的小镇可地(Cody),又在'木屋'里过夜。"(全集第 7 卷第 534—535 页)

7 月 21 日　"六点钟即起程,直驶世界最著名的最大公园——黄石公园

(Yellowstone National Park)。""黄石公园真够得上一个'大'字!""我们穿过这个奇大的公园之后,于当天下午七点钟达到郁塔州西北部的盐湖城(Salt Lake City)。""附近有个盐水湖,是完全盐水的,有许多人到那里去游泳,我们三个人也去尝试了一下。""由盐湖城再西行,要经过一个长途的沙漠,白天炎热非常,要在夜里启程。""这一天大游其盐水湖,到当夜十点三刻才向沙漠进发。"(全集第7卷第535—536页)

7月22日 "早晨开到纳伐达州的西部一小镇叫做爱锁(Love Lock)。""一夜的疲顿,找到一个'木屋',大家赶紧洗了一个澡,一睡就睡到下午三点钟才起来。"(全集第7卷第536页)

7月23日 "上午八点钟离爱锁镇,下午四点钟到世界著名的离婚城利诺(Reno)。""这小小的一个地方,所以闻名于天下的,就是因为那是一个离婚最容易的地方。"(全集第7卷第536页)

7月24日 "参观当地的法庭。这里的法庭几乎是包办离婚的案件,因为别的地方遇着离婚感到困难的就跑到这个地方来解决。而且解决得真快!每件案子只有寥寥数句话,十分钟左右便可结束,所以我们坐在法庭旁听席上不到半小时,已看到三四起离婚案件结束了。所看到的几个案子,都是女子来离婚男的,而且只原告到案,被告不到案,也没有什么辩论。""在利诺进行离婚的法律手续有个重要条件,便是须先在该处住了六个星期。"(全集第7卷第536页)

7月27日 "中午到旧金山。""下午五点钟就同赴洛杉机。""在莫斯科所遇着的那班美国'孩子们'里面,有两位青年朋友的父亲是米高梅摄影公司的大股东。他们虽还都在大学里求学,这时暑假,他们都在家里,所以我们到了洛杉机,很承他们殷勤招待。说来似乎奇怪,这两位青年朋友的父亲是富翁,他们自己却都是热心于美国革命新运动的前进青年,暗中即在父亲所经营的事业里帮助工会的组织进行!第一夜他们就介绍我们到一个工会的会议去旁听。"(全集第7卷第539—540页)

7月28日 "参观米高梅摄影公司。"(全集第7卷第540页)

7月29日 多留一天,和好友纪因、赛意谈到深夜。(全集第7卷第540页)

7月30日 "黎明,他们老早就起来送我上火车。""回到旧金山后,第一件事就是要调查视察该处码头工人的团结奋斗的情形。""在他们的奋斗史中,以一九三四年七月的大罢工为最严重的具体表现。""用工人组织的力量来争取待遇的改善,是劳工运动的主要目标。但是要争得组织的权利(即组织自己的工会),也是美国工人很艰苦的一种奋斗工作。""同是美国的码头工人,东岸的码头工人所得的待遇便远不及西岸的码头工人。""他们仍过着无定的生活,时常要受到流氓的恫吓,要受到来恩所把持的机构的压迫。""在西岸一切码头工人都有工做,也不必受种种勒索或不公的苛刻待遇,每个人都得到平等的待遇。""一九三四年七月间的大罢工,虽仍被来恩等用种种阴谋破坏","而码头工人因团结巩固,又得到真正领袖的英勇主持,坚持了一星期,终得到相当的结果。旧金山码头工人的英勇奋斗,成为全美国劳工运动的模范"。"我曾经到他们的雇工事务所去参观。""我去时,他们的领袖卜立哲斯刚巧因事赴华盛顿去参加会议,由他的助理许密特(Henry Schmidt)招待谈话,并由他陪着参观。""告诉他们'这是由中国来的极表同情与美国劳工运动的新闻记者。'""在旧金山还参观了那里的唐人街(或中国城)",和侨胞"详谈美国华侨的前途"。(全集第 7 卷第 540—545 页)

"1935 年他从美国南部回到纽约,和徐永煐谈如何加入共产党"。(徐伯昕《生活书店是怎样接受南方局的领导的》,收入《南方局党史资料·文化工作》)

8 月 1 日　中国共产党发表《为抗日救国告全国同胞书》,号召停止内战,团结一切抗日力量,建立全民族的抗日民族统一战线。

8 月 9 日　"由旧金山乘胡佛总统号回国,一到船上,踏入房间,就有一封电报在那里等我,拆开一看,原来是纪因和赛意的来电,祝我一路愉快,平安到家。"(全集第 7 卷第 545—546 页)

8 月 14 日　"早晨七点钟到夏威夷的首都火奴鲁鲁,和几位旅伴上岸租了一辆汽车,畅游了一整天。""我们在游览火奴鲁鲁的时候,在田间看到许多甘蔗和波萝蜜大农场的盛况,也许只知惊叹于生产的丰富,但是稍稍研究一下,便可知道这后面实含有这样多的把戏,隐伏着多少的被榨取的膏血!""我在船上的房间里,原来只有一人独住,经火奴鲁鲁后,加入了一位青年朋友梁君,他的家即住在火奴鲁鲁,这次是要回香港的学校里去继续求学。他的家人也在火奴鲁鲁开杂货店。""生意都大不如前。""最大的原因也是由于日本人的激烈竞争。日货特别便宜。""中国货不免受到打击。""他的结论是中国杂货店在夏威夷恐怕也没有什么前途。我安慰他说,中国必有光明的前途,所以侨胞也必有光明的前途,不过这光明的前途,不会自己来的,必须我们共同努力,促成它的实现。"(全集第 7 卷第 546、549—550 页)

"当杜(注：杜重远)先生入狱的消息轰动全世界的时候,我同一位美国朋友一同游历到芝加哥。我在一天早晨和这位朋友共用早餐的当儿,忽然在当天的《芝加哥论坛报》上瞥见这个不幸的新闻,我立刻好像中了电气似的发怔。我的不能自抑的愤怒和悲愤,吓住了我的这位旅伴! 他急问原委,听了我的诉说,也引起了他的正义的怒火,——这位前进的美国青年是极同情于中国的解放斗争的。我和他立刻跑到电报局,打了一个电报安慰狱里的杜先生。""我由美回国的途中,每念到狱

里的杜先生,就想痛哭。"(全集第 7 卷第 62 页)

8 月 27 日 "记者于一九三三年七月十四日出国,最近于八月廿七日回国,光阴似箭,转瞬间已过了两年。""回到上海,一到码头,别的事都来不及闻问,第一件事即将行李交与家人之外,火速乘一辆汽车奔往杜先生狱中去见他。""刚踏进他的门槛,已不胜其悲感,两行热泪往下直滚,话在喉里都不大说得出来! 我受他这样感动,倒不是仅由于我们友谊的笃厚,却是由于他的为公众牺牲的精神。"随后又到福州路生活书店,和阔别两年多的同事欢聚。(全集第 7 卷第 294 页,全集第 10 卷第 833—834 页)

8 月 30 日 上午,鲁迅至生活书店交付《死魂灵》第一部第九、第十两章译稿。(《鲁迅全集》第 15 卷第 242 页)

回国不久,经胡愈之、钱俊瑞介绍与徐雪寒相见,得知新知书店成立资金有困难,慨然允诺由生活书店投资一千元,予以资助。(徐雪寒《新知书店的战斗历程》,载《出版史料》1982 年第 1 辑)

9 月 16 日 《萍踪忆语(一)帝国主义麻醉下的种族歧视》,载《世界知识》第 3 卷第 1 号,收入《萍踪忆语》,1937 年 5 月生活书店上海版,"种族歧视"改"种族成见"。(全集第 7 卷第 294—301 页)

《萍踪忆语(一)帝国主义麻醉下的种族歧视》摘要:

"在国外研究视察,在私人方面,虽随时随地可遇到诚挚的友谊,但一涉及民族的立场,谈到中国的国事,乃至因为是做了'材纳门'(Chinaman),就一般说来,随时随地可以使你感到蔑视的侮辱的刺激,换句话说,便是种族的成见(racial prejudice),把中国人都看作'劣等民族'的一分子。除了思想正确,不赞成剥削的社会制度的一部分人外(在这里面我要承认有不少是我要诚恳表示感谢的好友),受惯了帝国主义统治阶层的麻醉的一般人,对于种族成见,根深蒂固,几已普遍化。""但世界是向着光明的新运动是一天一天地向前猛进着,已有一部分的人们不再受帝国主义的麻醉作用而醒悟,向着剥削阶层进攻了! 民族成见的消除,和光明的新运动成正比例,是必然的趋势。所以我们徒然怀恨或怨怼是无益的,要知道努力奋斗的正确途径。"(全集第 7 卷第 295—301 页)

9 月 17 日 茅盾回忆:"生活书店在新亚公司宴请鲁迅,共到鲁迅、茅盾、郑振铎、胡愈之、傅东华,主人为邹韬奋、毕云程。宴会刚开始,毕云程就提出:《译文》编辑仍请鲁迅担任,而不是黄源。这是要撤换编辑,事先却又没有和鲁迅及《译文》发起人(我和黎烈文)商量过。鲁迅当时很生气,把筷子一放,说'这是吃讲茶的办法'，就走了。""生活书店之所以不让黄源为《译文》编辑，除了上面提到的误会，大概还因为其名望比鲁迅小得多，而《译文》的销数又不理想。""第二天，鲁迅约我和黎烈文去家中，黄源也在，鲁迅当着我们的面，把原来他已经签了字的《译文》第二年合同撕碎，声明：这个合同不算数了，生活书店如果要继续出版《译文》，必须与黄源订合同，由黄源签字。并要我去通知生活书店。""这事弄得很僵。郑振铎找我商量，想从中调解。他提出一个双方妥协的方案，即合同由黄源签字，但每期《译文》稿件鲁迅要过目并签上字。鲁迅和我研究，同意了这个方案。可是生活书店不同意。他怕《译文》赔本，情愿停刊。终于创刊达一年之久的《译文》最后出了一期'终刊号'，宣告停刊了。""邹韬奋虽然刚回国，不了解情况，但何以深信毕云程，也有原因。""邹韬奋和毕云程可说是患难之交，所以邹韬奋尊重毕云程的意见。既然毕云程不要黄源编辑《译文》，邹韬奋是碍难反对的。"（茅盾《一九三四年的文化"围剿"和反"围剿"》回忆录十七，《新文学史料》1982 年第 4 期第 13 页）

9 月 30 日　邹恩润夫妇访黄炎培。（《黄炎培日记》）

是月　韬奋两次电报，催促戈公振早日回国，协助创办《生活日报》。（戈宝权《写在〈戈公振年谱〉的卷首》（1990 年 1 月 10 日于南京后半山园，时年七十有七），收入《戈公振年谱》第 92 页）

10 月 1 日　《萍踪忆语(二)从伦敦到纽约》，载《世界知识》第 3 卷第 2 号，收入《萍踪忆语》。（全集第 7 卷第 301—308 页）

《萍踪忆语(二)从伦敦到纽约》摘要：

"自由诚然是人类所渴求的宝物，但在这金圆帝国的自由属谁，到如今还是一个问题，所以我们遥望着这个高撑火炬的自由神像，所获得的感想，似乎要替这'自由神'觉得惭愧了！""我们若仅从外表看去，摩天高屋仍然巍峨宏丽，好像金圆帝国仍在那里顾盼自豪，但稍稍研究其实际，便知道是外强中干，时在飘摇中过日子。其实在猛烈转变过程中的全世界，在资本主义制度仍在挣扎图存中的各国，都有这同样的象征，不过在资本主义发展得尤其蓬勃，大量生产哪，高大建筑哪，无所不大，倒起霉来，也就愈益显露罢了。"（全集第 7 卷第 305—306 页）

10 月 15 日　下午，戈公振由海参崴乘北方号到上海，韬奋和胡仲持于四时许赴三马路外滩码头迎接。因等候取行李，三个人就地谈了两小时左右。戈孜孜不倦地问着上海报界的最近情形，询问上海报界老友们的情况，又谈到中国的时局。直到六点多钟，才离开海关码头。送戈先生到四川路的新亚旅馆，因相距不远，三人一路步行走去。在附近的一个小广东菜馆吃了"极简单的晚餐"。（全集第 6 卷第

281—282 页）

10 月 16 日 晚上,韬奋约请严独鹤、黄寄萍等几位朋友,在淘淘酒家宴请戈公振,畅快地谈了一番。席间,戈忽然晕倒,不久即苏醒。（全集第 6 卷第 282 页,洪惟杰《戈公振年谱》第 94 页）

同日 《萍踪忆语(三)物质文明与大众享用》,载《世界知识》第 3 卷第 3 号,收入《萍踪忆语》。（全集第 7 卷第 309—316 页）

《萍踪忆语(三)物质文明和大众享用》摘要:

"科学进步,尽量利用机器以代人工,一方面可使人类的幸福增加,物质享受丰富;一方面可以减少工作的需要,使人们得多多剩出时间,多多增加文化上的享受。""就我们所看到的欧美的生活状况,固然觉得利用机器的程度,以美国为最显著,但是关于上面所说的两点,仍然相差得很远,这里面的原因很值得我们的注意。""在'物质文明'那样发展的纽约,还有许多人在冬天要挨冻,一个月洗不到一次澡,物质生活能丰富到什么地步,不言而喻了。至于减少工作时间吗? 有! 不仅减少时间,而且使你时间完全没有! 这不是别的,就是现今的世界上一个很时髦的玩意儿—失业! 在合理的社会制度里面,大众的工作时间愈减少,享用文化生活的机会愈加多。在资本主义没落的社会里,有许多人的工作时间完全没有以后,物质生存已朝不保夕,至于文化生活的享受,更不必作此梦想了。"（全集第 7 卷第 312—315 页）

10 月 17 日、18 日 上午,还因事和戈公振通电话,戈告诉韬奋,准备在上海休息两天,19 日去南京。（全集第 6 卷第 282 页）

10 月 22 日 早晨,戈公振的妹妹突然来找韬奋,告戈公振患盲肠炎,很危险,于二十一日下午五点一刻在虹桥疗养院开刀,现热度很高,唤其妹找韬奋去医院有话相告。韬奋如遇晴天霹雳,即雇车前往。韬奋轻轻踏进病室,戈闭着眼睛,呼吸已不如平时的自然。韬奋走近身旁,轻抚戈的额头,说病不要紧,请他静养。大概因过于疲乏,戈只说"死我不怕……"又闭上了眼。韬奋"此时虽知道他的病势已经十分危险,但仍想不到当天就要和他永诀,又因自己职务的忙碌,所以静默地陪伴他约一小时后",和医生、护士及戈妹叮咛一番后匆匆离院。刚到办公室不久,即接到告急病危电话,再次赶去虹桥疗养院,"三步并作两步地赶到戈先生的榻旁,见他的神色较上午更差,呼吸也渐在短促起来。他很轻微地很吃力地说:'韬奋兄……我的身体太弱……这次恐怕经不住……我有几句话……'他的声音非常地微弱,且因气喘渐甚,断断续续地说",韬奋"俯着头把耳朵就近他的嘴边才听得出"。韬奋请来马荫良,"两个人就同在榻旁忍泪静听他说"。"他接着说:'我的著作……《报学史》原想用白话写过,现在要请你叫宝权(戈先生的侄子,现在莫斯科考察),替我用白话完全写过……关于苏联的视察记,大部分已做好……也叫宝权接下去……你知道他是……很好的……还有关于世界报业考察记,材料都已有,可惜还未写出来……现在只好随他去。……'"韬奋"呜咽着安慰他,对他说一切要照他的意思办,至于未了的著作,宝权可继他的志愿,请他放心"。"他很吃力,简直接不下去,停一会儿,他才说:'在俄国有许多朋友劝我不必回来……国势垂危至此,我是中国人,当然要回来参加抵抗侵略者的工作……'""不久以后,戈先生又说:'死我不怕,有件事要拜托你们……我看已不行,请问问医生,如认为已无救,请她替我打安眠针,让我即刻睡去。把身体送给医院解剖,供医学研究。'""在他的知觉和感觉即将完全失去的最后一刹那,对于我的问句似乎还听得懂,因为经我一问,他动着嘴表示要说什么话的样子,但是只动了两动嘴唇,说不出什么,转瞬间连动也不能动了。""我们所敬重的戈先生就此与世长辞了。"

马荫良、邹韬奋、周剑云、钱沧硕、黄寄萍等在疗养院会议厅商决:组织治丧处,办理丧葬及纪念事宜,暂借中国殡仪馆作办事处。晚七时许,遗体停放海格路(今华山路)中国殡仪馆。(全集第 6 卷第 283—285 页,洪惟杰《戈公振年谱》第 97 页)

10 月 23 日　下午五时,在中国殡仪馆成立"戈公振先生治丧处",由邹韬奋等30 余人组成。(洪惟杰《戈公振年谱》第 97 页)

10 月下旬　以"戈公振先生治丧处全体同人"名义著文《纪念戈公振先生》刊在"讣告"上。(《韬奋手迹》第 49 页,全集未收)

《纪念戈公振先生》全文:

"为中国新闻界一颗巨星的戈公振先生,第二次由欧洲考察回国,我们正在很殷切地期待他对新闻界学术界有更大的贡献,不料他在回国不及一星期,便因病去世,这真是社会的一大损失,不仅仅是我们在友谊上的私痛而已。""戈先生最使我们感念的是他一生百折不回地尽瘁于新闻事业的努力精神。他今年四十六岁,在廿四岁的时候进时报馆服务,便是他的新闻事业的开始。最初任校对,后来升任编辑,再由编辑升任总编辑,创刊图画时报,和时报的各种周刊,大受学术界文化界的欢迎。他服务于时报十五年之久,忠诚尽职,未尝稍懈。他一面负起重要的责任,一面对于新闻学作不断地研究,孜孜不倦,精益求精。服务与求知兼程并进,数十年如一日。民国十六年,他第一次赴欧美考察新闻事业,兼及政治经济,并受国联邀请,出席这年八月举行的国际新闻专家会议。回国后任申报总管理处设计主任。民国二十二年,偕同国联东北调查团赴欧,担任中央通讯社特派记者,后来又受上海日报公会和京平津汉等地报界的委托,出席西班牙京城举行的国际新闻专家会议。在游历海外三年间,曾先后再往法德意奥捷克苏联各国考察新闻事业,在苏联的时间较久,考察也特别详细。他在国内服务于新闻界的时候,不但对新闻学勤于研究,而且就其研究所得,于工作余暇,著述以惠学者,尤脍炙人口的有中国报学史新闻学撮要等书,出国考察以后,尤注意于各国政治经济及社会实况,搜集材料,不遗余力,著作散见于杂志报章者更多。他在弥留时,对在旁友好谆谆叮嘱,要叫他的侄子宝权把中国报学史重新写成白话,增益材料,力求浅显,使成更普遍的读物,把他自己辛勤所得,贻惠后进,他对于新闻学教育的热诚,可以概见。关于苏联考察记,已十成八九,也叫他的侄子宝权完成,以饷国人。他于十月十五日由海外归来,在上海登岸的时候,还指着他所随带着的一个大皮包,说那里面是他在国外所搜得的尤其重要的材料,他原打算回国后,将他近数年在国外考察研究所得的结果,著述以供国人参考,现在竟成泡影,真可为中国的学术界文化界痛惜!""至于戈先生的待人接物,诚挚和蔼,持躬处世,高尚纯洁,那是凡与戈先生做朋友的没有不深深地感觉到而永远不能忘却的。他不但在新闻事业上那样'鞠躬尽瘁,死而后已'的精神,感人至深,就是他生平那样勤勤恳恳地虚怀若谷地做人态度,也足以做后进的楷模。""我们想到戈先生的丰富的经验,渊邃的学识,纯洁的品性,已使我们对于他的不幸去世,感到无限的伤感,但我们想到国难的日迫,各方共同努力于拯救危亡的急切需要,如今竟失去一位斗士如戈先生,更不竟感到无限的悲痛。当戈先生临终的时候,曾对在旁的友好说起这几句话:'在俄国有许多朋友劝我不必就回来,……国势?危亡至此,我是中国人,当要回来参加抵抗侵略者的工作……'他说这几句话的时候,虽在极端疲乏之中,眼睛突然睁得特别的大,语音也特别的激昂,但因为太疲乏了,终至力竭声嘶,沉沉地昏去。我们觉得戈先生对于人生看得很透,对于生死原早已置之度外,但眼看着中国当前的危难,他满腔热诚跑回来要参加为民族解放斗争的工作,竟那样赍志以没,这却是他所觉得无限遗憾的事情。""他早把生死置之度外的态度,在他临死的那一天,很显然地可以看得出。他很坦然地对在旁的友好说:'死我不怕,有件事要拜托你们……我看已不行,请问问医生,如认为已无救,请他就替我打安眠针,让我即刻睡去,把身体送给医院解剖,供医学研究……'当时住院的医生虽表示敬佩他的意思,但以为未到最后一刹那的时候,医生应该尽力救他的生命。在戈先生逝世后,受他遗嘱的家属和友好就照他的意思办。在他临危的时候,他还从被单里缓缓伸出抖颤着的左手,和围在榻旁的好友们一一握手告别,最后并和服侍他的女看护握手,告别。他是怎样地视死如归! 怎样地旷达镇定!""我们所敬重的戈先生终于撒手而去了! 我们于哀惶之余,应怎样地纪念他呢? 这却要靠他的朋友们群策群力地来想个办法,并群策群力地把这办法实现出来"。(《韬奋手迹》第 49—51 页)

10 月 24 日　下午三时正,去中国殡仪馆哀送戈公振先生大殓。(全集第 6 卷第 281 页)

11 月 1 日　《悼戈公振先生》,载《世界知识》第 3 卷第 4 号。(全集第 6 卷第 281—287 页)

《悼戈公振先生》摘要:

"为中华民族的新闻事业,为个人友谊,想起他都不胜其凄怆悲痛。""我们已不能不受戈先生的精神所感动:他对于环境奋斗的置生死于度外的无畏的精神,他虽在临危的时候,还不忘献身于科学的牺牲的精神。我以为比他后死的朋友们不但不应为他的死而发生消极的观念,而且要不忘却这位好友的不死的精神,共同向前努力奋斗。""我所最觉得悲痛的是以戈先生二三十年积累的学识经验,益以最近二三年来对世界大势的辛勤的观察研究,在正确认识上的迈进(我在莫斯科时和他作数次长谈,深感觉到他的猛烈进步),我们正希望着他能为已沦入奴隶地位的中华民族做一员英勇的斗士,不料他竟这样匆匆忙忙地撒手而去。我想到这里,回忆着他在弥留时睁大着眼睛,那样激昂地——我觉得他竟是很愤怒地——对于侵略者的斗争情绪,我不禁搁笔痛哭;但我转念,又深深地感觉到这是我们后死者同样要负起的责任,我们都当以同样的'置生死于度外'的态度,朝着民族解放的目标向前猛进。"(全集第 6 卷第 281—287 页)

同日　《萍踪忆语(四)掌握全美国经济生命的华尔街》,载《世界知识》第 3 卷第 4 号,收入《萍踪忆语》。(全集第 7 卷第 316—323 页)

《萍踪忆语(四)掌握全美国经济生命的华尔街》摘要:

"华尔街在金融上执全美国经济生活的枢纽,其主要的原因是工业和金融打成一片。因为大规模工业的发展,在大公司的资本集中,金融资本家的威权随着突增,华尔街便成为可以左右全国经济生活的中心机关。就原来的界限说,金融资本家似乎仅有权于操纵证券和公债票,允准或拒绝借款,和企业家竞争利润的获得,但在实际上已分不清这个界限;重要的企业家都已变成了金融资本家,而所谓银行家也者,也和工业发生直接的关系。华尔街的绝大势力就根据于银行业和工业的混合,使掌握几家关系密切的大银行和大公司大权的少数人掌握着全美国的经济生活。他们凭藉着经济的无上威权,控制着共和和民主两个政党的机构,指挥着全国的政治策略,所以号称'公仆'的德谟克拉西的大总统,以及无数的大小官吏,都不过是这些'大亨'们的在后面牵着线的舞台上的傀儡罢了!"(全集第 7 卷第 317—318 页)

11 月 16 日 《萍踪忆语(五)梅隆怎样成了富豪?》,载《世界知识》第 3 卷第 5 号,收入《萍踪忆语》。(全集第 7 卷第 323—330 页)

同日 《大众生活》周刊创刊。韬奋主编,金仲华、柳湜、张仲实为编辑组成员。该刊继承《生活》周刊、《新生》周刊的优良传统,以更新的姿态,吹响抗日救亡的号角。

同日 《我们的灯塔(发刊词)》(收入《大众集》,题注"《大众生活》创刊词")、《五全大会和民意》、《菲律宾自治的真相》、《大报和小报》、《"记录"——英勇抗战的壮语》、《编辑室》(以上五篇未署名)、《侮辱》(收入《大众集》),载《大众生活》创刊号。(全集第 6 卷第 492—496 页、287—288 页、289—290 页、290—292 页、292—293 页、293—294 页、532—533 页)

《我们的灯塔(发刊词)》摘要:

"我们为什么要办《大众生活》周刊?""我们提起'大众生活',就不免引起无限的感触,尤其是想到目前中国的现状,因为'大众'和'生活'简直是在一天一天地脱离关系!在这种惨酷的现状下面,徒然长吁短叹,呼号着'民不聊生'的口头禅,是没有用的,我们必得要明白中国大众所处的实际地位,明白中国大众一天一天地和生活脱离关系之由来,障碍物弄清楚之后,才能对着目标,共同努力来死里求生,寻找出路。致中国大众死命的最大敌人是什么? 换句话说,剥削中国大众压迫中国大众的最大敌人是什么? 倘把中国大众看作一个大集体,背上负着千万钧压力的这个大集体上面,有封建残余的遗物——军阀官僚地主豪绅——有帝国主义卵翼下的买办和准买办阶层;在这两大派剥削者上面(这两大派当然还有混合体的可能,例如有不少军阀官僚地主豪绅也可加入做买办或准买办),便高蹲着勾结中国的封建残余,利用买办和准买办阶层,以吮吸中国大众脂膏的帝国主义。帝国主义在中国往往扶持着一派军阀以抗别派,使中国常发生内乱,永不能统一;操纵中国经济命脉,使民族工业不能发达。所以中国大众的唯一生路是在力求民族解放的实现,从侵略者的剥削压迫中解放出来。这是中国大众的生死问题,也是我们所要特别注意的重要目标。""同时不要忘却为虎作伥的封建残余的势力。所以封建残余的铲除,是我们所要注意的第二个目标。中国的封建制度,虽在形式上早已消灭,但是变相的封建残余势力——军阀官僚地主豪绅——却仍在放纵榨取，大胆吸着大众的膏血！不堪被榨取的农民被他们赶到城市里去，仍然要遭受资本帝国主义下的买办和准买办阶层的榨取。""民族资产阶层本来可在形成后联合下层群众扫除封建势力，学法国大革命的前例，走上纯粹资本主义的路。但这条老路既因种种关系，不是半殖民地的国家所可能；所以帝国主义下的买办和准买办阶层只有附生在侵略者的余荫之下，偷些余沥，和封建残余势力竟成'难兄难弟'，同为帝国主义的工具，和劳苦大众成着对垒的形势。于是劳苦大众的唯一生路——也可以说是民族解放的唯一可能的途径——只有巩固着一条战线，冲破重围，用大众的力量，发动民族解放的斗争，认清敌垒和所附属的全部体系，作自救的英勇奋斗！""要从民族解放的斗争中达到目的，还要注意到个人主义的克服。所谓个人主义，原是市场自由竞争所形成的意识，也是生产工具私有的护符。个人主义以个人为一切利害的中心，以个人自由为标榜。""个人主义在半殖民地的国家虽不能充分发达，而因资本帝国主义的侵入，个人主义的流毒却已渐渐地蔓延起来了。""民族未解放，个人何从获得自由？个人不是做集团的斗士的一员，何从争自由？个人离开了集团的斗争，何从有力量争自由？以个人的利害做中心，以个人的利润为背景，又怎样能团结大众，共同奋斗来争自由，所以我们要应现代中国的大众需要，就必须克服个人主义，服膺集团主义。集团获得了自由，做集团中一员的个人才能获得自由。个人没有力量，集团才有力量。""参加集团的活动，以集团为一切利害的中心，以集团的解放为前提，便感到斗争力量的伟大，便感到被压迫的阶层对于压迫阶层进攻的前途的光明。所以个人主义的克服，是我们的第三目标。""力求民族解放的实现，封建残余的铲除，个人主义的克服：这三大目标——在汪洋大海怒涛骇浪中的我们的灯塔——是当前全中国大众所要努力的重大使命；我们愿竭诚尽力，排除万难，从文化方面推动这个大运动的前进！"（全集第 6 卷第 492—496 页）

《菲律宾自治的真相》摘要：

"菲律宾的独立——一个被压迫的弱小民族的解放——当然是我们所乐闻的，但是'金圆'帝国允许菲律宾的所谓'自治'，一切大权在实际却仍操于美帝国主义的手里，殖民地大众受着帝国主义的剥削仍然是无法避免的。""可是想起我们自己的这个号称'独立'的国家，对着菲律宾却不免'汗流浃背'，不胜其惭愧！他们的所谓'自治'虽是虚伪的，但是在内政方面还算有他们自己的议会，在法律上的自由也有某限度的获得，比较以前总略进一步。至少他们的人民的生命不致惨遭外人违法的拘捕。不像我国,官吏可以随人在我国国土内任意逮捕,无可如何,以得侥幸放出为无上的幸事! 至于一般人民的生命,那更不消说了。他们更无须把敌人当作老子看待似的,秉承意旨,奴颜婢膝,打着嘴巴还要满口声明舒服,表示不但一点不敢存有反抗或叫冤的意思,而且还要格外的俯首下心装做亲热! 这是天地间无耻之尤! 和随处听到怪热闹的什么'礼义廉耻'相去太远了!"(全集第 6 卷第 289—290 页)

《大报和小报》摘要:

"现在读者的知识和眼光实较前大有进步,不痛不痒的敷衍的话语,编辑杂乱内容空虚的新闻,已不能满足读者的希望了。报纸究竟是社会上推动文化的事业,虽为维持经济的自立生存,不得不有广告上的相当收入——至少在现在的社会里——但我国的大报过于营业化,却是一件无可为讳的事实,简直是广告报! 报价并不因广告之多而特别减低,国民的购买力既每况愈下,费了许多钱买着一大堆广告报,反而不及费较低的价钱买一份小型的报纸看看。尤其可怪的是竟将特刊的地位当广告卖,大发行其'淋病专号',满纸'包茎之害','淋病自疗速愈法',替'包茎专家'大做广告,替'花柳病专家'大吹牛,'一经着手无不病根悉除','方法之新颖,手段之老到,可谓无出其右',于每篇文字下面还要用'编者按'的字样,大为江湖医生推广营业,好像报馆所要的就只是钱,别的都可不负责任。在这方面真打破了各国报纸的新记录! 为全世界著名报纸所不及!""关于社会新闻,有一个时期最热闹的是集中于'美人鱼',最近又转着视线到'胡蝶结婚'了。尤其是附刊的文字,更是无微不至。提倡体育和艺术,重视艺术家和艺人,原是好事情,但是注意点另有所在,却又是另一回事了。因为是女性的关系,虽和别的男选手一样的是运动家,却特别注意到她几时睡觉,睡时又怎样;一个艺人结婚,也因为是女性的关系,却特别注意到是否为她的'肚皮'所促成! 这不是敬重运动家和艺人,却是大大地侮辱了运动家和艺人了!""小型报纸虽还未能尽满人意,但较所谓大报和在从前专门谈风月的小报,却有很显著的进步。例如注重白话文的运用,新闻材料的重新改写(撮取精要,扫除渣滓),有的更注意于政治经济和文化方面的消息和讨论。""缺点也还是有的。有的还不免上面所说的低级趣味的弊病,有的甚至凭空捏造,毁谤诬蔑,把新闻记者的道德完全丧失。""我们为着中国文化的前途着想,当然很诚恳地希望这类缺点的消除。"(全集第 6 卷 291—292 页)

《"纪录"——英勇抗战的壮语》摘要:

"一个民族的自由平等是要靠实际的集体的斗争换来的,不是靠着叩头哀

求换来的！这是被压迫的民族的大众所当有的深刻的觉悟。"（全集第 6 卷第 293 页）

《编辑室》摘要：

"本刊的星期评坛是代表大众生活社同人的共同意见，所包括的范围有国内外，关于政治经济社会文化各方面值得注意的时事，对于每一题旨都经过缜密的研究和详慎的讨论，希望能以正确的见解，供大众参考。""'图画的世界'是就精绘的世界地图上，依世界的动态，加上隽永的漫画表现出来。在中国出版界算是创举。这一栏得金仲华、沈振黄两先生替我们主持。""漫画也是我们所注重的，所以另辟一个全页的地位登载。这一栏得鲁少飞先生主持。""关于读者通讯方面倘若有值得发表的佳作，我们也非常欢迎。"（全集第 6 卷第 293—294 页）

《侮辱》摘要：

"杜重远先生曾偶然谈起以前在东北某铁路的火车上看见一个官儿坐车硬不肯买票，查票的硬要他买，他很气愤地从衣袋里拿出有官衔的名片！这位官，你也不能说他一定就没有了'羞恶之心'，他知道'气愤'，也许就是'羞恶之心'的表现，但是你莫奈他何的是他硬认官儿以不买票坐车为'光荣'，做了官儿坐车还要买票是莫大的侮辱。""推而广之，就是所谓道德观念，也要看你所属的是什么群。你所属的群里所谓道德的，在别一群不见得也是道德，甚而至于是不道德。摆着'道学先生'面孔的人们，固然是靠不住，就是自认为确是有道德的好人，我们也要对他的所谓'道德'仔细分析一下才好。"（全集第 6 卷第 533 页）

11 月 23 日　《国事紧张中的言论自由》、《埃及的民族解放运动》（以上两篇未署名，收入《大众集》）、《生产过剩的疑问》（未署名）、《走狗》（收入《大众集》）、《期望》（署名编者，收入《大众集》），载《大众生活》第 1 卷第 2 期。（全集第 6 卷 496—497 页、498—499 页、294—295 页、534—535 页、562—566 页）

《国事紧张中的言论自由》摘要：

"所谓言论自由，就新闻业的观点看来，最简单的是真实的消息要让民众看得到，正确的评论要让民众听得到。照现在的实际情形，民众很关心外交消息，而在报纸上就老实找不到这种消息；民众很关心到底当局对于时局有何办法，而在报纸上也得不到要领。诚然要民众'共赴国难'吗？那至少要让民众知道到底是怎么一回事。现在的民众却好像蒙在鼓里，透不过气！结果中国人对于本国报纸的信用简直完全丧失，反而要设法从别方面探听消息，你一句我一句地乱猜一阵;在中国的外国报纸是享有特权的,说来可怜,中国人要寻点真消息,反而要看在中国的外国报上的消息或评论。""当局希望人民'以常识判断谣言,以镇静观察时局',其实只有开放'真确的消息,才能使人民知道什么是'谣言';只有知道真确的策略的人,才有'镇静'的可能。""任何国的民众对于真确的消息和正确的言论是无孔不入地寻觅着,要把无法压迫下去的东西硬要压迫,这是劳而无功的。"(全集第6卷第496—497页)

《埃及的民族解放运动》摘要:

"现在是什么时代? 是帝国主义到了没落阶段的铤而走险的时代! 是被压迫民族的劳苦大众风起云涌着起来,为民族解放而英勇斗争的时代! 这是全世界的浩浩荡荡的一往无前的大势,虽然帝国主义的新闻机关采用封锁新闻的政策,有许多重要的消息都不是在表面上容易看到的,但是被压迫民族的反帝运动的消息却仍在东鳞西爪地流露着它的锋芒。""民族解放运动,一方要靠自己积极斗争的主观的努力,一方在客观方面也有帝国主义本身的矛盾可以利用。当世界大战的时候,英帝国向土耳其夺取了埃及的宗主权,宣布埃及为英国的保护国,但是在帝国主义彼此间发生冲突自顾不暇的时候,总是恐怕殖民地要掀起反抗的高潮,所以当时曾把甜言蜜语来欺骗埃及人,宣言等到战争终了后,即允许埃及独立。埃及人在当时并未想到'独立'是要自己拼命斗争取得的,不是那样便宜可由'允许'得到的,所以竟受了大欺骗,虽在水深火热之中,反而替英帝国主义'服'了不少的'务',眼巴巴地等过了四年的悠久岁月,战争是暂告'终了'了,而'独立'的允许也随着'终了',到这时才觉悟到帝国主义的欺骗政策!""这次埃及的反英运动,是由大学生领导,这是殖民地大学生的特殊境遇所促成的现象,这也是殖民地的大学生对于民族解放所当负起的责任。""但是仅仅大学生,当然还是不够的,必须联合被压迫的大众,共同起来奋斗,动员全民族大众的斗争力量,才能达到预期的结果。""时代不同了,最后的胜利必然地是在能巩固战线起来斗争的被压迫者的方面。"(全集第6卷第498—499页)

《期望》摘要:

"不幸夭折的《生活》,在现在看来,感觉到有许多缺点,但仍承蒙许多读者好友垂念不忘,这也是使记者很感愧的。倘若诸友认为《生活》在当时对于社会不无一点点的贡献,我觉得大概是因为它的愚诚,是在能反映着当时社会大众的公意,始终不投降于黑暗的势力,始终坚决地不肯出卖社会大众给它的信用。关于这一点,我们还是要坚持到底的。""但是时代的巨轮是向前进的,《大众生活》产生的时代和《生活》所处的时代已经不同了。记者出国两年多,回国后最深刻感觉的一件事是读者大众在认识和思想上的飞跃的进步。""讲到《大众生活》,我们不但希望它能避免《生活》的缺点,保留《生活》的优点——倘若有一些些的话——而且要比《生活》前进。""我觉得为大众的利益方面着想,以后任何专家都须注意到这一点:一方面有他们各个的精深的专家的研究,一方面却须训练他们自己能把专门的知识用通俗的方法灌输于大众。""又例如'暗示人生修养',现在不是由个人主义做出发点的所谓'独善其身'的时代了,要注意怎样做大众集团中一个前进的英勇的斗士,在集团的解放中才能获得个人的解放。""从前实施所谓'职业指导'的人们,总是把应该怎样努力怎样吃苦的话劝导青年,这对于当时有业可就而不肯努力不肯吃苦的青年说,当然不能算错,但近来有不少很肯努力很肯吃苦的青年,因为次殖民地的经济破产,不是因他们自己的个人过失而遭着失业的痛苦,指导者再对他发挥'拼命努力拼命吃苦'的高论,便是犯着牛头不对马嘴的毛病了。""我们的意思当然不是说'人生'无须'修养',但是'修养'不应以个人主义为出发点,却要注意到社会性;是前进的,不是保守的;是奋斗的,不是屈伏的;是要以集团一分子的立场,共同努力来创造新的社会,不是替旧的社会苟延残喘。所以'引起对于时事及重要问题的特殊注意与研究兴味',也未尝不含在'人生修养'里面。""最后先生很热诚可感地希望《大众生活》不要'中途夭折',我们也和先生一样地希望着,不过当然还要以不投降黑暗势力为条件,因为无条件的生存,同流合污助桀为恶的生存,虽生犹死,乃至生不如死。"(全集第 6 卷第 564—566 页)

11 月 27 日 《〈从东北到庶联〉弁言》,收入戈公振遗著《从东北到庶联》,1935年 12 月生活书店上海版。(全集第 6 卷第 296 页)

《〈从东北到庶联〉弁言》摘要:

"我写这篇《弁言》的时候,离戈先生去世的日期,不觉已有了一个月零五天,时光是这样迅速得像闪电样地过去,但是我们对于这位好友的不幸早死,尤其是想到社会方面乃至民族方面的损失,哀痛的情绪是绵绵无穷期的。""戈公振先生治丧处同人议决,先把戈先生数年来散见于各刊物上的遗著编成单行本,以留纪念,并公推我担任搜集编辑的责任,我便义不容辞地答应了下来。""我把他的这些遗著重看一遍之后,更感到戈先生早死的可惜,因为他的对于中国民族危机的悲愤的热情,和游历海外时在认识和学力上的飞跃的进步,都在字里行间流露着,使我们愈益感觉到失却了这样前进的一位同志,真是最悲痛的一件事!"(全集第 6 卷第 296 页)

11月30日 《华北问题》、《所谓"三大原则"》(以上两篇未署名,收入《大众集》)、《中国文字大众化》、《"记录"——胡适之先生认错》、《"记录"——一幕无耻的傀儡活剧》(以上三篇未署名)、《〈动荡中的华北一隅〉按》、《最留恋的一个地方》(收入《大众集》),载《大众生活》第1卷第3期。(全集第6卷499—501页、第501—503页、297—298页、298—299页、299—300页、300—301页、536—537页)

《华北问题》摘要:

"因为这消息的传播,便引起什么华北问题。好像大家所焦急的就只不过是华北问题,所要求解决的也只不过是华北问题;好像只要华北问题解决了,严重的局面便消释,中国便没有什么严重的问题了。这种见解最容易模糊中国大众对于中国整个民族生死问题严重性的正确的认识。我们要大声疾呼,敬告全中国的大众,我们当前的最严重的问题,是全民族争生存的问题;表面上看去,似有些像是局部问题,实际上所谓局部的问题,便是这全民族争生存的整个问题的一个部分,孤立着是解决不了的,离开全局问题是解决不了的。严格说起来,无所谓东北问题,华北问题,就是整个中国的生死问题。这一点倘若不彻底地弄个明白,无异把自己的眼睛掩闭着,对全局的现实熟视无睹,结果是一个'局部'又一个'局部'地被宰割掉,一直往着死路上跑,不想到动员全民族大众的集体斗争的力量,共同起来为着整个民族的存亡作殊死战。"(全集第6卷第500页)

《所谓"三大原则"》摘要:

"驻日中国代办丁绍伋,曾于十一月十八日到日本外务省访问重光次官,表示中国政府完全承认日广田外相所提出的三大原则:(一)取缔中国的抗日运动;(二)树立中国日本和'满洲国'的合作制度;(三)实施由三国共同防共的政策。""我们还未见有中国政府的证实或否认。""就所谓'三大原则'的内容看来,我们认为很可诧异的。""试先就第一个'原则'说,即假使果有如日本通讯社所认为中国有'抗日'的运动,其实在民众方面不过是爱国的运动,爱国运动属于内政,不应受别国的干涉。倘若为民族争生存,为国家求独立,乃至提倡用本国国货,纪念国耻,都可看作犯罪,都要由政府'取缔',这是否政府所应做的事情?""讲到第二个'原则',一个国家的属省叛离了祖国,这在祖国很显然地很合国际法地可视为叛逆,所以,所谓'满洲国',国际联盟即有一致否认的议决案,在背叛的祖国——中国——更始终没有承认,也不应承认。假使中国政府敢冒着这样的大不韪,不但无以对全国国民,也无以对当初极力求援而现在中国还是一个会员的国际联盟。中国政府对叛离祖国的东北四省既绝对不应承认,在事实上也没有承认,有什么'合作'的可说?而且不承认叛离祖国的属省,不和叛离祖国的属省合作,这也是属于内政,不应受别国的干涉。""最后讲到第三'原则',即关于'三国'共同防共的政策。倘若这里'三国'包括所谓'满洲国',那是中国所不能承认的,理由在上面已说过了。'防共'本身是另一问题,在这里不去说它,但无论如何,这也是属于内政的范围,也不应受别国的干涉的,那也是很明显的。日本国里也有共产党,倘若中国的政府也要派兵跑到日本国去实施'共同防共的政策',必然地要受拒绝的,理由很简单,因为这是纯粹属于内政的问题。""我们认为倘若中国政府不承认中国是已经完全亡国了,这'三大原则'是没有接受的可能。我们感到这个新闻的严重性,知道全国民众对于这个新闻的惶惑不安,以为关于日本通讯社所传播而已经广载于中外报纸的这个新闻,中国政府对全国人民应有明白的表示。"(全集第 6 卷第 501—502 页)

《中国文字大众化》摘要:

"文字是社会意识的表现,研究中国文字大众化问题的人,似乎多偏重在文字形式上的研究,而忽略了文字意识上的研究。""中国的文字,有许多反映着封建社会的意识。试举一二简单的例,一个人的死,原是一件很平常的事,但是就有崩(天子死)、薨(诸侯死)、卒(大夫死)、终(君子死)、死(小人死),等等的麻烦!""大众说话,阿猫阿狗的死是死,老子儿子的死也是死,不但简单明了,在意识上便一扫封建的意识。""我们不但要努力使文字在形式上大众化,也要努力使文字在意识上大众化。"(全集第 6 卷第 297 页)

《"纪录"——胡适之先生认错》摘要:

"处于领导社会的地位的胡适之先生,他认错只要说几句简单的话,就算完了。但是因为'错了,一着输了全盘'(也是胡先生这篇文章里的话),在被压迫的民族的损失,却是不可胜计的了!""此外胡先生在这篇大作里再三注重'守'的必要,同时却认'抵抗''都是纸上空谈'。换句话说,他通篇极力说明'守'的重要,而却仍不赞成'抵抗'。我们不知道遇着得寸进尺的'友邦',不'抵抗'又怎样能'守'?"(全集第 6 卷第 299 页)

《"纪录"——一幕无耻的傀儡活剧》全文:

"汉奸殷汝耕在通州一个破旧的小孔庙内举行他的所谓'冀东自治政府'的'主席'就职'典礼',既未悬旗,也未鸣炮。因为这'新政府'还没有旗,所以无旗可悬;而其所有的最大军械却只是所谓'保安队'的一枝来复枪,所以也无炮可鸣。坐在一个狭小的房间里,纸糊的窗,放着一个小小的旧陋的煤炉,九个人寂坐其中,正式就职。(路透通州电讯)。""就任'冀东防共自治委员会''外交处长'之霍实,历访北平的日本大使馆、陆军武官室、海军武官室等,正式通告委员会的成立,并恳请日本方面的援助。(电通北平电讯)"(全集第6卷第299—300页)

《〈动荡中的华北一隅〉按》摘要:

"这是怎样的惨痛呼声!但这不仅是'一条腿'的问题,实在是即将成为'全身'的死亡问题!这不仅是'一条腿'的写真,即将成为'全身'的写真。"(全集第6卷第301页)

是月 韬奋请中共秘密党员张仲实出任生活书店总编辑,聘金仲华为编辑部主任。(《生活书店史稿》第420页)

是月 中共秘密党员,胡愈之的联系人严希纯被捕,为防万一,邹韬奋等劝胡暂时离开上海。(胡愈之《我的回忆》第33页)

12月1日 《萍踪忆语(六)世界上最富城市的解剖》,载《世界知识》第3卷第6号,收入《萍踪忆语》。(全集第7卷第330—338页)

《萍踪忆语(六)世界上最富城市的解剖》摘要:

"我们看着关于纽约——所谓'世界上最富的城市'——全景的相片,尤其是有鲜艳的颜色点缀着的。只见着一群一群的摩天高楼和其他外观也像很宏丽的洋房矗立着,从这表面上得到的印象,也许要使人觉得这真是一个世界上最富的城市!但是我们真到了纽约里面细看之后,才恍然明白,在这全景相片上有许多房屋,在外面看去,虽有洋房的形式,好像和别的洋房差不多,在实际却夹着贫民窟的区域,内部是简陋不堪,许多人拥挤在一个房里住,一所破旧的公寓里就拥挤着几十个人家。龌龊和贫穷是结着不解缘的,这些贫民窟里面的龌龊,是不消说的。但这些内部的情形却都不是在相片上的那些房屋的外表所能看出的。"(全集第7卷第330—331页)

12月7日 《我们的三大原则》(未署名,收入《大众集》)、《中国对意实行制裁》(未署名)、《蒋梦麟被邀请谈话》(未署名,收入《大众集》)、《家丑》、《永生》(署名编者,收入《大众集》)、《〈谈谈四川的"大众生活"〉按》,载《大众生活》第1卷第4期。(全集第6卷第503—505页、506页、538—539页、566—568页、301—302页、302—304页)

《我们的三大原则》摘要:

"我们站在中国民众的立场,也应该向政府提出我们的三大原则,以答复日本广田外相的'三大原则'。""(一)坚决收回东北失地;(二)恢复革命外交;(三)恢复民众运动和言论自由。""先讲第一原则:坚决收回东北失地。""失了东北四省,已经是破坏了中国'国家领土及行政的完整',而且是随着来的破坏中国'国家领土及行政的完整'的根据地,所以收回东北失地是解决迫在眉睫的国难的基本方法;否则华北问题决无根本解决的可能,而且在华北问题之后将随着华中问题华南问题,这是必然的趋势! 所以我们倘若不想拯救中国的危亡,什么都不必说,否则必须很明确地主张必须坚决收回东北失地。""我们的第二个原则是恢复革命外交。最误国的是摇尾乞怜的外交,是自己没有坚决的立场而只是仰人鼻息看人颜色的外交。革命外交是以民族的解放——争取民族的自由平等——做坚决的立场。有了这样的坚决的立场,对于一切外交,必须不违背这个基本原则的才有商量的余地。要达到革命外交的目的,有两点非常重要:一是联合以平等待我的民族,二是公开外交。中国的真正朋友决不是帝国主义,外交策略虽可利用帝国主义彼此间的矛盾,但是同时也须看清世界大势,联合以平等待我的民族,结合真正的朋友,共同奋斗。""我们的第三个原则,是恢复民众运动和言论自由。""中国要从死里求生,是整个民族争生存的问题,必须由整个民族的大众共同起来奋斗的,必须用整个民族的大众力量来作殊死战的。民众运动受着压迫,大众的力量从何运用? 言论自由受着压迫,大众成了一大群瞎子聋子,国事虽危迫万分,他们在报纸上所知道的是平静无事,或谣传纷纭,不知所从,大众的力量又从何起来?""这至少是我们大众在目前所有的一致的严重主张,是全国在目前应督促实现的拯救国难的基本原则。""合于这三大原则的策略和行动,便是真有为中国民族争取生存的诚意的表现,便值得我们大众的拥护,共同奋斗;不合于这三大原则的策略和行动,无论怎样花言巧语,都是欺骗!""中国政府要接受日本的'三大原则'呢? 还是要接受中国民众的三大原则? 中国政府如果是要民众的,那就应该拒绝日本的'三大原则',接受中国民众的三大原则!"(全集第 6 卷第 503—505 页)

《中国对意实行制裁》摘要:

"侵略者之应受制裁,这只要不是帝国主义者和他们的走狗,没有不赞成的。中国能参加这个制裁","总是一件值得称道的好事"。"但是想到我们自己,也是被侵略的一个国家,也是在侵略者铁蹄下遭着惨酷蹂躏摧残的国家,现在对于侵略阿国的意大利表示着制裁,而对于侵略自己国家的'友邦',不但不敢说制裁,而且还要求'亲善',高唱'提携',忍着眼泪装作欢笑! 意大利在目前所凌辱侵害的是别的国家,我们义形于色,参加制裁;而对于强占我们领土的'友邦',却另是一副面孔,这又怎样自解呢?"(全集第 6 卷第 301—302 页)

《蒋梦麟被邀请谈话》摘要：

"'请'字是很客气的字眼，但'派'着'宪兵'来'请'，这是什么事，可以无须说明了。蒋校长所处的境地的困难，我们是可以想像得到的。我们对于此事的感想是：这不仅仅是关于一个人的一件事；倘我们对于危迫国事不想死里求生的积极办法——下决心干的积极办法——全国任何地方的任何人，都有这样'被邀请'的机会。'被邀请'而仅仅'谈话'，已算是万幸的啊！苟安偷生的人们，以为可以袖手旁观着苟安偷生下去吗？目前是整个民族生死安危的关头！是人人生死安危的关头！在受侵略的整个民族，茫茫大地终必没有一片干净土，终必没有一个可以避免奴隶命运的人，'置之死地而后生'，死里求生，这最后的挣扎，是在我们自己的掌握中！"（全集第6卷第506页）

《永生》摘要：

"近来我们接到许多读者好友的信里面，有不少是在替本刊担忧，很诚挚地希望本刊不要'夭折'，这种隆情厚意，实在使我们受到很深的感动。""我们当然要尽力之所及，使本刊不要'夭折'，因为我们要藉本刊对民族解放前途，对大众解放前途，尽一部分的贡献，换句话说，我们不是为本刊而办本刊，只不过把本刊作为努力于我们的大目标的一种工具。我们说'一部分'，因为我们要很彻底地明白，这只是大目标所需要的全部工作里面的一部分；我们说'一种工具'，我们要很彻底地明白，这只是大目标所需要的许多工具里面的一种。再说得明确些，我们是在民族解放的大目标之下，努力于'一部分'和'一种'的工作。""我们固然要'格外注意，勿使夭折'，但是万一虽'格外注意'而仍出乎拯救力以外的'夭折'，我们却不因此灰心，却不因此停止工作，换句话说，'解放运动'的进行并不因此停止而消灭，时代的巨轮还是朝前迈进的。而且这里被压下去，那里要奋发起来；今天被压下去，明天要奋发起来。""我们在'大目标'之下，在时代的'大运动'里面，应该前仆后继地向前迈进，决心干到底，一息尚存，决不罢休。""个人的得失生死，不算一回事。由这样的观点看去，我们就只有'兴奋'，没有'悲哀'，永远没有'悲哀'！""最后的胜利必然地是属于英勇斗争的被压迫者的方面，必然地是属于英勇斗争的大众方面，我们本着这样的认识，共同向前奋斗努力，不知道什么叫失败，不知道什么叫困难，就只有望着'大目标''大运动'各尽所能地向前干去。"（全集第6卷第567—568页）

12月9日 "一二·九"爱国学生运动爆发，像春雷一样响彻全国。《大众生活》迅速予以热烈声援和支持。以最大篇幅报道这场运动，连续几期刊登声援学生运动的文章。第六期的封面上，刊登了北平女大学生陆璀，在宣武门前，手持喇叭筒宣讲："大众起来"的大幅照片。第七期《大众生活》，几乎成了学生救亡运动专号，从封面到封底，大部分是关于北平和各地学生游行示威的照片、报道和评论。《北平学生二次示威记》和《中国人民起来救中国》真实地记录了 12 月 16 日北平学生发动的更大规模的示威游行，以及他们同反动军警英勇搏斗的动人场面；《上海八千余学生救亡运动速写》介绍上海学生坚决站在北平学生一边，南北呼应，助长声势，进一步推动抗日救亡运动的发展。无论是评论、报道还是图片，旗帜鲜明，支持爱国学生运动，怒斥抨击反动当局和军警对爱国学生的阻拦和镇压。每期《大众生活》一出版，首先寄给北平学生联合会几千份，由他们到各校去出售。扣除部分印刷成本费外，大部分给学联留作经费。北平爱国学生把邹韬奋看成最知心的老师和朋友，把《大众生活》看成能真正反映学生心声、代表学生说话的喉舌。（《大众生活》1935 年合订本）

12 月 12 日 邹韬奋、马相伯、王造时、王志莘、沈钧儒、沈兹九、李公朴、杜君慧、吴全衡、吴耀宗、金仲华、周建人、周钢鸣、周谷城、章乃器、张明养、张仲实、陆诒、陶行知、曹聚仁、彭文应、杨卫玉、郑振铎、郑君里、潘大逵、刘良模、蔡楚生、钱亦石、钱俊瑞、诸青来、谢六逸、薛暮桥、罗琼等二百八十三人联名发表《民族解放运动的呼声——上海文化界救国运动宣言》，热烈响应"一二·九"运动，指出"在这生死存亡间不容发的关头，负着指导社会使命的文化界，再也不能够苟且偷安，而应当立刻奋起，站在民众的前面领导救国运动"！（《大众生活》第 1 卷第 6 期转载，陆诒《抗战前夕的救国会》，收入《文史杂忆》上海文史资料选辑第 75 辑第 130 页）

《民族解放运动的呼声——上海文化界救国运动宣言》摘要：

"国难日亟，东北四省沦亡之后，华北五省又在朝不保夕的危机之下了！""在这生死存亡间不容发的关头，负着指导社会使命的文化界，再也不能够苟且偷安，而应当立刻奋起，站在民众的前面而领导救国运动！""假如到了今日还有人想用妥协，提携，亲善，甚至游说的方式，希求敌人的觉悟，那真是与虎谋皮了！""争取民族的解放，不单是中国人民的天经地义，而是任何被压迫民族的天经地义。敌人的压迫愈严重，中国人民对民族解放的要求，亦愈高涨。尽量的组织民众，一心一德的拿铁和血与敌人作殊死战，是中国民族的唯一出路。这样的一个神圣战争，世界上凡是有理性的人，都会给我们以深切的同情。一切苟且因循的政策，都只有分散民族阵线，使敌人逐步的消灭我们。"

（《大众生活》第 1 卷第 6 期转载）

端木蕻良撰文：

"韬奋先生创刊、主编的《生活》，从八开一张的小报形式，到十六开本的杂志形式,我几乎每期都读。""同学郑怀之拍摄了一些青年运动的照片,很快地在韬奋先生主编的《大众生活》周刊上刊登出来;后来我到清华大学读书,沸腾的北方,响应着红军北上抗日的号召,展开了波澜壮阔的'一二·九'运动,在宣武门前向群众宣传革命道理的陆璀的照片,又很快成为《大众生活》的封面。这对北方青年来说,都是起到互相推动和鼓舞的作用的。当时,《生活》这两个字和'进步'两个字有着同等的意义。这个刊物,连偏僻的小城镇也可以看到。我们在北方的青年抗日救国活动总是能在《生活》上寻取共鸣和支持,因为在'九·一八'以后,《生活》的旗帜是最鲜明的,它的抗日主张是最坚定、最富有现实意义的,它能代表当时群众的心声,实事求是,发为文章,从而又扩大了群众的心声,这样,互相着形成更广泛的波澜。""我参加北平'一二·九'游行后,来到了上海。""我一踏上黄浦江边就想去拜望他。我不但尽可能地想把北方学生抗日的涛声带给他,同时也想看看这位平凡的人,为什么具有这么大的吸引力。""满以为在全国范围建立了发行网的生活书店是一座多么高大的楼房,原来只不过是一座狭隘的小楼。我在会客室把陶行知先生的亲笔信交过去,很快就听到隔壁响起了有力的脚步声,同时还跟随了几位同志过来。韬奋先生亲切地和我握了手,好像对待相识很久的朋友一样。他仔细打听北方青年抗日运动的情况,我尽我所知的告诉了他。他听了非常兴奋,特别是'一二·九'的情况他听后两眼发光,就像亲身投入这巨大的游行行列里一样。""我们的话谈得很相投。韬奋先生告诉我生活书店是白手起家的。他说:'生活书店为什么会越来越大呢?这就得"感谢"国民党了,我们才出几期,他就要我们停刊。但是广大读者是支持我们的,一订就是一年。知道《生活》被国民党逼迫停刊,都来信说:"不要你们退款。订《生活》的款子就捐给你们了,连封感谢信都不要你们破费,你们什么时候重新出,我们什么时候再寄钱向你们重新订!"这样,生活书店就越来越大了。所以,生活书店应该是属于人民的!'我不由地环顾一下这座小楼,顿时就觉得高大起来,就连当时上海最高的建筑——国际饭店也无法比拟。""韬奋先生和他所开创的《生活》为什么在全国人民中有着这么广泛的吸引力,就因为他代表了人民的力量,说出了人民要说的话,成了人民要求抗战的代言人,因为他生活在人民中间,人民便支持他。"(端木蕻良《生活的火花》,收入《化为桃林》第186—188页)

12月14日 《华北的新行政机关》、《海军会议和远东》(以上两篇未署名)、《〈电影艺术的分工合作〉附言》(署名编者)、《高考落第的悲剧》(未署名)、《有闲》(以上两篇收入《大众集》),载《大众生活》第1卷第5期。(全集第6卷第304—305页、

306—307 页、307—309 页、507—508 页、540—541 页）

《华北的新行政机关》摘要：

"我们初看所谓'三个基本原则'，似乎是还算堂皇冠冕，但看到日本军部和在中国的'日本军事当局'那样兴高采烈似的，在我们民众却捏着一把汗！我们尤其觉得可痛的是有些人已认为这是中国外交的胜利，认为是'安定华北现局方策'，大有欣然安慰的情绪！苟安的心理又在萌芽了！我们要仔细想想，自九一八以后，屡次的妥协，屡次的迁就，一次又一次的'协定'，那一次认为妥协的段落是可以告一段落？那一次一个段落的告终不只是再一次段落的开始？东北似乎告一段落了，华北的段落开始；'战区'似乎告一段落了，'活见鬼的自治运动'的段落开始；现在'新行政机关'又有人看作一个段落。但拭目看着另一段落的开始吧！中国经得几个'段落'呢？这是我们不该忘却的现实的教训啊！"（全集第 6 卷第 305 页）

《高考落第的悲剧》摘要：

"投考落地的不止两个青年，落地而想寻短见或气得生病的，想也不止这两个青年，上面的新闻不过是偶尔泄露，这种简略新闻的后面实伏有不少的惨象。""就原则上，我们当然也可以说演着高考落第悲剧的青年在人生观上患着很大的错误，因为人生对于社会对于民族乃至对于世界人类，都有着更大的目标，怎么为着区区的考试落第便寻短见，或气得要死？""我们一方面虽不赞成这样的轻生行为，一方面却也不可忘却生计压迫的惨酷，容易使人轻生，使人没有法子活下去！这是很严重的社会问题。"（全集第 6 卷第 507—508 页）

《有闲》摘要：

"讲到'有闲'的本身，却是一种极可宝贵的东西。记者在苏联视察所得的观感，一方面觉得他们大众参加新社会建设工作的努力和紧张，一方面却也觉得他们大众获得享受正当娱乐的闲暇。""这不是'游手好闲'的闲，却是于努力工作之后的闲，却是共劳共享的社会里的大众的闲。"（全集第 6 卷第 540—541 页）

12 月 15 日　公葬和追悼戈公振先生大会在市第一公墓举行，参加吊唁者二百余人。韬奋为主祭者之一。（洪惟杰《戈公振年谱》第 106 页、108 页）

12 月 16 日　《萍踪忆语（七）金圆帝国的前途》，载《世界知识》第 3 卷第 7 号，收入《萍踪忆语》，"帝国"改"王国"。（全集第 7 卷第 338—345 页）

《萍踪忆语（七）金圆王国的前途》摘要：

"美国的前途怎样？劳工运动的怒涛一天一天地在继长增高着，没落中的资本主义者是否能起来作最后的挣扎，挽救没落中的资本主义，对劳工的组织作尽量的压迫,利用国家的机构以求保存日暮途穷中的资本主义制度? 倘若是这样,那是有一个时期必然要走上法西斯的路。即使法西斯的运动不能在短时期内抬头,而劳动阶层的抬头的客观条件还未成熟,那末资产阶层还要利用他们的资本主义的组织向外争夺市场,对远东和南美都必须作进一步的掠夺,以维持他们的残喘。倘若他们的劳工运动在政治经济上的领导工作有飞跃的进展,那又是另一种局面了。"(全集第 7 卷第 345 页)

12 月 21 日 《学生救亡运动》(未署名,收入《大众集》)、《柴纳门》(收入《大众集》,"柴纳门"改"材纳门"),载《大众生活》第 1 卷第 6 期。(全集第 6 卷第 508—511 页、541—543 页)

《学生救亡运动》摘要:

"北平各大学和中学的数千学生,鉴于亡国惨祸的危迫,于本月九日举行请愿和示威游行,在军警严厉威胁之下,全天在寒风凛冽饥渴交困中冒险进行,虽经水龙冲击,皮鞭乱打,大刀乱挥,不能阻挡他们的大无畏的牺牲精神。本月十六日北平学生五千余人又作更英勇壮烈的示威运动,军警用武力压迫,手枪乱放,大刀直冲,学生仍然从容镇静,受伤被捕的数十人。这至少使全世界知道中国大众并不是甘心做奴隶;至少使全世界知道投降屈辱,毫不知耻,并不是出于中国大众的意思。这是中国民族解放斗争的序幕,这是中国大众为民族争生存不怕任何牺牲的先声! 我们在民族解放斗争大旗的下面,满腔热诚,万分悲愤,遥对北方,向参加救亡运动的男女同胞们致最恳挚的革命敬礼!""我们觉得这个运动的最大的意义是:久在高度压迫下的郁积苦闷悲痛愤怒的全国大众对于民族解放的斗争情绪,好像久被抑制的火山,在这里迸裂喷放怒号一下。换句话说,这决不是仅仅北平一个地方,仅仅北平数千的热血青年对于国事的态度,这个运动实在是足以代表全国大众对于救亡的坚决的意志,实在是全国大众对于救亡的坚决的意志之一种强有力的表现。""参加救亡运动的男女青年同胞们! 你们的呼号声,是全国大众心坎里所要大声疾呼的呼号声! 你们的愤怒的表现,是全国大众所要表现的愤怒! 你们紧挽着臂膊冲过大刀枪刺的英勇行为,是全国大众所要洒热血抛头颅为民族解放牺牲一切的象征。记者为着民族解放的前途,要对你们这先锋队顶礼膜拜,致最诚挚的无上敬礼!""民众运动在民族解放斗争中占着非常重要的位置,学生救亡运动却在民众运动中占着一个很重要的部分。尤其是在民众运动消沉的时候,学生救亡运动是大范围的民众运动的酵母,是大范围的民众运动的先驱,它的重要是在全国大众的全盘努力里面有着一种非常有意义的推动功用。"

"凡是确以民族解放斗争为前提的人们，对于学生救亡运动不应该作无理性的轻视的消极批评，只有共同擎起民族解放斗争的大旗以血诚拥护学生救亡运动，推动全国大众的全盘的努力奋斗！""做学生的当然希望能够'安心向学'，我们当然也希望学生能够'安心向学'。但是今天失一地，明天去一省，今天这里'自治'，明天那里'进犯'；'友邦'的军队横行示威，'友邦'的军用飞机轧轧头上；汉奸得到实际的保障，爱国青年却受着无理的摧残！这样实际的客观环境怎样能使青年'安心'？""我们对于参加这个运动的青年同胞们也有三点贡献：第一点是：对象要看得清楚。我们的对象是全民族解放的积极斗争，并不是仅限于枝枝节节的一个局部或一件事情的问题。在北平发动的学生救亡运动提出的最注重的一点是'反对所谓自治运动'，这只是就当地实际情形提出的一个具体要求，同时却要注意变相的奉送华北，尤不可忘却整个民族解放的大目标。""第二点是：只有有目标有策略的集团组织才有伟大的持久的力量。学生救亡运动的力量也在集团的一致的努力奋斗，所以须有全国有系统的巩固的学生组织。个人固然没有力量，一个学校的力量也很薄弱，所以不但一个地方的各校须有联络，全国各地各校也须有联络，而且同时对于社会其他力量也要发生联系。""第三点是：要有排除万难不怕艰苦的精神。现在环境的艰苦，远非五四时代所能比，种种障碍之易于令人却步灰心的不可胜数，我们当准备遇着这种种的障碍，无所用其惊奇，无所用其畏缩，步步为营，设法应付，而不可被这种种障碍所克服。"（全集第 6 卷第 508—511 页）

12 月 24 日　黄炎培与李一平、郑西谷、洪膺仁、邹韬奋、毕云程等共进午餐。
（《黄炎培日记》）

12 月 27 日　下午三时，上海文化界救国会假西藏路宁波同乡会召开成立大会，到会人数达三百余人，通过大会章程，选出马相伯、沈钧儒、邹韬奋、章乃器、陶行知、李公朴、王造时、史良、江问渔、沈兹九、顾名、胡愈之、谢六逸、夏丐尊、金仲华、欧阳予倩等三十五人为执行委员。大会发表了《民族解放运动的呼声——上海文化界第二次救国运动宣言》，提出停止内战、开放民众组织、保护爱国运动、建立民族统一战线和释放一切政治犯等政治主张。（陆诒《抗战前夕的救国会》，收入《文史杂忆》上海文史资料选辑第 75 辑第 131 页，沙千里《漫话救国会》第 7 页）

《民族解放运动的呼声——上海文化界救国会第二次宣言》摘要：

"在当前严重的危机下，全国大众已超过了忍耐的限度，目下全国学生的爱国救亡的高潮，明显的是全国大众一致奋起救亡图存的先导。这一爱国运动正在开展中，钢铁般的民族阵线，将由全国大众自动建立起来，形成不可侮的巨力。可惜,我们的政府未见及此,爱国运动在在被军警摧残;""所以,我们现在要先组织自己,用集团的力量,来担负我们时代的任务。""在总的救亡的主张上,我们更具体地提出:""根本改变目前外交政策,公布过去的外交经过;""开放民众组织,保护爱国运动,迅速建立起民族统一阵线;""停止一切内战;""武装全国民众;""释放一切政治犯"等八项救国主张,并要求国民党政府马上执行以下四点:"严惩各地摧残救国运动的负责长官;""取消对爱国运动的戒严令;""撤废新闻检查制度,开放新闻封锁;""释放被捕爱国学生及市民,并保证以后不得再有同样事件发生。"对全国的文化界工作者提出五项要求。这些主张和要求针对国民党政府的反动的卖国政策,受到上海和全国各地的爱国同胞的一致赞同,为国民党反动派所仇恨。(1936年1月11日《大众生活》第1卷第9期第231页)

12月28日 《再接再厉的学生救亡运动》(未署名)、《我们的》(以上两篇收入《大众集》)、《阿国坚强抗敌下的英国政潮》(未署名)、《〈我的御侮经验与认识〉按》,载《大众生活》第1卷第7期。(全集第6卷第512—514页、543—545页、310—312页、312—314页)

《再接再厉的学生救亡运动》摘要:

"我们大声疾呼奉告全国的人们,学生运动的前途怎样,便是整个民族的前途怎样!凡是不愿自己和子子孙孙做亡国奴的人们,都应该督促各界组织起来,结成'联合战线',和学生运动联系起来,分工合作,发动民族解放的战争,抢救这个垂危的国家。""有些人一再发挥知识的重要,力劝学生'埋头'到课堂去。我们以为求知识不在读死书,不在'洋八股',更不在养成'顺民'式的教育;在民族这样危险万状的时候,知识须和民族的解放斗争联系起来,在实际行动和实践中才有真知识可以求得。""还有些人想出消灭学生救亡运动的妙法,那便是甚嚣尘上的提前放假,使学生'埋头分散',让有些人更可安然地'埋头卖国'!我们以为在国家这样危险的时候,青年更要聚拢来加倍努力工作,不但不应该提前放假,而且要取消放假。无论研究国事,讨论策略,临机应变,进行其他救亡运动的工作,都有保存集团的必要;而且也只有集团才有力量,分散开的个人就只有眼巴巴地望着'埋头卖国'的肆无忌惮!""在学生本身的组织里面,也须注意'联合战线'原则的运用,由此整饬自己的阵容。一方面须以群众的(即大多数同学的)制裁力,制裁害群之马,消灭他们的破坏阴谋;一方面当以诚恳的态度说服大多数的已有觉悟而仍不免中立或踌躇的分子,也来积极参加,在民族解放运动的大目标下,扩大并巩固'联合战线'。""在思想上尽管不无参差,而在努力于民族解放的大目标下,只须能在这一点上面有共同点,其他无须苛求,尽可根据这一个在目前阶段最为重要的共同点,结成'联合战线',共同努力。在已有觉悟而仍不免中立或踌躇的分子,也应当知道不加入'联合战线'共同努力,即无异替反动方面增加力量,也就无异于做了汉奸,做了民族的罪人!"（全集第 6 卷第 513—514 页）

《我们的》摘要:

"国家主义和爱国是两件事。""近代的国家主义是民族资产阶层利用国家这个机构来和别的民族资产阶层来竞争市场和利润的,结果是要走上帝国主义的一条路（殖民地和半殖民地,由种种原因而民族资产阶层无法抬头,虽欲走上这条路而不可能,这是另一问题,这里不赘述了）,和爱国是截然两件事情。至于苏联的人民把苏联看作'我们的'国家,那也不足怪,因为他们的国家的确是为大众谋福利的属于大众的国家,大众把她看为'我们的',这不是很当然的吗? 在帝俄时代,那时他们决不会说那是'我们的',因为那时的俄国只是俄皇、贵族、僧侣、地主和资本家的少数特权阶层的国家,大众就只有做变相的奴隶的份儿,他们当然不能把那时的国家看作'我们的'。他们在革命后,使少数人的国家一变而为大众自己的国家,这诚然是一件可以自豪的事情,因为这是为人类历史开了一个新纪元,这是人类真正历史的开始!""当然,这里所谓'我们的',并不是从个人的立场做出发点的说法。从个人做出发点的说法,便含有自私的意味,便含有个人据为一己所有而不顾公益的意味;这里所谓'我们的',是指大众而言,是指和少数特权的剥削阶层相反的大众而言,是含有社会化的重要意义,是含有劳苦阶层的集体的重要意义。""倘若一个国家还不为大众所有,那末事事都和大众的意志或利益立于冲突或敌对的地位,甚至你要爱国不许爱,要救国不许救。在这样境地的大众并不是无须爱国救国,却是一方面要不许少数的汉奸卖国,同时要努力使国家成为真是大众的国家,成为'我们的'!"（全集第 6 卷第 544—545 页）

《阿国坚强抗敌下的英国政潮》摘要:

"帝国主义者的利益终是立于一条战线,对于被压迫民族的利益终究是立于不相容的地位;只要他们自己的利益,他们对于被压迫民族的分赃说得拢,被压迫民族受到任何牺牲,都是他们所不顾的。所以民族解放的斗争虽可利用帝国主义间的矛盾,但是必须在自己已有了斗争的决心和行动之后;倘若只不过想等这个来帮助,那个来帮助,这样的倚赖劣根性是只有加速度地走上灭亡的道路。""最重要的一点,那就是阿国自身始终能坚强抗敌,决不苟安,决不

畏缩，决不屈伏，决不投降。"（全集第 6 卷第 311 页）

同日 《致戈宝权之二》，收入《韬奋手迹》第 20—22 页。（全集第 6 卷第 309—310 页）

《致戈宝权之二》摘要：

"令叔公振兄逝世，出乎意外，伤痛无极。关于 令叔逝世情形，弟曾于《世界知识》中有一文叙述，谅 兄已看到，兹不赘述。关于编行遗著方面，弟已为搜集近年来散于各杂志之文字，编成《从东北到庶联》一书，已出版，除在安葬日，已由生活书店赠送三百本，以作纪念，此后书店方面允以百分之二十之最优待版税，给予承嗣人。关于其他遗著，当俟 兄整理后，当为设法付印。书店方面对此事当始终协助也。""吾 兄笃实好学，必能承继 令叔遗志，为社会努力，弟实有厚望焉。""弟最近努力办《大众生活》周刊，不知吾 兄已见到否，深盼 兄担任驻俄特约通讯，多多 赐稿，同时亦可藉此与国内文化界有相当之接触也。关于内容方面， 兄如看到本刊，必知梗概。（弟偶想到苏联最近对于婚姻律颇有改变，倘有材料，亦是一篇好通讯，此外关于一般人民之经济及文化方面，倘有新材料，均切注意。）"（全集第 6 卷第 309—310 页）

同日 向实业部商号注册资本十五万元，领有执照设字第八七六号。（全集第 9 卷第 743 页）

1936 年(民国二十五年)　42 岁

5 月　国民政府公布《中华民国宪法草案》("五五宪草")。

5 月　全国各界救国联合会在上海召开成立大会。

10 月　中国工农红军第一、二、四方面军在甘肃会宁会师,长征结束。

11 月　国民政府下令逮捕救国会领导人沈钧儒、章乃器、邹韬奋、李公朴、王造时、沙千里、史良,史称"七君子事件"。

12 月　张学良、杨虎城发动"西安事变"。

1月1日　《萍踪忆语(八)美国劳工运动的大势》,载《世界知识》第 3 卷第 8 号,收入《萍踪忆语》,1937 年 5 月生活书店上海版。(全集第 7 卷第 345—352 页)

《萍踪忆语(八)美国劳工运动的大势》摘要:

"由于前进的组织对于劳工运动的努力,又因为世界经济恐慌发生以后,'大亨'为着要保持他们所得的利润,对于劳工的待遇一天苛刻一天,以前受着麻醉的工人也渐渐觉悟了,于是其中比较有奋斗精神的工人便利用原有的'公司组织'的机构,同时受着前进组织的指导和种种协助,居然要实行他们的从前等于虚设的'代表权'了。'大亨'当然不答应他们对于工作待遇改善的要求,这样的失望便使他们感觉到有自己组织工会的必要。因为只有自己组织的工会,才能用斗争的方法来求得工人的利益,才能用集团的力量来实行集团的交涉,他们在事实上感到这样的迫切需要时,便要英勇地用全体罢工等等手段来奋斗了。结果便产生真能代表他们自己利益的工会,而'御用工会'便自然立不住了。现在的趋势是'御用工会'一天一天地退却,确能代表工人自己利益的工会一天一天地增多。这种藉实际的斗争,来暴露'御用工会'的真相和欺骗的行为,他们称这方法为'由内拆穿'("boring from within")。他们并不是开始就另外组织一个工会,却是利用原有的工会——虽则是'公司工会'——来斗争,用实际的斗争来打碎这虚伪的组织,用实际的斗争来暴露这虚伪的组织给一般工友看,再由实际的斗争中产生真能为劳工谋利益的组织。"(全集第 7 卷第 350 页)

1月4日 《学生救亡运动与民族解放联合战线》(未署名,收入《大众集》)《阿国提出的五项和议条件》(未署名)、《躲》(收入《大众集》),载《大众生活》第1卷第8期。(全集第6卷第514—516页、317—318页、545—547页)

《学生救亡运动与民族解放联合战线》摘要:

"自从这个运动开始以来,我们细察它的经过,觉得至少有三个优点值得我们的特别敬佩。""第一是各次运动都是在极艰难的环境中发动,但英勇坚决的行动始终不因环境的艰难而畏缩。""第二是在各次运动进行中的耐苦的精神英勇发动之后,还能继续以耐苦的坚持,饥饿,风雪,失眠,以及种种的阻碍困苦,都不能阻碍青年斗士的苦斗精神。""第三是组织能力的进步。""指出这三个优点,一方面表示无限的佩慰,一方面并诚恳地希望学生救亡运动的斗士们能保持所有的优点,继续努力'联合国内力量',为民族解放斗争作更伟大更持久的贡献。""还有两个缺憾也可以指出:一是有些地方,组织还未能健全,尤其是患着不能统一的毛病","其次是工作的推广。一方面巩固内部组织,一方面关于宣传和推动的工作,应注意范围的扩大,和社会上各种救国力量有更密切的联系。""现在的问题是怎样抢救这垂危的国家? 是可用无限制的屈服来抢救呢,还是应全国大众在民族解放的大目标下团结起来斗争? 倘若前者是对的,那末我们所需要的是'联合降线';倘若后者是对的,那末我们所需要的是'联合战线'。我们的主张是后者,所以我们认为应用全力赞助学生救亡运动,促成民族解放的联合战线。全国学生在民族解放斗争的大目标下,结成学生的联合战线;全国人民也在民族解放斗争的大目标下,响应学生救亡运动而结成全国救亡的联合战线。必须有这样整个的斗争力量,向着这个明确的大目标携手迈进,才能拯救这个危亡的国家,才能自拔于奴隶的惨祸。我们尤其要认识清楚的,我们要的是'联合战线',不是'联合降线'!"(全集第6卷第515—516页)

《阿国提出的五项和议条件》摘要:

"被帝国主义侵略的阿比西尼亚全国团结抗战的英勇,已震动了全世界! 以使全世界知道被压迫的民族并非都是恬不知耻俯首帖耳任人宰割的!""我们不要空羡慕阿国为什么敢提出这样堂皇条件的勇气,却要明了阿国为什么敢提出这样堂皇的条件! 因为他们采用的政策是'联合战线'而不是'联合降线'啊!"(全集第6卷第317—318页)

《躲》摘要:

"由东北'躲'到华北,由华北'躲'到华南,由华南再'躲'到何处去呢? 况且不是人人可由东北'躲'到华北以及华南吗？在奴隶的国家(?)就只有做奴隶的份儿，谁也无法'躲'，谁也无处'躲'！你真要'躲'吗？唯一可能的方法只有根本把无限屈伏恬不知耻的国家(?)一变而为英勇斗争力图雪耻的国家。"

（全集第 6 卷第 546—547 页）

1 月 8 日 舒新城近期想到中华书局编辑所所长继任人，于是日下午三时，赴生活书店访韬奋。（《舒新城日记》，《出版史料》1987 年第 2 期）

《舒新城日记》摘要：

"三时访邹韬奋于生活书店。与彼相识十余年。前年彼去国，去年八月归，尚未与一晤。近来想编辑所长继任人，就各方面看来，彼甚适宜，盖彼办《生活》周刊十余年，事业日有发展，近来生活书店更有进步。前数年彼拟办《生活日报》，伯鸿拟为帮忙，后以招股未成而终止，但对伯鸿甚为感激。其才干可于《生活》周刊中见之，其操守可于《生活日报》未成而将股款一一退还见之，其学识可于著作中见之。故早决定相访，先请为总经理秘书，俟其各方事务熟悉后，再调编辑所长。相见之下，彼现任《大众生活》周刊编辑，月薪二百五十元，负担甚重（父与弟须百元），生活甚苦。泛谈新闻事，而隐漏其入局之意。彼赠以近著《萍踪寄语》三集一册。""夜间想到邹在才干外尚有两问题，第一思想似乎稍左，第二对现政府之颇不满。尚待与伯鸿详细研究也。"（原编者注：舒新城[1893—1960]，我国著名教育家、出版家。1930 年任中华书局编辑所所长。）

（《出版史料》1987 年第 2 期）

1 月 11 日 陈希豪自美欧归来，黄炎培作东，邹韬奋、杨卫玉同餐。（《黄炎培日记》）

同日 《喧传中的中日会议》、《美国学联会拥护中阿御侮》、《埃及学生示威怒潮复发》（以上三篇未署名，收入《大众集》）、《群》（收入《大众集》），载《大众生活》第 1 卷第 9 期。（全集第 6 卷第 517—518 页、518—519 页、520—521 页、547—548 页）

《喧传中的中日会议》摘要：

"在'无限制的退让'的局面下，要想能在这样的会议中从民族利益的立场说话，根本是不可能的。说'现在空气渐形好转'吗？这真不知从何说起！东北的伪组织不够，加上冀东的伪组织；冀东的伪组织不够，最近察东六县又全部陷落了。""在对方继续不断地进攻中，造成他们所谓'既成事实'，我们能在'樽俎之间'推翻他们有一贯政策所造成的'既成事实'吗？还是他们可藉着这个会议不但得到对于'既成事实'的正式追认，而且更根据'三原则'来'使全中国皆成为在一有利于日方的统治之下'？这是全中国人民的生死问题，不能漠

视,不能丝毫放松的!"(全集第6卷第518页)

《美国学联会拥护中阿御侮》摘要:

"有一点却值得我们的特别注意,那就是自从苏联革命成功和世界经济恐慌发生以后,一方面被压迫民族的解放斗争弥漫世界,一方面各国大众对于少数特权阶级剥削踩躏殖民地的暴行的罪恶,觉悟的也天天加多。这是因为被压迫民族因事实的显示,知道能斗争自救的民族必有抬头的可能,资本主义国家本身的矛盾到了现在实在是日益尖锐化,并不像极盛时代的巩固了;而各帝国主义内的大众,因经济恐慌尖锐化后,少数特权阶级的剥削也随着尖锐化,对于殖民地的威胁掠夺也随着加紧起来,为的都是这少数特权阶级的利益,和他们大众不但不相干,而且反而是少数人藉以延展他们自己的统治权,也就是间接延展他们对于国内大众的压迫。"(全集第6卷第519页)

《群》摘要:

"一个人的思想言语行动,你如果仅从他个人的观点看去,往往得不到彻底明确的了解,因为任何人的思想言语行动都受着他所属的那个群的影响,或受着他所效劳的那个群的影响。""资产者群为着资产者群的利益而挣扎,劳苦者群为着劳苦者群的利益而斗争,这在各群里面的人看来,各都觉得自己是对的。在为资产者群供奔走的鹰犬,在劳苦者群看来是该死的家伙,而在他的本群的人看来,却是不折不扣的忠臣! 这样看来,抽象地说这个人怎样勤奋,那个人怎样能干,乃至怎样忠实,都做不得标准。因为先要问他所效劳的是那一群? 他所关心的是那一群的利益? 效劳于剥削者群的人愈勤奋,愈能干,愈忠实,在被剥削者群方面却视之为更大的敌人。"(全集第6卷第547—548页)

同日 上海文化界救国会发表宣言,提出停止一切内战,对敌经济绝交,释放一切政治犯等12项要求。

1月12日 为研究韬奋的思想,舒新城去生活书店订《大众生活》杂志一年。(《出版史料》1987年第2期)

1月15日 晚上,黄炎培偕邹韬奋招待陈彬龢、李公朴会餐。(《黄炎培日记》)

1月16日 《我的母亲》(1月10日深夜作),载《妇女生活》第2卷第1期,收入《经历》附录。1937年4月生活书店上海版。(全集第7卷第286—290页)

《我的母亲》摘要:

"说起我的母亲,我只知道她是'浙江海宁查氏',至今不知道她有什么名字!""我的母亲,我听见她的娘家的人们叫她做'十六小姐',男家大家族里的人们叫她做'十四少奶',后来我的父亲做了官,人们便叫她做'太太',她始终

没有用她自己名字的机会！""这种情形也可以暗示妇女在封建社会里所处的
地位。""我的母亲在我十三岁的时候就去世了。""我们母子两人在实际上相聚
的时候只有十一年零九个月。""对于母亲的零星追忆，只是这十一年里的前尘
影事。""大约在两三岁的时候。我记得有一天夜里，我独自一人睡在床上，由
梦里醒来，朦胧中睁开眼睛，模糊中看见由垂着的帐门射进来的微微的灯光。
在这微微的灯光里瞥见一个青年妇人拉开帐门，微笑着把我抱起来。""她把我
负在她的背上，跑到一个灯光灿烂人影憧憧往来的大客厅里，走来走去'巡阅'
着。大概是元宵吧，这大客厅里除有不少成人谈笑着外，有二三十个孩童提着
各色各样的纸灯，里面燃着蜡烛，三五成群地跑着玩。我此时伏在母亲的背
上，半醒半睡似的微张着眼看这个，望那个。""父亲有十来个弟兄，有好几个都
结了婚，所以这大家族里有着这么多的孩子。母亲也做了这大家庭里的一分
子。她十五岁就出嫁，十六岁那年养我，这个时候才十七八岁。""我生平所见
过的女子，我的母亲是最美的一个，就是当时伏在母亲背上的我，也能觉到在
那个大客厅里许多妇女里面，没有一个及得到母亲的可爱。""后来祖父年老告
退，父亲自己带着家眷在福州做候补官。我当时大概有了五六岁，比我小两岁
的二弟已生了。""'做官'似乎怪好听，但是当时父亲赤手空拳出来做官，家里
一贫如洗。我还记得，父亲一天到晚不在家里，大概是到'官场'里'应酬'去
了，家里没有米下锅；妹仔替我们到附近施米给穷人的一个大庙里去领'仓
米'，要先在庙前人山人海里面拥挤着领到竹签，然后拿着竹签再从挤得水泄
不通的人群中，带着粗布袋挤到里面去领米；母亲在家里横抱着哭涕着的二弟
踱来踱去，我在旁坐在一只小椅上呆呆地望着母亲，当时不知道这就是穷的景
象，只诧异母亲的脸何以那样苍白，她那样静寂无语地好像有着满腔无处诉
的心事。""母亲喜欢看小说，那些旧小说，她常常把所看的内容讲给妹仔听。
她讲得娓娓动听，妹仔听着忽而笑容满面，忽而愁眉双锁。章回的长篇小说一
下子讲不完，妹仔就很不耐地等着母亲再看下去，看后再讲给她听。往往讲到
孤女患难，或义妇含冤的凄惨的情形，她两人便都热泪盈眶，泪珠尽往颊上涌
流着。那时的我立在旁边瞧着，莫名其妙，心里不明白她们为什么那样无缘无
故地挥泪痛哭一顿，和在上面看到穷的景象一样地不明白其所以然。""我六岁
的时候，由父亲自己为我'发蒙'，读的是《三字经》，第一天上的课是'人之初，
性本善；性相近，习相远。'一点儿莫名其妙！一个人坐在一个小客厅的坑床上
'朗诵'了半天，苦不堪言！母亲觉得非请一位'西席'老夫子，总教不好，所以
家里虽一贫如洗，情愿节衣缩食，把省下的钱请一位老夫子。""我到十岁的时

候,读的是'孟子见梁惠王',教师的每月束修已加到十二元,算增加了三倍。到年底的时候,父亲要'清算'我平日的功课,在夜里亲自听我背书,很严厉,桌上放着一根两指阔的竹板。我的背向着他立着背书,背不出的时候,他提一个字,就叫我回转身来把手掌展放在桌上,他拿起这根竹板很重地打下来。我吃了这一下苦头,痛得血肉的身体所无法避免的感觉,当然失声地哭了,但是还要忍住哭,回过身去再背。不幸又有一处中断,背不下去,经他再提一字,再打一下。呜呜咽咽地背着那位前世冤家的'见梁惠王'的'孟子'! 我自己呜咽着背,同时听得见坐在旁边缝纫着的母亲也唏唏嘘嘘地泪如泉涌地哭着。我心里知道她见我被打,她也觉得好像刺心的痛苦,和我表着十二分的同情,但她却时时从呜咽着的断断续续的声音里勉强说着'打得好'! 她的饮泣吞声,为的是爱她的儿子;勉强硬着头皮说声'打得好',为的是希望她的儿子上进。由现在看来,这样的教育方法真是野蛮之至! 但是我不敢怪我的母亲,因为那个时候就只有这样野蛮的教育法;如今想起母亲见我被打,陪我一同哭,那样的母爱,仍然使我感念着我的慈爱的母亲。""母亲含着泪抱我上床,轻轻把被窝盖上,向我额上吻了几吻。""当我八岁的时候,二弟六岁,还有一个妹妹三岁。三个人的衣服鞋袜,没有一件不是母亲自己做的。她还时常收到一些外面的女红来做,所以很忙。""有一个夏天的深夜,我忽然从睡梦中醒了起来","从帐里望得见母亲独自一人在灯下做鞋底,我心里又想起母亲的劳苦,辗转反侧睡不着,很想起来陪陪母亲。""小孩子深夜不好好的睡,是要受到大人的责备的,就说是要起来陪陪母亲,一定也要被申斥几句,万不会被准许的(这至少是当时我的心理),于是想出一个借口来试试看,便叫声母亲,说太热睡不着,要起来坐一会儿。出乎我意料之外的,母亲居然许我起来坐在她的身边。我眼巴巴地望着她额上的汗珠往下流,手上一针不停地做着布鞋——做给我穿的。这时万籁俱寂,只听到滴搭的钟声,和可以微闻得到的母亲的呼吸。我心里暗自想念着,为着我要穿鞋,累母亲深夜工作不休,心上感到说不出的歉疚,又感到坐着陪陪母亲,似乎可以减轻些心里的不安成分。""才坐了一会儿,又被母亲赶上床去睡觉,她说小孩子不好好的睡,起来干什么! 现在我的母亲不在了,她始终不知道她这个小儿子心里有过这样的一段不敢说出的心理状态。""母亲死的时候才廿九岁,留下了三男三女。在临终的那一夜,她神志非常清楚,忍泪叫着一个一个子女嘱咐一番。她临去最舍不得的就是她这一群的子女。""我的母亲只是一个平凡的母亲,但是我觉得她的可爱的性格,她的努力的精神,她的能干的才具,都埋没在封建社会的一个家族里,都葬送在没有什么意义的事务上,否则她一定可以成为社会上一个更有贡献的分子。我也觉得,像我的母亲这样被埋没葬送掉的女子不知有多少!"(全集第 7 卷第 286—290 页)

同日　《萍踪忆语(九)美国的失业救济》,载《世界知识》第 3 卷第 9 号,收入《萍踪忆语》。1937 年 5 月生活书店上海版。(全集第 7 卷第 352—359 页)

《萍踪忆语(九)美国的失业救济》摘要:

"失业原是资本主义的必然的副产物。在美国就是在华尔街最繁荣的时代,据最低的估计,至少也有两百万的失业者。那个时候,因受着资本主义宣传的麻醉,大多数的工人还相信个人因失业而遭受的窘境,全是由个人的不勤于工作,或至少是由于个人的倒霉,绝对想不到这凄惨的现象后面,实伏有社会制度的大缺憾。""直至一九三三年的五月,美国中央政府才第一次被迫实行失业救济计划。""俗语说羊毛出在羊身上,资本主义对于失业的救济,总是把负担加在一般大众的身上,他们自己还是一毛不拔的。""就是这'羊毛出在羊身上'的一些半饥饿的救济,比之资产阶层的利润,以及上面所已说过的,劳工方面因工资减少或因失业而受到的巨大损失,固然已令人感到相差那样远,但是仅仅这些,如果认为是'大亨'牵线的统治阶层自动地拿出来,那还是很大的错误,因为就是这一些的获得,也是出于斗争的结果。"(全集第 7 卷第 352—355 页)

1 月 18 日　《纷至沓来的问题与事件》、《阿国自卫战争的近势》、《非常时的寒假》(以上三篇未署名)、《"社会的成分"》(收入《大众集》)、《寒假期内研究工作——导言》、《〈大众生活〉第 1 卷第 10 期编后的话》,载《大众生活》第 1 卷第 10 期。(全集第 6 卷第 318—320 页、320—321 页、322 页、549—550 页、323 页、323—324 页)

《纷至沓来的问题与事件》摘要:

"在我们当前的极危迫的问题,就是整个中国的存亡问题:我们如被所谓'华北问题'所迷乱,把华北看作和整个中国不相干的华北,一方面忘却了整个中国问题的严重性,同时也忽略了华北危亡在整个中国前途危机中的严重性。""近来在所谓'华北问题'里面又'零拆'为所谓冀东问题,察北问题,塘沽事件,朝阳事件等等。关于这某一问题或事件,都闹着越'折冲'而越'扩大'!""这许多'问题'和'事件'已使中国官吏疲于奔命,应接不暇,其实和整个的中国御侮问题是联系着的,欲求单独得到圆满解决是不可能的。""半殖民地真要避免'问题'和'事件'吗? 根本的方法是英勇御侮的阿国所提出的第一个条件:敌军全数撤退出境!"(全集第 6 卷第 318—320 页)

《阿国自卫战争的近势》摘要:

"在现代的新形势之下,被压迫的民族解放斗争和掠夺殖民地的帝国主义者的战争,比在旧形势之下的情形不同了;被压迫民族死里求生的万众一心的战线,在事实上可与矛盾百出外强中干的帝国主义者抗斗,阿国英勇抗敌屡获胜利的当前事实,是谁也无法否认的铁证。"(全集第6卷第320页)

《非常时的寒假》摘要:

"有人看见学生救亡运动的风起云涌,集体的力量是很大的,他们感觉到没有办法,便纷纷提倡放假,认为只要放了假,紧张的学生闲适起来了,工作的学生休息起来了,玩起来了;这样一来,学生救亡运动不是可以很自然地停止吗?""在中国的大人先生们尽管只要留着虚名,什么都可不在乎,什么实权都可奉送,但在对方却志在名实同归,步步紧逼着来。我们民众随时都有亲尝名实同归的亡国惨祸的可能。""我们以为在这非常时的寒假期间,不但不能放松,而且比平时还要格外努力于组织工作,宣传工作,联系工作。"(全集第6卷第322页)

《"社会的成分"》摘要:

"'小资产阶层'最易动摇,最易反叛革命,只有完全克服了'小资产阶层'的自己意识,在大众领导之下,以大众的意识为意识的'知识分子',才能有贡献于大众的革命。这样看来,有人凭空说社会革命是要打倒'知识分子',实在是一个很大的误解。应被打倒的是反大众的,妨碍革命的,做反动走狗的'知识分子',不是忠实地热烈地加入大众领导之下来努力工作的脑力劳动者。"

(全集第6卷第550页)

《寒假期内研究工作——导言》摘要:

"在我们的民族到了这样万分急迫艰危的时候,每一个人的聪明才力,乃至全生命都要集中于民族解放的大目标上奋勇迈进!""我以为我们所以在万分艰苦中还要注意到'研究工作',这'工作'不应该'为研究而研究',也应该从这个同一立场出发,把研究和实践联系起来,使实践——集中于民族解放的实践——因研究而愈益坚决,愈益猛进,愈益有效率。"(全集第6卷第323页)

《大众生活》第1卷第10期编后的话》摘要:

"在民族遭受空前迫害的非常时期,我们不但要起来驳斥'读书救国'的亡国调,同时也要反对'读书救国并重'的折衷理论,可是,这却又不是说立刻把所有的书本毁掉,停止日常的文化工作。救亡诚然已成了一切文化运动的骨干,但大众并不因为参加救亡的斗争就放弃了争取文化权的活动。各部门的日常文化工作事实上是必须跟救亡运动融成一片的。在目前,推荐有价值的新书,排斥各种有毒质的出版物,以及展开各种理论上观念上的斗争,依然是文化人所必须进行的日常工作之一。救亡战士们在万分紧急的当儿,必须暂时丢下书本,但也不是说从此就永不跟书本亲近,他们有时必须借助书本来充实自己。"(全集第6卷第323—324页)

1月中下旬　韬奋的爱国行动引起国民党的注意和恐慌,派出特务头子刘健群、张道藩找韬奋谈话,以死相恫吓;又派出杜月笙胁迫韬奋去南京,在蒋介石身边做"陈布雷第二",以高官厚禄诱之。韬奋置生死于度外不为所动。"南京方面派了两个人来和我谈话:一个是据说现在因私人粉红色事件灰心去做和尚的L先生(注:指刘健群);还有一个最近新任国民党中央宣传部长的C先生(注:指张道藩)。""我们在客客气气的气氛中开始谈话。""听说C先生以前是在法国学艺术(油画)的,他很会说话,而且说得很多,他一个人就说了三小时之久,我静心倾听,始终不得要领,倒是L先生说话容易懂而饶有奇趣。他当时是××社(注:蓝衣社)的总书记,据说中国法西斯的组织章程,就是他根据意大利蓝衣党的模型而起草的。""他说的话也不少,关于抗战问题,他发挥了一大篇'领袖脑壳论'。""简单问一句,中国应否抗战? 如那时还不应抗战,到了什么时代才应抗战? 这些问题,在L和尚看来很简单,全凭领袖的脑壳去决定,他说一切都在领袖脑壳之中,领袖的脑壳要怎样就应该怎样! 我们(指全国人,L和尚当然也包括在内)一切不必问,也不该问,只要随着领袖的脑壳走,你可以万无一失!""他说领袖的脑壳,自有妙算! 你们言论界如果不绝对服从,还要吵吵不休的话,那好像领袖要静静地睡觉,你们这些像蚊子嗡嗡在周围烦扰不休,使他是忍无可忍,只有一挥手把这些蚊子完全扑灭,你看他多么天真有趣,把全国的救亡运动和救国舆论,轻轻加上'蚊子嗡嗡',只要'一挥手'就可以'完全扑灭',我听到这种有趣的奇谈,除由微笑失声狂笑之外,寻不出其他的落场。他见我只是笑,也许以为我已心悦诚服了,更肃然逼紧一步对我宣称:'老实说,今日杀一个×××(注:指邹韬奋),绝对不会发生什么问题,将来等到领袖的脑壳妙用一发生效果,什么国家大事都一概解决。那时看来,今日被杀的×××不过白死而已!'""他把死来恫吓我,但却说得那样有趣! 这不能不使我继续地笑。我说救亡运动是全国爱国民众的共同要求,绝对不是一二人或少数人的'脑壳'所能创造或捏造出来的,所以即令消灭一二'脑壳'——这里指的当然是无辜民众的'脑壳'","整个救亡运动还是要继续下去,非至完全胜利不会停止"。"附带对他声明,不参加救亡运动则已,既参加救亡运动,必尽力站在最前线,个人生死早置度外:这是对于他的以死恫吓作简单干脆的答复。""我们都始终客客气气,没有面红耳赤过,虽则L先生一说起'领袖脑壳'就两个眼睛圆睁得特别大,声音特别

宏亮,好像特别兴奋似的。时间谈得太晚了,我起立告辞,叫了一辆野鸡汽车,奔驰回寓。"(全集第10卷第835—837页)

1月下旬 "且说L、C二位回到南京之后,对于我的报告也许还不算很坏,因为接着得到消息,知道蒋先生有意约我往南京和他当面一谈。由杜月笙先生出面表示,他愿意亲自陪送我往南京见蒋先生,并于晤谈后亲自陪送我回上海。""当时杜先生在上海的势力是众所周知的,同时又是蒋先生最亲信的人,有许多职业界的朋友觉得由他出来保证安全是再靠得住没有,都赞成我往南京一行。杜先生很豪爽地拍胸脯说:'有我杜某陪你同往,又陪你回来,安全绝对没有问题。'""我当时是全国各界救国联合会执行委员之一,所以除我自己考虑之外,还要征求救国会的几位同志的意见。""有些同志估计不致有何意外(指扣留之类),尽可赴宁一谈。有些同志却认为不妥,关于救亡运动的态度既不能随便迁就,即有意外的可能。经过大家两次会议讨论之后,决定不去。""我把不去的决议告诉杜先生的时候,知道他所约的日期即在翌日清晨,当晚即须乘火车赴宁,对于我的不去,很不痛快,认为是失约。""和杜先生谈话的时候,在座的还有一位老资格的银行家,他和蒋先生很接近,平日对我也很有好感,听到我的决议,很诚恳地不慌不忙地对我说道:'你这次要不往南京一行,就只有再流亡海外,国内是休想驻足的!'""我已拒约,有些熟悉实际情形的朋友便认为我不宜再住在家里,于是我只得隐藏。"(全集第10卷第839—840页)

1月25日 《光荣而惨痛的纪念》、《内蒙又闹着"自治"了!》(以上两篇未署名)、《领导权》、《大众生活社致北平全体学生的一封信》(署名大众生活社,以上四篇收入《大众集》)、《〈"一二八"四周年纪念的感想〉按》,载《大众生活》第1卷第11期。(全集第6卷第521—523页、523—525页、551—552页、573—575页、324—329页)

《光荣而惨痛的纪念》摘要:

"'一二八'的英勇抗战,为民族解放而奋起奔赴的英勇抗战,转瞬间已到四周年的纪念了:这一个英勇的抗战,是中华民族解放斗争史上最光荣的一页,是全国大众所永远不能忘的一个光荣的纪念日!""这个光荣的纪念日至少表示:(一)中国确有抗敌的能力,用铁一般的事实证明中国确有抗敌的能力。""(二)民众力量的伟大。""(三)全世界对中华民族的新认识,也可以说中国的国际地位受到很重要的影响。""现在中国的形势比'一·二八'的时候是'每况愈下'了,一大块一大块的土地都是任人牵着鼻子去表演奴隶式的'自治'的割据。""我们在现状之下追想到'一·二八'为民族解放斗争而悲壮牺牲的斗士民众,应该要感到无限的惨痛,应该要更兴奋地更热烈地担负起后死者

的责任！"（全集第 6 卷第 521—522 页）

《内蒙又闹着"自治"了！》摘要：

"内蒙问题和所谓华北问题，同样地和整个中国的救亡问题有着不可分的关系。对于这个问题的放松，也就是对于整个中国救亡问题的放松；整个中国救亡不从根本上下决心干去，内蒙问题也是无法单独得到圆满的解决。""内蒙被宰割的事实，又蒙上'独立''自治'等等的好听名词。真正的民族独立或自治，必须在经济上不受别国的剥削榨取，政治上文化上不受别国为着剥削榨取而干涉的侵略。以剥削榨取殖民地为中心政策的帝国主义国家，出来高唱所掠夺的殖民地的'独立''自治'，这是什么把戏，还用得着详细的分析而后才能明白吗？""内蒙的被宰割是整个中国被征服的一个重要的'前奏'；我们是否可以坐视静听这个'前奏'的进行而等候着整个中国的随着沦亡？这是全中国大众所要严重考虑的一个问题！"（全集第 6 卷第 524—525 页）

《领导权》摘要：

"近来常听见有人提起'领导权'这个名词，也常听见有人说某某或某派要抢领导权云云，好像领导权是可由少数人任意操纵，或私相授受似的。这种人的心目中所认为领导权，只想到领导者，只知道有立于领导地位的少数个人，把大众抛到九霄云外！于是他们便存着一个很大的错误观念，以为领导权是从少数人出发，大众只是受这少数人所'领导'。随着这个错误的观念，他们又有着一个很大的误解，常常慨叹于中国的大众没有力量，梦想着好像可以忽然从天空中掉下来的'领袖'，然后由这个'全知万能''生而知之'的'领袖'来'领导'大众；以为大众只配受这样高高在上和大众隔离的'领袖'所领导！""其实领导权在表面上似乎是领导着大众，而在骨子里却是受大众所领导，大众才是领导权所从来的真正的根源。""谁都不能否认列宁和他的一群是苏联革命的领导中心。他在一九一七年发动革命时所提出的标语是土地、面包、和平。""列宁在当时所提出的三大主张：土地归农民，工厂归工人，不参加帝国主义的战争，恰恰反映着当时大众的迫切要求；接着主张'一切权力属于苏维埃'，又是达到这三大主张的唯一途径。列宁在当时能根据大众的真正要求和可以达到这真正要求的途径努力干去，这不是很显然地是受着大众所领导吗？这不是很显然地表示他的领导权不是和大众隔离，而是发源于大众的吗？""他的伟大是在乎他能认清大众的要求和用来达到大众要求所必由的正确路线，并不是离开大众而能凭着什么领导权而干出来的。""怕大众力量抬头，用种种方法压迫大众力量的抬头，正足以证明这些人为的是他们自己和他们的一群的利益,所以提防大众如防家贼似的! 和大众既立于相反的地位,摧残蹂躏大众之不暇,还说得上什么领导大众呢?"(全集第 6 卷第 551—552 页)

《大众生活社致北平全体学生的一封信》摘要:

"你们为着要鼓起民众的救亡抗争,为着要冲破暴敌汉奸的亡国战线,已经用呐喊、示威和流血发动了神圣的民族解放战斗,'一二·九'和'一二一六'无疑的已在中国民族革命史上写成了最光荣的史页。你们所付出的血的代价一点没有虚掷,在北平的救国浪潮涌起以后,全国各地的青年们和一切不愿做奴隶的男女同胞们都前仆后继地起来给了你们以狂热悲壮的响应,不论是华北、华东、华南,……这一个多月以来都洒遍了救国战士们的热血。""我们应该深信中国的民众是决不让国家灭亡,决不让内外民族仇敌继续横行的,一个光辉无比的民族解放的伟大胜利正在向我们招手。""我们正站在民族解放的文化阵线上回应全国青年们的救亡斗争,特别是对于北平的同学和各界参加救亡的同胞表示着无上的敬意。现在趁着上海救国运动开展的时候,我们首先要对北平受伤被捕的同学致最热烈的慰问,对死难的同学致最深沉的哀悼,同时也把我们对于你们未死的同学的愿望宣达出来。""知道你们在寒假内仍然到乡村,到街头巷尾继续救亡的工作,因此我们相信你们在不久的将来又将燃烧起比以前更炽烈更光耀的民族抗斗烽火。把北平以至整个华北从屈辱的冰天雪地中夺回到民众的热手中来。"(全集第 6 卷第 573—574 页)

《〈"一·二八"四周年纪念的感想〉按》摘要:

"翁照垣将军于一·二八战争中,任十九路军旅长,当时拒绝撤兵命令,在闸北江湾一带,率部最先抗战的是翁将军。以后死守淞沪,直到最后才撤退的也是翁将军。""翁将军可以说是一·二八战争中最英勇坚决的领导者之一,凡是上海的民众大约都不会忘却。"(全集第 6 卷第 329 页)

1 月 28 日　在上海天后宫桥原总商会大礼堂举行纪念"一·二八"淞沪抗战四周年大会,并宣布成立上海各界救国联合会。沈钧儒主持会议。推选沈钧儒、章乃器、李公朴、陶行知、邹韬奋、王造时、史良、刘良模、沈体兰、沈兹九、张定夫、潘震亚、顾执中、潘大逵、彭文应、沙千里等组成执行委员会。各界救国会八百多人参加大会。会后,与会议主席团一起率领群众游行,由宝山路江湾路直至庙行"一·二八"淞沪抗战无名英雄墓,来回四五十里。一路高呼口号,高唱《义勇军进行曲》,抗日歌曲,沿途不少群众加入游行,队伍扩大达两千余人。领导群众在英雄墓前庄严宣誓抗战到底。(陆诒《抗战前夕的救国会》,收入《文史杂忆》上海文史资料选辑第 75 辑,沈谱、沈人骅编《沈钧儒年谱》第 136 页,沙千里《漫话救国会》第 10 页)法定创办《校亡情报》等刊物。

同日　《舒新城日记》摘抄：

"想到事务，即感到编辑所之各部人员力量太少。""想到人才，又想到韬奋。此君若来，总可得一臂。无论我将来是否任职于此，终系有用人才也。"（《出版史料》1987 年第 2 期。）

1 月 29 日　《致吴耀宗》，收入《韬奋手迹》1984 年 5 月香港三联书店版。（全集第 6 卷第 330 页）

2 月 1 日　《"未同意"和"未拒绝"》（未署名）、《北平学联会的继续努力》（未署名，收入《大众集》）、《停止推行简体字》（未署名）、《糟蹋》（收入《大众集》），载《大众生活》第 1 卷第 12 期。（全集第 6 卷第 330—333 页、525—526 页、333 页、553—554 页）

《"未同意"和"未拒绝"》摘要：

"关于日外务大臣广田对中国提出的三原则，""一为取缔中国的抗日运动；二为树立中国、日本和'满洲国'的合作制度；三为实施由中国、日本和'满洲国'共同防共的政策。""据中国外交当局的又表示，'我方对广田三原则虽未接受，但亦未拒绝'。这消息一方面替日外务当局的'疑问'张目，一方面增高中国民众的怒火！""中国早到了生死两条路里面要毅然决然地选走一条生路，要英勇奋发地踏上一条生路，不但我们自己没有踌躇的余地，就是对方也不许我们再踌躇了。""中国民众对于亡国的'原则'，只有坚决拒绝的主张，断然没有丝毫动摇的余地。""中国政府直到现在所表示的态度，只是忽而'未同意'，忽而'未拒绝'，究竟是要同意呢，还是要拒绝？ 全国民众对于这样重要的外交问题，有要求政府公开宣布的权利，有严密监视这个事件的责任。""有什么理由要对自己民众守秘密？ 有什么理由不实行民众所一致要求的外交公开？"

（全集第 6 卷第 330—333 页）

《北平学联会的继续努力》摘要：

"北平学生于万分艰危的环境中发动学生救亡运动，风声所播，震动寰宇，全国学生纷纷响应，使汉奸胆寒，民众感奋，已以英勇的牺牲和沸腾的热血，写成中华民族解放史上最光荣的一页！""有的报上宣传北平学生复课了，好像他们已俯首帖耳回到课堂里去读死书，把救亡的任务置之脑后，听任'埋头卖国'的汉奸们可以毫无顾忌地尽量地'卖'！""依我们所得到的真确消息，全不是这回事。关于全国学生联合会的组织，是努力使全国学生结成有组织的联合战线，这是我们早所主张的，学生诸君能注意到这点，这是对于救亡工作仍在继续努力的明证。至于寒假后一律到校上课，这原是寒假后的向例，无所谓复课;而且散漫的个人没有力量,只有集体的行动才有力量,寒假后的重新集聚,正是可以用集体的力量,要求实行国难教育方案(和读死书绝对不同),同时计划规定救亡工作的继续进行。'埋头卖国'的汉奸们,不要太乐观了!"(全集第6卷第525页)

《停止推行简体字》摘要:

"现在全世界的趋势,都是大多数被压迫被剥削的阶层和少数压迫者剥削者的阶层力争解放;也就是大众抬头或力争抬头的时代。中国是世界政治的一环,当然也不能例外。""由这个做出发点所应提倡的文化,应该是大众的文化,而不是小众的文化。文字是推广文化的一个重要工具,所以文字大众化又是大众文化的一个重要条件。中国文字的艰难,是大众文化一个很大的障碍,这是无可讳言的事实,去年冬,教育部积极推行简体字,在这方面不可说不是一个好现象。""最近教育部在没有更好的办法以前,忽把已经推行的简体字无故停止,未免犯着开倒车的毛病。""中国的大众必然地要和世界大众的趋势一同前进的;中国文字要适应大众文化的需要,非有一番改革不可。这个问题的根本解决,恐怕要大众力量抬头后,才能扫除障碍,才能雷厉风行罢。"(全集第6卷第333页)

《糟蹋》摘要:

"糟蹋是反动派的惯技!""例如帝国主义的国家对于殖民地或半殖民地,便极尽糟蹋的能事。他们当然不是'为糟蹋而糟蹋',却有他们的动机。他们因为要欺骗麻醉本国的民众,使本国的民众觉得本国统治者群压迫殖民地和半殖民地的行为是应该的,是正当的,是'传布文明'的,就不得不用种种的宣传方法,把那些地方的人民形容得异常野蛮,异常残忍,异常愚蠢,异常可恶。""旧制度的国家的统治者群对于新制度的国家,也极喜用他们的宣传工具——报纸和杂志——痛做糟蹋的工夫。""在一个国度内,反动者群也喜欢用这同样的手段。他们对于新运动,想出种种糟蹋的'新闻',尽量宣传,使人觉得除了'杀人放火''洪水猛兽'的印象外,无一是处。他们对于所欲得而甘心的个人,也惯用这同一的'技巧',由他们直接间接的走狗们造出种种谣言攻击他们的私生活;尽瘁于社会事业的人无论怎样艰苦,只须他的事业不便或有碍于反动者群的利益,他们便可造谣诬他怎样'收入巨大',怎样'服食华贵',乃至怎样'举动腐化'。他们以为这样可以使他在民众间失却信用,便可替他们的主子拔去眼中一个钉,是多么好的策略!我知道朋友里面因努力于民众的工作而受到反动者群的糟蹋暗箭,不乏其人。糟蹋者心劳日拙,终有'水落石出'的时候，其实只须自问没有假公济私的亏心事，自问确是以赤诚努力于所认为有益于大众的事业，不但不怕什么，而且要更勇敢地往前干去。"（全集第 6 卷第 553—554 页）

同日　《萍踪忆语（一〇）"赶快"》，载《世界知识》第 3 卷第 10 号，收入《萍踪忆语》。（全集第 7 卷第 359—366 页）

《萍踪忆语（一〇）"赶快"》摘要：

"常听见有人谈起美国人的讲究效率，总引起人们的歆羡，以为这真是一件再好没有的事情；但是经过一番视察研究之后，才知道在资本主义社会里，引人歆羡称道不置的效率，也只是一种剥削的利器。""美国的劳工运动对于美国现在合理化的坚强反抗，这当然不是反对合理化的本身，却是反对资本家利用合理化来加紧剥削劳工，增加他们自己的利润，工人的死活不是他们所顾到的；所以美国的工人组织，一方面坚强反抗美国资产阶层所利用的合理化，而对于苏联工人所积极进行的合理化，却津津乐道，因为在苏联的合理化，能使工人缩短工作时间，增高工资，改善工人和农民的生活环境，于劳工阶层是有很大的贡献的。"（全集第 7 卷第 359 页、365 页）

2 月 6 日　《舒新城日记》摘录：

"下午三时去中汇大楼《大众生活》社访邹韬奋，并约其至新厂参观，便于伯鸿晤谈。伯鸿谓彼分量不够重，与之谈百科全书事，彼以现在对生活书店所任职务太多，《大众生活》之编辑亦不能辞去，恐无法摆脱。"（《出版史料》1987 年第 2 期）

同日　国民党在沪市党部开会，策划定出取缔文化界救国会的办法七项："一、由中央禁止《大众生活》发行，凡贩卖及印刷该刊物者一律查办。二、由中央令饬本市党政机关查封生活书店。"要求由国民党中央令上海市政府，查封量才补习学校及量才图书馆，逮捕其主持人李公朴；由市党部密令，禁止参加文化界救国会等社会团体，不许假座开会；令新闻检查所封锁其消息；请中央密令市政府警备司令部，缉捕王造时等。（中国共产党上海市委党史资料征集委员会编《"一二·九"以后上海救国会史料选辑》第 79 页）

2 月 7 日　国民党民众训练部策划取缔文化界救国会，密报"文化界救国会组织，分子异常复杂，活动范围广大，其宣传刊物《大众生活》之外，尚有多种。该团体原定于七日在市商会等两三个场所召集市民大会，经会商市政府及党部通令各人民团体、学校禁止参加，并禁止假借开会场所，并通知工部局办理矣"，并由国民党市党部议决取缔办法七项，"其中沪市党政机关职能办到者，已经实施"。"关于取缔文化界救国会事,亟待中央决定办法,未使稽延,故先托×××同志携报告来京,以免贻误。"(中共上海市委党史资料征集委员会编《"一二·九"以后上海救国会史料选辑》第77 页)

2 月 8 日 《停顿状态中的积极进行》、《北平文化界救国会的奋起》、《埃及学生的荣誉色》(以上三篇未署名)、《矛盾和一致》(后三篇收入《大众集》),载《大众生活》第 1 卷第 13 期。(全集第 6 卷第 335—337 页、526—527 页、527—528 页、555—556 页)

《停顿状态中的积极进行》摘要:

"在这所谓'停顿状态'里面的'积极进行',我们试就最近的形势'瞭望'一下,便知道中国是时时刻刻在那里继续不断地丧权辱国,绝对不是在什么'停顿状态'啊!""应付对方要求,派石逆友三做北平保安司令。石逆友三一向躲在天津某租界,屡次勾结敌人,扰乱华北,也是一个逆迹昭著的汉奸,如今叫他来做保安司令,这不是替对方增加一只走狗,使华北暗中再加上一条锁链吗?""民众正在一致要求严厉惩治汉奸,而现在却好像三跪九叩似的'敦挽'汉奸出来做官! 所谓'礼义廉耻'敢问在哪里! 关于塘沽事件,除由中国方面赔偿四百元外,对方并要求宋部二十九军永不进驻塘沽大沽,地方治安由伪保安队防守。""中国的国土,何以可以继续答应永不进驻中国的军队? 所谓'均已圆满解决',如此这般而已! 于此更可见现在中国的国难决不是枝枝节节所能解决的,这样的'解决'一次,便加深一次国难! 多演一次丧权辱国的丑剧!""还有所谓'冀察事件',也要看看导演人土肥原的面孔,忙得老爷们屁滚尿流,疲于奔命!""中国方面建议任殷汝耕为天津市长,取消'冀东自治会',已被日方拒绝。""这竟好像中国俯首下心哀求汉奸做市长而不可得!""我们现在的急迫问题是等着对方不断的'推',坐以待毙呢,还是应该全国奋起发动坚决抗敌自救的民族解放战争?"(全集第 6 卷第 335—337 页)

《北平文化界救国会的奋起》摘要:

"我们对于北平文化界救国会的希望:(一)巩固核心的组织,为领导救国工作的中枢;(二)布置全国重要地点的通讯网,和各地的文化界有密切的联系;(三)辅助学生救国运动,并协助其他爱国团体的组织工作。"(全集第 6 卷第527 页)

《埃及学生的荣誉色》摘要:

"另有一点却也值得注意:军警压迫努力爱国运动的学生,无非被'乱命'所利用;学生救亡运动在宣传方面也要'用尽巧思'来把他们说服过来,使他们也加入救国战线,至少要'用尽巧思'使他们中立,不再助桀为恶。"(全集第 6 卷

第 527—528 页）

《矛盾和一致》摘要：

"各帝国主义的国家都有着这样无可避免的矛盾：一方面统治阶层对于掠夺殖民地的残酷战争凶横猛进，一方面国内大众'反战和反法西斯'的狂潮也众怒难犯。在第二次世界里面，各国大众必然地不像前次大战里那样的易于受欺骗的。各帝国主义的当道，一方面积极备战，一方面却高唱和平，也未尝不是有着这样的顾虑。""在另一方面，被压迫民族的解放斗争，除少数汉奸和准汉奸外，却有一致对抗压迫者的潜力；无论什么阶层，无论什么政治派别，做亡国奴总是不愿意的，做被征服的民族中的一个奴隶总是不愿意的，在这一点上便有结成联合战线的可能，在这一点上便没有侵略国内部的那个矛盾，在这一点上便是一致的。在侵略国有那样的矛盾，在被侵略者有这样的一致，以这样的一致和那样的矛盾对抗，最后的胜利谁属是很显明的。"（全集第 6 卷第 556 页）

2 月 11 日 国民党中央宣传部发表《告国人书》，诬蔑文化界救国会，称"前闻共党密议，欲利用文化团体及知识分子，在救国的口号掩护下，作卷土重来之计"。"其宣言不曰反对中央，即曰颠覆政府"；是"赤色帝国主义者之汉奸"；"其有不听劝告，怙恶不改，是则甘心受共党之利用"，"当予以最后的严厉之制裁"。（《申报》2 月 12 日、周天度《救国会》第 196 页）

2 月 14 日 上海文化界救国会发表《对中宣部告国人书之辨正》，尖锐指出："中宣部对于汉奸运动，则默加容许，对于救国运动，反严辞厉色，诬陷侮蔑，无所不用其极！这是我们所感到无限失望的。""足以证明中宣部显然是受蒙蔽，更足以证明其所谓'受人利用'云云，也都不过是奸人捏造事实，诬陷救国运动。这种人造谣生事，为虎作伥，究竟是何居心？"文章明确表示："'三军可夺帅，匹夫不可夺志。'我们倘使是中宣部一纸诬蔑文告所能恫吓得倒的人，我们早就不敢在'救国有罪'的环境之下，公然以救国相号召。"（《大众生活》2 月 22 日第 15 期全文转载）

同日 黄炎培自宜昌讯杜重远、邹恩润、毕云程等函。（《黄炎培日记》）

2 月 15 日 《调整的原则》、《工人被殴身死的惨案》（以上两篇未署名）、《杜羲忧国自杀》（未署名，收入《大众集》）、《韬奋紧要附启》、《大众的军人》（收入《大众集》）、《〈我们的热血在沸腾着〉附言》（署名编者）、《先锋队伍和领袖》（署名编者，收入《大众集》），载《大众生活》第 1 卷第 14 期。（全集第 6 卷第 337—338 页、338—339 页、528 页、339—340 页、556—558 页、341—342 页、569—570 页）

《调整的原则》摘要：

"我们就这些消息的内容综合起来看看，应该可以明白传闻不久将在南京举行的什么'调整中日会议'，是在不许中国大众反抗的条件下力谋怎样再进一步宰割全中国的具体办法。"（全集第6卷第338页）

《工人被殴身死的惨案》摘要：

"一件很重要的新闻，各大报都一字没有提及，这便是杨树浦海州路日商大康纱厂殴毙中国工人梅世钧的惨案。据说该厂雇有华工四千余人，本月三日上午，有华工梅世钧进厂工作，因作工褶内藏有本人以前所摄军装照片一张，被门房发现，当携往报告日人，即将梅世钧叫到办公处，由几个日人包围毒打，负伤过重，延至第二日即行身死，死时吐出血沫，形状极惨。""这样草菅人命，无论在那一国的法律，都说不过去。""任何政府都有保护国民生命的责任。梅世钧既是中国人，中国政府对于他的无故惨死于'包围毒打'之下，不应没有为他伸雪的办法。""梅世钧的无故惨死，当然要引起我们的严重注意。但这决不是梅世钧一个人的问题。倘若违法打死了人而可以不负责任，人人随时随地都有被打死的份儿；倘若一个国民可以任人残害生命而不闻不问，或马虎了事，个个国民的生命都有被残害的可能。"（全集第6卷第338—339页）

《杜羲忧国自杀》摘要：

"为民族英勇斗争的斗士诚然不怕死，但要在斗争中不怕死；志在杀敌，决不自杀。"（全集第6卷第528页）

《韬奋紧要附启》摘要：

"近来得各方读者好友来信，报告本刊将被封闭和我将被拘捕或陷害的消息，诸位好友垂爱的殷切和关心的恳挚，令我万分感动，永不能忘。""希望没有什么被害的事实发生；但是也许变起仓卒，来不及留下几句话和许多读者好友道别而遽去"，"特在这里预先略倾我的胸怀。""（一）中华民族已到了生死存亡的最后关头，事实铁证，摆在眼前，谁也不能否认了。在这艰危的形势下，除发动整个民族解放的英勇抗战外，没有生路。但是真为民族解放而抗战，必须在'不压迫民众救国运动'这个重要条件下进行。这是我们对于这万分艰危的国难现阶段的中心主张。""（二）我个人在海外目睹中国国际地位的低劣，侨胞遭遇的惨苦，回国后又目睹大众所受的侵略压迫，变本加厉，全民族即将沦为奴隶，痛心彻骨，终夜彷徨，只须对民族解放有些微努力的可能，个人的安危生死，早置度外。所欲披沥肝胆，掬诚奉告于读者好友的，是我深信只有大众有伟大的力量，只有始终忠实于大众的工作，才有真正的远大效果。我个人无论如何，必始终坚决保持这个信仰，决不投降于任何与大众势不两立的反动势

力。"(全集第 6 卷第 339—340 页)

《大众的军人》摘要:

"大众的军人——为大众利益而出生入死英勇抗战的军人——必为大众所认识的,必为大众所不能忘的。""我对于这两位'大众的军人'(编者注:指马占山和翁照垣),虽都不过见过一面,但所得到的使我永不能忘的深刻印象,是他们的热诚血性,肝胆照人。马将军于嫩江战后,第一次到上海,曾和杜重远先生一同到生活周刊社来看我,临别时和我们社里每一个同事都握手致意。他对我们这班'傻子'的和蔼的容态,诚恳的言辞,是我们所永远不能忘的。""翁将军,我去年到莫斯科的时候才见面。我在戈公振先生处碰着他,承他叫我到他的旅馆里去同吃晚饭,畅谈了许久,他无时无刻不以为国牺牲为念。我那天夜里就要乘车回列宁格勒,再乘轮回伦敦。临行时他觉得我衣服太薄,把他在吴淞苦战月余始终穿在身上的羊毛衫(即西装马甲上用的)赠送给我,说'我原打算和这件衣服同生死的,现在送给你作纪念吧!'我很欣幸地受了下来,说这是在民族解放战争史上很可纪念的一件宝物,我不敢占为私有,谨为暂时保存,等到中国民族解放成功,建起了民族解放博物馆时,还要代为送去陈列起来,作永久的纪念。""我们对于'大众的军人',还要为大众做前锋的'大众的军人',敬致民族解放的敬礼! 希望他们对民族解放作再接再厉的努力!"

(全集第 6 卷第 557—558 页)

《"先锋队伍和领袖"》摘要:

"大众的领袖是要由参加大众的斗争历程中一步一步地造就出来的,是参加大众的运动而在斗争上磨炼出来的。革命运动的领袖和英雄主义的'领袖'的异点,便在一方面是和大众的运动有着密切的联系,他只是反映着大众潜伏的意志和力量;相反的一方面却是离开大众,欺骗大众,轻视大众,要满足他个人的欲望。"(全集第 6 卷第 570 页)

2 月 16 日 《萍踪忆语(一一)劳工侦探》,载《世界知识》第 3 卷第 11 号,收入《萍踪忆语》。(全集第 7 卷 366—373 页)

《萍踪忆语(一一)劳工侦探》摘要:

"在资本主义社会里,剥削榨取劳苦大众是一件重大的工作,劳工侦探的需要当然也随着扩大起来了,于是便有人专设劳工侦探的机关,替老板们'服务'。不过有许多规模小的厂店用不起侦探机关的职务,便设法在自己所用的工人里面,暗中安置着几个侦探。这些充当老板的侦探而同时又是工人的人们,也怪可怜,往往为着几块钱的'外快'收入,或是幻想着较好位置的升擢,便把每天在工场里所看到或听到的事情报告给老板；倘若他属于一个工会，也把这工会中的秘密时时报告给老板知道。""这种劳工侦探在表面上往往好像是工会里很热心的会员，而且在嘴巴上还装作很'革命'似的，但在实际上却用种种阴谋来破坏工会政策的成功。""美国有着那样厉害的劳工侦探制度，但是绝对无法阻止劳工运动的猛进，这是因为劳工方面的组织和集体的斗争力量能击破他们的锁链。我们中国在此国难严重的时期，有人慨叹于汉奸和准汉奸的压迫捣乱，其实这不是中国的特产。要点在于我们能把大众组织起来，用集体的力量来制裁乃至消灭这些民族的敌人。"（全集第7卷第366—373页）

2月19日 国民党政府下令邮局停邮《大众生活》。（全集第6卷第349页）

2月22日 《叙利亚的民族解放运动》（未署名，收入《大众集》）、《读中宣部〈告国人书〉》、《国际闻名的黄柳霜》（以上两篇未署名）、《事实的表现》、《面包和人才》（以上三篇收入《大众集》），载《大众生活》第1卷第15期。（全集第6卷第529—530页、343—344页、531—532页、558—560页、570—572页）

《叙利亚的民族解放运动》摘要：

"叙利亚是阿剌伯民族的被压迫的国家之一，""在世界大战前原为土耳其帝国的一部分，到了战后一九二〇年才由战胜国列强划为委任统治地，归法国代管，其实就成了法国殖民地。""叙利亚的民族解放运动也就一天一天地尖锐化起来，最近更显露了。""至少有三点可特加注意：""（一）世界上被压迫民族的前赴后继，如火燎原，如长江大河的奔波，终于不能压制消灭，这是铁一般的事实，这是全世界的一致趋势，也是这时代的特征。""（二）学生救亡运动，在殖民地或半殖民地的民众运动里占着很重要的位置"。"（三）我们看到各被压迫民族的奋起自救，看到这全世界的一致的趋势，想到这当前时代的特征，便知道中国民族的抗敌救亡，中国民族的解放运动，不是孤立的，只是全世界大势里的一环。我们果能奋起自救，不但必然地可以得到最后的胜利，而且还能对全世界正在力争解放的被压迫民族给以莫大的声援。反过来说，被侵略的民族只是投降屈伏，不但是本民族的罪人，也是全世界被压迫民族的罪人！"（全集第6卷第529—530页）

《读中宣部〈告国人书〉》摘要：

"对于爱国运动不要把恶意来估量，否则徒然损伤民族的元气；而民众对于亡国奴的惨剧是终于要挣扎避免的，这里压下去，那里又要起来，客观所危亡事实推动着民众的救亡火焰，增高着民众的救亡热血，压迫的结果，只是更惨痛地消耗民族元气而已。"（全集第6卷第343页）

《国际闻名的黄柳霜》摘要：

"我们不禁想到也有中国的学者在国际学术界上很知名的，不利用他在国际上所获得的声誉，替正在努力争取解放中的中国民族说些有力量的主持正义的话，却发表些灭自己的志气长他人的威风的议论，献媚帝国主义，取悦军阀官僚，这在民族方面是多么大的一个损失！是多么可以痛惜的一件事情！"（全集第 6 卷第 532 页）

2 月 29 日 《中日形势缓和了吗?》、《平津学联被禁》、《山额夫人旧地重游》（以上三篇未署名）、《韬奋紧要启事》、《个人的美德》（收入《大众集》），载《大众生活》第 1 卷第 16 期。（全集第 6 卷第 345—346 页、347 页、348 页、349 页、560—562 页）

《平津学联被禁》摘要：

"北平传来消息，平学联分子已有数人被捕，各大学校门布满军警，'平津当局决依维持治安紧急办法，加紧取缔，将勒令解散学联，并捕共党操纵分子'。""我们回溯平学联会因平津汉奸横行无忌，层出不穷地演着伪自治运动的丑剧，丝毫不见有何制裁，奋起发动救亡运动，影响全国，震动世界，后来深入民间，扩大宣传，最近对于研究国难教育，尤为努力，根据他们事实上的表现，实看不出他们有何大逆不道的事情。""尤可痛心的是理应指导学生爱国的教授里面竟有"某教授"诬蔑学联受人利用，学联对他提出质问，限于四十八小时内举出确实证据，予以公布，""杨无以应。我们所不解的是当汉奸在平津横行无忌的时候杨教授躲在什么地方，在那时从未听见他发出什么高论来！"（全集第 6 卷第 347 页）

《山额夫人旧地重游》摘要：

"有人说山额夫人前次来中国宣传节制生育，在知识阶级里已有很大影响，因为有许多知识分子都在实行节制生育了。""就大多数的中国人民说，儿童的死亡率因穷困而特高，许多穷苦老百姓受疾病灾殃的摧残，整百整千的夭亡，他们根本就不需要节育，节育也不能解决他们的问题。许多穷苦老百姓的膏血骨髓，受着重大的榨取而枯竭了，根本是社会的经济制度在那里作怪，是帝国主义的侵略和军阀官僚地主豪绅的剥削在那里作怪。如今不从根本上着眼，却把节制生育来转移一般人的眼光，我们以为中国的大众不该被这烟幕弹所迷惑，以致把根本的问题忽略了。"（全集第 6 卷第 348 页）

《韬奋紧要启事》全文：

"本刊代表大众的立场和意识，对于万分严重的国难，主张发动整个民族解放的英勇抗战，并主张要在'不压迫民众救国运动'的条件下进行，态度光明,言论公开,但竟因此受到种种压迫,先之以停邮,继之以查禁,在本刊承蒙国内外数十万读者的信任,无数文化工作同志的培成,艰苦支撑,不敢不勉,但在现状下已无法进行,不得不在万分沉痛中暂行停刊,这一期算是和读者诸友暂别的终刊号。在此临别之际,还有两点要提出来奉告于诸位的:第一是我们深信本刊所以得到数十万同胞的赞助爱护,不是任何个人乃至任何少数人的力量,却在本刊的主张是许多爱国爱民族的同胞的心意的反映,所以本刊虽以迫于环境,暂时停顿,而抗敌救亡的运动,却是必然地会持续开展发扬光大的。第二是我个人既是中华民族的一分子,共同努力救此垂危的民族是每个分子所应负起的责任,我决不消极,决不抛弃责任,虽千磨万折,历尽艰辛,还是要尽我的心力,和全国大众向着抗敌救亡的大目标继续迈进。敬祝全国大众起来为民族解放前途共同奋斗!"(全集第6卷第349页)

《个人的美德》摘要:

"有一位老前辈在某机关里办事,因为他的事务忙,那机关里替他备了一辆汽车,任他使用。有一天他对我说,他想念到中国有许多苦人,在饥寒中过可怜的日子,觉得非常难过,已把汽车取消,不再乘坐了。我问他什么用意,他说改造社会,要以身作则。他这样做是要把自己的俭苦来感化别人的。""就一般说,这位老前辈算是有着他的个人的美德,""他真正要想改造社会,便应该努力促成一种社会环境,使白坐汽车的剥削者群无法生存,劳苦大众在需要时都有汽车可坐,这才是根本的办法;但是这种合理的社会环境是要靠集体的力量实际斗争得来的,决不是像'取消汽车,不再乘坐'的'个人的美德'所能由'感化'而造成的。"(全集第6卷第560—561页)

同日 《大众生活》出至第16期,被国民党政府查禁。

《大众生活》从1935年11月16日创刊至今三个多月里,被迫两次搬迁。创刊时设在生活书店本部福州路复兴坊4号,1月1日迁至爱多亚路(现延安东路)中汇大楼414号,2月22日又迁往四川路企业大楼。与《大众生活》同时停刊的有《世界知识》、《妇女生活》、《读书生活》、《生活知识》等刊物。(《大众生活》版权页)

是月 由于国民党当局的逼迫,上海待不下去了。经过商量,认为隐居到杜重远家里去比较稳妥。外界都知道杜重远在狱中,杜夫人为就近照顾,住到离监狱较近的一个庙里,家里无人。再则,杜家在金神父路安和新村8号,邹家在吕班路万宜坊,相距较近,邹夫人沈粹缜照应起来也方便。沈粹缜找到杜夫人侯御之,杜夫人一口答应,还说家里用品可以随意使用。住了不到一个月,韬奋即去了香港。(沈粹缜《杜重远和韬奋的友谊》,收入《忆韬奋》第394页)

3 月初　毕云程、金仲华随韬奋前往香港筹办《生活日报》。(《生活书店史稿》第421 页)

3 月 1 日　《萍踪忆语(一二)利润和工资》,载《世界知识》第 3 卷第 12 号,收入《萍踪忆语》,1937 年 5 月生活书店上海版。(全集第 7 卷第 374—378 页)

《萍踪忆语(一二)利润和工资》摘要:

> "在资本主义制度之下,工业的全部目的是替那些占有生产、分配,和金融的机构的人们搜刮利润、利息和租金。依资本家看来,工人们不过是供他们剥削的一大堆工具而已。所以他们对于工资,总是千方百计地减到最低的限度,只要能勉强顾到他们所要买的筋力、技巧和工作力,便算了事;工资的数量只是勉强能供给工人在执行工作上所需要的最低限度的粮食居屋罢了。遇着大量失业的时候,资本家有着大量的'后备'工人听他使用,就是这最低限度的工资也保持不住了,于是这最低限度的工资便被减到最低限度的下面去了。工人们要得到超过最低限度的工资,唯一的途径是由于坚强的组织和猛烈的斗争。这便是资本主义下的资方和劳方的阶级间关系的永远的基本事实。"(全集第 7 卷第 374 页)

3 月 2 日　黄炎培在成都接杨卫玉 1 日的信,得知韬奋赴港事。(《黄炎培日记》)

韬奋曾用名"季之华"的由来。

1984 年 4 月 5 日,金端苓(金仲华之妹,曾为《抗战三日刊》《全民抗战三日刊》和《世界知识》绘制抗战局势图。)致函沈粹缜。内容于下"沈大姐:　昨日祭扫革命烈士墓,我因大咯血初愈,没能去参加。很久不见您,时刻想念着。家骝(邹韬奋次子邹家骝,又名邹竞蒙)要的关于笔名季之华的材料,火子(刘火子,金端苓丈夫,曾任《文汇报》副总编,中国大百科全书出版社上海分社副总编辑、编审。)已把回忆写出来,因近来工作特忙,拖了很多时间,十分抱歉! 现付邮寄上,仅供参考。待我体力恢复一些再来看您。祝　健康长寿! 家骝均此问好!　　端苓84.4.5"

刘火子 1984 年 4 月 4 日的回忆题为《相谈不相识》,全文:大概在 1936 年春,我在香港九龙一家小学校教书的时候,有一天,一位操上海口音的中年人持一封介绍信来找我。恰巧我不在学校,来访的人把住处写在信封上,留下信便回去了。我是住在学校里的,晚间回到学校才看到信,原来是在上海神州国光社工作的朋友方天白写的。方天白早年留学日本,回国后在神州国光社编辑部工作,曾与王礼锡等合作翻译出版过一本《唯物史观世界史》。方天白在信里写道,有位季之华先生初来香港,人生路不熟,如有什么问题需要帮助解决的,希望我帮个忙。第二天我便按介绍信信封上的地址:香港九龙弥敦道弥敦酒店××号房间去找季之华先生。

到了弥敦酒店,我敲门进到房间,只见房里有两个人在谈话。经过我的自我介绍,其中一位戴着眼镜,身穿一件白衬衫,用吊带挂着裤子,显得比较清瘦的中年人便迎上前来,他就是季之华。另外一人,穿着一件灰色丝绸长衫,双肩拱起,脸色黝黑,看来身体相当衰弱。两人对我都十分热情,我们在一张中间嵌大理石的红木园(圆)桌旁坐下,谈得倒很随便,季之华比较关心的是香港和广州的情况。我是生在香港、长在广州的,就向他提供了一些情况。当时广州正在军阀"南天王"陈济棠统治之下,白色恐怖十分严重,陈济棠手下有一个叫何荦的公安局长杀过不少共产党人,一个在培正中学教书的共产党员就是那个时候被害的。我把香港当局和一些高等华人、洋奴的丑恶行径也全讲了。至于一些深入到本质的问题,我可说不出个所以然。我同季之华就是这样只见了这一次,以后没有再见过。后来有一个偶然的机会,大概是七君子事件发生之后,我从印刷品的照片上认出,那位季之华原来就是邹韬奋先生,我不禁十分激动地叫起来,这是多么遗憾的事啊!自从邹韬奋同志主编《生活》周刊以来,我是一个非常忠实的读者,直至被国民党反动派"勒令"停刊,我没有一期脱漏过,是他在"九一八"和"一·二八"国难深重的日子里,用一篇又一篇的小言论激发起我们一代的爱国热情,从此走上追求进步、追求真理的道路,他是我所推崇备至的先进人物之一,可是我和他对谈了好些时候,竟然相谈不相识!

那个在弥敦酒店陪同邹韬奋谈话的人,在两年后我们彼此认识了,我那时已离开学校从事新闻工作,在香港一家报社担任战地记者,并加入了当时的进步组织"中国青年新闻记者学会",在香港分会成立的时候,我见到他依然穿着灰色丝绸长衫,在主席台上讲话,原来他就是恽逸群。

新中国成立后,我从香港文汇报回到上海工作,有一次和恽逸群在同一张桌子上吃饭时,他还和我谈起当年初次见面时的这件事。(原件存韬奋基金会。)

3月16日 《萍踪忆语(一三)"金圆王国"的劳动妇女》,载《世界知识》第4卷第1号,收入《萍踪忆语》。(全集第7卷第378—385页)

《萍踪忆语(一三)"金圆王国"的劳动妇女》摘要:

"资本主义的社会本来就要使妇女居于卑下的地位,因为这样才于资本家们是有利的;主要的原因是雇主们要利用贱价的妇女劳动力来打击男子劳动力的价值;倘若妇女的劳动力和男子的劳动力得到同样的待遇,在雇主们当然要失却一种很重要的加紧剥削的机会。在工业上工作的妇女人数特别增加,这是二十世纪资本主义的一个特征。就美国而论,在十岁以上的有职业的(他们所谓"gainfully occupied")全数里面,几有四分之一是妇女。在每九个有职

业的人里面,就有两个是妇女。""工作妇女人数的增加,并非由于提倡什么妇
女职业,却是因为资本主义下的妇女劳动力出卖起来,要比男子劳动力的价钱
低下,雇主们的唯一目的既是利润,凡是可以增加他们利润的工具,当然要无
微不至地利用。"(全集第 7 卷第 378—379 页)

是月　《小言论选集》、《萍踪寄语选集》由生活书店上海初版。

《〈小言论选集〉弁言》(2 月 4 日记于大众生活社),收入单行本生活书店上海
版。(全集第 6 卷第 334 页)

《〈小言论选集〉弁言》摘要:

"从前曾将我在《生活》周刊上发表过的《小言论》,先后选留一部分,编成
了第一、第二、第三,共三集,写作的时间自民国十七年十二月到廿二年七月,
共约二十七万字,三百二十七篇。最近书店里的同事说这三集《小言论》都已
告罄,有重版的必要。我略将旧作翻开来看看,觉得有许多文字,在现在看来,
实觉得'汗流浃背',那里有重版的价值? 我于是用'铲除'的手段,大大地'铲
除'一番,把许多送入'坟墓'里去,让它'千古'吧。还是一小部分比较稍稍像
样的,留下了四十七篇,占原有篇数百分之十四强,不及原有篇数五分之一;共
约九万余字,占原有字数百分之二十六,不及原有字数三分之一。这样,把四
五年间在《生活》周刊上做的《小言论》,选编成了《小言论选集》(其实已是选集
的选集)。"(全集第 6 卷第 334 页)

《〈萍踪寄语选集〉弁言》(2 月 23 日夜记于艰危中的大众生活),收入单行本。
1936 年 3 月生活书店上海初版。(全集第 6 卷第 344 页)

《〈萍踪寄语选集〉弁言》摘要:

"《萍踪寄语》第一、第二、第三,共三集,是我旅欧两年间的通讯,共一百三
十一篇,三十七万余字。""篇幅既多,购阅者或感不易,为便于读者计,所以又
从这三集中选择在内容上比较更为重要的三十六篇,约十一万余字,编成这本
《选集》。""我把这本小小的《选集》贡献于读者诸君,倘能由此使国人里面有更
多的人了解世界的大势,看到别人的流弊,看到别人的优点知所取法,那便是
作者所最欣幸的事情了。"(全集第 6 卷第 344—345 页)

4 月 1 日　《萍踪忆语(一四)"金圆王国"的劳动青年》,载《世界知识》第 4 卷第
2 号,收入《萍踪忆语》。(全集第 7 卷第 385—392 页)

《萍踪忆语(一四)"金圆王国"的劳动青年》摘要:

"美国的劳动青年约有一千一百万人。这样大的数量,在美国劳工运动上
占着很重要的位置,那是很显然的。""在这里面,尤其值得我们注意的是在二

十岁以下的五百万劳动青年,因为这一大队的劳动青年被老板们所雇用,做的尽管是和成人做的同样的工作,而所得的工资却远在成人工人的工资之下,老板们所榨取的利润就更多,也就是这数百万劳动青年被剥削的程度更深刻了。""但是美国的男女劳动青年却不是坐待宰割的,近两三年来参加前进的政治组织,共同努力于实际斗争的一天多一天,一面努力于根本解决的社会革命,一面努力于当前要求的获得。关于他们的当前要求,重要的有如下的几项:(1)十八岁以上的青年都应该有一切的选举权。(2)废除十四岁以下的童工,现在已被雇用的这样的童工,应由政府拨款维护。(3)十八岁以下的一切青年工人,每日做工六小时,工资照全日例付给。(4)同等的工作须付给同等的工资,不许有夜工,不许做件工,不许做危险的职务,不许'赶快'。(5)在工厂中设立工艺学校训练青年工人,但这种学校须交由工人管理,对于受训练的青年工人须照常例付给全部的工资。(6)十八岁以下的一切青年工人每年须有四星期的例假,工资照给。(7)政府须为一切工人实行社会保险,包括工作上的伤害、疾病、失业、老年和生产(指女工)等等的救济金;保险费须由工人管理。(8)青年工人每星期的工资不得少于二十圆。(9)黑种工人须享得同样的社会的、经济的和政治的平等权利。(10)现在用于准备军事和战争用的一切经费,都须用来救济失业,工人们共同起来反对统治阶级的黩武主义。他们积极地在争得当前要求的实现过程中,推动社会革命运动的前进。这是金圆王国劳动青年的最近动向。"(全集第7卷第386—392页)

4月16日 《萍踪忆语(一五)教会和劳工》,载《世界知识》第4卷第3号,收入《萍踪忆语》。(全集第7卷第393—400页)

《萍踪忆语(一五)教会和劳工》摘要:

"在工人们反抗压迫的伟大运动中,教会在事实上所表现的总是利用它的势力和种种方法拥护权力在手的反动的统治阶层。""教会的教义和仪式便是很有力量的工具,在工人中间养成顺从屈伏的态度。""统治者建立有益于他们的社会秩序的规则,使他们所剥削的工人要服从他们的规矩,教会所倡导的超自然的势力,也是要使工人服从这种规矩,否则便有超自然的势力要责罚不驯的工人。""工人们所受的许多苦痛,教会并不把这些事实归根于经济的和政治的原因,却认为是人类品性的'罪恶Sin'!""他们不愿想到人的生活是由于他的职业、他的工资和他的这些事实所允许的环境所决定的。教会的说教,却偏要说在经济和政治的制度能被改变以前,必须先改造个人才行。他们这样的主张不但不合于科学的事实,而且是有意破坏人们对于改变经济和政治制度

的努力。"（全集第 7 卷第 393—394 页）

4 月 19 日 《舒新城日记》摘录：

"晚八时半乘车返沪。车中遇徐百新（注：系徐伯昕之误），悉韬奋之《大众生活》因受压迫停刊。初停时杜月笙欲彼去南京谒蒋介石院长，说明其立言本旨。彼以政府本预备抗日，不过目前因时机未至，不便明言，则彼此主意相同。现在谅政府苦衷自动停刊，俟将来实行抗日时，再行复刊可也。故无会谈必要。彼仍居上海著作。"（1987 年《出版史料》第 3 期）

是月 潘汉年、胡愈之从莫斯科回国，途经法国巴黎时，接韬奋从香港来电，要胡速回港帮助筹办《生活日报》。胡与潘商量，潘认为报纸不能再搞反蒋宣传，应由反蒋抗日向联蒋抗日转变。胡电邹："等我回香港后再'择吉开张'。"（胡愈之《我的回忆》第 35 页、《潘汉年史料简编》第 54 页）

5 月初 潘汉年、胡愈之回到香港。潘受共产国际委托到国内和国民党谈判停止内战，共同抗日。回到香港，他立即开始执行回国使命，按照在莫斯科和邓文仪约定的联系办法，给国民党陈果夫发出信件，要他派员到香港联系。胡向韬奋介绍了共产国际关于建立国际反法西斯统一战线的方针，认为我们报纸的宣传也应由反蒋抗日向联蒋抗日转变。在香港逗留、等待南京方面回信和上海方面情况反映时，潘汉年不失时机地拜访或约见了在港的各方面人士，包括救国会在港的成员邹韬奋、陶行知、原十九路军将领陈铭枢、蒋光鼐等。当时他接触比较多的是国民党的组织部副部长张冲。（胡愈之《我的回忆》第 35—36 页、300 页，《潘汉年传》第 153 页）

5 月 1 日 《萍踪忆语（一六）美国劳工的社会保险》，载《世界知识》第 4 卷第 4 号，收入《萍踪忆语》。（全集第 7 卷第 400—407 页）

《萍踪忆语（一六）美国劳工的社会保险》摘要：

"近两三年来由美国最前进的政党的领导，社会保险运动已在积极开展了。他们主张社会保险的经费应完全由政府和雇主担负；对于工人的失业，老年，生育（指女工）、寡妇、疾病、伤害、残废等等，都须有保险的切实办法；应受社会保险款项的工人，不应仅受度饥的微薄救济金，应得等于一般工资的数量；关于一切社会保险经费的管理权，都须从雇主阶层的手里移到工人们直接选出的工人委员会主持。他们深信要使资本主义的政府允许实施这样的社会保险计划，非经过劳工阶层的激烈斗争，决不是轻易可以得到的。他们的第一个步骤是全国工人大众的总动员，和资本主义的顽强势力斗争。这种斗争，近二三年来已弥漫于全美国了，就是最顽强的南方，也已被这伟大的势力侵入了。""每一次受到统治阶层的爪牙的军警压迫，便更使他们减少对于现统治者

的幻想,更坚强他们的斗争决心。他们这种斗争,非得到最后的胜利,是决不会停止的。"(全集第7卷第407页)

5月16日 《萍踪忆语(一七)德谟克拉西的教育真相》,载《世界知识》第4卷第5号,收入《萍踪忆语》。(全集第7卷第408—415页)

《萍踪忆语(一七)德谟克拉西的教育真相》摘要:

"'德谟克拉西'尽管有种种的解释,但至少应该是平民化的,是大众化的,我们试先就这一点看看美国的教育怎样。在表面上说起来,美国的义务教育有九年,有六七年的小学和三年的初中,都无须学费,市立的高中和州立的大学也有很多无须学费,利润的掠夺者便说美国的教育确是'自由而平等'("free and equal")的了。但在事实上占着大多数的劳工界的儿童仍然得不到平等的机会,他们仍受着经济的逼迫,不得不提早离开学校。""资本主义的社会,为巩固他们的利润制度起见,金融资本家和大商人等,对于教育也是要尽力抓在他们的统治势力下面的。美国的著名作家辛克莱尔在十几年前著有《鹅步》("Goose Step")一书,叙述统治阶层和他们的代理人怎样控制教育:大学董事部的人物怎样是他们的走狗,大学校长怎样做他们的工具,新思想的输入,怎样受他们的压迫,教材的内容怎样麻醉青年。其实这本书还是可作为美国现今高等教育的写真。不但大学,一般学校都被统治阶层,也就是资产阶层,作为麻醉青年的机关。"(全集第7卷第408页、413页)

5月21日 《匆匆过去的一天》,收入茅盾主编《中国的一日》。(全集第6卷第350—351页)

《匆匆过去的一天》摘要:

"在这'一日'出门所见的,街道上熙来攘往的都是中国人,穿着制服指挥车辆的警察是中国人,在电车里伸手叫你买票的是中国人,开电车的是中国人,由车窗里望着出去的两旁店铺里的伙计们是中国人,乃至在马路上弯着背脊骨拖着黄包车过着牛马生活的也是中国人!这样道地十足的中国人所建造的中国的环境,为什么不该是中国的呢?当然,有的地方也不无一些异样,例如你在乘客打了招呼才停了车的电车站,可以看见电杆上的珐琅牌子上面写着什么'如要停车乃可在此'的似通不通的奇异的华文句子(译自英文"Car stops here if required"),在报上可以看到中国的'太平绅士'(这是香港称中国在港的"绅士"们很通行的一个名词)称这里的统治者——英国的高级官吏——口口声声不断的'宪台大人'!""像我们这样靠着两只手混饭吃的人,自己或家人真生不得病!我的妻子因患腹瘤,刚在医院里经过手术,通宵叫痛,我因为这医院里要在晚间雇一个看护照料，一夜要八块大洋钱，我实在请不起，只得自己来充数，'五月廿一日'这一清早，正在做着一夜的'看护'之后，筋疲力尽，和将死的人差不多。白天还要赶出去料理筹备办报的事情。事情虽繁，但是因为同事们都充满着热烈的情绪，同情的态度，高兴的心情，所以工作竟好像是我的休息。""匆匆把公务料理之后，傍晚又赶回医院去干我的'看护'生涯。乘着电车经过这里英国人的坟地，瞥见大门左右一对石柱上写着两句话，什么'今夕吾躯归故土'，'他朝君体亦相同'！这给我的'印象'简直是在很恳切地希望我们提早翘辫子，我却觉得还有许多事要干，且慢！"（全集第 6 卷第 350—351 页）

在全国各界救国联合会成立以前，蒋介石先后"召见"邹韬奋、沈钧儒、章乃器、李公朴谈话。章乃器回忆说："蒋介石这一手是'先礼后兵'的'礼'，是流氓社会先给面子、后给颜色的'面子'，是后来逮捕我们的先奏。但当时，我们一点都没有警惕到。我们被捕后，蒋果然说：'我对他们是很客气的，谈了话还请他们吃饭；可是他们反而闹得更凶了，所以只好逮捕了。'"（章乃器《我和救国会》（1976 年 12 月 17 日），收入《救国会》第 438—439 页）

5 月 31 日至 6 月 1 日　全国各界救国联合会成立大会"在上海圆明园路 169 号全国基督教协进会礼堂秘密举行，到华北、华中、华南各地六十多个救国团体和十九路军代表七十多人"。会议听取各地代表的工作报告，通过"全国各界救国联合会章程和成立大会宣言，并通过《抗日救国初步政治纲领》，选举宋庆龄、何香凝、马相伯等四十多人为执行委员"，韬奋被选为执行委员。"沈钧儒、章乃器、李公朴、史良、沙千里、王造时、孙晓村、曹孟君、何伟等 14 人为常务委员。""全救会的宗旨是'团结全国救国力量，统一救国方案，保障领土完整，图谋民族解放'。现阶段的主要任务是促成全国各党各派的团结合作，共同抗日。"时"韬奋去了香港，没有参加这次会"。（胡愈之《我的回忆》第 35 页，陆诒《抗战前夕的救国会》，收入《文史杂忆》上海文史资料选辑第 75 辑第 134 页，沙千里《漫话救国会》第 14 页）

6 月 1 日　《萍踪忆语（一八）杂志国》，载《世界知识》第 4 卷第 6 号，收入《萍踪忆语》。（全集第 7 卷第 415—422 页）

《萍踪忆语（一八）杂志国》摘要：

"提起美国的定期刊物，我们很容易想到美国所出杂志的繁多和销数的巨大，很够得上'杂志国'的徽号，在其他资本主义的国家，也许没有和它比得上的。仅就纽约一处而论，在该处出版的他们所谓'普通杂志'（Popular Magazine），就有 90 种之多。""有一种杂志值得提到的，名叫《今日的中国》

（*China Today*），是极表同情于中国民族解放斗争的一班美国人所组织的中国人民的美国朋友社所办的。这个社原称中国人民之友社，后因有人造谣，说这是在美国的中国人自己干的把戏，其实确是同情于中国革命的美国人组织的，所以索性改用现在的名称。《今日的中国》月刊就是该社所办的。依该刊的名称，一望而知是专评述中国问题的。我到美国后，才知道美国比较前进的分子，对于中国的民族解放斗争实具有非常深厚的同情和希望，对于中国革命进展的最近实况，尤富有探询和研究的浓厚兴趣。他们所知道的关于中国的重要消息，大概都由《今日的中国》得来。我曾由美国朋友的介绍，和《今日的中国》的一位编辑畅谈。他对于中国革命的热诚，对于中国民族解放的迫切的热望，简直使我感到惊异而惭愧！他认为中国的革命成功必然地要影响到全世界的革命运动，也必然地要影响到美国的革命运动，因此他们对于中国的革命运动具有异常诚挚的希望。我在他的谈话中看到他们关心中国的事情，比一般的中国人实胜过千百倍。他们给我的印象，是使我更深切地感觉到中国的民族解放斗争，在世界上绝对不是孤立的；我们在这方面实有伟大力量的无数的友军！"（全集第7卷第415页、421—422页）

6月2日 沈钧儒、章乃器亲自将全国各界救国联合会的宣言和初步政治纲领等文件面交上海市长吴铁城。（陆诒《抗战前夕的救国会》，收入《文史杂忆》上海文史资料选辑第75辑第134页）

"全救"的成立，使国民党惊慌。全国性组织的出现是他们不能容忍的。上海市长吴铁城通过他的秘书长李大超，打电话"邀请"沈钧儒、邹韬奋、李公朴、章乃器四人到市政府便餐。"饭后，吴铁城便谈起'全救'的事情，说我们要组织抗日政府，就是要推翻国民政府。我们请他冷静些，不要听信特工人员的情报，无事生非；'市长既然说政府是要抗日的，那末，现政府就会转变为抗日政府，有什么推翻另组的可能和必要呢？'他说：'你们有了全国性的组织，又有独立的主张，那就是对抗国民政府的，那不是要另组政府又是什么呢？现在我宣告你们的全国各界救国联合会为非法，命令你们：一、立刻写好通告解散全国各界救国联合会；二、把所有印刷品送到市政府来，以备销毁。否则今天便把你们拘留起来！"他还用嘲笑的口吻说："嘻，你们要做民族英雄吗？那就让你们尝尝民族英雄的滋味吧！""我们从容镇定地回答他：'全国各界救国会联合会，如同它的名称所表示的，是全国各地的救国会的代表联合组成的，我们没有权力解散它；印刷品已经统统发出去了，没有留存的了。市长要逮捕我们吗？那应当依法由法院出拘票来拘捕。市长邀我们来吃饭，就把我们扣起来，这绝不是市长所应该做的，传出去是要闹笑话的。'我们还特别愤慨于他的用嘲笑姿态对待民族英雄,我们不约而同地集中火力攻击他这一点。我们说:'国难深重,市长不嘲笑汉奸卖国贼,而嘲笑起民族英雄,这使我们感到吃惊! 市长难道怕民族英雄太多吗? 民族英雄有什么罪过?'"吴铁城看到我们没有被吓倒,而他的'失言'倒被我们抓住了,有点窘了。"(章乃器《我和救国会》1976 年 12 月 17 日,收入《救国会》第 439—440 页)

6 月 5 日　上海市长吴铁城在全市大中学校长的茶话会上,公然诬蔑威胁救国会,称:"现在有少数野心家,组织了一个什么全国各界救国联合会,这里面不过是二三十个人在那里包办说得上什么全国联合会呢? 这个团体简直是一个反动的东西。现在除了汉奸而外,谁也知道要救国。真正救国的工作,不是几个文化人做几篇文章就能办到的。救国乃是一个军事行动。现在政府在那里苦心孤诣的准备,军事秘密和外交秘密有不能向大家公布的苦衷,我们应该诚心的相信政府,服从政府,使他能以全力对外,如果我们不相信政府,使政府又要分心来'安内',这是很不好的。"(《救亡情报》第 6 期,1936 年 6 月 14 日,收入《救国会》第 200 页)

6 月 6 日　"夜里我一夜没有睡,自己跑到印刷所里的工场上去。我亲眼看着铸版完毕,看着铸版装上卷筒机,看着发动机拨动,听着机声隆隆,——怎样震动我的心弦的机声啊! 第一份的《生活日报》刚在印机房的接报机上溜下来的时候,我赶紧跑过去接受下来,独自拿着微笑。那时的心境,说不出的快慰的心境,不是这支秃笔所能追述的。""我和我的苦干着的朋友们的心血竟得到具体化,竟在艰苦困难中成为事实,这在当时的我实不禁暗中喜出了眼泪的!"(全集第 7 卷第 264 页)

6 月 7 日　《生活日报》在香港创刊,《生活日报星期增刊》同日出版。每日销两万份左右,比当地销数最多的日报多三倍。韬奋任社长兼主笔,毕云程任经理,金仲华任总编辑,新闻编辑兼外电翻译恽逸群,副刊编辑柳湜、林默涵,甘伯林任营业部主任。胡愈之协助韬奋主持社务。(《生活书店史稿》第 421 页)

同日　《〈生活日报〉创刊词》(署名本社同人,收入《坦白集》)、《怎样前进》(署名编者)、《前进、先进与后进》、《〈生活日报〉创刊号编者的话》(6 月 6 日作),载香港《生活日报》创刊号。(全集第 6 卷第 672—673、352—353 页、353—354 页、355—356 页)

《〈生活日报〉创刊词》摘要:

"本报的产生正在中华民族危急存亡最迫切的非常时期。在这样的非常时期,凡是中华民族里面不愿做奴隶的每一分子,都有他的对于民族应负的特殊任务,在舆论界服务的报人们同样地也有着他们的特殊任务。""以全国民众的利益为一切记述评判和建议的中心标准。""本报的两大目的是努力促进民族解放,积极推广大众文化,这也是从民众的立场,反映全国民众在现阶段内最迫切的要求。""我们做中国老百姓的人们,不管张三李四,不问何党何派,在行动上抗敌救国的便是全国民众的好友,在行动上降敌卖国的便是全国民众的仇敌;今日在事实上表现抗敌救国的是友,明日在事实上降敌卖国,就即时是敌。""民族解放运动所争取的是民族大众的利益,所以必须唤起民众,共同奋斗,揭破汉奸理论的麻醉,制裁汉奸疯狂的行为,灌输抗敌救亡的知识,指示抗敌救亡的实践。"(全集第6卷第672—673页)

《怎样前进》摘要:

"我们不能在歧途上彷徨,也不由我们站着不动,后退更是死路。无论在我们的民族,我们个人,今日都是这样。我们只有一条路走,是前进。但是我们要问问我们怎样前进?""前进,不能是瞎碰,乱窜,要找到自己的生路,路找着了,但路途是艰险的,还不能不商量怎样走法。我们今日固然要向我们的民族,我们个人,大呼前进,但同时在一面走中,要冷静的大家来商量怎样前进。""要对于方向有个正确的认明,对路的走法有计划,有讨论,同时还要坚毅勇敢,前进,要是在这样的坚信下发出的一个口号,不能是一种空洞的希望,抽象的鼓励,仅仅是一个美丽而带夸耀性的名词。""《生活日报》诞生在今日,是以喇叭手的资格,高喊当前民族应走的道路,怎样走法。""在总的原则上,它是以讨论救亡运动中一切理论与战术为中心。抱住这一个中心,我们敢担保,'前进'不会变为干燥无味的东西,而是活鲜鲜的,与每一个个人都有关系,与他的公生活,甚至私生活都有紧密的关联。""这里要讨论国家的一切大事,对敌人的策略和战术,救亡的基本理论,民族统一战线的组织,国难教育,以及批判一切的亡国论及有害民族解放的谬说。"(全集第6卷第352页)

《前进、先进与后进》摘要:

"所谓前进是向前进步,和开倒车是对立的。先进的人是向前进,后进的人也是向前进,差异之点不过是时间上的先后罢了。""但是先进的人往往犯着一个大毛病,那便是不再前进,或者时代的巨轮进得很快,而他却在后面踱方步,这样便赶不上时代,成为时代的落伍者。""先进不但有开倒车的危险,而且易于自大自满,老气横秋,嫉视后进的恶习惯。他不但自己开倒车,同时还要痛恨别人不跟着他开倒车。换句话说,他自己不想前进,同时还要希望别人也不要前进。这种心理也很简单,因为别人前进了,他当然要失却先进的地位。这种心理要不得,那是没有疑问的。"(全集第6卷第353—354页)

《〈生活日报〉创刊号编者的话》摘要:

"我们希望每一个读者都和本报非常熟悉,对于什么新闻是在什么地方,什么文字是在什么版上，以至什么爱读的材料应往那里找，都要弄得非常清楚。""我们再就新闻与文字材料的性质，分配与十二版。""第一版：要闻"，"第二版：国内新闻"，"第三版：粤闻侨讯"，"第四版：国际新闻"，"第五版：特约通讯"，"第六版：特载"，"第七版：副刊'前进'"，"第八版：读者信箱"，"第九、十版：本港新闻"，"第十一、十二版：体育新闻"。"这样分配的地位，也不是完全固定，以后可以随着情形的需要而增减或移动的。在读者大众发见有甚么缺点或不方便的时候，请随时来信指示，我们当尽量设法改进。"（全集第 6 卷第 355—359 页、365—367 页）

同日 《艰苦奋斗》（收入《坦白集》，补题《〈生活日报星期增刊〉创刊词》）、《评两个主义》（署名因公）、《社会科学研究法》（署名落霞）、《真理》（收入《韬奋时事论文集》，1939 年 3 月中流书店版。）、《民族解放与人民阵线》（署名编者，收入《坦白集》），载香港《生活日报星期增刊》第 1 卷第 1 号。（全集第 6 卷第 620—622 页、357—359 页、360—363 页、363—365 页、603—609 页）

《艰苦奋斗》摘要：

"凡是做中国的人，眼见中国民族危亡的急迫，民族敌人和汉奸卖国贼的横行，没有不痛心疾首，悲愤填膺的。""不久以前，日本贵族院议员三上参次公然在议会提出极端侮辱中国的提案，说为维持日本皇室的尊严起见，对中国之自称'中华民国'，实为有碍日本国体的尊严，应请外相向中国政府提出劝告，把'中华'改称'支那'！以身居国会议员的地位，公然对整个中华民族作毫无忌惮的侮辱，而在'中华民国'却只忍泪吞声，不听见政府有一个字的抗议，反而要天天谈着'提携'，哀求'亲善'，这类事实便是当前整个中国所处地位的象征。""不容怀疑地中国在实际上已陷为奴隶的国家，中国人民已陷于奴隶的地位。不愿安于奴隶地位的中国人，对于民族敌人和汉奸卖国贼，绝对不能再坐视了，必须迅速造成全民族抗敌救国的联合阵线，用热血的代价，英勇的行动，向着民族敌人和汉奸卖国贼猛攻。我们整个民族的生路，就靠这样艰苦奋斗中得来。"（全集第 6 卷第 620—621 页）

《评两个主义》摘要：

"为民族解放斗争很大障碍的有两个主义：一个是准备主义，一个是等待主义。""准备主义的说法是主张中国要在军事上有了充分的准备才能抗敌救亡。全国民众的唯一要求是能拯救危亡日迫的国家，倘准备而果能达到这个目的，当然愿意领教的。""敌人得到了东三省，准备再进侵略我们，地盘扩大一次；得到了热河，准备再进侵略我们的地盘又扩大一次；得到了察绥，准备再进侵略我们的地盘又扩大一次。现在华北又全然成为他们再进侵略的最好的准备根据地了。""在这样的实际状况下面,他们的准备的地盘一天天扩大,我们的民族生命所靠托的区域一天天缩小,可见所谓准备主义,与其说是我国准备,不如说是协助敌人准备! 汉奸傀儡的出卖民族,固然是极可痛恨的,但是汉奸傀儡所以敢横行无忌,是靠着我们民族敌人的保镖。""和准备主义相辅而行的是等待主义。等待主义者认为中国目前应尽量屈服,等待到日苏战争发生或世界大战发生,然后利用机会,坐收渔人之利。他没有想到,也许明明知道,日本在进攻苏联之前,必须先把整个中国置在日本统治之下,也就是先灭亡整个的中国,然后才对苏联进攻。""等待日苏战争的说法,便是直截了当地坐待亡国!""所谓准备,所谓等待,只是准备亡国,等待亡国! 这是全中国不愿做奴隶的民众所不能容许的,所不应容许的!"(全集第 6 卷第 357—359 页)

《真理》摘要:

"真理永久是具体的,不是抽象的。这句话初听似乎颇不易懂,因为我们想起'真理'这个东西来,第一个印象便容易连系到抽象,觉得真理和具体并没有连在一块的必要。例如现在有些人跟着人喊'礼义廉耻',以为这是真理,是'行之百世而不惑,施诸四海而皆准'的原则,原则给我们的第一印象便是抽象的,不必有具体的联系。""可是凭空问我们该不该有'礼义廉耻',这个问句却不很容易回答。""中国当前是在受着民族敌人的疯狂的侵略和民族危机迫在眉睫的时代,全国大众所急迫要求解决的大问题是集中火力立刻发动民族解放斗争的问题,在这样严重形势之下,土地一天天被敌人不费力地宰割,人民一天天被敌人无限制地蹂躏,在平日升平世界所无妨从容高谈'礼义廉耻',在这个时候和这个境地便不该再那样从容高谈着。况且就是讲义讲耻罢,在此时此地应讲的义,应讲的耻,应该是不容坐视民族的沦亡和人民的遭受摧残,否则便是大不义,最无耻!"(全集第 6 卷第 363—364 页)

时,刘少奇在天津主持中共中央北方局工作,获悉《生活日报》即将在香港出版的消息,于 5 月 24 日化名"莫文华"给韬奋写了一封长信,摘要:

"听说你们的日报就要出版,并附有星期增刊,非常愉快。我写这封信的时候,虽还未能读到贵刊,但是因为看过你们以前所编印的刊物,深信贵刊是很值得珍爱的;因此就觉得似乎我有权利先向贵刊贡献意见。""我觉得贵刊应担负促成解放中国民族的伟业,而目前的中心问题是民族解放的人民阵线之实际的组织。贵刊应将全部精力聚集于此。""救亡的人民阵线应是极广泛的民族统一战线,应是全民族抗敌反卖国贼的各阶层联盟。从最进步的阶层及其政党的武装力量起,直至最落后的同乡会宗教团体与部分反敌的地主、军人、官吏、资本家、名流学者,都应包括在人民阵线之中。""贵刊就应该来担负这一艰巨而伟大的组织工作。""侵略主义在中国的势力比一九二七年有十倍的加强,民族危机已达到亡国灭种程度,这已成为全国各阶层人民之政治经济生活的中心,民族独立的思想和要求,是超过其他一切问题在全国人民面前被严重的提出来。""这时候谁能在民众面前正确解答这个问题,谁就能获得民众的信仰。""反之,谁忽视这个问题,降低这个问题的严重性,谁就要落在民众后面,不齿于民众。""我觉得你们在组织人民阵线时,应根据上述分析,更大胆些,更放纵些,把门完全打开! 抛去一切狭隘的对人'不容忍'的傲慢的废物,不管什么党派,什么团体,什么样式的个人,你们都要招致来,在抗敌救国共同目标之下,联合起来。""总之,我以为你们的火力应放在亲敌汉奸身上,其余你们应尽力使他们站在中立、同情和赞助你们的地位上来。""我认为贵刊应成为救国人民阵线的指导者与组织者;成为千千万万各种各色群众的权威的刊物。"(全集第 6 卷第 603—607 页)

《民族解放与人民阵线》摘要:

"莫先生的这封信对于'民族解放人民阵线'有着剀切详明的指示,和我们的意思,可谓不谋而合。""我们以为谁能把握着领导权,是要看事实上谁能坚决地英勇地领导救国运动,这是要由实际行动决定的事实问题,不是空谈领导权应该归谁所能决定的问题。在这样亡国灭种大难当前的时候,谁能在实际行动上领导全国造成联合阵线,领导权便必然地自然地归到那方面去。倘若因为怕失却领导权而袖手旁观,置身于民族联合阵线之外,那就永远和领导权无缘接近;倘若因存着成见,不愿领导权被谁拿去,因此而置身联合阵线的外面,或甚至有破坏联合阵线的疯狂企图,那领导权也仍然要论到在实际上能领导救国运动的方面,无论你愿不愿,在事实上是不相干的。""在中国的人民看来,最急要的问题是救亡,不要再管何党何派;即在任何党派,国家亡了,什么主张都徒然的。即就政权在手的国民党说,华北被敌人侵入以后,国民党的领袖孙先生的遗照就不许悬挂,孙先生的遗嘱也没有人再敢在那些地方高声朗读,国民党的三民主义也不得不三缄其口,党部也只得关门大吉了,所以现在应该不论何党何派,要立刻在民族解放阵线的大目标下,集中力量,抗敌救亡。""有人还不免有一种怀疑,认为联合阵线也许是某党某派的手段,在手段后面还另有该党该派的目的。有着这样的疑虑,也是联合阵线的另一个障碍。""看了上面的分析,便知凡是真能坚决努力于造成民族联合阵线的,救国便是他的真诚的目的,决不是用什么欺骗的方法来达到甚么另外的目的。只有那些很怯懦地只怕民族联合阵线造成后,自己的党派要被消灭的,那才是有着另外的目的——党派自私自利的目的——置国家民族的存亡于不顾。""任何党派有着这样的顾虑,便足以证明该党派是在老实承认他们是在出卖民族利益以保全一党一派的利益,即一党一派的利益是否真能保全,还是另一问题。""民族联合阵线是有利于民族的,同时当然是不利于民族利益的任何党派。至于本来不属于任何党派的中华民国的国民,如因为受着这样自私自利的党派所麻醉,减少他对于民族联合阵线的热诚,那更是愚蠢达于极点了。这当然也是联合阵线的一个障碍。"(全集第 6 卷第 607—609 页)

6 月 8 日 《民众的要求》(收入《坦白集》)、《〈生活日报〉第 2 号编者的话(续完)》,载香港《生活日报》第 2 号。(全集第 6 卷第 622—623 页、365—367 页)

《民众的要求》摘要:

"民众所要求的是真正的彻底的抗敌救国,但怎样知道是真正的彻底的抗敌救国呢? 至少有两个条件:一个是开放民众的救国运动,还有一个是在救国目的未达到以前,绝对没有妥协的余地。""民众救国运动的解放,是真正的彻底的抗敌救国的第一块试金石,第一个象征。在民众方面,诚然要实现真正的彻底的抗敌救国,第一步必须争取民众救国运动的自由权。""抗敌救国是最伟大的,也是最艰苦的事业,需要坚决持久百折不回的努力奋斗。""为什么要坚决持久百折不回的努力奋斗? 为的当然不是任何个人或任何集团的利益,却是要使得全国民众所托命的国家民族获得自由平等的地位;在这个目的未达到以前,不应该妥协。这理由是很显然的,真正的目的既在抗敌救国,在敌未退而国未救以未,为着什么要妥协呢? 所以是否真正的彻底的抗敌救国,要看是否中途妥协。中途决不妥协,那才是真为着抗敌救国而迈进,否则便表示另有其他的动机。这可说是第二块试金石。"(全集第 6 卷第 622—623 页)

6 月 9 日 《北平学生的英勇奋发》(未署名),载香港《生活日报》第 3 号。(全集第 6 卷第 367—368 页)

《北平学生的英勇奋发》摘要:

"据北平传来电讯,北平各校学生连日在警察监视之下,出发讲演,劝各商店不要购买私货。这虽是寥寥几句简单的消息,但是我们如想到华北在侵略者残酷蹂躏的铁蹄之下,各校学生不顾那样危险的环境,再接再厉地干着救国运动,便可以想象得到他们是怎样地英勇奋发,只知有国家民族的利益,不知有个人的安全。我们对于这样英勇的,纯洁的,为救国运动而艰苦挣扎的青年斗士，不能不感到无限的敬意。""走私的猖獗，不但破坏了中国的经济基础，同时也破坏了其他各国在华的贸易，所以抵制劣货运动的扩大，还可以得到国际的同情。我们应该运用国内外的直接间接的联系因素，努力推进，并扩大民族解放运动的阵营。"（全集第 6 卷第 367—368 页）

6 月 10 日　《民众与国难》（未署名，收入《坦白集》）、《大家送稿子来——给全国同情本刊的朋友》（署名编者），载香港《生活日报》第 4 号。（全集第 6 卷第 623—624 页、369—370 页）

《民众与国难》摘要：

"我们深信国难的解决要靠全国民众团结起来共同奋斗，决不是可以靠几个'英雄'，也决不是可以靠任何一党一派的少数人。""所以真有诚意救亡图存的当局，对于民众的伟大力量，不但不轻视，不但不压迫，而且要认为这是基本的国力所在，要特别加以卫护。""民众对于国难的拯救既有着这样的密切关系，所以民众对于国难应有正确的态度与观察。""所谓正确的态度，是应该明白国难的拯救是要经过异常艰苦的历程的——尤其是中国今日的情形，民族的内外敌人对于中华民族的生命作空前的严重摧残，我们要突破重围，死里求生，非有坚决苦战的意志和不怕艰难的精神，是无法达到我们的目标。因为这个缘故，我们不应因一时一事的偶然失利，便心灰意冷，徒作无谓的悲观。我们对于救国这件大事，应各尽所有的力量，作持久的努力奋斗，在中华民族未达到自由平等的地位以前，无论遇有何种困难，无论遇有何种失利，我们只有克服的一条路，决无回缩或畏惧的余地。换句话说，我们只有排除万难，向前迈进。"（全集第 6 卷第 623—624 页）

《大家送稿子来——给全国同情本刊的朋友》摘要：

"我们要的稿子实在也是多方面，不是在征稿启事上说得尽的。不是编辑者在编辑室里作者在书斋中想出来的东西，而是从四方八面，各社会层发出的问题，写出的实感，事实和意见，并且，就是在形式上，也真正是大众的。""我们极需要：各社会层，各职业圈的人将实生活写给我们，将私人生活和生活抗争的实况报告我们。这里发生了什么问题，你对某一件事，某一个问题，有什么意见，提出来和我们讨论。不管作家，非作家，写得通，写不通，只要材料真实，我们可以代他写过。同时自然盼望各方面的作家，用文字，绘画木刻，各种形式，写出你生活中，感觉中，觉得不能不写的东西，整个的，片断的将它写出来。""《前进》的编者当忠诚的为一切朋友工作，使大家前进，《前进》变为真正大众的刊物。"（全集第 6 卷第 370 页）

6月11日 《一致步骤与整齐行动》(未署名),载香港《生活日报》第5号。(全集第6卷第371—372页)

《一致步骤与整齐行动》摘要:

"我们一向就主张中华民族要达到解放的目的,不是靠一二'英雄',也不是靠一党一派的少数人,必须用整个民族的抗战力量来对付的。所以就抽象的原则讲,一致步骤与整齐行动原是我们做中国国民的人所欲求而不得的。""不过这里有个很重要的事实问题,不是仅仅用抽象的原则所能含糊过去的,那便是一致步骤与整齐行动是否真在向着'解除国难'的方面,还是向着加深国难的方面。""这个问题不是空言所能解决,非'体察客观事实'不可。""要根据我们当前所有的事实,看看是在解除国难呢,还是在加深国难?""我们不反对而且赞成一致步骤与整齐行动,但却要注意是否能'解除国难'。"(全集第6卷第371—372页)

6月12日 《救亡问题与二中全会》(未署名),载香港《生活日报》第6号。(全集第6卷第372—374页)

《救亡问题与二中全会》摘要:

"当局果有诚意响应全国的救亡意志,唯一的办法只有立刻发动民族解放的英勇抗战。全国民众痛心疾首于国土日削,屈辱无穷,愤慨悲愤的情绪已达极点,无论老幼男女贤愚,都只有一个意志,绝对不是什么会议所能缓和的了。""侵略者已沦陷了我们的半壁山河,现今还在作加速度的继续侵略,是否可用伏地哀求的方法所能救济,这还有什么疑问吗?""国难日益加紧的期间已有了四五年之久,在这四五年的长时间,对于抗战的策略应该有着相当的准备了,还要等待二中全会才开始检讨吗?""依当前的客观事实,形势急迫,也不能等待从容开会谈论。日本增兵华北,居心何在,谁都知道;更残酷的侵略行动即将随时爆发,是很显然的。残酷的侵略行动,只有用坚决的抗战行动来答复,即使七月十日的二中全会开得成,也不是这样急迫的形势所许可的了。我们尽管想尽和缓的方法,我们的民族敌人却尽管实行他们的激进的侵略计划;我们愈退却,他们愈推进;等他们用激进的侵略计划推到整个的中国,我们的抗战力量等于零,这时候虽欲从容坐在安乐椅上开着无数次的会议,也不可能了!"(全集第6卷第373—374页)

6月13日 《消弭内战的唯一途径》(未署名,收入《坦白集》),载香港《生活日报》第7号。(全集第6卷第625—626页)

《消弭内战的唯一途径》摘要:

　　"消弭内战的唯一途径是发动民族解放抗战的一致对外行动。在这样一致对外的行动之下,任何为私人私党争权夺利的内战,都必然地要为全国民众所唾弃,因此都必然地无法支持下去。倘若我们只是在口头上表示不愿有内战,只是怕内战,只是叹息痛恨于内战,而不从这个根本的途径上消弭内战,那在事实上仍然是无用的。""我们不要忘却,我们的民族敌人得寸进尺的激进侵略,今天一大块国土,明天又一大块国土,继续不断地毫不费力地拿去;一方面增加他们的作战资源和走狗汉奸,一方面也是消耗我们整个国力的毒计。""我们要明白,外敌的侵略不是哀求所能阻止,本国的内战也不是空言所能消弭。消弭内战的唯一途径,是一致对我们的民族敌人抗战。"(全集第 6 卷第 625—626 页)

　　6 月 14 日　《读上海各大学校长电》(未署名),载香港《生活日报》第 8 号。(全集第 6 卷第 374—375 页)

《读上海各大学校长电》摘要:

　　"诸先生'寒心'于'国家分裂之祸',我们也有同感,但是徒然'寒心'是'消弭'不了这个'祸'的。消弭内战的唯一途径是要立刻发动'人同此心'的一致对外抗战。而且讲到'国家分裂之祸',我们不要忘却东四省! 不要忘却华北五省! 不要忘却华南! 更不要忘却将被'分裂'净尽的整个中国!"(全集第 6 卷第 375 页)

　　同日　《前进思想与救国阵线》(收入《坦白集》)、《备战中的日本》(署名孤峰)、《街头讲话》(署名落霞)、《理论和实践的统一》、《召集国防会议前的先决条件》(署名编者,以上两篇收入《坦白集》)、《〈人民阵线的危机〉附言》、《〈谈《生活日报》〉附言》(以上两篇署名编者),载香港《生活日报星期增刊》第 1 卷第 2 号。(全集第 6 卷第 591—592 页,全集第 14 卷第 3—6 页,全集第 6 卷第 376—379 页、686—688 页、636—642 页、379—381 页、381—382 页)

《前进思想与救国阵线》摘要:

　　"救国统一阵线的唯一目的是在救国,凡是不甘做亡国奴的中国人,我们都该推动他,鼓励他,引导他来加入救国统一阵线,尽量贡献他所有的力量。在这里面,有的思想也许更前进一些,有的思想也许较后进一些,但是在负有推动、鼓励和引导任务的工作者,倘若不顾到受者的容受可能性,徒把自己的前进思想做标准,唱着高调——至少在受者看来是高调——那也许要使原可加入统一阵线的一个救国斗士吓得掩耳远避,不敢或不愿再领教了。这样一来,所得的结果是恰恰和你所期望的相反,反而阻碍救国统一阵线的扩大! 因为有些人也许对于你的救国宗旨可以赞成——只要他不是甘心做汉奸卖国贼，一定可以赞成的——但是对于你的'前进思想'却未能同意，尤其是离开他的容受太远的'前进思想'，也许还要引起他的反感，这是负有促进救国阵线任务的工作者所要特别注意的。""我们所尤其要提防的是有些装做'思想前进'而故意提出破坏救国统一阵线的过高口号，在旁人看来也许还要钦佩他的思想前进得厉害，不知道你正在上他的大当，正在中他的奸计。例如我们在目前应集中火力对付我们民族的最大的敌人，而他却大喊打倒一切帝国主义的口号，在表面上看来，好像他的思想很前进的，而在实际上，却只是破坏集中火力来对付我们民族的最大敌人，间接就是分散我们抗敌的集中的力量，严格说起来，也就是等于汉奸助敌的行为了！""前进思想原是可宝贵的，但这样破坏救国统一阵线的'前进思想'却是要不得的。"(全集第6卷第591—592页)

《理论和实践的统一》摘要：

"理论和实践是统一的，总是分不开的。换句话说，一个人所承认的理论和他的行为之间有必然的关系。这并不是说一个人的实践不会和他的理论发生矛盾，却是说倘若这两面有了矛盾，必有一个理由，而这个理由却是和实践有着密切关系的。""一个人自己在嘴巴上承认的所信仰的东西，未见得就是真正信仰的东西，甚至有许多人自己还莫名其妙，不觉得自己是在欺骗自己。""我们怎样能判断这个人究竟真正信仰什么呢？我们不能根据他所说的或是他所想的，必须观察他在行动上所表现的是什么。""如要知道他真正信仰什么，你必须研究他行动上的表现，不能仅靠研究他说些什么或想些什么。""这个原则似乎很简单明了，人人可以同意的。但是我们如把这个基本原则应用于实际，便有很重要的意义。例如我们对于任何政党，或任何集团，或任何个人，不能仅看了他们嘴巴上所承认的党纲或理想，便相信它是真确的，必须坚持地把他们所自认的理论和他们在行动上的表现比较比较。你如果要知道一个政党究竟代表了什么，你必须很不怕麻烦地仔细研究它在行动上的表现究竟是什么。""行动既然决定理论，我们要信任任何政党，我们所要注意的不是他们说要做什么，或想要做什么，却是在实际上他们做什么。不但我们对于任何政党要这样，对于任何集团或个人的观察，都应注意这基本的原则。""实践决定理论，真正的理论也有着领导行动的功用。所谓真正的动机，跟仅在表面上标榜着而实际上和实践不符的理论或动机不同，是指真有领导实际行动的理论或动机，虽则在行动者的本人有的是自觉，有的是不自觉的。倘若一个人不知道他的真正的动机所在，那末他的行动是盲目的，盲目的行动有着很大的危险性,因为理论是实践的眼睛。所以我们需要一个正确的理论来做行动的基础,同时要使实践和理论融合起来。"(全集第 6 卷第 686—688 页)

《召集国防会议前的先决条件》摘要:

"彬先生来信提出的召集国防会议前的几个先决条件:(一)立刻停止一切中国人杀中国人的内争;(二)必须争取人民的言论,出版,集会,结社,民众示威的绝对自由;(三)外交公开;(四)释放一切因爱国而被捕的同胞;(五)严惩卖国贼并没收他的财产;(六)联络以平等待我的民族和全世界的弱小民族,共同奋斗。""十年来给与中国的教训是倾全国的财力兵力,无法把'共''剿'尽,这是事实问题。""这样继续不断的闹下去,只是消耗全国抗敌救亡的力量;那末真要达到抗敌救亡的目的——全国民众在当前所急迫要求达到的唯一的大目的——立刻停止一切中国人杀中国人的内争,是事实上的需要。""要真正用全国力量来抗敌救国,非停止内战不可,不停止内战,便无法真正用全国力量来抗敌救国,那末在两者之间,你必须选择其一。""全国民众在当前的唯一要求是抗敌救国。反对继续中国人杀中国人的内争,为的也是要救国。""凡与这个唯一要求有妨碍的任何行动,都不能得到全国民众的拥护的"。"所谓救国联合阵线,它的最大的功用是能联合全国的各党派各阶层各职业界的所有的力量,集中在抗敌救亡这一件大事。""'必须争取人民的言论、出版、集会、结社、民众示威的绝对自由'和'释放一切因爱国而被捕的同胞'的两个条件,确是绝对必要的,因为必须这样,才能运用全国的力量来救这垂亡的国家。""在全国民众迫切地要求抢救国家民族整个生命的严重的形势下,无论何派何人,倘若仍然只顾到一人一派的私利,那无异睡卧于'厝火积薪'之上,等于自掘坟墓,终究不能避免自取灭亡的一条死路。""外交公开也是被侵略的弱小民族——尤其是被侵略的弱大民族——所需要的。""若用秘密外交来隐瞒民众,徒然减少敌方的顾虑,更放纵地肆其侵略,这是最大的失策。""制裁汉奸卖国贼,最基本的力量是在下层民众的广大的坚强的组织。""殷汝耕之流所以敢横行无忌,就因为在现状下,汉奸卖国贼,反而被优容,受保护,民众救国运动反而是有罪的;这样一来,民众的制裁力量被压倒的蹂躏摧残,弹冠相庆的汉奸卖国贼当然要大展他的出卖民族利益的伎俩了。所以这件事——严惩汉奸卖国贼——和民众救国运动的开放也有联带的关系。因为在全国救国民众有组织的制裁下,在救国怒潮狂发的紧张情势下,汉奸卖国贼是很难得到容身之地的。""联合世界弱小民族和以平等待我之民族共同奋斗,这也是一个很重要的条件。""我们在这抢救民族一线生机的最危迫的时候,所要切实注意的,是我们要集中一切实力对付民族最大敌人的侵略,同时对于其他各国当极力维持乃至增进友谊的关系。""我们当尽量运用全国英勇悲壮的共赴国难的一切力量,全世界对我们为正义而艰苦奋斗的同情的力量,把中华民族从惨痛的陷阱中救出来!"(全集第6卷第638—642页)

《〈人民阵线的危机〉附言》摘要:

"现在全国只有两个阵营,一个是救国的阵营,还有一个是汉奸的阵营,谁的阵营扩大,力量加强,便是相对立的阵营缩小力量削减。这两方面的消长,即是国家民族生死所系。凡是在行为上并没有表现出或是证实已经甘心做汉奸的,我们都应该推动他加入人民阵线,共同努力,只有那些在事实上已甘心做汉奸,那是民族的敌人,我们必须借大众的制裁力,作无情的坚决的制裁,决不可有所姑息,养痈贻患。所谓广泛的人民阵线,是尽量容纳全国的救国分子,不管他们所属的党派、阶层、职业等等,并不是对于汉奸的姑息宽容,一旦发现有汉奸事实的表现,当然要立刻加以严厉的制裁的。"(全集第6卷第380—381页)

同日 全国各界救国联合会向全国人民发表对时局紧急通电,要求当局"立示决心,领导于上……务使全国兵力,一致向外……发动内战者,则本会愿全国民众共弃之。"(《救国会》第108页)

6月15日 《华北局势愈严重》(未署名),载香港《生活日报》第9号。(全集第6卷第382—384页)

《华北局势愈严重》摘要:

"我们很沉痛地希望那些不顾一切对外抗战抢救危亡的急迫需要,而只是在'呼吁和平'上面埋头制造电文的先生们,稍稍抬起头来,看看华北局势的愈益严重化,看看我们的民族敌人是怎样地在那里猛进!""所谓三原则,是我们全国不愿做亡国奴的民众所早已坚决表示反对的,简单说起来,是'取缔排日'(就是压迫中国民众的抗日运动)、中日满合作(就是承认汉奸政权"满洲国"),和共同防共(就是利用这个藉口来用武力蹂躏全中国)。以前他们闹着叫我们承认这三个彻底亡国的'原则',现在索性是'强迫履行'了。华北现在的傀儡政权,在我们的民族敌人还觉得不够味儿,所以特再具体地提出'华北满洲国'的问题。""我们在'和平'中失去了东四省,现在是否又要在'和平'中坐视'华北满洲化'呢?这是我们当前所要毅然决定的急迫问题,不是大家用足劲儿'呼吁和平'所能济事的!""这里有一点尤其值得我们的特别注意,那便是:倘若我们再于'和平'中促成'华北满洲化',不仅是完全失掉华北五省的问题——这问题的本身就已够严重了——同时就是把这五省的战斗资源和凭藉送给了敌人，增强他们再进一步凶猛侵略的力量，同时也就是把这五省的战斗资源和凭藉从我们的抗战国力里减去，更削弱我们的抗战力量。""我们的民族敌人的目光是对着整个中国的灭亡"，"所谓'减低日货入口税'，便是破坏整个中国的经济；所谓'承认日本在华的特殊地位'，便是整个中国'满洲化'的另一种说法！""使人愤怒的是还只听见一片装饰门面的'呼吁和平'声！我们应该一方面避免内战，一方面立刻发动整个民族的对日抗战！"（全集第 6 卷第 382—384 页）

6 月 16 日 《大学校长准备日军拘捕！》（未署名）、《苦闷与认识》（收入《坦白集》），载香港《生活日报》第 10 号。（全集第 6 卷第 384—385 页、692—694 页）

《大学校长准备日军拘捕！》摘要：

"在上海各大学校长呼吁和平的电报发出未久以后，北平的北大校长蒋梦麟、清华大学校长梅贻琦等竟接到驻平日本军队方面备极侮辱威吓的警告，勒令各校长管束学生抗日运动，否则日军当拘捕各负责校长，以儆效尤。""中国一向伏地哀求到了今日，已由被强迫承认三原则的阶段进而到了被强迫履行三原则的阶段了！三原则的第一条不是要中国压迫抗日的爱国运动吗？北平学生是全中国青年斗士的领导者，虽在内外夹攻的危险环境里面，还不被压迫，还不泯没他们的爱国心，竟又排除万难，甘冒万险，英勇地起来继续救国运动的努力，这在我们全国民众看来是可歌可泣的，在我们的民族敌人看来却是非常可恨的，和他们所要强迫我们履行的三原则更是水火之不相容，已准备实行干涉我国的学生运动了。""到了今日，到了做奴或做人必须分路的今日，诸位教育家在两条路之间，是必须很明确地很英勇地，选择一条最合于你们良心裁判的大路走的了！""我们的继续投降，在实际上只是帮助敌人在我国国土内强化了陆军，又强化了空军，而大学校长却须准备日军拘捕了！"（全集第 6 卷第384—385 页）

《苦闷与认识》摘要：

"在现在的中国里，除汉奸卖国贼外，大概都不免在苦闷的气氛中。尤其是热情横溢的青年，他们特富于敏锐的感觉，纯洁的心情，每日展开报纸所看到的记载，尽是民族的敌人横行无忌，激进侵略的事实，悲愤的情绪，实有难于抑制之苦。""极端苦闷的结果，大概不外两途：一是由苦闷而更努力于寻觅出路，终于得到了出路；一是索性颓废，自暴自弃。""这里所谓寻觅出路，指的不是个人的出路，一则在现状下，整个民族没有出路，个人实在无法觅得出路，二则看到整个民族到了这样惨痛的境地,个人的出路也不是值得十分注意的问题。""谈到这里,便要牵连到认识的问题。认识不正确,不清楚,还是要钻到苦闷的牛角尖里去。""一个民族的出路,在时间上决不是一朝一夕所能完全达到的;在人力上也不是由一二人或少数人所能单独完成的。""就是你看清了整个民族的出路,在目前,至多是你在工作上有了一个灯塔,知道向什么方向干去。在你干的历程中还不知要经过多少的艰苦困难,要受到多少的磨折麻烦! 你倘若经不起这样的艰苦困难,经不起磨折麻烦,你根本就未曾认识这是在干的历程中必有的阶段,就要因此仍感到苦闷。""其次,民族解放的工作是要靠大众来参加共同奋斗,不是可以像'英雄主义'的幻想,可以由一二人或少数人一举手一投足之劳就可以成功。所以我们的工作要注意于说服多数人,推动多数人来参加我们的阵线;这是需要很忍耐的,很坚毅的,很不怕烦的实际工作。""最后,有些人希望在一种现成的理想的环境中干自己所要做的救国工作,以为非舍去原有的职业是无可为的;倘得不到,又在苦闷上加上苦闷! 其实这也是由于认识的错误。救国的工作是由各种各样工作配合而成的,各人应就各人的力量和境地,从现实作出发点去干的。倘若希望有个现成的理想环境,那是只有到乌托邦去,那只有始终在苦闷的气氛中翻筋斗,交臂失去了许多可以干的机会,这是多么可惜的啊。"(全集第 6 卷第 692—694 页)

同日 《萍踪忆语(一九)美国的新闻事业》,载《世界知识》第 4 卷第 7 号,收入《萍踪忆语》。(全集第 7 卷第 422—429 页)

《萍踪忆语(一九)美国的新闻事业》摘要:

"在欧洲,常有一种或数种通行于全国的权威的日报,例如英国伦敦的《泰晤士报》,便是全英国各处注意政治研究的人们所要看的一种报纸。在美国,我们却找不到有这样通行全国的日报。美国的《纽约时报》(*New York Times*),它在美国新闻界的地位,固然和英国的《泰晤士报》相类,但是它只流行于纽约附近一百五十英里的范围内。""美国新闻业和英国新闻业所以有这样的异点,原因大概是由于英国的资本主义在全国各处都发展得比较地均匀;美国却在各区域有着不很平衡的发展,北方和南方不同,东方和西方又不同。例如在南方仍然存着黑奴的实际情形,日报的政策便含有更尖锐的压迫黑奴的内容。美国号称'德谟克拉西'的国家,但是资产阶层为着本身的利益,仍然不肯放松愚民的政策,在许多比较小的城市里,根本就只有当地的资产阶层所包办的或指挥的本地日报给当地的民众看,外面的报纸不许进来,等于我国军阀割据地盘的局面! 我到过不少美国的小城市,乃至小村落,无法看到较大的日报,如《纽约时报》或《芝加哥论坛报》,只有各本地的简陋不堪的日报可看;看不看随你,要看就只有这样简陋的报可看!""美国的资本主义发展,事事以集中化闻名于世,就上面的情形说来,新闻业似乎是散漫的形式,而不是集中的形式,在实际却又不然。在美国的新闻业里最可注意的特点,是他们有所谓'联环报'(Chain paper)即由一个大老板在全国各处办着许多报,在表面上是各地方的本地报,而在实际上却是统一在一个大老板的统治之下的。其中尤其著名,势力遍布全国的有两个,两个之中尤其规模宏大的是赫斯特(Hearst)的联环报。""他有廿七种日报,由美国东方的海岸分布到西方的海岸。除这许多分布于各地的日报外,他还发行十二种杂志。"(全集第 7 卷第 422—424 页)

6 月 17 日　《川越带来的侵略新政策》(未署名)、《工作的意义》(收入《坦白集》),载香港《生活日报》第 11 号。(全集第 6 卷第 386—387 页、694—696 页)

《川樾带来的侵略新政策》摘要:

　　"日本新任驻华大使川樾即将到中国来,他们带来的侵略新政策。""我们所要首先注意的,关于所谓三原则,我们民族敌人的代言人在以前还仅嚷着要我们承认,现在'承认'这个名词已不再是他们的话语中所有,却是口口声声强迫中国履行了。讲句痛心话,我国以前虽一面闹着承认未承认的问题,一面在事实上已在履行——至少是一部分的履行了。""我们的民族敌人当然还觉得不痛快,所以还要进一步强迫更痛快的履行,也就是要使整个中国更迅速地沦亡。""所谓'华北满洲化',是整个中国'满洲化'的前奏;所谓'依存'即是投降的代名词。""华北已在'满洲化',华北的官吏要奴颜婢膝仰着民族敌人的鼻息,和满洲的傀儡政权下的官吏原已没有什么两样;四五年来我国对付敌人继续凶猛侵略的方法是饮泣吞声,要什么送什么,和投降原已分不清楚。""其他各项也都是对准着整个中国民族的生命作加紧的摧残,其实都不是什么新政策,只是他们的一贯政策的逐步实行而已。我们应静待着他们的一贯政策一步一步加紧实行呢,还是应该在未死尽以前起来作死里求生的抗斗?"(全集第6 卷第 386—387 页)

《工作的意义》摘要:

　　"个个人有工作的义务,也有工作的权利。我们不应在社会里做寄生虫,而且一方面有自维生计的必要,一方面对于社会有各尽所能以作相当贡献的必要,所以我们无论为己为社会都有工作的义务。""这种义务,同时也是我们应有的权利,所以有些国家的宪法就把人民应得工作列入国家应为人民保障的权利。尤其是在不合理的社会里面,因生产关系的内在矛盾,往往一个人的失业,并非因为他的懒惰,或是不负责,或是能力不够,却是为着社会的经济恐慌,使他不得不失业。""工作的效用,一方面靠着维持自己的生计,一方面藉着对社会有多少贡献,就一般说来,这可以说是工作的意义。""现在是中国的一个特殊时代,是中国民族生死存亡最迫切的一个时代。工作在这样的时代里自然也增加着特殊的意义。这意义便是:我们必须尽量使我们的工作对于民族的解放运动有着多少的贡献。对于这方面的贡献越大,越有意义。""如能在一个整个救国计划下做一部分所能胜任的工作,这是最有意义的。不过在这样的整个局面未到以前,我们却也不是无事可做,而且在许多场合也可以利用自己的职务,直接或间接对救国运动有所贡献。事无论大小,只有能尽着自己所有的力量,使自己的工作在这方面有着多少的帮助,在这个人便是有了最大的贡献,他的工作,便是有着深切的意义了。"(全集第 6 卷第 694—695 页)

6 月 18 日 《军旗与走私》(未署名)、《工作的大小》(收入《坦白集》),载香港《生活日报》第 12 号。(全集第 6 卷第 387—389 页、696—697 页)

《军旗与走私》摘要:

"据天津来讯所说,日本驻军直认庇护走私为正常使命;由冀东方面运出的私货,除由北宁路车运输外,并由大汽车运送,车上插有日本驻军军用品字样的旗帜,近来多用这个方法运输,海关不敢顾问,连统计都无法统计。""我们试闭目静思,这究竟成了什么样的世界! 中国已成了什么样的国家!""走私在任何国家都是违法的事情,违法的事情原是可以用法律来制裁的,但是走私和我们'友邦'的军旗发生了关系,这便不是一件简单的走私问题了,这便和我们的整个国家抗敌救亡的计划有着分不开的联系了。换句话说,这样大规模的走私,实在是要把我们整个国家的血液吸尽,骨髓榨完,这是侵略整个中国的毒计的一部分;我们要解决这个问题,决不能就走私而解决走私,因为这在事实上是不可能的。根本办法是要我们发动整个民族的自卫战争,然后才能用我们的军旗,使走私和我们民族敌人的军旗脱离关系!"(全集第 6 卷第 388—389 页)

《工作的大小》摘要:

"什么样的事可算做大? 什么样的事只能算小? 什么样的贡献可算做大? 什么样的贡献只能算小? 这却是所谓仁者见仁,智者见智不易有一致的见解。""我觉得做丢尽了脸的不抵抗的大将,眼巴巴地望着民族敌人今天把我们的民族生命割一刀,明天把我们的民族生命刺一枪,而不能尽一点军人卫国的天职,做这样的不要脸的大将,实在远不如做十九路军淞沪抗战时的一个小卒。在这样的场合,一个小卒的工作对于国家民族的贡献反而大,一个大将的贡献不但是小,而且等于零。""但是如做了真能抗敌卫国的大将,那就有了较大的贡献了。这样看来,大将的工作仍然是比小卒的工作大,大将的贡献仍然是比小卒的工作大。""这话确有一部分的理由,不过我们要知道一个军队要能作战,倘若全军队都是大将,人人都做指挥官,这战事是无法进行的;反过来说,全军队都是小卒,如同一盘散沙,没有人指挥或领导,那末这战事也是无法进行的。所以在抗敌卫国的大目标下,大将和小卒在与敌作战的军队里虽各有其机能,但是同有贡献于国家民族是一样的,在本质上,工作的大与小,贡献有大小,这只是流俗的看法罢了。""宜于做大将的材料,我们赞成他做大将;宜于做小卒的材料,我们也赞成他做小卒:从本质上看来都没有什么大小高低之分,我们所要问的只是他们为着什么做。"(全集第 6 卷第 696—697 页)

6 月 19 日　《层出不穷的怪剧》(未署名),载香港《生活日报》第 13 号。(全集第 6 卷第 389—390 页)

《层出不穷的怪剧》摘要:

"层出不穷的怪剧实在使人不忍注视!""华北走私的日货,由天津运到济南的一天天加多。每天早晨九点多钟,由天津开到济南的三等车里都装满了走私的日货,几于没有了乘客的坐位。""本月十七日早晨又闹了一幕全武行的怪剧。这天早晨从火车里由天津运到济南的私货共有三百五十余件,正在卸下的时候,有两位乘客拿出摄影机,想替'尊严'的私货的尊容留下一些纪念,忽被押运和接货的浪人查觉,立刻把摄影机抢走,并把这两位乘客殴打。目睹这种'尊严'行为的路警不敢制裁,不敢冒犯他们的'尊严',只上前排解,结果不但无效,而且也一同被打。一部分浪人这样在车站上耀武扬威,同时还有一部分浪人跑到缉私处把该处的职员三个也拉出来殴打。后来日领事馆派人到站观战,浪人反诬称被打!""中国的乘客和路警是白白地被打了! 饮泣吞声的当然是在中国的一面!""这怪剧开演着的地方却是中国的领土,被摧残的经济却是中国的命脉,被蔑视的主权却是中国的国家权利,被侮辱蹂躏的乘客和路警却是中国的国民,于是这类层出不穷的惨剧便是我们做中国人的看了要痛哭的惨剧。这是亡国奴所遭受的一部分惨遇的榜样啊!""倘若我们不迅速实行民族自卫的根本办法,必然地是要普遍到全中国的,是我们全国同胞乃至子子孙孙所要遭受到的惨遇。"(全集第 6 卷第 389—390 页)

6 月 20 日　《全国一致对外》(未署名)、《悼世界文豪高尔基》(收入《坦白集》),载香港《生活日报》第 14 号。(全集第 6 卷第 391—392 页、656—658 页)

《全国一致对外》摘要：

"全国的同胞们！我们的眼光应该要全国一致对准着我们的民族敌人，注意他们每天每日继续不断侵略我国的土地，摧残我们民族生命的残酷行为，并且要发动一致的民族解放抗战，抢救中华民族的临危的生命！""破坏全中国经济的走私，仍在疯狂地猖獗着，连日的怪剧，我们都曾谈到。""本月十八日十一点半浪人由天津搭平浦客车南运的私货达九百余件，不但三等车无隙地，二等车也全被占据，旅客叫苦连天，路局无法干涉！这种在任何国家所梦想不到的奇形怪状，竟出现于中国，横行无忌，任所欲为。这是不是中国的奇耻，整个中华民族的侮辱？""日本驻京总领事须磨于十八日回到南京，对新闻记者不是有着很明白的宣言吗？他说'对华一贯外交政策，仍秉"三原则"进行，绝不丝毫变更'。好个'绝不丝毫变更'！我们要抢救中国的生命，要不愿使我们自己和我们的子子孙孙沦入奴籍，绝对要使他们完全变更！但这不是空话所能有效，必须发动整个中国民族的大抗战。""在这样的严重形势之下，所听到的惨闻却是中日重要官吏在本月十八日在津举行重要会议，讨论华北各种重要问题，尤重要的有中日'满'提携问题，华北关税独立问题，和日军驻扎平汉路问题等。""我们试想想看，中日'满'提携是什么问题？所谓'满洲国'是我们的民族敌人夺去的中国领土，作为再进一步侵略整个中国的根据地，'我们'提携些什么？是否要甘心帮助我们的民族敌人对我们的国家作进一步的侵略？华北关税又是什么问题？华北是否中国的领土，华北关税为什么要独立？日军驻扎平汉路又是什么问题？除实现用武力占据华北以进攻整个中国的作用外，有什么别的意思？""讨论这些问题的重要会议，居然有中国的重要官吏参加，这不是极可痛心的事实吗？""这些极可痛心的事实怎样可以扫除呢？唯一的途径是全国奋起一致对外！"（全集第6卷第391—392页）

6月21日 《强化》（未署名）、《写几百个有意义的信封》（以上两篇收入《坦白集》）、《〈建议特派记者视察全国办法〉附言》（署名编者），载香港《生活日报》第15号。（全集第6卷第626—628页、697—699页、393页）

《强化》摘要：

"近来我们在各报上常可看到一个新名词——令人惊心怵目的一个新名词——'强化'！这里碰到强化，那里又碰到强化。日本的关东军和日本的华北驻屯军最近在天津开着联席会议，会议的结果，开宗明义第一事就是：除强化华北的日本陆军外，并继续强化海空两军。他们在华北强化了陆军，又强化海空两军，但是还不够，从上海传来的消息，他们又正在着手强化华南驻军，以福州上海为中心。""日本的军人一面在中华民国的领土内强化日本的海陆空军,一面又在他们的国内'强化内阁'。""这项计划,已由寺内陆相建议,已得首相同意。""日本当局提出这样的强化内阁办法,他的目的显然是要藉此控制一切内外大政,达到完全的法西斯化。日本军人在国内的强化和他们在被侵略国的强化,当然是有着密切的联系。他们愈强化,我们也就愈倒霉。""我们为着我们民族的生命前途,不能坐视这样倒霉下去。要避免这个惨剧,我们必须使全国的救国团结强化起来。强化全国的救国团结,最要的一点是我们应该一致认清我们当前唯一的最大任务是抗日救国,凡是具有这同一目标的都是我们的同志,都该彼此以诚意合作,使整个国家抵御外侮的力量能够强化起来,不应再存着党派的成见,彼此仍是相猜相疑,使彼此的力量相消,和我们的侵略者的力量的强化适成反比例;这样,尽管尔在主观上自以为是在救国,而在客观上,因为减损了整个中国的一致对外的力量,即无异帮助了侵略国的力量的更强化!""我们不但不应该这样分散自己国家的力量,而且要使整个国家的抗敌力量更强化起来。当然这种团结不是一致对外投降,是要一致抗敌救国。""在另一方面,我们却要抑制汉奸的强化,因为汉奸的强化也足以妨碍全国御侮力量的强化。同时我们要明白,全国抗日救国的团结愈强化,汉奸也愈难强化。"(全集第 6 卷第 626—628 页)

《写几百个有意义的信封》摘要:

"我以为工作的有无意义和工作的大小没有什么关系。有意义的小事比无意义的大事实在有价值得多,我们做起来也感觉到特别有趣味得多。"(全集第 6 卷第 697 页)

同日　《救国联合战线的误解》(收入《坦白集》)、《国际政治参考地图》(署名落霞)、《解决中日问题的途径》(署名孤峰)、《关于〈生活日报〉问题的总答复》(署名编者,收入《坦白集》),载香港《生活日报星期增刊》第 1 卷第 3 号。(全集第 6 卷第 589—590 页、394—396 页、396—399 页、673—678 页)

《救国联合战线的误解》摘要:

"抗敌救国联合战线;或简称为救国联合战线","或仅称联合战线,它的唯一的目的既是抗敌救国,所以一听到联合战线,就明白是抗敌救国的联合战线。""望文生义,虽似乎很容易明白,倘不坚决认定联合战线的唯一目的只是抗敌救国,在行动上便往往要犯着很大的毛病,不但不能促成联合战线,而且反而要破坏联合战线,这是很值得严重注意的。联合战线又有人称为统一战线,有人误解,以为甲乙丙等等既加入了统一战线,彼此间的一切都当然是统一起来了。他不知道甲乙丙等等的加入统一战线,只是在抗敌一点上统一起来,在其他方面仍然可以保留着各人的一切,不一定要强同。""各党各派在统一战线上仍缠夹党派的成见,要把一切都统一到自己的方面来,便是犯着这同样的毛病,这毛病不痛加消除,统一战线是无法建立成功的。""这意思也并不是说各党各派加入了联合战线,必须抛弃自己的政治主张,这又是出于误认统一战线为一切统一的意义,可是在共同努力于联合战线的时候,必须共同集中火力于对付最大的共同敌人,把自己原有的政治主张搁开。""倘若不能把最大的敌人驱逐,无论什么党,无论怎样好的政纲,彼此都同归于尽,所以在统一战线的阶段,各人虽不必抛弃自己的政治主张,但必须搁置起来,专对抗敌救国这件最急迫的当前大事,作诚意的合作。这才是联合战线的真义。"(全集第6卷第589—590页)

《国际政治参考地图》摘要:

"记者很愉快地告诉诸位,金仲华先生最近完成了一本极有精彩极可珍贵的《国际政治参考地图》!""不仅仅是一本地图,可以说是一本很好的国际政治参考书,因为除了有精彩的地图,还附有精彩的说明。""凡是读过金先生著作的人,没有不惊叹他所搜集的材料之丰富,所分析的内容之正确,所运用的文字之明白易懂。尤其是他的特色的,是他所著的关于研究国际政治的文章,常附有其他地方所不易见到的精绘的地图;他对于地图的认真讲究,简直和做文章的字斟句酌一样的用心,使读者感到非常浓厚的兴味。一般人对于国际政治的著述,往往感到索然无味,金先生提倡用精绘明了的地图辅助文字的效用,引起一般人研究国际政治的浓厚兴味,关于这一点,他对于中国的大众教育尤其有很重要的贡献。"(全集第6卷第394页)

《关于〈生活日报〉问题的总答复》摘要:

"理想的《生活日报》:必须是反映全国大众的实际生活的报纸;必须是大众文化的最灵敏的触角;必须是五万万中国人(连国内国外的中国人合计)一天不可缺少的精神食粮。""必须成为一切生产大众的集体作品,必须由全国各地的工人、农民、职员、学生直接供给言论和新闻资料,而不是仅由少数职业投稿家和新闻记者包办一切。""可以想象出来未来的《生活日报》的一个轮廓,一百二十层楼上面的《生活日报》编辑部,每天由飞机送来各地工厂通信员,学校通信员,农场通信员的专访通信。屋顶的短波无线电台每天收得几千万封的国际特约电信。""平均每一百个中国人,有份《生活日报》。""只有在新中国才能有理想的《生活日报》。""新中国并不是等着就会到来的。这要倚靠我们全国大众共同努力创造。""目前我们还谈不到创造新中国。我们要先救亡。救亡是火烧眉头的急事,自然更不能等待,因此在国难严重中,我们赶忙创办了《生活日报》,想要尽我们的一点力量,推动民族解放运动的迅速发展,唤起民众来共同奋斗,把危殆万分的国家抢救过来。""新中国的创造过程,必然地要经过很艰苦的努力奋斗,不仅是少数人所参加的努力奋斗,需要大多数的民众共同团结起来的努力奋斗。《生活日报》既是大众的孩子,他的生命前途又是和新中国的创造相依为命的,他所要经过的艰苦奋斗的过程是在我们意料之中的。""我们希望理想中的新国早日实现!""我们希望理想中的《生活日报》早日实现!"(全集第 6 卷第 674—678 页)

6 月 22 日　《民众歌咏会前途无量》(未署名,收入《坦白集》),载香港《生活日报》第 16 号。(全集第 6 卷第 655—656 页)

《民众歌咏会前途无量》摘要:

"香港民众歌咏会于本月二十日夜里在青年会露天体育场举行第一次公唱,参加唱歌的会员四百余人,听众三千余人,采用的歌曲有《自强歌》、《升旗歌》、《中华》、《开路先锋》、《义勇军进行曲》、《国旗歌》、《尽力中华》、《抗敌歌》、《大路歌》、《一二八纪念歌》、《人生要奋斗》、《大家起来》等十八首,由香港中华基督教男女青年会编刊小册子分发。歌声雄壮激越,听众动容奋发。在重重国难中愁云惨雾笼罩下的我们,看着这样悲壮激昂热血奔腾的民众,好像在茫茫黑暗中窥见曙光一线,兴奋和愉快的情绪交并,有非笔墨所能形容的。""注意于教育民众,唤醒民众,鼓励民众的工作,也就是我们所要积极推广的大众文化的一部分。所谓大众文化,必须领会'大众'这个名词的重要,必须时刻注意到大多数普通民众的接受性,同时不要徒然高唱大众文化的空洞名词,必须设计种种具体的方法促进大众文化。民众歌咏会便是很能促进大众文化的具体方法的一种。""这种大规模的民众歌咏会,除有教育民众,唤醒民众的效用外,还可以使民众深深地感到集体的伟大力量。一个人的声音是轻微无力的,千万人的集体声音便要响彻云霄,有着排山倒海的气概了。这足以暗示整个民族一致团结抗战救国的伟大力量的象征,能够培养并增加我们的艰苦奋斗的勇气。""我们希望民众歌咏会普遍到全中国,我们愿听到十万百万的爱国同胞集体的'反抗的呼声'!"(全集第 6 卷第 655—656 页)

6 月 23 日　《拉斯基教授的苏联宪法观》(未署名,收入《坦白集》),载香港《生活日报》第 17 号。(全集第 6 卷第 670—671 页)

6 月 24 日　《冯玉祥的演讲》(未署名),载香港《生活日报》第 18 号。(全集第

6 卷第 400—401 页）

《冯玉祥的演讲》摘要：

"冯氏是向来主张抗日救国的，民众对于冯氏都殷切地盼望他能做抗战的军人先锋，对于冯氏的言行也特别地注意。""走私的祸害，冯氏可谓说得很透彻明了了。""为挽救危亡，应大规模地提倡抵制私货"，"我们深信，在大规模的抵制私货运动中，还可以更唤起全国人民对于国难的认识与救亡的急进"。"真正要抵制私货，还是和整个国家抗战救亡的发动不能分开的。""带了枪杆子来包庇走私'，我们'以和平为怀'来对付是绝对无效的，必须把'不以枪杆子来驱逐私货'的'不'字去掉！"（全集第 6 卷第 400—401 页）

6 月 25 日　《宋哲元的彷徨歧途》（未署名，收入《坦白集》），载香港《生活日报》第 19 号。（全集第 6 卷第 628—629 页）

《宋哲元的彷徨歧途》摘要：

"现在全中国只有两个阵线，一个是抗敌救国的阵线，一个是民族敌人和汉奸卖国贼的阵线，无论什么境遇，加入民族敌人和汉奸卖国贼的阵线，总是无可宽恕的。"（全集第 6 卷第 629 页）

6 月 26 日　《断然的自卫行动》（未署名）、《事非经过不知易》，载香港《生活日报》第 20 号。（全集第 6 卷第 401—403 页、403—404 页）

《断然的自卫行动》摘要：

"日轮大荣丸载运大批私货，于本月二十日下午八点钟被中国的天津海关巡舰查获，该日轮拒绝海关巡舰检查，接着竟开枪射击，后来仍被海关扣留。""驻津日海军武官窪田大佐因走私日轮大荣丸事件，于廿四日向天津关税署长提出抗议，并发出声明书，说'日军部对此决不能漠视，为保护日侨安全计，日海军部自不能容忍此类事件的发生，故决采取自卫行动'。""天津的代理日总领事也对天津海关提出严重抗议，说'华北日驻屯军当局对此事件至为重视，倘若中国政府不再反省（?），则日军当局将采取断然的自卫行动'。走私的日轮横行于中国的领海，我们也不懂中国政府应该'再反省'些什么！""看到'断然的自卫行动'这几个字，赫然见于日军当局的抗议，使我们'反省'之余，感到无限的惨痛！因为受侵略国的侮辱蹂躏到狗彘不如的中国人所最缺乏的就是'断然的自卫行动'！""断然的自卫行动！断然的自卫行动！这是每个不愿做奴隶的中国人看了要惊心动魄，挥泪振奋的！"（全集第 6 卷第 401—403 页）

《事非经过不知易》摘要：

"香港是天然的游泳胜地。最近虽在百忙中，有些朋友怂恿着去尝试尝试。""我们知道在辩证法上有个原则，说你愈了解必然性，就愈能自由，我对他这话大感兴趣。和水混了好些时候。起初觉得水是专和我为难，我手要向右转，它好像在尽力阻碍我，我的腿要展开，它好像又在那里表示反对。后来渐渐地和它混惯了，也许就是我的那位朋友所谓知道水性了，行动便能自由了。""最感困难的是要使得全身仆在水里能够浮而不沉。""知道水性以后，又得到一位朋友指示的方法，我这个身体居然在我的很惊奇的心情中浮得起来了！""浮是浮起来了，但是好像一只船下着锚，或是一辆汽车抛锚，不能'前进'，于是开始学习两只腿在水里运用。""后来还是谢谢我的那位朋友教得好，居然这两条腿很能合作，把浮起的身体向前推动了。这时候要'前进'就'前进'，又觉得以前以为困难的现在是容易的了。""在实践中学得了应付的法子，把原来觉得困难的事变成容易起来，也未尝不可说'事非经过不知易'。我们所要注意的是要'经过'，如果一味地站在水的外面叹息困难，那是一辈子还是困难的。这小小的一件寻常的事，却给了我一个很好的教训。"（全集第 6 卷第 403—404 页）

6 月 27 日　《永生》周刊出至第 17 期被迫停刊。（《生活书店史稿》第 525 页）

同日　《经济侵略》（未署名，收入《坦白集》），载香港《生活日报》第 21 号。（全集第 6 卷第 630—631 页）

《经济侵略》摘要：

"日本驻华新大使川越""已于本月二十二日到上海了，他到了之后，发出书面声明，说'中国当前之难局，复杂多歧，其中开发国民经济，尤为紧急之事，日本衷心希望，能与中国协力开发经济，不必赘言。'""路透社上海电讯，川越对华将注重于经济问题，而非政治问题"。"又说川越大使愿以日本的物质与技术，助中国建筑铁路，开发矿山及其他天然富源；川越又注意到中国矿产甚富，如豫闽两省的铁矿，陕西的煤油，湘省的锑，湘桂两省的锰，华北的煤，如能充分开发，则中日两国同受其利。""我们要大声疾呼，奉告全国民众不要受川越这个烟幕弹的欺骗！我们不要以为经济问题是可以和政治问题分开的，甚至以为经济侵略是比政治侵略为和缓。近代的经济侵略是和政治侵略打成一片的。""东北四省的命脉在日本不费一兵一卒之力而'和平'奉送了，华北的命脉正在我们的民族敌人吸血敲髓中，现在我们'友邦'的大使又转着他的眼光到华中华南的'矿山及其他天然富源'了！这是我们'友邦'的一贯的'衷心希望'；这个一贯的'衷心希望'在中国'以和平为怀'的政策下，是在一步一步实现着的。在川越看来，这只是经济侵略，和政治问题是没有关系的！中国可以接受他的欺骗而和缓抗敌救亡的努力吗？"（全集第 6 卷第 630—631 页）

6 月 28 日 《保全国家元气》(未署名)、《"前进"紧要启事》(署名前进编辑室),载香港《生活日报》第 22 号。(全集第 6 卷第 405—406 页、406—407 页)

《保全国家元气》摘要:

"我们对上述电文中'保全国家元气'一语,却更感到无限的悲痛。""什么是国家元气?""保全国家的领土应该是保全国家元气的最重要的部分。自从一九三一年'九一八'事变发生后,我们的民族敌人占领了东三省;一九三三年又占领了热河滦东三省的面积达一百一十余万平方公里,热河的面积达一百七十余万平方公里;一九三四年,日军又侵入长城以内,把河北省的滦东一带划为非武装区;一九三五年更侵入冀东和察北,现在华北五省(河北,察哈尔,绥远,山西,山东)都在民族敌人的吞并中,同时还有掠取福建的阴谋。这些领土的纵任敌人踩躏宰割,领土的损失更是不可胜计的了。四五年来继续不断地在不抵抗中送掉一大块一大块的领土,这是保全国家元气吗?""保全国家的经济应该也是保全国家元气的最重要的部分。但是东四省的沦亡,大豆产额失去了十分之七,森林地失去了三分之一,铁产失去了三分之一,煤产失去了三分之一,铁道失去了十分之四,输出贸易失去了五分之二;现在加上敌骑长驱直入的华北,棉花,羊毛,皮革,铁,煤,石油,盐,等等富源的损失,已是可惊;最近日大使川越更注意到豫闽两省的铁矿,陕西的煤油,湘省的锑,湘桂两省的锰,以及其他的天然富源了!坐待民族敌人的——掠取,这是保全国家元气吗?"(全集第 6 卷第 405—406 页)

同日 《大众文化的基本条件》(收入《坦白集》)、《〈敬告宋哲元先生〉附言》(署名编者)、《读苏联宪法草案》、《事实上的三权》(以上两篇收入《坦白集》)、《〈生活日报星期增刊〉第 1 卷第 4 号短简》(署名编者)、《学生救亡运动的缺点》(署名编者,收入《坦白集》),载香港《生活日报星期增刊》第 1 卷第 4 号。(全集第 6 卷第 651—653 页、407—411 页、661—666 页、667—669 页、411 页、642—646 页)

《大众文化的基本条件》摘要:

"大众的伟大的力量是新时代的最最重要的象征!""在这样艰危的时代,应该培养大众的伟大的力量,因此我们的文化必须有一个新的动向,必须有一个新时代的新文化运动。""我深信这个新文化必然地是大众文化;大众文化的基本条件是要大众化,是要不忘却大众,是要切合于大众的真正需要,是要能培养大众的伟大的力量,是要能适合于大众的容受性。""这是中国文化转变到一个新阶段的非常重要的问题,希望全国的文化人以及热心中国文化的朋友们都对这个问题加以严重的注意和切实的研究。"(全集第 6 卷第 652—653 页)

《〈敬告宋哲元先生〉附言》摘要：

"胡先生这篇文的用意，说得赤裸些，就是十分诚恳的奉劝宋哲元不要做汉奸。我们当然都十分诚恳的希望宋哲元不要做汉奸，和胡先生是有着同样的心情。不过我们的民族敌人继续不断地用着种种威吓利诱的手段要宋哲元再进一步做个更道地的汉奸，这是一般的事实，宋哲元正在进退维谷的苦境中动摇着。他要完全服从民族敌人的命令吗？他似乎不情愿，至少在目前还这样。他要完全拒绝民族敌人的命令吗？那只有领导着未死尽的二十九军的'子弟'作战，但孤军作战在他看来是等于自灭，难下这样的决心。所以我们真要宋哲元不做汉奸，只有发动整个民族的大抗战。在那样情形之下，我们深信宋哲元不会做汉奸。而且会很英勇地领导二十九军参加抗战，恢复他的光荣历史。"（全集第 6 卷第 410—411 页）

《事实上的三权》摘要：

"在那新宪法里，苏联公民所享受的基本权利不止三种，但是尤其使我们感到浓厚兴趣的是工作权，休息权，和教育权。""这三种权利却的的确确是事实上的三权，在新宪法草案未发表以前，就已经在事实上办到了，这次新宪法草案里所规定的这三权，只是把事实写于纸上罢了。""首先请先谈工作权。在任何其他国家里，教育的责任只是弄到你毕业，便算完事，至于你毕业后能否得到职业，这是你自己的事，好像和教育家毫不相干。""在苏联，他们并不是把毕业生推出校门以后便不再负什么责任。在学生将毕业的一年前，假使你是学重工业的，即由你的学校当局，重工业人民委员部，和你自己，共同商定你的职业，确定你毕业后的做事的位置。""其次请谈休息权。苏联几乎已普遍地采用了每日七时制，较繁重的工作已采用每日六时制。仅仅减少工作时间还不够，他们一方面并在积极增加种种设备，使人民在休息时间得到有益身心的娱乐。""这种种娱乐，有些在各国也是有的，不同之点是在其他地方，只有少数人享得到，在苏联却是大众所共同享得到的。此外，工作者无论是工人或是职员，每年除休息日外，还有一星期到一个月的例假，依工作的辛苦，成绩的优劣而定，在例假期种，不但工薪照给，工作成绩特优者还可免费旅行或送到名胜的休养院去休养。""最后我们要谈到教育权。就其他各国的情形说，做家长的人对于子弟教育费的担负，大概都是一件很苦的事情，尤其是收入少的人们。""在苏联的实际情形却不是这样。他们的小学中学及大学都是免费的，但是在小学中学时代，衣食住及零用等还由父母供给，做父母的还不能完全脱卸护养的责任。到了大学，学生的费用比较的大些，依别国的情形，父母的担负也比较的增加起来,在苏联对于大学生却有国家津贴的办法。""在苏联,只要你要学,肯学,就不怕没有受教育的机会。所以他们所谓教育权,也不是一句装饰门面的话语,也是在事实上已经办到的事情。"(全集第6卷第667—669页)

《学生救亡运动的缺点》摘要:

"我们所以能在实践中学习,用实践来了解理论,用实践来充实理论,都全靠'正确的自我批评'。""我们以为学生的领袖是从学生里面产生出来的,他的重要任务是能代表学生群众的真正意志,用他比较优越的学识经验和能力,领导着群众向着共同的目标迈进。倘若他不能代表学生群众的真正意志,或没有比较优越的学识经验和能力来执行他的任务,便失却他的领袖效能,学生群众应该另选一个可以胜任的来代替他。""领袖的最大的任务是要能根据群众的真正意志,领导群众共同努力。任何运动都不是几个光杆的领袖所能包办成功的;脱离了群众的光杆,根本已失掉领袖的资格。领袖是要和领导的群众共同干的。""我们不要把领袖看得过于超越他所领导的群众。""领袖须能代表群众的真正意志,须和群众共同努力。换句话说,领袖也是群众的一分子,不是高高在上的什么上帝,他的认识比群众清楚些,他的能力比群众大些,他的英勇敏锐比群众多些,但他并不是什么超人。""领袖的产生不是好像突然可从天上掉下来的,是从艰苦斗争中培养出来的,所以我们不能希望凭空有个完完全全的领袖出现,只要在许多'有为救国牺牲的精神'的同学里选出比较有能力和勇气的同学,让他尝试尝试,盘根错节,乃见真才,只要他经过相当的斗争时期,有相当的工作训练,他的领导的力量,可以从实践中进步的。"(全集第6卷第644—646页)

6月29日 《严重抗议什么?》(未署名),载香港《生活日报》第23号。(全集第6卷第412—413页)

《严重抗议什么?》摘要:

"敢于提出严重抗议,依常理说,总应该是光明正大的事情。走私这件事,无论你从世界上任何国家的任何法律来说,无论你从人类中任何最不讲理的人来说,总不该认为是一件光明正大的事情吧!但是天地间竟有着这样不可思议的奇事!据路透社二十七日的南京电讯,关于中国海关扣留装运私货不服检验的大荣丸和茂益丸两日轮,日大使竟向中国外交部提出严重抗议,并诬指该轮上的日本国旗被关员侮辱。我们承认国旗是很尊严的东西,但是我们觉得莫大憾事的,是尊严的国旗何以会和走私的轮船发生连带的关系,因为谁都知道走私是一件最不尊严的事情。但是日大使竟为着这一件最不尊严的事情,向中国政府提出严重抗议了! 这不是咄咄怪事吗?""在别人国家里走私,损失别人国家海关收入三分之一,打击别人国家的经济命脉,被人查获扣留,还敢'极为震怒',这不是不可思议到了极点吗? 倘若中国还想立国于世界,不但应该对侵略者提出严重抗议,还应该用'断然的自卫行动'来制裁侵略者的继续侵略。""我们的这种严重抗议才是为着光明正大的事情! 我们不但要严重抗议,并要求政府用'断然的自卫行动'来保护中国的主权!"（全集第 6 卷第412—413 页）

6 月 30 日　《内蒙的傀儡政权》（未署名），载香港《生活日报》第 24 号。（全集第 6 卷第 413—415 页）

《内蒙的傀儡政权》摘要:

"我们已经屡次说过,现在全中国只有两个阵线:一个是抗敌救国的阵线,一个是民族敌人和汉奸卖国贼的阵线。在继续屈伏侵略者的现状下,在事实上是替第二种阵线扩大势力,因为有一部分原可加入第一种阵线的武人或地方负责者,已被驱入第二种阵线去了。宋氏（注:宋哲元）的一步一步地走近汉奸的路径,已是一个很可痛心的例子,现在内蒙的德王宣布独立,又替我们的民族敌人增加一个傀儡政权,供他们的驱使,以作再进一步侵略整个中国的根据地,又是一个具体化的很可痛心的例子!""无论假托何种理由,凡是加入民族敌人和汉奸卖国贼的阵线,总是无可宽恕的。所以我们认为德王的投降敌人,是没有辩护之余地的。""我们的国难到了今日,还不迅速发动整个民族自卫的大抗战,使这种傀儡政权接二连三地出现,增加民族敌人的势力,实在值得全国的严重注意。"（全集第 6 卷第 414 页）

是月　"在港办报的时候,正是陈济棠氏在广东做'广东王'的时候。我和他原无一面之雅,他听见我到香港办报,特派曾任经济部次长的 P 先生由广州到香港来约我去谈谈。P 先生,我在英国时曾见过几面,那时他在牛津读书,我在伦敦及旅行到牛津时,都在友人处遇着过他。""陈氏派他来约我,也许因为知道他在英国的时候认识我。我站在新闻记者的立场,距离香港近在咫天的广州当局约去谈话,当然是愿意一行的,所以便偕同 P 先生赴广州。我因职务很忙,所以言明当天到广州,当夜谈话,第二天即回港。""到广州后,承陈氏派副官招待,先在一个很讲究的旅舍休息一会,当晚即往陈氏所自建的花园别墅。""陈氏闻报,亲至车旁迎接,身穿灰蓝色绸衫,彬彬有礼,看上去却好像乡间来的一位财主士绅。我们单独两人对谈了二小时,谈的是抗战问题。当时西南有不少人认为非倒蒋不能抗战,陈在当时也有这类意见,这和我上述的团结御侮的意见不无出入,我便尽其所知,详为说明。"

"第二日仍由P先生陪送我乘火车回香港,临行时他说:'陈老总觉得文人生活艰苦,如你同意的话,他想送你三千元,聊表微意。'我谢谢他的体恤文人的好意,但表示我办报办刊物,向来以不接受任何方面一文钱为铁则,所以请他代为婉谢。""后来李宗仁氏到广州,也约去谈了一整天;白崇禧氏到广州,也约去谈了大半天。他们的抗战情绪都非常高,但因为西南和中央仍处于敌对的地位,大有箭在弦上不得不发之势。我对于国内外形势及全国必须团结始能御侮的意见,也知无不言,言无不尽。"(全集第10卷第843—844页)

是月 韬奋约请胡愈之编一套《时事问题丛刊》,当年出版了第一辑十八种。其中有张明养著的《世界经济会议》,金仲华著的《国际新闻读法》等。(邵公文《从学徒到总经理》第202页)

"六月末七月初,张学良将军在南京开会(国民党五届二中全会)时,住在首都饭店,上海救国会派沈钧儒、邹韬奋、李公朴、王造时、章乃器等人访问张学良将军,谈组织联合阵线、抗日救国诸问题。张学良将军同他们进行了热忱的谈话。在此之前,我接待过他们。"(应德田《张学良与西安事变》第60页、75页)

(编者按:摘完这段文字,我一喜一诧。一喜,是读过不少回忆文章,第一次看到这样有时间,有地点,有事实的"集体访问"。一诧,是真的有这次"集体访问"吗?无其他文字可作佐证。至少文中提到的五位当事人,和当事人外围的一些朋友的文稿中,我没有读到与这件事有关的文字记载,连暗示的文字也没有。仅有的一点点文字,是1936年12月15日,张学良谈"七君子"事件时,提到"其实,我同那几位既不是亲戚,又不是朋友,有的见过面,也不太熟,而我所以积极援救他们,不过是因为主张相同,意志相同。""有的见过面",具体与以上摘录的引文有什么必然联系,一时难以确定。据该书编者介绍,西安事变时,应德田任张学良部下政治处少将处长,参与了西安事变的机密,与孙铭九等同为东北军少壮激进派的核心人物。作者在"前言"中自称,写这本回忆录的原则是"亲身经历,亲自听到看到和所做所说的","一般的传说和臆度均不采取","实事求是,不擦粉,不抹黑,不增不减,不隐不扬,还历史本来面目"。既是"亲身经历",要否定它,也必须有充分的事实依据才可。文段起始,"六月末七月初",当时韬奋在香港办《生活日报》,似乎可以作否定说。但有据可查的,是年7月12日,韬奋带着《团结御侮的几个基本条件与最低要求》文稿,乘柯立芝总统号轮从香港到上海,征求沈钧儒、章乃器的意见是否因此有了这次"集体访问"活动?目前无法作肯定说。我的想法,作为与他人有出入的事实和观点,先摘下存其是,再供研究者作进一步考证。)

7月1日 《我们对豫宽号致敬礼!》(未署名)(收入《坦白集》),载香港《生活日报》第25号。(全集第6卷第631—633页)

《我们对豫宽号致敬礼!》摘要:

6月20日,"日轮大荣丸在中华民国的领海里装运私货,被中华民国的天津海关巡舰查见，即行使独立的文明国家所应有的主权，鸣笛饬令该轮停驶，以便检查，但是该轮竟开枪射击，该舰不得不还击，并把该轮扣留。""这个中华民国的海关巡舰——能为中华民国认真执行缉私主权的海关巡舰——是叫做豫宽号。""我们对豫宽号致敬礼！因为豫宽号能毅然执行中华民国的主权，能不为走私的违法武力所屈伏，能坚持应尽的责任，虽以目无法纪的走私日轮的开枪射击，终究被它所扣留。""我们愿以豫宽号来象征能为中华民国抗敌御侮的军人。军人的天职是要保护国土，保障主权，抵御敌人的侵略。现在中国的国土是一天天地沦丧，中国的主权是一天天地被摧残，中国的最大敌人是在激进着残酷的侵略。应该替中华民国抗敌御侮的军人往哪里去了！""我们愿以豫宽号象征能团结起来抗日救亡的中华民国的民众。国族存亡是和全国民众有着切身关系的，能坐视民族敌人的任意宰割吗？"（全集第 6 卷第 631—632 页）

同日 《萍踪忆语（二〇）"公敌第一号"》，载《世界知识》第 4 卷第 8 号，收入《萍踪忆语》。（全集第 7 卷第 430—437 页）

7 月 2 日 《豫宽巡舰人员的冤曲》（未署名），载香港《生活日报》第 26 号。（全集第 6 卷第 415—416 页）

《豫宽巡舰人员的冤曲》摘要：

"最近由天津传来得消息，凡是稍有爱国心的中国人，没有不愤怒的。这消息是：天津海关巡舰豫宽号扣留日本走私船大荣丸事件已告解决，天津海关已于廿九晚将大荣丸放行，并对豫宽巡舰人员有所调动。什么'有所调动'？实际是能负责的人员反受撤职的处分罢了。""在国难万分惨痛的时候，整个民族都时时刻刻在被侮被辱的惨痛的情况之下，一个海关巡舰的几个人员的冤曲，也许有人以为不必小题大做吧。其实不然。因为这并不是几个个人的得失问题，这件事所包含的意义的严重，和整个国策是息息相关的。在抗敌救亡的国策之下，能够英勇保障国家主权的公务员，不但没有罪，而且是有功，是应该'传谕嘉奖'的；这样才能鼓励全国上下往救国的大路上猛进。反过来说，能够英勇保障国家主权的公务员反而有罪，那只有不能尽职的公务员才有功，海关巡舰应该完全销毁，海关机关应该完全取消，或竟设立协助走私的海关巡舰和海关机关，反来得直截了当！根据这样的'原则'，那就爱国都有罪，只有汉奸殷汝耕之流才有着安全的保障。这就等于摧残爱国人民，提倡汉奸卖国贼！这和整个中国的前途有着怎样的严重关系，可看作不必'大做'的'小题'吗？""自大荣丸事件发生之后，一切日本轮的装载私货，每船都有五个或十个的日本海军卫队保镖，不许中国的海关巡舰检查，同时还有日本海军兵舰陆续不断地巡行于大连、塘沽和青岛之间,以保护日轮的走私。""这样下去,整个中国的经济命脉要陷入怎样的惨境,真是不堪设想的。这又可看作不必'大做'的'小题'吗?"(全集第 6 卷第 415—416 页)

7 月 3 日 《国联的又一幕悲喜剧》(未署名,收入《坦白集》),载香港《生活日报》第 27 号。(全集第 6 卷第 701—702 页)

7 月 4 日 《宋部被迫撤出丰台》(未署名),载香港《生活日报》第 28 号。(全集第 6 卷第 416—418 页)

《宋部被迫撤出丰台》摘要:

"日军在中国的领土内大造其兵营,华军的马误入了日兵营,由华军方面寻获,这在华军方面并不算什么一回事,就一般的说来,也无所用其大惊小怪;至于扣留日本军官一事,北平中国当局已否认,并无其事。但是宋部终因此被迫撤出丰台了!""中国的军队是为着无关重要的小事和诬陷,退出了中国的领土丰台了;同时日军却在丰台增加到万余人,连日挖掘战壕,架设铁丝网防御,这是为什么?"(全集第 6 卷第 417 页)

7 月 5 日 《谁做总统》(未署名),载香港《生活日报》第 29 号。(全集第 6 卷第 418—419 页)

《谁做总统》摘要:

"我们就民众的立场来看这件事,所得到的第一个感触是中国民众在当前所最关心的是怎样发动整个民族的力量来抗日救国,至于谁做总统,决不是他们所关心的事情。""为什么呢? 因为中国的垂危的生命是否得救,是在乎全国是否能团结一致对外,集中火力来抵抗民族最大敌人的侵略,不在乎有没有总统,也不在乎谁做总统。""我们所得到的第二个感触是中国如一直是处于奴隶国的地位,人民固然是沦入了奴隶的惨境,就是所谓'总统'也者,也不过是一个奴头,不但没有丝毫荣誉的可言,而且只是忍辱含垢的集中点! 这在国家方面固然是一件可以痛哭的事情;在个人方面,也是一件饮泣吞声的苦事。"(全集第 6 卷第 418—419 页)

同日 《从现实做出发点》(收入《坦白集》)、《怎样研究时事动态》(署名编者)、《地位》(收入《坦白集》)、《〈推广大众文化的根本问题〉附言》,载香港《生活日报星期增刊》第 1 卷第 5 号。(全集第 6 卷第 688—690 页、420—423 页、690—692 页、423—424 页)

《从现实做出发点》摘要:

"哲学家的重要任务是要改变世界,而不是仅仅用种种方法解释世界。人类是能够改造历史的。所以我们要推动历史巨轮的前进,不可屈服于现实,必须负起改造现实的使命,但是要改造必须从现实做出发点,不能抛开现实而不顾,这是很显然的。""我们倘若能常常牢记着我们是要从现实做出发点,便不致犯近视病的苦闷,悲观,为艰苦所克服的等等流弊。""我们闭拢眼睛静思我们理想中的中国,尽管是怎样的自由平等,愉快安乐,但是你要实现这个理想,必须从现实的中国做出发点;现实的中国不是这样完全的,是有着许多可悲可痛的事实,是有着许多可耻可愤的事实,我们既明知现实的中国有着这种种的当前事实,有明知要改造中国必须从现实做出发点,便须准备和这种种事实相见,便须准备和种种事实斗争,这是意中事,是必然要遇着的;从事实做出发点的斗争,决不是没有阻碍的,有阻碍便必然地有困难,解决困难也必然要经过艰苦的历程,这是意中事,也必然要遇着的。其实中国如果是已像我们理想中的那样完全了,那就用不着我们来改造;改造时如没有阻碍,没有困难,那也用不着我们来斗争。"(全集第 6 卷第 689 页)

《怎样研究时事动态》摘要:

"时事是活的知识,世界天天变动着的大事,告诉我们地理,历史,科学的各部门学问,比我们在学校里读死书真要多得不知多少倍,每一个青年学生,每一个爱国民众,都应该了解时事,训练自己,教育别人,努力为民族解放奋斗。""研究时事问题的时候,最好能够联合几个朋友共同讨论,因为个人的见识较狭,要是能够充分了解时事,分析得非常清楚,是很不容易的。只有在集体讨论中,才有充实的材料,正确的结论;也只有在集体研究中,互相讨论,互相批评,才能发现自己的错误,改正自己的错误。"(全集第 6 卷第 422 页)

《地位》摘要:

"我最感到愉快的一件事是展阅许多读者好友的来信。有许多信令我兴奋,有许多信令我感泣,有许多信令我悲痛,有许多信令我发指。""最近有一位读者给我的信,劈头就说:'你是没有固定的地位的,所以你肯奋斗,这是我所以特别敬重你的缘故。'""我凝望着劈头这三句话,静思了好些时候。""倘若我们有了正确的世界观与人生观,个人的地位原是无足轻重的事情。尤其在中国现在所处的地位,我们尤其要撇开个人地位的私念,同心协力于增高国家民族的地位。多在国外游历的人们,对于这一点应该有更深刻的感触。无论你怎样神气活现,无论你在国内是有着怎样高的地位,他们看去都是中国人——本来都是中国人——他们若看不起中国,任何中国人当然也都不在他们眼里。华侨的爱国心比较热烈,这便是一个很重要的原因。我们只要想到中国的国际地位怎样,个人的地位就更不足计较了。""我们的民族国家未来的光明的地位,是要我们用热血作代价去换来的,是要我们肩膀紧接着肩膀,对准着我们民族的最大敌人作殊死战去获得的。""让我们抛开各个人的地位,共同起来争取中华民国的自由平等的地位吧!"(全集第6卷第691—692页)

7月6日 《大赦政治犯的基本认识》(未署名,收入《坦白集》),载香港《生活日报》第30号。(全集第6卷第633—634页)

《大赦政治犯的基本认识》摘要:

"在整个民族的力量里面,人力当然占着很重要的位置,所以在中国国难严重迫切的今日,大赦政治犯,使许多热心国事才具优越的人们,都有参加救国工作的机会,这里面实含有很积极的意义,并不仅仅是释放政治犯的消极的意义。""在政治犯里面,有些是没有任何党派关系,只是因爱国活动而得罪的,这固然是应该无条件地释放;还有些政治犯有着党派关系的,在当局者也许要顾虑到有党派关系的政治犯释放之后,他们又要干起他们的党团工作;但是我们以为在抗敌救国联合阵线的大目标下,无论属于任何党派,无论有着任何信仰,都应搁置一切,共同团结起来抢救中国的危亡,所以就是原来有党派关系的政治犯,在国难严重的今日,在全国民众一致主张联合阵线的今日,也应该无条件地释放,使他们也有机会来参加救国的工作。抗敌救国联合阵线既是全国民众的一致要求,既是中国今日在主观客观各方面所迫切需要的救国策略,任何党派倘若不顾这个铁一般的现实,来破坏这个救国联合阵线,必然地要为全国所共弃,在事实上不会发生什么力量。"(全集第6卷第633—634页)

7月7日 潘汉年受共产国际委托,到国内和陈果夫、陈立夫谈判停战抗日。由国民党中央委员、组织部副部长张冲化名黄毅,按照潘汉年给陈果夫信上约定的联络方法,在《生活日报》上刊登启事:"叔安弟鉴:遍访未遇,速到九龙酒店一叙。兄黄毅启"。通过登报启事和潘汉年取得联系。"叔安"是潘汉年常用的化名。(胡愈之《伟大的不平凡的斗争的一生——忆潘汉年同志》,《人民日报》1983年7月14、15日,尹骐《潘汉年传》第154页,《生活日报》第二版中缝)

同日 《北平学联的救国主张》(未署名,收入《坦白集》),载香港《生活日报》第31号。(全集第6卷第600—602页)

《北平学联的救国主张》摘要:

"最近北平市学生救国联合会曾寄给我们一封公开信,申述对于救国主张,嘱本报披露,已继续登载于已往三日间的本报,想读者诸君已经看过了。北平学联是代表北平各校青年斗士的总机关,由他们从实际斗争中获得的教训所结晶的救国主张,实很值得我们的特殊注意"。"公开信里所申述的救国主张的最大前提是'全国上下团结一致武装抗敌',认为'只有动员全国,才能保证抗敌的胜利',这个观点是完全对的。中国在不抵抗中沦丧着一大块一大块的国土,这固然是全国民众所痛心疾首的事实,但是前仆后继的局部抗战也在光耀着民族的奋斗精神,这许多以热血为民族生存的武装斗士,他们为国的牺牲,是我们所永远不能忘的;但仅仅局部抗敌,终不免被敌人收得各个击破的最后结果,所以我们现在要一致起来要求动员全国。""我们深信北平学联的'动员全国'的主张实能反映全国民众的一致要求。""民族联合阵线不仅是一句空洞的口号,要脚踏实地干去。""对于这一点也有几句很重要的话,即:'唯有各界领袖分子首先联合起来,共同奋斗,才能督促政府当局,唤起广大民众。'""这里注重'各界领袖分子首先联合起来',表示我们的国难到了这样严重的时候,救国不是任何一界所能包办的,必须不论阶级不论职业,为救国这一个唯一目的共同联合起来;这才是民族联合阵线的本意。倘若有任何方面仍存着阶级的成见,仍然你猜我忌,自己先闹做一团,反置国难于不顾,这便是破坏民族联合阵线,在客观上便等于加入汉奸卖国贼的营垒。"(全集第 6 卷第 601—602 页)

7 月 8 日　《简易文字与大众文化》(未署名,收入《坦白集》),载《生活日报》第 32 号。(全集第 6 卷第 653—655 页)

7 月 9 日　《安全》(未署名)、《经过后的知难》,载香港《生活日报》第 33 号。(全集第 6 卷第 424—425 页、426—427 页)

《安全》摘要:

"近来在国际新闻里常可看到一个时髦名词,叫做'集体安全'。这个名词很有意思,一方面可以表示用集体的力量来保持安全,安全格外巩固;一方面也可以表示只有集体的安全,不是单独或单方面的安全,才是真正的安全。其实在世界上的任何国家,谁不求安全?谁不要安全?这犹之乎世界上的个人谁不要自由?谁不求自由?但是个人的自由须以不妨害他人的自由为限度,否则大家都以妨害他人的自由为自由,便成了一个大家都不自由的苦痛的世界。国家的安全也应有相类的限度,如以破坏别国的安全为安全,结果必然要造成一个大家不安全的世界。""试举最近的几件奇闻为例。""丰台明明是中国的领土,日本在中国领土内的丰台增加军队,对于中国有着怎样的威胁,虽是一个小孩子都会明白的,但是在中国领土内驻扎的中国军队的驻防地却须由日本军事当局代为拟就,提出履行,这不是天下奇闻吗?""日本要牺牲中国的安全来保持日军的安全,这是中国人民所绝对不能允许的。""还有一件奇闻"。"驻丰台的日军开入张家村后,竟勒缴该村农民自卫的枪械,以致民气愤激,纷起抵抗。""中国国民在中国国土内的所有自卫的枪械,日本军队根据何种权利来勒缴它?这又不是天下的奇闻吗?我们为着中国的安全,能容许这样的奇闻接二连三地发生吗?""仍在酝酿中的华北危机,将有更凶残的表现。宋哲元氏宣言以确保主权为原则";"仅仅空洞的原则是无用的,必须在具体的事实上能够符合这个宣言,才能获得国人的信任。"(全集第 6 卷第 424—425 页)

《经过后的知难》摘要:

"原来到海滨游泳场去游泳,最好选高潮的时候去,因为那个时候的水最洁净。低潮时候的水就比较地不清洁。我在六七天前的一个下午,热得发昏,便独自一人匆匆地溜到那个游泳场去游泳了一些时候,没有注意那是低潮,回后胸前忽然生了一块湿热。偏偏'祸不单行',因为本报的印刷不上轨道,有一夜自己跑到排字房去监察了一全夜的工作,天气奇热,郁闷异常,第二天这块湿热竟像我们民族敌人的侵略伎俩,得寸进尺,布满了上半身和颈部,胸部和颈部都发肿,临时'发福'得像个小胖子,热病的苦楚是不消说的了。""在病中虽勉强忍苦料理一部分的工作,但总不能如意,所以急得直跳,恨不能立刻医好。医生给我的药,我自作主张地加倍的使用。但是即有对症的药,也必然地须经过相当的时间,你不注意这客观的条件,急死也是无用的,不但无用,而且反要弄出毛病来。我因为用药过份,引起病躯的激烈反响,在头两天不但不悄悄'敛迹',反而格外猖獗起来,和我的本意恰恰背道而驰。后来我再去看医生,和他办交涉,他指出我的症结所在,于是我一面依法疗治,一面把心理镇定下来,才慢慢地把病魔驱走。""患着非请医生诊治无法自愈的毛病,坐视不救,纵任无限止的蔓延,结果是必然地要糟糕。所以人事是不能不尽的。否则和坐以待毙的国策是一样的自作孽。但是对症下药,也必须顾到客观的条件,方法的步骤;如说得文绉绉一些,也可以说是须认清必然性。认清了必然性,就只是要在对付方面按着方法的步骤着着进行,用不着性急,用不着惧怕,也用不着什么消极哪,悲观哪,以及一切无谓的,乃至徒然消耗精神的,或甚至反而增加障碍的心理。彻底明了了必然性,坚定把握住了必然性,便可获得更大的自由;这种原理,我们在日常很平凡的事实里就可以体验到的。可是非在日常很平凡的事实里体验,却也很不易于领会,这可说是经过了的知难。"(全集第 6 卷第 426—427 页)

7 月 10 日 《惊心怵目的准备》(未署名),载香港《生活日报》第 34 号。(全集第

6 卷第 427—428 页）

《惊心怵目的准备》摘要：

"在目前最感到苦痛的事情，莫过于天天展开报纸所看到的，满纸的新闻是关于我们的'友邦'在中国领土内作更进一步侵略中国的种种准备。""在外交方面，'友邦'的新大使已准备根据灭亡中国的三原则来'调整邦交'了！自广田提出这三原则后，中国的全国民众有过非常严厉坚决的抗议。有一个时期，日本外交当局因此曾放出烟幕弹，说他们并不一定拘泥于三原则。有些浅见的人们竟以为形势可以比较缓和了。其实他们对中国是有着一贯的侵略政策，并不是形势有什么和缓，只是要藉烟幕弹来和缓中国民众抗敌怒潮。""尤可注意的是'友邦'的新大使提起所谓中日'经济合作'并不限于华北，乃指全中国而言，不过华北似有较早实现的机会罢了。这明明是说华北的'经济合作'只是全中国'经济合作'的准备。""军事上也在突飞猛进地准备。他们要在华北增兵到三万，同时声明'没有侵略中国的野心'，这是我们所耳熟的故事。这是他们掠夺华北不得不做的准备。""土肥原以前在东北所主持的什么特务机关，是侵略中国阴谋的一个策源地，这种阴谋的机关是全中国民众所切齿痛恨的。""据东京八日电讯，他们又在长江流域南昌、长沙、重庆等处，都设立所谓特务机关了。""武装走私是'友邦'破坏中国经济的准备。据青岛电讯，胶海关已于七日起遵照日方无理要求，把缉私巡舰大小六艘的机枪小径炮一律卸除，运到关署内藏储，外班关员自卫手枪亦限令三日内缴关保管。这简直是协助'友邦'大开方便之门了！""我们要大声诘问：中国准备干什么？"（全集第 6 卷第 427—428 页）

7 月 11 日　《团结御侮》(未署名，收入《坦白集》)，载香港《生活日报》第 35 号。（全集第 6 卷第 599—600 页）

《团结御侮》摘要：

"这次二中全会的发动是由西南倡议北上抗日，中央方面特召集这个会议来讨论'共赴国难'的问题。""倘若这个会议的结果能使内战可免，中央和西南'共赴国难'，也许有人就觉得满意了。""就是得到这个结果，最多只是中央和西南的团结；真要御侮，必须使整个中国团结起来。要达到这个目的，至少有两件事必须办到：一是停止一切内战，使全中国的枪杆都一致对准我们的民族敌人；二是彻底开放民众救国运动，开放言论集会结社自由，使全国的民众都来参加救国工作。必须这样，才是团结御侮。"（全集第 6 卷第 600 页）

7 月 12 日　韬奋乘美国柯立芝总统号由香港去上海。当晚在船上著文《短航

剪影》。(全集第 6 卷第 702—703 页)

同日 《中国原是统一的啊!》(未署名)、《□□□□》(题目及部分内容被检删,署名编者),载香港《生活日报》第 36 号。(全集第 6 卷第 429—430 页、431—432 页)

同日 《褊狭态度和动的现实》(收入《坦白集》)、《苏联儿童戏院的十八周年》(署名落霞译)、《人民阵线与关门主义》(附言前全文登载莫文华(刘少奇化名)于 6 月 19 日给韬奋的第二封信)、《关于救国联合阵线的几个疑问》(以上两篇署名编者,收入《坦白集》)、载香港《生活日报星期增刊》第 1 卷第 6 号。(全集第 6 卷第 593—594 页,第 14 卷第 6—10 页,第 6 卷第 610—614 页、614—619 页)

《褊狭态度和动的现实》摘要:

"我们要从动的方面去看现实。中国在'九一八'事变以后,形势和以前有了很重要的变换。在客观方面,我们的民族敌人是逐步实现他们灭亡整个中国的一贯的计划。""现在摆在我们眼前的只是愿不愿亡国的问题,是整个中国存亡的问题;亡的惨祸所殃及的是全国的人民,除了极少数的汉奸卖国贼之外"。"在主观方面,这个灭亡整个中国的惨祸之迫于眉睫,决不是一党一派或少数人的力量所能单独挽救的,必须用整个民族的力量,发动抗敌救亡的大战争。""所谓抗敌救国联合阵线,就是不论何党何派,不论什么阶层,不论什么职业,凡是不愿做亡国奴的,都联合起来,集中整个民族的力量来对付我们民族的最大敌人。在这个抢救中国危亡的现阶段,全中国应该只有两个阵营:一个是抗敌救国的阵营;一个是我们民族敌人和汉奸卖国贼的阵营。除这两个阵营外,换句话说,除我们用全力促成并巩固第一个阵线来对付第二个阵线外,如有人再存着褊狭的态度,存着党派或阶层的成见,在言论或行动上来引起纠纷,无论有意或无意来破坏这个救国联合阵线,或减削这个救国联合阵线的力量,那就是民族的罪人,同时也就是他所属的党派或阶层的罪人! 因为民族如果沦亡了,任何党派,任何阶层,都是同归于尽的。""倘若不看清中国当前的动的现实,仍不改变褊狭的态度,尽管自以为是照着'正确的'路线干,不知不觉中却做了汉奸卖国贼的帮凶,这不是很可痛惜的事情吗?"(全集第 6 卷第 593—594 页)

《人民阵线与关门主义》摘要:

"莫先生(注:即莫文华,刘少奇化名)的意思很对,我们可以完全接受。不过我们还有一点愿提出研究,那就是'人民阵线'这个名词用在中国的民族解放运动很容易令人误解,不如用'民族联合阵线'来得清楚。""'人民阵线'大概是借用自法国的人民阵线。正因为有着这样的渊源,所以很容易令人误会。""因为中国努力民族解放的联合阵线和法国的联合阵线是有着根本的差异,不应混为一谈的。法国的人民阵线是使法西斯以外的人民联合起来反对法西斯,是以阶级为出发点的。它的性质是对内的。""中国的情形便不同,中国是半殖民地的国家,是正在受着侵略者最残酷的侵略,是要集中全国的力量来一致对外——对付侵略国——目标是对外而非对内,是要不论阶级,只要是不愿做亡国奴的,都联合起来一致抗敌救国,当然不是以阶级为出发点,如也沿用法国的'人民阵线'的名词,关于这一点便容易使那些患着左倾幼稚病者误解,结果不但不能结成联合战线来抗敌救国,来使民族解放,反而要破坏联合阵线,这关系是很严重的。而且称'人民阵线'也容易使人误会只包括人民,有志抗敌救国的军人官吏并不包括在内。所以我们主张,为明了起见,不可再用'人民阵线'这个名词,应该用'民族联合阵线',使人一望而知是以民族解放为本位的联合阵线;对外的,不是对内的;是中华民族的任何分子,除汉奸外,都可以参加的,都应该参加的;并不限于任何阶级的,并且不该由任何阶级包办的。说得直截了当些,这里面只有民族解放的问题,只有一致抗敌救国的问题,而不该牵到什么阶级的问题。"(全集第 6 卷第 613—614 页)

《关于救国联合阵线的几个疑问》摘要:

"第一点,认为各党派间在以往有着嫌隙仇恨,因此怀疑他们能否携手做抗战工作。""在国难这样严重的今天,我们必须不算一切旧帐,联合起来对付要亡我国家,灭我民族的最大敌人。我们深信各党派间在已往无论有着怎样深的嫌隙仇恨,总不会超过对于我们民族的共同大敌。我们如不能抵抗我们民族敌人的残酷侵略,结果必至同归于尽,'皮之不存,毛将安附?'所以,'开诚合作'是出于共同图存的客观的需要,是'救死唯恐不赡'的问题,和凭空虚构的'祈祷'是不能相提并论的。""我们要实现这个救国的策略,当然需要种种方面的努力,各人应各尽他的地位和能力来促成这个救国联合战线的结成。最先的工作当然要尽我们的力量宣传,解释,说服。像关门主义也是救国联合战线的大障碍,我们先须尽力使人明了关门主义怎样妨碍救国的工作,使他们于明了了之后尽力克服它。""第二点,联合战线的核心,只须对联合战线的任务明彻,对联合战线的工作最热烈最坚决的人们,都可以做联合的核心,此处所谓核心不过是指推动的核心,并不包含有包办的意思,因为既是救国联合战线,便是要容纳各党各派以及无党无派的人都来参加救国的工作,本不容许包办的存在,且在事实上,国难到了这样的地步,非动员全国的力量来抢救是绝对无望的,所以也不是任何一党一派所能包办的。至于'时不我待',那点只有更加紧地推动,更加速地进行。""我们以为第一步仍在说服大多数人明白联合战线的必要,造成强有力的舆论,形成强有力的民意,倘仍有一二人或少数人要背道而驰,他们在事实上也要感到走投无路的。""第三点是保持不分裂的问题。只要救国联合战线能造成,只要参加救国联合战线的人对于这件事的任务和工作有彻底的理解,充分的信仰和诚意,在民族的共同大敌未除以前,我们相信是不会分裂的。当然,要达到这个目的,还需要我们的努力工作。即有困难,我们也只应该用努力工作来克服困难,不能因为恐怕有困难而坐待民族敌人的宰割。""只要大多数人能明了联合战线的真正意义与任务,对于破坏联合战线的任何行为,民众的制裁力一定是很大的。""关于第四点,怎样处置包办问题。我们以为倘若救国联合战线没有成功的一日,什么都无从说起;倘若救国联合战线能造成,根本就无所谓包办了。同时我们相信只要不是甘心做汉奸卖国贼,都有加入救国联合战线的可能,这就要看努力于促成救国联合战线的工作是否做得好,做得对,做得有效率。"(全集第6卷第618—619页)

7月13日 《送胡适博士赴美》(未署名,收入《坦白集》)《〈生活日报〉读者公鉴》(署名本报广州分销处),载香港《生活日报》第37号。(全集第6卷第699—701页)

《送胡适博士赴美》摘要:

"胡适博士最近的政治主张,有许多地方是我们所不能同意的。不仅是我们,凡是热血的中国人大概都不会愿意跟随胡适博士,退到勘察加去,而且胡适博士一面主张把东北四省送给外人,一面又主张中央下令讨伐西南,薄于己而厚于人,也未免过火了些。但是无论如何,我们不能不承认胡博士是十余年前新文化运动的急先锋,至少我们相信胡博士是国内代表实验主义思潮的著名学者。""因为是实验主义学者的缘故,胡博士有一个特长,就是发见客观事实证明了主观认识的错误的时候,他马上可以纠正过来。""这种勇于改过的精神,不仅表现了实验主义的精神,而且是我们青年人所应奉为模范的。""我们郑重希望胡博士这次赴美,担负一个重大的使命,就是向美国人士宣传太平洋安全的重要,远东和平的危机和中国被侵略的事实。因为我们认为中美苏三大倾向和平的国家,是目前太平洋的真正的安定力。这三大国要是一旦携手合作,共同防止侵略,不但世界和平有希望,中国民族独立自由也有了保障。"(全集第6卷第699—700页)

7月14日 《"决不轻言牺牲"》(未署名),载香港《生活日报》第38号。(全集第6卷第433—434页)

《"决不轻言牺牲"》摘要:

"我们看到外交部长张群关于半年来外交经过的报告,依然是说些不痛不痒的话。例如'和平未到最后绝望时期,绝不放弃和平'啊,'牺牲未到最后关头,绝不轻言牺牲'啊。这又是什么话?在国难日亟,大祸临头的今日,我们的外交部长，对于怎样保卫国权，怎样收复失地，并没有明白表示，却依然用了油腔滑调的老套，向民众敷衍搪塞。我们有这样的一位外交部长，又如何能教人不失望呢？""张外长所谓'和平'是指屈服妥协，所谓'牺牲'意思是抗战图存。在这里，张外长犯了一个极大的语病，我们不能不把它指出：屈服妥协真的就是'和平'吗？抗战图存真的就是'牺牲'吗？恰巧是相反。向侵略国屈膝退让，结果只是使敌人得寸进尺，步步进迫，决不是和平。却惟有抗战救亡，才能得到真正的和平。就国家和民族的利益来说，由中央出兵抗敌，以达到保卫国权收复失地的目的，也决不是牺牲。惟有因不抵抗而断送国土，才是国家民族无可挽救的牺牲啊。""张外长认定抗敌是'牺牲'，而且主张不到最后关头，决不轻言牺牲，这是没自家志气，张他人威风的说法。""人民所要求的是什么？人民不但'不轻言牺牲'，而且要求政府勿再为内战而牺牲国力，勿再因退让而牺牲国土。人民认为只有立时停止内战，实行全民抗敌，才能达到民族的独立解放，才能促成国内国外的真正和平。"（全集第 6 卷第 433—434 页）

7 月 15 日 胡愈之根据潘汉年的意见，帮助起草了《为抗日救亡告全国同胞书》。"这个文件基本上和《八一宣言》的调子相近，是站在中间派的立场上写的"。"由邹韬奋、陶行知签名后，再由邹韬奋亲自去上海要沈钧儒、章乃器签名"。"他们四人都不是国民党员，也不是共产党员"。"沈钧儒同意签名，章却嫌文件太右了，坚决主张修改，甚至连题目也改为《团结御侮的（几个）基本条件与最低要求》"，刊登在 7 月 31 日《生活日报》第 55 号上。（胡愈之《我的回忆》第 36 页）

邹韬奋撰文回忆："为国家民族的生死存亡大问题共同奋斗——也就是民族统一战线的形成。我们几位在港的朋友曾为着这个问题，讨论了几天几夜，结果草成了一本小册子，名为《团结御侮的几个基本条件与最低要求》，由我亲自带到上海，再和沈钧儒、章乃器诸先生及其他救国会诸同志作详尽的检讨，经过港沪几位朋友多次的商讨和修正之后（当时陶行知先生适因赴美经港，对小册子内容亦参与商讨），最后由沈钧儒、章乃器、陶行知诸先生和我四个人共同负责署名发表。这本小册子最初产生于香港的生活日报馆，最后由上海印行普及全国，引起了全国各方面的重大反应。"（全集第 10 卷 842 页）

同日 《评二中全会决议案》（未署名），载香港《生活日报》第 39 号。（全集第 6 卷第 434—436 页）

同日 《生活知识》发表邹韬奋与沈钧儒、章乃器、陶行知署名的《团结御侮的丁基本条件和最低要求》，主张"停止一切内战，全国团结起来，枪口一致对外"。

7 月 16 日 《国防会议与国防问题》（未署名），载香港《生活日报》第 40 号。

（全集第 6 卷第 436—437 页）

《国防会议与国防问题》摘要：

"把这国防会议的组织条例,和会员人选研究一下,我们依然不免失望。因为参加这个国防会议的只限于高级将领和政府领袖。""虽然美其名曰国防会议,而实际上和袁世凯时代的将军府差不多,不过是为安插冗员而已。对于国防问题是不会有多大效果的。""大家知道,在目前抗敌救亡,必须由全国的当局和民众,一致参加,才有办法。所以中国目前的国防问题,应该集合政府和人民,各党和各派,共同来设法解决,而不是单靠少数军政领袖所能包办得了的。""因此,我们所盼望的国防会议,是要以人民作主体,由各省各市的救国会和其他抗敌民众团体的代表来做核心。此外各党各派以及各抗×部队当然也可以派代表参加。如此,这国防会议方成为全民抗敌救亡的真正领导机关,方可以担当全国总动员抗敌的重要任务。""这次二中全会把西南五项救亡提案否决了,这已经使人失望。而所谓国防会议,又只许极少数军政领袖参加。甚至著名的抗日将领,如马占山,李杜,方振武,蔡廷锴,也不能参加会议。这办法不免教人怀疑政府是不是真有抗敌的诚意和决心。""目前,人民所需要的是真正的国防会议,而不是有名无实的国防会议。"（全集第 6 卷第 436—437 页）

同日 《萍踪忆语(二一)听众六千万人的无线电牧师》,载《世界知识》第 4 卷第 9 号,收入《萍踪忆语》。（全集第 7 卷第 437—444 页）

7 月 17 日 《否决后的西南救亡五提案》(未署名)、《短航剪影》(写于 7 月 12 日柯立兰总统号轮,收入《坦白集》),载香港《生活日报》第 41 号。（全集第 6 卷第 438—439 页、702—704 页）

《否决后的西南救亡五提案》摘要：

"站在人民的立场,觉得这提案既然是代表了人民的公意,连我们自己都为它兴奋过,我们固然切望二中全会通过,立刻有个全国规模救亡的行动到来,但是,现在被否决了,我们不该只是失望,我们觉得这提案就是取部分的实现,也有它的必要,所以我们希望西南当局能从自己统辖的范围做起。""我们站在人民的打算上,虽然总希望全国实力者都能'精诚团结,共赴国难'。但事实既然到了不可能时,也希望各人的主张,都能够见于实行。各行其是,固然使行动分裂,分散了国力,不是人民所希望的,但只要是代表人民公意的最最迫切的要求,有推动全国的救亡的行动,我们亦期望它能够艰苦地一部分一部分开始奋斗。""人民无偏见,只希望事实的××早日实现,救得危亡。人民只认识一事实,拥护真正为民族而抗战者。"（全集第 6 卷第 438—439 页）

7 月 18 日　《大家不要忘了走私问题》(未署名),载香港《生活日报》第 42 号。(全集第 6 卷第 439—441 页)

《大家不要忘了走私问题》摘要:

"'挟寇自重'的汉奸王克敏,居然扬扬得意地到了首都,谒见我们的蒋院长,而且提议以中日经济合作,解决走私问题。所谓中日经济合作是什么,就是由中国订约减低日货进口税,使日货可以畅销国内。换句话说,就是叫中国签订卖国条约,承认走私为合法。走私既为合法,则诚如王克敏所说,'走私问题自然解决了'。""我们索性再慷慨些,把整个中华民国一股脑儿送掉,这样不仅走私问题,连一切对外问题都全盘解决,岂不更好吗? 寄语王克敏:你这种经济提携论,诚然十分忠于你的主子,但是我们中国还有一个中国自己的政府,请你别提出了罢。""本来实行武装缉私,是最近政府比较令人满意的一件事。反之号称抗日救国的西南当局,对于汕头走私,并未能严厉取缔,都不免予人口实。现在南北当局正在调兵遣将,内部冲突,势已无可避免。我们只好吁请当局在军书旁午之中,不要忘掉了我们的民族敌人,至少不要把关系国民经济命脉的缉私问题放松了。否则,恐真将不免为胡适博士所说'为亲者所痛,为仇者所快'。"(全集第 6 卷第 440—441 页)

7 月 19 日　《论民族固有道德》(未署名,收入《坦白集》),载香港《生活日报》第 43 号。(全集第 6 卷第 658—659 页)

《论民族固有道德》摘要:

"民族固有道德,以'忠'列第一位。'忠'的最大意义是忠于国家,忠于民族。但是现在恰巧相反。我们民族中间,出卖国家民族的汉奸一天天增多。大的如郑孝胥,赵欣伯,殷汝耕,石友三等等,小的如华北和福建的贫民,甚至为了两三毫钱,出卖给日本人。这种大大小小的汉奸,一个个升官发财,作威作福,而有民族气节,尽忠报国的志士,反而一个个消沉下去。这不是关怀民族道德的人们所最痛心的事吗?""许多贫苦无识的同胞,因遭层层剥削,无法生活,不得已而充当汉奸,这是可以原谅的。但是有些统兵将领,官僚政客,甚至文人学者,也竟甘心充当汉奸,出卖民族利益,这断不是出于偶然。""犯上作乱为旧道德所不许。朝秦暮楚,为士君子所齿冷。可是这种玷污民族道德的事实,在近年政治舞台上,却层出迭出,我们的当局至少要负一大部分责任。""首鼠两端的投机分子,可以升官发财,而有主义有信仰的志士,却不免于出国诛戮。这种政策上行下效的结果,将使全国男女,只知有富贵利禄,而不知有国家民族。那就无怪汉奸的数目要一天天增多。""要杜绝汉奸的产生,必须消灭一切汉奸心理,使投机者无法幸进,使朝秦暮楚之辈,不能得志,使中国人民个个忠于国家,忠于民族,这个更用不到写成标语,贴在墙头。最要紧的是由政府在内政上切实做去。只要政府对内,信赏必罚,光明坦白,一切都以国家民族利益为前提,这样汉奸自然绝迹了。"(全集第6卷第658—659页)

同日 《救国联合阵线的出发点》(收入《坦白集》),载香港《生活日报星期增刊》第1卷第7号。(全集第6卷第595—596页)

《救国联合阵线的出发点》摘要:

"我们首先必须认清联合阵线的出发点是未联合。"有些人"尽管嘴上喊着联合阵线的重要,在行动上只是拘守着原来已经联合的范围,对于未曾联合的各方面,不但不能推动他们来加入救国联合阵线,而且因为在言语行动上引起他们无谓的反感,对联合阵线根本引不起他们的信仰与热诚,当然不愿意加入这种'成见阵线'来受闲气!救国联合阵线是越广大越好,因为越广大,力量就越雄厚。可是受着关门主义者的摧残,无论是出于有意或出于无意,结果是原来已联合的仍然是限于那一些,未联合的还是同床异梦,各怀鬼胎!"(全集第6卷第596页)

7月20日 黄炎培在职教社与邹韬奋长谈。(《黄炎培日记》)

同日 《陈济棠下野与救亡前途》(未署名),载香港《生活日报》第44号,收入《坦白集》。(全集第6卷第634—636页)

《陈济棠下野与救亡前途》摘要:

"本报站在抗敌救亡的立场,自始同情于陈济棠氏等北上抗日的主张。""我们所要求的抗敌,是真正的抗敌,而不是借抗敌名义进行内战。相反的本报始终赞成抗敌,而坚决反对内战。所不幸的陈济棠氏最近数星期中,对于抗敌,只做到通电主张为止,并没有行动的表现。""陈氏始终只是要求中央抗敌,自己并不抗敌,甚至不许民众抗敌。这样空谈抗敌,就等于不抗敌,等于取消抗敌。所以陈济棠氏的失败,失败于不抗敌,而非失败于抗敌,这是我们所应该认识的一点。""企图以抗敌名义欺骗民众,那不但不能得人民拥护,而且必自取败亡,这是我们所应该认识的又一点。""现在陈氏下野,粤局纠纷,迎刃而解。希望中央一面收拾岭南残局,一面发动全国救亡战争。这样才表现了中央统一内部团结御侮的真诚。"(全集第6卷第635页)

7月21日 《再论民族固有道德》(未署名,收入《坦白集》),载香港《生活日报》第45号。(全集第6卷第660—661页)

《再论民族固有道德》摘要:

"所谓孝是要尽力谋中华民族的发扬光大，至少要能保全我们的祖产，继承我们的祖业。""我们的民族祖先，遗留给我们一个广大富庶的国土，和一个足以夸耀世界的民族文化。我们要保全这国土的独立完整，要发扬我们的民族文化，和世界的新文化汇为一流，这样我们才算对得起我们的民族祖先，我们才算是孝子仁孙。但是现在我们怎样？民族敌人一步步进迫，我们一步步退让屈服。眼见得国土快要断送完了，主权快要丧失干净了，而我们还是不抵抗。出了这不争气的败家子，真把我们民族祖先的颜面都丢净。""不仅如此。我们对外敌只知道打躬作揖，但是遇见自家兄弟，却毫不留情，天天在自相残杀，自相倾轧。""我们相信所谓孝道，断然不是如此的。""当局既然在提倡民族固有道德，卑之无甚高论，我们也就希望当局要切实的做去。惟有停止一切内哄，养老扶幼，团结民族力量，实行抗敌救亡，这样才是真正的孝道。"（全集第6 卷第 660—601 页）

7 月 22 日　《听一听年轻人的呼声》（未署名），载香港《生活日报》第 46 号。（全集第 6 卷第 441—442 页）

《听一听年轻人的呼声》摘要：

"我们的党国领袖，却另有一种想法。他们以为现在最要紧的不是抗×救国而是统一政令军令，仿佛国可亡，家可破，而政令军令却不可不统一。""我们不明白，为什么年轻人简单的头脑中想得到的事，我们的当局却永不会明白呢？""我们希望全国上下，从今以后，不要老是在对内问题上面勾心斗角用工夫。大家赶忙回过头来，看一看华北的局面。大家赶忙想法策动挽救民族危亡的大事业。听一听年轻人的呼声罢！为祖国而生，为祖国而战，为祖国而死，现在已到了时候了！"（全集第 6 卷第 442 页）

7 月 23 日　《今天非有答复不可了！》（未署名），载香港《生活日报》第 47 号。（全集第 6 卷第 443—444 页）

《今天非有答复不可了！》摘要：

"我们早就说过，中央为统一西南政令军令，勾心斗角的结果唯一额手称庆的，只有我们的民族敌人——日本××主义。现在事实果然应验：中央还没有把西南局面完全整理好，日本在华北的侵略，却又得到一次胜利了。广东绥靖问题还不曾完全解决，而冀察政委会却已和冀东伪组织合流了。中央军正在向羊城进军，而二十九军却已向平汉线南段撤退，而把平津防地让给石逆友三的伪保安队了。岭南新贵正在走马上任，而华北汉奸曹汝霖、石友三等，却早已弹冠相庆了。西南党务政务正在开始整理，而华北反赤文化促进会，河北自治研究会,大亚细亚协会等汉奸团体,却已在北平取得公开活动了。广东货币统一还不过在着手进行中,而华北经济命脉,却以提携合作的名义,完全入于日人掌握中了。""除非是汉奸亡国奴,总不能说华北不是我们的领土,总不能说华北可以完全抛弃,任令'挟寇自重'的汉奸们,向敌人零星出卖。日人要并吞察哈尔和河北省,已进行了一年多,现在因二十九军的屈服退让,中央政府的置身事外,可以说实际上日人已达到了并吞的目的。继河北察哈尔之后,绥远,山东,山西,也早晚要饱敌人的馋吻。到了那时,中国领土去掉了一半,国家生存就无法保全。中央即使认为'还未到最后牺牲时期',但现在火已烧到眉头,应该不至于再熟视无睹罢!""过去据政府总说为着要先安内,所以不能攘外。安内的问题现在总不能不算是已经解决了罢。陈济棠下野之后,西南局势迎刃而解,广西当局也表示愿意服从中央。环顾国内,国民党内部,已没有反中央的势力存在。""所以今日以后,我们认为政府对于抗敌救亡的重大问题,应该有切实的决定。""虽然人民已经忍无可忍,但在这最后的片刻,仍盼望政府有一个表示。我们的政府到底准备抵抗,或准备亡国,今天非有答复不可了。"(全集第6卷第443—444页)

7月24日 《天羽声明书再版发行》(未署名),载香港《生活日报》第48号。(全集第6卷第444—446页)

7月25日 《两个新方针》(未署名),载香港《生活日报》第49号。(全集第6卷第446—447页)

《两个新方针》摘要:

"闲话别说,现在我们特意向着在牯岭避暑的党国要人们进一言:侵略国的新方针是已决定了。我们也应该尽速决定我们的新方针。我们的新方针是什么?(一)武装保卫华北,武装收回失地;(二)向民众作广泛的抗日宣传及组织;(三)团结中央与地方,政府与民众以及各党各派,一致为抗敌救亡而斗争;(四)联结一切反对侵略的友邦,以巩固远东和平。"(全集第6卷第447页)

7月26日 《所望于庐山会议者》(未署名),载香港《生活日报》第50号。(全集第6卷第448—449页)

《所望于庐山会议者》摘要:

"过去数年以来,政府口头所谓团结御侮,我们已领教得够了。政府以团结御侮为名义,召集军政要人的会议,也已数十次了。可是结果怎样呢?天天嚷着团结而涣散如故;天天嚷着御侮,而不抵抗如故。人家开一次会,要北进就北进,要南进就南进,而我们开十次百次会议却始终不见有抗战的事实表现。""我们希望在庐山会议中,政府至少应该决定两种态度:第一,政府应该诚意表示接纳民众的要求,上下一致,救亡图存。对于民众抗敌言论和行动,不但不应加以束缚压迫,而且应该竭力提倡奖励。人民的意见,政府应该虚心接纳,即使为政府所万不能接纳的,也应让人民有自由发表之权。第二,政府对于抗敌救亡,政治上军事上外交上作何准备,应该明白宣布原则,不应始终含糊其辞。""只有屈服卖国需要秘密,而抵抗侵略,则为天地间最光明正大之举,用不到鬼鬼祟祟,瞒上瞒下。不然即使政府真有抗敌决心,人民睡在鼓里也决不能予政府以信任。试问政府蒙蔽人民,人民不信任政府,这能算是团结御侮吗?""目前人民所迫切需要的,不是假抗日而是真抗日,不是空谈救亡,而是实行救亡。两广当局正因假抗日,空谈救亡,以至被民众唾弃,身败名裂。我们的军政要人纵使十分健忘,总不会把眼前的教训忽略了罢。"(全集第6卷第448—449页)

同日　《联合阵线与汉奸问题》、《抗敌救亡与军阀末路》(7 月 23 日,署名编者,以上两篇收入《坦白集》),载香港《生活日报星期增刊》第 1 卷第 8 号。(全集第6卷第597—599页、647—651页)

《联合阵线与汉奸问题》摘要:

"平常所谓汉奸,就可以分为两种,一种是主观和客观上都做了汉奸。另一种并没有汉奸的意识,只是在客观上有了汉奸的言论或行动。第一种汉奸,如郑孝胥,殷汝耕,石友三等等,他们是死心塌地做卖国贼的,那才是真正的汉奸。第二种汉奸,如有些穷苦的同胞们,因受层层剥削,既无衣无食,又无知无识,他们本意并不想做汉奸,只是为饥寒所迫,才去充当了敌人的奴才走狗;又如一些认识不正确的名流学者,他们意识上并不想认贼作父,而事实上他们却主张屈服退让;又如许多军人,他们并不是不抵抗,只是因为政府没有抗敌的表示,他们为保全实力起见,暂时屈服,这样在客观上也变成了汉奸。这一类的汉奸,虽然事实上在做汉奸,却并没有完全昧绝良心,安心做亡国奴。所以这些人只能算作准汉奸,还不能算是真正的汉奸。""救国联合阵线的门户既然越宽大越好,所以只能拒绝真正汉奸的参加,至对于那些准汉奸,不但不应拒绝他们参加,而且应该用极忠实诚恳的态度,加以劝导说服,使他们放下屠刀,立地成佛。这样才是救国联合阵线的正确态度。"(全集第6卷第597—598页)

《抗敌救亡与军阀末路》摘要:

"要试验抗敌救国是真是伪,至少有两个条件,一是开放民众救国运动,一是绝对不妥协。做到了这两个条件,就是真的,不做到这两个条件就是假的。

西南当局直到最后始终没有开放民众救国运动，司徒先生信中所述官方包办示威大会，以及逮捕抗日青年学生等，据我们的调查，完全是确实的事实。此外西南当局既标榜抗日，但在两广境内，仍与敌人保持友好的外交关系，甚至连缉私抵货都没有彻底去做。这又证明西南当局一面高唱抗敌，一面仍与敌人妥协。""本报创刊后一个半月以来，在社论和新闻中屡次提示真正抗日，必须从开放民众运动入手，而且始终反对以抗日的名义进行内战。这已经是从原则上揭破西南当局的虚伪了。""在目前中国，汉奸民贼，滔滔者皆是。全国实力派领袖只要能够公开宣布抗日，即使口惠而实不至，至少总比不抵抗丧失国土要高一筹。""我们虽然明知西南当局抗日，并非出于真诚，但我们却天天盼望西南当局因舆论的督促，民众的要求，一旦由假抗日一变而为真抗日。""到后来西南当局依然不知觉悟，使我们完全失望，这是我们为了民族解放前途，所不胜痛心的。""西南抗日既然是假的，那么西南运动的失败，自然是失败于假抗日，而非失败于抗日。""陈济棠治粤七年，除了搜括剥削，屠杀民众以外，没有一件政绩能使民众满意。到了最后，日暮途穷，无路可走，因见民众有抗敌的要求，于是设起一个抗敌的骗局，想借此保全军阀地盘。谁知民众是欺骗不过的。欺骗民众的结果，只是自取败亡而已。要不是民众反对，部下决不会纷纷离贰。部下不离贰，陈济棠何至崩溃如此迅速。所以我们认为陈济棠的失败，是民众的胜利""这一次事变，充分表明了民众所要求的是真抗日，而不是假抗日。假抗日不仅不能挽回军阀末路，而且反足以自取败亡。经过了这一次试验以后，国内实力派应该大都有了警觉：惟有真正实行抗敌救亡，才能保全领袖地位，不然就不免做陈济棠第二。全国实力派要是都有这个感觉，全国一致的对外抗战，就不难立刻发动。所以这次西南运动的失败，不仅不会损害抗敌救亡运动的展开，而且也许竟是民族解放战争具体化的开端，也未可知呢。"(全集第 6 卷第 649—651 页)

7 月 27 日　《统一与联合》(未署名，收入《坦白集》)，载香港《生活日报》第 51 号。(全集第 6 卷第 602—603 页)

《统一与联合》摘要：

"联合是过程，统一是目的。要统一必先联合，惟联合才有统一。目前流行的民族救亡阵线这个名词，有的人称之为'统一阵线'，有的人又称之为'联合阵线'。可见'统一'与'联合'是一而二，二而一。""有些人却故意曲解，把统一与联合这两个名词，分拆开来，甚至作互相对立的解释。有的认为统一是独霸天下的意思，既然是独霸天下，自然和联合的意思相反。有的误解'联合'就是妥协屈服,既然是妥协屈服,自然并不是为了统一的目标而联合。""天下断没有内部不联合,而有真正的统一。而且如果不是为了统一对外,所谓联合,也只是空虚的,不能持久的。""所以统一与联合是不可分离的。要真正的统一,只有以联合入手。但是联合却又必须有一个对外的统一目标。在民族危机十分深重的今日,统一的目标,就是抗敌救国。离开了这目标,就无法统一起来。不是认定了这目标,也断然无从联合起来。"（全集第 6 卷第 602—603 页）

7 月 28 日　《西班牙内战的意义》(未署名),载香港《生活日报》第 52 号。(全集第 6 卷第 450—451 页)

7 月 29 日　《安内工作大致完成》(未署名),载香港《生活日报》第 53 号。(全集第 6 卷第 451—453 页)

7 月 30 日　《不要忘了西南的国防》(未署名),载香港《生活日报》第 54 号。(全集第 6 卷第 453—454 页)

《不要忘了西南的国防》摘要:

"在过去,不抵抗放弃东北的结果,使敌人进一步而觊觎华北。现在如果再放弃华北,敌人自然更进一步而觊觎华南。不但如此,在进攻华北的过程中,对于华南,敌人也同时在作侵略的准备。华南日本海军的示威,闽省台湾浪人的活跃,汕头走私的猖獗,厦门汉奸的横行,过去这些事实告诉我们,华南也早已成为敌人侵略的目的物了。""有些糊涂透顶的名流学者,却误信侵略者的胃口是有限量的,以为我们让他吞下东北,吞下华北以后,华南就可以偏安一隅。""对于日本最近在闽粤的军事经济侵略行动,本报前昨两天所登载的厦门通信,有详细正确的报告。从这报告里已经可以看出我们敌人,企图在最近时期把闽粤弄到手。而近日台湾海军空军大演习,闽浙海岸日舰示威,下月台北又要开南进政策会议,最近甚至强迫设立成都领事馆。这些事实愈加证明华南的国防问题,此后将要一天比一天吃紧。如果认为把富饶的广东省归中枢直接掌握以后,就可以偏安一隅,那就是大错特错了。""我们不仅希望西南的新贵,要实行解除人民痛苦,开放言论自由,免除苛捐杂税,铲除贪污土劣,而且要更积极地消灭走私,惩治汉奸,策动抗敌救亡的战争。不然,西南要是继东北华北之后,从中央政府手中,把领土主权,白白送掉,西南民众是断不能饶恕的。"（全集第 6 卷第 453—454 页）

7 月 31 日　《邹韬奋为〈生活日报〉招股启事》、《五十五天的工作经验》(未署名)、《团结御侮的几个基本条件与最低要求》(7 月 15 日,署名沈钧儒、陶行知、章乃器、邹韬奋,收入《坦白集》附录)、《〈生活日报〉的创办经过和发展计划》(收入《坦白集》），载香港《生活日报》第 55 号。(全集第 6 卷第 455 页、456—457 页、704—716 页、679—685 页)

《邹韬奋为〈生活日报〉招股启事》摘要：

"于六月七日起，在香港先行试办《生活日报》。出版以来，颇承海内外读者嘉许。惟因香港地处南隅，交通不便，新闻采访与发行推广，均多困难。因此决定八月一日起，迁移上海，呈请登记，筹备出版。""韬奋承各界督促，与友朋磋商，乃决定重订《生活日报》发展计划，增加资本额为国币两百万元，迁移上海，筹备出版，并在上海设立《生活日报》筹备处，继续扩大招股。"(全集第 6 卷第 455 页)

《五十五天的工作经验》摘要：

"本报在香港创刊以来，到今天为止，屈指计算，已是五十五天了。""这五十五天的工作，虽然并不轻松，可是我们却非常愉快。""我们从这短时期的工作中，却得到了无数宝贵的经验和教训，而这些经验和教训又证明了我们的劳力并不是白费的。""就报纸本身来说，我们的经验是只要继续不断地刻苦干着，没有一事不会得到成功。""直到本报在香港创刊的时候，也还有许多友人替我们担心，以为靠我们这一点力量，一定不能办好一个日报。但是现在事实证明我们是成功了。虽然我们不能满意于目前我们的报纸，但是至少还没有使读者大失所望。而且经过这次的实际教训，我们将来在上海继续办报，也更有了把握。所以我们不怕困难，不怕失败，我们只怕我们的耐心和毅力不够。""再就我们国家民族的前途来说，我们的经验是中国人心不死，中国一定不会灭亡。""全国的人民大众，却已一致觉醒，要求联合救亡，实行抗战，已再不能等待。本报所提出的抗战主张，得到大多数读者的同情，本报所讨论的联合战线问题，引起各方面人士的注意，这就是证据。在全国人民这一个共同要求之下，我们的当局，如果仍旧不抵抗，或者口头说抵抗，而实际却降敌，就会遭民众的唾弃。政府当局要是为民众唾弃，即使有百万雄兵，也不能避免内部的崩溃。这是眼前最明白的教训。相反地，要是政府和民众，各党和各派，一致团结起来，抗敌救国，不但中国决不灭亡，而且民族复兴的前途，是有确实把握的。"(全集第 6 卷第 456—457 页)

《团结御侮的几个基本条件与最低要求》摘要：

"什么是救亡联合战线的正确立场呢？""我们以为：第一，抗日救国是关系整个民族生死存亡的大问题，所以只有集合一切人力，财力，智力，物力，实行全国总动员，才能得到最后的胜利。换句话说，抗日救国这一件大事业，决不是任何党派任何个人所能包办的。脱离了民众，单是政府，抗日必然失败；但是没有一个政府的领导，单靠民众自动地作战，也决不会有胜利的前途。中央政府要是没有各地方当局的合作，固然谈不到抗日；但是地方当局，在和中央政府对立的状态之下，即使出兵抗日，也未必有胜利的把握。固然，抗日救亡是火烧眉头的急事，我们遇到敌军入境，就要立即抵抗，断不能等到全国总动员成功以后，方才发动。""我们赞成这种局部的抗日军事行动，目的依然在能够推动全国大规模的抗日军事行动。否则，如果我们相信单靠局部抗日，或者一党一派包办抗日，就可以得到最后胜利，依然不免犯了重大的错误。抗日救国要达到最后的大胜利，必然要倚靠全民族的一致参加；我们所以有结成救亡联合战线的必要，原因也就在这里。""第二，我们主张各党派各方面共同联合起来抗日救国，这并不是说把各党各派都消灭了，更不是说利用联合战线，把某党某派消灭了。在联合战线上的各党各派，尽可以有不同主张，政府和民众，中央和地方，也尽可以有不同的意见；只要在抗日救国的一点上，求得共同一致，大家互相宽容而不互相倾轧、互相攻击，联合战线就建立起来了。""只有政府压迫民众不许自由提出抗日主张，民众笼统地反对政府的一切主张，这样联合战线才不免于破裂。所以互相宽容是联合战线的第一要义。""要是没有这种宽容的精神，联合战线根本就无法建立起来，更谈不到抗日救国。""第三，在联合战线中间，不仅要大家互相宽容，而且要公开，要坦白。凡是利用联合战线，利用抗日名义，作个别的企图的，就是破坏联合战线，也就是破坏抗日运动。联合战线应该结合各党各派的力量以达到抗日救国的目的，但不能为任何党任何派所利用。固然，在一个广大的斗争中，一部分不良分子利用联合阵线，假公济私的事情，是不能避免的。但只要我们一切的行动都坦白公开，这些假公济私的不良分子，立刻就会暴露出来，立刻就会被群众唾弃的。""第四，联合战线的主要目的，是在扩大抗日救国的队伍，这队伍自然越广大越好。既然是中华民族革命联合战线，那么四万五千万的中国人中间，除了汉奸以外，没有一个人是应该被摒斥的。即使是汉奸，要是一旦觉悟，参加抗日救国运动，也未尝不可以放下屠刀，立地成佛。那时我们也断没有排斥他们的理由。""只有建立广大的救亡联合战线，恢复民族自信心，才能克服一切汉奸意识，消灭一切汉奸运动。""第五，许多人对于联合战线的前途，缺乏坚定的信仰，以为联合战线不过是一时的苟合，过了不久就会分裂的。这一种见解也完全错误。""因为历史告诉我们，许多国家都是因为对外战争的胜利而促成内部统一的。这样看来，民族联合战线决不是一种短命的过渡性质的结合，问题只在于我们对于参加联合战线的态度,够不够热诚,对于抗日救国必然胜利的信仰够不够坚定就是了。"(全集第 6 卷第 707—709 页)

《〈生活日报〉的创办经过和发展计划》摘要:

"第一,我们希望《生活日报》成为真正'人民的报纸'。所谓'人民的报纸'当然不是倚靠大老板出钱的报纸,也不是有党派背景的报纸。我们要做到真正的民治民有民享。什么叫民治?言论要完全作人民的喉舌,新闻要完全作人民的耳目。""什么叫民有?我们要设法使大多数的中国人,都做《生活日报》的股东。""什么叫民享?就是《生活日报》要使大多数的人民,都能够享用。""第二,本报的言论,必须反应全国各界人士的要求和意见,而不是站在一党一派的立场来说话。本报可以容纳各种不同甚至相反的主张,但是不能一步离开抗敌救亡的大目标。""第三,本报的文字要求大众化,要尽可能用口语来写论文和新闻。""第四,本报的形式,即不主张摹仿大报纸,而主张用中型纸或小型纸,这样不仅携带,装订,保存,检阅,都非常便利,而且可以撙节纸张的耗费减低报纸的售价,节省读报的时间。""第五,在广告的登载及选择上,《生活日报》也要显示出它的特色。""凡是骗人害人的广告,一概拒绝不登。""第六,我们要使《生活日报》,成为全国销行的报纸,使中国人所到的地方,不论穷乡僻壤,天边海角,都看得到《生活日报》。""最后本报的目的和任务,在于促进民族解放,推广大众文化,而在现阶段内,尤当以全力促成全国团结抗敌救亡的实现。无论遇何种困难,受何种压迫,本报此种的目的和任务,决不有所变更。"(全集第 6 卷第 682—684 页)

8 月 1 日　由于香港地处一隅,发行数量受限,经费渐渐不支,《生活日报》只出了 55 期,于 7 月底便结束了,不久从香港迁回上海,寓所由吕班路(现名重庆南路)万宜坊迁至辣斐德路(现名复兴中路)601 弄 4 号。将《生活日报周刊》改名为《生活星期刊》,于 8 月 23 日在上海出版。(胡愈之《我的回忆》第 37 页)

同日　《言论自由与联合战线》,载《生活教育》第 3 卷第 11 期。(全集第 6 卷第 458—459 页)

《言论自由与联合战线》摘要:

"民族联合战线是要结合整个民族的力量来抗×救国,所以凡是不愿做亡国奴的人都应该加入,所以必须有广大的民众救国运动,在广大的民众救国运动里面,我们必须争取救国言论的自由权,这是谁也不能否认的。""联合战线的唯一大目标是在抗×,这是最须认清的一点。任何言论,当然不能破坏联合战线,因为破坏了联合战线,就是破坏了抗×的神圣任务。""除了不妨害这个唯一的大目标外，关于任何言论，都应给人有自由发表的权利，不该加以谩骂，加以中伤，甚至加以陷害。""在民族联合战线的大目标下，民众不但要对政府当局要求开放言论自由，同时即在民众里面，也须在不妨碍抗×的前提之下，尊重彼此的言论自由，因为我们不要忘却联合战线是重在'联合'各方面，不是要使各方面反而对立起来。"（全集第 6 卷第 458 页）

同日　《萍踪忆语(二二)黑色问题》，载《世界知识》第 4 卷第 10 号，收入《萍踪忆语》。（全集第 7 卷第 445—451 页）

《萍踪忆语(二二)黑色问题》摘要：

"美国虽号称民主政治的国家，但是一切政治的权利，黑人是没有份的。依美国的宪法，选举权是不应因民族的不同而有所限制的，但是在美国南部各邦，却另行通过种种法律，在实际上使黑人无法执行他们的选举权。""在美国北方的各大城市里，黑人虽也受着种种的歧视，但是因为他们有许多参加劳工运动，尤其是受着最前进的政治集团的指导与赞助，民族自信力与争取解放之勇气已一天天地增强起来，不再是南方的'尼格'了！""比较有知识的黑色青年很明白，他们只有参加美国的革新运动，他们的民族解放才有光明的前途。"

（全集第 7 卷第 447 页、451 页）

8 月 2 日　《今年的八一》，载香港《生活日报周刊》第 1 卷第 9 号，收入《韬奋时事论文集》。（全集第 6 卷第 459—461 页）

《今年的八一》摘要：

"我们中国几年以来，都是因不抵抗而丧失国土。现在民族危机千钧一发，抗敌救亡已成全国民众一致的要求。所以在今年八一，我们尤其应该认识清楚，只有团结国内人民的力量，联合国外反侵略的势力，立即武装全国民众，一齐向当前主要的民族敌人进攻，这样才是中国民族死里求生的唯一出路。"

（全集第 6 卷第 461 页）

8 月 9 日　《联合阵线和党派立场》(收入《韬奋时事论文集》)、《关于汉奸问题及其他》(署名编者)，载香港《生活日报周刊》第 1 卷第 10 号。（全集第 6 卷第 461—463 页、463—465 页）

《联合阵线和党派立场》摘要：

"联合阵线的目的，是联合目前中国各党各派各阶层，以共同救亡御侮，所以联合阵线中间可以包含各种不同的阶层，和代表各阶层的各党各派。但是各党各派加入联合阵线之后，并不是把原来的党派立场消灭了，而且也不是把各党派的相互对立关系消灭了。相反地，一个党既然采取了联合阵线的政策，那么联合阵线的立场就成为党的立场,联合阵线的实现,就是党的政策的实现。""在联合阵线中间,一个党派对于其他对立的党派,也依然可以作理论的斗争。""在平常,党派的斗争,可以不择手段,可以采取一切无情的方式,以达到消灭对方的目的。现在联合阵线中间,为了增强抗敌救亡的力量起见,不妨暂时容许敌党的存在,同时却用理论斗争的方式,以争取敌党所影响下的群众,这种斗争的方式,表面上看去,要和平得多,可是事实上更容易使一个理论真正坚强的党派得到最后的胜利。""党派的产生是以阶层为基础的,而联合阵线则以全民族为基础。党派斗争是为了阶层的利益,而联合阵线是为了全民的利益。这两种组织在表面上似乎不能相容。实际上却不然。在目前的中国,整个民族陷于沦亡,全民的利益和阶层的利益,已经不能分离。只有民族革命得到胜利的时候,阶层利益才有保障;也只有社会解放实现的时候,民族解放才得到最后的胜利。""一个党派既然采取了联合阵线的政策,便是认定在目前要从全民的对外抗战中,去争取所代表的阶层的利益。因此一切目标,都要集中在全民对外抗战的实现,这样才是参加联合阵线的党派立场。我们主张枪口一致对外,并不是说我们内部,没有民贼,没有汉奸。事实上汉奸和民贼,是和外敌勾结起来,倚靠外敌以存在的。""以全民的力量,来消灭外敌,外敌消灭以后,汉奸与民贼,自无容身之地。到了那时,民族解放与社会解放,便同时达到了目的。""我们却时时刻刻,应该从抗敌救亡的实际行动中,去启发领导群众,这样才能使联合阵线的立场与党派的立场真正统一起来。"(全集第6卷第461—463页)

《关于汉奸问题及其他》摘要:

"马先生信只说:'准汉奸一天不抗日,就把中国无形断送一天。'这话是对的,但是我们并没有主张坐视准汉奸不抗日,相反地,我们对于准汉奸,主张加以劝导说服,使他们由不抗日变而为抗日。如果经过劝导说服依然不抗日,那就不是准汉奸而是真汉奸了。对于真汉奸,我们当然不应该留情面,但如果是准汉奸而不与以自新的机会,那便是宗派主义的立场,而不是联合战线的立场了。"(全集第6卷第464页)

8月10日 毛泽东致信章乃器、陶行知、邹韬奋、沈钧儒等。信的全文刊于1936年10月30日出版的《救国时报》,发表时题为《毛泽东致章乃器、陶行知、邹韬奋、沈钧儒及全体救国会员函》。

《毛泽东致章乃器、陶行知、邹韬奋、沈钧儒及全体救国会员函》摘要:

"不久以前,我们在报纸上读到了章、沈、陶、邹四先生所发表的《团结御侮的几个基本条件与最低要求》和救国联合会的宣言和纲领。这些文件引起了我们极大的同情和满意，我们认为这是代表全国大多数不愿意作亡国奴的人们的意见与要求，我代表我们的党、苏维埃政府与红军表示诚恳的敬意，并向你们和全国人民声明：我们同意你们的宣言纲领和要求，诚恳的愿意与你们合作，与一切愿意参加这一斗争的政派的组织或个人合作，以便如你们纲领与要求上所提出的一样，来共同进行抗日救国的斗争。""我们相信，如果为了抗日救国的必需，排除一切互相的敌意。互相忍耐，互相尊重，那么全民族统一战线就可胜利完成，并可保证广泛光明的前途。""我们诚意的愿意在全国联合救国会的纲领上加入签名。　　　毛泽东 一九三六年八月十日。"（《救国时报》1936 年 10 月 30 日，《救国会》第 128 页、134 页、136 页）

8 月 16 日 《相信我们自己》（收入《韬奋时事论文集》）、《〈关于联合阵线和党派立场〉附言》（署名编者）、《〈生活日报周刊〉第 1 卷第 11 号编者的话》，载香港《生活日报周刊》第 1 卷第 11 号。（全集第 6 卷第 465—467 页、467—472 页、472—473 页）

《相信我们自己》摘要：

"现在所引起的问题只有两个，其一是在联合阵线里边惧怕汉奸的破坏，其二是认为不先肃清汉奸，就不能抗×。""惧怕汉奸破坏，会减少抗×的勇气，主张先除奸后抗日，就等于主张先安内后攘外，都是和联合阵线的原则不相容的。""假如我们相信抗×救国是全国人民一致的要求，我们相信联合阵线，必然得到最后的胜利，那末纵使有汉奸国贼，混入联合阵线内部，我们以至诚相待，亦必然能使少数汉奸，翻然觉悟。如仍不能觉悟也必不免为大多数爱国分子所唾弃。在那时，汉奸要在联合阵线中起破坏作用，一定不容易发生效力。相反地，同在联合阵线中，要是互相猜忌，互相怀疑，结果是大都把一切力量用在对内部的戒备和攻击上面，这样还能够说得上团结救亡吗？""主张非先肃清汉奸不能抗敌，也是由于过分惧怕汉奸而看轻自己这一种心理所致。假定我们相信抗×必然得到最后胜利，那么抗×胜利以后，挟寇自重的汉奸，不除而自除。""有的人对于联合战线的最后胜利，没有确信，觉得贸贸然和人家联合，结果会被别人利用，因此坚主非肃清汉奸不能抗日。结果，汉奸仍不容易肃清，而救亡工作，却反因此延搁下来了。""现在我们要相信自己：相信我们自己是光明坦白，为神圣的救亡事业而工作，因此更不必有什么顾忌猜疑，相信我们自己在救亡运动中，必然得到最后伟大的胜利，这样我们就无妨把心眼放宽些，对于各种不同的党派，不同的阶层，都取宽容的态度，惟有这样，联合阵线才能够建立而且巩固扩大起来。"（全集第 6 卷第 466—467 页）

《〈关于联合阵线和党派立场〉附言》摘要：

"原来我们对于联合阵线的认识,是联合中间必然有分歧,没有分歧,就无所谓联合。参加联合阵线的人,必须充分认识这一点,方才有真诚结合之可言。各党各派都加入了联合阵线之后,要是必须放弃了党派阶层的立场,那就是否定联合中的分歧。既然否定了分歧,这就不是'宽容态度'。所谓宽容态度意思是指尽量容许各党各派在不破坏联线的限度内,作各别的理论斗争。所以主张内部的理论斗争,与主张宽容精神,是并不冲突的。""在不破坏联线的限度内从事理论斗争,不但不至于分散抗敌力量,而且更足以使之增强。因为正确的理论也是抗敌的一种主要力量啊。在一个组织严密的政党中,各党员间的理论斗争并不妨害党的团结。在各党的联合阵线中,自然也是一样。至于'理论真正坚强的党派得到最后的胜利',这一句话,是指理论的胜利,并不是说理论坚强的党派可以把其余各党派消灭了。而且各党派要是对于理论有坚强的自信,自然不必惧怕失败,更不必惧怕被消灭。""现在各党各派各阶层为了自身的利益,都只有共同联结起来,抵抗民族的敌人。不但为劳苦大众打算应该如此,为资产阶层打算也应该如此。救亡阵线并不否定各党各派各阶层的各别的利益。假如否定了各党派各阶层的利益,也就是否定了救亡阵线。"(全集第 6 卷第 471—472 页)

同日 《萍踪忆语(二三)南游》,载《世界知识》第 4 卷第 11 号,收入《萍踪忆语》。(全集第 7 卷第 451—459 页)

同日 《妇女问题和男子》,载《妇女生活》第 3 卷第 3 期。(全集第 6 卷第 474—477 页)

《妇女问题和男子》摘要：

"我在英国和美国,曾遇到不少男女青年,他们虽很相爱,但是因为经济恐慌的社会要逼迫回到厨下,而男子的经济力量又不足以单独维持家庭,于是只得硬着头皮不结婚。谁说妇女问题不得解决,和男子没有关系呢?""在苏联的伟大的革命领袖伊里奇的著作里,可以看到他屡次提起,非使妇女大众一同来参加社会主义的建设工作,那便得不到最后的胜利;要这样,便非努力解放妇女大众,使她们都有机会来参加不可。""讲到改造社会的基本问题,讲到中国目前所迫切需要的整个民族团结御侮的问题,那就更非全国的男女同胞共同来努力奋斗不可;倘若还听任有一半的分子仍在'疲癃残疾'的情况中,那是必然地无法获得胜利的结果。"(全集第 6 卷第 477 页)

同日 《生活日报》周刊从 1 卷 12 号起改名《生活星期刊》,迁移至上海出版。

社址设在爱多亚路泰晤士报大楼 319 号（今延安东路 160 号，第 22 号改址 320 号）。（《生活星期刊》第 1 卷第 11 号"编者的话"）

8 月 23 日　《分头努力》、《不是创刊词》（以上两篇收入《展望》）、《我们要怎样办〈生活日报〉？绝对公开》、《在香港的经历（一）》（收入《经历》，补题《五二　波动》）、《几个疑问》（署名编者，收入《展望》），载上海《生活星期刊》第 1 卷第 12 号。（全集第 7 卷第 59—60 页、8—13 页，第 6 卷第 478—479 页，第 7 卷第 262—264 页、74—77 页）

《分头努力》摘要：

"有一个时候，有人提出枪杆和笔杆对救国谁的力量强的问题。""其实枪杆自有枪杆的效用，笔杆也自有笔杆的效用，只须用得其当，都可有它的最大的贡献；真要救国，就应该各就各的效用作最大限度的努力。当十九路军在淞沪英勇抗敌御侮的时候，我们亲眼看到枪杆对于保卫国土所贡献的伟大的力量，但是同时我们也亲眼看到民众被爱国言论和宣传所引起的异常深刻的感动，万众一心，同仇敌忾，有钱的出钱，有力的出力，妇孺老幼，都奋发努力于后方的种种工作，军力和民力打成了一片。""救国的工作是要靠各种各样的分工配合而成的，是要各就自己所有的能力作最大限度的奋斗。""不但枪杆和笔杆，不但军事上的作战，我们对于各种各样的工作，乃至似乎很平凡的工作，都应作如是观。""也许我们自己还没有做到'最大限度'，那只有更奋勉地加工干去。也许别人还没有做到'最大限度'，那我们也不应该轻视他，却要指示他，鼓励他，帮助他做到'最大限度'。""让我们在民族解放的大目标下，分头努力干去！"（全集第 7 卷第 59—60 页）

《不是创刊词》摘要：

"本刊自从本期起移上海出版，这在本刊的生命史上，却是一个重要的变迁；在香港的可告一段落了，在上海的却是正在展开着新的一页。""我们把本刊从创刊号起，一直到最近为止，在'笔谈'里所表示的言论的内容，作一番整理和检讨，藉此可以使关心本刊的朋友们更明了我们的立场和态度"。"可分为两大部分：一部分是关于民族解放的问题；一部分是关于大众文化的问题。""无论是民族解放的问题，或是大众文化的问题，我们都要排除万难，不怕艰苦的干去。"（全集第 7 卷第 8—13 页）

《我们要怎样办〈生活日报〉？绝对公开》摘要：

"我们既要使《生活日报》成为大众的日报，对于社会所要忠实遵守的第一原则是绝对公开。""《生活日报》不但要把经济来源公开，由此表示它不是少数人或任何党派的私有物，乃是多数人为大众文化而共同努力护持的机关，并且要把营业实况公开于社会"。"此外负比较重要责任的职员的姓名履历,也要公开出来。""我们深信绝对公开是避免无谓的怀疑的最好方法,是取得大众信任的重要途径。"(全集第6卷第478—479页)

《在香港的经历(五二)波动》摘要:

一位老友去年年底拜访韬奋,谈起在香港办报"只须不直接触犯英国人的利益,讲抗敌救国是很自由的,而且"香港"是个自由港,纸张免税"。讲者无意,韬奋"却听之有心,潜伏在我心坎里多时的那个愿望又起了一次波动。""今年的三月间,我便带着这样暗示的憧憬到香港去看看。""经过一个多月的特别快的筹备苦干,到六月七日那一天,七八年来梦寐萦怀的《生活日报》居然呱呱堕地了!"(全集第7卷第262—263页)

《几个疑问》摘要:

"第一个问题,是需要研究社会科学呢?还是研究自然科学?""社会科学和自然科学并不是'对垒'的东西;讲到需要,中国在目前都需要的。""现在似乎有一部分人对社会科学不无一些反感,这里面大概不外两种原因:一种是有一班人把社会科学当'洋八股'读,满嘴公式化的新名词,对于中国的实际问题并不肯痛下切实的研究工夫,结果对于中国的实际问题的解决毫无良好的影响。还有一种原因是社会科学研究愈清楚的人,对于社会现状愈觉不满,在有些人看起来,觉得愈易于'捣乱',不如糊涂虫的易于服服帖帖。""这些纠纷,和社会科学本身都不相干。""第二是关于领袖的问题。关于救亡的组织,有的地方已有救国会一类的组织,主持救国会的人们便负有领导的责任。""救亡的工作不是很简单的,需要各种各样的工作,和各种各样能力的人,分头努力,配合而成的。这各种各样的工作里面也有它的领袖,这要看各人所能做的是那一方面的工作,便可注意那一方面可以领导的领袖。""第三是任务的问题。'空谈'无用,这是当然的。但是研究问题,宣传事实,以至工作上的检讨,共同进行的商量,都免不了'谈';'谈'而不'空',还是有效果的。'枪杆'固然是救亡的一个重要部分,但整个民族团结御侮的工作,并不是除了'枪杆'之外,便无事可做。""假使实在没有救亡组织可以参加,自己又没有发动组织的可能,至少也可于遇有机会时和周围的人们讲讲国难的实况,播种解除国难的种子,一旦遇有行动的客观条件,便可一呼百应,攘臂而起,倘若周围的人们渐渐为你所说服,也许有进一步组织一个小小研究会的可能,讨论讨论时事,或报告报告各人所喜看的书报,或把书报里所提到的问题共同研究。有些时候,也许还可酌请一两位外面的朋友,尤其是比较可以佩服的朋友,来参加研究或指导。这都是要看客观的现实而斟酌进行的,很难有一个呆板的公式。""第四提到危险问题。在全民族团结御侮的整个局面未开展以前,往往有无谓的纠纷或误会,这也许是事实上所难免的。但这些困难只得用种种避免纠纷或消除误会的方法去克服它。有用的言词,也不一定要'激烈'。"(全集第 7 卷第 76—77 页)

8 月 30 日　《笔谈》(收入《展望》,取题《看电影与学甘地》)、《回到了学校》(收入《展望》)、《我们要怎样办〈生活日报〉? 什么背景》、《在香港的经历(二)》(收入《经历》,补题《五三　贫民窟里的报馆》),载上海《生活星期刊》第 1 卷第 13 号。(全集第 7 卷第 60—61 页、13—17 页,第 6 卷第 479—480 页,第 7 卷第 264—267 页)

《回到了学校》摘要:

　　"光阴似箭,许多青年朋友如今过完了暑假,又回到学校了。社会是个广义的学校,青年朋友们在这刚过去的暑假里虽暂时离开了狭义的学校,却到过广义的学校里视察了不少的现实的情形。""在这短短的暑期里面,华北的严重形势显然是愈趋尖锐化了。""在这样'磨刀霍霍'的紧张形势下,我们再看到了几个月来西南的局面,又要担心着中国是否可以避免内战惨祸的问题。""关于民生方面,使人感到农村破产的深刻化和水灾警报迭传的可虑。""在这种种令人无由自慰的环境中,也许稍稍能引起青年朋友兴奋的,只有我国第一次派遣大批选手参加世界运动会的事情。""最后要谈到青年本身当前的几个问题。第一个要想到的也许就是求学的困难。""有些青年知道自己的在校求学是无法继续下去的,无论是由经济的困难,或是由于莫名其妙的无妄之灾。于是他们便想寻觅职业。""青年们的当前问题,除了求学和求职外,大概都要想到国难。""这些大大小小的问题,我们知道都是在回到了学校的青年们的脑里盘桓着的。""青年诸君回到学校了! 我们竭诚敬祝诸君努力与进步!"(全集第 7 卷第 13—17 页)

《我们要怎样办〈生活日报〉? 什么背景》摘要:

　　"办报都是有背景的,所以我们不怕办报有背景,却要问所有的是什么背景? 有的报是有着少数人的背景,它所积极图谋的是少数人的利益;有的报是有着一党一派的背景,它所积极图谋的是一党一派的利益。《生活日报》也有它的背景,不是少数人的,也不是一党一派的;它所有的是中国的最大多数老百姓的背景,它所积极图谋的是中国的最大多数老百姓的利益。""因为《生活日报》是以最大多数老百姓为背景,所以它不该由少数大老板出钱来办,也不该由一党一派出钱来办,是应该由大多数人投资来经营。因此本报的招股,并不希望有什么大股东,只希望投股者人数之多;人数愈多,这个报愈为大众所有。""因为《生活日报》是以最大多数老百姓为背景,所以它的内容应该力求大众化,应该极力接近大众,使大众看懂这个报;使大众感觉到这个报对于他们的知识,经验,以及一切日常的生活,都有益处;使大众感觉到这个报是他们生活里不能离开的一件东西。这不是一个空洞的幻想,要竭力在报的内容里努力实现出来。"(全集第6卷第479—480页)

《在香港的经历(五三)贫民窟里的报馆》摘要:

"我正在香港贫民窟里筹办报馆的时候,香港有一家报纸登出一段很肯定的新闻,说我被广西的当局请到南宁去,担任广西省政府的高等顾问,同时兼任南宁《民国日报》总主笔和广西大学教授,每月收入在六百元以上云云。""在我这样的一个穷小子看来,确觉得这是一个不小的数目,而且老实说,确也有些垂涎欲滴!因为我自从结束苦学生的生活,在社会里混了十多年以来,从来没有赚过这样大的薪水。""像我们这样的穷小子,'每月收入在六百元以上'并不是用不着,但是我们为保全在社会上的事业的信用,我们绝不能无条件地拿钱,而且我们知道仅仅孜孜于各在个人的圈子里谋解决,也得不到根本的解决。""我在香港只是在贫民窟里办报,从未到过广西,""谁做了广西政府的'高等顾问'等等,我不得而知,所知道的只是在香港贫民窟里所办的那个报馆。""我们的报馆一面要迁就热闹市面的附近,一面又出不起那昂贵的屋租,所以便选定了一个零星贫民窟里的一条小街上的一所小屋——""利源东街二十号。""短短的小街虽在贫民窟里,虽然汽车货车不许进去,地势却很好,夹在最热闹的德辅道和皇后大道的中间,和印刷所也很近。这屋子号称三层楼,似乎和'高等顾问'有同样阔绰的姿态,但是每层只有一个长方形的小房间,房间的后面有一个很小的厨房,前面临街有一个窄得只够立一个人的露台。""天花板当然是没有的,你仰头一望,便看得见屋顶的瓦片。上楼是由最下层的铺面旁边一个窄小的楼梯走上去的。""上去的时候,如不凑巧有一个人刚从上面下来,你只得紧紧地把身体贴在墙上,让他唯我独尊地先下来;这好像在苏州狭隘的街上两辆黄包车相碰着,有着那样拥挤不堪的滑稽相。屋子当然是脏的不堪,但是因为包括铺面的关系,每月却要租一百元。""承蒙一位能说广东话的热心朋友陪着到经租帐房那里去,往返商量了好几趟,在大热天的炎日下出了好几次大汗,总算很幸运地把每月屋租减到九十块钱。""那里的粉墙经过粉刷了五次,才有白的颜色显露出来。漆匠大叫倒霉,因为他接受这桩生意的时候,并未曾想到要粉刷五次才看得见白色。我不好意思难为他,答应等到完全

弄好之后,加他一些小费。"(全集第 7 卷第 265—266 页)

8 月 31 日　反动派气焰嚣张,为应付突发情况,生活出版合作社召开第三次社员大会,决定成立生活书店临时管理委员会,选举韬奋、徐伯昕、王志莘、杜重远、张仲实等十一人为委员,推张仲实为主席,徐伯昕为经理。(《生活书店史稿》第 422 页)

8 月 31 日—9 月 6 日　第一届世界青年大会在瑞士日内瓦举行。全国学联决定派清华大学学生,清华学生救国委员会委员,学联筹委会宣传部长陆璀前去。沈钧儒帮助筹措路费;李公朴利用关系,亲自陪同到四个国家驻上海的领事馆取得过境入境签证;韬奋和李公朴亲自送陆到黄浦江码头。(陆璀《全国各界救国联合会的国际活动》1996 年 10 月,收入《爱国主义的丰碑》第 116—118 页)

9 月 1 日　《萍踪忆语(二四)由柏明汉到塞尔马》,载《世界知识》第 4 卷第 12 号,收入《萍踪忆语》。(全集第 7 卷第 459—466 页)

《萍踪忆语(二四)由柏明汉到塞尔马》摘要:

"如果你不到许多贫民窟去看看,只看看柏明汉的热闹区域和讲究的住宅区,你一定要把它描写成很美的一个城市。""我曾亲到黑人的贫民窟里去跑了许多时候,他们住的当然都是单层的破烂的木板屋,栉比的连着。我曾跑到其中一家号称最好的'公寓'去视察一番,托词要租个房间。"女房东"领我进去看,把她认为最好的房间租给我。我一看了后,除破床跛椅而外,窗上只有窗框而没有窗,窗外就是街道。我说这样没有窗门的房间,东西可以随时不翼而飞,如何是好! 她再三声明,只要我肯租,她可以日夜坐在窗口替我看守!""尤所感触的是这里那里常可看到几个建筑比较讲究的教堂,有时还看见有黑牧师在里面领导着黑信徒们做礼拜,拉长喉咙高唱圣诗。教堂也有黑白之分,专备白人用的教堂,黑人是不许进去的。""美国南方的资产阶层把剥削黑人视作他们的'生命线',谁敢出来帮助黑人鸣不平,或是设法辅助他们组织起来,来争取他们的自由权利,都要被认为大逆不道,有随时随地被拘捕入狱或遭私家所雇的侦探绑去毒打的机会。""我们读历史,都知道美国有个林肯曾经解放过美国的黑奴,但是依实际的情形,美国现在仍然有着变相的农奴(这变相的农奴也就是黑奴),所谓解放黑奴,只是历史教科书上的一句空话罢了。""依法律虽不许买卖人口,但是在美国的南方'黑带'里,甲地主要向乙地土让若干变相的农奴,只要出多少钱给甲地主,以代这些变相的农奴还债为词,便可用塌车整批地运走,因为他即成为这些农奴们的新债主,有奴役他们的权利了! 这不是变相的农奴是什么呢?"(全集第 7 卷第 462—466 页)

9 月 6 日　《第 1 卷第 14 号笔谈》、《侵略与和平》、《体力的比赛》(以上两篇收入《展望》)、《我们要怎样办〈生活日报〉? 广博的言论》、《在香港的经历(三)》(收入《经历》,补题《五四惨淡经营之后》)、《爱人与祖国》(署名编者,收入《展望》),载上海《生活星期刊》第 1 卷第 14 号。(全集第 6 卷第 480—481 页,第 7 卷第 17—20 页、61—62 页,第 6 卷第 481—482 页,第 7 卷第 267—270 页、78—80 页)

《第 1 卷第 14 号笔谈》摘要:

"我们对于自杀,尤其是对于爱国者的自杀,向来是反对的,所以一方面对柳女士不胜同情和悲痛,一方面却愿敬告爱国的青年们,自杀决不是解决困难的办法。救国是一件极艰苦的事情,需要咬紧牙根苦斗的精神。我们哀痛柳女士的惨死,原不忍有所责备,但为后死者对于救亡运动的努力,不得不忍痛说几句。"(全集第 6 卷第 480—481 页)

《侵略与和平》摘要:

"中华民族解放的最后成功是要靠整个中华民族自身的努力奋斗,并不是可以徒靠别人的同情乃至赞助所能见效的。我们拥护世界和平,正是要努力使我们自己来参加反侵略的工作,是积极的,绝对不是消极地坐待别人来帮助我们。""最近世界的趋势是侵略与和平的尖锐的对立。和平的反面是战争,是侵略的战争。要得到世界的和平,有许多人觉得这是要靠实力来对付的,不是手无寸铁的民众的反对宣传所能济世的,这是一个很大的误解。""实力是什么? 最直接的是海陆空军等等的武器。可是这些武器是要靠人来制造的,是要靠人来运用的。这仍然不能和人脱离关系。""中国是世界的一环。中国的解放运动是不能和世界的大势隔离的。""我们一方面要自己努力奋斗,一方面却也要和世界的反侵略的力量发生密切联系。"(全集第 7 卷第 20 页)

《体力的比赛》摘要:

"一般国民的体力——在表面上看来似乎是一件不急的事情,但是国民体力的健全是要在平日有素养,不是一朝一夕所能速成,是临时急不来的,所以在平时就要急赶起来才有效果。""中国沿着科举时代的恶习,家长和教师仍多以子弟能死用功为最可喜,体力怎样是不在乎的。这种错误的心理非彻底改革不可。"(全集第 7 卷第 62 页)

《我们要怎样办〈生活日报〉? 广博的言论》摘要:

"常人都知道日报应该是'民众的喉舌',换句话说,应该要为大多数民众的利益说话。""以完完全全民众为立场的《生活日报》在社论方面,应该极力注意这一点"。"还有一点我们也要特别注意:广博的言论。说得比较具体些,就是:每天除了正确精警的一篇社论外,还要有两篇以上的很有精彩的有关各种专门问题的论文。""这种论文的部门要广？凡是政治、经济、财政、外交、军事、教育、交通、工业、矿业、卫生、医药、体育、学术、思想、文艺，以及一切和一般民众生活有关的问题，无所不包。这种办法的优点很多：（一）可以反映全国各方面对于各种问题的意见；（二）可使学术专家根据他们的研究，或是事业家根据他们的意见，发表对于各种问题的心得；（三）可以把种种学识经验借此广播于大众，大众每天看报，就好像每天在求学，在切磋；（四）增加学术家和事业家努力的兴趣。""这类文字要注意短小精悍，通俗（极力使专门的学术通俗化，实在是专家对于大众教育应负的责任），切合于当前大家所注意所要解决的各种实际问题，不要有公式化的空论文章。"（全集第 6 卷第 481—482 页）

《在香港的经历（五四）惨淡经营之后》摘要：

"屋子的前面是朝西，阳光逼着要使你中暑，于是决定装设一个布篷，装设两个风扇，并在那狭隘的露台的铁栏杆上排几盆花草。门面和内部都油漆一新。这样惨淡经营之后，这一所房屋，在那条贫民窟的街道上简直是一所很整洁的屋子了。我把它比作一个十足的乡下土老儿硬穿上一套时装。""有许多同事是陆续由上海来的，我每次很高兴地到码头去接他们，他们到了第一件事是先到报馆去看看。""他们里面有的承认初看的时候觉得很不惯，后来也就渐渐地看惯，觉得很自然了。""我的办公室是在二层楼的前一部分，隔成一个小小的房间，排着三张的办公桌，已是挤的难于回旋。窗关着很闷；窗开着吧，斜对面的那家小铁店的煤烟常常溜进来，替你的桌上和面孔上加些材料。""有一夜斜对面的楼上死了一个人，全家十几口，男男女女，大大小小，都挤在那个小房间里围着躺在床上的死尸哭着，哭得很悲哀，听了令人为之惨然。""心思这样地被扰乱着，好久好久写不出一个字来！""被我由法国电请回来帮忙的胡愈之先生，他的办公桌就在我的对面，有一夜他发现一个大蜈蚣！他生怕再有蜈蚣出来，他摇头慨叹这种地方真有些危险！"（全集第 7 卷第 269—270 页）

《爱人与祖国》摘要：

"我们因为要爱护自己的祖国，所以要反对侵略者侵略我们的祖国。日本对于我们祖国的积极侵略，这是天下所共见的事实，但是我们所反对的是侵略我国的人们，不是反对日本的一般国民。我们对于谅解中国，对中国有着公正态度和同情心的日本人，我们还要敬重他们，和他们做好朋友。关于恋爱方面，也可引用这个原则。""我向来主张恋爱是应该超国际的，只要两方面是真正彼此相爱，不该仅仅为着国籍问题而有所踌躇。""在这里，所谓'超国际'，并不是要人抛弃他或她的祖国,至少要能不把侵略国和被侵略国的纠纷混在恋爱里面。""一个人不能脱离社会而生活。""她现在对中国人的印象那样坏,是由于受了侵略者麻醉的作用,不是她自己原来就这样的。如果她有机会多和中国人来往或接触,也许可以克服她的成见。但是在她的这种成见未被克服以前,唐先生不应该就贸贸然决定。或者唐先生可先介绍她和其他的中国亲友见见面,或交际,使她看出中国人的有好有坏,也和日本人一样,并不都是坏蛋。"(全集第 7 卷第 79—80 页)

9 月 12 日　中午,国民政府上海市吴铁城市长在国际饭店开招待会,商量九一八纪念式。参加者吴铁城、杨啸天、潘公展、蔡香泉、吴开先、李大超、黄炎培、沈衡山、李公朴、章乃器、史良、王造时、邹韬奋、杜月笙、王晓籁、虞洽卿、钱新之等。(《黄炎培日记》)

9 月 13 日　赴宁波同乡会,参加高梦旦追悼会。蔡元培主持并致词,商务董事会、商务同人致悼词,家属答词。蔡元培、吴稚晖、黄炎培、雷震、胡愈之、胡朴安、徐新六、王云五、韦悫、潘公展、伍光建、邹韬奋、李拔可、夏鹏等 500 余人出席。(《张元济年谱》第 425 页,《申报》9 月 14 日)

同日　《笔谈》(收入《展望》,取题《欢迎杜重远先生出狱》)、《沉痛的回顾与光明的展望》(收入《展望》)、《我们要怎样办〈生活日报〉？统一性》、《在香港的经历(四)》(收入《经历》,补题《五五一个难关》)、《倾诉》(署名编者,收入《展望》),载上海《生活星期刊》第 1 卷第 15 号。(全集第 7 卷第 62—63 页、21—24 页,第 6 卷第 482 页,第 7 卷第 270—272 页、81—85 页)

《欢迎杜重远先生出狱》摘要:

"当杜先生入狱的消息轰动全世界的时候,我正和一位美国朋友一同游历到芝加哥。我在一天早晨和这位朋友共用早餐的当儿,忽然在当天的《芝加哥论坛报》上瞥见这个不幸的新闻,我立刻好像中了电气似的发怔。我的不能自抑的愤怒和悲痛,吓住了我的这位旅伴！他急问原委,听了我的诉说,也引起了他的正义的怒火,——这位前进的美国青年是极同情于中国的解放斗争的。我和他立刻跑到电报局,打了一个电报安慰狱里的杜先生。""我由美回国的途程中,每念到狱里的杜先生,就想痛哭。到上海的时候,船一靠岸,我的第一事便是奔往漕河泾监狱去看他。""我知道,我们的友谊是有着赤诚救国的共同意志做坚强的维系。我并且深信,全国同胞直接或间接和杜先生的友谊,也有着赤诚救国的共同意志做坚强的维系。"(全集第 7 卷第 62—63 页)

《沉痛的回顾与光明的展望》摘要:

"中国当前所遇着的严重问题不是争意气争面子的问题，是整个中国的生死存亡的问题，是整个民族的每一个人要自拔于奴隶惨境的问题。这是我们做中国人的每一个人在这'九一八'国难五周年纪念所要真切认识的现实！必须大多数人都有这样的真切的认识，然后才能有团结御侮的决心与事实的表现。""我们一方面很沉痛地回想到这五年来的国难一天天严重起来，被侵略的范围一天天扩大起来；但是在另一方面，我们无所用其消极与悲观，因为光明的前途已向着我们招手，我们所要努力奋斗的是要全国团结起来，朝着这光明的前途迈进！""中国对于世界和平，也负有一部分很重要的责任；这个责任就是要在事实上'以斗士的精神'，以整个民族的集体的'斗士的精神'，制裁危害我们民族的生存而同时也就在扰乱和平的侵略者。这在一方面，固然是四万万五千万的人民所组成的伟大民族，对于自己以及对于世界所应毅然决然担负起来的历史使命；在另一方面，这种使命的执行，也是响应世界大势的正确倾向，有着无数的友军。这是我们所要深切认识的，要用团结御侮的努力向前争取的。"（全集第 7 卷第 22—24 页）

《我们要怎样办〈生活日报〉？统一性》全文：

"一个理想的日报，编制要统一，内容却又要广泛。""过去的中国，不管在政治方面、经济方面、文化方面、思想方面，都显露出分裂和不平衡的现象。这分裂和不平衡的现象往往在报纸上面反映出来：在编制方面，往往分成国内新闻，地方新闻，本埠新闻，教育新闻，体育新闻，附刊等等无数栏目。同是一条新闻，往往在各栏重复互见，甚至互相抵触。有的时候在附刊里鼓吹新文字，而社论里却主张读经复古。这种编制方式，会教读者头昏脑涨，莫名其妙。将来《生活日报》的编制方式要尽力避免这种分裂和不平衡的倾向。言论、新闻和附刊，要打成一片，采取一致的态度。新闻选材，硬性文字和软性文字要分配均匀，要使读者不感到繁复，不感到纷乱，不感到干枯，也不感到轻薄。"（全集第 6 卷第 482 页）

《在香港的经历(五五)一个难关》摘要：

"香港政府最放心的是本地的商人出来办报，理由是他们的唯一宗旨是在赚钱。我既不是广东佬，又不是商人，尤不幸的是名字又不能避免被人知道，所以出面登记是十八九难于通过的。""不幸中的幸事是有一位足够资格的朋友热心赞助，由他出面去登记。""最要紧的话是问你为什么要办报？这位'识相'的朋友要咬定宗旨说是要赚钱。""这个难关便这样地被通过了。"（全集第 7 卷第 271 页）

《倾诉》摘要：

"有一部分前进青年听到柳泉女士自杀的新闻，觉得她死得不值，不该学她那样死去；也许还有一部分青年因为悲愤于现实的压迫与困难，还不如自杀的痛快，换句话说，也许隐隐中受了柳泉女士这个不幸事件的暗示，有跑上死路的危险，尤其是因为柳泉女士是个前进的青年，是个好学生，是个爱国者，引起人们的无限同情，在无限同情中也许要掩蔽到自杀这件事的错误。但是这个错误我们却应该明白指出，希望全国青年注意的。我们承认中国民族是在最艰危的时代，也承认参加救亡运动有着种种的困苦艰难。但是正因为中国民族是在最艰危的时代，所以需要我们格外努力来共同奋斗；在奋斗中有着种种的困苦艰难，这是必然的，不是偶然的；倘若我们不准备和这种种困苦艰难斗争，反而想要逃避它，那就根本不必要爱国救国。一瞑不视是能够克服困难呢？还只是逃避困难呢？这个答案是很显然的，那末我们对付困难应该坚守着什么态度，也是很显然的了。""无论怎样前进的人们（当然包括青年），因为复杂社会的薰陶与反映，在他们的很前进的意识之外，往往还残存着或潜伏着一些错误观念，时时在那里作祟，你一不留神，这些错误观念便要战胜前进的意识，也就是王女士所谓'一个错误念头攻上心头便跌下去了'。所以我们所要注意的是要在实践中时时克服这些暗中在那里作怪的错误观念。我说'实践'，因为思想的前进，并不是仅仅看几本书就算数，还须在实践中运用体验。如果我们虽在书本上懂得着的理论，而在实践中却不知道运用，不留心体验，那还是不能算真正懂得。我说'时时'，因为一次克服了错误观念还不够，那潜伏着的错误观念遇着我们的防线松懈的当儿，还是要作怪的，所以我们要时时在实践中去克服它。像柳泉女士那样前进的好青年，所以会自杀，还是由于在那刹那间错误观念的作怪，战胜了正确的思想。否则不满，烦闷，只应该使我们更坚决地向前奋斗；不应该使我们逃避困难，一瞑不视。我们不但不应该因柳泉女士的自杀而被暗示到'死了干净'，反而要格外醒悟，时时提防'错误念头'来'攻上心头'，使自己不要'跌下去!'""王女士对于柳泉女士的自杀，一方面痛惜她，一方面却不以她的自杀为然，这足见王女士的思想正确，是很可敬佩的。但是她有时还免不了这样的感觉：'当我感到事事使人失望，惹人烦闷的时候，便又懊丧欲死!'这便是在她的正确的思想里面，还时有'错误念头'在那里作怪，必须加以克服的。其实我们大家都不免时时受到残存的潜伏着的'错误念头'的进攻，都要时时在实践中克服它。""王女士在上面所引的几句话后面，接着说：'这个时候，唯一挽住我的脚跟的力量是家庭的天伦之乐。'她又说：'只要有一个时期下个决心说："我不要父母和弟妹了!"我们便都会如柳泉女士那样一般的偷偷的把自己毁灭!'我觉得父母弟妹之爱固可宝贵,但是我们有我们的生的任务,并非专为'父母弟妹'而生的。我们对人生果有正确的观念,无论'父母弟妹'如何,我们还是要在实践中时时和'错误念头'抗斗的。"（全集第 7 卷第 83—85 页）

9 月上中旬　《中国的一日》由生活书店出版、发行。茅盾主编。王统照、茅盾、章乃器、钱亦石、沈兹九、柳湜、张仲实、邹韬奋、金仲华、陶行知、傅东华等十一人组成编委会。助理编辑孔另境。该书要求全国著名作家和读者各自撰写本年 5 月 21 日的事情。（《中国的一日》内封）

9 月 16 日　《萍踪忆语(二五)由塞尔马回到柏明汉》,载《世界知识》第 5 卷第 1 号,收入《萍踪忆语》。（全集第 7 卷的 466—473 页）

9 月 17 日　"明日九一八行政院令禁止开会。"下午三时,黄炎培到邹韬奋寓所,与胡愈之长谈。"各述思想发展经过,法国和平的社会革命,知识阶级须合作。"（《黄炎培日记》）

9 月 20 日　《笔谈》(收入《展望》,取题《"天机"》)、《中国的立场》(收入《展望》)、《我们要怎样办〈生活日报〉? 广泛性》、《在香港的经历(五)》(收入《经历》,补题《五六新闻检查》)、《惨痛的经验》、《理智与情感》(以上两篇署名编者,收入《展望》),载上海《生活星期刊》第 1 卷第 16 号。（全集第 7 卷第 63—64 页、25—28 页,第 6 卷第 483 页,第 7 卷第 273—275 页、85—87 页、87—90 页）

《"天机"》摘要：

"最近有位广东朋友谈起陈济棠下野前的一段趣闻。""陈氏素以迷信鬼话著名","他平日搜括民膏,屠杀青年,固然早已自掘坟墓,即在他以抗敌救国为号召而发动之后,对于真正民众救国运动仍是怕得不得了,情愿用几毛钱一个买了许多乞丐来替官办的'示威'凑热闹,至于真正在努力救国工作的青年学生,被捕失踪,却日有所闻。一面说要抗敌,一面压迫民众救国运动,摧残努力救国工作的青年,由于这种事实的表演,我们早看出了他的末路,这比什么'天机'都来得准确!"（全集第 7 卷第 63—64 页）

《中国的立场》摘要：

"中国当前最重要的问题,当然是中华民族的解放问题;但是中国是世界的一环,我们要使中国解放运动获得最后的胜利,不得不严密地注意世界大势,不得不尽量运用世界大势中有利于我们的各种条件。但是这里有一个非常重要的原则,那就是我们要站在中国的立场。所谓中国的立场,当然是以中国的利益为出发点。""我们对于中国内部,主张要全国团结起来,集中整个中国的一切力量,对付我们民族的最大的敌人。""因为我们要集中对付我们民族的最大的敌人,因为我们不愿有其他枝节来分散这个集中的力量,也就是因为我们不愿有人破坏或减少这种对准目标的救国力量,所以对于那些高唱打倒一切帝国主义,或类乎这样有意转移国人视线的主张,都要坚决地反对。""我们对于国际的态度,也应该同样坚决地站在中国的立场。现在世界是侵略与和平运动的两大阵营;我们站在中国的立场,还是加入那一方面是比较最有利益呢? 这是很值得我们考虑的问题。""当然,我们所谓中国的利益,是指中国的独立自由,并不是要步武装侵略的国家去侵略别人。在目前我们固然没有力量去侵略别人;就是将来有了力量,我们也不愿干这样的勾当。"(全集第 7 卷第 25—26 页)

《在香港的经历(五六)新闻检查》摘要:

"香港新闻检查处有几种最通不过的文字,其一便是关于劳工问题,尤其是关于提倡劳工运动的文字。香港的新闻检查原在吃了工潮苦头之后才有的,他们最怕的当然是直接或间接和劳工有关的文字。例如陶行知先生的《一个地方的印刷工人生活》那首诗,说什么'一家肚子饿;没有棉衣过冬;破屋呼呼西北风,妈妈病得要死,不能送终!'这些话是他们所最怕听的! 至于那首诗的末段:'骂他他不痛,怨天也无用,也不可做梦。拳头联起来,碰! 碰!碰!'那更是他们听了要掩耳逃避的话语! 所以这首诗在香港完全被新闻检查处抽去,后来我把它带到上海来,才得和诸君见面(见《生活星期刊》第十二号)。""他们不许用'帝国主义',所以各报遇着这个名词,总写作'××主义',读者看得惯了,也就心领意会,知道这'××'是什么。""在上海有许多地方为着'敦睦邦交',只写'抗×救国',在那里,这'抗'字下的那个字是可以随处明目张胆写出来的。中国人在那里发表抗敌救国的言论倒比上海自由得多。这在我们做中国人的说来虽觉汗颜无地,但却是事实。《生活日报》开张的第一天,香港的日本领事馆就派人到我们的报馆里定报一份,好像公然来放个炸弹! 但是我们后来对于抗敌救国的主张还是很大胆地发表出来。""有些报纸上的社论被他们完全抽去,因为夜里迟了,主笔先生走了,没有第二篇赶去检查,第二天社论的地位便是一大片雪白,完全开着天窗,这是在别处所未见的。""《生活日报》的社论还算未有过这样的奇观。我每晚写好社论之后,总是要等到检查稿送回之后才离开报馆。有一夜因检查搁置太迟,我想内容没有什么'毛病',先行回家,不料一到家踏进门口,就得到报馆电话说社论被删去了一半！我赶紧猛转身奔出门，叫部汽车赶回报馆，飞快地写过半篇送去再试一下，幸得通过，第二天才得免开一大块天窗。其实我所要说的意思还是被我说了出来，不过写的技术更巧妙些罢了。""有一次我做了一篇《民众歌咏会前途无量》，结语是'我们希望民众歌咏会普遍到全中国，我们愿听到十万百万的同胞集体的"反抗的呼声"'！这末了五个字是我引着香港青年会发起这歌吟会的小册子中语，但是他们硬把'反抗的呼声'这几个字删去，成为'××××××'，我看了非常的气，尤其是因为检查处的人也都是中国人，但气有什么用？""广告虽不必受检查，但报馆要依检查处的禁例，自己注意。例如登载白浊广告，'浊'字要用□的符号来代替，和生殖器或性交等等有关的字样都要用□的符号来代替，据说他们的理由是：凡是你不可以和自己的姊妹说的，就不可以登出来。这理由可说是很别致的！说来失敬，帝国主义和白浊竟被等量齐观，因为在各报的广告上（大都是属于书籍的广告），也只可以用□□来代替'帝国'两个字。"（全集第 7 卷第 273—275 页）

《惨痛的经验》摘要：

　　"光明势力和黑暗势力的斗争，虽最后的胜利终是属于光明的方面，但在斗争的过程中，黑暗势力因为有着他们所凭藉的现成的形势，往往也可有他们的暂时的胜利。我们若要克服这种困难，基本工作当然要注意怎样增加我们的主观的力量，配合客观的条件的形成，作更英勇的奋斗。""当然，目前的情形仍然是很不能令人满意，但是这只是需要我们格外要继续努力，不能因为有一部分的落后或堕落而概括地对于'乡民'和'中层社会'失望。"（全集第 7 卷第 86—87 页）

《理智与情感》摘要：

　　"自杀这件事，对于积极方面的工作不但无益而且有害，因为纯洁的有志的人多死一个，那斗争的力量多损失一分。即在消极方面，要暴露社会的罪恶，也要靠我们的嘴、我们的笔以及我们的工作，作继续不断的努力，倘若只是一瞑不视，那暴露的力量是很微薄的，采用这种方法是很不智的。而且个人的力量却比较的小，集体的力量却比较的大。我们大家都来作继续不断的努力，这积累起来的总的力量是很大的；假使我们都来寻死以摆脱一切，总的力量不是等于零吗？'丑恶的社会'不是什么空洞的东西，也是人造成的，那些丑恶的人看你一个个死去，他们的丑恶被暴露的危险更可以大大地减少，那正是他们求之不可得的事情！""我们悲痛张女士这样的一位好青年，竟不能克服'错误念头'而自杀，原不忍有所'非议'，但是为着仍须努力于救亡运动，仍须努力与

丑恶的社会抗斗的人们,不得不很老实地说明我们的见解。"(全集第7卷第90页)

《我们要怎样办〈生活日报〉? 广泛性》摘要:

"《生活日报》的内容要尽力顾到广泛性。只要在法律许可的限度以内,《生活日报》的言论,打算使各党各派的主张意见,都有发表出来以听取民众公判的机会;《生活日报》的新闻,打算把一切和大众生活有关的重要事变,自宇宙之大以至苍蝇之微,都兼收并容。""《生活日报》是民众的报纸,民众的生活是多方面的,《生活日报》也就是这多方面生活的反映。可是民众有个共同的目标,就是民族的独立、解放和繁荣。《生活日报》的编辑方式和内容,自然也是要针对着这个共同的目标而求得统一。"(全集第6卷第483页)

9月27日 《笔谈》(收入《展望》,取题《谁的遗憾?》)、《现代国家与民众运动》(收入《展望》)、《我们要怎样办〈生活日报〉? 研究化》、《在香港的经历(六)》(收入《经历》,补题《五七 一个有利的特点》)、《阅卷记——九月征文总结》(署名编者)、《嫖赌的价值》(署名编者,收入《展望》,改题《前途的障碍》),载上海《生活星期刊》第1卷第17号。(全集第7卷第64—65页、29—32页,第6卷第484页,第7卷第275—277页,第6卷第485—487页,第7卷第91—94页)

《谁的遗憾?》摘要:

"有人遇着重要的事情,往往要看看外国报,他们觉得外国报上的消息,在中国报上看不到。其实中国报上的消息,在外国报上也有看不到的。"(全集第7卷第64页)

《现代国家与民众运动》摘要:

"有些人听见民众运动就不免害怕,其实民众运动是现代的国家里一件很普遍的事情。""中国当国民革命军北伐的时期,对于民众运动的努力,现在还有许多人记得清清楚楚。""北伐的成功,大半是靠有民众运动做革命军的先驱,所以往往革命军还未到一个地方,因有民众的积极响应,已先声夺人,使敌方胆寒。""各国有各国的民众运动,他们各有他们的目标。中国当前的唯一大问题是抗敌救国,所以中国当前最重要的民众运动是民众救国运动。我们如果因此误会而不敢干民众救国运动,那对于中国的解放前途的恶影响实在是太大了,所以这个问题很值得我们的深切的注意。""民众救国运动的唯一宗旨是在抗敌救国,和民众的救国运动立在一条战线上的政府应该和民众合作,在合作形势之下,民众救国运动不但和政府不致站在独立的地位,而且可以增强政府对外的力量。""民众救国运动是和汉奸卖国贼对立的,因为汉奸卖国贼是在为着本身的利益——其实这利益也是靠不住的——而出卖民族利益,他们的目标和民众救国运动的目标是立于绝对相反的地位,是无法合作的。""总之民众救国运动含有组织民众,训练民众,教育民众,养成有组织有训练的集体的力量,是含有积极的意义的。这是现代国家的一个极重要的力量!""民众救国运动还有一点要注意的,便是这种运动要设法使大多数人参加,参加的人愈多,集体的力量愈伟大。当然,在有许多不了解民众运动的人看了,往往望而却步,自己不肯参加,反疑心少数热心的主持者是在包办,这种不幸的现象是极须补救的。"(全集第 7 卷第 29—32 页)

《我们要怎样办〈生活日报〉? 研究化》全文:

"编辑新闻,不是只把电讯一条一条地堆排在一处,便算尽了报人的任务。其实一个电讯突如其来地传到一个消息,都有它的前因的,在一般读者看来往往莫名其妙,也许虽有些知道,不能有很明确的了解。不仅这样,一个消息有它的以前的历史背景,还有着它的可能的后果,这就须对于有关这个新闻的前前后后,都有着相当的研究,不能临时抱佛脚所能草率从事的。这都是报人对于读者应该负起的研究责任,使新闻的编法研究化,使读者在短时间内看了一遍便能得到很丰富而扼要的内容,和很明确的了解。""除使新闻的研究化之外,同时遇有某问题发生,即须有某问题的参考材料,用很有系统的叙述,撰著专篇,和有关系的新闻同时发表。"(全集第 6 卷第 484 页)

《在香港的经历(五七)一个有利的特点》摘要:

"平心而论,中国人在香港办报,尤其是在当前的阶段,所受到的检查制度的桎梏,比在中国各处却是比较地好些。这并不是说香港的检查比别处宽大些,却是因为他们所忌的特点不同,而这些特点在我们却没有很大的妨碍。""在那个地方,我们却得到一个有利的特点,那就是他们对于日本的畏惧心理,并不像其他地方的诚惶诚恐,摇尾乞怜得不像人样! 我们对于抗敌救国的主张和敌人侵略我们的消息,都还可以登得出来。这个特点实给与不愿做奴隶的中国人办报的一种很大的便利。香港是英国的殖民地,做中国人的人要在这个地方才有这样的权利,说了当然是可为痛哭流涕的。""最后还有一个特点,有些人也视为莫大的便利,在《生活日报》却无意利用它,因为在事实上没有利用它的必要。""《生活日报》是无党无派的报纸,它无意拥护那一派,打倒那一派,它只主张全国各党各派在国难这样严重的时候,应该大家抛开旧仇宿怨,一致团结起来救国;它所要赤诚拥护的是中华民族,它所要打倒的是做着全国公敌的汉奸。""还有一句公道话我应该说的,香港检查处的职员都是中国人,他们多少还有些民族意识,凡是关于抗敌救国的言论和消息,他们都还肯尽可能地通过。关于民族敌人侵略我们国家和蹂躏我们同胞的事实,他们也都还肯尽可能地放松。"(全集第 7 卷第 275—277 页)

《阅卷记——九月征文总结》摘要:

"首先要谢谢赐稿我们的这四百三十六位朋友。我们不仅以本刊编者的资格,答谢大家来写稿子,同时也要代替整个《生活日报》致谢。""我们从这四百余份稿子中,看出有三百余位朋友是天天在关心《生活日报》的。他们写这篇小文章,不仅是为了应征,而是向《生活日报》提出意见。""这些文章就比普通征文来得亲切,我们在拜读大家的大作时,不仅是看文章,而像和老朋友们恳切的谈话,这使我们非常的感着愉快。""这次征文全部的意见,可说是已把我们理想的报纸的轮廓画出了。这里特别值得注意的是,这许多意见,大致都不是出于专家之笔,而是从民众心坎中发出的。这一点,也许更为我们从事新闻事业的人所重视罢;因为中国的新闻事业一向是偏于保守的,自己不免为过去的业务的成见所限制,现在听了这许多来自民间的声音,不独将来对于《生活日报》的出刊有许多影响,就是对于当前新闻事业的改革上也许不无裨益罢!"(全集第 6 卷第 485—487 页)

《前途的障碍》摘要:

"我们在历史上以及社会上看到的一般的情形,只有'道义之交'才能做到'患难之交',从没有听见过'嫖赌之交'而可成为真正的友谊。也许运春先生认为在他的那个机关里,为联络同事的感情计,似乎不得不加入'嫖赌场中'。倘若他在这机关里的位置是靠'阔气的亲属'得来的,只要那个'阔气的亲属'未倒,那些同事是不会因他不嫖赌而就能打破他的饭碗的;倘若他在这机关里的位置是靠自己的本领去做的,那只要他对于所做的事做得好,那些同事也是不会因他不嫖赌而就能打破他的饭碗的。""依我们看来,运春先生不必把这件事看得那样严重而贸然加入'嫖赌场中'。大家知道嫖赌是和身心的健康有着很坏的影响,加入便是跑上了自毁的道路。"(全集第 7 卷第 93 页)

是月 《大众集》、《坦白集》由生活书店出版。

《〈大众集〉弁言》(8 月 26 日记于上海生活星期刊社),收入单行本,生活书店上海版。(全集第6卷第491页)

《〈大众集〉弁言》全文:

"这个集子里所选的文字,是我在《大众生活》周刊里所登载过的,时间自一九三五年十一月十六日到一九三六年二月廿九日,也就是《大众生活》创刊号到它的终刊号（第十六期）的一段时期。这看来似乎仅是很短的三个半月的时间，但是我的工作，我的经历，我的思想，我的感触，好像正在紧接着开演的电影，紧张得使我透不过气来！说紧张，固然好像风驰电掣，时间闪烁而过，不像有三四个月之久；说经历的繁多曲折，却又好像比我办《生活》周刊七八年还要久！这不是我个人的关系，实在是《大众生活》所反映的时代是在剧变的过程中的缘故，尤其是这阶段是中国大众和学生救国运动的汹涌澎湃的时期。这个集子也许可以作为这一段时期的历史上的一面小小镜子吧！""这一面小小的镜子所显露而值得我们永志不忘的，是正在猛进建造未来新中国的'生力'的萌芽——觉醒的奋发的英勇的救国大众和青年活动的映影！我很欣幸地把在一面小小的镜子贡献给为中华民族解放继续努力的斗士们！"（全集第6 卷第 491 页）

《〈坦白集〉弁言》（8 月 22 日记于上海生活星期刊社），收入单行本生活书店上海版。（全集第 6 卷第 587—588 页）

《〈坦白集〉弁言》全文：

"这本《坦白集》里所搜集的文字，全是我在本年六七月间在香港的《生活日报》上所发表过的；我约略根据文字的内容，加一番整理和编排，分为几类，以便读者的阅览。我生平的言论，向来是很公开地与天下以共见，我在香港所发表的言论，也是本着这同样的坦白的态度，所以我把这本集子取名《坦白集》。我一向没有加入任何党派，只是立在民众的立场，说我认为应该说的话，我此后还是要继续坚守这样的立场，竭尽我的心力，为中华民族解放和大众文化努力。这本小小《坦白集》的出版，就作为我的'息壤'吧。""在这集子里，关于团结御侮的文字最多，这是因为这个问题是中国当前最最重要的一个问题，所以我自忘其无似，尽我的一知半解，参加研究，以供国人参考。我所觉得欣幸的是这个问题现在已引起了全国人的严重注意和讨论。正确的认识是英勇行动的前驱，我无时无刻不为中华民族的光明前途祝祷着。""关于团结御侮，我的意见，到现在还和这集子里所说的没有两样，不过对于最近所见到的各方面对于此事的批评，却有一点想略为补充一下，那就是要造成抗敌救国的联合阵线，不可采取算旧帐的态度。批评者往往说某某以前是怎样怎样，你怎么希望他也来加入联合阵线？其实联合阵线是要把以前未联合的力量，在团结御侮的大目标下联合起来，如果还要算未联合时的旧帐，那么这联合阵线就根本没有造成的可能。就联合阵线的立场说，我们只希望某某现在和将来肯怎样怎样，以前的怎样怎样我们不再算旧帐。试举个具体的例子：张学良氏在九一八时的不抵抗,我们是始终反对的,这是他以前的怎样怎样,但是现在他如肯认错,现在他如肯下决心跟着全国救国民众来干,我们尽可欢迎他加入联合阵线来共同努力,不必再算九一八的旧帐。这所谓不算九一八的旧帐,并不是说让沦亡的东北仍继续地沦亡着,这绝对不是我们的意思——恰恰和我们的意思相反。我们正是要收回失地;我们主张,如果张学良氏(举个例)现在肯下决心跟着全国救国民众来干,共同努力收回失地,我们不算他在九一八所犯的错误。这不算旧帐正是要收回失地,要叫他从现在起共同努力来收回失地,不是让失地仍继续地沦亡着。""也许还有人觉得你希望这个,希望那个,无奈他们不来何? 我的回答是: 只要我们能加紧努力,使大多数民众认识联合阵线的重要,造成强有力的舆论,谁违背这个大势的,都是要自掘坟墓的,我们怕什么?""我最近和沈章陶诸先生共同发表的《团结御侮的几个基本条件与最低要求》,也可供研究这个问题的参考,所以放在附录里面。"(全集第 6 卷第 587—588 页)

10 月 1 日 舒新城接韬奋快信,欲请舒为《生活星期刊》双十特刊专题《中国与中国人》作文,且指定关于出版方面之事,舒"当复函以忙却之"。2 日,韬奋又以电话相要,舒仍却之。(《舒新城日记》,《出版史料》1988 年第 2 期)

同日 《萍踪忆语(二六)在柏明汉》,载《世界知识》第 5 卷第 2 号,收入《萍踪忆语》。(全集第 7 卷第 474—481 页)

10 月 4 日 《笔谈》(收入《展望》,取题《最前线的斗士》)、《外交的途径》(收入《展望》)、《我们要怎样办〈生活日报〉? 文字大众化》、《建立全国通信网——要求全国读者自动担任通讯员》(未署名)、《在香港的经历(七)》(收入《经历》,补题《五八种种尴尬》)、《在天津的一个夜里》(署名编者,收入《展望》),载上海《生活星期刊》第 1 卷第 18 号。(全集第 7 卷第 65—66 页、33—36 页,第 6 卷第 717 页、718—719 页,第 7 卷第 278—280 页、94—95 页)

《最前线的斗士》摘要:

"据北方来的朋友谈起丰台事件,说当时廿九军的兵士和日本驻军相遇于丰台的正阳街,日军要中国的整个军队让开,中国的军队不肯,日方那里把中国军队放在眼里? 便毫不客气地由三个骑马的军官向中国的军队乱冲过来,他们的初意以为中国的军队一冲即散,有什么了不得,那里知道廿九军的兵士却仍然团结一致,巩固得像铁一般,虽有几个兵士被马踢伤,还是严格的守着团结如山的整个队伍丝毫不因之动摇。这是全国团结救亡的象征! 我愿和全国的爱国同胞对廿九军的斗士,致最虔诚的民族革命的敬礼!""全国的军官和兵士们！你们都是站在保卫国家民族的最前线的斗士，全国的救国民众都无时无刻不在盼着你们发动为民族争生存的自卫权。全国的救国民众是要和你仿立在一条战线上共生死的；让我们并肩携手向着光明的前途猛进！"（全集第 7 卷第 65—66 页）

《外交的途径》摘要：

"日本的侨民在中国受到杀身之祸，这在我们当然是觉得抱歉的。""我们主张整个民族的救亡图存，反对侵略国对于我们民族生命的摧残，不是暗杀几个个人所能挽救的，所以我们并不主张舍去整个的对象而对少数私人为难。但是即就各项'不幸事件'中的遇难者而论，牺牲者不过一两个人而已；这种事件的严重性，拿来和中国丧失几省的国土，沦入奴籍者动辄千万人的惨剧，两相比较之下，其中的差异是多么大啊！我们未曾占据日本几省的土地，未曾奴役他们的人民，不过因为他们有一两个侨民在中国被害，他们的政府就那样大张旗鼓地向中国大办其强硬的外交；中国遭受到那样惨酷的侵略，中国政府在外交方面更应该怎样地努力！""'友邦'对于中国的外交原则，简单说起来，不外是要想不费一兵一卒，捞去一大串利益。他们希望在樽俎之间，可以把整个中国的生命线灭尽，成功一大笔的好生意！我们也应该有我们的外交原则。我们的外交原则是什么呢？是国土完整和主权独立。这个基本原则是全国上下所当严守而不可丝毫放过的。""我们反对对于个人的杀害，丝毫不愿替暗杀个人的行为辩护，并且以为在调查明确之后，我国当然还要依国际惯例，负起惩凶赔偿的责任；但同时却有一个很重要的建议，那就是如要根本消除许多不幸的'一经点烧即可爆发'的事件，必须在一个大问题解决之后；这大问题便是中国收回东北四省的失地，取消所谓《淞沪协定》《塘沽协定》《何梅协定》以及其他种种丧权辱国的协定。这是一切不幸事件的先决问题。倘把这个先决问题搁开，要想枝枝节节解决许多不幸事件，断然是得不到根本解决的。倘若不注意这个先决问题，反而再火上添油，提出更多的破坏中国国土完整和主权独立的条件，那不是消除'易致燃烧的气体'，而是努力增加'易致燃烧的气体'！""日本在中国不过死去了几个个人，他们的政府更藉此煽动全国民众的激愤，大喊'现在已发动自卫权'，中国遭受着几省失地数千万人民沦入奴籍的惨祸，中国政府更须怎样团结全国民众来'发动自卫权'？所以我们主张中国政府应严守国土完整和主权独立的根本原则对付外交，外交绝望后即应采取'断然的处置'！"（全集第 7 卷第 34—36 页）

《我们要怎样办〈生活日报〉？文字大众化》全文：

《生活日报》的文字要力求大众化。我们要尽可能用语体文来写一切文字。在现在,完全用语体文来写的日报还是没有,我们希望《生活日报》能做一个榜样。""我们要竭力注意文化落后的大众。至少每天《生活日报》的一部分,要使一切初识字半通文的孩子们、农夫们、工友们、妇女们,都能够看得懂。我们并且欢迎这些文化落后的同胞们给我们写通讯。只有这样,才能真正把大众的生活反映到报纸上面来。只有这样,《生活日报》才是大多数人的报纸,而不是少数人的报纸。"(全集第6卷第717页)

《在香港的经历(五八)种种尴尬》摘要:

"我们在香港尤其感到困难的却是印刷业的落后。""那里是用包工制的,我们很郑重地和工头约法三章,什么时候交稿,什么时候看校,什么时候拼版,……他都一一答应;但是每次都不按照所规定的时间;报纸应该可以在早晨六点钟出版的,他们往往替你延展到八点钟,九点钟!屡次交涉,屡次无效。编辑先生惨淡经营地把新闻这样排,那样排,排得自己认为可以了,第二天早晨翻开报来一看,他排在那里的,现在却发现在这里,大搬其场!有的时候在当夜就被编辑先生发觉,叫他们照规定的样子排过,他们愤然很不客气地说:'你就拿出一万块钱来,我们还是不改!'我们和他们讲理,他们说:'我们香港的工人就是这样的,上海的工人顶括括,我们是比不上他们的。'""校样上的错字,校对先生改正之后拿去,他们随意替你改排几处,随意替你留下几处不改,马马虎虎打一张清样交还你。校对先生在二校上又一一改正,他们又这样'随意'之后,再马马虎虎打一张清样交还你。所以校对先生'埋头苦干'了三校四校,还是东一个错,西一个错。真是所谓焦头烂额!""《生活日报星期增刊》有一期上登一个启事,劈头是'《生活日报》自二十五年八月一日起,迁移下海',我们要搬回上海,他们却一定要请你'下海'!""种种尴尬,我们和工头交涉,他总是很慷慨地给我们以空头支票,于是我们不得不和那个公司的经理先生麻烦。""我们起初也不知道印刷工友们为什么那样不讲理,后来仔细打听,才知道工友们在那样严酷榨取之下,失却他们的理性,却也是可以原谅的。他们每天要做十六七小时的工!每夜要干到深夜四五点钟,第二天早晨十点钟起来,十一点即开工,一两小时后吃午饭,饭后继续干着,下午五点钟晚饭,晚饭后就一直又要干到四点钟。睡的时候就随便七横八竖地躺在铅字架子下面睡,吃的时候也在那里。(每月工资最多的是二十四元。)这样一天到晚,昏天黑地做着苦工,怎怪他们一看见稿件来就要开口骂你几句?你还要讲究这样,改良那样,当然要被他们痛骂一顿。听说那个工头不但擅长于榨取,而且惯于克扣工资，有好几个姘头，还吸上鸦片烟瘾。我们屡次要求工头改善那些工人的生活，他的坚决的回答是：'香港的工人都是这样的！'"（全集第 7 卷第 278—280 页）

《在天津的一个夜里》全文：

"读完了黄君这一封短短的通讯后，我流下泪来，同时想起同日上海的街头浴血，亡国之痛，已不是限于东北和华北了。黄君！连半旗都不敢下的，并不只在天津的你们的学校，你听了这消息后，你不要过于伤感罢？人民的忿怒，人民并未忘记'国仇'，却是全国皆然的。恐怕大家的容忍真的到了尽头了罢！在这忍辱的过程中，知识者间也出了你们的那些'先生'，也不是偶然的。不必悲观，我们好好保住自己，留为他日在民族战场上效力罢！这日子一定不久了。"（全集第 7 卷第 95 页）

10 月 11 日　《笔谈》（收入《展望》，取题《抱头痛哭的时候》）、《在歧途上的中国》（收入《展望》）、"中国与中国人"导言、《世界的中国人》（收入《展望》）、《在香港的经历（八）》（收入《经历》，补题《一只大笨牛》）、《枪口余生》（收入《展望》），载《生活星期刊》第 1 卷第 19 号。（全集第 7 卷第 66—67 页、37—39 页，第 6 卷第 719 页，第 7 卷第 54—58 页、280—283 页、96—99 页）

《抱头痛哭的时候》摘要：

"在任何国家，国庆这一天都是全国狂欢的日期。但是我们在这一天，汹涌在心头的是有着三千五百万的同胞正在遭受着亡国的惨祸，正在宛转呻吟于侵略者的铁蹄之下。在这一天，汹涌在心头的是四百多万方里的国土沦亡了整整五个年头，直到现在还听任侵略者蹂躏着。在这一天，汹涌在心头的是华北的主权已被侵略者摧残无余，在号称中华民国的国土内，人民和官吏以及军士，都只得眼巴巴地听任侵略国的爪牙随意逮捕侮辱，无可如何。这不但不是可以狂欢的日期，实在是可以抱头痛哭的时候。""但是徒然抱头痛哭无用，我们必须万众一心，从死里打出一条生路来。"（全集第 7 卷第 66—67 页）

《在歧途上的中国》摘要：

"关于中日的外交问题"，"我们曾经提出两点：第一、要调整中日邦交，有个先决的大问题，那便是中国要收回东北四省的失地，取消所谓《淞沪协定》、《何梅协定》，以及其他有损主权的协定；第二、中国政府应严守国土和主权完整的根本原则对付外交，外交绝望后即应采取'断然的处置'。我们认为这两个要点，是全国对于外交途径所不可丝毫放松的。""在这个艰危的时候，中国为保全民族的生命计，应有自动的外交，在有一定原则下的外交，然后能坚持到底，步骤不乱；倘若为对方恫吓所威胁，不惜破坏国土和主权完整的原则，以迁就对方提出的无理要求,那正中了他们的诡计。""其次我们所要严重注意的,是远察世界大势,近观中国现实,在侵略者残害我们民族的生存而无法用外交途径挽回的时候,我们发动民族解放的抗战是有着光明的前途;不可受失败主义的麻醉,认为发动保卫国土主权的抗战就等于亡国;这实在是'恐日病'的最深的病根,需要我们大声疾呼严厉纠正的。"(全集第7卷第37—38页)

《"中国与中国人"导言》全文:

"中国正在最惨酷的国难中,遇着了'双十',谁都觉得庆无可庆,甚至感觉到不胜其可哀。""但是,'两军相对,哀者胜矣!'我们果能全国团结,万众一心,为整个民族的生存而抗斗,当前的国难虽无可庆,永远可庆的国庆却在向着我们招手。我们的当前任务是要集中一切力量,向着民族解放的大道前进!""'知己知彼,百战百胜',这是中国战术给与我们的又一可贵的教训。我们在这个'双十'编辑这个'中国与中国人'特辑,希望国人对于祖国有更深刻的认识,由此促进更英勇的抗斗!"(全集第6卷第719页)

《世界的中国人》摘要:

"我在上面提起八百万中国人布满了世界,足见这个民族的潜伏的力量。这样的感觉,尤其是因为看到中国人在世界各处的奋斗,不像别国的人有着充分的祖国的保护。他们都是靠着自己的力量。他们出国的时候,不是像那一班应该杀头的将军大官僚们,领着几十万的出洋费,堂而皇之地乘着头等舱至国外去享福,却是过着'猪仔'的极苦生活,千辛万苦偷偷摸摸去的。一不留神,就被什么移民局押到拘留所,陷入更深的地狱生活!""到了国外,他们过着极勤苦的生活。""他们的这种吃苦耐劳的能力,在西洋人看来是认为异常惊异的,国内的人想起华侨,通常的观念是他们有钱,不知道他们的一些钱都是用血汗换来的。""披荆斩棘的中国人眼见别国的侨民得到他们祖国的保护,所得的待遇便大两样,很自然地要引起他们对于祖国的怀念。""祖国政治的好坏,影响到他们在国外的生活,好像一支测量气候的寒暑表。""我深信祖国一旦发动民族解放的抗战,他们一定要作英勇的参加,热烈的拥护。"(全集第7卷第57—58页)

《在香港的经历(五九)一只大笨牛》摘要:

"经我们继续不断的交涉,不但和工头锲而不舍地争吵着,不但时常于半夜三更打电话给印刷所经理先生,闹得他不得好睡,并且由我问清工头,开好排字房的工作时间表,里面载明几点几分钟交什么版的新闻,几点几分钟要排好什么版的新闻,几点几分钟要拼什么版……先给工头亲眼看过,他没有异议后,我便在晚饭后亲自捧着这个时间表到印刷工场里去'坐镇',彻宵不睡地看着他们做。""每次时间表上的时候到了,我便要他交出那个时候应该拼好的那一版;他交不出来,我就跳起脚来和他吵。""工友们看着我那样一点不放松地用足劲儿,居然引起他们的笑容和兴趣,增加些他们的效率。'坐镇'到版子铸好上机,然后放心走出印刷所的门口,东方已放射出鱼肚白了。我在筋疲力尽中好像和什么人吵了一夜的架!""我暗中把它比做一只大笨牛,我们在后边用手推着这只大笨牛走,出了全身的大汗,用尽了全身的力气,用大声呼喊着,力竭声嘶,才把它稍稍推动了一些。""后来听到有个印刷所,从德国买来一架簇簇新的顶括括的一九三五年式的卷筒印刷机,答应承印我们的报,谁也料不到竟至摇身一变而成了一只大笨牛! 其实印刷机的确不坏,毛病全在排字房。这事要根本解决,当然非自办排字房,铲除包工制不可,但是这又是钱的问题。要有个设备比较完善的排字房,非有万金左右的开办费不可,这在我们这穷小子是无法应付的,所以要末立刻关门,要末只得毅然决然硬着头皮负起推牛的任务。""还有一件困难的事情是我们更无法自主的,那便是在以全国为对象的日报看来,香港的交通实在可说是又一只大笨牛。""香港开上海的邮船,最快的两天可以到;至于航空,那应该更快,由上海飞到广州,由广州经火车到香港,隔天就可以到:这似乎不能不算是相当的快。""实际情形却没有这样顺利,因为最快的邮船每月只有一两次,其余的船要四五天,五六天,甚至六七天才到。航空的信件吗? 屡次在你所收到的信件上印一个蔚蓝色的戳子,上面是'Flight Delayed'('飞行延搁'),给你一个九天才到!""《生活日报》是以全国为对象,它的销路是普遍于全国,它的新闻是以整个的中国做出发点,遇着这样的另一只大笨牛,便成了一个大问题。结果,每天在我的办公桌上高高地堆着一大堆由全国各地读者的来信,都说他们很要看我们的报,但是到得太慢了,要我们赶紧想法子。我们能怎样想法子呢? 最爽快的法子当然是自买一架飞机,或是自己定造两只邮船!""这样爽快的法子,在五年十年后的《生活日报》也许可以说出就干,可是在香港贫民窟里办的《生活日报》,这句话仅在嘴上提一提,读者诸位好友们听了,就已经要感觉到我是在发疯!"(全集第 7 卷第 280—283 页)

10 月 14 日　潘汉年携带毛泽东 9 月 18 日《致章乃器、陶行知、沈钧儒、邹韬奋》的信,于 9 月 24 日从保安到西安,是日,从西安去上海。(尹骐《潘汉年传》第 153 页,《毛泽东书信选集》第 63 页,《潘汉年史料简编》第 59 页、60 页)

《毛泽东致章乃器、陶行知、沈钧儒、邹韬奋》全文:

"乃器行知钧儒韬奋先生：先生们抗日救国的言论和英勇的行动,已经引起全国广大民众的同情,同样使我们全体红军和苏区人民对先生们发生无限的敬意！但要达到实际的停止国民党军队对红军进攻,实行停止内战一致抗日,先生们与我们还必须在各方面作更广大的努力与更亲密的合作。""我相信我们最近提出的民主共和国口号,必为诸位先生所赞同,因为这是团结一切民主分子实行真正抗日救国的最好方策。""付上我们八月二十五日致国民党书,请求诸位先生予以审察,并以高见惠示我们。""国民党军队继续对于红军进攻与一切野蛮法令的尚未撤废,到今天仍然把我们与先生们远远地隔离着,彼此不能经常共同讨论与交换抗日救国的具体意见。这也就不得不使诸位先生对于我们今天所执行的抗日民族统一战线的方针与实际行动,尚有若干的隔阂与误会。因此,我委托潘汉年同志与诸位先生经常交换意见和转达我们对诸位先生的热烈希望。""此致　抗日救国的敬礼！""毛泽东　'九一八'五周年纪念日"(《毛泽东书信选集》第63—64页)

10月16日　《萍踪忆语(二七)民众的保卫》,载《世界知识》第5卷第3号,收入《萍踪忆语》。(全集第7卷第481—488页)

《萍踪忆语(二七)民众的保卫》摘要:

"我所尤其感触的是美国南方的黑人因受着长期的压迫,有不少黑人养成了绝对不抵抗的服从习惯,有人就根据这种表面上的情形,说黑人是奴性天成,无可救药的了！但是换个环境,这表面上的情形,不是不可以改变过来,亨顿便是一个很好的例证。因为参加了劳工运动,因为有了'国际劳工保卫团'做后盾,他便成了一种强有力的组织里面的分子,他便有机会发展他的特殊的能力,他便英勇起来了。""其次我所感到的是我们一方面在'国际劳工保卫团'的活动里,固然可以看出民众力量的伟大,但是同时却不要忘掉这种力量不是一有了组织就自己会来的,其中还经了许多艰苦斗争的过程,由斗争过程中产生领袖,由斗争过程中得到对付敌人的经验,由斗争过程中获得更大的自由。这实在是可给与争取自由的人们一种极可宝贵的教训。"(全集第7卷第487—488页)

10月18日　《笔谈》(收入《展望》,取题《躲到那里去?》)、《就实避虚的侵略》(收入《展望》)、《我们要怎样办〈生活日报〉? 销数》、《在香港的经历(九)》(收入《经历》,补题《六○　一封诚恳慰问的信》)、《梦》(署名编者,收入《展望》),载上海《生活星期刊》第1卷第20号。(全集第7卷第67—68页、39—41页,第6卷第720页,第7卷第283—285页、100—102页)

《躲到那里去?》摘要:

"其实吃耳光,而还要陪笑脸,固然是丢尽了脸,即不愿再陪笑脸,而仍然听任敌人打耳光,也还是一个问题!""提起吃耳光,使我们想起最近在号称中国领土而为'友邦'势力所笼罩的一个地方演过的一幕惨剧。那里有个中国某大银行的分行,有一天下午四点钟,忽有两个某国的宪兵,穿着便服,毫无凭证,来到该行向会计主任查帐。这位主任因他们既未穿制服,又无凭证,不答应,他们愤愤而去。第二天下午同时他们叫人传他到某国宪兵司令部去,一进去就被喝着下跪,被打几十耳光;第二天下午同时又叫去跪下打几十耳光;第三天下午同时又叫去跪下打几十耳光。这位主任觉得实在没有脸再在那个地方做人,辞职回到总行所在地。这种太不近情理的事实,倘若不是他亲口告诉我所认识的朋友,我们是绝对不能相信的。这很显然地是完全丧失了国家保障的惨酷待遇! 个人吃了耳光,在目前还勉强能躲来躲去,等到这种情形普遍到全国,整个国家能躲到那里去? 这是值得全国人深思痛念的。"(全集第 7 卷第 67—68 页)

《就实避虚的侵略》摘要:

"就实避虚的侵略比强硬态度的侵略,就被侵略者说,是更为狠毒的策略,因为同是侵略,强硬态度的侵略,还可使被侵略者明白亡国的惨祸迫在眉睫,共同振作起来,作死里求生的奋斗;就实避虚的侵略便比较容易麻醉被侵略者的心理,不明白在实际上是已经把整个国家的命脉断送了,做了实际的亡国奴而自己还不知道,这样一来,更不会想到什么抵抗的问题,更容易达到侵略者'纯采不战而胜的方式',更容易办到侵略者'以武力胁迫并镇压各实力派,以期收不战而胜之效'! 这实在是当前最大的危机,比'决裂的危机'还要大千万倍! 这是我们要大声疾呼,愿全国同胞时刻加以严重注意的。""就实避虚的侵略,也可以说是软性的侵略。这里所谓软性的侵略,和寻常的意义又有些不同。寻常所谓软性的侵略,是含有渐进的意义;这里所谓软性的侵略,在质的方面,仍然是激进而不是渐进的,所不同者只是不拘于表面上的名义而已。""我们所要努力争取的是中华民族的真正的独立解放! 我们不能在任何烟幕弹下牺牲我们民族的生命! 我们不要忽视就实避虚的侵略是灭亡中国的更毒辣的策略!"(全集第 7 卷第 40—41 页)

《我们要怎样办〈生活日报〉? 销数》摘要:

"《生活日报》是以全国为本位的报纸。所以销路不应该专限于交通便利的大城市,而要普及到穷乡僻壤,甚至于我们最僻远的边疆。《生活日报》又是以全民为对象的报纸。所以不但是供给上层社会阅读,而且要深入民间,要叫洋车夫和苦力,三家村的农夫,都看《生活日报》,我们才算达到了目的。"(全集第 6 卷第 720 页)

《在香港的经历(六○)一封诚恳慰问的信》摘要:

"正在排除万难,埋头苦干的时候,一方面却时常听到不可思议的意图中伤的谣言。有的朋友告诉我,有人在造谣,说我得到南京某巨公十万元,以离开上海为条件,于是就把这笔不清白的款子在香港办起报来。又有朋友告诉我,有人在造谣,说我得到西南的钱,替他们办机关报。这绝对冲突的谣言竟同时传到我的耳朵里,真使我觉得好气又好笑。""忽然得到老友曾虚白由上海寄来的一封诚恳慰问的信"。"这一封充满着诚挚友谊和主持正义的信,好像在我患难中从天上降下来,使我发生很深刻的感动,这也是我生平最不能忘却的一件事。""我在香港常自恨力量微薄,当时《生活日报》的规模太简陋,但是不料正惟其简陋,使造谣中伤者不能尽售其技!""曾先生是新闻界的一位经验学识俱富的健将,他的指教是很可宝贵的。不过在印刷业那样落后的香港,六号字根本没有,新五号字极少,所以只有死笨的老五号。我为着这件事,老早就和工头开了好几次的会议,结果是不可能。新闻重写,我们的计划中原也有,后来已渐渐的实行了。在香港的《生活日报》的广告却一开始就很神气,据熟悉广告界的朋友说,我们的广告价格已和该地原有的销路最大的日报分庭抗礼了。关于全国的重要通讯网,后来也渐渐的精密起来。""我在香港所感到的精神上最大的欣慰,是共同努力于报务的几位共患难的朋友始终不灰心,无论环境怎样困难,他们总是鼓着勇气干着。他们的坚毅的精神,赤诚的义气,和真挚的友谊,是我所永远不能忘的。我深信我们在这样挣扎苦斗中所获得的极可宝贵的经验,对于将来重振旗鼓的《生活日报》是有很大的裨益的。"(全集第 7 卷第 283—285 页)

10 月 19 日　伟大文化先驱鲁迅病逝。胡愈之和救国会的一些领导人共同商讨决定:鲁迅的葬仪以上海救国联合会的名义主办,通过鲁迅葬礼,"发动一次民众的政治性示威,把抗日救国运动推向新的高潮。"(胡愈之《我的回忆》第 38 页)

10 月 20 日　蔡元培、宋庆龄、沈钧儒、章乃器、茅盾、郁达夫、邹韬奋等前往万国殡仪馆吊唁鲁迅。(《"一二·九"以后上海救国会史料选辑》第 453 页)

10 月 22 日　下午,由治丧委员会宋庆龄、蔡元培、沈钧儒等发起为鲁迅先生出殡,也是救国会组织的一次抗日示威游行。送殡队伍近万人。行列中有宋庆龄、蔡元培、沈钧儒、王造时、章乃器、胡愈之、史良、李公朴、邹韬奋、沈兹九、王统照、叶绍钧、陈子展、夏丏尊、徐调孚、郑君平、吴似鸿、蔡楚生、郑君理、蓝苹、周剑云、应云卫、赵丹、日人内山完造、池田幸子等,文化界有郁达夫、巴金、胡风、黄源、郑振铎、欧阳予倩、袁牧之、陈波儿等。灵柩由十四位作家从殡舍抬出门,抬上灵柩车。从万国殡仪馆出发,浩浩荡荡,声势浩大,一直送到万国公墓。一路上呼抗日口号,唱抗日歌曲。到了墓地,由蔡元培主持安葬仪式。沈钧儒、宋庆龄、章乃器、内山完造先后报告生前事略,演说,在仪式上"大家不忘记韬奋先生,把他从人堆中挤上了纪念台"。韬奋一句话的纪念:"今天天色不早,我愿用一句话来纪念先生:许多人是不战而屈,鲁迅先生是战而不屈!"胡愈之读哀辞,最后由沈钧儒、邹韬奋、史良、章乃器等代表救国会献"民族魂"黄绸旗,覆盖在灵柩上,在哀乐声中,由十四位作家抬棺,落入墓穴。(彭子冈《伟大的伴送》,1936 年 11 月 1 日《生活星期刊》第 1 卷第 22 号,章乃器《我和救国会》1967 年 12 月 17 日,收入《救国会》第 437 页,陆诒《抗战前夕的救国会》,收入《文史杂忆》上海文史资料选辑第 75 辑第 137 页,沈谱、沈人骅编《沈钧儒年谱》第 153 页,全集第 6 卷第 722 页,第 8 卷第 115 页)

10 月 24 日　《致舒新城》(全集未收)全文:

"新城兄:兹有友人龚钺先生系留法博士,近译一书,译笔甚佳,惟内容因略偏专门,故生活书店未拟收用,因生活书店规模较小,只能注意较通俗之出版物也。特奉上一阅,如贵局能采用,幸甚。专此敬颂　大安。　　弟韬奋敬上　十月廿四日。"(《中华书局现代名人书信手迹》第 191 页)

10 月 25 日　《笔谈》(收入《展望》,取题《伟大的斗士》)、《国防前线的华北》(收入《展望》)、《走私浪人的威风》、《二十年来的经历(一)永不能忘的先生》(收入《经历》)、《谋生与屈辱》(署名编者,收入《展望》),载上海《生活星期刊》第 1 卷第 21 号。(全集第 7 卷第 68—69 页、第 42—44 页,第 6 卷第 721 页,第 7 卷第 131—133 页、103—105 页)

《伟大的斗士》摘要:

"中国民族革命的伟大斗士鲁迅先生,不幸于十月十九日早晨五点廿五分去世了。本社同人听到这个不幸的消息,和全国同胞感到同样的震动和悲痛,我们要对鲁迅先生致诚挚的敬礼,并要对鲁迅先生的家属致诚挚的慰唁。""鲁迅先生不仅是一个文学家,并且是一个思想家。他的伟大是在他对于一般民众的普遍而深入的影响。""我觉得鲁迅先生留给我们的最可宝贵的遗产,是他那样始终不懈的积极的斗争精神。他是一位最早反封建的努力革命的老将。无论怎样的穷困,都屈伏不了他;无论怎样的压迫,都屈伏不了他。我以为我们后死的斗争者,应该承袭鲁迅先生的积极的斗争精神,为民族解放的伟大而

艰苦的工作,努力前进。"(全集第 7 卷第 68—69 页)

《国防前线的华北》摘要:

"华北是当前中国国防的前线,华北再断送,整个中国更没有翻身的日子,那真是'自署亡国之符券,世世子孙,真将永劫不复'! 这种惨祸的危机是迫在眉睫的了!""现在全国人民对于亡国惨痛的觉察和救国的热烈情绪,已不是'九一八'和'一二八'的时候所能比拟的了,所以局部的救国抗敌并不致再陷于以前那样孤军抗战的局面,必然地是整个民族奋起救亡的前奏,必然地是要得到整个民族的忠诚拥护。我们深信到了这样的最后关头,不但全国民众对于真正发动民族解放斗争的'实力派'能给与一致热烈的拥护,就是全国的军心,也是要和全国的民心团结一致的。这是整个民族死里求生的唯一途径,也是'各实力派'死里求生的唯一途径。这是我们要竭诚对国防前线'各实力派'进言的,同时全国救国民众也应该用全力推动这死里求生的唯一途径的实现。"(全集第 7 卷第 43—44 页)

《二十年来的经历(一)永不能忘的先生》摘要:

"我这二十年来的经历,想从小学时代谈起。当时我所进的是南洋公学附属小学,校长是沈叔逵先生。他是一位很精明干练的教育家,全副精神都用在这个小学里面,所以把学校办得很好。我们那一级的主任教员是沈永癯先生,他教我们国文和历史,——我最感兴趣的科目。他那样讲解得清晰有条理,课本以外所供给的参考材料的丰富,都格外增加了我的研究兴趣。我尤其受他的薰陶的是他的人格的可爱。我这里所谓人格,是包括他的性格的一切。他的服饰并不华丽,但是非常整洁,和我所不喜欢的蓬头垢面的自命名士派的恰恰相反。他对于所教授的科目有着充分的准备,我对于他所教的科目有任何疑难,他都能给我以满意的解释。他教得非常认真,常常好像生怕我们有一句一字不明了;他的认真和负责的态度,是我一生做事所最得力的模范。他并没有什么呆板的信条教给我,但是他在举止言行上给我的现成的榜样,是我终身所不能忘的。我自己做事,没有别的什么特长,凡是担任了一件事,我总是要认真,要负责,否则宁愿不干。这虽然是做事的人所应该有的起码的条件,但是我却永远不能忘却永癯先生给我的模范。此外令我倾倒的是他的和蔼可亲的音容。他对于学生总是和颜悦色的,我从来没有看见他动过气;我上他的课,比上任何人的课都来得愉快。但是他所以得到学生的敬爱,并不是由于姑息,随便,撒烂污,却是由于认真而又不致令人难堪。我当时敬爱这位先生的热度可以说是很高很高,但是并未曾对他表示过我的这样的心意,现在这位良

师已去世多年了,可是我一生不能忘记他。"(全集第 7 卷第 132—133 页)

11 月 1 日　《生活星期刊》出版《悼鲁迅先生》特辑,封面刊登青年作家十二人亲扶鲁迅灵柩出殡仪馆的全幅照片,封二六幅葬仪照片:有送殡者中的花圈队与挽联队;治丧委员宋庆龄和鲁迅亲属许广平、周海婴等;《生活星期刊》杂志社同人悼鲁迅的挽联;参加吊唁的小学生在签名簿上签名;章乃器在鲁迅画像前演说;封三也有六幅照片,有在寓所卧榻前摄的鲁迅遗容;遗体下棺后停在殡仪馆、供大众瞻仰遗容;大殓后灵柩运出殡仪馆送殡者的队伍;灵柩到达万国公墓后举行葬仪;灵柩下葬时作家多人亲手扶柩放入墓穴;鲁迅生前在全国木刻流动展览会与青年木刻家们谈话。刊登了韬奋、司徒乔、许杰、郑振铎、薰宇、胡仲持、徐调孚、叶圣陶、以群、王统照、吴文祺、天行、倪文宙、重立、征农等撰写的 15 篇悼文,还有司徒乔创作的鲁迅最后遗容的速写,彭子冈的《伟大的伴送》,全国学生救国联合会代表平、津、京、沪、汉、杭、晋、桂、济、青等廿七学联廿四万学生鞠躬致哀。著文《哭鲁迅先生》。(《生活星期刊》第 1 卷第 22 号)

同日　《笔谈》(收入《展望》,取题《从心坎里》)、《急迫救亡的两个条件》(收入《展望》)、《二十年来的经历(二)工程师的幻想》(收入《经历》)、《惨死》(署名编者,收入《展望》)、《一句话纪念鲁迅》、《〈不敬〉附言》(署名编者)、《追逐异性》(署名编者,收入《展望》),载上海《生活星期刊》第 1 卷第 22 号。(全集第 7 卷第 69—70 页、44—47 页、134—136 页、106—107 页,第 6 卷 722 页、722—723 页,第 7 卷 107—109 页)

《从心坎里》摘要:

"鲁迅先生逝世和殡葬的情形,还历历如在眼前。我们回想到整千整万的群众瞻仰遗容时候的静默沉痛,回想到整千整万的群众伴送安葬时候的激昂悲怆,再看到全国各日报和刊物上对于他的逝世的哀悼,无疑地可以看出鲁迅先生是民众从心坎里所公认的一个伟大的领袖。我要特别指出:'从心坎里的'公认的领袖不是藉权势威胁可以得到的,不是藉强制造作可以得到的,是由于永远刚毅不屈不挠的为大众斗争的事实所感应的。""这种永远刚毅,不屈不挠的斗争精神,是民族解放斗士的最最重要的一个特性,在今日国难严重时期尤其可以宝贵的特性。这种精神和'亡国大夫'的奴性正是立于相反的两极端。在鲁迅先生下土的时候,群众代表盖在他的棺材上的那面'民族魂'的大旗实含有很深的意义。中国的不亡,就是要靠我们积极提倡扩大这'民族魂',严厉制裁那些不知人世间有羞耻事的'亡国大夫'型的国贼和准国贼!""我们永远不能忘记鲁迅先生,因为他是民族解放的伟大斗士;我们永远不能忘记这位民族解放的伟大斗士,更须永远不忘记他的刚毅不屈的伟大人格。"(全集第

7卷第69—70页)

《急迫救亡的两个条件》摘要:

"我们认为中华民族解放斗争的最后胜利,须靠整个中国团结起来一致对外。(当然,这里所谓对外,是要集中力量对付我们民族当前最大的最最残酷的唯一敌人。)这个需要是很显然的;我们用整个中国的力量来抵御外侮,效力的伟大,当然比任何局部的孤军抗战来得大。""我们认为这是当前抗敌救国最重要的一个条件"。"我们的民族向以爱好和平著于世界,但爱好和平是在独立平等的条件下实行的,不是甘心做奴隶的代名词。我们对于要灭亡我们的国家和奴役我们的同胞的国家,我们绝对不能以'爱好和平'遮羞。但是对于其他的国家,如英、美、法、苏等国,只须不妨碍我们民族解放的神圣工作,我们都要以友谊的态度相待。这几国里面,苏联尤其和我们有着利害相共的形势。""有共同利害而又彼此'不抱侵略野心'的国家能有相当的联络,虽尽管各为本国的利益打算,对于抵抗侵略的力量是要大大的增加,这不是彼此有所倚赖,实在是互助的互利的方法。这种有利于我们抗敌救亡的国际形势,是我们于团结内部一致对外的重要条件之外所要共同努力促进实现的最重要的另一个条件。"(全集第7卷第45—47页)

《二十年来的经历(二)工程师的幻想》摘要:

"我的父亲所以把我送进南洋公学附属小学,因为他希望我将来能做一个工程师。""模模糊糊的观念只是以为工程师能造铁路,在铁路上做了工程师,每月有着一千或八百元的丰富的薪俸。父亲既叫我准备做工程师,我也就冒冒失失地准备做工程师。""讲到我的天性,实在不配做工程师。要做工程师,至少对于算学物理一类的科目能感到浓厚的兴趣和特殊的机敏。""我的弟弟看见家里用的厨子记帐的时候打着算盘,就感觉到深刻的兴趣,立刻去买了一本《珠算歌诀》,独自一人学起什么'九归'来了。我看了一点不感觉兴味,连袖手旁观都不干。我只有趣味于看《纲鉴》,读史论。后来进了小学,最怕的科目便是算学。""小学毕业的时候,我的算学考得不好,但是总平均仍算是最多,在名次上仍占着便宜。刚升到中院后,师友们都把我当作成绩优异的学生,只有我自己知道在实际上是不行的。""大家既把我误看作成绩优异的学生,我为着虚荣心所推动,也就勉为其难,拼命用功,什么代数哪,几何哪,我都勉强地学习,考的成绩居然很好,大考的结果仍侥幸得到最前的名次,但是我心里对这些课目,实在感觉不到一点兴趣。""这样看来,一个人在学校里表面上的成绩,以及较高的名次,都是靠不住的,唯一的要点是你对于你所学的是否心里真正觉得喜欢？是否真有浓厚的兴趣和特殊的机敏？这只有你自己知道,旁人总是隔膜的。""我进了中院以后,仍常常在夜里跑到附属小学的沈永瓏先生那里去请教。他的书橱里有着全份的《新民丛报》。我几本几本的借出来看,简直看入了迷。""我所苦的是在夜里不得不自修校课,尤其讨厌的是做算学题目;我一面埋头苦算,一面我的心却常常要转到新借来放在桌旁的那几本《新民丛报》! 夜里十点钟照章要息(熄)灯睡觉,我偷点着洋蜡烛在帐里偷看,往往看到两三点钟才勉强吹熄烛光睡去。睡后还做梦看见意大利三杰和罗兰夫人!(这些都是梁任公在《新民丛报》里所发表的有声有色的传记。)这样准备做工程师,当然是很少希望的了!"(全集第 7 卷第 134—136 页)

同日 《萍踪忆语(二八)再经华盛顿回到纽约》,载《世界知识》第 5 卷第 4 号,收入《萍踪忆语》。(全集第 7 卷第 488—495 页)

11 月 2 日 舒新城又想到编辑方面除自己外,实在无人能任此事,而"韬奋甚好,但不宜于本局,以其观点稍前进也"。(《舒新城日记》,《出版史料》1988 年第 2 期)

同日 《为〈大家看〉的读者题词》,载《大家看》创刊号封面。(全集第 6 卷第 724 页)

11 月 3 日 《〈狱中杂感〉序》,收入杜重远著同名一书,生活书店 1936 年版。(全集第 6 卷第 724 页)

《〈狱中杂感〉序》摘要:

"正是因为他富有实践的经验,不是为做文章而做文章,所以他的作品感人特别地深,使读者得到的益处特别地厚。""我深信读者诸君从这本书里可以看出杜先生是一个血性男子;我把杜先生视为我的最好的一个朋友,就因为他是一个血性男子。因为他是一个血性男子,所以他对于救国运动能始终不懈地向前干去;因为他是一个血性男子,所以他不但自己能那样干,并且能吸动许多人一同干去。""我知道杜先生的性格是嫉恶如仇,从善如流。他对于朋友们的意见,最能虚心倾听,一觉到你所说的是合于真理,他就慨然赞同,毫无成见。"(全集第 6 卷第 725 页)

同日 闻青年同事王永德患伤寒症在仁济医院,赶去看望,王已不认人,唤了好几声,王才在迷惘中一阵清醒。于 9 日早晨去世。死时才二十岁。韬奋著文《悼王永德先生》。(全集第 7 卷第 73—74 页)

11 月 8 日 《中苏友谊与远东和平》、《青衣行酒》(以上两篇收入《展望》)、《二十年来的经历(三)大声疾呼的国文课》(收入《经历》)、《我的外交》(署名编者,收入《展望》),载上海《生活星期刊》第 1 卷第 23 号。(全集第 7 卷第 47—49 页、70—71 页、

136—138页、109—111页）

《中苏友谊与远东和平》摘要：

"所谓和平运动，绝对不是可在侵略和被侵略的条件下实现的，所以苏联的外交政策以和平为基础，即与许多国家订立不侵犯条约，彼此互不侵犯，便没有侵略和被侵略的存在。""不侵犯条约还只含有消极的意义，互助协定却更有积极的意义，因为参加互助协定的国家不但彼此互不侵犯，如遇有第三国来侵略任何一国的时候，彼此还有互助抵抗侵略的责任。中国正在抢救危亡的关头，应该用全力抵抗侵略，这固然是毫无疑问的。但是就被侵略的方面说，中国地势是苏联在远东的前方，前方沦亡，后方的危险必然大大地增加。这两个大国在抵抗侵略上实有共同的利害：所以这是互助，不是单方面的倚赖。远东和平的保全，中苏两国的密切友谊实在是最重要的基础。当然，中国的民众和苏联的民众本来就有着很好的友谊，但是两国有了具体的互助协定，更得到具体的保障，同时也更可以使侵略国有所顾忌。"（全集第7卷第48—49页）

《青衣行酒》摘要：

"我们古时青衣是奴隶的标志，'青衣行酒'便是做着倒酒的奴隶，庾珉和王隽都是怀帝的旧臣，所以看到这样的惨状，禁不住号哭起来。结果这两位号哭的朋友固然被杀，就是甘为奴隶而不辞的怀帝，仍然被杀。我小的时候虽蒙里懵懂，当时看了这一段，小小心弦也被震动，感到莫名其妙的凄惨！""最近看到报上的消息，在华北日军进攻北平大演习的时候，遭难的老百姓流离失所，不堪设想，怀仁堂上却特设盛筵欢宴日军司令，'举杯为祝，众皆鼓掌'，并'殿以中西歌曲'。这惨痛的现象，和上面所说的情形，不知道有什么两样！""有朋友由华北来，谁都盛赞廿九军的爱国精神和宋哲元氏的处境困难，但认为非有全国整个的救国行动，华北在实际上是必然要全部沦亡的，尽管在名称上也许还存着多少的烟幕。""历史如果还有教训的话，晋朝的怀帝该是我们的前车之鉴吧！"（全集第7卷第70—71页）

《二十年来的经历（三）大声疾呼的国文课》摘要：

"我们最感觉有趣味和敬重的是中学初年级的国文教师朱叔子先生。他一口的太仓土音，上海人听来已怪有趣，而他上国文课时的起劲，更非笔墨所能形容。他对学生讲解古文的时候，读一段，讲一段，读时是用着全副气力，提高嗓子，埋头苦喊，读到有精彩处，更是弄得头上的筋一条条的现露出来，面色涨红得像关老爷，全身都震动起来（他总是立着读），无论那一个善打瞌睡的同学，也不得不肃然悚然！他那样用尽气力的办法，我虽自问做不到，但是他的那样聚精会神，一点不肯撒烂污的认真态度，我到现在还是很佩服他。""我们每两星期有一次作文课。朱先生每次把所批改的文卷订成一厚本，带到课堂里来，从第一名批评起，一篇一篇的批评到最后，遇着同学的文卷里有精彩处，他也用读古文时的同样的拼命态度，大声疾呼地朗诵起来，往往要弄得哄堂大笑。但是每次经他这一番的批评和大声疾呼，大家确受着很大的推动，有的人也在寄宿舍里效法，那时你如有机会走过我们寄宿舍的门口，一定要震得你耳聋的。朱先生改文章很有本领，他改你一个字，都有道理；你的文章里只要有一句有精彩的话，他都不会抹煞掉。他实在是一个极好的国文教师。""我觉得要像他那样改国文，学的人才易有进步。有些教师尽转着他自己的念头，不顾你的思想；为着他自己的便利计，一来就是几行一删，在你的文卷上大发挥他自己的高见。朱先生的长处就在他能设身处地替学生的立场和思想加以考虑，不是拿起笔来，随着自己的意思乱改一阵。""我那时从沈永癯先生和朱叔子先生所得到的写作的要诀，是写作的内容必须有个主张，有个见解，也许可以说是中心的思想，否则你尽管堆着许多优美的句子，都是徒然的。我每得到一个题目，不就动笔，先尽心思索，紧紧抓住这个题目的要点所在，古人说'读书得闲'，这也许可以说是要'看题得闲'；你只要抓住了这个'闲'，便好像拿着了舵，任着你的笔锋奔放驰骋，都能够'搔到痒处'，和'隔靴搔痒'的便大大的不同。"（全集第 7 卷第 137—138 页）

《我的外交》摘要：

　　"华北在侵略者压迫下的种种方面的'奴化'，这种惨痛的事实是一天天严重起来了。文化侵略也是侵略者一个重要的策略，煽惑和麻醉的报纸当然是他们的一个重要工具。用威吓手段强迫多定一种奴化的报纸，这还只是开端，倘若我们对于华北的危殆局势不下决心作根本上的挽救，恐怕一般人民都只有'奴化报'可看了！""那个'记者'的后面是有着整个侵略者做靠山，要始终拒绝他的要求，个人的力量恐怕还是不够的。我们以为遇着诸如此类的无理要求，应该和当地的爱国团体及舆论机关联系起来，暴露敌人的黑幕，造成集体的反抗力量。"（全集第 7 卷第 110—111 页）

11 月 13 日　《生活书店当局及同人实行"一日运动"捐款援助罢工工人》摘录：

　　"最近日商纱厂上海、同兴等七厂工友以不堪厂方之无理压迫，因于八日起联合罢工，以促厂方之觉悟。但事态发生以来，厂方非惟不久允接受工人之最低要求，抑且实施卑劣手段使工人益处于恐慌不安之境。敝店同人认为此项事件有异于平常之劳资纠纷，而实为展开救国阵线之起点。凡我同胞应予以深切之同情与物质之援助方足以继续持久而获得最后之胜利。敝店全体同人爰集一日薪资所得，并由敝店照同人捐款之数加捐一倍，聊尽援助之意。兹特送上国币三百十四元八角，敬烦贵会迅予转致罢工工友，并为代致慰问之忱。惟念工友生活索赖工作以图存，罢工期间如无充分之物质援助，则势必难予继续持久。谨敢建议贵会请即以一日所得捐款办法，向职业界广为提倡，则众志可以成城，民族革命前途实利赖之！此致全国各界救国联合会！"(《救亡情报》11月19日，收入《"一二·九"以后上海救国会史料选辑》第309—310页)

11月15日 《生死关头的华北》、《一心御侮》(以上两篇收入《展望》)、《孙中山主义与救亡阵线》(署名记者)、《悼王永德先生》(收入《展望》)、《〈华北日军"演习"的前后〉按》(署名编者)、《二十年来的经历(四)课外阅读》(收入《经历》)、《纱厂工友们的呼声》、《民众广大的力量》(以上两篇署名编者，收入《展望》)，载上海《生活星期刊》第1卷第24号。(全集第7卷第50—52页、71—72页，第6卷第725—728页，第7卷第73—74页，第6卷第728—729页，第7卷第139—141页、111—112页、112—114页)

《生死关头的华北》摘要：

"关于中日谈判，中央社本月五日的东京电讯，说中日谈判有于一周内暂告段落的可能，将华北特殊化和共同防共两大问题搁置不谈，留待将来谈判。有些人盛称这是一个'合理途径'，其实在事实上没有这样简单。""在'共存共荣''双方互利'的烟幕弹之下，绥远的危机最近已到了非常紧张的阶段了！记者草此文时，北平传来消息，伪军集中于百灵庙商都一带者已达四万人，准备分两路进攻；同时在察北康保，还有伪'满'援军汹涌而来。我们的民族敌人要使绥远完全冀察化，造成事实以实行无须再谈的故智，这已是摆在眼前的实际状况了！""绥远是整个国家的重要屏障，绥远的安危和整个中国有密切的联带关系，不是绥远一省的利害问题。所以保护的责任，在有守土之责的傅作义，固属责无旁贷，但是我们不能把这个责任完全丢在傅作义一人身上。""我们一方面固然要督责绥远的地方当局以守土之义，一方面却须动员全国舆论，督责中央政府迅速增援，发动整个的民族解放战争。""我们看到华北的形势，显然可以看出一方面尽管进行一次又一次的谈判，一方面却在实际上一件又一件的国权的断送。所以我方尽管在外表的姿态上表示强硬，这是断然不够的。不但不够，而且反而足以迷乱一般人的目光，增加绝对不可能的幻想。日外务省发言人最近对报界公开宣言：'日政府对中日谈判的态度并未和缓，今后亦不愿变更。'我们还可以蒙在鼓里自欺吗？"(全集第7卷第50—52页)

《一心御侮》摘要：

"这些事实表示青年救国的不畏困难，再接再厉，与军民一心御侮的团结精神，这是值得我们的钦敬和欣慰的。但是国家不仅是青年的国家，亡国的惨遇不限于北平四郊的乡民，绥远的安危不仅关于旅平的绥远同乡，这是全国同胞所要闻风兴起的。我们希望华北军民一心御侮的精神，能引起全国军民的积极响应。"（全集第 7 卷第 72 页）

《〈华北日军"演习"的前后〉按》全文：

"华北日军在我们的领土上'演习'攻占平津，先后经过十天，在五万方里的'演习'区域以内，房屋被占，田禾被割，数十万人民流离失所，不甘受侮辱而被杀戮的，也不在少数。这真是中国人的奇耻大辱。承许多读者报告许多惨酷无理的事实，经记者整理发表如下。虽然这些还不过是几个人所看到的片断，但是这一点已经尽够暴露敌人的残酷和野心了。"（全集第 6 卷第 728—729 页）

《二十年来的经历(四)课外阅读》摘要：

"教师尽管教得好，实际的领略和运用，还是要靠自己努力去干，从干的当中得到要诀，这好像游泳一样，只是听了算数是无用的，必须钻到水里去游泳，才有所得。""觉得其中特别为自己所喜欢的，便在题目上做个记号，再看第二次；尤其喜欢的再看第三次；最最喜欢的，一遇着可以偷闲的时候，就常常看。""我当时发现一个有趣的事实。我所看的书，当然不能都背诵得出的，看过了就好像和它分手，彼此好像都忘掉，但是当我拿起笔来写作的时候，只要用得着任何文句或故事，它竟会突然出现于我的脑际，效驰驱于我的腕下。我所以觉得奇怪的，是我用不着它的时候，它在我脑子里毫无影踪，一到用得着它的时候，它好像自己就跑了出来。我后来读到了心理学，觉得这大概就是所谓潜意识的作用吧。""对于课外的阅读格外感觉到兴奋，因为我知道不是白读白看的，知道这在事实上的确是有益于我的写的技术的。""现在的青年在这方面已有比较的便利，因为有好些杂志对于读书指导都是很热诚的。""我每到书店或旧书摊上去东张西望着，看到书目引我注意时，先在那里看它几页，称心才买，否则就要和它永诀。"（全集第 7 卷第 139—141 页）

《纱厂工友们的呼声》全文：

"这封信寄到时，本刊已在拼版待印了。但因为这件事的重要，所以临时把别的文字抽去，赶行插入。我们认为工友们在这封信里所说的要求是万分合理的。我们特把这封信里所叙的事实表露出来，希望能引起社会的严重注意，并希望舆论界努力主持公道。"（全集第 7 卷第 112 页）

《民众广大的力量》摘要：

"平心而论，官也不都是坏蛋，其中有坏的，也有好的，我们当分别来看，好的我们要鼓励他们，坏的我们要制裁他们。"（全集第 7 卷第 114 页）

11 月 16 日　《致孔令境》，收入《韬奋手迹》。（全集第 6 卷第 729 页）

同日　《萍踪忆语（二九）美国青年心理的转变》，载《世界知识》第 5 卷第 5 号，收入《萍踪忆语》。（全集第 7 卷第 495—502 页）

11 月 18 日　穆藕初邀请聚餐。出席者黄炎培、章乃器、胡愈之、邹韬奋、毕云程、金仲华、江问渔、杨卫玉、李公朴、杜重远。杜重远报告西北之行的所闻所见。（《黄炎培日记》）

同日　日本驻上海大使馆武官致本国陆海军电："……二、本次罢工已偏离劳资问题，在抗日救国会（含共产党）之领导下已恶化，观察者多数认为前途堪忧。"（《现代史资料——日中战争》第 29 页）

11 月 19 日　日本驻上海大使馆武官佐藤三郎致本国陆海军参谋次长西尾寿造密电："……二、罢工背后策动之共产党及救国会因资金短缺，难于长期主宰罢工，然又认为此系预演'总罢工'之良好时机。"（《现代史资料——日中战争》第 27 页）

同日　日本驻上海大使馆若杉总领事致本国外务省有田外务大臣第 537 密电："一、十八日下午寺崎（英成）往访市府秘书长俞鸿钧，就已发电 531 号所述与之指出：丰田纺事件已远离劳资争议，陷入暴乱，背后存在抗日救国会、共产党等不法华人，要求（一）逮捕除抗日救国会后台章乃器（原浙江实业银行副总经理）、沈钧儒（律师）、李公朴外尚有五人；二、缉捕共产党；（三）镇压各大学（特别是参加暴乱之大夏大学）内之险恶分子；（四）逮捕暴乱罪犯。此外保留赔偿丰田纺之要求。俞秘书长谓事件当夜现场工人众多，巡捕寡不敌众，纵开枪不但于事无补，且会扩大事态，故尽可能努力驱散工人。今晨公安局及社会局将对煽动日本纺织厂罢工之不法分子严加调查。"（《现代史资料——日中战争》第 38 页）

是月中旬　"在被捕的前两三天，就有朋友传来消息，说将有捕我的事实发生，叫我特别戒备。我以胸怀坦白，不以为意，照常做我的工作。我这时的全部注意力都集中在绥远的被侵略，每日所焦思苦虑的只是这个问题。"（全集第 7 卷第 212 页）

11 月 22 日　下午六点钟，韬奋"赶到功德林参加援绥的会议，到会的很多；银行界，教育界，报界，律师界等等，都有人出席。"沈钧儒、史良、章乃器、千家驹等亦有参加。十一点钟离会，到家"已在当夜十二点了。"（沈谱、沈人骅编《沈钧儒年谱》第 154 页，第 7 卷第 212 页）

同日　《援助绥远前线将士》、《人圈》（以上两篇收入《展望》）、《编者和读者》

(署名编者)、《二十年来的经历(五)写作的尝试》(收入《经历》)、《救国组织和时事研究》、《阿静》、《怎么回事?》(以上三篇署名编者,收入《展望》),载上海《生活星期刊》第 1 卷第 25 号。(全集第 7 卷第 52—54 页、72—73 页,第 6 卷第 730 页,第 7 卷第 141—143 页、114—118 页、118—120 页、120—121 页)

《援助绥远前线将士》摘要:

　　"绥远前线战士已开始为国血战了! 我们全国同胞应该动员整个国家的力量,发动整个民族的解放抗战!""自绥远战事爆发以来,最可兴奋的是全国各方的同仇敌忾,纷纷发起援助绥远前线战士的广大运动,一致踊跃输将,各处学校多实行绝食一天,集款慰军,至上海三十余团体电慰矢志报国的傅作义主席和誓死守土的前方将士"。"乃至首都'天主堂同人'也将一日的教士的生活费和员工薪金汇往归绥公医院救护队应用。这是全国联合战线的端倪,是每一个救国同胞看了都要欢欣鼓舞喜出眼泪来的良好的现象! 我们要积极扩大这个救国抗敌的联合战线! 我们要积极提倡并努力实行'一日贡献'来援助正在前线英勇抗敌的将士!""谁都知道,这不是什么'匪伪'攻绥远,实在是整个侵略国来攻绥远;倘若让一省来抗战一国,那是我们陷害为国守土的将士! 谁也都知道,敌人不是仅仅攻一省,实在是更进一步沦亡整个中国的步骤;倘若我们只是立于旁观的援助地位,不深刻地认识我们不仅是援助绥远,实在是拯救整个中国的沦亡,那也是很大的错误!""因为这个缘故,我们从种种方面努力援助绥远前线将士,固然是所谓义不容辞,但是同时还要努力发动整个民族的解放抗战;必须发动整个民族的解放抗战,绥远前线将士的血战才能获得最后的胜利。""在这样危急存亡的紧要关头,我们立于国民的地位,要竭诚要求政府第一件事是动员全国抗敌救亡!""毅然停止一切内战,这是我们立于国民的地位,要竭诚向政府要求的第二件事。""我们主张政府应对日本提出强硬的抗议,限制在日本威胁下的'匪伪'于廿四小时内退出绥察,否则立即公布停止交涉,乃至绝交。这是我们立于国民的地位,要竭诚向政府要求的第三件事。"(全集第 7 卷第 52—54 页)

《人圈》全文:

　　"有一个很知己的好友最近由西北回到上海,我们知道那里是有着时时渴望'打回老家去'的东北军,他们里面有的新自东北出来的亲友,和我的这个好友谈起东北同胞惨遇的情形,最凄惨的是我们的民族敌人近来在东北各村里设有所谓'人圈',把贫病交加的我们的苦同胞,拉到这个人圈里去喂猎狗! 事实是这样:因为义勇军的各处潜伏,我们的民族敌人把小村一大片一大片的烧掉,穷苦的老百姓往大村里逃,没有屋子住餐风露宿,病了也没有医药,敌人便仿照猪圈或牛圈的办法,在荒地上用木桩围成大圈,里面放着饿狗,病得未死的人都被拉到里面去喂狗,夜里常可听到惨不忍闻的哀号!""我希望这惨呼的哀音能打动全国每一个爱国同胞的心弦!我希望全国同胞明白这种惨遇是每一个同胞和我们的子孙的命运,倘若我们还不一致团结起来挽救这个危亡的祖国。"(全集第7卷第72—73页)

《二十年来的经历(五)写作的尝试》摘要:

"我读到中学初年级,几个月后就陷入了经济的绝境。我知道家里已绝对没有办法,只有自己挣扎,在挣扎中想起投稿也许不无小补。但是不知道可以投到那里去。有一天偶然在学校的阅报室里看到《申报》的《自由谈》登着请领稿费的启事,才打定主意写点东西去试试看。""我有什么可以写呢?的确踌躇了好些时候。""我觉得写作在初学方面最重要的不外两点:一是写的技术,二是写的内容。这两点虽同是不可少的,但是第二点似乎比第一点还要重要。""于是我想个办法,到图书馆里去看几种英文的杂志,选择一些东西。""这种材料在当时的《自由谈》是可以适用的,可是试了几次总是失败,好像石沉大海,无影无踪。""有一天翻开报纸来,居然看见自己的文字登了出来,最初一刹那间好像还不能相信自己的眼睛,仔细看着题目下的署名,的的确确一毫不差的是'谷僧'两字!(这是当时随便取的笔名。)这样陆陆续续地发表了好几篇,到月底结算稿费的时候,报上那个请取稿费的启事里,当然缺不了我的份!我便和我的弟弟同到棋盘街的一个刻图章的小摊上去刻了一个,拿到申报馆去伸手拿钱。心里一直狐疑着,不知到底能够拿到多少。不料一拿就拿了六块亮晶晶的大洋!如计算起来,一千字至多不过一块钱,但是我在当时根本没有想到这样计算过,只觉得喜出望外。我的弟弟比我年龄更小,看见好像无缘无故地柜台上的人悄悄地付出几块大洋钱,也笑嘻嘻地很天真地替我高兴。我们两个人连奔带跳地出了申报馆,一直奔回徐家汇。这在我当时买一枝笔买一块墨都须打算打算的时候,当然不无小补。但是钱到了手,却也就学了一点坏!回校的途中经过了一个买彩票的店铺门口,和弟弟两个人商量一会,居然土头土脑地下决心掏出一块大洋买了一张彩票,后来这张彩票的结果和我最初若干次的投稿有着同样的命运!""不久我又发现了一个投稿的新园地——商务印书馆出版的《学生杂志》。""我从这里又得到一个教训,就是我们要写自己所知道得最清楚的事情,尤其是实践或经验中感到最深刻印象的事情。""我在《学生杂志》里投稿也不是完全顺利的,总是去了好几篇才登出一篇。登了

一篇之后,好像替我打了一个强心针,再陆续写几篇去,登后再等着多少时候。"(全集第 7 卷第 141—143 页)

《救国组织和时事研究》摘要:

"第一是救国组织的工作问题。""最重要的是教育民众,组织民众,训练民众,有必要时动员民众做宣传和推动等等的工作。""第二关于时事的研究,我们要有继续不断的注意,因为一件事的发生,不是突如其来的,如果我们对于这件事的以前的经过和线索没有过继续不断的注意和研究,是很难明白它的真面目。同时关于历史、地理,及一般的社会科学都要有相当的基础。""第三关于社会科学和意识的联系,要注意从实践里面对当前现实的体验。我们要把所知道的原则用到周围的实际问题,在运用中学习,渐渐的对于解决难题的能力自然会增加起来。"(全集第 7 卷第 117—118 页)

11 月 23 日　凌晨,两点半时,韬奋睡得正酣,"忽被后门凶猛的打门声和妻的惊呼声所惊醒。"他"在床铺上从睡梦中惊得跳起来,急问什么事。"夫人沈粹缜"还来不及回答,后门打得更凶猛,嘈杂的声音大叫其赶快开门。"韬奋"记起前两三天朋友的警告,已明白他们的来意。我的妻还不知道。因为我向来不把无稽的谣言——我事前认为无稽的谣言——告诉她,免她心里不安。她还跑到后窗口问什么人。下面不肯说,只是大打其门,狂喊开门。她怕是强盗,主张不开。我说这是巡捕房来的,只得开。我一面说,一面赶紧加上一件外衣,从楼上奔下去开门。"(全集第 7 卷第 212 页)

"门开后有五(四)个人一拥而入,其中有一个法国人,手上拿好手枪,作准备开放的姿势。他一进来就向随来的翻译问我是什么人,我告以姓名后,翻译就告诉他。他表示惊异的样子,再问一句:'他是邹韬奋吗?'翻译再问我一句,我说不错,翻译再告诉他。他听后才把手枪放下,语气和态度都较前和缓得多了。""他叫翻译对我说,要我立刻随他们到巡捕房里去。当时天气很冷,我身上只穿着一套单薄的睡衣,外面罩上一件宽大的外衣,寒气袭人"。"因为翻译辗转麻烦,便问那位法国人懂不懂英语,他说懂。我就用英语对他说:'我决不会逃,请你放心。我要穿好衣服才能走,请你上楼看我穿好一同去。'他答应了,几个人一同上了楼。"那位法国人和翻译是法租界巡捕房政治部的,还有两位是市政府公安局的侦探。韬奋问那位法国人索要凭证,他拿出巡捕房的职员证。韬奋"一面穿衣,一面同那法国人谈话。""他们的态度更和善了,表示这只是照公安局的嘱咐办理,在他们却是觉得很抱歉的。""公安局来的那两位仁兄在我小书房里东翻西看,做他们的搜查工作。""他们手忙脚乱地拿了一些信件,印刷品。和我由美国带回的几十本小册子。"(全集

第 7 卷第 213 页)

　　韬奋"除穿上平常的西装外,里面加穿了羊毛绒的里衣裤,外面罩上一件大衣,和四位不速之客走出后门。临走时,我安慰了我的妻几句话,并轻声叫她于我走后赶紧用电话告知几位朋友。""出了弄口之后,公安局的人另外去了,巡捕房的两个人用着备好的汽车,陪着我乘到卢家湾法巡捕房去。"(现建国中路 22 号。)"在捕房门口下了汽车以后,那个法国人和翻译在我左右拥着走上石阶。""那翻译不但在旁拥着我,而且用一只手挟着我的手臂。""心里想这明明是怕我逃走的样子"。"刚走上石阶两三层,瞥见有两三个人也挟持着史良女律师在前面走。"韬奋"被拥至二层楼上政治部的一间办公室里。""由那个法国人开始问话,并由那个同来的翻译在旁担任译述。"韬奋承认自己"是全国各界救国联合会的执行委员之一,但是从来没有加入任何政党。""他问救国会的宗旨",韬奋说"是主张抵抗日本对中国的侵略。"韬奋"并问他:'假使你们法国也被别国侵略,你立于国民的地位,要不要起来主张抵抗这侵略?'他点头微笑。""他很客气地说,捕房捕我,不过是应中国公安局的要求。我说我要知道究竟犯了什么罪? 他说中国公安局告我是共产党! 我说我要他们拿出证据来。他一边问,一边就笔录下来。大概问了半点钟。""问后那个法国人走了,那个翻译对我说:'对不住,今天夜里要请你住住监狱,明天上午八点钟才送法院。'我默然。""随他到楼下去"(全集第 7 卷第 214—215 页)

　　"他带我到楼下的另一间办公室"。"我在那里大概立了一小时左右,有个穿西装的中国职员押着史律师进来。""我们仍不许谈话,只能远远地点头微笑而已。"一个安南巡捕开始向韬奋身上搜查。取走了韬奋装钱的小皮夹子、西装领上的扣子、领带、吊袜带、手表、鞋带、吊裤带、里裤带,取去他"不能一刻离的近视眼镜"! "这种手续大概是预防犯人要暗寻短见吧。""我们都要留着这有用之身为救国努力,谁愿寻短见呢!"(全集第 7 卷第 215—216 页)

　　"大概在当夜五点钟左右",韬奋"被带了出来,往监狱方面走去。""将到监狱门口的时候,不但重遇着史律师,并且看见章乃器先生"。"我们三个人分住在三个囚室。""在孤寂冷静中刚刚睡着,不一会见有人来开铁格子门,把我叫醒","巡捕叫我跟着他走"。"走出了囚室的铁门,看见章先生和史律师也一同出去,经过一个天井,转了两个弯,到了另一个监狱"。"在两排囚室中间的那个甬道里装有火炉。那个便装的法国人说着简单的英语,说这里可以比较温暖些。""我经这么一迁移,躺在床上却一夜睡不着。""身上没有了表,什么时候也不知道,不过觉得天亮了好久,八点钟何以还不肯来!""他们又把我这个'半瞎子'送到政治部的办公室里,再经一次和前一夜大同小异的问话。""后来我被带着转了不少上上下下的楼梯,天井和走廊,到一个地方去打手印。这是我生平第一次打手印,最初一念是不胜愤怒,但转念亡国奴的惨状更甚于现在的遭遇,为着参加救国而打手印,算什么!"以后,又被带着转了不少上上下下的楼梯,天井和走廊,到一个地方去拍照、量身体、面部手臂等等。"我这个'半瞎子'就拖着没有带子的皮鞋,上上下下,左左右右,被押来押去。""我继续不断地被押进押出的时候,章先生和史律师也在一起,我们的态度都很从容。"(全集第 7 卷第 217—218 页)

"到了下午三点钟左右,我又由囚室被提了出来,和章先生史女士同被几个巡捕和法院的法警押到高三分院去。将押出门的时候,史先生先走,我和章先生随在后面,有个法国人用手铐把我的右手臂和章先生的左手臂套在一起,把锁锁上"。"套手铐也是我生平第一次的经验。我突然被套上手铐的刹那间,在脑际所闪过的奇特的感觉,和第一次打手印时一样,觉得这是使我不胜愤怒的侮辱,但想我所以受到这样的侮辱是因为我努力参加救国运动,我应该把这愤怒转变为继续奋斗的力量。我一面这样想着,一面昂首挺起胸膛大踏步走——虽则脚上拖着没有带子的皮鞋,大踏步是格外费力的。"(全集第 7 卷第 220 页)

"捕房离法院很近"。"出了捕房的大门,走过一段马路就到了法院。在马路上走的时候,前后拥着巡捕和法警,还有外国侦探,路人都停住脚,用奇异的眼光看着我们。"(全集第 7 卷第 220 页)

"往待审室上楼梯的时候,已有亲友数十人在旁拥聚着等候我们。""进了待审室后,我和章先生的手铐被开了锁,脱了下来。""待审室外面还有一个房间连着,那里有几个法警是被派来监视我们的,但是,他们都已知道我们是为着主张团结救国而犯罪的,对于我们表示着很恳切的同情,说'你们的意思,做中国人的谁不赞成!'法警室的外面便是走进法庭的走廊,门是常常关着,偶然开一下,便有亲友们在外面伸着头遥望着,可是我们还不能见面谈话。""在这待审室里,我们三个人都可以随便谈话,各人彼此告诉了前一夜被捕的经过。""我们三个人都住在法租界,所以都捕到法捕房来。""外面传进的消息,说前一夜在公共租界被捕的沈章(李)王沙四先生于当日上午十点钟经高二分院开审后,于当天十二点钟即由各人的律师保了出来。""正谈论间,法警室的门又偶然开了一下,章先生瞥见沈先生在门外笑着举手向我们招呼"。等邹韬奋"赶紧转眼看时,门又关了"。"想到沈钧儒自己午后才被保出,就不顾劳瘁地跑来看我们,是很可感的。"(全集第 7 卷第 220—221 页)

"我们三个人等到四点多钟才开庭。""先由待审室提史女士去问,其次提章先生,最后提到我。出席的除一个审判长,两个推事,一个检察官,和一个书记官外,还有一个代表法捕房的律师(中国人)。公安局方面也有一个律师代表出席。"韬奋

"在庭上坦白承认我是全国各界救国联合会的执行委员之一,因为我深信参加救国运动既是光明磊落的事情,用不着隐瞒。此外审判长对于我的问话,总结起来不外两点:一是我和共产党有无关系;二是我有没有参加煽动上海日本纱厂罢工。关于第一点,他们所根据的,是我和沈钧儒、章乃器、陶行知诸先生共同公开发表的小册子,名叫《团结御侮的最低条件和要求》,和毛泽东批评这个小册子的公开发布的印刷品。""关于第二点,我所做的只是捐了一天的薪水所得,救济在日本纱厂里过牛马生活、罢工后饥寒交迫的中国同胞!就是和我们毫无个人关系的法捕房律师,也当庭宣称,捕房政治部曾经把所搜去的印刷品研究一番,觉得只是爱国的文字,一点没有犯罪的证据,所以不允许公安局移提(即引渡)。结果我们三个人都'责付'律师保出,再交铺保。""规定史女士一家铺保,我和章先生各人须由两家铺保。""当夜八点钟左右由律师保了出来。"(全集第7卷第221—222页)

"我出法庭后,就被一部分朋友拥进汽车,直驱觉林去吃晚饭。""沈钧儒先生也赶了来,跑进来一见着就两手紧握着我的两臂摇摆,几乎要把我揽抱起来,笑眯眯地好像惊呼似地叫着我的名字,并对我的面孔仔细打量着。""这夜我回家好好地洗个澡,很舒适地睡了一夜。"(全集第7卷第222页)

同日 日本驻上海大使馆致本国陆海军电十七(机密第352号电):"现已查明,国人纺织厂罢工之背后确有救国会在策动;中国方面亦恐罢工扩大恶化,日前公安局要求工部局协助逮捕救国会干部。今日清晨已在静安寺路署辖区与法租界分别将李公朴、沈钧儒、王造时三人(都有大学校长名义)及史良(女律师)秘密逮捕,并将人员引渡予公安局。为此,须警戒救国会方面发起夺还人员之举动,而公安局也在特别警戒中。"(《现代史资料——日中战争》第32页)

同日 日本驻上海大使馆若杉总领事致本国外务省有田外务大臣第550号密电:二十三日上海俞鸿钧就已发电537号(一)项谓寺崎云:"救国会后台之章乃器、沈钧儒、李公朴、王造时、史良、邹韬奋、沙千里已于昨二十二日夜一举逮捕。中国方面希望公共、法二租界不拘泥于法规常例,将逮捕原委公诸报端。又,本官本日下午因他事而会见市长。市长备述逮捕之苦心,坦陈将尽量作出努力,本官对此努力表示谢意。"(《现代史资料——日中战争》第40页)

同日 宋庆龄致函冯玉祥,并托付孙科迅往南京,把此信面交冯玉祥"共同商议"营救"七君子"一事。信函全文:

"焕章先生大鉴:迳启者,昨夜夜半时候,全国救国联合会委员章乃器、沈钧儒、王造时、李公朴、史良、邹韬奋、沙千里先生等住宅,被上海市公安局会同租界巡捕房派探搜查,将章乃器先生等七人捕去,诬为共产党,现拘禁于巡捕房。庆龄闻此消息后，殊为愤慨。我国东北失地几及六省，而绥远战事又已爆发。国难严重至此，正国民急应奋起救国之时。章先生等系救国会办事人，救国为全国国民责任，岂救国者即为共产党乎？请先生主张公道，迅电蒋介石先生立即释放章先生等七人，民族解放前途幸甚！关于营救章先生等事，兹托孙哲生先生与先生共同商议，如须廖夫人及庆龄联名加入发电时，即将名加入可也。专此奉达，即请　大安。　　　　孙宋庆龄"（《民国档案》1985 年第 2 期）

同日　孙晓村和一董姓先生，为"七君子"被捕事走访冯玉祥。（《冯玉祥日记》第四册第 837 页）

11 月 24 日　日本驻上海大使馆致陆海军电十九：

"一、昨日逮捕之抗日人民战线一派主要干部（领导救国会者）除沪机第 352 号电所陈四名外，为公共租界之沙千里，法租界之章乃器与邹韬奋，另有四人，合计七人。二、上述于租界逮捕之七人，昨日于特别区法院审判时，因证据不足而获释，然公共租界工部局参照公安局《危害民国紧急治罪法》，今日复将王、沈、沙正式逮捕（李至今尚未逮捕）。"（《现代史资料——日中战争》第 32 页）

同日　全国各界救国联合会为七君子无辜被捕发表紧急宣言："救国会认为当局这次的将救亡领袖的无辜加以逮捕，实在是一种对于全国人民爱国运动的一种公开的无理摧残。在这日帝国主义进攻绥远的今天，更完全是一种在客观上助长敌人势力的行动。""我们现在的口号是：一、立即释放被捕诸领袖！二、公开保护爱国运动！三、打倒汉奸！四、立即抗战！"（《救亡情报》11 月 29 日第 28 期，收入周天度编《救国会》第 206—207 页）

同日　"当夜八点钟左右由律师保了出来。"规定史良一家铺保，韬奋和章乃器"各人须由两家铺保"。"我出法庭后，就被一部分朋友拥进汽车，直驱觉林去吃晚饭。""这夜我回家好好地洗个澡，很舒适地睡了一夜。"（全集第 7 卷第 222 页）

同日　早晨七时，邹韬奋打电话给沈钧儒家，得到的回答，沈钧儒在凌晨一点钟的时候，又被捕房捕去了！随后又有朋友打电话来通知，王造时、沙千里也再次被捕了！李公朴睡在朋友家，未即捕去。又有朋友来电话，极力劝韬奋避开家里。韬奋打电话征求他的律师的意见。既由律师负责保出，尽可随传随到，现竟随意拘捕，他想暂避到友人家，但地址要让律师知道。律师赞成。于是洗脸，整衣，用早餐，叫一辆出租到一位好友家。他一到，就接到妻子的电话，说前夜来过的那个大块头（公安局的侦探）又在弄口东张西望了。（全集第 7 卷第 223 页）

午饭以后，邹韬奋的二妹邹恩俊前去探望，给他送去一瓶咳嗽药片。他们兄妹俩正在谈话，律师来电话称，接通知，法院已定下午四点钟开庭，嘱他三点钟到事务

所和律师一同前去。(全集第 7 卷第 223 页)

按时到高三分院报到。章乃器、史良未到案,法院延展到当夜十二点才开庭。韬奋被押在法院的法警室。律师和家属均不得入内。韬奋"对十几个法警弟兄们大开其话匣,说明国难的严重和我们的全国团结御侮的主张",法警们"都听得津津有味,点头称是",对待韬奋"格外好起来了,倒茶的倒茶,让坐的让坐!""当夜十二点钟开庭,章先生到了,史女士还未到。问的答的还是那一套。律师再请求交保,不许。""和章先生被几个法警押送到特区第二监狱里去羁押。审判长在押单上批明'予以优待'。"(全集第 7 卷第 223—224 页)

同日 杜重远走访冯玉祥,详细报告"七君子"被捕事。当天冯在铁道部又见杜重远,商谈如何营救"七君子"事。(《冯玉祥日记》第四册第 837 页)

11 月 25 日 "这监狱离法院也很近"。"走进了一个大铁门,便是监狱所在地了。"向例问了姓名年岁籍贯后,"就问犯的什么罪",韬奋"脱口而出地答道:'救国'",那职员"听了这两个字,一点不迟疑地立刻在簿子上写下了这四个字:'危害民国'!""经过第二道门的时候,又经过一次问话。""我们还在那里再打一番手印。""手印也打得很熟练了,好像在银行支票上盖个图章一样,伸出手来就是!""他们没有把我们放进盗犯们的监狱,却关到幼年监狱里面去。"囚室"约有六七尺宽,十几尺深。""排着一个两层的小铁床,一张小木椅(骨牌凳)。""角落里放着一个马桶。""下层的铁床已有一个青年睡着。看守把他叫醒,请他搬到上层。""家里的被窝已交来"。"余下的铁床只有一层"。"两人之间必须有一人要睡地板,彼此互让不能决"。韬奋从衣袋里挖出一个小银角,借此决断。结果轮着韬奋睡床,章乃器睡地板。几个看守瞥见那个银角子,认为也要交出代存,只得随手交给看守。(全集第 7 卷第 224—225 页)

同室囚犯姓周,是个政治犯,一个可敬爱的青年。原来也是邹韬奋的读者,"我们在精神上已是好友","感到很深的友谊。""当我铺床预备睡的时候,他看我们两人里面有一个要睡地板,再三要把他的那一层床让给我们,他自己情愿睡地板",经韬奋和章乃器"再三婉谢,他才勉强照旧睡下去"。(全集第 7 卷第 225 页)

同日 对前来看守所探望的朋友说:"我素日坦白,毫无所惧。如最近我出了一本《坦白集》就可以看出我的态度。我最近因为和章沈陶诸先生共同发表了一篇凭良心说话的宣言(即《团结御侮的几个基本条件与最低要求》),后来共产党领袖毛泽东对此宣言有所答复,他们便说我们是共产党,我们有什么权利禁止别人不来答复;例如在上海托洛茨基派的刊物,却又大骂我是资产阶级。不过也好,为了救亡工作。非常忙苦,藉此大可休息一下。"(《救国时报》1936 年 12 月 12 日

第 3 版）

同日　日本驻上海大使馆若杉总领事致本国外务省有田外务大臣第 555 号密电："……同时表示市府决定逮捕救国会之为首者七人。市长表示其正蒙受来自各方之压迫攻击，立场陷于困境，对我方要求之取缔及将来之保障当场承认，至于道歉及赔偿问题，容其考虑后再作答复。"（《现代史资料——日中战争》第 40—41 页）

同日　日本驻上海大使馆若杉总领事致本国外务省有田外务大臣第 559 号密电："二十四日本地各华文报纸刊载中央社消息，谓救国会首领七人已受逮捕，该会属不法团体，其罪状为勾结赤匪、煽动罢工、罢课、罢市，扰乱治安，阴谋颠覆政府。当局系按《危害民国紧急治罪法》，于租界当局配合下将彼等逮捕者也。七人曾一度受保释，此后除史良一时下落不明外，六人均再次被逮捕拘禁。关于保释，据俞鸿钧给馆员之内部电话，市府与法院方面意见不一。市府于二十三日致电司法部，希法院方面不妨碍市府之行动。"（《现代史资料——日中战争》第 41 页）

同日　冯玉祥又见杜重远，谈"七君子"事"久之"。（《冯玉祥日记》第四册第 838 页）

11 月 26 日　为"七君子"事，孙科带宋庆龄信一件交冯玉祥。（《冯玉祥日记》第四册第 838 页）

同日　冯玉祥致蒋介石密电。密电全文：

"洛阳。蒋委员长介公赐鉴：密。昨闻章乃器、沈钧儒、王造时、李公朴、史良、邹韬奋、沙千里等七人，在上海被公安局拘捕。窃以章等之热心国事，祥亦素有所闻，尚非如报纸宣传之为共党及捣乱者，且其设立救国会宣传救国，立论容有偏激，其存心可为一般人所谅解，今若羁押，未免引起社会之反感，而为日人挑拨离间之口实。拟请电令释放，以示宽大。若恐有轨外行动，应于释放后由祥同李协和、孙哲生、陈立夫诸先生，招其来京，共同晤谈，化除成见，在中央统一领导之下，为抗日救国努力。并劝其代为募捐购机，及抚慰前线将士，使表其诚。且藉此以促进国人更团结于中央抗敌御侮之宗旨下也。未知尊意以为如何？匆此布臆，无任企盼！冯玉祥。宥。"（《冯玉祥为营救"七君子"与蒋介石往来密电》，《历史档案》1981 年第 1 期）

同日　《冯玉祥复函宋庆龄》全文：

"孙夫人惠鉴：顷由哲生先生交来大函，读悉种切。章乃器诸先生被捕之事，祥亦有所闻知，已与哲生先生设法营救，并为介石先生去电，请其早日释放，乞释雅怀。其他详情，晚间拟再与哲生谈商，容另奉告。专复。顺颂　时绥。　　冯玉祥敬启。"（《宋庆龄冯玉祥等营救七君子电函选》，《民国档案》1981 年第

2 期）

同日 《宋庆龄为沈钧儒等人被捕声明》（《救亡情报》11 月 29 日第 28 期,收入周天度编《救国会》第 207—208 页）,对违法逮捕救国会七位领袖提出抗议。

《宋庆龄为沈钧儒等人被捕声明》摘要：

"余以全国救国联合会执行委员之一,鉴于全国救联七领袖被捕,特提出抗议;反对此等违法逮捕,反对以毫无根据的罪名横加于诸领袖。""任何理智清晰的人士都明白,这种逮捕以及这些罪名都是由于日帝国主义者的影响所致。""我要指出日人方面这种策略,完全会出乎他们原来的意料之外,仅能更引起中国人民反日的忿怒和爱国的热诚。""救国会的七位领袖已经被捕了,可是我们中国还有四万万人民,他们的爱国义愤是压迫不了的。让日本军阀们当心些罢！他们虽可以指使七位领袖的被捕,但还有全中国的四万万人民在这里哩！"（《救亡情报》11 月 29 日第 28 期,收入周天度编《救国会》第 207—208 页）

同日 清早,隔壁囚室递过来一封长信,是一个二十岁左右的青年写给章乃器的。他不知道韬奋也在这里,"所以信里只是急急地问起我被捕的情形。""这封长信,充满着热烈和挚爱的情绪。"后来他们见了面。这个青年当面谈了还觉得不够,又局促地俯在床上给韬奋写就一封长信,很诚恳地安慰他,乃至于听见他还有咳嗽的声音,都使他感到不安,再三叮咛,要为国珍重身体。还有一位同监的十九岁青年,因失业饥寒交迫,做了一次小偷而被关进来。他"写的能力很差,但是也自动地在一张小纸片上写了几十个字交给"韬奋,"对于抗日救国的热烈和对于我们被捕的义愤,也已跃然纸上。""尤其是令人感动的,是一个被判了无期徒刑的盗犯,也在一封信里表示对于国难的关心和对于我们的深切的同情。他虽然用着很粗率的语句叙述他的意见,但是他那颗火热般的心是谁看了都要感动的！""这监狱里的职员方面,也有许多表同情于救国运动,对于我们两人的被捕,表示深厚的同情。"（全集第 7 卷第 225—226 页）

"监里犯人是各有一个号码的","同监的几位青年朋友不但自己一定要叫我们做先生,同时也一定要看守们也叫我们做先生,不许叫号码。"（全集第 7 卷第 227 页）

同日 李宗仁、白崇禧、黄旭初以"国密"特急致电南京冯玉祥、孙哲生等："当此日人主使匪伪侵我绥东,全国舆情极端愤慨之时,政府对于爱国运动,似不应予以压迫。况声援抗日战士,立意极为纯洁,纵或对日纱厂罢工工友有同情举动,亦系爱国热情所应有之表现,与危害民国实极端相反。""务恳迅予援救,以顺舆情"。（周天度编《救国会》第 210 页）

同日 晚上 7 时左右,突然接到通知,要到法院去开庭。（全集第 7 卷第 228—229

页）

"到了高三分院的法庭以后，才知道是上海地方法院（在租界以外的法院）来'移提'。""廿三日和廿四日在高三分院开庭时，公安局都是要把邹韬奋和章乃器'移提'的，捕房律师因没有犯罪的证据，两次拒绝'移提'。据说根据上海法租界和中国政府的协定，除中国的司法机关可以无需证据即可向捕房或特区法院'移提'犯人外，像公安局一类的机关要做这件事，必须拿得出证据才行。"这次，"他们便设法转个弯儿，由上海地方法院出面来'移提'。结果当然是达到了他们的目的。""'移提'的理由据说是'妨碍秩序嫌疑'！"（全集第 7 卷第 229 页）

"到了地方法院之后，我和章先生""各人关在一个大房间里面。"待审室的"门上有个四方形的洞穴，外面的人可以从这个方洞向内望。""我一踏进门口，就觉得尿气薰鼻，臭不可当。""原来房里摆着一个大马桶，其大无比，好像寻常人家用的大米桶。""又等一会儿，又有一个人在方洞口张望，轻声问我是不是某先生，我说是，略谈之下，才知道他也是我的读者，在法院里任职员，正在吃晚饭，听说我来了，就连饭都不吃，特跑来安慰我。他的办公时间原已完了，因为我来，一定要等我审完，好好招呼我进了看守所才肯回去。"（全集第 7 卷第 229—230 页）

11 月 27 日　陈立夫向冯玉祥报告上海逮捕"七君子"事，称吴铁城很优待他们。陶宏也去谈"七君子"事，冯告知已去电洛阳蒋介石，尚未回电云。（《冯玉祥日记》第四册第 839 页）

同日　全国各界救国联合会又发表了《为七领袖无辜被捕告当局及国人书》。对国民党政府二十五日正式公布的，强加在"七君子"头上的所谓"罪嫌"和逮捕理由，逐条进行了批驳，并再次呼吁："中华民族生死存亡之秋，政府如真欲取信于人民，明示抗敌之决心，则首先对民众自动组织之救国团体即应开放，而允许民众以最大限度之救国自由。""其次更必须以事实昭信于人民，表示政府决已愿停止一切内争，一致抗日，而不再以'剿匪'之名，使神圣之民族解放战争仍无从发动，或为他人所误解。""其三，应集中全国注意力于日帝国主义者之侵略行动，及日帝国主义者对华所有之汉奸活动，勿再以赤诚之爱国者作为罪犯。政府当局其真欲抗战乎？敝会其他同人当以此三点观之。"（《救亡情报》11 月 29 日第 28 期，收入周天度编《救国会》第 211—216 页）

同日　下午六时左右，邹韬奋和章乃器"由地方法院转解到公安局里去。""公安局派来的人员迎上来押着出去。法院里有几个职员赶出来和我们握手送别，我们又觉到爱国的同胞们随处给与我们的同情和厚意的可感。我无意中和章先生说出了这一句话，在旁边同走的那位公安局的科员插着说：'这是各位先生人格的感

动.'我说:'这倒不是我们几个个人的人格问题,却是有许多同胞不愿做亡国奴的心理的流露!'"(全集第7卷第231页)

沈钧儒、李公朴、王造时、沙千里已被押在公安局三四天了。邹韬奋、章乃器"一进公安局,就被引到他们的房间里去。我们在患难中相见畅谈,当然是格外快慰,彼此诉说了一番经过的情况,又说了不少互相安慰的话语。""我踏进房里一会儿之后,觉得奇特的是总有一个不相识的人立着或坐在一个角落里,我已直觉地知道这一定是用来监视我们的;后来知道他确是侦察队的侦探,奉命来监视的。房前的露台上还有四五个'武装同志'(警察)在那里监视着。""纵然是做侦探,也还是中国人。我们所干的是救国运动,我们所谈的也只是关于抗日救国的事情;我们不但用不着避他们,而且当着他们大谈我们对于救国的主张,大讨论我们对于救国的意见;侦探们听了不但不觉得我们是什么大逆不道,而且深切地表着同情!他们和我们相聚了几天,竟变成我们的同情者,甚至觉得每日来监视我们是一种不得已的痛苦和职务。不但侦探们如此,就是那些'武装同志'也成了我们的朋友。"(全集第7卷第231—232页)

"我们到了三四天后,有一天夜里,局里的第三科科长请我们在客厅里个别谈了一次话留下了笔录。""问和答的内容和在法院里那一套差不多"。"头几天准许接见,访问者非常多,那个客厅常告客满,天天好像举行什么盛会似的。后来当局有些怕了,除家属外,禁止接见其他亲友。看报也不自由,每天由他们送来一种他们认为无关重要的报,有的时候一种也没有。"(全集第7卷第233页)

"我们每天的时间却过得很快。上午七点半起身后,同在客厅里早操。""早餐后最重要的事是催报看,有时看得到,有时看不到。可以接见的时候,差不多一天到晚忙着见客。后来只许接见家属,除开六人'讨论会'或'谈话会'外,有的下围棋,有的看书,便很快的过了一天。"(全集第7卷第233页)

11月28日 上海市公安局局长蔡劲军设晚宴招待沈钧儒、韬奋等六人,诡称:"抗日救国,政府和人民并没有两样","只要把'误会'解释清楚,便没有事了。"沈钧儒、韬奋等驳斥了强加于他们的"所谓'组织非法团体'、'煽动工潮'、'勾结赤匪'一类罪名。"把蔡某的虚伪手法顶了回去。(沙千里《漫话救国会》第39页,沈谱、沈人骅编《沈钧儒年谱》第157页)

11月29日 《二十年来的经历(六)新闻记者的文作》(收入《经历》,"文作"改"作品")、《血泪私蓄贡献国家》(署名编者,收入《展望》,改题《以血泪的私蓄贡献国家》)、《热血沸腾的时候》(署名编者,收入《展望》),载上海《生活星期刊》第1卷第26号。(全集第7卷第144—146页、122—123页、124—125页)

《二十年来的经历(六)新闻记者的作品》摘要:

　　"有一点却在小学的最后一年就在心里决定了的,那就是自己宜于做一个新闻记者。在那个时候,我对于《时报》上的远生的《北京》通讯着了迷。""我特别喜欢看他的通讯,有两个理由:第一是他的探访新闻的能力实在好,他每遇一件要事,都能直接由那个有关系的机关,尤其是由那个有关系的政治上的重要人物,探得详细正确的内部的情形;第二是他写得实在好! 所以好,因为流利,畅达,爽快,诚恳,幽默。""在中学初年级的时候,对于先师沈永瘤先生所借给我的《新民丛报》,也有一时看入了迷,这也是鼓励我要做新闻记者的一个要素。""好的文章不仅是有着好的写的技术,同时也离不开好的写的内容。而且还有一点似乎奇特而却也是事实的:那便是内容的要不得往往也要影响到写的技术,因为只有理直气壮的内容才写得好,否则扭扭捏捏,不能遮掩它的丑态!"(全集第 7 卷第 144—146 页)

《以血泪的私蓄贡献国家》全文:

　　"方先生以血泪的私蓄贡献给国家,这种爱国的精神,实在是可歌可泣的行为。这十几块钱,在他是血泪的结晶,他把这血泪的结晶,慨然献给国家,这里面所含蓄的精诚,实在不是表面上任何物质的数量所能测量的。我们愿在这里郑重表露出来,表示中国有这样的爱国国民,必然有光明的前途。""不过同时我们却也不能不想到方先生的病。他自己以为挣扎了四年,一定还可以挣扎下去,这当然是错,因为病症日深,更难医治,所以我们当然要劝他赶紧就医。倘若方先生已决定把私蓄贡献给国家,敬重他的各同事和厂里的当局应该另外想法协助他医病。倘若觉得个人的医生医费太贵,可酌往相当的医院门诊,比较可以省费。""我们最后要对方先生和宗棠先生的以汗血钱贡献给国家的朋友们,致最诚恳的民族敬礼!"(全集第 7 卷第 123 页)

《热血沸腾的时候》摘要:

　　"我要对张女士致无限的敬意;同时更想到无量数的和张女士具有同样志愿的男女同胞,我独自发怔了好多时候。中华民族死里求生的大变动,显然不久一定是要到来的,我们的赤诚为国的满腔热血不怕没有冲洒的机会!""张女士提起'恨不能马上跑到前线上去',我以为在中国,实际上已分不出什么前线和后方,因为我们民族敌人的魔手已伸到我们整个国家的每一个角落,讲到救国工作的危险,随处都有,所谓后方,并不减于所谓前线,虽则前线在有形的枪林弹雨之下的牺牲,是比较的易于看得见的。当然,我们倘有机会到前线的军事上去服务,也是一件很好的事,但是倘若机会还没有,或是这种机会一时还未到临,那也不必以此为恨,因为救亡的工作有很多的方面可以努力,不一定要上前线去,而且讲到分工合作的原则,如果大家都往前线跑,后方的工作没有人做,也要影响到前线工作的进行。""至于每个人的工作,要看他的社会的关系,周围的情形,以及个人的能力,很难有一定的公式。我以为只须根据自己的能力,时刻留心国事的发展,和救亡运动的开展,随时随地都有救亡工作可以努力的。我希望张女士只须密切加以注意和考虑,不可过于着急,因为我深怕过于焦急要急坏了身体,或甚至损伤到精神,这一点是很要注意的。""如张女士有具体的问题,可以详细写信来,我们当竭尽所知奉告,如果我们的力量不够,也要代向其他朋友或专家商量。"(全集第 7 卷第 124—125 页)

同日 《向读者报告一件意外的事情》(11 月 25 日,署名同人)。(《生活星期刊》第 1 卷第 26 号第 374 页)

《向读者报告一件意外的事情》摘要:

"我们所要报告的,是一件意外的事情。在目前绥东绥北前线十分吃紧,全国正在为抗敌御侮而团结奋斗,在抗敌后方的上海,偏有一件事情的发生,更可以说是意外的意外。""原来本刊主编韬奋先生于十一月二十三日上午二点半,从睡梦中惊醒,由上海市政府公安局同法租界探员加以拘捕,次日解送江苏高等法院第三分院。和韬奋先生同时在公共租界及法租界被捕的,还有沈钧儒,章乃器,李公朴,王造时,史良,沙千里等六位先生。""这七位先生年龄不同,职业不同,籍贯不同,出身经历不同,平时的思想主张也不完全相同;只有一点是相同的,就是他们全是热心的救亡运动者。尤其在一年以来,他们为了唤起民众,抗敌救亡,耗尽了心力。最近绥远战事发动,这七位先生呼号奔走,对前方抗战将士,作精神的物质的援助。为了国家民族,忘记疲劳困苦,更不顾一切危险。""韬奋先生虽然暂时失去了自由,本刊还是应当依照韬奋先生救亡御侮的本旨,继续尽其舆论职责。""我们现在竭诚吁请爱护本刊的读者,大家起来,援助在绥远前线奋战的英勇健儿,集合一切智力,体力,财力,发动神圣民族战争,抢救中华民国于危亡。我们更竭诚请政府当局,立刻宣布案情真相,在最短时期内,恢复韬奋先生等七人的自由,上下一致,共同团结,为中华民族解放而斗争。"(《生活星期刊》第 1 卷第 26 号)

11 月 30 日 沈钧儒、韬奋等六人先后被公安局司法科科长黄华召去"个别谈话",实际上是对他们进行夜审。这是拘押在公安局期间唯一的一次受审。(沙千里《漫话救国会》第 39 页)

同日 《反对南京政府实施高压政策》:"最近上海救国领袖章乃器、邹韬奋、李公朴、王造时等先生的被南京政府将其扣押,这种行为实为全国人民所痛心疾首的。全国人民决不会为南京政府的爱国有罪政策所威胁而坐视中国的灭亡,必须再接再厉,前仆后继来发展正在开展着的全国救亡运动。"(延安《红色中华》,收入周天度编《救国会》第 216 页)

同日 法国巴黎《救国时报》发表社论《争取救国自由》,指出:"全国各界救国联合会自成立以来,努力从事救国之宣传与救国运动之组织,号召全民团结,一致对外。近来我海内外同胞的救国运动之进展,该会实具有巨大推动与赞助之功。""在全国人民看来,该会之成立和其努力,正是表示中国人心不死,国难犹可挽救。乃南京政府竟突将该会领袖章乃器先生等 7 人横加拘捕,秘密讯鞫,真令海内外同胞万分惊愕!""当此国事更危,正应发展人民爱国运动的时候,南京当局乃依然惟执行日寇'根绝反日运动'的要求是务,且益变本加厉,公然迫害到全国共认的纯粹人民爱国团体的领袖,这更令人感觉到日寇设计的险毒和南京当局之无觉悟!""'爱国有罪',这是南京政府数年来对待人民救国运动的酷烈的法律,这是全国所一致反对的足以亡国的暴政。不道正当全国人民正在力争爱国自由的时候,南京政府这一暴政乃更危害到全国各界人民联合组织的救国团体的领袖。几年来南京的这一暴政,真不知道迫害了多少民族志士、爱国先觉。国事危殆至于今日,这正是主要原因之一。为挽救国家的命运,不沦于更甚的悲惨,我们谁都得奋然起来。反对南京这样暴政。""现在应当以反对南京爱国有罪的暴政,争取章乃器诸先生的自由与安全为当前救国要务。章先生等为爱国而被捕,全国一切有爱国天良的人都义无坐视,而必须奋起极力进行援助章先生等之运动。""全国同胞应当万众一心来争取救国自由!"(巴黎《救国时报》11 月 30 日,收入周天度编《救国会》第 217—218 页)

是月 张学良得知"七君子"被捕,派部下少将处长应德田前往上海慰问。应"带两箱桔子,化名'乔所钦'到南市公安局看望,并转告他们张学良将军反对内战、联共抗日的决心已定。"(应德田《张学良与西安事变》第 76 页)

"为了参加庆祝蒋介石五十寿辰的活动,张学良将军到了洛阳,单独见蒋,一见面,就请蒋介石释放被捕的七君子,同时痛陈国情,说明了只有坚决领导抗日救亡的,才可称得上是中国的领袖,才是中华民族之灵魂的道理。"(应德田《张学良与西安事变》第 76 页)

12 月 1 日 中共中央和苏维埃中央临时政府在有关缓远抗战通电中强烈要求南京政府"开放人民抗日救亡运动,实行言论、集会、结社的民主权利,立即释放政治犯及上海各爱国领袖。"

12 月 2 日 八时半,胡愈之、徐伯昕到职教社,与黄炎培共商营救六(七)君子

事。(《黄炎培日记》)

12月3日　蒋介石密电复冯玉祥。密电全文:"南京。冯副委员长焕章吾兄勋鉴:宥电敬悉。×密。沈钧儒、章乃器等诸人,有为中所素识者,亦有接谈数次者,前曾以国家大势,救世要义,向之详加劝导,乃彼等不唯不听,而言论行动反日益乖张,若非存心祸国,亦为左倾幼稚病中毒已深,故尔执迷不悟。近更乘前方剿匪紧张之时,鼓吹人民阵线,摇惑人心,煽动罢工,扰乱秩序。中处迭据确报,沪上罢工,其经费均由章乃器以救国会经费散发每日七千元,其背景可知。若非迅予制裁,不特破坏秩序,危害国家,即彼等自身,亦必更陷于不可赎之重大罪恶。值此国难严重,固当集中心力,爱惜人才。但纲纪不能不明,根本不能不顾,故此时处置,正所以保全彼等,使不得更趋绝路以祸国。中意:除依法惩处不令放任外,仍当酌予宽待,以观其后。务望兄等同此主张,以遏乱萌,而正视听,无任企祷。弟中正叩。江未。洛。印。"(《冯玉祥为营救"七君子"与蒋介石往来密电》,《历史档案》1981年第1期)

12月4日　下午1时半,刚吃完午饭,"公安局第三科科长跑进来,说立刻要送我们到苏州高等法院去"。"想打个电话给家属通知一下,免得家人挂念","这位科长说不可以,'立刻'就要动身,不能等候了。""对于这种迅雷不及掩耳的手段都有些气愤,虽则我们都很镇定。沈先生说:'好!走就走!'先去动手整理零物,包卷他的铺盖。""看见年高德劭的沈先生已在着手卷铺盖,我也就抑制着我的愤懑的情绪,动手归拢零用的东西,包卷我自己的铺盖。""临行时公安局局长自己也跑到房里来打招呼,说他也是临时才奉到命令"。"我们从上海被押解到苏州,不是由火车,用一辆大汽车(好像公共汽车)有十几个'武装同志'和几个侦探一同坐在里面,所以把全车坐得满满的。""车子行到半路,李公朴先生立起来对同车的'武装同志'演讲国难的严重和我们的全国团结御侮的主张。他讲到激昂时,声泪俱下,'武装同志'们听了都很感动,有些眼眶里还涌上了热泪。随后他们还跟着我们唱《义勇军进行曲》。""下午四点钟到苏州了。汽车不能进城,我们各乘着黄包车,两旁由'武装同志'随伴着走。""到高等法院的时候,已上了灯火。""我们六个人同坐在待审室里面等开审。""一会儿开审了,我们各人先后分别地被审问。所问的内容和在上海所问的大同小异,不过增加了一些。""审问之后,由几名法警押着我们乘黄包车到吴县横街高等法院的看守所。那时已在夜里九点后。"(全集第7卷第234—236页)

同日　六位"君子""自移送到苏州高等法院以后,一共经过五次侦讯。第一次,即在送到苏州的当晚,在法院里进行的。""其余四次,都是由检察官偕同书记官到看守所里来讯问，以"看守所"的会客室充当法庭"。"五次侦讯中，前几次相隔五六天。第四次与第五次相隔二十多天。每次讯问，问来问去，老是问那一套"。"关于人民阵线和民族阵线的问题，没有一次不问，没有一人不问"。"后来韬奋把在香港办《生活日报》时，就此问题发表的一篇答读者问，从家里要来送给检察官。文章讲得十分清楚，说明人民阵线与民族阵线是不同的，我们主张建立民族阵线，不是人民阵线。""在一次讯问中，韬奋说，关于这个问题我在文章中已经说得非常明白。检察官却说这个文章不算数，'文人著述全是言不由衷'。这句话气得韬奋跳起来，声明他的文字，负百分之百的责任。检察官讲他'言不由衷'是侮辱人格，提出抗议。双方争执起来，一个连续说：'我要抗议，我要抗议。'另一个也不断地说：'我有权这样说，我有权这样说。'""检察官欲加人罪，而又显得无能。""传讯经过两个多小时，大家一块被传去看笔录。看完了笔录，大家在当事人席上坐下，邹韬奋没有地方坐，便一屁股在律师席上坐下了。这件事成了我们的笑话。"侦讯完毕后，他们"被送到位于吴县横街的江苏高等法院看守分所。"(沙千里《漫话救国会》第50—51页)

同日 冯玉祥复蒋介石密电。密电全文："洛阳蒋委员长介公赐鉴：×密。读江电详示沈钧儒、章乃器等种种行为，如果确有根据，处置极为适当；惟报告与调查，均关重要，万请对于报告者特加注意。是所至祷！祥前因沈、章诸君颇负时望，深恐传闻失实，致招社会之反感，故特为一言。其实无论何事，无不与前方一致也。冯玉祥。支。"(《冯玉祥为营救"七君子"与蒋介石往来密电》，《历史档案》1981年第1期)

12月6日 《〈江苏上海第二特区法院监狱、看守所全体在监押人为绝食助饷绥远全体将士书〉附注》(11月25日)，载上海《生活星期刊》第1卷第27号。(全集第6卷第731—732页)

同日 《〈江苏上海第二特区法院监狱、看守所全体在监押人为绝食助饷绥远全体将士书〉附注》全文：

"十一月廿四日夜我和章乃器先生被押于上海第二特区监狱，和在狱里的周××先生同一囚室。他是一个十八岁的很可敬爱的政治犯！晤谈之下，知道全狱囚犯九百余人，对于爱国热诚都异常深挚，对于抗敌情绪都十分激昂，实在令人佩慰。看了这篇绝食援助绥远前敌将士书，可以概见，敬为介绍于国人。　　韬奋附注于上海第二特区监狱囚室里。　　廿五十一廿五黎明"(全集第6卷第732页)

附：《江苏上海第二特区法院监狱、看守所全体在监押人为绝食助饷绥远全体将士书》全文：

"各报馆各救国团体转绥远全体将士公鉴：我们全体九百九十余人是被关在社会的另一角落，坚墙厚壁阻断了我们与你们彼此间的联系，然而敌人侵略的狂风，竟冲破了坚墙厚壁而吹入了我们的耳朵：我们得知了这消息，真是悲愤欲绝而无可奈何，恨不得冲破铁门来，和你们站在前线携手前进。可是这怎么能够？我们不愿做亡国奴的心是和你们一致的。我们有的是为了不愿做亡国奴起而搏斗而受罪。大部分的，大家也明白了，因为敌人吸尽了我们国家的膏血，使我们走投无路，不得已而走上了危险之途。由于我们的实际遭遇，所以我们之愤恨敌人是达到了顶点，听到了你们不屈不挠的抗拒敌人我们真是欢喜得流出眼泪来。然而你们孤军抗战，坚苦之状可以想象得到的，所以不愿做亡国奴的人们都群起呼号，以物质精神上的接济。我们呢？奔走号呼吗？我们的身体已经失了自由。物质上的帮助吗？我们是'无薪可捐'，'无家可破'，'无衣可节'，'无食可缩'。我们拿什么来接济你们呢？没有别的，只有饿肚皮。有弟兄们在前方杀敌，我们这点'苦头'是愿意忍受的。如果情势需要，那我们再来一次二次也可以。近千人一日饿肚皮，所得仅有百余元，这当然济不得什么急，但物微心重，这不过是表示我们不愿做亡国奴的心而已。最后我们高呼：打倒××帝国主义！中华民族解放万岁！"（全集第6卷第731—732页）

同日 冯玉祥同陶先生"谈七位先生被捕的事"。（《冯玉祥日记》第四册第844页）

同日 《向读者的第二次报告》（署名同人）、《本刊特别启示》。（《生活星期刊》第27号第398页）

《向读者的第二次报告》摘要：

"现在韬奋先生等七人被捕已有十天，其中六人羁押公安局也已有许多天。""在这紧急时期偏发生韬奋等七人这一次案件，无论何人都认为是十分足以惋惜的。现在我们诚意地吁请当局：要是他们七人的犯罪是一种事实，这事实就应该水落石出，如果只是一种误会，这误会也就应当烟消云散。我们相信公道自在人心，真正的是非，是不能磨没的。"（《生活星期刊》第1卷第27号第398页）

《本刊特别启示》摘录：

"本刊编辑部同人决定，在本刊主编韬奋先生恢复自由之前，公推金仲华先生代理本刊主编，负编辑部一切责任。特此公告。生活星期刊社启"。（《生活星期刊》第1卷第27号第398页）

12月7日 为营救"七君子"，宋庆龄再次亲笔致函冯玉祥："焕章先生大鉴：迳启者，章乃器、邹韬奋等六位先生之家属现来京，拟向各方设法营救章先生等。

台从对于爱国运动素热心赞助,谨介绍前来请示营救办法,务请赐予接见,不胜感幸。此请勋安。 宋庆龄。"(《宋庆龄冯玉祥等营救七君子电函选》,《民国档案》1985 年第 2 期)

12 月 8 日 在看守所会客室内,受国民党高等法院检察官偕同书记官"讯问"。这种"讯问"至次年 2 月 3 日前还有四次。"讯问"内容有:救国会反对政府;主张停止内战有袒护共产党嫌疑;鼓动工潮;提倡"人民阵线"是反动口号。为辩解"民族救亡阵线"与"人民阵线"的区别,遭到反复查询。(沈谱、沈人骅编《沈钧儒年谱》第 159 页)

12 月 9 日 沈钧儒等七人致函冯玉祥,言"纯系误会,因他们拥护政府绝无他意"。(《冯玉祥日记》第四册第 846 页)

12 月 11 日 冯玉祥向罗运炎述:日本人在英文报上造谣史良藏在他家的事,"声明决无此事"。同日,为六人被捕事冯给蒋介石去一信,原信由石筱山送去,底稿留存。(《冯玉祥日记》第四册第 847 页)

12 月 12 日 西安事变发生。张学良、杨虎城实行"兵谏",扣留蒋介石,发出《对时局宣言》,通电全国,提出八项主张,其中第三项:"立即释放上海被捕之爱国领袖"。通电中称:"自上海爱国冤狱爆发,世界惊震,举国痛心,爱国获罪,令人发指。蒋委员长介公受群小包围,弃绝民众,误国咎深。学良等涕泣进谏,累遭重斥。"当晚,胡子婴在南京往访冯玉祥,得悉"CC"派陈果夫、陈立夫意欲枪毙"七君子"以警告张学良、杨虎城,为冯所阻。冯意,可禁止"七君子"会客,缩小社会影响。冯嘱胡速将此转告,设法托人保护,防遭"CC"暗算。胡子婴当晚到苏州,将冯玉祥的话转告他们。看守所朱所长对保护"七君子"生命事一口承担负责。(《周恩来年谱》第 332 页,《张学良、杨虎城发动西安事变的通电》,胡子婴《关于救国会和"七君子"事件的一些回忆》,收入周天度编《救国会》第 219—220 页、464 页)

12 月 13 日 《本刊启事》摘要:

"韬奋先生已于本月四日移押苏州"。"在六日,本刊也奉到停刊命令,禁止发行。"(《生活星期刊》第 1 卷第 28 号第 427 页)

12 月 14 日 "看守所的形势突然紧张起来! 不但朋友不准接见,连家属都不准接见了。门口不但忽然加了好几个武装的保安队,并加了好几个宪兵来监视我们。""我们对于时局和自己的遭遇都有着种种的估计"。"我们都是纯洁爱国,胸怀坦白,原用不着有所忧虑,但是在混乱的形势下,意外的牺牲却也不是绝对不可能的。""我们提出的问题是假使来了不测之祸,把我们几个人绑出去枪毙,我们应该怎样? 我们的一致的回答是应该一致的从容就义。我们一致主张出去的时候应该高唱《义勇军进行曲》——'起来，不愿做奴隶的人们！——'临刑时应该一致大呼：打倒日本帝国主义！民族解放万岁！"（全集第 7 卷第 258 页）

同日　全救会发表《为当前时局紧急宣言》。（沈谱、沈人骅编《沈钧儒年谱》第 160 页）

12 月 14 日起　在看守所动笔续写自传《经历》。（注：《经历》始写于 1936 年 10 月 25 日上海《生活星期刊》第 1 卷第 21 号，题《二十年来的经历一　永不能忘的先生》至《六　新闻记者的工作》，自 7—51 节，四十五篇，在狱中完成。）（全集第 7 卷第 146 页）

12 月 16 日　马相伯、何香凝、宋庆龄三位救国会领导人，以亲笔签名形式，向全国同胞发表了《为救国会七领袖被捕事件宣言》，"我们正同全国有良心的同胞一样，要求立刻无条件恢复被捕九位（指"七君子"及 11 月 28 日在南京被捕的孙晓村、曹孟君）先生的自由，释放一切因爱国行动而被捕的同胞，以巩固政府与人民之间的合作，加强全民族抗敌的力量。"（沈谱、沈人骅编《沈钧儒年谱》第 160 页，沙千里《漫话救国会》第 52 页）

12 月 18 日　《致沈寿宇》，收入《韬奋手迹》。（全集第 6 卷第 732—733 页）

12 月 20 日　午前，冯玉祥见杜重远，谈西安之变久之。杜怕他们把他留在西安不放。十点钟去见陈果夫。（《冯玉祥日记》第四册第 856 页）

12 月 23 日　张学良、杨虎城、周恩来同宋子文谈判。周恩来提出六项条件，其中第三条是"释放爱国领袖和政治犯，保障民主权利"。宋子文表示个人同意，答应转告蒋介石。关于放蒋的条件，宋提出只要蒋下令撤兵，即应允回南京。到南京后再释放爱国七领袖。张、杨、周要求先撤兵释放政治犯，蒋才可回南京。（《周恩来年谱》第 339 页，《毛泽东年谱》第 630 页）

12 月 25 日　《救亡情报》被迫停刊，发行《休刊号》。在社论《把握着新形势下的新任务》中，提出三条呼吁：（一）坚决反对退让苟安主义者制造内战……阴谋，我们务使政府立即实现抗日的民族自卫战争；（二）为扩大抗日力量，在最广范围内动员全国人民起见，更需坚决要求政府开放民众组织，充分实现政治上民主精神！（三）为同一目的，更需坚决要求政府立即无条件释放我们的七大救国领袖及一切政治犯，承认救国会为合法的民众团体，并立即归还人民结社、集会、言论、出版等一切自由！（沈谱、沈人骅编《沈钧儒年谱》第 160 页）

12 月 28 日　报载全欧华侨抗日救国联合会、巴黎中国学生会、旅法华工总会、侨商协会及陈铭枢、方振武等致电南京政府，"望速释放"救国会领袖。（沈谱、沈人骅编《沈钧儒年谱》第 161 页）

1936 年 12 月—1937 年 2 月　写作《经历》一书后 45 篇。《七　英文的学习》、《八　修身科的试卷》、《九　幻想的消失》、《一〇　青年"老学究"》、《一一　踏进了约翰》、《一二　深挚的友谊》、《一三　苦学时代的教书生涯》、《一四　初出茅庐》、《一五　三星期的练习》、《一六　新饭碗问题》、《一七　编译的教训》、《一八　英文教员》、《一九　外国文和外国教师》、《二〇　一个基本原则》、《二一　进一步的研究》、《二二　写作中的积蓄》、《二三　一种有趣味的工作》、《二四　现实的教训》、《二五　一幕悲喜剧》、《二六　一年的练习》、《二七　聚精会神的工作》、《二八　一个小小的过街楼》、《二九　转变》、《三〇　几个原则》、《三一　社会的信用》、《三二　立场和主张》、《三三　深夜被捕》、《三四　到捕房》、《三五　铁格子后面》、《三六　高三分院》、《三七　再被羁押》、《三八　同情和厚意》、《三九　地方法院》、《四〇　押在公安局》、《四一　高等法院》、《四二　看守所》、《四三　临时的组织》、《四四　我们的"家长"》、《四五　"难兄难弟"的一个》、《四六　"难兄难弟"的又一个》、《四七　"难兄难弟"的又一个》、《四八　"难兄难弟"的又一个》、《四九　一个"难妹"》、《五〇　"六个人是一个人"》、《五一　前途》，以上四十五篇写于江苏高等法院看守所，收入《经历》，1937 年 4 月生活书店上海版。（全集第 7 卷第 146—261 页）

《七　英文的学习》摘要：

"关于英文的学习，我不能忘却在南洋公学的中院里所得到的两位教师。后来虽有不少美籍的教师在这方面给我许多益处，但是这两位教师却给我以初学英文的很大的训练和诀窍，是我永远所不能忘的厚惠。在这国际交通日密，学术国际化的时代，我们要研究学问，学习一两种外国文以作研究学问的工具，在事实上是很有必要的"。"我所要说的两位英文教师，一位是在中学二年级的时候教授英文的黄添福先生。""还有一位英文良师是徐守伍先生。他是当时的中院主任，等于附属中学的校长；当我们到了四年级的时候（当时中学是四年制），他兼授我们一级的英文。他曾经在美国研究经济学，对于英文也很下过苦功。他研究英文的最重要的诀窍是要明白英文成语的运用。""黄先生使我们听得懂听得快，看得懂看得快，偏重在意义方面的收获；徐先生使我们注意成语的运用，对于阅读的能力当然也有很大的裨益，尤其偏重在写作能力的收获。""我觉得这两位良师的研究法可通用于研究各种外国文。"（全集第 7 卷第 146—148 页）

《八　修身科的试卷》摘要：

"我读到中学一年级的第二学期，家中对我的学费已无法供给，经济上陷入了困境。在四面楚歌之中，忽然得到意外的援军！在第一学期结束的时候，有一天无意中走到宿舍里的布告板的前面,看见有一大堆人伸长脖子看着一大篇的校长的布告,上面开头便是校长对于品行重要的说教,最后一句是'本校长有厚望焉',随后是大批'优行生'的姓名。出乎我意料之外的是我自己的姓名也赫然夹在里面凑热闹! 老实说,我当时对于'优行'这个好名称却不觉得怎样,可是听老同学们说起做了'优行生'可以得到免缴学费的优待,对于我当时竭泽而渔的苦况却不无小补。""我在南洋公学读到大学二年级(电机科),除了有一个学期是例外,其余的学期都很侥幸地被列在'优行生',学费也随着被免除了。我对于修身科的教师虽有着奇异的感想,但是这一点却不得不感谢他。其中有一个学期是例外,这里面的情形也可说是例外的例外。校长依向例贴出布告宣布'优行生'的名单,在名单之前也依向例有着一大篇'本校长有厚望焉'的说教,在那篇说教里特别提出我的名字,说我好得不得了,除学识是怎样怎样的精研通达外,性情又是怎样怎样的谦逊韬晦,简直不是什么物资奖励所能包容的,所以特由校长加以这样荣誉的奖励,把'优行生'的名义暂停一次。这在教师们鼓励的盛情固然可感,可是我那一学期的学费却大费了一番的筹谋!""学校里的费用,学费不过占着其中的一小部分,此外如买书费,膳费,纸笔费,洗衣费,以及无法再节省的零用费,都要另外设法。投稿生涯也是'开源'之一法,所以当时有许多写作译述,与其说是要发表意见或介绍知识,不如说是要救穷。""我们弟兄两人很幸运地得到同学们的信任,他们遇着有亲友们要物色这种补习教师,常替我们作负责的介绍,所以这在当时也是我们这苦学生的一条出路。""现在常有些青年写信问我苦学生怎样可以自给,这问题的确不易答复,因为这事没有什么一定的公式,要看各人的环境,人缘,和自己的能力。回想我自己当时的苦学生生涯,也不敢说有什么把握,只是过一学期算一学期,过一个月算一个月。这学期不知道下学期的费用在那里,甚至这一个月不知道下一个月的费用在那里,这简直是常事。因此心境上常常好像有一块石头重重地压住。别的同学在星期日是有着当然的娱乐,我的星期日却和平日一样;出校要用车费,没有特别的事也不愿跑远路;躲在校里也没有什么娱乐,因为在星期日的学校原已像个静寂的寺院。"(全集第7卷第149—151页)

《九 幻想的消失》摘要:

"我在南洋公学的时候,在精神上常感到麻烦的,一件是经济的窘迫,一件是勉强向着工程师的路上跑。前者的麻烦似乎还可以勉强拖过去,虽则有的时候很像到了绝境;后者的麻烦却一天天地继续下去。如果我肯随随便便地敷衍,得过且过,也许可以没有什么问题,可是我生性不做事则已,既做事又要尽力做得像样；所以我不想做工程师则已，要做工程师，决不愿做个'蹩脚'的工程师。""我听见有些同学谈起电机科对于算学的需要，不及土木科那样紧张，我为避免'对头'起见，便选定了电机科。到了这个时候，我对于工程师的幻想还没有消失。""我仍然糊里糊涂地向着工程师的路上跑。不久我对于工程师的幻想终于不得不完全消失，这件事我却不得不谢谢张贡九先生。他当时教我们的微积分和高等物理学。""他到考试的时候，总喜欢从别的书上搜求最艰深困难的题目给学生做，弄得同学们叫苦连天，尤其引起深刻反省的当然像是我这样和算学做对头的人们。最初我还再接再厉，不肯罢休，但是后来感觉到'非战之罪'，便不得不另寻途径了。可是怎么办呢？尤其是'优行生'的问题！在南洋公学还可藉口'优行生'来凑凑学费，如换一个学校，连这样一点点的凭藉也没有了。""有一位姓戴的同学却给我一个很大的推动。他在我们的同级里，对于工科的功课却是赋有天才的，但是他对于医学的研究具有更浓厚的兴味，便下决心于中学毕业后，考入圣约翰大学的医科（先须进理科）。他去了以后，偶然来谈谈，我才知道圣约翰的文科比较地可以做我转校的参考。我此时所要打算的是经济的问题，因为到圣约翰去之后，不但没有'优行生'的奖学金，而且圣约翰大学是向来有名的贵族化的学校。这个学校的课程内容，比较地合于我的需要，而贵族化的费用却给与我一个很困难的问题。事有凑巧，有一位同级的同学葛英先生正在替他的一个本家物色一个家庭教师。""这位同学知道我有暂时做事积资再行求学的意思，极力怂恿我接受这个位置。当时是在将放年假的时候，他们打算请我去教半年，准备使那三个小学生能在第二年的暑假考入学校。"（全集第 7 卷第 152—154 页）

《一○　青年"老学究"》摘要：

"我真料想不到居然做了几个月的'老学究'！这在当时的我当然是不愿意做的。一般青年的心理也许都和我一样吧，喜走直线，不喜走曲线，要求学就一直入校求下去，不愿当中有着间断。""有的时候要应付现实，不许你走直线，也只有走曲线。我当时因为不能继续入校，心理上的确发生了非常烦闷郁郁的情绪；去做几个月的'老学究'，确是满不高兴，无可奈何的。""现在想来，如有着相当的计划，鼓着勇气往前走，不要气馁，不要中途自划，走曲线并不就是失败，在心境上用不着怎样难过；这一点，我很诚恳地提出来，贡献于也许不得不走着曲线的青年朋友们。拿破仑说'胜利在最后的五分钟'，这句话越想越有深刻的意味，因为真正的胜利要看最后的分晓，在过程中的曲折是不能即作为定案的。我们所要注意的是要作继续不断的努力，有着百折不回的精神向前进。""我的那位东家葛老先生亲自来上海把我迎接去。""蜀山是一个小村镇,葛家是那个村镇里的大户,他由码头陪我走到家里的时候,在街道上不断地受着路上行人的点头问安的敬礼,他也忙着答谢,这情形是我们在城市里所不易见到的,倒很引起我的兴趣。大概这个村镇里请到了一个青年'老学究'是家家户户所知道的。""三个小学生的年龄都不过十一二岁,有一个很聪明,一个稍次,一个是聋子,最笨,但是他们的性情都很诚挚笃厚得可爱,每看到他们的天真,便使我感觉到愉快。""在功课方面,这个青年'老学究'大有包办的嫌疑!他要讲解《论语》《孟子》,要讲历史和地理,要教短篇论说,要教英文,要教算学,要教书法,要出题目改文章。《论语》《孟子》不是我选定的,是他们已经读过,老东家要我替他们讲解的。那个聋学生只能读读比较简单的教科书,不能作文。夜里还有夜课,读到九点钟才休息。这样的儿童,我本来不赞成有什么夜课,但是做'老夫子'是不无困难的,如反对东家的建议,大有偷懒的嫌疑。只得在夜里采用马虎主义,让他们随便看看书,有时和他们随便谈谈,并不认真。""我自己是吃过私塾苦头的,知道私塾偏重记忆(例如背诵)而忽略理解的流弊","我自己做'老学究'的时候,便反其道而行之,特重理解力的训练,对于背诵并不注重。结果,除了那位聋学生没有多大进步外,其余的两个小学生,都有着很大的进步。最显著的表现,为他们的老祖父所看得出的,是他们每天做一篇的短篇论说。""作文,每出一个题目,必先顾到学生们所已吸收的知识和所能运用的字汇,并且就题旨先和他们略为讨论一下;这样他们在落笔的时候,便已有着'成竹在胸''左右逢源'的形势。修改后的卷子,和他们讲解一遍之后,还叫他们抄一遍,使他们对于修改的地方不但知其所以然,并且有较深的印象。"(全集第7卷第154—157页)

《一一　踏进了约翰》摘要:

"几个月的乡村生活匆匆地过去,转瞬已到了暑假。几个小学生到上海投考学校,我也回到上海准备投考圣约翰大学。""和我同时投考约翰的还有一位南洋同学,就是现在的王以敬医师。""幸而我自己平时对于文科有关系的书籍已无意中看得不少。在那时并不知道自己要转文科,不过因为自己喜欢看,所以便常常看看,不料在这个紧急备考的时候,居然有一点用处。例如要考的英文文学名著,在一二十种中选考四种,这就不是临时抱佛脚所能速成的。可是无论如何,要想从工科二年级跳到文科三年级,这在当时好多朋友都认为是大大胆的。我所以不得不这样大胆来拼一下,与其说是我的野心,不如说是因为我的经济力量常在风雨飘摇的境况中,希望早些结束我的大学教育。""临考的那天,我们两个人的心理都非常紧张。我们都存着非考取不可的念头,因为我们都各有苦衷。""每天夜里,我们两人都开着'夜车',预备考试的功课到两三点钟,疲顿得不堪言状。""考大学三年级的只有王先生和我两个人。""提心吊胆了差不多一个星期,结果居然两人都被录取了。希望愈迫切和用力愈艰苦而得到的东西,在心理上也愈觉到快慰。我们两人得到投考胜利的消息后,当然是喜不自胜的。""这样转换了一个学校,在南洋时功课上所感到的烦闷,一扫而光,这是最痛快的一件事。"(全集第 7 卷第 157—158 页)

《一二　深挚的友谊》摘要:

"跨进了约翰之后,课程上的烦闷消除了,而经济上的苦窘还是继续着。辛辛苦苦做了几个月的青年'老学究'所获得的经费,一个学期就用得精光了,虽则是栗栗危惧地使用着。约翰是贵族化的学校,富家子弟是很多的。到了星期六,一辆辆的汽车排在校前好像长蛇阵似地来迎接'少爷们'回府,我穿着那样寒酸气十足的衣服跑出门口,连黄包车都不敢坐的一个穷小子,望望这样景象,觉得自己在这个学校简直是个'化外'的人物!但是我并不自馁,因为我打定了'走曲线'的求学办法。""我因为要极力'节流',虽不致衣不蔽体,但是往往衣服破烂了,便无力置备新的;别人棉衣上身,我还穿着夹衣。蚊帐破得东一个洞,西一个洞,蚊虫乘机来袭,常在我的脸部留下不少的成绩。""他(注:同班同学刘威阁)有一天由家里回到学校,手里抱着一大包的衣物,一团高兴地跑进了我的卧室,打开来一看,原来是一件棉袍,一顶纱帐!""他一定要我留下来用。他那种特别爱护我的深情厚谊,实在使我一生不能忘的。""我国有句俗话,叫做'救急不救穷',就个人的能力说,确是经验之谈。因为救急是偶然的,临时的;'救穷'却是常时期的。我所得到的深挚的友谊和热诚的赞助,已是很难得的了,但是经常方面还需要有相当的办法。我于是开始翻译杜威所著的《民治与教育》。但是巨著的译述,有远水不及救近火之苦,最后还是靠私家教课的职务。""承蒙同学的信任,刚巧碰到他们正在替亲戚物色这样的教师。我每日下午下课后就要往外奔,教两小时后再奔回学校。这在经济上当然有着相当的救济,可是在时间上却弄得更忙。忙有什么办法?只有硬着头皮向前干去。白天的时间不够用,只有常在夜里'开夜车'。""后来我的三弟进南洋中学,我和我的二弟每月各人还要设法拿几块钱给他零用,我经济上又加上了一点负担。幸而约翰的图书馆要雇用一个夜里的助理员,每夜一小时,每月薪金九块钱。我作毛遂自荐,居然被校长核准了。这样才勉强挺过难关。""毕云程先生乘着汽车赶来借给我一笔学费,也在这个时期里,这也是我所不能忘的一件事"。"深挚的友情是最足感人的。就我们自己说,我们要能多得到深挚的友谊,也许还要多多注意自己怎样做人,不辜负好友们的知人之明。"(全集第7卷第159—162页)

《一三 苦学时代的教书生涯》摘要:

"我在做苦学生的时代,经济方面的最主要的来源,可以说是做家庭教师。""在我自己方面,所以要担任家庭教师,实在是为着救穷,这是已坦白自招的了。(这倒不是看不起家庭教师,却是因为我的功课已很忙,倘若不穷的话,很想多用些工夫在功课方面,不愿以家庭教师来分心。)可是在执行家庭教师职务的时候,一点不愿存着'患得患失'的念头,对于学生的功课异常严格,所毅然保持的态度是:'你要我教,我就是这样;你不愿我这样教,尽管另请高明。'""有一次在一个人家担任家庭教师,那家有一位'四太爷',掌握着全家的威权,全家上下对他都怕得好像遇着了老虎,任何人看他来了都起立致敬。他有一天走到我们的'书房'门口,我正在考问我所教的那个学生的功课,那个学生见'老虎'来了,急欲起来立正致敬,我不许他中断,说我教课的时候是不许任何人来阻挠的。事后那全家上下都以为'老虎'必将大发雷霆,开除这个大胆的先生。""结果他也不敢动我分毫。我所以敢于强硬的,是因为自信我在功课上对得住这个学生的家长。同时我深信不严格就教不好书,教不好书我就不愿干,此时的心里已把'穷'字抛到九霄云外了!""仔细分析我的'硬'的性质,觉得我并不是瞎'硬',不是要争什么意气,只是要争我在职务上本分所应有的'主权'。""我不但在做苦学生时代对于职务有着这样的性格,细想自从出了学校,正式加入职业界以来,也仍然处处保持着这样的性格。"(全集第7卷第162—164页)

《一九 外国文和外国教师》摘要:

"学习英文者所学的技能不外三种:说、看、写。教英文的人所应该教好的也是说、看、写。先讲'说'。教'说'的人先要自己说得好;要说得好,最起码的条件是要:(一)发音正确,(二)成语适当。无论发音或成语,都要很自然。""依我们寻常的观察,往往湖北人有湖北口音的英文,江西人有江西口音的英文。(这只是随便举例,并不是说湖北或江西人就学不好英文,下例同。)即就更小的区域说,也往往无锡有无锡口音的英文,宁波有宁波口音的英文。""这并不是说只有中国有这样的情形;英国人说法语,或俄国人说英语,也常有相类的毛病。""无论如何,教英文的人如把'走样'的英文或语音辗转教给学生去学习,这却是一件很不妥当的事情。""讲到成语,有些人的脑子里不是没有若干成语,但是用起来,叠床架屋,拖泥带水,如由那种语言的本国人用来,就不是这样的。倘竟大胆把这类'走样用法'教给学生，也很显然是不妥当的事情。""看的能力和写的能力的严格训练，尤其是后者，要获得'自然'的良果，那也只有请外国人做外国文教师，最为妥当。""有些人到外国去留学，却未先把那个外国的文字弄通，到了外国才开始补习那国的文字。""在外国环境中，由外国教师教外国文，在效率上确有'事半功倍'的优点。这是在国外求学，对外国文的研究特别注意的人所共同感觉得到的。""我所以特别郑重先把这一点提出来，是要特别注重英文教学法的根本问题。倘若教英文的人，不得已而求诸中国人，即由本国人教外国文，对于这一门课程的知识技能，也须努力有充分的修养，也须努力求得和外国教师差不多，否则便不免要'误人子弟'！"（全集第 7 卷第 177—179 页）

《二〇　一个基本原则》摘要：

"我以为做英文教师的都须懂些语音学，""你的音本来正确，再懂些语音学，对于教授的时候也有很大的益处。""关于英文教学法方面，我有个很简单而却非常重要的基本原则。那就是在英文课堂里，要用全部分的时间使学生听的是英文，讲的是英文，看的当然也是英文；非万不得已的时候，最好一个中文字都不讲。""不要忘却的是我们在这里所指的地方是在英文课堂里，更不要忘却我们在英文课堂里是要尽量用最好的法子达到我们学习英文的目的；为着这个特殊的目的，在这样特殊的地方（指英文课堂），必须应用这个原则：教师和学生都须用全部分的时间来讲英文，听英文。我在教英文的时候，开宗明义第一章，就是要使我的学生明白这个原则，相信这个原则。我很郑重地告诉他们：倘若他们不明白这个原则，不相信这个原则，他们不必来上我的英文课，因为他们的英文就很少进步的希望。""一九二六年，中国革命高潮发生以后，有些青年发生误解，把仇视帝国主义的心理也应用到仇视外国文方面来；一方面虽到课堂去学习外国文，一方面却满不高兴地在课堂里听外国语，讲外国语，所以我更要在开始教他们英文的时候，消除他们的这种误解。我对他们指出：如果他们不能消除这种误解，就索性不要学习外国文，否则便是糟蹋时间和精力。如果遇着学生的英文程度较浅的一级，我上第一课的时候，也要用一小部分的时间，用中文说明这个原则的要旨，使学生们彻底明白，随后便抱定在英文课堂里不说中国话的决心。""这个方法说来也没有什么希奇，简单的内容，只是用英文教英文，不用中文教英文。""初学的学生不能立刻听得懂，所以一定要先从实物入手，从可见的行动入手。教师要把实物带到课堂里去，拿什么给学生看的时候，就把什么名词说给学生听，同时叫学生随着你说；随后你可以做相当的行动给他们看,同时把这种行动的说法说给学生听,并叫学生随着你说。先从身体,身上可见的一切,课堂内可见的一切,学校内可见的一切,慢慢儿推到一般社会的事物。先由教师帮助学生练习得烂熟,用种种问句和答语练习得烂熟,然后叫他们翻开书本来看。他们看书的时候,对于其中的意义和读音已经烂熟了,所注意的只是拼法和写法罢了,用不着教师再用中文来解释英文了。这种教授法,在教师方面,当然比依样画葫芦地讲一遍——用中文讲一遍——来得吃力,但是在学生方面却可以得到较大的益处。"(全集第7卷第180—182页)

《二一 进一步的研究》摘要:

"对初学而言,略进一步,最重要的事情是要训练学生用英文字典。最好是要用英文注解的字典,至少也要用中英文注解的字典,这样不但可以得到正确的意义,而且也可于无意中多学得几个生字。""教师用的既是直接教授法,在课堂里是不许用中文回答,学生亦非用英文注解的字典不可。用英文字典的方法很简单(对于注音的符号和重读的方法要叫学生注意),重要的是在用得熟,用得惯;要能用得熟用得惯,全在乎多'用'。要使学生勤用字典,只须使学生养成自己预备功课的习惯。""教师的重要责任是要训练学生养成独立研究的精神和能力,并不是仅仅在课堂里教了一些课本上的东西就算了事的。就英文一科而说,要训练学生养成独立研究英文的精神和能力,勤用英文字典的习惯是绝对必要的。""英文教师应于每次上课的时候,指定下一次的功课;开始的时候,所指定的页数可以少一些,渐渐的可以增加。学生在下次上课以前,自己就要利用字典把所指定的功课预备好。他们在预备的时候,不但要把每个生字的意义弄明白,而且要把全课的意思弄清楚,——要弄到上课的时候,关着书能用英语把要点说出来。这和训练看的能力是很有关系的。依我教学的经验,最初就用直接教授法教的学生,训练他们这样自己预备书,可以毫无困难。如果学生在开始时就受了用中文讲解的遗毒,这方法便比较地有些困难,用的时候便不可过于求速;例如在开始的时候,所指定的功课页数要特别的少,慢慢地一点点增加起来,否则使学生过于感觉困难,反而容易破坏他们对于研究的兴趣,消失他们前进的勇气。""教师问的时候,应该也把自己的书关拢来,这样公平的态度,可以给学生一个很好的印象。问的时候,对每个学生不要问得太多,每次要在可能范围内使越多学生问到越好;这样一来,学生知道不易躲避,大家都要用心预备。但也不可问得太少;如果每人只问一两句简单的话,容易使预备好的学生觉得表现太少,不易引起兴趣。教师一方面要注意自己的问句是好英文，一方面也要注意到学生答语的结构。他要知道这个时候不但是问读本，同时也就是训练会话，纠正发音和语调，研究文法的结构：在这种种方面都要顾到教育的效用。教师每次对于各个学生考问的结果，都要在簿子上记下来，使学生知道教师是在很认真地记载他们的成绩。"

"除考问之外，还要匀出一部分时间，叫几个学生各读一段，听听他们的读法对不对；并叫几个学生分析一段书的文法结构。我教英文，对于文法的钟点是向来主张要减少的，特别注意在读本中研究文法。这样研究文法，才是活的实际的研究法。学生在读物中能够明白每句每段的结构，文法上的死法则不记得，那是毫无关系的；而且有许多结构上的巧妙，不是文法书所能包括，也只有在读物中才能看到。""还有一点也很重要：教师每一次要把书里的最有用的生字和成语特别指出，用笔划出来，并叫学生也要用笔划出来。这事的注意，对于学生的英文生字和成语的增富，有着很大的关系。有许多学生在写作的时候不是没有意思要发表，却是因为生字和成语不够用。这种困难的克服，没有别的什么巧妙，唯一的办法，只有努力'积蓄'最有用的生字和成语。（字句和段落的结构法，同时也要顾到。）'积蓄'不能仅由硬记隔离开的生字和成语，尤其重要的是要彻底明白怎样运用的方法，所以必须注意研究上下文的意思。"

"关于考问学生对于成语的'积蓄'，我常常用笔试；每星期至少有一两次，每次只出十个题目，只费学生一刻钟，所以多试并不妨碍正课的进行。笔试的时候，是抽取书里最有用的句子，读着令学生默写，把成语空出，叫他们自己把所知道的填写进去。每次各人的笔试成绩，教师也要在簿子上记载下来。"（全集第 7 卷第 182—184 页）

《二二　写作中的"积蓄"》摘要：

"学生们所用的读本的内容，大概不外乎故事或传记之类，并且是分章的。每遇学生读完一章的时候，我就叫他们各人在课外预备一篇短文，把那章的内容要点，用自己的结构，重新写出来。这种短文的长短，可根据原文的长短和学生的能力而酌定下来。开始的时候，可限学生写两页或三页，以后可略为增加。这短文当然不可和书本上的原文一样长；那样，学生便没有运用自己重组能力的余地，所以要比原文短，使学生要用一番思考和选择。这短文的内容要能尽量包括原文的全部要点；如果学生只是随便抄录一段，那是要不得的。这短文既比原文短，又须包括原文全部分的要点，所以学生尽管用着原文里的许多生字和成语，却并不能把原文照抄下来。但是因为要用着原文里的许多生字和成语，便在写的里面也包含着'积蓄'的功用。""初学英文写作的学生，通常往往因为所有的生字和成语不够用,文法的知识也不够用,而教师的英文题目却摆在他的眼前,他为交卷计,不得不瞎写一阵;生字和成语固然用得一塌糊涂,大半都是'独出心裁',只就他所有的中文的语句,'捏造'成不中不英的语句来塞责,文法也是乱七八糟的。""用上面所说的那样办法,学生写的时候,有书里的原文做参考,文法不会错,就是有也极少,辞意的表现也不必求助于'捏造'的不中不英的语句了。""学生觉得既有原书可以做参考,在精神上也似乎可以减少过于紧张的苦痛。他们在课堂上写的时候,不但可以带原书做参考,还可以带字典到课堂上来用。""学生这样开始练习写作,不但于他们大有益处,就是做教师的看卷子,也可以减少许多麻烦或甚至于苦痛!""这样写作每做若干次后,可用一次来出一个学生所熟悉和有经验可以表现的题目,让学生自由(即不必根据书本)做一次文章,成绩一定是有相当可观的。"(全集第7卷第185—187页)

《二三 一种有趣味的工作》摘要:

"我这七八年的英文教员都是兼职,还有一半的时间仍在职教社里做我的编辑的工作。""做教员,在我也可说是一种有趣味的工作。我尤其感觉愉快的,是可由这样和天真的青年接触。我觉得青年都是可爱的,虽则有时也有一两个使你感到不舒服,但是仔细想起来,他自身也有特殊的原因不能任咎的。""讲到大多数的青年学生,只须教员教得认真,教得好,赏罚公平,青年学生没有不敬爱教员的。""做教员在我既是一种有趣味的工作,我为什么后来不干呢?这里面至少也有两个理由。一个是我的性太急,看见学生有时答不出,或是错误多了一些,我很容易生气,对于这种学生,我易于疾言厉色,似乎予人以难堪,事后往往懊悔,第二次遇着同样情形时仍不免再犯这个毛病;这样容易生气不但觉得对不住我的学生,对于我自己的健康也有损害。我觉得忍耐性也是做教师的应有的特性,我的忍耐性——至少在教学方面——太缺乏,因此我觉得自己还不十分适宜于做教员。第二个原因是:因为经济的关系,教员的钟点太多,夜里缺乏自己看书的时间。我每日上半天要教三四时的功课,这还不打紧,但课外应该为着学生做的工作还是很多,修改考卷和文卷就要费了很多的时间,都不得不在夜里做。这样一来,除了全天的紧张工作外,夜里的时间也是不自由的,自己看书固然没有了时间,一遇着有应酬,或其他的临时事情,往往不得不'开夜车'。因为有着这两个缺憾,所以我不得不抛弃教员的生活。"(全集第7卷第187—188页)

《二四 现实的教训》摘要:

　　"我愈研究职业指导,愈在实际方面帮着职业指导呐喊,愈使我深刻地感觉到在现状下职业指导的效用很有限,愈使我想跳出职业指导的工作!""理由说来也很简单。""我在这时期里参加了职业指导运动,对于青年究竟有着什么实际的效果,我实在不敢说,可是对于我自己确有着很重要的'指导'作用! 什么'指导'作用呢? 使我从这里面感到惭愧,感到苦闷,感到我的思想应该由原来的'牛角尖'里面转出来! 换句话说,这现实的教训使我的思想不得不转变!""能使我干得兴会淋漓,能使我的全部身心陶醉在里面的事业,竟渐渐地到来,虽则只是渐渐地到来。""这是民国十四年十月间创办的《生活》周刊!""我不能掠人之美,《生活》周刊并不是由我创办的。""《生活》这两个字的名称是杨卫玉先生想出的,第一位的主笔公推新由美国学银行学回国的王志莘先生担任。"(全集第 7 卷第 190—192 页)

《二七　聚精会神的工作》摘要:

　　"每期的'小言论'虽仅仅数百字,却是我每周最费心血的一篇,每次必尽我心力就一般读者所认为最该说几句话的事情,发表我的意见。""其次是信箱里解答的文字,也是我所聚精会神的工作。我不敢说我解答的一定怎样好,但是我却尽了我的心力,有时并代为请教我认为可以请教的朋友们。""我对于搜集材料,选择文稿,撰述评论,解答问题,都感到极深刻浓厚的兴趣,我的全副的精神已和我的工作融为一体了。""我对于选择文稿,不管是老前辈来的,或是幼后辈来的;不管是名人来的,或是'无名英雄'来的:只须是好的我都要竭诚欢迎,不好的我也不顾一切地不用。在这方面,我只知道周刊的内容应该怎样的精彩,不知道什么叫做情面,不知道什么叫做恩怨,不知道其他的一切!"

　　(全集第 7 卷第 198—199 页)

《二八　一个小小的过街楼》摘要:

　　"当时在辣斐德路一个小小的过街楼,排了三张办公桌就已觉得满满的,那就是我们的编辑部,也就是我们的总务部,也就是我们的发行部,也就是我们的广告部,也就是我们的会议厅! 我们没有大宗的经费,也没有什么高楼大厦。我们有的是几个'患难同事'的心血和努力的精神! 我们有的是突飞猛进的多数读者的同情和赞助!《生活》周刊就在这种'心血'、'努力'、'同情'和'赞助'所造成的摇篮里长大起来的。""我永远不能忘记在那个小小的过街楼里,在几盏悬挂在办公桌上的电灯光下面,和徐孙两先生共同工作到午夜的景象。在那样静寂的夜里,就好像全世界上只有着我们这三个人;但同时念到我们的精神是和无数万的读者联系着,又好像我们是夹在无数万的好友丛中工作着！我们在办公的时候,也往往就是会议的时候;各人有什么新的意思,立刻就提出,就讨论,就议决,就实行!""我的工作当然偏重于编辑和著述方面。我不愿有一字或一句为我所不懂的,或为我所觉得不称心的,就随便付排。校样也完全由我一人看,看校样时的聚精会神,就和在写作的时候一样,因为我的目的要使它没有一个错字;一个错字都没有,在实际上也许做不到,但是我总是要以此为鹄的,至少能使它的错字极少。每期校样要看三次。有的时候,简直不仅是校,竟是重新修正了一下。""读者一天天多起来,国内外的来信也一天天多起来。我每天差不多要用全个半天来看信。这也是一件极有兴味的工作,因为这就好像天天和许多好友谈话,静心倾听许多读者好友的衷情。其中有一小部分的信是可以在周刊上公开发表和解答的,有大部分的信却有直接答复的必要。有的信虽不能发表,我也用全副精神答复;直接寄去的答复,最长的也有达数千字的。这虽使我感到工作上的极愉快的兴趣,乃至无上的荣幸,但是时间却渐渐不够起来了,因此只得摆脱一切原有的兼职,日夜都做《生活》周刊的事情,做到深夜还舍不得走。我的妻有一次和我说笑话,她说:'我看你恨不得要把床铺搬到办公室里面去!'其实后来纵然'把床铺搬到办公室里面去'也是来不及的。后来最盛的时候,有五六个同事全天为着信件的事帮我的忙,还有时来不及,一个人纵然不睡觉也干不了!"（全集第7卷第200—201页）

《二九 转变》摘要:

"我尤其不得不感谢职教社的,是《生活》周刊经我接办了以后,不但由我全权主持,而且随我个人思想的进展而进展,职教社一点也不加以干涉。""《生活》周刊对于社会如果不无一些贡献的话,我不敢居功,我应该归功于职教社当局的诸先生。""《生活》周刊初期的内容偏重于个人的修养问题,这还不出于教育的范围;同时并注意于职业修养的商讨,这也还算不出于职业指导或职业教育的范围。""也许是由于我的个性的倾向和一般读者的要求,《生活》周刊渐渐转变为主持正义的舆论机关,对于黑暗势力不免要迎面痛击;虽则我们自始就不注重于个人,只重于严厉评论已公开的事实,但是事实是人做出来的,而且往往是有势力的人做出来的;因严厉评论事实而开罪和事实有关的个人,这是难于避免的。""《生活》周刊既然一天天和社会的现实发生着密切的联系,社会的改造到了现阶段又决不能从个人主义做出发点;如和整个社会的改造脱离关系而斤斤较量个人的问题,这条路是走不通的。""《生活》周刊应着时代的要求,渐渐注意于社会的问题和政治的问题,渐渐由个人出发点而转到集体的出发点了。我个人是在且做且学,且学且做,做到这里,学到这里,除在前进的书报上求锁钥外,无时不皇皇然请益于师友,商讨于同志,后半期的《生活》周刊的新的进展也渐渐开始了。研究社会问题和政治问题,多少是含着冲锋性的,职教社显然也无须卷入这种游涡里面去,我的不安更加甚了。幸而职教社诸先生深知这个周刊在社会上确有它的效用,不妨让它分道扬镳向前干去,允许它独立,由生活周刊社的同人组成合作社,继续努力。在这种地方,我们不得不敬佩职教社诸先生眼光的远大,识见的超卓,态度的光明。""回想我和几位'患难同事'开始为文化事业努力到现在,我们的确只是以有机会为社会干些有意义的事为快慰,从没有想要从这里面取得什么个人的私利。我所以要顺便提出这一点,是因为社会上有些人的观念,看到什么事业办得似乎有些像样,便想到办的人一定发了什么财!有些人甚至看的眼红,或更有其他不可告人的卑鄙心理,硬说你已成了'资本家',或诬蔑你括了多少钱!""我和一班共同努力于文化事业的朋友们,苦干了十几年,大家还是靠薪水糊口养家。我们并不觉得什么不满意,我们的兴趣都在文化事业的本身。像我这样苦干了十几年,所以能得到许多朋友们不顾艰难地共同努力,所以能够始终得到许多共同努力的朋友们的信任,最大的原因还是因为我始终未曾为着自己打算,始终未曾梦想替自己括一些什么。不但我这样,凡是和我共同努力于文化事业的朋友们都是这样的。"(全集第 7 卷第 202—204 页)

《三〇　几个原则》摘要:

　　"历史既不是重复,供应各时代的特殊需要的精神粮食,当然也不该重复。但是抽象的原则,也许还有可以提出来谈谈的价值,也许可以供给有意办刊物的朋友们一些参考的材料。""最重要的是要有创造的精神。尾巴主义是成功的仇敌。刊物的内容如果只是'人云亦云',格式如果只是'亦步亦趋',那是刊物的尾巴主义。这种尾巴主义的刊物便无所谓个性或特色;没有个性或特色的刊物,生存已成问题,发展更没有希望了。要造成刊物的个性或特色,非有创造的精神不可。试以《生活》周刊做个例。它的内容并非模仿任何人的,作风和编制也极力'独出心裁',不愿模仿别人已有的成例。单张的时候有单张时的特殊格式,订本的时候也有订本时的特殊格式。往往因为已用的格式被人模仿得多了,更竭尽心力,想出更新颖的格式来。单张的格式被人模仿得多了,便计划改为订本的格式;订本的格式被人模仿得多了,便计划添加画报。就是画报的格式和编制,也屡有变化。""其次是内容的力求精警。尤其是周刊,每星期就要见面一次,更贵精而不贵多,要使读者看一篇得一篇的益处,每篇看完了都觉得时间并不是白费的。要办到这一点,不但内容要有精彩,而且要用最生动最经济的笔法写出来。要使两三千字短文所包含的精义,敌得过别人的两三万字的作品。写这样文章的人,必须把所要写的内容,彻底明了,彻底消化,然后用敏锐活泼的组织和生动隽永的语句,一挥而就。这样的文章给与读者的益处显然是很大的:作者替读者省下了许多搜讨和研究的时间,省下了许多看长文的费脑筋的时间,而得到某问题或某部门重要知识的精髓。""再其次,要顾到一般读者的需要。我在这里所谈的,是关于推进大众文化的刊物(尤其是周刊),而不是过于专门性的刊物。过于专门性的刊物,只要顾到它那特殊部门的读者的需要就行了;关于推进大众文化的刊物,便须顾到一般大众读者的需要。一般大众读者的需要当然不是一成不变的,所以不当用机械的看法,也没有什么一定的公式可以呆板地规定出来。要用敏锐的眼光,和深切的注意,诚挚的同情,研究当前一般大众读者所需要的是怎样的'精神粮食':这是主持大众刊物的编者所必须负起的责任。""最后我觉得'独脚戏'可以应付的时代过去了。现在要办刊物,即是开始的时候,也必须有若干基本的同志作经常的协助。'基本'和'经常',在这里有相当重要的意义。现在的杂志界似乎有一种对读者不很有利的现象:新的杂志尽管好像雨后春笋,而作家却仍然只要常常看得到他们大名的这几个。在东一个杂志上你遇见他,在西一个杂志上你也遇见他。甚至有些作家因为对于催稿的人无法拒绝,只有一篇的意思,竟'改头换面'做着两篇或两篇以上的文章,同时登在几个杂志上。这样勉强的办法,在作家是苦痛,在读者也是莫大的损失,是很可惋惜的。所以我认为非有若干'基本'的朋友作'经常'的协助,便不该贸贸然创办一个新的杂志。当然,倘若一个作家有着极丰富的材料,虽同时替几个杂志作文章,并没有像上面所说的那样虚耗读者的精力和时间的流弊,那末他尽管'大量生产',我们也没有反对的理由。"(全集第7卷第204—207页)

《三一 社会的信用》摘要:

"十几年来在舆论界困知勉行的我,时刻感念的是许多指导我的师友,许多赞助我的同人,无量数的同情我的读者好友;我常自策勉,认为报答这样的深情厚惠于万一的途径,是要把在社会上所获得的信用,完全用在为大众谋福利的方面去。我深刻地知道,社会上所给我的信用,绝对不是我个人所造成的,是我的许多师友,许多同人,以及无量数的读者好友,直接间接所共同造成的。因此也可以说,我在社会上的信用不只是我的信用,也是许多师友,许多同人,乃至无量数的读者好友所共有的。我应该尽善地运用这种信用,这不只是对我自己应负的责任,也是对许多师友,许多同人,乃至对无量数的读者好友所应负的责任。""我这信用绝对不为着我个人自己的私的目的而用,也不被任何个人或任何党派为着私的目的所利用,我这信用只许为大众而用。在现阶段,我所常常考虑的是:怎样把我所有的能力和信用运用于抗敌救亡的工作?""我生平没有私仇,但是因为现实的社会既有光明和黑暗两方面,你要立于光明方面,黑暗方面往往要中伤你。中伤的最容易的办法,是破坏你在社会上的信用。要破坏你在社会上的信用,最常见的方法是在金钱方面造你的谣言。"（全集第 7 卷第 207—209 页）

《三二　立场和主张》摘要:

　　"黑暗势力的陷害方法,除在经济方面尽其造谣的能事外,还有一个最简便的策略,那便是随便替你戴上帽子! 这不是夏天的草帽,也不是冬季的呢帽,却是一顶可以陷你入罪的什么派什么党的帽子! 其实戴帽子也不一定是丢脸的事情,有害尽苍生的党,有确能为大众谋幸福的党;前者的帽子是怪可耻的,后者的帽子却是很光荣的。""我向来并未加入任何党派,我现在还是这样。我说这句话,并不含有褒贬任何党派的意味,只是说出一件关于我个人的事实。""同时却不是说我没有立场,也不是说我没有主张。我服务于言论界者十几年,当然有我的立场和主张。我的立场是中国大众的立场;我的主张是自信必能有益于中国大众的主张。我心目中没有任何党派,这并不是轻视任何党派,只是何党何派不是我所注意的;只须所行的政策在事实上果能不违背中国大众的需求和公意,我都肯拥护;否则我都反对。我自己向来没有加入任何党派,因为我这样看法:我的立场既是大众的立场,不管任何党派,只要它真能站在大众的立场努力,真能实行有益大众的改革,那就无异于我已加入了这个党了,因为我在实际上所努力的也就是这个党所要努力的。""现在是整个民族生死存亡万分急迫的时候,除少数汉奸外,大多数的中国人都在挣扎着避免沦入亡国奴的惨劫。在这个时候,我们要积极提倡民族统一阵线来抢救我们的国家,要全国团结御侮,一致对外,我更无须加入任何党派,只须尽我的全力促进民族统一阵线的实现,因为这是抗敌救亡的唯一有效的途径。民族统一阵线或称联合阵线,或称民族阵线,名词上的差异没有什么关系,最重要的是我们要彻底了解这阵线的意义和它对于抗敌救亡的关系。所谓民族统一阵线是:全国人民,无论什么阶级,无论什么职业,无论什么党派,无论有什么信仰的人们,都须在抗敌救亡这个大目标下,团结起来,一致对付我们民族的最大敌人。在这个民族阵线之下,全国的一切人力财力物力,都须集中于抗敌救亡。为保障民族阵线的最后胜利,凡是可以增加全国力量的种种方面,都须千方百计地联合起来,凡是可以减少或分散全国力量的种种方面,都须千方百计地消灭或抑制下去。无论任何个人和个人,任何集体和集团,纵然在已往有过什么深仇宿怨,到了国家民族危亡之祸迫于眉睫的时候,都应该把这深仇宿怨抛弃不顾,联合彼此的力量来抢救这个垂危濒亡的国家民族。""这不是空论;这是中国在当前危迫时期内的大众在主观方面的急迫要求,也是侵略国的严重压迫和残酷进攻在客观方面所造成的需要。这是现阶段中国前途的大势所趋,我们只须本着这个认识,以国民的立场,各就各的力量,从种种方面促其实现,前途是有绝对胜利的把握的。如有逆着这个大势而自掘坟墓的,必然要自趋灭亡,绝对不能阻碍这个大势的推进。我们所要努力的是在积极方面促进这个伟大运动的实现。""再就具体一些说,民族统一阵线的第一个条件是必须停止一切内战,全国团结起来,枪口一致对外。""外患如此急迫,中国人如以仅有的武力消耗于内战,即是减少对外的力量,即是间接增强侵略国加速沦亡中国的力量。为增强整个中国抗敌救亡的实力计,停止一切内战是有绝对的必要。第二个条件是要解放民众救国运动。军力必须和民力配合起来,才有动员全国力量一致对外的可能。所以关于民众救国的组织和救国言论的自由,必须有切实的开放和保障。"(全集第7卷第209—211页)

《五〇 "六个人是一个人"》摘要:

"我们六个人都到了上海公安局之后,'家长'就郑重宣言:'六个人是一个人!'我们大家一致拥护这句话。""我们要有一致的主张和行动。我们参加救国运动,固然有着一致的主张和行动,那是不消说的。在这里所特别提出的,是在被捕的这个时期里面,我们也应该有着一致的主张和行动。""六个人是一个人!'我们六个人既已被捕进来,有罪大家有罪,无罪大家无罪;羁押大家羁押,释放大家释放。我们下了患难相共的决心。我们很坚决地要同关在一处。我们预先约定:倘若当局要把我们六个人分开羁押,我们必然地要一致以绝食来抵抗。这件事我们所以要'预先约定',因为我们恐怕当局用迅雷不及掩耳的手段把我们分开,匆促间也许来不及知照;既已预先约定,倘若有这样的事实发生,不必有所知照,各人便应该依照共同的预约实行。""救国是一件极艰苦而需要长期奋斗的事情。""我们这次的不幸被捕,有些人说这是'求仁得仁',这句话很有语病,因为如果说我们的目的是要进牢狱,现在我们进了牢狱便是'得仁',那是大错而特错!我们的目的是要救国,并不是要进牢狱!进牢狱绝对不是我们所'求'的,只是一种不幸的遭遇。我们为着要替救国运动做更多的工作,是要在不失却立场的范围内极力避免的。"(全集第7卷第256—258页)